國家戰略論

-이론과 적용-

하정열

博 英 社

머 리 말

국가사상(國家思想)과 국가전략(國家戰略)이 없는 민족은 영원한 생명력을 누릴 수 없다. 특히 우리가 21세기의 불확실한 환경을 극복하고 주변 4대 강국의 틈바구니 속에서 생존을 보장받으면서 한반도의 평화통일을 달성하고 선진일류국가로 번영발전하기 위해서는 국가전략을 제대로 세우고 이를 영속성 있게 추진해야 한다.

우리가 살고 있는 지식정보화 시대인 21세기는 우리가 제반 기회를 최대한 활용하여 잠재된 위험요인을 극복하고 조국통일(祖國統一)의 꿈을 실현해야 할 뿐만 아니라, 선진복지국가를 완성하고 선진일류국가에 합류하여 그 일원으로서 인류의 평화와 번영에 이바지할 수 있는 민족사적 쾌거를 이룩해야 하는 세기이다.

국가전략이란 이와 같은 국가목표(國家目標)를 달성하기 위하여 국가적 노력을 어디에 우선적으로 집중할 것인가를 선택, 제시하는 국가차원의 방책(方策)이라 할 수 있다. 국가이익(國家利益)과 국가목표는 같아도 국가전략은 정치지도자와 정권에 따라 다르기 마련이다. 훌륭한 국가전략은 기회를 포착, 활용하여 국가 발전과 번영을 가져오며, 위기를 효율적으로 관리하여 국가의 안전을 보장한다.

국가 지도자들이 나라를 어디로 끌고 갈 것인가 하는 국가전략을 국민들에게 명확히 제시하여 국민적 합의를 조성하고 지지와 참여를 확보하는 것은 한 나라의 생존, 번영과 발전, 그리고 더 나아가서는 그 국가의 흥망을 좌우한다고 해도 과언이 아니다. 왜냐하면 미래는 예측하고 기다리는 자의 것이 아니고, 미래를 빠르게 준비하고 창조하는 자의 것이기 때문이다.

국가전략은 한 나라의 최고의 전략이며 통치권자가 정치적 판단에 따라 결정하는 전략분야라고 볼 수 있으나, 실세계에서는 그 광범성과 보안성의 이유 등으로 국가전략을 문서화하여 이용하는 사례가 많지 않다. 따라서 국가전략이라는 본질을 규명함에 있어 학문적인 연구도 부족하여 접근방법의 정해진 교리나 원칙이 존재한다고는 볼 수 없다. 그러나 특히 한국과 같이 분단되어 있으면서 주변 강국들에게 둘러싸여 있는 지정학적인 조건에서는 국가전략이 구상, 연구 및 통찰되어야만 국가이익을 구현하고 국가목표를 달성함에 있어 기준을 제시할 수 있다. 이러한 의미에서 국가전략의 본질을 파악하고 기본틀을 정립할 필요가 있다.

이러한 국가전략의 중요성을 유념하면서 본서에서는 대한민국의 국가전략을 수립하고 전망하는 데 필요한 개념적·인식론적 틀을 제시하고, 21세기 전반기 30년의 대한민국의 국가전략을 제시하고자 노력하였다. 그 과정에서 저자는 단기적인 임시대응을 위한 정책대안이나 제도개선방안에 집착하기보다는 중장기적인 국가전략의 틀을 제시함으로써 작금(昨今)의 정책혼선이나 전략적 방황을 치유하는 것을 목표로 하였다. 따라서 현안이 되고 있는 구체적인 정책이나 제도들도 다루되, 이에 대한 분석과 치유책을 국가전략의 차원으로 조절하여 해석하고 방향을 제시하였으며, 전략적인 차원에서 절제된 정책해석을 하였다.

현재 대한민국의 국가전략은 그 존재 유무(有無)를 떠나, 단기적인 대중적 처방과 정책대안의 제시에 급급하다는 비판적 판단이 주류를 이루고 있다. 즉 중·장기적 전망과 전략방향에 대한 합의가 부족하고 비전(Vision)이 약한 상태에서 수많은 정책대안(政策代案)과 제도개선방안이 제시되기 때문에 각 대안별로 충돌과 혼란이 초래되고 있다. 따라서 되도록 구체적인 정책이나 제도분석은 간략히 다루고, 이것이 갖는 국가전략적 의미를 찾아내는 데 주력하고자 노력하였다.

각 국가는 자국이 처한 전략적 환경에서 국가이익의 구현과 국가목표 달성을 위해 가장 적합하다고 생각하는 국가전략을 채택한다. 물론 이에 대한 기준이 다양할 수 있고, 채택한 전략을 얼마나 효과적으로 달성할 수 있는지는 그 국가의 정책과 이를 구현하는 지도자의 리더십, 국민의 지지, 국가자원 등 가용역량에 따라 달라지게 된다. 하지만, 전략환경이나 그 국가의 기본역량이 하루아침에 변화되는 것은 아니기 때문에 국가전략은 대부분의 국가에 있어서 역사적인 연속성을 갖게 된다. 따라서 국가별로 국가전략에는 일정한 전통과 유형이 있고, 변화방향에 대한 예측이 어느 정도 가능하다.

21세기의 극심한 변화와 불확실성의 시대에서 20년 후를 설계한다는 것은 어렵고도 위험한 작업이라 할 수 있다. 그러나 우리가 원하는 방향으로 미래를 준비하고 설계하기 위해서는 우리의 희망이 반영되어 있으면서 동시에 실현 가능한 미래상을 설계하는 것이 필요하다. 왜냐하면 우리의 머릿속에서 그려진 생각들이 곧 새로운 대한민국을 창조하고 변화시키는 설계도가 될 수 있기 때문이다.

본서, '국가전략론(國家戰略論)'은 이러한 전제조건을 바탕으로 하면서 21세기에 조국의 생존을 보장하고, 번영·발전과 평화통일을 이루어 선진일류국가로 도약할 수 있는 기반적 토대와 모델을 제시하기 위해 작성되었다. '국가전략 부재(不在)의 정책'을 경계하면서도 '정책적 해결능력을 담고 있는 전략'을 제시하기 위해 망원경과 현미경을 동시에 사용하여 이를 통합하는 접근방법을 모색하였다.

'국가전략론–理論과 適用'은 총 7개 장(章)으로 구성하였다. 제1장에서는 국가전략의 개념, 국가전략의 사명과 역할, 국가전략의 구성요소, 국가전략의 성공조건 등을 통해 국가전략을 고찰한다. 제2장에서는 국가전략의 기획체계, 국가전략의 수립 주체, 국가전략 수립 절차, 국가전략 기획 및 수립 시 유의사항 등을 통해 국가전략의 수립체제를 분석한다. 제3장에서는 전략의 정책화 구현 과정, 전략과제의 집행, 자원의 효율적 배분 등을 통해 국가전략의 집행체제를 도출하고자 하였다. 제4장에서는 대한민국의 국가전략의 변천과정을 광복·건국과 전쟁기, 전후 복구기, 근대화 추진기, 유신체제와 경제 고도성장기, 민주화와 균형발전 추구기, IMF체제 극복과 남북화해협력기 등 6개 시기로 구분하여 분석하고, 21세기 국가전략에 시사(示唆)하는 교훈을 도출하여 제시하였다. 제5장에서는 국가대전략의 기본방향을 정립하기 위하여, 21세기의 전략환경을 평가하고, 21세기에 요구되는 대한민국의 기본이념 및 가치를 도출한 후 이를 근저(根底)로 하는 국가이익과 국가목표를 정하고 이를 구현하기 위해서 각각 국가비전과 국가전략의 기본방향을 제시하였다. 제6장에서는 기능별 국가전략을 안보전략, 번영·발전전략, 평화통일전략, 선진일류국가전략 등 4개로 나누어 전략의 목표와 추진기조를 제시하였다. 마지막 장인 제7장에서는 분야별 국가전략을 제시하였다. 이는 국가전략의 주요 추진 수단과 대상

분야를 국방, 외교, 정치, 경제, 사회복지, 문화, 과학기술, 교육 등 8개 분야로 구분하여 제시하였다.

이러한 구분은 저자가 그동안 정립된 학문적 이론을 바탕으로 하면서 2030년 시점까지 대한민국의 국가이익과 국가목표를 구현하기 위한 최적의 현실적 방안을 도출하여 국가전략화하기 위해 적용하였다. 예를 들면 평화통일전략은 분단국인 대한민국 특유의 국가전략으로서 이를 분야별 전략에 포함시켜도 될 수 있는 사안일 것이다.

대한민국의 국가전략은 보는 시각이나 분야별로 다양하게 분류될 수 있다. 물론 국가전략을 몇 가지 특정기준에 의해 중첩되지 않게 분류한다는 것은 불가능하다. 그만큼 국가전략은 복합적이고 포괄적이어서 단순하게 분류하기 힘들다. 그리고 국가전략의 목표와 구현수단, 전략의 실제결과가 어느 특정 시점에서 정확하게 분리되어 나타나지 않는다. 따라서 이러한 기능·분야별 구분에는 많은 다른 이견(異見)들이 있을 수 있다고 생각한다. 전략은 선택의 문제이기 때문에 앞으로도 폭넓게 수용하여 발전시켜 나갈 것이다.

기능별·분야별 전략에 추진 목표와 추진 기조만을 포함시킨 것은 세부추진방안과 계획은 시대적인 상황논리와 정치적인 체제, 정권의 향방, 지도자 이념과 리더십의 역량 등에 따라 크게 영향을 받을 수 있는 사안이기 때문이다.

이 국가전략서를 작성하면서 학문적 방법론을 적용하려고 노력하였으나, 아직도 많은 불확실성과 불명확성을 내포하고 있다. 따라서 앞으로 모호성과 불명확성 등 어둠을 걷어내는 작업과 세부발전계획 및 정책으로 구체화시켜 나가는 노력이 병행되어야 한다. 관심 있는 많은 분들의 질타와 동참을 기원한다.

통일조국, 선진일류국가를 염원하며
2009년 희망찬 봄날에
통일 하 정 열

차　　례

제 1 장　국가전략의 고찰

제 2 장 국가전략의 기획 및 수립체제

제 3 장 국가전략의 집행체제

제 4 장 대한민국 국가전략의 변천과정

제 5 장 21세기 전략환경과 국가대전략의 기본방향

제 6 장 기능별 국가전략

제 7 장 분야별 국가전략

표 차 례

그 림 차 례

제 1 장

국가전략의 고찰

제 1 장 국가전략의 고찰

국가전략(國家戰略)이 없는 국가는 영원한 생명력을 누릴 수 없다. 국가전략이란 국가이익을 구현하고 국가목표를 달성하기 위하여 국가적 노력을 어디에 우선적으로 집중할 것인가를 선택, 제시하는 국가차원의 방책(方策)이라 할 수 있다.

제 1 장

국가전략의 고찰

국가는 인류의 역사만큼이나 오래되었으며, 최초의 형태와 현대의 형태 사이에는 큰 차이가 있지만, 국가를 구성하는 3가지 요소, 즉 영토, 국민, 주권에 의하여 정의된다. 일반적으로 국가(State)의 어원은 '스타토(Stato)'로, 15세기 이탈리아의 도시국가를 가리키는 말이었는데, 마키아벨리(Niccolo Machiavelli)가 「군주론」에서 사용한 이후로 각국에서 사용하게 되었다. 이와 같은 어원으로 미루어 볼 때 국가란 말은 대체로 동일민족을 중심으로 해서 형성되기 시작한 근세국가의 명칭으로 쓰인 것이라고 볼 수 있다.

국가란 이를 구성하고 있는 기관들과 그들이 수행하고 있는 기능들의 집합체이다. '국가중심주의(國家中心主義)' 이론에서는 국가행위의 기원과 결과를 기술하고 설명하는 기술적(記述的) 이론을 발전시키려는 데 관심을 갖는 데 비해서, '사회중심주의(社會中心主義)' 이론에서는 사회적 관계로부터 국가와 국가기구들의 필요성을 도출하고 있다.

국가가 비합리적이고 비효율적일 때 그것이 국가의 경쟁력과 국민의 삶의 질을 향상시키는 데 미치는 악영향은 막대하다. 최근 정치가 경제의 발목을 잡고 있는 몇몇 국가들의 경험에서 국가실패의 사례는 쉽게 목격될 수 있다. 따라서, 세계화의 압력과 패러다임 전환에 창의적으로 적응하기 위해서는 제대로 된 국가역할과 국가전략이 필요하다.

전략이란 고민의 산물이며, 또한 그 해결의 방향이다. 작게는 개인의 고민에서 크게는 국가의 고민까지를 포괄하는 개념이다. 역사를 움직이는 인자(因子)를 역사의 진실이라고 한다면 바로 인간과 민족, 위정자와 국가의 고뇌 즉 국가전략이야 말로 역사의 진실의 본질에 해당된다고 할 수 있을 것이다.

국가전략이란 국가의 최고 정치기관이 통일적이고 종합적으로 관장하는 국가 최고의 전략이다. 이러한 국가전략은 국가 기능별 정부부문이 관장하는 기능별·분야별 국가전략의 영역을 포함한다. 즉 국가전략은 개별 영역의 전략들을 포괄하고 유기적으로 통합하는 종합적인 전략이다.

본 장에서는 국가전략에 관하여 이론적·개념적인 틀을 정립할 것이다. 이를 위해 우선 국가의 역할과 기능을 살펴보고, 전략의 특성을 포함한 국가전략의 개념을 정립하려 한다. 다음으로 국가전략의 사명과 역할을 규명한 후, 국가전략의 구성요소의 범주를 정하고, 국가전략의 성공조건을 제시할 것이다. 이러한 작업은 국가정책(國家政策)이 학문적인 체계가 정립되어 있는 반면, 국가전략은 아직도 학문적으로 정립되지 못해 주관적인 관점이 반영되어 있음을 밝혀둔다.

제 1 절 국가전략의 개념 정립

1. 국가의 기능과 역할

국가(國家, Nation, State)란 통치조직을 가지고 일정한 영토에 정주(定住)하는 다수인으로 이루어진 단체를 말한다. 즉 일정한 영토 내에 거주하는 사람들로 구성되고, 그 구성원들에 대해 최고의 통치권을 행사하는 정치단체이자, 개인의 욕구와 목표를 효율적으로 실현시켜 줄 수 있는 가장 큰 제도적 사회조직으로서의 포괄적인 단체이다.[1)]

그러나 복수민족으로 구성된 미국과 같은 국가도 있고, 아프리카나 라틴아메리카처럼 같은 민족이 갈라져서 구성된 국가도 있다. 지금은 고대 도시국가, 로마제국, 중세 봉건국가, 근세 전제군주국가, 근대 자유주의국가, 현대 사회주의국가에 이르는 모든 종류의 정체(政體)를 지니는 단체를 포괄해서 국가라고 한다.[2)]

1) 국가란 사전적 의미에서 보면 “일정한 영토에 거주하는 다수인으로 구성된 정치조직이나 그 단체로서 영토, 국민, 주권이 그 개념의 3요소”라고 규정하고 있다(민중서관, 국어대사전, 2007, p. 322).

2) 국가란 간단히 말하면 주권, 국민과 영토로 형성되는 국제사회에 있어서의 독립된 정치단

이러한 국가의 개념은 고대국가에서 현대국가에 이르기까지 많은 변화를 겪으며 발전해 왔다.[3] 먼저 근대 자유주의 국가체제하에서 국민들은 애덤 스미스(A. Smith)의 보이지 않는 손(Invisible Hand)으로 요약되는 자유경쟁과 자유방임의 자본주의 경제관과 야경국가적인 정치관에 입각하여 국가로부터의 자유를 강조하였으며, 개인의 자유가 곧 사회 전체의 행복을 보장할 수 있다는 낙관적인 생각을 하였다. 고대국가나 봉건국가가 아니라 근대국가를 규정하는 특징은 일반적으로 영토(領土, Territory), 인민(人民, People), 주권(主權, Sovereignty)이다.[4]

그러나 근대국가의 개념은 점차 현대국가로 기능이 확대되었다. 그 주요 배경으로는 ① 정치적인 요인으로 자유와 인권 등 보편적 가치에 기초한 정치체제가 확대되었다. 보통선거제의 실시로 대중이 정치의 주체로 등장하면서 대중의 다양한 정치적 요구와 비합리적인 행태가 증가하고, 국가를 통제해야 할 행정기구가 확대되었다. ② 경제적인 요인으로 자본주의의 심화에 따라 자본이 독점화되면서, 빈부대립, 실업구제와 생활보장을 위한 국가의 관여와 통제가 증가되었다. ③ 사회적인 요인으로는 공업화와 도시화에 따른 생산양식과 의식의 변화로 국민의 정치적 이해가 다원화되면서 각 이해집단이 조직화되고, 분쟁이 정치화됨으로써 이를 조정하기 위한 국가의 기능이 요구되었다.

21세기는 불확실성(不確實性)의 시대이며 세계화와 정보화가 급속하게 추진되는 변혁기이다. 사회적 유동성이 증가하며 갈등이 심화되고, 사회의 복잡성과 불안정성이 증대되는 시기이다. 따라서 사회의 통합과 안정을 위한 국가기능은 수직·수평적으로 더욱 확대되어야 한다. 이를 위해 국가는 과거의 야

위라고 할 수 있다. 국가의 정의는 실로 다양하다. 막스 웨버(Max Weber)는 국가란 "적법한 물리적 강제의 독점을 효과적으로 요구할 수 있는 정치단체이다"라고 표현한 것은 국가의 실력상의 우월성을 강조한 것이며, 또한 러스키도 "국가란 인간의 행위를 통제하는 방법이다"라고 말한 것도 유사한 의미이다. 사회주의적인 이론에 따르면 "국가란 지배계급과 이것을 지주로 하는 국가기관"이 된다. 그러나 거기에는 사회의 사람들 전체가 조직되어 국가를 형성하는 것이며, 국가 속의 통제기관은 국가기관으로서 국가와 구별된다고 하는 설이 대립되고 있다.

3) 리프먼(W. Lippmann)은 "가장 적게 통치하는 정부가 가장 좋은 정부라고 보는 것이 18세기의 진리라면, 가장 많이 공급해 주는 정부가 가장 좋은 정부라고 보는 것이 20세기의 진리"라고 지적하면서 국가의 기능은 사회적·역사적 상황에 따라 변화해 왔다고 주장한다.

4) 대한민국 헌법 총강 제1, 2, 3조에 의하면 국가의 구성요소는 국민, 주권, 영토를 의미한다(김철수, 헌법학신론, p. 967).

경국가(夜警國家)의 개념에서 행정국가 및 복지국가개념으로 국가기능을 더욱 확대해야 할 것이다.

그러면 국가는 어떠한 기능을 갖고 있는가? 여기에는 학자에 따라 견해의 차이가 있다.[5] 그러나 이를 정리하면 국가의 기능은 제1차적 기능과 제2차적 기능으로 구분할 수 있다. 먼저 1차적인 기능은 개인의 자유와 안전을 보장해 주기 위해 대외적으로 적의 침략으로부터 국민과 영토, 그리고 주권을 보호하는 국가안보적 기능과 대내적으로는 국민의 생명과 재산을 보호하고 사회질서를 유지하는 치안유지 기능을 갖고 있다. 국가의 2차적인 기능은 경제, 사회, 문화 등의 제 분야에서 공동복지사업을 증진시켜 국민의 삶의 질을 향상시켜 주는 것이다. 따라서 국가는 우리에게 삶의 터전을 제공해 주고 행복의 제요소를 제공해 줄 뿐만 아니라 각자의 이상을 실현토록 보장해 주는 역할을 한다.

자본주의국가가 수행하는 주요 기능은 공공재의 공급기능, 사적 시장에 대한 규제와 촉진기능, 사회적 엔지니어링기능, 사회집단들간의 갈등의 중재자로서의 기능, 다양한 의견과 적대자들을 포용해 주는 우산조직 및 은신처로서의 기능 등이다.

국가란 국민 전체의 정치적 참여를 기초로 하는 국제관계에 있어서 정치적인 자립체이며, 그 자립의 존재와 그 존재를 자랑으로 하는 국제정치적인 개성이라고 말할 수 있다. 다시 말하면 자립자존(自立自存)을 가치관으로 하는 생각과 이를 바탕으로 행동하는 국제정치적 인격을 갖는 조직이다.

일부에서는 세계화 시대에 민족국가(民族國家, Nation-State)의 소멸을 논하는 성급한 견해도 없지 않다. 기업전략과 기업경쟁력이 있을 뿐, 국가전략 및 국가경쟁력이란 개념은 있을 수 없다는 자유주의적 사고도 존재한다. 그러나 기업과 국가는 다르고, 기업체의 대표와 국가의 대통령도 다르다. 세계화에도 불구하고 국가는 여전히 중요하다. 국가 없는 글로벌 자본주의는 비현실적이다. 오히려 세계화 시대이기 때문에 제대로 된 국가의 역할과 국가전략이 필요하다. 물론 세계화 시대에는 국가에 의한 규제의 강도나 개입의 범위는 좁아질 것이다.

---

5) Jacobson, G. A.는 국토보전(군사력)과 국내안전(경찰력), 국제관계(외교력)를 유지하고 국민을 위한 교육을 실시하는 기능으로 구분하였으며, Almond, G. A.는 재화·인간서비스 등 자원의 추출과 재화·서비스·가치 등의 분배, 행동규제 등을 기능으로 구분하였고, Johnson, R. J.는 보호·중재·국민결속·편리제고·관리와 행정 등으로 구분하였다.

경제통합이 이루어지면 국가의 역할이 없어질 것이란 주장도 있다. 하지만 국가주의적 사고에 의하면 아무리 경제통합이 이루어져도 국가의 역할은 남아 있게 된다. 각 국가는 다양한 발전을 하게 되므로 경제적 통합에 의한 완전한 수렴이란 있을 수 없을 것이다. 거시경제를 분석해 보아도 완전한 통합은 비현실적임을 확인할 수 있다. 예를 들어 선진국인 OECD국가 관계에서도 인플레율은 비슷한 수준이지만 이자율이나 실업률 등은 서로 상치하는 방향으로 움직인다는 분석들이 나오고 있다. 그리고 국제기구에서 지향하고 있는 이른바 '좋은 지배구조(Good Governance)'는 바람직하지도 가능하지도 않다는 게 다양화론의 반박논리이다.[6]

세계화의 동인은 정보통신기술의 발전이고 세계화의 주체는 시장과 기업이다. 그렇지만 세계화가 진전될수록 국가의 역할은 더욱 커질 것이다. 국가가 근대화 시기에서처럼 모든 요소를 규제하고 지원하는 시대는 지났다고 할 수 있지만, 아무리 디지털 경제와 글로벌 경제가 완성되더라도 시장을 감독하고 보완할 국가의 역할은 여전히 중요한 요소가 될 것이다. 즉 국가 없는 글로벌 경제는 비현실적이다. 그러므로 세계화 · 글로벌화 · 지식정보화시대에서도 국가의 역할과 국가전략의 중요성은 더욱 커질 것이다.

국가는 우리에게 안전을 제공함으로써 예측가능한 생활의 기반을 마련해 주고 있다. 근대국가는 수세기 동안 국내의 안정뿐만 아니라 국외의 적으로부터 국민을 보호하고 경제적인 번영을 이룩하기 위한 꾸준한 노력을 해 왔다. 인간은 그가 필요로 하는 안전과 안보, 그리고 경제적 터전을 제고하는 정치조직이나 집단에 그의 충성심을 바쳐 왔다. 16세기 이후 근대 독립 주권국가는 국민의 안전과 안보, 경제적 발전을 제공하는 국가나 정치조직으로 발전하기 위하여 노력하였다. 근대 독립 주권국가는 어느 정치집단이나 조직보다도 인간이 필요로 하는 국가로서의 역할을 잘 구현해 왔기 때문에 인간이 갈망하는 안전을 제공하는 인간의 욕구를 대체로 충족시키고 있다고 말할 수 있다.[7]

6) 류상영 외, 국가전략의 대전환(서울: 삼성경제연구소, 2001), pp. 38-40.

7) 현재 국제질서에 있어서 안보의 기본적 주체는 여전히 국가이다. 부잔(Barry Buzan)은 국가의 3대 구성요소로서 ① 조직이념 ② 제도 ③ 물리적 기반을 들고 있다. 그는 그 대외적 관계에 있어서의 국가를 힘(Power)이라고 부른다. 주로 물리적 기반에 따라 강대국(强大國, Strong Power)과 약소국(弱小國, Weak Power)이 구별된다. 혼용되고 있기는 하지만 힘(Power)의 대응 개념으로서의 국가(State)는 그 대내적 측면을 주로 한 독립적 개체로서의 국가를 의미한다. 그 조직이념과 제도가 정통성을 가지고 안정된 국가, 즉 사회 · 정치적 결

2. 전략의 어원 및 의미

전략(戰略, Strategy)이란 말의 어원은 동양에서는 '전승을 위한 꾀' 또는 '책략(策略)'이란 의미에서 비롯되었으며, 서양에서는 희랍어의 '장군(將軍, Strategos)'이란 말로부터 'Strategy'로 변천하였다.[8)] 서양에서의 'Strategy'란 말은 오랫동안 전쟁에서의 용병을 중심으로 한 군사전략에 국한하여 사용되어 왔으나, 20세기에 들어서 국가총력전 개념이 도입되고, '대전략(大戰略, Grand Strategy)'이란 용어가 사용되기 시작하면서 나아가 전·평시를 망라한 국가전략으로 그 개념의 범위가 확대되었다.[9)]

한자로는 싸움할 '전(戰)'자와 꾀 '략(略)'자가 합쳐진 용어로 '싸움하는 꾀'라는 뜻을 나타내고 있다. 이 말은 고대 중국의 주나라 병서인 「육도(六韜)」와 「위료자(尉燎子)」 등에서 사용된 전권(戰權), 전도(戰道), 병법(兵法), 병도(兵道)라는 용어가 발전된 것으로 권모(權謀), 모공지법(謨攻之法), 지략(智略)과 모략(謨略) 등의 말과 같이 사용되었다. 그리고 전략이라는 용어는 춘추시대 이전의 주(周)왕조 초기에는 무인(武人)의 행동에 관한 순수한 군사적 의미로 한정되어 사용되었으나, 도시국가의 연합체가 형성된 춘추시대에 접어들면서 무력과 권모를 동시에 구사하여 정치를 행한 소위 패권에 의한 정치수단으로

속이 강한 국가를 'Strong State' 그렇지 않은 국가를 'Weak State'라고 부른다.

8) 전략이라는 용어는 고대 그리스의 'Strategos' 또는 'Strategia'라는 말에서 유래되었다. 애초에 'Strategos'라는 말은 고대 아테네에서 10개의 부족단체로부터 차출된 10개 연대(Taxi)를 총 지휘했던 장군의 명칭이다. 그리고 'Strategos'가 구사하는 용병법을 'Strategia'라고 하였는데 이것은 장군의 지휘술(Generalship) 또는, 장군의 술(The Art of The General)을 뜻하며 이와 같은 말들이 발전되어 오늘날의 Strategy라는 용어가 되었다.

9) 옛날부터 전략이란 어떻게 전쟁을 해서 승리할 것인가와 전쟁이란 무엇인가를 주제로 다루어 왔다. 손자병법에는 전략이란 용어는 없으나, 여기에 해당하는 병자(兵字), 즉 전쟁, 병법, 전략, 전술 등 '용병지법(用兵之法)'을 설명하고 있다. 즉 손자는 백번 싸워 백번 승리하는 것이 최상이 아니라 싸우지 않고 승리하는 것이 최상의 전략이라는 '부전승전략(不戰勝戰略)'을 강조하였다. "가장 훌륭한 전략은 적의 전쟁하려는 의도를 분쇄하는 일이고, 차선책은 적의 동맹관계를 끊어 고립시키는 일이며, 그 다음은 무력을 사용하여 적군을 격멸하는 일이고, 최하의 전략은 적의 성을 공격하는 일이다(上兵伐謀, 其次伐交, 其次伐兵, 其下攻城)"라고 추가설명하고 있다. 알렉산더대왕, 시저, 징기스칸, 이순신과 나폴레옹 등 위대한 장수들은 이를 구현하기 위하여 노력하였다. 클라우제비츠는 그의 전쟁론에서 정책과 전략 전술을 언급하고 있는데 정책이 전쟁목적(戰爭目的)을 결정하고, 그 목적에 따라 전략은 군사목표(軍事目標)를 결정하며, 전술은 결정된 군사목표를 달성하는 수단, 즉 전투를 하는 것으로 정의하였다.

변모됨으로써 순수한 군사적 개념 이외에도 비군사적인 개념이 포함된 복합개념으로 발전하였다.

전략이란 목표의 실현을 보증하고 또한 대립, 분쟁 등의 사회적인 문제를 해결하기 위한 수단을 동반하는 이론, 계획과 행동 등의 일련의 절차를 의미한다. 그 일반목적은 의지주체자의 의도의 실현을 보증할 수 있도록 계획적으로 우리 의지와 행동의 자유를 획득하는 것이다.

즉 전략이란 목적구현을 보증하기 위하여 구체적 수단을 제공하는 것임과 동시에 인간사회에 있어서 고민을 해결하기 위한 일련의 프로세스이기도 하다. 그리고 실천행동을 통하여 우리의 의지와 행동을 저지하려고 하는 상대의 의지와 행동의 자유를 속박하고 무력화 또는 이용함으로써 결과적으로 의지 주체자가 목표를 달성하기 위한 자유를 향유할 수 있도록 한다. 이것이 바로 전략의 임무이다.

전략은 속성과 본질상 가치의 체계, 힘의 체계 및 이익의 체계로 구성된다.[10)]

전략이란 본질적으로 수단을 목적에 적용시키는 방책이나, 그것의 성공은 목적과 수단의 조정에 달려 있다. 전략이란 용어는 근본적으로 정치와 군사적 개념을 동시에 포함하고 있으나, 이러한 의미로서 전략이란 용어가 일반적으로 사용되기 시작한 것은 18세기가 되어서였다. '전술(戰術, Tactics)'이 전략이라는 용어보다 먼저 보편적으로 사용되었다. 그러나 전쟁이 보다 복잡해지고 프랑스 혁명의 경우처럼 전쟁이 혁명사상으로 무장하여 한 국가의 존립과 연관되면서 더 포괄적인 용어가 필요하게 되었다.

1801년 파리에서 발간된 군사사전은 처음으로 'Strategime'이라는 용어를 '전투의 규칙 또는 적을 패배시키거나 굴복시키는 방법'이라고 정의하였고,

---

10) 프랑스의 전략가인 앙드르 보프레(Andre Beaufre) 장군은 그의 저서 「전략입문(An Introduction to Strategy)」에서 "전략의 본질이란 두 개의 상반된 의지가 충돌할 때 생겨나는 추상적인 상호작용이다. … 따라서 전략은 힘의 변증법적 술이다. 더 명확히 말해서 그들의 쟁점을 해결하기 위해 힘을 사용하는 두 개의 상반된 의지의 변증법적인 술(術)이다"라고 설명하고 있다. 그는 "전략은 하나의 사고방식(A Method of Thought)이며, 그 목적은 각 현상을 계통적으로 배열해서 그 우선순위를 확정하고 가장 효과적인 행동방책(Course of Action)을 선택하는 데 있다. 각개의 상황에는 그것에 맞는 특별한 전략이 있을 것이다. 어느 상황에서는 최선의 전략이라 할지라도 다른 상황에서는 최악일 수도 있다. 이것이 기본적인 진리이다"라고 기술하고 있다.

'전술'을 병력이동의 과학이라고 정의하였다. 나폴레옹 전쟁기간중에 전략이란 용어는 점차 'Strategime'이란 뜻을 함축하게 되었고, "장군의 술"은 광범한 영역의 제반활동을 포함하였을 뿐 아니라 전쟁수행을 위한 계획에 관련되는 활동을 포함하게 되었다.

조미니(Jomini, Antoine-Henri)는 전략을 여섯 가지 전쟁술 중의 하나로 제시하였다. 그것은 전략(Strategy), 정략(Statemanship), 대전술(Grand Tactics), 군수(Logistics), 공병술(The Art of Engineer), 그리고 소전술(Minor Tactics) 등이다.

클라우제비츠(Carl von Clausewitz)는 "전략은 전쟁목적을 달성하기 위한 전투의 사용이고, 전술은 전투에서의 전투력의 사용이다"라고 하였으며, 데니스 마한(Dennis H. Mahan)은 "전략은 군대를 지휘하는 장군의 과학이고, 전술은 부대를 조직적으로 결집시키고 이동시키는 술(術)"이라고 하였다.

3. 전략개념의 발전

전략의 개념이 보다 확대된 것은 전쟁의 근대적 혁명이라고 할 수 있는 나폴레옹 전쟁이 전환점이 되었다. 전략의 개념은 "전장의 행동에서 중시되었던 '장군의 술(術)'이 아니라 전쟁을 수행하기 위한 한 나라의 전체적인 노력을 조정하는 업무"로 변화하였다. 특히 제2차 세계대전 이후에는 더욱 두드러진 변화를 가져왔다. 그러나 이때까지의 개념 확장으로는 현대에서 쓰여지는 전략이라는 용어를 설명하기에는 충분치 못하다. 왜냐하면 이 시기까지도 전략은 전쟁을 기획하고 전쟁을 수행하는 과정상의 문제에 국한되어 있었기 때문이다.

이렇게 전략이란 본래 군사용어였지만, 제2차 세계대전 이후 일본인들이 병서에 담긴 전략이론(戰略理論)을 기업경영에 도입하였고, 일본경제를 폐허에서 소생시키는 데 기여를 하게 되었다. 그리하여 경영전략, 기업전략, 투자전략, 판매전략 등의 용어가 일반화되었다. 오늘날 전략이라는 용어가 너무나 광범위한 영역에서 활용되고 있기 때문에 전략연구의 문헌은 매우 방대하고 복잡하게 되었다.

오늘날 우리가 접하는 전략이라는 용어가 사용되어지는 분야는 너무 넓어져서 전략 그 본래의 의미보다는 기획과 관련하여 일반적인 의미로 사용되는 추세다. 즉, 전략의 전문적인 의미보다는 일상적인 사회생활에서 보편적으로 쓰이는 보통명사로 그 의미가 확대되었다. 다시 말해서 우리 일상생활 전 부문에서 전략이라는 용어가 쓰임새가 많으며 그렇게 함으로써 얻는 이익이 크다는 것을 증명하는 것이다.

이렇게 전략이라는 용어가 우리 일상생활 전 분야에서, 거의 모든 사람이 자주 사용하는 보편적이고 아주 일상적인 생활용어가 되었기 때문에 '전략'이라는 단어는 이제 더 이상 군사전문가의 전문용어라고 말할 수 없게 되었다. 문제는 많은 사람들이 전략이라는 용어를 쓸 때, 그것이 원래의 전략이라는 용어의 개념과 정의에 맞지 않는다고 해서 틀리다고 말할 수는 없는 상황이 된 것이다.[11)]

그러나 단순히 학문적·분석적 목적에서 보면 전략은 의지, 지혜 또는 노력의 산물로 여겨지기도 한다. 전략을 다루는 국가조직들은 일반적으로 전략을 '기술(技術, Art)', '학문(學文, Science)' 또는 '학술(學術, Art and Science)'로 정의하기도 한다. 전략을 인간의지의 소산이라는 측면에서 볼 때 "적대관계의 상이한 의지간에 변증법적 기술"로 보기도 하며, 행태학적(行態學的, Behavioral Science) 입장에서는 "목표와 수단을 화합시키는 방법"으로, '결심과정(決心過程, Decision-Making)' 접근방법으로 볼 때에는 "결정자들 사이의 관료주의적 힘겨루기의 소산"으로 표현할 수도 있다. 사전적 의미로는 전략은 ① 전쟁을 전반적으로 이끌어 내는 방법이나 책략 ② 정치·사회운동 등에서의 책략이라고 정의하고 있다.[12)]

졸저자는 이러한 모든 요소와 의미를 포괄하는 차원에서 "전략이란 일정한 집단과 개인이 이익을 구현하고 목표를 달성하기 위하여 가용한 수단과 방법을 효율적으로 활용하는 방책이다"라고 개념규정을 하고자 한다.

---

11) 이제는 전략이라는 용어가 군사분야 전문가만의 전유물이 아니다. 용어의 의미 확대 및 변화란 누가 이렇게 정의했으니 이러한 상황에서만 사용하라는 강제성을 부여할 수가 없는 것이다. 인류사회에서 인간이 사용하는 상태에서 그냥 이해해야 할 것이고 그 개념의 변화를 받아들이는 방법밖에는 없다. 국가에는 국가전략이, 기업가에게는 기업전략이, 그리고 축구감독에게는 필승전략이 있을 것이다. 영업사원에게는 영업전략이, 심지어 대학을 들어가기 위한 수험생에게는 자신이 받은 수능 점수로 어느 대학을 지원하는 것이 합격의 영광을 누릴 수 있을까 하는 원서접수전략이 있을 수 있다.

12) 민중서관, 국어대사전(2007년), p. 2157.

4. 전략의 특성

전략의 본질은 전략이 갖는 함축성과 포괄적인 성격으로 인해 쉽게 표현될 수 없다. 그러나 전략이 지닌 특성을 알아봄으로써 보다 쉽게 전략을 이해할 수는 있을 것이다. 전략은 일반적으로 미래성, 전체성, 상대성, 간접성, 융통성, 비밀성과 난해성 등의 특성을 지니고 있다.

첫째, 미래성(未來性)이다. 전략은 사안에 따라 상대적이긴 하지만 현재가 아닌 미래의 문제를 주로 다룬다. 현재가 아닌 미래에 소망하는 최적의 상태를 만들기 위해 가용한 수단을 총동원하여 그 달성 방안을 제시한다. 따라서 전략은 미래를 예측하는 능력을 필요로 한다. 미래를 예측하기 위해서는 상상력이 풍부해야 한다. 요즈음 미래를 예측하는 기법이 많이 있지만 현재가 아닌 일들을 상정해야 하기 때문에 고도의 상상력을 요구한다. 여기서 상상력은 객관적 사실과 과학적 근거에 기반을 두는 것이어야 한다.

둘째, 전체성(全體性)이다. 전략은 전체를 한 덩어리로 묶어 포괄적으로 달성하고자 하는 목표를 정하고 그 달성방법을 결정하는 것이다. 따라서 사소한 것은 무시하고 거시적인 접근방법을 사용한다. 또한 전략은 전체적으로 다루다보니 모든 일을 하고자 할 때 가장 먼저 시작하는 과정이라는 특성을 가지고 있다.

셋째, 상대성(相對性)이다. 전략은 승리하거나 추구하고자 하는 목표가 있기에 반드시 경쟁하거나 대상이 되는 상대가 있다. 이때 상대하는 대상에 따라 유형적인 존재와 무형적인 대상으로 구분되기도 한다.

넷째, 간접성(間接性)이다. 전략은 상대가 알아차리지 못하도록 간접적으로, 은밀하게 목적하는 바를 추구한다. 전략이 직접적이라는 것은 전략답지 못한 것이다. 물론 직접전략이라는 것도 있을 수 있다. 그럴 경우에는 전략의 다른 특성을 가진 경우라고 보면 될 것이다. 대체로 전략이 간접적이지 못하면 성공의 가능성은 그만큼 낮아진다고 할 수 있다.

다섯째, 융통성(融通性)이다. 전략은 현재가 아니고 미래를 다루는 것이므로 변화하는 상황에 맞게 적용될 수 있어야 한다. 이것은 미래예측에 대한 인간의 한계 때문이다. 만일 인간이 미래를 정확히 예측할 수 있다면 전략을 수립하지 않고 바로 실행계획을 만들 것이다. 그러므로 전략은 통상 포괄적이고 개략적인 용어로 표현된다. 그래서 많은 사람들이 전략을 모호한 것이라고 비판하기도 한다.

여섯째, 비밀성(秘密性)이다. 전략은 상대가 있기 때문에 비밀적인 성격이 높다. 상대가 원하지 않는 방향으로 전략을 세워야 할 경우는 특히 더 심하다. 전략이 긍정적인 업무를 처리할 경우에는 비밀성이 약해질 수 있다. 그러한 경우는 상대가 그 전략 내용을 알고자 하는 욕구가 약한 상황이다. 그러나 대개의 경우 전략이 노출되었을 경우 그 전략은 실패라고 보아야 할 경우가 대부분이다. 그러므로 전략은 고도의 비밀을 요구한다. 때로는 전략을 공개하는 경우가 있다. 그것은 상대가 그것을 알아도 무방하거나, 아니면 상대방에게 전략을 알려 줌으로써 전략을 구사하는 당사자가 상대방을 원하는 방향으로 유도하기 위함이다. 이 경우에는 통상 전략의 주체가 힘의 절대 우위를 확보한 상황이 되어야 한다. 미국의 경우 일반적으로 전략을 공개하는 경우가 많은데 대부분 여기에 해당한다. 즉 전략을 공개함으로써 공개하지 않는 것보다 더 이로운 경우에만 통상 비밀성을 훼손할 수 있다.

끝으로, 난해성(難解性)이다. 전략은 흔히 어렵다고 한다. 그 이유는 관련 분야의 전문가만이 알 수 있는 내용이 대부분이기 때문이다. 전략은 기본적으로 미래에 관한 상황을 예측할 수 있어야만 수립될 수 있기 때문에 비전문가가 보기에는 어렵게 느껴지는 것이 너무나 당연한 것이다. 그렇지만 아무리 어렵고 난해하다 하더라도 그 내부에는 과학적이며, 동시에 각각의 요소들이 정확한 상관관계를 유지하고 있어야 한다.[13)]

이상에서 전략이 가지는 몇 가지 주요 특성을 열거하였다. 여기서 제시한 순서가 갖는 의미는 없다. 따라서 중요도는 상황에 따라 달리 해석될 수 있을 것이다. 단지 전략이 지닌 특성을 이해하고 접근함으로써 좀 더 올바르게 전략을 수립하고 집행할 수 있도록 하기 위함이다.

5. 국가전략의 개념

국가전략(國家戰略, National Strategy)이라는 용어는 폰 델 고르츠(von Del Gortz)가 19세기 말에 이미 사용하고 있으나, 언제, 어디서 처음으로 사용되었

13) 김진항, 전략이란 무엇인가(양서각, 2006), pp. 192-204.

는지에 대해서는 알려져 있지 않다. 그러나 현대적 의미에 있어서는 제2차 세계대전 후 미국에서 적극적으로 사용하기 시작한 것은 분명하다.[14)]

보다 명확한 이론구성을 해 낸 것은 리델 하트(Liddel Hart)의 대전략(大戰略, Grand Strategy, 1954년)이며, 또한 그 뒤를 이은 앙드르 보프레(Andre Beaufre)의 총력전략(總力戰略, Total Strategy, 1963년)이다. 이 두 개의 이론은 국가전략의 유형에 들어가는 것이지만 전자는 주로 전쟁시의 국가최고기관에 의한 전쟁지도라고 할 수 있는 성격을 갖고 있으며, 또한 전후에 대한 대책까지를 포함한 국가전략이며, 후자는 국가의 안전보장을 위하여 전・평시를 통해 안보, 정치, 국방, 경제전략 등 국가의 기능별 또는 분야별 전략의 정점에서 이것들을 통합하는 기능을 갖고 있다.[15)]

오늘날 학문적으로 정립된 국가전략의 개념은 국가가 처한 국내외 환경 속에서 국가목표(國家目標, National Objectives)를 설정하고, 가용한 자원과 수단을 효과적으로 동원하여 이를 추구해 나가는 국가의 목적 지향적 활동이다. 즉 국가전략은 국가이익을 구현하고 국가목표를 달성하기 위하여 국력의 모든 수단을 통합, 조정하여 개발, 사용하는 방법을 말한다. 국가가 당면하게 될 위협과 기회를 예견하여, 국가적 노력과 제한된 자원을 국가이익을 구현하고 국가목표를 달성하기 위하여 어떻게 배분하고 운영하며, 어디에 우선순위를 두고 집중 사용할 것인가 하는 방향과 현실적 행동방책을 선택하는 것이 국가전략인 것이다.[16)] 따라서 훌륭한 국가전략은 기회를 포착, 활용하여 국가발전과

---

14) 이것은 다분히 미국의 국가안전보장법(National Security Act, 1947. 7. 26 제정)과 깊이 연관되어 있는 것으로 생각된다.

15) 콜린스(John M. Collins)는 「大戰略論(Grand Strategy)」을 통해 국가전략은 전・평시를 막론하고 국가목표와 국가이익을 달성하기 위하여 한 국가의 모든 힘을 규합해 내는 것이며 이러한 맥락 속에는 하나의 포괄적인 정치전략(政治戰略)이 들어 있는데 이것은 제반 대내외 문제, 경제전략 및 군사전략과 모두 관련을 갖고 있으며 각 구성요소는 국가안보(國家安保)에 대해 즉각적 또는 간접적으로 영향을 준다는 것이다. 그리고 얼(Edward Mead Earle)은 「현대전략의 창시자들」의 서언에서 전쟁과 국가전략에 대해 대단히 중요한 견해를 피력한 바 있다. 그의 견해에 의하면 전쟁정책(戰爭政策, War Policies)의 이해를 군인이나 또는 통치자에게만 또는 군인과 통치자 모두에게 맡기는 것은 어리석은 일이라는 것이 자명한 것이다. 따라서 국가전략은 대통령에 의해 형성되고 반드시 의회에서 권한이 부여되어야 한다는 것이다. 왜냐하면 국가전략 때문에 나라가 논쟁하는 사회로 전환되어서는 안 되기 때문이다.

16) 국가전략의 정의에 관해서는 "1962년 미국방정책(미국의회도서관 입법자료부편)"에서 "국가전략이란 국가목표를 달성하기 위하여 국가의 정치적・경제적・자연과학적・지리적・군사적 일체의 자원을 사용하기 위한 총괄적인 계획이다. 이것은 채택되는 전략구상에 기초

번영을 가져오며, 위기를 효율적으로 관리하여 국가의 안전을 보장한다.

국가전략이 전쟁이나 위협대응에만 국한되는 것은 아니기 때문에 학술적인 규범적 정의보다는 실제로 전략을 다루는 국가조직의 정의를 살펴볼 필요가 있다. 한 예로 미국의 국방부는 국가전략을 "전・평시 국가목표를 보장하기 위하여 군사력과 정치적・경제적・심리적인 국력을 증진시키고 이들을 사용하는 학술(學術, Art and Science)"로 정의하고 있다.

행태학적 접근방식에 의한 규범적 정의는 국가전략의 제요소들을 종합적으로 관찰하고 이해하는 데 있어서 다른 접근방식에 의한 정의보다도 편리한 참조의 틀(Frame of Reference)을 제공해 준다.[17] 그러나 대부분의 행태학적인 정의는 국가전략의 구성요소들에 초점을 맞춤으로써, 버나드 브러디(Bernard Brodie) 대령의 주장처럼 전략은 인간행위구성의 6하요소(六何要素) 중에 "무엇을 할 것인가"보다는 "어떻게(How to) 할 것인가"를 다루는 것이며, 손자의 '싸우지 않고 이기는(不戰而屈人之兵)' 것과 같이 투자 대 효과에 있어서 효율성이 있는 것이 전략으로서의 가치가 있다는 점을 간과하기 쉽다.

졸저자는 이러한 모든 개념과 요소를 포괄하여 "국가전략이란 국가의 이익을 구현하고 목표를 달성하기 위해서 전시와 평시에 있어서 국가의 국방, 외교, 정치, 경제, 사회복지, 문화, 과학기술, 교육 등의 역량을 발전시키며, 국력의 모든 수단과 방법을 통합・조정하여 효율적으로 개발・사용하는 과학과 기술이다"라고 정의하고자 한다.[18]

하며 국가정책의 지시에 따른다. 이것은 흔히 대전략이라 불리운다"고 규정하고 있다. 일본의 방위연수소의「국방관계용어집(1972년판)」에서는 "국가목표의 달성 특히 국가의 안전을 보장하기 위하여 전・평시를 통하여 국가의 정치적・군사적・경제적・심리적 등의 제 역량을 종합적으로 발전시키고 또한 이것을 효과적으로 운용하기 위한 방안을 말한다"고 규정하고 있다.

17) 행태학적 입장에서의 국가전략에 대한 정의는 리델 하트(Liddel Hart)의 대전략 개념에서 비롯되었다고 할 수 있을 것이다. 그는 "대전략은 궁극적 정책에 의해 세워진 정치적 목표 달성을 위해 국가의 모든 자원을 협조하고 지시하는 노력"으로 보았으며, 그의 이러한 견해는 미주의 환경론적 입장이 추가되어 "국가전략은 제약요인들과 위협을 부과하는 국내적 및 국제적인 특정 환경 속에서 선정된 목표로 나아가기 위하여 가용한 수단을 사용하는 국가의 노력"으로 재정의되고 있다. 그러나 이와 같은 학문적 성격의 규범적 정의는 전략을 전쟁론적 입장에서 인식하여 국가전략도 적대적 관계에서 문제를 해결하려는 노력으로 이해하여 '위협대응'이라는 편향적인 처방적 성격을 띠고 국가전략 노력을 '전쟁', '위협', '제약 요인' 등과 연관시켜 생각토록 하는 경향을 갖는다.

18) 미국에서는 국가목표를 달성하기 위하여 전시 및 평시에 있어서 군사력을 위시한 국가의

국가전략은 위협에 대처하여 국가의 안전을 보장할 뿐만 아니라 기회를 포착하여 국가의 발전과 번영을 추구하는 포괄적인 접근방법이다. 바로 여기에 국가전략이 나라와 상황에 따라 대전략(Grand Strategy), 총체전략(Total Strategy), 국가안보전략(National Security Strategy), 국가정책(National Policy), 또는 국가발전전략(National Development Strategy) 등의 용어로 혼용되는 이유가 있다고 하겠다.

국가전략은 국가가 주어진 환경에서 자국의 가용자원을 효과적으로 활용하여 국가의 이익과 목표를 실현하는 데 필요한 중장기적인 행동원칙(방책)과 이념 및 수단을 포괄한다. 이런 의미에서 국가전략은 단기적인 정책이나 구체적인 제도와 구별된다. 정책과 제도는 국가전략을 집행하는 과정에서의 핵심수단이 되지만 사안의 수준과 시간적 전망에서 차이가 있다.

국가전략은 전략의 일반적 특성에 추가하여 다음과 같은 고유의 특성을 갖는다.

첫째, 국가전략은 중장기성(中長期性)을 갖는다. 정권별로 시대에 따라 국가이익과 국가목표가 약간씩 변화될 가능성은 있지만 제2차 세계대전 후 1990년대 초반까지 지속적으로 추진되어 온 미국의 소련에 대한 봉쇄전략이나, 약 반세기 동안 유지되어 온 유럽의 복지전략과 대한민국의 발전전략처럼 국가전략은 중장기적인 관점에서 추구해야 할 전략이다.

둘째, 국가전략은 미래에 대한 '선견성(先見性)', 즉 비전을 가져야 한다. 최소한 10년 이후를 바라보면서 변화될 전략 환경을 고려한 대응방안을 제시해야 한다.

셋째, 국가전략은 '복합성(複合性)'을 지닌다. 어느 한 가지 특정한 이익과 목표만을 추구하거나 한 가지 변수만을 고려한 국가전략이란 존재하기 힘들다. 안보, 정치, 외교, 국방, 경제, 사회와 문화 등을 종합적으로 고려한 전략이어야 한다.

넷째, 국가전략은 나라의 전통과 가치에 따라 독특한 특수성(特殊性)을 갖는다. 즉 한 나라의 가장 효과적인 경제발전전략이 다른 나라에서는 도리어

정치·경제·심리적 역량을 발전시키며 운용하는 과학과 기술이라 정의하고 있으며, 일본에서는 국가목표의 달성, 특히 국가의 안정을 보장하기 위해 평시와 전시를 통하여 국가의 정치적·군사적·경제적·심리적 등의 여러 힘을 통합적으로 발전시키며 또한 이러한 힘을 효과적으로 운용하기 위한 방책이라고 정의하고 있다.

발전의 걸림돌이 될 수 있다.

국가전략에 있어 가장 중시해야 할 고려요소는 국가이익(國家利益, National Interests)과 국가목표를 분명히 정의하고 그 우선순위를 정하는 것이다. 국가이익은 해당국가가 처해 있는 상황이나 역사적인 전통 또는 추구해 온 국가가치(國家價值, National Value)에 따라 다양하게 설정되고 규정될 수 있다. 한편 국가목표란 국가이익을 지키고 구현하기 위해 달성해야 할 특정목표를 말한다. 국가목표는 대체로 상대적인 기준이나 절대적인 기준에 따라 정해지기 쉽다.[19] 예를 들면 국가경쟁력은 세계 몇 위인가, 1인당 GDP(국내총생산량)가 몇 년 안에 어떤 수준에 도달하느냐 등이 이에 해당한다. 선진국에서는 삶의 질적 목표설정이 일반적이지만, 개도국에서는 대체로 선진국을 벤치마킹하여 양적 내지는 순위적 목표를 설정하는 경우가 많다. 예컨대 고도성장기의 일본의 국가목표는 미국을 추격하는 데 있었고, 대한민국도 총체적인 국가목표로 10년 후 1인당 GDP 4만 달러 이상의 G-10 진입을 설정할 수 있다.

국가이익이나 국가목표는 국가형태와 그 나라의 경제・사회적 발전수준에 따라 달라질 수 있다. 19세기 제국주의 국가들의 국가목표는 대내적으로는 안녕질서유지와 부의 축적이었으며, 대외적으로는 군사력 확장을 통한 식민지 획득 등 이른바 부국강병(富國强兵)으로 표현되는 것이었다. 구소련의 경우에는 대내적으로는 공산주의 사회의 건설을, 대외적으로는 국제계급투쟁에 의한 세계적화를 국가목표로 삼았다. 한편 제2차 세계대전 이후에 탄생한 대부분의 신생 개발도상국의 경우에는 국제 냉전체제하에서 대외적으로는 중립이나 비동맹을 유지하거나 또는 안보동맹을 통해 국가안전을 보장하면서, 대내적으로는 치안유지와 국민적 통합, 그리고 근대화의 추진을 국가목표로 삼았다.

여기서 국가이익과 국가목표의 개념을 보다 정확하게 규정하기 위해서는 미국의 경우를 살펴보는 것이 도움이 될 것 같다. 미국은 매년 대통령의 명의로 '국가안보전략(國家安保戰略, National Security Strategy)'이라는 국가전략보고서를 의회에 제출하고, 일반 국민에게 공개함으로써 대통령이 국가를 어디로 끌고 갈 것인가를 명확히 밝히고 있다.[20]

19) '국가목표(National Objectives)'란 국가이익을 보장하고 신장하기 위하여 국가가 달성하고자 하는 목표를 말한다. 이것은 사실상 국가이익 그 자체를 의미하는 것으로서, 영구적인 것은 아니지만 다분히 장기 지속적이며 추상적인 성격을 띤다.

20) 국가전략은 개념 그 자체가 매우 다의적인 면을 내포하고 있기 때문에 여전히 군사전략 또

한편 신생 개도국에서는 국가전략이 '국가발전전략'과 동의어로 사용되어 왔다. 그러나 냉전 이후에는 일반적으로 국가전략의 중점이 군사적 안보에서 공공이익을 망라하는 포괄적인 개념으로 옮겨가는 경향을 나타내고 있다. 그것은 오늘날의 국가안보개념이 단순히 군사적인 측면뿐만 아니라 정치·경제·사회적 측면을 망라하는 포괄적 안보(包括的 安保, Comprehensive Security) 개념으로 변하고 있다는 사실과도 관련이 있을 것이다.

전략이란 단순히 '계획'이나 '방안'뿐 아니라 실천으로서의 '전략행동'을 포함한 개념이다. 국가전략에 있어서 가장 중요한 점은 단순히 현실 사태에 잘 대처하여 결과를 수확하는 데 그치지 않는다. 그 사태종결을 넘어선 미래 시점에 있어서 보다 바람직한 미래를 창조하는 리델 하트의 '대전략적(大戰略的) 관점'이 존재해야 한다.

대한민국의 국가전략의 역사는 그리 길지 않다. 해방 이후 주권국가가 수립되면서 국가이익과 국가목표가 생기고 이의 실현을 위한 국가전략이 구사되었다고 볼 수 있다. 더구나 생존, 경제적 번영과 발전, 선진일류화 등 3가지 범주에서 국가전략이 종합적으로 고려된 것은 1990년대 이후부터라고 할 수 있을 것이다. 1950년대에 안보전략의 수립이 시작되었고, 1960년대 경제번영발전전략이 구체화되었으며, 1980년대에 들어 민주화, 복지 등을 중심으로 선진화전략이 시작되었다고 할 수 있겠다. 대한민국의 경우 냉전 시대에는 안보전략이 가장 중요한 국가전략이었고, 경제번영과 발전이 두 번째로 중시되었다. 반면, 복지전략은 무시되었다. 안보전략과 번영발전전략은 상호 보완적이기보다는 상충적으로 보는 시각이 강했다. 안보는 경제부담과 민주발전의 저해 등 어떠한 비용을 치르고라도 달성해야 할 과제였다. 하지만 경제위기가 발발하고 이를 극복하는 과정에서 선진화전략이 대두되었고, 번영발전전략과 선진화전략의 중요성이 높아졌다고 할 수 있다. 그리고 세 부문간의 관계도 상충적

는 안보전략과 혼용되는 경우가 적지 않다. 미국에서는 국가경영을 위한 국가전략에 대해 "한 국가가 전략수행능력을 바탕으로 환경의 동태적 변화(Dynamic Change)에 적응하면서 국가의 생존 및 발전을 위하여 인식되는 국익의 실현을 추구하고, 아울러 국가목표의 효율적 달성을 꾀하는 방안(Design)이다"라고 개념정의를 한다. 이와 같은 국가전략의 개념은 광범하고 종합적이며, 다층적, 다차원적 구성과 함께 실천지향적 특징을 나타내고 있다. 즉, 국가전략은 개별적 정책영역들에서 실천 가능한 전략들을 포괄하고 유기적으로 통합하는 종합적 전략이며, 동기적 차원, 인식적 차원, 운영적 및 가동적 차원이 유기적으로 통합된 다층적·다차원적 전략이다.

이기보다는 상호 보완적인 방향으로 전환되고 있다.[21)]

제 2 절 국가전략의 사명과 역할

1. 국가전략의 사명

국가는 국가이익을 구현하기 위한 국가의지에 따라 국가전략을 결정하고, 그 실현을 보증하기 위한 수단으로서 국가로서의 정책을 수립한다. 이러한 과정은 옛날부터 막연한 것이지만 존재하고 있었다. 그러나 국가전략이라는 명칭으로 논의되기 시작한 것은 극히 최근의 일이다. 그것은 국제사회가 상호간에 밀접한 관계를 맺게 되고, 국가의 전략이 단순히 군사뿐 아니라 안보, 정치, 외교, 경제, 사회, 문화 등과 같은 요소의 각각과 그들의 통합에 대해서 관계를 갖게 되었음을 의미한다.

세계화와 지식정보화가 빠르게 진행되고 있는 21세기의 불확실성 시대에서 각 국가는 국제사회의 일원으로서 국제사회의 요구에 어떻게 대처할 것인가와 국가의 생존과 번영에 대해서 국력의 제 수단을 어떻게 효율적으로 운용할 것인가에 대해서 종합적이고 합리적인 대책을 수립해야 한다. 국가의 최고 통치기관은 이를 통합적으로 조정하고 통제해야 할 필요성이 요구된다.

국가전략의 사명은 ① 국가의 바람직한 미래를 창출하기 위한 방안을 제시하고, ② 국가의 생존과 번영 및 발전에 대한 국가정책실현을 보증하는 것이다. 이 두 가지의 사명은 상호 일체성과 보완성을 갖고 있다. 왜냐하면 국가의 바람직한 미래와 연계되지 않는 정책의 실현은 의미가 없기 때문이다. 따라서 국가전략은 종합적으로 검토된 한 정책의 실현을 통하여 국가의 바람직한 미래상을 구축하는 데 혼신의 노력을 경주하여야 할 것이다.

국가전략의 임무는 이러한 사명을 달성하기 위해 국가의 의지와 행동의 자유를 획득해야 한다. 이를 달성하기 위해서는 국가는 국력을 증진시키고, 이를 소요에 따라 효율적으로 통합하고 적절하게 배분하여 운용하여야 한다.

국가전략에 있어서 생존과 번영 그리고 안전의 가치는 상호 밀접하게 연

---

21) 류상영 외, 앞의 책, p. 472.

계되어 있다. 왜냐하면 안전한 생존이 보장되지 않고는 번영은 없으며, 또한 번영에 의한 물적 가치의 확보가 없이는 안전한 생존은 성립하기 어렵기 때문이다. 다른 말로 표현하면 국토, 경제와 방위의 상호 의존성을 의미한다. 이 때문에 자유민주주의 사회에 있어서 생존, 번영, 그리고 안전은 국가안전보장의 3개의 지주이다. 특히 자본주의 사회에서는 국제경제의 법칙성에 의거하여 기능하기 때문에 국제경제의 안정성의 확보야말로 자유주의 사회의 생존을 유지하는 열쇠이며, 또한 사회의 안정과 번영을 축으로 하는 공동사회의 연대성을 견고히 하는 지표이다.22)

국가전략이 가장 필요한 시기는 지금과 같은 전환기와 위기시이다. 좋은 시절보다는 어려운 시기에 대비하고, 어려울 때 힘을 발휘하는 것이 진정한 국가전략이다. 좋은 국가전략을 갖는 국가는 위기극복과 전환에 강하고, 전략이 나쁘거나 없는 국가는 우왕좌왕할 수밖에 없다. 이런 의미에서 지금은 대한민국에 그 어느 때보다 국가전략이 필요한 시기이다. 국내적으로는 세계적인 금융위기 여파로 경제위기의 그림자가 길게 드리워져 있고, 세계적으로 글로벌화, 디지털화, 네트워크화의 대전환이 신속하게 진행되면서 다른 한 축에서는 범세계적인 경제위기가 확산되고 있다. 대한민국은 위기를 효율적으로 관리하면서 새로운 세계적 조류에 알맞도록 국가 시스템을 변혁해야 할 전환기에 놓여 있다. 전략의 실패를 다시 반복하지 않기 위해 국가적 지혜를 모아 미래의 비전과 중장기 국가전략을 수립하고 구현해야 한다.

2. 국가전략의 역할

국가전략은 한 나라가 자신의 안전과 번영을 보장하고 동시에 보다 나은 미래를 확보하기 위해 추구해야 할 목표와 방법을 다루는 역할을 수행한다.

어느 나라에게나 국가전략이 필요한 것은 사실이다. 그러나 상대적으로 약한 나라에게 전략은 더 필요하다. 절대적 우위의 힘을 가진 국가는 상대를 어떻게 이길까 하는 전략을 고려하기보다는 그냥 힘으로 밀어붙이면 승리할 수도 있기 때문이다.

세계 초강대국은 엄밀한 의미에서 전략의 특성을 크게 고려하지 않고 전

22) 미즈시류(端子龍), 국가전략기초론(국방대학교), p. 247.

략을 구사한다. 미국은 대개 국가전략을 공개하는데 그것은 자신의 의도를 발표함으로써 상대가 미리 이렇게 알아서 행동해 주길 바라는 경우가 많다.

전략이란 원래 꾀를 말하는 것이므로 힘이 강한 자는 굳이 꾀를 내려고 하지 않는다. 힘이 모자라는 자가 힘이 센 자를 이기기 위해 꾀를 내고 애를 쓰는 것이다. 이렇게 볼 때 주변에 세계의 강국들로 둘러싸여 있는 우리나라는 생존과 번영발전을 위해서 국가전략이 가장 필요한 나라이다. 즉 우리나라는 국가전략에 대한 많은 연구를 해야만 하는 필요조건을 갖추고 있다.

국가전략은 국가가 국력의 기반을 어디에 역점을 두고 조성할 것인가, 무엇을 기반으로 국력을 행사할 것인가 등에 따라 달라질 수 있다. 국력의 기반을 군사력에 역점을 두고 조성할 것인가, 또는 경제력에 역점을 두고 조성할 것인가를 결정하는 일은 중요하다. 국가의 파워를 군사력과 경제력 어느 쪽에 두고 행사하는가에 따라 국가의 모습 및 특성이 다르게 나타날 수 있기 때문이다.23)

세계는 지금 탈산업사회(脫産業社會)를 맞아 지식정보화혁명이 진행중이다. 더구나 전통적인 국경개념이 사라지고 세계경제가 하나로 통합되는 세계화가 진행되고 있다. 국가, 기업과 개인을 막론하고 모든 경제주체의 행동양식과 시장을 지배하는 규칙(規則, Rule)과 환경이 급격히 변화하고 있다. 따라서 이같이 급변하는 환경에 적응하기 위해서는 새로운 패러다임의 정립과 함께 국가나 모든 경제주체들에게 새로운 전략이 요구되고 있다. 특히 분단국으로

〈그림 1-1〉 국가의 행위영역과 역할

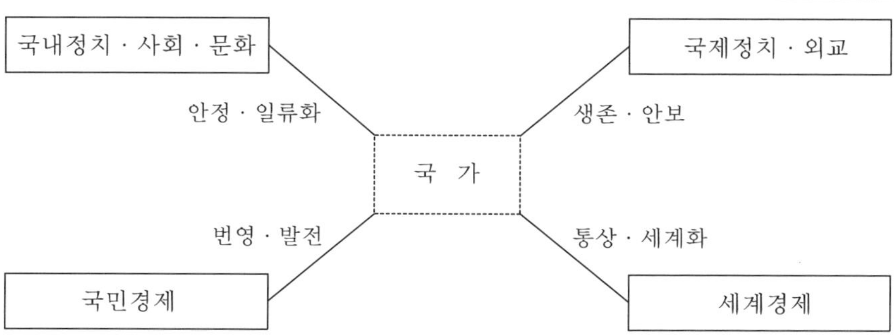

23) 배정호, 일본의 국가전략과 안보전략(나남출판, 2006), pp. 45-47.

〈표 1-1〉 국가의 역할과 국가전략

국가의 역할	국가전략	국가의 행위영역
1. 안정유지, 일류화 구현	정치 · 사회 · 문화전략	국내정치 · 사회 · 문화
2. 생존 · 안보	안전보장 · 외교전략	국제정치 · 외교
3. 번영 · 발전촉진	경제전략	국민경제
4. 통상촉진, 세계화 달성	대외경제전략	세계경제

막대한 안보비용과 함께 평화비용을 지출하고 있고, 외부 경제 환경에 민감하고 취약한 대한민국으로서는 이러한 환경에 적응하기 위한 고도의 국가전략이 필요하다.

우리는 분단에 따른 위기극복과 경제발전을 위해 개혁과정을 거쳤지만 그 과정에서 많은 사회적 비용과 시행착오가 발생했고 위기를 극복하는 것만으로도 힘이 버거웠기 때문에 중장기적인 국가전략에 대한 고려가 부족하였다.

대한민국은 어느 나라보다 국가전략이 필요한 나라이다. 국가안보는 항상 위협받고 있으며, 경제번영은 굴곡과 위기를 겪었고, 일류화를 논하기에는 사회적 갈등의 골이 깊은 게 현실이다. 그동안 직접적으로 표현되지는 않았지만, 정책적 결과를 놓고 보면 대한민국에도 국가전략이 존재하였다. 그동안 학문적인 논쟁과 국민적 합의과정은 부족했지만, 현재의 대한민국이 있도록 국가적 역량을 집중하게 한 국가이익과 국가목표가 비교적 뚜렷하게 존재했고, 어느 정도 성공한 것으로 평가된다. 한미동맹에 의한 안보강화와 수출지향형 산업화에 의한 경제성장노선이 대표적인 국가전략의 표현이었다. 1997년 경제위기 이전에 대한민국의 경제성장을 '기적'으로 칭찬한 것도 결국 대한민국의 번영발전전략에 대한 평가라 할 수 있다.

그러나, 국가전략이 정책적 결과만이 아닌 전략선택과 집행과정을 모두 포함하는 개념이라고 생각한다면, 대한민국에는 국가전략이 매우 빈곤하였다고 할 수 있다. 더구나 국가이익과 목표가 전략적 환경에 따라 유연하게 변해야 하고 위기를 효율적으로 관리하는 것이 전략이라면, 대한민국은 국가전략에 강하지 못한 사례에 포함될 것이다. 대한민국은 전환기와 위기에 약한 모습을 보여 왔으며, 반복적인 전략의 실패가 있었다고 해도 과언이 아니다.

2008년 경제위기를 포함하여 국가위기 때마다 아이디어의 환류채널이 막혀 전략선택과 집행과정에 국가적 지혜가 반영되지 못했고, 그만큼 전환과 위기 극복의 비용을 크게 치렀던 것이다. 따라서 세계화·지식정보화 시대의 불확실성과 변화의 속도를 투시하면서 선진일류국가를 향한 국가전략을 구체화해야 한다.

제 3 절 국가전략의 구성요소

전략의 구성요소는 목표, 개념, 수단이라는 생각이 보편적인 견해다.[24] 국가전략은 국가이익을 정의한 후 한 나라가 추구할 목표에 대한 공통된 가정이나 전제들과 공유된 개념적인 구도가 필요하다. 특히 자국의 이익을 증진시키고 목적을 달성하는 방법, 위협으로부터 나라를 효율적으로 보호하고 위협을 극소화시키는 방안, 가장 유리하고 효율적인 방법으로 문제에 접근하여 최대한으로 나라에 유리하게 이용하는 길이 무엇인가에 대한 폭넓은 합의를 지닌 신념구조가 포함되어야 할 것이다.

국가전략은 ① 한 나라가 추구하는 국가이익과 국가목표의 파악과 우선순위라는 동기적인 요소, ② 주변환경에 대한 평가와 위협 등의 문제를 파악하고 대응방안을 정하는 인식적인 요소, ③ 주어진 환경 속에서 구체적으로 목적하는 바를 달성하기 위해 가장 효과적인 방법을 선택하고 동원할 수 있는 운영적인 요소를 포함하고 있다. 이를 다르게 표현하면, 국가전략의 논의는 다음과 같은 특징을 지닌다고 할 수 있을 것이다. 국가가 추구할 이익을 설정할 때는 개별이익으로부터 집단이익을 추출해야 한다. 국가이익과 국가전략은 국민들의 이익과 전략을 단순 집계한 것은 아니다. 다양한 개별이익으로부터 어떻게 집단이익을 설정하는가 하는 것은 사회선택 이론의 근본적인 과제이다. 민의를 어떻게 종합하여 국가선호도와 공공정책을 결정하느냐 하는 것이다.[25]

---

24) 이는 미국의 육군 대학원(U.S. Army War College) 교수였던 아더 라이크(Arther F. Lykke, jr.) 예비역 육군대령에 의해서 정의되어졌다.

25) 김재한, 대한민국 국가전략의 개념적 구도, pp. 1-5.

국가전략의 우선순위를 정할 때는 전략 상황에 대한 판단이 큰 역할을 한다. 기능별·분야별 국가전략의 우선순위는 국가 최고지도자의 비전, 국회와 국민의 요구, 대내외적인 도전과 요구, 자원의 가용성, 환경적 요인 등에 결정된다. 그 순위는 전략환경의 변화, 기존 전략의 목표달성 여부, 국내 각종 문제에 대한 국민 요구의 증대, 상대국가의 전략과 정책의 변화, 국내외 자원의 변화, 국력의 신장, 강대국의 요구, 선거에 의한 정권 교체 등에 의해 변화한다. 즉, 국가전략의 우선순위는 고정적이지 않으며, 계획대로 움직이지도 않는다.

〈그림 1-2〉 국가전략 추진체계

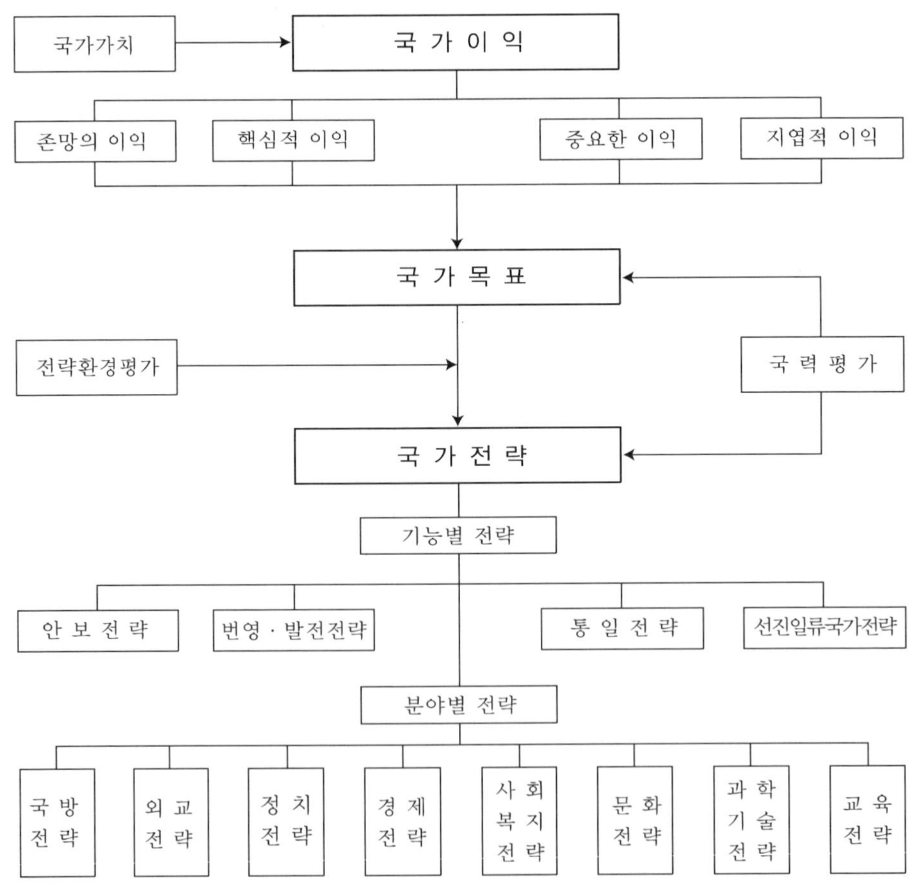

대한민국의 국가전략도 보다 구체성을 지녀야 한다. 국력이 크면 클수록 국가이익과 국가전략이 다루는 범위는 커진다는 점을 염두에 둔다면, 대한민국의 국력이 신장된 것에 비해 국가이익과 국가전략 개념의 체계화는 덜 되었다고 할 수 있다.

대한민국의 국가전략의 개념적 구조를 〈그림 1-2〉 국가전략의 추진체계와 같이 정립하였다. 〈그림 1-2〉는 국가가치를 고려하여 중요도에 따라 네 가지로 분류될 수 있는 국가이익을 상정하고, 이를 바탕으로 설정된 국가목표를 실현하기 위해 정세판단과 국력을 고려하여 4개의 기능별 전략과 여덟 개의 분야별 국가전략을 수립한다는 것을 보여 준다. 국가전략의 추진체계는 세종연구소의 연구결과를 바탕으로 다음과 같은 네 가지 사항을 수정·보완하여 국가이익과 국가전략의 개념적 구조를 발전시킨 것이다.

첫째, 국가가치가 국가이익의 중요한 고려요소로서 국가이익을 형성하는데 유형·무형으로 영향을 미칠 수 있음을 밝혔다. 둘째, 국가이익을 중요도에 따라 존망의 이익, 핵심적 이익, 중요한 이익 및 지엽적 이익으로 세분화하였다. 셋째, 국가전략 중 국가의 역할과 기능을 구현하기 위해 기능별 전략을 안보, 번영과 발전, 통일, 선진일류국가전략 등 4가지를 구분하여 제시하였다. 넷째, 대한민국의 국가전략의 주요 관심영역을 국방, 외교, 정치, 경제, 사회복지, 문화, 과학기술, 교육 등 8개 분야로 나누었다.[26] 우선 통일, 국방과 외교를 분리하여 통일은 한국의 특수성을 고려하여 기능별 전략으로, 국방과 외교는 분야별 전략으로 구체화하였다. 아울러 경제통상 분야도 오늘날 국내문제와 국제문제의 차이가 없어지고 있다는 점을 고려하여 경제전략으로 단일화하였다. 또한 컴퓨터와 정보혁명이 21세기를 주도하게 될 것임을 감안하여 과학기술 분야의 중요성을 국가전략에 반영하기 위해서 과학기술전략을 추가하였다. 이러한 체계에 관한 설명은 관련된 장절에서 상세하게 실시할 것이다.

---

26) 세종연구소의 보고서는 국가전략을 외교안보, 통일, 대외경제, 정치발전, 대내경제 및 사회문화 등 6개 부문으로 세분하였다(세종연구소, 1996, 앞의 책, p. 7). 국가전략을 경제, 군사, 군비통제 및 외교 등 네 부문으로 구분하고 각각의 전략이 국정의 기둥으로서 통합성과 일관성을 가져야 한다는 의견도 제시되었다. 한용섭, “부문별 국가전략의 상호관계와 우선순위의 변화,” 「국가전략」 제2권 1호(1996), p. 37.

1. 국가이익

'국가이익(國家利益, National Interests)'은 주권국가가 대외정책 차원에서 사용해 온 개념이었다. 오늘날에는 국내적 차원에서의 공공이익도 포함하여 포괄적인 개념으로 사용되고 있으며, 국가가치를 구현하는 기반으로 결정된다. 국가이익에 영향을 주는 국가가치는 역사적 혹은 이념적 근원을 갖는 유산이나 규범으로서 국민 전체가 소중히 여기는 것이다.[27] 일부 국가가치는 많은 국가들에 의해 공유될 수 있으나 일반적으로 국가의 특성에 따라 독특한 국가가치를 상정한다. 대한민국의 국가가치는 국조단군의 건국이념인 '홍익인간(弘益人間)'과 반만년 역사 속에서 타국에 대한 침략사례가 거의 없다는 사실이 보여주는 '평화애호주의(平和愛好主義)' 등을 들 수 있다.[28] 국가가치도 국가이익과 함께 국가전략의 중요한 요소로 간주되어야 하지만 통상적으로 국가이익에 반영되어 표현된다.

본서에서는 대한민국의 국가이념과 가치를 ① 홍익인간, ② 인본주의, ③ 자유민주주의, ④ 시장경제, ⑤ 열린 민족주의로 정리하였으며, 구체적인 내용에 대해서는 적용편에서 보다 상세하게 기술할 것이다.

국가이익은 역사, 문화, 전통, 가치, 규범 그리고 국가가 처하게 되는 시대적 상황에 따라 다소 상이할 수 있지만 일반적으로 ① 국가의 자기보존, ② 국가의 번영과 발전, ③ 국위선양, ④ 국민이 소중히 여기는 가치와 체제의 보존 및 신장 등을 추구하고 수호하려는 것을 의미한다.

국가이익을 그 중요도에 따라 여러 범주로 나누기도 한다. 국가이익은 구조적·형태적·상대적 변수들의 집합에 따라 분류할 수도 있으나 가장 자주 구분하는 방법은 전략적·정치적·경제적·사회적 차원에서의 국가이익이다. 국가이익의 기능적 분류에 있어서는 일반적 이익으로 안보(생존), 번영(경제 또는 국민복지, 가치체계), 그리고 국위(國威, National Prestige)의 3개 범주와 특수이익을 합하여 4개 범주로 나누기도 하며, 그 중요성에 따라 주이익과 부수이익,

---

27) Laure Paquette, *National Values and National Strategy*, Ph.D. Dissertation(Kingston : Queen's University, 1992), p. 67.

28) 이 밖에 대한민국헌법의 전문에 선언된 자주독립정신과 민주주의이념을 지고의 국가가치로 보는 견해도 있다. 전경만, "안보정책 결정 측면에서 본 국가이익,"「國防論集」제33호(1996 봄).

또는 주요이익, 긴요(Significant) 이익, 궁극적(Fundamental) 이익, 치명적(Vital) 이익 등으로 구분하기도 한다.

국가이익의 분류와 관련하여 보다 중요한 부분을 차지하는 문제는 국가이익을 중요도에 따라 개념화하고 관련 현안들을 우선순위별로 분류하는 것이다. 국내외적으로 중요하게 여겨지는 몇 가지 연구내용은 다음과 같다.

초기의 연구로서 도날드 네털라인(Donald Nuechterlein) 교수는 국가이익을 "한 주권국가가 다른 주권국가들과의 관계에서 인지하는 필요와 갈망"으로 정의하고 있는데 그는 국제관계에서 주권국가가 모든 국민을 대표하여 최종적으로 행하는 행위에서 국가이익을 발견할 수 있다고 보고, 그 중요도에 따라 '존망의 이익(Survival Interests)', '결정적 이익(Vital Interests)', '중요한 이익(Major Interests)' 그리고 '지엽적 이익(Pheripheral Interests)'의 네 가지로 분류하였다.[29)]존망의 이익이 침해되는 상황에서는 적대국의 군사공격이나 공격위협으로 인해 국가의 존립 자체가 위태롭게 되어 핵무기 등 극단적인 수단의 사용도 불사하게 된다. 결정적 이익이 위태로운 경우에는 상대방의 공격을 격퇴하거나 억제하기 위해 재래식 군사력을 포함한 강력한 대응방안을 강구하지 않으면 심각한 손해가 야기될 수 있다. 존망의 이익과 결정적 이익을 구분하는 기준은 위협의 즉각성과 신뢰성이다. 즉, 결정적 이익이 훼손되는 상황에서는 존망의 이익에서 보다 신뢰도가 떨어지는 위협이 어느 정도 시간을 두고 제기된다고 볼 수 있다. 중요한 이익이 걸린 문제는 국제환경에 따라 영향을 받는 정치, 경제, 이념적 사안들로서 대부분 외교협상을 통해 해결이 가능한 문제들이다. 마지막으로 지엽적 이익이 위태로운 경우에는 국가가 직접적으로 영향받는 것은 아니지만 외국에 거주하는 국민이나 기업에 나쁜 영향이 미칠 수 있는 경우이다.

미 행정부는 군사력의 사용을 고려할 수 있는 국가이익을 '결정적 이익(Vital Interests)', '중요한 이익(Important Interests)' 그리고 '인도적 이익(Humanitarian Interests)'으로 구분하였다.[30)] 결정적 이익이 걸려 있는 사안은 미국과 영토, 시민, 우방 및 경제생활의 방어, 즉 국가체제로서 미국의 존망과 안보 및 결정

29) Donald Nuechterlein, "*The concept of 'national interest': a time for new approach*"(Orbis, 1979), pp. 79-80.

30) The White House, *A National Security Strategy of Engagement and Enlargement* (Washington, D.C. : The White House, 1996), p. 18.

적인 중요성을 갖는다. 미국은 결정적 이익을 보호하기 위해 독자적이고 단호한 군사력의 사용을 포함하여 모든 수단을 강구한다. 중요한 이익이 존재하는 문제는 국가의 존망을 위협하지는 않지만 국민의 생활과 세계질서에 중요한 영향을 미친다. 이 경우 다른 대안들이 목표달성에 실패하고 군사력의 사용이 국익을 증진시키며 무력사용에 따른 손실이 얻는 이익을 초과하지 않는 조건하에서는 군사력도 사용할 수 있다. 인도적 이익의 경우에는 군의 전투력보다는 난민수송 등 기타 능력을 활용한다는 차원에서 제한된 군사력의 사용을 고려한다.

국내학계의 연구로서 구영록 교수는 국가이익을 "한 국가의 최고 정책결정과정을 통하여 표현되는 국민의 정치적, 경제적 및 문화적 욕구와 갈망"으로 정의하고 중요도에 따라 다음 네 가지로 구분하였다.[31] 첫째, '존망의 이익(Survival Interests)'이 걸려 있는 사안은 국가존립을 직접적으로 위협하기 때문에 군사력이 사용되며 협상과 타협의 여지가 거의 없다. 둘째, '핵심적 이익(Vital Interests)'을 갖는 사안은 국가안보에 치명적인 손실을 가져올 수 있기 때문에 역시 신속한 군사행동을 포함한 강력한 대응책이 필요하지만 전쟁보다는 다른 방법에 의한 해결책이 우선적으로 모색된다. 셋째, '중요한 이익(Major Interests)'이 걸려 있는 사안의 경우에는 예방책을 마련하지 않으면 심각한 손해가 예상되므로 정치·외교적 수단을 포함한 다양한 대응이 필요하다. 넷째, '지엽적 이익(Peripheral Interests)'에는 시기적으로 급박하지 않을 뿐 아니라 손해의 규모도 적은 사안들이 포함된다.

구영록 교수는 '국가정책'의 주제별로 외교, 안보, 경제, 문화 및 통일 등 5개 분야의 국가이익을 상정하고 이를 이익의 중요도와 연계하였다.[32] 외교는 중요한 이익의 요소를 포함한 핵심적 이익, 안보는 존망의 이익, 경제는 존망의 이익의 요소를 포함한 핵심적 이익, 통일은 민족이익을 고려한 핵심적 이익, 그리고 문화는 지엽적 이익에서 중요한 이익으로 발전한 것으로 파악하였다.[33]

---

31) 구영록, 한국의 국가이익(법문사, 1995), pp. 31-32.

32) 구영록 교수는 전략과 정책을 분명히 구분하지 않았으나, 그의 "국가정책"은 졸저의 "국가전략"과 같은 개념으로 이해된다.

33) 구영록, 앞의 책, pp. 60-73, 161-176, 208-283. (민족이익에 대한 구체적 설명은 없으나 한민족 공동의 생존과 번영에 관계되는 것으로서 국가이익보다 한 차원 높은 개념으로 볼 수 있다.)

상기한 정의들로부터 국가이익은 "주권국가가 대내외적으로 인지하고 추구하는 가치(價値, Values)"라고 정의해 볼 수 있다. 그러나 이러한 개념은 추상적이기 때문에 현실국가들이 어떤 가치를 추구하고 있는가를 살펴보면 국가이익의 개념을 더욱 구체화시킬 수 있다.

가장 최근의 연구로는 미국의 「국익검토위원회(The Commission on America's National Interests)」의 분류방법을 들 수 있다. 국가안보분야의 저명한 학자들로 구성된 국익검토위원회는 "미국의 국가이익"이라는 보고서를 작성하면서 국가이익 분류에 대한 체계적인 접근을 시도하였다.[34] 이 보고서는 기존의 연구와 달리 국가이익의 중요도별로 세부적인 현안을 가장 구체적으로 제시함으로써 국가이익의 연구를 위한 발전된 접근방법을 제공한 것으로 평가된다.

국익검토위원회의 보고서는 국가이익의 중요도를 '존망의 이익(Vital Interests)', '핵심적 이익(Extremely Important Interests)', '중요한 이익(Just Important Interests)' 그리고 '부차적 이익(Secondary Interests)'으로 구분하였다. 존망의 이익은 국가의 존립과 관계된 것으로 "자유롭고 안전한 국가에서 미국민들의 생활을 보장하고 증진하는 데 반드시 필요한 것들"로 정의된다. 구체적 예로서, 미국에 대한 대량파괴무기 공격과 공격위협의 방어·억제, 유럽과 아시아에서 새로운 패권국의 등장 방지, 동맹국의 생존 보장 등을 들 수 있다. 존망의 이익을 지키기 위해서 미국은 유일지도력과 군사력 및 신뢰성을 증진해야 한다고 보고 있다.[35]

이러한 모든 내용을 포괄하여 본서에서는 국가이익을 ① 존망의 이익, ② 핵심적 이익, ③ 중요한 이익, ④ 지엽적 이익 등 4개로 개념정립을 하였다. 세부적인 내용에 대해서는 적용편에서 상세히 기술할 것이다.

국가전략의 일반적 개념을 고찰한 데 따라 대한민국의 국가이익을 살펴보고자 한다. 대한민국의 국가이익은 지금까지 정부 차원에서 공식적으로 분명히 정의된 바 없다. 국가이익의 정확한 개념과 국가목표와의 차이점 등에 대한 구체적 이해도 부족했던 것으로 보인다.

대한민국의 국가이익은 헌법에서 찾아볼 수 있다. 헌법 전문에는 '자유민

34) The Commission on America's National Interests, *America's National Interests*(Cambridge, MA : Harvard University, 1996).

35) 전성훈, "대한민국의 국가이익과 국가전략"(국가전략 제5권 2호, 세종연구소, 1999), pp. 171-178.

주주의적 기본질서의 확립', '국민생활의 균등한 향상', '항구적인 세계평화와 인류공영에 이바지'와, '평화통일' 등이 명시되어 있고, 또한 본문에는 대통령의 책무와 관련하여 '국가의 독립', '영토의 보존', '국가의 계속성'과 '국가보위', '조국의 평화적 통일', '국민의 자유와 권리증진', '민족문화의 창달' 등이 포함되어 있다.[36)]

이를 보다 구체적으로 살펴보면 현행 대한민국 헌법 전문(前文)에서는 "조국의 민주개혁과 평화적 통일의 사명에 입각하여 정의·인도와 동포애로써 민족의 단결을 공고히 하고, 모든 사회적 폐습과 불의를 타파하며, 자율과 조화를 바탕으로 자유민주적 기본질서를 더욱 확고히 하여 …안으로는 국민생활의 균등한 향상을 기하고 밖으로는 항구적인 세계평화와 인류공영에 이바지함으로써"라고 표현되어 있다. 헌법 제4조에서는 "대한민국은 통일을 지향하며, 자유민주적 기본질서에 입각한 평화적 통일정책을 수립하고 이를 추진한다"라고, 제5조 ①에서는 "대한민국은 국제평화의 유지에 노력하고 침략적 전쟁을 부인한다"라고 언급하고 있다.

한 연구에서는 대한민국 헌법의 전문과 본문에 의거하여 국가안전보장, 경제성장과 국가번영, 자유민주체제 유지·발전, 국위선양과 세계평화에 기여 그리고 조국의 평화적 통일 등 다섯 가지를 대한민국의 국가이익을 대표하는 분야로 제시한 바 있다.[37)] 헌법에 이상의 다섯 가지가 대한민국의 국가이익이라고 명시되어 있는 것은 아니지만 국가의 기본 이념과 철학이 담겨 있는 헌법을 통해 국가이익을 파악하고자 했다는 점을 주목할 필요가 있다. 전성훈도 국가이익과 국가전략이라는 논문에서 같은 틀에서 국가이익을 분류하였다.

헌법에 명문화된 사항들을 다음과 같이 국가이익의 개념으로 재정리할 수 있을 것이다. 즉 '대한민국의 국가이익'은 첫째, 국민의 안전보장, 영토의 보

36) 「국방백서 1998」은 국가목표라는 용어 대신에 국가이익이라는 용어를 사용하고 있다. 대한민국 헌법에 반영된 기본정신에 따라 어떠한 상황에서도 추구해야 할 국가이익은 첫째, 국민의 안전보장, 영토보존 및 주권보호를 통해서 독립국가로서 생존하는 것이다. 둘째, 국민생활의 균등한 향상과 복지 증진을 실현할 수 있도록 국가의 발전과 번영을 도모하는 것이다. 셋째, 자유와 평등, 인간의 존엄성 등 기본적 가치를 지키고 자유민주주의체제를 유지·발전시켜 나아가는 것이다. 넷째, 남북한간의 냉전적 대결관계를 평화공존관계로 변화시키고 궁극적으로 통일국가를 건설하는 것이다. 다섯째, 인류의 보편적 가치를 존중하고 세계평화와 인류공영에 기여하는 것이다. 이 중 독립국가로서의 생존과 주권을 수호하는 것이 최상위로 지켜야 할 국가이익이며, 이는 투철한 안보에 의해서 보장되는 것이다.

37) 임동원, 대한민국의 국가전략, 개념과 변천과정(세종연구소, 1995), p. 23.

존, 주권의 보호를 통해 독립국가로서 '생존'하는 것이다. 둘째, 국민생활의 균등한 향상과 복지를 증진하고 국가의 '발전과 번영'을 기하는 것이다. 셋째, 자유와 평등, 인간의 존엄 등 기본적인 가치와 '자유민주체제'를 유지 발전시키며, '민족문화를 창달'하는 것이다. 넷째, '국위를 선양'하고 세계평화와 인류공영에 이바지하는 것이다. 다섯째, 조국의 '평화적 통일을 달성'하는 것이다.

참여정부는 2004년 대한민국 헌법에 근거하여 국가이익을 다음과 같이 다섯 가지로 정의하였다.[38] ① 국가안전보장 : 국가, 영토, 주권수호를 통해 국가존립 보장, ② 자유민주주의와 인권신장 : 자유, 평등, 인간의 존엄성 등 기본적인 가치와 민주주의 유지 발전, ③ 경제발전과 복리증진 : 국민경제의 번영과 국민의 복지 향상, ④ 한반도의 평화적 통일 : 평화공존의 남북관계 정립과 통일국가 건설, ⑤ 세계평화와 인류공영에 기여 : 국제역할 확대와 인류 보편적 가치 추구 등이다.

이러한 사항을 종합하여 대한민국의 국가이익을 분야별로 보다 구체적으로 정의하면 다음과 같다. 첫째, 국가안전보장은 국민의 안전보장, 영토보존 및 주권보호를 통해 굳건한 독립국가로서 생존을 보장하는 것이다. 둘째, 경제성장과 국가번영은 국민생활의 균등한 향상을 기하고 복지를 증진하며 국가의 번영과 발전을 추구하는 것이다. 셋째, 조국의 평화통일은 평화적인 방법으로 남북 분단상황을 종식시키고 민족의 숙원인 통일을 달성하여 한 민족, 한 국가로 살아가는 것이다.[39] 넷째, 자유민주주의체제 유지와 발전은 자유와 평등, 인간의 존엄 등 기본적 가치와 자유민주체제를 유지·발전시키는 것이다. 다섯째, 국위선양과 세계평화 및 인류공영에 기여는 국위를 선양하고 국제평화와 인류공영에 이바지하며 민족문화를 창달함으로써 대한민국의 국가가치를 범세계적으로 실현하는 것이다.

한 국가가 국민에게 제공해야 할 기본적인 임무를 충족시키는 것은 결코 쉬운 일이 아니다. 국내의 공공질서를 유지하고, 외세의 적대행위 및 침략을 방위하기 위하여 개발된 중추적 개념이 바로 공공이익의 개념과 국가이익의 개념이다. 국내에서 효율적인 정치체제를 구축하고, 또 이를 보호하기 위해 국

38) 국가안전보장회의(NSC), 평화번영과 국가안보(국가안전보장회의 사무처, 2004), pp. 20-27.
39) 전성훈, 앞의 논문, p. 181.

가이익에 기초한 대외정책을 펴게 된다. 이는 국가이익에 기반을 둔 대외정책만이 국민과 영토, 그리고 국가의 핵심적 가치를 잘 보호할 수 있다는 논리에 따른 것이다.

정치사상이나 정치체제와 관계없이, 제한된 국가의 재원과 힘을 효율적으로 동원하고 사용하여 국가이익을 구현하기 위해서 전략과 정책결정자는 당연히 국가이익의 틀에서 전략과 정책을 결정해야 한다. 정치이념이나 정치체제 또는 최고실력자들의 정치적 성향에 의해 국가이익이 전적으로 도외시된 경우는 없었다. 근대주권국가가 국가이익을 구현하지 못할 때 그 국가체제는 국민으로부터 충성심을 이끌어 내지 못할 것이며, 결국은 국민의 욕구를 충족시킬 수 있는 새로운 체제로 점차 변형되게 된다.

세계화 시대인 21세기에는 국제지역경제협력 혹은 정치통합과 같은 형태의 지역주의운동이 강화될 것이다. 따라서 국제지역이익이라는 새로운 개념이 태동하고 있다고 말할 수 있다. 그러나 국제지역개념(國際地域槪念)과 국가개념이 병존하는 시대가 온다고 하더라도 국가이익의 개념이 상당 기간 국제지역정치에 반영될 것이다.[40)]

이러한 모든 개념을 포함하여 본서에서는 21세기 전반부의 대한민국의 국가이익을 ① 국가의 안전보장과 정치적 자주, ② 번영과 발전, ③ 평화통일, ④ 자유민주주의 함양, ⑤ 국위선양 등으로 정리하였다. 세부적인 사항은 관련 항목에서 상세히 기술할 것이다.

2. 국가목표

'국가목표(國家目標, National Objectives)'는 국가이익을 구현하고 신장하기 위하여 국가가 달성하고자 하는 목표를 의미한다. 국가목표는 국가이익을 구현하기 위해 필요한 요건으로서 국가이익의 하위개념이며 국가이익의 증진・보호・획득에 필요한 행위와 상황으로 정의될 수 있다. 국가이익이 추상적이고 크게 변화하지 않는 반면 국가목표는 보다 구체적이고 중장기적으로 변할 수 있는 성격을 가진다. 국가목표가 사실상 국가이익 그 자체라는 견해도 있으나, 분명한 것은 국가목표는 국가이익보다 더 구체적이고 세부적으로 기술

40) 세종연구소, 국가전략 제1권 1호, pp. 43-45.

될 수 있다는 점이다. 물론 국가목표도 국가의 체제가 크게 변하지 않는 한 정권교체에 의해 큰 영향을 받는다고 보기는 어렵다. 다만 국가목표의 설정과 상이한 목표들간의 우선순위 결정은 시대적 상황과 정권의 성격에 따라 영향을 받을 수 있다.

국가목표는 한 나라의 국가체제가 크게 변화하지 않는 한 정권교체에 별다른 영향을 받지 않는 지속적인 성격을 띠고 있으나, 국가목표를 실현하기 위한 국가전략은 선택의 문제로서 정권에 따라 또는 정치지도자에 따라 변화될 수 있는 가변적인 것이다. 정치지도자나 정권의 철학과 비전, 그리고 의지에 따라 다를 수 있으며 그 성과도 다르게 나타나게 마련이다. 일반적으로 국가의 핵심적인 목표는 생존과 번영이다.

예를 들어, 1973년 국무회의는 대한민국의 국가목표로 다음 세 가지를 의결한 바 있다. 첫째, 자유민주주의의 이념하에 국가를 보위하고 조국을 평화적으로 통일하여 영구적 독립을 보존한다. 둘째, 국민의 자유와 권리를 보장하고 국민생활의 균등한 향상을 기하여 복지사회를 실현한다. 셋째, 국제적 지위를 향상시켜 국위를 선양하고 항구적 세계평화에 이바지한다.[41)]

대한민국의 국가목표는 통일 이전까지는 생존, 번영, 통일로 요약할 수 있을 것이다. 이러한 세 가지 목표 중에서 통일은 생존과 번영을 위한 수단으로 이해될 수 있다. 따라서 당면 목표일 수는 있지만, 생존과 번영을 희생시켜 가면서 추구하여야 할 가치는 아니다.

생존과 번영의 두 개의 가치와 안보의 문제와 관련하여 살펴보자. 안보 문제는 생존의 가치와 직결된다. 즉, 안보는 국가목표의 가장 기초적이고 근저에 있는 기본적인 가치를 보호하는 데 그 목적이 있다. 생존의 가치가 달성된 연후에나 번영의 가치 구현이 가능한 것이다. 번영의 가치는 경제나 사회 문화 등의 부문에 의해서 달성될 수 있지만 생존의 가치는 오로지 안보에 의해서만 성취될 수 있다. 안보는 근래에 들어서 그 영역을 넓혀가고 있다.

---

41) 대한민국의 국가목표는 국방부에서 발간하고 있는 국방백서에 언급되어 있는데, 그것은 1973년 국가안보회의에서 의결된 것으로, 국방백서가 처음 발간된 1988년도 국방백서부터 1997년 국방백서까지 수록되어 있다. 「국방백서 1997-1998」에 따르면, 대한민국의 국가목표는 자유민주주의 이념하에 국가를 보위하고, 조국을 평화적으로 통일하여 영구적 독립을 보전하고, 국민의 자유와 권리를 보장하고 국민생활의 균등한 향상을 기하여 복지사회를 실현하며, 국제적 지위를 향상시켜 국위를 선양하고 항구적인 세계평화에 이바지하는 것이다.

1973년에 채택된 이 국가목표는 일반적인 목표만 제시한 것으로 국가이익의 개념과 유사하다. 대한민국의 주요 국가목표들을 국가이익의 각 분야별로 분류하면 〈표 1-2〉에서 보는 바와 같다.

〈표 1-2〉 대한민국의 국가이익과 국가목표분야

국가이익분야	국가목표분야
국가안전보장과 정치적 자주	- 위기관리 및 억제능력 확보 - 신뢰할 수 있는 군사력 확보 - 침략억제 및 억제실패시 격퇴 - 분단상태의 평화적 관리 - 한반도 군비통제 및 군축 - 대한민국에 대한 대량파괴무기 공격·위협 방지 - 첨단 기술의 확보·개발 - 대량파괴무기의 지역적 확산·사용 방지 - 우방국과 안보동맹 유지 - 주변국과의 전략적 협력관계 강화 - 동북아에서 대한민국에 적대적인 국가의 등장 방지
국가번영과 발전	- 경제성장과 국력배양 - 국민생활의 균등한 향상과 복지 증진 - 국제경쟁력 강화와 국가 성장동력 유지 - 해외시장과 수출의 확대 - 에너지·자원 확보
조국의 평화통일	- 남북한 관계의 개선과 발전 - 통일에 유리한 국제환경 조성·활용 - 민족경제의 통일적·균형적 발전 도모 - 북한의 개방과 자유민주화 유도·촉진 - 북한의 급변사태 발생 억지 - 자유민주질서에 입각한 평화통일 달성
자유민주주의체제 유지·발전	- 자유민주주의체제의 정착 - 법치주의와 정의사회 구현 - 국민의 자유와 인권보장 - 북한에 자유민주주의 확산 - 민족문화창달
국위선양과 세계평화기여	- 국제지위에 걸맞는 국내제도와 국민의식 정비 - 각국들과 선린우호관계 유지 - 동북아의 안정과 평화에 기여 - 유엔을 포함한 다자간 협력 장치의 유지·강화

이러한 내용을 포괄적으로 고려하여 본서에서는 대한민국의 21세기 전반부의 국가목표를 대전략차원에서 '평화통일된 선진일류국가'로 정하고, 이를 구현하기 위하여 ① 국가의 생존보장, ② 번영과 발전 구현, ③ 평화통일 달성, ④ 선진일류국가 건설 등 4개의 핵심목표로 정리하고자 한다. 이러한 핵심목표는 국가목표분야에서 기술한 대로 세부목표로 구분되고 표현될 수 있을 것이다. 세부적인 내용은 관련 항목에서 상세히 설명할 것이다.

3. 미래 정세전망 및 전략환경 평가

국가전략은 이미 설정된 국가목표와 이를 실현하기 위한 구체적인 정책 및 수단을 연결하는 국가활동의 추진계획이다. 국가전략이 일관되고 효과적으로 수립·집행되기 위해 중요한 것은 논리성과 설득력을 갖추어야 한다. 국가전략의 내용과 추진방법은 정권에 따라 크게 다를 수 있다. 국가전략은 국가목표를 달성하기 위한 지도자의 비전과 의지에 따라 달라질 수 있는 선택의 문제이기 때문이다. 그러나 논리성과 설득력을 갖추기 위해서는 전략은 합리적인 미래 정세의 예측을 포함한 정확한 전략환경 평가에 기반을 두어야 한다.

전략은 앞에서 설명한 대로 미래를 상정한다. 즉, "현재의 관심 문제 또는 관련이 있는 사안들이 미래에 어떻게 될 것인가?" 하는 물음에 답을 찾아야 전략적 대안을 수립할 수 있다. 따라서 언제나 상황분석, 그것도 미래 목표 시점의 상황을 예측하여 분석하는 것이 가장 중요하다. 그런데 문제는 미래를 미리 상정한다는 것이 쉽지 않다는 점이다. 인간이 할 수 있는 일이란 것은 과거의 행태를 분석하여 그 트렌드를 찾아서 미래로 투사하는 정도이다.

그럼에도 불구하고 전략가는 미래에 일어날 사안에 대해 미리 그 상황을 상정해서 그에 대한 대응조치를 취해야 한다. 즉 여름에 홍수가 올 것을 예견하고 물길을 예측하여 도랑을 파는 등 여러 방법으로 이에 대비한다면 홍수의 피해를 막을 수 있을 것이다. 봄에 여름의 홍수를 예측하고 도랑을 손질할 때는 호미로도 가능할 것이다. 그러나 여름에 큰 비가 내려 홍수가 나면 가래로도 넘치는 물을 막을 수 없는 것이다.

이처럼 전략가는 미리 예측하여 맥을 잡아 일을 하므로 최소의 노력으로 미래를 효율적으로 대비한다. 전략가는 바쁘게 많은 일을 할 필요가 없다. 미래를 예측하여 일이 돌아가는 사태를 파악하여 그것이 원하는 방향으로 가도록 방향을 잡아주면 되는 것이다. 무슨 일이든지 근원에서 출발할 때에는 차이가 적다. 그러나 점점 나아갈수록 각도는 벌어진다. 미리 예측한다는 것은 일을 적게 하고도 큰 결과를 얻을 수 있음을 말한다.[42)]

특히 현대 국가경영에서 미래에 대한 예측과 미래를 준비하기 위한 전략은 대단히 중요함에도 불구하고 통상 우리는 이를 소홀히 하고 있다. 미래에 대한 비전이 부족하며 있더라도 너무나 허술해서 국가가 발전의 노정으로 삼기에는 많은 제한이 있다. 국가의 교육정책이 수십 년 동안 좌충우돌하는 것만 봐도 그렇다.

그러므로 전략적으로 생각한다는 것은 대단히 경제적이다. 조그만 노력으로 큰 결과를 얻기 때문이다. 어느 집단을 막론하고 전략가가 없다는 것은 대단히 불행한 일이다. 집단의 규모가 크면 클수록 전략가의 가치는 커진다. 왜냐하면 전략가의 활동은 시행착오를 최소화하고 작은 노력으로 큰 성과를 얻을 수 있기 때문이다.

흔히들 21세기를 '정보화 사회'라고 한다. 정보화 사회의 특징은 정보의 신속한 유통이 사회의 핵심적 요소로 등장했다는 것을 의미한다.[43)]

블루오션이란 말이 최근 신문의 경제면에 자주 등장하고 있다. 블루오션(Blue Ocean)이란 한마디로 미개척 시장을 말한다. 수많은 경쟁자들로 우글거리는 레드오션(Red Ocean)과 상반되는 개념으로 경쟁자들이 없는 무경쟁시장을 의미한다.[44)]

전략가는 지금까지 존재하지 않았던 산업, 미개척 시장과 같은 경쟁사와의 생존경쟁이 없는 새로운 시장을 개척한다. 즉, 매력적인 제품과 서비스로 싸우지 않고 이길 수 있는 시장을 만들어 내는 전략을 구상한다.[45)]

---

42) 김진항, 앞의 책, pp. 30-32.

43) 미국의 유명한 미래학자 앨빈 토플러가 「제3의 물결 : The Third Wave」에서 사회를 구분짓는 방법으로 산업사회 다음에 오는 사회를 '정보화 사회'라 명명하고, 「권력의 이동 : Power Shift」에서는 정보화 사회에서 권력(Power)의 원천이 정보라는 것을 설파하였다.

44) 이는 프랑스 유럽경영대학교 인사이드의 한국인 김위찬 교수와 르네 마보안(Rene Mauborgne) 교수가 1990년대 중반 가치혁신 이론과 함께 제창한 기업 경영전략론이다.

45) 블루오션 전략의 특징은 차별화와 저비용을 동시에 추구하는 것이다. 삼성전자와 LG그룹이 블루오션 전략을 경영전략으로 도입할 것을 선언하면서 블루오션에 대한 관심이 높아졌다. 판매량이 급증하고 있는 '비타 500'도 블루오션 전략의 성공사례다. 슈퍼마켓을 통한 유통개혁과 소비자들의 입맛에 맞는 맛과 향을 찾아내 새로운 시장을 만들었다. 블루오션 전

세계화 지식정보화사회에서 전략가들이 블루오션 개념을 바탕으로 국가이익을 구현하고 국가목표를 실현하기 위해서는 '국가전략에 영향을 주는 기본적인 요소'들을 정확하게 예측하고 분석하려는 노력을 해야 한다.

(1) 세계 및 동북아 정세 : 세계화시대에서 세계정세의 변화는 우리의 국가전략에 직접적으로 영향을 미친다. 미국에서 발생한 금융위기가 세계경제위기로 확산되고 바로 우리나라의 경제위기로 연결된다. 특히 국가 자원이 부족하여 해외 자원에 의존하고, 해외무역에 의존하는 우리의 입장에서는 세계정세의 사소한 변화에도 민감할 수밖에 없다. 동북아 지역은 세계 4강의 힘이 충돌되는 지역이다. 특히 북한의 핵문제를 해결하는 과정에서 식별할 수 있듯이 한반도의 위기는 바로 주변 4강의 이익에 영향을 준다. 21세기에는 중국의 국력이 급격히 신장하고 미국에 위협을 주는 국가로 등장하기 때문에 동북아 지역의 정세변화는 세계의 이목을 집중할 수밖에 없으며, 바로 한반도 안보에 영향을 미칠 수 있다. 따라서 전략가는 세계와 동북아정세를 투시하면서 부정적인 영향요소를 극소화하고, 긍정적인 요소는 극대화하는 전략을 구상해야 한다.

(2) 한반도의 '지정경학(地政經學)'적 위치 : 우리나라는 대륙세력과 해양세력의 이해가 교차하는 동북아시아 대륙과 태평양의 연계축선상에 위치한 반도국가다. 이러한 지정학적 위치로 말미암아 역사적으로 북방과 남방 양면으로부터 오는 수많은 침략을 받아 왔다. "고래싸움에 새우등 터진다"는 말은 주변 강대국들의 각축전에서 희생되어 온 약소국이었던 우리의 처절한 신세를 말해주고 있다. 이러한 지정학적 위치는 불변의 것이지만 그것이 항상 불리한 것이라고는 할 수 없을 것이다. 튼튼한 국력과 안보태세, 그리고 슬기로운 외교능력을 발휘할 수 있을 때에는 대륙과 해양을 잇는 연결고리로서 오히려 그것이 지정경학적으로 유리한 조건이 될 수도 있을 것이다. 국가전략가는 한반도의 지정경학적인 위상을 적극 활용하여 주변세력들 사이에서 균형자, 안정자, 그리고 완충의 역할을 수행하며 대륙과 해양에 동시에 진출하면서 이 지역의

략이란 기존의 경쟁체제에서 탈피하여 그 누구도 하지 않은 새로운 분야를 개척하여 경쟁자 없이 목표를 달성하고자 하는 전략이다. 블루오션 전략의 기본적 관점은 뉴 패러다임의 창조다. 기존의 관념을 과감히 뛰어넘어 지금까지 누구도 생각하지 못했던 분야와 방법을 생각해 내는 것이다.

안정과 번영에 기여할 수 있는 전략을 구상해야 한다.

(3) 남북관계 발전 : 우리는 분단이라는 특수한 환경에서 평화통일이라는 분단국 특유의 국가이익과 국가목표를 지니고 살고 있다. 따라서 남북관계가 국가전략에 핵심변수이다. 우리나라는 이념과 체제를 달리하는 두 개의 정부가 수립되어 국제냉전의 와중에 동족상잔의 쓰라린 전쟁을 경험했다. 휴전상태하에서도 북한은 힘에 의한 통일을 추구하면서 국가이익과 민족이익이 갈등해 왔다. 국가전략가는 북한의 위협에 효율적으로 대처하고 분단상태를 평화적으로 관리하면서 통일을 성취해야 하는 시대적인 소명을 안고 있다.

(4) 국내정세 : 국내상황의 변화는 국가전략이 토대를 두고 있는 가장 중요한 변수이다. 우리나라는 부존자원은 부족하고 좁은 국토면적에 비해 과밀한 인구를 가진 빈곤한 전근대적 저개발사회였다. 원유 등의 핵심 자원을 안정적으로 확보하고, 핵심 과학기술을 발전시켜 산업국가로서의 위상을 확립해야만 국가생존과 발전이 가능한 나라이다. 따라서 전략가는 우리의 제한사항을 극복하고 장점을 활용하면서 번영발전을 도모할 수 있는 전략을 수립해야 한다.

(5) 동맹·평화체제 발전 : 대한민국은 국제냉전과 동서 양대 진영 체제하에서 미국과의 군사동맹으로 안보체제를 유지하며, 미국의 후원하에 국가건설을 추진하고 경제성장을 이룩해 왔다. 한미관계는 대한민국의 국가전략에 크게 영향을 주었다. 그러나 21세기에는 대주변국을 포함한 포괄적인 동맹체제로 발전될 가능성이 높다. 전략가는 주변국에 비해 국력이 빈약한 대한민국이 생존할 수 있도록 동맹전략을 효율적으로 활용해야 한다.

4. 국가전략의 목표 및 방향

국가전략은 한 나라가 자신의 안정과 번영을 보장하고 동시에 그 나라의 미래를 확보하기 위해 추구해야 할 목표와 방향을 다루려는 종합적인 접근방법이다. 국가전략 속에는 한 나라가 추구할 목표에 대한 공통된 가정이나 전제들과 공유된 개념적 구도가 필요하다. 국가전략에는 정책수립자간에 수단과 방법 사이의 관계, 자국의 이익을 증진시키는 방법, 위협으로부터 나라를 보호하고 위협을 극소화시키는 방안, 그리고 가장 유리하고 효율적인 방법으로 문제에 접근하고 기회가 오면 그것을 최대한으로 자기에게 유리하게 이용하는 길이 무엇인가에 대한 폭넓은 합의를 지닌 신념구조가 포함되어야 한다.

대한민국은 건국 이후 오랜 동안 국가이익과 국가목표를 바탕으로 체계적으로 수립된 국가전략의 기조 위에서 국가를 경영하지 못하였다. 여러 가지 원인을 들 수 있겠으나 다음 세 가지 중요한 요인을 빼놓을 수 없을 것이다. 첫째, 일제의 식민지배와 한국전쟁 등 온갖 수난을 겪은 대한민국의 국력이 미약했기 때문에 국가이익을 구현하고 국가목표를 달성하기 위한 종합적인 국가전략을 수행할 능력을 갖지 못하였다. 둘째, 대한민국은 냉전시대의 양극체제하에서 공산주의 침략위협에 직면했던 약소국으로서 대외자주성이 크게 제약되어 독자적인 국가전략의 수립이 어려웠다. 셋째, 미국을 중심으로 한 서방진영에 정치, 경제, 군사적으로 크게 의존함으로써 스스로 국가목표를 선택하고 추진해 나갈 수 있는 역량을 제한하는 결과를 초래하였다. 다만 1960년대 이후 추진된 경제개발전략과 1987년 이후 추진된 민주화전략 및 1990년대 이후부터 추진해 온 평화통일전략이 국가전략의 일환으로서 성공을 거둔 것으로 평가할 수 있을 것이다.

이러한 국가적 현실은 국가전략에 대한 국내학계의 관심부족 현상을 초래하였다. 따라서 국가이익과 이를 추구하는 국가전략에 대한 체계적이고 심도 있는 학계의 연구가 미진하였다. 주변정세의 변화에 대응하여 대한민국의 국가이익을 구체적으로 파악하고 국가목표를 정립한 후 이를 정부의 정책을 통해 실현할 수 있는 종합적인 전략을 제시하는 학문적 연구는 정부의 정책수립과 시행을 측면 지원하는 매우 중요한 작업이다. 그러나 문제의 중요성에도 불구하고 국내학계의 연구노력은 미흡한 점이 많았다. 최근에 들어서야 이 문제에 대한 관심이 높아지면서 전문학과도 생기고 구체적인 연구가 시작되고 있다.

국가전략을 수립시에는 국가전략이 갖는 특성인 중장기성(中長期性), 복합성(複合性), 선견성(先見性) 등을 고려하여, 미시적인 시각으로 분석하고 거시적인 시각으로 종합하여 통합적인 계획을 발전시켜야 한다.

첫째, 국가전략의 중장기성을 고려해야 한다. 정권별로 시대에 따라 국가이익과 국가목표가 약간씩 변화될 가능성은 있지만, 국가전략은 대체로 중장기적으로 변함 없이 추구해야 할 전략을 말한다. 한반도 분단 후 우리가 지속적으로 추진해 온 평화통일전략이나, 미국이 제2차 세계대전 이후부터 1990년대 중반까지 지속적으로 추진해 온 대소봉쇄전략, 제2차 대전 이후 최근까지 유럽의 각 국가들이 유지해 온 복지국가전략 등이 그 대표적인 사례들이다.

둘째, 국가전략은 복합성을 감안하여 통합적인 계획을 발전시켜야 한다. 어느 한 가지 이익과 목표만을 추구하거나 한 개의 변수만을 고려한 국가전략이란 존재하기 힘들다. 훌륭한 국가전략이란 안보, 외교, 정치, 경제, 사회, 문화 등을 총체적 또는 복합적으로 고려한 전략들이 대부분이다. 예컨대 우리가 평화통일전략을 수립할 때는 남북한간의 안보, 외교, 정치, 경제, 사회 등을 통합적으로 고려해야 한다. 그리고 미국이 중국에 대해 관여와 확대전략(Engagement and Enlargement Strategy)을 구사할 때, 여기에는 동북아 안보 등 군사적 사안이나 중국의 인권 문제뿐만 아니라, 중국의 WTO 가입을 미국이 승인하게 된 경제적 사안도 포함되어 있는 것이다.

셋째, 국가전략은 선견성을 갖고 미래를 보다 정확히 예측한 바탕 위에서 전략을 수립해야 한다. 국가전략은 미래에 대한 중장기적 비전을 제시하고 구현해야 하기 때문에, 현 위치에 대한 객관적 분석과 함께 미래에 대한 전략적 행동원칙과 방향을 제시할 수 있어야 한다. 대체로 20년 이상의 미래를 바라보면서 변화될 전략환경을 고려한 역량강화방안을 제시하게 되는 것이다. "교육은 백년대계(百年大計)"라고 말하는데 이는 국가전략의 선견성을 말해 주는 대표적인 사례이다.

이러한 국가전략의 목표 및 방향은 국가대전략 차원에서 국가이익과 국가목표를 달성하기 위한 핵심적인 요소이며, 국가의 이념 및 가치와 국가비전을 구현하는 개념으로 수립되어야 한다. 선진국가들은 대부분 다양한 형태로 국가비전을 제시하고 있다. 대한민국의 국가비전은 관련 항목에서 상세히 설명할 것이다.

5. 기능별 · 분야별 전략

국가전략은 보는 시각이나 분야별로 다양하게 분류될 수 있다. 물론 국가전략을 몇 가지 특정기준에 의해 중첩을 피하면서 분류한다는 것은 쉽지 않다. 그만큼 국가전략은 복합적이어서 단순하게 분류하기가 어렵다. 그리고 국가전략의 목표와 구현수단, 전략의 실제결과가 어느 한 특정시점에서 정확하게 분리되어 나타나지 않는다.

그러나 '국가전략'이 한 국가가 생존과 번영·발전을 위해 안보, 외교, 정치, 경제, 사회, 문화 등 제 분야에서 중장기적으로 추진해야 할 정책들에 대한 종합적이고 체계적인 계획과 구상이라면 국가전략은 기능별 전략과 분야별 전략 등의 하위전략으로 구성될 수 있다. 그리고 국가전략의 하위전략인 기능별·분야별 전략들은 국가이익의 기능적 분류에 의해 설정된 목표에 따라 안보전략, 번영전략, 그리고 특수전략(우리의 경우는 통일전략)으로 구분할 수도 있으며, 전략수단에 따라 국방전략, 정치전략, 외교전략, 경제전략, 사회심리전략, 과학기술전략 등으로 구성할 수도 있을 것이다.

국가전략의 요체는 전략수단인 정치, 외교, 경제, 군사, 사회심리 등의 국력요소들을 효율적으로 사용하여 국력을 증진하는 것으로 국력의 효율적인 확대 재생산이다. 이는 국가이익이 국력의 보존과 신장에 바탕하고 있으며, 국가목표는 국가번영의 단일목표로 귀일함을 의미한다. 즉, 안보와 경제성장, 건전한 가치체계발전, 국위신장과 평화통일 등의 기능 분야별 전략 목표들은 궁극적으로는 국가번영을 위한 지표들이라고 할 수 있을 것이다.

본서에서는 기능별 전략을 국가목표를 달성하고 국가기능을 구현하기 위하여 안보전략, 번영발전전략, 평화통일전략, 선진일류국가전략 등 4개로 구분하였고, 분야별 국가전략을 국방전략, 외교전략, 정치전략, 경제전략, 사회복지전략, 문화전략, 과학기술전략과 교육전략 등 8개로 구분하였다. 상세한 내용은 관련 항목에서 세부적으로 설명할 것이다.

6. 국가자원의 배분 및 활용

국가전략을 수립하고 추진하는 데는 국가자원을 어떻게 배분하고 활용할 것인가가 매우 중요하다. 왜냐하면 국가자원은 항상 제한되어 있으며, 제한된 국가자원을 어떻게 배분하느냐에 따라 국가이익과 국가목표달성에 큰 영향을 주기 때문이다.

국가자원은 인적자원과 물적자원,[46] 유형자원과 무형자원, 또는 하드웨어

46) 인적자원이란 국가의 인구와 국민이 발휘할 수 있는 능력까지를 포함하는 개념이고, 물적

자원과 소프트웨어 자원 등으로 구분할 수 있다. 20세기 이전에는 일반적으로 물적자원, 유형자원과 하드웨어 자원이 중시되었으나, 지식정보화시대에는 인적자원, 무형자원과 소프트웨어 자원 등의 중요성이 증대되고 있다. 국가의 자원이 힘으로 나타나는 국가의 파워(Power), 즉 국력에는 두 가지가 있는데 군사력을 배경으로 하는 경성국력(硬性國力, Hard Power)이 있고, 비군사적인 힘, 즉 경제력, 기술력, 문화력을 배경으로 하는 연성국력(軟性國力, Soft Power)이 있다. 지식정보화시대의 우리는 경제력과 기술력에 바탕을 둔 연성국력을 극대화하여 국력을 배양하고 국익을 최대한 확대해야 한다. 국력은 국가전략의 수립 및 추진과정에서 필히 평가되고 반영되어야 한다.

왜냐하면 국가자원은 국가전략의 수립과정에서는 국가예산으로 뒷받침되고, 집행과정에서는 기능별·분야별 전략의 추진 동력이 되며, 평가과정에서는 자원배분의 효율성과 자원 활용의 효과성·능률성을 고려하여 분석되고, 재배분의 과정을 거치기 때문이다.

국가자원은 국가전략 추진을 위해 꾸준히 보존되고 개발되어야 한다. 보존될 대상은 주로 물적자원, 유형자원이고 개발될 자원은 인적자원, 무형자원, 소프트웨어자원이다. 이러한 국가자원이 생산량으로 전환되면 국내총생산(GDP)[47]으로 표시될 수 있고, 정부의 국가전략 추진을 위해서는 정부재정으로 뒷받침될 수 있다. 국가는 국내총생산을 높일 수 있도록 최대한 노력해야 하며, 정부는 국가재정을 튼튼히 하면서 이를 효율적으로 사용할 수 있도록 노력해야 한다.

정부의 세출과 세입에 관련된 경제활동을 재정이라고 하며, 세출과 세입에 관련된 경제정책을 재정정책이라고 한다.[48] 정부의 재정활동은 예산제약을 받으며 재원조달 방법에 따라 정부지출정책의 효과가 상이해진다는 것이 전통적인 견해이다.[49] 균형재정은 바람직한 것인가 그렇지 않는가의 문제도 경제학자의 오래된 관심사이다. 균형재정을 유지해야 한다는 것이 고전학파의 전

자원이란 국가의 영토와 지하자원, 수자원 등 인적자원 이외의 자원을 포함한다.

47) 한 경제사회가 일정기간 동안에 생산한 물질적 후생의 가치가 어느 정도인가를 나타내는 대표적인 지표가 국내총생산(GDP)이다. 많은 국가에서 대표적인 지표로 활용되고 있으며, GDP의 성장률에 의하여 경제성장률이 측정된다.

48) 세출은 정부지출에 의하여 세입은 조세에 의하여 대표되므로 거시경제학에서 재정정책이라고 하면 일반적으로 정부지출정책과 조세정책을 의미한다.

49) 이명재, 거시경제학(박영사, 2001), pp. 406-408.

통이며, 경기상황에 따라 신축적으로 대응해야 한다는 것이 케인즈 학파의 전통이다.[50] 어떻든 국가전략가는 제한된 국가자원을 투입하여 국력을 극대화하는 방향으로 국가전략을 수립하고 집행해야 한다. 국력에 대해서는 관련 항목에서 상세히 기술할 것이다.

제 4 절 국가전략의 성공 조건

1. 국가이익의 구현 가능

국가전략은 국가이익을 효율적으로 구현할 수 있어야 한다. 특히 오늘날 대한민국이 직면한 국내외의 전략환경은 국가이익을 구현하기 위해 체계적인 국가전략을 수립해야 할 필요성을 제기하고 있다. 우선 경제발전전략의 성공으로 대한민국은 급속한 경제성장과 이에 상응하는 국가역량을 갖추게 되었다. 즉, 스스로 보존하고 증대시켜야 할 중요한 이익들과 상응하는 국력을 보유하게 된 것이다. 아울러 소련과 동구공산정권의 붕괴로 대한민국의 자주성을 불가피하게 제약하던 냉전이라는 외적요인이 해소되었다. 국제적으로 보다 능동적인 역할과 자유로운 활동을 할 수 있는 우호적인 여건이 조성된 것이다.[51]

대부분의 민족국가(民族國家, Nation State)에서는 국가이익과 민족이익이 일치한다. 그러나 분단국가인 대한민국으로서는 국가이익과 민족이익이라는 개념이 별개로 존재할 수 있다. 물론 대한민국 정부의 입장에서는 민족이익 개념보다 국가이익 개념이 우선시되어야 함은 당연한 일이다. 냉전시대에서 나타났듯이 국가이익을 초월한 체제이익 또는 계급이익이 있을 수 있지만, 본서에서는 민족이익이나 계급이익 개념은 제외하고 국가이익과 국가전략만을 논하기로 한다.

국가전략에 있어서 가장 중시해야 할 구성요소는 국가이익을 분명히 정의하고 그 우선순위를 정하는 것이다. 국가이익은 국민들이 안전하고 자유로

50) 이명재, 위의 책, p. 494.
51) 전성훈, 앞의 논문, p. 171.

우며 풍요로운 삶을 영위하는 데 필요한 조건의 성격 및 영향의 중요도에 따라 분류될 수 있으며, 해당 국가가 처해 있는 상황이나 역사적 전통과 추구해 온 국가가치에 따라 다양하게 규정되고 설정될 수 있다.

앞에서 국가이익을 세부적으로 정리하며 제시하였다. 국가이익을 구현할 수 없는 전략은 불필요한 전략이다. 국가전략이 성공적으로 수행되기 위해서는 국가전략의 시행주기 전 과정에서 국가이익이 올바르게 구현되고 있느냐를 점검하고 보완해야 한다.

2. 국가목표 달성에 기여

국가전략은 국가목표를 달성하기 위하여 국가가 가지고 있는 수단과 방법을 사용하는 것이다. 따라서 국가전략은 국가목표달성에 기여하여야 한다. 국가목표는 대체로 상대적인 기준이나 절대적인 기준에 따라 정해지기 쉽다. 국가경쟁력 세계 몇 위, 혹은 1인당 국내총생산량(GDP)을 몇 년 안에 어떤 수준에 도달하느냐 등이 이에 해당한다. 선진국에서는 질적 목표(質的 目標) 설정이 일반적이지만, 개도국에서는 대체로 선진국을 벤치마킹하여 양적 내지는 순위적 목표를 설정하는 경우가 많다. 예컨대 고도성장기의 대한민국의 국가목표는 일본을 추격하는 것이었고, 일본의 국가목표는 미국을 추격하는 것이었다.

국가이익을 구현하고 국가목표를 달성하기 위해서는 이에 맞는 국가의 역량 혹은 가용자원이 뒷받침되어야 한다. 전략적 환경의 특성과 국가의 가용자원 및 역량의 관계 속에서 국가가 선택하고 구현할 수 있는 전략의 범위나 폭이 결정되는 것이 일반적이다. 얼마 전까지는 국력(National Power)과 군사력 중심의 하드파워(Hard Power)가 중시되었으나, 이제는 경제력과 지식 등 소프트파워(Soft Power)가 더 중요한 국가역량으로 부상하였다.

앞에서 국가목표를 국가이익 분야와 국가이익의 중요도에 따라 세부적으로 구분하였다. 따라서 국가전략 수립시는 국가목표 중 어느 항목에 해당되는지 그리고 목표 달성에 기여할 수 있는지 검토되어야 한다. 국가목표를 달성할 수 없는 전략은 비효율적인 전략이다.

3. 예산과 재정의 안정적 보장

국가전략을 계획하고 추진하면서 가장 중요한 요인은 이에 소요되는 재원을 어떻게 확보하느냐는 문제이다. 우리는 최소의 비용으로 국가목표를 달성하려 한다. 이 경우에 우리는 효율성의 입장에서 그 내용을 분석해야 한다. 따라서 우리는 가장 적은 비용으로 목표를 달성하는 효율성에 관심을 많이 갖는다. 그래서 효율성을 평가할 경우에 우리는 먼저 목표 도달여부를 따져 보는 효과성을 먼저 검토해 보고 나중에 능률성을 점검해 보는 것이 타당하다.

아무리 훌륭한 전략이라 할지라도 예산이 뒷받침되지 않으면 실현가능성이 없으며, 국가전략의 경우에는 국가재정이 안정적으로 확보되고 지원되어야 지속적인 추진력을 갖출 수 있다. 지도자는 국민들에게 국가전략의 추진에 필요한 적정예산의 필요성에 대해 설득해야 하며, 다른 분야의 희생을 감수하고 핵심사업을 추진해야하는 전략의 효과성, 능률성을 제시해야 한다. 전략은 추구하는 목표를 가장 효율적이고 효과적으로 달성하는 방법론이며, 국민들은 이를 보고 전략을 신뢰할 수 있기 때문이다.

우리나라의 재정은 그동안 국가채무의 빠른 증가에도 불구하고 아직은 튼튼한 것으로 분석되고 있으나, 재정운영은 선진국에 비해 낭비와 비효율성이 큰 편이다. 특히 국가전략을 추진하는 과정에서 범세계적인 경제위기의 극복, 복지, 교육, 농어촌문제 해결 등 여러 분야에 걸쳐 재정소요의 추가 확대가 예상된다. 따라서 감세정책과 복지정책의 추진시기를 조정해서 국가채무를 적정수준으로 유지하면서 국가전략을 추진할 수 있는 재정의 건전성을 확보해야 한다.

재정운영의 부실을 일관하는 요인이 있다면 그것은 전략과 정책분석이 잘못된 것이다. 전략과 정책이 성공하기 위해서는 그 목표가 정당해야 하고, 국가 예산과 재정 지원 차원에서 실현가능성과 현실적합성에 대한 엄격한 평가가 있어야 한다.

4. 국민의 지지와 공감대 형성

국가전략이 성공하기 위한 가장 중요한 조건은 국민으로부터의 지속적인 지지를 받는 것이다. 이러한 국민의 지지는 전략에 대한 공감대가 형성되어야 가능해지므로 이를 위해 활발한 논의와 홍보가 진행되어야 한다.

국가가 추구할 목표와 이익을 설정할 때에는 개별 이익들로부터 집단 이익을 도출하는 것이 바람직하다. 장 자크 루소(Jean-Jacques Rousseau)가 말한 대로 다양한 이해관계에서 어떻게 국민의 일반의지(一般意志, General will)를 계산하고 추출하느냐 하는 것은 늘 중요한 정치철학적 문제였다. 다양한 개별적인 이익들에서 어떻게 하나의 집단적인 이익을 설정하느냐 하는 것은 사회선택이론(社會選擇理論, Social Choice Theory)의 근본적인 연구과제였다. 민의(民意)에서 어떻게 국가선호도와 공공전략을 결정하느냐 하는 것이다.

역사적으로 실패한 개혁은 공감대가 부족한 가운데 개혁의 속도를 빨리 함으로써 저항에 부딪친 경우가 대부분이었다. 현재 경제경영 부분에서 임금인상이나 재벌개혁의 속도 또한 본질적으로 이와 같다. 임금인상 속도가 생산성 향상 속도보다 빠르면 그 기업은 경쟁력을 잃게 된다. 경쟁력을 잃은 기업은 문을 닫든지, 인건비가 저렴한 다른 나라로 빠져나갈 수밖에 없다. 이렇게 되면 임금인상의 속도를 높여 준 주체들은 높은 실업률이라는 비극을 맞게 된다. 정치 분야에서도 마찬가지이다. 집권초기에는 공감대 형성 없이 개혁이라는 구호하에 급속한 변혁을 추진하며 임기 내에 개혁과 변혁을 완료하기 위해 노력한다. 그러나 공감대 형성 없이 조급히 추진하는 개혁은 대부분 실패로 끝이 난다.

이처럼 속도와 저항은 비례한다. 중요한 것은 얼마나 빨리가 아니라, 얼마나 잘하느냐의 문제이다. 따라서 전략가는 전략을 수립하여 시행할 때 최적의 속도에 대하여 고민하여야 한다. 적절한 속도의 선택, 즉 속도의 철학이 필요하다. 특히 국가전략은 중장기성을 갖고 추진되어야 하므로 국민의 지지는 국가전략 성공의 필요조건이다.

국가전략은 국민 의사를 수렴하여 형성되는 것이면서도, 그 국가전략이 홍보에 의해 다시 국민의 의사 형성에 영향을 준다. 정부정책의 홍보가 국민적 합의를 가져오는 면이 있다는 점을 간과해서는 안 되지만, 근본적으로 국민적 합의를 가져오는 것은 자발적인 의사참여와 의사의 수렴과정을 통해서이다.

그런데 적지 않은 국민들은 통일전략과 같은 주요한 전략과 정책이 국내정치의 상황이나 정권유지의 목적에 따라 결정된다고 생각한다. 만약 기존의 대한민국 국가전략과 정책이 실제로 국가이익이라는 기준에 의해서만 결정되었다고 하더라도 국민들이 그렇게 인식하고 있지 않다는 사실은 국민적 합의에 의한 국가전략 수립의 중요성을 강조하는 것이다.

기발한 국가전략을 모색하는 것은 전문가의 영역에 속하겠지만, 공감대를 극대화시키는 국가전략의 모색은 일반국민들로부터 시작되어야 한다. 그 바탕 위에서 대한민국이 추구해야 하는 것이 무엇인지를 설정해야 한다. 누가 대한민국 안보를 위협한다고 생각하며, 국가이익을 위해 무엇이 가장 중요한 요소이며, 그것을 지키는 가장 바람직한 방법은 무엇이냐 하는 것은 전문가의 식견이 중요하지만, 국민들 각자가 느끼는 바람직한 상황이 어떤 것이냐 하는 것도 고려해야 한다. 오늘날의 세계는 개방되어 있어 국가전략의 방향에 따라 국민들의 호응과 지지의 상대적 크기도 영향을 받기 때문이다. 그러므로 우리도 대통령이 국가전략을 문서화하여 국회와 국민들에게 제시하고 국민적 합의와 협조를 구하는 것이 바람직할 것이다.

5. 지속추진 여건 확보

국가전략은 한 해 동안의 나라 살림계획을 밝히는 국정운영보고와는 그 성격과 차원이 다르다. 국가가 당면하게 될 20-30년 동안의 장기적 정세를 예측하고 향후 5-20년 정도의 기간을 대상으로 하여 국가를 어디로 끌고 가려 하는가를 밝히는 중장기 계획이다.

국가전략을 장기적 안목을 갖고 종합적으로 연구개발 하는 노력을 제도화할 필요가 있다. 누가 국가지도자가 되건, 또한 어떤 정당이 집권하게 되건 전문가집단에 의해 충분히 연구 개발된 다양한 국가전략의 대안 중에서 이를 선택, 활용할 수 있도록 되어야 한다. 이렇게 함으로써 국가전략이 장기적 안목이 결여된 즉흥적이거나, 비현실적이고 비효율적이거나, 짜임새 없는 단편적인 것이 되는 시행착오를 방지할 수 있을 것이다.

장기전략을 잘 세웠으면 혼란스럽지 않아도 되는 좋은 사례 중 하나가 바로 인구 및 교육정책이다. 한국전쟁이 끝난 후 몇 년간은 정부가 아이를 많이 낳은 어머니들에게 상을 주었다. 어버이날 창경궁에서 열린 포상식에는 자녀를 열 명이나 둔 부부도 있었다. 그러나 1960년대 들어 정부는 인구억제정책을 대대적으로 폈다. 가족계획협회가 발족되어 산아제한을 적극 홍보하고 나섰다.

1970년대에는 진풍경도 연출되었다. 남성들의 정관수술을 권장하기 위해 예비군 훈련장에서 정관수술 희망자에게 훈련을 면제해 주었다. '아들 딸 구별 말고 둘만 낳아 잘 기르자'는 홍보가 먹혀들어 셋 낳던 자녀수가 둘로 줄기 시작했다. 몇 년 안 가서는 '한 자녀 갖기'가 번져 외동아이를 둔 부모들이 친목 모임까지 만들었다. 그러한 노력의 결과로 출산율 1.08로 OECD 국가 중 꼴지 중 하나가 되는 우려할 만한 상황이 발생하였다.

얼마 전 정부는 인구정책을 출산장려로 전환하겠다고 밝혔다. 이는 산아제한 정책의 완전한 폐기를 의미한다. 산아제한 정책기간중에는 아이가 많은 집은 아파트 추첨에서도 불이익을 받았으며 의료보험에서도 세 번째 아이는 제외되었다. 그런데 이 모든 것들이 뒤집어진 것이다.

국가백년대계라는 교육정책은 새 정권이 들어설 때마다 급변하여 정부, 교육당국, 선생, 학부모가 서로 불신하고 미래를 불안해하는 현상이 반복되고 있다.

전략상의 우선순위를 정하고 목표와 수단을 결합할 수 있는 현명하고 신중하며 결단성 있는 지도자와 이를 뒷받침할 수 있는 효율적인 행정부가 필요하다. 국가전략에 대한 꾸준한 연구와 준비도 요구된다. 국가 지도자들이나 이를 꿈꾸는 미래의 지도자들은 보다 큰 시각으로 국가적으로 중요한 것과 하찮은 것을 구별할 수 있고, 전략적인 우선순위에 따라 국가의 미래를 디자인할 수 있는 능력을 배양할 수 있는 여건을 국가적 차원에서 조성해야 한다.[52)]

52) 백종천, 한반도 평화안보론(세종연구소, 2006), p. 600.

제 2 장

국가전략의 기획 및 수립체제

제 2 장 국가전략의 기획 및 수립체제

전략이란 고민의 산물이며, 또한 그 해결의 방향이다. 국가가 비합리적이고 비효율적일 때 그것이 국가의 경쟁력과 국민의 삶의 질을 향상시키는 데 미치는 악영향은 막대하다. 세계화의 압력과 패러다임 전환에 창의적으로 적응하기 위해서는 제대로 된 국가역할과 국가전략이 필요하다.

제 2 장

국가전략의 기획 및 수립체제

전략기획이란 국가이익을 구현하기 위해 미래를 예측하여 국가가 지향해야 할 목표를 제시하고, 국가의 자원을 동원하며 그 목표를 달성하기 위한 각 부문별 전략과 이를 집행할 세부 정책을 수립하는 것을 의미한다.[1] 따라서 국가전략기획은 부문별 전략의 수립, 그 부문별 전략을 집행할 정책(政策, Policy)의 수립, 정책을 집행해 나갈 구체적인 계획을 세우는 것을 필요로 한다. 이 전반적인 과정을 전략기획이라고 하는데 이것이 국가의 가시적인 힘을 배가시키기도 하고, 잘못되면 반으로 감소시키기도 하는 승수효과를 가진다.

그런데 전략기획의 몇 가지 속성은 국가의 목표를 더욱 발전시키고 명료하게 만드는 작용을 한다. ① 국가의 대안적 미래(代案的 未來, Alternative Futures)를 인지하게 하고 비교시키는 기능을 한다. ② 국가의 미래에 큰 영향을 미치게 될 중요한 변수들을 미리 발견하고 그 변수의 영향력을 이해하게 한다. ③ 미래의 창조를 가능하게 하며 미래에 대처해 나가는 적절한 능력과 행동계획을 발견하게 한다. 그래서 미래에 국가에게 주어진 기회를 십분 활용하게 하고 국가의 취약성을 최소화시키며, 어느 경우에도 적절한 대응을 가능케 한다. ④ 시간이 흐름에 따라 "어느 시기에 구체적인 결정을 해야 하는가?" 하는 정확한 판단을 가능하게 하며, ⑤ 필요한 적절한 지침과 분야별 전략 및 정책개발을 가능하게 한다.

그러나 어떠한 경우에 전략기획이 실패하는가? ① 미래의 환경을 예측하지 못하고 대비하지 못했을 때, ② 발생할 가능성이 있는 위기와 분쟁을 예견

1) Paul K. Davis & Lou Finch, *Defense Planning for the Post-Cold War Era* (US : RAND, 1994), pp. 3-12.

하지 못했을 때, ③ 미래의 불확실성을 다루는 것에 실패했을 때, ④ 가장 중요한 것을 우선적으로 하지 못했을 때, ⑤ 일어날 사건 모두에 대해서 포괄적인 고려를 하지 못했을 때, ⑥ 전략기획의 목적을 잘못 인지하고 있을 때, ⑦ 일관성만 유지한 채 탄력적인 대응을 못했을 때, ⑧ 상대방의 의도를 잘못 읽었을 때 등에서 전략기획의 실패가 일어난다.

제2장에서는 국가전략의 기획체계와 국가전략의 수립주체의 기능과 역할, 국가전략의 수립절차에 대해 세부적으로 살펴보고 국가전략의 기획 및 수립시에 유념해야 할 사항에 대해 짚어보려 한다.

제 1 절 국가전략의 기획체계

1. 전략기획

국가전략은 국가의 전체 활동영역과 관련되어 있고 국가목표의 설정에서부터 정책수단의 집행에 이르기까지 전(全)과정을 포함하는 포괄적 개념이다. 이러한 차원에서, 국가전략은 종합성, 다차원성 및 역사적 특수성이라는 특성을 갖는다고 볼 수 있다.[2)]

국가전략의 구상 및 수립, 그리고 추진에서는 앞에서 기술한 대로 ① 환경변화에 대한 분석, ② 국가이익에 대한 인식과 그에 따른 국가목표의 설정, ③ 국력 및 국가전략의 수행능력에 대한 정확한 평가, ④ 한정된 가용자원을 우선순위가 높은 목표에 집중적이고도 효율적으로 사용할 수 있는 전략적 기획(戰略的 企劃, Strategic Planning), ⑤ 정치지도자들의 국가전략의 중요성에 대한 인식과 전략적 사고(戰略的 思考, Strategic Thinking) 등이 중요하다.

기획(企劃, Planning)이라는 용어와 계획(計劃, Plan)이라는 용어는 일반적으로 혼용되고 있으나, 기획은 계획을 수립・집행하는 과정이며, 계획은 기획을 통하여 산출되는 결과이다. 그러므로 기획은 절차와 과정을 의미하는 반면에 계획은 대체로 문서화된 활동목표와 수단을 가리킨다고 할 수 있다.[3)]

---

2) 세종연구소, 앞의 책, pp. 3-5.

3) 김신복, 발전기획론(박영사, 1983), pp. 3-4 ; 권영찬 외, 기획론(법문사, 1989), pp. 17-18 ;

전략기획은 전략의 개념과 기획의 개념을 동시에 포괄하는 개념으로서 바람직하다고 생각되는 목표를 설정하고 그러한 목표를 달성할 수단으로서의 제재(制裁, Sanction)와 프로그램 활동들을 설계하며, 이들 양자간의 관계를 구체화하는 목적 지향적이며 동태적인 활동이다.

전략기획의 과정에서는 여러 가지 아이디어들이 식별되고 개발된다. 이들 다양한 전략들은 인적·물적 자원의 제약 아래에서 기획되고 시행된다. 그러기 때문에 아이디어들간의 상대적인 중요성, 시급성, 상호연계성 등을 감안하여 추진할 전략의 우선순위를 설정하지 않으면 안 된다.

지금 우리 한국인은 무엇을 위해 살아가며 어떻게 그것을 달성하는가? 이것은 바로 대한민국의 국가목표와 국가전략에 대한 물음이다. 국가목표는 국가가 추구하는 이익과 가치에서 구체화되며, 국가전략은 국가 최고지도자의 비전과 그를 보좌하는 팀의 전략적 기획의 결과로 나온다.

현실적으로 전략은 전략결정체제의 산출물이다. 즉, 국가전략은 국가이익을 구현하고 국가목표를 달성하기 위해 이루어지는 전략결정체의 총체적인 노력의 산물이기 때문에 전략구상으로부터 전략종결에 이르기까지의 순환적인 전략과정에서 개발되고 추진·종결된다.

이러한 전략과정을 어떻게 분류할 것인가에 대해서는 학자들의 시도는 있었지만 아직까지도 체계적으로 정립되어 있지 않다. 따라서 〈그림 2-1〉 전략기획 모형처럼 전략구상, 전략수립, 전략집행, 전략평가, 전략종결과 환류과정으로 정리하려 한다.

〈그림 2-1〉 전략기획 모형

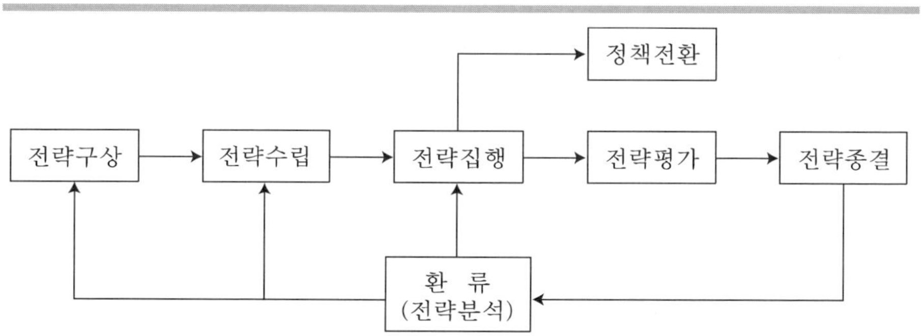

Andreas Faludi, *Planning Theory* (Oxford : Pergamon Press, 1973), p. 36 참조.

2. 전략구상

전략을 구상함에 있어서 가장 기초적인 문제는 전략을 구상하는 사람이 전략을 어떻게 이해하고 있느냐 하는 문제이다. 지금까지 국가전략이란 말의 정의는 이를 다루는 사람의 목적이나 인식기준에 따라 다를 수밖에 없었으며, 일반적으로 규범적(規範的, Normative)인 정의를 하는 경향이 많고 서술적이라기보다는 처방적인 정의를 함으로써 전략이 객관적 현상으로 존재할 수 있음을 간과하였다.

전략수립과정은 간결하고 단계가 명확히 구분되는 듯 보이나, 실제는 전혀 간결하지도 않고 분명히 구분되지도 않는다. 국가목표에서부터 분야별 전략까지 서로 뒤섞여 있기도 한다. 전략수립과정이라는 것이 관련된 계획을 느슨하게 연결하는 것이라기보다는 상호 관련된 일련의 의사결정이라는 사실을 염두에 두어야 한다.

전략수립과정에서 어디서 누가 무엇을 결정하는가 하는 문제는 전략수립과정을 복잡하게 만든다. “누가 특정한 상황에서 국가전략목표를 결정하는가? 대전략을 국가안보회의 같은 기관에서 관할한다고 생각하고 있으나, 이것이 사실인가? 국회는 이 과정에서 특히 예산할당의 과정에서 어떤 역할을 하는가? 각 부서는 전략수립과정을 어떻게 조율하는가? 이를 집행하는 과정에서 발생하는 문제를 해결하기 위해 어떻게 협력하는가?”[4] 등은 결코 간단하게 답변할 수 없는 사항이다.

국가전략의 기획은 국가가 처한 대내외 환경 속에서 향후 당면할 도전과 기회를 예견하여 국가이익을 실현하고 국가목표를 달성하기 위해, 국가적 노력과 제한된 자원을 개발・통합・조정・배분・사용하는 방향과 방법을 제시하는 종합적이고 체계적인 국가 활동의 추진과정이다. 따라서 국가기획 속에는 국가가 추구할 목표에 대한 공통된 가정이나 전제들과 공유된 개념적 구도, 정책수립자간에 수단과 방법 사이의 관계, 목적달성 방법과 자국의 이익을 증진하기 위한 방법, 위협으로부터 나라를 보호하고 위협을 극소화하는 방안, 그리고 가장 유리하고 효율적인 방법으로 문제에 접근하고 기회가 오면 그것을 최대한으로 자기에게 유리하게 이용하는 길이 무엇인가에 대한 폭넓은 합의를

4) 데니스 M. 드류 저, 김진항 역, 전략은 어떻게 만들어지나(연경문화사, 2000), pp. 42-45.

지닌 신념구조 등이 포함되어야 한다.[5)]

전략은 아무것도 없는 상태에서 만들어지는 것이 아니라 일정한 맥락 즉 기획체계 안에서 만들어지므로 훌륭한 전략을 만들기 위해서는 그 맥락을 잘 이해해야만 한다.

국가전략은 ① 그 나라가 추구할 이익과 목표 그리고 우선순위 파악이라는 동기적인 요소, ② 주위환경에 대한 평가와 위협, 방해물, 또는 문제를 파악하고 우선순위를 정하는 인식적 요소, ③ 주어진 환경 속에서 구체적으로 목적하는 바를 달성하기 위해 가장 적절한 방법을 선택, 동원할 수 있는 운영적 또는 가동적 요소를 포함하고 있다.

전략기획은 목표와 가치가 갈등하는 과정에서 국가의 기본목표들이 실현되는 과정이다. 그것은 항상 국가이익의 추구라는 의미로 표현된다. 전략수립과정의 역할은 국가이익을 목적달성을 위한 수단으로 전환시키는 것이다. 그러한 수단들은 국력이라 부를 수 있으며, 통상 정치적 · 외교적 · 경제적 · 군사적 · 문화적 수단 등으로 구분된다.

그 특성은 ① 국가전략에 영향을 주는 가장 기본적인 요소는 생존(안보)전략이다. ② 국가전략의 목표는 대내적인 것과 대외적인 것을 포함하며, ③ 긍정적이기보다는 부정적이고, ④ 기본적으로 보수적 편견을 가지고 있으며, ⑤ 국가전략의 문제와 해결방안은 매우 기술적이어야 하고, ⑥ 국가전략은 공공정책의 다른 분야보다 예산과정의 변화에 더 취약하다. 이들 각각의 요소들은 전략의 구상과 내용에 영향을 준다. 전체적으로 이 요소들은 전략수립의 여건을 결정하는 데 기여한다. 이러한 특성들을 설명하는 국가전략에 영향을 주는 요소들이 전략가에게 제시하는 제한사항들을 인식하자는 데 있다.

여기서는 국가전략 중 존망의 이익을 다루는 안보전략을 예를 들어 전략구상과정을 살펴보려 한다. 국가 안보전략은 국가의 존재와 생존에 관한 이익에 해를 입히려고 하는 것으로부터 국가를 보호하는 일이 우선적인 목적이다. 다른 나라에 의해 굴복당하는 일로부터의 물리적 보호가 가장 기본적인 국가적 이익이기 때문에, 국가의 생존을 구현하는 국가 안보전략의 목적은 모든 사람에게 영향을 미친다는 점에서 보편적 성격을 띤다. 이러한 안보정책의 집행에는 불가피하게 비용이 많이 소요된다.

---

5) 한배호, "「국가전략」 발간에 부쳐서," 「국가전략」 제1권 1호(1995), p. 8.

이러한 보편성과 생사(生死)의 질적 문제가 논쟁과정에서 나란히 양립하고 있다. 한편으로는 소수를 제외하고는 위험 때문에 건전한 국가생존전략과 안보전략을 공개적으로 강하게 반대하는 것은 어렵다. 그러나 다른 한편에서 보면 군사개입의 비용을 인명과 재산의 손실이라는 측면에서 본다면 군사력을 언제, 어디서, 어떻게 사용할 것인가에 대하여 심각하게 분석할 수 있는 시간을 갖는 것이 중요하다. 최종적인 논쟁은 항상 핵심적인 이익과 다소 덜 중요한 이익 사이의 경계선을 어떻게 설정하느냐에 집중될 수 있다.

국가전략의 구상을 선도하는 안보전략은 일반적으로 국내보다는 대외문제 지향적이라는 특성을 갖는다. 이러한 전략의 대외지향성은 전략수립과정에서 문제를 복잡하게 하는 세 가지 근원(根源)을 만든다.

첫째, 불확실성의 근원은 지식(知識)에 관한 것이다. 외국정부와 그들의 전략입안자들은 안보전략의 대상이다. 전략가와 정책입안자들은 그러한 사람들을 어떻게 움직이고 또 그들에 대하여 어떻게 영향력을 행사할 수 있을 것인가에 대한 지식이 국내의 경우에서보다 상대적으로 부족하다. 전략 입안자들은 항상 문제와 해결방안에 대한 지식획득을 위해 직접적인 방법을 사용하기보다 정보수집과 분석이라는 간접적인 방법을 사용할 수밖에 없다. 이러한 방법들은 정보수집과정과 불충분한 정보의 해석이 문화와 다른 편견에 의해 정반대의 영향을 받을 수도 있다는 맥락에서 보면 불완전할 수밖에 없다.

둘째, 문제를 복잡하게 하는 사안은 국가안보전략이 우방국이나 동맹국에 대해서가 아니라 적국 또는 잠재적국을 지향하고 있다는 사실이다. 이것은 정책 대안이 의심과 불신의 분위기 속에 범위가 설정되고 논의가 이루어진다는 것을 의미한다.

셋째, 정보기관의 능력은 정부에 적국의 군사력에 대해 비교적 정확한 정보를 제공해 주지만, 군사력의 보유이유, 즉 군사력을 사용할 적의 의도에 대해서는 통상 극히 제한된 첩보만을 제공한다. 군사력을 보유하는 이유가 다양하기 때문에 적국의 의도를 판단하는 것은 전략 구상의 기본요건이다. 그러나 의도와 능력이라는 관계에 대한 정보를 일부만 획득하게 되었을 때 문제는 딜레마에 빠진다. 능력을 걸고 적의 의도하는 바를 추측해 낼 수 있겠는가? 또한 그러한 목적을 위하여 발전시킨 적의 능력의 의미를 파악하기 위하여 적의 의도를 반드시 알아야 하는가? 어떤 능력의 기초가 되는 몇 가지 의도에 대한 지식과 적은 그의 의도를 상대에게 노출시키려 하지 않는다는 지식이 상황을 악화시킨다. 더욱 상황을 나쁘게 하는 것은 처음부터 적대적 관계를 만드는 의심으로, 이는 전적으로 악의 없는 의도에서의 적의 주장도 악의의 선전(宣傳, Propaganda)으로 결론내리는 경향을 초래할 수 있다.

강대국 사이에 놓인 지정학적 위치와 냉전기 미국을 주도로 하는 자유진영에 소속되어 있는 전략적 환경에 따라 대한민국의 전략기획은 강대국의 전략분석, 북한의 전략분석 다음에 항상 우리의 전략이 대응개념으로 따라오는 특징을 보여 왔다. 즉, 강대국과 북한은 항상 우리의 입지를 좁히는 제약조건이었으며 그들의 전략은 독립변수로 주어져 있고 그 범위 내에서 우리의 국익을 극대화하는 방법이 무엇인지에 대해서 국가전략이 수립되어 왔다. 그래서 대한민국의 전략은 상대국가가 먼저 움직여야 그에 대응하여 움직이는 순응적이며 수동적인(Responsive and Reactive) 특성을 지녀왔다. 거의 모든 국가전략문서나 정책연구보고서는 주변강대국의 정세변화, 북한의 정세변화를 분석하고 그에 대응하는 방법을 기술하고 있음을 발견할 수 있다. 실제로 어떤 외교관은 강대국 사이에서 대한민국이 할 수 있는 일은 강대국들의 전략과 정책에 잘 맞춰 살아가는 길밖에 없다고 했다.

국제정치와 경제질서가 '만국(萬國)의 만국에 대한 경쟁관계'로 특징지워지고 있으며, 경제와 기술우위가 국력의 가장 중요한 요소로 등장함에 따라 이제 주변국의 전략과 정책에 수동적으로 움직이는 국가는 영원한 '2등 국가'에 머무를 수밖에 없다. 다른 나라의 전략과 정책을 바꾸어서라도 국익을 확보해야 하는 현실에 부응하지 못하는 소극적인 태도이다. 이러한 국가전략의 수동성은 대한민국이 자기 목소리나 전략이 없는 국가라는 비판을 낳고 있다. 전략수립과정에서부터 주도적이고 능동적인 전략을 수립하기 위해 노력해야 한다.

3. 전략수립

전략은 항상 미래를 다루고 있으므로 전략을 수립할 때는 현 시점에서의 행위가 미래에 어떤 영향을 미칠 것인가에 대해 철저하게 분석해야 한다. 계획된 행위가 원하는 시점에서 특정의 긍정적인 결과가 나타날 것이라고 예상하고 행위를 계획하는 것이 전략이라고도 할 수 있다.

그러므로 전략은 언제나 미래의 전략적 상황을 파악하여 그 상황하에서 지금 계획하고 있는 행위가 어떤 영향을 미칠 것인가에 대한 분석, 즉 효과분석(效果分析, Impact Analysis)을 해야 한다.

전략을 수립하는 데 미래를 아는 것만큼 중요한 것이 없다. 특히 장기전략인 경우는 미래를 예측하는 것이 절대적이다. 단기적인 전략에서는 절대적 변수가 중요하지만, 장기 전략은 목표하는 시기에 전개될 미래 사회가 전략수립에 있어서 가장 중요한 변수이다.

그러면 미래는 어떻게 예측하는가? 지구상의 문명은 우리가 예측하기가 쉽지 않다. 보편적으로 세상은 조금씩 진보적으로 변화하는 것처럼 보이지만 일정한 단계에 이르면 혁명적으로 변하기 때문이다.[6)]

전략수립은 국가이익을 구현하기 위하여 적절한 수단을 배비하거나 계획하는 과정으로 나타난다. 국가전략 수립시는 국가이익, 국가목표와 목표를 달성하기 위해 사용되는 수단을 포함해야 한다. 그리고 전략수립과정에서 가장 중요한 것은 달성하려는 목표가 국가의 이익을 구현할 수 있느냐 하는 점이다.

전략수립과정에서는 국가이익을 우선적으로 고려해야 한다. 먼저 생존이익(生存利益, Survival Interest)은 국가의 물리적 생존이 적의 공격 또는 공격위험 때문에 어려움에 처했을 때 나타난다. 분명히 이것은 국가가 가지는 가장 기본적인 이익이다. 국가가 생존할 수 없다면 나머지 이익은 아무 의미가 없다. 우리의 경우로 보면 북한으로부터의 침략적인 공격과 주변국가로부터의 영토적인 침략을 의미할 것이다. 생존이익에 관련된 위협은 근원적으로 분석되어야 한다.

핵심적 국가이익은 국제정치의 영역에서 통상 두 가지 특성으로 정의된다. 첫째, 국가가 타협을 용인하지 않는 중요한 이익을 의미한다. 예를 들면 영토의 보존은 우리가 타협하고 싶지 않는 문제이다. 만약 우리에게 선택권이 있다면 우리 땅 어느 곳도 다른 나라에 넘겨 주려 하지 않을 것이다. 두 번째 특성은 이와 연관되어 있는 것인데 국가로 하여금 전쟁을 일으킬 만큼의 중요한 이익

---

6) 토마스 쿤은 그의 명저 「과학혁명의 구조」에서 과학이 어떻게 발전하는지를 설명하고 있다. 과학의 발전은 어느 정도 발전하다가 그 변화의 패턴이 한계에 달하면 혁명적으로 변한다. 이렇게 전혀 다른 형태의 발전을 그는 '패러다임의 변화'라고 명명했다.

을 의미한다. 만약 누군가가 우리 영토의 일부분을 달라고 한다면 우리는 이에 대한 타협을 거부할 뿐 아니라 우리의 권리를 보장하고자 싸울 것이다.

통상 이러한 핵심적 국가이익은 국내문제로 나타나는 것이 아니라 주권국가간의 관계, 즉 국제정치(國際政治) 속에서 나타난다. 국제사회는 국가 사이의 긴요한 문제를 해결할 장치를 갖고 있지 않으며, 중요한 이해관계가 충돌을 일으킬 때 구속력을 행사할 장치 또한 없다. 물론 그 이유는 각 나라마다 타협할 수 없는 사안들이 있고, 이들 사안이 문제를 야기시킬 때 조정역할을 할 장치가 없음은 물론 타협을 강제할 장치를 원하지 않기 때문이다. 따라서 국제사회에서 각 나라들은 군사력을 동원해서라도 자국의 핵심적인 이익을 보호하고 증진시키기 위해 최대의 노력을 경주하려 한다.

우리는 생존이익과 핵심적인 이익을 보호하는 것이 반드시 조화롭지도 모순적이지도 않음에 주목해야 한다. 모순이 나타나는 경우는 핵심적인 이익을 보호하기 위해 나라의 생존을 위협할 때이다. 예를 든다면 통일을 달성하기 위하여 무리하게 전쟁을 일으켜 민족이 공멸하는 경우가 생긴다면 핵심적인 이익을 과도하게 추구하다가 생존 자체가 문제되는 상황이 발생하는 것이다.

중요한 이익은 국가의 정치적・경제적・사회적 안녕에 좋지 않은 영향을 미치지만 군사력 사용까지는 필요치 않아 보이는 상황에 관한 이익이다.

지엽적인 이익은 국가이익이 걸려 있긴 하지만 국가가 대체로 주어진 상황에 의해 특별한 영향을 받지 않는다.

핵심적인 이익과 중요한 이익을 구분하는 것은 쉽지 않으며, 핵심적인지 중요한 이익인지 구분이 안 되는 부분에서는 정의하기에 따라 우리의 국익에 분명한 차이가 날 수 있다. 따라서 전략이 불일치되는 것은 국가전략 수립과정에서 국가이익을 지키기 위해 무슨 수단을 사용할 것인지에 관한 번민 때문이다.[7)]

전략수립에 영향을 주는 영역으로서 물적 환경(物的 環境, Physical Environ-

7) 생존이익과 핵심이익을 구현하는 국가안보는 지난 60여 년 동안 주로 미국에 의존하고 경제발전만 이룩하면 된다는 국가전략이 국가지도자들의 생각을 지배해 왔다고 해도 과언이 아니다. 즉 정치, 외교, 군사, 군비통제 등 많은 부문에서 안보전략의 목표를 희생하면서 국가의 대부분 자원을 경제발전전략에 사용해 온 것이다. 이러한 불균형적인 국가전략의 결과 경제성장과정에서 인권과 소득분배 문제가 도외시되었고, 국가안보능력을 구비하는 데 인색하였으며, 외교도 경제의 안정적 성장을 위한 대미외교와 대북한 경쟁외교에 치중해 왔다. 이제 세계화로 가야 하는 시점에서 불균형적 국가전략을 재검토해야 할 필요가 있다.

ment), 국제환경(國際環境, International Environment) 및 국내환경(國內環境, Domestic Environment)을 분석해야 한다.

물적 환경은 자연과 사회의 관계에 관한 것인데, 끊임없는 과학기술의 혁신을 통하여 인간생활의 토대에 영향을 미치는 것이다. 그러므로 물적 환경은 국제환경이나 국내환경에 적지 않은 영향을 주며, 아울러 국가전략의 수립 및 집행에도 중요한 영향을 준다.

특히 물적 환경의 하나로 분류할 수 있는 첨단기술은 "21세기는 첨단기술의 패권이 곧 세계패권으로 직결된다"고 일컬을 정도로 경제, 군사, 정치・외교적 차원에서 그 전략적인 가치가 매우 크며, 아울러 새로운 국제질서의 형성에도 직・간접적으로 영향을 미치고 있다. 첨단기술은 민생용 및 군사용의 다목적 사용을 그 특징으로 하는데, 첨단기술의 발전과 더불어 전쟁의 개념이 변화되었고, 아울러 새로운 산업혁명인 지식정보혁명을 야기하였다. 지식정보혁명의 전개는 정치・경제・사회・국제관계영역 등에서 혁명적인 변화를 초래하고 있다.

국제환경이나 국내환경은 사회 요인의 관계에 관한 것이다. 국제사회는 다양한 행위주체로 구성되어 있는데, 행위주체가 국가일 경우 국제환경은 국제역학의 변화와 더불어 전략수립에 커다란 영향을 미친다. 국제환경에 관해서는 정치・경제・군사・문화 등으로 나누어 고찰하기도 하는데, 그와 더불어 이들 요소 각각의 상호작용에 대해서도 고려해야 한다.

국내환경은 국가의 전략수립과 전략수행에 직접적이고 경우에 따라서는 결정적인 영향을 미칠 수 있다. 국가목표의 설정 및 국가전략에 대한 국민적 합의의 형성, 정치지도자의 리더십 발휘, 국민들의 의식 및 가치관, 사회・정치적 결속도 등은 국가전략의 수립 및 전개에 직접적이고 경우에 따라 결정적 영향을 미칠 수 있는 것이다.

그리고 국가전략의 관점에서 환경의 변화에 대하여 인식할 경우, 거시적인 역사의 흐름 속에서 그 변화의 의미를 파악할 필요가 있다. 역사와 민족사, 세계사, 문명사 등은 국가에 방향성을 제시하고 국가목표에 역사적 의미를 부여하기 때문이다. 이 사실은 국가전략의 수립에 전략 입안자의 역사의식이 투영될 수 있음을 나타내는 것이기도 하다.[8)]

---

8) 배정호, 앞의 책, pp. 20-22.

4. 전략집행

전략집행이란 자신의 강점과 상대의 약점을 극대화하는 것이다. 관련된 상황을 정확히 파악하여 대처하면 소기의 목적을 달성할 수 있다. 그러므로 전략가는 상황을 정확히 이해하고, 다른 사람이 인지하지 못한 부분에서도 장단점을 찾아내어 그것에 대한 대책을 수립해야 한다.

훌륭한 전략가는 전략집행시 통합적(統合的, Total System)인 관점에서 현상을 진단하여 그 문제점과 해결책을 찾아내야 한다. 그렇게 하기 위해서는 가시적·비가시적 관계를 정확히 파악하여 상황의 본질을 이해해야 한다. 겉보기에는 약점이 전혀 없는 것처럼 보이는 것도 보는 각도와 시간대에 따라 그 강약점이 드러날 수 있기 때문이다.

21세기 지식정보화 시대 국가전략의 큰 특징은 전략집행의 대상이 되는 각 분야의 상호의존성이 증대하고 있다는 점이다. 즉 분야간의 공통점과 중복되는 부분이 많아지고 상관관계가 밀접해짐으로써 특정분야의 경계를 엄격하게 구분하는 것이 어려워졌다. 이 점에 관하여 미국의 국가안보전략보고서는 "오늘날의 세계에서는 외부로부터의 국가안보위협과 내부로부터의 도전을 분명히 구분하는 것이 어렵고, 국제문제와 국내문제의 구별이 사라졌으며, 국내정책과 외교정책의 경계선이 없어지고 있다"고 지적하고 있다.

이러한 현실을 감안할 때, 국가전략을 집행할 때는 분야별로 독립적으로 운용하는 것은 가능하지 않을뿐더러 바람직하지도 않다. 분야별 국가전략은 수립단계에서뿐 아니라 집행과정과 결과의 수렴, 즉 환류(還流, Feedback)에 이르기까지 전략기획의 모든 단계에서 관련 분야들간의 긴밀한 조율과정을 거쳐야 하는 것이다.

21세기의 불확실성 속에서는 전략집행시 처음부터 현상을 투시하고 결과를 예측하면서 완전한 대책을 수립할 수는 없다. 따라서 모든 영향요인들을 수시로 점검하고 최악의 경우에 대비한 예비계획과 우발계획을 수립하여 대응해야 한다.

5. 전략평가

전략평가란 바람직한 사회를 만들기 위한 정부개입의 과정, 전략집행에 의하여 산출되는 산출물 및 그 결과들의 장점, 유용성, 가치 등을 전략의 세부적인 구현수단인 정책의 집행과정과 집행이 이루어진 후에 사회과학적인 방법을 포함한 다양한 방법으로 정밀하게 분석하여 미래의 전략수립 및 집행에 반영하려는 회고적 작업 또는 활용이라고 할 수 있다.

전략평가의 합리적 기법은 아직 정립된 바 없어 이를 여러 가지로 분류할 수 있으나, 널리 채택되고 있는 정책분석의 분류방법의 하나를 원용할 수 있을 것이다. 이것은 ① 현상에 대한 측정과 미래예측, ② 비용-효용분석, ③ 영향평가, ④ 평가연구, ⑤ 최적화분석 등으로 구분하는 것이다.

현상에 대한 이해를 높일 수 있는 정보를 산출하는 데에는 센서스, 표본조사, 종단면적 연구, 사례 연구, 공식적 통계지표, 관리기록분석 등이 이용된다. 한편 미래예측에는 투사법・회귀분석 등과 같은 양적인 방법과 델파이방법(Delphi Method)과 같은 질적인 방법이 이용되고 있다.

전략평가시는 예상되는 위험과 이에 대처할 수 있는 능력을 함께 인식하고 그 대응방안을 모색해야 한다. 아무리 훌륭한 전략가일지라도 문제 해결과정에서 국가의 모든 이익을 구현하기는 불가능하기 때문이다.

전략평가시 대두된 위험을 제거할 수 없다면, 어떤 이익이 국가에 가장 중요한가를 분석해야 한다. 물론, 그것은 정치적인 해결과제이다. 반드시 구현해야 할 핵심적인 이익과 그렇지 못한 이익간에 선을 긋는 데 대해서 의견의 불일치가 존재한다. 더욱이 핵심적인 이익과 주요 이익간의 경계선은 정치적 상황에 따라 변한다. 이것은 전략가가 겪어야 하는 하나의 환경적 요소다.

전략평가시는 지극히 복잡하고 불확실한 상황이 지속될 수 있다. 전략이 집행되는 현실 세계는 복잡하고 애매모호하며, 전략평가시도 애매모호한 문제를 가지고 있다. 전 독일 수상 헬무트 슈미트(Helmut Schmidt)가 말했듯이, 사람이 현실 문제를 푸는 것이 아니고 사람이 그것을 이용한다. 환언하면 현실문제는 쉬운 답을 갖고 있지 않으며 "학교식 해결방안"으로는 정답을 제시할 수 없다. 현실문제는 전략가가 극복하려고 노력하는 어려운 학문과 실용의 범주에 속한다.

전략평가는 인간의 조정능력의 영역에 해당한다. 국가전략의 효율성은 각 국가가 글로벌화한 세계 내에서 차지하는 구조적 위치에서 제약을 받지만, 전략은 각 국가의 기회와 가능성을 더 중시한다. 그리고 역사의 방향을 조절하는 인간의 능력에 더 많은 기대를 건다. 만약 구조적 위치가 모든 것을 결정하고 세계사적·운명론적으로 전개된다면 국가전략은 무의미하다. 예컨대, 수렴론과 다양화에 대한 논쟁에서도 국가가 완전히 글로벌 스탠더드로 수렴되는 세계화의 방향으로 전개된다면, 국가전략은 필요가 없게 될 것이다.

6. 전략종결과 환류

전략수립과정 내에는 전략종결 또는 환류시스템(Feedback System)이 있다. 대전략과 기능별·분야별 전략은 전략환류에서 나타나는 결과로 인해 전략으로서 수명을 다하거나, 부분적으로 보완되어 전략수립 및 집행에 반영된다.

전략은 고정불변해야 한다는 인식이 있다. 한국인의 국익관계에도 "어찌 국가를 위기로부터 구해준 미국이 싫어하는 것을 우리가 할 수 있겠느냐" 하는 의리관이나 은혜관이 크게 영향을 미치고 있음을 구영록 교수는 지적하고 있다. 유교적 지조론이 영향을 미쳐서 그런지 몰라도, 국가가 전략의 방향을 자주 바꿀 수 있는가 하는 의문을 가진 국민이 많다. 정부가 기존 전략을 조금만 변경시키려고 하여도 일관성이 없다고 비판을 받기 쉽다.

국가 전체적으로 볼 때 북한의 위협이 불변하는 한, 안보는 미국에 의존하면서 경제발전에만 전념한다는 전략적 사고가 지배적이다. 오늘날과 같이 전략환경의 변화가 빠르고 변화의 규모가 질적인 면에서나 양적인 면에서 거대함에도 불구하고 전략의 수정여부를 검토하는 것이 금기시되고 있는 것이 현실이다. 그런데 전략은 고정불변해야 한다는 생각도 금물이지만 전략이 없기 때문에 가만히 있는 것은 더군다나 안 될 일이다. 환경이 급변하고 있고 국가이익도 시대적 환경과 공간의 변화에 따라 변하는 것이기 때문에 과거에 잘 세운 전략이라고 하더라도 다시 한번 문제점을 분석하고 현시대에 맞는 것인지 재검토해 보아서 수정의 필요성이 있으면 즉각 수정해야 한다.

기존전략이 목표하는 바가 달성되지 않거나 목표달성의 정도가 만족스럽지 못할 때 전략의 수정문제가 발생하게 된다. 미국의 대북한 핵전략 추진에 있어서 부시 행정부와 클린턴 행정부, 그리고 아들 부시 행정부의 급격한 대북전략의 변화는 이를 극명하게 보여 준다.[9)]

국가전략의 우선순위가 오랫동안 고정되어 있을 때 다른 국정분야에 문제점이 누적되기 시작한다. 특히 독재정권하에서는 기존 전략의 추구가 성과보다는 문제점을 누적시킨다고 인지되더라도 집권층은 기존 전략을 고수하기 십상이다. 하지만 기존 전략이 문제점을 누적시키고 악영향만 나타낼 때 다른 대체세력이 혁명, 쿠데타를 통해 지도자를 교체하고 새로운 지도자가 등장하여, 새로운 전략을 제시한다. 우리의 현대사에서 1960년 4・19와 1961년 5・16은 이에 해당한다.

강대국과 동맹을 맺고 있는 약소국은 강대국의 요구에 의해서 안보・외교전략을 갑자기 수정해야 할 경우가 발생한다. 1992년 남북한기본합의서 채택 이후 남북관계의 개선이 전망되었으나, 미국이 핵문제의 우선해결이 안 되면 남북관계개선을 하지 말 것을 주문하여 대한민국 정부는 부득이 핵과 남북관계개선을 연계시켜야 했다. 대북정책보다는 대미정책이 우선순위를 갖게 된 것이다.

전략이 종결되는 것은 ① 전략이 목표를 달성하거나 ② 정책으로 전환되어 추진되는 경우 ③ 상황과 환경의 변화로 인해 전략이 수명을 다한 경우 ④ 정치적 이유로 폐기되는 경우 등이다.

무수한 외부 요인들이 국가목표로부터 분야별 전략에 이르기까지 일관성 있는 흐름을 제한하고 굴절시킨다. 이러한 요인들은 대개 전략가들의 통제를 완전히 벗어난 것들로 그 예는 수없이 많다. 이러한 요인들을 나열해 보면, 위협의 성격, 국내외의 정치상황, 경제, 기술, 물리적 환경 및 지정학적인 환경 그리고 문화유산 등이다. 그 중에서도 경제적인 고려요소는 대전략 수립 및 집행단계뿐 아니라 평가 및 환류단계에서도 매우 중요한데 그 이유는 예산배분이 분야별 전략의 역할 및 임무를 결정하기 때문이다.

---

9) 핵문제는 핵문제에 국한되어야 한다는 아버지 부시정부의 전략은 핵문제와 전반적 관계개선의 연계를 주장하면서 북한의 주장을 대폭 수용한 클린턴 행정부에 의해서 일대 전환을 도모하게 되었다. 클린턴 행정부는 미국의 대북한 봉쇄전략을 개입전략으로 수정한 장본인이다. 아버지 부시 행정부의 대북전략이 북한의 핵무기 개발을 중지시키지 못했기 때문에 전략의 수정이 시도되었다. 아들 부시정부는 북한을 타도해야 할 악의 축으로 몰아가며 아버지 부시 정부의 입장으로 전환하였으나, 어려움에 봉착하자 6자회담을 수용하게 되었다.

훌륭한 전략가는 전략종결과 환류단계에서 미래에 다가올 수 있는 각종 위험요소를 정확히 예측해 보고, 이들을 효율적으로 관리할 수 있는 대비태세를 유지해야 한다.

제 2 절 국가전략의 수립 주체

1. 대통령과 비서실

전략수립의 주체로 역사상 가장 먼저 등장한 단위체는 고대 국가였다. 동양사회에서 중국의 춘추전국시대 패권국(覇權國)과 서양의 이집트, 그리스 시대 도시국가 및 로마 등이 이에 해당된다.

이들 고대국가들은 종족보존 차원에서 시작하여, 더 나아가 종교의 전파, 영토의 확장, 국가영향력 확대 등을 위해서 전략을 수립하고 사용하였다. 이후 중세사회에서는 전쟁과 내분(內紛)을 극복하기 위해 군사력과 정치력을 포함한 국력을 수단으로 하여, 나름대로 설정한 목표를 달성하는 전략을 구사하였다. 즉 중세사회까지는 주로 전략의 주체는 국가의 왕이나 군주였다.

프러시아의 프레드릭 대왕(Frederick the Great)이나 프랑스의 나폴레옹(Napoleon Bonaparte) 황제와 같은 군주시대에는 전략결정이 거의 군주 한 사람에 의해 이루어졌다. 상대적으로 문제가 간단했던 당시에는 전쟁군주는 국가의 가장 포괄적인 전략방향에서부터 가장 세밀한 전장의 전술까지 자신이 직접 장악하여 결정을 내릴 수 있었다.

그러나 현대는 불확실성이 증가하고 전략수단이 다양하고 복잡해졌기 때문에 한 개인이 상황의 모든 국면을 장악하는 능력을 보유할 가능성은 없어졌다. 결국 전략은 상이한 관점과 서로 다른 권한을 갖는 여러 사람들과 집단에 의해서 만들어지게 되는 결과를 가져왔다.

전략수립 및 집행과정의 참여자는 공식적 참여자와 비공식적 참여자로 구분할 수 있다. 공식적 참여자란 전략수립 및 정책의 결정 등에 참여할 수 있는 법적권한을 가진 자를 말한다. 즉 대통령과 국가최고 정치책임기관, 행정기관, 의회와 사법부 등이 이에 속한다고 볼 수 있다.

국가 최고 정치 책임기관이란 전·평시를 불문하고 정부에 있어서의 최고의 정치적 의사결정을 위한 특설기관인 동시에 필요에 따라 정부의 제 기관과 국력요소에 대한 종합 또는 통합의 직접운용을 하는 국가최고의 특설지휘기관이다. 그 구성은 대통령과 그가 지명하는 보좌기구로 구성되며, 최종결정권자는 대통령이다. 그는 국가전략과 정책의 수립과 집행, 즉 운용에 관하여 국민에 직접적인 책임을 진다.[10)]

이 조직의 정상에는 대통령이 있으며 그의 힘은 당연히 헌법적이고 정치적이다. 대통령은 행정 각 부서는 물론 국가안보법령에 의해 구성된 기관들과 조언자로부터 국가전략의 수립과 집행에 대한 조언을 받는다.

만약 대통령이 법적인 특권으로 권력의 일부를 양도할 수 있다면, 그들의 정치적 힘은 훨씬 더 강해질 수 있다. 대통령의 정치적 권력은 의회의 균형과 견제에 종속되지 않는 영역 속에 있으며, 대통령의 정치적 권력은 국회에 대해 우위를 점하고 있다. 그러한 권한은 최소한 다음 다섯 가지로 요약된다.

① 대통령은 국가적으로 선출된 유일한 공무원이다. 그래서 대통령은 국가적 선거구를 가진 유일한 정치인이며, 모든 국민의 대표가 되고 대변자가 됨을 합법적으로 요구할 수 있는 사람이다.

② 전략수립 및 집행과정에서 대통령이 가지는 최대의 이점은 명목상으로 모든 관료들이 대통령을 위해 일한다는 것이다.

③ 행정부의 수반이다. 간단히 말해 대통령직은 위엄과 신뢰성, 그리고 행정부의 수장에 대한 경의를 부여해 준다.

④ 대통령은 대통령 직책 자체로 다른 어느 기관과도 비교할 수 없을 정도로 언론매체에 접근할 수 있는 장점을 가지고 있다.

⑤ 국가안보 영역에서의 대통령의 권한은 의회로부터의 사실상의 권한위임에 의해 증대된다.

국가안보분야에 관한 대통령의 헌법상의 책임은 헌법 제2조 2항에 명백하게 기술되어 있다. 헌법에 의하면 대통령은 군대의 최고사령관이며 외국정부와 조약을 체결할 수 있는 권리를 가지며, 외교관과 다른 공무원들을 임명

---

10) 헌법 제4장 제72조에는 "대통령이 필요하다고 인정할 경우에는 외교·국방·통일·기타 국가 안위에 관한 중요정책을 국민투표에 부칠 수 있다"라고 명시하여 핵심 국가전략과 정책에 대한 대통령의 책무를 명시하고 있다.

하고 해임시킬 수 있는 권한을 갖는다. 이 짧은 헌법조항은 국가안보에 대한 헌법의 집약성과 상대적인 단순성을 반영하고 있다.

국가지도자는 한 시대의 전략환경 속에서 국가이익을 최대한 구현하고 국가목표를 달성하기 위하여 국내 또는 국제적으로 가용한 자원을 동원, 조직화, 조정・통제, 사용해 가는 방책을 수립해야 한다. 그는 국가이익 확보에 가장 유리한 환경을 적극적으로 창출해 나가야 한다. 다차원적인 국가이익을 제대로 달성하기 위해서는 각 기능・분야별 목표를 제대로 구체화시켜야 하고 그를 성취하기 위한 분야별 전략도 수립해야 한다. 국가의 최고지도자는 분야별 국가전략에 대한 우선순위를 결정하고 전체적으로 통합하여 국가전략을 만든다. 국가지도자는 국가의 미래에 대한 비전을 담은 국가전략을 국민과 국제사회에 전달하고, 그 비전이 현실화되도록 이들의 능력을 동원하며 사용하도록 설득한다. 따라서 국가지도자의 비전과 지도능력은 국가전략의 수립과정에 있어서 대단히 중요하다.

국가의 대통령은 적어도 수십 년 앞을 내다보는 장기전략을 제시해야 한다. 물론 장기전략 속에는 정치, 경제, 국방, 외교, 사회, 문화, 과학기술, 교육 등에 관한 분야별 전략의 우선순위가 결정되어 대통령의 국가에 대한 비전을 실현시킬 수 있도록 분야별 전략은 통합적이고 체계적인 국가전략 속에 논리적으로 배열된다.

대통령은 국가목표를 달성하기 위해 국가의 인적・물적 자원을 동원하고 조직화하며, 이것을 조정・통제하고 사용해 나가는 수단과 방법을 강구해야 한다.[11)]

전략수립시 우선순위를 결정하는 요인 중에서 가장 중요한 것은 국가 최고지도자의 국가의 미래에 대한 비전이라고 할 수 있다. 민주국가에서는 그 지도자의 비전과 문제해결능력을 보고 선거에 의해서 지도자를 선출한다. 만약 선출된 지도자가 임기 동안에 국가전략을 설정하고 국가목표달성을 위해 노력했지만 국가목표 설정을 잘못했거나 국가전략을 잘못 세워서 인적・물적 자원을 낭비할 뿐 아니라 국가목표달성을 잘못했을 경우, 또는 국가목표와 국

11) 새로 집권하는 정부는 재임중 적어도 1회 이상 국가전략보고서를 발표해야 한다. 정부가 국가전략서를 작성, 발표하되 여기에 대해 의회가 평가 및 대안을 제시하면서 의회와 정부간에 생산적 협의가 이뤄져야 한다. 왜냐하면 국가 운영에는 미래예측 능력이 필수라고 할 수 있기 때문이다.

가전략이 옳았다 할지라도 국가이익을 증진시키는 데 실패했을 경우에는 다음 선거에서 승리하기 어렵게 된다. 그러면 선거에서 이긴 새로운 지도자는 새로운 국가목표와 국가전략을 제시하게 되는 것이다.12)

전략결정과정에서 대통령은 안보, 외교, 통일전략에서는 거의 결정적인 역할을 수행하지만 경제, 사회, 문화 등 국내 분야의 전략에서는 제한된 영향력을 행사한다. 특히 전략의 집행과정에서는 행정관료와 국회의 제약을 많이 받게 되어 영향력은 현저히 줄어들 수 있다. 대통령은 전략의 결정과정에서 시간의 부족과 정보의 제한 및 왜곡, 그리고 전문지식의 부족 등으로 합리적인 결정과정에 어려움을 갖게 된다.

따라서 대통령의 실질적인 결정권한이 위임되는 경우가 있는데 이러한 위임의 경계는 주로 안건의 중요성과 전략에 대한 대통령의 전문지식의 정도에 의존하게 된다.

그리고 대통령의 능력상의 한계로 대통령비서실은 소내각과 같이 되어 전략결정에 실질적으로 기여하게 되는데 각 비서실의 영향력은 비서관의 능력에 대한 대통령의 신임과 태도 등에 좌우된다.

대한민국에서 청와대는 누가 뭐래도 국정운영의 중심축이다. 중심축이 흔들리면 주변부도 흔들릴 수밖에 없다. 청와대는 대통령비서실로서 대통령을 최측근에서 보좌할 뿐 아니라 행정부와 국회, 정당과의 견해차와 갈등을 조정하는 컨트롤 타워 기능을 수행해야 한다.13) 분권형 국정운영이 이루어질수록 역설적으로 중심축의 역할은 더 커진다. 청와대의 참모들이 바로 서고, 비서실 시스템이 제대로 작동되면 대통령은 성공적으로 국정운영을 이끌어 갈 수 있다.

대통령과 청와대 비서진은 가능한 거시적이고 중장기적인 안목을 가져야

---

12) 예를 들면 미국의 경우 카터의 민주당 정부는 집권중 무능과 경제발전의 실패, 대소외교에서 군축회담의 실패와 소련의 아프가니스탄 침공에 대한 효과적인 대응 실패 등을 이유로 레이건의 공화당 정부로 바뀌어졌으며 레이건은 군사력 강화를 바탕으로 한 대소 강경전략, 자본생산성을 높이기 위한 레이건 이코노믹(Reagonomics)이라는 경제발전전략으로 전환하게 되었다.

13) 미국에서 Presidency는 백악관을 포함한 '대통령부(大統領府)'를 의미한다. 대통령과 참모조직을 모두 포괄하는 개념이다. 이처럼 미국의 대통령에게 백악관 참모조직이 차지하는 비중은 크다. 우리나라의 경우, 작은 정부론과 작은 청와대론이 마치 지상과제인 것처럼 인식되고 있으나, 대통령을 보좌하는 청와대는 규모여부와 상관없이 국정의 구심점 역할을 수행할 수 있는 역량과 시스템을 구비해야 한다(최진, 대통령리더십 총론, p. 656).

한다. 청와대 참모들은 국정전반을 관리해야 하므로 사소한 단기 업무에 시간을 허비하지 말고, 국민 전체의 이익과 관련되는 장기적인 업무에 중점을 두어야 한다. 이러한 국정의 중장기 전략을 수립하기 위해서는 대통령의 국가전략의 중요성에 대한 인식이 전제되어야 하며 참모들의 정무적인 판단 능력이 강화되어야 한다.

2. 행 정 부

국가전략의 내용과 전략을 수행하기 위한 자원에 대한 배분은 정부 내에서 이루어지는 정치적 과정의 산물이다. 헌법 제4장 제88조에는 "국무회의는 정부의 권한에 속하는 정책을 심의한다"라고 명시하여 중요 전략과 정책의 심의권을 행정부에 부여하고 있다.

정부의 행정부서는 국가전략의 개념에 따라 기능별·분야별 국가전략을 수립하고 이에 연계하여 각 정책을 구상하고 실행하는 역할과 기능을 수행한다. 물론 이 조직의 정점에는 대통령이 있으며 그의 힘은 당연히 헌법적이고 정치적이다. 대통령은 행정 각 부서는 물론 국가법령에 의해 구성된 기관들과 협의체에도 영향을 미친다.

각 부서의 장관은 대통령이 제시한 국가전략을 집행할 수 있도록 보좌하는바, 대통령의 임기 중에 달성할 수 있는 사항에 관해서는 각 부처에서 중기계획(3-5년)을 수립할 수 있고, 대통령의 임기를 벗어난 장기적인 목표에 대해서는 각 부처에 맞는 연구개발계획을 세워 놓을 수 있다. 그리고 각 부처의 실무책임부서는 중기계획을 달성하기 위한 구체적인 정책을 개발하며, 하위부서는 연 단위의 집행계획을 수립하고, 해결을 위해 노력한다. 그러나 각 부 장관의 임기가 1년도 못 미칠 때에는 대통령의 분야별 전략을 달성할 수 있는 중기계획을 일관성 있게 수립하여 추진할 수 없으며, 다만 단기전략과 정책집행에 몰두할 수 있을 뿐이다. 따라서 장관의 임기는 최소 2년 이상은 보장되는 것이 바람직할 것이다.

대통령 중심제하에서는 각 부처의 분야별 전략이 일관성이나 전체적 통일성을 유지하는 책임은 최종적으로 대통령을 보좌하는 비서실에 부여된다. 특히 정책기획 관련 수석이 통상 국가전략 개발의 총괄적인 책임이 있다면,

각 분야별 국정의 1차적 조정책임은 국무총리에게 있다. 그러나 대통령이 미래의 국가전략방향을 제시할 때 분야별 전략의 우선순위는 잠정적으로 결정되기 때문에, 대통령 비서실의 정책기획, 경제, 외교안보수석 등이 매우 중요한 위치에 있다고 하겠다.[14)]

각 부서의 관료들은 공식적 참여자로서 국가전략과 이에 연계되는 정책의 수립 및 집행과정에서 가장 큰 영향을 미치는 참여자 집단의 하나이다. 그 과정에서 관료들은 그들이 가지고 있는 분야별로 축적된 전문성과 정보 및 기술을 갖고 큰 영향력을 행사할 수 있게 된다. 이러한 행정기관의 전략과정상의 특징은 보안을 중시하는 비공개적인 상태에서 관료의 전문성에 입각하여 계층적인 권위주의를 존중하며 업무를 처리한다는 것이다.

행정기관이 전략의제 설정 및 수립에 영향을 미칠 수 있는 것은 ① 직업공무원제로 인한 전문성의 겸비 ② 임기의 보장을 통한 장기적인 관점에서의 업무추진여건 ③ 청와대와 국회 그리고 각종 이익단체와 맺고 있는 관계 등을 효율적으로 활용할 수 있기 때문이다.

전략의 결정단계에서 행정기관은 대안의 탐색과 분석에 있어 전문성과 재량권, 광범위하게 위임된 집행권한, 이익집단과의 밀접한 관계를 활용하여 큰 영향을 미친다. 그러나 전략을 정책화하는 과정에서 배분정책과 규제정책에서의 영향력은 강하나 위기관리정책에서의 영향력은 약하다.

전략의 집행단계에서는 관련 분야 업무를 정책화하여 수행하는 행정기관이 정책에 필요한 광범위한 재량권을 갖고 있다.

대통령은 공무원을 임명하고 해임시키는 권한을 갖는다(헌법 제78조). 이것이 대통령에게 부여한 장점은 주요 의사결정자와 집행자의 대통령에 대한 충성을 보장한다는 점이다. 임명 권한은 대통령으로 하여금 대통령과 견해를 같이하는 자를 임명하는 것을 허락하고, 해임 권한은 지속적인 충성을 보장한다. 원래, 헌법에서는 이 권한이 주로 외교관에게만 적용되어지도록 구상되어 있지만 정부의 권력과 규모가 확대됨에 따라 피임명자의 범위가 확대되었다. 거의 모든 중요한 대통령의 임명에는 국회의 인준을 거쳐야 하는 견제가 있다.

---

14) 1993년 김영삼 정부 출발 당시 경제수석은 경제와 관련한 각 부처의 업무를 지도해 나갈 경제분야의 전략과 정책방향에 관한 책자를 발간하였으나, 안보·외교·통일분야에서는 통일된 안보전략의 제시가 없었던 것으로 알려져 있다.

그러나 조직이 작동하는 기본적인 원칙은 견제와 균형이다. 공식적으로 헌법에서는 견제와 균형의 원칙에 따라 입법부와 행정부의 상호관계를 규제한다. 그리고 조직이 일을 하려고 할 때 어떤 부서도 다른 부서와의 상의나 동의 없이 자의적으로 활동할 수 없다. 이러한 관계 속에서 행정부는 중요한 책임과 권한을 가지고 있다. 그러나 행정부의 행동은 국회의 상임위의 감시활동과 예산권의 행사 그리고 정부 행동을 점검하는 활동에 의해서 균형이 이루어진다.

견제와 균형의 체제는, 특히 행정부 내에서도 전략과 정책이 만들어지기 이전부터 비공식적인 방법으로 가동된다. 이것이 의미하는 것은 특정 이익이 다른 기관에도 영향을 주는 경우에는, 관계기관의 요원을 참석시켜 제기된 문제에 대한 관련 기관의 관점이 주요 결정과정에서 서로 교환되는 기회를 보장해야 한다는 것이다.

이를 보장하기 위해 행정부는 각종 협의체제를 운영한다. 이러한 협의체제가 본래 의도했던 대로 운영될 경우, 여러 분야의 전문가들을 통한 최상의 결과를 얻을 수 있고, 최상의 현명한 전략이 창출될 수 있다. 동시에 이 제도는 시간을 많이 소비하고 비효율적일 때도 있다. 실제로 협의체제는 항상 제도의 효과적이고 효율적인 운용이 보장될 때 설치의 의의가 극대화될 수 있다.

3. 국　　회

국회는 국가전략을 수립하고 감독할 수 있는 제도상의 또 다른 주요한 기관이다. 헌법을 뒷받침하고 있는 견제와 균형의 체계 내에서 행정부와 입법부 간에는 대립이 있게 마련이다. 국회의 주요 역할은 행정부의 여러 활동을 감독하고 견제하는 데 있으며, 이것은 법적·정치적으로 이루어지게 된다. 이를 위해 국회는 입법권을 행사한다.[15)]

대통령중심제냐 혹은 내각책임제냐 하는 정치체제의 유형에 따라 의회의 역할에는 큰 차이가 있지만, 국회에 주어진 법률적 제재들은 대부분 반동적이며 대통령의 활동들이 국가이익 범주에 포함되어 있는지를 확인하기 위해 대통령의 활동들을 점검한다. 이러한 제재들은 입법부와 행정부가 책임을 공유

15) 헌법 제3장 제40조: 입법권은 국회에 속한다.

하거나, 두 부서에 의해 '공존의 역학'으로 알려진 영역에서 작용하게 된다. 이러한 것들은 군대를 양성하고 유지하는 것과 전쟁을 선포하는 것, 조약에 대해 조언하고 승인하는 것, 그리고 고위 공직자를 인준하는 것을 포함한다.

국회의 대통령과 행정부에 대한 정치적 권한은 크게 두 가지로 행사된다.

첫째, 예산권이다.[16] 헌법상의 규정에 의해 모든 정부지출 예산은 국회에서 결정되어야 하며 정부의 각 행정부처는 국회의 승인을 받지 않은 어떠한 예산도 다른 어떤 목적에 사용할 수 없다. 실제로 행정부가 하는 모든 일에는 예산이 필요하기 때문에, 이 권한은 입법부의 핵심적인 권한 중 하나이다. 이러한 예산에 대한 권한은 직접 또는 간접적으로 행사될 수 있다. 직접적 의미로는 국가사업을 위해 정부가 요청한 자금의 일부 또는 전부를 거부할 수 있다.

둘째, 국회의 또 다른 정치적 견제도구는 국정감사를 포함한 각종 감사를 통해 구현된다.[17] 국회가 행정부의 정책들과 사업계획들이 현명하게 계획되고, 올바르게 실행되고 있는지를 감시하는 것이다. 이것을 위한 중요한 수단은 상임위원회 조직이다. 국가전략과 정책에서 의회와 행정부 사이의 대부분의 상호교섭은 이런 위원회를 통해서 수행된다.

국가는 다양한 계층과 이익단체로 구성되기 때문에 대통령이 국가전략을 제시하고, 그를 집행하기 위한 분야별 전략은 각 부처에서 제시된다고 하더라도 국민의 대표가 모인 국회에서 분야별 전략의 우선순위와 정책이 논의되고 재조정된다. 물론 국회는 논의과정에서 국민의 요구를 수렴한다. 국회가 국민의 다양한 요구를 수렴하여 국정을 논의하는 중에 대통령과 정부가 정한 부문별 국가전략과 정책의 우선순위가 바뀔 수 있다.

대통령 중심제인 우리나라에서는 전략의제의 설정이 대부분 행정부 주도로 이루어져 국회의 역할은 상대적으로 약화되었다. 그리고 국회는 전략대안의 선정과정에서 중요한 역할을 한다고 볼 수 있으나, 그 영향력은 제한될 수 밖에 없을 것이다. 이러한 과정에서 국회가 약화된 주된 요인으로는 국토분단과 안보불안에 따른 대통령과 행정부의 권한강화, 국회의원들의 전문성 부족,

16) 헌법 제3장 제54조 : 국회는 국가의 예산안을 심의·확정한다.

17) 헌법 제3장 제61조 : 국회는 국정을 감사하거나 특정한 국정사안에 대하여 감사할 수 있으며, 이에 필요한 서류의 제출 또는 증인의 출석과 증언이나 의견의 진술을 요구할 수 있다.

안보전략에서의 보안성 요구 등이다.

임기가 제한된 정부는 원래 단기성과에 연연해하는 경향이 있다. 1년도 안 되어 바뀔지 모르는 장관이 부처이기주의에 사로잡히지 않고 10-20년 후 국가 발전 방향을 종합적·체계적으로 구상하리라고 기대할 수 있겠는가? 정부의 이러한 근시안적 전략·정책수립 속성을 바로잡으려면 국민의 대표기관인 국회에 국가전략을 관장하는 기구가 반드시 있어야 한다.

민주주의 정치에서 국회가 기능을 제대로 하지 못한다면 어느 한 전략이나 정책이 국가이익과 국가목표에 어떤 영향을 미치게 될지 제대로 분석해 낼 수 없다. 또한 국가이익의 어느 한 분야만 전공하는 전문가들이 모인 연구소에서 국가이익 전체를 제대로 추구하는 국가전략이 나올 수도 없다. 선진 각국의 국가전략연구소에는 정치, 경제, 사회 등 사회과학분야뿐만 아니라 환경, 법학, 인구, 행동과학, 지역전문가를 비롯해서 물리학, 화학, 공학 등 자연과학과 기술분야의 거의 모든 학문의 전문가들이 같이 일하고 있다, 그것은 그만큼 국가이익이란 자체가 다양하며 다차원적이라는 것을 의미한다. 어느 한 분야만의 관심과 평가기준으로서는 국가이익 전체를 충분히, 체계적으로 분석하지 못한다는 것을 반증한다.

4. 사 법 부

민주국가에서 3권 분립의 특성상 사법부도 국가전략의 수립체계에서 일정한 역할을 수행한다. 사법부는 특히 법률 심사권이나 해석권 등을 통해 전략과 정책의 내용을 규정하거나 변경함으로써 그 과정에 영향을 준다. 사법부가 전략과정에서 어떤 역할과 기능을 수행하는가 하는 것은 사법부의 '위헌법률심사권'의 보유와 이의 적극적인 활용여부에 달려 있다. 전략과 정책결정에서의 사법부의 역할과 기능은 국가마다 차이가 있다.

미국은 사법부가 수립하는 정책을 사법정책이라고 할 정도로 강력한 역할을 수행한다. 그러나 우리의 경우에는 '위헌법률 심사권'은 헌법재판소에 의해 판결이 되고 있다. 즉 구체적인 규범통제만을 인정하고 있어 사법부의 국가전략과 정책결정상의 역할은 극히 제한되어 있다. 집행과정에서는 명령심사권과 행정재판권을 행사하고 사법형의 재판제도를 실시하므로 제한된 영향력을 행사할 수 있다.

5. 특정 이익집단

위에서 살펴본 공식적 책임을 갖는 기관들뿐 아니라, 정당, 언론, 이익집단, 시민단체, 전문가단체, 일반국민 등의 비공식 참여자들도 직·간접적으로 전략수립 및 집행과정에 영향을 미친다. 공식적으로 정부의 경로 밖에서 전략과정에 영향력을 미치는 중요한 세력은 정당과 언론 및 각종 이익집단이다.

정당은 전략의제의 설정과정에서 집단의 이익을 결집하는 역할을 수행한다. 전략 및 정책결정과정에서 정당은 실질적으로 큰 역할을 하며, 특히 집권당의 경우에는 선거시의 정책대안이 그대로 전략으로 발전되는 경우가 많다. 그리고 집권당은 정부의 정책집행이 자신들이 원하는 방향과 방법으로 추진되도록 행정부에 많은 영향력을 행사할 수 있다. 그러나 야당의 경우에는 주로 전략과 정책에 대한 비판적인 평가나 집행과정에서 행정부의 실패를 지적하는 평가기능을 주로 수행한다.

언론은 전략의제의 선정과정에서 여론형성을 통해 결정적인 역할을 한다. 언론은 공동체에서 논의되는 중요한 대안을 소개함으로써 전략수립과 전략결정과정에 간접적인 영향을 행사한다.

각 이익집단들은 국가전략 수립시 이익집단의 성격에 따라 여러 가지 상이한 영향을 미친다. 이러한 이익집단을 분류할 때는 ① 관심을 갖고 있는 사안의 종류, ② 조직의 지속적인 이익 추구의 범위, ③ 전략사안의 관심 정도, ④ 공익 또는 사익 대표 여부 등에 따라서 적어도 4가지로 구별할 수 있다. 가장 대표적인 이익집단은 환경단체를 포함한 각종 시민단체가 될 것이다.

국가전략은 종종 경쟁적인 엘리트간의 협상과 타협의 산물이다. 전략결정자에 대한 가장 중요한 영향력은 전문가 집단으로부터 나온다. 이 계층이 다양한 전략의 선택에 적극적으로 방향을 제시하고 전략 대안을 주장하는 대중의 일부를 형성한다. 이 대중의 구성은 이익집단의 대표들과 국가적 의견의 지도자, 그리고 그들의 생계와 삶이 대외문제에 직접적으로 영향을 받는 개인으로 이루어진다. 대전략과 군사전략의 영역에서는 국방문제 연구학자들과 두뇌집단 그리고 예비역 장교들의 전문적 공동체가 특히 영향력이 있다. 이들은 학문적으로 입장을 옹호하고 전문잡지 및 의회등원과 같은 방법에 의해서 전략에 영향을 미치기 위해 노력한다.

개방된 사회에서는 정부의 의사결정에 최종적이고 궁극적인 제재는 국민의 여론이 제공한다. 책임과 의무의 원칙은 정책결정이 공익 차원에서 정당화되어야 하고, 대중은 전략의 결정이 초래하는 부담을 기꺼이 감수해야 함을 뜻한다. 국가전략에 대하여 대중의 자발적인 지지는 그 결정이 부과할지도 모르는 잠재적이고 특별한 부담 때문에 안보와 국방의 영역에서는 특별히 중요한 고려사항이 된다. 그러나 대전략의 결정요소로서의 대중여론은 많이 제한된다.

정보를 잘 알지 못하는 대중의 참여는 산발적이고 순응적이기 쉽다. 여론이 전략을 형성하기보다는 오히려 여론이 전략에 의해 형성된다. 정기적으로 대외사안에 대해 의견을 형성하고 그것과 보조를 맞추어 나가는 시민으로 구성된 정보화된 대중은 전략과 정책의 수립 및 집행과정에서 중요한 역할을 수행할 수 있다.

국가전략 수립의 과정은 단조로운 분석적 절차가 아니며, 연역적(演繹的) 논리의 연습도 아니다. 오히려 국가전략의 수립과정은 정치적 과정의 모든 특징을 가진 복잡하고 혼란스런 정치적 과정이다.

그러한 과정의 산물은 통상 협상을 통해 나온다. 폐쇄적 사회에서는 소수의 엘리트가 그들의 의지를 다수에게 강요할 수 있다. 그러나 민주적인 사회에서는 이익(利益, Interest)과 사상(思想, Ideas)의 상호작용은 반드시 어떤 형태로든 의견의 일치를 요구한다. 집단간에 의견 일치에 도달하는 것은 모든 측면에서 어떤 것을 얻기 위해서는 어떤 것을 주는 것을 의미한다. 추상적인 생각을 구체적인 전략으로 변환시키는 데 있어서 명확한 지침을 찾는 사람들에게 그 결과는 혼돈이고 심지어는 좌절일 수도 있다. 그것은 관계자들이 모든 대안들을 면밀히 고찰할 경우 큰 호소력을 가질 수 있는 과정이라고 할 수 있다.[18]

그러므로 국가전략의 내용은 관료정치, 정당정치, 이익단체활동, 선거 등에 의해 영향을 받는다. 즉, 국가전략의 선호도가 국내정치에 의해 좌우될 수 있다.

예를 들면 일부 국내세력은 방위산업의 고용증진을 위해 군사력 증가가

18) 데니스 M. 드류 저, 김진항 역, 앞의 책, pp. 95-98.

국익에 부합된다고 주장할 수 있으며, 다른 세력은 무력포기의 평화주의 운동이 국익에 부합된다고 주장할 수 있다. 무역정책에 있어서도 자유무역이냐 보호무역이냐에 따라 자신의 이익이 달라질 수 있는 집단은 자신의 이해와 일치하는 대외정책노선을 주장하게 된다. 미국과의 FTA 체결과정에서 보여 준 무역업체들과 농민들의 대조적인 입장은 이를 극명하게 보여 주는 사례이다. 대북한 전략 등의 집행과정에서 안보외교정책도 정치세력간의 타협의 산물로 나올 수 있다.

부서・집단간의 이해관계 차이뿐 아니라 시각 차이도 전략의 결정에 영향을 준다. 예를 들어 대북전략에도 이해관계의 불일치보다 상호주의를 보는 다양한 시각들이 존재한다. 자신의 이해와 관계없이 국익을 보는 다양한 시각과 인식의 혼선은 국익의 손실을 가져오기도 한다.

6. 기　　타

산업사회 이후 사회의 분업화와 다원화가 급속히 진행되면서 전략의 주체에도 변화가 생겨난다. 국가는 물론이고, 대기업과 각종 사회단체 등에서도 전략을 필요로 하게 된 것이다. 전략의 주체가 국가나 정치집단에 더 이상 국한되지 않고, 사회 전반에 걸쳐 다원화된 세력을 중심으로 다양화된 것이다. 그 결과 지금은 동네 구멍가게에서도 '판매전략'을 운운하기에 이르렀다.

전략의 주체가 다양화되었다는 것은 전략의 분화를 의미한다. 즉 전략의 스펙트럼이 국가의 영역에서 개인의 영역까지 확산됨으로써 전략의 주체가 다양화된 것이다. 전략의 주체가 다양화된 만큼 전략을 수립하는 전략가의 성격과 특성도 분화되고 있다. 따라서 오늘을 살고 있는 우리는 과거에 비해 전략가가 될 수 있는 기회의 폭이 넓어졌다고 볼 수 있다. 누구나 전략가가 될 수 있으며 전략을 수립할 수 있다. 국가의 전략입안자는 국가전략을, 기업 경영가는 경영전략을, 자영업자들은 자신의 사업전략을 그리고 개인은 인생전략을 수립하고 시행할 수 있는 것이다. 이렇듯이 전략을 수립하고 시행하는 이유는 어디에 있을까? 그것은 수요와 공급의 측면에서 이해될 수 있다. 즉, 국가나 조직이나 개인이 전략을 수립함으로써, 전략을 수립하지 않는 쪽보다 훨씬 성공에 가까이 갈 수 있기 때문이다. 현대사회에서 전략으로의 첫발은 성공으로의 지름길이 된 것이다.

아직까지도 우리 정부가 버리지 못하고 있는 가장 큰 생각은 지난 60년 동안 정부가 주도를 해서 우리나라가 이만큼 성장을 해 왔다라는 자부심이고, 앞으로도 국가전략이나 그 실행에 있어 정부가 주도하고 민간 부문은 이를 충실히 따라 주어야 한다는 의식이다. 과거 민간 부문의 역량이 부족하고 경제가 단순하며 소규모이고, 외부 환경의 변화가 극심하지 않을 때에는 정부에 엘리트들이 몰려 전략적인 계획을 수립해서 이것을 밀어붙이는 것이 효율적이었다는 점을 부인할 수는 없다. 그러나 지금처럼 민간 부분의 역량이 늘었고, 경제주체가 커지고 다원화되었으며, 국가간의 교류와 제휴가 복잡해지고, 전략환경도 글로벌화하면서 디지털과 네트워크로 불연속적으로 변화하는 상황에서는 정부가 일방적으로 계획을 세워서 그것을 따라오게 강요한다는 것은 불가능하다고 할 수 있다.

세계화의 시대에 국가는 양면에서 도전을 받는다. 하나는 밖으로부터의 도전이다. 국제협력의 필요성은 국내제도의 개혁을 요구한다. 많은 경우 국내 기득권과 마찰을 빚는다. 다른 하나는 안으로부터의 도전이다. 세계화의 시대에 국민의 요구는 다양해지고 따라서 서로 대립되기 쉽다. 대개는 근시안적이지만 그 요구는 거세다. 따라서 세계화 시대의 국가는 강건할 필요가 있다. 분출하는 국민의 요구를 수렴하고 국가이익과 국가목표의 관점에서 정리하여 전략을 수립할 수 있어야 한다. 또한 국제협력의 필요에 따라 전략을 주도하고 이를 국민에게 납득시킬 수 있어야 한다. 곧 강력한 지도력을 필요로 한다. 이를 위해서는 국민의 의사가 표출되고, 수렴되고, 또 결정된 전략과 정책을 국민에게 전달하고 납득시킬 수 있는 장(場)이 필요하다. 곧 정치과정의 제도화이다. 강한 지도력이 제도화되고 국민 모두로부터 정통성을 부여받을 때 그 국가는 강건한 국가가 된다.

정부는 이런 비전과, 국가전략에 의해 자연발생적으로 형성되어 온 사회, 문화, 제도의 관행을 바꾸기 위한 강력한 의지가 있어야만 한다. 조직이론에서 '이카로스 패러독스'[19]라는 현상이 있는데, 이는 성공한 조직은 그 성공했던

19) 캐나다 출신의 대니 밀러(Danny Miller) 교수는 이카로스의 신화를 빗대어 '이카로스 패러독스'라는 이론을 제시한 바 있다. 기업을 성공시킨 요인이 실패의 요인으로 반전될 수도 있다는 요지다.

방식 때문에 망한다는 것이다. 왜냐하면 성공했던 방식이 너무 강해 조직에 각인이 되어 있는 것이다. 하지만 변화하는 환경에서는 새로운 성공방식이 필요한데, 이를 모색했다 하더라도 실행하기 위한 새로운 시스템이나 문화를 형성하는 데 있어 과거 성공했던 각인이 오히려 걸림돌이 될 수 있다. 이는 국가도 마찬가지인데 지난 50년 동안 우리가 매우 성공적으로 발전을 해 왔기 때문에 그 성장전략을 포기하고, 21세기 비전이나 전략을 수립해 이에 걸맞는 새로운 사회경제 시스템을 새로 만들어 내는 것이 오히려 이런 성공경험이 없었던 것에 비해 더 어려울 수도 있을 것이다. 왜냐하면 기존의 이해관계자나 기득권세력들이 있기 때문이다.

국가간의 치열한 생존경쟁으로 특징지워지는 현대 국제사회는 가히 국가전략의 전쟁터가 되었다. 따라서, 국가전략에 대한 경험적이고 분석적인 연구와 더불어 심층적인 연구개발이 더욱 필요하다. 국가전략과 정책을 연구・개발하는 연구소들이 모든 학문분야를 수렴하며 연구를 할 수 있도록 사회과학 일변도의 인적 구성을 탈피해야 한다. 정부 각 부처도 타 부처와 연관성을 중시하면서 정책전문가들을 육성하고 우대해야 한다. 무엇보다도 대통령과 국회가 당리당략이 아닌 장기적이고도 진정한 국가이익을 달성하기 위한 국가전략 개발에 관심을 환기해야 할 것이다.

다양한 이해관계와 시각 때문에 만장일치가 아닌 다양한 전략 대안들이 제기될 때 어떤 대안을 전략으로 채택하느냐가 늘 문제이다. 국가 단위가 아닌 정파의 단위로 국가전략을 결정하다 보면 다수결 원칙이나 자유주의 원칙이 제대로 실시되는 조건하에서도 불합리한 전략을 채택할 수도 있다. 바람직한 국가전략의 설정은 단순히 여론과 투표에 의해 결정된다는 것으로 충분하지 않다. 어떤 경우는 대중인기와 같은 지나친 포퓰리즘적인 정치성이 국가전략의 왜곡을 가져다 준다. 국내정치에 의해 국익이 왜곡될 수도 있고 반대로 증진될 수도 있다.

특히 대통령 선거시는 각 정당은 무분별하고 일부는 무책임한 선거공약을 수립하여 마치 국가전략처럼 활용하는 우를 범할 수 있다. 특히 선거에서 승리한 대통령당선자는 인수위원회를 구성하여 약 2개월밖에 안 되는 짧은 기간에 선거공약을 바탕으로 국가전략의 큰 틀을 세우는 경우가 비일비재하다. 이때 흔히 간과될 수 있는 것이 국가이익과 국가목표이다. 즉 국가이익과 목표를 정확히 분석하지 않고, 국민들의 요구만을 충족하는 방향으로 포퓰리즘적인 국가전략과 정책이 수립되면, 그 정부 내내 혼란이 지속될 수밖에 없으며, 국가의 정체성은 크게 손상될 수 있다.

제 3 절 국가전략의 수립 절차

전략이란 목표를 달성하기 위한 노력을 체계화하는 행동계획이다. "추구하는 목표와 이 목표를 달성하도록 하는 수단과 방법을 연결하는 복잡한 의사결정과정이다"라고 정의하는 것이 훨씬 더 정확한 설명일 수 있다.

전략수립의 과정은 그 기본 형태에 있어서 일련의 연속적인 의사결정 활동이다. 거기에서 요구되는 의사결정은 쉽지 않을 뿐만 아니라 최악의 경우에는 이러지도 저러지도 못하는 어려움(Dilemma)에 봉착한다. 더욱 어려운 문제는 모든 의사결정이 전략가가 통제할 수 없는 요인들에 의해 영향을 받는다는 것이다. 이러한 요소들은 매우 다양하다. 그것들을 지리적 요인 같은 명백한 영향으로부터 시작해서 문화적 전통과 같은 아주 미묘한 영향에까지 걸쳐 있기 때문이다.

전략수립과정에서는 클라우제비츠의 3요소인 불확실성, 마찰과 우연에 대해 깊이 있게 대비해야 한다. 전쟁론(Vom Kriege, On War)[20]의 저자인 클라우제비츠가 말하는 전쟁의 세 가지 특징은 불확실성, 마찰 그리고 우연이다. 지식정보화 시대인 21세기에도 우리는 때때로 아주 우연한 일이 전쟁의 승패에

20) 클라우제비츠 장군이 육군대학 교장으로 재직하고 있던 1818년-1830년에 집필한 것으로, 그가 사망한 후 그의 부인 폰 마리에 의해서 편집된 「전쟁과 작전술에 관한 카를 폰 클라우제비츠 장군의 유고집」 10권 중의 첫 3권으로 되어 있다. 전쟁론은 나폴레옹 1세의 여러 전쟁을 자신의 전투 경험과 깊은 통찰을 통해서 정리 분석하여 전쟁이론을 체계화한 것으로, 1832년 8월 30일에 출간되었다. 전쟁의 본질, 전쟁이론 · 전략일반 · 전투 · 군사력(전투력) · 방어 · 공격 · 전쟁계획의 8편으로 구성되어 있으나, 마지막 두 편은 초안에 불과하다고 스스로 기술하고 있다. 이 책 가운데 전쟁의 본질 · 이론 및 전략의 기본 등의 전쟁철학(戰爭哲學)적 부분은 오늘날에도 높이 평가받고 있을 뿐만 아니라, "전쟁은 다른 수단에 의해서 수행되는 정치(정책)의 연장에 불과하다"라는 전쟁본질론(戰爭本質論)은 특히 유명하다. 또한 오늘날의 전면전쟁과 제한전쟁의 분류개념과 유사하게 전쟁의 종류에는 적을 완전히 괴멸시키기 위한 것과 국경 부근에 있는 적의 영토 일부분을 탈취하기 위한 것이 있다고 언급하였다.

중요한 역할을 할 수도 있다는 사실을 간과하고 있다. 정교한 통계분석 기법의 출현과 컴퓨터를 이용한 예측 모델, 그리고 이와 유사한 것들은 이러한 도구와 기법들이 부정확한 자료와 잘못된 구성 그리고 확실하지 않은 가정에 근거하고 있다는 사실을 감추고 있다. 그것은 확률이론의 의사 확실성에 의해 속아 넘어가는 매우 단순한 문제다.

전쟁의 불확실성은 궁극적으로 전쟁의 실상, 즉 실제로 어떤 일이 일어날 것인가에 대한 불완전하고 부정확한 정보에 기인한다. 적에 대한 완전한 정보 획득은 지금까지 거의 불가능했고 앞으로도 그럴 것이다. 적의 행동에 관한 가용한 정보가 항상 있는 것이 아닐 뿐만 아니라 가용한 정보마저도 정확하지 않다. 군사문제에서 부정확한 정보는 많은 사람들이 관심을 가지는 분야이다. 그리고 정확한 자료가 가용할 경우에도 그 자료는 정보화 과정에서 잘못 해석될 소지가 있다.

전쟁에서의 마찰은 전쟁의 불확실성과 아주 밀접하게 관련이 되어 있으며 베의 씨줄과 날줄처럼 짜여져 있다. 가장 원초적으로 설명을 한다면 마찰의 개념은 20세기 머피의 법칙[21]과 흡사하다. 즉, 잘못될 수 있는 것은 모두 최악의 순간에 잘못될 것이라는 것이다. 실패는 비관 그 자체에 있다. 다소, 사소하고 때로는 중요하지 않은 사건들이 집단적으로 발생하여 전반적인 업무수준을 끌어내리고 시간계획을 사정 없이 망가뜨리며 원하는 목표달성을 불가능하게 한다.

전쟁에서는 우연의 요소 등으로 인해 아주 간단한 것도 성취하기 어렵다고 클라우제비츠는 경고했다. 분명히 이 책을 읽는 모든 독자들은 거대한 관료조직과 그 종사자들이 미래를 대상으로 하는 국가전략을 수립하는 데 있어서 아주 사소한 문제일지라도 그것을 적절히 처리하는 것이 어렵다는 것을 인식해야 할 것이다.

21세기는 불확실성 시대이다. 불확실성, 마찰 및 우연(偶然)이 주는 중요

---

21) 머피의 법칙(Murphy's Law)은 '잘못되는 것은 원래 그런 것'이라는 뜻으로 일이 좀처럼 풀리지 않을 때 쓰는 말이다. '버스는 기다리면 안 오고, 개똥도 약에 쓰려면 없다'는 등이 그 예이다. 1949년 미국 캘리포니아주 애드워드 공군기지에서 근무하던 애드워드 머피2세는 "몇 가지 방법 중 하나가 불행의 파국으로 끝날 경우 사람들은 이를 선택한다"고 말했고 결국 이 말이 격언으로 회자되면서 '머피의 법칙'이라는 경험 법칙의 표현이 생겨났다. 머피의 법칙과 정반대되는 '샐리의 법칙'도 있다.

한 메시지는 전략은 융통성을 가져야 한다는 것이다. 완전무결한 실행을 전제로 한 계획은 실패하기가 매우 쉽다. 엄격한 시간계획으로 짜여진 일련의 행동을 기초로 한 계획 역시 실패할 가능성이 크다. 대체로 계획은 복잡하면 할수록 잘못되기 쉽다. 더욱이, 비록 세심한 계획이 우연적 요인을 최소화하려고 할지라도, 전략가는 우연의 요소가 항상 성공과 실패의 잠재적 요인으로 남아있다는 것을 염두에 두어야 한다.

1. 국가이익과 국가목표 분석

국가전략을 수립하는 데 가장 먼저 생각해야 할 요소는 앞에서 기술한 것처럼 국가이익과 국가목표이다. 왜냐하면 국가전략은 국가이익을 구현하고 국가목표를 달성하기 위해 수립되고 집행되기 때문이다.

과연 어떻게 국가전략을 수립하여야 하는가? 국가전략은 국익함수방정식을 극대화시키는 데 중점을 두고 수립되어야 한다. 국민투표와 국회표결과 같은 방식으로는 합리적인 국가전략이 보장되지 않는다. 그렇다고 국민의 의사를 무시하고 국가전략을 수립해서도 안 된다.

국가이익은 이상적이면서도 실현지향적인 것인데, 넓은 의미에서 보면 대체로, ① 국가의 자기보존, ② 국가의 번영과 발전, ③ 국위선양, ④ 국민이 소중히 여기는 가치와 체제의 보존 및 신장, ⑤ 호의적 또는 유리한 국제환경의 조성 및 국제질서의 창출 등을 기본적 내용으로 한다. 그리고 그와 같은 국가이익의 우선순위는 앞에서 ① 존망의 이익(Survival Interest), ② 핵심적 이익(Vital Interest), ③ 중요한 이익(Major Interest), ④ 지엽적 이익(Peripheral Interest) 등으로 분류하였다. 이러한 국가이익에 대한 전략가의 인식은 단기, 중기, 장기에 따라 달라질 수 있다.

어느 한 국가이익이 다른 국가이익과 상충될 경우에는 정치지도자들은 국가이익의 우선순위를 고려해야 한다. 즉 중・장기적 차원의 국가이익과 국민적 합의에 바탕을 둔 장기적 국가목표 등을 고려하여 어느 쪽이 우선인가를 판단하여야 하고, 또 적정수준에서 조정하여야 한다.

국가지도자들의 국가이익관의 바람직한 정립은 국가전략의 수립과정에서 매우 중요하다. 대체로 정치지도자들은 임기 중에 가시적인 성과를 볼 수 있는 단기적 국가이익에 도취하기 쉬운데 조국의 미래를 구상하는 지도자라면 장기적 차원에서 광범한 국가이익을 추구하는 것이 바람직하다.

국가이익을 구현하기 위하여 선정된 국가목표는 국민의 합의를 바탕으로 형성되므로 국가활동의 가장 폭넓은 기반이 되는데, 이는 국가가 지향해야 하는 바를 나타내며 국가활동의 방향성을 제시한다. 국가목표는 슬로건이나 캐치프레이즈처럼 상징적이며 추상적이고 개념 제시적인 것이다.

표적이 없는 상태에서 정곡을 찌르기가 어렵듯이 계획의 목표를 알지 못한다면 성공적인 활동계획을 만드는 것은 어렵다. 전략가의 첫번째 임무는 전략수립의 기초가 되는 국가목표를 정의하는 일이다. 만일 국가목표가 제대로 정의되지 않거나 일관성이 없고 국민적 합의를 획득하지 못한다면 전략가의 역할 수행은 대단히 힘들어진다.

이와 같은 국가이익이나 국가목표는 국가의 특성이나 입장 등에 따라 달라질 수 있는 주관적인 것이지만, 한 나라의 국가체제가 변화하지 않는 한, 정권교체에 별다른 영향을 받지 않는 지속적 성격을 지닌다. 반면, 국가이익 및 국가목표의 실현을 추구하는 국가전략은 선택의 문제로서 정권의 특성에 따라 또는 정치지도자의 특성에 따라 바뀔 수 있는 가변적인 것이다.

아무튼 중요한 것은 국가이익을 규명하고, 이를 달성하기 위한 국가목표를 설정하는 것이 전략수립의 가장 중요한 단계라는 사실이다. 명확한 목표와 방향 없이 우연하게 얻게 된 성공도 있을 수 있지만, 명확한 목표는 모든 노력을 효율적으로 통합해 주는 역할을 해 준다.

2. 전략환경 및 국력평가

국가전략을 기획할 때는 국가가 처하게 될 정세와 전략적 환경을 올바르게 판단하는 일이 중요하다. 이러한 전략환경 평가는 국가전략체계의 모든 과정에서 지속적으로 실시되고 보완되어야 한다. 전략체계상에서 가장 합리적인 방법은 먼저 국가이익과 국가목표를 선정하고, 이를 구현하고 달성하기 위해 전략환경을 분석하는 것이 논리적인 순서이다. 그러나 때로는 전략환경이 국가이익과 국가목표에 결정적으로 영향을 미칠 수도 있기 때문에 상황에 따라서는 전략환경을 먼저 평가하고 국가이익과 국가목표를 분석하는 방법도 적용할 수 있을 것이다. 하여튼 전략환경은 지속적으로 변화되는 가변요소이기 때문에 전략수립 및 집행과정에서 지속적으로 점검하고 변화된 요소를 다시 반영하여 재평가하는 과정을 반복해야 한다.

국가가 당면하게 될 위협과 기회를 판단하고, 제한된 국력을 통합・조정하여 국가목표를 효율적으로 달성하려는 것이 전략기획이라고 할 때, 어떤 국가전략을 채택할 것인가 하는 것은 국력 수준에 좌우된다 하겠다. "국력은 국가전략의 진수다(National Power is the Quintessence of National Strategy)"라는 말이 이를 잘 표현하고 있다. 즉 국력은 국가전략의 핵심적인 수단이며 성공적인 추진을 보장하는 원동력이다. 따라서 국력은 전략수립 및 집행과정에서 지속적으로 평가되고 반영되어야 한다.

국력 수준이 낮은 국가가 강대국과 같은 국가전략을 갖는다는 것은 상상하기 어렵다. 그러나 약소국가도 국력수준의 향상과 함께 그에 상응하는 국가전략을 발전시킬 수 있는 것이다.

전략은 무엇을 어떻게 달성할 수 있느냐 하는 것이 중요하다. 전략은 '게임이론(Game Theory)의 개념'처럼 어떠한 결과를 가져오는 선택 가능한 대안들을 말한다. 전략론은 선택에 관한 술(術, Art)과 학(學, Science)이라고 말할 수 있다. 전략의 효과는 시간과 공간에 따라 다르다. 다른 국가전략을 선택할 때에는 그 국가에게 전혀 다른 결과를 초래할 수 있다는 것이다. 국가전략은 조건에 따라 변화해야 한다. 그렇지만 모두가 동일한 결과를 희망하지는 않기 때문에 국가전략에 대한 합의가 늘 쉬운 것은 아니다. 이러한 선택 가능한 대안을 모색하고 조건의 합리성을 판단하는 과정이 전략환경을 평가하는 일이다. 대한민국의 국가전략을 위한 전략환경 평가에는 세계 정세, 동북아 정세, 주변4강 정세, 남북한 정세와 국내 정세 등을 포함하는 것이 바람직할 것이다.

즉 국가전략은 정확한 전략환경평가를 기초로 국익함수방정식을 극대화시킬 수 있도록 수립되어야 한다. 국민투표와 국회표결과 같은 방식으로는 합리적인 국가전략이 보장되지 않는다. 그렇다고 국민의 의사를 무시하고 국가전략을 수립해서도 안 된다. 앞에서 언급했듯이, 개별 국민들의 선호도에서 국가 선호도를 추출하는 함수는 다양하다. 국가전략에 대한 국민들의 다양한 이해관계에서 하나의 국가전략을 선택할 때 그 기초가 되는 국익함수방정식은 단일하지 않지만, 그렇다고 모든 방정식을 받아들여서는 안 된다. 국익에 대한 국민적 합의가 선행되기 위해서는 올바른 정세판단을 기초로 한 합리적인 계획이 제시되어야 한다. 기존의 국가전략보다 더 구체적이고 장기적인 전망과 목표를 전제한 것이어야 한다.

대한민국에서 국가전략에 대한 논쟁은 통상적으로 전환성(轉換性), 대세성(大勢性), 일과성(一過性), 분열성(分裂性) 등의 특징을 지닌다. 전환성은 논쟁이 논리적인 논박을 통해 이루어지는 것이 아니라 마녀사냥식의 세몰이와 편먹기로 이루어지는 것을 말한다. 대세성은 어느 한 쪽으로 대세가 정해지면 나머지 구성원들이 우세가 명백해진 편으로 편승하는 것을 말한다. 일과성은 논쟁에서 밀리는 쪽이 자신의 생각을 바꾸는 것이 아니라 언젠가는 뒤집을 수 있다고 생각하며 눈이 펑펑 올 때에는 눈을 쓸지 않고 기다리는 행동을 하는 것을 의미한다. 분열성도 논쟁이 합의를 위한 과정이 아니라 분열을 더욱 공고히 하는 과정이라는 것이다. 이러한 논쟁을 잠재우기 위해서도 정확한 전략환경 평가가 요구된다.

국가전략에 관한 국가적인 최종 의사결정은 국회를 통해 이루어져야 한다. 이것을 환언하면 문민통제이다. 국회는 국회 스스로 또는 대통령을 통하여 국가위기시의 문민통제를 확실하게 유지해야 할 책임을 갖고 있다. 국회는 이를 수행하기 위해 다가올 미래를 합리적으로 예측하면서 전략환경과 국가의 능력을 올바르게 평가해야 한다. 이것을 전제하지 않은 전략수립은 집터도 보지 않고 집을 지으려는 것과 같다. 따라서 전략환경과 국력평가는 국가전략수립의 필요조건이며 가장 기본적인 전제조건이다.

3. 국가전략의 유형구분

(1) 대전략(大戰略)

전략의 체계는 대전략, 기능별 전략, 분야별 전략과 세부추진전략 등으로 나누어 볼 수 있다. 국가대전략의 개념은 대개 20년 내지 50년 앞을 내다보는 장기전략으로서 리델 하트는 “국력의 모든 요소인 정치, 경제, 사회, 산업, 과학기술, 군사력 등을 동원, 조직화, 조정, 통제, 사용함으로써 국가의 목표를 달성하는 방법에 관한 기술(Art)”로 정의하였다.[22] 대전략은 국가의 모든 정책

22) B. H. Liddell Hart, *Strategy* (New York : Fredrick A. Prager Publishers, 1967), pp. 335-336.

을 인도하는 고차원의 전략이며 정치지도자가 규정하는 국가목적달성을 위해 자신의 국가뿐만 아니라 우방국들의 국력과 자원을 동원, 조정, 통제, 사용하는 것이다.[23)]

예를 들면 2차 세계대전 이후 미국의 트루먼 대통령은 미국 국민에게 미래 세계의 비전을 제시하면서 유럽과 일본의 재건과 민주주의의 확산을 통한 대소동맹을 형성하고 소련을 봉쇄하는 대전략을 제시하였다. 이 봉쇄전략은 소련이 붕괴될 때까지 전후 약 45년간 미국 국가전략의 핵심이 되었으며, 미국의 정치, 경제, 외교, 군사 등 모든 분야를 통합하는 전략이 되었다. 일본에서는 메이지유신 이후 등장한 '대동아공영권'이라는 대전략이 있었고, 현재 선진 각국은 2020년 혹은 2030년을 목표로 한 선진화전략을 제시하고 있다.

대전략은 일명 국가수준의 전략이란 의미에서 일반적으로 국가전략이라고도 한다. 위기시 국가는 국가의 목표를 달성하기 위하여 전쟁과 평화 중 어느 하나를 선택할 최종권한이 있다. 이때 국가는 목표달성을 위해서 민간경제와 군사 두 영역에서 적절하게 힘을 배분해야 한다. 국력을 최대화하기 해서 경제력, 군사력, 외교력, 정치력을 사용할 뿐만 아니라 도덕적인 힘과 국민의 정신적인 힘까지도 극대화해야 한다. 여기서 레이 크라인(Ray S. Cline)의 국력에 대한 정의가 연관되는바 그는 국력을 모든 가시적인 힘의 총화(인구+국토의 크기+경제력+군사력+…)에다가 전략적 목적(戰略的 目的, Strategic Purpose)과 국가의지(國家意志, National Will)를 곱한 것이라고 하였다.[24)]

---

23) 군사사가(軍事史家)나 군사이론가들의 입에 자주 오르내리는 대전략이란, 국가목표를 달성하기 위하여 정치적·경제적·사회적·심리적·지리적·기술적·군사적 제반 국력을 모두 통합하는 것을 의미한다. 대전략은 전투를 실시하는 각 군을 유지하기 위하여 국가의 경제 자원 및 인적 자원을 계산하고 개발하는 일을 함께 해야 한다. 또한 국민의 의욕을 함양하기 위한 정신적 자원은 중요한 경우가 많다. 물질적인 힘보다도 더 중요할 수도 있는 것이다. 대전략은 또한 각 군간, 그리고 군과 산업간에 자원의 분배도 규정해야 한다. 또한 경제적 압력의 힘, 외교적 압력의 힘, 상업상 압력의 힘과 적의 의지를 약화시키는 데 필요한 윤리적인 힘 등을 고려해야 하며, 응용할 수 있어야 한다. 다른 전략이 추구하는 한계선은 전쟁으로서 그치지만, 대전략의 범위는 전쟁의 한계를 초월하여 전후에 오는 평화시기까지에 미친다. 대전략은 단순히 각종의 도구를 결합하는 것만이 아니라 장래의 평화상태에 피해가 미치지 않도록, 안전보장과 번영을 위하여 그들 도구의 사용법을 규제해야 한다(Naver 백과사전).

24) Ray S. Cline, *The Power of Nations in the 1990s* (U.S. : University Press of America Inc., 1994), p. 29.

국가의 의지는 구체적으로 정치지도자의 리더십, 정치엘리트들의 조정능력, 국민의 도덕적·정신적 힘을 포괄하여 국가전략을 추구하려는 의지라고 할 수 있다.

어느 국가든 국가자원과 인적능력이 제한되어 있으므로 모든 국가이익과 목표를 동시에 달성할 수는 없다. 따라서 국가는 대다수 국민이 원하는 몇 가지 제한된 목표 달성을 위하여 자원을 동원, 조직화, 조정, 사용하는 계획을 세우는 대전략의 기획업무를 잘 추진해야 한다.

이러한 일반적인 설명에도 불구하고 국가대전략의 개념은 모호하기 때문에 보다 명확한 개념규정이 필요하다. 따라서 리델하트의 개념을 보완하여 다음과 같이 정의하고자 한다.

국가대전략은 "통상 20년 이상을 내다보는 장기전략으로서 국가이념과 가치에 따른 국가이익을 구현하기 위하여 국력의 요소이며 전략의 수단인 국방, 외교, 정치, 경제, 사회복지, 문화, 과학기술, 교육 등을 동원하여, 조정·통제·사용하며 필요시 다른 국가의 능력을 활용함으로써 국가의 목표를 달성하는 방법에 관한 기술(Art)"이다.

이러한 대전략은 기능별·분야별 전략에 지침과 방향을 제시하며, 이들을 통합하는 기능과 역할을 수행한다. 따라서 국가대전략에는 국가이익과 국가목표가 명확하게 도출되어야 하며, 전략환경평가를 통해 이를 구현하고 달성하는 기본적인 방향이 제시되어야 한다.

(2) 기능별 전략(機能別 戰略)

기능별 전략이란 국가이익을 구현하고 국가목표를 달성하기 위하여 국가가 수행하는 국가기능에 따라 기능별로 추진하는 전략을 말한다. 통상 국가목표와 국가가 수행하는 기능은 긴밀한 상호연관성을 갖고 있으므로 국가목표를 달성하기 위한 전략의 개념으로 사용될 수도 있다.

대한민국의 국가전략은 보는 시각이나 중점을 두는 분야에 따라 다양하게 분류될 수 있다. 물론 국가전략을 몇 가지 특정기준에 의해 중첩되지 않게 분류한다는 것은 불가능하다. 그만큼 국가전략은 복합적이다. 그리고 국가전략의 목표와 구현수단과 방법이 통상 어느 특정시점에서 정확하게 분리되어 나타나지도 않는다.

류상영은 「국가전략의 대전환」에서 기능별 전략을 생존전략,[25] 번영발전전략,[26] 조화전략[27]의 3가지 축으로 압축하였다. 이들 전략은 국가별 · 분야별로 중요도의 차이는 있지만 상호 배타성을 가질 수 없으며 어떤 형태로든지 연관성을 갖고 통합되어 있다.[28]

그러나 이들 기능별 전략은 국가의 이익과 추구하는 가치, 그리고 대전략에 따라 중심이 달라질 수 있다. 유럽 국가들은 대체로 조화전략이 중시되고, 미국은 번영전략과 안보전략이 핵심을 이룬다. 동아시아 국가들에서는 안보전략이 중시된 반면 장기간 조화전략은 상대적으로 무시돼 왔다. 한반도는 아직 냉전이 완전히 종식되지 않고 있기 때문에 안보전략에 중점을 두면서 번영전략을 추진해 왔으나, 남북관계의 진전과 경제성장에 따라 조화전략이 중시되는 방향으로 변화되고 있다.

본서에서는 기능별 전략으로서 생존전략은 안보전략으로 전환하였고, 번영발전전략은 그대로 유지하였다. 분단된 한반도의 특성상 평화통일전략(平和統一戰略, Peace Unification Strategy)을 기능별 전략에 추가하였으며, 우리가 21세기에 추구하는 사회통합을 포함한 핵심요소를 선진일류국가전략(先進一流國家戰略, Advanced First-rate Nation Strategy)으로 통합하여 기능별 전략에 보완하였다.

(3) 분야별 전략(分野別 戰略)

분야별 전략이란 국가이익을 구현하고 국가목표를 달성하기 위하여 전략

25) 생존전략(生存戰略, Security Strategy)이란 국가의 영토 및 주권 그리고 국민의 생명과 재산을 외부의 위협으로부터 안전하게 보호하기 위한 전략이다. 안보전략이 핵심이나 최근에는 대외적인 군사적인 안보만으로 부족하기 때문에 국내정치의 안정 및 민주주의의 신장 등 대내적인 안보개념을 포함한 광범위한 전략이 요구되고 있다. 특히 분단국으로 전쟁의 위험성이 상존하고 있는 우리로서는 생존전략 차원에서 안보전략의 중요성이 강조되고 있다. 왜냐하면 나라를 지키지 못할 경우 번영이나 조화를 기대할 수 없기 때문이다.

26) 번영발전전략(繁榮發展戰略, Prosperity Security Strategy)이란 국민의 삶의 질을 향상시키고 국가경쟁력 제고를 위해 추진해야 할 경제 · 사회 · 문화전략으로 국가경쟁력 강화를 위한 제반 정책과 구조조정 및 디지털 경제육성 등 산업정책, 그리고 사회발전과 문화진흥을 위한 제반정책 등이 대표적이다.

27) 조화전략(調和戰略, Harmony Strategy)이란 사회적 신뢰를 높여 사회통합을 강화하기 위한 전략으로 복지정책과 조세정책 등이 여기에 해당된다.

28) 기능별 전략은 류상영의 앞의 책의 내용을 참고하고, 대한민국의 국가이익과 국가목표를 구현하는 전략을 포함하였다.

수단에 따라 분야별로 추진하는 전략을 말한다.

국가전략의 요체는 전략수단인 정치, 외교, 경제, 사회, 군사 등의 국력요소들을 효율적으로 사용하여 국력을 증진하는, 국력의 효율적인 확대 재생산이다. 이는 국가이익이 국력의 신장에 바탕하고 있으며, 국가목표는 국가번영이라는 단일목표로 귀일함을 의미한다. 즉, 국가의 생존보장, 평화통일, 경제성장과 발전, 건전한 가치체계의 정립과 국민의 삶의 질 향상, 국위신장 등의 부문별 전략 목표들은 궁극적으로는 국가번영, 즉 선진일류국가 달성을 위한 지표들이라고 할 수 있을 것이다.

국가전략은 활용할 국력요소와 수단 및 대상에 따라 분야별 전략으로 구체화된다. 국력을 구성하는 요소로서는 인구, 지리(면적, 지형 및 지정학적 위치 등), 부존자원 등 변하기 어려운 불변적 요소들과 정치력, 경제력, 국방력, 외교력, 그리고 문화적 수준, 국민사기 등과 같은 가변적 요소들을 들 수 있다.

분야별 전략을 보다 구체화하여 표현한다면 한 국가가 정치, 경제, 외교, 안보, 사회, 문화, 교육, 과학기술 등 제 분야에서 중장기적으로 추진해야 할 정책들에 대한 종합적이고 체계적인 계획과 구상이라고 개념정의를 할 수 있을 것이다. 따라서 국가전략을 체계적으로 수행하기 위해서 대전략의 하위개념이면서 기능별 전략을 보완하는 분야별 전략을 전략분야와 전략수단에 따라서 국방전략, 외교전략, 정치전략, 경제전략, 사회복지전략, 문화전략, 과학기술, 교육전략 등으로 구성하였다.

전략기획은 국가목표를 선정하고 국가의 자원을 동원하고 조직화하며, 조정하여 사용하는 기술이므로 다양한 국가목표의 성격상 목표간의 우선순위가 있게 마련이다. 그리고 자원 중에서도 인적 자원을 동원하느냐, 물적 자원을 동원하느냐, 우방국의 자원을 동원하느냐 아니면 두 분야 이상의 힘을 종합하여 사용하느냐에 따라 우선순위가 생긴다.

예를 들면 미국의 대전략은 앞에서 언급한 바와 같이 냉전 시대에는 대소봉쇄전략이었으며 이를 위해 정치, 경제, 외교, 군사 측면에서 자국의 국력을 동원하여 사용하였고, 필요시에는 동맹국의 국력까지도 모두 동원하여 사용하였다. 따라서 미국의 대소봉쇄전략은 미국의 생존과 번영을 보장하기 위하여 필연적으로 대소경쟁을 밑바탕에 깔고 있었으므로 국가안보전략이라고도 불려 왔으며, 분야별 전략으로서 외교전략, 경제전략, 군사전략, 군비통제전략의

4가지를 포함하고 있었다.[29)]

여기서 안보의 개념은 정치·외교적, 경제적, 군사적, 군비 통제적인 측면을 모두 포함하는 포괄적인 개념으로서 국가이익을 보호하고 확장(擴張, Promote)하는 것을 지칭하고 있다. 물론 국가의 크기에 따라 국가전략의 범위나 속성에 차이가 나겠지만 근본적으로 국가전략의 분야별 전략이 다 갖추어지지 않는 한, 독립적이고 완전한 국가전략이라고 보기 힘들 것이다.[30)] 그러나 국력이 제한될 경우에는 국가는 몇 개 분야에 집중하여 가용자원을 투입할 수밖에 없다.

예를 들면 20세기 후반부에 우리는 분야별 전략 중 경제발전 제일주의 전략에 몰두해 왔다. 반면 군사 분야는 대부분 미국에 의존해 왔다. 물론 경제발전의 결과, 국방에 필요한 재원을 제공할 수 있게 되어 1973년부터 자주국방이 시작되고 주요 병기의 국산화가 시작될 수 있었다. 그러나 장차 미국에 대한 기술 의존을 벗어날 수 있는 지속적인 민군겸용기술의 발전계획이 당초 없었고, 경제의 성장으로 인한 GDP의 6%를 국방 재원을 조달한다는 측면에서 경제와 군사는 연계를 가져왔다. 1970년대 미국의 일방적인 철군을 목도한 대한민국은 주요 병기의 국산화란 기치 아래 1973년부터 미국의 국방기술을 도입하여 방위산업 자립화의 길을 걸었다. 하지만 정부주도의 방위산업 육성정책은 기업체 스스로 자립적인 첨단기술을 개발함으로써 국방에 기여해야겠다는 가치관과 의지가 결여되어 있었다. 1980년대 5공화국에서는 방위산업 자립화와 군수산업 육성을 포기하고 미국으로부터 주요 첨단무기의 수입을 결정하였다. 국방과학연구소(ADD)도 그전의 1/3 규모로 축소되었고, 방산분야의 지속적인 발전에 제한을 받았다.

경제발전전략도 노동의 생산성 제고, 즉 싼 임금에 기초하는 수출주도전략에 근거하고 있었다. 기술진보로서 경제성장과 군수산업의 첨단화를 동시에 달성한다는 일본의 국가전략과는 처음부터 차이가 날 수밖에 없었다. 따라서 경제의 발전으로부터 군수산업이 발전되는 연계성도 가지지 못한 채 자주국방

29) The White House, *National Security Strategy of the United States*, August 1991. 미국의 국가안보전략은 정치, 외교, 경제, 국방, 그리고 군비통제 분야에서 국가의 수단을 목표와 연결시키는 방법을 서술하고 있다.

30) 한용섭, "부문별 국가전략의 상호관계와 우선순위의 변화," 「국가전략」 제2권 1호(세종연구소, 1996), pp. 10-11.

의 꿈은 유보되었다. 1993년부터 정부는 민군겸용기술의 개발에 중점을 두고 발전한 경제로부터 승수 효과를 거두기 위해서 산·학·연 협동을 통한 군수 산업지원을 기하고 있다.

이러한 사례에서 볼 수 있듯이 국가전략가는 분야별 전략을 가능한 균형되게 추진하면서도 당시의 전략환경, 국력과 국민의 요구를 고려하며 제한된 재원과 수단을 어디에 중점 투입할 것인지 철저하게 분석평가해야 한다.

4. 전략수단의 개발

국가목표를 파악하고 평가한 후 전략가들은 국력의 수단 중 어느 수단이 목표를 달성하기 위해 필요한지 또한 이 수단은 어떻게 운용되어야 하는지를 결정해야 한다. 대전략이란 기능별 또는 분야별 전략을 구현하기 위한 이러한 수단들의 운영 및 개발을 협조하는 기술 및 과학이다.

전통적인 개념에서 전략수단이란 일반적으로 세 가지로 구분된다. 정치·외교적 수단은 국익을 추구하는 데 영향을 미칠 수 있는 정치적인 수단과 외교기술이다. 경제적 수단은 목표달성에 국가의 물질적 자원을 활용하는 것이다. 군사적 수단은 목표달성을 위해 군사력이 활용되는 정도를 의미한다. 이러한 각각의 수단은 국익추구를 위해 사용된다는 공통된 목적을 가진다.

사용되는 전략의 범위에 따라 각기 적합한 수단이 활용된다.

정치·외교적 수단은 통상 다양하나 정확한 모양새를 갖추고 있지는 않다. 정치·외교적 수단의 본질은 복잡한 이슈에 대해 경제적 또는 군사적인 힘을 사용하지 않고 상호간에 수용할 만한 해결방안을 제시하고, 성공적으로 중재역할을 하는 것이다.

경제적 수단 또한 다양한 형태를 취하는 데 경제적 수단이 사용되는 정도는 그 나라의 경제적 자원에 크게 의존한다. 경제적 수단은 다른 수단들에 비해 채찍과 당근(Stick and Carrot)을 통한 접근법에 훨씬 민감하게 작용한다. 그러므로 경제적 지원 혹은 우호적 무역관계는 기대하는 행동을 유발하는 당근으로 지원 중단을 통한 위협, 관세, 할당 등은 만약 다른 나라가 상대적국으로 소망하는 행동을 하지 않는다면 채찍으로 사용할 수 있다.

군사적 수단의 잠재적 사용은 군사력 활용이 위협받지 않을 때라도 항상 국제관계를 고려하여 막후에서 은밀하게 검토되어진다. 목표와 위협의 인지 수준에 따라 무기를 제공할 것인지 아니면 기술고문단 혹은 전투고문단을 파견할 것인지, 적대국에 군사적으로 개입할 것인지가 결정될 수 있다. 물론 최종적인 개입방법은 핵심적인 이익추구를 위해 직접 전투에 참가하는 것이다.

몇 가지 다른 요인들이 특정수단에 대한 전략개발업무를 복잡하게 만든다. ① 수단들이 서로 아주 밀접하게 관련되어 있어 따로 떼어 놓을 수 없는 경우이다. ② 국력의 제 수단들은 사실 여러 가지 요소들의 조합이며, 어떤 하나의 요소는 어떤 특정한 상황에서는 중요한 요소가 될 수 있다. ③ 국력수단들의 조합은 계획된 방식이라기보다는 즉흥적인 방식에 영향을 받는다. 다른 한편으로는 상황들은 시간이 경과하면서 조금씩 변한다. 그래서 어떤 시점에서 적절한 전략은 다른 시점에선 다른 전략에 자리를 양보할 수밖에 없다. ④ 특정수단에 대한 전략수립을 복잡하게 만드는 요소는 나라마다 지닌 역사, 문화, 환경이 수단의 사용 의존도를 다르게 만든다는 것이다. 예를 들면 해외분쟁을 해결하는 방식에서 미국은 경제적인 수단을 강조하였고, 영국은 비교적 외교적인 기술에 의존하였으며, 소련은 군사수단에 크게 의존하였다. 대한민국은 북한에 대해 군사적 수단과 경제적 수단을 병행하여 사용하고 있다. 마지막으로 여러 수단들에 의한 상대적인 중요성은 시간과 함께 변화한다.

전략을 구상할 경우 무엇보다도 염두에 두고 고려하여야 할 것은 환경조건의 변화와 더불어 행위주체의 전략수행능력이다. 따라서 국가전략을 구상하는 데는 행위주체인 국가의 전략수행능력을 염두에 두어야 한다. 국가의 전략수행능력은 전략의 행위주체인 국가의 능력을 나타내는 것으로서 여러 가지 요소들로 구성되는 복합체이다. 일반적으로 힘(Power)이 행위주체가 의도한 효과를 가져다 줄 수 있는 능력이라고 한다면, 국가의 전략수행능력은 국력과 거의 같은 의미로 사용될 수 있다. 즉, 국가의 전략수행능력은 다양한 요소로 구성된 복합체로서 국력의 양·질을 나타내는 것이다. 그리고 국력을 국가전략의 수행능력과 관련하여 생각할 경우, 실제로 사용할 수 있는 힘(實能力, Actual Power)과 잠재적으로 사용할 수 있는 힘(潛在能力, Latent Power)으로 구분하여 생각할 필요가 있다.

오늘날, 국가전략 수행능력의 주요 기반은 군사력, 경제력, 외교력, 정보력, 과학기술력, 여론지배력, 문화력 등인데, 이들은 완전히 별개의 것이 아니고 상당부분 밀접하게 연계되어 있다.[31] 예를 들면, 경제력의 핵심을 이루는 기술개발이나 투자활동을 받쳐 주는 금융능력은 군사력에서도 중요한 의미를 갖는다. 또 정보력, 즉 정보의 수집 · 분석 · 유포능력은 군사력, 경제력, 여론지배력, 문화력 모두에게 공통적으로 중요한 요소이다.

그리고 예전에는 국력 및 국가전략 수행능력의 기반으로서 군사력이 가장 중시되었지만, 21세기 지식정보화 시대 국제환경의 변화와 더불어 국력 및 국가전략 수행능력의 기반으로서 경제력과 정보력의 중요성이 한층 더해가고 있다. 세계사의 흐름 속에서 군사력과 경제력에 관해 언급하면, 19세기 제국주의 시대에는 군사력을 경제력으로 전환(轉換)시키는 것이 비교적 용이하였지만, 세계문화의 물결 속에서 민족주의(民族主義, Nationalism)가 고조된 오늘날에는 그러한 것이 매우 어렵다. 오히려 경제력을 군사력으로 전환시키는 것이 보다 쉬운 편이다. 즉, 국력의 구성요소로서, 또 국가전략 수행능력의 기반으로서 경제력의 중요성이 커진 것이다.

그러나 예나 지금이나 군사력은 국력의 구성요소로서, 또 국가전략 수행능력의 기반으로서 군사력만이 할 수 있는 독특한 역할을 수행한다는 점에 유의하여야 한다. 또한 군사력이나 경제력의 어느 한 분야에 일방적으로 특화하는 것은 장기적으로 볼 때 바람직하지 못하다. 즉, 한 분야에 특화시키는 것은 오히려 그 분야의 능력을 약화시킬 수 있다. 군사력에 특화한 소련이 경제적으로 약화되고, 군사력으로도 약화되어 마침내 분열된 것은 좋은 예이다. 반면, 경제력에 너무 일방적으로 특화하면, 군사적 위기관리능력의 부족으로 중대한 군사적 위기가 발생할 경우에 경제적으로도 위기에 직면하게 된다.

따라서 국가는 군사력, 경제력, 외교력, 정보력, 과학기술력, 여론지배력, 문화력간의 균형이 잡힌 국력과 더불어 이들간의 상호작용을 도모할 수 있는 능력을 갖추어야 한다.

---

31) 카(E. H. Carr)는 국력의 구체적 구성요소로서 군사력(Military Power), 경제력(Economic Power), 대내외적 여론의 유도 및 형성을 가능케 하는 여론지배력(Power over Opinion)을 들었는데, 이는 국가전략 수행능력의 주요 기반이기도 하다.

그리고 국가전략의 수행에는 국력뿐만 아니라 정부 및 정치지도자의 리더십, 목적의식 및 의지 등도 중요하게 작용한다는 점에 유의하여야 한다. 즉, 행위주체의 실천적 활동능력이라는 관점에서 볼 때는 정부 및 정치지도자의 리더십이 중시된다. 그러나 목적의식이라는 관점에서 볼 때는 정부 및 정치지도자의 리더십, 경제력, 행위자의 목적의식 및 의지 등은 국가전략을 수행하는데 매우 중요한 요소이다.[32]

국가전략을 정의할 때 국력의 제 수단들을 개발 및 운용하고 목표추구를 위해 이 수단들을 협조시키는 것이 포함된다는 사실을 분명히 알아야 한다. 대개의 경우 중요한 목표는 국력의 수단들이 상호 협조해야만 달성 가능하고 협조가 되지 않을 경우에는 국력의 제 수단들은 목표가 교차된 채 운용된다.

따라서 국가전략은 국가목표 달성을 위한 수단별 역할과 임무를 배정하고, 배정된 사항들이 상호 지원되도록 하는 방법을 제시하며, 수단간 있을 수 있는 갈등의 소지를 밝혀 내야 한다.

5. 집행방법 결정

국가전략은 앞에서 언급한 대로 그 차원 및 범위에 따라 기능별 전략과 분야별 전략들로 구분될 수 있다. 대전략은 세계 전략상황의 흐름 및 변화에 적극적이고도 능동적으로 참가 대응하면서 국가이익의 구현 및 국가목표의 효율적인 달성을 도모한다.

국가전략이 대내외적 차원에서 수행될 경우, 대외적 차원에서는 세계 전체를 대상으로 한 세계전략(世界戰略, Global Strategy)과 주요한 특정 지역을 대상으로 하는 지역전략(地域戰略, Regional Strategy)이 전개된다. 국력과 국가전략의 관점에서 볼 때, 세계전략은 대체로 세계질서에 능동적으로 참가할 수 있는 강대국의 국가전략에 한정될 수 있다. 대한민국처럼 대외적 영향력이 비교적 좁게 한정된 중소국가의 경우는 세계질서의 형성능력이 결여되어 있으므로 세계전략을 자주적으로 구상하는 것이 어렵기 때문이다. 그러나 중소국가도 국가능력상 세계질서의 형성 또는 변화에 능동적으로 참여하는 세계전략은 전개하지 못 한다고 하더라도, 환경의 변화 및 그에 따른 상대적 입지의 변화에

32) 배정호, 앞의 책, pp. 22-25.

따라 제한된 여건 또는 제약의 틀 내에서 자국의 이익 및 목표의 달성을 위하여 제한적인 세계전략을 추진할 수 있다.

그리고 대전략 또는 종합적 국가전략의 틀 내에서 각 부문별로 전개되는 개별전략은 국가이익 및 국가목표의 달성을 위하여 기능별로 전개되며, 아울러 상승효과를 위하여 분야별 전략 상호간에 유기적으로 연계되어 추진되기도 한다.

전략은 그 접근방법에 따라 직접접근(直接接近, Direct Approach)전략과 간접접근(間接接近, Indirect Approach)전략으로 구분할 수 있다. 국가전략은 시행주체의 구분에 따라 국가주도전략(國家主導戰略, State-Led Strategy) 또는 국가유도전략(國家誘導戰略, State-Induced Strategy)으로 특징지을 수 있다. 국가주도전략은 국가가 전략수행의 주체로서 리더십을 발휘하면서 직접 전략수행을 하는 것이다. 국가유도전략은 관련이 있는 비정부 주체의 참가를 유도하고, 나아가 참가자의 활동이 원만하게 전개될 수 있도록 환경조성에 중점을 두는 전략이다.

전략은 그 대응태세에 따라 능동적 전략(能動的 戰略, Active Strategy)과 수동적 전략(受動的 戰略, Reactive Strategy)으로 구분할 수 있다.

전략은 적용 시점에 따라 사전 예방적 전략과 사후 대응적 전략으로 구분할 수 있다. 사전 예방적 전략은 환경변화와 더불어 상황변화를 예측할 때, ① 그러한 변화로부터 불리한 영향이 미치지 않도록 사전에 방지하고, 아울러 다른 한편에서는, ② 그 변화 자체가 유익한 것이 될 수 있도록 직·간접적으로 접근하는 전략이다. 사후 대응적 전략은 환경변화에 대응해야 하는 상황이 일어났을 때, ① 불리한 영향이 미칠 경우에는 그 불리한 영향을 극소화시키고, ② 유리한 상황일 경우에는 그 이점을 극대화시키는 전략이다.

이와 같이 국가전략은 차원 및 범위, 기간, 방법, 대응태세, 기능 등에 따라 〈표 2-1〉과 같이 유형구분이 가능하다.

차원 및 범위의 분류에 따른 기능별 전략과 분야별 전략은 세분화해서 제6장과 제7장에서 다룰 것이다. 집행기간에 대한 사항은 다음 항목에서 간단히 설명한다.

〈표 2-1〉 국가전략의 유형[33)]

기 준	국가전략의 유형
차원 및 범위	· 기능별 전략, 분야별 전략
기 간	· 장기전략, 중기전략, 단기전략
방 법	· 직접접근전략 : 국가주도전략 · 간접접근전략 : 국가유도전략
대응태세	· 능동적 전략, 수동적 전략
적용 시점	· 사전 예방적 전략, 사후 대응적 전략

6. 집행기간 선정

국가전략이 대상으로 삼는 기간은 짧게는 1년으로부터 길게는 30년 전후까지 다양하지만, 일반적으로 전략이 전개되는 기간에 따라 장기(Long-term), 중기(Mid-term), 단기(Short-term)로 구분될 수 있다. 즉, 국익 및 국가목표가 장기·중기·단기로 나뉠 경우, 국가전략도 장기·중기·단기로 분류할 수 있는 것이다. 그러나 전략은 서로 유기적으로 연계되면서 동시화의 개념에 따라 시행되어야 한다.[34)]

(1) 장기전략(長期戰略, Long-term Strategy)

대체로 10년 내지 20년에 걸친 계획기간을 가지며 실제로는 계획이라기보다는 기획차원의 성격이 강하다. 아주 구체적인 프로그램은 별 의미가 없고 기본방향과 지침, 즉 목표와 기조를 제시하는 데 더 의의가 있기 때문이다. 이러한 장기전략은 여러 개의 중기 또는 단기전략으로 세분화하여 집행되는 경우가 많다.

장기전략의 대표적인 예로서는 네덜란드의 20년 계획(1950-70년), 구소련의 20년 계획(1961-80년), 일본의 장기국가전략 2030, 중국의 '2020년 전면적

33) 배정호, 앞의 책, pp. 25-27.

34) 앨빈 토플러가 제기한 시간이라는 개념 가운데 '동시화(同時化, Syncronization)'가 우리 사회에 시사하는 바는 크다. 환경이 변해 가면 유기체는 다 적응을 하는데 문제는 적응을 하는 속도다. 정부와 사회, 기업 등이 각각 적응해 가는 속도가 달라 토플러는 이를 '동시화의 실패'라고 했다. 현재 대한민국이 안고 있는 갈등과 분쟁, 미래에 대한 불확실성은 동시화의 실패라는 차원에서 이해해야 한다.

샤오캉 사회 건설전략', 인도의 '비전 2020' 등이 있다. 국내의 경우에는 노무현정부의 '국가비전 2030'과 한국군의 경우 '국방개혁 2020' 등이 대표적인 사례가 될 수 있다.

특이할 만한 것은 국민소득의 획기적인 증대를 위한 장기계획들이 여러 나라에서 수립되었다는 점이다. 인도의 경우는 소득증대 15개년계획을 수립한 바 있으며, 파키스탄은 국민소득의 세배 증가를 위한 20년 계획(1961-80)을 추진한 바 있고, 일본도 국민소득 배증계획(1960-70)을 수립하여 앞당겨 달성한 바 있다.

중기전략을 수립하면서 장기 추정 또는 전망을 토대로 하는 사례도 많다. 예를 들면 인도의 경우에는 1차 5개년 계획과 관련하여 30년 장기전망을 토대로 하였다. 이러한 장기전략은 장기적인 발전전망과 비전(Vision)하에서 구조적인 변화와 지속적인 개발을 추진할 수 있다는 장점이 있는 반면, 구체화되지 못하여 집행계획으로서의 실제성이 약하고 계획기간이 경과함에 따라 실제와 유리되기 쉽기 때문에 일정 주기를 두고 지속적으로 보완해 나가야 한다.[35]

(2) 중기전략(中期戰略, Mid-term Strategy)

중기전략이란 3년 이상 10년 미만의 기간을 대상으로 하는 전략을 말하며, 일반적으로 5개년 계획이 가장 일반화되어 있다. 그러나 구체적인 계획기간은 정치적인 필요에 의해서 설정되는 수가 많다. 예를 들면 대통령이나 국회의원의 임기와 일치시키기 위해 계획기간을 4년 또는 5년으로 조정한 나라가 많다. 또한 국가간에 지역공동개발을 추진하는 경우에는 계획기간은 여러 나라가 같은 기간을 설정할 수 있다. 예를 들어 제2차 세계대전 후 미국의 유럽원조계획인 마셜플랜(Marshall Plan)을 수락한 국가들은 의무적으로 4개년계획(1947-50)을 수립하였다.[36]

유럽연합(EU)의 리스본전략, 미국의 국가안보전략, 독일의 '어젠다 2010' 등이 대표적인 중기전략으로 볼 수 있다. 이러한 중기전략은 구소련을 포함한 북한 등 공산권국가에서 경제발전전략으로 활용되었으며, 우리나라도 1960년대 이후 1990년까지 계속해서 5개년계획을 수립하여 추진한 바 있다.

---

35) 김신복, 발전기획론(박영사, 2002), p. 66.

36) 김신복, 위의 책, p. 65.

(3) 단기전략(短期戰略, Short-term Strategy)

일반적으로 단기전략은 3년 미만의 전략을 가리키는데, 계획과 현실과의 괴리가 적기 때문에 실현성(實現性, Feasibility)이 높다는 장점이 있는 반면, 전략이 추구하는 구조적인 변동이나 획기적인 발전을 기대하기 힘들다는 단점이 있다.

단기전략이 전형적인 단기계획으로 전환되는 것은 연차계획(年次計劃, Annual Plan)이지만 국가전략의 경우에는 1년 이하의 계획은 거의 수립하지 않는다. 그러나 철저한 계획경제체제하에 있었던 과거 소련이나 동구국가들은 연간목표를 할당하여 분기별 월별 계획을 수립하기도 하였으며, 서방국가에서도 계절별 경기대책의 일환으로 분기계획을 작성하기도 하였다.

단기전략은 대체로 두 가지 용도가 있는데 첫째, 중장기 전략을 집행하기 위한 운영계획으로서 예산과 연결된 구체적인 실천계획의 역할을 수행한다. 둘째는 비상시나 중장기계획을 새로 수립하는 경우에 과도기를 대상으로 한 조정계획으로서 계획시발연도 이전의 기반을 조성하는 기능을 하기도 한다. 중장기계획을 작성하는 데는 2년여의 시간이 소요되므로 이러한 과도계획이 필요하게 되는 것이다.[37]

이러한 장・중・단기전략들은 서로 장・단점이 있으며, 용도도 약간씩 다르다. 그러므로 이상적인 전략의 계획기간은 상황에 따라 달라질 수밖에 없다. 실제로 전략의 계획기간을 몇 년으로 설정할 것인지를 결정하는 데는 국내외의 상황과 여건, 계획대상의 투자회임기간, 기획역량과 계획의 수립목적과 용도 등 여러 가지 요인들이 감안되어야 한다.

더 구체적인 예로, 국민들에게 희망과 정치적인 비전을 제시해 주는 데 목적이 있다면 장기전략이 수립되어야 할 것이며, 현실적인 당면문제의 해결에 초점을 둔다면 중기 혹은 단기전략이 적합할 것이다. 계획기간을 지도자의 임기와 연결시키는 것도 정치적인 효용성에 기초를 둔 결정이라고 할 수 있다.

37) 김신복, 위의 책, p. 64.

제 4 절 최적의 국가전략 수립을 위한 미래설계의 기본원칙[38)]

1. 국가이익 구현과 국가목표 달성의 원칙

국가차원의 미래를 설계할 때는 항상 국가이익 구현에 기초한 국가목표를 어떻게 달성할 것인가에 바탕을 두어야 한다. 국가전략을 수립하면서 국가이익과 국가목표를 고려하지 않는다면 목적지 없이 항해하는 배와 같다. 국가이익과 국가목표는 국가전략의 등대이며, 나침반이다. 따라서 국가전략을 수립할 때는 전략의 수단과 방법들이 국가이익의 구현과 국가목표의 달성에 기여할 수 있느냐를 우선적으로 검토해야 한다.

아무리 좋은 기능별·분야별 전략도 국가이익의 구현과 국가목표의 달성에 기여하지 못한다면 합목적성을 상실하고 비효율적이 되기 쉽다. 따라서 국가전략을 설계하는 전략가들은 항상 국가이익과 국가목표를 계획의 달성목표이자 방향으로 설정해야 한다.

2. 효율성 극대화, 비용 최적화의 원칙

국가전략 수립시는 제한된 국력을 어디에 그리고 어떻게 집중투입할 것인가가 중요하다. 국가가 잘하는 것을 더 잘할 수 있도록 투자하면서 미래 전략 산업분야에 집중투자해야 한다. 즉 효율성을 극대화하면서 비용은 최적화할 수 있는 집중의 원칙이 지켜져야 한다.

국가전략의 우선순위는 무엇보다도 국민적 관점에서 국가의 부(富) 증진을 바탕으로 한 삶의 질의 개선과 효용의 증대에 두어야 한다. 국민의 행복이 보장되지 않은 상태에서 국가만 잘 되는 것은 전체주의 체제이고, 국민의 효용이 고려되지 않은 능률은 무의미하다. 국가는 국민을 위하여 존재하는 공동체이기 때문에 본질적으로 중요한 것은 국민이다. 국력 또는 국부(國富)도 궁극적으로 개인의 행복을 보장하기 위한 것이다. 따라서 국가전략 수립시 분야

38) 미래설계의 기본원칙 부분은 류상영 외, 국가전략의 대전환(삼성연구소, 2001)에서 많은 부분을 인용하였다.

간의 우선순위를 정하거나 또는 제도상의 우위를 판단하는 기준 중에서 효율성을 극대화하고 비용을 최적화하는 것은 매우 중요하다. 국가전략의 선택에 있어서 국가발전을 도모하면서도 국민의 삶의 질을 더 증가시키는 전략이 그렇지 않은 전략보다 선호되어야 한다.

3. 전통과 세계성의 조화 원칙

국가전략은 우리 민족 고유의 전통과 세계화시대의 세계성이 조화될 수 있는 방향으로 모색되어야 한다. 과거의 역사를 보면 우리는 외세의존과 전통고수의 두 극단적 가치입장이 서로 뒤바뀌는 행동을 많이 해 왔다. 즉, 대원군 시절에는 쇄국으로 외국의 모든 사고방식이나 문물을 배척하였을 때도 있었는가 하면, 해방 직후에는 우리의 전통적 가치관이나 지식 및 행동 등을 후진적인 것으로 간주하여 경시하고 무시하여 왔던 경험도 동시에 갖고 있다. 양자의 사고방식이나 아이디어를 조화롭게 활용하였다기보다는 상호배타적인 것으로 간주하는 이분법적 사고의 성향이 강하였다. 그러나 대한민국이 갖고 있는 전통 중에서 의미 있는 것과 또한 세계적 아이디어들 중에서도 의미 있는 것을 우리의 것으로 선택하여 양자가 공존하는 형태로 정착시켜야 할 것이다. 양자가 공존하기 어려운 경우에는 이를 조화롭게 통합하거나 하나를 선택할 수밖에 없다. 이 경우에도 획일적이고 극단적 기준으로 선택할 것이 아니라 다양한 기준에 입각하여 판단하고 선택하여야 한다. 동시에 양자를 효율적으로 결합하여 새로운 아이디어나 제도로 승화하려는 노력을 하여야 할 것이다. 예를 들면 지식정보화 시대인 21세기가 물질적 가치보다 비물질적인 '존재 가치'를 중시하는 시대로 발전해 간다고 할 때 동양의 신비적 가치관이나 사상은 이의 조화를 위해서 많은 공헌을 할 수 있을 것이다.

4. 형평성과 다원성의 보장 원칙

국가전략은 국민 모두에게 골고루 혜택이 돌아가야 하며, 각자의 능력과 소질을 개발할 수 있도록 수립되어야 한다. 형평성의 원칙은 사회 구성원에게 필요한 가치를 정의롭게 배분하는 것과 관련된 기준이다. 개인이 소속한 범주

즉 지역, 계층, 성 등의 기준에 상관없이 최소한의 평등이 보장되고, 그 바탕 위에서 상대적 평등 또는 형평을 인정하는 원칙을 의미한다. 사회의 일반적 가치는 부, 권력, 명예의 세 가지로 집약될 수 있으며, 여기서 강조하려고 하는 것은 부의 평등한 배분은 물론 다른 두 개의 가치도 위의 원칙에 맞도록 배분되어야 한다는 것이다. 사회구성원 중 가장 불리한 위치에 있는 사람들이라 하더라도 인간의 존엄성을 지킬 수 있는 최소한의 소유가 허용되어야 한다. 그런가 하면 절대적 평등만으로는 인간을 동기화시키는 데 한계가 있다. 따라서 능력과 공헌에 따른 상대적 평등 또는 차별화의 개념이 필요하다. 즉 이에 맞도록 자유시장경제의 이념에 맞는 적절한 보상제도가 운영되는 방향으로 제도가 정착되어야 할 것이다.

다원성의 원칙은 세계화 지식정보화시대에 다원주의 사회로의 진화와 관련된다. 즉, 사회 구성원들이 각자의 능력을 개발하면서 서로 상충되고 갈등하는 다양한 이해관계를 갖고 이것이 상호조정을 통해서 해결되는 제도가 정착되는 여건이 마련되어야 한다. 이것은 시민이 주도하는 민주사회의 기본원리이기도 하다. 각자가 자신들의 이해관계를 자유롭게 표현할 수 있고 상대방이 이를 허용하고 갈등이 있는 경우는 이를 자율적으로 해결해 나가는 이견표출과 합의도출이 제도화되어야 한다는 것이다. 이견표출은 기존의 관행이나 아이디어를 수정하려는 시도이기 때문에 많은 경우 기존질서와 마찰을 초래하고 경쟁하며 갈등함으로써 사회의 힘을 낭비하는 것으로 보일 수도 있다. 그러나 이 과정은 기존의 아이디어를 구체화시킬 수 있으며 잘못을 교정할 수 있는 기회를 주고 참여자들의 합의 도출을 통한 만족을 제공하기도 한다. 사회의 점진적 진화를 위한 장치가 다원주의를 통한 이견표출의 제도화이다. 따라서 어떠한 분야든지 이러한 이견표출의 제도화는 중요하다. 정치분야 이외에도 특히 창조의 필요성이 부각되어야 하는 과학·문화·교육 분야에서도 이 원칙은 중요하다.

5. 국력배양의 원칙

국가전략의 목표 중 하나는 국력을 높여 나가는 데 있으며, 국력은 국가전략을 추진하는 데 근본적인 바탕이 된다. 따라서 국력을 높이고 국가의 부를 축적하기 위해서는 국가성장동력을 유지해야 한다. 국가전략을 추진하면서 국력배양에 기여할 수 있는 새로운 성장동력을 지속적으로 발굴 · 육성하면서, 수요기반을 튼튼히 하고 총 공급능력을 높여 나가야 한다.

성장잠재력을 결정하는 요소는 세 가지다. 노동투입량, 자본투입량, 경제 전반의 효율성(총요소생산량)이다. 노동투입은 노령화와 저출산, 근로시간 단축으로 성장 잠재력을 떨어뜨리고 있다. 자본투입은 기업의 설비투자가 너무 낮은 수준이며, 2008년의 세계경제위기로 불투명한 상황이다. 성장 잠재력을 확충하려면 기업 투자를 활성화하고, 경제 전반의 효율성을 높여야 한다. 바로 우리 모두는 '기업하기 좋은 국가와 사회'를 만들어야 한다.

향후 성장동력을 유추할 수 있는 잠재성장률 추이도 시계(視界)가 불투명하다. 2002년 5.1%였던 잠재성장률은 2004-2008년에 약 4.8%였으나, 향후 2011-2020년에는 4.3%, 2021-2030년에는 2.8%로 떨어질 것이란 분석이 제기된 상태다.[39)]

일반적으로 한 국가의 경제가 지속적으로 성장하기 위해서는 수요기반이 튼튼해야 하고, 경제의 총 공급능력이 양호해야 한다. 경쟁력을 키워 성장을 지속시키는 것이 아니라면 그것은 진정으로 국민을 위한 개혁이 아니다. 수요기반이 튼튼해야 한다는 것은 지속적이고 안정적인 내수기반이 갖추어져 있으며, 동시에 지속적이며 안정적인 수출과 투자가 이루어질 수 있어야 한다는 것을 의미한다.

고율의 투자 없이는 시장의 활성화도 고도성장도 없으며, 고도성장이 없으면 선진경제 진입이 어려워진다. 따라서 어떻게 하면 고율의 투자를 달성하고 유지할 수 있느냐가 선진국 진입의 키가 된다. 시장 활성화를 위한 투자율 제고의 문제가 바로 우리 경제의 '잠재(潛在) 경제성장률(Potential GDP)'을 높이는 문제와 직결된다.

반면 한 국가의 경제 성장률을 높여야 한다는 것은 풍부한 인적자원, 효율적이고 생산적인 자본설비의 구축, 과학기술의 발전 등 생산요소의 질적인 수준을 높이는 요인 외에도 사유재산재의 보호, 합리적인 경제질서를 보장하는 정책, 사회간접자본의 확충, 공공부문의 개혁, 과학기술정책, 지식정보화

39) 세계 경제위기로 민간기관이나 세계 평가기관에서는 2009년에는 마이너스 성장을, 2010년에는 프러스 성장을 예측하고 있다.

등 경쟁력 기반이 제대로 구축되어 성장동력으로 작용해야 함을 의미한다.

6. 조화와 균형의 원칙

국가전략을 추진하면서 가장 어려운 점은 조화와 균형된 시각을 유지하는 것이다. 즉 전략가들은 ① 성장과 분배의 조화, ② 평등과 차별화의 조화, ③ 부유층과 서민층의 조화, ④ 중소기업과 대기업의 공영, ⑤ 노사간의 상생, ⑥ 시장경제와 규제의 균형, ⑦ 수도권과 지방의 균형발전 등을 항상 유념하면서 조화와 균형된 시각을 갖고 서로 상생·공영할 수 있도록 일관되게 추진해야 한다.

여기서는 대표적인 사례로 성장과 분배의 조화를 다루고 다른 사안은 해당되는 분야에서 기술할 것이다. 국가전략에서 쉽지 않은 과제는 성장과 분배를 어떻게 조화시켜 나갈 것인가 하는 문제일 것이다. 성장만을 추구하다 보면 빈부의 갈등이 심화되고 삶의 질이 저하될 수 있으며, 분배만을 추구하다 보면 성장동력을 상실하여 국가의 부를 축적하기가 어려워진다. 성장과 분배 문제는 어느 것도 쉽게 양보할 수 없으며, 선진국으로 진입하는 과정에서 반드시 잡아야 할 '두 마리의 토끼'라고 할 수 있다.

선진일류국가로 진입하면서 국민들은 기본적으로 복지국가를 기대하게 될 것이다. 복지국가는 기본적인 의식주 문제만 단순히 해결하는 것이 아니라 문화적인 생활의 확대, 건강과 행복의 추구 등을 통해 삶의 질이 향상되는 것을 의미한다. 이를 뒷받침하기 위해서는 국력의 신장과 국부의 증가가 필수적으로 요구된다.

근본적으로 성장이 없으면 복지를 위한 분배상태를 개선할 수 없다. 당면한 세계경제의 침체 속에서 안타까운 일이지만 당분간 일정수준으로 파이가 커질 때까지는 경제정책의 우선순위를 성장에 두어야 한다. 우리가 성장정책을 쓰지 않으면 국민소득의 향상을 기할 수 없을 것이다.[40] 경제불황 속에서

---

40) 일단 경제성장 조건부터 갖춰야 하는데 현재 대한민국 경제에선 갈수록 약화되고 있는 잠재성장률을 키울 수 있는 메커니즘 확보가 가장 중요하다. 그래야 중간에 쓰러지는 것을 막을 수 있다. 전경련 고위 관계자는 "재원 마련 방법을 성장에서 찾아야 한다"며 "현재 세계 500대 기업 중 우리 기업은 11개에 불과한데, 이 숫자가 20개가 되면 법인세와 소득세의 세수도 늘어 국민의 부담이 크게 늘어날 이유가 없다"고 강조했다. 복지재원은 경제 활력을

는 성장을 통해 실업자를 줄이는 것이 분배개선을 위해 최선의 과제일 것이다. 성장과 분배를 이분법적으로 얘기하는 것부터 시대착오이다. 충분한 성장을 해야 충분한 분배가 이루어질 수 있을 것이다. 분배를 충분히 할 수 있을 만한 사회적인 생산과 축적이 있어야 한다. 분배는 그 자체가 최종적인 목적이 아니라 사회적인 최저수준을 높여서 사회 최저층의 수준이 같이 올라가도록 해야 한다. 즉 나라가 가난해서 고통받는 사람을 그냥 놔둬서는 안 된다. 시장에서 퇴출당한 사람, 사회적인 능력을 갖지 못한 사람들에게 시장이라고 하는 링에 다시 올라설 수 있도록 기회를 만들어 주는 것이 가장 바람직한 분배정책의 하나일 것이다.

삶의 질을 누릴 수 있는 복지사회의 건설을 위해서는 국가의 경쟁력과 복지의 조화가 필요하다. 우리 사회의 성취동기는 삶의 질을 추구하는 한 단계 높은 수준으로 변화되어야 한다. 우리 사회의 생산성과 경쟁력이 바로 삶의 질 및 사회복지와 조화를 이루는 순환적(循環的) 관계로 발전되어야 한다. 즉 생산성 향상이 복지를 개선하고 복지제도가 생산성 향상을 촉진시키는 방향으로 발전되어야 한다.

정의로운 분배를 통한 복지체제 구축을 위해서는 국민 모두에게 최소한의 삶의 질을 보장하고, 새터민들을 포함한 취약계층의 생산적 기능을 증진시키며, 외국인 노동자 등 소외 계층을 위한 최소한의 사회 안전망의 구축이 필요하다.

정부는 과거 산업화 과정에서 경제개발 주체로서의 역할에서 한 걸음 더 나아가 경제와 사회분야의 조화, 성장과 분배의 선순환을 추구하는 적극적인 역할을 할 필요가 있다. 일자리 창출과 인적자원개발, 아동과 여성 및 노인에 대한 공평한 기회 보장은 투자의 성격을 갖는 사회정책영역이지만 시장의 기능만으로는 효과적으로 개선되기 어렵다.[41] 국가가 시장의 문제를 보완하여 보다 적극적인 역할을 담당함으로써 경제정책과 사회정책의 긴밀한 연계와 조정이 필요하다.

회복하면 자동적으로 오는 것이라는 설명이다. 오문석 LG경제연구원 상무는 "2030년까지 연평균 성장률 3.6% 달성도 쉬운 부분이 아니다"고 전제하고 "성장지향적인 정책을 추진해야 달성 가능한 수준"이라고 말했다(매일경제, 2006년 9월 1일).

41) 대통령 자문정책기획위원회, 선진복지대한민국의 비전과 전략(동도원, 2006), pp. 410-411.

7. 과학화와 창의성의 존중 원칙

국가전략적으로 고려하여야 할 원칙들은 대한민국이 추구해야 할 이념과 제약조건 및 달성하고자 하는 미래의 모습을 함께 고려하면서 통합적으로 추진되어야 한다. 경제성장의 원동력인 과학화와 창의성이 함께 고려되어야 할 중요한 요소가 될 것이다.

지식정보화 시대에 대한민국이 선진일류국가가 되기 위한 조건은 과학기술 발전에 따른 물질적 삶의 질과 문화적 풍요에 의한 정신적 삶의 질의 향상이라고 할 수 있다. 이 두 개는 모두 창의적 활동의 소산이다. 그러므로 미래의 국가발전은 곧 창의성을 존중하는 데서부터 시작된다고 해도 과언이 아니다. 과학적·창의적 사고의 원천은 자발적 표현과 토론, 새로운 아이디어 수용에 있어서 개방적 태도, 그리고 체계적 사고능력에 있다.

따라서 국가전략은 이러한 사고능력을 길러주고 일의 과정을 체득하고 결론을 스스로 유도하도록 하는 경험을 중시하여야 한다. 창조적 인간들은 외부적으로 동기화되기보다는 내부적으로 동기화된 사람들의 노력의 결과로 능력을 발휘하는 경우가 많다. 즉, 신들린 사람들이 신명을 바쳐서 자기 분야에 공헌할 수 있는 기회를 줄 수 있다면 창조적 아이디어의 개발이 가능할 것으로 예상된다. 사회는 이를 위한 여유자원이나 지원을 함으로써 그들이 이에 전념할 수 있는 기회를 마련하여 주는 것이 중요하다. 창의성에 있어서 문제설정 능력 특히 발상의 전환도 매우 중요하다. 창조는 일반적으로 발상의 전환에 의해서 비로소 가능해지기 때문이다. 발상의 전환을 위해서 주어진 상황을 새롭게 정의해 보거나, 새로운 범주화를 시도하거나 또는 새로운 은유를 통해서 주어진 상황이나 문제를 재규정할 수 있을 것이다.

8. 통일과 균형발전의 원칙

지난 60년 이상의 남북 분단은 남한과 북한을 매우 이질적 국가로 만들었다. 통일의 개념도 한 민족의 통일이라기보다는 잘못하면 분단국가 중심의 지역이기주의에 빠질 수 있는 소지도 많이 있다. 즉, 통일된 대한민국의 관점보다는 남북한 각각의 부분적 관점이나 이해관계에 집착하여 행동할 수 있다는 것이다.

따라서 21세기 대한민국의 국가전략은 기본적으로 남북한의 평화적인 통합 및 균형발전에 초점을 맞추어 추진되어야 한다. 여기서 통합이란 단순한 국토통일의 차원을 넘어서 정치, 경제, 사회, 문화 영역의 일체화를 의미한다. 국가발전을 위해서 단기적으로 통일과정의 관리도 중요하지만 통일 이후의 남북한간의 지역적 격차를 줄이고 균형발전을 이룩하도록 하며, 통합과정에서 발생할 수 있는 부작용을 최소화하는 데 많은 노력을 경주해야 할 것이다.

또한 국토를 균형 있게 발전시켜 나감으로써 국력을 최대화할 수 있도록 하는 것도 매우 중요하다. 국가전략이 평화통일과 지역의 균형발전을 극대화할 수 있는 방향으로 그리고 한국의 전체적 합리성의 입장에서 도움이 되는 방향으로 설정되어야 한다.

제 5 절 국가전략 기획 및 수립시 유의사항

1. 종합적 · 다차원적 접근

국가전략은 국가생존, 평화 · 통일, 번영발전 등의 기능별 전략과 국방, 정치, 경제, 사회, 문화 등 분야별 전략들을 포괄하고 유기적으로 통합하는 종합전략이다. 냉전시대에는 안보문제의 중요성으로 인해, 국가안보전략이 곧 국가전략으로 인식되었다. 하지만 탈냉전시대의 도래와 더불어 군사안보문제의 중요성이 쇠퇴하고 경제, 사회, 문화 등 기타 분야의 문제가 갖는 중요성이 상대적으로 높아지면서 안보의 개념 자체가 포괄적으로 해석되고 있다. 따라서 탈냉전시대에는 국가전략의 종합적 성격이 더욱 부각되고 있다.

국가전략의 수립과 추진과정은 동기적(動機的) 차원, 인식적(認識的) 차원과 운영적(運營的) 차원으로 구분될 수 있다. 우선 동기적 차원에서 국가가 추구하는 이익과 목표를 선택하고 중요도를 결정하는 것이다. 그 다음 인식적 차원에서 국내외 정세에 대한 분석을 통해 도전과 기회를 파악하는 것이다. 마지막으로, 운영적 차원에서 주어진 환경하에서 목표를 달성하기 위해 가장 적절한 전략을 선택하고 이를 추진할 구체적인 방안과 수단을 마련하는 것

이다.[42)]

국가전략은 일련의 가정과 신념을 바탕으로 한 종합적이고 다차원적인 개념이다. 따라서 제대로 갖추어진 국가전략은 정책결정 엘리트로 하여금 공통된 시각을 갖고 합의지향적인 사고를 바탕으로 마치 프리즘처럼 국가전략을 통해 모든 문제를 평가하고 대처하도록 만들어야 한다.

전략적 사고와 행동에 능숙한 미국을 비롯한 선진 민주주의 체제에서는 이러한 절차가 잘 조화를 이루어 진행되고 있다. 예를 들어 1980년대 말 미국에 대한 불법입국을 제한하는 새로운 이민법의 제정과정을 보면, 그것이 법무부의 소관사항이라고 하더라도 이민법이 생존, 번영과 민주 등 각 국가이익에 어떤 영향을 미치는가에 대해서 검토를 하고,[43)] 각 분야별로 소요되는 비용까지도 고려하여 국가순이익의 총계를 계산하여 전략을 최종적으로 선택한 것을 볼 수 있다.

이러한 이익과 비용에 대한 논쟁은 국민의 대표로 구성된 의회에서 활발하게 전개되었으며 결국은 피해를 최소화하고 이익을 극대화한다는 측면을 염두에 두고 행정부는 의회의 논의를 수용하여 최종법안을 결정하였다. 행정부에서 정책이 최초로 입안될 때 그 정책이 여러 가지 국가이익에 미칠 효과에 대해서 다각적인 검토도 이루어지지만, 미국은 국민의 대의기관인 의회에서 그 정책이 집행되었을 때 생길 수 있는 여러 가지 문제점과 국가이익에 대한 영향을 실질적으로 검토하게 된다. 의회의 토론과정에서는 정부가 미처 예상할 수 없었던 문제점도 발견되고, 부처이기주의(部處利己主義)에 의해 국가이익을 도외시한 것도 발견되며 무엇보다도 사회의 각 계층이 그 정책에 대해 어떻게 대응할 것인가에 대한 모의실험(模擬實驗, Simulation)이 이루어진다. 물론 의회 내 토론과정에 사회 각 방면의 전문가와 관련 이해집단의 대표들이

---

42) 한배호, 앞의 글, p. 9.

43) 불법입국 숫자를 감소시키는 것은 미국이 국가로서의 독립을 유지하고 미국의 근본적인 가치와 제도를 보장한다는 면에서 국가의 '생존'에 기여하며, 불법이민을 고용함으로써 조장되는 지하경제를 줄임으로써 미국의 경제를 건강하게 만들며, 불법적으로 거주해 온 외국인의 지위를 합법화시킴으로써 인권을 개선시켜 민주주의 정착에 기여한다는 것이었다. 그러나 불법이민자들은 실질노동인구로서 노동시장에서 최저임금으로 노동하고 있으므로 이들을 제한하는 것은 경제에 임금상승압박을 초래케 하여 경제 발전을 저해하며, 이민법의 집행과정에서 불법이민자처럼 보이는 외국인의 권리를 침해할 수 있다는 면에서 민주주의의 기본원리에 역행할 수도 있으므로 비용도 만만치 않다는 것이다.

청문회를 통해 참가한다. 그러므로 어느 한 정책이나, 국가전략이 총체적인 국가이익에 어떤 영향을 미칠 것인지에 대한 종합적인 분석이 이루어지게 되는 것이다.

우리도 국가전략을 수립하기 위해서는 기능별·분야별 전략을 조정하고 통합할 수 있는 체제를 갖추어야 하며, 청와대에는 '국가전략팀'을, 국무총리실에는 '국가전략조정팀'을, 그리고 국회에서는 '국가전략위원회'를 설치·운영하면서 부처별 이기주의를 극복하고, 최적의 효율적인 방안을 강구하는 것이 바람직할 것으로 판단된다.

2. 역사적 특수성 고려

국가전략은 해당 국가의 능력과 특수한 사정, 즉 국가가 위치하는 지정학적 환경과 시대상황을 반영하여 마련된다는 점에서 역사적 특수성을 갖는다. 국가전략의 내용이나 추진방법은 당시의 시대상황, 정치세력, 국민여론 및 이념적 시각에 따라 상이하게 나타날 수 있다.

역사적 경험, 지리 및 정치적 전통의 통합과 같은 전략문화는 그 나라의 전략수단에 대한 태도를 형성하는 데 영향을 미친다. 예를 들어, 군사적 수단의 운용에서 얻은 과거의 결과는 수단이 적절하게 그리고 효과적으로 사용될 수 있는 장소와 방법에 대한 현재의 인식에 크게 영향을 미친다.

역사적 경험은 가장 기본적인 요소이다. 넓은 의미에서 우리가 전쟁시 또는 평화시에 우리의 역사를 어떻게 보느냐가 우리가 현재와 미래를 어떻게 보느냐에 영향을 미친다.

역사는 미국과 소련에게 각기 다른 교훈을 가르쳤다. 그래서 과거의 경험은 국가목표를 성취하는 데 있어서 군사력에 임무를 부여하는 국가의 역할과 많은 관련이 있다. 전략문화의 각 요소들은 미국과 소련이 전략과정을 형성하는 데 있어서 매우 다른 역할을 했다. 결과적으로 둘을 비교하는 것은 전략문화가 우리의 전략관점에 어떠한 형식으로 영향을 미치는가를 설명하는 데 도움이 된다.

소련의 경험은 매우 다르다. 러시아인들에게 있어 정치적 설득이 무엇이든 간에, 국가의 생존이 주요한 관심사가 되어 왔으며, 군사적 행동을 준비하는 데 실패하면 비싼 대가를 치렀다. 러시아의 역사는 외침과 침공 그리고 팽창의 반복이다. 몽고족의 침략에서 나폴레옹과 히틀러에 이르기까지, 또 20세기에 들어서도 러·일 전쟁을 비롯하여 양차 세계대전과 내전이 있었다. '위대한 애국전쟁'이라 일컬어진 세계대전중의 경험은 가장 교훈적인데, 그 전쟁에서 2천만의 소련인이 목숨을 잃었으며, 독일군이 모스크바의 추위에 견디다 못해 후퇴하기 전까지 거의 패배할 뻔한 전쟁이었다. 이 결과로 인해 소련사람들은 다시는 전쟁준비가 안 되어 있는 상황은 만들지 않겠다는 결심을 했다.

지리 역시 큰 영향을 미친다. 미국의 경우 지리적 영향은 적어도 두 가지 측면에서 커다란 은혜였다. 첫째, 미국의 지리적 위치는 외부의 침략으로부터 미국을 보호해 주었다. 섬나라의 효과로서, 미국은 대양에 의해 보호되고 있기 때문에 미국은 역사적으로 오랫동안 군사력을 동원하지 않고도 행복을 즐길 수 있었다. 또한 미국의 지리적 유산은 북미대륙이 예외적으로 풍부한 천연자원을 보유하고 있다는 의미에서 축복이었다.

그래서 역사적으로 오랜 기간 천연자원 면에서 대부분 자급자족하였다. 최근에 이르러서야 몇몇 자원들이 고갈되어, 티타늄과 미국에 없는 특수광물이 필요해짐에 따라 미국은 해외의 자원에 의존하기 시작했다. 따라서 페르시아만의 석유자원에 접근을 보장하고자 하는 사고는 에너지 자원이 부족한 유럽에 비해 훨씬 덜 시급한 상황이다. 간략히 말해, 지리적 특성이 미국을 지정학적으로 보호해 주는 효과를 낳았다.[44)]

정치적 전통은 그 자체로 여러 가지를 보여 준다. 그 한 가지는 인간과 국가 그리고 정부의 적절한 기능상의 관계에 대한 정치적 이데올로기 문제이다. 미·소 관계에서 이데올로기는 명백히 국가 중심적으로, 메시아적이며 확장주의 및 사회주의적 세계관인 마르크스-레닌주의와 자유민주주의적이고 자본주의적인 미국의 세계관으로 대비되어, 분명한 차이를 보인다.

그러한 영향은 정치 참여도의 적정수준에 대한 과거와 현재의 생각에서 명확히 나타난다. 소련의 공산정권은 극히 폐쇄된 권위주의적 전통을 세습, 발전시켜 왔다. 소련은 다양한 대중의 정치적 참여의 전통이 없다. 어떤 측면에서 러시아 혁명의 가장 근원적이고 장기적인 효과는 권위지배 계층을 바꿨다는 것이다. 이러한 전통은 공개적이며 높은 수준의 참여를 보장하는 미국의

---

44) 데니스 M. 드류, 앞의 책, pp. 62-68.

민주주의적 전통과 예리하게 비교된다.

전략문화에 대한 정치적 전통의 결과들은 모호하며, 어떤 의미에서는 모순적이다. 한편으로 볼 때, 폐쇄사회는 개방된 사회보다는 군사지향적이 되기가 쉽다. 폐쇄사회는 대중의 합의에 기초를 둔 것이 아니기 때문에 집권세력을 유지시키는 것은 중요한 군사적 기능이다. 그리하여 군사적 준비는 정치적 권위를 위하여 다른 어떤 경우보다도 우선권을 갖는다. 우리는 북한의 실태를 보면 이를 쉽게 입증할 수 있을 것이다. 동시에 공개된 정치토의문화의 부재는 폐쇄사회의 정부가 희소 자원의 분배를 농업생산이나 소비재 같은 국민 대중을 위한 우선순위보다 군사적 목적에 할당하는 데 별 어려움이 없음을 의미한다. 결론적으로 폐쇄사회는 개방된 사회보다 정보를 독점하고 이것은 군사활동에 대한 정보조작을 촉진시킨다.

정치적으로 수용 불가능한 군사전략은 거부되기 쉬운 전략이기 때문이다. 경우에 따라서 좋은 군사적 조언이 정치적 기준에 의하여 사장될 수도 있으며 좌절될 수도 있다.

우리의 경우에는 지정학적 환경 때문에 과거 약 오천년의 역사상 900회가 넘는 외침을 받았으며, 우리가 독단적으로 외국을 침략한 사례는 거의 없는 실정이다. 따라서 외부의 침략에 대해서는 민감한 반응을 갖고 있다. 미국과 구(舊) 소련의 비교에서 볼 수 있듯이 남북한간에도 반세기 이상 지속된 역사적 특수성으로 인해 국가전략 수립에 다양한 상이성이 나타날 수 있다.

3. 정확한 정세판단과 국력평가

전략문제 해결방안이 얼마나 합리적이고 효과적인 것이 될 것인가 하는 것은 방안이 가지고 있는 성격과 방안이 미래 어느 특정 시점에서 실제로 집행될 때 존재하는 환경적 상황에 의하여 결정된다.

국가목표를 달성하기 위한 국가전략을 합리적으로 수립하기 위해서는 정세판단과 국력평가라는 두 가지 요소가 고려되어야 한다.[45] 우선 국가전략은 국가가 대내외적으로 직면해 있거나 앞으로 직면하게 될 환경에 대한 면밀한 분석과 판단에 바탕을 두고 수립되어야 한다. 이것은 국가목표의 설정과 국가

45) 세종연구소, 앞의 책, pp. 6-8.

전략의 수립에 기본바탕이 된다. 일차적으로 국가는 자국의 능력에 맞는 적절한 목표를 추구해야 한다. 그 다음으로 목표달성을 위해 국가의 능력을 효율적으로 사용할 수 있는 전략을 수립해야 한다. 국가전략을 이행할 수 있는 가용자원과 수단은 국력에서 나오기 때문이다.

미래는 본질적으로 불확실하고 가변적(可變的)이다. 따라서 미래를 정확히 예측한다는 것은 극히 곤란한 과제이다. 최근에 계량적인 예측기법들이 일반화되고 컴퓨터를 이용하여 종래보다 훨씬 많은 환경요인 즉 변수들을 고려할 수 있게 되었지만 예측치는 빗나가기 다반사이다. 특히 국가전략이 대상으로 하는 사회변동이나 경제 전망에 관한 예측의 경우에는 관련되는 변수들이 너무 많고 대부분 통제할 수 없는 것들이기 때문에 정확히 예측하기가 쉽지 않다. 전략기획은 이러한 예측들을 토대로 이루어지기 때문에 부정확한 예측은 곧 수립되는 전략의 타당성과 합리성을 저하시키게 되는 것이다.[46)]

미래의 전략환경을 예측하는 데에는 전략문제의 영역과 이용 가능한 기법의 활용능력(Technical Capabilities)에 따라 사용되는 방법이 달라질 수 있다. 여러 가지 통계적 기법, 컴퓨터 시뮬레이션 기법, 전문가들의 의견조사 등 다양한 방법이 이용될 수 있다. 이 시나리오 작성에는 현재의 상태로부터 전략대안이 집행될 시점까지에 이르는 과정에서 일어나게 될 일련의 사건들을 추정하는 과정이 포함되어야 한다.

국력과 관련된 사항은 제3장 제3절 국력과 전략수단의 평가에서 상세히 다룰 것이다.

국력의 가장 원시적인 요소로는 인구·영토·천연자원의 3가지를 들 수 있다. 그러나 요즘은 국력이 극히 국제정치적인 개념이라는 점에서, 일반적으로는 군사력·경제력·정신력을 그 대표적인 요소로 중시하는 경우가 많다. 실제로 인구·영토·천연자원은 풍부하여도 국제정치상의 강대국·선진국으로서의 지위를 차지하지 못한 나라들도 많다. 국력은 물적 요소와 함께 기술적·정신적 요소의 복합적이며 다원적인 것으로 생각한다. 국력을 평가하는 방법에는 많은 학설이 있다. 전략을 기획할 때에는 올바른 국력평가를 위해 이를 최대한 활용할 수 있는 방안을 강구해야 한다.

46) 김신복, 앞의 책, p. 32.

4. 과격하고 불합리한 수단의 사용 제한

전략기획과정은 국가가 갖는 이익이 무엇이며, 다양한 이익의 우선순위는 어떻게 부여하고, 국력의 수단들을 개별적 이익과 그 이익의 총화를 달성하는 데 어떻게 활용할 것인가를 결정하는 과정이다. 이 과정은 필연적으로 정치적이다. 왜냐하면 그것에는 정치적 운명이 걸려 있는 상대적 이익과 이익이 내포하고 있는 위험에 대한 정책적 선택이 포함되어 있기 때문이다. 이러한 결정은 특히 핵심적 이익과 그보다 강도가 낮은 이익을 구분하는 회색지대에 있어서 항상 논란의 여지가 많다. 이러한 차이는 특히 군사전략가에게 중요하다. 왜냐하면, 핵심적인 이익과 그보다 강도가 낮은 이익 사이를 구분하는 선의 위치는 군사력의 사용여부를 가늠하는 것이기 때문이다.

앨빈 토플러의 분류에 의하면 제1의 물결 시대에도 군사력이 국가목표 구현의 유일한 수단이었지만, 제3의 물결시대인 오늘날에도 군사력은 최후의 마지막 수단이다. 물론 군사력이 아니더라도 국가의 전략목표를 수행하는 데 유용한 수단이 많다. 그것은 정치, 외교, 경제, 문화 등의 수단이 있다. 이것들은 실수를 하더라도 치명적이지 않아서 잘못을 수정할 수가 있다. 그러나 군사적 수단에 의한 실수는 회복이 불가능하거나 아무리 잘해도 그것을 회복하는 데 엄청난 시간과 경제력이 필요하다.

손자도 그의 병서에서 전쟁은 '국가의 흥망을 결정하는 중요한 일(國家存亡之道)'이기에 아주 철저히 살펴보고 결정해야 한다고 주장하고 있다. 그것이 군사력을 활용하는 국방의 속성이다. 이러한 속성들은 국방문제가 최고의 보수적 입장에 설 수밖에 없는 이유를 대변하고 있다. 이렇게 할 때 다른 수단이 더더욱 힘을 발휘할 수 있게 될 것이다.

만약 정치를 부족한 자원과 관련된 이해관계의 충돌을 해결하는 방법으로 넓게 이해한다면, 정치와 군사력간의 관계는 친근하고 호혜적이 될 것이다. 분명히 군사력의 사용은 갈등해소의 한 가지 방법이다. 국제정치체제도 분쟁해소를 위한 공식적인 방법이 없기 때문에 종종 분쟁해소의 방법으로 군사력을 사용한다.

조금 다른 각도로 보면 군사력 사용의 이유들은 정치적으로 결정된다. 전략이란 목적과 수단간의 관계인데 그 관계 속에서 목적이란 정치적으로 규제되고 한정된다. 국방전략가의 역할은 이러한 정치적 목적을 달성하기 위해 군사력을 사용하는 적절한 방법을 결정하는 것이다. 프러시아의 전략가 클라우제비츠는 "전쟁이란 다른 수단에 의한 정치의 연장"이라고 말했다. 영국의 전략가 리델 하트에 따르면 국방전략의 목표는 "더 나은 상태의 평화"를 만들어내기 위한 것이며, 바로 그 나은 상태란 정치적 적대관계를 변화시킨다는 의미로 정의된다.

한 국가가 지닌 다수의 생존 이익과 핵심적 이익은 국력의 다른 수단보다 군사력에 의존하게 만든다. 동시에 국력 수단의 종류와 양의 이용 가능성은 한 나라가 추구할 수 있는 이익에 대한 한계를 결정한다. 예컨대 조그마한 개발도상국은 지구적 차원에서 자국의 핵심적인 이익의 대상을 정의할 수 없다. 왜냐하면 나라가 그 핵심적 이익을 추구할 군사적 수단이 부족하기 때문이다. 이와 정반대로, 즉 미국과 러시아는 핵을 포함한 과도한 군사력을 갖추고 있어서 양국은 상대방의 군사력이 응징할 것이라는 두려움 때문에 서로에게 반하는 생존이익을 추구하지 못한다.

그렇기 때문에 국가 이익구현에 국력의 수단을 적합하게 결합시키는 것이 전략 수립가가 해야 할 최우선 과제이다. 이익이 무엇이고 어떠한 수단이 그 이익 추구를 위해 존재하는지는 정책 선택의 문제이다. 그 선택들은 무슨 목적에 어떤 제한된 지원을 할당하느냐에 대한 결정이 이루어지는 정치적 영역에서 결정된다.

예를 들면 한 국가는 여러 가지 이유 때문에 행동을 취하지 않는 것을 선택할 수도 있는데 그것들 중의 하나가 억제전략이다. 최악의 경우는 적의 공격능력과 최악의 의도를 결합시켰을 때 볼 수 있는 시나리오다. 군사전략과 군사력은 최악의 경우에 대처하기 위하여 개발된다. 가능한 최악의 경우에 적절히 대처하는 것이 그보다 덜 심각한 상황을 위해서도 효과적일 수 있다는 가정이다.

그러나 적어도 최악의 사태를 고려한 계획에는 다음과 같은 4가지의 문제점이 지적될 수 있다. ① 최악의 사태를 가정하는 것은 위협을 실제보다 과장시킬 위험이 있다. 만약 최악의 사태가 현실화되는 데 실패한다면, 이를 주장하는 사람들은 '늑대와 소년'의 상황으로 몰릴 가능성이 있다. ② 최악의 경우를 준비하는 일이 적의 의도와 능력을 초과할 때, 그 일 자체가 필요 이상으로

도발적이 되어 오히려 더욱 심각한 사태를 초래할 수 있다. ③ 가장 위협적인 우발적 사태에 대비하는 것은 그보다 덜 심각한 사태에 대비하는 것보다 항상 비용이 많이 든다. 그런 사태가 실제로 발생하지 않은 채 시간이 경과하면 할수록 비용을 줄이자는 압력은 더욱 거세진다. ④ 최악의 경우를 대비하는 것이 그보다 덜 심각한 경우에도 도움이 된다는 것은 이들 사이에 유사성이 있느냐에 전적으로 의존한다.

전략수립시에는 'Zero-Sum게임'의 논리가 아니고 '상생(相生, Win & Win)'의 개념으로 접근해야 한다. 윈윈전략은 미국이 중동과 한반도에서 동시에 전쟁이 발발하였을 때 양개지역에서 동시에 승리하기 위하여 전력을 어떻게 배분할 것인가 하는 안(案)을 만든 것이 계기가 되어 탄생하였다. 그런데 요즘 우리의 신문지상에서 자주 등장하면서 이 용어는 이제 보통명사화되었다.

Win & Win 전략은 두 곳에서 승리하겠다는 원래의 의도와는 조금 다르게 우리말로는 상생(相生)전략이라고 번역하였다. 즉 우리는 양개 주체 당사자의 동반 승리를 의미하는 것으로 사용하고 있다. 이러한 상생의 전략을 잘 구사한다면 조직이나 개인이 크게 발전할 것이고 그 결과는 사회의 긍정적인 발전에 기여할 것이다.

제 3 장

국가전략의 집행체제

제 3 장 국가전략의 집행체제

전략이란 단순히 계획이나 방안뿐 아니라 실천으로서의 '전략행동'을 포함한 개념이다. 국가 지도자들이 나라를 어디로 끌고 갈 것인가 하는 국가전략을 국민들에게 명확히 제시하여 국민적 합의를 조성하고 지지와 참여를 확보하는 것은 한 나라의 생존, 번영과 발전, 그리고 더 나아가서는 그 국가의 흥망을 좌우한다. 미래는 예측하고 기다리는 자의 것이 아니고, 미래를 빠르게 준비하고 창조하는 자의 것이다.

제 1 절 전략의 정책화 구현
제 2 절 전략과제의 집행
제 3 절 자원의 효율적 배분

제 3 장

국가전략의 집행체제

대한민국은 지난 60년 동안 엄청난 성장과 발전을 해 왔다. 박정희 정부가 주도한 '경제개발 5개년계획'은 중요한 역할을 맡아 왔고, 그 성장전략을 통해 선진국으로부터 기술, 자본과 생산설비를 도입해서 대량생산에 성공했으며, 해외에 수출규모를 확대하면서 경제성장률을 유지해 왔다. 사실 당시 우리가 처한 환경은 위계질서의 일사불란함을 강조한 사회문화로서 조직도 중앙집권적인 형편이었다. 역사적으로 볼 때도 우리는 한 번도 봉건주의를 못 거쳤다. 당시 우리 국민들은 근면하고 성실하며 순종적이었고 창의성과 전문적인 지식은 부족하였지만, 기본 지식은 어느 정도 구비되어 있어서 정부의 계획에 따라 열심히 노력해서 이만큼 성장을 했다고 할 수 있다. 즉 정부의 강력한 역할이나 성장전략과 당시 우리가 가지고 있는 역사적·사회적·문화적 기반, 그리고 우리 국민들이 보유했던 특성들이 비교적 잘 어우러져 20세기에는 크게 성장·발전했다고 할 수 있다.

그러나 21세기의 더욱 높아진 도전을 슬기롭게 극복하기 위해서는 완벽한 국가전략을 수립하는 필요성 못지않게 효율적인 집행체제의 확립도 요구되고 있다. 개방화와 세계화에 따라 국제관계에서 민간부문이 차지하는 비중이 높아지고 국가전략에서 국내정책 부분이 차지하는 비율도 증대되었다. 더구나 우리의 경우 북한문제는 대외문제이자 대내문제이기 때문에 국민적 여론과 이익에 따른 국내적 분열구조인 균열구조(龜裂構造, Cleavage Structure)의 해결도 중요해졌다.

과거에 비해 절대적인 중요성이 감소했다 하더라도 정부는 여전히 국가전략의 가장 중요한 추진주체의 역할을 하고 있다. 따라서 국가전략의 추진주체인 정부의 역량을 어떻게 강화해야 할 것인가는 국가전략의 성공적인 추진과 관련해 가장 중요하게 다루어져야 할 부분이다.

국가전략과 밀접한 관계에 놓여 있는 '국가정책(國家政策, National Policy)'에 대해서는 '한 국가가 당면한 대내외적 상황 속에서 특정 전략 목표를 달성하기 위해 가용자원과 수단을 동원하여 중·단기적으로 수행하는 목적지향적 활동'이라고 정의할 수 있을 것이다. 따라서 전략이 중장기적인 차원과 거시적인 성격을 내포하고 있다면, 정책은 상대적으로 단기적인 차원과 미시적인 성격을 가지고 있다고 평가할 수 있다. 물론 정책 중에는 단기적인 정책뿐만 아니라 중장기적인 정책도 존재하므로 이와 같은 구별이 항상 전적으로 타당한 것은 아니겠지만, 중장기적인 정책도 전략에 비해 상대적으로 미시적인 측면을 띤다고 하겠다. 따라서 '전략'과 '정책'간에 명백하게 경계선이 존재한다기보다는 양자의 구별이 상대적이라고 보는 것이 더 적절하다.

이러한 차원에서 이 장에서는 국가전략의 집행체제를 다루면서 전략의 정책화 구현과정과 전략과제의 집행, 그리고 전략집행 시에 가장 중요한 수단 중의 하나인 자원의 효율적인 배분 문제를 설명하고자 한다.

제 1 절 전략의 정책화(政策化) 구현

1. 국가정책의 개념과 특성

정책(政策)은 국가전략을 구현하는 행동의 과정이다. 미래에 대응하는 행동지침을 표시한 것이며, 목적과 수단의 관계를 규제하는 것이다. 따라서 일반의 법칙과학에 속하는 것이 아니라 법칙성에 의해서 규제되지 않는 자유를 전제로 하는 실천과학에 속하는 것이라고 할 수 있다. 즉 정책학이란 역사나 정치철학 등의 철학과 주로 사회과학을 정립하는 보편성 있는 인문학의 각종 법칙을 참고로 하면서도 미래목적의 구현을 위한 사유, 수단, 방법에 구속되지 않는 자유성을 전제로 한다.

리차드 스나이더(Richard C. Sneider)는 "정책이란 국가의 바람직한 미래상태 추구의 선택"이기는 하지만, "정책이 생각나는 대로 우연 혹은 비합리적인 압력과 사건에 의해서 형성되는 것이 너무도 많다"[1]고 기술하고 있다. 따라서 보다 좋은 정책을 위해서는 과학적 합리적인 검토가 수반되어야 한다.

일반적으로 국가정책(國家政策, National Policy)이란 '국가목표를 달성하기 위하여 국가전략에서 세분화시킨 기능별 · 분야별 전략을 구현하기 위한 폭넓은 행동계획이며 조직 내의 업무수행을 유도하는 지침'이다. 그러므로 국가정책은 국가전략의 목표와 기조를 달성하고 유지하기 위하여 '무엇을 할 것이냐?(What to do?)'에 중점을 두고 이를 달성할 수 있는 수단을 강구한다. 즉 국가정책은 국가 행위의 목적과 수단을 결부시키는 것이라고 말하고 있다. 즉, 어떤 행위나 행동계획을 위한 방침적인 지침을 총칭하며 주어진 임무를 성취하거나 달성하는 데 필요하여 선정된 과제(課題, Agenda)를 말한다.

국가정책이란 국가의 각 분야에서 사회적 시스템과 구조, 문화와 가치 및 규범, 행태 · 물리적 환경 등을 어떻게 바꾸며, 또 어떤 방법으로 바꾸고자 하는가 하는 정부간여의 수단이다. 좀 더 간략하게 말하면 국가정책이란 정부가 어떠한 사회를 어떻게 만들겠다고 하는 것을 결정하고 선택해 놓은 수단이다. 그렇기 때문에 정책에는 목적과 수단의 개념이 중요할 뿐만 아니라 전략개념이 매우 중요하다.[2]

국가목표를 구현하는 과정에서 먼저 해야 할 일은 국가목표 구현을 위해서 무엇을 해야 하는가 보다는 어떻게 해야 국가목표를 달성할 수 있는가이다. 다시 말해서 국가전략을 구상해 보면 무엇을 해야 하고 무엇을 하지 말아야 하는가를 식별해 낼 수 있을 것이다. 즉 국가정책은 국가전략을 구상한 후 그 중에서 공개적으로 추진해도 좋을 사항들을 망라하여 추진방향과 추진계획을 수립하면 국가정책이 되는 것이다.

정책은 어떠한 사회를 어떻게 만들겠다고 하는 것을 결정해 놓은 것이기 때문에 여기에는 어떠한 원인에 의하여 야기된 바람직하지 않은 사회의 모습을 바람직한 상태로 바꾸겠다고 하는 정부의 의도가 내포되어 있다. 즉, 정책은 바람직하지 않은 사회문화, 구조, 가치관, 규범, 행태, 물리적 환경 등을 더 바람직한 사회문화, 구조, 가치관, 규범, 행태, 물리적 환경 등으로 바꿈으로써 바람직한 사회상태를 창출하거나 회복하겠다고 하는 변화대응적 성격을 강하

1) Richard C. Sneider, 대외정책의 목적, p. 166.
2) 노화준, 정책학원론(박영사, 2000), p. 3.

게 지니고 있다.[3)]

정책이란 국내정치와 국제정치에 관한 국가의 행동방침이며 일반정책과 포괄정책의 총칭이다. 정책은 항상 미래를 대상으로 하여 행동을 통하여, 즉 목적과 수단의 종합을 통하여 목적을 달성하기 위한 방침을 수립하는 것이다. 즉 이것은 실천과학의 유형에 속하는 것이며, 인간이 실천하려고 염원하고 노력하는 가치관(價値觀)에서 나오는 것이다. 따라서 이것은 원인 결과의 이치를 탐구하는 경험과학의 법칙성에 의한 필연을 전제로 하는 것이 아니라 목적과 수단의 통합에 관한 의지의 자유를 전제로 하는 행동과학에 속한다. 이러한 정책은 매우 실제적이어야 하며, 정책은 이상이나 이념을 정립하는 점에 있어서 철학이 전제되어야 한다.

정책의 목적은 무엇일까? 그 본질적인 목적은 국가전략에서 선택한 국가와 민족의 이익을 현실에 맞게 구현함과 동시에 바람직한 미래를 창조하는 것이다. 이것은 구체적으로는 국가목표를 정점으로 하는 목표 계열상의 각 목표를 달성하는 것이다. 안으로는 국가사회를 정치, 경제, 군사, 사회, 문화, 과학기술 및 기타의 모든 면에서 국가자체의 가치관에 따라 보호하고 발전시키는 것이며, 밖으로는 국제적인 긴장완화와 국제사회의 평화와 번영을 위하여 다른 국가와의 협조를 통해서 스스로의 능력에 상응한 노력을 다하는 것이다. 정책의 목표는 바로 국가이익을 구현하면서 국가의 번영과 생존을 달성하기 위한 현실대응인 동시에 바람직한 미래의 창조이다.

우리가 원하는 바람직한 사회를 창출하려면 전략을 정책화하는 과정에서 '정책결정윤리(政策決定倫理)'가 요구된다. 정책결정윤리가 왜 중요한가 하는 이유는 다양하겠지만, 그 중에서도 핵심 이유 세 가지만 예시하면 다음과 같다.

첫째, 정책이 사회에 미치는 영향의 특성, 즉 정책영향의 근본성(根本性), 광범성(廣範性) 및 장기성(長期性)에서 찾을 수 있다. 여기서 정책영향의 근본성이란 정책이 정치·경제·사회의 가치와 규범 및 행태 등의 뿌리까지도 바꿀 수 있을 정도로 깊은 영향을 미친다는 것을 의미한다. 예를 들면 농지의 소작제도를 허용할 것인가 말 것인가, 토지의 공개념(公槪念)을 도입할 것인가 말 것인가, 대학입시를 국가가 관리할 것인가 각 대학교에서 관리하도록 할

3) 노화준, 위의 책, p. 5.

것인가 하는 것들은 하나의 정책이 사회의 가치, 규범, 국민의 행태 등에 미치는 영향이 매우 깊어서 때로는 그 근본이 되는 바탕이나 뿌리까지도 바꿀 수 있다고 하는 것을 보여 주는 몇 개의 사례이다. 정책영향의 광범성은 하나의 정책이 미치는 영향이 어느 한 부문에만 국한되지 않고 매우 광범위하다는 것을 말한다. 앞에서 예로 든 대학입시를 누가 관리하느냐 하는 문제는 단지 대학입시의 관리 주체에 대한 결정에 그치지 않고 입학시험의 방법에까지도 영향을 미침으로써 결과적으로는 전체 국민에게 영향을 미치게 되는 하나의 예이다. 대학입학시험을 국가가 관리하는 경우에는 시험문제의 출제형식을 불가피하게 선택형과 같은 객관식 문제의 출제가 주종을 이룰 수밖에 없을 것이고, 만일 각 대학교에서 관리하게 되는 경우에는 대학에 따라서는 주관식 문제의 출제가 주종을 이룰 수도 있다. 이러한 입학시험문제의 출제형식은 고등학교 교육방법에 영향을 미치게 될 것이고, 대학교 입학시험준비를 하는 수백만의 고등학교 학생들의 입학시험준비에도 영향을 미칠 것이며, 더 나아가서는 이러한 고등학생들을 둔 각 가정들의 입시준비전략에까지도 영향을 미침으로써 결과적으로 대다수 국민들에게 광범위한 영향을 미치는 것이다. 정책영향의 장기성은 하나의 정책이 미치는 영향이 단기간에만 국한되는 것이 아니고 두고두고 오랫동안 계속된다는 것을 말한다. 앞에서 예로 든 대학교의 입시관리를 누가 하느냐 하는 정책에 있어서 이러한 관리주체의 결정은 입시문제의 출제형식에까지도 중요한 영향을 미친다고 하는 것을 이미 위에서 기술한 바와 같다. 그런데 이러한 입학시험문제의 출제형식은 비단 학생들의 입학시험준비 행태에만 영향을 미치는 것이 아니라 나아가서는 그러한 입시준비를 통하여 그들의 사고방식의 형태에까지도 장기적인 영향을 미치게 된다는 것이다. 만일 학생들이 객관식 문제에 대한 시험준비에 열중하게 되면 그들의 사고는 어떤 문제에 대한 체계적인 분석과 인과관계에 대한 추론보다는 단편적이고 암기 위주의 순발력 향상에만 치우치게 될 것이고, 그들의 그러한 사고(思考) 형태는 고등학교 학생이라는 성장기에 형성되므로 인간의 내면에까지 고착되어 평생 동안 지속될 수도 있는 것이다.

둘째, 고도의 불확실성 상황에서 이루어지는 정책결정은 불확실성 속에서 실시하는 도박(Fuzzy Gambling)의 성격을 띠고 있는데, 이 Fuzzy Gambling에 걸려 있는 이해득실이 엄청나게 커서 책임성에 토대를 둔 강한 윤리가 수반되지 않으면 그러한 결정은 매우 위험하게 된다. 예컨대 조선 말기 대원군이 쇄국정책을 쓸 것인가 개방정책을 쓸 것인가 하는 정책결정에 있어서 그 이해득실은 엄청나게 커서 쇄국정책을 채택한 결과 국가가 망하는 길로 접어들게 되었으며, 지난 6공 시절 노태우 대통령이 비핵화 정책을 성급하게 선언한 결과 그 후 대북한 핵개발정책에 대한 협상과정에서 우리나라가 매우 불리한 입장에 처하게 된 것은 고도의 불확실 상황에서 이루어지는 Fuzzy Gambling적 정책결정에 있어서 그 선택이 미치는 영향이 얼마나 지대한가를 말해 주는 것이다.

셋째, 정책결정자가 원하는 방향으로 미래에 미칠 수 있는 영향력을 증진시킬 수 있도록 정책의 효과성을 증진시킬 수 있다는 의미에서의 정책결정능력의 향상은 때로는 심각한 위험을 초래할 수도 있다. 왜냐하면 부도덕한 목적을 위해서 이와 같이 증진된 좀 더 효과적인 정책결정능력을 잘못 활용하는 것을 억누를 수는 있지만 완전히 피할 수는 없기 때문이다. 2차 세계대전 전의 나치 독일 정부나 군국주의 일본 정부의 경우가 그 대표적인 사례이다.[4)]

정책의 구성요소는 정책목표, 정책수단, 정책대상, 정책산출 등이다.

정책목표란 정책을 통하여 만들고자 하는 사회 또는 상태이다. 이때 만들고자 하는 사회 또는 상태는 정책결정에 참여하는 사람들이 이룩하고자 하는 바람직한 사회 또는 상태이기 때문에, 정책목표는 정책을 통하여 이룩하고자 하는 바람직한 사회 또는 상태이다. 정책목표는 여러 가지 정책수단들 가운데에서 가장 바람직하다고 생각되는 정책수단을 선택하는 기준이 되며, 정책을 집행하는 과정에서는 정책집행의 지침이 되고, 정책을 집행한 후에는 정책을 평가하는 기준이 된다.

정책수단 또는 정책도구란 정책목표를 달성하기 위하여 정부기관이 사용할 수 있는 각종의 수단이다. 정책수단에는 정책목표달성을 위하여 구사되는 실질적인 정책수단과 이것을 작동시킬 수 있도록 하기 위하여 활용하는 보조적 정책수단으로 구분해 볼 수 있다.

정책대상은 정책의 집행을 통하여 구조, 가치관, 문화, 질서, 규범, 행태 등을 바꾸고자 하는 개인이나 집단 또는 사회·경제·물리적 조건 등이다. 이들 정책집행의 대상들은 정책의 선정과 집행의 결과로 이익을 얻을 수도 있고

---

4) 노화준, 위의 책, pp. 663-665.

손실을 입을 수도 있기 때문에 정책의 선정이나 집행에 대하여 적극적으로 찬성하거나 순응하기도 하고 반대하거나 저항하기도 한다.[5)]

국가정책은 각 행정기관이 법적으로 규정된 기능, 권한, 책임하에서 개별적으로 실시하는 정책의 주체이다. 정책의 내용은 정책목표와 이를 달성하기 위한 정책수단과 자원, 정책의 수혜자 및 피규제자의 범위 등을 포함한다. 이들 정책내용들이 어떻게 구성되어 있느냐 하는 데 따라 정책의 성공적인 집행 여부가 큰 영향을 받는다.

정책이 체계적으로 수립되면 엉성하게 구성된 내용을 가지고 있을 때보다 중심적이고 계층적인 집행이 이루어질 수 있으며, 성공적인 집행이 이루어질 가능성이 높다. 여기서 잘 수립된 구조란 명확성, 용이성 및 엄격성의 정도가 엉성하게 짜여진 정책내용의 구조보다 높은 경우를 말한다.

2. 국가전략과 정책의 관계 정립

국가전략은 한 국가가 전략수행능력을 바탕으로 환경의 동태적 변화(動態的 變化, Dynamic Change)에 적응하면서 국가의 생존과 번영 발전을 위하여 인식되는 국익의 실현을 추구하고, 아울러 국가목표의 효율적 달성을 꾀하는 방안(方案, Design)이다. 이러한 국가전략에 근거하여 국가행위가 구현되는 실천이 바로 국가정책이다. 즉, 국가전략은 국가정책에 방향성을 제시하는 행위지침이다. 달리 말하면 국가전략은 국가정책을 유도하며, 국가정책을 포함하는 것이다.

국가전략은 단기적인 정책이나 구체적인 제도와는 구별된다. 물론 국가전략을 집행하는 과정에서는 정책과 제도들이 전략의 핵심 수단이 되지만, 사안의 수준과 시간적 전망에 있어서 차이가 있다.[6)] 그리고 국가전략에는 국방, 외교, 정치, 경제, 사회, 문화 등 분야별로 다양한 하위범주가 있다. 국방전략, 외

5) 노화준, 위의 책, pp. 8-10.

6) 정책이란 전략을 달성함에 있어 직면하게 되는 각종 조건을 현실적으로 해소하는 방안체계를 말한다. 전략과 정책의 관계는 전략이 선행개념(先行概念)이다. 비전은 인간이 가지는 보편적인 욕망이기에 그것은 최상위 목표를 제시하는 출발점이다. 막연한 구름같은 형태에서 구체화된 목표를 도출하여 설정하고 나면 이를 구현할 방법 및 수단으로 전략이 구상되고, 이를 행동화하는 정책으로 발전된다.

교통상전략, 번영발전전략, 평화통일전략, 사회통합전략, 문화전략 등이 그것이다. 그러나 이러한 대전략을 구현하는 하위범주의 전략은 실제 정치과정에서는 정책과 크게 구별되지 않을 수도 있다.

국가전략이란 국가정책의 목표와 방향을 제시하며, 국가의 최고 정치책임기관이 국가의 힘의 전부 또는 일부를 직·간접적으로 조정하고 통제하여 정책추진과정에서 국가의 의지와 행동의 자유를 획득하게 한다. 국가전략은 적절한 정세판단과 국방, 정치, 외교, 경제, 사회, 심리 등 국가의 모든 역량을 종합적으로 계획하고 발전시키며, 이들 역량이 목적과 이론에 따라서 바람직한 국가정책에 활용되는 것을 추구함으로써 당면한 현실의 사태를 처리함과 동시에 바람직한 미래를 창조하는 것이다.

전략기획이란 국가의 최고 정치책임기관의 일원적인 지휘통제하에 달성해야 할 목표에 수반하는 정책의 목표계열을 설정하고, 정세판단에 기초하여 국가의 제 역량을 통합운용하여 정책의 목표가치를 계획과 행동에 의해서 획득하게 하는 프로세스라고 환언할 수 있다. 따라서 계획이 행동으로 이행되는 과정에서 외교전략은 '외교정책'으로, 경제전략은 '경제정책', 국방전략은 '국방정책' 등으로 구체화된다. 이러한 정책은 현실에 대한 대처와 장래의 전망에 관해서 합목적적이고 계획적이며 실천적이어야 한다.

국민들이 선호하는 것을 정책으로 전환하는 과정에서 국가가 수행하는 역할을 이론적 틀에서 완전히 설명하기에는 한계가 있다. 왜냐하면 오늘날 정치·경제·사회적 현상은 매우 복잡하고 다양한 변수들의 작용에 의하여 사회가 변동되어 가고 있기 때문에 다양한 문제의 성격에 따라 이에 대응하여야 할 국가의 역할은 다를 수도 있으며, 또한 지속적인 변화를 요구받기도 하기 때문이다.

전략과 정책의 개념을 단순히 목표를 중심으로 그 관계를 규명해 보면, 일반적으로 전략이란 목표달성을 위해 '어떻게 할 것인가?'에 대한 방법을 제시하는 것이고, 정책이란 목표달성을 위해 '무엇을 할 것인가?'에 대한 것을 제시하는 것이라고 할 수 있다. 그러므로 전략은 목표를 구현하기 위한 방법이고 정책은 목표구현에 필요한 수단이라는 인식이 가능해진다. 또한 전략은 대외적인 발표가 어려운 술책까지를 포함하나, 정책은 명백하게 공표할 수 있는 것이어야 한다. 이러한 사실은 정책이 전략 속에 내재하고 있음을 나타낸

다. 따라서 전략이 정책보다 먼저 고려되어야 할 개념인 것이다.[7)]

이를 종합해 보면 국가전략은 한 국가가 자신의 국가이익을 보장하고 구현하기 위해 제시된 국가목표를 달성하기 위하여 안보, 정치, 경제, 대외관계, 사회, 문화, 과학기술, 교육 등 제 분야에서 중장기적으로 추진해야 할 정책들에 대한 종합적이고 체계적인 계획과 구상이라고 할 수 있을 것이다.

국가전략과 국가정책을 혼동하는 사례가 있는바, 국가전략은 국가목표를 달성하기 위해 국가의 능력을 동원, 조직화, 조정, 통제, 사용하는 방법을 의미하며, 국가정책은 정부기관에 의해 결정된 미래의 행동지침 또는 계획이라고 볼 수 있다. 이때 국가전략은 대개 몇 분야의 국가정책으로 뒷받침될 수 있다.

3. 국가정책과 분야별 전략의 연계

앞에서 기술한 대로 해방 후 반세기 동안 대한민국의 국가전략은 번영을 우선적으로 달성하기 위한 '경제발전 우선전략'이었다. 이 전략은 성공을 거두었다. 경제성장의 성취는 번영을 가능하게 했고, 생존의 바탕을 마련해 주었다. 경제력은 군사력의 증강을 뒷받침해 줄 수 있었다.

그러나 자세히 들여다보면 경제발전 5개년 계획과 같은 중기계획으로 구체화된 '경제발전 우선전략'의 결과 경제 분야에 인재와 국가자원이 집중되었다. 그러나 다른 국정분야에서는 그러한 전략적 기획이 부족했을 뿐 아니라 경제와 다른 국정부문에 대한 연계성의 인식도 부족하였다.

한 국가가 국가목표를 달성하려고 할 때, 정치와 경제, 경제와 군사, 군사와 외교, 군사와 군비통제, 경제와 외교 등의 상호 연계성을 철저하게 인식하고 그 연결고리를 강화시키지 않으면 어느 한 분야의 성공을 가지고 다른 분야의 국가목표를 달성하는 데 아무런 직접적인 도움이 안 된다는 것을 인식할 수 있다. 반면에, 국가의 분야별 전략간 상호 연결고리를 잘 활용하면 특정 전략 혹은 정책으로 두 개 이상의 분야별 전략의 목표를 동시에 달성할 수 있는 것이다.

---

7) 전략과 정책이 독립적인 의미를 상실하고 복합명사의 부분으로 사용되면서 전략과 정책의 구분이 애매모호해졌다. 특정분야에서 전략과 정책이 사용되는 용법(예를 들면 외교전략과 외교정책, 군사전략과 군사정책)을 보면 대체적으로 전략은 일정한 기간 동안 적용되는 일관성 있는 추진방향이고, 정책은 특정시점에서 이를 공식화하여 제시하는 내용일 경우가 많다.

민주화가 정착되는 과정에서 많은 분야의 발전이 이루어졌다. 하지만 현 시점에서 우리는 경제발전 우선주의 전략에서 파생된 문제점을 보완해가면서 국가의 분야별 전략과 정책을 상호 연관성을 갖고 추구해야 한다. 정치, 경제, 안보, 외교, 통일이 각각 국정의 중심축으로서 통합성과 일관성을 갖는 국가전략으로 발전할 수 있도록 노력해야 할 것이다.

국가전략의 수립 및 정책의 집행과정에서 대통령을 보좌하는 비서실의 전략기획능력을 향상시키고, 예하 각 부처의 업무를 조정·통제할 수 있도록 비서실에 전략적인 식견을 갖춘 전문가를 충원해야 할 것이다. 아울러, 대통령의 대전략이 각 부처의 중·단기정책과 계획에 잘 반영이 되고 있는지, 정부 각 부처의 정책이 국가전략과 연계를 이루며 잘 집행되고 있는지에 대한 조정과 통제에 대한 1차적 임무는 국무총리에게 주어져 있으므로 국무총리의 임기를 2-3년 정도는 보장해 주어야 한다. 각 부문별 조정책임을 맡은 경제, 외교, 국방, 통일부 장관은 적어도 2-3년 이상 임기를 갖고 국정에 임할 수 있도록 해야 할 것이다. 그래야만 각 부처의 정책을 국가정책과 연계하여 추진할 수 있는 여건이 조성되는 것이다.

21세기 세계화·정보화 시대에는 국가운영이 복잡하고 고도화되면서 국가전략을 구현하는 국가정책이 점차 전문화, 세분화되어 간다. 따라서 정부는 국가의 부분이익이 아니라 전체이익의 관점에서, 기득권 유지가 아니라 변화와 개혁의 관점에서 바람직한 국가정책의 방향을 연구하고 제시할 수 있어야 한다.

국민이 대전략의 차원에서 어느 것이 올바른 정책인지에 대한 정책판단을 제대로 하기가 어려워졌다. 따라서 정책전문가가 많이 나와서 국민이 알아듣기 쉽게 설명하여 국민의 국가정책에 대한 이해를 돕고 올바른 정책판단을 도와야 한다. 그래야 국민의 정책수립 및 정책집행 과정에 대한 참여의욕도 높일 수 있고 국민의 국가정책에 대한 이해부족을 이용한 정책 포퓰리즘의 등장도 막을 수 있다.

어떠한 사람이 국가전략을 집행하는 정책전문가 그룹이 되어야 하는가? 주지하듯이 국가정책이란 과학(科學, Science)과 예술(藝術, Art)의 종합이다. 즉, 정책과학과 정책기술 즉 이론과 실무의 종합이다. 이론만으로도 되지 않고 실무적 감각만 가지고도 되지 않는다. 반드시 두 가지가 효율적이고 합리적으로 통합되어야 한다. 소위 문무(文武)를 겸비해야 한다. 전략과 정책을 통합할 수 있는 인재가 바로 정책전문가로 활용되어야 한다.

제 2 절 전략과제의 집행

1. 집행부서의 선정

전략의 결정과 전략의 집행에 의하여 어떠한 사회가 만들어지는가, 그리고 그러한 사회를 만들어 가는 과정에서 어떠한 수단과 방법들을 동원하는가에 따라 사회구성원들 가운데 혜택을 보는 집단과 손해를 보는 집단으로 나누어질 수도 있다. 그렇기 때문에 전략의 결정과 집행은 결과적으로 사회적 가치를 배분하는 기능을 하는 것이다. 전략은 통상 집행과정에서 정책으로 전환된다. 정책의 이러한 성격을 강조하기 위하여 '정책이란 전체 사회에 대한 가치의 권위 있는 배분'이라고 정의하는 학자들도 있다.

반 메터(Van Meter)와 반 호른(Van Horn)은 "집행이란 미리 설정한 목표를 달성하기 위하여 정부부문 및 민간부문의 개인이나 집단이 수행하는 활동"이라고 정의하고 있다.[8] 정책집행은 또한 "권위 있는 정책지시를 실천하는 과정"이라고 정의되기도 한다.[9] 정책집행에 대한 정의들을 종합해 볼 때 정책집행은 결정된 정책내용, 즉 정책설계를 집행의 책임이 있는 개인이나 집단이 실천해 가는 활동이라고 할 수 있다.

정책집행 특히 성공적인 집행에 영향을 미치는 요인들은 모든 전환과정에 공통적으로 나타나는 일반적 요인들과 해당 전환과정에 고유한 특징적인 요인들로 구분해 볼 수 있다. 정책집행에 영향을 미치는 일반적인 요인들에 대해서도 연구자들은 다양한 요인들을 들고 있는데 이들은 성격상 정책내용, 정책문제의 성격, 집행환경과 맥락, 집행기관과 과정, 정책 대상 집단 등 다섯 가지 범주로 분류해서 묶어 볼 수 있다.

---

8) Donald S. Van Meter and Carl E. Van Horn, "*The Policy Implementation Process: A Conceptual Framework*" (Administration and Society Vol. 6, February 1975), pp. 445-488.

9) 유훈, 정책학원론(법문사, 1986), p. 265.

국가전략을 효율적으로 추진하기 위해서는 적절한 국가자원을 투입해야 한다. 그러나 국가자원은 한정되어 있으므로 전략을 정책화하여 집행할 때는 무엇을 우선적으로 수행해야 하는가의 어려움에 봉착하게 된다.

특정한 하나의 개별전략의 집행에 영향을 미치는 고유한 요인은 전략의 성격, 집행의 시기와 여건 등에 따라 일반적인 요인들 가운데 어떤 요인들의 영향이 더 중요할 수도 있고, 일반적인 요인으로 지적되지 않은 요인이 중요한 영향요인으로 작용할 수도 있다.

전략을 정책화하여 집행하는 과정에서는 가능한 단일 부서가 주관이 되어 추진하는 것이 바람직하다. 그러나 국내 사회의 상호관계의 복잡성, 상호연계성 등에 의해서 하나의 행정기관의 권한만으로는 감당하지 못하는 사태가 발생하게 되고, 그 사태처리를 위해서 각 국가기관의 여러 기능을 통합적으로 활용해야 하는 경우가 생기게 된다. 또한 이러한 문제를 조정・통제하기 위해 복수기관의 정점에서 일원적으로 지휘하고 통제하는 기능이 필요하게 된다.

일반정책 외에 국방정책, 인구정책, 교통정책 등과 같은 것은 각각의 주관부처가 존재하고 있지만 결코 그들 주관부처의 권한 내에서 완전히 처리될 수 있는 것은 아니다. 즉 국방에 관해서는 국방부가 본래 갖고 있는 기능에 외교, 경제, 과학기술, 자원 등의 기능이 국방을 위하여 포괄적으로 참여하지 않으면 성립되지 않는다. 따라서 국방을 위하여 이러한 제 기능을 효율적으로 조직화하기 위해서는 주관부서를 정해 참여하는 제 기능과 자원 및 국력의 운용에 관해서는 권한과 책임을 부여해야 한다. 또한 주관부서는 부가기능에 관계되는 각 부처에 책임을 분담하여 부여하는 것이 필요하다. 따라서 이러한 것을 총괄하여 그 정점에 서서 전반을 지휘하고 통제하는 상위기관, 즉 국가최고정치책임기관이 필요하게 된다. 이 기관은 통상 청와대와 국무총리실이 되어야 한다.

또한 평화통일정책, 선진일류국가정책, 국토개발정책 등은 주관부처를 정하기보다는 정부직할의 국가프로젝트로서 국가최고정치책임기관의 권한과 책임하에서 제 자원과 국력을 통합하여 종합적으로 계획하여 운용하고, 일원적으로 통제하는 것이 바람직할 경우도 있을 것이다.

2. 집행우선순위 선정 및 조정

국가전략과 정책의 우선순위를 정할 때는 ① 국가이익과 국가목표, ② 국가지도자의 비전과 철학, ③ 국가가 처한 환경, ④ 전략과 정책 참여 단체 및 기관의 입장, ⑤ 국력과 국가자원 등을 우선적으로 고려해야 한다. 국가이익과 국가목표는 전략과제의 우선순위 선정에 기준이 된다. 그리고 국가지도자의 비전과 집권당의 철학은 전략과제의 우선순위 선정에 결정적인 역할을 하게 된다. 국가지도자는 전략수립 시 지침을 줄 수 있으며, 집권당은 정책심의 시 예산심의권을 행사할 수 있기 때문이다. 예를 들면 박정희 전 대통령은 국가의 경제발전에 최우선 목표를 두고 다른 가치를 희생시켰다.

국가전략을 집행할 때는 기존의 자원과 내외적 환경은 쉽게 바꿀 수 없는 반면, 이를 효율적으로 활용할 수 있는 전략추진체의 역량은 노력에 의해 얼마든지 강화될 수 있기 때문에 전략적 추진방향 못지않게 정책적 실행에서 깊이 검토되어야 할 것이다.

대한민국의 경우 1980년대 초반까지는 국가전략의 수립과 집행, 평가가 정부의 주도에 의해 이루어져 왔다. 그 후 경제성장과 경제규모의 확대와 맞물려 기업의 중요성이 부각되었고, 1990년대 후반에 들어와 빠른 속도로 시민사회가 형성되면서, 그 역할과 의미에 대한 재평가가 이루어지고 있다. 정부, 기업, 그리고 시민사회가 협력적인 관계를 구축할 때, 그 사회가 건전하고 지속적인 발전을 할 수 있다는 가설은 국제기구는 물론 선진국들을 중심으로 힘을 얻어 가고 있다.

따라서 정부와 정치권, 기업 및 시민사회를 국가의 주요한 구성단위로 바라본다면, 이 세 개 분야를 모두 국가전략의 핵심적인 추진주체로 설정하고, 각 단위에서 어떻게 국가전략에 대한 지혜를 모으고 효율적으로 추진해 나갈지에 대한 모색이 있어야 할 것이다. 정부, 국회, 기업, 그리고 시민사회가 협력적인 다원주의 모델에 기초해서 각 분야가 가지고 있는 비교우위에 입각하여 역할을 나누고 협력함으로써 국가전략을 가장 효율적으로 수립하고 집행의 우선순위를 정해 추진할 수 있는 방안이 마련될 수 있을 것이다.

전략은 국가목표와 전략환경의 변증법적 대화과정에서 생기는 것이므로 국가가 처한 국제환경과 국내환경은 전략의 우선순위 결정에 큰 영향을 미친다. 국가의 생존을 위협하는 북한의 군사위협이 존재하는 한반도에서는 안보전략이 경제발전전략과 함께 핵심전략의 축을 형성하였다. 냉전시대에는 미국도 경제와 함께 군사의 중요성을 강조해 왔으나, 탈냉전 이후 경제력 성장을 위한 과학기술 능력 배양에 국가전략의 최우선순위를 두게 되었다가, 대테러전을 계기로 다시 군사전략에 무게 중심이 강화되고 있다.

예를 들면 안보전략에서는 종래의 억지와 절대안보(絕對安保)에 바탕을 둔 국방전략보다는 협력과 대화를 통한 군비통제전략이 우선시되는 것이 세계적인 추세이다. 그러나 한반도에서는 북한의 위협이 불변하고 있으므로 군사전략이 군비통제전략보다 중시되고 있다. 만약 미국과 북한의 관계가 개선된다면 군비통제전략이 군사전략보다 우위에 놓이게 될 것이다.

전략은 국가이익과 전략환경을 상호 연계시키는 데서 나온다. 환경을 무시한다면 전략이 생길 수 없다. 일단 전략환경을 최대한 활용하여 국가목표를 달성하는 것이 전략이지만, 전략은 환경의 변화 자체를 목표로 할 수도 있다. 주어진 환경이 우리의 국익추구에 불리할 때 전략환경의 변화를 도모할 수밖에 없는 것이다.

아무래도 국제질서에서 한 국가의 역할이 중심적 · 주도적이냐 또는 주변적 · 추종적이냐에 따라 국가전략도 영향을 받을 수밖에 없다. 즉, 중심적 국가의 국가전략은 대외 팽창적이며, 독립적이고 공격적인 반면, 주변적 국가의 국가전략은 대외 의존적이며 대내 지향적이고 수세적인 성격을 갖게 된다.

전략의 취약성은 주도국가의 경우에는 통상 내적인 문제에서 비롯되지만, 주변국가의 경우 주도국가의 전략, 정책의 환경변화에 민감한 영향을 받는다. 중심국가의 경우는 국가능력의 쇠퇴, 중심국가가 구성한 동맹체로부터 소속국가가 이탈하는 경우 국가전략의 변화에 큰 영향을 준다. 주변국가는 중심국가의 전략과 정책변화의 정도가 클수록 전략을 변화시킬 필요성을 느낀다. 예를 들면 1970년대 초반 미국과 중공의 관계개선 때 남북한 공히 환경변화에 적응하기 위해서 7 · 4남북공동성명에 합의하였다. 남한은 경제에 걸맞는 자주국방전략을 채택하게 되었고, 북한도 對중국 의존에서 독자노선을 걷는 등 전략의 우선순위 변화를 도모하게 되었다.

강대국은 약소국에 대한 영향력을 행사함에 있어 다양한 전략과 정책수단을 사용한다. 사실 대한민국과 같은 지정학적 위치에 있는 국가들은 주변

강대국의 영향권 내에 있기 때문에 정부가 합리적 의사결정이나 관료정치모형을 거친 안보전략을 결정하였다고 하더라도 한미 양국의 안보관계상 미국의 전략과 정책변화에 크게 영향을 받지 않을 수 없다. 따라서 특히 미국의 대한민국에 대한 요구는 대전략의 우선순위 결정에 큰 영향을 미치게 됨을 부인할 수 없다.

전략은 환경과 자원의 연결방법이라고 할 수 있으므로 국내적·국제적 자원이 변동하면 전략의 우선순위도 변하게 마련이다. 1973년과 1979년의 1, 2차 오일쇼크와 2008년의 고유가사태로 자원보유국과 未보유국의 대결이 심각해졌고, 미보유국은 국내외 경제전략에 일대변화를 가할 수밖에 없었다. 경제의 지속적 번영가능성 여부가 국정의 다른 문제보다 주목을 받게 되었다. 오일쇼크와 고유가는 부존자원이 별로 없던 일본과 한국의 에너지 절약형 자동차 제품이 단연 미국시장을 석권하게 되는 계기를 가져왔다. 미국 같은 에너지 자원이 풍부하고 면적도 거대한 국가에서조차 소비자들이 일본과 한국의 에너지 절약형 자동차를 선호하게 된 것이었다. 따라서 GM과 포드 등 미국 자동차회사는 도산의 위기에서 대형자동차보다는 에너지 절약형 자동차생산을 시작했다. 자원의 변화는 기존 전략의 우선순위를 변경시킬 뿐 아니라 국력의 상대적 크기에 큰 영향을 미친다.

국력이 성장함에 따라 국가가 선택할 수 있는 전략의 폭은 커진다. 대한민국이 세계13위권 내의 경제대국으로 성장함에 따라 이제는 지금까지 경시되어 왔던 정치민주화, 사회적 복지, 군사주권의 회복과 대외원조 등을 추구할 수 있는 여유가 생겼다. 따라서 국력이 부강해지면 국가전략의 우선순위는 변하게 된다.

3. 기능별·분야별 전략간 상호 조율

국가전략이 성공하기 위해서는 기능·분야별 전략간 협조가 잘 되어야 한다. 그러나 우리의 국가전략은 기능·분야별 전략간 상호 연계성이 부족하다. 국제관계에서 정치적 측면의 국가이익, 즉 민주화를 촉진하고 확산시키기 위해서 군사 또는 경제전략을 사용해 본 경험이 거의 없다. 군사적 측면의 국가이익을 성취하기 위해서 경제 또는 외교전략을 다양하게 사용해 본 경험이 부족하고, 통일이라는 국가이익을 실현하기 위해서 외교, 군사, 군비통제, 경제적 측면에서 전략과 정책을 긴밀하게 뒷받침해 본 경험도 일천하다.

기능·분야별 국가전략간 상호 협력은 물론이거니와 각 분야별 긴밀한 연계를 활용하는 정책대안의 개발도 부족하였다. 경제발전전략에 치중하였으나 첨단기술산업의 민군겸용목적을 위한 연구개발의 제도화가 부족하였고, 이 부분에 대한 지도자의 비전이나 기업가의 헌신적인 노력도 결여되어 있었다. 대북관계에 있어 우리의 탁월한 경제력과 외교력을 충분히 발휘하여 궁극적으로 통일에 이르게 할 일관성 있고 체계적인 정책대안 개발이 부족했다. 그래서 국가 경제력이 북한의 30배가 넘으면서도 왜 북한에 대해서 힘을 제대로 발휘하지 못하는가 하는 의문도 생기게 되었다. 대북한 군사관계에 있어서도 뛰어난 경제력을 군사력으로 전환시킴으로써 전략에서나 전투력에 있어서 북한을 능가할 수 있는 여건을 조성할 수 있음에도 불구하고 그러지 못하고 있다. 북방외교의 성공경험을 대북한 관계개선의 외교적, 정치적, 군사적 자산으로 연결시키는 데 성공하지 못하였다. 그 이유는 그때그때의 특정 정책의 선택이 국익을 확보하기 위한 장기적인 전략 구상 하에 나온 것이 아니고 즉흥적으로 나왔다는 반증이기도 하다. 따라서 한국의 국가전략의 큰 문제는 기능별·분야별 국가전략 상호간에 긴밀한 연계성이 결여되어 있었다는 것이다.

국가전략을 구성하는 기능·분야별 전략은 국가이익 및 국가목표와 상호 관련성을 지니고 있다. 경제와 안보는 예로부터 국가의 이상적인 목표를 상징하는 '부국강병(富國强兵)'을 떠받치는 두 지주(支柱)였다. 경제와 안보는 GDP와 그의 구성요소인 노동력, 자본, 과학·기술에 바탕하고 있는바 오늘날 경제와 안보의 연결을 더욱 강하게 해주는 전략적인 분야는 바로 과학과 기술의 진보이다. 군사와 군비통제는 외견상 상호 모순되는 것 같아 보이지만 상대국가의 군사적 위협을 해소하기 위한 한 방편이다. 외교와 경제는 크게는 국가이익의 구현을 위해 상호 협력하는 관계에 있으며 경제력이 커지게 되면 외교목표 달성을 위해서 수많은 경제정책수단이 사용될 수 있다. 그리고 외교와 군사는 국가의 생존과 번영의 조건을 마련해 주기 위해 상호 협력해야 하지만 선택여하에 따라 외교, 군사외교, 강압외교, 전쟁 등의 다양한 수단을 선택할 수 있다.

중요한 것은 시대와 전략상황에 따라 변화하는 국가이익과 목표를 효과적으로 달성하기 위해서는 그 시대와 상황에 가장 적합한 분야별 전략을 수립하고, 필요시는 분야별 전략의 우선순위를 바꿀 수 있어야 한다는 것이다. 또한 한 분야의 전략이 다른 분야의 전략에 지속적인 부담요인으로 작용할 경우에는 부작용이 생기게 된다. 따라서 전략가는 어느 시기와 어느 상황에서 어떤 분야의 전략을 우선시하며, 어떻게 다른 분야의 전략과 결합하여 사용할 것인가를 고민해야 한다.

국가전략이 국가의 자원을 사용하여 국가목표를 달성하는 것이라면 국가의 인적·물적 자원이 얼마나 가용한가가 국가의 분야별 전략의 우선순위 결정에 크게 영향을 미친다. 대전략수립에 있어서는 가용한 자원을 얼마나 보유하고 있는가를 파악하는 것이 급선무이다. 그리고 국가전략은 '국가가 제일 자신 있는 것을 더 잘하도록 하고, 제일 중요한 것을 먼저 하도록 하는' 속성이 있으므로 분야별 전략의 우선순위를 결정함에 있어 인적·물적 자원이 풍부한 분야의 전략이 우선적으로 주목을 받게 된다.

안보, 통일, 외교의 세 가지 전략의 관계정립과 상호조율 문제는 단순히 이론적 차원에서 제기되어 온 것만은 아니다. 이미 세 전략간의 조율과 조정이 미흡해서 국가적으로 큰 손실을 경험한 바 있다. 대표적인 사례가 바로 북한 핵문제이다. 대한민국의 안보·통일·외교전략은 북한 핵문제의 해결과정에서 국내외적으로 많은 비판을 받음으로써 국가정책에 대한 신뢰도에 손상을 야기하였다. 문제는 각 분야별 전략이 일관성을 결여했을 뿐 아니라 분야별 전략간의 연계와 조율의 미비로 인해 시행착오를 거듭했다는 데 있다.

1990년 이전의 과거 냉전시대에 대한민국의 안보·통일·외교전략을 요약하면 다음과 같다. 안보전략은 북한의 무력도발을 저지하고 대북한 군사력의 열세를 만회하는 것을 최우선 목표로 설정하였다. 따라서 안보전략의 중심은 무력증강에 의한 전쟁억제였다. 통일전략은 남북한간의 적대감과 불신에 바탕을 두고 대결과 경쟁에 무게중심을 둔 전략이었다. 다만 1970년대 이후 제한된 범위 내에서 남북관계개선과 교류협력을 위한 시도가 간헐적으로 있었을 뿐이다. 외교전략은 대공산권 봉쇄 차원에서 동구공산국가들과의 관계수립을 포기한 채 자유민주주의국가들과의 협력에만 초점을 맞추었다. 특히 공산주의의 팽창을 저지하기 위한 전진기지로서의 역할을 충실히 수행한 대한민국으로서는 공산권 국가들과 정부 차원의 대화를 갖는다는 것을 고려할 수 없었다.

굳이 냉전시대 안보·통일·외교전략에서 공통점을 찾는다면 공산주의의 팽창을 봉쇄해야 한다는 기본이념을 들 수 있다. 하지만 대체적으로 대한민국의 안보·통일·외교전략은 상호 긴밀한 조율 없이 개별적으로 설정되고 추진되었다. 세 분야간에 밀접한 관계가 존재하지 않았기 때문에 이러한 전략수립과 집행방식은 큰 문제를 야기하지 않았다.

그러나 냉전 종식 이후 국제정세에 많은 변화가 발생하면서 안보·통일·외교의 상호의존도가 높아짐으로써 분야별 전략을 조정할 필요성이 증대하였다.

안보전략의 관점에서 볼 때, 대한민국은 경제력을 기반으로 하여 대북 군사적 열세를 어느 정도 만회했다는 인식하에 질적 우위의 전력증강을 추진하는 단계에까지 이르렀다. 아울러 남북대화를 통해 군사적 신뢰구축과 군축을 실현하는 방안을 신중히 검토하고 있다. 군축문제에 소극적이었던 과거의 자세에서 탈피하여 북한과 이 문제를 적극적으로 논의하려는 것은 대한민국이 그만큼 대북 군사열세를 만회했다는 자신감을 반영하는 것이기도 하다. 따라서 우리의 안보전략은 무력증강에 의한 단순한 전쟁억지뿐 아니라 신뢰구축과 군축을 포함한 광범위한 안보대화의 필요성을 동시에 고려하게 되었다. 6자회담과 북핵문제 해결을 위해 동북아 차원의 다자안보대화의 중요성이 강조되고 있기 때문에 통일문제로서뿐만 아니라 중요한 외교 현안으로 자리잡고 있다.

통일전략의 관점에서 볼 때, 남북한간의 체제경쟁은 남쪽의 일방적인 승리로 끝났다는 것이 지배적인 인식이다. 남한은 대북관계에서 과거와 달리 여유를 갖게 되었고 오히려 북한당국이 흡수통일을 우려하는 상황이 도래하였다. 이와 함께, 남북교류의 범위와 폭이 과거와 비교할 수 없을 정도로 확대되었고, 남북간의 교류협력은 앞으로 계속 증가할 것으로 전망된다.

외교전략의 관점에서 주목해야 하는 것은 한국외교는 전략의 수립과 집행과정에서 남북관계뿐 아니라 남북관계가 주변국과의 관계에 미치는 영향을 중요한 요소로 고려하지 않을 수 없게 되었다는 점이다. 아울러 북한이 국제사회에 참여하는 폭이 넓어짐에 따라 대한민국은 북한의 대내외 정책을 염두에 둔 외교전략을 구사해야만 한다. 북한을 염두에 둔 외교도 과거의 안보일변도전략에서 탈피하여 경제협력, 환경·인권문제 등 그 대상이 다양해지고 있다. 특히 민간 차원에서의 남북경협과 사회·문화 교류협력의 확대, KEDO와 같은 국제컨소시엄과 다양한 국제민간기구의 대북지원 등 외교행위자가 정부에 국한되지 않고 민간인, 기업, 국제기구 등으로 다양해지고 있다. 결국 대한민국외교는 통일문제를 고려하는 방향으로 대상의 다양화, 목표의 다변화, 행위자의 다원화하는 변화를 겪고 있다.

세계화·지식정보화 시대에 국가전략운영의 측면에서 볼 때, 분야별 상호의존성과 상관관계의 증대로 인해 관계설정과 조율의 필요성이 가장 높아진 분야들이 바로 안보, 통일, 외교 등이다. 우리의 안보·통일·외교전략은 과거와 달리 상당히 밀접한 관계를 형성하면서 공통부분이 증가하고 있음을 알 수 있다. 따라서 전략가는 이들 세 분야의 전략이 국가이익과 국가목표를 실현하는 방향으로 상호보완적으로 전개되도록 조율하면서 조정·통제하는 데 많은 노력을 기울여야 한다. 이러한 노력은 이 세 분야에서 정부정책의 일관성과 지속성을 유지함으로써 국내외적으로 신뢰를 획득하는 데도 필수적인 것이다. 이들 전략이 개별적으로 추진되는 것이 아니라 긴밀한 조율 속에 상호보완적으로 추진됨으로써 엄청난 '상승효과(相乘效果, Synergistic Effects)'를 기대할 수 있을 것이다.

안보·통일·외교전략을 긴밀한 조율하에 추진하기 위한 노력은 우선적으로 조직재편을 통해서 이루어져야 한다. 사실 이들 세 분야의 상호의존도가 증가됨에 따라 중요하게 거론되어 온 문제가 바로 관련 조직을 정비하는 것이었다. 기존의 부처를 통합하는 문제에서부터 새로운 기구를 창설하는 문제에 이르기까지 다양한 논의들이 진행된 바 있다. 노무현 정부는 기존의 헌법기구인 국가안전보장회의를 활성화하는 방안을 채택했지만, 세 분야의 전략을 유기적으로 통합·운용하는 기능을 수행하지 못하였고, 통일일변도의 정책으로 외교와 안보분야가 희생된 점이 발생하였다.

따라서 이 분야의 전략을 종합적으로 개발하고 조정하면서 국가위기를 관리할 수 있는 기구를 설립 또는 보완할 것을 제의한다. 즉, 안보·통일·외교전략을 총괄하고 조정하는 기구를 정부 각 부처의 상위기구로 운용하는 것이다. 대통령을 의장으로 하는 '국가안전보장전략회의'를 대통령 직할기구로 보완 발전시켜야 한다. 안보·통일·외교·정보부처의 정예요원을 차출하여 분야별 실무조직을 구성하고, 이 분야 전략의 통합운용을 기획·관리·조정·

지원하도록 하는 것이다. 이 분야를 총괄하는 기구를 보완하는 것은 대통령의 국가안전보장문제에 대한 실질적인 접근을 보장하고, 국가위기를 효율적으로 관리할 수 있다는 점에서 바람직한 대안이다. 과거에도 이와 같은 유사한 기능을 수행하는 부서(KNSC)가 청와대에 있었지만, 정략적으로 활용됨으로써 비서실과 업무충돌이 발생하였고, 안보부처의 업무를 과도하게 간섭하는 등 본래의 기능과 역할을 다하지 못한 아쉬운 점이 있었다. 따라서 이를 보완하여 생산적인 기구로 거듭나도록 해야 할 것이다.

국가의 경제와 외교는 어떤 관계를 가지고 있는가? 외교는 국가이익을 확보하기 위해서 국가와 국가의 관계를 유지·관리·발전시켜 나가는 문제를 다루지만, 경제는 국민의 생활수준을 향상시키기 위해 주로 내부문제를 다룬다. 하지만 국가는 무역을 통해서 비교우위를 가진 생산품을 외국에 수출하고 또한 수입함으로써 경제적 발전을 기한다. 여기서 경제와 외교를 연계시키는 것으로 경제외교라는 개념이 등장한다.

경제가 중시되는 시대에는 국가이익 중 대외관계의 목표 즉 외교목적을 달성하기 위해서 경제전략을 전략수단으로 많이 사용하게 되었다. 이를 위해 통상 경제협력과 경제제재라는 두 개념이 사용되고 있다. 경제협력은 서로 우호적인 국가간에 상호의 국가이익을 증진시키기 위해서 사용된 전략수단일 뿐만 아니라 상호 적대적인 국가간이라 할지라도 경제협력과 인적, 물적 교류증진을 통한 기능적 통합을 촉진시키기 위한 가장 기초적인 전략수단으로 사용되고 있다. 가장 직접적인 경제협력은 경제원조의 형태로 출발한다. 미국은 2차 대전 이후 서방에 대한 경제원조로써 자유진영을 자국의 영향하에 두었다. 한편 경제제재나 봉쇄는 적대국의 경제능력을 전반적으로 제한하고 봉쇄하기 위해서 또는 어느 특정한 안보·외교사안에 대해 상대국의 양보와 복종을 받아내기 위해서 사용된다. 미국은 대소봉쇄전략을 성공으로 이끌어내기 위해서 2차 대전 이후 1990년까지 경제봉쇄정책을 추진하였다. 경제봉쇄의 주요 내용으로는 대공산권 수출통제기구(COCOM)[10]를 만들어서 공산국가의 군사력과 경제력을 강화시킬 수 있는 전략물자와 첨단기술의 수출을 금지시키고 사전승인 제도를 강화하였는데 서방진영 대부분이 이 기구의 통제를 받았다.

---

10) Coordinating Committee (for Export Control to Communist Areas) : 《대(對) 공산권 수출 통제 위원회》.

공산권에 대한 수출통제와 별도로 경제제재는 미국의 안보·외교정책에 순응하지 않는 국가에 대한 압력수단으로 많이 사용되었는데, 제재는 3가지의 의미가 있다. 즉 ① 상대국가가 미국이 원하지 않는 행위를 하게 될 경우 이를 용납하지 않겠다는 의지의 표현이며, ② 우방국에게는 미국의 정책에 순응하는 경우 지원을 받을 것이라는 신뢰성의 표현이고, ③ 자국민에게는 국가 생존의 이익의 구현을 위해서는 정부가 반드시 행동한다는 의지의 표현이다.

경제제재에는 수출입통제와 금융통제 등이 있는데 수출통제는 1979년 미국이 소련의 아프가니스탄 침공에 항의하여 곡물수출을 중단한 예에서 보듯 피제재국에 대한 수출을 금지하는 것인데 첨단기술의 수출규제, 무기수출금지, 산업자원수출금지 등이 포함된다. 수입통제는 별로 효과가 없는 것으로 알려져 있다. 왜냐하면 피제재국이 대체시장을 쉽게 찾을 수 있고 제3국을 통한 수입이 가능하기 때문이다. 금융제재는 자국이 가진 타국의 자산을 동결하거나 원조를 중단하는 것으로 미국이 북한을 대상으로 장기간 추진해 왔다.

그러면 대한민국이 안보외교의 목적을 달성하기 위하여 경제적 수단을 사용하는 것은 가능한 일인가? 사실, 노태우 정부 때 구소련과 수교를 가능케 한 것은 우리의 경제발전에 따른 국력의 신장에 있었다. 그러나 대러시아, 대중국외교의 자산을 대북한 관계에서 적극적으로 활용할 만한 지렛대가 부족하다. 대북전략에 있어 구체적인 목적의 달성을 위해서 대중국, 대러시아 경제협력의 중단을 카드로 쓸 만한 우리의 지렛대는 없는 실정이다. 그러나 직접적인 대북관계에 있어서 북한의 군사적 위협을 감소시키기 위해 경제적 수단을 사용할 수 있는 가능성은 점점 증가하고 있다. 북한이 경제적 위기에 처할수록 그리고 경제적 위기로 인한 군사전략전환의 필요성을 크게 느낄수록, 대한민국의 안보외교 목적을 위한 대한민국과 미국, 일본 등 우방국의 경제력을 활용할 수 있는 가능성은 점점 커진다고 할 수 있다. 다만 전략적인 고려에서 대북 안보외교의 목적을 분명하게 구체화하고 우리가 가진 경제력을 전략으로 연결시킬 때 그것이 가능해질 것이다.[11)]

전략 상호간의 관계에 대한 이해를 돕기 위해 안보·통일·외교·경제 분야의 전략간 상호조율 위주로 설명하였으나, 각 기능·분야별 전략과 이를 수행하는 정책은 긴밀한 연계를 통해 상호 보완적으로 추진될 때 목표달성이

11) 본 항목은 한용섭, 앞의 글의 내용을 수정 보완하여 인용하였음을 밝혀 둔다.

보다 용이해지고 효율성도 증대된다.

4. 전략과제의 정책화

전략은 일정한 기간 동안 적용되는 일관성 있는 장기적인 추진 방향이고, 정책은 특정시점에서 이를 공식화 또는 구체화하여 제시하는 중·단기적 성격이 강하다. 예를 들면 안보전략의 바탕 위에서 특정시점의 안보정책이 발표되고, 대미외교전략의 바탕 위에서 대미외교정책이 설정된다.[12)]

전략과제를 어떻게 정책화할 것인가는 당시의 시점에서 국가목표 구현을 위해 무엇을 달성하고자 하는가에 달려 있다. 실제로 정책의 내용은 정책결정과정에서는 추상적으로 정해지고 집행과정에서 구체적인 내용이 결정된다. 결정된 정책내용은 집행되기까지 여러 단계의 전환과정 또는 통과단계를 거쳐서 집행사업으로 전환되고 이 내용이 일선집행기관에 의하여 정책 대상 집단에게 전달되거나 적용되는 것이다. 선택된 정책이 집행사업으로 전환되는 과정은 다단계에 걸쳐 있고 복잡하며 거기에 개입되어 있는 조직들이 느슨하게 결합되어 있어 애매하고 불확실성(不確實性, Uncertainty)이 매우 높다. 특히 정책선택단계에서는 정책의 합의가 중요하므로 그 내용이 애매하고 추상적으로 표현되는 경우가 많기 때문에 정책이 정책집행자에 의해서 집행되기 위해서는 구체적이고 표준화된 사업으로 표현되어야 한다.

전략과제를 정책화할 경우에는 가능한 정책간의 조화와 통합이 중요하다. 앞에서 경제개발 우선전략이 타 분야의 전략과 정책을 희생시키면서 달성되었음을 지적하였다. 따라서 그러한 전략적 착오는 시정하면서 지속적인 경제성장이 가능할 수 있도록 경제 각 분야에 적합한 전문인재를 육성하고 무엇보다도 첨단과학기술의 국산화 노력을 계속하는 정책을 추진해야 한다. 국방이나 외교, 정치적 측면의 국가이익을 무시한 경제발전이 아니라 대기업에서는 첨단군사기술의 자립화를 위해 민군겸용기술 개발을 지원하고, 외국의 무역규제에 대해서 정부에 의존하지 않고 기업체간 공동노력을 통해 효과적인 정책을

12) 구체적인 예로서 '한미연합방위태세의 강화'라는 정책이 발표되었다면 그것은 '한미동맹강화'라는 장기적인 전략을 특정시점에서 특정한 필요성에 의하여 재인식하거나 강조하는 내용이라고 할 수 있을 것이다.

개발함으로써 잘 대처해 나가도록 해야 할 것이다. 한 개의 경제정책을 채택하더라도 장기적인 관점에서 총체적인 국가이익을 확보할 수 있도록 그것이 국가이익의 제 분야에 미치는 영향을 다각도로 분석하고 활용하기 위한 활발한 국정토론을 실시해야 한다.

5. 정책의 집행, 평가, 환류

현실적으로 전략을 구현하는 정책은 정책결정체제의 산출물이다. 즉 정책은 제 사회문제의 올바른 해결을 위해 이루어지는 정책결정체제의 총체적 노력의 산물이기 때문에 정책요구로부터 정책종결에 이르기까지의 순환적인 정책과정에서 각 과정의 단계마다 정부활동의 기본지침과 기본적인 세부추진전략들이 개발된다. 이러한 정책과정을 어떻게 분류할 것인가는 학자들에 따라 매우 다양하다. 보통 정책의제 설정, 정책결정, 정책집행, 정책평가 및 정책변동(환류)과정으로 설명하고 있으나 모든 정책이 이러한 과정을 거치는 것은 아니며 각 단계의 일부가 생략되기도 하고 서로 복합적이고 동태적으로 얽혀 있다고 볼 수 있다.[13)]

정책은 네 개의 서로 다른 통과단계 또는 전환과정을 거치면서 집행된다. 즉 ① 정책선택이 이루어지면 이 정책은 정부의 프로그램으로 전환되는 단계를 거치게 되며, ② 이 정부프로그램은 지방정부의 사업으로 채택되는 단계를 거치게 된다. ③ 지방정부에 의하여 채택된 사업은 집행기관의 집행관행에 따라 집행되며, ④ 집행관행에 따라 집행된 정책은 그에 따른 정책산출물을 산출하게 된다. 이들 각각의 전환과정에서 집행기관을 둘러싼 상황적 특성들이 정책집행에 서로 다른 특징을 갖는 영향들을 미치게 되며 여러 가지 성격의 정책집행문제들이 발생하게 된다.[14)]

정책은 바람직하지 않은 사회상태를 바람직한 상태로 전환시켜 사회가 당면하고 있는 문제를 해결하려는 문제해결 지향적 성격을 가지고 있다. 여기서 정책이 대상으로 하고 있는 바람직하지 않은 사회상태는 그 자체가, 정부가 해결하고자 하는 사회문제인 경우가 대부분이다. 주택부족, 교통체증, 열악

13) 김정헌, 정책학 NOTE(학문사, 2007), p. 63.
14) 노화준, 앞의 책, pp. 428-459.

한 교육환경, 낙후된 연구개발시설, 방치된 장애자, 심각하게 오염된 하천 등은 정책이 개선하고자 하는 정책문제들의 사례이다.[15)]

정책문제의 정의와 정책대안의 설계는 정책분석의 첫 단계이면서 정책형성에 있어서 가장 핵심적인 과정이다. 왜냐하면 마치 의사가 환자를 정확하게 진단해야 올바른 처방이 나오듯이 정책문제에 대한 올바른 진단에 의하여 정책문제를 진단할 때 비로소 정책목표의 설정, 대안의 개발, 정책의 집행 등 그 이후의 모든 과정들이 올바로 이루어질 수 있기 때문이다.

정책대안의 설계는 또한 이룩하고자 하는 사회구조, 질서, 가치, 규범, 행태 등을 설계하는 일종의 사회설계이며, 이는 정책과정을 통합하는 활동이다. 정책설계가 얼마나 구체적으로 이루어지고 또 어디에서 정책설계가 이루어지느냐 하는 것을 여러 가지 요인들의 영향에 따라 결정되게 된다.

사람들은 흔히 '정책을 만든다'는 말을 사용한다. 그런데 무엇을 만들기 위해서는 설계가 필요하다. 마치 건물을 짓기 위해서는 건축설계가 필요하고 공단을 건설하기 위해서는 단지설계(團地設計)가 필요한 것과 마찬가지로 정책을 만들기 위해서는 정책설계가 필요하다.

정책설계는 한편으로는 정책에 대한 청사진, 즉 정책을 집행해 나가는 데 대한 지침을 의미한다. 그러나 또 한편으로 정책설계는 정책을 집행하고 난 후에 창출되거나 재창출될 사회질서, 사회구조, 사회문화, 사회규범, 사회상태 등으로서의 설계를 의미한다.

정책목표가 구체화되고 나면 정책과정의 다음 활동은 행동대안들을 탐색, 개발, 설계하고, 이들 각 행동대안들이 채택될 경우 가져올 결과를 추정하는 활동들이다. 이 과정에서는 목표와 수단간의 인과적 연계가 설정되고, 각 행동대안들에 포함된 해결수단의 상호관계에 대한 '논리(論理, Logic)'가 확인되며, 각 수단들의 적정수준을 모색하고 그 결과를 추정하기 위한 모델들이 작성·활용된다. 문제의 정의활동으로부터 행동대안이 탐색·개발·설계되며, 그들 대안들의 결과가 추정되는 이들 일련의 활동들이 바로 정책설계활동이다.

정책설계의 수준이란 정책이나 프로그램이 체계적으로 구체화된 정도, 즉 문제세트에 포함된 하위문제들의 원인, 인과적 연계, 해결방안의 범위, 전략의 선택, 전략과 활용이 가능한 각종 정책수단들간의 '합치성(合致性)' 등이 분석

15) 노화준, 위의 책, pp. 5-7.

되며, 최대의 상승효과를 낼 수 있도록 조직화된 정도를 나타낸다. 정책설계의 수준은 사회과학의 발전에 따라 사회경제적 현상의 인과관계에 관한 지식이 확대되고 정보들이 축적되며 특히 행태모형들로부터 여러 가지 '설계개념(設計槪念, Design Concepts)'들을 빌려올 수 있게 됨으로써 더욱 높아질 수 있게 되었다.

정책대안평가의 기준에는 '소망성(所望性)'과 실행가능성이 있다. 이 중 실행가능성은 어떤 정책이 실제로 채택되어 집행될 수 있는 가능성의 정도를 나타낸다. 실행가능성은 정치 · 경제 · 사회 · 기술적인 실행가능성 등으로 구분할 수 있다.

정책의 소망성을 평가하는 중요한 기준으로는 효과성, 능률성, 형평성 등을 들 수 있다. 효과성의 기준은 정책목표의 달성도를 측정하는 기준으로서 투입된 비용에 관계없이 정책이 이룩한 성과가 어떠할 것이냐를 평가하는 기준이다. 이에 비해서 능률성의 기준은 어떤 정책이 이룩한 성과를 그 정책을 위하여 투입된 비용과 관련시켜 평가하는 기준이다.[16)]

정책변동과 정책종결은 정책과정의 마지막 단계로 취급되어 왔다.[17)] 해럴드 라스웰(Harold D. Laswell)은 의사결정과정의 일곱 단계 가운데 정책종결을 여섯 번째 과정으로, 그리고 평가를 일곱 번째 과정으로 제시하고 있는 데 비해서,[18)] 찰스 존스(Charles O. Jones)는 그의 저서 공공정책개론에서 "정책의 종결 : 끝이 시작이다"라는 장(章, Chapter)을 설정함으로써 정책종결이 정책과정의 마지막 단계이면서 또 새로운 정책과정의 시작단계라는 것을 주장하고 있다.

정책은 정책문제가 제기되었던 상황에 비해서 정책환경이 변하였거나 문제가 정책의 집행으로 해결되었거나 또는 문제의 성격이 변하였을 경우도 있고[19)] 또는 정책결정자를 포함한 정책에 대하여 최고의 책임자가 바뀌어 그의 정책목표나 비전이 달라졌을 수도 있기 때문에 변동되거나 종결(終結)된다.

---

16) 노화준, 위의 책, pp. 175-249.
17) 유훈, 앞의 책, pp. 364-416 ; 정정길, 정책학원론(대명출판사, 1989), pp. 685-702.
18) Harold D. Laswell, *A Pre-View of Policy Sciences* (New York: Elsevier Publishing Co. Inc., 1971), pp. 27-33.
19) Charles O. Jones, *An Introduction to Study of Public Policy* (2nd ed.)(North Scituate, Mass.: Duxbury Press, 1977), pp. 11-12.

제 3 절 자원의 효율적 배분

1. 국력(國力)과 전략수단의 평가

제한된 자원의 효율적 배분 문제는 전략과 정책의 성패를 좌우하며, 우선순위에 직접적인 영향을 준다. 한 국가의 전략적 능력을 나타내는 가장 기본적인 지표는 국가 자원의 총화인 국력이다. 국력이란 본래는 그 국가가 생존하고 발전하기 위하여 보유한 능력을 가리킨다. 그러나 현실적으로는 국가가 국가이익을 구현하고 국가 목표와 국가 정책을 달성하기 위하여 보유하는 모든 능력을 주로 국제관계의 관점에서 국력이라고 하는 경우가 많다. 따라서 국력은 한 국가가 다른 국가에 대해서 영향을 끼칠 수 있는 능력이라고 할 수도 있다.[20] 국력은 통상 경성국력(硬性國力, National Hardpower)과 연성국력(軟性國力, National Softpower)으로 구분할 수 있다.

경성국력에 대해서는 앞에서 설명하였다. 연성국력은 통상 세 가지 요소로 구분할 수 있다.

첫째, 다른 국가 및 국민들에게 호감을 줄 수 있는 문화이다. 이는 구체적으로 교육 서비스, 기술 요소 등을 포함하는 상위문화(上位文化, High Culture)와 영화, 음악, 음식 등과 같은 대중문화(大衆文化, Popular Culture)로 이루어진다. 이러한 문화적 요소는 해당 국가와 국민에 대한 호감도를 증대하는 데 중요한 기능을 수행한다.

둘째, 민주주의, 인권과 시장경제체제와 같은 정치적 가치이다. 예를 들면, 정부에 대한 국민의 신뢰, 국민의 자발적 정치참여도, 정부의 외국인에 대한 처우, 범죄율 등에서 나타나는 사회적 수준 등과 같은 보편적 정치적 가치는 국가의 이미지 제고와 존중에 커다란 영향을 미친다.

셋째, 대외적으로 국가에 대한 정당성과 도덕적 권위를 부여하는 외교정책이다. 이는 각국이 외교정책을 추구하는 데 있어 다른 국가에게 힘을 사용하거나 경제적 이익을 주는 것 없이 협력을 얻을 수 있도록 한다. 예를 들면,

---

20) 국가들은 국력을 구성하고 있는 인구, 영토, 군사력, 정치적 능력 등을 총동원하여 국제적 영향력을 행사한다(박준영, 국제정치학, 박영사, p. 57 참조).

국제질서와 같은 국제적인 공공재를 유지하는 데 대한 기여, 각국의 공통 관심사인 핵확산·테러·재난·환경 등과 다양한 국제적 이슈에 대한 역할, 빈곤국가에 대한 국제적인 지원, 평화유지활동과 인권개선 등을 위한 활동 등은 영향력을 향상시킬 수 있도록 한다. 대한민국은 최근 문화, 정치적 가치, 대외정책적 측면에서 연성국력 요소가 급속히 증대하고 있다.[21)]

국력은 다분히 양적인 측면을 지니고 있는데서 국력의 대소·강약·빈부가 문제되며, 국제비교·측정의 대상으로서 양적 파악이 시도되고 있다. 예를 들면 ① 군사력은 3군의 병력 수, 무기의 수와 성능, 국민총생산(GDP) 가운데 국방비가 차지하는 비율, 국방비의 절대액 등이며, ② 경제력은 GDP 1인당 소득, GDP의 실질성장률, 국부(國富), 여러 사회자본 등이 있고, ③ 정신력의 경우에는, 애국심이나 방위의사 등에 대한 여론조사를 유력한 참고자료로 할 수 있으나, 역시 국력을 엄밀히 계량화(計量化)하기란 어려운 문제이다.

국력은 양적으로나 질적으로 끊임없이 변화한다. 그러므로 국제간의 역학관계도 항상 일정할 수가 없다. 즉, 국력은 역학적인 데가 있으며 따라서 국력을 고정적·정태적(靜態的)인 것으로 간주하거나 어떤 나라의 국력을 선입관을 가지고 평가하는 일은 피해야 한다. 때때로 국제사회에서는 국력의 정확한 측정이 어렵기 때문에 전쟁이라는 최종적인 수단을 통해서 국력평가가 이루어지는 경우도 있다.[22)]

여러 지표 중에서 가장 대표적인 것은 국내총생산 지수로서, GDP가 국력을 나타내는 지수로 사용된 것은 오래된 일이다. 대한민국의 국력은 GDP기준으로 지금은 세계 13위권에 위치하고 있으나, 2020년 이후에는 10위권 이내로 진입할 것으로 예측되고 있다.

물리적 국력의 크기의 국력지수로 볼 때, 2020년 국제질서에서 힘의 위계질서는 미국을 정점으로 중국, 인도, 일본, 독일 등이 뒤를 잇고 프랑스, 영국, 이탈리아, 러시아, 대한민국 등 유라시아 국가들이 중요한 행위자가 될 것으로 전망된다.

현 국제질서에서 국력의 중요성을 감안할 때, 미래질서를 예측하는 데 필수적인 변수가 바로 국력의 미래 추계이다. 배리 휴즈의 '미래예측모델'에 의

---

21) 박종철 외 지음, 2020 선진 한국의 국가전략: 총괄편(통일연구원, 2007), pp. 112-118.

22) 박준영, 앞의 책, p. 62.

한 2020년경 주요국들의 국내총생산 및 국력지수(國力指數, Power Index)[23]는 〈표 3-1〉과 〈표 3-2〉와 같다.

〈표 3-1〉 주요국 국내총생산 비교(GDP at PPP, 10억 $)

	2000	2005	2010	2015	2020
미 국	8,955.0	10,399.0	12,299.0	14,577.0	16,851.0
일 본	3,092.0	3,501.0	3,868.0	4,219.0	4,627.0
중 국	4,633.0	5,920.0	7,642.0	9,988.0	12,965.0
러시아	1,047.0	1,182.0	1,332.0	1,502.0	1,666.0
독 일	1,887.0	2,032.0	2,342.0	2,710.0	3,016.0
프랑스	1,331.0	1,486.0	1,738.0	2,027.0	2,343.0
영 국	1,271.0	1,461.0	1,711.0	1,983.0	2,334.0
이탈리아	1,233.0	1,305.0	1,429.0	1,558.0	1,686.0
인 도	2,127.0	2,596.0	3,204.0	4,030.0	5,060.0
브라질	1,153.0	1,249.0	1,403.0	1,601.0	1,821.0
대한민국	744.9	877.6	1,194.0	1,618.0	2,101.0
북 한	20.3	24.3	27.0	30.7	33.0

GDP가 경제활동을 대표하는 주지표로 사용되면서 자국민의 소득수준을 반영하는 국민총소득(GNI: Gross National Income)이 활용되고 있다. GDP에는 국내에 거주하는 자국민 소득과 외국인 소득이 함께 포함되기 때문에 자국민의 경제생활수준을 반영하는 지표로서 GNI가 사용된다.[24]

전략수단이란 국가목적 달성에 요구되는 수단으로 정치, 경제, 외교, 사회, 군사, 과학기술, 문화, 사상적인 것들을 예시할 수 있다. 이러한 수단들은 통상 국가전략의 부분전략 즉 분야별 전략으로 구체화된다. 이러한 맥락에서 앙드르 보프레(Andre Beaufre)는 총력전략(總力戰略, Total Strategy)의 하위전략으로 정치전략, 경제전략, 외교전략, 군사전략을 열거한 바 있으며, 그 외에도 사회심리전략, 문화이데올로기전략 등을 들 수 있다.[25] 앞에서 기술한 대로 본서

23) 국력지수는 각국이 세계 전체 GDP, 인구, 재래식 군사력, 핵 군사력 등에서 차지하는 비율을 종합한 지수로, 세계 총 국력을 100으로 했을 때 각국이 차지하는 비율을 나타낸다.

24) 이명재, 거시경제학(박영사, 2001), p. 17.

25) 백종천, 한반도평화안보론(세종연구소, 2006), p. 21.

에서는 전략수단을 국방, 외교, 정치, 경제, 사회, 문화, 과학기술, 교육 등 8개 분야로 구분하였으며, 이 8개 분야에 대한 분야별 추진전략을 제시하였다.

〈표 3-2〉 주요국 국력지수(Power Index) 비교[26]

	2000	2005	2010	2015	2020
미 국	24.17	23.64	23.07	22.30	21.35
일 본	6.40	6.47	6.11	5.68	5.33
중 국	10.65	11.21	11.75	12.54	13.48
러시아	2.27	2.25	2.11	2.01	1.90
독 일	4.01	4.11	4.19	4.28	4.17
프랑스	3.48	3.33	3.23	3.12	2.99
영 국	2.91	2.86	2.79	2.68	2.62
이탈리아	2.54	2.35	2.16	1.98	1.81
인 도	6.67	6.87	7.06	7.29	7.55
브라질	2.31	2.23	2.17	2.14	2.11
대한민국	1.64	1.66	1.86	2.07	2.22
북 한	0.13	0.13	0.12	0.11	0.11

2. 가용자원의 선택과 집중

국가전략의 이행은 국력 즉 국가의 가용자원을 어떻게 활용하느냐에 따라 성패가 달라질 수 있다. 왜냐하면 국가전략을 정책화하고 이를 집행하는 데는 항상 국가자원이 요구되지만, 국가의 가용자원은 제한되어 있기 때문이다. 국가의 가용자원을 구체적인 수치로 환산하는 것이 바로 국가재정이 될 수 있다. 오늘날 국가재정은 그 규모면이나 기능면에서 중요한 역할을 수행하고 있다. 특히 복지와 환경분야에서 국가재정의 지원이 급증함에 따라 국가재정의 비중도 증대되어 가고 있다. 이러한 역할의 중요성과 비중의 증대에도 불구하고 대한민국의 재정운용은 많은 문제점을 안고 있다. 즉 과거에는 전통적인 단년도 예산제도에 입각하여 재원의 사전예측이 어려웠고, 이러한 중장기전망의 결여로 예산편성이 여전히 전년도 답습위주로 되었으며, 장기적이고

26) 박종철 외, 앞의 책, pp. 50-52.

국가전략적인 관점이 결여되어 있어 재원배분이 불합리하고 비효율적으로 이루어져 재원의 낭비를 유발시켰다.[27] 따라서 우리도 중장기 재정계획을 도입하여 중장기적 차원에서 국가전략의 구현을 뒷받침할 수 있어야 한다.

전쟁의 원칙 중에 집중(集中, Concentration)의 원칙이 있다. 과거부터 지금까지 전쟁을 분석하면서 이런 저런 유형의 원칙을 만드는 과정에서 집중이 중요하다는 것을 알 수 있었던 것이다. 집중이란 불필요한 지역에서 힘을 절약하여 필요한 곳에 투입한다는 의미가 있다. 비단 전쟁에서만 집중의 원칙이 적용되는 것은 아니다.

국가전략에서도 집중의 원칙이 중요하게 적용된다. 국가와 기업은 너무도 많은 분야에 백화점식 투자를 하는 경향이 있다. 산업사회 미국에서 경영의 신으로 불렸던 제너럴일렉트릭사 잭 웰치 회장은 '당신이 원하는 일을 할 수 없다면 할 수 있는 일을 하라'고 했다. 쉽게 말하자면 잘하는 것을 하라는 의미이다. 우리도 잘하는 것은 더욱 잘할 수 있도록 제한된 국가재원을 집중해야 할 것이다.

국가전략 구현을 위한 한 나라의 재정정책은 국가와 지방정부간에 통합성이 확보되어야 한다. 국가전략과 정책은 중앙정부뿐 아니라 지방정부에 의해서도 집행되기 때문에 일관성이 요구된다.

---

27) 김신복, 앞의 책, p. 341.

제 4 장

대한민국 국가전략의 변천과정

제 4 장 대한민국 국가전략의 변천과정

역사를 움직이는 인자(因子)를 역사의 진실이라고 한다면 바로 인간과 민족, 위정자와 국가의 고뇌, 즉 국가전략이야말로 역사의 진실의 본질에 해당된다. 국가전략이 정책적 결과만이 아닌 전략선택과 집행과정을 모두 포함하는 개념이라고 생각한다면, 대한민국에는 국가전략이 매우 빈곤하였다.

제 4 장

대한민국 국가전략의 변천과정

국가전략을 발전시키기 위해서는 과거 우리의 국가전략을 돌이켜 살펴본다는 것은 필요하고 의미 있는 일이다. 이를 위해 8 · 15광복 이후 대한민국의 국가전략의 개념과 변천과정을 살펴보고자 한다. 우리나라의 발전과정에서 국가지도자가 각 시대별로 어떤 국가전략을 수립하여 추진하였으며, 그 결과가 어떻게 나타났는가를 살펴보는 일은 미래의 국가전략을 수립하는데 반성과 디딤돌의 역할을 할 수 있을 것이다.

이를 위한 접근방법으로는 시대별로 ① 우리나라의 국가이익과 국가목표를 살펴보고, 각 시기마다 ② 당면하게 되는 전략적 환경, ③ 외부지원을 포함한 국가능력, ④ 시대정신, ⑤ 국가지도자의 비전과 행동방책의 선택, ⑥ 이의 실천을 통해 나타난 결과를 분석의 틀로 삼고자 한다.[1]

우리나라의 경우, 국가의 전략이 국가전략이라는 용어를 사용하여 발표된 적은 거의 없으나, 대통령의 취임사와 연두기자회견이나 특별선언, 국회시정연설, 각종 기념사, 저서 등에서 어느 정도 언급되고 있다. 각 정부의 실적을 통해 연역해 볼 수도 있을 것이다. 즉 대통령의 각종 연설, 부처별 각종 백서와 보도용 자료 등에서 관련 내용을 유추해볼 수 있지만, 아직 선진국에서 볼 수 있는 체계적인 계획 및 보고서가 발간되어 활용되는 것은 아니다.

우선 큰 틀에서 보면 1960년대와 70년대의 박정희 정부와 2000년대의 김대중 정부와 노무현 정부를 제외한 대한민국의 역대 정권들은 국가전략에 대

1) 임동원이 세종연구소에서 발간한 국가전략 제1권 1호에 수록한 “대한민국의 국가전략, 개념과 변천과정”의 방법론을 준용하였으며, 변천과정을 설명하는 내용도 상당 부분을 인용하였다.

한 개념 정의가 불명확하였다. 박정희 정부도 국가전략의 필요성에 지대한 관심은 가졌지만, 획일주의 정치체제를 유지하면서 반대세력을 탄압하여 국내정치적으로 정치적 합의조성에 실패하여 진정한 의미의 국가전략으로 불리기에는 한계가 있다. 왜냐하면 일정 수준의 국민적 합의는 국가전략 설정의 필요조건인 것이다. 김대중 정부는 통일전략과 경제전략 등에서, 노무현 정부는 'Vision 2030' 등 국가비전과 사회복지전략 등에서 비교적 큰 틀을 제시하였으나, 국민적 공감대 형성에는 크게 성공하지 못하였다.

그러한 제한사항에도 불구하고 본 저서에서는 대한민국의 국가전략의 변천과정을 다음과 같이 여섯 시기로 나누어 살펴보고자 한다.

제1기 광복・건국과 전쟁기 (1945-1953)

제2기 전후 복구기 (1954-1960)

제3기 근대화 추진기 (1961-1971)

제4기 유신체제와 고도성장기 (1972-1987)

제5기 민주화와 균형발전 추구기 (1988-1997)

제6기 IMF체제 극복과 남북 화해・협력기 (1998-2007)

시기를 구분하는 기준으로서는 전략적 환경의 변화와 헌정의 변천 및 정치적 변동에 따르는 국가전략의 변화를 고려하였다. 여기서 해방 후 정권 수립시기, 단명으로 끝난 4・19 이후 민주당정권기와 10・26 이후 최규하 정권기에는 국가전략을 수립하여 시행할 시간적 여유가 없었기 때문에 별도로 구분하지 않고 각 기에 포함하여 처리하였다.

제 1 절 광복・건국과 전쟁기(1945-1953)

1. 전략환경과 국가능력

일제치하로부터 광복 후 한반도의 정세는 혼란과 혼돈의 연속이었다. 미소간의 합의로 38선을 경계로 한 국토분단의 조짐이 나타났다. 북쪽에는 소련의 지원을 받는 공산주의 체제가 등장하였고, 남쪽에서는 미국의 지원을 받는 민주주의 체제가 등장하였으나, 초기 3년 동안은 국가의 모습조차 갖추지도 못하였다. 그해 12월 '모스크바 3상회의'에서 미・영・소 3국이 한반도의 신탁통치안을 결의하자 남북주민들은 반탁운동을 전개하였다. 그러나 공산세력은 돌연 찬탁으로 돌아서 양 진영간에 격렬한 대립이 시작되었다. 제2차 세계대전 종전과 더불어 해방을 맞은 한국사회는 전통적인 가치관과 관습이 서구문화 및 정치사상과 충돌을 일으키면서 정치적으로 매우 불안한 상태가 지속되었다.

대한민국은 미・소 냉전의 시작과 때를 같이하여 탄생되었다. 소련은 제2차 세계대전 종전과 함께 점령지역인 동유럽 8개국과 북한을 공산화하고, 서유럽지역으로 이른바 '스탈린의 적화공세'를 확대해 나가고자 했다. 미국은 '트루먼독트린[2)]'과 '마셜계획'으로 이를 저지했고, 소련은 '코민포름(COMINFORM)[3)]'을 조직하여 이에 대항하면서 동서분단은 굳어지고 민주주의와 공산주의 양 체제의 냉전으로 발전되었다. 한편 중공군의 중국본토에서의 총공세와 때를 같이하여, 스탈린의 적화공세는 아시아 여러 지역에서 민족해방운동에 편승하여 게릴라전으로 전개되었다. 그러나 냉전초기 미국의 대응은 군사적 대결태세보다는 정치, 경제, 이념적 대결의 성격을 띠고 있었으며, 아시아대륙은 트루먼독트린에서 제외되었다.

소련군정의 지휘 아래 북한지역에서는 1946년 초에 김일성을 수반으로 하는 '북조선 임시 인민위원회'를 발족시켜 '先건설 後혁명수출' 전략을 추진했다. 먼저 북한에 혁명기지를 건설하여 남한에 혁명을 수출하여 남한을 적화하려는 것으로서, 북한에서는 '반제・반봉건 인민민주주의 혁명'을 전개하였다. 무상몰수와 무상분배 원칙에 의한 토지개혁, 중요산업의 국유화, 남녀평등권 실시, 그리고 인민군대의 창설 등이 진행되었다. 또한 1947년부터는 경제재건을 목표로 한 인민경제계획을 추진하였으며, 김일성 정권은 1949년도의 북한지역의 국민총생산이 해방 전보다 2배로 확대되었다고 발표하였다.

남한지역에서는 미국의 군정(軍政)이 정치적 식견부족과 우리 문화와 전통에 대한 이해 부족으로 실정을 거듭하는 가운데 주민들의 불만은 높아가고 정당의 난립과 좌우정파의 대립 속에서 사회적 혼란이 계속되었다. 당시 남한

2) 1947년 3월 미국 트루먼 대통령이 의회에서 선언한 미국외교정책, 그 요지는 공산주의 세력의 확대를 저지하기 위하여 자유와 독립의 유지에 노력하며, 소수자의 정부지배를 거부하는 의사를 가진 여러 나라에 대하여 군사적・경제적 원조를 제공한다는 것이다.

3) Communist Information Bureau

인구의 15%가 넘는 약 350만 명의 해외 귀환자와 월남동포가 몰려들어 인구는 급증하고 식량 사정은 악화되었으며, 물가는 급등하고 도시는 실업자로 범람하게 되었다. 공업시설과 지하자원 그리고 발전시설 등은 북한지역에 편중되어 있었고, 남한은 농업지대였기 때문에 급속한 산업발전은 기대하기는 어려운 실정이었다. 특히 발전능력은 북한지역에 92%가 편중되어 있었으며, 북측이 제공해 오던 6만㎾의 전력도 1948년 5월 10일 선거를 계기로 중단해 버리자 남쪽의 전력사정은 극도로 악화되었다. 미국은 '점령지역 행정구호계획(GARIOA)[4]'에 의해 1949년까지 5억불 상당의 구호물자를 제공하여 민생문제를 해결해 나갔다.

한반도의 독립문제를 협의하기 위한 미소공동위원회의 회합이 결렬되자 미국은 한반도 문제를 UN에 상정하였다. UN총회는 1947년 11월 대한민국의 정부수립을 위하여 소련의 반대를 물리치고 9개국으로 구성된 'UN한국위원단'의 현지 파견을 결의하였다. 그러나 UN한국위원단의 38선 이북으로의 진입을 소련이 거부하자 UN소총회에서는 1948년 가능한 지역에서의 총선거실시를 재결의함으로써 1948년 5월 10일 남한만의 총선거가 실시되었다.

한편 소련군정의 배후조종으로 남로당은 남한에서 혁명역량을 배양하고 혁명의 정세를 조성하기 위한 온갖 노력을 경주했다. 1948년 2월초부터는 5·10 선거에 반대하는 폭력투쟁을 전개하고 제주도 폭동을 일으켰다. 그해 여름 공산당 활동이 사실상 불법화되면서 남로당은 도시를 중심으로 하는 대중폭동 전술 대신에 농촌 산악지대를 중심으로 하는 게릴라전술로 전환했다. 국방경비대 내에 침투해 있던 남로당 공작원들은 정부수립 직후 '여수·순천반란(1948. 10)'을 일으켜 약 1천 명에 달하는 반란군을 이끌고 산악지대로 들어가 게릴라근거지를 확보하고 인민유격대를 편성했다. 이에 때맞추어 북한은 유격대의 기간요원들을 대대적으로 남파하기 시작하여, 경찰서와 파출소를 습격하고 대중동원을 강행하면서 게릴라전을 전국의 농촌과 산악지대로 확대해 나갔다.

이러한 혼란의 와중에서 1948년 남한만의 총선거가 UN한국위원단의 감시 하에 실시되었다. 이에 따라 5월 31일 최초의 국회가 열렸으며, 7월 17일

4) 미국은 점령지역 행정구호계획(GARIOA: Government and Relief in Occupied Area)을 통해 혼란에 빠진 대한민국 경제 재건을 도왔다.

헌법이 공포[5)]되었다. 당해 연도 7월 20일 국회에서 실시한 선거에서 이승만 초대대통령이 선출되었고, 7월 24일 취임식에 이어 건국내각이 이루어졌다.

이승만 정권의 초기상황은 이데올로기의 대립과 빈곤의 악순환, 대외의존적인 경제정책, 가족공동체사회의 유지 등으로 인해 가족주의적 · 권위주의적 · 대외의존적 후진성을 면치 못한 채, 폐쇄사회(閉鎖社會, Closed Society)에서 개방사회(開放社會, Open Society)로 이동하는 과도기였다.[6)]

해방정국의 혼란과 좌우익의 대결, 6 · 25남침전쟁의 비참한 체험과 UN군에 의한 반격, 중국군의 참전, 휴전, 보릿고개로 불리는 극빈의 생활체험, 체제적인 부정이 만연했던 이승만 정권 등은 당시의 대표적인 국내환경이었다. 국가재원의 90% 이상은 외국의 원조에 의존하였으며, 정치적인 정체성의 기초를 확립하는 기간이었다.

2. 국가전략

광복 후부터 정부수립 이전에는 미군정에 의해 통치되던 시기라 변변한 국가전략이나 정책은 수립될 수 없었다. 당시의 국가이익은 신생국의 안전보장과 자유민주정부의 수립과 체제의 안정 등에 있었다. 1948년 8월 15일 광복 제3주년을 맞아 정부수립 선포식을 거행하였는데 당시의 시대정신은 건국(建國)에 바탕을 둔 자주, 독립, 반공으로 요약할 수 있을 것이다. 국가목표는 '건국, 헌정질서의 확립, 반공(反共)과 북진통일'이었다.[7)]

따라서 대한민국 정부수립과 함께 이승만 정부가 당면한 과제는 ① 민주헌정(民主憲政)의 기본질서와 국가통치체제의 확립, ② 국민생활 안정대책의 강구, ③ 농촌과 산악지역에서 확대일로에 있는 공산반도의 진압과 치안회복,

5) 주권재민의 민주공화국 헌법은 민주주의, 자유주의, 시장경제와 인권 같은 거대한 원칙을 초석으로 삼았고, 이 원칙들은 오늘날 대한민국을 이루는 대들보의 역할을 하였다.

6) 최진, 대통령 리더십 총론(법문사, 2007), p. 274.

7) 1948년 8월 15일 '건국(建國)'은 대한민국의 좌표를 설정했다는 의미가 있다. 한달여 앞서 발표된 제헌헌법은 대한민국이 '주권이 국민에게 있으며 개인의 자유와 재산권을 보장하는 민주공화정 체제'라고 밝히고 있다. 이에 따라 정치적으로는 자유 민주주의, 경제적으로는 시장경제 이념을 토대로 하는 국가 정체성이 자리를 잡았다. 김일영 성균관대 교수는 "초대 이승만(李承晩) 대통령은 남한에 먼저 정부를 세우고, 이를 토대로 북한을 통일하자는 2단계 전략이었다"면서 "최선은 아니지만 가능한 범위 내에서 차선의 선택이었다"라고 평가했다(조선일보, 2008년 8월 14일).

④ 반공태세의 강화를 통한 국민단결 등이었다.

북한은 김일성 중심의 통치체제를 견고하게 구축하면서 공산혁명을 남한으로 수출하고 전쟁에 의한 적화통일 전략을 계획하고 있었다. 이승만 정부가 많은 난관을 극복하면서 국가건설을 구상하고 시행하기는 극히 제한되었다. 그리고 소련과는 달리 한반도의 전략적인 가치를 경시하는 미국의 적극적인 지원도 기대하기 어려웠다.

이런 상황 속에서 이승만 대통령은 외교력을 발휘하여 미국의 원조를 가능한 최대로 획득하여 민생의 안정을 도모하면서 국민적 통합을 통해 반공태세를 확립하고자 하는 국가전략을 추진하였다. 이승만 대통령은 1949년 4월 연설을 통해 미국의 원조가 없으면 국가운영이 곤란함을 강조하면서 “미국에서 온 비료가 올해의 풍작을 이루는 근거가 될 것이다. 우리는 피폐하고 양단된 우리나라의 경제부흥을 바랄 수 없다. 미국의 군사원조로 우리는 국군을 육성하고 있으며, 이미 국군은 제주도와 지리산에서 공산 게릴라를 진압하고 있는 것”이라며 더 많은 원조를 얻기 위해서는 온 국민이 대동단결하여 더 열심히 일해야 한다고 강조하였다.

이승만 정부는 제헌국회(制憲國會) 2년간에 149건의 주요 법률을 제정하여 행정, 사법기구와 군대, 경찰, 지방행정기구 등을 창설하고 주요 국가기관을 정비하였다. 또한 교육법의 제정을 통해 초등의무교육제도를 마련하였고,[8] 농지개혁법(農地改革法)을 제정하여 농지제도의 개혁을 추진했다. 경제시책의 목표를 민생안정에 두고 식량배급대책, 의복류를 비롯한 생활필수품의 공급대책, 그리고 난민 구제책 등을 추진했다. 그러나 이 대통령은 친일파들을 요직에 적극 기용하여 권력기반을 구축함으로써 민족정기를 흐리게 하였다.

이승만 정부는 미국경제원조처(ECA)가 제공하는 원조를 받기 위한 협정을 체결하였고, 1949년 2천 3백만불을 시작으로 하여 5년간에 1억 9백만불 상당의 소비재 원조를 획득하여 민생안정에 충당하였다.[9]

신생정부의 가장 큰 부담은 공산당에 공조하는 세력을 진압하고 치안을

8) 제헌국회는 헌법 제16조에 초등교육의 의무화를 명시하였고, 대한민국정부는 1950년부터 6년제 의무교육을 실시하였다.

9) 1949년 경제원조처(ECA: Economic Cooperation Administration)가 발족되어 체계적인 원조사업이 진행됐으며, 1961년 국제원조처(ICA: International Cooperation Administration)의 원조가 중단될 때까지 미국은 대한민국에 약 13억불 상당의 원조자금을 제공했다.

확보하는 문제였다. 북한은 6 · 25 남침에 앞서 1949년 9월의 게릴라 총공세를 준비하면서 여름철 녹음기에 게릴라 기간요원을 대거 남파하는 한편 38선 일대에서 여러 차례의 국부적 군사 충돌사건을 야기하여 국군부대를 후방 게릴라진압작전에 전환하지 못하도록 견제했다. 그러나 이승만 정부는 1949년 11월초부터 약 6개월간 겨울철을 이용한 대대적인 군경합동 토벌작전을 전개하여 완전소탕에 성공하게 되었다. 남로당의 5 · 10 선거 반대 폭력투쟁 개시 이래 약 2년간의 무력투쟁기간에 국민들의 피해는 막심했다. 또한 사태가 얼마나 심각했는가는 1949년도 정부예산지출의 60%를 치안유지비가 차지했다는 사실로도 짐작할 수 있다.[10)]

이승만 대통령은 반공 무력통일전략을 견지하면서 기회 있을 때마다 북진통일(北進統一)과 함께 '흡수통일론'과 '무력통일론' 등을 내세웠다.[11)] 그러나 그것은 지피지기(知彼知己)하지 못한 주장으로서 오히려 북한에 역이용당하였다. 또한 미국의 불신을 자아내어 군사원조획득에도 역기능으로 작용하였다.

이승만 대통령은 대미 안보외교에 각별한 노력을 경주했으나 미국의 호응을 얻는 데는 실패했다. 1949년 6월의 주한미군 철수를 앞두고 이 대통령은 안보체제 확립을 위해 ① NATO와 같은 태평양 반공동맹을 결성하든지, ② 한 · 미 상호방위조약을 체결하든지, 아니면 ③ 미국이 대한민국방위를 확약하는 공식 선언을 해줄 것을 성명서를 통해 요청하였다. 그리고 전차를 비롯한 해군과 공군의 장비 원조도 요청하였다. 그러나 아시아대륙에서 손을 떼기로 한 미국은 그 필요성을 인정하지 않았고, 애치슨 당시 미국 국무장관은 "대한민국이 미국의 아시아방위선 밖에 있다"고 발표(1950. 1. 12)하기에 이르렀다.

이승만 정부는 건국초기의 악조건 하에서도 민주헌정질서를 구축하고, 반공태세를 강화하여 공산게릴라를 소탕하는 데는 성공하였다. 그러나 이 대통령은 북한의 기도와 능력을 오판하고 우리의 능력을 과신하여 북진통일을 주장하였다. 그러나 안보전략에서 미국의 협조를 얻는 데 실패함으로써 북한

---

10) 임동원, 앞의 글, pp. 23-24.

11) 이승만 정부는 1948년 8월 15일에 "통일에 관한 3개항"을 발표하였다. 그 내용은 다음과 같다. ① 대한민국 정부는 한반도에서 유일한 합법정부이다. ② 북한 지역에 100석의 국회의원 자리들을 유보하여 주며, 또한 그들이 이를 조속히 채워 줄 것을 기다린다. ③ 북한지역에 대한 (대한민국의) 주권회복권리를 천명한다.

의 6·25 기습남침을 억제하거나 적절히 대처하지 못했고, 잘못된 정세판단에 토대를 두었던 이 대통령의 초기 국가전략은 실패하고 말았다.

북한의 기습남침으로 전쟁이 개시되자 이 대통령은 미군을 비롯한 유엔군의 참전을 유도하고, 국군의 작전지휘권을 유엔군사령관에게 이양하여 미국과 유엔의 협력을 얻어 전쟁승리로써 국토통일을 성취하고자 전력을 경주하였다.

6·25전쟁은 약 1백만 명에 달하는 민간인 사상자와 군인, 경찰의 인명피해를 가져왔다. 생산시설과 철도, 통신시설 등 재산피해도 매우 컸으며, 민족의 대이동으로 엄청난 사회 유동화를 초래했다. 약 150만 명이 북한지역에서 월남하였고, 약 550만 명의 피난민이 발생하였다. 휴전 후 집 없이 방황하는 사람도 2백만 명이 넘었다.

건국의 아버지로 불리는 이승만 초대대통령은 건국과정에서 많은 권력지향적인 과오를 범하였다. 그러나 미국과 소련 두 강대국의 신탁통치 대신 남한에 자율적인 민주정부를 수립해 자유민주체제를 보존했다. 이 대통령은 한국전쟁 초기에 미국군과 연합군의 참전을 성사시키고, 한국군의 38도선 이북으로의 북진을 묵인하였다. 1953년 6월 미국의 휴전협정의 수용요구에 반발하여 반공포로 2만 6,424명을 전격 석방함으로써 한미상호방위조약을 이끌어내 안보체제를 튼튼히 한 점은 주목할 만한 일이다.[12)]

12) 분단과 전쟁, 빈곤과 혼란 등 최악의 조건이었던 대한민국 건국 당시의 상황에서는 미국식 민주주의를 뿌리내리기는 불가능했고, 살아남아 국가발전을 이루기 위해서는 '강한 국가(Strong State)'가 되어야만 했다. 이승만 정부는 ① 공산세력의 침략과 같은 건국 초기의 온갖 도전과 위기를 극복하고 나라를 지켰으며 ② 민주주의와 시장경제를 중심으로 한 근대국가의 법적·제도적 장치를 마련했고 ③ 한·미 동맹을 통해 안보의 기틀을 다지고 국군을 창설했으며 ④ 농지개혁과 교육혁명 같은 사회경제적 개혁을 단행해 국가 건설의 기초를 다졌음을 인정해야 할 것이다.

제 2 절 전후 복구기(1954-1960)

1. 전략환경과 국가능력

중국본토의 공산화(1949. 10)와 한반도에서의 전쟁을 계기로 소련의 팽창주의에 대항하는 미국의 '봉쇄정책(封鎖政策, Blockade Policy)'은 군사적 대결태세를 강화하는 전략으로 나타났다. 소련의 원자폭탄실험(1949. 8), 그리고 한국전쟁을 계기로 위기의식이 고조됨에 따라 미국은 대한민국에서 공산침략을 격퇴하는 한편 '전방배치전략'을 채택하고 자유진영 국가 43개국과 동맹체제를 구축하여 군사기지를 확보하고 미군주둔을 확대해 나갔다. 또한 공산주의의 팽창을 저지하기 위하여 동맹국들에 대한 경제 및 군사원조를 강화하였다.

미소 냉전체제가 심화됨에 따라 미국 극동전략의 일환으로 대한민국은 자유진영의 최전방기지로서, 그리고 반공의 첨단기지로서 중요한 전략적 역할을 수행하게 되었다. 또한 미국의 대한민국에 대한 군사·경제원조도 대폭 증가되었고, 한·미관계는 보호자와 수혜자 관계로 발전하게 되었다.

한편 6·25전쟁은 남한 내의 공산주의 동조세력을 완전히 노출시켜 그 대부분이 제거되거나 월북함으로써 공산세력의 재기는 불가능하게 되었으며, 공산치하에서의 산 경험을 통해 국민의 반공태세가 강화되는 계기가 되었다.

남녀평등을 강조하는 제헌헌법의 영향으로 여성에게도 남성과 동등한 교육기회와 참정권이 부여되었다. 건국 당시 5만여 명에 불과하던 국군은 한국전쟁을 넘기면서 70만 명을 넘기는 대군으로 양적으로 성장하였으며, 미국의 현대 장비와 훈련기법을 받아들여 북한의 도발을 억제할 수 있는 질적으로 우수한 군으로 발전하였다. 미국에서 공부하고 복귀한 군장교단과 미고문관을 통해 도입된 선진제도는 국가의 행정부서와 기업과 사회에 전파되어 국가제도를 개선하는 데 기여하였다.

전쟁 직후 국가능력은 먹고사는 문제를 해결하지도 못하는 세계 최빈국 수준이었고 국가재정을 미국의 원조에 의존하였다. 빈곤과 혼란 등 최악의 조건이었던 당시의 국가적인 과제는 ① 공산세력의 침략과 같은 도전과 위기를 극복하고 나라를 지키는 일, ② 민주주의와 시장경제를 중심으로 한 근대국가의 법적 · 제도적 장치를 마련하는 일, ③ 한미동맹을 통해 안보의 기틀을 다지고 국군을 강화하는 일, ④ 농지개혁과 사회경제적 개혁을 단행해 국가건설의 기초를 다지는 일 등을 통해 국민의 생존권을 보장하면서 먹는 문제를 해결할 수 있는 '강한 국가(Strong State)'를 건설하는 것이었다.

2. 국가전략

대한민국의 1950년대의 국가전략은, 미국과의 안보동맹을 확립하여 미군을 대한민국에 주둔시키고, 군사원조를 획득하여 우리의 군사력을 증강하면서 반공 및 안보태세를 강화하는 한편 미국의 경제원조를 획득하여 재해복구와 경제재건을 추진하는 것이었다.

당시의 시대정신은 '반공, 안전보장과 국가재건'으로서 반공이념의 공고화를 통한 국민단결, 대미의존에 의한 안전보장과 재해복구 및 경제재건을 핵심 국가정책으로 추진하였으나 여러 가지 어려움이 많았다. 당시의 안보전략의 핵심은 한미공동방위체제의 확립과 국군병력의 증강을 통한 안보태세의 강화에 있었다.

이승만 대통령은 정전협상이 구체화되어 감에 따라 1953년 5월 정전협정 체결의 전제조건으로 3개항의 요구사항을 미국에 제시했다. 즉 ① 한미공동방위체제의 확립, ② 국군증강을 위한 군비제공, ③ 미국의 해 · 공군의 계속 주둔이 그것이다. 그러나 미국이 정전협정체결 후에나 고려될 수 있다는 소극적인 반응을 보이자 약 2만7천명의 반공포로를 일방적으로 석방하여 정전협정 체결에 제동을 걸었다. 미국은 서둘러 '한미상호방위조약' 체결에 동의함으로써 한미안보동맹체제가 확립되는 계기가 되었다.

이 조약에 따라 미국의 육군 2개 사단 및 지원부대와 1개 공군사단 등 6만 명의 한국주둔이 시작되었고, 국군병력은 한때 최대 72만 명으로 증강되어, 육군은 20개 보병사단과 10개 예비사단으로 발전하였다. 그리고 유엔군사령관이 국군에 대한 작전통제권을 행사할 수 있게 하고, 미국은 군사원조를 계속 제공하기로 합의하였다.

이 대통령은 미국과 우방국으로부터 경제원조를 최대한 획득하고자 노력한 결과 전쟁피해복구와 구호를 위한 미국과 유엔을 통한 우방국의 경제원조는 1954년부터 1961년까지 총 21억불 규모에 달했다. 그 중 미국정부가 제공한 국제협력처(ICA)원조가 17억불 규모, '공법 480호'[13]에 의한 잉여농산물 원조가 2억불 규모를 차지했다. 원조의 대부분이 소비재 물자로서 난민구호, 생필품보급, 재해복구, 그리고 정부와 국군의 운영유지에 충당되었다. 그러나 국제협력처의 원조 중 약 22%가 경제재건을 위한 시설재로 제공되어 통신・운수・발전시설, 석탄과 광업자원개발 등과 비료, 시멘트, 판유리 생산시설과 방직공업 등 수입대체 산업의 건설에 기여했다.

미국을 포함한 막대한 외국원조에도 불구하고 정부는 이것을 올바르게 활용하지 못함으로써 무절제한 소비재도입으로 사치와 낭비풍조가 조성되었고, 일부 지배층의 부정부패의 온상이 되었다. 그리고 잉여농산물의 도입은 식량문제 해결에는 기여했으나 농촌경제에 극심한 타격을 주었다. 그나마 1957년을 고비로 원조가 감소되자 경제성장둔화, 물가상승, 실업률 증가 등 경기가 침체되었다. 농촌에서는 절량농가의 속출, 초근목피로 연명하는 보릿고개 현상이 해마다 되풀이되었다. 1954년부터 1961년까지 기간 중의 수출액은 연평균 2천5백만불 수준에, 1인당 국민소득은 1954년에 70불에서 1961년에 83불로 증가하는 수준에 불과했다.

이러한 경제침체와 고용기회의 절대부족은 대학을 나온 젊은 지식층들을 좌절감으로 몰아넣었을 뿐 아니라 자유당 정권의 무능과 부정부패, 장기집권 야욕에 반항하는 저항의식과 결합되어 4・19혁명을 초래하게 되었다.

미국의 봉쇄정책과 미군의 전방배치전략에 힘입어 이 대통령은 국군을 증강하면서, 한미안보동맹 강화와 미군주둔의 보장 등 확고한 한미 공동방위체제를 확립하는 데 성공하였다. 그는 경제건설과 민주주의의 정착화를 병행하여 추진하려 하였으나, 막대한 무상원조를 획득했음에도 불구하고 그것이 민생안정이나 재해복구에는 도움이 되었을지언정 경제건설을 통한 산업화에는 제대로 활용되지 못하였고, 자유당의 정권연장 야욕으로 말미암아 민주주의를 정착시키는 데에도 실패하였다.

제1공화국에서는 이승만 대통령의 명분론과 강경외교노선에 따라 한・미

13) 미 공법 480조는 미국의 잉여농산물을 지원하는 법안으로, 밀을 비롯한 미국 잉여농산물의 대한민국 내에서의 판매 수입금 중 80% 내지 90%를 대한민국정부가 이용하게 하였다. 그리고 잉여농산물의 판매 수입 중 미국정부가 가져간 10% 내지 20%의 수입금은 미국에서 공부하는 대한민국 유학생들에 대한 장학금으로 사용되었다.

관계도 다소 마찰이 있었다. 한・일관계 또한 반일(反日)을 기본으로 하여 외교정책의 현실화가 이루어질 수 없었다. 통일문제에 있어서도 북진통일론으로 일관하였다. 북진통일로써 북한을 흡수통일한다는 '실지회복론(失地回復論)'[14]이 그 기조였다.

1950년대 이승만 정부에서는 안보와 외교전략이 최고의 국가전략이었다. 남북이 분단되어 대치된 상태에서 한반도에서 전쟁의 발발로 국가의 운명이 위태로운 시기였기 때문에, 공산주의의 침략으로부터 영토를 지키고 국민의 생명과 재산을 보호하는 것이 생존차원에서 존망의 국가이익이었다. 당시 이승만 정부는 미국으로부터 군사적, 경제적 지원을 많이 받아 내 안보를 강화하고, 전쟁으로 폐허가 된 국가경제를 재건하며, 북진통일을 완수하는 것이 최대의 국가목표였다. 그리하여 이승만 정부는 미국과의 한미군사동맹을 체결하였고 반공노선을 줄곧 견지하였다. 그리고 일본에 대해서는 강력한 반일정책(反日政策)을 유지하였다. 이승만 정부는 한반도를 침탈한 일본 제국주의에 대한 민족적 반감과 이승만 자신의 반일감정을 반영해 일본과의 국가적 차원의 교류를 거부하였다.[15]

그러나 경제적 번영에 관해서는 뚜렷한 전략이 없었다. 전후 복구를 위한 국가적 노력이 없었던 것은 아니나, 국가경제를 재건하고 경제적 번영을 추구하기 위한 중장기적인 비전과 전략은 제시하지 못했다. 뚜렷한 경제번영전략이 없는 상태에서 미국의 원조자금으로 국내의 소비재산업을 가동시킴으로써 수입을 대체하는 수입대체 산업화전략이 추진되었다. 그리고 국가의 성격에서도 특정 기업에게 적산불하(敵産拂下)나 원조자금을 배정하는 과정에서 대규모

---

14) 공산당에 의해 잠정적으로 강점당하고 있는 북한 지역을 수복한다는 '실지회복론'에 입각한 이승만 대통령의 '북진통일론'도 다양한 성격규정이 가능하겠지만, 어쨌든 그의 반공사상이 자신의 권력욕 못지않게 확고부동함을 보여 주는 상징적 사례이기도 하다. 1950년 6월 25일 북한의 남침은 이승만에게 있어서 '실지회복'을 통하여 한반도의 통일을 달성하기 위한 절호의 기회로 인식되었던 것이다.

15) 이 대통령은 철저한 반일주의자였다. 반세기에 걸친 일본 제국주의의 침략과 지배를 통하여 여실히 드러난 대한민국에 대한 일본의 야욕은 일본이 패전한 이후에도 조금도 달라지지 않았다고 그는 굳게 믿고 있었다. 더욱이 이 대통령은 패전국 일본에 대한 대규모의 경제 원조를 통하여 일본의 안정과 번영을 달성하겠다는 미국의 일본재건정책을 도저히 용납하지 않았을 뿐만 아니라 지속적으로 강력히 비판했다. 그는 미국의 편파적인 친일정책이 전통적인 '일본의 팽창주의(Japanese Expansionism)'의 재등장을 가속화시키며, 나아가 아시아의 안정과 평화에도 심각한 위협이 될 것이라고 경고했다.

정치자금이 동원되고 부패가 발생하였다.

사회적 조화나 복지를 위한 국가전략은 별로 없었다. 당시의 극한상황에서는 빈부격차 등은 문제되는 단계가 아니었다. 제헌국회는 헌법 16조에 초등교육 의무화를 명시하였고, 정부는 1950년부터 6년제 의무교육에 들어갔다. 해방 당시 초등학생 수는 136만 명에서 1960년 360만 명으로 늘었고, 전체 학령아동의 96%가 취학하게 되었다. 여기에 미국을 중심으로 한 해외유학・연수생의 증가와 민주주의와 실용주의를 강조하는 교육과정을 통해 민주화와 산업화를 이끌어갈 근대적 국민이 탄생했다.

안보와 외교전략 차원에서 이 대통령의 가장 두드러진 특성은 국제비전과 한반도문제의 판독능력이 뛰어났다는 점이다. 국가를 형성하고 국가이익을 수호하며 국제관계를 구축하는 과정에서 그의 일관된 비전과 전략은 대한민국 문제를 철저하게 지역의 문제이자 국제문제로 접근하는 것이었다. 그의 국제비전과 전략은 냉전과 분단 그리고 전쟁의 소용돌이 속에서 읍소와 협박을 통해 공고한 한미동맹을 체결토록 유도하였고, 남북분단을 관리하여 주변국을 능숙하게 견제해 낸 것에서 드러난다. 즉 그가 미국과의 동맹을 통해 동북아시아의 안보불안 국가인 신생국 대한민국의 국제적인 지위를 안정시켰던 점은 높이 평가되어야 할 것이다. 12년 집권동안 이 대통령의 일관된 정치적 목표는 한국의 독립과 반공이었고, 주된 수단은 외교였다. 그런 이 대통령에게 국내외 정책의 구분은 특별한 의미가 없었다.

이승만 대통령은 일관되게 '이용후생(利用厚生)'과 '국민평등사회'를 지향하면서 개혁을 통한 평등주의 원칙과 가치를 확산시켰다. 즉 건국헌법의 제정, 토지개혁과 교육개혁실시 등을 통해 특권을 해체하면서 향후 경제발전의 거시적인 토대를 마련하였다. 지난 60년간 대한민국이 비약적으로 발전할 수 있었던 근본요인은 이 시대의 국정주역들이 제도개혁을 통해 국가발전의 원동력이 되는 '새로운 국민'을 창출해 낸 데 그 토대를 두고 있다고 평가할 수 있을 것이다.

그러나 이승만 대통령은 비전과 전략추진과정에서 수단과 방법이 갖는 중요성에 대한 인식은 부족하였다. 건국시기와 한국전쟁, 4・19혁명에서 볼 수 있듯이 반공과 집권연장을 위해 인권과 민주적인 절차는 종종 무시되었다. 즉 이 대통령은 뛰어난 문제파악 능력을 통해 시대적인 비전과 사명을 분명히 자각하여 실천하려고 노력하였으나, 그 수행과정에서 타협 대신 독선을 추구하여, 향후 대한민국의 민주화 노정에 많은 부정적인 영향을 미쳤다.

제 3 절 근대화 추진기(1961-1971)

1. 전략환경과 국가능력

1960년대에 들어서며 미・소간의 대결은 핵무기를 포함한 군비경쟁과 제3세계 지역에 대한 분쟁개입으로 전개되었다. 핵전력을 독점한 미국에 도전하여 소련의 핵폭탄 및 장거리 운반수단 개발노력이 가속화되면서 핵무기 경쟁이 가열되었고, 서로가 핵공격을 할 수 있는 핵전력의 양극화시대로 접어들었다. 그리고 중・소간에는 이념분쟁이 본격화되어 갔다.

한편 남부월남에서 베트콩이 게릴라전을 개시하자 미국은 군사지원을 강화하는 한편 1964년부터는 미군이 직접 개입하여 군사적 승리를 추구하였다. 이러한 정세를 배경으로 하여 미국의 대외원조는 점진적으로 감소추세를 나타내게 되었다. 1957년을 고비로 대외원조도 감소되고, 주일미군도 대폭 감축되어 유엔군사령부는 일본에서 한국으로 이전하였다.

휴전 이후 북한의 경제는 소련과 동구권의 지원 아래 '경제복구 3개년 계획'을 통해 전쟁 전 수준으로 회복되었다. 1957년부터는 제1차 5개년 계획을 시작하여 1년 앞당겨 계획목표를 달성하고, 1961년부터는 사회주의경제발전을 지향하는 7개년계획에 착수했다.[16] 한편 북한은 소련과 중국의 원조를 얻어 군사력을 꾸준히 증강하였으며, 4대 군사노선을 추구하던 1960년대 중반에는 어느 정도의 대남 군사력 균형을 이루게 되었다. 그러나 북한은 중・소분쟁이 심화되고, 소련의 김일성 비판이 강화되자 독자적인 생존노선을 강화하

16) 북한은 3차례에 걸쳐 7개년계획을 수립하여 추진하였으며, 그 중 제1차 7개년 계획(1961-1970)은 공업기반의 발전과 주민생활의 향상을 목표로 기계제작공업 중심의 중공업 우선 정책을 강력하게 추진한 결과 어느 정도 기반이 조성되었다. 하지만 1962년 10월의 쿠바위기를 계기로 군사력 증강의 필요성을 절감하여 '4대 군사노선'을 채택하면서 또한 중・소 이념분쟁의 영향으로 사회주의 국가들의 대북한 원조가 격감함에 따라 미달된 상태에서 끝을 맺었다.

였다. 이념적으로는 주체사상을 주창하고, 비동맹국가와 관계를 정립하면서 국제적 위상을 높이기 위하여 노력하였다.

북한은 남한에서의 4・19와 5・16의 정치적 격동과 남부월남사태를 배경으로 1961년 9월에는 남한에서 '민족해방민주주의 혁명'을 전개하기로 결정하고 '3대 혁명역량 강화정책'과 '4대 군사노선'을 추진하였다.

남한에서는 자유당정권이 경제재건면에서는 큰 실적을 올리지 못한 가운데 집권연장에만 몰두하여 자유민주주의 이상을 저버리고 반대세력을 억압하여 3・15부정선거를 획책함으로써 4・19혁명을 초래하였다. 그러나 새로운 집권세력으로 등장한 민주당정권은 파벌정치를 일삼고 법질서도 유지하지 못하는 무능함을 드러내 사회적 혼란이 가중되었다. 1960년 6월 15일 영국식 의원내각제를 모방한 개정헌법이 통과되고 6월 23일 새 선거법이 제정되어 8월 12일에 대통령에 윤보선, 국무총리에 장면이 선출됨으로써 의원내각제의 정부형태를 갖추었다. 4・19혁명 후 과도국회에서 헌법을 개정하기 이전부터 주도세력이었던 민주당은 의원내각제로의 개헌을 주장하였다. 그러나 제2공화국이 출범하면서 집권당인 민주당은 신구파로 양분되어 급기야는 분당으로까지 치닫게 되고, 사회는 데모만능시대의 양상을 보이면서 혼란이 가중되었다.[17] 제2공화국은 이러한 데모만능주의와 용공적 통일론의 확산 속에서 사회혼란만 가중되는 가운데 세 차례의 내각개편을 단행하였으나, 국정방향을 잡지 못하고 표류하다가 5・16군사정변을 맞게 되었다. 대한민국 헌정사상 유일하게 내각책임제를 택했던 제2공화국은 1960년 4・19혁명의 여파로 수립되어 5・16군사정변으로 붕괴되었다. 1960년 8월 23일 출범한 장면내각이 다음해 5월 18일 임시국무회의에서 내각 총사퇴를 의결할 때까지 약 9개월간 존속한 것이다. 이승만 정권의 '민주독재'와 박정희 정권의 '군사독재' 중간에 자리하여 국민의 지지와 참여하에 형성되어 진취적인 출범을 시도하였던 이 짧은 기간은 대한민국 역사상 처음으로 민주주의가 꽃핀 '황금시대'였다고 할 수도 있으나, 실상은 무질서하의 민주주의였다.

1962년 12월 17일 국민투표로 확정된 개정헌법에 의해 1961년 5・16군사

17) 민주당 정권 9개월 동안 1천 8백 36회의 데모가 발생하였으며, 이에 참가한 인원은 95만 명을 초과하였다. 시중에서는 '데모로 날이 밝고 데모로 해가 진다'는 자학적인 말이 자연스럽게 확산되었다.

정변에 의한 2년 7월간의 군정의 뒤를 이어 1963년 10월 대통령선거와 11월 제6대 국회의원 선거를 거쳐 박정희 대통령이 취임함으로써 제3공화국이 출범하였다.

대한민국의 경제는 막대한 외국원조에도 불구하고 빈곤의 악순환이 반복되고 만성적 인플레, 높은 인구증가율과 실업률, 영세하고 생산성이 낮은 농업위주의 산업구조에서 헤어나지 못했다. 국가능력은 아직도 북한에게 뒤져 있었으며, 국민들의 먹는 문제도 해결하지 못하는 수준이었다. 1961년을 기준으로 인구 2천 5백만 명에 1인당 국민소득은 83불이었다. 수출액은 겨우 4천만불 수준에 머물렀다. 농어촌 인구가 약 75%나 되었으나, 농수산업이 GDP에서 차지하는 몫은 40%에 불과한 영세한 후진적 경제구조를 유지하고 있었다.

2. 국가전략

4·19혁명의 산물로 1960년 8월 23일에 수립된 제2공화국은 4·19혁명의 이념과 기본정신을 충실하게 반영하는 헌정체제를 지향하였다. 그것은 가장 풍요로운 자유, 민의와 민권이 존중되는 민주정치의 구현 및 그것을 통한 부정과 부패가 없는 정의사회의 실현이 보장되는 참다운 민주주의의 정착을 의미하였다. 즉 당시를 관통하였던 시대정신은 '인권의 보장과 민주주의의 정착'이었다.

장면 정부는 국가전략은 부재하였으나, 다음과 같은 특징을 갖는 것이었다. ① 권위주의 청산과 민주주의 제도화를 지향하면서 의회 중심의 정치운영을 실현시켰음에도 불구하고 그것이 리더십을 약화시키고 결과적으로 정치적 불안정을 초래하였다. ② 다원적 외교의 추진을 내걸었다. ③ 자본주의 세계경제의 틀 속으로 들어가면서 경제건설에 대한 설계가 추진되었다. ④ 신체제의 구축을 지향하는 다양한 대중운동이 분출했는데 그것들은 반정부운동으로부터 나아가 통일문제를 과제로 삼음으로써 정치적 불안정을 가져오게 되었다.

장면 정부의 일차적인 과제는 무엇보다도 민심의 소재를 파악하여 이승만 정권의 유산인 부패와 부정비리를 일소하고, 4월 혁명의 정신에 따라 진정한 민주주의를 실현하는 것이었다. 이를 위해 장면 정권은 3·15부정선거에 관련된 반민주행위자를 처벌하기 위한 법적 근거를 마련하는 한편, 사회질서와 안정을 위해 노력하였다. 그러나 장면 정권은 4월 혁명 이후 폭발적으로 분출하는 각계각층의 요구를 적절히 수렴하고 통제하지 못하였을 뿐 아니라, 집권세력 내부의 분열을 수습하지 못함으로써 정치적인 무능을 드러냈다. 갈등을 거듭하던 민주당은 1961년 2월 20일 윤보선 대통령을 중심으로 한 민주당 구파가 신민당을 창당해 이탈함으로써 지배구조와 통치권의 이분화를 가져왔다.

장면 정권은 짧은 집권 기간 동안의 정국의 혼란과 4·19혁명의 여세로 강화된 여론과 민권의 압력을 조정할 수 있는 리더십의 결여 등으로 인해 국가전략을 수립하거나 정책을 지속적으로 시행해 나가는 데 많은 한계가 있었다. 그러나 혁명입법을 수립하여 舊정권의 정치인 중에서 비리나 권력남용을 일삼던 자들을 처벌할 수 있는 법을 제정하였으며, 이를 심판하는 특별재판소 및 특별검찰부 설치법, 부정선거 관련자 처벌법, 부정축재자 특별처리법, 공민권제한법 등 4개 법안을 추진하였다. 그리고 민주적인 지방자치법을 제정하고, 그에 따라 1960년 말까지 지방자치단체장을 선출하는 선거를 실시하는 동시에 시·읍·면 및 도와 특별시의 의회의원을 직접선거로 선출하였다.

제2공화국은 외교정책의 현실화를 위해 '평화적인 방법에 의한 자유민주통일의 원칙하에 유엔의 결의를 존중한다'는 '평화통일론'으로 전환하였다. 장면 내각의 통일정책은 대한민국 헌법절차에 의한 유엔감시하의 인구비례에 따른 남북한 총선거였다. 이승만 정부의 통일정책을 그대로 지향하면서 북한 불승인 원칙하에 2개의 대한민국을 부인하는 할슈타인원칙을 고수하였다. 당시 혁신계 정당들은 남북협상과 중립화 통일안을 제시하였으나, 1961년 5월 16일 군사정부가 수립되어 반공을 국시로 내세움에 따라 그러한 혁신계 정당들의 제의는 일축되었고, 군사정부는 유엔감시하의 남북한 총선거안을 유일의 통일방안으로 재확인하였다.

장면 정부는 외교정책면에서도 '저자세외교'라는 비판을 받을 정도로 대미외교에 적극성을 보였으며, 대일외교에 있어서도 한일관계의 정상화를 모색하는 방향으로 전환하였으나 적극적인 정책추진을 하지는 못하였다.

박정희 장군이 중심이 되어 5·16군사정변으로 집권한 군사정권이 내세운 행동강령은 '혁명공약 6개항'[18]에 명시되어 있듯이 ① 반공태세의 재정비

18) 6개항이란 ① 반공을 국시의 제일로 삼고 반공태세를 재정비 강화할 것, ② 미국을 위시한

강화, ② 자유우방과 유대강화, ③ 부패와 구악일소, ④ 자립경제건설, ⑤ 국력배양으로 집약된다. 군사정권은 최초 2년 반 동안 부패 및 구악일소노력과 함께 법질서를 확립하고 국가기구를 재정비하여 강력한 권위주의적 정치질서를 통해 자립경제건설을 추진하게 된다.

당시의 시대정신은 "잘 살아보세"로 대변되는 자립경제 건설과 "조국근대화"로 대변되는 국민의식의 개혁과 민족중흥(民族中興)을 통한 국력배양이었다. 즉 '잘 살아보세'로 요약되는 국민의 열망을 일종의 시대정신으로 응축해 내는 데 성공한 것이다.

이 시기에 있어서 존망의 국가이익은 공산주의의 침략을 예방하는 것이었으며, 핵심적 국가이익은 조국근대화와 민족중흥의 경제사회적 틀을 마련하는 것이었다. 경제번영을 위한 국가목표는 우선 혁명을 완수하여 사회 각 분야의 부패를 척결하면서 종합적이고 체계적인 경제개발체제를 구축하는 것이었다.

1972년 10월 17일 '10월 유신'까지 존속된 제3공화국은 5·16군사정변의 산물인 동시에 집권세력이 군사정권의 주체세력이었다는 점에서 군사정변의 이념을 계승 발전시켜 국민혁명으로 승화시키려는 것이 당초의 의지였다.

박정희 정부는 '경제제일주의'를 내세우고, 새 정치풍토를 마련하여 자립경제건설과 산업혁명의 성취로서 민족중흥을 이룩한다는 명확한 국가목표를 제시했다. 그는 "미국의 원조가 끊어지기 전에, 우리는 먹고 입고 살 수 있는 환경을 만들어 놓아야 한다며, 먹여놓고 살려놓고서야 정치가 있고 사회가 보일 것이며 문화에 대한 여유가 있을 것이다. 또한 경제부문에 희망이 없다면 타 부문이 개혁되고 온전히 나갈 리가 없는 것이다. 경제재건 없이 공산당에 이길 수 없고 자주독립도 기약할 수 없는 일이다"라고 강조하고 "10년 만 참고 고생하자"고 주장했다.

박정희 대통령은 미군이 주둔하고 있고 한미안보동맹이 유지되고 있는 한 어떠한 위협에도 대처할 수 있다는 자신감으로 인해 안보문제보다는 경제건설에 국력을 총집중하고자 하였다. 더구나 감소추세에 있는 미국의 경제원

자유우방과의 유대를 공고히 할 것, ③ 모든 부패와 구악을 일소하고 청렴한 기풍을 진작시킬 것, ④ 민생고를 시급히 해결하고 국가자주경제의 재건에 총력을 경주할 것, ⑤ 국토통일을 위하여 공산주의와 대결할 수 있는 실력을 배양할 것, ⑥ 양심적인 정치인에게 정권을 이양하고 군은 본연의 임무로 복귀한다는 것이었다.

조가 끊어지기 전에 이를 최대로 활용하고자 한 것이다.

박정희 정부의 1960년대 국가전략은 국력을 총동원하고 이를 집중하여 '자립경제 기반을 구축'하는 것이었다. 이를 위해 '재건국민운동(再建國民運動)'19) 등을 통해 국민의식을 개혁하여 국민을 경제건설에 총동원하고 군대를 경제건설에 최대로 활용하는 등 '경제건설 제일주의'를 추구하는 것이었다.

공업입국(工業立國)을 통한 조국 근대화를 위해 박정희 정부는 1960년대에 두 차례의 경제개발 5개년 계획을 추진하였다. 경제개발전략은 우선 노동집약적인 '경공업 중심의 수출주도형 공업화'를 통해 고용증대와 수출산업을 육성하는 것이었다. 외자도입과 투자율을 높여 이를 뒷받침하되, 사회간접자본을 확충하고 농업개발 여건도 개선하고자 노력하였다. 그리하여 10년 후인 1971년에는 수출 10억불, 1인당 국민소득 2백불의 목표를 달성하고자 하였다. 이 목표는 무난히 달성하여 수출 11억불, 1인당 국민소득 266불을 기록하게 되었으며 고도성장으로 국민 경제 발전과 자립적 경제구조 기반을 구축하게 되었다.

박정희 정부는 경제발전에 필요한 자본과 기술을 획득하기 위하여 일본과의 관계정상화를 추진했다. 1965년에 체결된 한일기본조약 중 '청구권·경제협력협정'에 의해 일본으로부터 청구권자금명목으로 무상 공여 3억불, 유상 재정차관 2억불을 10년간에 걸쳐 제공받게 되고 또한 민간차관 3억불을 도입하게 된다. 이에 따라 차관도입에 의한 공업화를 본격적으로 추진하게 되었다.

또한 월남전에 한국군을 파병하여 한미안보협력을 강화하는 한편 경제발전의 전기를 마련하게 된다. 1966년부터 5년간 '월남전 특수'에 의한 무역외수입이 6억불을 넘었는데 이는 1965년의 수출액 1억7천5백만불에 비교하면 엄청난 금액이었다. 1960년대의 어려운 경제상황 속에서 박 대통령은 '민주주의 발전보다는 경제건설이, 자유보다는 빵이 먼저여야 한다'는 입장에서 '경제건설 제일주의'를 선택했다.

안보문제에서도 외부의 위협보다도 내부의 위협, 즉 빈곤이 공산주의의

19) 5·16 군사정변(1961. 5. 16)에 의해 설립된 국가재건최고회의(國家再建最高會議)는 정변정신을 실천하기 위해 1961년 6월 그 산하기관으로 재건국민운동본부(再建國民運動本部)를 발족시켰다. 그러나 군사정변 직후에 임시법으로 제정된 모법인 국가재건최고회의법이 폐지되어(1962) 재건국민운동본부도 형식을 달리하게 되었다. 1964년 7월부터 사단법인 '재건국민운동중앙회'로 이름을 바꾸어 국민정신 혁신운동을 계속 실천하였다.

온상이 된다는 것을 중시했고, 통일문제는 아예 '선(先) 건설 후(後) 통일'로 돌려놓았다.[20] 외교적으로는 미국과의 튼튼한 안보동맹을 유지하는 한편, 외교력을 집중하여 미국, 일본, 유럽 등 우방국으로부터 자본과 기술을 도입하고자 하였다.

제도적으로는 제2공화국의 의원내각제를 폐지하고 부통령을 없애는 등 미국식의 완전한 권력분권주의와 다른 점이 있었으나, 대통령을 국민의 직접 선거로 선출하도록 하였으며, 종전의 의결기관이었던 국무회의를 단순한 심의기관으로 전환하여 대통령의 권한을 강화하였고, 양원제 국회를 단원제로 환원하였다. 그리고 국민 기본권의 규정을 보다 상세하고 명백하게 하였고, 경제질서를 보다 자유화하였다.

박정희 대통령이 "민주주의의 건전한 발전도 승공통일을 위한 국력배양도 결국은 경제건설의 성패여하에 달려 있다"(1964. 8. 15. 기념사)고 강조했듯이, 그의 이러한 선택은 시의적절(時宜適切)하였고, '경제건설 제일주의' 국가전략은 성공하였으며, 우리나라 발전의 전기를 마련함으로써 '잘 살아보자'는 시대정신과 국가목표의 달성에 크게 기여한 것으로 평가된다.

그는 1965년 북한으로부터 군사위협을 받고 있던 상황에서 전격적으로 베트남 파병결정을 내렸다. 그는 월남이 공산화되면 한반도의 안보에 중대한 위협이 될 수 있는 데다 당시 '닉슨독트린'에 따른 주한미군의 철수를 막기 위해 파병이 불가피하다고 판단하고, 월남파병을 통해 외자유치와 국외진출을 통한 인적·물적 자원의 수출 등 국익증진도 고려했다고 알려지고 있다. 1965년 6월 '한일국교정상화 조치'도 미국의 무상원조가 끊긴 상황에서 침체된 국내경제의 돌파구를 마련하기 위한 자구책으로 일각에서는 이러한 청구권 자금과 외국차관 등이 경부고속도로와 공업단지 건설의 밑거름으로 이어져 한국의 근대화와 경제의 고속성장에 초석이 됐다는 평가도 있다.

경제적 번영을 위한 국가전략이 확실한 형태를 띠기 시작한 것은 1960년

20) 박정희 정부는 장면 내각의 통일정책을 그대로 이어받으면서 '선건설 후통일(先建設 後統一)'이라는 원칙에 보다 역점을 두어 통일방안의 논의보다는 통일을 위한 역량을 배양하는 데 힘쓰는 '통일역량 배양정책'을 내세웠다. 즉, 북한을 제압할 수 있는 힘의 우위를 확보한 후에 대한민국의 제도를 북한에 확대해 나가자는 것이다. 그러나 1970년대 초 미·소의 데탕트가 진행되고 미국과 중국의 관계가 개선됨에 따라 그 여파가 한반도에도 파급되어 대한민국 정부는 1960년대에 조성한 국력을 바탕으로 평화통일정책을 추구하였다. 요컨대 박정희 정부는 가능한 문제 또는 비정치적인 문제부터 해결해 나가면서 점진적으로 통일로 접근해 나가자는 것이다.

대 박정희 정부의 '경제개발 5개년 계획'에서였다. 박정희 정부가 혁명공약으로 내건 '민족중흥(民族中興)'과 '조국근대화'가 경제적 번영을 위한 대한민국의 국가전략의 역사적 원형이라 할 수 있다. '경제개발 5개년 계획'은 1996년까지 총 7차에 걸쳐 실시된 경제발전전략의 기본설계도였던 것이다.[21] 박 대통령의 경제발전전략의 주요 내용은 '수출지향적 산업화(Export-oriented Industrialization)전략'의 추구, 경제기획원의 설립 등 개발국가(開發國家, Developmental State) 제도정착, 한일국교 정상화를 통하여 한・미・일 경제협력과 미국과 일본 등 우방국가와의 경제적 협력강화 등으로 요약된다. 제1차 경제개발계획 원안에서는 사회주의적이고 민족주의적인 색채가 강한 농업우선론과 초기 공업화 전략이 채택되었으나, 미국의 원조중단과 현실적인 한계에 부딪쳐 1964년 수정안에서는 보다 개방적이며 대외지향적 전략이 채택되었다. 바로 이 수정안이 대한민국의 '수출성장형 경제전략'의 효시가 되었다.

박정희 정부는 1961년 7월 경제기획원을 창립하여 경제성장의 핵심 부서를 강화하고 인재를 육성하는 기틀을 마련하였다. 이후 중화학공업화정책 등을 통해 개발국가의 번영전략을 지속적으로 추진하였다. 경제성장을 바탕으로 안보전략도 중시한 박정희 정부는 반공을 국시로 하여 안보를 강화함으로써 '일면 건설, 일면 국방' 전략을 지속하였다. 1970년대 후반에는 미국과의 인권분쟁 및 미군철수 논의와 관련해 핵무기의 개발이 시도됨으로써 한미동맹관계에 위기가 찾아와 전통적 안보전략이 크게 흔들린 바 있었으나, 안보전략과 번영전략의 핵심적인 기조는 큰 변화 없이 1990년대까지 이어졌다.

한미동맹과 반공국가의 기초위에 집권한 박 대통령에게는 빈곤탈출이 지상과제처럼 보였고, 그 결과 그는 이 대통령의 반공민족주의를 근대화 민족주의로 전환하였다. 민족주의는 그에게 최적의 국민동원의 기재요, 자원이었다. 그는 이른바 '민족중흥 제일주의' '경제발전과 근대화 지상주의'의 기치를 내걸었다. 이 시기를 거치며 대한민국은 절대빈곤에서 탈출할 수 있었고, 중진국

21) 박정희(朴正熙) 대통령은 1962년부터 1차 경제개발 5개년 계획을 시작했다. 1차 5개년 계획이 빈곤의 악순환을 극복하고 자립경제를 극복하는 데 초점을 맞췄다면, 2차 5개년 계획(1967-71년)은 노동집약적 경공업 산업구조를 수출 주도형으로 완전히 바꾸는 대외지향적 전략을 택했다. 1962년 2.1% 성장률에 그쳤던 대한민국은 정부 주도의 경제개발 5개년 계획을 통해 70년대까지 연평균 8.9%의 초고속 송장을 이룩했다. 20년에 걸친 1-4차 경제개발 5개년 계획은 세계 최빈국(最貧國)이었던 대한민국을 공업국가의 반열에 올려놓았다. 그러나 관치경제 고착화 등 부작용도 따랐다.

가로 진입할 수 있는 발판을 마련하였다. 남북경쟁에서도 70년대 중반을 기점으로 역전에 성공하여 훗날 전향적인 대북정책을 추진하는 데 기반을 조성하였다. 그는 기획과 계획의 개념을 도입해 국가와 사회의 근대화 전략을 강력히 추진하였다. 그 당시는 비전결정과 목표의 추진과정에서 이견과 불필요한 대안 제시는 돌진의 장애물로 간주되는 등 한국사회에 '빨리빨리 문화'가 정착되는 시기였다.

제 4 절 유신체제와 경제 고도성장기(1972-1987)

1. 전략환경과 국가능력

1950년대에 시작한 미소냉전체제는 1970년대에 접어들면서 강대국들간에 긴장완화와 관계개선 등 화해의 움직임 즉 데땅트로 나타났다. 미・소간에 핵전력의 전략적 균형이 형성되면서 급등하는 핵 경쟁 비용을 줄이기 위한 군비통제 움직임이 대두되었다. 이러한 과정에서 미국은 '닉슨독트린(1969. 7)'을 통해 "아시아의 방위는 일차적으로 아시아 국가의 책임"임을 선언하고 월남전 종식을 위한 평화협상을 추진하여 1973년에는 평화협정이 체결되었다. 중・소의 이념분쟁이 국경분쟁으로 확대되는 가운데, 미국과 중국이 화해하고 관계개선을 추진하였다. 중국이 유엔회원국에 가입하였으며, 일본과 중국의 관계도 정상화되었다.

한반도의 안보상황은 이러한 강대국간의 긴장완화와 화해움직임에도 불구하고 오히려 악화되었다. 1960년대 초반 '4대 군사노선'을 채택한 북한은 군사력 증강에 박차를 가하여 '60년대 말에는 남한에 비해 군사력의 우위를 확보하게 되며, 점점 그 격차가 심화된다. 또한 북한은 1968년 초에 청와대 습격을 기도하고 미국 해군 정보함인 푸에블로호를 나포하는가 하면 그해 가을에는 삼척, 울진지역에 특공대를 침투시키는 등 도발행위를 자행했다. 미국은 닉슨독트린에 따라 1971년에는 주한미군 1개 사단 약 2만 명을 철수하고 휴전선의 방어는 대한민국 국군이 전담하게 되었다.

대한민국의 국력은 1960년대에 꾸준히 성장하여 1970년대 초반부터 북한의 경제력을 앞지르기 시작하고, 미국원조로 생활필수품을 공급받고 민생문제를 해결하던 대미 의존적 무기력증에서도 벗어나기 시작하였다. 미국의 무상원조는 1971년에 사실상 종결되고, 정부예산과 국방비도 자주적으로 충당하게 되었다.

그리고 대한민국의 외교역량도 크게 신장되어 수교국가 수가 1960년의 15개국(북한은 14개국)에서 1972년에는 79개국(북한은 42개국)으로 늘어나고 외자도입이나 수출시장 확대를 위한 경제외교에서도 괄목할 만한 성과를 올리게 되었다.

그러나 산업화의 급격한 진척과 더불어 많은 사회문제가 발생하였다. 산업시설에서의 고용기회 창출은 이농현상을 초래했고, 빈부의 격차와 노사분쟁 등의 분배의 갈등현상이 노출되었다. 이러한 현상은 장기집권에 반대하는 정치세력의 반정부투쟁과 연계되어 정치·사회적 불안을 조성하게 되었다.

박정희 대통령은 1972년 10월 17일 전국에 비상계엄령을 선포하고, 국회해산 및 경제활동의 중지, 헌법의 일부 효력정지 및 비상국무회의 소집 등의 비상조치를 발표하였다. 정부는 통일주체국민회의를 구성, 11월 21일 국민투표로 유신헌법을 확정하여 제4공화국이 수립되고, 입법, 행정, 사법의 3권이 대통령 1인에게 집중된 절대적 대통령제를 채택하였다.

박정희 대통령이 1979년 10·26사건으로 사망한 후 1979년 12월 21일 최규하 국무총리가 10대 대통령에 취임하였으나, 국정의 실권은 전두환 장군 등 신군부에 있었다. 1980년 5월 전국대학생들의 대규모 시위가 계속되는 가운데 신군부세력은 5월 17일 비상계엄령을 전국으로 확대하였다. 5월 31일에는 '국가보위비상대책위원회(國家保衛非常對策委員會)'가 발족되고, 9월 1일에는 전두환 장군이 제11대 대통령으로 취임하여 10월 27일 제5공화국 헌법을 공포하였다. 12월초 민주정의당, 민주한국당, 한국국민당이 창당되었고, 1981년 3월 3일 전두환 대통령이 제12대 대통령에 취임함으로써 제5공화국이 정식 출범하여 과감한 제도적 개혁을 도모하면서 한편으로는 국가안정을 우선하는 정책을 추진하였다.

2. 국가전략

박정희 정부는 호전적인 북한이 군사력증강에 박차를 가하여 남・북한간에 군사력 격차가 크게 벌어지고 있는데도 미국이 우리와의 사전협의도 없이 주한미군 1개 사단의 철수를 결정하고, 남부베트남을 위태롭게 할 수도 있는 평화협정을 추진하였다는 데 큰 충격을 받았다. 또한 북한의 동맹국이며, 한국전쟁에 개입하여 통일의 기회를 좌절시킨 중국과 화해하고 유엔안보이사회의 상임이사국으로 받아들이는 현실에 당면하여 안보상의 불안감을 갖게 되었다.

이러한 불안감은 당시의 시대정신에도 그대로 반영되었다. 당시의 시대정신은 자주(自主), 자조(自助), 자립(自立)에 바탕을 둔 '자주국방'과 '자립경제'의 확립이었다. 박 대통령은 "모든 것을 우리나라의 국가이익에 부합하게끔… 능동적이고 신축성 있는 자세로 대처하고… 기민하게 적응해 나가야 한다" (1973. 1. 12. 연두기자회견)고 강조하고, 새로운 상황에 처하여 '안보, 번영, 통일'이라는 국가목표의 달성을 위한 다음과 같은 새로운 국가전략을 구상하게 된다.

첫째, 미국의 군사원조를 더 이상 기대할 수 없고, 주한미군의 항구적인 주둔도 기대할 수 없는 상황에서, 미군이 주둔하고 있는 기간을 활용하여 우리 힘으로 군사력을 증강하고 '자주국방태세를 확립'하여 국가의 안전을 보장해야 한다.

둘째, 새로운 전략환경을 활용하면서 '남북대화'를 추진하며, 긴장을 완화하고 전쟁을 방지하며 평화를 정착시켜 나가야 한다.

셋째, 경공업중심의 수출주도형 공업화전략으로 구축된 자립경제 기반을 토대로 '중화학공업의 건설'을 통해 고도성장을 지속하며 국력배양을 촉진해야 한다.[22)]

넷째, 미국과 중국의 화해로 시작된 국제관계의 변화에 대처하고, 국론통

---

22) 1970년대 박정희 정부는 중화학공업을 우리 경제의 전략적 우선순위로 꼽았다. 3차 경제개발 5개년 계획(1972-76년)은 우리 산업구조가 경공업 중심에서 중화학공업 중심으로 질적인 성장을 하는 데 결정적인 역할을 했다. 외국의 조롱까지 샀던 이때의 선택은 오늘날 우리 주력 수출 품목의 토대가 됐다. 이때 시작한 철강・조선・석유화학・자동차 등은 대한민국 경제가 한 번 더 도약하는 주축이 됐다. 중화학공업 제품 수출이 늘면서 우리의 수출액은 1977년 100억불을 돌파했다. 수출액이 1970년 10억불을 돌파한 지 불과 7년 만이었다.

일에 의한 남북대화를 추진하며, 고도경제성장을 지속하기 위해서는 국민총화와 능률의 극대화를 통해 국력을 조직화할 수 있는 '강력한 정치체제'가 필요하다.

이러한 구상에 입각한 박 대통령의 1970년대의 국가전략은 '유신체제'로 정치적 안정을 유지하면서 '중화학공업건설'로 고도의 경제성장을 지속하여 자주국방을 추진하고, 남북대화를 통해 긴장완화와 평화정착을 이룩하는 것이었다.

박정희 대통령의 정치·사회복지전략은 유신체제로 나타났다. 국민투표로 '유신헌법'을 채택하며, 무제한 임기 6년제로 대통령의 장기집권을 보장받았다. 국력을 낭비하고 국론을 분열시킨다는 이유로 대통령 직선제를 폐지하고 통일주체국민회의에 의한 간선제를 도입하였다. 국회의원의 1/3은 대통령이 지명하여 정치적 안정을 도모하는 등 권력집중의 강력한 권위주의적 정치체제도 확립하였다. 이러한 체제를 유지하여 '주체적 민족사관(民族史觀)을 정립'하고 '전통문화의 창조적 개발'을 통해 '한국적 민주주의를 실현'한다는 것이었다.

그는 '새마을운동'을 대대적으로 전개하여 근면·자조·협동정신으로 국민의식을 개조하고, '하면 된다', '우리도 잘 살 수 있다'는 자신감과 용기를 불러일으키는 국민의식 개혁운동을 전개[23]하면서 경제건설에 국민을 총동원하였다.[24]

새마을운동의 발전단계를 보면 1971-73년까지는 '기반조성단계'로 자율실천의 기반구축과 새마을정신의 점화와 확산이 주된 과제였다. 1974-76년까지는 '자조발전단계'로 경제난국 극복에 중점을 두었다. 전 국민 참여의 저변확대에 따라 도시와 농촌간의 소득격차 해소, 새마을사업의 소득증대의 연계추

23) 화끈하고 자유분방한 한국인의 기질은 맺혀 있던 한(恨)을 풀고 "발바닥에 땀이 나 신명이 생기면 불가능이란 없다"라는 무서운 저력으로 되살아났다. 신바람의 구체적이며 실용적인 표현이 바로 '하면 된다'였으며, 이는 도전과 긍정의 순환을 불러오는 마법 같은 '자기실현적 예언'이었다는 것이다.

24) 새마을운동은 대한민국의 독특한 지역사회개발운동으로 '근면' '자조' '협동'을 기본정신으로 하며, 이의 실천을 통해 국가발전을 꾀하려는 데 목적이 있었다. 1970년 4월 22일 당시 대통령 박정희(朴正熙)는 전국 지방장관회의에서 새마을가꾸기운동을 제창하였는데, 같은 해 5월 6일 구체적인 추진방안이 마련됨으로써 본격적으로 전개되었다. 1971년부터 전국적 범위로 확대된 이 운동은 생활태도 혁신과 환경개선 및 소득증대를 통한 낙후된 농촌의 근대화를 취지로 하여 정부주도로 이루어졌다.

진 등이 마련되었고, '도시새마을운동'이 전개되었다. 1977-80년까지는 '자립완성단계'로 국력신장의 기반 확충, 농어촌 복지기반사업 확대 등을 추진하였다. 이러한 새마을운동은 제5공화국이 들어선 1981년 이후에는 '민주복지완성단계'를 표방하며 민간 주도화를 시도하였으나, 여러 가지 맹점을 노출시키면서 운동 자체도 상당히 위축되었다.

새마을운동에 투입된 물량은 1971-84년까지 총 7조 2000억 원으로 연평균 5177억 원이었으며, 총액의 57%가 정부투자, 11%가 주민부담, 나머지 32%는 민간단체의 희사로 이루어졌다. 용도별 투자내역을 보면, 생산기반 22.2%, 소득증대 42.8%, 복지환경 27.5%, 정신계발 2.8%, 도시 및 공장새마을운동 4.7% 등으로 나타났다.

이러한 새마을운동의 성과로는 앞서 언급했던 점 외에도 수리시설확충과 농경지확장 등을 통한 식량자급의 기틀을 마련하였고, 소득증대사업으로서는 영농의 과학화, 농가부업의 육성, 농산물가격보장, 새마을공장과 새마을금고의 육성, 농수산물 유통구조개선, 생산품 품질개선과 생산성 향상, 근로자 후생복지제도 및 시설확충 등에서 획기적인 발전을 가져왔다. 그러나 무엇보다도 전통체제하의 농촌을 단기간 내에 현대적인 것으로 변환하도록 충격을 가했다는 점이 특기할 성과라 할 것이다.

박정희 정부의 1970년대 경제발전전략은 '중화학공업건설로 고도성장'을 이룩하는 것이었다. 그는 제4차 경제・사회개발 5개년 계획이 끝나는 1981년까지 "1백억불 수출, 1천불 국민소득"을 목표로 제시했다. 1971년도의 수출은 11억불, 1인당국민소득은 260불 수준에 불과했다.

그는 수출 1백억불 달성을 위해서는 전체 수출상품 중 중화학제품이 50% 이상을 차지해야 하며, 이를 위해 철강, 조선, 기계, 전자, 섬유화학, 비철금속 공업을 '6대 전략산업'으로 육성해 나가기로 결정하였다. 제철능력은 1970년대 초 당시의 1백만 톤에서 1천만 톤으로, 조선능력은 25만 톤에서 5백만 톤으로, 정유시설은 일산 39만 배럴에서 94만 배럴로, 전력은 380만kW에서 1천만kW로, 시멘트는 800만 톤에서 1천 6백만 톤으로, 그리고 자동차는 3만대에서 50만대를 생산할 수 있어야 한다고 판단하였다. 이런 규모의 생산을 보장하기 위하여 제2제철공장, 대단위 기계종합공업단지, 제2종합화학공업단지, 1백만 톤 급의 대규모 조선소와 대단위 전자부속품 생산단지 등의 대규모 건설계획을 제시하고 이를 구현하기 위해 노력하였다.

그의 전략구상은 제3차 및 제4차 경제 · 사회개발계획에 반영되어 그 대부분이 실현되었다. TV, 냉장고, 자동차 등 내구소비재생산이 증가되는 가운데 '1백억불 수출, 1천불 국민소득'의 목표는 4년을 앞당겨 1977년에 달성되었다. 이 기간 중 우리 경제는 눈부신 고도성장을 통해 '한강의 기적'을 이루어냈다. 1981년도의 수출은 215억불, 국민소득은 1천7백불 수준을 기록했다.

한국인들은 박정희와 더불어 '강대국형 고도산업구조'라는 한민족(韓民族) 5000년 역사상 유례 없는 번영발전구조를 건설했다는 사실을 대부분 무시하는 것 같다. 오늘날 대한민국이 영위하는 철강, 기계, 조선, 자동차, 전기, 전자, 반도체, 정보통신, 석유, 화학과 같은 산업들은 선진국들이라고 다 소유하는 산업구조가 아니다. 선진국들 중에서도 오직 강대국들만이 보유할 수 있는 산업구조다. 우리는 제2차 세계대전 이후 강대국형 산업구조를 이룩한 나라는 全세계에 단 하나, 대한민국밖에 없다는 사실을 간과하고 있는 것 같다. 실력없고 보잘것없는 한국의 기업들이 박 대통령의 통솔아래 전쟁터로 돌격한 이래, 강대국들의 골리앗 기업들과 싸워 이룩하게 된, 온통 피땀과 피눈물로 범벅이 된 승전기념탑이다.

이 강대국형 산업구조는 19세기 제국주의 열강시대 이래로 영국 · 프랑스 · 미국 · 독일 · 이탈리아 · 일본 · 소련 정도의 일곱 나라밖에는 가져 보지 못한, 선진국형 구조이다. 최근에는 영국 · 이탈리아 · 소련마저도 이 대열에서 탈락했다. 대한민국을 포함하여 미국 · 일본 · 독일 · 프랑스밖에는 가진 나라가 없다. 중국이 뒤늦게 이 대열에 끼어 보려고 안간힘을 쓰고 있다.

대한민국은 오랜 기간 주변 강대국들에 짓밟혀 눈물의 역사를 살아왔다. 대대로 공녀(貢女) · 화냥년(還鄕女) · 정신대(挺身隊) · 전쟁노예 · 환관내시 · 징용 등의 행렬이 끊이지 않았다. 특히 20세기는 청일전쟁, 러일전쟁, 일제식민지, 6 · 25전쟁, 민족분단으로 한국사 5000년 중에서도 가장 고통스러운 시기 중의 하나였다. 이러한 눈물의 역사를 극복하고 희망차고 당당한 21세기로 나가려면, 말로만 민족자주를 외쳐서는 되지 않으며, 우리 스스로가 주변 4강과 어깨를 겨루는 선진일류국가가 되어야 한다.

또한 고속도로 건설과 확장, 국도포장, 4대강유역개발, 항만개발, 농어촌 전기보급, 국토녹화사업과 함께 과학기술향상을 위한 '국민 과학화운동' 등을 대대적으로 전개했다. 새마을운동을 통해 농어촌 생활환경이 개선되고 농어민 소득이 증대되는 한편 식량증산으로 주곡의 자급자족이 실현되었다. 한편 국민복지 향상을 위해 사회보장연금제도와 국민의료보험제도도 도입되기 시작했다.

1970년대의 안보・외교전략은 한・미안보협력체제를 유지하며 '자주국방(自主國防)'을 추진하고 국제사회에서 대북우위를 확보하는 것이었다. 안보전략개념을 '한・미연합억제전략'에 두고, 한・미군사협력체제를 유지하면서, 주한미군의 주둔을 보장받고, 휴전상태를 유지하는 가운데 자주적 방위전력을 우선적으로 발전시켜 나가려는 것이다. 방위세를 신설하여 전력증강의 재원을 마련하였다. 중화학공업건설과 병행하여 방위산업을 육성, 일부 고성능장비를 제외한 대부분의 무기와 장비를 국산화하려고 시도하였다. 1974년 초에는 '율곡계획'이라 불리는 장기 군사력건설계획이 확정되어 시행에 들어가게 되었다. 1980년대 초까지는 거의 대부분의 육군의 주요 무기와 장비들이 국산화되었다.

박 대통령의 1970년대 대북전략은 '남북대화'를 통해 한반도 군사적 긴장을 완화하고 전쟁을 방지하며 평화를 정착시키려는 것이었다. 승공통일을 위해 먼저 통일역량을 배양(先건설 後통일)하는 한편 북한을 계속 고립시키려 한 1960년대의 대북정책을 새로운 전략환경에 맞게 일부 수정하였다. 북한의 실체를 인정치 않던 과거의 입장으로부터 벗어나, 이를 인정하여 '북한의 국제기구참여'나 '유엔공동가입'에 반대하지 않으며, 북한고립화 대신에 북한과의 선의의 체제경쟁을 제의하고, 대결 대신에 긴장완화, 멸공통일 대신에 평화통일을 주장하였다. 이산가족 재회를 위한 남북적십자회담을 개최하는 한편 남북당국간에 '7・4남북공동성명'을 채택하고 남북조절위원회를 통해 접촉과 대화를 추진했다.[25] 그리고 1973년 6월 23일에는 "6・23 선언"을 발표하였는데, "7개 항의 평화통일 외교정책 선언"[26]은 후일 남북한의 유엔동시가입 등

25) 이 "7・4남북공동성명"에서는 "평화 통일 3대원칙: 자주, 평화, 민족대단결"이 제안되었으며, 이를 위하여 "남북조절위원회"가 탄생하기도 하였다.

26) ① 평화통일은 민족지상의 과제이며, 이를 위하여 노력하여야 한다, ② 상호간에 내정불간섭과 상호 불가침을 실시한다, ③ 남북공동성명 정신에 입각하여 남북대화를 위하여 노력한다, ④ 북한의 국제기구 참여에 반대하지 않는다, ⑤ 북한과 함께 UN에 가입하는 것을 반대하지 않는다, ⑥ 호외평등의 원칙하에 모든 국가들에 문호를 개방하고, 특히 이념과 체제를 달리하는 국가들에 대해서도 문호를 개방한다, ⑦ 우방국들과 기존의 유대관계를 더

안보・외교 분야에 많은 영향을 주었다.27)

박정희 정부의 1970년대 경제발전 위주의 국가전략은 그 목표를 달성하였다. 대한민국은 고도경제성장을 통해 선발 개도국으로서의 국제적 위상을 확보하게 되었고, 산업화과정에서 야기되는 많은 갈등에도 불구하고 국민생활 수준을 크게 향상시킬 수 있는 기반을 마련하게 되었다. 자주국방의 기틀이 마련되고 한반도의 평화와 민족번영의 기반이 조성되었다. 또한 민주주의를 지탱할 수 있는 물질적 토대를 구축하는 데도 성공하였다.

그러나 박 대통령이 '나 아니면 안 된다'는 식의 영구집권의 망상으로 유발된 유신체제 하의 권위주의적 경직화와 각종 역기능의 심화로 인하여 국내적으로는 민주회복과 개헌 및 반체제인사의 석방 등을 요구하는 학원, 언론, 종교, 정계 등과 빈번한 긴장이 야기되었다. 즉 박 대통령은 경제성장의 열매를 고루 분배하거나, 경제・사회발전과정을 정치발전을 통해 여과시키는 데는 실패했다. 그러나 박 대통령의 통치 18년 동안 대한민국은 혁명적인 변화를 겪었다. 이 엄청난 변혁의 모태는 '한강의 기적' 즉 경이적인 경제발전과 우리도 할 수 있다는 자신감의 확산이었다.

박정희 대통령이 제시한 국가건설, 빈곤탈출과 산업화의 추진 등의 비전과 전략 자체는 옳았으나, 문제는 그러한 전략의 성취과정에서 지불한 생명경시와 인권유린, 민주주의원칙의 파괴로 인한 인간적이고 사회적인 비용이 컸다는 점은 간과할 수 없는 일이다.

전두환 대통령의 신군부 권위주의정권 통치기간은 유신시대의 연장선에서 파악될 수 있을 것이다. 제5공화국은 유신잔재의 청산을 위하여 과감한 제도적인 개혁을 단행하였다. 그리고 1인 장기 집권을 배격하기 위하여 대통령의 임기를 7년 단임으로 하고 중임을 금지하였다. 국회의원의 1/3을 대통령이 추천하게 한 제도를 폐지하고 국회의 권한을 강화하였다. 또한 대통령의 법관

욱 공고히 한다는 것을 내용으로 한다.

27) 제4공화국은 1973년 6월 23일 "평화통일에 대한 외교정책 특별선언"을 발표하고 대북정책과 통일정책을 일원화시켰다. 이 선언을 통해 대한민국 정부는 남북한 유엔동시가입에 반대하지 않으며, 이념과 체제를 달리하는 국가와도 문호를 개방할 것을 천명하였다. 또한 정부는 1974년 8월 15일 평화정착, 문호개방과 신뢰회복, 통일성취라는 평화통일 3대 기본원칙을 제시하였다. 결국 박정희 정부의 통일정책의 이론적 근거는 단계적・점진적 접근방법에 기초한 기능주의적 통합이론과 안정형 분단 유지를 추구한다는 의미에서 독일모델을 따랐다고 볼 수 있다.

임명권을 폐지하고 대법원장이 그 권한을 갖게 함으로써 사법부의 독립성을 강화하였다.

제5공화국은 국정목표로서 '선진조국의 창조'라는 대명제 아래 '민주주의의 토착화, 복지사회의 건설, 정의사회의 구현, 교육혁신과 문화창달' 등 구호를 내세웠다. 경제전략에서는 과거 성장제일주의 정책에서 벗어나 저물가, 저금리, 저환율의 '3저(低)정책'과 부동산 투기억제 등 '안정우선정책'을 추진하여 성공하였다. 외교전략에서는 활발한 정상외교를 벌이는 한편, 소련과 중국 등의 사회주의 국가들과도 관계개선을 시도하였다. 그리고 1986년 아시안 게임을 성공적으로 개최하였고, 1988년 서울올림픽 유치에 성공하여 국제적인 위상을 높였다.[28)]

제5공화국은 1982년 1월 22일 대한민국이 추구하는 평화통일방식으로 '민족화합민주통일방안'을 천명하고, 이를 북한이 수락할 것을 촉구하였다. 이 통일방안은 당시까지 대한민국 정부가 제시한 모든 통일정책을 집대성한 것으로서 단계적 접근방법에 의한 구체성과 실현성에 중점을 둔 '先평화 後통일'의 기본원칙에 기초한 것이다. 즉, '잠정협정'을 통해 남북한 상호간에 신뢰를 회복하고, 민주통일에 이르는 단계에서 남북한 주민의 뜻을 대변하는 남북대표로 가칭 '민족통일협의회의'를 구성하여 그 기구에서 통일헌법을 기초하며, 그 통일헌법이 6천만 민족의 자유로운 국민투표를 통해 확정되면 그에 따라 민주적 총선거를 실시, 통일국회와 통일정부를 구성하여 '통일민주공화국'을 수립하자는 것이다.

그러나 정통성의 결핍으로 정치적 불안이 계속되어 1987년 '6월항쟁'으로 대통령직선제 개헌을 약속하고, 1988년 2월 평화적인 정권교체가 이루어졌다. 전두환 정부는 경기를 회복하고 경제적 재도약의 발판을 마련하는 데는 어느 정도 성공했으나, 정치적 안정을 얻는 데 큰 도움이 되지는 못하였고, 국정목표는 부분적으로 달성할 수 있었다.

---

28) 전두환 정부는 1981년 9월 독일 바덴바덴 IOC총회에서 일본의 나고야를 꺾고 '제24회 서울올림픽'을 유치하는 막판 역전극을 연출하였다. 개발도상국으로는 최초의 올림픽 개최이자 아시아에서는 두 번째, 그리고 세계에서는 16번째의 영광을 안은 것이다. 이러한 88올림픽은 대한민국이 세계로 도약하는 계기가 되었다고 할 수 있을 것이다.

제 5 절 민주화와 균형발전 추구기(1988-1997)

1. 전략환경과 국가능력

대한민국에서 올림픽이 거행된 1988년을 즈음하여 국제정세에 큰 지각변동이 일어났다. 공산체제의 붕괴와 냉전의 종식이 그것이다. 고르바초프의 등장 이래 소련에서 경제개혁이 추진되면서 공산당 일당독재체제를 청산하는 정치적 민주화개혁이 뒤따랐다. 1989년 말에는 동서냉전의 상징인 베를린장벽이 무너지고 동구권 국가들 사이에서 탈공산주의 민주화혁명이 전개되었다. 공산주의는 더 이상 이데올로기나 또는 체제로서 그 존립가치가 사라지게 된 것이다. 미・소간에는 중거리핵무기(INF) 폐기와 전략핵무기의 단계적 감축(START)이 이루어지고, 유럽에서는 양대 진영 사이에 재래식군비감축(CFE)이 이루어졌다. 이러한 탈이념, 탈군사화를 통한 탈냉전의 과정은 독일의 통일(1990. 10)과 냉전종식을 선언하는 파리헌장채택(1990. 11), 그리고 소비에트연방의 해체(1991. 12)로 절정에 달했다.

중국도 1978년 이래 개혁・개방정책을 통해 시장경제로 전환하면서 비약적인 경제성장과 국민생활수준의 향상을 이룩하게 되었다.

한편 세계경제질서가 미국중심의 단극체제로부터 일본, 독일 등 경제대국의 출현과 함께 다극체제로 이행되고, 이러한 다극화는 경제블럭을 형성, 지역주의로 발전하는 추세를 보이기 시작했다.

냉전체제 40여년간 유지해 온 미국의 '봉쇄전략(封鎖戰略, Blockade Strategy)'도 본래의 사명을 다하게 되고 이 정책을 구현하기 위한 미군의 '전방배치전략(前方配置戰略, Foward Defence Strategy)'도 수정이 불가피해졌다. 미국은 국가이익을 위해 앞으로도 태평양세력으로 계속 남을 것이며, 동맹국의 방위를 위해 동북아지역에 군사력을 계속 배치할 것이나 방위비 분담을 동맹국에 요구할 것이라는 정책을 밝혔다. 그리고 "주한미군은 공군을 주축으로 계속 잔류할 것이나 지상군 병력은 20세기 말까지 3단계로 나누어 대부분 철수할 것"이라는 계획도 발표했다.

이와 함께 미국은 전 세계에 배치된 전술핵무기의 철수 및 폐기를 선언

(1991. 9)하고, 대한민국 영토에서도 핵무기를 모두 철수하였다.

공산권에서의 변화와 국제냉전의 종식으로 북한은 커다란 정치·심리적 충격과 함께 경제적 타격을 받게 되었다. 1994년 김일성의 갑작스런 죽음과 국제적 고립화와 함께 경제적 난관에 봉착하여 김정일을 중심으로 한 세력들은 '고난의 행군'[29]을 통한 체제생존과 새로운 국제환경에의 적응을 위한 노력을 경주하게 된다.

그러나 대한민국은 30여년간 꾸준히 추진해 온 경제·사회개발계획으로 경제력이 크게 신장되었다. 올림픽이 개최된 1988년을 기준으로 볼 때, 국토면적은 협소하나(세계 98위) 인구는 4천2백만명(세계 22위)에 경제규모는 1,752억불(세계 15위), 1인당 국민소득은 4,127불(세계 33위), 교역량은 1,125억불(세계 11위)에 이르게 되었다. 또한 제철능력 1,900만톤(9위), 조선능력 340만톤(2위), 자동차생산 188만대(10위), 전자제품생산도 세계7위로서 경제규모에 있어서는 세계 15위권에 진입하게 되었다. 또한 원조를 받던 나라로부터 원조를 해주는 나라가 되고, 주한미군의 방위비를 분담하는 나라가 되었다. 군사력에 있어서도 제한된 자주적 방위력을 확보하고, 한미연합억제력을 유지하게 되었다. 이러한 국제적 위상과 더불어 1988년에는 하계올림픽을 주최하여 민족자존을 드높이게 되었다.

다른 한편에서는 1960년 이후 20여년간 급속히 진행된 사회경제적 변동이 정치발전과 민주주의를 통해 여과되지 못함으로써 긴장이 쌓이고 갈등이 심화되었다. 이는 1980년대 중반 이래 권위주의적 군사통치 종식과 민주화를 열망하는 국민적 욕구로 분출되었다. 헌법개정주장과 함께 민주화추진, 그리고 계층·지역·도농간 격차를 해소하고 분배정의의 실현을 촉구하는 요구가 각종 사회적 혼란으로 표출되면서 1987년의 6월 민주항쟁으로 그 절정에 이르

29) 김일성 사망 후 나라의 경제사정이 극히 어려워지자 이를 극복하기 위해 주민들의 희생을 강요시키면서 김정일이 내놓은 당적 구호이다. 고난의 행군정신은 로동신문, 조선인민군, 로동청년의 북한 3대 신문에 공동사설 형식으로 1996년도 신년사에서 그해의 가장 중요한 목표와 기본사상으로 제시했다. "전체 당원들과 인민군 장병들과 인민들은 사회주의 3대진지를 튼튼히 다지며 백두밀림에서 창조된 고난의 행군정신으로 살며 싸워 나가야 한다." 이것은 1996년을 맞이하여 1월 1일에 발표된 조선노동당 중앙위원회 기관지 '로동신문'과 '조선인민군', '로동청년' 공동사설에서 강조한 내용이다. 이 사설 발표 이후 고난의 행군정신은 경제건설에서 성과를 올리는 선동구호로 이용됐을 뿐 아니라 체육, 과학, 문예 등 전 부문을 규정짓는 개념으로 급속히 확산됐다. 특히 문화, 예술부문이 고난의 행군정신 구현에 앞장섰다.

게 되었다. 결국 전두환 정부는 대통령직선제 개헌을 수용하고, 국민의 기본권 신장을 위한 제도적 개선과 언론자유를 비롯한 각 부분에서의 자치와 자율을 보장하겠다는 "6・29민주화특별선언"으로 전기를 맞게 되었다.

민주정의당의 노태우 후보가 15년 만에 실시된 대통령 직선제 선거에서 후보단일화를 이루지 못한 야권의 3후보를 누르고 대통령에 당선되어 1988년 2월 25일 제13대 대통령으로 취임하였다. 그는 당시의 국제적인 상황을 적시 적절하게 활용하여 '북방정책'과 민주화를 위한 각종 조치들을 적극적으로 추진하였으며,[30] 남북고위급회담을 개최하여 남북간에 평화정착을 위한 '남북기본합의서'를 체결하였다.

민간인 출신의 김영삼 대통령이 1993년 2월 25일 제14대 대통령에 취임함으로써 '문민정부(文民政府)'가 탄생하였다. 그는 과감하고 중단 없는 위로부터의 개혁을 추진하였다. 오랜 군부권위주의를 마감하고 집권한 김 대통령은 집권 초기부터 민주개혁을 주도하였다. 민주화 운동을 주도한 최초의 대통령답게 집권 초기에는 금융실명제 실시, 군대 내의 사조직 척결 등 선명한 개혁과제를 제시하고 전격적인 개혁을 단행하여 민주화를 향한 국민들의 요구를 충족시켰으나, 무리한 과거사 청산과 김현철을 중심으로 한 주변 개혁세력들의 부패 등으로 개혁은 퇴색되었다. 또한 무리한 '세계화 추진전략(Globalization)'과 경제발전전략에 대한 식견의 부족으로 IMF구제금융이라는 초유의 환란을 초래하여 국민을 도탄에 빠뜨린 무능력한 모습을 보여 주었다.

2. 국가전략

'6월 민주항쟁'에 이은 '6・29 민주화특별선언'의 결과로 역사상 최초의 평화적 정권교체를 이룩한 노태우 정부가 당면한 과제는 ① 국가적인 대행사

30) 건국 60년의 역사에서 국민들의 민주화요구가 본격화되었던 1987년 이후 21년에 대해 학계와 정치권은 '민주화의 시대'로 규정하고 있다. 1987년 6월 항쟁으로 대통령 직선제 개헌이 이뤄져 민주화의 시대가 개막했다. 93년에는 박정희 대통령 이후 30년 만에 군 출신 정권이 끝나고 문민정부가 출범했고, 95년에는 지방자치단체장 선거가 실시돼 민주화의 저변이 확대되었다. 산업화 과정에서 억압되었던 민주주의와 인권이 크게 신장되었고, 대통령, 국회의원부터 시장과 교육감까지 국민이 직접 뽑는 제도와 절차로서의 민주주의가 발전하였다. 지난 21년을 이끌어온 시대정신은 다름 아닌 민주화였다(연세대 사회학과 김호기 교수).

인 88서울올림픽을 성공적으로 치르며,[31] ② 권위주의를 청산하고 정치, 경제, 사회 모든 분야에서 민주화와 자율화를 실현하고, ③ 경제의 안정적 균형발전을 도모하면서 경제성장의 혜택을 국민 각 계층에 골고루 분배하며, ④ 탈냉전의 호기를 포착하여 소련 및 중국 등 북방사회주의국가들과의 관계를 정상화하고, 북한과의 관계를 개선하여 안보환경을 개선하고 평화통일을 촉진하는 것이었다. 즉 당시의 시대정신은 '권위주의 청산과 민주화, 균형발전, 평화공존'으로 요약될 수 있었다.

제6공화국의 국가전략은 '민주화를 추진하면서 경제 사회의 균형발전을 도모하고, 사회주의국가들과의 관계정상화로 남북관계를 개선하면서 평화공존을 이룩하는 것'이었다. 노태우 정부가 제시한 국정목표인 "민족자존, 민주화합, 균형발전, 통일번영"이 이를 잘 반영하고 있다.

노태우 대통령은 취임사에서 자신의 "임기 안에 민주주의가 확고히 뿌리내리도록 하기 위해 모든 노력을 기울일 것"임을 다짐하면서 민주화가 최우선의 목표임을 밝혔다. 이는 약 30년 동안 국가전략의 큰 축으로 유지된 '경제제일주의전략'으로부터 '민주주의발전을 우선하는 전략'으로의 전환을 의미하였다.[32]

노태우 대통령은 권위주의를 청산하고 민주주의의 제도적 정착을 위한 민주화조치를 추진했다. '국민의 기본권 신장', '언론출판의 자유창달', '노동 3권 보장' 등을 위한 각종 조치를 단행하고 지방자치제를 비롯한 사회 각 부문에서의 자율화조치를 실현하였다.

노태우 정부의 안보외교전략은 새로운 전략적 환경에 부응하여 한미안보협력관계를 전향적으로 재정립하고 자주국방체제를 강화하는 한편 '북방외교'를 통해 소련 및 중국과의 관계정상화로 안보환경을 개선하는 것이었다.[33] 노

---

31) 건국 이후 가장 큰 국제행사였던 서울올림픽은 대한민국의 존재를 전 세계에 알리는 엄청난 효과를 가져다 주었다. '한강의 기적'으로 불리는 우리의 경제성장, 올림픽 직전에 이루어진 정치적 민주화 등을 전 세계에 선보이면서 대한민국도 당당한 세계무대의 주역으로 자리 잡을 수 있게 되었다. '벽을 넘어서'란 패치프레이즈를 내건 서울올림픽은 '동서 화합'의 발판을 마련했다는 평가도 받고 있다.

32) 대한민국 민주주의는 1987년 6월 항쟁과 6·29 선언, 5년 대통령 단임제 개헌, 그해 말 직선에 의한 대통령 선출을 거치면서 정상 궤도에 올랐다. 그 이전까지 대한민국의 경제성장은, '민주주의의 결여'라는 이유 때문에 제대로 된 평가를 받지 못하곤 했다. 그러나 1987년 민주화를 통해 정치와 경제가 균형을 이루는 선진화의 토대가 마련됐다. 이때 마련된 정치적 틀은 흔히 '87년 체제'로 불리며, 지금까지 대한민국 정치의 골간을 이루고 있다.

33) 노태우 대통령은 취임 당시 북방외교를 천명한 후 헝가리와 수교(1989년), 옛 소련과 수교

대통령이 "모스크바와 북경을 통해서 평양으로"라고 표현했듯이, 노태우 정권은 북한과 동맹관계를 유지하고 북한을 정치, 경제, 군사적으로 지원해 온 이들 국가들과의 관계개선을 통해 북한의 변화를 유도하고 한반도의 안정과 평화를 도모하려 하였다. 또한 남북한 유엔공동가입을 실현하고 건국 이래 대한민국외교의 사각지대가 되어 온 사회주의권과의 정치·경제적 관계를 정상화하여 국익을 추구하고 국위를 선양하려 노력하였다.

통일전략은 '한민족공동체통일방안'을 구현하는 것으로 국제냉전 종식의 호기를 활용하여 한반도 냉전구조를 해체하고, 남북관계를 개선, 평화공존의 기틀을 마련하여 평화통일을 촉진하려는 것이었다.[34] 우선 불신과 대결의 남북관계를 화해와 협력관계로 전환하고, 전쟁을 방지하고 평화를 정착시키며, 다방면의 교류 협력을 통해 민족동질성을 회복하고 민족공동체를 형성해 나가려는 것이다. 즉 남북이 서로 오가고 돕고 나누는 과정을 통해 북한의 변화를 유도하고, 점진적인 민족사회의 통합을 통해 국가통일을 이룩하려는 것이었다.[35]

경제전략은 이미 1980년대 들어 성장우선에서 '안정우선'으로, 불균형성장에서 '균형성장전략'으로 전환해 온 데 이어 산업구조 조정을 통해 성장잠

(1990년), 대만과 외교단절 및 중국과 수교(1992년)로 북방외교의 기틀을 마련하였다.

34) 제6공화국은 1989년 9월 "한민족공동체 통일방안"을 발표하면서 "민족자결의 정신에 따라 자주적으로, 무력행사에 의하지 않고 평화적으로, 민족대단결을 도모하여 민주적으로"라는 통일의 3원칙과 신뢰구축협력→남북연합→단일민족국가건설의 3단계로 통일을 실현시켜 나가겠다고 천명하였다. 통일의 과도기적 체제로서의 '남북연합'은 남북관계 전반에 대한 최고협의결정기구로서 '남북정상회담'을 두고, 남북한 정부대표로 구성되는 '남북각료회담'과 남북한 동수(同數)의 국회의원으로 구성되는 '남북평의회'를 설치하도록 하였다. 또한 남북연합체제하의 각료회의와 평의회 일부를 지원하고 합의사항 이행 등 실무를 위해 공동사무처를 두며, 서울과 평양에 상주 연락대표를 파견하는 것으로 되어 있다. 이 통일방안은 남북연합의 발족을 계기로 민족공동체의 회복과 발전을 도모하는 여러 가지 공동사업들을 추진하기 위해 비무장지대의 적성지역을 '평화구역'으로 설정할 것을 제의하였다.

35) 노태우 대통령은 1988년 7월 7일에 "7·7특별선언"을 발표하였다. 그 내용은 "남북한이 대결상태를 청산하고, 선의의 동반자관계를 승화시키자"는 주장과 함께 6개항의 정책개황들이 제시되었다. 이 내용은 "① 남북한 동포간 상호 교류 및 해외동포들의 자유로운 남북한 왕래 실현, ② 이산가족들간의 생사, 주소확인, 서신왕래, 상호방문 등을 적극적으로 추진, ③ 남북한 교역의 문화를 개방하여, 남북한간의 교역을 민족내부에서의 교역으로 간주하기로 할 것, ④ 비군사적 물자에 대해서는 우방국가들과 북한 사이의 교역을 반대하지 않을 것, ⑤ 남북한간의 소모적인 경쟁과 대결 외교의 종식 및 이를 위하여 남북한 대표들이 국제무대에서 자유로이 만나서 민족의 공동이익을 위하여 협력하기로 할 것, ⑥ 북한에 미국 및 일본 등의 남한의 우방국들과의 관계개선에 협조할 용의가 있음" 등이었다.

재력을 배양하고, 경제의 자율화, 개방화를 추진하며, 경제의 균형발전, 국민복지의 증진 및 형평 제고에 치중하는 것이었다. 특히 경제성장의 열매를 국민들에게 균형 있게 분배하고, 기본적인 사회복지제도를 확충하여 주택공급의 확대와 주거환경을 개선하는 등 사회적 안정을 도모하는 데 치중하였다. 경제분야에서는 연평균 8.5%의 실질성장률을 이루었으나, 물가의 상승, 부동산투기의 확산 등으로 서민층의 불만이 고조되었다. 재벌소유 집중완화, 토지공개념 등 각종 개혁정책은 일관성을 잃고 표류하여 소기의 목적을 달성하지는 못하였다.

노태우 정부는 분출하는 국민의 요구를 수용하여 권위주의를 청산하려고 노력하면서 어렵고도 긴 민주화의 장정을 시작하였다. 이러한 전략은 노사분규와 급격한 임금인상을 야기시켜 한국경제의 국제경쟁력 약화를 초래하였지만 분배의 형평 실현과 국민복지증진에는 기여하는 효과가 있었다. 경제성장도 지속되어 국민소득이 1987년의 3천불 수준에서 1992년에는 7천불 수준으로 향상되고, 삶의 질이 향상되면서 소비지출이 증가하여 수출주도형 경제구조와 내수주도형 경제구조가 병행되는 과정에 있었다.

북방외교의 성공으로 안보환경이 변화되고 소련, 중국과의 교역과 경협도 크게 증진되었다. 특히 북한과의 평화공존정책을 토대로 남북고위급회담을 통해 "남북사이의 화해와 불가침 및 교류 협력에 관한 기본합의서"를 채택하고 이를 실천에 옮기기 위한 '분야별 부속합의서'를 채택하는 데 일단 성공했다. 다만 실천의 문턱에서 북한의 핵무기 개발의혹으로 말미암아 남북관계가 일시적으로나마 교착상태에 빠지게 되었다. 그러나 남북한간의 인적 · 물적 교류의 물꼬를 트고 소규모나마 교류가 시작되는 계기가 되었다.

제6공화국의 국가전략은 한 시대를 마감하고 새 시대로 이행하는 전환기에 여러 가지 제약에도 불구하고 미래로 전진하는 과도기적 역할을 수행했다고 볼 수 있을 것이다.

김영삼 대통령은 '신한국 창조'를 국가목표로 제시하고 '과감하고도 중단없는 위로부터의 개혁'을 선언하였다. 김영삼 정부는 국가목표를 달성하기 위한 국정지표로 '깨끗한 정부, 튼튼한 경제, 건강한 사회, 통일된 조국'을 설정하였다. 그 당시의 시대정신은 '개혁과 개방, 세계화, 문민화'로 요약될 수 있을 것이다.

그는 자신의 재산을 공개하고 "일체의 정치자금을 받지 않겠다"고 선언하였으며, '공직자 윤리법'을 개정하여 1급 이상 공직자의 재산공개를 의무화하였다. 또한 '금융실명제'를 실시하고[36] 돈 안드는 선거를 위해 '공직선거 및 선거부정방지법'을 비롯하여 정당법과 정치자금법 등을 개정하였으며, 행정기구의 축소 개편을 단행하였다. 뿐만 아니라 하나회출신 장성들을 전역시킴으로써 군의 개혁을 시도하였으며, 정부의 성격도 '문민정부(文民政府)'로 규정하였다.

그러나 문민정부가 취한 각종 개혁작업은 법치(法治)가 아닌 인치(人治)라는 비판을 받았고, 그 결과 군부독재를 대신하는 문민독재라는 비판이 제기되었으며, 무분별한 개혁과 비합리적인 정책의 추진으로 '사고 공화국'이라는 오명을 남기며 국가를 혼란에 빠뜨렸다.

김영삼 정부의 통일전략은 '화해협력, 남북연합, 통일국가'라는 통일방안[37]을 실천해 나가기 위해 '민주적 국민합의, 공존공영, 민족복리'를 3대 통일정책의 추진기조로 삼았다.

한편 김영삼 정부는 김일성 사망 등 급변하는 한반도 정세에 맞추어 종합적인 통일 청사진으로서 '한민족공동체 건설을 위한 3단계 통일방안'을 천명하였다.[38] 이 통일방안은 약칭 '민족공동체 통일방안' 또는 '공동체 통일방안'이라고도 한다. 이 통일방안의 기본철학은 자유와 민주를 핵심으로 하고, 1체제 · 1정부를 궁극적인 목표로 삼았다. 그리고 통일과정에서는 '국가통일'보다는 '민족통일'을 우선시하고, 특히 '7천만 한민족공동체 통일'과 '자유민주주의체제'를 강조하였다.

---

36) 김영삼 대통령은 1993년 8월 12일 극도의 보안 속에서 '금융실명거래 및 비밀보장에 관한 긴급명령제'를 전격 발표하였다. 금융실명제 실시 이후 음성자금을 이용한 금융거래가 억제되고 시장원리에 입각한 금융시장의 가격기능이 회복돼 금융자율화 기반이 조성되는 계기가 되었다.

37) 1989년 9월 11일에는 통일방안 다운 통일방안인 "한민족공동체 통일방안"이 나왔으며, 이는 김영삼 정부의 "민족공동체 통일방안"(1994년 8월 15일)으로 이어졌다.

38) 3단계 통일론은 첫째, 남북한이 냉전구조의 산물인 적대와 불신관계를 청산하고 신뢰를 회복해 나가면서 화해와 협력의 관계로 발전하는 단계이며 둘째, 남북한의 관계개선이 어느 정도 활성화되고 정례화되면서 제도화된 남북기구들이 나타나는 남북연합의 단계이고 셋째, 남북평의회에서 제정한 통일헌법을 바탕으로 1민족 · 1국가 · 1체제 · 1정부의 형태로 통일을 이루는 통일국가단계이다.

외교전략에서는 신외교정책을 수립하고 그 기본방향으로 세계화, 다변화, 다원화, 지역협력 및 미래지향의 통일외교 등 5대 기조를 설정하였다.

그는 군부를 국내정치문제에서 완전히 차단시켜 문민우위를 조기에 정착시키는 데 성과를 남길 수 있었다. 금융실명제와 공직인사의 재산공개를 통한 부패차단시도도 고질적인 부패의 관행을 근절시키려는 의지로 평가받았다.

그러나 문민정부는 노동 및 재벌과 경제개혁의 실패에 이어 준비 없는 급진적인 신자유주의적인 세계화 정책의 졸속한 추진으로 인해 국가를 외환위기와 국제통화기금(IMF)의 구제금융 위기를 자초하였다.

개발연대 시스템에 내재된 위기와 한계는 이미 1980년대 후반부터 지적되었다. 수차례의 준(準)위기상황이 도래하였는데도 불구하고, 1980년대 후반의 3저 호황, 1990년대 중반의 반도체 호황 등 대외 여건의 호조에 힘입어 고비를 넘길 수 있었고 위기의식도 둔감해졌다. 개발연대의 발전전략이 거둔 성과에 대한 자기도취와 위기에 대한 둔감성 때문에 새로운 발전전략을 모색하려는 노력이 부족했다. 기존 시스템은 유효성을 상실한 채 취약해졌지만 새로운 시스템을 갖추지 못했다. 그 결과 외부의 충격에 의해 경제의 기본틀이 일시에 흔들리는 위기를 맞게 되었다. IMF 위기는 해외음모론, 금융외환위기론, 부실행태론, 구조적 위기론 등 다양한 원인에 의해 발생했지만, 그 이면에는 경제발전전략의 구조적 모순과 대응의 부재가 있었다는 점을 부인하기 어렵다. 한 세대 동안 고속성장을 가능하게 했던 경제의 기본틀이 무너져 버렸다는 인식을 갖게 하고, 경제구조를 개혁할 수밖에 없다는 절박성을 심어 주었다는 점에서 IMF 위기는 일종의 '위장된 축복(Disguised Blessing)'이기도 하였다.

비교사적인 측면에서 볼 때 미국과 일본 그리고 독일에서는 진보정권이 아니라 보수정권 때 국내의 저항을 최소화하면서 미・중, 미・일 관계개선과 독일통일이라는 국가목표를 이루어내었다. 그러나 김영삼 정부는 유사한 조건 속에서도 냉전이념에 집착하여 탈냉전과 민주화시대의 조류에 어긋나는 전략을 추진하였고, 그 결과 국가의 대외전략에서도 큰 실패를 초래하였다.

사회복지전략이 국가 차원에서 구체화된 것은 1980년대 이후라 할 수 있다. 빈부격차와 사회적 양극화를 완화하기 위한 사회복지전략의 첫 시도는 전두환 정부의 전 국민의 의료보험 확대실시를 위한 기반조성사업이었다. 사회적 통합을 위한 기본이 기초적인 의료보장과 사회보장이란 점을 감안하면, 지금까지도 많은 제한사항은 있지만, 전 국민 의료보험제도 도입의 의미는 크다. 그 후 노태우 정부는 직장과 지역 의료보험 실시를 완료하였다. 1987년 민주화 운동의 영향을 받은 노태우 정부는 '자율, 안정, 복지의 조화'라는 이념 아래 분배와 복지를 중시하는 전략을 실시하였다. 이는 그때까지의 성장전략과 비교하면 약간의 전략수정이라 할 수 있다.

민주화와 세계화의 움직임에 맞추어 대한민국의 국가전략을 수립하고 보완하려는 노력들이 1990년대에 들어 시작되었다. 21세기 선진경제 시스템을 세계화와 규제완화를 통해 구축하려던 김영삼 정부의 개혁전략과, 민주주의와 시장경제의 병행발전을 추구한 김대중 정부의 개혁전략이 여기에 해당한다. 그러나 1997년 12월 국제통화기금의 구제금융을 받기 전까지는 국가전략상의 근본적인 전환은 이루어지지 않았다. 특히 번영・발전전략에서는 1960년대 박정희 시대에 형성된 국가전략의 원형이 그대로 지속되었다고 볼 수 있다. 예를 들어, 국가 주도적 관치금융이 지속되었으며, 대기업 위주의 성장노선에는 아무런 변화가 없었고, 박정희 시대보다 더 강력한 수출드라이브 정책이 지속되었다. 그리고 국가전략의 선택 및 집행과정에 있어서도 정부가 적극적으로 개입하는 권위주의적인 관행이 좀처럼 사라지지 않았다. 즉 단기간에 스스로의 개혁으로는 좀처럼 전환되기 힘들었다.

즉 대한민국의 번영・발전전략은 개발연대의 방식을 그대로 답습하고 있다고 해도 과언이 아니었다. 약 50여 년 동안 '고용을 유지하기 위해서는 고성장이 불가피하고 고성장의 기본 동력은 수출증진이다'라는 명제가 대한민국 경제를 지배했다. 하지만, 경제위기를 거치면서 고실업과 저성장이 우리에게도 예외가 아니라는 사실을 경험하였다. 수출도 양보다 수익성과 수출구조의 건전성 등이 더욱 중요한 기준으로 지적되었다. 수출량은 늘었는데도 채산성은 악화되는 열악한 상태는 개선되어야 했다. 더구나 수출이 선박, 차량, 반도체, 전자제품 등 몇 개 주력품목에 지나치게 의존하였다. 주력상품의 수출주도형전략의 한계를 극복하기 위해서는 한편으로는 내수를 확대하는 정책을 펴야 하며, 다른 한편으로는 안정적인 외국인 투자자들의 장기투자가 확대되도록 해야 하였다. 장기적으로 보면 양적인 투입증가형 성장에서 '효율성 위주의 성장(Efficiency Oriented Growth)'으로 전환이 요구되었다.

우리사회는 1987년 체제 이후 대통령 직선제를 계기로 오랜 군부독재의 시대를 마감하면서 정치적 민주화가 크게 진전되었다. 그러나 형식적 민주주의, 절차적 민주주의의 성취에 상응하는 민주주의의 내실화는 커다란 진전의 계기를 맞지 못하고 병목상태에 빠져 있었다. 민주화 이후 안정적으로 제도화되지 못한 소모적인 정치적 논쟁은 국가능력의 향상을 급격히 제약하였다. 대한민국에서 정치적 경쟁은 사회갈등의 조율과 조정이라는 순기능보다는 오히려 갈등을 증폭시키고 정치적 리더십의 확보를 어렵게 하였다. 특히 여소야대(與小野大) 상태에서 행정부와 의회의 대립은 국가자율성은 물론 국가능력을 심각하게 저하시켰고 이는 우리 사회의 시스템적 위기를 초래하면서 상호 갈등을 심화시켰다.

제 6 절 IMF체제 극복과 남북 화해·협력기(1998-2007)

1. 전략환경과 국가능력

세계가 21세기를 맞기 위해 분주했던 당시의 전략환경은 이념과 체제 및 제도간의 갈등과 대립이 현저히 감소한 반면 경제의 중요성은 부각되었다. 탈냉전의 질서변화는 세계정세의 방향을 화해와 협력으로 전환시켰으며, 국제질서의 다원화와 국제적 상호 의존성은 증대되었다. 국제질서가 자율성이 커지고 개방화되면서 지역차원에서는 분쟁이 증대되었다. 냉전시대에 비해 탈냉전시대의 상황은 오히려 유동적이고 불확실성이 더욱 증대되었다.

1990년대 후반은 태국에서 시작된 경제위기가 다른 아시아 국가로 확산되면서 대한민국에도 초유의 금융위기가 발생하였다. 2000년대 초에는 미국의 부시 대통령의 등장으로 'Pax Americana'정책이 강화되었으나, 미국의 심장부에 대한 테러단의 공격으로 대테러전이 확산되고, 아프가니스탄과 이라크에 대한 공격이 현실화되었다. 부시 대통령은 북한을 악의 축으로 지정하고 김정일을 제거해야 할 대상자로 지목함으로써, 당시 한국정부가 추진하던 화해협력정책은 제한을 받을 수밖에 없었다.

제15대 대통령선거를 앞두고 호남지역에 정치기반을 둔 새정치국민회의와 충청권에 기반을 둔 자유민주연합은 김대중 후보를 단일 후보로 내세워 정권을 인수하였다. 이어 양당은 1998년 2월 25일 제15대 김대중 대통령의 취임과 함께 자유민주연합의 김종필 총재를 국무총리로 하고 내각의 각료를 안배해 공동정부를 구성한 뒤 새 정부의 주권이 국민에게 있다는 것을 분명히 하는 의미에서 새 정부의 이름을 '국민의 정부'라 명명하였다. 이와 함께 김대중 대통령은 대통령취임사에서 총체적인 개혁을 다짐한 후 민주주의와 경제발전의 병행실천을 국정과제로 제시하고 새 정부를 참여민주주의가 실현되는 국민의 정부로 규정하였다.

김대중 대통령은 이전 대통령과는 전혀 다른 국내외의 환경 속에서 통치를 시작하였다. 1997년 초겨울에 시작된 외환위기는 그의 취임과 맞물려 운신의 폭을 극도로 제한하였다. 국민의 정부는 심각한 외환위기의 극복과 경제사회의 구조개혁이라는 어려운 숙제를 떠안게 되었다. 그러나 동시에 진행된 탈냉전체제의 심화는 새로운 기회로 작용하기도 하였다. 이런 환경 속에서 그는 경제위기 극복과 남북관계의 개선을 동시에 추구하였으며, 그 결과 일정한 성과를 달성하였다. 취임초기에 그에게 주어진 가장 큰 과제는 경제위기의 극복을 위한 구조조정이었다.

그러나 국민의 정부는 출범 초반, 국회의 과반수 의석을 초과 확보한 한나라당의 제동으로 국무총리와 감사원장의 국회인준이 지연되는 등 정국운영에 어려움을 겪다가 구여권의 국회의원을 대폭 영입함으로써 가까스로 국회안정세를 유지하였다. 이후 기업의 구조조정과 금융개혁, 외환위기 탈출을 위한 경제적인 난국을 타개하는 한편 민주주의와 시장경제의 병행발전을 바탕으로 하는 'DJ노믹스'를 표방하고 남북관계에서는 '햇볕정책'이라는 '화해협력정책'의 큰 틀을 내세워 남북화해와 협력의 시대를 여는 데 주력하였다.

김대중 대통령은 '민주주의와 시장경제의 병행발전론'을 국정운영의 철학으로 제시하였다. 기존 국가발전전략의 한계를 인식하고, 정치사회영역에서는 민주주의를 발전시켜 나가며, 경제영역에서는 시장경제를 정착시키겠다는 것을 천명한 것이다. 그동안 개발연대에서 무시되었던 민주주의를 신장시킴으로써 시장경제를 더욱 발전시킬 수 있다는 논리였다.[39] 하지만, '민주주의와 시

---

39) 정부정책을 이론적으로 뒷받침하는 싱크탱크들의 모임인 국정개혁 공동모임이 발간한 보고서 「국가경쟁력 제고를 위한 국정개혁방향」(1998)은 당면한 위기극복과 경제구조 개혁을

장경제의 병행발전론'과 '민주적 시장경제론'으로 개념이 혼란스러운 것에서 나타나듯이, 이 국정운영의 기조가 독일식 '질서자유주의론'[40]과 미국식 '신자유주의론'에 뿌리를 두고 있다고는 하지만 정부개입의 폭과 방향 등 핵심 사안에 대한 입장이 명확히 정리되지 않았던 게 사실이다. 'DJ노믹스'는 박정희식의 정부 주도 모델과 1980년대 중반 이후의 자유방임정책이 남긴 유산을 청산하기 위한 제3의 대안으로서의 의미를 지녔다. 하지만, 민주주의와 시장경제의 병행발전론이 '유럽의 제3의 길(The Third Way)'[41]과 결합되면서, 지적 풍토와 역사적 경험이 전혀 다른 노선이 편의적으로 혼합되어 나타나는 철학적·전략적 혼동도 없지 않았던 것으로 평가된다. 이 과정에서 그는 준비된 대통령으로서 지도력을 보여 주었다. 기업의 효율성을 위해 노동자의 양보를 이끌어냈고, 다른 한편으로는 사회적인 약자를 위해 사회안전망 확보의 기반을 만들었다.

2002년 12월 19일 치러진 선거에서는 여당인 새천년민주당의 노무현 후보가 당선되어 2003년 2월 25일 제16대 대통령에 취임하였다. 노무현 정부는 국민들의 자발적인 모금과 선거운동이 대통령선거를 승리로 이끄는 데 중요한 역할을 하였을 뿐 아니라 향후의 국정운영에서도 국민의 참여가 핵심역할을

위해 민주적 시장경제의 원칙을 어떻게 적용할 것인가를 제시하고 있다. 이 보고서의 핵심은 관치경제의 틀을 깨고 자기 책임과 경제적 자유가 보장되는 시장경제질서를 확립하는 데 있다. 민주주의와 시장경제의 병행발전을 위한 실천원리로서 자유와 정의, 그리고 효율을 중시하지만, 복지병 등 시장경제의 근간을 위협하는 현상에 대해서는 부정적이며, 정의의 원리는 효율의 원리와 조화를 이루어야 한다고 주장한다.

40) '질서자유주의'는 'DJ노믹스'의 주요 개념으로 시장경제질서 유지에 관한 정부 역할의 중요성을 강조한 독일의 경제 및 정치사상이다. 프라이부르그(Freiburg)학파를 중심으로 발전한 질서자유주의는 나치정권의 탄생 원인을 경제체제가 잘못 세워진 데서 찾았다. 독일제국의 자유방임적 경제체제가 사적 경제권력의 지나친 성장과 이에 따른 경쟁제한으로 경제권력과 정치권력이 집중된 기형적인 나치정권을 탄생시켰다는 것이다. 따라서 질서자유주의자들은 정치 및 경제적 자유를 수호하고 사회의 안정과 발전을 도모하기 위해서는 사적 권력의 발흥을 억제할 수 있도록 경쟁질서가 확립되어야 한다고 주장한다. 이러한 질서의 확립에는 정부가 재산권 보호관련 법제를 정비하고 치안을 확보하는 수준의 자유방임에서 벗어나 시장의 질서 확립을 위해 적극 나서야 한다는 것이다.

41) 앤서니 기든스(Anthony Giddens)가 주창한 이론으로 전통적 사회민주주의와 신자유주의의 '정글'은 과거 냉전시대의 양극체제에 적합했던 사회모델로 더 이상 효용가치가 없다는 것이 그의 생각이다. 국가가 개인의 역할을 대신해 주는 전통적 사회민주주의도 반대하지만, 연대와 평등의 개념이 없는 신자유주의의 개인주의도 반대한다. 한국에는 1998년 독일의 사민당 집권 이후 유럽 좌파가 새롭게 조명받으면서 대중적으로 알려지게 되었다. 영국 수상이자 노동당 당수인 토니 블레어의 정치 이념을 기초해 준 것으로 알려졌다.

할 것이라는 의미에서 '참여정부'라 명명하였다.

전략환경은 세계화와 지식정보화가 진행되는 가운데 대테러전이 미국을 중심으로 강력하게 추진되었다. 미국이 아프가니스탄과 이라크에 군사력을 집중 투입하였고, 한국군을 포함한 다국적군이 편성되어 테러를 저지하기 위한 군사작전을 실시하였다.

동북아정세는 중국경제의 급속한 성장에도 불구하고, 역내 국가들의 상호의존성이 증대되었고, 협력이 가능한 사안을 중심으로 상호신뢰를 높여 나갔다. 그러나 한반도에서의 냉전체제의 상존과 북한정권의 핵과 미사일시험으로 인한 불확실성의 증대로 화해와 긴장의 양면성이 상존하였다.

2. 국가전략

IMF환란을 맞아 국민 모두가 괴로워하였던 당시를 관통하는 시대정신은 '경제난국의 조기극복'과 '화해와 협력'이었다.[42] 김대중 정부는 이를 위해 정부의 성격을 '국민의 정부'로 규정하였다.

국민의 정부의 국가목표는 ① 당면한 경제위기 극복, ② 한반도에 평화체제의 정착, ③ 국정개혁 추진 등이었다. 김대중 정부의 1998년 국정지표는 '국정전반의 개혁, 경제난국의 극복, 국민화합의 실현, 법과 질서의 수호'로 설정하였으며, 1999년 국정지표는 '국정개혁 강화, 경제재건 시작, 국민화합 실현, 지식기반 확충, 문화관광 진흥'으로 되어 있다.

국민의 정부는 정치전략의 일환으로서 '제2건국운동'을 주창하였으며, '자유, 정의, 효율'이라는 3가지의 원리와 '실질개혁, 국민주체, 솔선수범'의 3가지 원칙을 정하고 6대 국정과제를 제시하였다. 권위주의에서 참여와 분권의 민주주의로의 선진적 민주정치, 관치경제에서 시장경제로의 민주적 시장경제, 닫힌 민족주의에서 열린 세계주의로의 보편적 세계주의, 물질위주의 성장에서 지식중심발전으로의 창조적 지식국가, 분열과 갈등에서 화합과 협력으로의 공생적인 시민사회, 남북대결 주의에서 안보와 화해의 병행으로의 협력적 남북

42) 김대중 대통령은 1997년 11월부터 시작된 국제통화기금(IMF) 관리체제의 외환위기를 재정·금융긴축과 대외개방, 금융 및 기업에 대한 구조조정을 통해 위기를 극복하였다. 또한 보수세력의 비난에도 일관되게 햇볕정책을 추진하고, 2000년 6월에는 김정일 북한 국방위원장과 평양에서 역사적인 남북정상회담을 여는 등 남북화해 분위기 조성에 기여하였다.

관계 등이다. 이를 다시 7대 국정과제로 확정하고 분야별로 3개씩, 총 21개의 기획과제를 선정하였다.[43)]

국민의 정부는 1999년 국정운영의 5대 과제의 하나로 지식기반의 확충을 제시했다. 시장질서 확립, 구조개혁 추진, 생산적 복지 달성과 함께 미래를 대비하는 전략으로 '지식기반경제'가 등장한 것이다. 재정경제부와 한국개발연구원은 지식기반경제의 의미와 이행의 필요성, 지식기반경제의 구축을 위한 기본 전략 등을 제시하였다. 발전전략의 핵심으로는 구조조정을 통한 시장경제의 기초질서 확립, 다국적 기업의 유치 등 과감한 개방전략을 통한 세계 수준의 유·무형자원의 흡수, 미시정책환경의 정비를 통한 고도의 지식혁신활동의 기반조성 등 3가지를 내세웠다.

지식기반경제 발전전략은 경제성장의 핵심 원천으로 지식과 기술의 중요성을 강조하고, 지식의 창출과 공유 및 확산을 위한 국가지원의 필요성을 인식했다는 측면에서 의의가 있다. 그러나 구체적인 정책과제로 전략을 접목시키는 데는 한계를 보였다. 국민의 정부가 지식기반경제의 일환으로 제기한 디지털 경제로의 이행을 위한 추진전략에서는 이 경제로의 조기전환을 통해 경제위기로부터 완전히 탈출하고, 21세기에 대두하는 기회를 선점하는 것을 목표로 선정하였다. 지식기반경제가 전략의 방향으로는 맞지만 구체적 수단의 개발에 대해서는 모호했다면, 디지털 경제는 지식기반경제를 실질적으로 실천하기 위한 수단으로 유효하다는 사실이 인식되었기 때문이었다. 디지털 경제는 세계화, 정부혁신, 지식기반경제 등을 가능하게 하는 강력한 정책 프레임으로 선정되었다.

국민의 정부의 국가안보전략의 목표는 1998년도 국방백서에 명기된 바와 같이 "① 확고한 자주적 안보태세의 유지와 역내 국가들과의 협력을 통해 한반도에서의 전쟁을 억제하면서 항구적인 평화체제의 구축을 위해 노력, ② 화

43) 7대 국정과제, 21개 기획과제는 다음과 같다. ① 참여민주주의 실현(정부혁신, 시민참여 확대, 지역갈등 극복), ② 자율적 시장경제 완성(경제살리기, 신용경제 구축, 경쟁 환경 조성), ③ 사회정의 실현(부정부패 추방, 인권국가 확립, 안전사회 건설), ④ 보편적 세계주의 구현(세계기준에 상응한 기업·금융시스템 선진화, 국제교류 협력증진, 세계시민 교육과 문화대한민국 건설), ⑤ 창조적 지식기반 국가 건설(창의적 인적 자원 개발, 정보인프라 구축과 정보 생활화, 과학기술과 미디어 산업의 진흥·개혁), ⑥ 협력적 新노사 문화 창출(노사간 협력과 신뢰구축, 생산적 복지체제의 확립, 사회안전망의 구축), ⑦ 남북간 화해와 교류협력시대 개막(남북간 화해 환경조성, 남북교류협력 강화, 포괄적 안보체제 구축) 등이다.

해와 협력을 통해 남북관계를 개선하고 평화공존관계를 정착시키면서 통일의 기반을 조성, ③ 과감한 구조개혁을 통해 국가경쟁력을 회복하고 경제적인 재도약을 위해 노력" 등 세 가지로 요약할 수 있다.

이러한 목표를 달성하기 위한 안보전략의 기본방향은 자주적인 안보태세를 유지하면서 미국과의 안보동맹을 유지하고 남북한간의 평화공존을 추구하면서 지역 및 세계국가들과 우호협력관계를 발전시켜 나가는 것이었다.

국가안보전략의 기조는 ① 확고한 안보태세의 유지로 전쟁을 억제하는 가운데 남북한 간 냉전적 대결구조를 해체하여 한반도의 안정과 평화기반을 공고히 하고, ② 화해와 협력의 증진을 통해 남북관계를 개선하고 평화공존관계를 구축하며, ③ 국제협력을 강화하여 다양한 대내외적 위협으로부터 국가의 안정을 보장하면서 번영과 발전을 도모하는 것이었다.

대한민국의 국방목표는 '국방백서 1988'에 명시되어 있는데 '외부의 군사적 위협과 침략으로부터 국가를 보위하고, 평화통일을 뒷받침하며, 지역의 안정과 세계평화에 기여한다'는 것이다.[44]

목표달성을 위한 국방정책의 기본방향은 ① 선진 정예 국방 달성, ② 대북 군사정책 발전 및 한반도 긴장 완화 추진, ③ 한·미 동맹관계 발전 및 주변국 안보협력 강화, ④ 국민과 함께 하는 국민의 군대 육성 등 네 가지이다.

포용정책으로 상징되는 김대중 정부의 대북정책의 목표는 평화·화해·협력실현을 통한 남북관계의 개선이었다. 즉 평화정착을 통한 남북간 평화공존을 실현하고, 평화통일로 가는 기반을 조성하는 것이다. 대북정책의 3대 원칙으로는 ① 평화를 파괴하는 일체의 무력도발 불용, ② 흡수통일 배제, ③ 화해협력의 적극 추진 등이었다.[45]

---

44) 외부의 군사적 위협과 침략으로부터 국가를 보위한다 함은 당시 주적으로 명시한 북한의 현실적 군사위협뿐만 아니라 우리의 생존권을 위협하는 모든 외부의 군사적 위협으로부터 국가를 보위하는 것이며, 평화통일을 뒷받침한다 함은 전쟁을 억제하고 군사적 긴장을 완화시켜 한반도의 평화와 안정을 이룩함으로써 조국의 평화적 통일에 기여함을 의미한다. 지역의 안정과 세계평화에 기여한다 함은 우리의 국가위상과 안보역량을 바탕으로 이웃 나라들과 군사적 우호협력관계를 더욱 증진시킴으로써 지역의 평화와 안정에 기여하고, 나아가 유엔을 중심으로 한 세계평화유지 노력에도 적극 참여함으로써 유엔회원국으로서의 책임과 의무를 다하겠다는 뜻을 반영한다는 것이다.

45) 대북 정책의 3대 원칙을 보다 구체적으로 살펴보면 ① 평화를 파괴하는 일체의 무력도발 불용(전쟁억제를 위한 확고한 안보태세 유지, 무력도발에 대해서는 상응한 대응조치, 공고한 평화체제 구축), ② 흡수통일 배제(남북간 평화공존을 통한 남북연합 실현, 단계적 평화

대북정책의 추진기조는 안보와 협력의 병행추진, 평화공존과 평화교류의 우선 실현, 화해협력으로 북한의 변화여건 조성, 남북간 상호이익 도모, 남북 당사자 해결 원칙하에 국제적 지지확보, 국민적 합의에 기초한 대북정책 추진 등이었다. 대북정책의 추진방향은 남북한 대화를 통한 남북기본합의서의 이행 및 실천, 정경분리원칙에 입각한 남북경협 활성화, 남북이산 가족문제의 우선 해결, 북한 식량문제 해결을 위한 대북지원을 탄력적으로 제공, 대북경수로 지원사업의 차질 없는 추진, 한반도의 평화환경의 조성 등이었다.

국민의 정부는 이러한 기본적인 틀을 바탕으로 정책을 추진하였는데, 크게 외치(外治)와 내치(內治)로 대별된다. 먼저 외치에서 김대중 대통령은 노벨평화상 수상자로서 국제적인 명성을 토대로 북한과 미국 사이의 관계가 악화되는 가운데서도 한반도의 평화체제 구축에 기여하였고, 국제무대에서도 대한민국의 발언권을 높이는 등 외교적인 성과를 거두었다. 특히 2000년 남북정상회담을 개최한 이후 이산가족의 상봉, 동해선과 경의선의 연결 등 교류의 활성화와 민간 통일운동의 활성화 및 금강산 관광 등 남북경제협력의 확대를 통해 화해협력체제를 구축하였다. 내치에서는 외환위기의 극복과 IT기술의 활성화, '생산적 복지 개념'의 도입과 월드컵의 성공적인 개최 등 긍적적인 성과에도 불구하고, 고질적인 지역분열의 문제를 극복하지 못하였고, 대북송금과정에서 국민의 동의를 받는 데 소홀히 한 점과 정치적으로도 정치개혁과 비리척결에 실패하였다는 평가를 받고 있다.

김대중 대통령은 6·25전쟁 이후 갈등과 전쟁의 위협으로 계속되던 남북관계를 전환시켜 국민들을 전쟁의 공포로부터 벗어날 수 있는 계기를 마련하기 위해 노력하였다. 그러나 대한민국사회 전반으로 볼 때, 심각했던 문제는 그의 집권기에 진행된 정치적인 행위들이 사회적인 합의를 통해 이루어지지 못함으로써 '퍼주기 논란' 등 우리사회의 보수와 혁신세력 사이에 내부갈등이 심화되었다는 점이다.

노무현 정부는 대한민국의 헌법에 근거하여 국가이익을 '국가안전보장, 자유민주주의와 인권 신장, 경제발전과 복리증진, 한반도의 평화적 통일, 세계

통일 추진), ③ 화해·협력의 적극 추진(남북기본합의서의 이행, 북한 스스로의 변화노력을 지원, 남북간 동질성 회복과 민족전체의 복리증진) 등이다.

평화와 인류공영에 기여' 등 다섯 가지로 정의하고, 이러한 국가이익을 구현하기 위해 다음과 같은 정책을 추진하였다.

노무현 정부는 '국민과 함께하는 민주주의 실현', '더불어 사는 균형발전 사회', '평화와 번영의 동북아시대'를 국정목표로 정하고, '원칙과 신뢰, 공정과 투명, 대화와 타협, 분권과 자율'의 4대 국정원리를 추구하는 가치이자 국정운영의 기본방침으로 정하였다. 이 시대의 시대정신은 '자주, 혁신, 균형발전'으로 요약할 수 있을 것이다. 정부의 성격은 국민 모두가 참여하는 정치를 하겠다는 뜻을 담아 '참여정부'로 명명하였다.

참여정부는 국정원리를 추구하기 위해 12대 국정과제를 선정하여 추진하였다. 우선 외교 · 통일 · 국방분야에서는 한반도 평화체제 구축을 선정하였다. 정치 · 행정분야에서는 부패 없는 사회와 봉사하는 행정, 참여와 통합의 정치개혁, 지방분권과 국가균형발전을 추구하였다. 경제분야에서는 동북아시아 경제중심국가의 건설, 자유롭고 공정한 시장질서의 확립, 과학기술 중심사회구축, 미래를 열어가는 농어촌 건설을 목표로 하였으며, 사회 · 문화 · 여성분야에서는 참여복지와 삶의 질 향상, 국민통합과 양성평등의 구현, 교육개혁과 지식문화강국 실현, 사회통합적 노사관계 구축 등을 추구하였다.

참여정부는 각 정부가 수립하였던 전략문서 중 가장 장기문서의 성격을 지닌 2030년까지를 목표 연도로 하는 "함께하는 희망대한민국 VISION 2030"을 정부와 민간 합동작업단의 이름으로 작성하였다. 장기전략의 비전은 '함께하는 희망대한민국'으로 정하고 3대 목표를 ① 혁신적이고 활력 있는 경제, ② 안전하고 기회가 보장되는 사회, ③ 안정되고 품격 있는 국가로 정하였다. 이를 실천할 수 있는 5대 전략으로서는 ① 성장동력 확충, ② 인적자원 고도화, ③ 사회복지 선진화, ④ 사회적 자본 확충, ⑤ 능동적 세계화로 정하였다. 그리고 함께하는 희망대한민국의 구체적인 모습을 ① 성장과 복지간에 선순환구조가 정착되어 지속적인 발전이 가능한 국가, ② 경쟁에서 탈락한 자에게도 재도전의 기회가 제공되는 따뜻하고 포용력 있는 국가, ③ 성별, 장애, 학력 등으로 인한 차별이 없고 다양한 기회와 계층간 원활한 이동이 보장되는 국가, ④ 공정하고 합리적인 경쟁원칙을 확립함으로써 열심히 일하는 사람에게 정당한 보상이 이루어지는 국가로서 규정하고, 성장과 복지의 선순환구조가 정착되어 국민 누구나가 희망을 갖는 '기회의 나라' 건설을 목표로 하였다. 그러나 정부가 끝나는 시점에서야 때 늦게 비전을 발표하였고, 이를 뒷받침하는 재정계획이 제대로 수립되지 않아 실현 가능성에 대한 논란이 지속되었다.

국민경제자문회의에서는 「동반성장을 위한 새로운 비전과 전략」을 2006년 1월에, 대통령자문 정책기획위원회에서는 「선진복지대한민국의 비전과 전략」을 2006년 12월에 각각 제시하였으나, 구체적인 전략이나 정책으로 구현되지는 못하였다.

참여정부는 국가안보의 목표로 ① '한반도의 평화와 안정', ② '남북한과 동북아의 공동번영', ③ '국민생활의 안전 확보' 등 세 가지를 설정하고 국가안보목표를 달성하기 위해 일관되게 견지해야 할 국가안보전략의 기조로는 ① '평화번영정책 추진', ② '균형적인 실용외교 추구', ③ '협력적 자주국방 추진', ④ '포괄안보 지향' 등 네 가지로 정하였다.[46)]

참여정부는 한미자유무역협정(FTA)협상을 포함한 각종 자유무역협상을 추진하여 날로 치열해가는 글로벌 경쟁구도 속에서 상대적인 경쟁력을 확보하는 등 대한민국의 입지를 강화하기 위해 노력하였다.

참여정부는 교육의 평등성 확보를 통해 가난의 대물림을 막겠다는 취지에서 고교교육을 최대한 평균화하고 대학도 準평균화하는 정책을 취했으나, 결과는 고등학생 교육수준의 下向평균화였다. 보다 심각한 문제는 이러한 정책이 대입수험생의 경쟁을 심화시켜 사교육을 보다 강화시켰다. 즉 참여정부는 자신이 추진하고 있는 정책이나 방향이 비현실적인 이상주의에 사로잡혀 현실적 상황을 제대로 파악하고 있지 못하거나 외면하였다는 비판을 받고 있다.[47)]

그리고 정부와 핵심포스트에 대한 386세대 및 측근인사의 기용으로 편파인사 실시, 민주당과 열린우리당의 탈당 등 정당정치의 훼손, 자기중심적인 언론관 등으로 통합의 리더십과는 정반대의 길을 택해 스스로 분열과 반목의 길을 걸었다. 외교·안보분야에서도 자주·민족·반미를 투쟁노선으로 표방했던 급진적 386세대의 정신과 사고를 투영하는 아마추어리즘과 독선적인 오기의 전형을 보여 주었다. 대북정책은 북한의 핵실험 저지에 실패하였고, 교육은 평등주의 정책으로 학습의지를 떨어뜨리고 교육의 양극화를 키워 왔으며, 경

46) 국가안전보장회의, 평화번영과 국가안보, pp. 20-24.

47) 최진, 앞의 책, p. 595.

제의 성장동력을 약화시켰다는 평가를 받고 있다.[48)]

참여정부에서의 개혁이 성공하지 못했던 근본적인 원인은 피해자인 소수가 기존체제에서 이익과 권력을 독점해서 저항하는 것을 다수의 지지로 극복하여야 하나, 그 누구도 자신이 개혁의 수혜자로 인식을 하지 않는 상황에 봉착하였기 때문이었다. 그리고 노 정부가 보여 준 시장에 대한 불분명한 태도는 시장경제의 가장 중요한 조건인 예측가능성을 저하시키는 문제를 발생시켰다.

이와 같이 시장경제가 지니고 있는 보상체계의 불평등 문제를 도외시하면서 이루어진 잘못된 개혁은 시장경제의 참여조건을 평등하게 만들어 개인들 사이의 경쟁을 심화시키고, 삶을 더욱 어렵게 만드는 동인을 만들었다. 이것을 통해 우리가 생각할 수 있는 것은 개혁의 총체적인 그림, 즉 전략이 수립되지 않은 가운데서 추진된 부분적인 개혁은 사회의 개선보다는 개악을 초래할 위험이 많다는 점이다. 즉 부분적인 개혁의 단순한 종합을 통해서는 다수의 수혜자를 만드는 전체적인 개혁을 만들어 낼 수 없다는 사실이다.

노무현 대통령은 재임기간 동안 초유의 대통령 탄핵사태를 맞았으며, 수도의 지방이전과 한미동맹의 약화 등으로 국민의 지지를 얻는 데 실패하였다. 그러나 한・미 FTA를 관철시킨 점과 적정수준의 국방비를 보장하면서 국방개혁을 추진한 점은 높은 평가를 받을 수 있을 것이다.

이처럼 대한민국의 국가전략사(國家戰略史)를 시대별로 회고해 보면, 생존을 위한 안보전략과 경제발전을 통한 번영・발전전략이 두 축을 형성하였고, 사회・복지전략이 국가전략의 한 축이 된 것은 얼마 되지 않았음을 알 수 있다. 안보전략과 관련해서는 미국과의 동맹을 어떻게 강화해 나가면서 북한의 위협을 억제할 것인가가 최대의 전략목표였다. 번영발전전략과 관련해서는 어떻게 하면 빠른 경제성장을 할 수 있을 것인가가 최대의 관심사였다. 국민복지와 삶의 질 향상 등 일류국가전략은 그동안 경제성장우선 전략에 밀려 상당히 오랫동안 일종의 사치품 혹은 추가비용으로 무시되었으나, 민주화가 진행되면서 중요한 국가전략의 한 축으로 등장하였다.

1997년의 IMF경제위기는 대한민국이 국가전략에 있어서 과거와 단절하

48) 고대신문이 창간 60주년을 맞아 고려대학교 산하 7개 연구소에 의뢰해 분석한 노무현 정권의 국정운영결과를 요약한 내용이다.

는 결정적인 외압으로 작용하였다. 안보전략에서는 커다란 변화가 없다고 하더라도 번영발전전략과 일류국가전략에 있어서는 과거와는 단절된 새로운 국가전략을 모색하지 않을 수 없는 환경이 도래한 것이다. 아시아 경제위기로 인해 대한민국의 성장전략은 더 이상 지속하기 힘들다는 점이 확인되었고, 복지와 사회적 조화는 더 이상 사치품이 아니라 경제성장의 필수요건임이 인식되었다. 물론 한미관계와 안보전략에 큰 변화는 없었지만, 안전보장이 결코 경제적 번영 없이 이루어질 수 없다는 점과 함께 안보적 유대가 경제번영을 보장해 주지 못한다는 현실주의적 생존논리가 자리 잡게 되었다. 근래 대한민국이 추진하였던 경제위기 극복 노력과 개혁정책들은 모두 과거 국가전략의 한계를 극복하고 새로운 국가전략을 모색하기 위한 시도들이라 할 수 있다.

역대정부의 국정운영은 국가전략의 수행자로서 대통령과 청와대, 행정부 나아가 국회와 정당을 모두 포괄하고 있다. 물론 대통령의 비전과 리더십이 국가전략에 가장 많은 영향을 미쳤다. 그러나 대통령의 참모조직인 청와대의 운영방식과 각 전략 수행기관과의 긴밀한 협조는 국가의 운영과 국민생활에 곧바로 영향을 주게 된다. 따라서 국가전략을 수립하고 추진하는 과정에서 대통령의 비전과 리더십에 추가하여 전략수행 기관간의 긴밀한 협조는 국가전략 성공의 가장 중요한 요소이다.

제 7 절 미래 국가전략 수립에 시사하는 교훈

국가전략은 그 시대의 산물이다. 그것은 처해 있는 전략적 환경과 국가능력을 떠나서는 생각될 수 없다. 또한 국가전략은 국가이익을 구현하고 국가목표를 달성하기 위한 국가지도자들의 비전과 의지에 따라 다를 수 있는 선택의 문제이다. 이러한 특성은 지금까지 살펴본 우리나라 국가전략의 변천과정을 통해서도 극명하게 드러났다.

1948년 건국 당시 세계 최빈국 중의 하나였던 대한민국은 60년 동안에 기적과도 같은 성장을 이루어 냈다. 대다수 국민의 피와 땀으로 세계 13위의 경제규모를 가진 나라가 돼 선진일류국가 진입을 향해 달려가고 있다.

대한민국이 지금까지 성취한 업적 중 가장 주목할 만한 것은 건국과 산업화, 민주화의 동시 달성이다. 두말 할 나위 없이 건국과 산업화는 보수, 민주화는 진보의 공이다.

1948년 8월 15일 이루어진 대한민국 정부 수립은 한반도에서 민주주의와 시장질서 및 인권을 목표로 하는 최초의 근대국가가 세워졌음을 의미한다. 해방 후 우리가 입헌·민주국가를 세웠다는 것은 민족사적으로나 문명사적으로 의미심장한 것이다.

1960년대와 70년대 역동적으로 시작한 산업화에서 많은 국민이 창의와 노고를 불사르며 '한강의 기적'을 일구어 냈다. 대한민국의 산업화가 민주주의를 희생으로 해서 이룩된 것이라고 폄훼하는 시각도 있지만, 민주화의 동력인 중산층이 성장한 것은 실로 산업화의 결실이라는 점을 잊어서는 안 된다.

대한민국의 해방 60년사에는 부끄러움의 역사도 있었다. 반공주의의 오·남용, 권위주의, 인권의 소홀 등이 그 전형적 사례다. 물론 그러한 모순들이 신생국가며 약소국가 및 분단국가라는 대한민국의 태생적 한계에서 비롯된 부분이 있었음을 부인할 수는 없다. 새로 생긴 약한 나라였기에 국가의 생존을 지키고 나라를 부강하게 만드는 데 무리를 해야 했다. 또 분단국가였기에 북한으로부터 끊임없는 도발을 받았다. 그러가 하면 냉전체제는 우리가 선택한 것이 아니라 시대상황에 따라 받아들일 수밖에 없는 운명과 같은 것이었다. 그러한 제약조건하에서도 국정을 책임진 정권은 나름대로 최선을 다했지만, 역시 부족한 것이 있었다. 냉전체제가 무너지면서 '발상의 전환'을 쉽게 하지 못하고, 인권과 자유의 문을 활짝 열어놓는 데 주저한 점도 있었다.

민주화시대는 명실공히 진보주의자들의 시대였다. 진보세력은 담론도, 권력도, 참여도 주도했다. 하지만 권력을 잡은 진보의 아마추어리즘이 보수세력을 불안하게 하였다. 북한을 껴안을수록 북한은 옷을 벗는 것이 아니라 더욱더 무장을 하고 미사일과 핵을 개발하였다. 동맹국인 미국에 대해 할 말은 하겠다는 것이 안 할 말까지 하였다. 서민들의 복지를 위한다며 경제정책을 폈지만, 중산층과 서민층에게 고통을 가하는 역설적인 결과를 초래하기도 하였다.

국가안보, 경제성장, 자유민주주의, 그리고 조국통일이라는 국가목표를 실현하기 위한 대한민국의 국가전략은 적지 않은 시행착오와 우여곡절을 겪으면서도 다른 개도국들에 비하면 유례없는 큰 성공을 거두었다고 평가할 수 있다.

그러나 건국직후인 1940년대 후반에는 잘못된 정세판단과 외교·안보전략의 실패로 6·25전쟁의 참화를 피할 수 없었던 사실과, 휴전 이후 경제전략의 부재로 1950년대에 서둘렀어야 할 경제건설을 제때에 추진하지 못했던 점, 그리고 1980년대 초 군부 권위주의 정권의 연장으로 민주화 이행의 호기를 놓쳤다거나, 경제와 사회발전과정이 정치발전을 통해 제대로 여과되지 못했던 점은 중대한 역사적 과오로 평가할 수 있을 것이다.

그럼에도 불구하고 대한민국의 국가전략은 휴전 이후 이승만 대통령이 추진한 한미공동방위체제의 확립으로 국가안전을 보장하는 튼튼한 기틀을 마련하는 데 성공하였고, 이를 토대로 1960년대 초 이래 박정희 대통령이 강력한 정치적 지도력을 발휘하면서 국력을 총동원하여 모든 국가적 노력을 경제건설을 통해 국력을 배양할 수 있었다.[49] 그러고 국민적 노력에 의해 민주주의 정착과 조국통일을 이룩할 수 있는 국력의 규모가 세계 13위권에 드는 후발 선진국으로 약진할 수 있게 된 것이다. 대한민국은 세계역사에 유래 없이 20세기에 식민지배와 한국전쟁이라는 초유의 어려움을 극복하고 60년이라는 단기간 내에 경이적인 경제발전을 이룩하여 국민들이 풍요로운 삶을 향유하고 민주주의를 지탱할 수 있는 물질적 토대와 사회적 기초를 마련하는 데 성공하였다.[50]

군부 출신 정권이 4반세기에 걸쳐 추진한 경제발전 제일주의 전략의 성공에 기초하여, 1980년대 말 이래 민주화와 경제·사회적 균형발전, 그리고 남북관계개선을 지향하는 국가전략이 추진될 수 있었다.

---

49) 민주주의의 전통이 지극히 짧은 상황에서 압축적 산업화를 이뤄낸 정치적 리더십을 재평가해야 한다는 목소리가 높다. 아직 제도와 시스템이 정착되지 못했던 국가 건설의 초기단계에서 지도자의 역할은 훨씬 더 중요했으며, 냉전의 전초기지가 된 대한민국이 살아남고 발전을 이루기 위해선 '강한 리더십'이 필요했다는 것이다. 군과 경찰을 효과적으로 통제하고 미국과의 동맹 결성으로 국가안보를 보장한 이승만에 이어, 박정희의 강력하고 저돌적인 리더십은 정치적 부작용에도 불구하고 결과적으로 대한민국을 '빈곤의 악순환'에서 벗어나게 했다.

50) 미국의 세계적 경제학자 고(故)피터 드러커 교수는 "대한민국의 놀라운 경제성장을 제외하고 20세기 세계 역사를 논할 수 없다"고 평가했다. 미국 경제학계 3대 슈퍼스타로 손꼽혔던 제프리 색스 콜롬비아대 교수는 "너무나 가난했던 대한민국이 경제발전에 성공한 것은 세계 빈곤 국가의 희망이자 모범사례"라고 찬사를 보내기도 했다. 그야말로 대한민국 역사는 '위대한 국민이 거둔 기적의 역사'였다.

〈그림 4-1〉 1인당 명목국민소득(GNI)

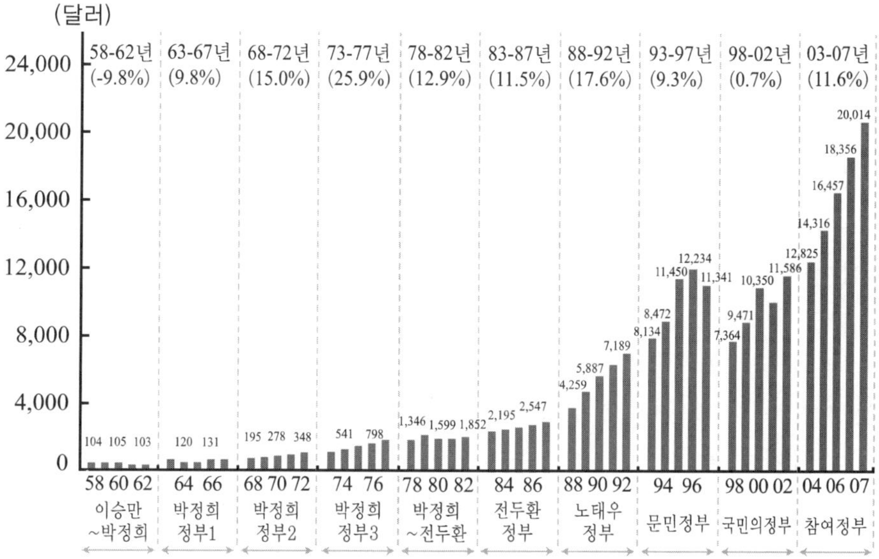

자료: 한국은행, IMF, 재경부(Vision 2030에서 재인용)

주 1. 괄호 안은 기간별 연평균 증가율임.

2. 해방 이후 5년 단위로 기간을 구분하고 1958-2005년은 한국은행과 IMF통계치를 이용하여 재산출. 2006년과 2007년은 재경부 추정치를 인용함.

대한민국의 60년은 수천 년에 걸친 한국사에서 전례 없는 새로운 일들을 창출한 기간이었다. 건국 당시 1인당 국민소득은 60불도 되지 않았고, 곧 이어진 전쟁으로 폐허가 되었던 나라가 자유민주주의의 체제와 시장경제 체제의 기틀 위에서 산업화와 민주화, 정보화라는 압축적 성장을 이뤄 낸 기적과도 같은 시간들이었다. 대한민국의 역사 자체가 수많은 기적의 창조였지만 경제 분야는 특히 더 그렇다. 1953년 6·25전쟁이 끝나고 경제 통계가 처음 작성됐을 당시 국내총생산(GDP)은 13억불(473억원)에 불과했다. 하지만 대한민국의 GDP는 2007년 9699억불(901조 1886억원)을 기록했고, 개인당 명목국민소득(GNI)도 2만불을 초과하였다(그림 4-1). 경제 분야에서 세계 최하위권에 맴돌던 대한민국은 60년 만에 경제규모가 746배 늘어 세계 13위의 경제대국이 되었다.[51]

51) 기적을 가능케 했던 것은 폭발적인 수출 증가였다. 1948년 2200만불에 불과하던 수출은 1960년까지도 크게 늘지 못했다. 그나마 수출품도 오징어나 중석 등 땅과 바다에서 나는 것

아시아의 동쪽 귀퉁이에 위치해 변방으로 취급받던 대한민국은 오늘날 세계의 공장으로 우뚝 섰다. 자동차공업은 현대 제조업의 꽃으로 불린다. 철강・기계・전자・화학・IT 등 수많은 분야의 기술력이 결집된 자동차 공업은 한 국가의 제조업 수준을 그대로 보여 주는 바로미터다.

대한민국은 세계 5위의 자동차 생산 강국이다.[52] 산업의 쌀로 불리는 철을 생산하는 제철공업도 한 나라의 산업 능력을 좌우하는 핵심 분야다. 고철을 녹여 근근이 철을 조달하던 수준에 머물렀던 우리나라는 포항제철의 신화와 함께 세계 5위의 철강 생산국으로 우뚝 섰다.[53]

바닷가 모래벌판에서 시작한 조선업의 신화도 빼놓을 수 없다. 1960년대 말 정부와 국내업체들이 처음으로 조선업을 추진할 때 성공보다 실패를 예상하는 사람이 더 많았다. 정부의 한 고위 관료는 "현대가 조선사업에 성공하면 내 손가락에 불을 켜고 하늘로 올라가겠다"고 비웃었고, 재계 관계자들도 "우리나라에서 빌딩보다 더 큰 배를 만들겠다는 것이 도대체 말이 되느냐"고 고개를 갸우뚱했다. 하지만 이 같은 우려는 완전히 잘못된 것으로 드러났다. 현대중공업은 1983년 이래 건조량 기준 세계 1위를 내준 적이 없다. 2000년대 이후 대한민국 조선 수주량과 건조량은 세계 1위권을 유지하고 있다. 그리고 2008년 수주 잔량 기준으로 세계 조선소 순위 1위부터 6위까지 모조리 대한민국 조선소들이 석권하고 있다. 특히 현대중공업・삼성중공업・대우조선해양 등 대한민국의 3대 조선소는 세계 1・2・3위에 나란히 포진해 있다.

전통적인 제조업에 더해 미래산업을 대표하는 전자・정보통신(IT) 분야에서도 대한민국은 세계적인 강국이 되었다. 세계 반도체 업체 중 2008년 상반

을 그대로 외국에 파는 것에 불과했다. 하지만 1962년 시작된 경제개발 5개년 계획을 통해 소극적인 수입 대체 전략에서 벗어나 수출 확대 전략을 추진하면서 수출이 폭발적으로 증가하기 시작했다. 2007년 기준 수출액은 3568억불로 1948년에 비해 무려 1만4790배나 늘어났다. 수입 역시 같은 기간 2억 800만불에서 3568억불로 1622배가 늘었다. 같은 기간 국민 1인당 소득도 경이적으로 늘어났다. 1953년 1인당 국민소득(GNI)은 연간 67불이었다. 2007년에는 1953년 수치에 비해 299배 증가한 2만 45불을 기록했다.

52) 2007년 기준으로 전 세계 자동차 생산량은 1위인 일본이 606만대, 중국 520만대, 미국 489만대, 독일 331만대에 이어 우리나라가 208만대 생산으로 세계 5위를 차지했다.

53) 우리나라 철강 생산량은 1981년 1000만톤, 1989년 2000만톤, 1993년 3000만톤, 1997년 4000만톤을 돌파한 데 이어 2007년 5000만톤을 돌파했다. 이 같은 수치는 같은 기준으로 중국・일본・미국・러시아에 이어 세계 5위에 해당한다. 개별 기업차원에서도 포항제철의 후신인 포스코는 2007년 기준으로 세계 4위의 철강 업체로 올라 있다.

기 매출액 100억불을 넘긴 회사를 가진 나라는 미국과 대한민국뿐이다.

1980년대 초반 국내업체가 64KD램 개발 추진을 선언했을 때 개발 성공을 확신하는 사람이 별로 없었다. 하지만 결국 삼성전자 등 대한민국 반도체 업체들은 1983년 64KD램 개발 성공에 이어, 1984년에는 256KD램도 개발했다. 대한민국 반도체 업체들은 1MD램과 4MD램을 거쳐 1994년 세계 최초로 256MD램의 양산기술 개발에 성공하였다. 이후 대한민국의 반도체 업체는 D램과 플래시 메모리 분야에서 세계 1위의 독주체제를 굳건히 지켜내고 있다. 1950-70년대만 해도 미제 라디오가, 가까이 1990년대만 해도 일제 콤팩트디스크 플레이어가 맹위를 떨쳤지만 오늘날 대한민국에서 인기를 끄는 외국산 전자제품은 극소수에 불과할 정도로 판도가 완전히 바뀌었다.

삼성전자 등 국내의 대표적 전자업체들은 도저히 넘지 못할 것 같던 반도체의 도시바, 전자의 소니를 뛰어넘어 세계적 기업으로 성공했다. 현대인의 삶을 상징하는 휴대전화에서도 대한민국 업체들의 성장은 독보적이다. 삼성전자의 휴대전화는 미국과 유럽은 물론 아시아와 아프리카, 중동 등 세계 소비자들을 매료시키며 세계 시장에서 핀란드의 노키아에 이어 2위 자리를 지키고 있다. LG전자의 휴대전화도 미국의 모토롤라와 앞서거니 뒤서거니 세계 3·4위권에 포진해 있다.

대외수출도 건국초기 100만불도 되지 않았으나, 〈그림 4-2〉 대외수출 현황에서 보는 것처럼 그동안 꾸준하게 성장하여 이제는 약 4000억불을 수출하는 세계의 무역대국이 되었다.

경제발전은 산업구조를 바꾸어 놓았다. 농림어업의 비중이 크게 하락하고, 광공업과 서비스업은 꾸준히 상승해 선진국형 산업구조로 바뀌었다. 1953년에는 전체 산업에서 농림어업의 부가가치액이 차지하는 비중이 47.3%나 되었다. 그러나 산업화 과정에서 농림어업의 비중은 지속적으로 하락, 2007년에는 3.0%에 그쳤다. 반면 광공업 비중은 1953년엔 10.1%에 불과했으나 2007년엔 28.3%로 3배 가까이 올랐다. 특히 서울올림픽이 열린 1988년에는 광공업 비중이 전체의 31.7%로 역대 최고치를 기록했다. 서비스업의 비중도 계속 상승했다. 특히 1980년대부터 정보화 등에 따른 경제의 서비스화가 가속화되면서 상승 속도가 빨라졌다. 서비스업 비중은 1992년 절반을 넘어서기 시작해 2007년에는 57.6%에 달했다.

〈그림 4-2〉 대외수출 현황

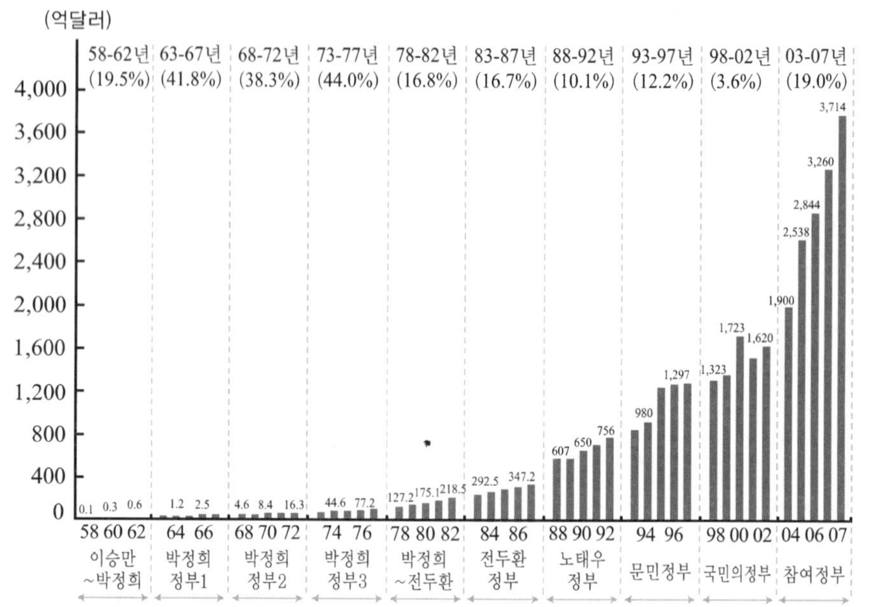

자료: 무역통계(KOTIS), IMF.
주: 해방 이후 5년 단위로 기간을 구분하고, 괄호 안은 기간별 연평균 증가율임.

2차 대전 이후에 독립한 나라 가운데서 건국, 산업화와 민주화를 모두 성공한 국가는 대한민국이 유일하다.54) 이 같은 놀라운 성취가 가능했던 것은 물론 지도자와 국민이 모두 한마음이 되어 노력했기 때문이다. 우여곡절도 많았지만 우리 국민이 밝은 미래에 대한 희망을 잃지 않았기에 오늘의 대한민국이라는 선물을 받을 수 있었다.

광복 후의 60년을 돌아보면 우리는 기적같이 복을 받은 나라였다. 광복 후 분단에 이은 한국전쟁으로 공산화될 위기도 겪었으나 그때 우리에게는 이승만이라는 인물이 있었다. 그는 미국이 한반도에 더 이상 개입하는 것을 주저하고 있을 때 한미방위조약을 떼를 써서 끌어내 미국을 계속 대한민국에 머

54) 미국 컬럼비아대학교의 휴 패트릭(Patrick) 석좌교수는 대한민국의 과거 경제발전사에 대해 찬탄을 아끼지 않는다. 한국전쟁에도 참전한 그는 “대한민국은 세계적으로 산업화와 민주화를 모두 성공시킨 희귀한 모델”이라고 말했다.

무르게 만들었다. 그때 공산화가 되었다면 우리가 지금과 같은 번영을 누릴 수는 없었을 것이다. 그리고 박정희와 같은 시대적 소명의식을 가진 걸출한 지도자가 있었다. 60년 전 우리는 아프리카 가나와 같은 수준의 나라였다. 그의 경제발전전략을 기본으로 가난의 굴레를 벗고 세계 최빈국에서 대부분의 나라를 제치고 10위권 국가로 올라선 나라는 오직 대한민국뿐이다. IMF라는 초유의 환란이 생겨 국민이 실의에 빠져 있을 때 우리는 김대중이라는 준비된 대통령을 맞을 수 있었다. 현대사 60년에서 세계에서 가장 복 받은 나라를 찾는다면 아마 대한민국이 그 첫 번째로 꼽힐 것이다.

국민 개개인의 삶의 질도 달라졌다. 2003년 보고된 유엔의 인간개발보고서에 따르면 "한국인의 삶의 질이 세계 142개국 중 33번째 높다"고 한다. 국민들의 건강수준을 보여 주는 평균수명도 선진국 평균수명을 넘어섰다.[55)]

국민들의 삶이 변했듯이 산천도 변했다. 2007년 말 우리나라의 고속도로의 총연장은 3,103km로 첫 경인고속도로(32km)의 100배에 이른다. 산림녹화의 덕택으로 산은 푸르게 우거졌으며, 전국 곳곳에 들어선 30여개의 대형 댐들은 홍수피해를 줄이고 상업·농업용수를 공급하는 데 결정적인 기여를 하고 있다.

지난 60년의 국가전략을 정리해 보면, 대한민국은 1945년 분단된 한반도 남쪽에서 가난한 국가로 출발한 이후 60여 년 동안, 국가로서의 생존확보와 경제적 발전을 달성하는 데에 총력을 기울여 왔다. '뭉치면 살고 흩어지면 죽는다'는 구호는 우리의 가난이 얼마나 절박한 문제였던가를 보여 준다. 국가지도자가 그 구호 속에 미래에 대한 비전을 제시하고 국력의 모든 부분을 총동원하여 온 것이다. 그 결과, 2008년 현재 GDP 세계 13위, 교역규모 12위로 경제적인 면에서 부국(富國)의 목표를 달성하였으며, 경제력의 군사력 건설 지원과 확고한 한미안보동맹으로 생존의 문제도 어느 정도 해결되었다. 핵·미사일·화학무기 등의 군사력을 제외한 모든 분야에서 남북한간 경쟁에서 이기게 되었으며, 생존을 위협하여 온 북한은 장래가 불투명한 지경에 처하게 되었다.

대한민국이 생존과 경제적 번영을 확보할 동안 다른 국가이익은 어떻게

55) 유엔인구기금(UNFPA)이 발표한 "2008년 인구현황보고서"에 의하면 우리나라 평균수명은 남성 75.1세, 여성 82.3세로 선진국의 평균수명을 넘는다. 세계평균수명은 남성 65.1세, 여성 69.6세이다.

구현되었는가? 국가전략은 제대로 수립되어 추진되었는가? 국정의 주요 분야가 정치, 경제, 외교, 안보, 통일, 사회·문화, 과학기술, 교육이라고 할 때, 경제발전 우선전략에 의해서 정치적 민주화와 통일이라는 국가이익이 경시되었으며, 경제와 다른 국정분야의 상호관련성은 적절한 주목을 받지 못하였다. 물량위주의 고속경제발전이 가져온 폐해는 경제분야 자체에서도 문제점을 야기시켰지만, 경제와 다른 국정분야의 연결고리를 경시함으로써 경제력 발전이 다른 분야의 발전에 만족할 만한 정도로 기여하지 못하였던 것이 사실이다.

대한민국이 지난 60여년간 추구했던 국가이익을 유추해 보면 국가의 생존보장, 경제의 번영과 복지의 실현, 민주주의의 발전, 통일의 실현, 세계평화에 기여하는 것 등을 들 수 있다. 더욱 간단하게 정의한다면 생존, 번영, 민주, 통일이라고 축약해 볼 수 있을 것이다. 그런데 1973년에서 1987년까지의 역사의 전개를 보면 생존과 번영은 중요한 국가이익이자 추구해야 할 목표로 추구되어 왔으나 민주와 통일은 보다 중요성이 덜한 것으로서 생존과 번영을 위해 희생되거나 유보되어야 할 것으로 간주해 온 것을 발견할 수 있다. 민주는 1993년에 와서야 국가의 최고의 가치로 추구되고 있으나, 통일은 아직도 생존을 위협하는 북한의 존재로 인해 먼 장래의 일로 간주되고 있는 실정이다.

국가이익의 모든 구성요소들이 똑같은 정도의 중요성과 비중을 가지고 추구될 수는 없다. 당시 국가 최고지도자와 정부의 우선순위 매김에 의하여 차별이 생기게 마련이다. 국가이익의 구성요소들이 항상 상호보완적이거나 상호비례관계에 놓여 있지는 않다. 1970년대와 80년대 민주화의 가치를 추구한 정치집단은 경제의 지속적 발전과 국가생존, 즉 안정과 안보의 논리에 희생당할 수밖에 없었다.[56] 한편, 국가이익을 구체적인 국가목표로 바꾸어 달성하기 위해서는 생존, 번영, 민주, 통일이라는 추상적 국가이익을 분야별 전략인 정치전략, 안보전략, 경제전략, 통일전략 등으로 전략화시켜야 한다. 이들 각 분야별 전략을 통일성 있고 체계적으로 통합하는 작업이 바로 대전략 수립과정이라고 볼 수 있는데, 이러한 노력이 부족하였다.

앞에서 살펴본 각 시기별 국가전략의 핵심을 요약하면 〈표 4-1〉과 같다.

56) 한용섭, 앞의 글, p. 8.

〈표 4-1〉 시기별 국가전략

시 기	전략적 환경	시대정신, 국가이익, 국가목표	국가전략의 핵심
Ⅰ 건국과 전쟁 (1948-1953)	· 소련의 전후공세(팽창정책) · 국제냉전 개시(봉쇄정책) · 공산게릴라전 전개 · 트루먼독트린 · 남·북한 정권수립 · 한국전쟁	· 자주, 건국 · 신생국의 안전보장 · 자유민주정부의 수립 · 헌정질서의 확립 · 반공, 북진 통일	· 건국 · 국가통치체제 확립 · 대미의존 민생안정 · 국민생활안정 통한 국민단결 · 반공 치안·안보태세 확립 · 북진 통일
Ⅱ 전후복구 (1954-1960)	· 냉전체제 심화 · 미국의 봉쇄정책, 전방배치전략 · 미 군사·경제원조 강화 · 정전협정체결과 휴전 · 대한민국 군사력 우세 유지	· 국가재건 · 안전보장 · 국민 대단결 · 민생안정	· 한미 연합방위체제 확립 · 국군 증강 · 민생안정 및 재해복구 · 이용후생, 평등사회 구현
Ⅲ 근대화 추진 (1961-1971)	· 미·소핵경쟁 및 대결 강화 · 중·소분쟁 · 월남전쟁 · 4·19혁명과 5·16쿠데타 · 남북한 경제개발 계획 착수 · 남북군사력균형	· 자유우방과 유대강화 · 인권의 보장 · 잘 살아 보세 · 조국 근대화 · 자립경제 건설 · 국력배양	· 한미안보협력 : 월남 참전 · 일본과 수교 : 경협 획득 · 선 건설 후 통일 · 민족중흥 · 경제건설 제일주의로 자립경제기반 구축 ※ 재건 국민운동
Ⅳ 유신체제와 고도경제성장 (1972-1987)	· 미·소핵균형, 동서 데땅트 · 닉슨독트린, 주한미군 부분철수 · 미·일, 대중국 관계개선 · 월남전종식, 남부월남 패망 · 북한 군사력 우세 · 빈부격차, 노사분쟁	· 산업화 · 하면 된다 · 자주, 자조, 자립 · 자립경제 · 안보, 번영, 통일 · 선진조국 창조	· 유신체제유지 · 자주국방능력 육성 · 중화학공업건설과 고도성장 · 남북대화와 긴장완화 · 국가안정 유지 ※ 새마을운동
Ⅴ 민주화와 균형발전 추구 (1988-1997)	· 국제냉전 종식 · 공산권 붕괴 · 중국 개방·개혁 확대 · 미국핵무기 철수 · 민주항쟁과 6·29선언 · IMF 구제 금융	· 민주화 · 권위주의 청산, 민권 개선 · 개혁과 개방 · 평화공존 · 문민화, 세계화	· 민주화추진 · 경제·사회 균형 성장 · 소·중과 수교, 경협 증대 · 남북관계개선, 평화공존 · 북방 정책 · 세계화 추진
Ⅵ IMF체제 극복과 남북화해 협력 (1998-2007)	· 미국 주도 대테러전 · 중국성장 가속화 · 국가경제위기, IMF 체제 · 북한의 핵개발 · 남북 화해 협력 여건 조성 · 남북 정상회담 · 보·혁간 갈등구조 증폭	·자유, 정의, 효율 ·IMF체제 조기 극복 ·국정개혁 강화 ·지식기반 확충 ·평화와 번영 ·균형발전	· 민주주의와 시장경제 병행 발전 · 경제난국 극복 · 협력적 남북관계 개선 · 국민화합 실현 · 다자회담 통한 해결 노력 · 국제평화유지활동 적극 참여 · 지역균형 발전

만국의 만국에 대한 경쟁이 국제질서의 특징이 된 지금, 국제사회는 주어진 환경에서 국가목표를 가장 효과적으로 달성하기 위한 국가전략을 찾기 위한 경쟁의 장(場)이 되었다. 각국은 자국의 국가목표를 보다 빨리 달성하기 위해서 주도적으로 환경을 조성해 나가는 전략을 개발·제시하고 있다. 대한민국도 21세기 '세계일류국가의 비전'을 외치면서 온 국가가 질주하고 있다. 그러나 국정의 모든 부분이 균형적으로 발전된 국가다운 국가가 되기 위해서는 지금까지의 국가전략에 대해서 회고하고 반성해 보아야 할 때가 되었다. 특히 최근에 한미동맹과 북한 핵문제를 처리하는 과정을 보면서, 국내외에서 대한민국에 과연 국가전략이 존재하는가 하는 강한 회의감이 제기되었음을 볼 때, 대한민국의 국가전략의 현주소를 점검하고 대안적 국가전략을 제시할 때가 되었다고 생각한다.

정부가 국가전략을 본격적으로 다루기 시작한 시점은 김영삼 정부 시절로 볼 수 있을 것이다. 물론 박정희 정부하에 '경제개발 5계년 계획'들이 국가전략차원에 추진되었지만, 국가의 번영·발전에 치우친 계획이었다. 전두환, 노태우 정부하에서도 각 국가이익 구현과 국가목표 달성을 위한 분야별 계획들은 수립되었으나, 국가전략으로 통합하진 못하였다.

문민정부 당시 대통령자문 21세기위원회가 정책기획위원회로 명칭을 변경한 1995년 6월 이후의 연구를 보면, 1998년 1월까지 2년 5개월의 연구가 총 14권의 연구총서 시리즈로 발간되었다. 먼저 국가발전의 비전과 목표로서 '세계중심국가, 세계모범국가'를 설정하고 있다. 21세기의 변화와 도전은 정보화와 세계화뿐만 아니라, 분산화(分散化, Decentralization), 다양화(多様化, Diversity), 親환경화를 들고 있다. 이는 물론 민주적 정치의 프로세스, 문화적 충돌, 삶의 질을 기준으로 한 환경보호를 적시하는 것으로 해석한다면, 21세기의 도전을 정보화, 세계화, 민주화, 환경친화의 도전의 면에서 조명하고 있다고 볼 수 있다. 발전전략의 기본으로 친환경적이고 지속가능한 경제발전의 개념을 계승하고 세계화전략의 철학적 기초로 휴머니즘, 합리주의와 지구공동체주의(Global Communitarianism)를 지향하고 있다. 삶의 질과 상충되는 가치의 조화를 위해 세계화전략은 ① 보편적 이념과 한국적 특수성의 상승적 결합, ② 동양과 서양의 조화, ③ 전통과 현대의 조화, ④ 정보화, 세계화, 분산화, 다양화, 친환경화에 대한 대응정책의 일관성, ⑤ 삶의 질, 환경, 분배구조의 개선, 통일국가

수립을 주요 해결과제로 하였다. 국가발전전략은 ① 신생산성(New Productivity), ② 유연성과 자율, ③ 공정과 정당성, ④ 삶의 질 제고와 공존(Coexistence with High Quality of Life)을 설정하였다. 그러나 연구총서는 정부가 끝나는 시점에 발간되었고, IMF의 구제금융이라는 초유의 경제위기를 맞아 정책으로 연결되지 못하고 사장되었다.

'국민의 정부' 출범 이후 2년간의 국가비전과 전략 연구는 상충 가능한 가치의 상호조화 전략에 대한 논의가 확대되었다는 점에서, 또한 각 분야의 연구에서 시민사회의 참여에 관한 장이 비중 있게 다루어졌다는 점에서 기존연구에 비하여 진일보하고 있다. 주요 주제로서 ① 민주주의와 시장경제의 조화 가능성에 대한 연구, ② 복지와 효율성을 조화시키는 '생산적 복지'의 연구, ③ 작고 효율적인 정부를 통해서 한국적인 시장경제로 이행하는 개혁방안, ④ 발전 잠재력을 유지 및 강화하는 재벌개혁과 금융개혁방안, ⑤ 세계질서를 수용하면서 동북아의 중추국가로 발전하는 방안 등 개별적인 분야의 비전을 제시하였다. 이는 또한 내부적인 토론을 거친 후 1999년 11월 '새천년의 국가비전과 전략'이란 제목의 토론회를 통하여 각계 전문가의 의견을 수렴하였고, 2000년 2월 7권의 시리즈(나남출판)로 출판되었다.

이 시리즈의 총론에 해당하는 '새천년의 국가비전과 전략'에서는 세계화, 지식정보화, 민주화의 기회와 도전이 제기하는 문제와 위험요소들을 명확하게 설정하고, 우리의 현실에 만연한 부실 정치, 저 효율 경제, 저 신뢰 사회, 배타적 민족성, 분단의 현실을 극복하는 '5대 비전'과 '10대 전략'을 제시하고 있다. 수년간의 각론적 발전전략의 연구를 종합하여 우리의 새천년 비전으로 제시된 5대 비전은 ① 다원적 민주주의, ② 역동적 시장경제, ③ 창조적 지식정보국가, ④ 협력적 공동체사회, ⑤ 아시아 중추국가이다.

'글로벌혁신 대한민국 21'이라는 10대 전략이 새천년의 5대 비전을 실현하는 과제로서 제시되었는데, ① 생산적 화합정치, ② 선도적 정부혁신, ③ 지속적 경제개혁, ④ 지식정보화와 교육혁신, ⑤ 생산적 복지체제, ⑥ 민주적 시민생활 세계, ⑦ 공생적 환경공동체, ⑧ 문화적 다원주의, ⑨ 진취적 세계참여, ⑩ 평화적 민족통합을 들고 있다.

참여정부는 "함께하는 희망 대한민국 Vision 2030"이라는 비전 문서를 정부와 민간기관이 함께 연구하여 제시하였다. 그러나 앞에서 기술한 대로 국가전략 문서라기보다는 국가비전문서의 성격을 지녔으며, 재정지원 등의 구체성이 결여되고 국민의 공감대 형성에 실패하여 기획문서로서의 위상을 상실하였다.

그동안 한국의 지도자들은 여러 가지 어려움이 있었음에도 불구하고 나름대로 위국헌신(爲國獻身)하면서 국민들과 함께 오늘의 우뚝 선 대한민국을 만드는 데 큰 기여를 하였다.

앞으로 우리가 해방과 건국에 이은 산업화와 민주화의 결실을 충분히 향유하려면 그들을 뛰어넘는 국가전략의 패러다임을 개발해야 한다. 그것이 가능하다면, 건국과 산업화에 뿌리를 둔 보수와 민주화에 뿌리를 둔 진보가 화해하며 협력을 다짐할 수 있는 계기가 될 것이다. 그것은 선진화ㆍ일류화라고 생각한다. 우리 삶의 질과 국가공동체 및 민주주의의 질을 한 단계 높이는 것이 선진화ㆍ일류화이다. 이런 선진화ㆍ일류화라면 보수와 진보는 서로 진지하게 경쟁하면서도 협력도 할 수 있을 것이다. 대한민국의 보수와 진보가 공존하려면 경쟁을 하면서도 적대감은 없어야 한다. 앞으로 각 정부는 시대적인 소명의식으로 올바른 국가전략을 수립하고, 국민의 지지를 바탕으로 힘과 지혜를 모아 지금까지의 과오를 수정하고 보완해 가면서 이를 지속적으로 추진할 때 시대적으로 부여된 '평화통일된 선진일류국가 건설'이라는 역사적 과업을 성공적으로 달성할 수 있을 것이다.[57)]

이제 우리에게는 새로운 국제환경에 부응하여 대내적 개혁을 통해 내실을 더욱 다져가면서 국제경쟁력을 더욱 강화하고, 선진국의 대열에 진입하여 국가의 발전과 번영을 도모하며, 남북관계를 개선하여 평화통일의 과정을 효율적으로 관리해 나가야 하는 역사적 과업이 제기되고 있다.

---

57) 1948년 자유민주주의 체제로 대한민국을 세운 것이 '제1의 건국'이었다면 그 이후 60년간 달성한 산업화와 민주화의 기적은 '제2의 건국'이었다. 이제는 평화통일된 선진일류국가 건설이라는 '제3의 건국'을 향해 달려야 할 때이다.

제 5 장
21세기 전략환경과 국가대전략의 기본방향

제 5 장 21세기 전략환경과 국가대전략의 기본방향

국가전략은 국가가 주어진 환경에서 자국의 가용자원을 효과적으로 활용하여 국가의 이익과 목표를 실현하는 데 필요한 중장기적인 행동원칙과 이념 및 수단을 포괄한다. 국가전략은 위협에 대처하여 국가의 안전을 보장할 뿐만 아니라 기회를 포착하여 국가의 발전과 번영을 추구하는 포괄적인 접근방법이다. 국가전략에 있어 가장 중시해야 할 고려요소는 국가이익과 국가목표를 분명히 정의하고 그 우선순위를 정하는 것이다.

제 5 장

21세기 전략환경과 국가대전략의 기본방향

우리가 살고 있는 21세기는 세계화, 지식정보화, 과학화시대이다. 정보기술혁명이 몰고 온 변화로 세계는 지식과 정보 우위의 사회로 변모하고 있다. 지식과 정보를 가진 자가 경제적・사회적 우위를 점하며 세계 경쟁에서도 살아남을 수 있다.[1] 따라서 개인이건 국가건 간에 어떻게 지식화・정보화에서 앞서가느냐가 그들의 미래를 결정하게 될 것이다.

다가올 시대는 너무 빠른 속도로 변화하기 때문에 전략환경을 정확히 평가하기에는 무리가 있다. 지식・정보혁명이 가져올 변화의 속도와 방향은 예측하기 쉽지 않기 때문이다. 그러나 이 어두움을 뚫고 미래를 투시하면서 가능한 정확히 예측하려고 노력하고, 이를 바탕으로 국가전략을 수립하는 것은 전략가와 지도자의 몫이다.

정보통신의 혁명으로 20세기 후반에 시작된 지식정보화와 세계화 물결은 앞으로 더 본격화될 전망이다. 국가와 국가, 지역과 지역, 산업과 산업의 상호작용과 의존이 크게 증대하고 있다. 이제는 국방과 외교 분야뿐 아니라 정치, 경제, 사회, 문화 등 모든 분야를 통틀어 오늘 외국에서 일어난 일이 내일 그대로 우리에게 영향을 미치는 그야말로 국경이 크게 좁혀진 평평한 세상(Flat

1) 앨빈 토플러는 '부의 미래'에서 "오늘날의 상황은 산업혁명이 유럽을 휩쓸어 버리고 그 반대론자들을 공포에 질리게 했던 1800년대 중반의 상황과 정확하게 일치한다"라고 판단하며 새로운 혁명을 예고하고 나섰다. '제3의 물결'로 온 세계에 충격을 던졌던 토플러는 15년 만에 펴낸 그의 신작 '부의 미래'를 통해 새로운 혁명이 목전에 왔음을 강조한다. 그는 현재 상황이 미래에 대한 비관과 낙관이 뒤섞인 시기라고 진단한다. 새로운 문명이 기존의 문명을 잠식하는 시대에 사는 사람들은 둘로 나뉘게 된다. 과거의 문명에서 큰 이익을 얻었거나 좋은 관계를 유지했던 사람은 과거를 찬양하고 미래를 부정한다. 그러나 그렇다고 해서 혁명의 속도는 느려지지 않는다. 이미 혁명은 시작되었다.

World)이 되고 있다. 그리고 이제는 엄격히 말하여 외치와 내치를 구별하기 어려운 세상이 되어가고 있다. 국방과 외교, 국내정치와 경제가 긴밀히 상호의존하고 상호작용하고 있다. 따라서 국내의 올바른 정치경제 발전전략을 세우는 일과 올바른 세계전략을 세우는 일은 동전의 양면처럼 서로 떼어 놓고 생각할 수 없는 세상이 되고 있다.

급속한 사회·경제적 환경변화의 흐름을 타고 있다. 한 축은 우선 사회, 자연, 기술, 정부의 모든 인간활동 영역에서 동시에 진행되고 있는 세계화로서, 하나의 지구촌을 향한 세계적 정치·경제적 통합의 추세일 것이다. 또 다른 흐름의 축은 지식정보화로 표현되는 지식산업, 정보산업의 약진과 생명과학, 미세기술 등 첨단 과학기술연구의 급속한 발전과 보급을 통한 산업구조와 나아가 생활구조의 전대미문의 전환과 급속한 변화이다. 과학기술 발전의 대표적인 사례로서 마이크로 프로세서의 속도가 1년 반마다 배가하고, 그 추세가 최소한 향후 20년은 지속될 것이라는 예측이 있는데, 이는 2030년에는 지금보다 일만 배 이상 빠른 컴퓨터가 상용화될 것을 의미한다. 디지털화와 유비쿼터스화의 발전속도도 가속화되고 있다. 또 해마다 배가하는 전자상거래와 인터넷인구의 확산속도로 볼 때 앞으로 10년 후에는 양적으로나 질적으로나 천배 이상 심화될 것으로 보인다.

세계 각국은 다가올 미래가 세계화, 지식정보화, 민주화, 환경보존이라는 여러 가지 도전을 동시에 맞이할 시기라는 인식을 공유하고 있다. 이러한 급변하는 상황에서 정치, 경제, 사회의 다양한 장벽들이 허물어지는 세계적인 개혁, 통합과 화합의 흐름을 뒤쫓는 일도 쉽지 않다.

이러한 세계화는 지리적, 국가적 경계로 분리되어 있었던 인류사회를 하나로 묶는 거대한 힘이다. 지난 세기의 발전의 원동력이 국민국가 단위로 활용 가능한 자원을 극대화하는 것에서 나왔다면, 앞으로의 국가경쟁력은 단일화된 세계를 무대로 활동하는 글로벌 행위자를 창출하고, 세계국가들과 긴밀한 네트워크를 구축할 수 있는 능력에 따라 좌우될 것이다. 세계화 시대에는 생산, 기술, 노동과 자본의 국적에 집착하는 지난 시대의 낡은 인식을 버리고 글로벌 정체성을 갖도록 요구하고 있다. 이러한 범세계적 물결은 우리에게는 기회이자 도전이다. 대한민국이 대외의존형 개방경제를 갖고 있다는 점에서 세계화는 기회이나, 개방의 역사가 짧고 개방에 저항하는 폐쇄적인 민족주의의 의식구조의 잔존은 세계화를 수용하는 데 장애요인으로 작용할 것으로 예상된다.

미래 불확실성 시대의 전략환경 변화를 투시하면서 국가에 비전과 전략을 제시할 국가지도자의 역할이 그 어느 때보다 중요하다. 미래는 기다림이 아닌 만들어 가는 대상이다. 지도자는 단순한 예측(豫測, Forecasting)보다 미래를 준비하고 이를 현재화하는 예지(豫知, Foresight)능력을 갖추어야 한다. 예측은 일기예보와 같이 미래를 맞추는 능력이지만, 예지는 지도자가 스스로 주체가 되어 국민과 함께 적극적으로 미래를 만들어 가는 능력이다. 진정한 지도자는 우리가 지금 어디에 있는지를 판단하기보다는 어디로 향해야 하는지를 알려주어야 한다. 훌륭한 지도자는 나의 꿈을 우리의 꿈으로 바꾸는 화학적 폭발력으로 역사의 물줄기를 바꾼다. 국가의 지도자는 절망 속에서도 살아 있는 꿈을 발견하고 만들어 가는 능력과 열정을 가져야 한다. 지도자에게 있어서 미래의 꿈은 미사여구가 아닌 과학이요 공학이며, 전략이기 때문이다.

한 나라의 미래는 지도자의 비전과 국가전략의 창출능력에 달려 있다. 즉 비전과 국가전략의 창조역량이 한 사회와 국가의 미래를 좌우한다. 우리의 상황은 늘 세계, 동아시아, 한반도, 국내라는 네 차원의 비전을 동시에 요구해 왔다. 지식정보화 세계화시대에 대한민국의 지도자는 어떤 비전과 이상을 갖고 공동체를 이끌어가야 하는가?

첫째, 전(全)인류적이고 세계적인 시야와 비전을 가져야 한다. 즉 우리 내부의 협소한 틀을 과감히 벗어나서 세계공동체 내에서 우리의 위상과 역할 및 과제를 설정해야 한다. 우리는 지금 세계 13위권의 경제력을 자랑한다. 그러나 다른 영역들, 예를 들면 인권, 민주주의, 환경, 평화, 복지, 교육도 세계적 수준인지 깊이 성찰해야 하며, 발전방향을 제시해야 한다.

둘째, 범(凡)세계적이며 국제적인 비전과 철학을 갖추어야 한다. 지정경학적인 영향으로 역사적으로 한국문제는 철저하게 국제문제로 연결되었다. 즉 한국의 도전은 항상 외부의 격변에 따른 내부의 대응에 따라 좌우되어 왔다. 20세기 초 한국문제의 제1차 식민화, 20세기 중반 세계냉전 시점의 분단과 전쟁이 이어졌다. 지금은 세계화, 국제화의 도래, 미국의 유일제국화, 동아시아 부상이라는 다중격변에 따른 미래구상을 세울 때이다. 요점은 간단하다. ① 세계화와 지역화 사이의 동조와 충돌 지점의 대차대조를 정확히 판별해야 한다.

핵심은 세계 유일제국+한·미동맹의 이중지위를 갖는 미국과의 관계방식과 중국·일본을 포함한 동아시아와의 지역연대 사이의 원근(遠近)조절을 말한다. ② 미국·중국·일본·러시아의 전통적 4강구조 이외에 새로운 세계 주역의 등장, 특히 유럽연합(EU), BRICs(브라질, 러시아, 인도, 중국), 이슬람권, 국제기구, 국제 NGO 등 새로운 주체들에 대한 시야포착이 필요하다. ③ 동아시아 지역통합 및 평화비전과 한반도 평화체제 정착의 과제를 결합하여 양자를 이끌 복합비전의 창출이 중요하다. ④ 대북한과 통일문제에 대한 국제사회와 남북관계 및 북한 내부의 3자 선순환체제가 구축되어야 한다. 북한의 핵·기아·인권문제는 지난 20년간 국제사회와 남북한 모두가 해결에 실패해 온 3중 중첩 문제라는 점을 주목하여 한반도의 평화·민주·인간화라는 3중 선순환구조의 비전과 연계성을 제시할 수 있어야 한다.

셋째, 민주국가의 역할과 관련된 비전과 전략을 명확하게 제시해야 한다. 국가의 역할이 점차 공동화하는 시장 지배사회를 맞아 과거 실패한 경로[2]에서 교훈을 염출하여 적절한 국가역할에 대한 새로운 전략이 요구된다. 새 비전은 국가가 시장 및 시민사회와 적절한 분할대면을 통해 시장화와 사회화를 결합하는 인간의 얼굴을 한 시장경제를 말한다. 즉 시장화로 귀결된 민주화에 사회화를 결합해 인간화의 대안적 비전을 성취해야 한다. 번영발전, 약자배려와 갈등해소 등 사회통합의 비전도 이로부터 도출된다.

넷째, 민주주의를 더욱 확실하게 정착시킬 수 있는 비전을 제시해야 한다. 즉 헌법, 정부, 정당을 포함한 민주제도의 쇄신방안을 제시해야 한다. 민주화 이후 한국의 정치는 많이 발전하였으나, 아직도 요동치고 불안한 모습을 보여왔다. 삶과 공동체 문제의 해결을 위해 정치의 역할은 너무도 중요하다. 그렇기 때문에 정치영역에서 인간의 오류, 부패, 타락은 좋은 제도와 좋은 리더십의 결합을 통해 극복되어야 한다. 좋은 미래, 좋은 사회를 향한 국가제도의 개선과 혁신의 비전이 필요하다.

다섯째, 선진일류사회와 시민을 향한 세계시민으로서의 윤리적이고 도덕적인 하부구조의 구축이 요구된다. 작금의 우리사회가 보여 주듯 물질적 성장

2) ① 국가가 시장과 시민사회를 모두 억누른 사회주의 유형, ② 국가가 시장과 유착하여 시민사회를 억압한 권위주의 발전체제·정경유착 유형, ③ 국가가 시민사회와 연합하여 시장을 압박한 민중주의·포퓰리즘 유형, ④ 시장이 국가와 시민사회를 장악해버려 시장논리가 인간사회와 민주주의를 압도하는 시장독재 유형 등이 실패한 경로들이다.

이 윤리적, 정신적, 문화적 성숙으로 연결되지 못하고 있다. 세계시민으로서의 자질과 윤리의식이 없이는 나눔과 품격의 일류문화국가를 이루는 것은 불가능한 것이다. 국가지도자의 리더십이 세계시민으로서 우리에게 개인, 국민, 동아시아인, 세계시민으로서의 정체성과 윤리를 깨닫고 행동할 넓은 비전과 경로를 열어주어야 한다.

지금부터는 이러한 시대적 요구를 수용하면서 "대한민국의 비전과 국가전략은 무엇인가? 국가전략과 비전을 어떻게 연계시킬 것인가?"에 대한 답을 제시하려 한다.

대한민국은 그동안 근대국가가 요구하는 의제를 빠르게 성취했다. 그러나 대부분 외면적 발전에 치중하였다. 이제는 이러한 바탕 위에서 잘해 온 것은 더욱 잘하면서 공동체적 삶의 질적 성숙화를 위한 전환적 비전이 필요하다. 즉 대내적인 사회화, 문화화, 인간화와 그리고 대외적인 평화화, 세계시민화의 이중 비전이 필요하다. 차선의 리더십으로 최선의 비전을 추구하는 것이 전략의 요체이다. 국가지도자는 좋은 비전의 제시를 통해 올바른 국가전략이 수립되고 추진될 수 있도록 시대적 소명의식을 가지고 노력하여야 한다.[3)]

2018년부터는 우리나라 총인구가 줄어들기 시작할 것으로 추정되고 있다.[4)] 그 이전에 우리는 선진국에 진입해야 한다. 그러지 못하면 우리는 후진국으로 추락할 수도 있다. 해방 후의 건국-산업화-민주화로 이어오던 우리의 국가목표가 21세기 들어와서 실종되어서는 안 된다. 세계화 · 지식정보화 시대인 21세기에는 국가비전과 국가목표를 재정립하며 선진일류국가로 나가야 한다.

이 장에서는 국가대전략 차원에서 이 전략의 대상기간인 2030년까지의 전략환경(戰略環境)을 평가해 보고, 우리가 21세기에 지녀야 할 대한민국의 기본이념과 가치를 도출하며, 국가비전과 국가전략의 방향을 제시할 것이다.

이론분야에서 설명한 대로 전략환경 평가는 모든 단계에서 지속적으로 이루어져야 한다. 그러나 국가전략체계로 볼 때는 국가이익과 국가목표를 기술한 다음에 전략환경 평가를 기술하는 것이 논리적이다.[5)] 여기서는 독자들이

3) 문화일보, 2007년 11월 21일.

4) 2008 세계 인구현황보고서에 의하면 현 출산율이 지속될 경우에는 한국의 총인구는 2018년 4934만명을 정점으로 감소할 것으로 전망된다.

5) 전략환경(정세)평가를 하는 시기를 어느 특정 시점으로 한정하는 것은 지극히 잘못된 일이다. 왜냐하면 이는 전략의 수립, 집행, 평가 등 모든 과정을 통해 지속적으로 실시되어야 하

급변하는 21세기의 특성을 먼저 이해하는 것이 중요할 것으로 판단하여 전략환경 평가를 먼저 기술하였음을 밝혀 둔다.

전략환경 평가에서는 21세기의 예측 가능한 모습을 그려본 후 세계정세와 동북아 정세하에서 남북한 관계의 변화와 국내정세를 분석할 것이다.

대한민국의 기본이념과 가치는 우리가 추구해야 할 국가이익과 결부되며, 국가목표로 나타나는 것으로서 가장 기본적이고 중요한 우리 국가와 민족의 철학적 사상 즉 '국가사상'[6]과 '민족문화'에 바탕을 둔 것이다. 이러한 사고를 바탕으로 홍익인간을 포함한 다섯 가지 요소로 기본이념과 가치를 도출하였다.

국가비전과 국가전략의 방향은 기능별 전략과 분야별 전략을 수립하는데 방향과 근저(根底)를 제공하는 나침반이다. 국가비전과 국가전략은 불확실한 미래에 기반을 두고 수립되기 때문에 앞에서 설명한 최적의 국가전략 수립을 위한 미래설계의 기본원칙을 유념하면서, 국가비전, 국가이익과 국가목표를 염출한 후 국가전략의 기본방향을 제시하고자 한다.

제 1 절 21세기 전략환경 평가 : 도전과 응전

1. 21세기의 모습

우리가 살고 있는 21세기는 지식정보화, 세계화, 과학화, 디지털화가 빠른 속도로 추진되는 불확실성 시대이다. 21세기에 진행되는 다양한 변화 중 가장 광범위하고 혁명적인 변화의 하나는 지식정보화이다. 지식정보화란 지식혁명과 정보혁명이 거의 동시적으로 진행되는 현상으로서 지식화와 정보화가 상호

기 때문이다. 그럼에도 불구하고 가장 합리적이고 논리적인 시점을 선택하여 제시하였음을 밝혀둔다.

6) 국가사상(國家思想)을 바르게 정립하는 문제는 쉽지 않다. 서문 첫머리에서 기술한 대로 국가사상이 없는 민족과 국가는 영원한 생명력이 없다고 말할 수 있다면, 이제는 국가사상을 정립하는 문제를 국가의 핵심과제로 추진해야 한다. 김효전은 「근대 한국의 국가사상 (국권회복과 민권수호)」(철학과 현실사, 2000)이란 저서에서 국가사상에 대해 기술하고 있다. 그러나 국가사상을 국민의 공감대 속에서 올바르게 정립하기 위해서는 많은 토론과 담론화 과정을 거쳐야 할 것이다.

긴밀히 결합된 변화를 지칭한다.[7] 정보화혁명은 지리적 공간의 종말을 가져왔다. 인터넷을 통한 주식거래, 상품거래는 전 세계를 하나의 글로벌시장으로 만들고 있으며, 신호, 음향, 이미지, 소프트웨어를 사고파는 문화산업의 영역에도 국경이 사라지고 있고, 그 결과 범세계적인 소비문화가 형성되고 있다. 글로벌 커뮤니케이션과 네트워크의 형성으로 이제는 '정보통신문명', '세계정보고속도로', '글로벌 정보사회'라는 슬로건 아래 지구촌 마을이 구체화되고 있다.

앨빈 토플러는 최신작인 「부(富)의 미래(Revolutionary Wealth)」에서 오늘날 세계가 직면한 위기 상황은 경제 발전의 속도를 제도와 정책이 따라가지 못하는 데서 생기는 '속도와 충돌' 때문이라고 진단한다. 혁신을 주도하고 있는 기업은 시속 100마일(160km)의 속도로 질주하고 있고, 작은 탄력적인 단위의 네트워크로 무장한 비정부기구(NGO)들도 시속 90마일로 기업의 뒤를 바짝 쫓고 있는데 노조(30마일), 정부(25마일), 학교(10마일), 정치권(3마일) 등은 거북이걸음으로 오히려 흐름을 방해하고 있다는 것이다. 그리고 부의 중심축이 미국에서 아시아로 공간적 이동을 할 것으로 예측하고 있다.

돈과 시간이 사슬로 매인 시기는 산업혁명 시대였다. 그러나 초스피드와 비획일성, 비동시성 등이 공존하는 지식혁명 시대의 시간은 개념 자체가 다르다. 인터넷에서의 1분은 영겁에 가까운 시간이고 외환딜러들은 10분의 1초 안에 거래를 완료한다. 지식이 시간보다 중요한 시대, 노동 시간을 획일적으로 따져 보수를 지불하는 시대는 지났고, 일하는 시간과 가정 생활을 하는 시간의 경계도 흐릿해진다. 이런 가운데 세계는 '속도의 충돌'로 인한 문제를 발생시킨다. 지식혁명 시대에도 앞서가기 위해 속도의 충돌을 최소화하는 시스템이 필요한 이유다.

하지만 미래의 부를 창출하는 가장 중요한 원천은 지식이다. 그는 컴퓨터와 웹 사이트, 새로운 대중 매체로 각종 데이터와 지식, 정보가 유례없는 속도로 생성, 축적되고 있으며 60억 개에 이르는 인간의 두뇌 외부에는 어마어마한 크기의 메가브레인이 개발되고 있음에 주목한다. 요컨대 이미 무한대로 돌

---

7) 여기서 정보화는 컴퓨터 혁명과 이에 따른 자동화혁명 및 정보통신혁명을 모두 포괄하는 변화를 의미한다. 지식화는 경제성장과정에서 토지와 기계 등의 물적인 자본보다 지식과 기술 등 지적자본의 중요성이 급격히 증대되는 현상을 뜻한다.

입한 지식이 상호작용하면서 거대하고 힘있는 새로운 지식으로 개편, 부의 원천으로 작용한다는 것이다. 그러나 앨빈 토플러는 "사회가 바뀌는 속도만큼 지식의 모습도 급진적으로 변화하고 있다. 내가 처음 지식에 대해 언급했을 때보다 지식이 축적과 확산 속도, 또 쓸모없어지는 속도도 눈부시게 빨라졌다"고 언급하고 있다.[8)]

피터 드러커는 그의 저서 「미래사회(Next Society)」에서 지식사회의 세 가지 주요 특성을 다음과 같이 정리하였다. ① 국경이 없다. 왜냐하면 지식은 돈보다 훨씬 쉽사리 돌아다니기 때문이다. ② 상승 이동이 쉬워진다. 누구나 손쉽게 정규교육을 받을 수 있기 때문이다. ③ 성공뿐 아니라 실패 가능성도 높다.[9)]

〈그림 5-1〉에서 보는 21세기의 전략환경은 다가올 미래 환경에 대하여 핵심적인 내용을 도식한 것이다.

정치적인 측면에서 보면 이러한 지식정보화는 세계국가를 하나의 지구촌으로 변화시키면서 국가경쟁력, 생활양식과 사고방식을 결정하는 가장 중요한 추동력이 되고 있다. 컴퓨터와 과학기술의 비약적 발전에 힘입은 정보통신혁명으로 20세기를 주도하였던 정치적, 경제적, 사회적, 문화적 패러다임은 이미 낡은 것이 되었고, 인류생활의 모든 영역에서 새로운 패러다임이 요구되고 있다.

토플러의 예견대로 현재 진행중인 지식혁명은 개인과 가정과 사회, 경제와 정치와 문화, 제도 전반을 혁명적으로 변화시키면서 모호함과 갈등, 불확실성, 복잡성 등을 증폭시키고 있다. 정보혁명과 지식혁명의 진전에 따라 지식과 정보의 비중이 높은 지식기반산업(知識基盤産業, Knowledge-based Industries)을 중심으로 산업의 급속한 재편이 이루어지고 있고, 골드칼라가 새 시대의 새로운 지배계급으로 부상하고 있으며, 정치권력의 재편을 위한 이러한 새로운 계급의 도전이 가시화되고 있다.

---

8) 그 결과 지식 자체의 개념이 바뀌고 있다. '부의 미래'에서 토플러는 빠른 속도로 쓸모없어지는 지식을 '압솔리지(Obsoledge)'라는 조어로 설명했다. 기존의 지식이 한 사회, 한 나라에 국한됐다면 지금은 세계 모든 사람에게 즉각적으로 전파될 수 있다는 점이 다르다. 효과가 바로 나타나는 스테로이드 주사를 맞는 것처럼 즉시 지식을 얻을 수 있는 세상인 것이다.

9) 피터 드러커, Next Society(한국경제신문, 2002), p. 22.

〈그림 5-1〉 전략환경평가

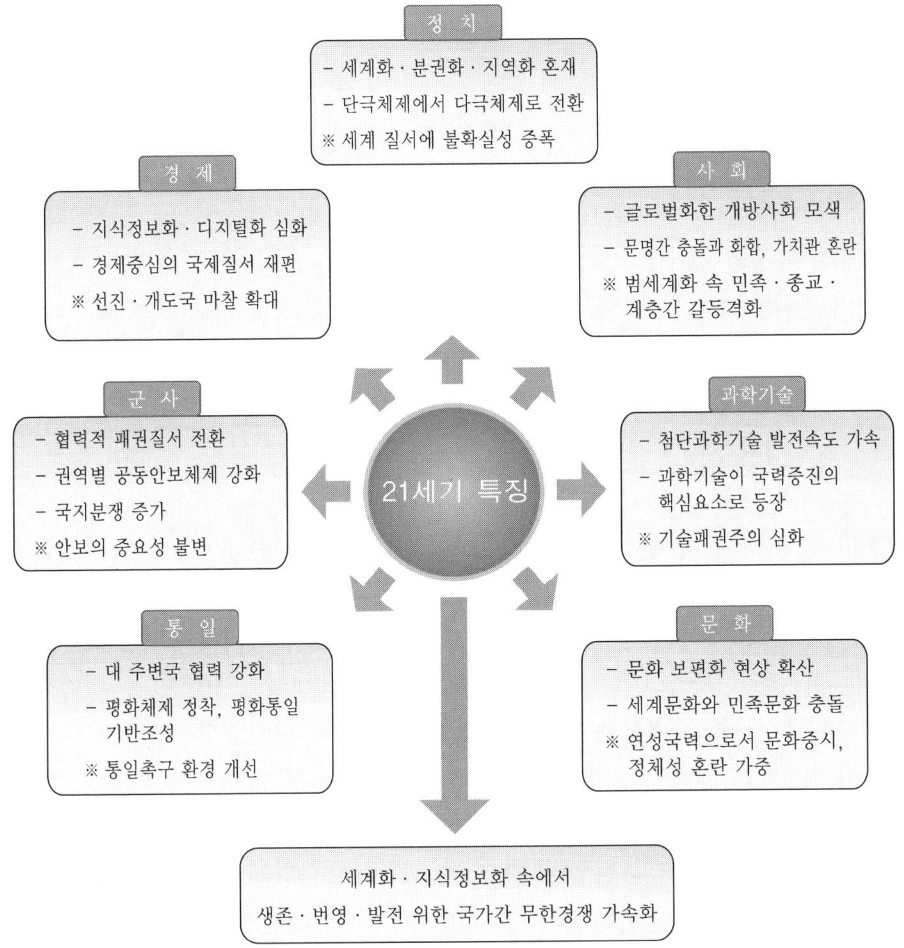

세계화 시대라는 21세기에 민족주의가 다시 관심의 대상이 되고 있다. 보스니아·코소보 전쟁과 같은 냉전(冷戰) 이후의 유혈사태는 물론, 최근 세계 각국이 자국 기업에 대한 외국 자본의 M&A(인수합병)를 저지하는 배후에는 민족주의 정서가 자리 잡고 있다. 냉전시대에 민족주의는 이념 대결에 가려 빛이 바랬다. 소련이 붕괴되고 이념 전쟁이 끝나자 많은 이들이 이제는 세계화의 시대가 도래할 것이라고 생각했다. 잠시 동안 민족주의는 '20세기의 낡

은 유물' 정도로 여겨졌다. 그러나 민족주의가 21세기 들어서도 여전히 위력을 발휘하는 모습이 세계 곳곳에서 목격되고 있다. 한걸음 더 나아가 "1990년대가 세계화의 시대였다면 2000년대는 민족주의의 시대"라는 주장도 잇따라 제기되고 있다. 영국의 역사학자 에릭 홉스보브는 "세계화가 진행된다고 해서 민족국가의 영역이 축소되지는 않을 것"이라고 전망했다. 경제적 관점에서의 세계화는 진행되고 있지만 정치적인 관점에서 보면 민족국가의 존재 이유가 분명하다는 것이다. 베네딕트 앤더슨(Benedict Anderson) 교수는 "민족주의는 21세기에도 여전히 번성할 것"이며, 실제로는 지정학적 근본주의에 가까운 새로운 민족주의가 뜨고 있다고 설명했다.[10] 앞으로도 환경변화와 자원의 부족은 인류의 이해관계를 더욱 복잡하게 만들어 민족적인 분쟁요소는 점점 확대될 것으로 전망할 수 있다.

지식우위와 정보우위를 향한 무한경쟁에서 기업은 물론 국가와 개인 그 누구도 예외가 될 수 없다. 지식정보화와 함께 진행되고 있는 세계화과정이 그러한 경쟁을 세계 곳곳으로 확산시키고 있기 때문이다. 따라서 지식정보화와 세계화의 복합적 흐름은 개별국가에게 다른 선택의 대안을 남겨두지 않는다. 이러한 흐름에서 낙오되어 정치·경제적으로 주변화되거나, 아니면 이런 흐름을 적극적으로 수용하여 앞서 나가는 길 외에 다른 길이 없는 것이다.

'부의 혁명'을 불러오는 또 다른 요소는 공간의 확장이다. 공간의 범위는 이미 세계적으로 확장됐으며, 고부가가치 창출 장소도 순환한다. 토플러는 21세기 세계의 부를 지배하게 될 지역으로 아시아, 특히 중국을 꼽는다. 농업혁명 시대 아시아가 가지고 있던 부의 주도권이 산업혁명으로 유럽을 거쳐 미국으로 넘어갔고, 이제 제3의 혁명과 함께 다시 아시아로 넘어가고 있다는 것이다. 따라서 정치적으로 단극체제에서 다극체제로 전환되고 있으며, 세계질서의 불확실성은 더욱 증폭될 것이다.

---

10) 세계화가 빠르게 진행되고 있는데도 불구하고 세계 각국과 수많은 민족집단이 보편주의의 가치와 원칙을 채택하지 않는다면 국제관계는 어떻게 될 것인가? 이 문제에 대한 답은 미국의 국제정치학자 새뮤얼 헌팅턴(Samual P. Huntington)이 이미 '문명충돌론'이라는 이론으로 명쾌하게 제시한 바 있다. 헌팅턴은 "공산권의 몰락으로 냉전체제가 무너진 뒤 세계정치의 핵심적 갈등 요인이 이데올로기도 아니고 경제도 아닌 바로 문화"라고 갈파했다. 그는 문화적 갈등은 기본적으로 비타협적 성격을 갖고 있다고 지적했다. 배네딕트 앤더슨 미국 코넬대 명예교수는 "19세기와 20세기에 민족주의가 정복과 팽창의 형태로 나타났다면 21세기의 민족주의는 분열과 해체, 응축의 양상을 보이고 있다"고 지적했다.

21세기는 '세방화(世方化, Glocalization)' 시대로 국가가 아닌 지역이 세계와 경쟁하는 시대다. 기업의 구조조정 없이 선진 경제체제의 경쟁력을 지닐 수 없듯이 국토 공간의 효율적인 균형발전 없이 오직 수도권에 의한 국가발전과 경쟁력 강화는 어불성설로, 낙후지역 발전을 효율적으로 추진하지 못할 경우 국가경쟁력 자체가 뒤떨어지는 결과를 초래할 우려가 크다. 대한민국이 앞으로 맞닥뜨릴 과제 중 하나가, 밖으로는 거세져가는 국제화・세계화 요구이고, 안으로는 분권과・지역화이다. 이에 따라 정부도 국제-국가-지방 정부로 다층화(多層化)해야 한다는 말이 나온다.

세계 차원에서의 질서는 세계화와 반세계화의 갈등, 지역주의의 심화와 확산, 그리고 자본주의의 표준경쟁이 가속화될 것이며, 이 과정에서 EU와 동아시아, 특히 중국과 인도의 경제적 부상이 예견되고 있다. 그러나 이러한 경제적 성장과 함께 빈부격차의 심화와 에너지와 물의 부족현상, 중국의 정치・경제적 불안정, 동북아 3국의 배타적 민족주의의 발전에 따른 동아시아 공동체 발전의 한계, 그리고 EU의 정치적 결집력 후퇴 가능성과 인구 노령화 문제 등이 향후 불확실성을 가중시키는 요인이라고 할 것이다.

경제적인 측면에서 보면 이러한 지식정보화 과정이 경제과정 자체의 본질을 근본적으로 바꾸어 놓고 있다. 정보화와 디지털화가 심화되면서 신제품의 개발, 생산, 유통, 소비 등 경제활동 전반의 리듬이 빨라지고 혁신과 속도가 기업생존의 가장 핵심적인 메커니즘으로 등장하게 되었고,[11)] 그 결과 지식요소가 생산의 가장 중심적인 요소로 자리잡게 되었다.[12)]

21세기는 '경제전쟁'의 시대다. 1차 대전과 2차 대전 등 총칼을 들고 영토 침범 싸움을 벌였던 20세기와의 차이점이다. 글로벌화한 세계시장을 놓고 벌

11) 불과 10여 년 전만 해도 필름 없는 카메라, 테이프 없는 캠코더, 수천 곡의 노래를 저장해 어디서나 들을 수 있는 MP3, TV를 볼 수 있는 휴대폰 등이 일상화될 것으로 예상하지 못하였다. 하지만, 이러한 제품들은 이미 우리 실생활에 깊이 파고들고 있으며, 앞으로 없어서는 안 될 생필품으로까지 인식될 것이다. 단순한 진화가 아닌, 혁명적 변화다.

12) 이런 점을 두고 드러커(P. F. Drucker)는 "오늘날의 가치창출의 근본요소, 즉 생산에서 절대적 중요성을 가진 요소는 자본도, 토지도, 노동도 아닌 지식"이라고 주장한다. 토플러(A. Toffler)도 지식은 독특한 성질과 잠재력으로 인해 여타 자원의 궁극적인 대체물이 될 수 있고, 따라서 경제의 '궁극적인 자원'이 될 수 있다고 주장한다. 써로우(L. C. Thurow)는 세계화의 진전에 따라 토지, 자원, 자본의 가용성이 크게 증가하는, 즉 희소성이 감소하는 상황에서 지식과 지력을 중심으로 하는 인공적 비교우위가 경쟁의 핵심요소가 되고 있다고 주장한다.

이는 거대 기업간 경제전쟁은 영토전쟁보다 더 무자비하고 치열하게 전개될 것이다. 지난 세기의 기업간 경쟁은 함께 파이를 나눌 수 있는 '과점경쟁' 구조였다. 그러나 21세기 경제전쟁은 오로지 일등만이 살아남는 독점경쟁 구조로 흐르고 있다. 일등상품을 만들지 못하는 기업들은 설 자리를 잃을 가능성이 높다. 따라서 앞으로 경제중심으로 국제질서가 재편될 것이며 그 과정에서 선진국과 개도국간의 마찰은 더욱 심화될 것으로 전망된다.

21세기 신경제체제하에서 3가지의 커다란 흐름은 글로벌화, 디지털화 그리고 네트워크화로 압축할 수 있다. 1990년대 이후 WTO체제의 출범으로 세계 각국은 보호무역주의를 배격하고 자국의 시장을 개방함에 따라 글로벌화의 조류를 타기 시작했고, 비슷한 시기에 세계경제는 디지털화로의 급속한 전환을 서두르고 있다. 이러한 세계 각국의 노력은 그동안 글로벌과 디지털이라는 2가지 키워드가 이들의 정치, 경제, 사회 전반에 깊숙이 배태되는 결과를 가져왔고, 이제는 글로벌과 디지털이라는 2가지 키워드를 배제한 채 한 국가의 전략을 논의하기 어려운 상황이 전개되고 있다. 한편 글로벌, 디지털과 함께 네트워크는 경제, 사회, 문화적으로 제3의 키워드로 부각되고 있다. 그동안 글로벌과 디지털의 가시적 성과물을 지속적으로 생산해 온 반면, 네트워크는 눈에 보이지는 않지만 함축적인 의미를 꾸준히 제공하여 왔다. 따라서 신경제체제에서 글로벌과 디지털이 필요조건이라면 네트워크 없이는 그 충분조건을 만족시킬 수 없게 된 것이다.

사회적인 측면에서 보면 지식정보화의 혁명은 사회혁명이다. 세계는 속도의 불균형이라는 소용돌이에 놓여 있다. 경제적 발전의 속도를 사회 제도나 정책 등이 따라가지 못하면서 생기는 불균형이다. 자본주의는 시속 100마일의 속도로 혁신에 혁신을 거듭하고 있지만 정부와 관료 조직, 정책과 법 제도는 30마일도 안 되는 속도로 거북이걸음을 하고 있는 것이다.

지식정보화의 진전은 글로벌한 개방사회를 지향하면서도 국내적으로는 계층간 불평등을 심화시킨다. 왜냐하면 자동화혁명과 정보통신혁명이 급진전됨에 따라 기업들은 컴퓨터와 정보통신기술에 투자를 집중하면서 사람의 노동을 기계노동으로 대체하게 된다. 이 과정에서 교육수준과 기술 숙련도가 낮은 사람들은 재취업이 상당히 어려운 심각한 기술실업을 겪게 될 가능성이 높아진다. 이 경우 재취업을 하더라도 교육수준이 낮은 사람들은 임시직이나 계약직과 같은 매우 불안정한 고용계약을 감수하게 된다. 그러나 교육수준과 기술 숙련도가 높은 사람들의 경우 더 많은 취업기회와 사업기회를 가지게 되므로 양 집단 사이의 소득격차는 늘어나기 마련이다.

눈이 돌아갈 정도로 정신없이 변화하는 시대, 위태로운 경제상황과 정책, 제도의 실패가 결합돼 개인들은 절망적인 상황에 내몰릴 수도 있다. 예를 들면 "미국발 경제위기는 언제 어떠한 형태로 진화될 것인가? 한국에는 어떤 직간접적인 영향을 줄 것인가? 우리 개인에게는 직업과 노후가 보장될 것인가?" 등 많은 의문을 갖게 하며, 이러한 의문들이 불확실성 시대에서 다시 사회를 불안하게 한다.

자본주의의 극단적 변화는 시장과 화폐의 의미도 바꾼다. 시장은 폭이 좁고 수명이 짧은 집약적 시장으로 재편될 것이고, 토지, 노동, 자본, 재화, 서비스 경험과 지식 등이 한꺼번에 거래되는 거대한 사이버 마켓이 등장할 것이다. 이미 마일리지제도 등을 통해 드러나고 있듯 화폐를 사용하지 않는 구매형태도 일반화될 것이다. 토플러는 누구도 부의 혁명을 피해갈 수 없다고 단언한다. 이러한 변화는 문명간 충돌을 야기하고 가치관의 혼란을 초래할 수 있을 것이다.

세계가 빛의 속도로 변화하는 지금, 우리 앞에는 무수히 많은 도전과 기회가 기다리고 있다.[13] 고령화와 저출산, 성장잠재력 약화, 고용 없는 성장, 중국의 추격 등은 또 다시 우리 경제의 근저를 흔들어놓을 수 있는 중대한 도전요인들이다. 그러나 친디아(중국+인도)의 급격한 부상, 자유무역협정(FTA) 확산, 디지털 혁명 가속화 등은 우리 경제의 영역을 넓히고 업그레이드할 수 있는 절호의 기회요인이 될 수도 있다.

종교는 여전히 전 세계 곳곳에서 막강한 권위를 자랑할 것이다. 기독교, 불교, 이슬람 등 세계 3대 종교는 각각 유럽·미국, 아시아, 중동에서 확고한 우위를 지킬 것이다.[14] 다른 한편으로는 민족과 종교, 문화를 앞세운 문명의 충

13) 앨빈 토플러는 한반도 미래의 핵심은 시간이라고 주장한다. 일종의 전술적 탱고로 변질한 북한 핵협상에서 최종 승자는 가장 느린 템포로 춤을 춘 팀이 될 거라는 것을 아는 북한은 최대한 시간을 질질 끌려고 애쓰고 있고, 대한민국도 30년 앞을 내다본 점진적 통일 정책을 구사하고 있지만 과연 시간이 한반도를 기다려줄지 의문이라는 것이다. 대한민국의 속도지상주의 문화와 신중하고 더딘 외교정책 사이의 모순을 어떻게 극복하느냐에 한반도의 미래가 달려 있다고 그는 강조한다.

14) 그러나 분명 변화의 흐름도 곳곳에서 감지된다. 가장 빠른 속도로 성장하고 있는 이슬람은

돌과 융합, 국가이익과 집단이익을 추구하기 위한 테러와 자원·환경 분쟁은 미래의 환경을 더욱 불확실하게 할 것이다.

군사적인 측면에서 보면 21세기 안보환경은 변화의 템포가 빠르고 유동적이면서 안보위협의 유형과 주체가 다양해지고, 그 결과 위협의 진단과 대처가 과거에 비해 훨씬 큰 불확실성 속에서 이루어진다는 특징을 지닌다. 21세기의 가장 심각한 위협은 더 이상 핵전쟁이나 대규모 군대간의 충돌이 아니라 테러나 대량살상무기 같은 비대칭 위협에서 비롯되는 위험이다. 또한 세계화·정보화의 심화는 중요 하부구조에 대한 사이버테러와 같은 새로운 취약점을 노정하면서 갈수록 지구촌 인간의 삶을 불안하게 만들 것으로 예상된다. 특히, 9·11 테러 이후 메가테러리즘(Mega-terrorism), 대량살상무기 확산, 탄도미사일 확산, 사이버테러, 실패한 국가들의 인권 문제, 에너지 및 식량 안보와 환경문제 등 새로운 안보 이슈들이 21세기 안보의 핵심문제로 등장하였다. 이러한 안보문제해결을 위한 협력적 패권질서로의 전환과, 권역별 공동안보체제의 강화가 요구될 것이다.

탈(脫)냉전 이후 전쟁은 민족·종교·영토·자원·환경·인권문제 등 복잡 다양한 요소에 의해 촉발되고 있다. 그뿐만 아니라 국제테러리즘·마약·조직범죄·사이버테러·해적 등 초국가적이고 비군사적 위협이 등장해 개인은 물론 전 세계의 안보를 위협하고 있다. 이러한 위협요소는 불특정 다수를 대상으로 하고 있으며, 시간·공간·수단에 관계없이 인명을 살상하고 파괴한다.[15)]

세계화는 국제협력 증대 등 긍정적인 측면과 국가간 불평등의 심화와 같은 부정적인 측면을 동시에 내포하고 있다. 특히 세계화로 인한 세계시장의 확대로 과학기술, 자본과 정보를 풍부하게 소유하고 있는 국가는 발전과 번영의 기회를 갖게 될 것이나, 경쟁력을 갖지 못한 국가는 그러한 기회가 제한되

기독교가 뿌리깊게 자리잡은 유럽에서 교세를 확장하고 있고, 아시아에서는 기독교 개종자들이 늘어나고 있으며, 참선과 명상이 인기를 끌고 있는 미국에서는 불교의 영향력이 확대되고 있다.

15) 스웨덴 스톡홀름 국제평화연구소(SIPRI)가 해마다 펴내는 「군비·군축·국제안보 연감」 2007년판에 따르면, 2006년 1000명 이상의 사망자를 낸 유혈사건은 17건이었으며, 2007년에도 그 수치는 크게 달라지지 않았다고 했다. 그중 가장 많은 유혈투쟁을 기록한 곳은 아시아 지역이다. 이라크·아프가니스탄·카슈미르·팔레스타인·레바논·필리핀 등에서 구원(舊怨)에 얽힌 복잡한 역사와 보복의 악순환이 계속되고 있는 것이다.

면서 대외의존도가 심화되어 안보적인 취약성으로 연결될 가능성이 크다.

정보화시대의 도래와 함께 정보·통신의 교류가 비약적으로 확산됨에 따라 국제사회는 다양한 분야에 걸쳐 상호의존성이 증대될 것이다. 즉, 경제, 기술, 환경, 자원, 교육, 문화 등 여러 분야에서 상호의존성이 증대할 것이며, 또 세계질서의 다원화, 지역주의의 대두, 경제적 상호의존의 증대 등은 정치와 안보의 상호의존성도 증대시킬 것이다. 따라서 국제적 상호의존을 평화적으로 관리하기 위한 국제레짐(International Regime)의 형성과 구축·유지를 위한 노력의 필요성이 증대될 것이다.

이러한 변화를 바탕으로 냉전의 종식을 계기로 안보의 개념도 변하고 있다. 고전적인 의미의 안보는 흔히 국가안보를 지칭하며, 그 내용은 대체로 군사적 수단을 중심으로 이해되어 왔다. 고전적 관점에서 안보는 국가의 핵심가치에 위협이 없는 상태로 흔히 이해되어 왔다. 이러한 군사적 안보의 개념은 상대적 위상이 약화된 반면, 경제적·사회적·환경적·생태적 안보의 개념이 안보 논의에 등장하면서 안보의 핵심은 국가안보에서 인간안보로 확대되는 것이 21세기 안보 논의의 특징이다. 이는 세계화와 정보혁명의 결과 국가의 힘이 군사력보다는 경제력에 의해 좌우되는 경향이 커졌고, 따라서 국가의 목표 또한 군사적 힘에 더하여 경제력, 기술력의 확보에 치중하는 양상이 보편화된 결과라 할 수 있다.

안보 문제를 유발하는 주체뿐 아니라 이를 해결하는 주체들이 민족국가 차원을 벗어나 국제사회 수준 및 非국가 행위자 수준으로 확대되는 추세이다. 그 결과 21세기 안보는 행위자의 다양화와 안보 내용의 중층화, 복합화가 특징이라 할 수 있다. 전통적인 국가 대 국가, 전장을 중심으로 진행되었던 갈등이 이제는 좀 더 모호하고 불규칙적이고 비합리적인 차원으로 확산되는 것이 새로운 안보위협의 추세이다. 그 결과 군사안보뿐만 아니라 환경, 에너지, 인구, 난민, 국제범죄 등 초국가적 위협 또한 다가올 위협의 주요 항목이 될 것으로 예상된다. 21세기 안보는 테러와 반테러간의 전쟁, 인종, 종교, 문화 등 인간 정체성(正體性, Identity)에 관련된 갈등, 경제적 빈부 격차, 정치적 억압과 폭력, 실패한 국가들의 인권 및 참상 같은 눈에 보이는 反평화의 요소들 뿐 아니라 지구 온난화, 에너지와 물 부족, 도시화·정보화 심화에 따른 인간소외와 비인간화 등 인간문명의 모든 측면과 직·간접적으로 연관되

어 있다.[16]

과학기술 측면에서 보면 디지털과 유비쿼터스 등의 활용과 신기술의 개발 등으로 첨단과학기술 속도는 가속되고, 미래사회는 빛의 속도로 변할 수 있다. 과학기술력이 국력증진의 핵심요소로 등장하기 때문에 기술패권주의는 강화될 것이다. 따라서 첨단기술 개발에서 우위를 확보하는 문제는 국가의 가장 중요한 임무 중에 하나가 될 것이다. 그러한 일은 미래 연구가 없으면 실패할 수밖에 없으며, 이 같은 미래 예측이나 미래 전략 수립은 당면한 업무를 하면서 병행하는 것은 사실상 불가능하다.[17]

소비자들이 잉여복잡성의 희생물이 되는 것도 과학기술혁명 전야의 마지막 유물이다. 사용하지도 않으면서 어쩔 수 없이 수많은 기능을 지닌 휴대폰을 구매하는 잉여복잡성은 대량생산 시대의 산물이다. 제4의 물결에서는 우리의 소요를 충족시켜 주는 과학기술만이 승리할 것이다.

통일의 관점에서 본다면 세계화에 따라 국제협력이 증진되고 지역간 협력도 강화되어 한반도 주변에 평화체제가 정착될 가능성이 높아질 것이다. 세계적으로 개방화가 확대되면서 북한도 생존과 번영을 위해 고립체제에서 개방체제로 전환하려 노력할 것이다. 국내적으로도 국가경쟁력의 강화와 부의 축적으로 북한을 흡수할 수 있는 여력이 증가하여 퍼주기의 논란은 잠재워질 것이며, 북한을 민족적 차원에서 통합하려는 노력은 지속될 것이다. 이러한 환경적 요인과 노력 등으로 앞으로는 통일의 촉진환경을 조성하기가 더욱 용이해질 것이며, 2030년 안에는 통일도 가능할 수 있을 것이다.

문화적인 측면에서 보면 규모의 경제를 추구하는 세계화의 논리는 국가경제의 통합을 요구한다. 상호의존의 현실은 정치적 통합, 적어도 국가정책의 국제적 조정을 필요로 한다. 유럽에서의 변화가 대표적이다. 결국 세계화의 현실은 근대 민족국가의 속성 및 역할과 문화의 변화를 요구한다. 중요한 것은 이런 요인이 상호 복합 작용해 새로운 부 창출 시스템이 단독으로 오지 않는다는 것이다. 새로운 삶의 방식, 즉 문명을 동반한다. 새로운 비즈니스 구조와 함께 새로운 가족형태, 새로운 종류의 음악과 미술, 음식, 패션, 신체적 미의 기준, 새로운 가치관, 종교나 개인의 자유에 대한 새로운 태도 등이 함께 밀려

16) 박종철 외, 2020 선진 대한민국의 국가전략 : 총괄편(통일연구원, 2007), pp. 45-48.

17) 문화일보, 2007년 10월 8일.

오는 것이다. 즉 脫근대에의 요구에 따라 문화보편성이 확산되는 가운데 세계문화와 민족문화의 충돌현상도 가시화될 수 있다.

미래의 권력 트렌드로 세계화와, 지식정보화, 민주화를 골간으로 전개되는 지구적 수준의 사회변동 속에서 정치 · 경제 · 군사 등 하드파워 엘리트가 아니라 문화력과 통합력을 축으로 하는 소프트파워 엘리트가 권력의 핵심에 설 것으로 예측된다.

한편으로는 세계화 · 글로벌화 · 지식정보화가 진행되면서 인간의 조절능력을 시험하는 시장의 힘이 급속하게 커졌음을 확인하게 된다. 21세기 새로운 환경에서 생존, 번영, 통일 그리고 선진일류화를 추구하기 위한 국가의 전략적 환경은 크게 변화되었다. 더 치밀하고 효과적인 국가전략이 요구되고 있는 것이다. 세계화 소용돌이의 한복판에 놓여 있는 대한민국은 전략적 환경의 키워드의 하나인 '일류화'를 축으로 국가전략의 개념을 재구성해야 할 것이다.

흔히 위기와 함께 기회도 온다고 한다. 위기를 이겨내는 과정에서 성공과 발전의 계기를 마련할 수 있다는 뜻일 것이다. 따라서 위기는 피해야 하지만 기회는 놓치지 말고 잡아야 한다. 그런데 위기를 피하면 기회도 함께 사라진다는 데 문제가 있다. 성공과 발전은 도전에 대한 응전에서 얻어지는 것이지 저절로 생기는 게 아니기 때문이다. 따라서 기회를 잡으려면 부득이 위기와 싸우는 수밖에 없다.

2. 세계 정세

오늘날 세계는 과학기술의 발달에 따라 경제 · 사회적으로 큰 발전을 이루어 자유와 인권 등 보편적인 가치에 기초한 정치체제가 확대되어 가고 있다. 그러나 냉전의 종식에 따른 세계질서의 근본적인 재편에도 불구하고 불안정성은 오히려 증대되고 있다. 국가간의 전통적인 위협뿐 아니라 국제테러, 대량살상무기 확산 등 새로운 안보문제들이 국가와 국민의 안전을 위협하고 있다. 그러나 냉전체제의 종식은 권력의 분산현상을 가속화시켜 민주화, 다원화의 급속한 과정을 밟고 있으며 새로운 기회와 다양한 위협을 형성하는 가운데 기회활용과 위협대처에 보다 더 효율적일 것을 요구하고 있다.

세계화 · 글로벌화가 본격화되면서, 새로운 국제질서가 형성되고 있다. 즉 국가와 국가, 지역과 지역, 산업과 산업의 상호 작용과 의존이 크게 증대하고 있다. 이제는 외교, 국방 분야뿐 아니라 정치, 경제, 사회, 문화 모든 분야를 통틀어 외국에서 일어난 일이 그대로 우리에게 영향을 미치는 그야말로 국경이 크게 낮아지는 '평평한 세상(Flat World)'이 되고 있다. 이제는 엄격히 말하여 외치(外治)와 내치(內治)를 구별하기 어려운 세상이 되어 가고 있다. 외교·국방과 국내정치와 경제가 긴밀히 상호 의존하여 작용하고 있다. 따라서 올바른 세계전략을 세우는 일과 국내의 올바른 국가전략을 세우는 일을 동전의 양면처럼 서로 떼어 놓고 생각할 수 없는 세상이 되고 있다.

세계적인 경제위기를 맞아 새로운 국제질서가 형성되고 있는데, 新국제질서의 형성 및 구축을 주도하는 미국 역시 그 힘에서 한계점을 노출하고 있다.

지금의 세계질서는 세 부류의 큰 흐름으로부터 도전을 받는 중에 있는 것으로 파악된다. 첫째, 미국 주도의 경제질서가 유럽, 중국, 일본, 동아시아 등의 신흥 경제 세력들로부터의 도전에 직면해 있다. 2008년 미국 경제위기에서 촉발된 세계 경제위기로 미국의 위상은 더욱 약화될 전망이다. 둘째, 세계화의 진행이 다양한 차원과 경로를 통해 급속히 진행되고 있으며, 그와 동시에 그 흐름에 반대하는 반세계화의 운동 또한 격화되고 있다. 셋째, 전 세계적인 지역주의 발전 추세이다. 지역이 국가를 대체하는 국제정치경제의 기본 단위로 등장할 조짐은 이미 여러 군데에서 발견되고 있으며, 심지어 EU 등 상당 정도의 제도화를 이룬 지역들간에는 이미 지역간 협력체제의 모색이 활발하게 진행되고 있다.[18)]

세계 GDP의 상당부분을 점유하게 된 중국, 일본, 독일 등이 주요 강대국으로 부상하면서, 국제사회는 상호의존성의 증대, 지역주의의 대두 등과 더불어 다원화되고 있고, 대이라크전과 대테러전에서 볼 수 있는 바와 같이 미국 또한 서방국가들의 일정한 군사적·재정적 지원 없이 중요한 문제에 단독으로 개입하여 행동을 펼치는 것이 거의 불가능하게 되었으며, 따라서 유럽, 일

18) 지역주의의 경로를 통한 세계화의 추진은 전 세계적으로 점차 심화, 확산되고 있는 추세에 있다. 북미지역은 NAFTA를 중심으로 경제통합 현상이 심화되고 있으며, 유럽지역은 지역통합체로서의 EU가 세계화의 주도세력으로 부상하여 미국과는 구별되는 유럽식 세계화가 다른 한 축에서 진행되고 있다. 한편, 동아시아 국가들 사이에는 양자간 FTA가 활발하게 맺어지고 있으며, 지역 전체를 아우르는 경제통합 틀의 구축을 위한 논의와 모색이 ASEAN+3을 중심으로 진행 중에 있다.

본, 러시아, 중국 등과 일정한 협력관계를 유지하면서 국제문제에 대한 균형자로서의 역할을 추구하고 있다.

2030년까지 정보, 기술, 자본, 재화, 용역의 흐름이 전 세계적으로 확대되어 세계가 점증적으로 상호 연결되는 현상, 즉 '국제화(Globalization)'라는 물결 속에서 세계는 중국과 인도의 부상(浮上) 등으로 아시아적인 요소가 더욱 커질 것으로 전망된다.[19] 즉 중국, 인도, 브라질 등 새로운 강국들의 등장으로 국제사회가 미국의 단극체제에서 동북아시아를 포함한 다극체제로 변화하고 세계질서는 9·11테러 이후 형성된 미국의 일방주의적 강압적 패권질서에서 다극체제 하의 협력적 패권질서로 변화할 것으로 예상된다.[20]

이 밖에도 한국과 미국을 포함하여 각국의 FTA 확산은 경쟁적으로 증가하고 있다.[21] 그러나 이러한 세계화 움직임이 순탄하게만 이루어지고 있는 것은 아니다. 세계화의 심화와 확산이 진행될수록 그에 맞서는 반세계화 운동 역시 다양한 방식으로 활발하게 전개되고 있기 때문이다.

세계적인 경제성장과 관련하여 OECD는 세계경제가 기술변화, 생산요소, 시장, 제도, 경쟁 환경 등의 변화에 대한 열망 등 모든 면에서 향후 2030년까지 19세기 이래 제3차 장기호황국면에 접어들어 연평균 약 4%의 성장을 실현할 가능성이 있다고 지적하였다. 그러나 세계적으로 확산되고 있는 미국발 경제위기가 어떻게 진정되고 세계경제에 어떤 영향을 미칠 것인지 심도 깊은 진단과 예측이 필요하다.

세계적 수준에서의 장기호황을 위해서는 국가의 내부에서는 물론 국가간에 발생하는 양극화 및 사회적 해체의 위협에 대한 성공적인 대응이 필수적이다. 실제로 삼성경제연구소는 2015년경의 세계경제 환경을 전망하면서, 국가간 갈등이 높아지는 '양극화와 갈등(Great Divide)'의 가능성이 가장 높다고 전

19) National Intelligence Council, *Mapping the Global Future*, Report of The National Intelligence Council's 2020 Project (NIC 2004-3), Dec. 2004, pp. 3-4.

20) 근대 국제질서의 변화를 야기하고 있는 근본적인 추동력(推動力, Driving Force)으로서 '힘(Power)의 정치의 변화', '부(Wealth)의 추구와 분배방식의 변화', 그리고 '국제질서의 안정을 확보하고 국제적 문제를 해결하는 기본 조직단위의 변화와 그 결과 나타나고 있는 정체성과 충성심의 변화'를 들 수 있다. Stuart J. Kaufman, "*The Fragmentation and Consolidation of International System*" (International Organization, 1997), pp. 173-205.

21) WTO의 통계에 의하면, 2006년 5월 현재 전 세계에는 193개의 지역무역협정(RTA)이 존재하며, 이 중 대다수인 124개가 FTA로 지칭되고 있다고 한다. 대다수가 1990년대 중반 이후 체결된 것들이다.

망하였다.[22] 그러한 전망은 세계경제위기를 극복하는 과정에서 현실로 나타날 가능성이 매우 높다.

전술한 대로 세계는 산업혁명 이후 최대의 지식정보혁명을 겪고 있다. 전통적인 국경개념이 사라지고 세계경제가 하나로 통합되는 과정이 진행 중이다. 국가, 기업, 개인을 포함한 모든 경제주체의 행동약식과 시장을 규율하는 규범과 환경이 급격하게 변화되고 있다. 이 같은 패러다임 전환기의 급변하는 환경에 적응하기 위해 국가나 경제주체들에게 새로운 전략이 요구되고 있다. 특히, 대한민국처럼 외부 경제환경의 변화에 예민하고 취약한 국가일수록 그 환경에 제대로 적응하기 위한 국가전략이 더욱 절실하다.[23]

범세계적으로 보면, 탈냉전 이후 갈등보다는 협력의 분위기가 점증하고 있다. 특히, 세계화와 정보화 혁명의 가속화, '자유무역협정(自由貿易協定, Free Trade Agreement)'의 증가 등 긍정적 요소와 환경오염이나 자연재난의 확대 등 새로운 안보위협의 대두는 세계적 차원에서 협력을 강화하는 요인으로 작용하고 있다. 그럼에도 불구하고 세계 차원에서 불확실성이나 불안정 요인이 해소된 것은 아니며, 테러리즘과 핵무기 등 대량살상무기의 확산, 배타적 인종주의와 민족주의의 발호가 냉전기와는 다른 불안정 요인으로 대두하고 있다. 특히 경제위기의 타개 수단으로서 다시 보호무역으로의 회귀가 강화되고 있는 점은 눈여겨 볼 대목이다.

미국은 아직도 초강대국의 역할을 하고 있다. 미국은 비록 대테러전쟁을 독자적으로 해결하지 못하고 미국발 경제위기를 자신의 뜻대로 주도하지는 못하고 있지만, 미국이 갖고 있는 최강의 종합 국력을 바탕으로 아직까지는 세계의 지도자 역할을 자처하고 있다. 무엇보다 미국 중심의 '단극주의(端極主義, Unipolar System)' 향배와 새로운 경쟁자의 등장 가능성은 향후 세계정세의 변화에 중요한 요인으로 작용하고 있다. 이에 관한 유럽연합(European Union: EU) 통합의 가속화나 BRICs(브라질, 러시아, 인도, 중국) 국가들의 성장 전망은 2030년경에는 미국의 현재와 같은 압도적 우위에 변화를 줄 것으로 전망되고 있다. 세계화와 경제통합의 진척은 경제적으로 긍정적인 효과와 함께, 경제성장의 결과로 나타난 부의 분배문제와 이를 둘러싼 세계적 차원에서의 갈등의 심화

22) 박종철 외, 2020 선진 대한민국의 국가전략 : 총괄편(통일연구원, 2007), pp. 145-147.
23) 류상영 외, 앞의 책, p. 15.

및 '계급갈등'의 강화 등 부정적인 효과를 초래할 수도 있다.

국제질서를 유지해 나가는 여러 가지 방법 중, 국제질서를 이해하고 국제체제의 변화 가능성을 설명하고 있는 대표적인 이론은 세력균형이론(Theory of Balance of Power)과 패권안정론(Theory of Hegemonic Stability)이며,[24] 국력의 변화로 인한 전쟁 발발 가능성 증대에 대한 논의도 활발히 이루어지고 있다.[25] 특히 이 이론들은 경쟁과 힘에 의한 국제체제 구축과 질서 유지를 강조하고 있으므로 미국의 패권과 세계질서에 대한 논의를 이해하는 데 도움이 된다.[26]

2030년 세계질서를 정확히 진단하고 이에 대비하는 것은 일류 한국의 대외전략에서 매우 중요한 위치를 차지하는 사안이다. 장기적으로 국가전략을 수립하기 위해서는 국제관계의 형태를 예측하고, 이를 결정할 주요 변수를 파악하는 것이 매우 중요하다. 2030년경 세계 안보질서에 대한 지배적인 시각은 미국의 일방주의, 국력의 집중, 연성권력의 독식 현상은 현재보다 약화될 것으로 예상되며 일초다강(一超多强) 혹은 다극체제(多極體制)에 근접할 것으로 예상된다.[27] 즉 미국 주도의 국제질서가 느슨하게 유지되기는 하겠지만, 현재와 같이 미국이 거의 전 분야에서 압도적 우위를 향유하기는 어려운 상황이 될 것으로 전망된다.

향후 역내 안보 불안정 요인으로는 미국과 중국간 국력격차가 중국에 유

---

24) 이 외에 강대국 협력에 의한 질서유지로 집단안보(Collective Security), 국제레짐(International Regime), 경제적 상호의존과 협력(Economic Interdependence and Cooperation) 등을 생각해 볼 수 있다. 또한 변혁(Transformation)에 의한 질서유지 방법으로 민주주의 공동체 확산을 통한 국제질서 유지와 국제통합(International Integration), 즉 경제공동체와 같은 형태로 국가들을 통합함으로써 질서를 유지할 수 있다. Muthiah Alagappa, "*The Study of International Order, An Analytical Framework,*" in Muthiah Alagappap ed., Asian Security Order, *Instrumental and Normative Features*(Stanford University Press, 2003), pp. 52-64.

25) Stephan Von Evera, *Causes of War: Power and the Root of Conflicts*(Ithaca: Cornell University Press, 1999), ch. 4 참조.

26) 이상현 편, 대한민국의 국가전략 2020(외교 · 안보)(세종연구소, 2005), p. 16.

27) 힘의 배분 상황을 통해 국제질서의 형성과 변화를 설명하는 대표적 이론은 세력균형이론과 패권안정이론이다. 국제질서에서 힘의 배분이 중요한 이유는 국제체제의 특성이 무정부상태이고, 그런 상태에서 국가의 생존은 기본적으로 자조(自助, Self-help)에 의해 결정되기 때문이다. 현실주의의 오랜 전통은 세력균형과 패권체제 중 어느 쪽이 국제체제의 안정을 보다 효율적으로 유지시키는가 하는 논쟁으로 이어졌다. 세력균형 이론가들은 국가들간의 힘이 균등하게 배분되었을 때, 각국이 모험적인 정책을 취하기 어려워지므로 평화가 유지된다고 본다. 이에 비해 패권 안정론자들은 국제체제에 강력한 패권국가가 존재할 때, 다른 나라들이 도전할 엄두를 못 내기 때문에 안정이 유지된다고 주장한다.

리한 방향으로 좁혀지는 과정에서 역내 질서를 주도하기 위한 경쟁이 심화될 것이다. 미국은 중국의 대미 도전방지를 위해 적극적인 개입 및 봉쇄전략(封鎖戰略)을 구사할 가능성이 증대된다. 그리고 일본은 중국의 패권 추구 가능성에 대비하여 경쟁적으로 군비증강을 추진할 가능성도 배제할 수 없을 것이다.

그러나 여러 도전요인에도 불구하고 2030년경까지는 미국이 상대적인 국력과 지위를 바탕으로 상당기간 동안 동북아지역의 질서를 주도할 것이다. 초장기적으로는 중국이 안정적 성장을 지속할 경우에는 '미국 주도의 다강(多强)체제'를 거쳐 '미・중 양강(兩强)구도'가 정착될 가능성이 내재되어 있다. 구매력 기준시 중국의 경제력이 〈표 5-1〉에서 보듯이 2020년 전후에는 미국을 추월할 것으로 예상되고 있다.

〈표 5-1〉 미국과 중국의 경제력 비교[28)]

구 분	경상환율 기준시			구매력 기준시		
	2006년	2020년	2030년	2006년	2020년	2030년
미 국	100	100	100	100	100	100
중 국	14.5	24	?	72	120	?

중국이 시장경제체제를 계속 지향할 경우에는 대미・일 의존도는 지속적으로 상승할 것이며, 미국이 한국 및 일본과의 동맹을 유지하면서 '세력 균형자' 역할을 지속하는 한, 향후 상당기간 동안 지역 국가간의 안정적 협력관계는 유지될 것이다. 미국의 경쟁국가인 중・러의 국력을 고려해 볼 때 미국에 정면 도전은 곤란할 것이며, 당분간은 중국과 러시아가 동맹을 결성하더라도 미 단독 또는 한・미・일 협력체제가 우세할 것이다.

장기적으로는 중국의 급격한 국력 신장에 대한 미국과 일본의 중국에 대한 견제가 증대되면서 역내 국가간 경쟁관계가 심화될 가능성이 내재되어 있다. 그리고 첨단전력 위주의 군비경쟁 심화로 역내 군사적인 밀도는 지속적으로 증대될 것이다.[29)] 동북아는 세계 인구의 25%가 집중되어 있고, 세계적인 강대국의 이익이 교차하는 지역으로 적과 동맹을 구분하는 이분법적인 질서가

28) 자료출처 : 2006-2020 동북아 역학구도와 대한민국의 중장기 안보전략(안보문제연구소, 2001).

29) 1991-2000년간 세계 군사비가 11% 감소했음에도 불구하고, 동북아지역은 27%나 증가하였다.

아닌 사안별 협력과 경쟁관계가 반복될 것으로 예상된다.

세계화 지식정보화가 진행되면서 세계정세는 적응하기 힘들 정도로 빠르게 변화하고 있으며, 생존과 번영발전을 위한 국가간 무한경쟁은 가속화되고 있다. 세계의 분쟁, 테러의 확산, 동북아 세력 균형, 한・미 동맹, 남북관계개선 등 새로운 이슈들이 터지는 글로벌정치에 대비하기 위해서는 전략의 주체들은 최소한 20년 후를 내다보는 전략패러다임으로 국가전략을 수립하고 추진해야 한다.

지금 형성되고 있는 '新국제질서'는 아직도 그 명확한 모습을 드러내지 않고 있다. 그러나 분명한 것은 오늘날 국제 사회의 큰 흐름은 자유민주주의와 시장경제가 인류의 보편적인 가치로 확산되면서 대결과 대립이 아닌 화해와 협력의 긴장완화 추세를 보이고 있다는 점이다. 이러한 추세를 잘 이용하여 민주주의 시장경제체제를 정착시켜 국가발전을 가속화시키고, 평화통일에 보다 유리한 상황을 만들어 가야 할 것이다.

2030년경 대한민국이 처할 국제안보 환경의 변화를 고려할 때, 우리의 입장에서 정확히 진단하고, 21세기 강대국간 합종연횡으로 인한 새로운 세력균형의 판도를 읽고, 그에 입각한 국가전략을 수립하는 것이 국가생존의 관건이 될 것이다. 장기적인 국가전략을 수립하는 것은 어느 국가에게나 매우 중요한 과제이다. 특히 과거에 비해 역사의 템포가 훨씬 더 빨라진 시대를 살아가기 위해 국가가 할 일은 좀 더 정확한 미래의 진단 위에 국가전략을 수립하는 일이다.

3. 동북아 정세

국제정세의 불안정과 불확실성은 동북아 차원에서 보다 뚜렷하게 부각되고 있다. 동북아 지역은 세계 인구의 약 25%, GDP의 23%, 그리고 외환보유고의 약 40%를 차지하는 지역으로 강대국의 이해가 교차할 뿐만 아니라 상호협력과 갈등 요인이 상충되고 있는 지역이다. 지역 경제상황이 대변하는 것처럼, 역내 국가들은 경제성장에 따라 경제적 상호의존성이 증대되고 있으며, 쓰나미나 지진과 같은 자연재해, 사스나 조류인플루엔자(AI)와 같은 전염병, 그리고 마약 등과 관련된 조직범죄 등 비전통적인 안보위협에 대한 공동대응의 필요성 역시 증대되고 있다.

동북아 지역에서는 아직도 갈등양상이 강하게 나타나고 있다. 북한의 핵 문제와, 군비경쟁, 국경분쟁, 한반도를 중심으로 한 북방3각과 남방3각간의 충돌가능성 등 전통적인 안보문제가 상존하고 있다. 이 지역에서는 중·러간의 '전략적 동반자관계' 설정과 그리고 미·일의 안보협력 강화 등 중·러와 미·일간의 역내 기존의 냉전시기 동맹관계에 기초한 갈등과, 같은 축의 블럭간 갈등 양상이 나타나고 있다. 이러한 전통적 안보영역에서의 갈등과 더불어, 상이한 문화와 정치·경제 발전 수준, 역사문제와 인권 등 기본적 가치에 대한 공감대 부재, 배타적 민족주의의 발호, 그리고 제도적 격차 등의 문제는 여전히 역내 국가들간의 협력을 저해하는 요인으로 작용하고 있다.

21세기의 동북아질서는 그 이전에 존재했던 냉전기의 미·소 대립체제, 혹은 그 이전의 일본 제국주의체제나 중화적(中華的) 조공체제와 구별되는 구조적 특성을 보이고 있다. 우선 이 지역에 깊숙이 관여하는 미국이 국력 면에서 압도적 우위를 보이고 있는 가운데 일본, 중국, 러시아 등도 군사력이나 경제력 면에서 세계 4강 범주에 들어갈 수 있을 정도로 역내 국가들의 동시적 강대국화가 나타나고 있다.

각국은 이러한 국력을 바탕으로, 미국의 대테러전 전략, 일본의 보통국가 전략, 중국의 화평발전 전략, 그리고 러시아의 대국부활 전략 등 자국의 국가이익과 영향력을 한층 증진시킬 수 있는 국가전략을 공통적으로 추구하고 있다.

역내 국가들의 동시적 강대국화와 국가전략이 맞서는 구조는 개별 국가들간 이해 대립의 심각화 및 역내 질서의 불안전성을 높일 개연성이 크다. 미·일동맹이 강화되는 한편에 중국과 러시아는 상하이협력기구(SCO)를 포함한 연합 군사훈련을 반복적으로 실시하고 있다. 대한민국과 일본, 일본과 중국, 일본과 러시아간에는 영토 혹은 역사문제와 같은 내셔널리즘의 대립이 상존한다.

동북아와 한반도에도 희망과 불안이 교차하고 있다. 동북아 지역에서는 국가간 상호투자와 교역이 꾸준히 증가하고 있으며, 최근에는 교역자유화도 활발하게 추진되고 있다. 아세안(ASEAN+3), 아세안 지역안보포럼(ARF), 아시아 태평양경제협력체(APEC) 등 기존의 협력기구를 중심으로 경제협력뿐 아니라 양자 또는 다자간의 안보협력도 강화되는 추세다.

그러나 이러한 협력관계의 발전에도 불구하고 동북아에는 여전히 불안정한 안보요인이 상존하고 있다. 한반도 주변 4국의 국력변화와 상호관계의 유동성은 동북아 평화와 안정에 영향을 미치고 있다. 특히 중국과 러시아의 '전략적 동반자관계' 설정과 미·일동맹관계의 강화 등 냉전적 갈등의 축이 지속되고 있다. 이와 함께 영토문제와 역사문제, 그리고 군비경쟁 등 군사안보적 영역에서의 갈등요인이 여전히 강화되고 있다. 또한 중국의 경제적 부상은 중국 경제에 대한 상이한 전망에도 불구하고 향후 동북아시아의 세력균형에 불안정요인으로 작용할 것이다.[30] 이러한 동북아 지역의 불안정성과 불확실성은 미래에 대한 정확한 예측의 필요성을 제고하고 있다.

중국과 인도 등의 부상은 이 지역의 세력균형에 변화를 야기할 수 있는 중요한 변수라고 할 수 있다. 동북아시아에서는 중국의 부상, 그리고 세계적 차원에서는 인도의 부상 또한 중요한 변수로 등장할 전망이다. 현재 동북아에서 미·일간에는 안보협력 강화가 지배적 추세인 반면, 중·일간에는 역내 영향력 확대를 놓고 상호불신이 심화되는 대립지향적 쌍무주의가 추세이다. 더 나아가 최근 중국과 러시아는 전략적 연대를 확대하면서 미국의 단극지배체제를 견제할 중심세력으로 등장하고 있다.

동북아는 세계경제의 성장엔진으로 떠오르고 있다. EU, 북미와 더불어 세계 3대 교역권인 동북아는 현재 전 세계 GDP의 약 23%를 차지하고 있으며, 2030년에는 30% 이상으로 확대될 전망이다. 동북아는 인구 면에서 유럽연합(EU)의 4배이며 거대한 성장잠재력을 보유하고 있다. 시베리아 천연가스가 본격적으로 개발되고 한반도에서 유럽으로 이어지는 철의 실크로드가 건설되면 동북아는 생산과 투자 금융과 물류, 정보와 기술이 모였다가 퍼져나가는 세계경제의 명실상부한 중심축이 될 것이다.

중국의 경제적인 성장은 경이적이다. 개혁개방이 시작된 1978년부터 2006년까지 중국 국내총생산(GDP)의 연간 평균성장률은 9.7%였다. 같은 시기 세계

---

30) 2030년 동북아다자안보체제는 대립과 협력구도가 공존하는 가운데 미국, 중국, 일본을 중심으로 한 삼각구도가 어떠한 양상을 보일 것인가에 달렸다. 미·일이 하나의 축을 형성하는 경우, 두 번째는 중·일이 하나의 축을 형성해서 미국에 대립하는 경우, 셋째는 미·중간의 협력체제가 공고해져서 일본의 위치가 동북아안보구도에 현저히 감소하는 경우가 있을 수 있다(문화일보, 2006년 4월 28일).

평균 성장치인 3.3%를 3배 가까이 초과했다.[31)]

우리나라는 세계 13위의 경제력을 가지고 있음에도 불구하고, 동북아 지역에서 상대적으로 정치적 영향력과 군사력에 있어서는 열세한 지위에 있다. 무엇보다 동북아와 한반도의 경우 정치·경제적으로 복합성과 불안정적인 요인이 산재해 있으며, 협력과 갈등이 공존하고 있다. 이러한 현실을 고려할 때, 보다 정확한 미래 전망에 기초하여 일관성 있는 대외정책을 추진할 필요가 있음은 재론할 여지가 없을 것이다. 특히, 국제정세 및 사회의 변화가 급속하게 진행되고 있다는 점을 고려할 때, 미래에 대한 정확한 예측과 이에 대한 대응책을 마련하는 것은 국가의 생존에 영향을 주는 중요한 일이라고 할 수 있다.

한반도는 중국이라는 대륙문명과 일본이라는 해양문명의 접점지대로 다양하고 융성하게 발전할 수 있는 위치에 놓여 있다. 대륙과 해양세력의 교량역할뿐 아니라 대륙과 해양을 한꺼번에 포용할 수 있는 지역, 다양성의 조화를 이룰 수 있는, 즉 대국(大國)적 잠재가능성이 매우 큰 곳이다.[32)] 2000년 전, 세계의 제국을 건설한 이탈리아반도 로마제국이 그렇지 아니했던가.[33)]

---

31) 중국의 GDP는 1978년 3654억위안에서 2006년 23조4280억위안으로 64배 늘었다. 1인당 GDP는 같은 시기 381위안에서 1만8300위안(추정치)으로 48배로 증가했다. 1978년 중국의 대외교역액은 206억불이었는데 1990년에 1154억불, 2000년에는 4742억불, 2005년에는 1조4219억불, 2006년엔 1조7604억불이 되었다. 30년 전 중국은 대외교역액 순위에서 세계 27위에 불과했지만 2006년 기준으로는 3위다. 외환보유액의 증가도 눈부시다. 개혁개방 첫해 1억6700만불이었지만 2000년에 1650억불로 1000배로 늘어났고 2006년에 처음으로 1조불을 돌파했다. 30년 동안 8982배로 늘었다. 금융기관에 예치된 위안화 저축 총액 상승 추이도 기하급수적이다. 1978년 위안화 저축액은 1135억위안이었는데 2006년에 33조5460억위안으로 296배로 덩치를 키웠다. 산업구조의 변화 역시 눈여겨볼 만한 대목이다. 1978년 개혁개방 당시 1, 2, 3차산업의 종사자 비중은 각각 70.5%, 17.3%, 12.2%였는데 2006년엔 42.6%, 25.2%, 32.2%로 바뀌었다. 3차산업의 비중은 선진국 수준에는 훨씬 못미치지만 해마다 비약적인 성장을 거듭한 것으로 분석된다.

32) 세계지도에서 우리나라를 보면 중국 대륙의 한 귀퉁이에 달랑 매달려 있는 '혹'에 불과하다. 하지만 세계지도를 거꾸로 보면 그 '혹'은 태평양으로 펼쳐지는 것을 보노라면 이 또한 배산임수(背山臨水)의 명당이 아니고 무엇인가. 결국 대한민국 아니 한반도는 대륙의 관점에서 보면 귀퉁이의 혹에 불과하지만 해양의 시점에서 보면 명당 중 명당인 셈이다.

33) 자고로 대륙에서 흥기했던 나라는 오래가지 못했다. 중국의 왕조는 길어야 200-300년에 불과했다. 칭기즈칸의 제국도 예외가 아니었다. 반면에 바다를 끼고 해양으로 나아간 나라들은 오래도록 번성해 새로운 문명을 이뤄냈다. 로마와 영국이 그러했다. 특히 로마는 이탈리아 반도에 머물지 않고 지중해로 나아갔기에 로마라는 이름을 굵고 진하게 역사에 새길 수 있었다.

한반도에 이해관계를 걸고 있는 주변 강대국들의 한반도 정책은 단적으로 말하여 남북한간의 통일 등 현상변화보다는 한반도의 군사적 안정 또는 한반도의 현상 유지를 우선시하는 것이라는 점에서 공통적인 특성을 찾아볼 수 있다.[34)]

미국의 한반도 정책의 기조는 한국과의 동맹관계를 유지하고 이를 보다 강화하면서 북한에 대한 개입(介入, Engagement)을 확대하여 한반도의 안보와 평화를 유지하는 것이다. 미국은 한반도의 통일보다는 안정을 중시하고 있으며, 통일 문제는 한반도 당사자 해결 원칙을 중시하고 있다. 미국의 한반도 정책의 장기 목표는 한반도에서 영속적인 평화를 유지하는 현상유지 정책이다. 현상유지란 어디까지나 미국이 균형자로 기능하는 미국 주도하의 현상유지를 의미한다.

중국에게 한반도는 역사적으로 정치, 경제, 군사적으로 매우 중요하여 '순치(脣齒)관계'로 표현되고 있다. 중국은 남북한이 대화와 교류를 통해서만 냉전의식을 극복하고 상호불신을 해소할 수 있다고 판단하고 있으며, 남북한의 화해협력을 위해 건설적 역할을 다짐하고 있다. 즉 중국은 외세의 개입 없는 한반도의 평화통일을 지지하며, 통일이 남북한간의 대화를 통해 평화적으로 달성되기를 희망하고 있다.

중국의 한반도 정책은 '동북아 新국제질서의 형성'이라는 목표와 불가분의 관계를 갖고 있다. 여기에는 ① 한반도의 안정 유지, ② 한국과 경제교류협력 강화, ③ 한반도 문제에 대한 영향력확대, ④ 대북한 지원을 통한 유리한 안보환경 조성 등이 중요한 부분을 차지한다. 중국은 남북간의 긴장완화 및 관계개선을 통한 한반도의 평화정착, 남북관계의 균형적 조정을 통한 한반도의 현상유지를 추구하고 있다.

일본은 경제력에 상응하는 정치 군사적 역할 증대를 통하여 한반도에 대한 영향력을 확대하려 하고 있다. 일본의 한반도 정책목표는 한반도의 위기상황발생을 방지하면서 한반도에 대한 정치·경제적 영향력을 확보하는 것으로 요약될 수 있다. 이러한 목표에 따라 일본은 한반도에서 한국에 대한 공식지지를 표명하면서도 북한과의 관계개선에도 관심을 기울여 왔다.

---

34) 이규열, "중장기 한미동맹 발전방안," 「안보논총(1)」(국가안전보장회의사무처, 2001), pp. 307-309.

일본은 안보차원에서 한반도의 평화안정이 동북아의 안정에 중요하며, 북한이 남한에 대해 위협요인으로 존재하는 한 일본에 대해서도 잠재적인 위협요인이 된다고 인식하고 있다. 이러한 인식에 기초하여 일본정부는 한일우호협력관계를 한반도의 정책의 기조로 삼고 있다. 일본은 명목적으로는 한반도의 평화적인 통일을 지지하고 있다. 그러나 실질적으로는 한반도를 '이익선(利益線)'의 개념으로 보고 있으며, 통일 대한민국이 군사와 경제면에서 일본의 견제 및 경쟁세력으로 부상할 가능성이 높다고 우려하고 있다. 또한 일부 일본인들은 통일된 한국보다 분단된 남북한 상태가 일본에게 유리하다고 판단하고 있으며, 미국이 평화통일 과정에서 안정의 균형자적인 역할을 적극적으로 수행해 줄 것을 기대하고 있다.

러시아는 세계 최대의 영토와 에너지를 비롯한 풍부한 지하자원을 보유하고 있으며, 빠른 시일 내에 강대국의 지위를 회복하고 경제 선진국으로 발전하기 위하여 최대한의 노력을 벌이고 있다. 그 핵심은 다소 권위주의적인 성격을 갖더라도 정치의 안정을 기하고 핵전력을 최대한 활용하여 안보 억지력을 확보하며, 경제적 실익을 거두고 경제 발전을 이룩하기 위하여 정부역량을 집중적으로 투입하는 전방위적인 실용주의전략을 취하는 것이다.

러시아의 한반도 정책은 대체로 다음과 같은 목표를 중심으로 추진되고 있다. ① 한반도의 평화와 안정유지, ② 한국과의 경제교류를 통한 실익추구, ③ 북한에 대한 영향력 복원, ④ 한반도에 대한 영향력 확보 등이다. 러시아의 한반도 정책기조는 한국 중심의 남북한 등거리 외교가 핵심이다. 러시아는 현재 진행중인 남북대화를 지지하고 있으며, 한반도 문제의 정의롭고, 평화적이며, 민주적인 해결을 희망하고 있다. 러시아는 통일한국이 자국에 우호적인 국가가 되는 경우에는 극동에 대한 러시아의 이해를 위협하지 않을 것으로 판단하여 한반도 통일에 긍정적이다. 따라서 기본적으로는 남북한의 직접대화에 의한 평화통일을 지지하고 있다. 그리고 러시아 일부학자들은 경제력이 우세한 대한민국 주도의 독일식 흡수통일 방식을 현재 한반도 통일의 가장 가능한 시나리오로 상정하고 있다.

따라서 향후 동북아 강대국들의 한반도 정책은 안정적인 현상유지정책을 추구하며 통일과정을 적극적으로 방해하지는 않을 것이지만, 그렇다고 남북한간에 통일을 적극적으로 지원하지는 않을 것으로 예측할 수 있다.

전반적으로 볼 때 동북아정세는 단・중기적으로는 북한의 핵문제, 미・중・일 상호관계와 변화에 따라 불안정성이 고조될 수 있으나, 장기적으로는 역내 국가간 경제협력과 다자안보대화가 진전을 이루어 평화와 번영의 기회가 확대될 것으로 전망된다.

한국은 국제질서상 외관상으로 '중견국가(中堅國家)'로 성장하였으며, 이에 상응하는 국제적인 책임을 강조하고 있지만, 동북아질서 내에서는 여전히 상대적으로 영향력이 약한 국가라고 할 수 있다. 세계 및 동북아 지역에 상존하는 불확실성과 불안정 요인들은 갈등요인이 강하고, 협력의 제도적 기반이 미비한 동북아 지역에서 한국의 국익확보에 불리하게 작용할 것이다. 따라서 세계 및 동북아 지역 질서에서 각 수준에 존재하는 불확실성과 불안정성을 배제하고 동북아 지역, 나아가 세계질서에서 안정적이고 협력적인 환경을 조성하는 것이 우리의 생존과 국익을 보호하는 첩경이라고 할 것이다.

동북아 지역에서 국제질서는 평화와 번영을 위한 긍정적 변화를 모색하고 있는 한편, 아직도 북핵문제, 대만독립문제, 영토문제 등 냉전적 대립구도에서 완전하게 탈피하지 못하는 이중적 모습을 보이며 전개되고 있다. 상대적 강대국들이 즐비한 동북아 환경에서 국가안보를 확보하고 북핵문제 등의 현안을 해결해 가기 위해서는 내셔널리즘적 이슈에 구애되기보다는 국가이익의 우선순위를 명백히 식별하고 이러한 국가 목표들을 양자 또는 다자간 체계적으로 실현해 나가려는 전략이 필요하다. 미・일・중・러 등 역내 국가들에 대해 대립적 요인들을 배제하고 우호협력적 가능성을 확대하는 전략관계를 발전시켜야 할 것이다. 또한 이러한 질서 구축을 위한 가능성과 방안을 모색하는 것은 우리 국가전략의 핵심적인 과제라고 할 것이다.

4. 남북한 정세

역사는 변화하고 그 역사의 흐름 속에서 우리는 언제나 행복을 추구하며 미래의 공동체를 설계한다. 우리는 한반도에서 평화적인 통일을 구현하려는 시대적인 소명을 갖고 있다. 이를 실현하기 위해서는 한반도에 평화가 절대적으로 필요하다. 그것은 민족생존을 위한 한반도 평화의 중요성을 말해 주는 것이며, 평화는 국제정치적 협력으로 뒷받침되어야 한다는 점에서 한반도 평화를 위한 동북아지역의 협력이 중요함을 의미한다.

한반도에서의 상황은 여러 가지 제한 사항은 있지만, 이미 평화공존을 위한 초기단계에 돌입하여 기본합의서의 상당부분을 이행하기 위한 군사적 도발의 자제, 6자회담을 통한 비핵화선언의 일부이행이 추진되고 있다. 이러한 국제체제의 환경변화는 필연적으로 남북한 사이의 내부적 관계에 있어서도 변화를 촉진시켜 왔다.

대남관계에서 북한의 기본적인 목표는 민족해방과 계급투쟁을 통해 한반도를 적화통일시키는 데 있다. 이와 같은 통일방식과 통일목표는 북한체제의 최고 규범인 조선노동당규약 전문에 명시되어 있다.[35] 이것은 북한의 통일노선이 '先 남조선혁명, 後 공산화통일'임을 보여 주는 것이다. 즉 북한의 통일정책은 '남조선에 있어서의 민족해방인민민주주의 혁명'으로 요약된다.

북한이 이러한 입장을 고수하고 있으므로 남북간에 누적된 불신과 적대감정은 정치적 화해를 쉽게 이루지 못하게 할 뿐만 아니라 고강도의 군사적 대결상태가 지속되고 있어 아직은 '세력균형론(勢力均衡論)'의 억제논리보다는 '세력우세론(勢力優勢論)'의 억제논리가 적용될 수밖에 없다.

북한 체제의 변화 및 남북한 관계발전 문제와 관련하여 대략 3가지의 시나리오를 상정할 수 있다. 첫째, 북한이 정치적으로 안정을 유지하고, 경제적으로 개혁과 개방을 꾸준하게 추진하며 남북한 관계가 지속적으로 발전하는 것이다. 여기서 정치적 안정이란 김정일 정권이 존속하거나, 교체되더라도 현재의 당·국가체제가 유지되는 경우를 말한다. 둘째, 김정일 정권이 붕괴되고 민주적인 체제가 등장하여 남북한이 정치적 통합의 과정에 들어가는 것이다. 셋째, 핵 문제 등으로 북·미 관계가 악화되면서 미국의 '외과수술식 처방'에 대한 북한의 강력 대응 또는 북한의 기습공격에 의해 전쟁이 발발하는 것이다. 전쟁이 발생하여 어느 한쪽에 의해 무력 통일이 이루어질 수도 있겠지만, 그렇지 못하고 정전(停戰)으로 이어져 남북관계의 단절과 적대적 상태가 장기간 지속될 수도 있다.[36]

이러한 전환과정에서 위기는 더욱 빈번하게 조성될 수 있다. 북한 핵문제

35) 조선로동당의 당면 목적은 공화국 북반부에서 사회주의의 완전한 승리를 이룩하여 전국적 범위에서 민족해방과 인민민주주의 혁명과업을 완수하는 데 있으며, 최종목적은 온 사회의 주체사상화와 공산주의 사회를 건설하는 데 있다.

36) 정성장 편, 대한민국의 국가전략 2020(대북·통일)(세종연구소, 2005), p. 37.

해결과정에서 관련 행위자들 사이에 오해와 오산, 그리고 불신과 오기로 인해 많은 노력을 낭비하였을 뿐 아니라 전쟁위기의 조성이라는 위험한 순간에 이르러서야 타결의 실마리를 찾은 것은, 이러한 역학관계 전환과정에 잠재하고 있는 위험한 기회조성의 가능성을 적시해 주고 있음을 뜻한다. 그리고 북한 지도체제의 변화와 북한의 내부붕괴에 따른 급변사태의 발생가능성은 항상 상존하고 있다.

남북간의 경제협력이 확대되고, 이를 통해서 남북이 공동번영을 추구해 나간다는 것은 분단으로 인한 지리적 단절을 극복할 수 있게 된다는 것을 의미한다. 이는 한반도가 지니는 해양경제권과 대륙경제권의 연결 기능이 회복된다는 것을 뜻하기도 한다. 또한 동북아에서 차지하고 있는 한반도의 지리적 이점을 잘 활용하여 한반도가 동북아 지역경제의 중심지로 성장할 수 있도록 해야 할 것이다. 한반도는 동북아를 통해서 세계로 열려 있게 되며 동북아 경제의 새로운 기회를 제공하는 블루오션 역할을 할 것이다.

반세기가 넘는 분단 경험 속에서 누구도 거부할 수 없는 합의사항으로 자리 잡은 것은 어떠한 경우에도 이 땅에서 전쟁이 재발되어서는 안 된다는 것이다. 전쟁을 경험한 우리로서는 민족생존을 위한 평화유지노력이 너무나 당연하고 절대적인 과제라고 할 수 있다. 그리고 궁극적으로 남북이 평화유지와 통일을 지향한다면 남북이 서로 상대방 체제를 인정하고 가능한 여러 차원에서 대화와 교류협력을 확대해 나가는 것이 필수적인 과정이다. 평화는 거저 주어지는 것이 아니다. 평화통일이란 꽃으로 활짝 필 수 있도록 인내하면서 소중하게 가꾸어야 한다.

5. 국내 정세

국내의 상황 역시 동북아의 양상과 크게 다르지 않다. 북한의 내부 정치상황과 대외관계, 남북한 관계, 그리고 이를 둘러싼 남한 내부의 정치적 변화 등은 여전히 남한 내부 상황의 불확실성과 불안정의 요인이 되고 있다. 이와 함께 각 차원에서 공통으로 나타나는 테러리즘을 포함한 전통적 안보위협, 환경, 초국경적 범죄, 노동력의 이동, 전염병의 확산과 같은 비전통적 위협, 부의 배분을 둘러싼 갈등, 에너지 확보경쟁, 경제위기 해소 등의 문제는 앞으로 국내 상황에 불안정 요인으로 작용하게 될 것이다.

신자유주의적 세계화에 따른 경제적 취약성이 증대되고, 차세대 성장동력 산업의 경우, 부는 창출할 수 있을지라도 고용이 감소되는 문제점이 있으며, 부의 분배구조 악화와 비정규직의 증대, 노사간의 갈등 증대 등으로 여러 가지 어려움을 겪게 될 가능성도 증가할 것으로 보인다.[37)]

게다가 향후 20년 대한민국은 중대한 세 가지 도전을 맞게 될 것이다. ① 중국 경제의 부상으로 대한민국의 입지가 갈수록 취약해지고, ② 너무 급한 고령화로 경제활동인구가 줄어들고 성장세가 둔화되며, ③ 언젠가 현실로 다가올 통일이 엄청난 부담을 안겨 주는 것이 그 도전들이다.[38)]

2030년까지 대한민국은 사회통합의 문제와 '지속가능한 성장'문제에 있어서 큰 어려움을 겪게 될 것으로 예상된다. 사회통합 문제에 있어서는 '분열 정치'의 심화, 지역주의의 지속, 노사갈등 및 세대별 갈등, 그리고 남북관계 및 대북정책에 대한 이념적 갈등 등 사회갈등의 해소에 어려움이 지속될 가능성이 크고, 또한 고령사회, 저출산, 교육 및 노동시장의 후진성, 사회복지체계의 미비 등으로 '지속가능한 성장'도 큰 어려움에 처할 가능성을 배제하기 어렵다.[39)]

대한민국은 IMF 위기를 계기로 급격한 개혁과정을 거쳤지만, 위기를 극복하는 것만으로도 버거웠기 때문에, 현실적으로 중장기적인 국가전략에 대한 고려가 부족했다. 중장기적 전망을 갖지 못한 채 현실 문제의 해결에 매달려 왔기 때문에, 위기극복과정에서 많은 사회적 비용과 시행착오가 발생한 것도 사실이다. 그리고 외부적 압력과 충격으로 개발연대의 경제 시스템이 사실상 와해되고 새로운 시스템으로 전환해야 하는데, 어떤 경로를 거쳐 어디에 정착

---

37) 공병호, 10년 후 대한민국(해냄, 2005), 제1-3장.

38) 피터 드러커는 그의 저서 「Next Society」의 한국인을 위한 서문(pp. 3-4)에서 대한민국이 당면하고 있고 앞으로 당면할 네 가지 도전을 다음과 같이 정리하였다. 첫째, 기업구조가 개발도상국 경제에 전형적인 것에서 선진경제와 사회에 적합한 구조로 빠르게 탈바꿈해간다. 둘째, 제조업이 차지하고 있는 부와 일자리의 창출 역할이 꾸준히 감소하며, 제조업의 생산량이 급속히 증가함에도 고용기회는 지속적으로 감소한다. 셋째, 대한민국의 거대 이웃 중국이 세계경제에서 주요한 잠재적 성장시장으로, 그리고 동시에 주요 경쟁자로 등장한다. 그리고 노동력의 중심이 급속하게 지식근로자(Knowledge Worker)와 지식기술자(Knowledge Technologist)들로 급격히 이동하며, 지식근로자의 생산성 향상이 대한민국의 중심적인 경영과제로 자리잡게 될 것이다.

39) 정성장 편, 앞의 책, p. 179.

해야 할 것인지 전략적 방법론과 전망이 분명하지 않은 상태에 놓여 있다.

오늘날 우리는 북한의 군사적 위협이라는 전통적인 위협에 추가하여 동북아 안보환경의 변화, 새로운 위협의 대두, 세계화와 정보화의 심화 등 다양한 도전에 직면해 있다. 우리는 이러한 도전들을 극복하고 평화와 번영의 기회로 활용해야 할 것이다.

대한민국은 이제 국민소득 3만불을 향해 달려야 한다. 그러나 현 경제위기에서 보듯 1인당 국민총소득(GNI)이 2만불을 넘어 3만불로 가는 여정은 그렇게 녹록하지 않을 것 같다. '양(量)적인 시대'에서 '질(質)적인 시대'로, '산업화의 시대'에서 '지식정보화의 시대'로 본격적으로 전환되는 이 시기는 경제적・물질적 풍요뿐 아니라 문화・환경・복지 등 사회 전반의 성숙도가 뒷받침되어야 하기 때문이다. 특히 첨단산업을 이끌고 고부가가치를 창출하는 고급인력을 지속적으로 양성할 수 있는 시스템이 제대로 마련되지 않으면 '3만불 달성'이라는 목표는 자칫 '신기루'가 될 공산이 크다는 게 전문가들의 공통된 지적이다. 전문가들은 통상 1만불에서 2만불로 가는 길보다 2만불에서 3만불로 가는 길이 더 어렵다고 얘기한다. 3만불을 달성한 선진국들의 사례를 보면 명확해진다.

경제협력개발기구(OECD)에 따르면 1인당 GNI 3만불을 돌파한 OECD 19개국의 경우 1만불에서 2만불에 이른 기간은 평균 9.8년. 하지만 2만불을 넘어 3만불을 돌파한 기간은 평균 10.3년이었다. 특히 프랑스・독일・이탈리아 등 9개국은 2만불에서 3만불에 이르기까지 무려 13-16년이나 걸린 것으로 나타났다. 2만불보다 3만불 달성이 상대적으로 더 어렵다는 것을 보여 주는 대목이다. 우리가 눈여겨 볼 것은 이들 3만불 국가 대부분은 작고 효율적인 공공부문, 정부의 강력한 리더십, 친기업적 조세개혁, 개방화와 민영화, 규제완화, 시장주의와 같은 신자유주의적 정책노선을 채택하고 있다는 점이다.[40)]

---

40) 우리나라는 언제쯤 3만불 고지에 오를 수 있을까. 성급한 전망일 수 있지만, 이번 경제위기를 잘 극복한다면 2016년 전후로 내다볼 수 있을 것이다. 국민소득, 환율, 인구증가율 등을 고려할 때 2007년 2만불을 기준으로 대략 8-9년 정도 걸릴 것으로 기대한다. 2만불에서 3만불을 달성할 때까지 각각 7년, 9년이란 세월이 걸린 영국과 호주의 경우 이 기간 평균 경제성장률은 2.9%, 3.8%에 불과했다. 또 2016년까지 우리나라의 생산가능인구(15세 이상)는 계속 늘어나는 반면 전체인구 증가율은 매년 0.2%(2006-2015년 통계청 추계인구 기준)선에 그칠 것이라는 점은 3만불 달성을 위한 환경이 결코 나쁘지 않음을 보여 준다(2008 세계 인구 현황보고서).

2030년까지 대한민국이 연평균 4%대의 성장률, 2.5% 내외의 인플레이션, 불 당 900원의 환율을 실현한다는 것을 가정할 때, 1인당 국민소득은 명목 소득 기준으로 2030년경에는 7만불 내외까지 계속 증대할 것으로 예상된다.

그러나 이러한 소득증가에도 불구하고 2030년경 대한민국의 경제규모는 현재의 10위권에서 큰 변동이 없을 것으로 보인다.[41] 선진국에 대한 GDP 격차가 현재 워낙 큰 까닭에 경제규모 순위로 본 대한민국의 국제적 위상은 이 기간 동안 크게 변하지 않을 것이란 주장이다. 결국 향후 20년여 동안의 기간은 기본적으로 현재 대한민국이 선진국에 대해 안고 있는 현저한 소득격차 및 제도격차를 조금씩 줄여가는 기간이며, 이러한 과정을 성공적으로 완수할 때 비로소 OECD 중견국가로서의 새로운 발전모형을 뿌리내리고 안정적인 성장궤도에 접어들 수 있을 것으로 전망된다.

감성과 창조의 시대인 21세기에는 '소프트(Soft) 파워'가 경쟁우위의 원천이 될 것이라고 전문가들은 입을 모으고 있다. 소프트산업은 특히 높은 부가가치를 창출한다. 새로운 성장동력 발굴에 고심하고 있는 한국경제가 소프트산업에 주목하는 이유도 여기에 있다.

경제성장이 고용창출을 유발하는 효과가 약해지면서 고용 없는 성장이 앞으로 더욱 확산될 것이다. 또한 경제구조의 양극화는 대기업과 중소기업 그리고 수출과 내수부문 근로자간의 격차를 심화시킬 것이다.

과거 급속한 산업화를 지탱했던 높은 출산율과 젊은 인구구조도 근본적인 변화가 발생한 가운데, 앞으로는 세계적으로 유례가 드문 저출산으로 노동력 공급에 심각한 문제가 발생할 것으로 예측할 수 있다. 또한 산업화 시기에는 전혀 예상하지 못했던 급속한 인구노령화는 노인 부양의 부담을 더욱 가중시킬 것이다.[42]

경제의 고용창출 능력 감소로 늘어나는 청년실업자들을 노동시장으로 통합시켜야 하는 고도성장기에는 존재하지 않았던 새로운 문제가 발생할 것이

41) 실제로 Global Insight는 2020년 대한민국의 경제규모를 세계 12위로 전망한 바 있다. 그러나 2030년까지는 10위 이내로 진입할 것이며, 국가경쟁력은 7위권 안으로 상승할 것으로 예측된다.

42) 구조조정을 통해 65세 이상 노인 가운데 공적연금을 받는 사람 비율이 2005년 16.6%에서 2030년에는 65.5%까지 높아질 수 있을 것이다. 이는 2003년 기준으로 미국(93%) 영국(91%) 일본(84%)에는 못 미치지만 경제협력개발기구(OECD) 평균 수준에는 도달할 것이란 분석이다.

다. 빈곤층의 증가와 빈곤의 대물림이 가져올 수 있는 계층고착화의 가능성을 차단하는 문제 역시 중요한 국가적 과제로 등장할 것이다.

특히 지식기반 사회의 도래는 단순 기능인력이 아닌 고기술의 직업능력, 그리고 사양화된 직업능력을 빠르게 업그레이드시킬 수 있는 새로운 조건들을 필요로 하게 될 것이다.

따라서 우리는 대한민국의 현 위치를 점검하고 앞으로 지향해야 할 국가전략의 방향을 재설계해야 한다. 주요 강대국과 일류 소국들의 사례를 벤치마킹하면서 대한민국의 국가전략 수립과 집행과정에 시사점을 얻어야 한다.[43)]

제 2 절 대한민국의 기본이념 및 가치

1. 홍익인간(弘益人間)

홍익인간은 널리 인간세계를 이롭게 한다는 뜻으로, 국조(國祖) 단군(檀君)의 건국이념이며, 고조선 개국 이래 대한민국 정교(政敎)의 최고 이념이다.

홍익인간은 이때부터 대한민국의 건국이념(建國理念)이 되었고, 1949년 대한민국 정부 수립 이후 민주헌법에 바탕을 둔 교육법의 기본정신이 되기도 하였다. 곧 교육법 제1조에는 "교육은 홍익인간의 이념 아래 모든 국민으로 하여금 인격을 완성하고 자주적 생활능력과 공민으로서의 자질을 구비하게 하여 민주국가 발전에 봉사하며 인류 공영(共榮)의 이상 실현에 기여함을 목적으로 한다"고 규정되어 있다.[44)]

홍익인간의 정신은 민족적 정체성의 근거이며, 이러한 정체성을 자각하는

43) 류상영 외, 앞의 책, p. 15.

44) 「삼국유사」, 「제왕운기」 등의 기록을 종합해 보면, 단군은 고조선이라는 나라를 통해 홍익인간을 구체적으로 실현하고, 나아가 전 세계 인류의 공명을 이루고자 하였음을 알 수 있다. 현행 대한민국의 교육이념으로 홍익인간이 설정된 것은 8.15 후 개최된 교육심의회에서였다. 그 뒤 1949년 12월 31일 법률 제 86호로 제정, 공포된 교육법 제1조에 교육의 근본이념을 "교육은 홍익인간의 이념 아래 모든 국민으로 하여금 인격을 완성하고 자주적 생활능력과 공민으로서의 자질을 구유하게 하여, 민주국가 발전에 봉사하며 인류공영의 이상 실현에 기여하게 함을 목적으로 한다"라고 천명함으로써 대한민국의 교육이념을 대표하게 되었다. 즉 홍익인간은 단군 이래 오늘날까지 이어지는 대한민국 정치와 교육의 최고 이념으로서, 대한민국 민족정신의 핵심을 요약한 말일 것이다.

것이 바로 "나는 누구인가?"라는 물음에 답하는 자아 주체성의 확립이다. 또한 '인간 세상을 널리 이롭게 한다'는 명제는 우리가 도덕 실천을 해야 하는 당위성의 근거가 된다. 홍익인간의 현대적 의미로는 분단이라는 민족적 아픔을 겪고 있는 우리의 동질성과 화합을 이루는 데 중요한 철학적 의미를 준다.

홍익인간은 사람이 우주 전체를 마음에 담아 우주의 주인이 되어 지구를 포함한 우주 안의 삼라만상을 보듬고 가는 사람을 뜻한다. 따라서 급속히 세계화되는 과정에서 정체성을 상실할 수 있는 불확실성 시대에 우리 민족에게 가장 적합하고 보편적인 기본이념이자 철학적 표현이 될 것이다.

2. 인본주의(人本主義)

인본주의란 인간이 소유하고 있는 인간의 존엄과 가치가 존중되어야 함을 의미한다. 인간존엄성의 실현을 위해서는 인류가 근대국가의 발전과 함께 추구해 온 자유, 평등, 복지라는 보편적이며 핵심적인 가치 구현이 중요하다.

미래국가의 체계는 근본적으로 인류역사에서 보편적으로 추구해 온 기본가치들이 구현되는 체제가 되어야 한다. 대한민국의 이념체계는 무엇보다 인간존엄성 보장이란 기본가치의 추구에서 출발해야 한다.

미래의 대한민국에서 우리가 추구할 핵심적 가치는 인간의 존엄성을 보장하면서 인간다운 삶을 구현하는 것이다. 인간다운 삶을 보장하는 원리는 남북한간 이념과 체제를 뛰어넘은 민족공동체 의식을 바탕으로 인권의 보장, 공정한 배분, 지역과 계층간의 갈등 해소 등이 전제되어야 한다. 즉 인간의 존엄성에 대한 정신적인 만족과 인간다운 삶을 누릴 수 있는 물질적 조건의 보장이 필요하며, 분단의식으로 인한 왜곡된 삶의 모습이 개선되어야 한다.

인간의 존엄성에 대한 평등한 권리가 존중되는 기본조건 위에서, 남북이 서로 교류·협력하면서 자유롭게 살아가는 터전을 만들어 나가는 것이 우리가 추구하는 평화통일의 목표이다. 남과 북이 서로 이질적인 이념과 체제를 극복하여 하나가 되고자 하는 민족통합의 과업을 이루고자 한다면, 자유와 평등의 양대 가치의 조화를 극대화시키면서 인간적인 삶의 질을 보장하도록 노력해야 한다.

3. 자유민주주의

우리나라가 2030년까지 성숙한 민주주의국가로 발전하기 위해서는 아직도 해결해야 할 많은 개혁과제가 산재해 있다. 민주적 원리와 제도가 정치·경제·사회체제의 구석구석에 적용되어 사회의 전반적인 민주화가 심화되어야 한다. 자유, 평등, 복지라는 세 가지의 기본가치를 구현하는 데 가장 효과적인 체제이념은 자유민주주의이다. 자유민주주의는 도덕적으로 집단이나 계급에 앞서 인간의 존엄성을 최고의 가치로 존중하는 정치 이념이다.

자유민주주의의 구현을 위한 주요 실천 과제는 다음과 같다.

① 국민의 인권과 자유가 보장되어야 한다. ② 법치주의(法治主義)가 확립되어야 한다. 보편적 정의를 실현하는 목적을 가지고 민주적 절차를 준수하여 법을 정하고, 이를 준수하고 법에 의한 통치가 이루어져야 한다. ③ 국민 개인의 다양성과 개방성이 보장되어 저마다의 개성과 특성이 존중되고, 자유로운 비판이 허용되어야 한다.

정치제도는 국민의 의사를 정확히 반영하고 효율적으로 작동될 수 있어야 한다. 자유민주주의의 큰 장점은 그 효율성에 있으며 인간은 오직 자유로울 때 특유의 개성과 창의력을 발휘하여 효율성을 증대시킬 수 있다.

공산주의체제는 인위적 '평등'의 이름 아래 인간의 고귀한 자유를 말살하여 그 존엄성과 도덕성을 훼손하고 있다. 북한은 공산주의와 '수령제'에 입각한 '우리식 사회주의'를 고수하여 독재체제를 유지하고 있으며, 변화와 개혁을 향한 진실된 움직임은 없다.

21세기의 정치체제는 헌법에 의한 자유민주주의 기본질서를 토대로 하여, 남북한 지역갈등의 해소, 남북한 주민의 자발적 참여의식 제고, 국민의 다양한 인식과 정치세력간의 이견과 갈등을 평화적으로 해결할 수 있는 방향으로 정착되어야 한다.

국민의식이 개혁되어 스스로 법을 지키고, 남의 권리를 존중하며 자신의 의무를 충실히 수행하는 사회적 분위기 조성이 필요하다.

우선 통일의 이상으로서 자유민주주의 이념을 대한민국 내에서 구체적으로 실현함으로써 국민적 기본 규범으로 확고하게 정착시켜야 한다. 자유민주주의에 대한 국민적 합의를 실증해야만 통일과정에서 북한 주민들의 동조를 얻을 수 있을 것이다.

민족통일을 지향하면서 가장 바람직한 정치형태는 자유민주주의를 바탕으로 한 '민주공동체'이다. 자유민주주의 체제에 바탕으로 두지 않는 어떠한 통일도 우리 민족에게 진정한 행복과 번영을 가져다 줄 수 없다는 사실을 우리는 인식해야 한다. 자유민주주의는 우리가 해방 이후 국가이념으로 표방해 오고 있으며, 체제를 불문하고 국민국가들이 대외적으로 표방하는 정치원칙이기 때문에 남북의 이질적인 양 체제가 공통적으로 받아들일 수 있는 기본 이념이 되어야 한다. 자유민주주의 체제는 한반도에 거주하는 모든 사람들에게 인간다운 삶을 보장하기 위한 최선의 체제이다.

남북한의 민주화는 이 땅에 살고 있는 한민족이 사람다운 삶을 영위하는 데 가장 기본이 될 뿐 아니라, 평화통일의 기반이며 지역 내 안정을 가져오는 중요한 요인이다. 즉 정치적 중산층과 시민이 형성되어 이들이 사회를 주도하고 국가를 통제할 수 있는 시민주도형 정치체제의 발전이 요구된다.

한반도의 통일은 민족구성원의 자유와 권리를 바탕으로 한 민주적 통합을 바탕으로 추진되어야 한다. 통일에 이르는 과정과 절차가 민주원칙에 입각하여야 하고 통일된 조국도 민주국가이어야 함을 의미한다.

4. 시장경제

21세기 대한민국의 경제체제는 사유재산제도와 시장경제 원리를 기본으로 하는 자본주의 시장경제체제를 바탕으로 삼아야 한다. 시장경제체제는 대한민국이 경제의 고도성장을 실현하고, 국민의 복지를 증진시키는 데 있어 상대적으로 우월한 제도임을 입증하고 있다. 자유민주주의에 바탕을 둔 시장경제체제는 인간에게 진정한 행복과 번영을 가져다주는 기본원리(基本原理)가 될 수 있을 것이다. 경제적으로 초기 자본주의는 극도의 부의 불평등 상태에서 사회·공산주의의 격렬한 도전을 받았으나, 국가의 적절한 개입을 통해 '수정자본주의' 체제로 전환하여 이를 극복하였고, 사회주의 국가통제 경제체제의 붕괴로 시장경제체제의 효율성이 입증되었다.

지난 반세기 동안의 근대화과정에서 대한민국은 성장위주의 가치관을 중시하여 분배 문제를 소홀히 하였으며, 그로 인해 발생된 계층간의 빈부차이는 사회의 안녕과 질서를 해치는 심각한 불안요인으로 작용하고 있다. 따라서 성장의 과실을 공정하게 나누는 문제는 지속적인 경제성장과 국민의 삶의 질 향상을 위한 기본 전제이다.

자유시장경제 체제하에서 정부는 "큰 시장 작은 정부"를 유지하는 데 있어서 '차별화(差別化)의 논리'를 어떻게 적용할 것인지와 정부규제의 완화 범위를 어디까지 확대할 것인지를 놓고 많은 고민을 해야 한다. 왜냐하면 건전한 시장경제체제의 유지를 위해서 정부가 해야 할 중요한 일은 자율화의 추진 원칙을 유지하면서도 공정한 시장질서를 확립해야 하기 때문이다. 가장 핵심적인 사항은 정부는 관리자와 감독자로서 경쟁제약적인 규제완화를 추진해 나가되, 건전성을 위한 규제는 지속적으로 강화해 나가야 한다는 것이다.

남북한 경제체제에서도 대한민국은 점차 경제 분야에서 공공영역을 넓혀가면서 북한체제와의 통합 가능성을 높여가야 한다. 시장경제체제의 기본정신에 기반을 둔 사회보장제도의 점진적 확대는 계층간의 빈부격차를 해소하면서 통일의 장애를 극복하는 길이다. 그러나 경제성장의 동력은 유지해야 한다.

우리가 사회주의적 평등을 기본적 가치로 내세워 온 북한과 효율적인 통합을 이루려면 시장경제체제에서 불가피한 소득의 불평등을 분배 정의적 정책에 의해 보완해 나가야 한다. 시장경제체제의 발전을 위해서는 가진 자의 사회적 책임을 강조하는 정책이 함께 추진되어야 북한의 주민을 포용할 수 있으며, 통일한국을 보다 정의로운 사회로 만들 수 있을 것이다.[45)]

5. 열린 민족주의

민족이란 지역・세대・계층간 갈등을 포괄적・효율적으로 수용하는 개념이다. 우리는 민족주의의 개념을 '문화적 동질성을 바탕으로 독립된 근대국가

45) 조선일보, 대한민국조사연구학회와 대한민국갤럽이 공동 조사한 "2004 국민의식 조사"에서 '통일이 자유시장 경제체제로만 이루어져야 한다'는 의견이 2002년의 78.6%에서 59.8%로 줄어든 반면, '자유시장경제든 사회주의경제든 통일을 이루어야 한다'는 의견은 2002년 9.8%에서 31.1%로 증가하였다(조선일보, 2004년 5월 3일, 5면 참조). 이는 통일에 대한 열망이 증가된 측면보다는 분배 정의적 정책의 문제점을 중시한 여론의 향배로 생각한다. 2007년 국민의식조사에서는 통일이 중요하다는 의견이 80.7%, 북한이 공존의 대상이라는 의견이 84.2%로서 나타나고 있다(민주평화통일자문회의가 의뢰한 폴리시엔리서치 여론조사, 2007. 11. 30-12. 2).

를 건설하려는 집단의식(集團意識)'으로 정의할 수 있을 것이다.[46] 우리는 민족이란 개념을 통해 국민적 화합뿐 아니라 통일에 대비한 내부역량을 강화할 수 있는 기능의 수행이 가능하다.

민족주의는 한반도가 일본제국주의에 병합된 20세기 초부터 지금까지 우리 민족의식과 생존양식을 지배하는 가치관이다. 그러나 민족주의는 양날의 칼과 같기 때문에 민족주의가 잘못되면 다른 민족을 배척하고 자기 민족만을 위한 폐쇄적이고 배타적인 민족주의로 변질 가능성이 상존하고 있다. 예를 들면 나치즘처럼 민족주의를 다른 가치보다 우월한 절대적 이념으로 삼는 민족지상주의는 위험한 생각이다.

세계화·국제화 시대에도 우리가 지향해 나아갈 기본가치의 하나는 열린 민족주의이다. 남북통일의 정당성은 무엇보다도 분단되어 있는 한민족의 정치·사회·문화적 공간을 일치시키는 통일된 민족국가의 형성에 근거한다. 근대적 민족국가 형성을 목표로 하는 민족주의가 통일한국을 향한 열린 민족주의가 되는 것은 당연한 논리일 것이다.[47]

그러므로 유의할 것은 통일 민족국가의 체제이념으로서 민족주의는 폐쇄적이고 배타적인 것이 아니라 지구촌 사회의 공존공영을 추구하는 열린 민족주의가 되어야 한다는 것이다. 우리 것만이 민족적인 것이고 반외세가 곧 민족주의라는 단순 논리에 입각한 국수주의적인 민족주의는 화해와 협력이 중시되는 세계화 시대에 걸맞지 않는 이념이다.

즉 21세기에 우리가 추구할 남북한의 통일은 남북한이 폐쇄적 민족주의에 입각한 닫힌 통일이 아니라, 안으로는 7천만 한민족에게 열린 통일이어야 하며, 밖으로는 아시아와 세계에 열린 통일이어야 한다.

46) 통일교육원, 통일문제 이해(서울 : 통일교육원, 2000), pp. 272-275.
47) 민족통일연구원, 통일한국의 정치이념(서울 : 민족통일연구원, 1994), p. 51.

제 3 절 핵심적인 국가이익[48)]

1. 국가의 안전보장과 정치적 자주

앞에서 설명한 대로, 대한민국의 국가대전략(國家大戰略, National Grand Strategy)은 우리가 당면하게 될 전략환경에 대한 평가를 바탕으로 국가의 모든 역량과 자원을 효과적으로 사용하여 국가이익[49)]의 구현을 위해 설정한 국가목표를 달성하기 위해 수립된다.

대한민국은 국민의 안전보장, 영토보존 및 주권수호를 통해 독립국가로서의 생존을 보장받을 수 있어야 한다. 안보는 국가존망의 문제이다. 국가가 생존하지 않는 한 국가가 추구하는 가치는 아무 의미가 없다. 국민들에게 조국의 상실 이상 가는 슬픔은 없을 것이다. 국가안보는 존망의 국가이익이자 핵심적인 국가목표로서 국가의 정치적 독립과 경제발전을 확보하고, 자유를 수호하며 생명과 재산을 보호하기 위한 근본전제이다.

우리는 안보에 대한 불안심리를 보유하고 있다. 이는 외부로부터의 잦은 침략을 받은 역사의 피해의식이 잠재화한 것이다. 또한 요즈음 우리 국민들은 군사력의 강화가 필요하다는 데는 공감하나, 과거에 비해 상무정신(尙武精神)은 박약하고[50)] 국방비의 지출에는 인색하다. 그러나 우리가 진정으로 한반도

---

48) 국가이익은 앞에서 설명한 대로 존망의 이익, 핵심적 이익, 중요한 이익과 지엽적 이익 등 4가지로 분류하기로 하였다. 여기서 핵심적 국가이익에는 존망의 이익이 포함된 개념이다.

49) 현 단계에서 대한민국의 핵심적인 국가이익(존망의 이익 포함)은 헌법의 기본정신과 전략환경평가에 따라 다섯 가지로 정리가 가능할 것이다. 이러한 국가이익은 2030년까지 큰 변화없이 지속될 가능성이 높다. 단 통일한국의 국가이익은 평화적 통일을 삭제하고 '정치적 자주'를 포함할 수 있을 것이다.
① 국가의 안전보장 : 국민의 안전보장, 영토보존 및 주권수호를 통해 국가의 생존을 보장
② 평화적 통일 : 남북간의 냉전적 대결관계를 평화공존관계로 변화시키고 통일국가를 건설
③ 자유 민주주의의 함양 : 자유와 평등, 인간의 존엄 등 자유민주주의 체제를 유지 · 발전
④ 번영과 발전 : 국민생활의 균등한 향상과 복지의 증진을 통해 국가의 번영과 발전을 도모
⑤ 국위선양 : 인류의 보편적 가치를 존중하고 세계 평화와 인류공영에 기여

50) 우리나라가 수많은 외침 속에서도 이를 극복하고 반만 년의 역사를 이어올 수 있었던 것은 선조들의 끈질긴 상무정신이 있었기 때문이다. 고구려는 만주 벌판을 장악하는 대제국을

에서 평화를 원한다면 전쟁의 본질과 약육강식의 국제질서를 이해하고 이에 대비해야 한다.

우리의 존망의 국가이익은 생존을 보장하면서 21세기 통일시대를 대비하는 것이며, 핵심적인 국가이익은 자유와 복지, 번영이 충만한 품위 있는 사회를 건설하는 것이다. 이와 같은 국가이익에 대한 국내외로부터의 어떠한 위협도 제거해야 한다. 이를 위해서는 총력방위태세를 유지하고 전 국민이 참여하는 '총력안보', 즉 안보를 생활화하는 '생활안보'가 중요하다. 국가안보의 개념이 포괄적인 안보관으로 변화됨에 따라 안보의 주체는 국민 전부라고 할 수 있다. 민・관・군간의 협력과 화합은 물론 국가 전반에 걸친 균형적인 발전을 통해 21세기의 다중적인 불확실성에 대비해야 할 것이다. 우리는 국가의 생존을 위해 때로는 소중한 자유까지도 양보할 수 있는 자세를 갖추었을 때 국가의 생명력과 국가이익은 보장될 것이다.[51)]

시대적인 상황과 무관하게 국가체제가 존재하는 한, 다시 말하여 대한민국이란 영토, 국민, 그리고 배타적인 국가권력이 미치는 주권이 존재하는 한 국가의 생존보장은 절대적이라 할 수 있다. 국가의 생존은 내외부적인 위협으로부터 국체를 보호하고 유지하는 것, 즉 독립을 보존하는 것이다. 이를 위해서는 국가는 정치적인 자결권을 가져야 하며, 자주적으로 국가정책을 수립하고 추진할 수 있어야 한다. 즉 정치적인 자주가 보장되어야 한다.

대한민국의 정치적 자결권이 아직 확보되지 못한 주요 요인은 한반도의 분단에서 기인되고 있다. 한국전쟁으로 인해 군사적 자주권이 미국에게 양도된 이래 이를 되찾으려는 의지가 있었음에도 불구하고 현실적으로 어려움이 상존하였으나, 1995년 평시작전통제권을 전환받은 데 이어 2012년 4월 17일에

건설했고 수나라 양제의 100만 대군을 살수에서, 당 태종의 50만 대군을 안시성에서 물리쳤다. 신라는 '조국을 지키기 위해 목숨을 바치는 것을 무사의 최고 영예'라고 생각하는 '화랑도 정신'으로 삼국통일의 위업을 이뤘다. 그리고 고려는 '호국사상'을 바탕으로 네 차례의 거란 침입과 일곱 차례에 걸친 몽고 침입을 끈질긴 항쟁으로 물리쳤다. 조선은 의병 정신으로 임진왜란과 병자호란 등 수많은 난국을 극복했다.

51) 17세기 프랑스의 시인 라퐁텐의 시에서 '모든 길은 로마로 통한다'는 말이 생길 정도로 로마는 세계를 제패하였다. 로마에서는 2년 동안의 군 복무를 마친 사람들만이 시민이 될 자격을 얻었다. 장교는 귀족의 자제만 될 수 있었고 그것을 최고의 영예로 생각했다. 이러한 로마 시민들의 상무정신이 강력한 로마제국을 건설하는 바탕이 됐다. 그러나 평화가 지속되자 귀족들과 시민들이 군대 가기를 꺼리게 되고 노예와 용병에게 국방을 맡기면서 결국 로마는 멸망하고 말았다.

는 전시작전통제권도 전환될 예정이다.[52)]

21세기의 복잡한 전략 환경에서 통일한국은 안보의 자주화 전략을 추진하여 자주국방의 능력을 확충하고 건실한 국민경제를 육성하여, 우리의 국가이익을 자주적·세계적인 입장에서 구현할 수 있어야 한다. 우리는 한반도에서 북한이 세계화 없는 자주화를 고집스럽게 추진한 결과로 고난을 겪고 있으며, 대한민국은 자주화 없는 세계화를 성급하게 추진한 결과로 IMF의 관리체제를 겪어야 했음을 잊지 말아야 한다. 따라서 통일한국의 정치적인 자주는 국가의 안과 밖인 시민사회와 세계의 공간을 최대한 품을 수 있을 때 비로소 가능하다. 그러므로 우리는 닫힌 통일이 아닌 열린 통일의 시각으로 폐쇄된 자주가 아닌 세계질서 속의 자주, 배타가 아닌 포용하는 자주의 개념을 정착시켜야 한다.

2. 번영과 발전

국가가 부강하게 되기 위해서는 나라가 번영 발전할 수 있는 능력이 있어야 한다. 나라가 번영하고 발전하려면 문제가 있을 때 문제를 해결할 수 있는 자정능력을 보유해야 하고, 업그레이드가 필요할 때 한 단계 도약할 수 있는 능력이 있어야 한다. 한마디로 국가가 능력이 있고, 국가가 유능하여야 나라가 발전하여 부강한 나라가 된다. 국민생활의 균등한 향상과 복지의 증진을 통해 국가의 번영과 발전을 도모해야 한다. 교역의 신장은 경제성장의 주요 동력이며, 국가존망이 걸린 중대한 과제이다.

번영발전을 위해서는 발전하려는 국민의지(國民意志)가 중요한데, 한국인은 경제성장과 국가발전에 대한 욕구가 매우 강하다. 경제성장에 대한 욕구는 구체적으로 선진국 수준을 염원하고 있다. 국가의 경제권이 약화되고 세계경제위기가 급속하게 진행되는 환경의 변화 속에서 우리는 양적인 성장을 탈

52) 작전통제권(作戰統制權)문제는 1950년 7월 15일 당시 한국전쟁초기에 전황이 극도로 불리한 가운데 이승만 대통령이 한국군의 작전통제권을 유엔군사령관에게 이양하였으며, 1978년 11월 7일 한미연합사령부가 창설되면서 유엔군사령관은 휴전업무만 관장하고 한미연합사령관이 작전통제권을 행사하는 형식으로 바뀌었다. 그 후 1992년 한미안보연례회의에서 국군의 작전통제권 중 평시작전통제권을 대한민국이 환수하기로 합의하고 1995년 이양 받았으며, 전시작전통제권은 2012년 4월 17일 전환하도록 2007년 한·미 국방장관 회담에서 결정하였다.

피하고 질적 성장을 위한 사회적, 문화적, 정치적인 조건들을 갖추어 나가야 한다.

한국경제발전의 아킬레스건은 2008년도 고유가 사태에서 경험하였듯이 긴요한 천연자원의 높은 해외의존도이다. 인구는 적지 않지만 부존자원이 부족하여 국제적으로 의존성이 너무 높다. 이러한 경제적 상호 의존성으로부터 기인하는 안보적 위협을 극복하기 위해서 취약한 구조개선이 필요하다. 식량 에너지, 광물자원 등 전략자원의 확보와 해상수송로의 안전 보장을 위해 노력을 강화해야 한다. 에너지 수급상의 문제는 앞으로도 우리의 경제발전을 압박하는 요인으로 작용할 것이다.

한민족의 통일은 민족사회 발전을 위한 노력을 펼치는 데 현실적으로 필요한 과제이다. 북한 동포들에게도 우리 국민이 누리는 삶의 질을 나누어 갖는 의미를 중시해야 한다. 그러나 한반도가 통일을 이룰 경우에는 북한의 지하자원을 활용할 수 있겠지만, 경제력의 획기적인 신장을 기대할 수는 없다. 통일시 북한의 경제력이 통일한국의 경제규모에 기여하는 것은 미미할 것이다. 따라서 통합에 따른 경제적 비용을 고려해 볼 때 통일한국의 경제력은 통일 직후 상당기간 동안 약화될 전망이다. 우리는 이를 현명하게 극복하여 통일한국의 생산력과 경쟁력이 바로 한민족의 삶의 질과 사회복지를 한 단계 높여 주는 원동력의 역할을 할 수 있도록 해야 할 것이다.

3. 평화통일

2030년까지 대한민국의 국가이익 중 핵심적인 이익은 평화통일이 될 것이다. 왜냐하면 대한민국이 번영발전하면서 일류국가로 도약하기 위해서는 현재와 같은 불안정한 분단체제로는 한계가 있으며, 국가생존을 위해서도 남북간의 대립은 해소되어야 하기 때문이다.

앞으로 21세기에도 남북한이 서로 대립하고 민족간의 경쟁을 위해 국력을 낭비한다면 역사의 시계는 우리를 기다려 주지 않을 것이다. 인류역사에서 보면 새로운 환경에 적응하는 자는 흥하고, 그렇지 못한 자는 패망하였듯이, 우리는 국가와 민족의 생존과 번영을 위해 이 시대의 새로운 환경에 창조적으로 적응하면서 평화통일의 길을 닦아 나가야 한다.

통일은 분단된 조국을 하나의 민족국가로 만들어 가는 과정이다. 지리적 측면에서는 국토의 통일을 의미한다. 즉 민족 성원 모두가 한반도 내에서 자유롭게 거주하고 이전할 수 있는 터전을 마련하는 것이다. 국토는 남과 북의 온 겨레가 더불어 가꾸어야 할 삶의 터전이다.

정치적 측면에서 보면 국권(國權, National Sovereignty)의 단일화를 의미한다. 우리 민족은 장기간 단일한 정치체제 속에서 살아 왔다. 남북간의 단일 정치체제로의 복구가 요구되는 것이다.

경제적 측면에서 보면 민족경제권의 통합을 이룩하는 것이다. 지금은 남한의 자유시장 경제체제와 북한의 사회주의 경제체제로 분할되어 있어, 민족의 공공복리(公共福利, Public Welfare)를 증진시키기 위한 경제권의 통합이 절실하다.

사회적 측면에서 보면 국민의 통합을 의미한다. 즉 통일된 조국에서 남북한 주민을 하나의 국민으로 통합하는 것이다.

문화적 측면에서는 문화적 동질성을 회복하는 것이다. 우리 민족은 같은 언어, 같은 문화, 같은 전통을 유지해 왔다. 그러나 분단이 지속되면서 남북한간의 동질성이 부분적으로 파괴되고 있으며, 민족의 정체성이 붕괴될 우려가 높아지고 있다. 따라서 남과 북이 민족의 전통 위에서 민족의 앞날을 밝히는 새로운 문화 창조의 길을 열어야 한다.

통일은 곧 국토도 하나, 민족도 하나, 제도도 하나, 생활도 하나 되는 것으로 규정할 수 있다. 즉 둘로 나누어진 국토와 민족, 제도가 참다운 하나로 발전적으로 거듭남을 의미한다.[53]

이러한 통일을 위한 최선의 방법은 평화적인 방도이자 민족의 발전과 번영을 약속하는 방법이어야 한다. 이를 위해서는 각 분야에서 남북이 화해하고 교류협력을 강화함으로써 평화통일의 징검다리를 하나씩 놓아 가는 자세가 바람직하다.

역사의 긴 흐름에서 보면, 통일문제는 결국 어느 체제가 세계사적 전개에 부합되고 민족 성원의 삶의 질을 보장해 줄 수 있느냐 하는 문제로 귀결될 수 있을 것이다. 그동안 우리가 겪었던 분단의 아픔을 그 누구도 대신해 줄 수 없듯이, 민족화합과 통일을 위한 땀 또한 어느 누구도 대신 흘려 주지 않을 것이다.

53) 통일교육원, 앞의 책, pp. 17-20.

대한민국 헌법의 전문에서는 "평화적 통일의 사명에 입각하여 정의, 인도와 동포애로써 민족의 단결을 공고히 할 것"을, 제4조에서는 "대한민국은 통일을 지향하며, 자유 민주주의 기본질서에 입각한 평화적 통일정책을 수립하고 이를 추진할 것"을 규정하고 있다. 그리고 제66조 3항에서는 "대통령은 조국의 평화적 통일을 위한 성실한 의무를 진다"고 규정함으로써 평화통일을 위한 대통령의 책무(責務)도 제시하고 있다. 이를 위해 우리는 국가전략 차원에서 통일전략을 수립하여 점진적·평화적으로 통일을 추진해 나가야 할 것이다.

4. 자유민주주의 함양

민주주의의 제도화는 보다 자유로워지고 인간다워지려는 사회적 욕구의 점증적 발로에 따라 초래되는 정치적 변화이다. 이를 위해서는 정치권력의 집중과 권력의 독과점 현상 불식, 시민사회의 자율성 보장, 정치과정의 개방화가 필요하다. 지속적으로 행정의 민주화에 맞추어 정부의 역할과 기능이 재조정되어야 한다. 민주적 의회제도의 정착을 위해서는 무엇보다도 정당의 역할이 정상화되어야 한다. 서구국가들이 민주정치를 꽃피우게 된 것은 그 사회가 건강성을 지니고 있기 때문이다. 건강한 사회는 국가권력에 적절한 견제를 하면서 정치를 타협과 통합으로 이끄는 원동력이다.

한국의 사회는 시민사회의 성장을 기반으로 하는 시민주도형 국가로 발전해야 한다. 이 과정에서 우리는 사회내부에서 제기되는 이해관계의 다양성을 고무시키면서 갈등적 마찰을 최소화시킬 수 있는 제도적 장치를 구축해 나가야 한다. 각종 이익집단이 제 기능을 다 할 수 있도록 대외적 자율성과 대내적 민주성을 확보해야 한다.

북한의 시민사회적 요인들은 남북한 통일을 추진하는 과정에서 중요한 변수로 작용할 것이다. 남북한간에 건전한 시민사회를 육성·발전시키는 일은 민주공동체적 통일한국을 달성하는 데 결정적인 조건이 될 수 있다. 북한은 '주체형 사회주의'의 기치 아래 국가와 공조직이 사회 전 부분을 전면적이고 획일적으로 통제하고 있으므로 시민사회가 자율적으로 성장할 수 있는 길이 원천적으로 봉쇄되고 있다. 따라서 북한체제의 개방화를 촉진하면서 시민운동 조직체들을 활성화시키기 위한 노력이 필요하다. 우리는 통일 이후의 문제들을 내다보면서 북한 내에 지방자치의 활성화, 행정의 분권과 건전한 시민사회 육성을 촉진하는 방안을 강구해 나가야 한다. 이를 통해 우리는 바로 통일 이후의 심각한 후유증과 갈등의 소지를 사전에 예방할 수 있을 것이다.

5. 국위선양

20세기에 우리의 조상들은 세계사의 흐름을 이해하지 못하고, 역사를 준비하지 못한 결과 강요된 식민 지배를 감수할 수밖에 없었으나, 21세기의 우리는 미래를 선택할 수 있는 역사의 주인이 되어야 한다. 우리의 경제력과 민주화역량은 국제사회에서 우리의 위상을 높여 주고 있으며, 대한민국은 지구촌의 의제를 설정하는 데 중요한 일원이 되고 있다.

21세기의 대한민국은 신장된 국력과 선진일류국가의 제도적 기반을 바탕으로 세계의 번영·발전과 평화 정착에 적극 기여해야 한다. 국제사회에 대한 책임과 헌신이 현실화될 때 우리의 국제적 위상은 국력에 걸맞게 높아질 수 있다.

우리는 세계평화와 지역의 번영에 창조적으로 기여하면서 세계사의 선진대열에 적극적으로 동참할 수 있는 능력과 여력을 준비해야 한다. 즉 세계사회의 자주적 일원으로 공동 번영에 기여해야 한다.

그리고 평화국가로서 인접국과 선린우호관계를 유지하고 국제사회의 보편적 질서에 순응하는 국가여야 한다. 이기적인 민족주의를 내세워 다른 민족을 억압하는 독선적인 국가가 아니고, 세계 모든 민족과 더불어 서로의 특성을 존중하는 선린우호의 기본적인 가치관을 유지해야 한다.

우리는 가시적 실리만을 추구하는 근시안적인 자세를 버리고 범인류적 복지문제, 인권, 민주주의, 세계평화 등의 보편적 가치를 구현하는 데 역점을 두어야 한다.

전통문화는 더욱 계승 발전시키면서 세계에 전파하여 문화대국으로서의 위상을 정립하고, 국제문화교류를 활성화하여 세계 속의 한국문화로 승화토록 하여야 한다. 한민족의 동질성을 강화하면서도 각종 국제기구의 활동을 지지하고 적극 참여하여 국위를 선양토록 해야 한다.54)

---

54) 국가 이익 부분은 졸저「한반도의 평화통일전략」의 국가이익 내용(pp. 63-71)을 수정, 보완

우리는 통일성취과정에서도 주변국의 축복을 얻어야 하나, 통일 이후에도 주변국가의 호의를 지속적으로 확보해야 한다. 통일한국은 평화우호국가로서 동북아의 안정과 평화유지에 적극적으로 기여하고, 세계의 평화체제 구축에 능동적으로 참여해야 한다.

통일은 단순한 민족 재결합을 뛰어넘어 분단시대를 역사적으로 청산하고 민족의 새로운 활로를 여는 민족 비약의 새로운 출발이 되어야 한다. 평화통일 이후 통일국가의 사상적 기조는 평화공존에 두어야 한다. 통일한국은 주변국들과 우호・선린・협력관계를 계속 유지할 뿐 아니라 지역 내의 평화보장과 경제적 번영의 보루가 되며, 아시아・태평양시대의 협력 체제를 구축하는데 앞장서서 그 책임과 의무를 다해야 한다.

제 4 절 국가비전 : 부강한 나라 희망찬 국민

우리는 21세기 전반기에 대한민국이 지향하고자 하는 비전을 명확하게 가시화할 필요가 있다. 비전이 모호할 경우 전략적 선택이 애매해지고, 지향하고자 하는 목표 도달이 어렵다. 국가적 비전을 명확히 하여 그 방향으로 모든 역량을 결집할 수 있는 전략 추진이 필요하다.

대한민국의 미래비전에서 공통된 요소는 세계 10위권의 경제력을 바탕으로 우리 내부의 번영과 함께 국제평화에 기여하는 선진일류국가를 지향하는 것이다. 선진일류국가의 비전은 국토의 규모는 작으나 정치적으로는 안정과 통합, 경제적으로는 선진, 외교적으로는 세계평화에 기여하는 국가를 지향하는 것이다. 이는 과거 한반도와 동북아에 한정되어 있던 우리 안보와 외교의 시각의 한계를 극복하고 세계국가로서 위상을 확보하고, 국제질서의 이해공유자로서 정체성을 갖는 것이 될 것이다.

이러한 비전을 달성할 수 있는 민족의 미래는 앞으로 전개될 전략환경과 사회성원들의 도전 및 발전의지에 따라 결정된다. 그러므로 우리가 그리는 2030년대 통일한국의 모습은 단순한 전망이 아니라, 새로운 발전이념을 바탕으로 전 민족적 역량을 모아 최선의 노력을 기울일 때 만들어 낼 수 있는 청사

하여 정리하였다.

진이다. 여기에는 무엇보다 조화와 균형의 가치관이 기조를 이루어야 한다. 이러한 생각을 담아서 미래의 비전을 「부강한 나라 희망찬 국민」으로 구상하였다.[55)]

이러한 국가비전을 추구해 나가야 할 국가목표는 세계와 더불어 평화롭게 살아가는 「평화통일된 선진일류국가」구현이라고 할 수 있을 것이다. 이러한 국가의 미래상을 달성하기 위해서는 무엇보다도 세계적인 전략환경의 변화에 효과적으로 대응하는 지혜와 현실적 여건을 바탕으로 미래를 능률적으로 창조해 나가는 의지가 중요하다. 대한민국이 추구할 국가비전의 일반적인 목표는 다음과 같이 요약될 수 있을 것이다.

1. 세계평화에 기여하는 민주국가

21세기에 대한민국은 남북통일을 평화롭게 이룩하고, 누구나 자유롭게 인간적 가치를 구현하는 성숙된 민주시민사회를 이룩해야 할 것이다. 국내적으로 민주주의를 정착시키고, 대외적으로는 경제대국으로서의 위치를 확보함으로써, 명실공히 선진일류국가로 발전해 나가야 한다.

또한 세계평화에 적극적으로 기여할 수 있는 평화유지군의 파견, UN의 평화활동에 적극적인 참여, 세계평화체제 확립에 기여하는 등 홍익인간의 이념을 구현하고 인간의 존엄성을 존중하는 활동을 강화해야 한다.

국제사회의 책임 있는 일원으로서 제 몫을 다할 수 있을 정도로 대한민국의 국제적 지위를 향상시킬 수 있는 바탕은 경제력, 인구, 국가자원 등과 같은 외형적 측면에만 있는 것이 아니다. 그에 못지않게 중요한 요소는 정치적, 문화적 발전으로서 21세기에 대한민국은 다양성과 공공성이 존중되며, 시민집단들이 자발적인 이해 조정 체계를 통해 정책형성과정에 참여할 수 있는 여건이 조성되어야 한다. 사회 구성원 누구나 자신의 성장욕구를 자유롭게 성취할 수

55) 세종연구소의 「대한민국의 국가전략 2020」에서는 대한민국의 미래비전을 '선진평화강국'으로 규정하고 있다. 선진국가는 세계 13위권의 경제발전을 달성하고 OECD 회원국으로서 물질적으로나 경제적으로 선진한 수준에 도달한 것을 의미한다. 평화국가는 경성국력뿐만 아니라 연성국력을 바탕으로 세계평화에 기여하는 국가이다. 강한 국가란 단순히 강력한 군사력을 보유한 국가를 의미하는 것이 아니라 효율성과 정통성을 가진 국가를 말한다. 노무현정부시절인 2006년 정부와 민간 합동작업단이 중심이 되어 작성한 「Vision 2030 대한민국의 구상」에서는 대한민국의 미래비전을 '함께하는 희망대한민국'으로 설정한 바 있다.

있는 시민주도형 정치문화를 정착시켜 나가야 한다. 이러한 정치체제를 확립하기 위해서는, 사회적으로 단순한 물질적 풍요보다 자아실현을 중시하고, 문화와 예술의 발전을 도모해야 한다. 그리고 인간존중의 가치를 사회전체에 뿌리내리게 하고, 만인평등의 원칙에서 여성들의 사회진출은 물론 소외계층의 사회참여 범위를 확대해 나가야 할 것이다.

우리가 추구하는 민주주의는 자유, 평등, 그리고 사회정의와 복지를 이념으로 하는 정치제도이다. 자유와 평등, 사회정의와 복지를 이념으로 하는 사회는 인간의 능력과 개성을 믿고 존중하며 상부상조하고 협동하는 사회이며, 국민이 주인이 되어 공공의 복지를 도모하는 사회이다.

즉 민주정치의 궁극적인 목적은 구성원 각자가 자유롭게 인간적 가치를 구현할 수 있는 터전을 마련하는 것이다. 성숙한 민주주의는 인간다운 삶, 함께 사는 삶, 자유로운 삶을 가능하게 하고 다원주의(多元主義), 공동성과 공정성의 기본가치를 지켜나갈 수 있도록 해줄 것이다. 정치가 지향해야 할 이념과 가치는 공동체 구성원들의 다양성이 존중되는 정치, 모든 구성원들이 공정한 대접을 받는 정치를 구현하고, 공공복리에 관심을 갖는 일일 것이다.

사회가 급격하게 발전하면서 변화에 따른 다양한 갈등이 표출될 것이다. 이를 해결하기 위해서는 국민적 합의를 도출하고, 민주주의 원리에 의한 국가운영방안을 제시하여 국민적 에너지를 결집해 나가는 생산적 정치가 중요하다. 즉 민주주의의 성숙한 발전을 통해 정치적 안정을 확보하고 사회경제적 발전을 촉진시켜야 한다. 민주국가의 정당성을 통한 안정성과 자율성을 바탕으로 효율성을 극대화해 나가야 한다. 이를 위해서는 사회통합의 정치가 구현되고, 정치적 경쟁의 자유와 공정성이 확보되어야 하며, 권력구조의 합리화가 이루어져야 한다.

통일한국은 한민족 공동체를 단일주체로 하는 자주적인 독립국가로서 민족공동체의 구성원을 주권자로 하는 민주주의 국가를 발전시켜야 한다. 통일 후 대한민국의 정치가 구현해가야 할 정치이념은 민주공동체이다.

통일 이후 남북한 지역에 민주주의가 제도적으로 뿌리내리고 시민주도형 정치체제를 이루어 가야 한다. 시민주도형 정치체제란 사회 집단간에 다원적 경쟁이 허용되며, 시민의 자유로운 사회활동과 정치참여가 보장되는 체제이다.

2. 국토가 균형발전된 통일국가

우리의 국토는 민족공동의 삶의 터전으로서 세계화, 지역화 등의 새로운 물결에 효과적으로 대응할 수 있도록 대륙과 해양을 잇는 발전축으로 짜여져야 할 것이다. 즉 신의주-평양-개성-서울-대전-광주를 잇는 서해안 축을 형성하고, 서울-원산-청진을 잇는 동북 축과 대전-대구-부산을 잇는 동남 축과 목포에서 부산을 잇는 남해안 축을 여기에 접목시키는 것이다. 그리고 동북 축은 블라디보스톡을 경유하여 시베리아로 연결되도록 하고, 서울-평양-신의주 측은 중국의 동북부를 거쳐 대륙으로 이어지도록 하여야 한다. 이러한 발전축은 '반도'라는 지형적 여건을 최대한 활용하여 북으로는 중국, 동북으로는 러시아, 동남으로는 일본과 미국, 남으로는 동남아와 오세아니아로 뻗어 나갈 수 있으므로, 세계를 향한 한민족 발전의 진취적 틀을 형성할 수 있다.

평양-개성-서울-대전을 잇는 중서부 지역은 21세기 세계 발전을 주도할 아시아-태평양 시대의 동북아 지역 요충지로 발전시켜 나갈 수 있을 것이다. 그리고 21세기 최대의 발전 잠재지역으로 평가되는 북태평양 서안일대의 산업화를 전제할 때, 한반도의 동북부와 서북부 지역을 연계하여 발전시키는 것이 중요하다. 21세기에 한반도를 세계로 뻗어가는 부강하고 쾌적한 민족의 생활공간으로 가꾸어 나가야 할 것이다.

국토를 개발할 때에는 수도권과 지방, 도시와 농촌의 균형발전을 중시해야 한다. 이를 위해 지역별로 거점도시를 육성해야 한다. 이러한 지역별 거점도시들이 충분히 개발되면, 2030년경에는 전 국민의 90%는 기반시설이 제대로 갖추어진 편안한 도시환경에서 거주하게 될 것이다. 텔리포트, 과학도시, 첨단기술 단지, 업무문화·도시 등이 새롭게 개발되고, 교통·통신이 고속 네트워크로 연결됨으로써 대도시 지역이 광역화될 것이다.

도시의 모습은 승용차 중심에서 지하철, 전철 등 대중교통 중심체제로 전환하고 보행자 전용도로, 상가도로 등 현재 유럽에서 볼 수 있는 새로운 도시구조로 발전시켜 나가야 한다. 한편 주택, 도로, 상·하수도 등 도시 기반시설도 선진국 수준으로 향상시킴으로써 삶의 질을 우선시하는 도시환경으로 변모시켜 나가야 한다. 도시는 서구적 도시모습과 다른 한국문화에 바탕을 둔 개성적 분위기를 연출해 낼 수 있도록 한옥 등 한국의 전통주거 시설 등과 조화롭게 건설되어야 한다. 이때 농촌마을들은 지역중심도시와 자연친화적으로 연결시킴으로써 균형 있는 국토발전을 모색해야 할 것이다.

3. 자위역량을 갖춘 준(準)강대국

국가역량 즉 국력은 국가전략의 방향 설정과 그 성패에 중요한 영향을 미친다. 우리나라는 여러 가지 유무형의 국가역량을 보유하고 있다. 우리는 금융위기를 극복하고 세계의 상위권에 속하는 경제력을 보유하고 있으며, 튼튼한 자위능력과 함께 한·미 안보협력체제에 기초한 강력한 대북 억제력을 유지하고 있다. 그동안 국제사회에서 축적한 외교력과 국제적 협력망도 우리의 귀중한 자산이다. 그리고 뿌리를 내린 민주주의와 시장경제체제 그리고 오랜 전통을 자랑하는 문화적 유산도 우리가 보유하고 있는 값진 역량이 될 것이다.

그러나 협소한 국토와 제한된 자원, 한반도의 지정학적인 조건, 남북 대치 상황 등 우리의 국가역량을 제약하는 요인도 적지 않다. 또한 세계화와 지식정보화에 따른 무한경쟁시대에 능동적으로 대처하기 위한 국내적 여건이 아직은 미흡한 실정이다. 우리는 국제협력을 강화하고 남북관계 개선과 평화공존관계를 정착시켜 나감으로써 이러한 제약요인을 극복할 수 있을 것이며 또한 민주주의와 시장경제를 병행 발전시켜야만 세계를 상대로 국가경쟁력을 높일 수 있을 것이다.

한편 남북한의 국가역량을 비교할 때, 경제적 측면에서 양측은 비교가 무의미할 정도로 그 격차가 벌어져 있다. 그러나 군사적 측면에서는 핵, 미사일, 화학무기 등과 같은 전략무기를 포함한 북한의 대남 군사공격능력은 우리에게 중대한 안보위협이 되고 있다. 물론 우리의 군사역량과 대북 군사대비태세 그리고 주한미군을 포함한 우리의 한·미 연합방위력은 북한의 어떠한 공격도 억제하고 유사시 격퇴할 수 있는 수준을 유지하고 있으며, 앞으로도 계속 유지해 나가야 할 것이다.

또한 무형의 국력요소인 과학기술력, 교육역량, 외교력과 정보력 등에서 우리는 북한에 비해 월등한 우위를 점하고 있다. 특히 사회적 다원성에 기초한 체제통합능력과 인류의 보편적 가치이며 세계적 추세인 자유민주주의와 시장경제를 조화롭게 병행 발전시키고 있는 우리의 역량은 가장 두드러진 무형의 강점이 될 것이다.

2030년까지 평화통일이 달성된다면, 통일한국은 자주 국방력을 지속적으로 향상시키면서 효율적인 거부능력을 유지해야 한다. 통일한국의 군사력이 적정수준의 병력, 우수한 화력 및 작전수행능력을 구비하여 생존의 국가이익과 핵심적 국가이익의 수호를 위해 군사력 사용에 대한 정치적 의지와 국민의 지지로 보완되어 있는 군사력을 보유한다면, 동북아의 세력 균형자로서의 역할 수행이 가능할 것이다. 통일한국군을 배비하고 운용시키는 새로운 전략개념에 부합된 전반적인 조정작업이 필요하다. 보다 구체적인 내용은 안보전략과 국방전략에서 기술할 것이다.

4. 동북아 중심 국가

대한민국이 한민족의 생존을 보장하기 위해서는 동북아에서 전략적 위상을 확보해야 한다. 역내 해양 및 대륙세력의 결집지역에서 한반도는 지역 안보와 안정의 중심에 위치하여 강대국들에 의한 전략적 관심과 개입의 주축으로서의 위치와 가치를 확보하여야 한다.

우리는 한반도 전체를 직접 책임지고 관리할 수 있는 역량을 확보함으로써 냉전적, 반도적, 의존적 사고와 행동에서 탈피하고, 범세계 차원에서 전략적으로 생각하고 행동하는 대국적인 국민의식을 형성해야 할 것이다.

대한민국은 동북아의 중심 국가로서 국가위상을 확립하여 주변 4국과 공존공영을 추구하는 평화지향적인 지역 공동안보를 추구해야 한다. 이를 위해 우리는 견실한 자주국방태세를 갖춘 독립 민족국가로서의 위상을 높이고, 동북아 전략환경에 능동적으로 대처할 수 있는 국가안전보장(國家安全保障, National Security)[56]의 기조를 다져 나가야 할 것이다.

특히, 서울을 중심으로 반경 1000마일 범위 내에 15억의 인구, 동아시아 산업의 85%, 군사력의 80%가 집결되어 있는 점을 감안해야 한다. 우리는 독자적 민족 주권국가로서 중앙아시아와 동남아로 향하여 지속적으로 국가발전

56) 국내외로부터 기인하는 각종 위협으로부터 국가목표를 달성하는 데 있어서 추구하는 제 가치를 보전하기 위하여 정치・외교・사회・문화・경제・과학기술에 있어서의 정책체계를 종합적으로 운용함으로써 기존의 위협을 효과적으로 배제하고 미연에 방지하며, 나아가 발생한 불시의 사태에 적절히 대처하는 것을 말한다.

의 기회를 확장해야 한다. 즉 우리는 '서해 경제권'을 출범시키고, 북경-서울-동경을 연결하는 경제축의 '중앙' 위치에서 능동적인 활동을 전개해야 한다.

우리는 한반도의 지정학적인 중심성을 기초로 하여 국가위상을 확립하고, 나아가 민족웅비의 기상을 드높일 수 있는 비전을 추구해야 한다. 그리고 우리가 민족적 통합역량과 자주적 국력을 확보하고, 한반도가 처한 전략적 중심을 잘 활용하면 동북아에서 세력균형자의 역할을 수행할 수 있을 것이다. 한반도를 중심으로 한 주변 국가들의 세력관계가 불투명하면 할수록 지역 내의 안전을 증대시킬 수 있는 '공동안보체'나 '다자협력체제'의 형성 필요성이 더욱 높아진다. 한반도는 이러한 다자안보체제에서 그 중심 국가의 역할을 수행할 수도 있을 것이다.

남북통일의 상승적 효과는 매우 크다. 2030년경 통일한국은 약 8,500만명의 인구로 세계 13위권의 인구대국이 될 것이며, 경제적으로도 세계 10위권 국가로 발돋움하게 된다. 뿐만 아니라 통일은 한반도의 국토적 일체성을 회복시켜 줌으로써, 동북아지역 경제권의 지리적 중심국으로서 대외지향적 경제성장은 물론, 문화적으로도 세계에 기여할 수 있는 토대를 제공해 주게 될 것이다.

통일로 인하여 국제적 지위는 경제적 측면뿐 아니라 외교역량 면에서도 크게 향상될 것이다. 냉전상황에서 불가피했던 군사안보 위주의 외교 및 미·일 중심의 일면적 외교에서 벗어나 세계를 상대하는 선도적 외교국가로 발전할 수 있을 것이다. 통일한국은 튼튼한 경제와 지리적 중심국으로서의 위치를 활용하여 경제, 환경, 자원 등 다양한 분야의 외교에서 주도적 위치를 확보함으로써, 국제적으로 수혜국에서 시혜(施惠)국가로 탈바꿈하여 세계균형을 유도함으로써, 지역평화에 이바지하는 조정역할을 담당하면서 선진국과 개도국간의 격차를 이어주는 가교 역할을 수행해 나가야 할 것이다.

5. 시장경제체제의 경제 강국

지식정보화 시대의 두드러진 특징은 아마도 경제가 가장 중시되는 시대의 도래라고 할 수 있을 것이다. 동서냉전이 마무리되면서 안보협력의 중요성은 점점 감퇴하고 있으며, 각국의 최우선적인 목표는 경제력의 강화에 두어지고 있다. 이러한 변화는 국제적으로 경제경쟁을 심화시키고, 경제의 개방화와 시장의 세계화 및 지구화를 가속시킬 것이다.

우리는 세계 자유무역질서에 적극 동참하면서 기술과 경영의 혁신을 지연시키고 기업의 창의성과 개발 잠재력을 둔화시켜 왔던 정부의 규제와 독과점식 시장구조 및 경제력의 편중을 개선하여 구조조정을 실시하고 국제경쟁력을 강화함으로써 세계경제와 경쟁할 수 있는 시장경제체제를 활착시켜야 한다. 우리가 지향하는 한민족의 웅비는 대결지향적인 정치・군사대국보다는, 평화지향적인 경제・문화 대국을 건설하여 인류의 역사에 긍정적으로 기여해야 달성될 수 있을 것이다.

무역 의존도가 높은 우리가 선진강국과 경쟁에서 승리하기 위해서는 선진경제체제의 확립이 중요하다. 이러한 선진경제는 국제적인 경쟁력을 갖추고 내수 공급 능력을 확대하는 등의 통합된 노력을 통해 달성할 수 있다. 우리는 자원빈국의 입장임을 고려하여 첨단기술 분야를 포함한 기술집약적 산업의 육성과 자원의 효율적인 관리를 중시해야 한다. 즉 과학기술의 첨단화가 필요하다. 이를 위해 전략적인 사업 분야의 발전을 위한 연구개발에 투자를 확대해야 한다.

대한민국은 남북한 경제체제에서도 점차 공동영역을 넓혀 북한체제를 통합할 수 있는 능력을 제고시켜 나가야 한다. 한반도의 통일은 경제의 차원에서 볼 때, 북한의 인력, 토지와 천연자원을 남한의 제조기술 및 경영자원과 결합시킴으로써 남북 양측의 경제성장의 가속화를 가져올 수 있을 것이다. 특히 북한 지역 내 투자를 증대시켜 경제를 활성화시킬 것이다. 또한 분단의 유지와 체제경쟁을 위해 투자되었던 자원이 보다 생산적으로 활용되어 민족의 경제력과 국민복지의 증진을 가져올 것이다.

6. 절제 속에 풍요로운 복지국가

개방과 자율의 자유민주주의 시대에서는 국가나 체제 전체의 발전만을 지속적으로 강조할 수는 없다. 개인의 삶의 질과 창의성도 국가 전체의 물량적 발전 못지않게 중요하기 때문이다. 삶의 질이란 물질적 풍요와 정신적 만족이 동시에 고려되는 포괄적 개념이다.

우리는 공동체적 시장경제라는 경제질서를 중심으로 풍요로운 복지국가를 형성해 나가야 한다. 즉 자유시장경제에 바탕을 두고 경제성장을 추구하되, 민주적 합의형성과 참여를 통하여 공동체의 이익 및 공공선을 추구함으로써, 더불어 함께 사는 복지사회를 만들어 나가야 한다. 공동체적 시장경제 하에서 시장경제원칙은 더욱 충실해지고 불합리한 규제들이 완화되며 대부분의 공기업은 민간기업으로 전환됨으로써 국민경제의 효율성이 극대화될 수 있을 것이다.

대한민국의 생산인구비는 2030년까지는 전체인구의 70% 수준을 유지할 수 있을 것이다.57) 그러므로 양질의 교육 및 창조적인 과학・기술능력 배양을 강조함으로써 우수한 인적 자원 확보에 노력한다면, 높은 성장잠재력을 계속 유지할 수 있을 것이다. 그리고 대외개방과 국제화 흐름 속에서 국제경쟁력 제고에 능동적으로 대처한다면, 기업은 앞으로도 여전히 대한민국의 경제성장을 주도해 나갈 수 있을 것이다.

소득 재분배의 측면에서, 자조능력이 없는 집단에 대해서는 재정지원을 늘려 각종 복지서비스를 확대해 나가야 하겠지만, 동시에 가족과 기업의 복지 기부의 복지재정 팽창은 억제하면서도 개인은 보다 인간답게 살 수 있는 한국적 문화에 적합한 복지국가의 모습을 가꾸어 나가야 한다.

국민 모두가 친환경적 가치관을 내면화하여 절제된 생활을 하고 환경기술 개발 및 산업구조 개편을 통하여 환경적으로 지속가능한 사회를 만들어 나갈 때만 미래의 풍요를 누릴 수 있다. 절제된 삶은 환경을 삶의 기본요소로 생각하는 가치관이 바탕을 이룰 때 가능하며, 생산확대 및 소비중심사회에서 재활용 알뜰사회로 바뀔 때 구체화된다. 그러므로 미래 삶의 질을 높이기 위해서는 공해방지산업과 재활용산업을 활성화하고, 정부재정에 의한 환경투자를 지속적으로 확대해 나가도록 노력해야 한다. 통일 이후 친환경적으로 새롭게 개발한 지역의 성과를 바탕으로, 대한민국은 지구적 환경문제 해결에 있어서도 주도적 역할을 수행해 나가야 한다.

국가의 풍요와 더불어 사람들이 점차 경제적 가치를 최우선의 가치로 보려고 하는 성향이 강해지는데 이것은 바람직한 현상은 아니다. 인간생활의 풍

---

57) 현 출산율이 지속될 경우에는 생산 가능인구(15-64세)는 2016년 3,619만명을 정점으로 감소될 것으로 전망된다(2008 세계인구 현황보고서).

요로움은 외부적 생활조건의 개선만으로 이루어지는 것은 아니고 내재적 만족과 조화되어야 한다. 즉 자신이 하는 일을 최소한 자신이 좋아서 수행하고, 이러한 과정을 통해서 개인들이 내재적으로 만족을 느끼는 상태까지를 의미한다. 사람들이 내재적 동기를 중요하게 인식하는, 즉 피동적 인간이 아닌 보다 적극적인 인간, 다르게 표현하면 과거의 선비정신에 나타난 것과 같은 다른 사람의 평가보다는 자신의 내재적 기준에 따라서 일을 행하는 그러한 인간이 되어야 한다는 것이다.

인간의 내면적 완성과 관련하여 더 언급할 것은 개인의 능력발전과 관련된 것이다. 국가전략은 이러한 능력을 배양할 수 있고 인간이 내재적 동기에 의해서 행동할 수 있는 기회와 여건을 최대한으로 제공해 줄 수 있어야 한다. 각 분야의 제도적 장치를 마련함에 있어서 이러한 조건을 고려하여야 한다는 것이다. 이것이 인간의 내면적 완성의 전부는 아니지만 그러나 인간의 내면적 완성에 더 접근하는 것이라고 할 수 있다.

경제대국으로 부상하는 데 있어서는 양질의 노동력, 기업의 국제경쟁력, 과학기술능력에 덧붙여 남북통일이 가져올 긍정적 효과도 무시할 수 없다. 통일 초기에는 이질적 체제의 통합에 따른 혼란으로 성장이 일시정체 또는 후퇴할 수도 있다. 그러나 장기적으로 보면 통일은 한민족이 보유하고 있는 각종 자원을 보다 효율적으로 활용할 수 있는 기회를 제공해 줄 것이므로 한반도가 동북아지역의 새로운 중심지로 발전하는 데 결정적으로 기여하게 될 것이다. 통일의 여건을 최대한 활용하여 현 수준 정도의 경제성장 속도를 유지해 나갈 수 있다면 2030년경에는 통일한국의 전체 국민복지에 기본이 되는 물질적 토대를 확보할 수 있을 것이다.

시장경제 체제의 기본정신을 기반으로 하는 과감한 사회보장제도의 도입은 통일의 장애를 극복하는 지름길이 될 것이다. 모든 구성원의 가치 균점과 사회정의를 실현할 수 있는 생산적 복지사회 구현이 필요하다.

통일국가는 개인의 자율성과 창의성이 보장된 가운데 성숙한 시민의식을 바탕으로 상호교류가 이루어지는 공동체를 지향해야 한다. 남북한의 이질적인 집단간의 불신과 대립의 심화로 갈등이 표면화되는 상태에서는 국민 개개인의 삶의 질 향상은 제한될 수밖에 없을 것이다. 통일국가에서는 각종 자원과 시설에 따른 혜택이 국민 모두에게 골고루 돌아가게 해야 한다. 그리고 국민 각자는 저마다의 개성과 인격이 존중되는 다양성 속에서 서로가 책임감을 갖고 눈앞의 이익추구를 자제하며, 공동의 복지국가를 이룩하려는 노력을 강화해야 한다.

7. 창의성과 합리성을 존중하는 과학기술국가

21세기에 지식정보화 시대에 선진인류국가가 되기 위해서는 새로운 지식을 창출할 수 있는 지식정보국가가 되어야 하며, 이를 위한 토대는 과학기술력이 뒷받침되어야 한다. 21세기에는 모방위주의 후진국형 과학과 기술체제에서 세계를 선도하는 창조적인 선진국형 과학과 기술체제로 발전해야 한다. 우선 기초과학분야에 대한 집중적 투자가 필요하다. 현대기술문명은 기초과학의 결실을 이용한 것이며, 과학·산업시대가 발전할수록 기초과학과 기술의 관계는 더욱 밀접해진다. 기업부문의 연구개발 투자를 보다 확대해 나간다면, 세계적 수준의 과학, 기술인력을 지속적으로 공급할 수 있을 것이다. 아울러 세계 기술혁신을 주도하는 미국, 일본, 유럽연합(EU: European Union) 등 과학선진국들과 긴밀한 협력체제를 유지해 나감으로써, 기술혁신의 선두그룹으로 부상하도록 노력하여야 한다.

선진 과학·기술체제를 갖추기 위해서는 무엇보다도 창의력과 합리성을 존중하는 기풍을 전체 사회 속에 진작시켜 나가야 한다. 그리고 선진기술 체계 개발의 바탕은 과학과 기술 그리고 시장을 긴밀히 연결시키는 데 있다. 현재 세계 30위 수준에 있는 대한민국의 기초연구를 선진국 수준으로 끌어올리기 위해서는 창의와 합리를 존중하는 교육풍토를 조성하고, 사회분위기를 진작시키는 것이 중요하다. 이는 선진 과학기술 및 첨단산업 발전의 토대가 되는 것이다. 앞으로 대한민국의 교육은 인간의 잠재능력을 최대한 계발하고, 문제의식과 처리능력을 지닌 창조적 두뇌를 배양하는 데 주력해야 한다.

정부는 민간의 자율과 창의를 존중하면서 정부의 간섭을 최소화하고, 민간분야가 자율적으로 발전할 수 있도록 지원해야 한다. 정부는 민간집단의 창의력을 진작시키고, 그들의 에너지를 결집할 수 있는 조정과 통합의 기능을 발휘해야 한다. 활발히 추진되고 있는 세계화와 정보화의 추세 속에서 민간의 창의적인 활동을 가능하게 하기 위해서는 정부의 개입과 간섭이 최소화되어야 한다.

창의력과 합리성의 영향력을 증대시키기 위해서는 자유로운 토론문화가 정착되는 시민민주주의사회를 정착시켜 나가야 한다. 권위주의체제 하에서는 정치, 경제, 사회적 권력이나 지위가 큰 영향력을 행사하지만, 자발적 참여가 강조되는 시민사회에서는 창조적 문제해결의 능력 및 합리적 사고방식이 그 영향력을 확장해 나가게 된다. 개인은 자유로운 사고가 보장되는 사회적 분위기에서 자신의 성장을 위해 최대한 노력하게 되며, 이러한 여건에서는 권력적 지위가 아닌 합리적 사고능력이 설득력을 갖게 되기 때문이다. 합리주의적 사회기풍이 개인의 창의적 잠재능력을 진작시키게 될 때, 세계적 수준의 과학·기술자를 양성할 수 있다.

21세기에는 첨단기술이 새로운 산업을 주도하게 될 것이다. 과학·기술의 발전이 가장 두드러지게 나타난 부문은 정보·통신분야이다. 소규모 분산형의 기술혁신으로 정보산업이 가장 중요한 첨단산업으로 부상할 것이다. 우리는 정보·통신 이용을 더욱 활성화하고, 국제화·개방화를 이룸으로써 본격적인 정보사용에 대비해 나가야 한다. 구체적으로는 텔리포트를 설치하여, 산업기지의 정보기점으로서 국·내외 정보를 공급하고, 지역정보센터를 건립하여야 한다. 이러한 정보단위는 종합정보통신망(ISDN)으로 연결되어 전국적인 정보체계를 형성하게 될 것이다.

8. 세계와 함께하는 문화국가

미래학자들은 21세기에는 '문화의 세기'가 될 것이라고 한다. 이것은 정치적 이념이 퇴조하고 절대적 빈곤이 어느 정도 극복되면서, 쾌적한 환경과 건강, 여가와 문화생활에 대하여 보다 큰 관심을 갖게 된다는 뜻이다. 21세기에는 경제수준의 향상, 교통·통신의 발달, 생활공간의 지구화 추세 등에 따라 세계적 문화양식이 국민에게 더욱 친숙하게 된다. 무역, 여행, 텔레비전 등을 통하여 외국문화의 유입이 가속화되고 음식, 패션 등에 있어서도 세계의 다양한 양식이 전 국민에게 확산될 것이다. 양적으로 다양한 문화의 향수 혜택이 증가할 뿐 아니라, 물질적 편안함 속에서 삶의 보람과 기쁨을 찾고자 하는 문화의 지리적 수준도 고양될 것이다.

세계화가 진전될수록 전통문화를 창조적으로 재구성하므로 민족적 정체성을 유지하는 일도 중요해진다. 우리도 세계화 시대의 새로운 한민족문화 정립에 각별히 노력하여야 한다. 21세기에는 민족의 원형을 유지하기 위해 전통문화에 대한 요구가 더욱 커질 것이므로, 유·무형의 문화적 유산에 대한 보존과 재개발을 강화하고, 전통문화의 가치를 되살려 나갈 수 있도록 하여야 한다. 전통문화 예술이 생활화될 때, 한국인은 한민족문화를 자신과 동일시하고, 사랑하며, 긍지를 느끼게 될 것이다.

문화에 대한 관심이 높아지고 문화적 정체성(正體性)이 확립되면, 문화향수 및 문화참여가 사회전체로 확산될 수 있다. 문화의 향수자는 한걸음 더 나아가 단순한 소비자가 아니라 스스로 생산자 또는 참여자로 나설 수 있어야 한다. 문화소비층이 증가하고 문화공급이 확대되면, 엘리트 예술문화와 대중적 생활문화는 동시에 발전할 수 있다. 지역마다 문화·예술시설과 프로그램을 확보하고, 문화·예술의 장을 생활공간으로 확대함으로써 지역문화를 활성화시켜 나가야 한다. 21세기에는 도시와 지방에서 골고루 예술문화를 누리며 생활화하는 민주주의적 문화를 정착시켜야 한다.

세계적 보편문화가 확산되고 전통문화가 새로운 가치를 되찾으며, 문화의 민주화와 문화민주주의를 이루는 민주주의적 문화가 정착될 때 대한민국은 세계적인 문화국가가 될 수 있다. 보편문화와 전통문화가 조화를 이룸으로써 세계적 보편문화를 편견 없이 수용할 수 있을 때 세계와 함께 할 수 있다. 나아가 전통문화의 창조적 재구성을 통하여 개발한 문화를 지구촌의 다른 나라 성원들에게 제공해 줄 수도 있을 것이다.

문화체계는 개인의 가치관과 생활양식이 존중되는 문화적 다원주의를 지향해야 한다. 즉 문화적인 면에서 개방적이고 진취적인 사회가 구현되어야 한다. 왜냐하면 폐쇄적이고 수구적인 문화체계는 급변하는 시대 상황과 정보화와 세계화의 물결 속에서 도리어 민족문화의 발전을 제한할 수 있기 때문이다.

세계 속에 웅비하기 위한 우리의 지향목표는 문화와 경제 강국으로 웅비하려는 전략선택이 중요하다. 즉 세계화와 정보화가 정착되는 시대에는 민족공동체로서의 행복과 삶의 질을 통해서 인류역사에 기여하는 평화적인 문화대국을 지향하는 것이 바람직하고 현실적이다.

통일한국 국민 개개인을 위한 문화적 기본권을 보장해야 한다. 통일이 되어 소득수준이 향상되면 문화생활에의 수요가 급속히 증대될 것인바, 궁극적으로 이러한 수요를 충족시키지 않고는 삶의 질이 향상되었다고 할 수 없을 것이다. 먼저 국민의 의식혁명을 통해 창조적인 인간형을 만들 수 있는 교육혁신이 이루어져야 하며, 건전한 여가문화 시설을 확충하고, 지역사회의 문화공간을 확대시키며, 예술의 생활화를 촉진시켜 나가야 한다. 이러한 문화전략을 추진하기 위해서는 문화와 예술정책의 구조적인 전환이 뒤따라야 할 것이다.[58] 보다 구체적인 사항은 문화전략에서 세부적으로 기술할 것이다.

제 5 절 국가목표 : 평화통일된 선진일류국가

국가의 기본이념 및 가치와 국가이익 그리고 국가의 비전이 식별되고 나면 국가목표가 결정될 수 있다. 대한민국의 헌법과 미국의 국가이익 검토위원회의 분류방법과 개념, 그리고 전성훈의 국가이익 분류를 기초로 국가이익과 국가목표를 재분류하면 〈표 5-2〉와 같이 정리할 수 있을 것이다.

앞에서 기술한 대로 국가이익은 중요도별로 '존망의 이익, 핵심적 이익, 중요한 이익, 지엽적 이익' 등 4가지로 분류하였고, 국가목표는 국가이익분야에 따라 세분화하였다.

이해를 돕기 위해 간단히 설명하면, '위기관리 및 억제능력 확보'는 국가이익의 중요도에서는 존망의 이익으로 분류되며, 국가이익분야에서는 국가안전보장에 해당하는 국가목표이다. '분단상태의 평화적 관리'도 국가안전보장에 해당하는 국가목표이지만 중요도에서는 다소 떨어지는 핵심적 이익에 속한다. '남북관계의 개선 · 발전'은 국가이익분야에서 조국의 평화통일에 해당하는 국가목표로서 이익의 중요도에서는 핵심적 이익에 포함된다. 반면에 '통일에 유리한 국제환경의 조성 및 활용'도 조국의 평화통일에 해당하는 국가목표이지만 중요도에서는 한 단계 떨어지는 중요한 이익으로 분류할 수 있을 것이다. 그러나 이러한 세분화된 국가목표를 핵심적으로 요약 정리하면 생존 보장, 번영과 발전 구현, 평화통일 달성, 선진일류국가 건설 등 4가지로 압축할 수 있을 것이다.

58) 국가비전 항목은 졸저「한반도의 평화통일전략」중 통일한국의 국가비전 내용(pp. 49-62)을 수정 보완하여 기술하였다.

〈표 5-2〉 대한민국의 국가이익의 중요도별 주요 국가목표[59)]

중 요 도	국가이익분야	국 가 목 표
존망의 이익	국가안전보장과 정치적 자주	- 위기관리에 필요한 신뢰할 수 있는 군사력 확보 - 침략억제 및 억제실패시 격퇴 - 남북한 군비통제·군축 - 대량살상무기 제거 및 위협 방지 - 동북아에서 대한민국에 적대적인 국가의 등장 억제
	한반도 평화통일	- 북한의 급변사태 발생 억제 - 위기 발생시 통제·조정 능력 확보
핵심적 이익	국가안전보장과 정치적 자주	- 분단상태의 평화적 관리 - 우방국과 안보동맹 유지 - 대량살상무기의 확산과 사용 억제 - 동북아 차원의 긴장완화조치 이행 - 전략적으로 중요한 첨단 기술의 확보 - 주변국과의 전략적 협력관계 강화
	번영과 발전	- 경제번영과 국력배양 - 에너지·자원 확보
	자유민주주의함양	- 자유민주주의체제의 정착
	한반도 평화통일	- 남북관계의 개선·발전 - 민족경제의 균형적 발전 도모 - 북한의 개방과 자유민주화 촉진 - 자유민주질서에 입각한 평화통일 달성
중요한 이익	번영과 발전	- 국민생활의 균등한 향상과 복지증진
	자유민주주의함양	- 법치주의와 정의사회 구현 - 국민의 자유·인권보장 - 민족문화 창달
	국위선양	- 각국과 선린우호관계 유지 - 동북아의 평화정착에 기여 - 유엔을 포함한 다자간 협력활동 강화
	한반도 평화통일	- 한반도 평화체제 정착 - 통일에 유리한 국제환경 조성 - 북한에서 대규모 인권위반사례의 발생 방지
지엽적 이익	번영과 발전	- 국제경쟁력 강화와 첨단산업의 활성화 - 해외시장개척과 수출의 확대 - 아시아에서 시장경제 확산
	자유민주주의함양	- 한반도에서 자유민주주의 정착 및 주변국 확산
	국위선양	- 동북아와 세계의 평화 및 인류공영에 이바지 - 국제위상에 적합한 국내제도와 국민의식 정비

59) 전성훈, 앞의 논문, p. 183.

1. 생존 보장

국가목표 중 생존 보장은 국가이익 분야의 국가 안전 보장과 정치적 자주를 구현하기 위한 핵심적인 목표이다. 이것은 기능별 전략 중 안보전략에 방향을 제시한다. 그동안 우리 국민은 단결된 힘을 바탕으로 한반도의 평화유지, 정치적 민주화, 경제발전이라는 세 가지의 명제를 추구해 왔다. 그 결과 우리나라는 국토분단과 냉전체제에 따른 한계를 극복하고 세계 13위권의 경제대국으로 부상하였다. 이러한 획기적인 성취에도 불구하고 우리는 한반도의 평화와 안정을 유지하는 데 큰 진전은 없었다. 즉 우리는 아직도 생존을 위협받으면서 과거 냉전시대의 유산을 간직하며 살고 있다.

근대국가 수립 이후 대한민국은 지난 60여 년간 생존을 위한 투쟁을 계속해 왔다. 북한의 군사적 도발과 지역질서 내 불안요인 등 안보위협요인과 맞서면서 대외적으로 동맹 및 협력관계를 확대하면서 국제사회에 기여해 왔고, 국내적으로 자유민주주의와 시장경제 체제를 정립해 왔다.

앞으로 전개될 불확실한 국제정세 속에서도 우리는 자유민주주의 정착과 시장경제체제의 지속적 발전을 통해 번영과 발전을 이룩해 가야 하며, 이를 위해 동맹과 우방국들의 협력 하에 안보능력을 배양하면서 한반도 차원에서는 북한으로부터의 안보위협을 배제하고, 동북아 지역질서 내에서는 전통적 혹은 비전통적 안보위협요인을 배제해 가야 할 것이다.

미래를 예측할 때 어떤 가정에 무게를 두고 방향을 잡는가에 따라 결과는 크게 달라질 수 있다. 우리의 미래, 즉 우리가 주역이 되어야 하는 미래는 우리가 서 있는 현재에서 우리 눈으로 조망해 보아야 할 것이다.

새로운 전환기에 우리는 다시 한 번 역사의 희생물이 되는가 아니면 과거의 질곡에서 벗어나 동북아 그리고 나아가서는 세계무대에서 당당한 주연(主演) 가운데 하나가 되는가의 기로에 서있다고 할 수 있을 것이다. 강대국들의 패권추구와 상충하는 이익이 한반도에서 교차하고 있다는 점에서 과거의 전환기와 크게 다를 바 없을 것이다. 국제관계의 변화와 새로운 질서의 형성은 우리에게 도전과 동시에 기회를 주고 있다. 이러한 세계사적 대전환이 주는 기회를 국가와 민족이 융성하고 발전하는 기회로 활용하기 위해서는 올바른 국가전략을 수립하여 생존을 보장받으면서 지속적으로 혁신해 나가야 한다.

2. 번영과 발전 구현

국가목표 중 번영과 발전은 국가이익 분야의 번영과 발전을 구현하는 핵심적인 목표이다. 이것은 기능별 전략 중 번영발전전략에 방향을 제시한다.

번영과 발전은 인간이 정신적, 물질적으로 자기 향상을 이루어 내는 변신의 과정이다. 발전은 경제적 현상에 앞서는 정신현상이다. 그러므로 국가는 다수 국민들이 발전의 정신이 충만한 국민들로 변화할 수 있도록 지원해야 한다. 왜냐하면 번영과 발전의 역사는 국민의 마음이 만들어 가는 것이기 때문이다.[60] 작금의 경제위기처럼 아무리 현실이 어려워도 우리가 어떤 마음을 가지고 나아가느냐가 우리의 역사와 미래를 번영과 발전으로 이끈다고 할 수 있다. 우리가 한 마음이 되어 웅대한 꿈과 자긍심을 가지고 역동적으로 달려가면 미래는 반드시 우리의 것이 될 것이다. 따라서 우리는 큰 지혜와 용기를 가지고 대담하게 나아가야 한다. 우리 국민이 모두 함께 미래를 생각하고 꿈과 희망을 노래할 수 있게 되기를 기원한다. 우리 모두가 세계를 향하여 꿈을 꾸는 민족이 되고 미래를 향하여 준비하고 행동하는 국민이 되어야 한다.

발전은 과정이지 어떤 특정 수준의 목표달성을 의미하는 것은 아니다.[61] 성공의 수준이 아니라 매 단계에서 성취감을 느끼면서 목표를 향해 나아가고 있음을 의미한다. 모든 국민이 물적 향상을 이루어 낼 뿐 아니라 자기 성취감, 그래서 자기만족감을 향유하고 있을 때 그 사회는 발전하는 사회가 된다. 경제와 사회발전을 이룬다는 것은 바로 국민 모두를 성공하는 사람의 대열에 참여시키는 일이라 할 수 있다.

---

60) 발전의 정신을 이끌어 낼 수 있는 원리 혹은 전략이 무엇이냐 하는 데 있다. 아더 루이스(Arthur Lewis)의 '경제하려는 의지(The Will to Economize)'나 헤겔의 '인정받기 위한 열망이나 투쟁(Struggle for Recognition)', 애덤 스미스의 '가난에서 탈출하여 뽐내고 싶은 허영심(Vanity)'도 모두 발전하고자 하는 정신의 표현이라고 생각한다. 여기서 발전의 정신에 어떤 구체적인 이름을 붙이는 것도 중요하지만 어떻게 그런 정신을 유도해 낼 것이냐 하는 것이 보다 중요한 과학적 접근방법이다.

61) 슘페터(Joseph Alois Schumpeter)는 창조적 파괴를 일으키는 혁신(革新)의 과정이 경제발전을 일으킨다고 보며, 이러한 혁신이 경제 전반으로 퍼져나가는 과정을 발전의 과정으로 보았다. 혁신의 노하우가 외부로 유출되면서 혁신이 경제 전체로 퍼져나가고 또한 새로운 혁신으로 이어지면서 경제 전체를 역동적인 발전의 과정으로 이끌게 되는 것이다.

3. 평화통일 달성

국가목표에 있어서 평화통일은 국가이익 분야의 평화통일을 구현하고, 기능별 국가전략 중 평화통일전략에 방향을 제시하는 것이다. 통일은 한민족이 공존할 수 있는 새로운 공간을 창조해 나가는 과정이며, 미래를 위한 우리의 바른 선택이자, 국가의 핵심적인 이익과 목표이다. 이러한 목표를 효율적으로 달성하기 위한 국가의 전략은 국익과 합리성을 바탕으로 수립·추진되어야 한다. 평화통일전략은 대한민국의 입장에서 통일 민족국가의 건설을 목표로 통일 환경을 변화유도하면서 남북관계를 관리하고 개선해 나가려는 정부의 정치적인 선택인 동시에 구체적인 표현이다.

통일이 민족의 지고의 선(善)이요, 21세기의 국가의 핵심적인 목표라 할지라도 전쟁을 수반한 통일은 민족의 생존 자체를 위협한다. 따라서 우리가 통일전략에서 견지해야 할 일관된 기조는 ① 민주적 절차에 의한 평화통일, ② 민족 성원 모두의 인권 및 번영이 보장되는 평화통일 추진 등으로 요약할 수 있을 것이다.

평화통일을 달성하기 위한 우리의 통일방안은 우선 점진적 접근방법만이 통일을 가져올 수 있다는 전제하에 "선(先) 평화정착 후(後) 평화통일"의 입장을 체계화한 것으로서 '기능주의(機能主義)'에 신기능주의적인 시각을 가미한 통합방안이라고 할 수 있다. 정부의 통일방안은 '한민족공동체 통일방안'(1989)과 이를 재확인한 '민족공동체 통일방안'(1994)을 계승하고 있다.

우리가 평화통일이라는 국가목표를 추진함에 있어서 가장 중요한 요소는 올바른 대 북한관계를 정립하기 위해 일관되게 기본원칙을 준수해야 한다는 점이다.[62] 이 기본원칙은 국민적 공감대를 바탕으로 수립된 3단계 통일방안이다. 이것은 대한민국의 정부 교체, 북한 내부의 변화, 또는 남북한 관계 변화 등 많은 발생 가능한 변수들을 소화하면서 그동안 점진적으로 추진되어 왔으며, 앞으로도 지속적으로 추진되어야 한다.

이를 위해서는 우리는 북한의 변화를 유도해야 한다. 북한 당국이 우선

62) 전문가들은 현재 우리 내부적으로 공감하는 통일정책이 없다는 점을 가장 우려했다. 문정인 연세대 교수는 "남북연합이든, 독일식 흡수 통합이든 뭔가 우리 안에 합의된 통일 개념을 먼저 정립해야 한다"라고 했다. 이동복 북한민주화포럼 대표도 "지금 대한민국에는 통일정책이 없다"라고 했다(조선일보, 2008년 8월 15일).

대남, 대미, 또는 국제 관계에 대한 인식을 전환하고, 북한의 인권을 개선하면서 개혁과 개방을 추진토록 여건을 조성해 나가야 한다.

4. 선진일류국가 건설

국가목표에서 선진일류국가건설은 국가이익 중 번영과 발전, 자유민주주의 함양, 국위선양을 구현하는 것이고 국가비전인 '부강한 나라 희망찬 국민'의 핵심요소이며, 기능별 전략에서 선진일류국가전략과 모든 분야별 전략에 방향을 제시한다.

지금까지 우리가 건국, 산업화, 민주화의 길을 모범적으로 걸어왔다면, 앞으로 대한민국은 선진화를 뛰어넘어 세계 일류국가의 대열에 입성해야 한다. 그것은 바로 21세기 국가의 목표요, 비전이다.

이를 위해 대한민국의 좌표는 무엇이며 어떠한 역할을 담당해야 할 것인가? 역사의 교훈을 되새긴 국가는 흥하고 그렇지 못한 국가는 쇠퇴한 것이 역사의 법칙이다. 세계 일류국가가 되는 참다운 미래는 이를 생각하고 화합을 꿈꾸는 사람들이 참여하고 힘을 모아 서로의 생각과 가치를 나누는 데에서 출발해야 할 것이다. 종합적인 국가비전은 '부강한 나라 희망찬 국민'이다. 21세기에는 우리 조국이 물질적으로뿐만 아니라 정신적으로도 세계일류의 반열에 올라서야 한다.

우리는 세계 일류국가의 모습을 다음과 같이 그려볼 수 있을 것이다. ① 일류의 시민의식과 문화, 일류의 과학기술과 산업을 통해 경제발전과 사회통합이 실현되는 나라이다. ② 중산층이 두터운 희망과 행복의 나라이다. ③ 누구나 노력하면 성취할 수 있고 실패해도 제기할 수 있는 따뜻한 공동체이다. ④ 하드파워보다 소프트파워가 강한 나라이다. 일류국가의 구체적인 비전은 '부강한 나라, 따뜻하고 희망찬 사회, 행복한 국민'이다.

이를 위한 부문별 비전으로는 다원적 민주주의, 역동적 시장경제, 창조적 지식정보 국가, 협력적 희망의 공동체사회 등을 제시할 수 있을 것이다. 세계 각국은 이미 과거의 연장선에서 미래를 상상하고 예측하는 데에 한계를 느끼고, 오히려 미래에 대한 상상력에서 출발하여 도전과 위협의 미래를 기회의 현재로 만들어 나아가야 함을 강조하고 있다.

제 6 절 국가전략의 기본방향

본 절은 국가대전략의 핵심인 국가이익, 국가목표와 기능별·분야별 전략과의 연결을 도모하기 위해 핵심 개념을 기술하였다. 국가전략의 수행을 보장하는 국력증진에 대해 기술하고, 이와 연계된 기능별·분야별 전략에 대한 전략기조를 기술하였다.

대한민국이 부강하고 희망찬 국민들이 중심이 된 일류국가로서 앞으로 세계질서 형성에 주도적으로 참여하기 위해서는 경성국력과 연성국력을 포함한 국력기반의 지속적인 향상이 필요하다. 대한민국이 21세기 초반의 국제질서에서 일정한 영향력을 갖게 된 것은 정치적으로 민주주의 성취, 경제적으로 세계 상위권에 달하는 경제적 능력 보유, 그리고 문화적으로는 한류로 상징되는 문화적 영향력을 갖게 된 것이 배경으로 작용하고 있다. 따라서 향후에도 발전된 민주주의와 시장경제, 문화적 다원성을 가진 일류국가로서 계속 발전해 가야 할 것이다. 특히 군사력과 경제력으로 대변되는 경성권력과 국제적인 설득력을 핵심 내용으로 하는 연성국력 측면에서 현재의 위상보다 더욱 향상시켜야 한다.

경성국력을 증진시키기 위한 경제성장 전략 및 방위충분성 확보전략이 필요하다. 국민총생산과 무역액, 외환보유고 등 국력의 종합적인 측면을 나타내는 지표에서 대한민국이 계속해서 세계 10위권에 진입하는 성장전략이 필요하다. 아울러 국가경쟁력 등의 지표에서도 개선 노력이 필요하다. 월드컵과 올림픽에서 체육 분야 스타들이 획득한 메달도 중요하겠지만 수학 및 과학 올림피아드, 기능올림픽에서 우리의 과학기술 분야 엘리트들이 성취한 업적에 대해 높은 평가를 아끼지 말아야 한다. 이런 분야에서의 성취가 국가의 경제성장 및 국가경쟁력 향상에 언젠가 직결되기 때문이다.

연성국력의 증진을 위한 종합전략도 요구된다. 국제사회에서 자국의 발언력을 높이기 위해서는 자국의 이미지 증진이 선결되어야 한다. 이를 위해서는 국내에서 생산되는 문화의 힘도 중요하지만, 안보·외교전략을 맡는 전략결정그룹이 국제적인 신망을 얻을 뿐만 아니라 국제적으로 통용될 수 있는 전략과 정책을 생산해 낼 수 있는 능력을 갖추어야 할 것이다. 문학가나 예술가만이 국가의 연성국력을 대변하는 것이 아니다. 국가 지도자나 정책결정그룹이 국가의 연성국력을 상징하는 좋은 매개체이다. 국가지도자나 정책결정그룹들이 행위나 발언을 통해 국가의 철학과 품격을 대변할 수 있는 메시지를 국제사회에 대해 발신해야 한다. 국제기구에서 부담하는 분담금도 국력에 부합되게 낼 수 있는 체제를 갖추어야 한다. 국내 학생들이 해외에 나아가 공부하는 것만큼, 해외의 학생들이 대한민국의 대학에 와서 공부할 수 있도록 국제적인 경쟁력과 체제를 갖추어야 할 것이다. 배타적 내셔널리즘을 주장하기보다는 국가 상호간의 차이에 대한 이해가 교육의 현장에서나 저널리즘의 세계에서 선결되어야 할 것이다.

미래의 불확실성 속에서 생존을 유지하면서 부강한 나라를 만들기 위해서는 국력증진의 과정에서 안보역량을 강화해야 한다. 안보역량의 증진도 종합적 국력 상승을 위해서는 필수불가결한 분야이기 때문이다. 핵이나 전략미사일 보유는 국제적 제약이 있지만, 가용한 범위 내에서 국토의 안전과 국민의 생존을 보장할 수 있는 전력을 갖추고 양자 또는 다자간의 동맹강화를 통해 보완전력을 구비해야 할 것이다. 현재 GDP 대비 2.7% 수준의 국방비를 우리 수준의 경제력을 가진 다른 국가들처럼 GDP 대비 3% 이상 수준을 확보해야 할 것이다. 또한 국방개혁을 지속적으로 추진하면서 인력 중심의 현 군구조를 과학기술 중심의 군구조로 전환해야 한다. 통일이전까지는 핵무기를 보유한 것으로 추정되는 북한으로부터의 위협에 대비하기 위한 전략장비들의 추가 획득을 추진해야 한다. 아울러 동북아 지역에서의 잠재적 위협에 대비한 전략정보감시능력 및 원거리 타격능력을 점진적으로 확보해 가야 할 것이다. 점차 비중이 늘어나고 있는 PKO활동 등 군의 비군사적 분야 대외활동을 충분히 수행할 수 있도록 부대 편제를 재편하고 전문훈련을 심화시켜야 한다. 조국에서 부여한 임무를 완벽하게 수행할 수 있는 '세계일류군' 즉 '명품군대'를 만들어야 한다.

국가가 번영·발전하기 위해서는 국가의 성장동력을 유지하여 지속적인 경제성장과 분배가 조화될 수 있도록 해야 한다. 이를 위해 정부는 세계 경제위기의 여파로 저성장 추세에 돌입한 경제성장률을 5% 전후로 상향조정하여 그 달성을 위해 지도력을 발휘해야 할 것이다. 성장동력을 지속적으로 유지할 수 있도록 기업들의 투자의욕을 북돋우고, 고용이 확대될 수 있도록 하며, 부문별 산업들이 국제경쟁력을 가질 수 있도록 정부는 인프라 정비 및 규제완화에 노력을 기울여야 한다. 기업들은 기술개발 및 혁신을 통해 생산성 증대에 노력하고, 세계 1위 수준에 올라간 반도체와 조선산업 등의 성공사례를 연구하여 다른 부문에서도 세계 수준에 올라설 수 있도록 해야 할 것이다. 노사관계의 안정도 경제력의 증진을 위하여 중요하다.

장기적인 통일전략은 북한체제의 변화전망에 관한 시나리오를 작성하고 그 시나리오별로 효과적으로 대응할 수 있도록 국내의 역량뿐 아니라 주변국의 역량까지도 동원하여 통일을 실현시킬 수 있도록 하는 전략이 추진되어야 할 것이다. 통일에 있어 한반도 자체의 역할이 증대된 시점에서 통일전략을 제대로 구사하지 못한다면, 역사적 책임을 다하지 못한 것이 된다. 사실 미국을 포함한 한반도 주변 4강국은 북한에 대한 장기적 전략이 부족하고, 한반도의 통일에 대한 장기전략은 부재한 것으로 판단된다. 따라서 우리가 분명한 목표를 가지고 장기전략을 잘 수립하여 주변국을 설득해 간다면 우리가 주도권을 쥐고 북한 문제를 해결할 수 있는 여지가 많아질 것이다. 바로 지금이 국력과 전문가를 총동원하여 통일전략을 대전략차원으로 승화시켜 추진해야 할 때이다. 특히 2030년 이내에 통일을 달성하기 위해서 주변국에 대한 외교안보전략은 무엇이어야 하며 주변국의 태도와 정책을 어떻게 평화통일에 유리한 방향으로 바꾸어 나갈 것인가에 중지를 모아야 한다.

대통령제하의 대한민국의 정치체제에서 국가전략은 대통령의 비전과 지도력에 크게 좌우된다. 따라서 대통령은 지금까지 경제발전과 민주정착을 우선하는 전략하에서 경시되어 왔던 국방, 군비통제, 외교, 통일 그리고 균형발전 분야에 대해서 발전된 국력과 같은 수준으로 끌어올릴 수 있도록 균형된 국가전략을 수립하여 추진해야 한다. 이제는 부국(富國)이 되면 착수하려고 미루어놓았던 과제들을 하나씩 챙길 때가 되었다. 우선 2012년 작전지휘권 전환을 계기로 군사적 주권이 올바르게 집행될 수 있도록 능력을 보완해 나가야 하며 국가생존과 번영을 위해서 국가전략 수행역량의 강화와 전문가 육성에 박차를 가할 때가 되었다.

지금까지 산발적이고 단기적인 대응 중심의 외교전략을 지양하고, 국정의 모든 분야가 통합된 체계적인 외교전략을 바탕으로 한 통상전략을 추진해 나가야 할 것이다. 국방과 외교분야는 청와대 관련 수석 주관으로 통합시켜 나가되, 통일부문은 통일부장관 주관으로 통일전략을 수립, 집행해 나가는 것이 바람직할 것이다.

동북아시아에서 2030년까지의 전략환경의 변화를 염두에 두면서 우리의 국가이익을 지속적으로 확보하기 위해 주변 국가들과 어떻게 교류협력해 나갈 것인가? 해방과 분단 이후 지금까지 너무 내부문제에만 집착했던 전략적 사고를 외부로 돌리면서 우리의 국익에 영향을 미치는 국제문제들에 대해서 적극적으로 개입하고, 설득해 나가는 전략을 제시하고 구사해 나가야 할 것이다.

한반도 통일 이후에도 미국의 한반도 내에서 역할을 인정하면서, 그 대가로 대한민국 중심의 통일방안에 대한 미국의 확고한 지지를 확보해야 한다. 중국과 일본간의 지역 헤게모니 경쟁을 주시하면서, 역내 군비경쟁강화 분위기를 군비감소로 바꾸어 나가는 작업을 지금부터 해 나가야 할 것이다. 그러한 범주 안에서 남북한의 군비통제도 접근해 나가야 한다. 한반도의 비핵화가 우리만의 '부분최적화(部分最適化, Sub-optimization)'가 되지 않도록 한반도의 비핵화 사례를 지역비핵화로 발전시켜 나가면서 핵분야에 투명성 증대, 신뢰증진, 위기발생감소 등을 통해서 동북아지역의 핵군축으로 확산시키고 재래식 분야에서도 동북아의 안정과 평화조건의 창출을 위한 안보외교를 확대해 나가야 할 것이다. 우리의 국가이익인 생존, 번영발전, 민주, 통일과 국위선양을 가장 잘 보장할 수 있는 환경을 조성해 나가기 위한 지도자의 비전과 부문별 국가전략이 잘 수립되어 체계적이고 통합된 국가전략이 나와야 한다.

국회에서도 국가전략에 관한 정책토의를 활성화함으로써 민주정치의 전통을 확립하며, 어느 한 정책도 다른 분야의 국가이익을 경시하거나 저해하는 일이 없도록 각계각층의 이해를 제대로 반영하는 국회가 되어야 한다. 이를 위해 각 분야의 전문엘리트들로 국회가 구성되어야 할 것이다.

이제 경제부문에서도 외형적 성장을 넘어서서 잘사는 나라, 풍요로운 국민, 혁신적이고 활력 있는 경제공동체를 구현해야 한다. 자유시장경제를 활착시키고, 기업의 경쟁력을 강화하며, 노동시장을 활성화해야 한다. 경제와 군사, 경제와 외교, 경제와 민주화, 경제와 통일의 상호 연계성에 정통한 전문가를 육성하고 관련분야로 진출할 수 있도록 노력을 기울여야 한다.

건전한 사회는 행복한 가정의 보금자리요, 희망찬 국민의 텃밭이다. 일류국가를 건설하기 위해서는 성숙한 선진민주사회와 세계화 국제화된 개방사회가 정착되고, 밝고 따뜻한 사회가 구현되어야 한다. 이를 위해 사회정의가 실천되어야 하며, 건전한 시민의식이 함양되고 자립생산적 복지제도가 정착되어 역동적이면서도 포용적인 사회가 조성되어야 한다.

연성국력의 핵심인 문화전략 차원에서는 민족혼과 민족문화를 창달하면서 문화예술 선진국에 진입해야 한다. 이를 위해서는 우리 고유의 전통문화를 계승·발전시키고, 훌륭한 외래문화를 선별도입하며, 한류의 수출활성화와 자랑스럽고 즐겁고 보람된 한국인상의 정립이 필요하다.

과학기술의 발전 없이 일류국가의 건설은 불가능하다. 지식정보화사회에서 과학기술은 부강한 나라로 가는 반석의 역할을 한다. 과학기술의 발전을 위해서는 기초과학분야의 기반을 확충하여 원천 핵심기술과 첨단기술을 확보해야 한다. 그리고 국가핵심기술체계를 구축하여 양질의 과학기술인력을 양성해야 한다.

교육은 국가백년지대계(國家百年之大計)이다. 특히 연성국력이 중시되는 지식정보화 시대에 교육만큼 중요한 요소는 없다. 지혜롭고 건강한 국민을 배양하고, 선진일류시민을 육성하기 위해서는 인본주의 교육문화가 활착되고 가정·학교·사회교육이 조화되는 평생교육시스템이 정착되어야 한다. 우리의 전통인 충·효·예의 가치구현과 올바른 세계관과 국가관의 정립도 중요하다.

21세기 대한민국의 국가전략 체계도

국가이념과 가치
· 홍익인간
· 인본주의
· 자유민주주의
· 시장경제
· 열린 민족주의

국 가 이 익
· 국가의 안전보장과 정치적 자주
· 번영과 발전
· 평화통일
· 자유민주주의 함양
· 국위선양

국가비전 : 부강한 나라 희망찬 국민
· 세계평화에 기여하는 민주국가
· 국토가 균형발전된 통일국가
· 자위역량을 갖춘 준강대국
· 동북아 중심국가
· 시장경제체제의 경제강국
· 절제 속에 풍요로운 복지국가
· 창의와 합리를 존중하는 과학기술국가
· 세계와 함께하는 문화국가

국가목표 : 평화통일된 선진일류국가
· 생존 보장
· 번영과 발전 구현
· 평화통일 달성
· 선진일류국가 건설

전략환경 평가
· 세계화·분권화·지역화
· 지식정보화, 디지털화
· 단극체제 ⇒ 다극체제
· 강압적 패권질서 ⇒ 협력적 패권질서
· 강성국력 ⇒ 연성국력 중시
· 중국의 영향력 증대
· 통일여건 성숙

국 력 평 가
· GDP : 2만불 ⇒ 7만불
· 국력 : 세계 10위 이내
· 국가경쟁력 : 세계 8위 이내
· 경성국력 중진국 ⇒연성국력 선진국
· 저출산, 고령화로 인구감소
· 삶의 질 선진국 수준 향상

기능별 국가전략

	안 보 전 략	번영·발전전략	평화통일전략	선진일류국가전략
목표	· 핵심 국가이익의 보호 · 주권수호 · 한반도 평화 창출 · 지역의 안정과 세계평화에 기여	· 부강한 나라 · 통일된 한민족 민주공동체 · 골고루 잘사는 행복한 사회 · 삶의 질이 보장된 희망찬 국민	· 평화로운 국토통합 달성 · 공동이익을 추구하는 민족공동체 형성 · 자유·민주·복지국가 수립 · 새로운 역사 창조	· 품격있는 선진국가 · 역동적 시장경제 국가 · 창조적 지식정보 국가 · 선도적 문명국가
추진 기조	· 국가 기본역량의 확충 · 확고한 안보태세 유지·발전 · 평화적인 통일과 독립보장 · 공고한 평화체제 정착 · 긴장완화와 교류협력의 병행추진 · 다자간 안보체제의 구축	· 지속적이고 건전한 경제발전 · 지역·산업·계층간 균형발전 · 튼튼한 재정기반 확충 · 경제 성장동력 강화 · 견실한 제도의 정착 · 발전지향적인 국민의식의 함양	· 민족공동체통일방안의 기본이념 구현 · 화해협력정책의 지속 추진 · 투명성·일관성·신축성·균형성 유지 · 남북연합단계의 조기 달성 · 사실상의 통일과 제도적 통일의 병행추진 · 선 평화정착 후 통일	· 미래지향적인 시대정신의 창출 · 선진일류화 추진 · 세계화·글로벌화 구현 · 매력 있는 대한민국 창조 · 세계표준문명 창출 노력

분야별 국가전략

	국 방 전 략	외 교 전 략	정 치 전 략	경 제 전 략
목표	· 선진일류정예강군 육성 · 자주적 국방역량의 강화 · 견고한 군사동맹체제 발전 · 영토수호와 평화관리	· 대한민국의 독립보장과 주권확보 · 선진일류강국 위상확립 · 한반도 평화통일 기반 확충	· 다원적 민주주의 국가 건설 · 협력적 공동체 사회 조성 · 화합 단결된 국민정신 함양	· 잘사는 나라 · 풍요로운 국민 · 혁신적이고 활력 있는 경제 · 더불어 잘사는 경제공동체
추진 기조	· 튼튼한 국방태세 확립 · 방위충분성전력 확보 · 한미연합방위태세 한국화추진 · 국방개혁의 안정적 추진 · 군사적 신뢰구축 · 점진적·실천적 군비통제 구현	· 외교 추진역량의 강화 · 주변 4대 강국의 안정적 관리와 균형외교 · 선린우호협력 여건 보장 · 평화통일 촉진환경 조성 · 외교의 다변화·다원화·다자화 · 세계 평화에 적극적 기여	· 비전과 국정철학 겸비한 올바른 지도자 · 작지만 강한 정부 · 깨끗하고 원칙이 있는 민주정치 · 국익과 공익을 위한 정치 · 화합의 정치 · 국태민안(國泰民安)의 정치	· 자유시장경제 활성화 · 지식기반 경제구조로의 전환 · 전통산업의 특화 · 미래 성장산업의 발굴 육성 · 기업의 경쟁력 강화 · 노동시장의 활성화

	사회복지전략	문 화 전 략	과학기술전략	교 육 전 략
목표	· 성숙된 선진 민주사회 건설 · 세계화·국제화된 개방사회 정착 · 밝고 따뜻한 사회 구현	· 문화·예술 선진국 진입 · 민족혼 및 민족문화 창달	· 첨단과학기술 강국 입지 확보 · 국가 선진산업·기술 기반 확충	· 지혜롭고 건강한 국민 배양 · 선진일류시민 육성
추진 기조	· 사회정의 실천 · 건강한 선진 시민의식 함양 · 자립·생산적 복지제도의 정착 · 열린 포용의 사회 조성 · 역동적인 사회 창출	· 전통문화의 강점 계승·발전 · 외래문화의 선별 도입·활용 · 세계 퓨전 문화 창조 · 한류를 통한 문화수출 활성화 · 자랑스럽고 즐겁고 보람된 한국인상 정립	· 기초과학 분야 기반 확충 · 원천 핵심기술 확보 · 첨단 신기술 분야 육성 · 국가 핵심기술 혁신체계 구축 · 과학기술인력의 양성	· 인본주의 교육문화 확착 · 가정·학교·사회교육의 조화 · 평생교육시스템 정착 · 전문·여성인력의 양성 · 공동체적 가치 실현을 위한 충·효·예 강화 · 올바른 세계관·국가관·역사관 정립

제 6 장

기능별 국가전략

제 6 장 기능별 국가전략

국가전략에서 국가이익은 국력의 보존과 신장에 기반을 두고 있으며, 국가목표는 국가의 생존과 번영·발전이라는 단일목표로 귀일할 수도 있다. 평화통일된 선진일류국가를 만들어 가는 것은 21세기를 살아가는 우리 모두의 바램이자, 노력의 지향점이다.

제 6 장

기능별 국가전략

국가전략의 요체는 전략수단인 국방, 정치, 외교, 경제, 과학기술, 사회심리적인 국력요소들을 효율적으로 사용하여 국력을 증진하는 것이다. 즉 국력의 효율적인 확대 재생산이다. 이는 국가이익이 국력의 보존과 신장에 바탕하고 있으며, 국가목표는 국가생존과 번영·발전이라는 단일목표로 귀일할 수도 있음을 의미한다. 즉, 국가안보와 경제성장, 건전한 시대정신 발전, 국력신장과 평화통일 등의 부문별 전략 목표들은 궁극적으로는 국가생존과 번영·발전을 위한 지표들이라고 할 수 있을 것이다.

국가전략은 한 국가가 국가이익을 구현하고 국가목표를 달성하기 위해 안보, 정치, 대외관계, 경제, 사회, 문화 등 제 분야에서 중장기적으로 추진해야 할 전략과 정책들에 대한 종합적이고 체계적인 계획과 구상이다. 이때 국가전략은 안보전략, 정치전략, 외교전략, 경제전략, 사회복지전략, 과학기술전략, 문화전략 등의 하위전략으로 구성될 수 있다. 국가전략의 하위전략인 부문별 전략들은 국가이익의 기능적 분류에 의해 설정된 국가목표에 따라 안보전략, 번영·발전전략, 일류국가전략, 그리고 특수전략(우리의 경우는 평화통일전략)으로 구분할 수도 있으며, 국가목표 달성을 위한 전략수단에 따라 국방전략, 외교전략, 경제전략, 사회심리전략 등으로 구성할 수도 있을 것이다.

제6장에서는 이러한 분류방법을 바탕으로 하여, 기능별전략을 국가안보전략, 번영·발전전략, 평화통일전략, 선진일류국가전략 등 4개로 구분하여 기술하였다.

생존권(生存權)은 인간의 가장 기초적인 기본권의 하나이다. 모든 생물은 그 생존을 유지하기 위하여 생존경쟁(生存競爭)을 벌이고 있으며, 적자(適者)는 끝까지 살아남고 그렇지 못한 것은 도태된다. 어느 국가든 생존은 국가존망의 이익, 즉 가장 핵심적인 이익이다. 안보전략은 국가이익 중 국가의 안전보장을 구현하며, 국가목표 중 생존과 번영·발전을 달성하기 위해 수립된다. 국가안보를 보장하기 위한 목표로는 핵심국가이익의 보호와 주권수호 등 네 개를, 이를 달성하기 위한 추진기조로는 국가 기본역량의 확충, 확고한 안보태세의 유지·발전, 공고한 평화체제 정착 등 여섯 개를 제시하였다. 그리고 안보전략은 통일 이후의 안보전략을 염두에 두고 현 안보전략을 수립하고 추진해야 하므로 목표와 추진기조에 추가하여 '통일 후 안보전략 추진역량 강화' 항목을 추가로 기술하였음을 밝혀 둔다.

적자생존을 위해 국가와 국민은 번영·발전해야 한다. 번영(繁榮)이란 일이 성하게 잘되어 영화로운 것으로 국가가 번영하지 못하면 국민의 생활권 즉 복지, 문화생활과 행복 등 국민의 삶의 질을 보장할 수 없다. 발전(發展)이란 더 낫고 좋은 상태로 나아감을 말한다. 어느 국가, 국민 또는 개인이든 발전이 없으면 정체되고 시간이 흐를수록 도태된다. 그래서 번영과 발전은 국가이익과 국가목표에 모두 포함시켰다. 번영발전전략의 목표로는 부강한 나라, 통일된 한민족 민주공동체, 골고루 잘사는 행복한 사회, 삶의 질이 보장된 희망찬 국민 등 네 개를 선정하였다. 이를 구현하기 위한 추진기조로는 지속적이고 건전한 경제발전, 발전지향적인 국민의식의 함양 등 여섯 개를 제시하였다.

평화통일은 대한민국이 남북으로 분단된 특수한 상황에서 발전된 전략이다. 대한민국 헌법 제4조에서는 "대한민국은 통일을 지향하며, 자유민주주의적 기본질서에 입각한 평화적 통일정책을 수립하고 이를 추진한다"라고 명시되어 있다.[1)] 즉 우리는 평화통일을 통해서 자유민주주의적 기본질서를 존중하면서 국토통합을 달성해야 한다. 평화통일은 국가의 존망의 이익이며, 국가목표에 포함된다. 평화통일전략의 목표로는 평화로운 국토통합 달성, 공동이익을 추구하는 민족공동체 형성 등 네 개를 선정하였으며, 이를 구현하기 위한 추진기조로는 민족공동체통일방안의 기본이념 구현, 선(先) 평화정착 후(後) 통일 등 여섯 개를 제시하였다.

선진일류국가를 만들어 가는 것은 21세기를 살아가는 우리 모두의 바램이자, 노력의 지향점이다. 선진일류국가전략은 국가이익의 모든 분야와 국가

1) 김철수, 헌법학신론(박영사, 2001), p. 967.

목표의 모든 영역을 포괄하는 통합적인 전략이다. 이는 또한 양적인 성장과 질적인 번영이 함께 할 때 달성될 수 있다. 대한민국이 선진일류국가가 되기 위해서는 계속 생존하면서 번영·발전하고, 평화통일을 이룩하여 한반도에 평화가 보장되어야 하며, 일류국가가 건설되어야 한다. 선진일류국가의 목표는 품격 있는 선진국가, 선도적 문명국가 등 네 개를 선정하고, 이를 구현하기 위한 추진기조로는 미래지향적인 시대정신의 창출, 매력 있는 대한민국 창조 등 다섯 개를 제시하였다.

제 1 절 안보전략[2)]

국가안보란 국가안전보장의 준말인데 일반적 개념은 국가의 가치와 목표를 위협으로부터 지키는 것을 의미하며, 구체적으로 국가의 생존보장과 국가이익의 확보를 의미한다.

국가안전보장은 국가존망의 문제이다. 국가가 생존하지 않는 한 핵심적 이익, 중요한 이익 혹은 지엽적(枝葉的) 이익으로 분류될 수 있는 국가가 추구하는 가치는 아무 의미가 없다. 이 점에 있어 정전체제하에 살고 있는 우리의 경우는 사실상 생존이 위협받고 있다. 국가안보가 국가존망의 이익인 점에서 보면, 경제의 번영, 한국에 유리한 세계질서의 증진, 우리가 바람직하다고 생각하는 가치의 보급 등은 안보의 이익을 직접, 간접으로 지원하는 국가이익의 하부개념이 될 수도 있다.

안보전략은 복잡하고 변화무쌍한 모양을 하고 있는 광범위한 주제다. 그것의 진행과정은 자주 불규칙하고 혼란스러우며, 항상 심각한 위험이 놓여 있는 어려운 의사결정을 기반으로 하고 있다. 안보전략이 다루는 문제의 핵심은 국가가 직면하게 되는 일련의 군사위협들이다. 그러므로 전략의 수립과 시행은 대부분 위기관리 활동이다. 이러한 안보전략은 국가의 특성, 국가전략의 양상, 안보환경에 대한 인식과 평가, 안보수단의 확보 등에 따라 전략적 특징이 달라질 수 있다.

---

2) 안보전략은 저자의 졸저「한반도의 평화통일전략」의 내용(pp. 157-183)을 부분 보완하여 제시하였다.

안보전략의 개념과 관련, 졸저에서는 "국가가 국내외적 위협으로부터 자신의 생존과 번영을 위한 가치와 목표의 안전을 도모하고, 국가이익 및 국가목표를 추구하는 데 위협이 될 수 있는 것에 대해 총체적으로 대응하는 방안이다"라고 개념정의를 한다.[3)]

안전보장의 개념은 세 가지의 기본적 요소인 가치와 목표, 위협, 안보수단으로 구성되어 있다. 따라서 국가안보전략을 수립할 경우에는 ① 핵심적 가치와 이익 및 궁극적 목표에 관한 우선순위를 평가·설정하고, ② 위협이나 위기의 실체에 관해 인식하고 평가해야 하며, ③ 적절하고도 유효한 안보수단을 모색하여 대응방안을 강구하여야 한다.

국가안보는 국가의 번영과 발전의 기반을 제공한다. 안보전략은 특정 환경 아래서 국내외로부터 오는 위협에 대하여 정치, 외교, 군사, 경제, 사회요인 등 제반 국력을 효율적으로 사용하여 국가의 안전을 보장함으로써 국가번영을 뒷받침하는 기능을 갖는다. 안보전략은 외침이나 내란과 같은 물리적인 위협뿐 아니라 국가의 정치, 경제, 사회적 주요 기능마비나 가치체계에 대한 위협에 대처하는 국가노력이라는 점에서 외부로부터의 물리적 위협에 대처하기 위한 방위전략과 내부로부터의 기능적, 심리적 위협에 대처하기 위한 정치·심리전략으로 구성할 수 있을 것이다.

1. 안보전략의 목표

(1) 핵심 국가이익의 보호

모든 국가는 국가이익을 추구하며, 이 국가이익을 추구하기 위하여 힘 또는 권력을 추구한다는 것이 한스 모겐소(Hans J. Morgenthau) 교수의 국제정치에 관한 핵심적인 이론이다.[4)]

---

3) 국가안전보장의 사전적 의미는 "외부로부터의 군사·비군사적 위협이나 침략을 억제 또는 제거함으로써 국가의 평화와 독립을 수호하고 안전을 보장하는 일"로서 "국방이나 방위의 개념보다 넓고 군사분야뿐 아니라 비군사분야까지 포함하는 것"으로 규정할 수 있다. 이런 점에서 일반적으로 안보란 외부적인 위협으로부터 내부적인 가치를 보호할 수 있는 국가의 능력을 말하며 안보전략은 그러한 가치를 위해 국가가 취하는 노력을 뜻한다. 그러나 안보의 의미를 광의로 해석할 경우 안보위협은 외부로부터의 위협뿐 아니라 내부로부터의 위협을 포괄한다. 또한 안보위협은 현재적일 수도 있고 또 잠재적일 수도 있다.

4) Hans J. Morgenthau, *Politics Among Nations : The Struggle for Power and Peace*(New York:

국가안보는 대한민국이 추구하는 국가이익 중 가장 우선순위가 높은 국가존망의 이익과 직결되어 있다. 국가안보는 곧 국가생존의 문제이다. 국가가 생존을 위협당하거나, 또는 그 존속이 불확실해진다면, 국가가 평상시 추구해야 할 다른 국가이익은 부수적으로 되거나 희생될 수밖에 없다. 어떤 국가이든 국가의 존립이 국내외의 적대적인 집단에 의해 위협당했을 때, 비상사태의 선포, 위수령, 혹은 계엄령선포 등과 같은 극한적인 헌법적 또는 초헌법적인 조치를 취하게 된다. 국가의 존립 자체가 위태로운 지경에 이른 경우, 국가존망의 이익이 국가이익 중 최고의 우선순위를 차지할 뿐만 아니라 국가전략에 있어서도 최고의 가치를 갖게 된다.

종전의 개념으로는 국가가 외부로부터 국권이나 영토의 침탈로부터 방호하기 위하여 군사나 외교분야가 국가생존전략의 수단이었다. 그러나 지금은 국가와 국민의 생존이 외부의 침략뿐만 아니라 경제, 환경 등에 의해서도 위협당하고 있다. 따라서 안보전략의 범위는 생존에 해당하는 모든 분야로 확대되었다고 본다.

국제사회의 모든 국가들은 자국의 이익을 확대하기 위하여 부단히 노력하고 있다. 이렇게 모든 국가가 보편적으로 추구하고 있는 이익을 국가이익이라고 부르는데, 가장 중요한 것은 국가안보, 경제발전, 국가위신이다.[5] 이들 세 가지 요소들은 상호 보완적인 성격을 가지고 있으며, 개별 국가의 국력을 가름하는 척도가 되고 있다. 예컨대 경제발전이 이룩되면 군사력의 증강이 용이해지며, 군사력이 증가되면 국가안보가 강화될 수 있고, 국가안보와 경제발전의 증진은 결과적으로 국가의 위신을 높여 준다. 따라서 모든 국가는 국가이익을 꾸준히 증대시켜 강력한 국력을 키우려고 노력하게 된다.[6]

대한민국은 국내적으로는 국가안보 달성과 지속적인 경제성장, 한반도 차

Alfred A. Knopf, Inc., 1973), p. 36.

5) 로버트 오스굿(Robert Osgood)은 국가이익의 근본요소를 국가안보 또는 자기보호(Self-Preservation)라고 표현한다. 영토의 보전, 정치적 독립, 정치제도의 유지 등이 자기보존이며, 자급자족능력, 국가위신, 민족적 영광 등은 국가이익의 추가적 요소로 간주한다. 찰스 베어드(Charles A. Beard)는 국가이익의 핵심적 요소로 영토의 보전과 경제적 번영을 꼽고 있으며, 알렉산더 조지(Alexander L. George)와 로버트 코헨(Robert Keohane)은 국가안보, 정치적 자유, 경제적 번영 등을 포함시키고 있다. 한편 한스 모겐소(Hans Morgenthau)는 국가이익의 가장 중요한 요소로 국가안보를 지적하고, 국가안보는 영토의 보전, 정치제도의 유지, 민족문화의 창달 등을 포함하는 개념으로 설명한다.

6) 박준영, 국제정치학(박영사, 2000), pp. 19-20.

원에서는 남북한 평화체제 정착 및 통일이라는 복수의 과제들을 안고 있지만, 동시에 동북아 차원에서도 평화와 번영질서 유지에 공헌해야 한다는 중차대한 과제를 갖고 있다. 국내적 차원에서 달성하려는 국가안보와 경제성장, 그리고 한반도 차원에서 실현하려는 평화체제 정착 등의 국가적 목표는 동북아 지역질서의 평화유지와 번영이라는 과제와 밀접하게 연동되어 있다. 동북아 차원의 평화와 번영의 기반 없이 대한민국의 평화와 번영이 성립할 수 없다. 더욱이 대한민국은 20세기의 국가위상과 달리 더 이상 지역질서의 형성과 유지에 별다른 기여를 할 수 없는 약소국이 아니다.

우리의 존망과 핵심적인 국가이익은 평화통일을 달성하고, 자유와 복지, 번영이 충만한 부강한 국가와 품위 있는 사회를 건설하는 것이다. 이와 같은 국가이익에 대한 국내외로부터의 어떠한 위협도 제거해야 한다. 이를 위해서는 총력방위태세를 유지하고 전 국민이 참여하는 '총력안보(總力安保)', 즉 안보를 생활화하는 '생활안보(生活安保)'가 중요하다. 국가안보의 개념이 포괄적인 안보관으로 변화됨에 따라 안보의 주체는 국민 전부라고 할 수 있다. 민·관·군 간의 협력과 화합은 물론 국가 전반에 걸친 균형적인 발전을 통해 통일 이후 다중적인 불확실성에 대비해야 할 것이다. 우리는 국가의 생존을 위해 때로는 소중한 자유까지도 양보할 수 있는 자세를 갖추었을 때 국가의 생존은 유지되고 국가이익은 보장될 것이다. 우리는 인류의 평화와 안정을 위협하는 요소를 제거하기 위한 국제 사회의 노력에 적극 동참하며 생존과 안보 등 우리의 핵심 국가이익을 다양하고 포괄적인 차원에서 극대화시켜야 한다.

(2) 주권수호

주권을 수호할 수 없거나, 정치적 자주권을 행사하지 못하는 나라는 국가기능을 상실한 국가이다. 주권의 수호를 위해서는 적절한 힘이 뒷받침되어야 한다. 통일 이전 북한의 직접적 위협이든 통일 이후의 주변국의 잠재적 위협에 대응하든 최종적으로는 대한민국의 방위력으로 이 목표를 달성하려는 의지를 갖고 노력해야 한다. 한·미 군사동맹(軍事同盟, Military Alliance)[7]을 어떻게

7) 군사동맹이란 2개 국가나 그 이상의 복수 국가간의 합의에 의하여 성립되는 집단적 안전보장의 한 형식으로서 군사적 공동행위를 맹약하는 제도적 장치나 사실적 관계를 말한다. 군사동맹은 크게 두 가지의 형태가 있는데 하나는 방위조약에 입각한 공식적인 관계이고, 다른 하나는 상호군사지원이 법적인 근거는 없으나 일종의 기정사실로 되어 있는 경우이다.

보완적으로 활용할 것인가에 대해서는 신중한 검토가 필요하다. 주권수호를 위한 자주국방의 구현을 위해 장기국방정책을 수립하고 소요 군사력을 점진적으로 건설해 나가야 한다.

우리가 한반도에서 국권(國權)을 올바르게 행사하기 위해서는 지금까지의 안보정책에서 한 단계 더욱 발전하여 한반도 전체의 방위문제를 중시해야 한다. 향후 주변국으로부터의 군사적 위협에 적극 대처하지 못하여 생존이 위협받는 경우도 상정될 수 있으므로 북한의 위협에 중점 대비하는 수준에서 한걸음 더 나아가 미래의 불확실한 위협에 동시 대비할 수 있는 태세를 강화해 나가야 한다.

그리고 대한민국은 세계 평화와 동북아 지역의 안정을 위해 국가위상에 맞는 책임과 역할을 수행해야 한다. 즉 우호적인 주변 안보환경을 설정하여 적대국가의 등장을 예방해야 한다. 안보외교에서도 정치적 자주권의 행사 능력을 기반으로 한 중재자의 입지 확보가 중요하다. 한반도의 지정학적 여건과 남북한간 군사적 대치상황을 고려해 볼 때, 우리의 외교능력을 강화하기 위해서는 주변국가와의 우호협력관계를 더욱 증진시켜 나가야 한다.

한반도에서 대량살상무기(大量殺傷武器, WMD)가 확산되어 주변국을 자극하지 않도록 해야 한다. 우리는 주변국의 도발을 억제하기 위해 최대한 노력하면서 억제 실패 시는 이를 격퇴할 수 있도록 적절한 억지력을 보유하여야 한다.

(3) 한반도 평화창출

우리는 지금 세계화라는 새로운 국제환경 속에서 한반도의 평화와 국가의 번영 및 발전의 기틀을 다져 평화통일의 기반을 확충해야 하는 역사적 시점에 서 있다.

국가안보전략은 평화를 유지하고 유사시 전쟁에서 승리를 포함하여 국가의 생존을 유지 및 증진하기 위하여 국가안보목표를 설정하고, 그 목표를 달성하기 위하여 군사력을 중심으로 국가 제 분야의 노력을 통합 및 조정한다. 국가안보전략은 국가의 생존 측면에 중점을 둔 국가전략의 다른 표현으로서,

---

전자에 해당되는 것이 한·미 안보관계이고, 후자에 해당되는 것이 미국과 이스라엘의 관계이다.

군사력을 핵심으로 하는 국가의 총체적인 전략이다.[8)]

항상 전쟁의 위험 속에서 살고 있는 우리의 입장에서 안정된 평화를 창출하는 일은 매우 중요하다. 경제는 잘 사느냐 못 사느냐의 문제지만 안보는 죽느냐 사느냐가 걸린 문제다. 전쟁에서는 승자라 할지라도 막대한 피해를 입게 되며, 패자는 모든 것을 송두리째 잃게 된다. 그래서 평화를 지키는 일, 즉 안보가 가장 중요한 이유다. 그렇기 때문에 오늘날 미국과 같은 최강대국들도 정예군사력을 육성하기 위해 혼신의 노력을 기울이고 있는 것이다. 전쟁을 방지하고 평화를 유지하기 위해서는 평시에 철저히 대비하는 길밖에 없다는 사실을 너무도 잘 알고 있기 때문이다.

우리는 단기적으로 한반도에 평화가 정착될 수 있도록 최선을 다해야 하고, 중장기적으로는 평화통일을 달성할 수 있도록 지속적인 노력을 강구해야 한다. 한반도에서 평화를 정착시키기 위해서는 남북간에 군사 및 비군사 회담을 지속적으로 활성화시켜 나가야 한다. 남북기본합의서 내용의 사실상 이행을 위하여 점진적으로 우리 측의 요구와 기대를 표출하고, 북한을 납득시켜 나가야 한다. 남북한 군사관계 진전은 한·미 군사관계의 변동을 초래할 수 있으므로 대미 공조체제를 유지하는 것이 중요하다. 가시적인 군사적 신뢰구축 조치를 이행해 나가는 것도 중요하다. 기초적 신뢰구축 대상인 직통 군사전화를 확충하고, 군사훈련을 사전에 통보하며, 훈련 참관과 군 인사 교환 방문 등을 우선적으로 시행해야 한다. 남북한은 사실상 DMZ 전진배치를 하고 있기 때문에 군사적 신뢰구축의 최고 징표로서 각각 DMZ 후방 일정지역으로 공격부대를 이동시켜 재배치하는 조치에 대해 합리적인 논의를 진행시켜 나가야 한다.

북한의 핵을 포함한 대량살상무기 비확산 합의는 한반도 평화정착에 가장 중요한 현안이다. 한반도 평화통일에 주변국의 전폭적인 지지확보의 방안으로서 6자회담을 포함한 다자회담의 추진과 합리적인 결론 도출을 위해 적극적으로 노력해야 한다.

남북한간의 군축은 남북한 연합의 필요충분조건으로 설정하여 추진해야 한다. 기초적인 군사적 신뢰구축 조치가 달성되는 시점이 되면, 군비통제 문제를 적극적으로 해결하는 접근이 필요할 것이다.

---

8) 박휘락, 전쟁, 전략, 군사입문(법문사, 2005), pp. 100-101.

남북한 당사자간의 한반도 평화협정 체결도 추진되어야 한다. 남북한 기본합의서 정신에 입각하여 정전협정 체제를 한반도 평화협정 체제로 전환하는 노력이 중요하다. 남북한간 평화협정 체결과 이에 대한 미국과 중국의 보장, 나아가서 유엔이 보장하는 소위 '2+2 방식'을 고수하되, 보조차원에서 미·북 평화협정 체결 또는 다른 형태의 한반도 평화협정도 수용할 수 있도록 검토해야 한다.

(4) 지역의 안정과 세계평화에 기여

세계와 동북아 및 한반도 안보환경의 변화는 우리에게 전략적 선택을 요구하는 몇 가지 중대한 과제를 제기하고 있다.

첫째, 세계화와 지식정보화의 추세 속에서 우리의 국익증진을 위한 국력의 결집을 위해서는 무엇보다도 평화적인 안보환경이 보장되어야 한다. 그러나 남북한간의 상호 불신과 냉전적 대결구조는 한반도는 물론 동북아지역의 안보환경까지도 불안하고 불안정하게 하고 있다. 이러한 한반도 안보환경과 특히 북한의 공격적인 군사전략(軍事戰略, Military Strategy)[9]은 우리에게 한편으로는 냉전적 대결구조를 전제로 한 대북 군사대비태세를 유지하도록 강요하고 있으며, 다른 한편으로는 한반도에 항구적인 평화환경을 조성하기 위해 냉전구조의 해체를 추구해야 하는 매우 어려운 전략적 과제를 부여하고 있다.

둘째, 21세기 불확실성 시대의 세계 상황은 국가간의 무한경쟁의 상황으로, 이러한 세계정세가 우리에게 주는 의미는 국가의 생존과 번영·발전을 위해서는 남북한간의 화해 협력을 통해 공존공영의 기반을 다져야 한다는 것이다. 이를 위해 남북한 모두 각각의 역량과 노력을 소모적인 냉전적 대결을 위해서가 아니라 서로 공생·공영을 도모하는 데 이용하여야 할 것이다. 과거 냉전시기에 우리는 미국을 비롯한 서방진영의 지원에 의존하여 국가의 생존과 번영을 도모했다. 그러나 이제 우리는 우리 스스로의 노력과 힘을 바탕으로 남북관계를 개선하고, 공생·공영을 보장하는 국제환경을 능동적으로 조성해 나가야 한다.

셋째, 동북아 및 한반도 주변의 지역안보환경 역시 우리에게 자주적 안보

---

9) 국가목표를 달성하기 위하여 군사적인 수단을 효과적으로 준비하고, 계획하며, 운용하는 방책을 말한다.

역량의 확충과 아울러 국제 및 지역 안보협력(安保協力, Security Cooperation)[10] 체제의 발전을 요구하고 있다. 특히 동북아지역에는 미·일·중·러 등 세계의 강국들이 위치하고 있다. 최근 이들 강대국들간에 진전되고 있는 상호 견제와 협력이라는 전략관계의 변화에 효과적으로 대응하는 문제는 우리의 안보와 직결되며, 우리의 대북 관계 개선 노력에도 직·간접적으로 관련되는 중대한 전략적 과제이다. 따라서 우리는 이러한 새로운 지역안보환경의 변화에 대한 이해를 바탕으로 기존의 양자관계와 병행하여 대 북한 관계 개선 노력을 보완하고 지원할 수 있는 다자간 안보협력체제를 발전시켜 나갈 필요가 있다. 우리는 21세기의 불확실한 안보 환경에 대한 능동적 적응을 통해 남북관계개선과 평화통일에 유리한 국제적 여건을 조성해 나가야 한다.

대한민국 헌법 제5조에서는 "대한민국은 국제평화의 유지에 노력하고 침략적 전쟁을 부인한다"라고 명기하고 있다. 이는 우리가 한반도의 평화뿐만 아니라 동북아 및 세계의 평화유지에 기여해야 함을 강조한 것이다. 한반도 평화는 동북아시아 안정의 핵심이요, 동북아의 안정은 세계평화와 안정의 기반이다. 동북아의 안정과 주변 네 나라간의 긴장요인을 감소시켜 세계평화에 기여하기 위해서도 평화정착이 되어야 한다. 한반도는 주변 네 나라의 이해관계가 첨예하게 엇갈려 있는 곳이다. 이들 나라들은 한반도 문제에 있어서 이해를 달리하며, 협력·경쟁·대립관계에 있다. 그들은 각기 남북한을 그들의 목적과 이익을 위한 지렛대로 생각한다. 그들 사이의 이해 충돌이 남북간의 충돌까지를 내포하게 된다.[11]

따라서 동북아 정세는 남북한 관계의 전개에 크게 좌우될 것이다. 남북한간의 분단과 긴장의 지속은 동북아 지역의 발전을 저해하고 정치·군사적 긴장을 심화시킬 것이다. 반면 남북한과의 협력과 통일의 진전은 동북아 지역의 경제통합과 경제발전을 촉진하고 정치·군사적 긴장을 크게 완화시켜 줄 것이다.[12]

앞으로 독도를 둘러싼 일본과의 영토분쟁은 더욱 심각해질 것이다. 최근

10) 공동의 적 또는 위협에 대한 공동의 안전이나 이익을 추구하기 위하여 복수국가간의 안보적 부문에 있어서 협조적인 관계를 유지하는 것을 말한다.

11) 근대역사에서 청일전쟁, 러일전쟁, 한국전쟁 등 여러 번의 군사충돌이 한반도와 관련해 있었는데, 분단 상태에서는 그와 유사한 일이 쉽게 재현될 수도 있을 것이다.

12) 민병천, 평화통일론(대왕사, 2001), pp. 54-57.

에 일본이 독도 도발의 수위를 높인 배후에는 세계 2위의 막강 해군으로 성장한 해상자위대의 존재를 말하지 않을 수 없다. 일본 해군은 과거에는 상상할 수도 없었던 일을 하고 있다. 중동 해역에서 이라크전쟁을 수행하는 미국 해군에 대한 지원임무를 수행하고 있는 것이다. 일본은 또한 대한민국에 도발할 경우 일본 측의 행동을 규제할 수 있는 중재자로서의 미국 역할이 더 이상 존재하지 않는다고 생각할 수도 있다.

중국의 동북공정은 더욱 가시화될 전망이다. 따라서 우리와의 충돌은 불가피할 것이다. 따라서 우리는 이에 대비한 준비를 철저히 해나가면서 동북아의 평화정착에 주도적인 역할을 수행할 수 있어야 한다.

우리는 탈 안보적 안보역량을 구축하여 한반도 전체를 직접 책임지고 관리할 수 있는 역량과 경험을 확보함으로써 국민 및 국가가 냉전적, 반도적, 의존적인 사고에서 완전탈피하고 지구차원에서 전략적으로 생각하고 행동하는 대국적인 국민의식을 형성해야 한다. 한민족의 생존을 보장하기 위해서는 우리는 동북아에서 전략적인 위상을 확보해야 한다. 역내 해양 및 대륙세력의 결집지역에서 한반도는 지역안보와 안정의 중심에 위치하여 강대국들에 의한 전략적 관심과 개입의 주축으로서의 위치와 가치를 확보하여야 한다.

그러므로 우리의 안보목표의 추구 즉 냉전체제를 해체하여 평화체제를 구축하고 나아가 통일의 새 시대를 열어나가는 안보상의 과업은 우리 모두가 한시도 지체하지 말고 최선을 다해 서둘러야 할 중요한 일이다. 동북아질서를 재편하고 다자안보협력체를 모색함에 있어서 우리는 군비축소를 위한 이니셔티브를 통해 동북아 및 세계평화에 기여해야 할 것이다.

2. 안보전략의 추진기조

(1) 국가 기본역량의 확충

안보의 개념은 군사적 차원에서부터 정치, 경제, 사회와 환경 등의 비군사적 차원으로 확대되고 있다. 또한 안보연구에서 국내정치적 환경의 중요성에 대한 관심도 높아지고 있으며 특히 정치적 불안정이 만연하고 있는 제3세계 국가 등에서는 안보에 대한 위협이 외부로부터만 가해지는 것이 아니라 주로 국내문제에 의해서 야기될 수 있다는 점이 부각되고 있다. 이에 따라 세계 각국의 안보전략도 그 초점이 군사적 대결구도에서 벗어나 점차 다각화되는 경향을 보이고 있다. 이른바 포괄적 안보(Comprehensive Security)의 개념이 보편화되고 있는 것이다.

국가의 기본역량은 국가전략의 방향설정과 그 성패에 중요한 영향을 미친다. 대한민국은 유무형의 국가역량을 보유하고 있다. 우리는 세계의 상위권에 속하는 경제력을 보유하고 있으며, 튼튼한 자위능력과 함께 한・미 안보협력체제를 바탕으로 하는 전쟁억제능력을 유지하고 있다. 그동안 국제사회에서 축적한 외교력과 국제적인 협력망도 우리의 귀중한 자산이다. 그리고 오랜 전통을 자랑하는 문화적인 유산도 우리가 보유하고 있는 값진 역량이다. 또한 무형의 국력요소인 과학기술력, 교육역량, 사회적 다원성에 기초한 체제통합능력과 인류의 보편적인 가치이며 세계적인 추세인 자유민주주의와 시장경제체제를 조화롭게 병행 발전시키고 있는 것도 우리의 큰 강점이다.

그러나 협소한 국토와 제한된 자원, 한반도의 지정학적인 조건, 남북 대치상황, 급격한 인구의 감소전망[13] 등 우리의 국가역량을 제약하는 요인도 적지 않다. 특히 부존자원이 없는 우리나라가 경이적인 경제성장을 이뤄 낸 것은 우수한 국민들, 즉 우수한 인적 자원 때문이었다. 이제 그 인적 자원의 감소가 국가 발전에 제동을 걸고 있다.[14] 또한 탈냉전과 세계화에 따른 무한경쟁시대에 능동적으로 대처하기에는 국내적인 여건이 아직도 미흡한 실정이다. 특히 국민이 공감하는 국가전략과 시대정신 및 국가사상이 정립되거나 담론화되지 못하고 있다.

우리는 보유하고 있는 국가역량을 효율적으로 활용하고 잠재역량을 적극적으로 개발하여 우리의 국가이익을 구현하고 국가목표를 달성해야 한다. 부강한 일류국가로 발전하기 위해 시장경제체제의 강화를 통한 국가경쟁력 제고

---

13) 통계청은 2006년 5월 8일 '2005년 출산 통계'를 발표했다. 통계에 따르면 2005년 우리나라 가임 여성의 합계 출산율이 1.08명까지 떨어졌다고 한다. 한 여성이 평생 동안 1.08명의 아이밖에 낳질 않는다는 것이다. 합계 출산율은 2.1명 정도가 돼야 인구가 현상 유지된다. 이는 홍콩을 제외하고 전 세계에서 가장 낮은 수치다. 이러한 추세라면 우리나라의 인구는 2020년 무렵부터 감소할 것이라는 전망도 있다.

14) 지속적인 출산율 저하와 전염병으로 로마 제국의 인구는 격감했다. 길고 긴 로마 제국의 국경을 지킬 인력마저도 부족한 실정이 되었다. 국경을 지키는 군인이 줄어들자 이민족의 침입이 잦아졌다. 결국 로마 제국은 A.D. 476년 멸망했다. 인구 감소가 국방력 약화로 이어져 망국(亡國)의 길을 재촉한 것이다.

라는 기본과제를 설정하고 이를 지속적으로 추진하면서 국가역량을 높여나가야 한다.

우리 경제가 세계경제위기를 맞아 저성장단계로 진입하는 과정에서 국가역량을 높이기 위해 필수적으로 추진해야 할 과제는 정부의 혁신이다. 성장잠재력의 확충, 사회안전망 구축 및 국가균형발전 등으로 재정수요는 급증하는데 비해 저성장과 고실업으로 재정능력은 취약하여 감축관리가 불가피하기 때문이다.[15] 그리고 개발 및 고성장시대의 정부 주도형 패러다임을 탈피하고, 민간의 활력을 극대화하지 않으면 지속적인 성장을 달성하기도 힘들다.

불황기에는 사회간접자본의 확충, 과학기술혁신과 산업경쟁력 강화 등 국가기본역량을 높일 수 있는 대안들 가운데 정부혁신은 적은 투자로 비교적 높은 성과를 달성할 수 있는 장점이 있다. 따라서 구조조정과 제도개혁에 정부가 솔선수범함으로써 기업과 가계의 동참을 유도하는 것이 중요하다. 왜냐하면 권위주의적인 리더십이나 독점적이고 불투명한 정책결정, 편의적이고 자의적인 행정으로 온 국민의 힘과 마음을 결집하기는 어렵기 때문이다.

이른바 글로벌 스탠더드(Global Standard)에 입각한 시장경제가 제대로 작동하기 위해서는 절반의 성과에 머무르고 있는 일련의 구조개혁이 제대로 마무리되어야 한다. 무엇보다도 공기업과 금융기관의 민영화가 활발히 추진되어야 하며, 번영발전전략과 산업정책에 대한 비전이 그려져야 미래경제의 향방에 대한 예측가능성을 높일 수 있을 것이다. 그리고 우리 경제의 경쟁력을 제도적으로 뒷받침할 수 있는 인프라와 고부가가치 산업의 육성을 위한 연구개발비의 투자를 활성화하여 저효율의 경제체질을 탈피하고 경쟁력을 강화하여야 한다. 한마디로 우리나라 50대 기업들도 전형적인 고용 없는 성장을 경험하고 있는데, 어떻게 고용 없는 성장을 고용 있는 성장으로 바꿀 것인가가 국가역량 확충을 위한 큰 도전이다.

다양한 안보적 위협과 번영발전의 호기가 동시에 혼재하고 있는 불확실

---

15) 재정적자는 심리적 마지노선인 국내총생산 대비 1%선이 2004년에 이미 무너졌고, 2009년도 적자국채의 발행은 19조원으로 책정되었으며, 2007년 국가채무는 298조원으로 크게 늘어났다. 2007년 말 OECD 기준에 따른 국가채무 비중은 미국 62.8%, 일본 170.3%, 영국 47.5%, 독일 65.4%, 프랑스 69.4%, OECD 평균 75.4% 등으로 29.4%인 우리나라의 국가채무가 상대적으로 낮은 편이다. 하지만 이들 국가들에 비해 우리 국가채무는 상대적으로 빠르게 상승하는 모습을 나타내고 있다.

성의 특수상황 하에서 시대적 위협을 극복하고 민족사적 사명을 완수하려면 전 국민의 총체적인 지혜를 결집하여 국가적인 의지와 노력을 통합하고, 국가안보전략을 뒷받침할 수 있는 국가의 기본역량을 극대화해야 할 것이다. 이를 위해서는 국가의 이념과 사상체계 및 시대정신에 대한 공론화 과정을 거쳐 국민들이 공감할 수 있는 국가전략과 안보전략의 개념을 정립해야 할 것이다. 즉 국민들이 대한민국의 국가이익과 국가목표에 대한 공감대를 갖는다면 불확실성 시대에도 국가의 정체성은 확립될 수 있을 것이다.

(2) 확고한 안보태세 유지 · 발전

역사란 과거와 현재의 기록이다. 역사에 대한 건전하고 올바른 이해 없이는 미래의 창조가 불가능하다. 역사를 통해 민족적 자긍심을 재인식하고 미래를 바람직하게 창조해 나갈 수 있기 때문이다. 대륙을 호령하던 초강대국 고구려의 힘의 바탕은 상무정신이었으며, 이는 역사적 시련을 극복하게 한 원동력이 된 것이다. 고토 회복을 염원하는 고려인들의 북진의지(北進意志)와 자주정신은 약 40년 동안 7차에 걸쳐 계속된 몽고의 침략에 대항하는 줄기찬 저항정신으로 표출되었다. 특히 배중손을 지휘관으로 한 삼별초의 군대는 제주도에서 4년간에 걸친 항전을 벌였다.

우리는 국가이익을 수호하고 증진하는 방향에서 변화하는 상황에 냉철하게 대응해야 한다. 한국군은 한반도에서 전쟁을 억제해야 하며, 억제 실패 시는 반드시 승리해야 하고, 한반도의 평화적 통일을 힘으로 뒷받침해야 한다. 화해협력정책은 튼튼한 안보태세에 바탕을 두고 남북간에 화해와 교류협력을 실시하여 한반도에 평화를 정착시키는 정책적 노선이다. 튼튼한 안보태세가 확립될 때만 평화를 파괴하는 일체의 무력도발을 억지 및 응징할 수 있을 것이다. 안보는 국가의 번영을 지켜주는 보호막이며 발전의 기반이다. 안보 없는 조국은 존재하지 않는다. 우리는 역사에서 상무정신이 없는 국민이 무기와 장비만 가지고 그 국가를 지켜냈다는 이야기를 들어본 적이 없다. 국민들이 국방의 대의(大義)를 인정하고 내 나라는 내가 지킨다는 상무정신으로 충만할 때 우리나라의 안보태세는 확립되는 것이다.

지난 반세기 동안 대한민국의 안보에 대한 위협의 근원은 주로 북한이었다. 남북한 군사관계는 근본적으로 북한의 위협이 지속되고 있지만 북한의 전쟁수행능력 한계로 인해 전면전 발발의 가능성은 낮아지고 있는 반면 다양한 정치군사적 목적으로 북한의 국지도발 가능성은 상존하고 있으며, 남북한 군사적 신뢰구축 노력은 구조적 군비통제를 시작할 정도의 신뢰구축을 이루지 못하고 있다.[16] 117만의 북한군대에서 오는 군사적 위협만이 아니라, 남북한은 이념과 민족, 그리고 의도에 있어서 대립되는 이념과 체제에서 서로에게 정치적 위협을 가하고 있다. 특히 탈냉전으로 그 체제가 시대착오적임이 드러난 북한의 경우 구조적 위협이 더욱 심각하다. 결국 남북한간에는 상호적인 위협과 공포가 여전히 상존하고 있는 것이다. 다만 그 균형이 남한에 유리하게 작용하고 있을 뿐이다.

특히 2030년의 시점을 생각할 때 우리의 국가이익과 국가목표를 방해할 수 있는 최대의 위협은 통일이 안 될 경우에는 한반도 내에서는 북한으로부터의 군사적 위협이 될 것이다. 그리고 동북아 지역 차원에서 보면 역내 대립과 갈등구도의 재현이라 할 수 있다. 우리는 이러한 위협요소를 국민들의 상무정신의 강화, 대한민국의 국력배양과 국력결집, 동맹과 우방관계의 확대, 지역질서 구성을 위한 적극적 구상의 제시와 협력체 결성 주도를 통해 억제해 가야 할 것이다.

굳건한 국방력은 전쟁을 예방하기 위해 필수적이다. 강력한 대북 억제력 없는 대화는 매우 위험하다. 평화정착을 위해서는 튼튼한 안보태세를 확립해야 한다. 북한의 남침이나 무력도발을 격퇴할 수 있는 튼튼한 국방력을 유지할 때 북한도 무력통일을 포기할 것이다.

북한의 체제위기가 심화될 경우에는 북한은 국면전환을 위하여 국가적인 차원의 무력도발을 감행할 가능성이 상존한다. 우리는 북한의 어떠한 도발에도 즉각 대처할 수 있는 양상별 대응책을 구체적으로 수립하고 훈련을 내실화하는 등 확고한 대비태세를 확립해야 한다. 우리는 북한의 다양한 도발에 적극 대응하기 위해 '총력안보(總力安保)'개념 하에 정부 각 부서가 유기적으로 협조하며, 중앙과 지방이 하나가 되어 움직이는 민·관·군 통합방위체제를 계속 강화시켜야 한다. 그리고 평화통일을 추구하는 과정에서 발생할 수도 있는 우발적 위기상황에 효과적으로 대처하면서 안전보장에 만전을 기할 수 있도록 노력을 경주해야 할 것이다.

16) 박종철 외, 앞의 책, pp. 105-109.

(3) 평화적인 통일과 독립보장

21세기 대한민국의 국가이익은 국민의 안전보장과 영토의 보전 및 주권의 수호를 통해 독립국가로 생존하고, 국가의 번영과 발전을 도모하며, 자유민주주의를 함양하고, 조국의 평화적 통일을 달성하여 세계평화와 인류 공영에 기여하는 것이다. 즉 통일은 평화적으로 이루어져야 한다.

한반도에서 평화통일의 대전제는 전쟁을 억제하고 평화를 보장하는 것이다. 평화통일은 전쟁억제를 토대로 평화가 보장되는 조건 위에서 성립된다. 과거의 안보전략은 지나치게 안보위협에 대한 대응개념으로 시종하는 소극적인 것이었다. 이제는 국가목표와 민족의 염원을 반영한 보다 적극적이고 진취적이며, 포괄적인 안보전략을 펴나갈 때가 되었다. 그 핵심이 바로 평화통일이며 이것이 적극적인 안보전략의 출발점이라 할 수 있다. 즉 국가안보 구현의 적극적인 안보전략에서 출발함으로써 나라의 안보기조를 확고히 유지하는 가운데 그 바탕 위에서 다양하고 종합적인 통일전략을 추진해 나가야 한다.

우리는 북한의 변화를 촉진하는 기회를 적극적으로 조성해 나가야 한다. 북한의 변화를 촉진하기 위하여 각종 접촉을 강화하면서 기회를 개발해야 한다. 단기적으로는 김정일을 비롯한 권력 내부 엘리트의 대외인식 변화를, 중기적으로는 북한 주민의 정치・경제・문화 측면의 대외인식 변화를, 그리고 장기적으로는 북한 사회주의체제의 변화를 추구해야 한다. 이를 위해 해외동포, 관광단, 문화교류, 물품제공, 공동사업, 국제행사 등 다양한 수단을 활용해야 할 것이다.

그리고 통행, 통신, 통관 등 3통을 정상적으로 확보해야 한다. 대한민국의 기술과 자본이 북한지역에 투자될 수 있도록 하고, 우리 시장의 대북 개방을 적극화하며, 남북한이 세계시장에 공동 진출을 하기 위해 인적・물적・정보교류를 활성화해야 한다.

우리는 한반도에 평화공존이 유지될 수 있는 여건을 조성해 나가야 한다. 1992년 체결한 남북기본합의서 내용의 실질적인 이행을 추구하여야 한다. 그리고 남북한 합의에 의한 평화통일의 추진체로서 남북한 정상회담을 정례화해야 한다. 김정일 정권과는 최소한 화해협력과 평화공존을, 김정일 이후의 정권과는 평화통일을 합의하에 달성하는 단계적 수단을 모색할 점진적인 전략도 검토할 필요가 있다.

즉 남북한 관계의 전개를 둘러싼 모호성은 통일된 민족국가의 모습을 전망하는 데 있어서 상당한 불확실성을 제기한다. 따라서 남북관계를 단계적으로 개선해 나가고 평화적으로 민족통합을 달성하기 위해서는 북한의 핵문제를 포함한 대량살상무기의 해결, 정치적 신뢰구축, 북한의 개혁과 개방의 유도 및 협력의 제도화, 군사적 신뢰구축을 통합하는 개선구도를 설정하여 단계별로 이를 실천하는 것이 바람직할 것이다.

통일의 과정에서 가능한 외세의 개입을 차단할 수 있도록 노력해야 한다. 주변 4강의 영향으로 독자적인 행보가 영향을 받게 되면 최소한 주도권을 확보해야 한다. 그것만이 우리의 자주권과 독립을 보장하는 길이다.

(4) 공고한 평화체제 정착

한반도에서는 아직도 냉전체제가 계속되고 있다. 이러한 냉전이 종식되고, 평화체제가 구축되어야만 평화가 보장될 수 있다. 이를 위해 우리는 '평화지키기(Peacekeeping)'와 '평화만들기(Peacemaking)'를 병행하면서 전쟁을 억제하고 평화를 관리해야 한다.[17]

한반도에서 전쟁을 억제하고 평화를 보장하는 것은 모든 문제에 앞서는 선행조건(先行條件)이다.[18] 대북 화해협력 정책과 포용정책 및 평화이니셔티브나 평화번영정책도 한반도의 전쟁억제와 평화보장을 대전제로 해서만 추진이 가능하다. 평화체제정착은 전쟁억제를 위한 강력한 군사대비태세가 뒷받침될 때만 비로소 실현될 수 있으며, 튼튼한 안보가 뒷받침되지 못한다면 그저 희망에 불과할 것이다. 이를 위해서는 이스라엘이나 스위스처럼 총력안보체제를 굳건히 유지해야 한다.[19]

한반도에서 평화와 안정을 보장하고 나아가 화해와 협력의 장을 열어 평화체제를 정착시키기 위해서는 북한으로 하여금 대남적화전략을 포기토록 해야 하며, 군사적인 위협으로는 아무것도 이룰 수 없다는 것을 명확히 인식시

---

17) 김학성 외, 한반도 평화전략(통일연구원, 2000), p. 109.

18) 손자도 "싸우지 않고 적을 굴복시키는 것이 최선의 방책이다(不戰而 屈人之兵 善之善者也)"라고 강조하고 있다.

19) 이스라엘은 상상을 초월하는 높은 안보위협에 직면해 있지만 정부와 국민이 혼연일체가 되어 총력안보체제를 유지함으로써 도전을 극복하고 있으며, 스위스는 약소국의 위상을 유지하면서도 온 국민이 단결하여 통합방위체제를 유지하고 소위 '고슴도치전략'을 구사하면서 국가의 주권을 사수하였다.

켜야 한다. 우리는 강력하고 확고한 전쟁억지력을 갖추어야 한다. 한국군의 강력한 억지력은 한반도의 냉전구조의 해체와 자신감 있고 유연한 대북정책의 추진을 위한 전제조건이다.

한반도에 평화를 가장 확실하게 관리하기 위해서는 우선 튼튼한 안보에 바탕을 두고 남북간 화해와 교류협력을 실천해 나가는 평화정책을 추진해야 한다. 즉 북한이 스스로 평화공존과 변화의 길로 나올 수 있는 환경과 여건을 조성하여 전쟁을 근원적으로 방지하고 평화통일의 기틀을 마련하여야 한다. 대북 화해협력정책의 목표는 평화와 화해협력을 통한 남북관계를 개선하는 것이다. 법적·제도적 통일의 실현을 서두르기보다는 평화의 토대를 확고하게 유지한 가운데, 교류협력을 꾸준히 활성화하여 남북한간의 상호 이해의 폭을 넓히고 민족동질성을 회복하면서 평화를 정착시켜 사실상의 통일을 실현하려는 것이다.

한반도의 평화정착을 위해 서둘러야 할 중요한 과업은 평화관리에서 한 단계 더 전진하여 평화체제를 구축하는 일이다. 이는 남북관계를 공존공영의 관계로 발전시키는 선행조치이다. 남북한 사이에 조성된 상호불신과 적대의식 및 군사적 긴장이 지속되는 한 어떠한 평화체제 정착도 가시적인 성과를 거두기는 어려울 것이다.

평화체제란 한반도에서 전쟁을 방지하고 평화질서를 유지하며, 이의 준수를 보장하는 협약이나 기구를 비롯한 법과 제도적 장치 전체를 총칭하는 개념이다. 구체적으로는 현 정전협정을 남북한 당사자가 협의하여 새로운 평화협정으로 대체함으로써 정전상태를 항구적인 평화상태로 전환하며, 이 협정의 준수를 국제적으로 보장받는 것을 의미한다.[20] 평화체제를 구축하는 것은 남북한의 공존공영을 이루는 전제조건이다.

남북한은 실질적인 협력관계 증진을 통해 정치적이고 군사적인 신뢰구축과 군축을 실현하고 국제적인 지지와 협력을 확보해야 한다. 이러한 실질적 평화보장조치가 마련되면 현재의 정전체제를 공고한 평화체제로 전환시킬 수 있다. 공고한 평화체제를 수립하기 위해서는 남과 북이 당사자가 되고 미국,

20) 한반도 평화체제란 "남북한간에 적대행위가 종료되고, 공고한 평화가 구축된 상태를 말하는 것"으로서 남북기본합의서 제5조에서는 '남북 사이의 공고한 평화상태'라는 표현을 사용하고 있다.

중국 등 관련국가가 이를 보증하는 방식의 평화협정 체결이 바람직할 것이다.

평화체제를 구축하려면 상대방으로 하여금 그 체제의 안전을 위협하는 일이 없을 것이라는 믿음을 갖도록 확신을 심어주는 일이 중요하다. 이를 위해서는 남북한간의 군사적 균형을 통한 효과적인 억지 상태 견지, 쌍방간의 적대행위를 유발시킬 수 있는 공세적인 군사력의 배치나 운용의 적절한 제한, 우발적인 사건이 대규모의 충돌로 확대되는 것을 방지하기 위한 적절한 분쟁조정 장치의 준비가 필요하다.

(5) 긴장완화와 교류협력의 병행추진

탈냉전의 세계사적 추세 속에서도 한반도를 중심으로 한 동북아지역에는 여전히 냉전의 잔재가 상존하며, 북한은 이 지역의 안보위협 요인으로 남아 있다. 북한은 여전히 막강한 재래식무기(在來式武器)[21]를 보유하고 있으며, 재래식 군비경쟁에서의 열세를 보완하기 위해 핵, 생물, 화학무기 등의 대량살상무기와 미사일 개발에 주력해 왔다. 특히 북한의 핵과 미사일 문제는 우리와 국제사회의 우려 대상이다.

남북한이 직접 당사자로서 한반도의 평화를 정착시키고, 그 바탕 위에서 교류와 협력을 증진시켜 남북관계를 개선하고 통일기반을 조성하려는 노력은 아직 결실을 보지 못하고 있다. 우리는 남북한 양자간의 접촉을 강화하면서 4자회담과 6자회담 및 동북아 집단안보체제 등의 대안을 병행하여 활용해야 한다.

한반도의 냉전을 종식시켜 평화체제를 구축하기 위해서는 남북한이 한민족공동체로서 민족적 합의를 토대로 긴장을 완화시켜 나가는 평화 이니셔티브가 중요하다. 국제적으로는 4자 및 다자회담을 통해 한반도 평화체제를 보장받아야 한다.

군사적인 긴장완화는 기본적으로 남북군사회담을 통해 추진되어야 한다. 긴장완화의 추진원칙은 합의와 시행이 용이한 분야부터 추진하고, 상황변화에 맞게 신뢰구축, 군비제한(軍備制限, Arms Limitation)[22] 및 군비축소(軍備縮

21) 핵무기, 화학무기 및 생물학무기를 제외한 무기의 총칭으로 비핵무기라고도 한다.
22) 군비제한이란 특정기간의 군비수준을 어떤 일정 규모 이상으로 늘리지 않도록 규제하는 것을 말한다.

小, Disarmament)[23]를 배합하여 추진하며, 점진적이고 단계적으로 추진되어야 한다.

이러한 개념 하에서 군사적인 긴장완화는 다음과 같은 4단계로 추진될 수 있을 것이다.

우선 제1단계는 초보적인 신뢰구축단계로서 상호간에 군사직통전화를 설치 운영하고, 군 학술 및 체육교류를 시작하며, 서해 북방한계선(NLL: Northern Limit Line) 근해에서의 우발사고에 대비한 해군함대사간 연락체계를 확대해 나가고, 남북한간의 교류협력사업과 연계하여 군사 분야의 지원을 하는 것이다.

제2단계는 신뢰구축의 본격화단계로서 남북 군사위원회를 가동하고, 군 인사의 상호 교류, 훈련통보 및 참관, 군사정보교환 등 신뢰구축조치를 확대 추진하며, 군사분계선(MDL: Military Demarcation Line)으로부터 일정 거리 내의 대규모 군사활동을 제한하고, 상징적인 군비제한과 군축조치에 합의하는 것이다.

제3단계는 군사적인 긴장완화 정착단계로서 대규모의 군사훈련과 부대활동을 통제하고 수도권지역을 위협하는 장사정포를 후방지역으로 재배치하며, 비무장지대(DMZ) 내에 위치한 감시초소(GP)를 철수시키는 일이다.

제4단계는 평화체제 구축단계로서, 남북평화협정을 체결하고 재래식 전력을 대규모 감축시키며, 북한의 대량살상무기를 감축 및 제거하고, 주한미군의 지위와 역할 변경을 검토하는 것이다.

적대관계가 평화공존 또는 우호협력관계로 이행되기 위해서는 상응하는 교류와 협력이 필요하다. 그러나 북한을 상대로 교류와 협력을 추진할 경우 가장 유념해야 할 것은 안보전략과 통일전략간에 연계성을 유지하는 것이다. 이것은 국가전략차원에서 통합되어 실제의 전략추진과정에서는 세부계획(Roadmap)으로 구체화되어야 한다. 초기단계에서 군사교류협력은 군사대화를 '간접접근(間接接近, Indirect Approach)전략' 차원에서 최대한 활용해야 한다. 즉 모든 채널을 통한 군사대화 및 교류를 능동적으로 추진하여 군사협력으로 연

---

23) 군비축소란 현 군비의 부분적인 축소, 완전한 제거 또는 폐지를 의미한다. 여기에는 부분적인 군비축소로부터 전면적인 군비폐기까지가 포함된다. 군축협상은 고래로부터 다양한 형태로 수없이 시도되었으나, 성공을 거둔 일은 많지 않았다.

계할 수 있도록 노력해야 한다. 군사협력은 상호신뢰구축에 중점을 두고 군사력 균형과 억제개념을 유지하면서 위기관리 체제를 구축하여 군비통제를 구현해야 한다. 이러한 군사협력은 군사통합을 대전제로 독창적이면서도 합리적인 방법으로 추진되어야 한다.

(6) 다자간 지역안보체제의 구축

21세기 세계화·지식정보화 시대에는 세계질서의 다원화 및 국제사회의 다극화, 국제관계에서 경제력의 비중 증대에 따른 힘의 개념변화, 국제적 상호의존의 증대, 첨단기술의 혁신과 하이테크 전쟁의 도래 등의 변화가 진행되고 있다. 이에 따라 안보환경도 안보영역의 확대와 더불어 변화를 나타내고 있다. 즉, 탈냉전시대의 전환기적 상황에서 군사력 게임, 부의 게임, 지식 및 정보게임 등이 중첩되어 복잡하게 서로 얽혀 전개되면서 안보위협 요인의 다양화와 더불어 안보영역 및 대상도 군사적 영역뿐만 아니라 경제적 영역, 사회적 영역, 지식 및 정보영역, 환경 등의 생태계 영역 등으로 확산되고 있다. 또 국제적 상호의존의 심화와 더불어 어느 한 국가의 노력만으로 안전보장을 추구하기에 한계가 있는 국제적 성향을 지닌 안보문제들이 증가하고 있다.

따라서 새로운 안보환경에 대응할 수 있는 안보의 패러다임 및 전략적 사고, 안보의 개념 등이 모색되는 가운데, 새로운 안보개념으로서 포괄적 안보, 공동안보(共同安保, Common Security), 협력안보(協力安保, Cooperative Security) 등이 제시되고 있고, 다자간 안보협력의 중요성이 강조되고 있다.

우리는 미국뿐 아니라 주변국들과도 우호선린관계를 유지하며 안보적 협력을 도모하여야 한다. 우리의 국력은 많이 신장되었지만 아직도 능력 및 자원은 한계가 있고 안보위협의 다양성 때문에 완전한 자주국방을 조기에 실현하는 것은 불가능하다. 따라서 우리가 국가의 안보와 번영을 추구하면서 평화통일을 구현하기 위해서는 주요 관련국뿐 아니라 국제기구들과의 협력을 증진시켜야 한다. 동북아지역에서 냉전이 종식되더라도 한반도 주변에는 강대국들이 포진하고 있으므로 어떠한 방향으로 세력이 재편될지 아직은 불확실하고 유동적인 상황이다.[24] 따라서 우리는 당분간 한미동맹을 기본축으로 하여 주

24) 동북아 안보환경의 특수성은 미국, 일본, 중국, 러시아라는 세계 4대 강국이 동 지역에서 치열한 경쟁을 벌이고 있고, 이들간에 역사적, 정치적, 문화적, 국가이익의 관점에서 공통점

변국들과의 군사교류와 협력을 강화해 가면서 지역 내 다자간 안보협력체제의 구축을 위해 주도적이고 적극적으로 노력해야 한다.

평화공존 시기를 보다 앞당기기 위해서는 남북한과 미국, 일본, 중국과 러시아를 포함하는 동북아 6국 체제가 안정되어야 하고, 전방위적 안보협력이 강화되어야 할 것이다. 한반도 관련 다자 협력체제를 남북한이 주도하는 지역협력체제로 발전적으로 확대[25]해 나가야 할 것이다. 다자안보협력체제는 남북한 평화공존을 계기로 한반도 평화체제의 정착 및 보장 장치의 일환으로 발전되어야 할 것이다.

우리는 미국, 중국과의 공동노력으로 동북아 6국 체제를 선행시켜 기존 동남아 중심의 다자협력체제와 결합하여 장기적으로, '동아시아 다자안보협력체'를 발족시켜야 할 것이다. 북한을 포함한 동북아 지역의 일부 국가간에는 아직도 정식 외교관계가 없고 영토문제와 이념문제 등으로 불신이 지속되고 있으므로, 역내국가 양자간의 신뢰구축 노력이 있어야 하며, 동북아 및 동아시아 다자 안보협력체 구성에 대한 기반 구축노력이 선행되어야 할 것이다.[26]

그리고 한반도 문제를 다자적인 방식으로 해결하려고 할 경우에는 한반도 문제의 국제화를 심화시켜 우리의 주도권이 상실될 우려가 있다. 따라서 대한민국이 동아시아 다자안보협력체 형성과정에서 주도적인 역할을 수행함으로써 동아시아 다자안보협력체가 한반도 평화의 공고화와 평화통일에 긍정적인 방향으로 작용하도록 전략적인 사고를 기울여야 할 것이다.

우리는 북한의 군사도발 억제, 화해와 협력, 평화통일을 위한 여건조성을 위하여 한미 안보동맹을 더욱 발전시켜 나가며, 역내 다자 지역안보체제 확립을 위해서는 주변국을 포함한 아시아지역 국가와의 협력기반의 확충에 노력해야 할 것이다. 미국과는 정치·군사·안보·경제적 측면을 망라하는 포괄적 동반자 관계로 발전되어야 하며, 일본과는 과거사 문제에 대한 올바른 인식을 토대로 미래지향적인 우호협력관계로 발전시켜야 한다. 한반도와 국경을 접하면서 북한의 동맹국인 중국과는 부분적 협력에 머물러 왔던 양국관계를 조금 더 포괄적으로 확대시켜 동반자로의 관계를 강화해야 한다. 동북아 안보문제

이 많지 않다는 점이다. 동시에 이념적 갈등의 잔존, 지역주도권을 둘러싼 군비경쟁, 한반도에서의 남북한 사이의 무력대치 상황 등 불확실한 상황이 상당히 지속될 전망이다.

25) CSCAP, 4자회담, 6자회담, ASEM 등.

26) 김학성 외, 앞의 책, pp. 327-330.

에 적극 참여하려는 러시아와는 한반도 문제의 평화적 해결과 동북아지역의 안정과 발전을 위해 동반자적 우호협력관계를 구축하여야 한다.

한반도의 평화와 통일은 대한민국만의 전략이 아니라, 미국 등 강대국의 세계전략과 밀접하게 연관되어 있는 문제이다. 남북관계가 글로벌 시대의 현안으로 부상한 만큼 국제적인 안보전략의 틀을 유지하면서도 대한민국의 안보목표와 수단을 분명히 할 필요가 있다. 그리고 국제적인 안보협력과 함께 국내적인 합의의 형성이 병행되어야 할 것이다. 대한민국의 화해협력정책은 한국판 관여와 확대전략이라 할 수 있다. 남북정상회담의 개최와 후속조치의 진전은 일관된 화해협력정책의 결과로 평가되고 있다.

하지만, 향후 어떤 안보전략을 구사할지가 더욱 중요하다. 우선, 남북관계의 급진전이 가져온 안보전략상의 우선순위나 개념의 혼란은 정리하고 재조정해야 한다. 그리고 이와 관련한 국민적 합의과정이 충분히 있어야 하고, 북한과 관련된 구체적인 법률과 제도 등에 대한 정비작업이 수반되어야 한다. 국제적인 협조와 합의가 필수적이고 때로는 돌발적인 사태가 있을 수도 있지만, 남북관계 진전의 속도 및 향후 일정에 대한 비전과 전략을 분명히 할 필요가 있다.

현실적인 필요성에 의해 남북이 스스로 속도를 조절하는 것도 바람직할 수 있다. 그리고 통일을 위해 경제력을 확충하고, 통일비용을 최소화할 경제협력전략이 수립되어야 한다. 대한민국의 경제력이 충분하지 못하고 북한이 정치적으로 안정되지 못할 경우, 남북관계는 원하지 않은 방향으로 전개될 수도 있다. 모든 가능성과 변수를 고려한 중장기 시나리오별 전략이 수립되어야 한다. 그리고 이 같은 전략에 맞추어 구체적인 정책 프로그램이 개발되어야 한다. 즉, 통일 이후의 소유권분쟁, 의료 문제, 행정기구 문제, 북한기업의 민영화 문제 등에 구체적인 연구가 진행되어야 할 것이다.

3. 통일 후 안보전략 추진역량 강화

(1) 준(準)강대국 위상 정립

우리는 지금부터 통일 후의 안보전략을 수립해야 한다. 왜냐하면 ① 통일은 북한의 급변사태 등으로 예상외로 빨리 올 수 있고, ② 안보전략을 수립하고 집행하는 데는 많은 시간과 재원이 소요되며, ③ 남북한군의 군사통합의 문제를 목표지향적으로 해결해야 하고, ④ 통일 후 급변하는 환경에 신속 정확하게 대응해야 하기 때문이다. 통일한국은 유리한 국력의 요소를 극대화하고 불리한 국력요소를 보완함으로써 동북아 지역의 안정과 평화, 그리고 공동번영에 적극적으로 기여하는 일각으로서의 역할을 담당하는 체제를 달성하여 새로운 지정학적 위상을 확보해야 할 것이다.

동북아 5국 체제의 구성원이 되기 위해서는 세계 차원의 '준 강대국'의 지위를 확보해야 한다. 준 강대국이란 주변 강대국의 위상에 대비되는 상대적 개념으로서, 통일된 대한민국이 2030년경에 달성할 수 있을 것으로 예상되는 '약 8000만명 규모의 인구와 7만불 내외의 일인당 국민소득'의 목표를 달성하여 세계 국력 순위에서 10위 이내에 안착하는 수준에 해당될 수 있을 것이다.

〈그림 6-1〉에서 보는 바와 같이 준강대국의 위상을 확보하기 위해서는 국력을 지속적으로 배양해야 한다. 우선 국가안보역량을 제고시켜 '첨단 정예 정보기술군'으로 육성하고, 방위태세의 제한된 자주화를 구현해야 한다. 연합방위체제의 대안을 모색하여 한미상호방위조약을 통일환경에 맞게 개정하고, 주한미군의 역할과 규모를 조정하며, 동북아 안보협력체제를 정착시켜야 할 것이다.

만약 2030년 내 통일이 이루어진다면, 통일한국은 분단시대 남북한 양자가 대결하는 단순구조에서 주변의 4강국 즉 미국, 일본, 중국, 러시아와 연계되는 다원적, 복합적, 고차원의 전략환경 속에서 안보전략을 수립하여야 한다.

통일한국은 주변국의 위협에 대비하기 위한 독자적 국방사상, 전략개념과 군사독트린을 정립하고, 이를 바탕으로 방위태세를 구축하여 동북아 지역의 중심 국가이며 준강대국이라는 자주적인 국가위상을 안보차원에서 뒷받침해야 한다. 통일국가의 국토방위는 주변국의 침략(侵略, Aggression)[27]을 억제할 수 있으며, 억제 실패 시는 침략국의 침공목표 달성을 거부하는 수준을 유지해야 한다. 즉 침략군을 국토 밖으로 격퇴시켜 생존권을 원상으로 회복하고 상대국에도 동일한 수준의 보복을 할 수 있는 전면적 국토방위가 적절할 것이다.

---

27) UN총회 본회의는 1974년 12월 14일 침략의 정의를 "일국이 타국의 주권, 영역, 정치적인 독립 등을 직접적 또는 간접적 수단에 의해서 침해하려는 행위 또는 그러한 상태를 말한다"라고 규정하였다.

〈그림 6-1〉 통합안보전략 추진 과제 및 방향

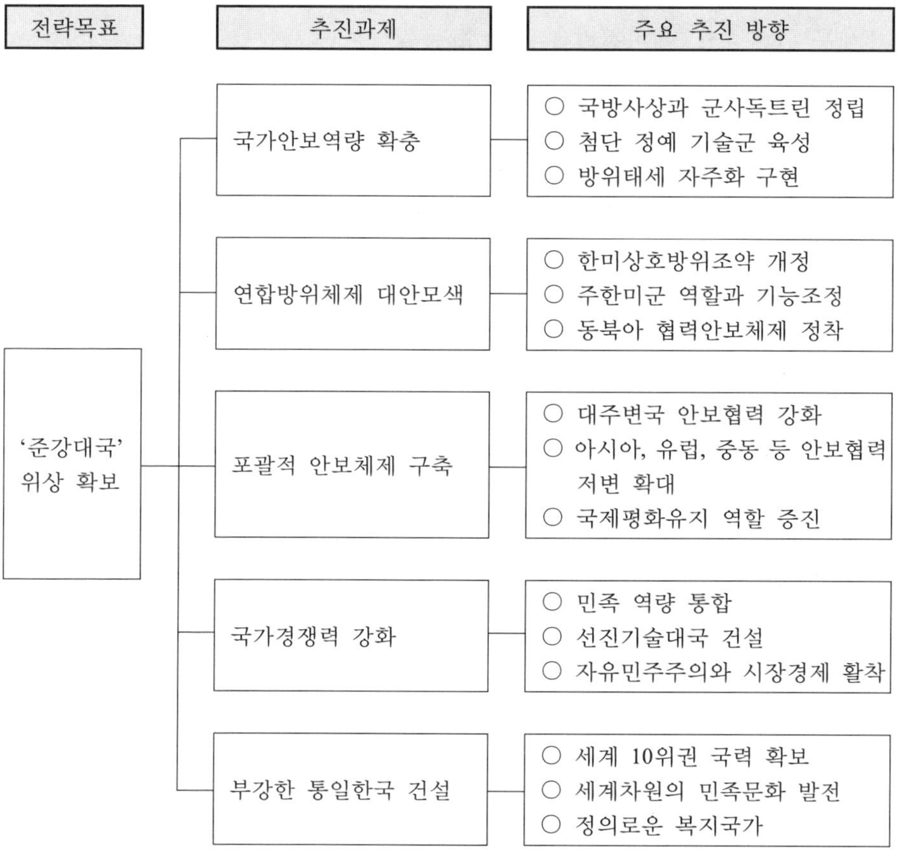

통일한국의 자주적 방위역량이란 통일한국의 군대가 국토방위의 주도적 역할을 수행할 수 있는 상태를 의미한다. 즉 한·미 동맹이나 세력균형 전략과 병행하여, 전쟁 억지능력을 구비한 독자적인 자주 국방태세의 발전이 필요하다. 이러한 통일한국의 국토방위는 어떤 국가, 어느 방향의 군사적 침공에도 융통성 있게 대처할 수 있는 제한된 '전방위전략(全防衛戰略, Défense Tous Aximute)'[28]의 수행태세를 기본으로 해야 할 것이다. 국경선·영해·영공에 대

28) 특정 국가만을 가상적(假想敵)으로 하지 않고, 또한 특정 동맹국에만 의존하지 않으며, 세계의 어느 국가가 공격해 오더라도 자국의 능력으로 대응할 수 있는 실력으로 전쟁의 발생을 억지하고 저지하며, 일단 전쟁이 발발할 경우에는 자주적으로 자국의 운명을 결정하는

한 경계태세를 구축하고, 적의 침공에 대한 조기경보가 가능하며, 억제불가시에는 정예의 기동예비전력을 투입하여 공세적 방어작전을 수행할 수 있는 작전태세를 완비하고, 예비전력을 신속히 동원하여 침략군을 격퇴할 수 있는 능력을 보유해야 한다.

이를 위해 통일한국군은 남・북한군의 통합과 재편성 과정에서 국토방위전략을 전면적으로 수행할 수 있는 능력을 갖추어야 한다. 가장 훌륭한 전략은 항상 강력한 군사력을 갖는 데 있다는 것은 만고불변의 원칙이다. 억지력이 없는 외교는 일시적인 미봉책이며, 정치적 자주는 바로 힘이 있을 때만 보장된다는 사실을 역사는 증명하고 있다.

통일한국의 안보정책목표는 자주 국방력을 계속 발전시키고 주변 4국과의 쌍무적 협력체제를 구축하며, 다자간 '집단안전보장(集團安全保障, Collective Security)'[29]체제에 참여해야 한다. 따라서 통일 달성 후 대한민국의 안보외교는 통일이전 상태와 비교시 질적인 변화가 불가피할 것이다. 왜냐하면, ① 통일한국의 위협 요인이 통일 이전보다 다변화하고, ② 통일한국은 통합된 국력을 바탕으로 동북아 세력균형체제에서 보다 중요한 인자로 부상할 가능성이 높기 때문이다.

통일한국의 안보정책은 중국과 러시아를 대상으로 하는 대륙전략(大陸戰略)과 미・일・중・러를 포함한 연안 도서 국가를 대상으로 하는 해양전략(海洋戰略)이 균형 있게 추진되어야 한다. 21세기 통일한국의 안보환경에 적합한 전력 및 지휘기구는 육・해・공군이 균형을 갖춘 구조와 작전의 효율성을 극대화할 수 있는 통합군 형태가 적합할 것이다.

그리고 안보외교를 적극 추진하여 대주변국과의 안보협력을 강화하고, 아시아, 유럽, 중동 등의 국가들과 포괄적 안보협력의 저변을 확대해 나가야 한다. 국제평화유지활동에 적극 참여하여 동북아평화와 세계평화에 기여하여야 한다. 민족역량을 통합하여 선진기술대국을 건설하고, 시장경제체제를 활착시켜 국가경쟁력을 강화하고, 세계 10위권의 경제대국과 문화대국으로 발전시켜 부강한 일류국가를 창달해야 한다.

정치・군사적 방책을 말한다.

29) 다수의 국가가 그 상호간에 무력행사를 금지하고, 이에 위반하여 전쟁 또는 무력행사를 행하는 국가에 대해서는 기타의 국가가 집단적으로 방지 또는 진압하는 것을 말한다.

(2) 국방전략 수행역량 제고

'안보'는 국가의 생존을 보장하는 산소요, 국민의 생명과 재산을 지키는 보험료다. 특히 통일과정과 통일 이후의 한반도 안보는 많은 도전에 직면할 것이다. 따라서 우리는 최악의 시나리오까지를 염두에 두고 안보역량을 강화해야 한다. '힘'은 불안한 정세를 진정시키는 특효약이 될 수 있다. 민족의 영광은 때로는 싸워서 쟁취해야 할 때도 있다.

통일 후 한반도 전장을 고려한 전쟁시나리오를 염출해 볼 때, 먼저 전장공간에 있어서는 서울을 중심으로 반경 1,500km를 고려할 필요가 있는바, 이 1,500km 내에는 북경, 상해, 동경 및 블라디보스톡 등 주요 도시가 포함되고 동아시아 산업의 80%, 군사력의 70%가 집결되어 있는 지구상에서 가장 중요한 전략적 핵심지역이기 때문이다.

예상되는 전쟁시나리오는 전쟁형태별로 국지·제한전은 인접국과의 국경분쟁, 독도 등 도서문제 및 동·서해에서의 해저자원 분쟁 등을 상정할 수 있으며, 전면전은 해양세력보다는 주로 대륙세력과의 전쟁을 고려할 수 있을 것이다.

이때 전쟁 전개 단계별 대응개념은 위기형성단계에서는 예방과 억제가 중요한바, 정치·외교·군사·심리전과 아울러 감시정찰체계 및 동맹관계를 최대로 활용하고 국지 및 제한전에서는 공세와 응징을 통한 우세 달성이 중요하며 필요시 선제공격도 고려하되, 동시에 확전을 통제해야 할 것이다. 전면전 시는 거부와 결전 개념 하에서 기반전력을 중심으로 거부와 결전을 시도하되, 동맹 및 연합작전을 구사하고 종전처리단계에서는 군사적 균형을 복원하여 평화를 회복할 수 있어야 할 것이다.

통일 후 한반도 안정을 위해서는 '거부적 적극방위전략'을 포함한 새로운 국방전략이 발전되어야 한다. 평시와 위기시는 외교력을 이용하여 위기를 방지하는 '예방·억제전략', 국지·제한전에는 적극적인 공세로 응징, 방어하는 '적극방위전략'이 필요하다. 전면전 시는 상대가 득보다는 실이 더 커서 조기에 철수하거나 휴전을 제의토록 강요할 수 있는 '거부 및 결전전략'이 필요하며, 동시에 우방·동맹국과의 협력을 활용하는 '자주적 연합전략'의 구사가 필요하다. 그리고 통일한국의 외교를 뒷받침할 수단으로 군사력의 중요성이 증가할 것이다. 즉 통일 이후에는 대한민국의 국제적 역할이 확대되는 데 따라 독자적인 힘의 뒷받침이 요구된다. 따라서 군사적 위협 대처에 치중한 통일이전의 국방체제를 비군사적 위협과 일상적인 외교를 뒷받침하기 위한 체제로 정비해야 한다. 즉 한・미동맹체제를 중심으로 다양한 다자간 협력안보체제를 구축하기 위하여 인력과 정책을 정비해 나가야 할 것이다.

장차 예상되는 미래전 양상을 예측해 보면 전력시스템에 있어서 감시・통제・타격체제의 복합적 발전에 따라 장거리 종심 감시 및 타격능력 증가, 정찰・감시범위의 확대와 실시간 지휘통제 및 장거리 정밀타격능력의 확대 등으로 전장에서 시너지효과가 극대화될 수 있다. 전쟁수행방식에 있어서는 전장공간이 수평적 전투중심에서 사이버 공간의 전투로 변화하고, 타격목표는 단순한 적의 부대, 병력, 무기 등의 유형적인 요소보다는 적의 정보시스템이 될 것이다.

또한, 역사적으로 새로운 전쟁패러다임을 적용함으로써 압도적 전승을 달성하였다는 교훈을 상기할 필요가 있다. 최근에는 전격전의 개념에 진보된 정보기술을 접목하여 발전시킨 미국의 걸프전과 이라크전을 예로 들 수 있다. 즉, 사막의 폭풍이론으로서 이는 공지전투(空地戰鬪, Airland Battle)이론[30]에 항공 및 우주이론이 가미된 것이다. 따라서 요망되는 미래전의 수행개념은 사막의 폭풍이론에 미래 기술정보의 발전을 접목시킨 “NCW 작전 환경하 입체고속기동전+정보마비이론”이 적용되어야 할 것이다. 즉 미래전 수행개념의 핵심은 정보 및 전자전 우선의 작전운영으로 마비효과를 극대화시킨다는 것으로 감시 및 정찰전력은 전 지역 정밀감시 및 정찰을 통해 전장상황을 인식하고, 정보 및 전자전 전력은 정보시스템 공격, 방공시스템 마비, 전원 단전 및 무력화, 정보인프라 마비에 역점을 두며, 해・공군과 미사일 등 정밀타격전력은 장사정 정밀타격으로 적의 중심을 마비시키고, 지상전력 및 해병대는 적 지상군을 고착하면서 적이 충분히 마비 및 무력화된 다음 전장에 투입, 전쟁종결에 기여토록 해야 할 것이다.

30) 재래전에 핵, 화학, 전자전 등의 가용전투력을 최대로 통합, 제대별 종심공격으로 전장을 확대하여 적 선두 및 후속제대를 동시에 타격함으로써 조기에 주도권을 장악하여 승전의 가능성을 증대시키는 공세적 기동전을 말한다.

(3) 역내 안보환경의 주도적 관리

21세기 안보전략의 기조는 자위에 필요한 방위충분성 전력을 유지하는 바탕 위에서 전통 우방국과의 쌍무적 동맹관계를 견지하면서, 집단안보체제에 적극 동참하는 자위, 동맹, 집단안보의 3원 체제를 유지해야 할 것이다. 왜냐하면 강력한 주변국에 둘러싸인 우리는 3원 체제를 통해서 자주권과 안전보장을 동시에 확보할 수 있기 때문이다.

중견국가인 통일한국의 출현은 역내 세력균형에 영향을 초래할 것이다. 국가간 상호 갈등 및 역사적으로 잠재된 불안정 요인이 보다 구체적으로 표출될 가능성이 높아질 것이다.

통일한국은 동북아지역 국가로부터 안보위협을 최소화하고, 안정적인 세력균형 질서를 토대로 상호 공존·공영할 수 있는 평화를 보장하기 위하여 지역 공동안보를 추구해야 할 것이다. 동북아 지역의 안정적인 세력균형 관계는 통일한국의 안보에 매우 긴요하다. 따라서 통일한국은 현재 휴전선 이북의 북한지역을 주변 4국간의 군사적 완충지대(緩衝地帶)로 설정함으로써, 미·중, 미·러 간의 직접적인 군사적인 대치를 차단하는 완충공간의 조성을 검토할 필요가 있을 것이다.[31] 통일한국은 지역 3국인 일본, 중국과 러시아에 대해서 비적대적인 등거리 세력균형을 기본전략으로 견지해야 하며, 그러한 세력균형의 안정화가 지역평화와 한반도의 안전에 유리할 것이다. 특히 중국과 일본 간의 지역 패권경쟁에 대해서 균형자적인 대응이 필요하며, 그러한 의미에서 한·미·일 안보협력의 문제는 신중한 대처가 필요하다. 그러므로 대일관계는 한·미동맹의 틀 안에서 중국과 러시아와의 상호 균형관계를 신중하게 고려하는 전략선택이 불가피할 것이다.

전략적으로 한 국가가 생존하기 위한 최선의 방책은 적의 전쟁하려는 의지를 봉쇄하는 것이며, 그 다음은 동맹관계를 끊어 고립시키는 일이다.[32] 우리는 이 의미를 되새겨 억지전략과 동맹전략을 발전시켜 나가야 한다. 주변국도 한반도 지역에서 주도권을 확보하기 위하여 이러한 경구를 활용하려 할

31) 역사적으로 한반도 39도선 이북지역에 대한 중립 완충지대 방안은 1902년 러시아에 의해서 일본에 제안된 바 있었으나, 일본에 의해 거부된 전례가 있다. 이러한 중립 완충지대 방안은 20세기 초와는 시대와 환경 그리고 목적이 모두 다르긴 하지만, 통일한국이 주도적으로 고려할 수 있는 전략구상의 일단을 시사할 것이다.

32) 손자, 손자병법 "上兵伐謨 其次伐交 其次伐兵 其下攻城" 참조.

것이다.

동북아 지역에서는 유럽의 NATO와 같은 형태의 동북아 공동안보를 기대할 수는 없겠지만, 한반도를 중심으로 안정적인 세력균형 관계를 기초로 역내의 국가들이 공존·공생·공영을 추구하는 형태의 공동안보의 실현은 가능할 것으로 판단된다. 이러한 공동안보협의체의 발전은 동북아의 평화와 안정은 물론 통일 이후의 한반도 평화를 위한 환경조성에 매우 유익한 진전이 될 것이다. 즉 한반도가 통일되면, 1(통일한국) + 1(미국) + 3(중·일·러)의 동북아 5자 공동안보체제에 의해서 통일한국은 동북아지역 공동안보를 토대로 평화지향적인 중심국가로서의 국가위상을 확보할 수 있어야 한다.

이를 위해 기 설립된 지역 다자안보협력 대화체제에 적극적으로 참여하고 지역 내 국가간 협력안보 구현에 기여해야 한다. 또한 지역 군비통제기구의 설립을 추진하여 한반도 및 동북아의 안전과 평화기반 조성 노력에 적극 참여해야 할 것이다.

국가안보를 군사력으로만 유지하는 시대는 지났다. 안보전략을 번영전략 및 일류국가전략과 분리할 수 없는 시기가 도래했다. 군사력보다 경제력이 더 막강한 안보를 가져올 수 있고, 대외적인 적의 위협보다 국가 내부의 불안정이 더 위협적일 수 있다. 안보의 개념이 보다 포괄적으로 바뀌면서 경제력, 정치적 안정 및 민주주의, 정부의 질, 첨단기술, 국민결속 등이 안보에 필수적인 자원으로 떠올랐다. 국방예산이나 군대를 늘리는 것 못지않게 이를 효율적으로 관리하고 국민적 신뢰를 이끌어 낼 수 있도록 정부의 질을 향상시키는 것이 중요할 수 있다. 따라서, 군사력 이외에 안보강화에 필수적인 비군사적 영역에서의 국가적 역량과 자원을 개발하는 안보전략을 수립해야 한다.

우리는 한반도가 갖는 지정학적인 중심성을 기초로 하여 국가의 위상을 확립하고 나아가 민족웅비의 기상을 드높일 수 있는 비전을 추구하여야 한다. 그리고 우리가 민족적인 통합역량과 자주적 국력을 확보하고, 한반도가 처한 전략적인 중심을 잘 활용하면 세력균형자의 역할을 수행할 수 있을 것이다. 한반도를 중심으로 한 주변 국가들의 세력관계가 불투명하면 할수록 지역 내의 안전을 증대시킬 수 있는 '공동안보체'나 '다자협력체제'의 형성 필요성이 더욱 높아질 것이다. 즉 세계 4강의 중간 위치에 있는 대한민국은 국제질서 변화로 인해 위험도 따르지만 새로운 기회도 주어진다는 점을 중시할 필요가

있다.[33)]

지금까지 기술한 안보전략을 추진목표, 추진기조와 추진과제를 체계화하면 〈그림 6-2〉 안보전략 체계도와 같다.

〈그림 6-2〉 안보전략 체계도

33) 최근까지도 대한민국의 운명을 지배해온 요소 중의 하나가 한반도의 지정학적인 위치였는데 '맥킨더'의 '대륙 심장지대론'에 의하면 한반도는 대륙세력과 해양세력이 교차하는 특수성을 가지고 있으나, 대륙에 접속된 반도지대이므로 어디까지나 대륙세력에 편향된 것으로 보는 반면, '스파이크맨'의 '주변지대론'에 따르면 세계분쟁의 진원지로 대륙과 해양 양대 세력의 중심으로 인식되고 있다. 한반도를 지정학적인 관점에서 개관한 2대 학설이 이렇게 편향과 중심으로 혼합 주장되고 있는 바와 같이 한반도의 지정학적 위치는 중앙적(Central), 병참적(Communication), 기지적(Base), 육교적(Landbridge), 그리고 완충적(Buffer)인 모든 기능이 복합적으로 수행되는 중요지대로서 오늘날의 표현을 빌리자면, 미국의 전초기지이고, 일본의 긴요지대이며, 중국의 변방지대이자 러시아의 동방초소이다.

제 2 절 번영 · 발전전략

1. 번영 · 발전전략의 목표

(1) 부강한 나라

우리 민족이 2030년까지 건설해야 할 '부강한 나라'의 모습은 어떤 것이어야 하는가? 우리는 우리가 지향하고자 하는 국가의 모습을 명확하게 가시화할 필요가 있다. 비전이 모호할 경우에는 전략적인 선택이 모호해지고, 지향하고자 하는 목표도달이 어렵게 된다. 국가적인 비전을 명확히 설정하여 그 방향으로 모든 역량을 결집할 수 있는 전략추진이 필요하다.

21세기에 세계일류국가가 되기 위해서는 국가가 부강하여야 한다. 그런데 미래의 일류국가는 부강하기만 해서는 안 된다. 부강한 나라이면서 세계의 모든 사람들의 공감을 얻을 수 있는 이념과 가치관이 있어야 한다. 우리는 이런 두 가지 조건을 충족할 수 있는 여건을 갖추어 나가고 있다.

21세기 지식정보화 사회에서 우리는 부강한 나라가 되기 위한 전제조건인 뛰어난 강점들을 많이 갖고 있다. 그 강점 중 하나는 우수한 두뇌다. 여기서 우수한 두뇌란 단지 암기력이 뛰어나다는 것이 아니고 창조력이 우수하다는 것이다. 이 지구상에 사는 민족 중에서 이스라엘 민족과 한민족이 가장 우수하다는 것은 이미 영국의 저명한 연구기관에서도 발표한 적이 있다. 이 우수한 두뇌는 특히 IT 분야에서 두각을 나타낸다. 가상공간을 상정하고 이해하는 수준은 물질문명(物質文明)에 경도된 역사를 살아온 서양보다 정신문명(精神文明) 위주로 살아온 동양이 유리하다. 저마다 세계 최고가 되겠다는 희망이 기업을 비롯한 사회 곳곳에 뚜렷한 목표로 자리잡고 있다. 부강한 나라가 되기 위해 우리는 경제력과 기술력에 바탕을 둔 소프트파워를 극대화하여 국제적으로 공헌함과 동시에 국익을 최대한 확대해야 한다.

부강한 나라의 이념체제는 인간 존엄성의 보장이란 가치의 추구에서 출발해야 하며, 이를 실현하기 위해서는 자유와 평등, 복지라는 보편적이며 핵심적인 가치의 구현이 중요하다.

부강한 나라의 정치체제는 헌법에 의한 자유민주주의 기본질서를 토대로 하여, 지역갈등의 해소, 국민의 다양한 인식과 정치세력간의 이견과 갈등을 평화적으로 해결할 수 있는 방향으로 정착되어야 한다. 선진일류정치는 한마디로 자유민주주의 정착을 의미한다. 앞으로는 단순한 '권력투쟁형 정치'가 아니라 '국가경영형 정치'가 되어야 한다. 이익을 추구하는 정치가 아니라 가치를 추구하는 '정책경쟁형 정치'가 되어야 한다. 그래야 진정으로 선진일류정치라고 할 수 있다.

부강한 나라의 경제체제는 사유재산제도와 시장경제원리를 바탕으로 하는 자본주의 시장경제체제를 기본으로 삼아야 한다. 시장경제체제는 그동안 경제의 고도성장을 실현하고, 국민의 복지를 증진시키는 데 있어 상대적으로 우월한 제도임을 입증하고 있다.[34)]

소프트파워의 하나인 과학기술 개발을 위한 국가전략을 수립하는 것이 중요하다. 그리고 무엇보다도 중요한 것은 국제사회에서 발언권을 확보하여, 영향력 있는 국제적 결정과정에 적극적으로 참가해야 한다.

또 창조적인 문화의 힘을 바탕으로 우수한 우리의 문화를 세계에 소개하여 국익을 증가시켜야 한다. 정보화시대에 발맞추어 인터넷을 통해 홍보하고, 각종 NGO를 포함한 시민사회단체 등을 적극 활용한다.

그리고 다른 나라가 '좋아하는 나라'가 되어야 한다. 즉, 문화적 매력(魅力)국가가 되어야 한다. 문화적 매력국가란 자신만의 전통문화를 세계문화와 창조적으로 융합하여 새로운 고품격의 세계적 보편문화를 창조하는 데 크게 기여하는 나라를 의미한다.

부강한 나라의 교육체제는 우선 평생학습사회가 구현되어야 한다. 모든 국민이 언제 어디서나 최소 비용으로 필요한 내용의 교육과 훈련을 마음껏 받을 수 있는 사회가 되어야 한다. 학교교육만이 아니라 직장교육, 지자체교육, 유아교육, 노인교육 등 여러 형태의 평생교육이 활성화되고 일상화되어야 한다.

국가지도자가 제일 먼저 해야 할 일은 최단시간 내에 통치체제를 확립하

34) 번스타인이 쓴 「부의 탄생 (The Birth of Plenty)」에서는 부자나라의 네 가지 조건으로 자유로운 재산권의 보장, 과학적 합리주의, 효율적 자본시장, 그리고 빠르고 효율적인 통신과 교통수단을 지적하고 있다. 1700년 네덜란드가 영국보다 두 배나 많은 소득으로 유럽 최고의 부(富)를 누린 것도 재산권의 확고한 보장과 혁신적 발명, 새로운 혁신을 좇는 합리주의에서 비롯되었다는 것이다(복거일 외, 앞의 책, p. 91).

는 일인데 그 중에서도 가장 우선적인 과업은 국가통치 대전략을 수립하는 일이다. 주어진 환경은 복잡다기하고 해야 할 과업은 많고 크다. 무엇부터 관심을 갖고 무슨 일부터 시작해야 할 것이며, 어느 정도의 노력을 집중해야 할 것인가를 국가전략 차원에서 계획하고 추진해야 한다.

이처럼 먼저 무슨 일을 어떻게 할 것인가 하는 과업을 설정하면서 전략을 짜고 그리고 과감한 개혁을 통해서라도 그것을 수행하기에 가장 적합한 통치조직 체제를 구상함과 동시에 그러한 조직 속에서 새 과업을 수행하기에 가장 적합한 인재를 선발한다면 통치태세는 정립이 되는 것이다. 이러한 조건이 갖추어지면 세계를 선도하는 부강한 일류국가가 될 수 있을 것이다.

(2) 통일된 한민족 민주공동체

21세기에 한민족이 번영, 발전하기 위해서는 먼저 7천만 민족구성원 모두가 나라의 주인이 되며, 인간의 존엄성을 존중받으면서 자유와 복지가 보장되는 민족공동체를 형성하는 과정이 평화롭게 진행되어야 한다. '1민족, 1국가, 1체제, 1정부' 형태의 민주국가는 근본적으로 인류의 보편적 가치를 구현하는 체제가 되어야 하며, 개인은 자유와 존엄성, 복지와 행복을 최대한 누릴 수 있어야 한다.

통일이 된 이후라도 그것이 장기적인 안목에서 우리 민족의 발전에 지장을 줄 만큼 혼란과 좌절을 가져오는 통일이 되어서도 안 된다. 정치, 사회, 경제적으로 그리고 안보적 차원에서 보아도 명확히 민족적 발전과 국가적 번영을 위해 도움이 되는 그런 방향으로 통일이 되어야 하는 것이다. 한 마디로 통일 이후에도 지속적으로 번영발전할 수 있는 자유민주주의 사회를 건설하는 것이 통일정책의 궁극적 목표가 되어야 한다.

평화를 수호하는 단계에서는 대립의 관계에서 화해와 화합의 관계로 발전시켜 나감으로써 궁극적으로 민족의 평화공존 여건을 조성하는 것이 전략의 기본이 되어야 할 것이다. 왜냐하면 현대의 국제정치 상황 하에서 전쟁을 통해 통일을 달성한다는 것은 기대하기도 어려울뿐더러 현대 전쟁의 파괴적 특성에 비추어 바람직한 것도 아니기 때문이다.

통일의 과정에서 지향해야 할 또 하나의 중요한 가치는 열린 민족주의이다. 우리의 민족주의는 한민족사회의 여러 갈등을 해소하는 통합원리의 기반으로 작용할 수 있다. 남북 서로간의 다양한 갈등의 존재를 인정하면서 이러한 갈등의 원만한 해결을 위해서는 자유민주주의와 시장경제를 바탕으로 하는 '열린 민족공동체'의 건설이 중요하다. 이러한 민족공동체는 인간답게 함께 사는 그리고 자유로운 삶을 구현하면서, 서로 협력하고 자유롭게 살아가는 통일 조국의 터전을 만들어 가야 한다.

우리 앞엔 물론 통일이란 고비가 있다. 그 고비를 잘 넘기는 일은 무척 힘들 것이다. 한민족으로서 통일을 바라지 않는 사람은 거의 없다. 그리고 대부분의 사람들은 통일이 되면 한민족이 민주공동체 틀에서 더욱 번영할 것이라고 기대한다. 독일의 경험에서 보는 것처럼, 단기적으론 상당한 혼란과 비능률이 나올 것이다. 그러나 길게 보면 통일은 우리 사회에 활기를 불어넣는 계기가 될 것이다.

(3) 골고루 잘사는 행복한 사회

우리 국민들이 잘살 수 있는 길에 대해서는 다양한 의견이 있겠지만, 가장 중요한 것은 일차적으로 소득이 증가해야 된다. 보다 구체적으로 말하면 1인당 실질소득, 즉 1인당 구매할 수 있는 능력이 증가해야 한다. 그러면 소득이 증가하면 행복해질까? 그동안의 많은 연구결과로 보면[35] 일반적 · 평균적으로 그것은 사실이라는 것이다.[36]

우리가 마침내 가장 잘사는 나라들의 반열에 들어 오랜 꿈을 이루면, 우리는 선진일류사회를 이루는 마무리 작업을 맞을 것이다. 경제발전이 사회발전의 선도적인 역할을 하므로 다른 부문들은 좀 부진할 수 있을 것이다. 따라서 그런 부문들도 선진국 수준으로 끌어당기는 노력이 나와야 할 것이다.

지난 반세기 동안의 근대화와 성장과정에서 대한민국은 성장 위주의 가치관을 강조하여 분배문제를 소홀히 하였으며, 그로 인해 발생된 계층간의 빈부차이는 사회의 안녕과 질서를 해치는 심각한 불안요인으로 작용하고 있다.

---

35) 1992년 루 호벤(Lu Hoben) 교수는 여러 나라를 대상으로 한 조사결과를 엮은 저서 「다양한 국가에서 행복함」에서 "경제적 번영이 행복의 가장 강력한 변수 가운데 하나이다"라는 결과를 내놓았다. 그리고 다니엘 올리버(Daniel Olieber)는 논문 "돈은 행복을 살 수 있다"에서 49개국을 대상으로 한 조사결과를 바탕으로 "경제적 자유와 행복간의 관계는 더욱 설득력이 있다"고 말하고 있다.

36) 공병호, 대한민국 번영의 길(해냄, 2005), p. 28.

따라서 성장의 과실을 공정하게 나누는 문제는 선진인류국가에서 지속적인 경제성장과 국민의 삶의 질 향상을 위한 기본 전제이다.

시장이 자유를 요구하고 국가가 정의를 목표로 한다면, 건전한 시민사회는 선진일류사회를 이룩하기 위하여 박애(博愛, Fraternity), 즉 '이웃사랑과 나눔'을 대변하고 실천하여야 한다. 세계화 시대의 성숙한 시민사회의 역할은 국내에서의 사랑과 나눔에 그치지 말고, 이웃 빈곤국과 지구촌 전체에 대한 사랑과 나눔을 실천하여야 한다.

(4) 삶의 질이 보장된 희망찬 국민

지식정보화사회에서는 국가간의 경쟁이 군사력을 중심으로 한 국가적인 생존과 안보문제 위주에서 삶의 질 향상을 위한 경제발전문제를 위주로 전개되고 있다. 이 때문에 새로운 경제 블록이 형성되고 있고, 정보, 외교부서기관들이 경제위주로 기능과 임무를 전환하고 있다.

'경제 · 사회발전'이란 사회구성원들이 번영과 발전의 정신을 가지고 '삶의 질(Quality of Life)'의 향상을 통해 성공하는 사람이 되는 과정이다. 아무리 큰 부자라 하더라도 자기성취감이 부족하고, 인생을 잘 헤쳐나가고 있다는 믿음이 없으면 발전하고 있지 않은 것이며, 가난한 사람도 지금 하는 일과 이루어낸 결과에 대한 성취감이 있고 미래에 대한 의욕과 자신감이 있다면 발전하고 있는 것이다.[37)]

선진경제가 국민의 삶의 질의 향상으로 연결되려면 경제가 반드시 '고용 있는 성장'을 통하여 이루어져야 한다. 일자리를 갖는다는 것이 최대의 복지이기 때문이다. 즉 노동능력과 노동의사가 있는 대부분의 국민을 위하여서는 '일하는 복지'를 보장하는 것이 가장 중요하다.

---

37) 프리드리히 헤겔(Friedrich Hegel)은 남으로부터 인정받고자 하는 인간의 열망(Struggle for Recognition)이 역사발전의 원동력(原動力)이라 했다. 애덤 스미스는 가난을 피하고 부자가 되고자 하는 인간의 열망은 물질적 필요 때문이 아니라 주위로부터 존경받고 대접받고자 하는 허영심(Vanity)에서 나온다고 했다. 또한 부를 쌓기 위한 모든 노고와 부산함은 주위로부터 관심을 끌고 동정과 인정을 받고 자기만족을 느끼기 위함이라 했다. 부자는 자기가 쌓은 부가 세상 사람들의 주의를 끌 것임을 알기 때문에 부를 영광스럽게 여기지만 가난한 사람들은 세상 사람들의 관심 밖으로 밀릴 것을 알기 때문에 그 가난을 부끄럽게 생각한다는 것이다. 밖으로부터 인정받고자 하는 열망과 허영심과 자기성취의 욕구가 만들어 내는 발전의 정신이 촉발하는, 성공을 위한 질주가 바로 발전의 과정이라 할 것이다.

따라서 정부는 가능한 높은 경제성장률을 유지하면서 고용극대화를 도모하는 경제정책을 추진해야 한다. 인력의 불완전취업이나 실업이 사회적으로 큰 문제가 되지 않아야 비로소 선진일류경제라 할 수 있다. 한마디로 고(高)성장과 고(高)고용이 함께 가는 경제가 일류경제다.

선진일류국가는 복지를 억제하면서 성장만을 추구할 수는 없는 것이다. 성장과 복지는 성장과 분배와 마찬가지로 더 이상 대립개념이 아니며 동시에 추구하지 않고는 어느 하나도 달성할 수 없는 것으로 이해되어야 한다. 즉 소외된 계층의 아픔을 함께 나누는 더불어 사는 사회의 기반이 없이는 지속적이고 안정적인 성장이 불가능하다. 아울러 분배 악화 등 사회적 갈등이 심화될 경우 경제의 안정적 성장을 기대하기 어렵다는 사실을 인식해야 한다. 결국 사람이 중심이 되는 체제하에서는 인적 자원을 확충하는 성장 과정이 인적 자원을 보호하는 복지의 기초가 되고 성장동력의 핵심인 사람을 복지를 통해 보호하는 것이 중요하다. 복지가 21세기 한국경제의 지속적 성장을 가능하게 하는 원동력이라는 것에는 의심의 여지가 없다. 나아가 복지확충을 통해 더불어 사는 사회를 만드는 것은 앞으로 대한민국이 세계일류국가로 도약하는 토대가 될 것이다. 그러나 보다 중요한 것은 구호로 끝나는 실효성 없는 복지가 아닌 복지혜택이 필요한 국민들에게 필요한 만큼 제대로 전달될 수 있도록 복지의 실효성을 최대한 높이는 것이다. 특히 국토가 협소하고 집 소유에 대한 애착이 강한 국민들의 삶의 질 향상을 위해서는 주거문화의 개선이 중요하다.[38] 아울러 복지의 지속가능성에도 관심을 기울여야 한다. 지속가능한 복지체계를 구축하지 않고는 성장과 복지간의 조화를 도모할 수 없기 때문이다.[39] 그러나 전략가들은 동반성장의 동력을 상실하지 않도록 주도면밀한 전략을 발전시켜야 한다. 왜냐하면 삼페인을 먼저 터트리는 일이나 파이를 먼저 나누어 먹는

38) 정부가 전략적으로 추진해야 할 주거관련 정책은 5가지로 압축할 수 있을 것이다. ① 수도권의 국제경쟁력 강화를 위해 자족기능을 보완하고 수도권정비계획법령 등의 관련법령을 개정해 수도권의 관리방식을 계획적 관리체계로 전환해야 한다. ② 정부와 부동산시장의 역할을 재정립해 정부정책을 규제 위주에서 시장의 자율에 맡기는 방향으로 전환해야 한다. ③ 양극화를 해소하고 양질의 주택을 저렴한 가격으로 공급할 수 있도록 임대주택 체계를 전면적으로 개편해야 한다. ④ 부동산시장의 관리를 수요관리 위주에서 수요·공급 동시 관리정책으로 바꿔 외부 환경변화에 능동적으로 대처해야 한다. ⑤ 인간과 환경을 중시하는 친환경적인 도시 인프라를 갖춘 압축형 신도시(Compact City)의 개발기법을 도입해 인간과 커뮤니티 중심의 신도시를 만들어야 한다(문화일보, 2007년 8월 1일).

39) 복거일 외, 앞의 책, pp. 250-252.

일은 국민 모두의 빈곤을 자초하는 지름길이기 때문이다.

한 나라 국민의 전체 소득은 그 나라에서 생산된 총생산물의 가치를 초과할 수는 없다. 그렇기 때문에 잘살기 위해서는 생산량 또는 생산물의 가치를 늘려야 한다. 제도와 정책이 국민으로 하여금 더 열심히 일하고 더 좋은 기술과 장비를 지속적으로 투입하도록 만들면 총생산물의 가치가 증가하고 국민소득이 증가한다. 대한민국의 지난 50년 경제발전이 바로 이 과정이었다. 희망찬 국민이 되기 위해서는 국민의 행복지수가 높아져야 한다. 이를 위해서는 우리 민족 고유의 신바람이 불어야 한다.

2. 번영 · 발전전략의 추진기조

(1) 지속적이고 건전한 경제발전

미국발 세계적인 경제위기 속에서 대한민국은 지금 국내외적으로 많은 도전에 당면해 있다. 경제성장동력은 계속 떨어질 전망이며, 투자율과 성장률은 하락하고 있다. 新빈곤층은 증가하고 저출산과 고령화는 빠르게 진행되고 있다. 사회는 좌우, 내지 보수와 혁신으로 나뉘어 분열과 대립의 골이 깊어지고 있다.

한 나라 경제가 지속적으로 높은 경쟁력과 생산성을 유지하려면 무엇보다 새로운 기술과 생산시설이 계속 생산과정에 투입되어야 한다.[40] 그런데 우리나라의 설비투자 증가율은 지난 5년간 연평균 1%에 불과하다. 기업들이 새로운 기술과 설비에 대한 투자를 주저하는 경제에 미래가 있을 수 없다. 성장잠재력은 한 나라 국민 중 얼마나 많은 국민이 경제활동에 참가하는가에도 달려 있다. 선진국은 대부분 70% 수준인데 비해 지금 대한민국의 경제활동 참가율은 60%를 약간 넘고 있다. 대한민국에서 인구 10명 중 4명은 남의 돈이나 저축해 놓은 돈으로 살고 있다는 뜻이다. 남의 돈으로 살거나 벌어놓은 돈을 까먹고 사는 사람이 많은 경제가 활력이 있을 리 없다.

또 성장 잠재력은 그 나라가 얼마나 개방적이고 경제적인가에도 달려 있

---

40) 1인당 실질생산량은 노동력을 비롯한 자원의 투입량을 줄이면서도 더 많은 산출물을 만들어 낼 때 늘어난다. 적게 투입하고 많이 만들어 내는(Less Input, More Output) 경영의 기본원칙을 직업영역에 적용하면서 실질소득은 꾸준히 증가해 왔다(공병호, 앞의 책, p. 30).

다. 그런데 지금 대한민국 경제에는 개방과 경쟁을 반대하는 이익집단의 목소리만 높아지고 있다. 노동・자본・토지의 조달과 배분을 담당하는 요소시장은 각종 규제에 묶여 시장으로서의 제 기능을 못하고 있다. 노동이나 토지를 시장원리에 따라 생산적 용도에 배분하자고 하면 반사회적인 주장으로 여겨질 정도다. 특히 세계 금융위기는 각종 규제 강화와 일부 은행의 국유화 등으로 보호주의를 강화하는 방향으로 진행될 것이다.

우리가 합심하여 이들 도전을 성공적으로 극복하고 넘어서서 로스트가 주장한 이륙모형을 지속적으로 유지하면[41] 이 위기의 시대를 오히려 발전과 도약의 기회로 만들 수 있다. 지금의 이 어려움을 대한민국 선진일류화의 기회로 만들 것인가는 전적으로 우리 국민의 올바른 상황 판단과 결단을 통한 행동에 달려 있다. 우리가 바르게 인식하고 단호하게 행동한다면 우리의 미래는 밝을 것이다. 그러나 그러지 못하면 우리는 추락하는 중진국을 후손에게 남겨주게 될 것이다.

발전의 과정이란 정치제도와 경제제도가 발전친화적(發展親和的)으로 바뀌어 스스로 노력하는 국민을 더 우대함으로써 국민들을 스스로 돕는 국민들로 만들어 내는 과정인 것이다.[42] 따라서 발전을 일으키려면 정치와 경제제도를 발전친화적으로 바꾸어낼 수 있어야 하는 것이다. 여기서 스스로 노력하는 자를 돕는 훌륭한 리더의 역할이 필수적임이 분명해진다.[43] 발전의 과정은 선

41) 로스트는 성장과정(成長過程)을 다섯 단계로 나눴다. ① 전통적 사회 ② 이륙이전상태 ③ 이륙 ④ 원숙지향 ⑤ 높은 대중소비단계이다. 이 중에서 모형의 핵심은 이륙단계다. 여기서 이륙은 비행기가 임계 속도를 얻어 이륙하는 모습에 대한 유추다. 그런 이륙은 빠르게 커지는 수출시장이나 큰 규모의 경제를 보이는 산업과 같은 '선도 부문들'에 의해 이뤄지며, 일단 이륙한 경제는 지속적으로 성장할 수 있다.

42) 헤겔의 '인정받기 위한 열망'과 애덤 스미스의 '허영심'을 자극하는 것이 바로 발전원리(發展原理)의 출발이다. 국민 전체를 각자가 이룬 성과에 따라 차별화하여 보상함으로써 스스로 노력하는 자에게 영광이 돌아가게 하는 것이 인정의 열망과 허영심을 촉발시키는 길이 된다. 사회의 모든 유인구조를 학교, 사회, 시장과 조직 등 사회의 모든 부문에서 보다 나은 성과를 내는 사람이 더 대접받게 만들어 냄으로써, 국민 모두가 '성공하는 사람'이 되어 남으로부터 인정받고 박수를 받는 길이란 오직 스스로 열심히 성과를 내어 사회로부터 평가를 받아내는 길이 최선임을 느낄 수 있도록 해야 한다.

43) 영국의 마거릿 대처 전 총리의 경험을 되돌아볼 필요가 있다. 개혁을 할 때는 실업률도 올라가고 경제성장률도 곤두박질쳤다. 그러나 대처는 "지금은 어렵지만 이렇게 꾸준히 하면 영국은 살아날 수 있다"는 강한 신뢰감을 국민에게 심어주었다. 우리의 지도자들도 지금 대외여건은 어렵지만 이렇게 하면 잘살 수 있다는 당위성을 펼쳐 신뢰감을 주어야 한다. 어렵다고 포퓰리즘으로 가면 망한다. 과실은 시간이 걸리고 후대에 오게 된다. 지도자는 기반을

순환 구조로 정착되는 것이 중요하다. 우선 발전과정의 시발은 매 단계마다 스스로 노력하는 자를 보다 우대하는 경제적 원리가 실천될 수 있는 틀을 만들면서, 소외된 자에 대한 배려도 고려되어야 한다.

선진일류국가가 된다는 것은 결코 쉬운 일이 아니다. 20세기에 들어서 미국과 유럽을 빼고 선진국 진입에 성공한 나라는 일본뿐이다. 남미의 아르헨티나, 브라질, 그리고 유럽의 체코와 같이 20세기 초반에 선진국 입구까지 갔다가 주저앉아 버린 나라들이 적지 않다. 그런데 이들은 대부분 선진국 진입에 실패한 후 중진국의 위치도 유지하지 못하고 후진국으로 추락해 버렸다.[44]

21세기 지식정보화시대에 선진경제가 되려면 적어도 첨단 지식산업과 정보산업이 주축이 되는 지식경제화에 성공하여 2030년 이전에는 일인당 실질 국민소득이 4만불 이상이 되는 경제를 만들어 내야 한다. 이를 위해서는 무엇보다도 먼저 개척자적인 기업가정신과 국민의 '경제 하려는 의지(Will to Economize)'가 활기차게 넘치는, 그리하여 높은 수준의 혁신투자와 지식투자가 지속적으로 이루어지는 다이내믹한 경제를 만들어 내야 한다. 요컨대 드러커(P. Drucker)적 지식경제와 슘페터(J. Schumpeter)적 혁신경제의 결합이 일어나는 경제를 만들어야 한다.

(2) 지역 · 산업 · 계층간 균형발전

대한민국은 지역 · 산업 · 계층간 균형발전을 헌법으로 보장하고 있다. 즉 헌법 제122조에서는 "국가는 국민 모두의 생산 및 생활의 기반이 되는 국토의 효율적이고 균형 있는 이용 개발과 보전을 위하여 법률이 정하는 바에 의하여 그에 관한 필요한 제한과 의무를 과할 수 있다"라고 명시하여 국토의 균형개발을 규정하고 있다. 그리고 제123조에서는 ②항에서 "국가는 지역간의 균형

마련하고 혜택은 후대가 누릴 수 있도록 해야 한다.

44) 아르헨티나는 1900년대 초반만 하더라도 全세계 5-6大 부자나라로 캐나다에 버금가는 나라였다. 당시 파리 사교계에서는 '아르헨티나 사람처럼 부자'라는 말이 유행할 정도였다. 그러나 1940년대 페론 대통령으로 대표되는 인기영합 위주의 대중정치와 잦은 군부 쿠데타 등으로 하락의 길을 걸었다. 필리핀은 선진국이었다고 말하기는 어렵지만, 적어도 1950-60년대만 하더라도 아시아에서는 일본 다음 가는 아시아의 일류였다고 말할 수 있다. 지금 서울 광화문에 있는 미국대사관 건물을 필리핀이 건설할 정도로 기술과 자금력이 있는 나라였다. 1970-80년대에 영국은 영국病, 네덜란드는 네덜란드病에 걸렸으며, 아일랜드는 '西유럽의 병자'라고 불렸었다. 이 세 나라는 조금씩 다르기는 하지만 성장보다는 복지를 우선하다 국민간 갈등이 빚어지는 가운데 성장이 멈춘 경우였다.

있는 발전을 위하여 지역경제를 육성할 의무를 진다"라고, 또 ③항에서는 "국가는 중소기업을 육성해야 한다"라고 각각 명시하고 농어민 보호조항을 두어 지역과 산업간 균형발전을 규정하고 있다. 그리고 국민의 교육과 근로의 권리 등 각종 권리를 부여하여 계층간의 균형발전도 도모하고 있다.

대한민국은 이제 산업화와 민주화를 이룩한 '중견국가(中堅國家)'에서 삶의 질이 높은 선진부국으로 발전하는 과정에 있다. 그런데 경제는 성장잠재력이 쇠약해지고 지역・산업・계층간 소득 격차가 확대되어 국민의 고통이 가중되고 있다. 21세기 세계화와 지식정보 기술혁명 중에서 또다시 위기와 난관에 봉착해 있다. 통합을 통한 국민적 역량이 분산되고, 국민과 사회 통합은 큰 어려움을 겪고 있다.

지역간 균형발전은 장기적인 차원에서 이루어져야 한다. 그러나 우리는 지방이 원하는 건 결과의 균형이 아니라 기회의 균형임에 주목해야 한다. 지방은 그동안 공정한 발전의 기회를 제공받지 못했다. 과거 정부의 국정 운영에 미흡한 점이 많았지만 그렇다고 균형발전이란 목표를 부정해선 안 된다.

수도권 규제는 완화돼야 한다. 국가균형 발전 정책은 수도권과 비수도권 지역간 상생을 목표로 내걸었지만, 실제로는 수도권 규제 유지로 국가 경쟁력이 약화되고, 비수도권 발전도 여전히 지체되는 결과를 초래했다는 비판을 받고 있다. 수도권과 비수도권 지역 모두에서 불만이 터져나와 국가균형발전 정책이 오히려 지역간 갈등만 심화시켰다는 지적도 나오고 있다.

수도권의 경쟁 대상은 지방이 아니라 중국이나 일본 등 아시아 여타 지역의 대도시권이다. 또 수도권을 규제해서 지방을 육성하는 방식은 효과가 작고 부작용이 크다. 21세기에도 지난 20세기 개발시대처럼 모든 경제활동을 국가가 선도할 수 있다는 생각에서 잘못된 수도권 정책이 출발한다. 수도권을 규제하면 국내・외 기업들이 지방으로 간다는 것은 협소한 시각일 뿐이다.[45)]

45) 세계화의 시대적 흐름의 전략적 함의를 제대로 읽어야 한다. 세계화 시대에선 경제 활동에 국경이 없다. 정부가 할 일이란 기업이 들어올 수 있는 여건을 만들어 주고, 이를 통해 일자리를 창출해 일할 능력과 의사가 있는 국민 모두에게 일할 기회를 부여하는 것이다. 예컨대, 국토 균형개발이라는 국정 목표 자체는 높은 가치를 담고 있다. 그런데 경제의 칸막이가 있었던 시절에는 수도권 규제 정책을 펴면 기업들이 지방으로 갔다. 하지만 세계화 시대에는 지방으로 간다는 보장이 없다. 해외로 갈 수 있기 때문이다. 그게 세계화다. 그렇다면 정부의 정책 수단도 달라져야 한다. 아무리 높은 가치를 지닌 정책 목표라도 시대의 변화에 따라 그 선택을 달리해야 하는 것이다.

'수도권 대 비수도권'이라는 대립구도를 벗어나야 한다. 수도권은 규제완화를 통해 국가 전체적인 경쟁력을 제고하고, 비수도권은 지역별로 특화된 전략산업 등을 육성하는 방향으로 균형발전이 이뤄져야 한다.[46] 진정한 '상생발전전략'을 구사하는 게 중요하다. 특히 비수도권 지역에는 지방이전 기업에 대한 법인세 감면 등 획기적인 투자 유인책으로 기업하기 좋은 투자 환경을 조성하는 게 절실한 상황이다. 또한 단순히 수도권 기업의 지방 이전 촉진보다는 물류, 세제, 규제 면에서 경쟁 국가보다 더 많은 특혜를 부여해 외국 기업의 투자를 유치해야 한다고 전문가들은 지적하고 있다.[47]

지역의 균형발전을 위해서는 지역적 특수성을 감안한 특화발전전략을 추진해야 한다. 이는 지역발전전략을 세우고 집행하는 데 이르기까지 지방정부가 중심이 되고, 중앙정부는 '지원자와 조정자' 역할로 한 발 물러서 있는 것을 전제로 한다. 전국에 동일하게 부과된 각종 규제를 지역별 특성에 따라 자율 규제하는 방식으로 전환해야 한다. 예를 들면 부산은 물류, 대구·포항은 소재, 강원권은 의료·생명, 제주는 역외금융센터, 목포는 항공우주, 광양은 석유화학, 그리고 북한의 개성권은 산업, 금강권은 관광 등으로 발전시킬 수 있을 것이다. 이를 위해 수도권 규제완화를 통해 신설될 사업체에서 발생하는 세수를 일정 기간 균형발전 특별회계로 전입하는 방안을 검토하는 방안도 가능할 것이다.

산업분야에서는 수출사업과 내수사업, 대기업과 중소기업간의 소득격차는 더 벌어지고, 소득분배는 성장의 둔화와 함께 더욱 악화되고 있다. 급속도로 진행되고 있는 고령화사회는 우리 경제·사회 발전에 큰 부담이 되고 있는 현실이다. 정치·사회 각 분야에서 「권위주의」는 타파되었지만, 유지되어야 할 권위까지 무너져 법과 원칙이 제대로 지켜지지 못하는 상황을 겪고 있다. 안으로는 노사분규와 더럽고 힘들고 위험한 부문을 기피하는 3D현상 등으로 인해 사회·경제적으로 매우 어려운 상황에 직면해 있다.

---

46) 국가경쟁력을 높이기 위해서는 잘 나가는 지역을 더 잘 나가게 해주어야 한다. 그렇다고 해서 다른 지역의 소득이 떨어진다는 법은 없다. 한 지역의 경제가 활력 있게 움직이면 그 효과는 다른 모든 지역으로 파급되기 마련이다. 다른 지역으로 파급효과가 얼마나 클 것인지는 어떠한 정책을 쓰느냐와 밀접하게 연관돼 있다. 각 지역이 독자적인 탄탄한 소득 창출 기반을 갖고 스스로 움직일 수 있게 만들어 주는 것이 필요하다. 그러기 위해서는 지방에 합당한 권한을 부여해야 한다.

47) 문화일보, 2007년 7월 9일.

全세계적으로 금융위기와 경제위기가 함께 닥친 어려운 시기에는 때로는 '친자본' 정책을 펴서라도 자본가들과 호혜적 관계를 이룬 뒤 그들로부터 실업, 분배, 복지 부문에서 전폭적인 양보를 끌어낸다거나, 반대로 '반자본' 정책을 펴서라도 노동자들로부터 전향적인 타협을 받아내는 식의 과감한 정책 발상의 전환이 이뤄져야 한다. 모든 어려운 문제를 정부가 개입해 풀어나가겠다는 것은 시대착오적인, 옳지 못한 방법이지만 그렇다고 위기국면에 시장의 '보이지 않는 손'에 모두 맡긴다는 것 또한 무책임하기 짝이 없다. 모든 문제를 '가진 자'의 탓으로 돌려서도 안 되지만 '노동자'나 '농민'의 양보만을 강조하는 식에서 출발한 정책은 결코 유효한 결과를 빚어내지 못한다.

대한민국의 초국가기업[48]은 이제 제3세계의 국가경제를 압도한다.[49] 초국가기업은 무늬만 대한민국 기업인 셈이다. 이러한 초국가기업들이 마음 놓고 세계의 기업들과 경쟁할 수 있는 여건을 조성해주어야 한다.

어느 나라나 중소기업의 근로자 수가 대기업보다 많다. 우리도 예외가 아니다. 1차 산업을 제외한 종업원 300명 이하의 중소기업에서 일하고 있는 사람이 전체 근로자의 90%가 넘는다. 그래서 중소기업을 '일자리 공장'이라고도 한다. 중소기업에서의 일자리는 곧 중산층의 기반이다. 관건은 우량 중소기업이 얼마나 되느냐이다. 건강한 중소기업이 많아야 양질의 일자리가 늘어나기 때문이다. 여기에 대기업과 중소기업의 상생관계는 기본 전제다. 대기업만 잘나가고 중소기업이 죽어난다면 양극화가 심해진다. 대기업과 중소기업은 서로 실리적 상생관계로 풀어가야 한다.

미국을 포함한 각국과의 FTA 발효와 함께 제일 큰 타격이 예상되는 농·

---

48) 초국가기업(超國家企業, Transnational Corporations)이란 미래학자 앨빈 토플러가 명저인 '제3의 물결'에서 "국가적 특징을 지니면서 국민국가를 대신할 새로운 주역"으로 지목한 거대기업 유형을 말한다.

49) 삼성그룹의 2005년도 매출액은 약 140조원이었다. 매출을 국가 GDP와 비교하면, 삼성은 세계 180여 개 국가 중 35번째로 큰 '나라'다. 말레이시아나 싱가포르보다 크고, 이란이나 아르헨티나보다 조금 작다. LG그룹 매출은 세계 51위, SK그룹은 55위다. 이 초국가기업들은 직원 구성이나 경영 내용상으로도 국가의 울타리를 벗어났다. LG전자의 해외 직원(4만 2000여명)은 국내(3만여 명)보다 훨씬 많다. 삼성전자는 전체 직원의 약 40%(5만명)가 해외 직원이다. 현대차의 신규 공장 투자는 100% 해외로 간다. 삼성전자 반도체와 LCD(액정표시장치)는 90%가 해외 매출이고, 주주의 약 50%는 외국인이다. 국내 상장사(12월 결산법인 702개) 3개 중 1개꼴로 국내 매출보다 해외 매출이 많다. 또 국민은행 · 포스코 등 30개 상장 기업의 경우 해외 주주 지분율 50%를 넘는다.

축산업이 잡아야 할 기회는 바로 농·축산물의 특산품화와 브랜드화일 것이다. 농수산부는 이런 브랜드화 대상 농산품으로 배, 파프리카, 버섯 등 신선한 농산물과 김치, 고추장, 스낵, 면류, 바비큐 양념, 녹차, 인삼제품 등 10가지를 우선 선정했다. 미국은 세계 1위의 농산물 수입국이니만치 미국인의 입맛에만 맞는다면 한국산 부식이 미국 식탁을 점령할 수 있도록 준비해야 한다. 위기와 기회가 동시에 오는데도 항상 위기만 강조하는 버릇은 매사를 부정적으로 보는 버릇 못지않게 나쁘다.[50)]

대한민국 농업의 미래는 친환경·유기농 산업에 달려 있다. 한·미 자유무역협정(FTA)과 시장 개방의 파고 속에서 우리 농업이 수입 농산물과의 경쟁에서 살아남기 위해서는 친환경·유기농 산업을 우리 실정에 맞게끔 하나의 특화산업으로 체계적으로 육성해야 한다. 선진국에 비해 아직 걸음마 단계인 국내 친환경·유기농 산업을 키워내기 위해서는 이를 뒷받침할 수 있는 정부 차원의 시스템 구축이 절실하다. 친환경농업, 특히 유기농업의 특성상 초기 3년 정도는 농법 정착에 어려움이 많고 엄청난 규모의 초기 투자비용이 들어가기 때문에 이 기간에 정부의 지원을 현실화해야 한다.[51)]

도시를 떠나 소박하게 살려는 사람들이 쉽게 귀농하고 정착할 수 있도록 유도하는 정책이 필요하다. 나이가 많거나 경제적 능력이 부족하면 도시에서는 약자지만 농촌에선 주역이 될 수 있다. 농촌에 젊은 세대를 끌어들이기 위한 유인책도 필요하다.

우리는 지난 세기 성장 지상주의의 시기를 거치면서 지나친 개발로 인해 희귀 동·식물이 멸종되고 아름다운 자연 산하가 파괴되는 경험을 했다. 이로 인해 금수강산을 보호하여 후손에게 물려주자는 환경단체의 목소리에 공감하는 국민이 늘어났다. 이제 이들의 동의 없이는 국민의 생명과 재산을 보호하기 위해 꼭 필요한 어떤 사업도 추진하기 어려운 지경이다. 환경보호 논리가 경제발전 논리를 압도하고 있는 것이다. 정부는 점점 조직화하고 공룡화하고

---

50) 문화일보, 2007년 4월 27일.

51) 아울러 지역별 특성에 맞는 작물선택과 농법 등에 대한 종합적이고 체계적인 컨설팅 제공이 이뤄져야 하고 모범 농민들의 노하우를 공유할 수 있는 네트워크와 정보공유 시스템도 구축되어야 한다. 농민 교육도 강화해야 한다. '친환경·유기농산물로 돈을 벌어보자'는 생각만 가지고 친환경·유기농에 뛰어들면 성공도 쉽지 않고 자칫 편법 유혹에 빠지기도 쉽다. 핀란드는 농업예산 중 30%가 교육에 투자될 정도로 선진국에서는 교육의 필요성에 일찌감치 눈을 뜨고 투자하고 있다(매일경제, 2006년 7월 20일).

있는 환경・시민단체들의 눈치를 보느라 서민층의 생명과 재산 보호를 더 이상 게을리해서는 안 된다.

우리 사회를 그동안 튼튼히 받쳐왔던 중산층이 점차 붕괴되는 현상을 보이고 있다.[52] 일본에서도 중산층의 붕괴는 심각한 수준이다.[53] 그래서 일본에서도 '중산층을 살리자'는 운동이 전개되고 있다. 중산층을 살리자고 하면 중앙정부의 더 큰 역할을 촉구하는 것처럼 들리기 쉽다. 그러나 일본에선 중앙정부보다 지방자치단체가 앞장선다. 중앙정부는 큰 그림을 짜고, 지방자치단체가 현장을 맡는다. 그래서 지역마다 독창적 아이디어가 많다. 요코하마는 성공적인 고용・복지대책으로 다른 지방자치단체의 견학 코스가 됐다. 비결은 딱 하나. 수요자의 눈높이에 서는 것이다. 도움을 필요로 하는 사람들이 무엇을 원하는지 잘 살펴 맞춤형 대책을 내놓는다. 민간이 더 잘하겠다 싶으면 민간에 맡긴다.

각종 장애인에 대한 사회적 관심을 높여 나가야 한다. 특히 200만 명이 넘는 장애인 중 약 90%가 각종 사고나 질병으로 인한 후천성 장애인이라는 점에서 '장애는 남의 일이 아니다'라는 인식이 확산되어야 한다. 그러나 우리 사회 곳곳에는 장애인에 대한 편견과 차별이 상존해 있다. 교육소외를 낳고 직장 차별이 해소되지 않고 있다.[54] 그 결과로 장애의 고통이 자녀들에게 대물

52) 대한민국개발연구원(KDI)은 2008년 6월 24일 발표한 '중산층의 정의와 추정' 보고서에서 "소득 불평등이 확대되면서 중산층 관련 지표가 외환위기 이후 점차 악화되고 있다"고 밝혔다. KDI는 전국 1인 이상 가구의 소득을 분석한 결과, 중위소득의 50-150%에 해당하는 중산층 가구의 비중이 1996년 68.45%(세금과 연금을 제외한 가처분소득 기준)에서 2007년 57.96%로 감소했다고 밝혔다. 중위소득이란 인구를 소득 순으로 나열했을 때 가운데 사람의 소득을 뜻한다. 같은 기간 중산층에서 상류층(중위소득의 150% 초과)으로 이동한 가구는 3.4%인 반면 중산층에서 빈곤층(중위소득의 50%미만)으로 떨어진 가구는 7%에 달했다. 빈곤층으로 전락한 가구의 비중이 상류층으로 올라선 가구의 2배를 넘은 것이다. 1996년 당시 중산층이었던 10가구 중 한 가구가 빈곤층으로 전락한 셈이다(조선일보, 2008년 6월 25일).

53) 일본에서 유행하는 '격차(格差・兩極化) 사회' '승자와 패자'라는 말을 실감케 한다. '1억 중산층 사회'는 옛말이었다. "일본은 경제 대국이어서 저소득층이라도 못 먹고 살 정도는 아니다"는 주장도 있었지만 중산층이 흔들리는 조짐은 곳곳에 나타나고 있다. 요미우리신문이 2008년 1월 전국의 성인 1797명을 상대로 생활 의식 조사를 했다. 그 결과 '중・상 이상'이 16%, '중류'가 32%, '중・하 이하'가 32%였다. 요미우리는 "1994년 이후 '중・하 이하'가 늘고, '중・상 이상'이 줄어 중류의식이 흔들린다"라고 밝혔다.

54) 장애인 절반가량이 초등학교 졸업 이하의 학력 수준을 갖고 있고, 취학연령 장애인 중 4분의 1 가량만이 특수교육을 받는 나라. 어느 먼 후진국 이야기가 아니다. 2008년 현재 대한

림되고 있다. 계층간의 균형발전은 사회에서 소외되는 집단을 우선적으로 배려할 때 이루어질 수 있다.

(3) 튼튼한 재정기반 확충

재정은 정부의 수입과 지출을 포괄하는 개념이다. 그 중심적 위치를 차지하는 것은 예산이며, 예산제도는 재정제도의 핵심이라 할 수 있다.

외환위기 이후 오랫동안 균형을 유지해온 재정기조가 적자로 돌아선 데에는 과도한 공적자금의 투입과 경기적인 이유가 크다. 특히, 재정과 관련된 예측의 경우 세수의 예측이 지나치게 예상에서 빗나가는 경우가 많았고, 지출 역시 추경예산의 편성 등으로 본예산의 의미가 퇴색하는 문제점이 있었다. 이는 정부의 재정정책이 경기불황에 효율적으로 대처하지 못하고 경기에 신축적으로 대응할 수 있는 여력이 약해질 우려를 낳고 있다.

외환위기 이후 경제를 안정시키는 과정에서 이룬 성과에도 불구하고 정부재정은 민간부문의 부실을 정부채무의 형태로 떠안음으로써 무거운 부담을 지게 되었다. 그 결과 정부채무가 급증하고 추가 재정부담능력이 급격하게 감소함으로써 재정의 역할과 건전성에 대한 의문이 제기되고 있다.[55] 이러한 악순환이 세계경제위기를 맞아 재현될 가능성이 높아지고 있다.

이는 성과와 무관한 점증주의(漸增主義)적인 예산편성, 선심성 예산의 남발, 준조세와 준예산의 방만한 팽창, 고착된 재원배분구조와 정치적 손익계산을 우선하는 예산배분과정, 소홀한 예산심의 등에 그 원인이 있다. 즉 확보된 예산이 낭비되고 있음에도 불구하고 점증주의적인 예산과정은 이를 바로잡지 못하고 증폭시키는 경우가 많다. 예산과정의 참여자들이 국익보다는 서로 상대방의 가려운 곳을 긁어주기에 급급하거나, 행정부와 정당 또는 정치인과 관료가 서로 호의를 주고, 국회에서는 결산심의를 소홀히 실시하여, 지역별로 안배되는 교통시설 투자, 타당성이 낮은 국책사업의 추진 등 선심성 예산이 남발되고, 재정의 낭비와 효율성이 저하되고 있는 실정이다.

민국 장애인 교육의 실상이다.

55) 정부채무가 국민경제의 부담능력에 비해 과다해지면 경제성장이 둔화되고 재정위기와 국가경제위기의 요인이 되며, 재정의 추가부담능력의 감소는 국가의 위기관리능력이 줄어드는 것을 의미한다.

따라서 재정은 포괄적인 통합재정(統合財政)[56] 중심으로 운영되어야 한다. 통합재정을 중심으로 한 재정운영은 공공부문의 여러 계정 사이의 자금이동으로 회계가 복잡해지는 문제를 해소하여 예산의 명료성을 높일 수 있으며, 종합적인 관점에서 재정을 운영함으로써 재정운영의 투명성과 효율성을 높일 수 있을 것이다.

국가의 재정부담이 점차 확대되는 이유는 사회보장제도의 재정적 부작용과 공기업의 재정부담이 커지기 때문이다. 이러한 재정운영 개혁을 위해서는 정부회계와 재정제도가 개편되어야 하고 재정운영의 민주성과 투명성이 제고되어야 하며, 정부 채무의 범위가 재설정되어야 한다. 정부회계의 구조도 보다 단순화하고 추가경정예산도 정상적으로 운영하는 한편 지방화 시대에 알맞은 예산제도를 도입하여야 한다. 특히 공기업의 민영화와 정부 산하기관의 정비, 공적자금의 효율성을 극대화함으로써 재정건전성을 제고시켜야 한다. 그리고 공적연금의 투명성과 중립성 및 책임성을 제고하고, 사회보장제도의 개혁이 필요하다.

세제를 단순화하고 세목간 상호보완기능을 제고해야 한다. 중앙정부와 지방자치단체의 세원배분을 재조정하여 재산보유과세가 개인소득세에 대해 보완기능을 갖도록 해야 한다. 세제기능을 받쳐주는 금융실명제를 보완하고, 납세자의 권익 보호 장치를 확충하는 등 세정의 사회적 인프라를 재정비하여야 한다.

금융실명제와 부동산실명제를 정착시키지 않는 상태에서는 세제를 아무

---

56) 한 나라의 예산은 보통 일반회계, 특별회계와 정부관리기금 등으로 구성되는데, 이를 따로 분리하지 않고 하나로 합쳐 파악하는 회계 방식으로, 이를 통해 나타나는 수지를 통합재정 수지라고 한다. 미국, 영국과 프랑스 등 경제협력개발기구(OECD) 국가들은 지방재정 역시 통합재정의 범위에 포함시키고 있는데, 한국의 경우에는 2000년 국제통화기금(IMF)의 재정 투명성 진단보고서에서 지방정부의 통합재정 포함을 권고 받고 통합재정의 포괄 범위를 지방재정에까지 확대해 2003년부터 공표하기로 하였다. 이에 따라 지방자치단체의 통합재정 분석기준방안을 마련해 기초작업을 벌이는 한편, 2002년 상반기까지 2001년 결산과 2002년 예산을 대상으로 248개 지방자치단체와 16개 지방교육청의 통합재정을 시범 작성하게 된다. 이 기준에 따르면 통합재정은 중앙정부의 일반회계와 특별회계 17개, 공공기금 34개, 기업특별회계 5개 등 기존 항목 외에 지방자치단체의 일반회계 248개와 특별회계 1,617개, 공기업특별회계 173개, 기금 1,942개, 지방교육청특별회계 16개 등이 작성 범위에 포함된다. 통합재정에 지방재정이 포함될 경우, 정부 전체 부문이 국민경제에서 차지하는 비중과 역할 등의 분석이 가능하고, 공공 부문 재원의 효율적 배분 여부를 파악할 수 있고, 국제 비교도 가능하다는 장점이 있다.

리 공평하고 치밀하게 구상한다고 해도 그 기능은 언제나 낙후된 후진적 세제 이상으로 발전하지는 못할 것이다. 따라서 우리는 금융실명제와 부동산실명제의 명실상부한 정착노력을 병행해야 할 것이다.

정부채무의 증가는 재정의 추가적인 부담능력과 신축성을 현저하게 약화시킨다. 세계화 시대 경제의 개방성, 금융위기를 맞는 세계경제의 불안정성, 남북관계 변화의 불확실성 등을 감안할 때, 국가경영의 성과를 높이고 국난의 위험을 줄이기 위해서는 재정기반이 튼튼해야 한다. 재정건전성을 높이기 위해서는 재정제도를 정비하고 공공부문에 산재해 있는 재정불균형의 요인들을 하나씩 제거하는 재정개혁을 과감하게 추진해야 한다.

2030년까지 장기적인 관점에서 정부가 경제성장률을 상승시키는 데 한계가 있다고 볼 때, 국가부채를 일정 수준으로 안정시키기 위해서는 결국 재정수지 조정을 통해 기초수지를 개선할 수밖에 없을 것이다. 그러나 현재의 국가부채 잔고가 국제기준으로 볼 때 그렇게 높지 않다는 이유로 재정의 건전성 문제를 과소평가해서는 안 될 것이다. 특히 경제위기 극복을 위한 공적자금의 재정부담 외에도 국민복지의 향상과 사회보험, 남북경제협력 비용, 공기업이나 준재정활동에서 비롯된 잠재적인 부담 등 구조적인 측면에서 지출확대 요인이 증가하고 있다는 점은 재정기조의 악화 가능성과 이에 따른 국가채무의 지속적인 증가를 배제할 수 없는 상황이다.[57] 따라서 장기적인 관점에서 재정건전성 확보를 위한 종합적이고 체계적인 조치가 요구된다.

정부의 채무가 과다하게 높아질 경우 재정건전성 제고의 핵심은 재정적자의 축소, 정부채무의 안정적인 관리와 경제성장의 촉진으로 집약될 수 있다. 재정 건전화 노력은 먼저 정부재정의 다양한 측면에서 시도되어야 하며, 우선적으로 정부의 개혁과 기금관리의 효율화와 결산기능의 강화 등 예산제도의 개선을 통해 정부지출의 생산성을 제고하는 일이 필요하며, 민영화나 민자유치 등을 활성화하여 기존의 재정활동을 민간재원을 통해 추구하는 방안도 강구할 수 있을 것이다.

일시적인 경쟁력 확보나 소비 및 투자의욕 증진을 위해서 세율인하를 추

57) 일본은 국가채무비율이 불과 15년 만에 30%에서 약 150%로 5배가 급증하였다. 우리도 경기부양을 위한 국책사업의 남발과 각종 사회복지비용을 무리하게 증가시킨다면 일본의 전철을 밟을 수 있다.

구하는 정책도 추진할 수 있다. 그러나 각종 비과세와 감면으로 인해 과세베이스 자체가 충분하지 않은 현재의 세제를 개혁하여 단순화하고, 조세부담의 수평적인 형평을 높이고 세수입을 확보하는 노력이 중요하다. 즉 정부는 재정을 공정하고 투명하며 효율적으로 운영하여 국민경제를 다시 안정적인 성장궤도에 올려놓으려는 진지한 노력을 하여야 한다.

조세란 사회공동비용을 충당하기 위한 국민의 회비이다. 조세를 어떤 방법으로 나누어 부담하고, 거두어들이는 방법을 정하는 것이 세제이다. 세제는 국민 각 계층의 부담이 공평해야 하고, 국민의 창의적인 경제활동을 제한하지 않아야 한다. 그러나 경제의 발전은 국민의 삶의 질을 결정하는 필수적인 요소이기 때문에 경제적인 현실을 도외시한 세제의 공평성만을 내세우는 것만이 최선일 수는 없다.

정부가 몸집을 줄이면 인재와 돈은 민간부문으로 흘러가 그만큼 경쟁력을 높인다. 복지체제가 파탄을 맞지 않으려면 재정도 흑자를 내야 한다. 노키아로 유명한 핀란드가 세계 최고수준의 복지를 유지하면서도 세계1위의 국가경쟁력을 지속적으로 지키고 있는 것은 정부가 재정흑자를 내고 있기 때문에 가능하다.

유럽의 각국 정부는 재정적자 해소에 개혁의 주목표를 두고 있다. 공기업의 민영화, 기업의 해고의 자유, 세율인하 및 세제단순화, 최고의 경쟁력 있는 교육제공, 시장 활성화, 연구개발 투자확대도 공통된 개혁 목록이다. 노동시장

〈표 6-1〉 유럽 주요 국가의 공공정책 개혁 내용

독 일	· 노조 경영 참여 축소 · 퇴직연금 수령 시기 연장	· 실업급여 축소 · 법인세 인하
영 국	· 해고 제한 완화 · 복지에서 일자리로 전환	· 맞춤형 일자리 찾기 서비스
프랑스	· 최초 고용계약제 도입 시도 · 소규모 기업 해고 용이	· 주 40시간으로 노동 연장 · 혁신 클러스터 조성
스웨덴	· 정부 보유 기업주식 매각 · 공공서비스 부문 매각	· 비상장 공기업 주식 매각
스페인	· 노사대타협 통한 노동시장 유연화 · 철도, 가스 등 공기업의 민영화	· 공공연금 개혁으로 재정적자 축소

의 경직성이 세계 최고인 독일과 프랑스도 기업의 해고자유를 단계적으로 허용하기로 하였다. 해고의 자유가 없으면, 기업은 고용을 늘리지 않기 때문이다.

지금은 세계경제위기 극복을 위해 정부재정의 악화가 예상된다. 전략 및 정책수립가들은 과거 IMF교훈을 살려 정부채무가 급증하지 않도록 다양한 대책을 강구해야 한다.

(4) 경제 성장동력(成長動力)의 강화

경제성장(經濟成長, Economic Growth)이란 경제활동의 규모가 시간의 경과와 더불어 추세적으로 확대되는 현상을 말하지만 현실적으로는 일인당 GDP가 추세적으로 상승하는 현상을 지칭하기도 한다.[58] 즉 국민이 소비할 수 있는 재화의 양이 매년 증가하여 보다 풍족해지는 것을 의미한다. 그런데 이것은 노동생산성이 증가하여야 가능하다. 노동자 한 사람 한 사람이 과거보다 더 많은 양의 재화를 만들어 내야 경제성장이 가능하다는 이야기다.[59]

우리는 노동생산성의 저하와 분배와 복지의 덫에 걸려 선진국으로 접어드는 문턱인 1인당 국민소득 3만불 시대를 눈앞에 두고 '저성장의 늪과 경제위기'에 빠져 허우적거리고 있는 것이다.[60] 다른 선진국들도 한때 이러한 저성장의 사슬에 걸려 고전한 경험을 갖고 있다. 이 고비를 극복하지 못한 국가들은 선진국 반열에 들지 못하고 추락했다. 반면 다양한 혁신 노력으로 성장의 활력을 되찾아 글로벌화에 성공한 국가들은 '선진경제'의 달콤한 과일을 따먹을 수 있었다.

경제협력개발기구(OECD)는 대한민국이 저성장기조에 빠져들 가능성이 있다는 내용의 보고서를 2005년 10월 5일 발표하였다. OECD는 대한민국보고서

58) 이명재, 앞의 책, p. 583.

59) 경제성장문제는 오랫동안 경제학자들의 주된 관심사였다. 성장이론은 스미스를 포함한 고전학파이론, 마르크스이론, 슘페터이론 등으로 발전되어 왔으며, 해르드 도마에 의하여 거시경제학에 기초한 명시적인 모형의 형태를 지닌 현대적 성장이론이 제기되었으며 솔로우 성장이론으로 발전하였다. 최근에는 솔로우모형의 문제점을 극복하고자 하는 노력의 일환으로 새로운 성장이론인 내생적 성장이론 또는 신성장이론이 연구되고 있다(이명재, 앞의 책, p. 582).

60) 8-9년 이내에 우리의 일인당 국민소득이 선진국 진입 수준인 3만불(2007년 현재 가치)에 도달하려면 매년 경제성장률은 최소한 연평균 3.0% 수준을 달성하여야 한다. 최근 우리나라 경제성장률은 2005년 3.8%, 2006년 5.1%, 2007년 5.0%인 것으로 나타나고 있다. 그러나 경제위기 때문에 2009년 이후는 예측조차도 힘든 상황이다.

에서 “경제회복이 지연되면서 대한민국의 성장동력에 대한 우려가 제기되고 있다”면서 “대한민국이 OECD국가의 1인당 평균 국민소득에 도달하기 전에 저성장 기조로 빠져들 가능성이 있다”라고 우려하였다. 이 보고서는 또 “대한민국의 1인당 국민소득이 OECD국가의 2/3수준까지 왔으나 대한민국의 노동생산성은 미국의 40% 수준에 불과하다”고 지적하였다. 이 보고서에 따르면 대한민국의 노동생산성은 OECD회원국 가운데 꼴찌에서 네 번째인 것으로 나타났다.

우리 경제의 성장잠재력이 떨어지고 있는 원인은 여러 가지를 꼽을 수 있다. 단기적으로는 한국경제를 압박하고 있는 유가・환율・금리에 따른 기업들의 글로벌 경쟁력 저하, 부동산시장 불안, 북핵사태 등 지정학적 리스크가 해당된다. 빠른 속도의 고령화도 현안이다. 2000년 고령화사회로 진입한 대한민국사회는 2019년과 2026년쯤 각 고령사회, 초고령사회에 도달할 전망이다.[61] 고령화는 노동인구 감소, 저축률 저하로 이어져 투자를 줄임으로써 성장잠재력을 떨어뜨리게 된다.

이를 감안할 때 성장동력을 키우기 위해서는 ① 규제의 과감한 혁파 ② 노동시장의 유연성 제고 ③ 수출과 내수의 선순환 유도 ④ 기업투자 활성화 ⑤ 연구개발(R&D) 투자의 확대 등을 서둘러야 한다는 게 전문가들의 공통된 견해다. 차세대 성장동력산업의 강화, 글로벌 인재 양성을 위한 교육환경 조성 및 과학기술 인프라 확충도 해당된다.[62]

---

61) 65세 이상 인구가 총인구에서 차지하는 비율이 14% 이상을 고령사회(Aged Society)라고 하고, 65세 이상 인구가 총인구를 차지하는 비율이 20% 이상을 후기고령사회(Post-aged Society) 혹은 초고령사회라고 한다. 고령(高齡)이란 용어에 대한 정의는 보편적으로 일정한 것은 아니다. 한국의 고령자 고용촉진법시행령에서는 55세 이상을 고령자, 50-54세를 준고령자(2조)로 규정하고 있으나, UN은 65세 이상의 인구가 총인구에서 차지하는 비율이 7% 이상일 때 고령화사회(高齡化社會, Aging Society)라고 보고 있다.

62) 오상봉 KIET 원장은 “우리 경제가 기업・투자・인재・혁신・경쟁이란 5대 성장동력을 극대화하는 데 초점을 맞춰야 한다”고 말했다. 김창배 한국경제연구원 연구위원은 “산업구조상 제조업이 줄고, 서비스업이 증가하는 게 선진구조라고 하지만 한국경제는 결국 수출로 지탱하고 있다”면서 “고용창출형 성장을 위해서는 제조업의 활력을 계속 유지시켜 주는 게 중요하다”고 말했다. 국민소득 2만불에서 3만불로 가는 데 도사리고 있는 ‘성장통(通)’은 비단 대한민국 경제만의 문제는 아니었다. 미국, 일본, 영국 등의 선진국도 조로화 고비를 겪었다. 새로운 성장모델을 찾지 못하는 데서 오는 성장통은 극복할 수밖에 없다는 뜻이다. 유병규 현대경제연구원 상무는 “신산업원천을 발굴하지 못하고 있는데 국민의 복지욕구는 분출하고 있고, 다른 어떤 나라보다도 사회의 이념 및 계층간 갈등이 심각한 점 등이 성장

한국 경제가 연평균 3% 이하의 낮은 성장을 하게 되면 세계 10위 이내의 선진부국으로 진입하기 어렵다. 그렇다면 경제성장과 수출에 국민이 온 힘을 다시 한번 집중해야 할 때이다. 그러기 위해서는 국제경쟁력과 수출역량을 강화할 수 있는 실물부분의 구조조정을 일관되게 추진해야 한다.

세계경제사에서 국부론의 중요한 공헌 중의 하나는 '분업화를 통한 국부의 증대'라는 명제일 것이다. 분업을 통해 전문화와 규모의 경제가 구현됨으로써 국부의 증대가 일어나는 발전의 순환메커니즘은 어느 누구도 부인하지 못할 국부론 최대의 발견이다.

우리 국민은 지난 50년간 수출만이 살 길이라 믿고, 뛰고 또 뛰었다. 우리 국민에겐 수출을 통해 국가발전을 이룩한 소중한 성취문화(成就文化)와 저력이 있다. 경제는 마음에서 시작한다. 특히 지금과 같은 위기 시에는 더욱 그렇다. 우리 모두가 지혜를 모으고 응집하여 다시 뛰기 시작하면 또 하나의 기적을 이루어 세계 속에 우뚝 설 수 있다.

경제가 성장의 핵심 요건 중 하나는 국민의 재산권의 확립이다. 윌리엄 번스타인(William Burnstein)은 국가의 번영에 필요한 첫 번째 요소로 재산권의 보장을 꼽는다. 인류의 실질소득은 1500년까지는 거의 늘지 않았다. 이후 1820년까지 완만한 상승세를 보이다가 그 후 유럽과 미국에서 갑자기 역동적으로 늘었다. 번스타인은 이무렵 이들 국가에서 재산권의 보장, 과학적 합리주의, 자본시장의 형성, 수송통신의 발달 등 번영의 네 가지 요소가 갖추어지기 시작한 것을 주요 원인으로 보면서, 그 중에서도 가장 중요한 요소가 재산권의 보장이라고 강조하고 있다.[63)]

그는 지속적인 경제·사회발전이라는 현상은 19세기 이후의 현상으로 보고 있다. 오늘날 선진국이라는 국가들은 거의 전부가 19세기에 경제적 도약을 이루고 20세기 들어서 선진화된 성숙경제로 진입하였다. 이와 같이 인류사회가 19세기에 들어서서야 '경제·사회발전'이라고 불릴 만큼의 가시적 경제도약을 이루어낼 수 있었던 이유는 19세기 들어 인류가 발명해 낸 기업(企業,

---

을 지체시키는 중요 원인"이라며 "이것을 뚫고 나가야 성장동력의 돌파구를 마련할 수 있다"고 강조했다.

63) 재산권이 보장되지 않으면 발명이나 혁신은 물론 경제활동 자체가 설 자리가 없어진다. 프랜스시 후쿠야마는 개인의 권리, 특히 재산권이 국가에 의해 보호되는 것이 자유라고 말할 정도이다.

Corporation)이라는 조직이 크게 기여하였다고 평가되고 있다. 오늘날 성공하는 나라, 선진화된 나라는 능력 있고 성장하는 기업을 많이 보유하고 있는 나라임은 이미 너무나 자명한 사실이다. 다시 말해 국가 경제의 흥망성쇠(興亡盛衰)는 바로 기업이라는 조직의 흥망성쇠와 궤를 같이하는 것이다.

세계경제위기를 맞아 2010년까지는 고도성장은 어려울 것이다. 이제는 중·저성장시대에 돌입했으며 우려되는 것은 고물가 인플레이션 하에서의 저성장을 나타내는 스태그플레이션이다. 우리의 이러한 처지는 국가경쟁력 상실에 기인한다.64) 우리는 21세기의 여건변화에 탄력적으로 대응하고 예견되는 고도산업사회 도래에 적극적으로 대처하기 위하여 경제위기를 호기로 삼아 산업구조조정 및 사회발전의 내실화를 도모해야 한다.

경제위기 극복을 위해서는 정부의 과감한 투자확대가 필요하다. 정부의 투자는 확대하되 불필요한 규제는 과감히 풀어 민간에 활력을 주어야 한다. 즉 정부가 시장경제의 자율기능을 무시하고 민간활동에 불합리한 간섭과 규제를 강요하면 역작용이 생긴다. 시장을 적절히 감독하면서 자율기능을 가로막는 정부의 규제를 혁파하여 민간의 자조능력을 극대화해야 한다.

우리의 경제는 세계화·정보화 시대의 도래에도 불구하고 총 수요관리가 중요한 정책과제로 간주되어 경제의 총 공급능력을 높이려는 노력은 대단히 취약한 상태에 있었고, 체계적이지 못하였다고 볼 수 있다. 우리 경제의 이러한 취약점을 극복하여 지속적이고 안정적인 성장을 달성하기 위해서는 우리 경제의 총 공급능력을 높이기 위한 종합적인 대책이 마련되어야 할 것이다.

우리 경제의 앞날에 대한 불안은 상존하고 있다. 무엇보다도 세계적인 경제위기를 맞아 한국경제의 구조적인 문제가 정리되지 않고 있어 미래의 전망이 불투명하기 때문이다. 우리 경제를 떠받치고 있는 기존 주력산업의 경쟁력

64) 2007년 대한민국의 경쟁력은 29위이다. 우리 경쟁력이 이렇게 떨어지는 반면 우리의 경쟁상대국인 아시아 국가들의 경쟁력은 부러울 정도이다. 싱가포르와 홍콩이 2006년에 이어 각각 2위와 3위를 차지하고 있고, 대만, 일본, 태국, 말레이시아, 중국 등이 모두 우리보다 높은 경쟁력을 보이고 있다. 특히 중국은 15위로 비약적인 발전을 했고, 1993년 세계 2위를 차지하다 한때 30위까지 떨어졌던 일본의 세계 경쟁력은 다시 24위로 올라섰다. 우리가 주목해야 할 것은 이러한 국가경쟁력이 상대적 평가이기에 우리가 아무리 잘하더라도 다른 나라들이 우리보다 더 잘하면 우리의 순위는 떨어지게 마련이라는 것이다. 그런데 치열한 국제경쟁에서 중요한 것은 상대적 경쟁력이다(208개 경제·무역·사회지표로 본 대한민국 2007, 대한민국무역협회, p. 22). 세계경제포럼(WEF)이 2008년 10월 8일 발표한 '2008년 세계경쟁력 보고서'에 의하면 대한민국의 국가경쟁력 순위는 2008년 13위였다.

역시 장래가 불투명하다. 여기에다 향후에 우리 국민을 먹여 살릴 새로운 미래산업의 육성도 현재로서는 뚜렷하게 준비되어 있지 못하다.

현재 우리 경제가 직면하고 있는 중요한 도전은 세계경제위기, 세계화·정보화, 원유 등 부존 자원의 부족, 수출여건 악화 같은 요인이 될 것이다.

부족한 자원을 적정가격에 공급받는 것은 지속적인 경제성장을 위해 매우 중요한 문제이다. 특히 원유자원 확보를 위해 원유가격이 하향안정화를 보일 때 꾸준히 투자해야 한다.[65] 자원 보유국은 대부분 개발도상국이다.[66] 전력·도로·통신 인프라 등이 필요하다. 따라서 우리의 강점인 플랜트 기술을 수출하여 인프라를 지어 주고 대신 유전·광산 지분을 받는 '패키지 딜'을 추진하는 것이 서로를 돕는 상생공영(相生共榮)전략이 될 것이다.

앞으로 21세기에는 물 부족 현상이 심각해질 것으로 예측되고 있다. 이에 대비하여 추가적인 다목적댐이 건설되어야 한다. 다목적댐은 계곡이나 하천을 막아 수위를 조절하거나 취수(取水), 발전, 토사 유출 방지 등을 위해 만든다. 우리나라는 계절적으로 볼 때 연간 강수량의 3분의 2가 6-9월에 집중된다. 지역별로도 낙동강 중·하류의 영남 내륙은 연평균 강수량이 1000mm에 못 미치는데, 남해안은 1400mm 이상이다. 따라서 홍수 피해를 막고 필요한 물을 확보하려면 댐이 필요한 것이다. 에너지자원의 90% 이상을 수입해 쓰는 우리나라의 경우 수력발전을 통해 에너지 수입을 대체할 수 있는 장점도 있다. 게다가 수력발전은 공해를 일으키지 않는 에너지원이다.[67]

우리의 치수사업비는 국민총생산(GDP)의 0.07% 수준으로 일본(0.45%)의 7분의 1에 불과하다. 이러한 치수사업비는 복구사업비의 4분의 1일에 그쳐 예

65) 우리는 철강·화학 등 에너지를 많이 쓰는 산업이 경제의 큰 부분을 차지한다. 2008년도처럼 원유가 급등으로 인한 에너지 수급에 문제가 생기면 경제활동 전체가 마비된다. 그런데 해외 자원 개발 투자는 미흡하다. 미국 석유회사 엑손모빌은 매년 유전 개발에 100억불 이상을 투자하고 있다. 우리나라의 투자는 그 10분의 1도 안 되는 1조원에도 못 미쳤다. 지금 자원 개발을 게을리 하면 우리의 다음 세대가 고통을 겪는다.

66) 중단기적 국가전략의 필수과제인 석유의 안정적 물량확보를 위해 중동국가에 대한 절대적 수입의존도(78%)를 40-50% 선으로 낮춰야 한다. 석유 수입선을 아시아, 아프리카, 중남미 등으로 다변화해야 한다. 중동정세의 불안으로 안정적 석유 확보가 어려워질 수 있다. 이와 함께 해외유전사업개발, 에너지 자원의 수송로(말라카해협 등)의 안정성의 확보가 중요하다.

67) 국내 전체 수력 발전량은 3620GWh(2005년 기준)로 연간 원유 9억 리터(3137억원)를 대체하는 효과가 있다.

산편성이 사후약방문(死後藥方文)식이라는 비판을 받고 있다. 따라서 재해 관련 예산을 늘리고, 복구 중심에서 예방 중심으로 예산을 재편성해야 한다.[68]

성장동력을 강화하기 위해서는 투자를 활성화해야 한다. 투자부진은 그 추세가 장기화되면서 더욱 심화되는 경향을 보이고 있다.[69] 어떻게 투자의 지속적인 장기하락을 막고 새로운 투자 붐을, 특히 혁신을 위한 투자 붐을 일으키느냐가 핵심과제이다. 지금 당장의 저성장 내지 경제불황도 문제지만 투자율이 낮다는 것이 더욱 큰 문제다. 오늘 투자하지 않으면 우리 경제의 미래가 어두워진다. 경제의 잠재성장률이 계속 낮아질 수밖에 없기 때문이다. 선진일류화의 꿈을 포기하지 않을 수 없게 된다. 따라서 잠재성장률을 높이기 위한 투자율 제고가 시급한 과제다. 이를 위하여 구체적으로 두 가지 전략방향을 구상해 볼 수 있다. 하나는 민간투자를 촉발하기 위하여 투자 친화적인 환경을 조성하는 것이고, 다른 하나는 공공투자의 효율성을 높이기 위하여 민간투자와 공공투자의 상호보완성을 높이는 것이다.

경제가 어려움에 직면하게 된 원인과 그 해결책은 여러 가지 있겠지만, 이를 해결하기 위한 정부의 해결수단은 조세와 금융 그리고 정부투자 등 3가지 범위를 크게 벗어나지 못할 것이다. 정부의 해결수단은 이렇게 제한되지만 어떻게 해서든 우리 국민을 다시 뛰게 하고 기업가들이 자생력을 강화하며, 정부도 밝고 건전하게 경제를 육성해 나가야 한다.

우리의 경제가 구조적으로 재조정되고 튼튼하게 혁신되어 성장동력을 강화해야만 오늘의 경제적 어려움을 극복하여 제2의 도약을 이루고, 앞으로의 어떠한 도전도 극복하면서 통일과 번영의 새로운 민족사를 만들어 나갈 힘을 축적할 수 있을 것이다.

(5) 견실한 제도의 정착

지난 10여년은 우리 사회가 자신의 본질과 토대를 바꾸는 형질전환의 시기였기 때문이다. '산업사회에서 정보사회로의 변화', '아날로그에서 디지털로

---

68) 문화일보, 2006년 7월 22일.

69) 1980년대 후반까지만 하여도 연평균 15% 수준을 나타내던 설비투자 증가율이 1990년 들어 둔화하기 시작하였다. 1991-1995년 연평균 10% 내외, 1996-2000년 연평균 5% 내외, 2001-2005년 연평균 0.3% 수준으로 계속 하락하고 있으며, 세계경제위기를 맞아 당분간 설비투자는 급속하게 감소할 것으로 전망된다.

의 변화', '권위주의에서 수평적 인간관계', '기성세대와 신세대', '대중문화의 고급화와 일반화', '글로벌 흐름 속의 한류(韓流)' 등의 다양한 사회변화의 동인이 형성되었다. 우리 사회의 변화를 일으켰던 한국인의 꿈과 욕망은 무엇이며, 현재 우리의 모습은 이런 변화 속에 어떻게 투영되고 있으며, 이런 변화는 제도화되고 있는가?

나라의 번영과 발전을 위해서는 제도가 중요한가, 또는 사람이 중요한가의 문제는 끝없는 토론의 대상이다.[70] 그러나 견실한 제도의 발전은 국가개혁을 위한 필요조건이다. 국가나 사회가 가지고 있는 경기규칙으로서의 제도는 궁극적으로 그 구성원들의 행동과 사회의 특성을 결정하게 된다. 예를 들어 한 사회의 구성원들의 일반적인 행동에 문제가 있다면 이는 바로 그 사회가 가지고 있는 일반적인 경기규칙, 즉 제도에 문제가 있기 때문이다.

행위규칙으로서의 제도는 다양한 내용을 갖는다. 우선 사회 구성원들간에 공유하는 가치관, 문화, 관습 등 비공식적인 규칙에서부터 공식적인 법령에 이르기까지 인간관계를 규율하는 모든 공식·비공식적인 행위규칙을 포함한다.

이런 관점에서 보면 국민들의 행동을 바꾸고자 하는 노력은 그 사회의 행동규칙인 제도를 고치는 작업이다. 제도를 고친다는 것은 개혁의 충분조건은 아닐지라도 필요조건이 될 수 있다. 따라서 모든 개혁은 제도개혁에서부터 출발하지 않으면 안 된다.

미국의 '국립경제연구소(NBER)'가 세계 72개국을 분석한 결과에 따르면 빈국과 부국을 가늠하는 가장 중요한 요인은 바로 '제도와 정책'이었다. 세계 최고의 경제학술지인 '미국경제학회지(American Economic Review)'에는 식민지를 경험하였음에도, 효율적 제도를 받아들인 모든 국가가 부국이 되었다는 결과도 발표되었다. 부자나라를 만드는 묘약이 바로 정부조직과 제도의 효율성

---

70) 그동안 우리나라 학문에는 한 가지 폐단이 있었다. 주자학(朱子學)적 경향이 너무 강하고 실학(實學)적 성격이 너무 약한 것이다. 우리 백성의 구체적인 삶의 문제를 고민하여 현실적 대안을 제시하고 이를 직접 해결해 보려 하는 실사구시(實事求是)적 전통보다는 사변적, 추상적, 관념적 접근이 많았다. 그리하여 국가제도는 발전되지 못하고 이론을 위한 이론이 허다하였다. 구체적인 현실 문제에 대한 학문적 연구는 상대적으로 부족하였다. 심지어 현실 문제를 다루는 것은 학문이 아니라고 보는 경향도 없지 않았다. 다산 정약용 선생이 "우리나라에는 치인(治人)의 학이 적고 수기(修己)의 학이 너무 많다"고 한탄한 것도 바로 이러한 문제점을 지적한 것이다.

에 있음을 역사적 경험에서 찾은 것이다.[71]

세계는 지금 제도적 경쟁의 시대에 돌입하였다. 정보통신과 수송수단의 급격한 발달이 가져온 세계화와 글로벌화는 생산요소의 이전을 자유롭게 만들었다. 그 결과 생산요소 보유에 대한 경쟁체제에서 누가 더 많은 생산요소를 조달할 수 있느냐 하는 제도에 의한 경쟁체제로 전환되었다.[72] 좋은 제도가 더 많은 그리고 더 우수한 생산요소를 유인하기 때문에 생산성과 효율성은 이제 제도에 의해 결정된다고 해도 과언이 아니다.

대한민국은 정치, 행정, 사법 등 국가운영의 기본 틀에 해당하는 구조개혁을 제대로 추진하지 못한 상황에서 사회 전반적인 구조개혁은 더딘 상태로 진행되어 왔다. 정치실패로 인한 사회적 갈등의 증폭 및 경제적인 부담의 증대, 정부의 개입확대, 사법부 기능의 약화 등이 반복되고 있다.

국가발전을 위한 제도개혁은 스스로 노력하는 국민들을 돕는 방향으로, 즉 스스로 노력하는 국민들의 거래비용 부담을 완화시키는 방향으로 이루어져야 한다. 이러한 제도개혁을 일컬어 발전 친화적 제도개혁이라 부를 수 있다.

대한민국이 성숙한 민주주의 국가로 발전하기 위해서는 아직도 해결해야 할 많은 개혁과제가 산재해 있다. 그러나 개혁구호는 요란한데 그 효과가 국민의 피부에 와 닿지 않는다. 그래서 개혁피로현상이 나타나고 있다. 또한 유사한 정책실패가 정권이 바뀔 때마다 혹은 장관이 바뀔 때마다 반복되고 있다.

사회체제의 구석구석에 민주적 원리와 제도가 적용되어 사회의 전반적인 민주화가 심화되어야 한다. 국민의식이 개혁되어 스스로 법을 지키고, 남의 권리를 인정하며 자신의 의무를 충실히 수행하는 사회적 분위기가 조성되어야 한다. 정치제도는 국민의 의사를 보다 정확히 반영하고 효율적으로 작동될 수 있도록 되어야 한다. 자유민주주의의 큰 장점은 그 효율성에 있으며, 인간은 오직 자유로울 때 특유의 개성과 창의력을 발휘하여 효율성을 증대시킬 수 있다.

속도가 중시되는 지식정보화 시대라도 혁신은 하루아침에 이루어지는 것이 아니다. 물론 혁명이나 전쟁, 혹은 경제위기와 천재지변 등에 따라 혁신의 계기가 마련된다면 변화의 속도는 더욱 빠를 수 있지만 그동안의 역사적인 경

71) 복거일 외, 21세기 대한민국(나남출판, 2005), p. 91.
72) 한국경제연구원, 모두 잘사는 나라 만드는 길, p. 29.

험에 비추어 볼 때 법과 제도 등의 공식적인 규칙의 개혁은 10년 혹은 100년 단위로 이루어진다는 것을 확인할 수 있다. 더구나 법과 제도의 개혁에 따라 일반 국민들의 사회, 경제, 정치 등의 관련 생활을 변화시켜 나가는 데에도 최소한 10년 단위의 기간이 소요될 것이다.

세계화 · 지식정보화시대의 경쟁은 국경의 폐쇄적 공간을 뛰어 넘는 기업간의 경쟁과 더불어 국가간의 시스템 혹은 제도적인 경쟁이 치열하게 전개될 것이며, 국가단위의 경쟁력의 원천은 기업을 중심으로 한 각 부문의 효율성과 경쟁력에서 비롯될 것이다. 그러나 우리의 국가시스템으로는 국가간의 경쟁에서 우위를 확보할 수 없을 뿐만 아니라 국가생존 자체가 위협받을 수 있다. 즉 정치, 경제, 사법 관련 법규 및 제도가 국제수준에 크게 못 미칠 뿐 아니라 시장기구에 대한 정부기구 우위의 시대가 지속되는 한 고비용 저효율의 시스템 구조에서 벗어나기가 어렵기 때문에 우리보다 앞서 개혁을 추진한 영국의 제도개혁을 살펴보아야 할 것이다.[73)]

정책의 효율성과 책임성을 강화하기 위해서는 무엇보다도 정책실명제를 지속적으로 강화해야 한다. 주책임자, 부책임자, 참여자가 모두 확실히 드러나야 한다. 그리고 반드시 정책성공에 큰 보상이 뒤따라야 한다. 경제적, 명예적 보상이 있어야 하며 그 보상의 내용을 사전에 공시하는 것도 바람직하다. 실패 시에는 책임을 물어야 한다. 정책실패이기 때문에 사법적 책임을 물어서는 안 되지만 정치적, 도덕적 책임은 물어야 한다.

제도개혁과 정책변화는 결국 입법과 예산으로 나타난다. 입법과 예산의 지원 없이는 새로운 제도와 정책은 공허한 이야기가 된다. 따라서 선진적 정

73) 영국정부는 국민경제의 생산성을 높이기 위해 ① 법인세 감면과 장기투자를 촉진하는 세제개혁으로 투자율을 높이고, ② 질 높은 연구와 생산을 혁신하기 위하여 과학투자를 늘리고, ③ 생산활동의 중심이 되는 기업의 혁신을 촉진하며, ④ 교육과 기술수준을 보다 향상시키고, ⑤ 능률을 향상하고 소비자를 보다 잘 대우할 수 있도록 경쟁과 보다 좋은 규제 그리고 공공부문의 생산성을 높이는 데 정책의 비중을 두고 있다. 영국정부는 경제정책의 4대 기본전략을 ① 정치 · 경제적 안정 속에 안심하고 투자할 수 있는 경제적 안정을 달성하고(Economic Stability), ② 기업친화적인 분위기 속에서 기업과 다른 부문이 파트너십을 통하여 역동적인 경제활동을 수행함으로써 경제성장률을 높이며(Raising Growth Rate), ③ 젊은이들을 일터로 돌려보내고, 일할 수 있는 기회를 최대한 늘리며(Employment), ④ 어린이와 가정을 지원하는 등으로, 빈곤과 불평등의 순환고리를 끊는 데(Breaking the Cycle of Poverty and Unfairness) 두고 있다. 영국정부는 앞으로의 규제는 반드시 필요하고 균형 있는 방법으로 제한할 것임을 강조하고 있다. '보다 나은 규제를 위한 작업단(Better Regulation Task Force)'은 불필요한 규제를 제거하는 데 앞장서고 있다.

치세력과 선진적 정책세력이 서로 연대해야 선진화를 위한 제도개혁과 정책변화가 성공할 수 있다. 결국 정치세력과 정책세력의 결합이 효율적으로 이루어져야 한다. 이들이 합작하여 일으키는 정책운동이 의식개혁・사상개혁의 국민운동과 결합하여 나아가면 그것이 선진화운동이 되고, 그 운동의 결실로 우리는 21세기 대한민국의 선진일류화에 성공할 수 있게 된다.[74)]

그러나 제도의 개선만으로 인간을 바꿀 수 있다고 생각하는 것은 어쩌면 오만한 발상일 것이다. 지상낙원을 만든다는 공산주의 제도는 소련과 북한 등 이를 추구한 국가들을 지옥으로 만들었다. 제도에 매달리면 인간의 중요성이 과소평가된다. 같은 제도 아래에서 왜 어떤 때는 부흥하고 어떤 때는 고난을 겪는가? 바로 사람 때문이다. 제도를 움직이는 것은 바로 사람이다. 전략가는 제도를 바꾸기 위해 노력하는 만큼 국민의식의 변화와 국민과 함께하는 제도 개선에도 높은 관심을 가져야 한다.

(6) 발전지향적인 국민의식의 함양

사회발전이란 인류가 유인원에서 직립원인으로 진화하는 사건만큼이나 획기적인 사람과 사회의 총체적 변화과정이라 할 수 있다. 경제・사회발전은 그 사회 구성원들이 성공하는 사람이 되는 과정이라고 볼 수 있다. 한 나라의 자본의 양이나 노동의 양이 많고, 교육 및 기술수준이 높다고 해서 발전이 일어나는 것은 아니다. 물질적 자원의 양도 중요하지만 사회구성원들의 정신적 자세가 더 중요하다.

국가의 번영과 발전을 이끄는 주체는 누구이며 이 주체의 행동은 어디에서 나오는가? 많은 나라들이 중진국까지는 쉽게 도달하다가 선진국 진입의 문턱에서 주저앉은 중진국 증후군의 이유는 무엇인가? 지난 역사에서 각 후진국들의 경제개발노력이 기대 이하의 성과를 가져온 가장 큰 원인도 후진국 지도자들이 미래를 위한 투자에 나서도록 국민들을 유인하는 데 실패했기 때문이

74) 그동안 개혁을 추진해온 영국정부는 정책에 대하여 이를 홍보하고 방어하는 것 이상으로 정책의 질과 효과를 높이기 위해서는 정책형성자들과 정책수혜자들이 긴밀히 협력하는 것이 필요하다고 인식하고 있다. 이것은 중앙행정기관과 그 소속기관, 지방정부, 자원부문과 민간부문 사이에 관계를 새로이 발전시켜 나간다는 것을 의미한다. 정책형성과정에서 외부 전문가, 일선부서의 직원들, 정책에 의하여 영향을 받는 사람들에게 자문하고, 출발단계에서부터 집행단계까지 최대의 정책효과를 높이는 방안을 찾아야 한다.

라고 할 수 있다. 발전의 정신을 일으키지 못함으로써, 많은 물질적 자원을 유용하게 쓰도록 유도하지 못했다는 것이다. 왜냐하면 발전의 주체인 사람이 미래를 위해 나설 마음의 준비가 안 되어 있는데 자본과 기술을 공여한다고 발전이 일어날 수는 없는 것이다. 발전이란 사람의 자기향상의 동기 즉, '발전의 정신' 현상으로부터 출발한다고 보아야 한다. 경제학이란 결국은 주어진 유인구조에 반응하는 인간의 행동을 연구하는 학문이다.[75] 이 가장 기초적이고 근본적인 명제를 소홀히 취급하게 되면 경제학이 실패하게 된다.

박정희 정부시대(1960-1970년대) 한국경제는 '하면 된다, 할 수 있다'는 국가 전략과 리더십 하에서 국민 모두의 의식이 '성공하는 사람이 되겠다'는 발전의 정신으로 가득 찼으며, 이러한 정신적 인프라를 바탕으로 수출과 산업을 일으키고 새마을운동을 성공시킬 수 있었다. 그러나 1987년 체제가 시작된 이후 사회정책은 물론 지역개발 및 경제정책마저도 지나치게 결과의 평등을 강화하였다.

국민의식을 포함한 문화적인 변화나 개혁은 세대 또는 세기 단위로 이루어진다고 볼 수 있을 것이다. 의식, 가치관과 관행 등을 포괄하는 문화의 경우에는 공식적인 법과 제도가 장기간에 걸쳐 습관화되면서 문화의 일부로 자리잡아가기 때문이다. 이와 같은 개혁은 생활 습관을 바꾸는 일일 뿐만 아니라 국민들이 변화된 환경에 적응하는 기간까지를 감안하면 세대를 넘는 과정일 수 있을 것이다. 따라서 지금 당장 우리 세대가 할 수 있는 일이 있다면 바른 방향으로 공식적인 법과 제도를 만들어 내고 이를 엄격하게 집행하는 일이다. 즉 새로운 환경을 만들고 국민주체들이 새 환경에 맞추어 행동양식을 바꾸어 나가는 과정을 인내력을 가지고 지켜 볼 수 있어야 개혁에 따른 비용을 줄이면서 발전적인 국민의식을 함양할 수 있다.

모든 개혁은 추진목표를 정하는 것 못지않게 이를 추진하는 전략도 중요하다. 의식개혁의 전략적 원칙은 우선 우리 의식의 뿌리인 우리 문화의 특수

75) 경제학(經濟學, Economics)의 정의는 경제학의 계보(系譜)에 따라 달리할 수 있겠지만, 인간의 욕망을 충족시키기 위한 수단이 항상 제한되어 있다는 사실(자원의 희소성)에 직면하여, 그 제한된 수단을 가장 유효하게 활용하고자 선택을 하는 과정에서 인적 및 물적 자원이 어떻게 배분되고 소득이 어떻게 처리되는가를 관찰함으로써 이들에 관한 일반적인 법칙을 규명하며, 그 자원의 배분 과정에서 야기되는 경제적 · 사회적 문제를 적절히 해결할 수 있는 방법을 찾아내고자 하는 학문이라고 할 수 있다.

성을 서구 문화의 장점과 접목시켜 발전적으로 융합할 수 있는 대안을 모색하면서, 시평을 나라의 백년대계로 확장하고, 큰 틀은 중앙정부가 준비하되 세부 시행계획은 아래로 위임하여 함께하는 의식개혁을 유도해야 한다. 그리고 의식개혁의 과제와 구체적인 대안은 공론화과정을 거쳐 신중하게 선택하고, 우선순위와 일정이 포함된 청사진을 공개하여 예측가능성을 높이고, 전환과정에 필요한 준비를 촉진시켜야 한다.

한국은 태평양시대 반도국가로서 해양으로 우리의 영역을 계속 확대해나가야 한다. 무역의존도가 높은 우리의 입장에서 해양의 중요성은 아무리 강조해도 지나치지 않을 것이다.[76] 왜냐하면 지난 700년의 역사에서 해양에 대한 접근이 차단된 채 융성한 나라는 스위스와 중국 정도를 들 수 있다. 아테네, 로마, 스페인, 네덜란드, 영국과 미국 등 역사상 위대한 위치를 차지했던 나라들은 대부분 바다와 중요하게 연결되어 있으며 그들의 흥망성쇠도 바다를 통해 결정되었다.[77] 1964년 국민소득 100불, 수출 1억불이었던 우리가 좁은 국토와 빈약한 자원에도 불구하고 2007년 국민소득 2만불, 수출 3718억불의 놀라운 성과를 달성할 수 있었던 원인은 무엇일까? 그것은 두말할 것도 없이 세계로 뻗어 나갈 수 있는 바다가 있고 수출주도형 전략으로 국가의 부를 창출할 수 있었기 때문이었다. 알프레드 마한(Alfred Mahan)이 주장[78]했듯이 바다는 광활한 해상 고속도로인 것이다. 수출입으로 먹고 사는 우리에게 무역은 가장 중요한 관건이며 물동량의 99%가 바다를 통해 이루어지고 있음을 잊어서는 안 된다. 육지와 달리 바다에는 경계와 장애물이 없어 원하는 곳이면 어디든

---

76) 고대 로마 철학자 키케로는 "바다를 지배하는 자, 세계를 지배한다"고 했으며 오늘날 세계 최강의 미국해군 건설에 전략적 개념을 제공한 마한은 "해상에서의 자유로운 통항을 확보하는 것이 강한 해양력을 갖추는 길이며, 바다는 그 자체가 고속도로"라고 역설했다. 즉, 바다에서 부를 창출하고, 원활한 해상 무역을 보장하는 것이 국가 이익을 위한 일임을 강조한 것이다.

77) 고대 그리스와 로마 제국은 지중해를 장악할 수 있었기에, 15세기말 스페인과 포르투갈은 해상 무역 및 식민지를 개척하기 위해 바다로 뛰어들었기에, 세계의 부를 독차지하게 되었다. 영국은 스페인 무적함대를 격침시키고(1588년) 이어서 트라팔가 해전에서 승리(1805)함에 따라 바다를 제패할 수 있는 전기를 마련하고 대영제국(Pax Britanica)시대의 영광을 누릴 수 있었다. 영국인들에게 바다로 나아가 무역을 하고 식민지를 개척하는 것은 최고로 영예롭고 존경받는 일이었으며, 전성기에는 전 세계 GDP와 철강과 섬유생산량의 50% 이상을 차지할 수 있었다.

78) 미 해군 대령인 마한이 지은 「역사상 해양력의 영향」이라는 책을 보면 해양력을 육성하기 위한 국가 리더십을 강조하고 있다.

안전하게 항해할 수 있으며 운임 비용도 육상의 5분의 1, 항공 수송비의 50분의 1 정도로 저렴해 경제적으로도 훨씬 유리하다.

우리는 세계 1위의 조선 대국으로 전 세계 선박의 40% 이상을 건조하고 있으며, 컨테이너 운송량도 세계 5위를 차지하고 항만 또한 동북아 물류 중심으로 각광받고 있다. 그러나 유감스럽게도 우리의 해양력은 세계 12위에 머무르고 있다. 선박 건조는 1위이나 해양과학기술・해양관광・해양환경 등이 미진하기 때문이다. 아무리 금은보화가 바다 밑에 있어도 그것을 획득할 해양과학기술이 없으면 무용지물인 것이다.

국가는 잘하는 것을 더욱 잘할 수 있도록 제도적인 뒷받침을 해야 한다. 해양분야에서 우리가 잘하는 분야는 조선업, 수산업과 무역 등이다. 한정된 자원을 이 분야에 집중적으로 투자한다면 큰 의미의 해양국가로 발돋움할 수 있을 것이다. 이렇게 잘하는 분야를 집중적으로 육성한다면 요즘 많은 국가들이 고민하는 성장잠재력을 확충하는 데도 도움이 될 것이다. 중요한 것은 전략과

〈그림 6-3〉 번영・발전전략 체계도

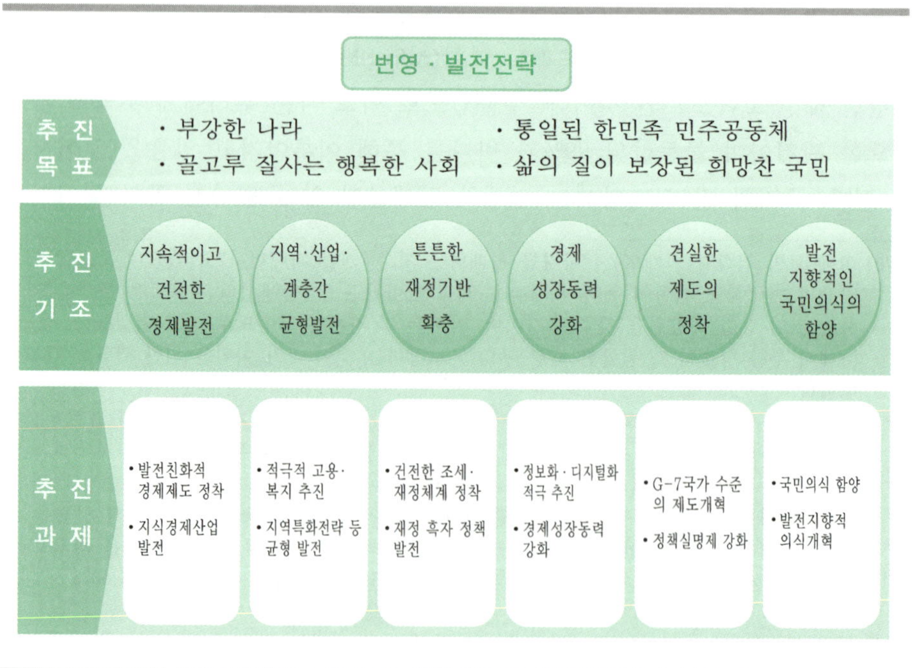

정책결정자들이 해양의 중요성에 대해 인식해야 한다.

환태평양 시대에 우리 국민의 의식은 태평양을 넘어 전 세계를 바라보는 진취적인 기상을 가져야 한다. 발전지향적인 국민의식이야말로 국가의 번영과 발전에 가장 기초적이고 핵심적인 동력이므로 국가지도자와 전략가들은 이를 함양하기 위해 노력을 강화해야 한다.

번영·발전전략을 추진목표, 추진기조, 추진과제로 세분화하여 도식하면 〈그림 6-3〉과 같다.

제 3 절 평화통일전략[79)]

통일은 민족의 숙원이며 과제이다. 온 민족이 통일을 당연시하고 있으며, 그 날이 오기를 고대하고 있다. 해방 이후의 역사는 남북 분단사이며, 동시에 통일 노력사이다. 분단과 분열에서 생기는 엄청난 민족적 고통과 불이익의 종식이 요구되고 있는 것이다.

민족적 측면에서 본 통일의 당위론과 필요론 측면에서 볼 때, 우리 민족 스스로 통일의 당위성을 단일민족에서 찾고 있으며, 단일민족 의식은 역사의 뿌리와 깊게 연관되어 있다. 왜냐하면 우리 민족은 통일신라 이후 약 1300년 동안 단일민족국가를 형성하여 한반도에서 살아왔으므로, 우리 민족이 나뉘어 산다는 것은 극히 부자연스러운 현상이며, 단일 민족사회 공동체로의 복원이 절실히 필요하다.

분단으로 생긴 이질화의 극복 및 동질성 회복이 필요하다. 남북한에서 사회와 문화 등 모든 영역에서 상당한 이질화가 진행되어 왔다. 남한은 다원적이고 개인주의적이며 개방적인 반면 북한은 일원적, 집단주의적, 전체주의적, 폐쇄적으로 변화되고 있다. 그리고 정치 문화는 이데올로기를 중심으로 이질화가 심화되고 있으며, 이러한 이질화 현상은 세계관, 사회관, 인간관과 역사관에 큰 차이를 형성하고 있다. 그리고 이러한 이질화는 시간의 흐름에 따라 더욱 심화될 것으로 판단된다. 따라서 민족적 동질성과 단일성 회복을 위하여

79) 평화통일전략에 관련된 사항은 저자의 졸저 「한반도의 평화통일전략」(박영사, 2004)의 내용(pp. 104-125)을 부분 보완하였다.

통일이 필요하다. 분단에서 생기는 민족적 역량의 손실과 자해현상을 방지하고, 민족자존을 확보하는 일도 뒤로 미루어 놓을 수 없는 시급한 과제이다.

통일은 민족국가의 발전에 기여한다. 그러나 북한이 통일전선전략에서 민족주의를 역이용하고 있다는 것을 우리는 항상 유념해야 할 것이다. 공산주의는 근본적으로 국제주의(國際主義)이지 민족주의는 아니며, 그들에게는 민족이 아니라 계급이 더욱 중요하다. 공산당 선언의 '만국의 노동자여 단결하라!'라는 구호가 이를 잘 대변해 주고 있다. 따라서 우리는 북한이 민족적 정통성은 자기편에 있음을 주장하면서, 같은 민족을 내세워 민족공조(民族共助)[80]와 자주적 통일을 주장하는 본질을 꿰뚫어 보면서 역이용할 필요가 있다.

한반도에서 평화관리, 남북한 평화공존, 평화체제의 구축을 거쳐 평화통일이 강조되는 이유는 통일을 향한 민족의 열망에도 불구하고 현대의 발달된 무기로 인한 전쟁의 폐해와 한반도에 고도로 집중된 남북한의 무장력을 고려할 때 오직 평화구축과 평화통일만이 민족의 지속적인 번영을 보장하고 전쟁으로 인한 참화를 방지하여 민족통일의 진정한 의미를 살릴 수 있다고 보기 때문이다.[81]

한반도에는 여전히 남북한의 충돌 위험이 상존하고 있으며, 우리는 전쟁에 대한 공포를 느끼고 있다. 한민족이 전쟁의 공포로부터 해방되고, 전쟁을 막기 위해서는 남북한의 평화적인 통일이 필요하다.

대한민국 헌법의 전문에서는 "평화적 통일의 사명에 입각하여 정의, 인도와 동포애로써 민족의 단결을 공고히 할 것"을, 제4조에서는 "대한민국은 통일을 지향하며, 자유민주주의적 기본질서에 입각한 평화적 통일정책을 수립하고 이를 추진한다"라고 규정하고 있다. 그리고 제66조 ③항에서는 "대통령은 조국의 평화적 통일을 위한 성실한 의무를 진다"라고 명시함으로써 평화통일을 위한 대통령의 책무도 제시하고 있다. 그리고 대통령은 취임선서에서 헌법 제69조에 따라 "나는 헌법을 준수하고 국가를 보위하며 조국의 평화적 통일과 국민의 자유와 권리의 증진 및 민족문화의 창달에 노력하여 대통령으로서 직

80) 북한이 주장하는 '민족공조'란 자주와 외세 배격을 주제로 주한 미군 철수와 국가보안법 철폐를 주장하면서 북한을 한 민족으로 보고 미국을 적으로 보는 전략적 구상이며, 우리 국민의 대적개념을 약화시키며, 우리 사회의 안보역량의 결집을 차단하고 이를 와해시키기 위한 고도의 적화통일 전략으로 판단된다.

81) 홍관희, "남북관계의 확대와 한국의 국가안보" (통일연구원, 2000), pp. 42-44.

책을 성실히 수행할 것을 국민 앞에 엄숙히 선서합니다"라고 선서하여, 대통령으로서 평화통일을 위해 진력을 다할 것을 국민에게 다짐하고 있다.

국가지도자는 헌법정신에 따라 국가전략 차원에서 평화통일전략을 수립하여 점진적 · 평화적으로 통일을 추진해 나가야 할 것이다.

1. 평화통일전략의 목표

(1) 평화로운 국토통합 달성

우리 민족은 반만년 동안 한반도라는 지리적 공간 속에서 하나의 생활권을 형성하며 살아왔다. 역사적 흐름에 따라 일시적으로 분열되었지만, 주류는 단일공간에서 살아온 단일민족이다. 한민족의 희생을 최소화하기 위해서는 어떤 경우라도 통일을 폭력에 의존해서는 안 되며, 비민주적인 통일국가의 출현도 막아야 한다. 즉 민족사회 구성원 모두의 평화가 보장되는 통일이어야 한다. 평화통일은 지리적 측면에서 보면 분리된 생활권과 분할된 국토를 하나로 하는 국토통일을 의미한다. 지리적 개념의 통일은 민족 구성원 누구나 한반도 내의 어느 곳이든 자유롭게 왕래하고 거주하는 단일생활권을 마련한다는 의미를 내포하고 있다.

한반도는 지구상에서 가장 큰 바다와 가장 큰 대륙에 연한 북반구 중위도에 위치하며, 대륙과 해양으로 진출이 용이하다. 우리는 세계화에 따른 세계질서 개편의 큰 흐름을 타고 한반도의 지정학적 잠재력을 활용하며 한민족의 활동공간을 확대시킬 계기를 마련해야 한다. 한반도를 수동적 공간에서 능동적 공간으로 전환시키는 의지와 힘이 필요하다.

세계화시대에는 영토의 개념이 경제권의 개념으로 희석될 가능성이 있으나, 통일을 해야 하는 한민족의 입장에서는 주권이 미치는 배타적 공간범위로서의 영토(領土, Territory)와 국경을 중시해야 할 것이다. 이는 한반도와 그 부속도서 및 영공과 영해를 포함하는 개념이다.[82] 통일국토의 모습은 일차적으로 통일되는 시점에서의 남북한 영토의 모습을 합한 것이다. 따라서 분단 하

---

82) 국가는 영토를 기초로 하는 일정한 공간에 대하여 '배타적 지배권(領域主權)'을 갖는다. 이 공간은 영토를 중심으로 그 주위에 있는 바다의 부분(領海)과 영토 및 영해상공의 하늘 부분(領空) 등 3개의 부분으로서 성립되는 공간이다.

의 남한과 북한의 모습은 통일국토의 모습을 결정짓는 기초가 될 것이다.[83)]

통일국토의 모습을 바람직한 것으로 그리려면, 남한과 북한의 땅을 통일이 되는 시점까지 어떤 모습으로 만들어 가느냐가 중요하다. 그러나 통일 후 국토통합의 문제점으로는 공간적 이중구조로 인한 일체성 결여, 남·북 지역간 불균형, 토지 소유제도의 혼란 및 이용 질서의 문란, 자연환경 파손 및 문화공간 훼손, 국경지대 및 해양에 대한 관리의 어려움, 종합적인 계획 부재로 국토이용의 혼란 초래 등의 많은 요인들이 있다.

그러나 우리는 남북한이 안고 있는 기존의 공간문제를 해결하면서 세계화, 지방화, 분권화 및 친환경화 등의 추세에 대응하며 통일 후 건강한 국토를 만들어 나가는 틀을 준비해야 한다.

베트남의 사례는 무력에 의한 통일이 얼마나 막대한 피해를 초래하는지 예시해 준다. 오랜 기간의 전쟁 끝에 통일을 달성한 베트남은 통일이 된 이후에도 국토의 황폐화와 생산시설의 파괴뿐 아니라 막대한 인명피해에 따른 고통을 겪고 있다.

이러한 교훈을 바탕으로 우리가 평화통일을 구현하기 위해 노력하고 있음에도 불구하고 통일의 시기와 그에 이르는 과정에는 많은 불확실성이 내재되어 있어 북한의 급변사태[84)] 등을 포함한 여러 가지의 시나리오를 상정할 수 있을 것이다. 어느 시나리오가 전개될 것인지는 기본적으로 북한의 변화의지와 개혁·개방의 방향 및 속도에 의해 좌우될 것이지만, 우리의 평화통일의 의지와 평화적 방법론에 입각한 행동의 이니셔티브도 평화통일을 달성하는 데 중요한 요소로 작용할 것이다.

(2) 공동이익을 추구하는 민족공동체 형성

통일이 국가존망의 이익보다 우선순위가 높은 민족존망의 이익이고, 절대적인 여망이라고 한다면 남북한 양측은 새로운 형태의 정치체제를 수용할 각오가 되어 있어야 한다. 그런데 통일이라는 국가목표가 가장 높고 절대적인 국가이익이 될 수 없다는 사실은 한국인의 절대다수가 공산정권하의 통일을

83) 대한민국 헌법 제3조는 "대한민국의 영토는 한반도와 부속도서로 한다"라고 명시하고 있다.

84) 박철희 서울대 교수는 "미국, 중국과 비공식적으로라도 북한에 급변 상황이 일어났을 때의 대처방안을 정부 차원에서 합의해 둘 필요가 있다"고 주장하고 있다(조선일보, 2008년 8월 15일).

원치 않는다는 점으로 미루어 알 수 있다. 통일이 절대적이고 대한민국에서 가장 우선되어야 할 국가이익이 될 수 있는 경우의 통일이란 대한민국의 생존이 보장되고 대한민국이 주도하는 민주주의체제나 이와 유사한 체제하의 통일을 의미한다. 생존, 즉 자기존재가 없는 상태에서의 통일은 존재할 수 없으며 그 상태는 곧 특정한 형태의 통일을 의미한다.

생존이익, 즉 국가존망의 이익이 국가최고의 이익이며 '우리'의 존재가 있는데서 통일의 여망과 통일에 대한 최고의 가치도 부여할 수 있다. '우리'없는 통일은 있을 수 없다. 이것은 북한의 경우도 마찬가지이다. 북한 공산주의체제하에서 절대다수의 인민이 자의적으로 북한의 체제가 상대적으로 남한의 체제보다 우월하고 그리하여 북한체제 쪽으로 남한이 통일이 되어야 한다고 믿는다면 그들에게 있어 북한의 존망의 이익은 국가최고의 목표일 수밖에 없다. 그러나 20세기의 역사는 민주주의와 시장경제체제의 우월함을 보여 주었다.

통일을 추진하는 과정에서 단일민족의 전통은 발전적으로 이어져야 한다. 반세기를 훌쩍 넘어선 분단사는 우리 민족의 역사와 전통이 외부세력의 강요로 중단된 부끄러운 역사이다.

한반도의 분단구조는 남북에서 정치, 경제, 사회와 문화 등 다방면에 걸쳐 왜곡과 모순을 심화시키고 있다. 남북 분단의 고통과 불안이 종식되어야 한다. 한국전쟁이라는 동족상잔의 비극, 이산가족의 생이별, 중무장한 군사적 대치 등은 조속히 해결되어야 한다. 평화통일을 위한 일관된 노력만이 동족상잔의 재발을 원천적으로 막고, 국제사회에서 적극적 개념의 평화가 정착되도록 유도할 수 있을 것이다. 따라서 남북 사이의 화해, 교류협력과 평화는 반드시 제도화되고 정착되어야 한다.

남북관계를 개선해서 통일에 접근하려는 노력은 분단이라는 특수상황 아래서 비용의 효율화와 경제선진화를 도모하는 모체이다. 통일이 실현되면 우리는 국제사회의 주역으로 부상할 수도 있다. 남북한이 통일되면, 우리는 세계 10위권의 교역대국이 될 수 있으며, 북한의 잠재력과 노동력 그리고 자원이 통합되어 민족의 경제역량이 확대될 것이다. 우리가 지정학적인 위치를 적극적으로 활용한다면, 우리는 국제사회 및 주변국의 균형자로서 외교역량을 발휘할 수 있을 것이다.

정치・경제적으로 이루어진 통일 못지않게 사회・문화적으로도 공동체의식을 가질 수 있는 실질적인 통합노력도 신중하게 추진되어야 한다. 단순히 사회 · 문화적인 이질성을 극복하여 동질성을 회복하는 단순한 분단이전 상태의 회복이 아니라, 온 민족이 하나 되어 보다 밝은 미래를 만들어 나갈 수 있는 창조적인 대통합과정이 병행되어야 한다. 통합은 시스템을 합치는 체제통합과, 사람의 마음을 합치는 사회통합으로 나눠 보는 것이 맞다. 그런 의미에서 체제통합에는 성공하였으나 사회통합에는 어려움을 겪고 있는 독일의 통일 사례는 우리에게 시사하는 바가 매우 크다.[85)]

통일과정에서 남북은 같이 승리하며 민족 공동번영의 보람을 누려야 한다. 즉 상생공영(相生共榮)해야 한다. 평화와 번영을 실현하는 민족공동체를 구현하기 위해서는 남북 공동의 가치와 정체성을 창조하고 가꾸어 가는 것이 중요하다. 남북으로 분단되어 있어도 민족의 동질성과 통일성의 범위를 확대시켜 나가는 조치가 필요하다. 이를 위해 남북한 사이에 평화를 정착시키고 교류와 협력을 적극적으로 증대시켜 민족 공동체를 복원하면서 남북한 사이의 연계를 증대시키는 것이 중요하다.

특히 남북간에 인식의 괴리가 있는 민주주의와 복지사회, 평화, 인권 등에 대해서 이견을 줄이고 공통의 영역을 확장해 나가야 할 것이다. 번영 · 발전의 민족공동체 달성을 위해서는 남북이 상호 이해의 폭을 넓히고 공통의 이익과 가치영역을 확대해 나가야 한다. 두레, 향약, 품앗이 등에서 볼 수 있듯이 한민족은 전통적으로 높은 공동체 의식과 가치영역을 지니고 있다. 이를 확대해 나갈 때 평화통일도 가능할 것이다. 우리는 역사적 경험으로부터 사회의 한 부분이 배타적으로 이익을 추구할 때 이는 곧 마찰과 갈등을 유발하였음을 인식해야 한다. 특히 남북간에는 지역감정을 극복하고 함께 살아가는 공동체의식을 회복할 때 통일한국 사회가 건강하고 성숙될 수 있다.

85) 약 20년전 독일의 역사적인 통일은 그런 의미에서 여전히 미완의 프로젝트다. 통일독일은 섣불리 단정할 수는 없지만 한마디로 정치 · 경제적 통합의 성공과 사회 · 문화적 통합의 실패로 결산될 수 있다. 통일이라는 거대한 시대사적 사건도 결국은 인간의 문제로 귀착되며, 인간을 배려하지 않는 통일은 결코 성공할 수 없다. 통일은 종잇장 위에서 체결되는 것이 아니라 사람과 사람 '사이'에서 완결되는 것이다. 민족의 신화를 앞세운 낭만적인 민족주의 담론만으로는 통일 이후의 사회 · 문화적 갈등을 해결하기 어렵다는 것이 독일 통일 18년(1990-2008년)의 냉정한 교훈이기 때문이다. 1990년 통일 이후 약 20년이 흐른 지금까지 동 · 서독 사이에는 '마음의 불연속선'이 존재한다. 즉 오씨(Ossi)란 말에는 서독인들이 동독(Ost) 사람을 얕잡아 보는 경멸의 감정이 잔뜩 묻어난다면, 베씨(Wessi)에는 동독인들이 서독(West) 사람들을 바라보는 불편한 감정이 녹아 있다.

그러나 통일이 포기할 수 없는 민족적 과제라고 해서 어떤 통일이든지 성급히 받아들일 수는 없다. 통일은 한민족의 이상을 실현할 수 있는 것이어야 하며, 민족사회를 가장 바람직하게 건설할 수 있어야 한다.

(3) 자유 · 민주 · 복지국가 수립

통일국가는 민족구성원 모두에게 자유와 복지, 인간의 존엄성을 보장하는 선진 민주국가가 되어야 한다. 자유란 분단으로 인한 민족 구성원 모두의 고통과 불편이 사라지고, 자율과 창의가 존중되며, 정치와 경제적인 권리를 확보하는 상태를 의미한다. 복지는 민족의 총체적 역량이 크게 신장되어 풍요로운 경제를 이루고 그 혜택이 민족구성원 모두에게 골고루 돌아가는 것을 의미한다. 인간의 존엄성이란 분단으로 인한 인간적 고통과 억압이 해소되고, 법질서와 정의의 기초 위에서 기본적 인권이 존중되는 상태를 의미한다.

통일국가는 정치적으로 자유민주주의체제를, 경제적으로 시장경제체제를 바탕으로 한 인간다운 삶을 실현할 수 있는 선진민주주의 사회 실현을 지향해야 한다. 민족통일을 지향하면서 우리가 그려볼 수 있는 가장 바람직한 것은 민주주의 이념에 입각하여 정치적 갈등과 정쟁을 처리해 나가는 '민주공동체(民主共同體)'이다. 남북간 교류협력이 크게 확대되고 있는 상황에서 자유민주주의와 시장경제를 계승 · 발전시키는 일이 중요한 목표가 되어야 하는 이유는 그 역사적 적실성(適實性)으로부터 연유한다. 자유민주체제에 기반을 두지 않는 어떠한 통일도 우리 민족에게 진정한 행복과 번영을 가져다 줄 수 없기 때문이다.[86)]

민주주의는 대한민국의 국가이념(國家理念)으로 표방해 온 자유민주주의 기본정신이며, 체제를 불문하고 북한을 포함한 국민국가들이 대외적으로 표방하는 정치이념이므로 남북한간 이질적인 양 체제가 공동적으로 받아들일 수 있을 것이다. 즉 통일한국에서 한민족이 인간다운 삶을 위해서 필요한 정치이념은 민주주의이다.[87)]

---

86) 북한이 '수령제'에 입각한 유일체제 즉 '우리식 사회주의'를 고수하고, 남북이 중무장한 군사력으로 대치하고 있는 상황에서 자유민주주의체제에 바탕을 두지 않는 통일논의는 바로 북한의 대남 통일전선전술과 '통일' 슬로건하의 남한사회 교란전술에 이용당할 개연성이 매우 높을 것이다.

87) 기본적이고 항구적인 국가목표를 달성하기 위해서 객관적, 현실적인 가치판단에 입각한 국

우리의 삶은 자유롭고, 인간다우며, 함께 하는 것이 되어야 한다. 우리는 인간의 존엄성에 대한 평등한 권리가 존중되는 기본바탕 위에서 서로 협력하면서 자유롭게 살아가는 터전을 마련해야 할 것이다.

정치적 자유보장을 위한 기본 가치가 구현될 때 다원주의와 공정성 및 공공성 등의 가치도 빛을 발할 수 있다. 자본주의 사회도 평등의 가치를 보다 더 많이 구현할 수 있는 복지국가로의 발전을 계속하고 있다. 즉 자유와 평등의 조화에 기반을 둔 공정성 원리를 적용하고 있다.

민족분단을 해소하고 민족 번영을 이루는 데 있어서 자유로운 삶이 갖는 의미는 각별하다. 왜냐하면 경쟁적 체제 이념을 극복하여 열린 사고를 가능케 해주는 것이 바로 자유로운 삶이기 때문이다. 대한민국은 자유민주주의 체제 속에 북한 주민을 포용하는 통일을 달성해야 한다. 아무리 통일을 원한다 하더라도 우리는 대한민국이 지향하는 자유롭고, 고른 복지를 누리며 동등한 정치참여 기회를 누리는 자유민주주의체제는 포기할 수 없다. 즉 자유민주주의 기본가치는 통일에 선행하며, 통일의 공리적 가치가 되는 것이다.

통일은 단순한 국가통합이 아니라, 한민족 모두의 삶의 질을 높이는 데 목표를 두고 민족 구성원의 삶의 터전을 하나로 만드는 것이어야 한다. 통일은 분단 이전으로의 회귀가 아니라 미래의 만남을 보고 설계하는 것이며, 자유, 민주와 복지가 보장되는 발전된 민족국가 건설의 도정에서 거쳐야 할 단계이다.

통일한국은 시장경제와 복지를 통합한 개념으로서 궁극적으로는 단순한 시혜적 복지단계를 넘어 일할 수 있는 기회를 마련해 주는 복지체제를 구축해야 한다. 일을 통한 복지는 시장과 복지의 상호보완적 관계를 지향한다. 생산적 복지는 시장의 공정분배기능을 강화하고, 고용 중심의 사회정책에 중심을 두며, 경제효율성을 제고시키면서 사회통합을 달성하려는 적극적인 복지정책이다. 시장을 통해 공정하게 이루어지는 분배, 국가에 의한 재분배, 국가와 시장이 연계된 자활(自活)을 위한 사회적 투자의 유기적 결합이 필요하다.

가이익을 감안하여 국가의지를 결정함으로써 이를 운용하는 일에 국가의 기본방침이 책정되어야 한다.

(4) 새로운 역사 창조

역사적 관점에서 볼 때 통일이 단순히 분단이전 상태로 회귀하는 것인지, 그렇지 않으면 통일국가의 창설을 의미하는가의 문제가 대두된다. 통일은 분단이전 상태로 되돌아가는 것일 수는 없다. 왜냐하면 반세기 이상의 역사흐름에 따라 너무 많은 것이 변했기 때문이다. 분단체제를 극복한다는 것은 단순히 통일만 하면 되는 것이 아니고 통일하는 과정에서 현재의 남과 북 어느 쪽보다도 더 나은 사회가 한반도에 건설되어야 진정한 분단체제의 극복이라 할 수 있을 것이다.[88]

단지 지리적 통일의 개념은 불변 여건이므로 지리적인 분단의 회복을 통일이라 할 수 있다. 그 밖의 가변상황 및 시대흐름과 맞지 않는 사항은 분단이전의 복귀라고 통일을 규정할 수는 없을 것이다. 통일은 단순한 재통일이 아니고 새로운 통일이어야 한다. 즉 과거로의 회귀가 아니라 미래를 향한 새로운 역사 창조 작업이어야 한다. 즉 법률적, 제도적인 분단상태에서도 평화공존과정을 거쳐 민족공동체를 재창조하면 사실상의 통일이 가능하며 이를 더욱 발전시키면 완전한 통일에 도달할 수 있을 것이다.

통일은 서로 다른 역사의 길을 걷고 있는 남북한이 현재의 조건과 상황을 고려하면서 다시 새로운 하나의 공동체 사회로 만들어 가는 창조적인 작업을 의미한다. 통일은 정치적으로 대립되었던 제도를 하나로 만드는 것이고, 경제적으로 다른 체제를 하나로 거듭나게 하는 것이며, 이질화된 문화를 우리 민족의 문화로 다시 통합시키는 창조적 작업 과정이다.

통일국가는 분단으로 인한 남북한 이질감과 생활격차를 극복하며, 민족공동체를 재창조할 수 있는 적극적인 통합정책을 추진하는 선진 민주국가가 되어야 한다. 통일된 민족공동체는 통일국가 구성원들의 삶을 질적으로 드높일 뿐 아니라, 대외적으로는 세계화・지식정보화시대를 선도하고 세계평화와 인류공영에 기여하는 국가로 발돋움해야 한다.

통일국가는 동북아 지역평화는 물론 세계평화를 위한 활동에 적극 참여하여 국제사회에서 인정받는 평화의 중심국가로 부상해야 한다. 자유민주주의와 시장경제의 내실화를 통해 열린 사회가 건설되어야 한다.

통일은 우리 조국이 동북아 지역에서 새로운 위치에 자리매김됨을 의미

88) 백낙청 외, 21세기의 한반도 구상(창비, 2004), pp. 289-291.

한다. 4대 강국이라는 불완전한 세력균형의 상황에 통일한국이 지역균형자로서의 역할을 담보할 수 있는 역량을 발전시켜 나간다면 5개국의 보다 안정된 세력균형자로서의 역할을 수행할 수 있을 것이다.

우리 민족의 분단사는 이미 60년이 넘어 역사와 전통의 단절은 물론, 세계화를 향한 국가 발전을 가로막고 있는 가장 큰 걸림돌이다. 대한민국개발연구원(KDI)의 예측 자료에 의하면 남북한이 통일되면 국민총생산(GDP)은 세계 7위권의 경제력으로 부상하고, 2020년 1인당 GDP도 4만불에 이를 것이다. 또 과학・기술면에서도 전자・기계・자동차 등에서 세계적으로 기술 경쟁력을 가진 산업국가가 될 것이다. 또 통일이 되면 남북한 인구는 약 8000만 명으로(세계17위), 강국이 될 수 있는 인구 수준 6000만 명을 돌파하고, 내수경기에 의해 경제발전을 도모할 수 있는 7000만 명 수준도 넘을 것으로 예상된다. 남북한 경제통합에 의한 시장 확대, 남북한간 생산 요소의 보완과 산업구조의 합리화 등을 바탕으로 우리 경제에 새로운 도약의 계기를 가져다 줄 것이다.

통일은 그 자체가 목적이 아니라 보다 발전된 민족국가(民族國家) 건설을 위한 선결조건의 하나이다. 우리가 추구해야 할 통일한국의 미래상은 정치적으로는 선진화한 자유민주주의 체제를 확립하는 것이고, 경제적으로는 복지국가를 실현할 수 있는 시장 경제체제를 발전시켜 나가는 것이다. 또 그동안 분단으로 단절되고 이질화한 우리의 고유 전통과 문화를 한 차원 높은 한민족의 문화로 승화할 수 있어야 한다.

2. 평화통일전략의 추진 기조

(1) 민족 공동체 통일방안의 기본이념 구현

평화통일은 한반도의 냉전종식과 평화체제를 정착시켜 '민족공동체 통일방안'에 의해서 3단계 통일전략을 실천해 나감으로써 달성할 수 있을 것이다. 이 과정에서 평화통일의 결정적 변수는 북한체제의 변화이고, 그 변화된 상황에 융통성 있게 임기응변할 수 있는 '신축대응전략(伸縮對應戰略)'이 필요하다.

우리의 통일방안인 '민족공동체 통일방안'의 특징으로는 통일의 기본철학으로 자유민주주의를, 통일의 주체로서 민족구성원 모두를, 통일과정에서 민족공동체 건설을 우선적으로 강조하는 것과 통일 국가의 구체적인 미래상을 제시하고 있다는 점을 들 수 있다.

이것은 '평화공존', '남북연합', '완전통일'에 이르는 3단계 통일전략을 바탕으로 하고 있다. 민족공동체 통일방안은 통일의 과정을 기능주의적 통일방안에 입각하여 점진적, 단계적으로 하고 있다.

우선 제1단계인 평화공존단계는 분단 이후의 적대적 냉전 상태를 종식시키고, 평화적인 공존관계를 실현하는 단계로서 평화통일을 위한 우선적인 당면목표이다. 즉 한반도의 냉전종식과 평화체제를 구축함으로써 남북한간의 평화적인 공존을 현실화하는 단계로서, 평화통일의 가장 중요한 국면이며 당면한 핵심목표이다.

다음 제2단계인 남북연합단계는 남북이 상호 협력적인 공존관계를 지속하다 보면, 민족공동체의 입장에서 남북이 상호 지원하는 관계로 발전할 수 있게 될 것을 가정하고 있다. 이는 국가연합의 형태를 취하는 단계에 해당된다.

제3단계인 완전통일단계는 남북연합은 국가연합의 형태지만, 민족공동체 차원에서 '1국가 2정부' 형태의 연방국가 단계를 거쳐 완전통일에 이르거나, 또는 곧 바로 '1국가 1정부' 형태로 완전히 통일되는 단계에 의해서 평화통일을 완성할 수 있게 될 것을 전제로 하고 있다.

평화통일을 달성하기 위한 당면한 핵심과업은 민족공동체 통일방안에 입각한 3단계 전략을 추진함에 있어서, 한반도의 냉전종식과 평화체제를 구축하여 남·북한이 민족공동체적 토대 위에서 신뢰와 협력을 지속시켜 나갈 수 있는 환경을 만드는 것이다. 즉 평화통일의 문제가 아니라, 평화통일의 선행조건이 되는 한반도의 냉전종식과 평화체제를 구축하는 문제가 가장 중요하다.

(2) 화해협력정책의 지속 추진

국민들은 북한을 강하게 불신하며 통일의 필요성을 확신하지 못하고 있고, 정부의 통일정책에 대해서도 의혹을 갖고 있으며, 통일비용에 대해서는 많은 두려움을 느끼고 있다.[89)]

89) 2006년 설문조사에서 대북정책 기조가 상호주의여야 한다는 의견이 68%였고, 지원을 통해 개방을 유도해야 한다는 의견은 21%로 나타났다. 2005년과 비교해 '상호주의'는 5%포인트 높아졌고, '개방 유도'는 7%포인트 낮아졌다. 적대 및 경계 대상으로 간주해야 한다는 응답은 12%였다. 57%가 북한이 전쟁을 도발할 가능성이 있다고 봤다. 전쟁 도발 가능성이 있다는 응답은

따라서 화해협력의 추진 원칙은 남북한간의 불신과 적대감 해소 및 민족 동질성 회복을 위해 보다 많은 접촉과 교류를 통해 이해의 폭을 넓히고, 쌍방이 필요로 하여 합의 가능한 분야부터 교류협력을 활성화하며, 상호 이익과 민족 복리를 도모하고, 북한의 무력도발 위협을 근원적으로 약화 및 해소할 수 있도록 추진해야 할 것이다. 이를 위해 한반도 차원에서는 '안보와 화해' 또는 '억제와 포용' 그리고 국제적으로는 '양자주의와 다자주의'를 상호보완적으로 조화롭게 병행 추구하는 '이중 접근전략'이 필요하다.

먼저 확고한 대북 억제력을 유지한 가운데 냉전구조를 해체하는 일은 무엇보다 중요하다. 우리는 지난 반세기 동안 한반도를 지배해 온 남북대결 주의에서 벗어나 확고한 안보기반 위에서 남북간 교류협력의 시대를 열어 나가야 한다. 확고한 안보기반은 강력한 대북 억제력에 의해 뒷받침되며, 억제력은 튼튼한 국방력에 의해 보장된다. 또한 강력한 대북 억제력은 자신감 있고 유연한 대북정책을 구사할 수 있는 밑바탕이 된다. 대화 없는 대북 억제력이 맹목적이라면, 대북 억제력 없는 대화는 더욱 위험하다는 사실을 분단의 역사가 우리에게 일깨워 주고 있다.

북한의 중·장거리 미사일과 핵개발 능력 과시 등은 북한이 아직도 체제 생존논리를 남북관계와 전반적인 국제관계의 개선을 통해서가 아니라 군사위협태세의 강화에서 찾고 있음을 의미한다. 따라서 강력한 대북 억제력의 확보는 우리가 추구하고 있는 평화와 화해협력의 대북 정책을 추진하기 위한 가장 필수적인 요건이다.

한반도의 냉전구조는 전쟁위험을 내포하고 있으며, 대내외적으로 소모적인 경쟁을 강요하고 있다. 이는 남북한 모두가 이루어야 할 번영과 발전을 결정적으로 저해하는 요인이다. 따라서 전쟁억제와 냉전구조의 해체는 한반도의

2002년 49%, 2003년 52%, 2004년 47%, 2005년 42%로 변해 왔다. 남북통일이 이뤄져야 한다는 응답은 2005년보다 다소 줄었다. 반드시(12%) 또는 가급적(42%) 통일되어야 한다는 의견이 54%로 2005년 61%에 비해 7%포인트 낮아졌다. 가까운 시일 내에 통일이 이뤄질 것이란 예상도 크게 줄었다. 5년 이내 2%, 6-10년 이내 11%, 11-20년 이내 19%로 우리 국민 32%가 향후 20년 이내에 통일이 이뤄질 것이라고 예상했다. 2005년의 경우 5년 이내 3%, 6-10년 이내 20%, 11-20년 이내 31%로 '20년 이내'가 54%였다. 통일 비용으로 인해 세금이 더 늘어나는 것에 대해선 48%가 부담하겠다는 의사를 표명했다. '기꺼이' 부담하겠다는 응답이 6%고, '약간' 부담하겠다는 응답이 42%였다. 통일 비용 부담 의사는 2002년과 2003년에 각각 53%였고, 2004년 56%, 2005년 46%였다(중앙일보, 2006년 9월 2일).

안정과 평화를 위한 선결과제이다. 우리는 대북 억제력을 통해 전쟁을 예방하는 가운데, 남북한간의 화해와 군사적 신뢰관계를 조성해 나가야 한다. 그리고 남북한과 미국, 중국을 포함하는 4자회담을 원만하게 추진하여 현재의 정전협정체제를 새로운 평화체제로 전환하기 위해 적극적으로 노력해야 한다.

우리의 경우 국가안보가 주로 북한이라고 하는 동족에 의해 위협되고 있고, 외국인의 입장에서 보면 그것이 우리 국민의 내전적(內戰的) 성격이 강하다는 특수한 환경 하에 있어, 통일문제와 안보문제는 분리될 수 있는 이슈가 아니다. 오히려 소극적인 의미가 아닌 적극적인 의미에서 우리의 현 단계 안보목표의 핵심은 바로 국가통일과 민족통일이기 때문에 그 두 가지는 하나의 목표로 향해 나아가는 두 가지 축이다.

더욱이 우리에게 있어 북한은 안보상 위협요인인 동시에 평화통일을 달성해야 한다는 대전제하에서 본다면 대립과 경쟁의 관계에서 궁극적으로는 화합하고 포용하는 관계로 발전시켜 나가야 할 대상이라고 하는 민족적 숙명도 고려하지 않을 수 없는 상황이다.

통일 후 우리의 안보전략의 대상은 러시아와 중국, 일본 그리고 궁극적으로는 미국까지도 포함이 되는 보다 범위도 넓고 성격도 다른 포괄적인 문제가 될 것이다.

남북한은 화해와 협력을 추구하면서 이를 더욱 확충해 나가야 한다. 우리는 남북한간의 깊은 상호 불신을 해소해 나가기 위해 정경분리 원칙에 따라 적극적인 상호 경제교류와 협력은 물론 언론, 문화, 종교, 예술과 체육 등 여러 분야에서의 교류를 적극 추진할 필요가 있다. 남북한은 이미 합의 서명된 '남북기본합의서(南北基本合議書)'의 틀 안에서 서로에게 이익이 되는 공존과 공영의 관계를 실현할 수 있을 것이다. 따라서 우리는 남북기본합의서의 정신에 입각하여 북한이 스스로 변화를 추구할 수 있는 여건을 조성하는 한편, 화해와 협력의 확충을 통해 남북관계 개선과 평화공존 기반을 공고히 해 나가야 할 것이다. 비록 북한이 앞으로 단시일 내에 도발적이며 위협적인 대남전략을 평화지향적인 것으로 전환시킬 가능성은 크지 않다 하더라도, 장기적인 관점에서 화해와 협력을 대북정책의 기조로 유지해 나가야 할 것이다.

화해협력정책의 추진 목표는 북한을 '붕괴론적 시각'보다는 개방과 시장경제로의 변화가 불가피하다는 '변화론적 시각'에 기초하여, 화해와 협력을 통해 남북관계를 평화적으로 개선하고 통일지향적인 평화공존을 이루는 것이다.[90] 교류와 협력을 통해 북한이 통일을 맞을 수 있는 체력을 갖추도록 해야 된다. 지금 당장 남북한이 통일이 되면 북한의 빈곤, 경직된 사회체제가 엄청난 충격으로 와서 감당하기 어려울 것이다. 다만 일방적으로 퍼주고, 그냥 물고기를 나눠주는 것이 아니라 북한의 인권문제를 개선시키면서 물고기 잡는 법을 가르쳐 주어야 한다. 북한 사회를 개혁과 개방으로 이끌기 위해서는 북한 경제를 튼튼하게 해주면서 최소한의 생존환경을 보장할 수 있도록 북한정권에 압박을 가해야 한다. 그리고 북한 주민 스스로 이대로는 발전할 수는 없다고 느끼게 해야 한다. 헬싱키 프로세스는 오늘날의 남북관계에 많은 함의를 던져준다.[91] 아마 7・4공동성명이나, 남북기본합의서, 6・15공동선언 10・4공동선언 등 남북간 합의문들에 헬싱키협약처럼 북한인권 조항을 포함시켰더라면 남북관계의 성격은 달라졌을 것이다. 남한의 지도자들이 대한민국의 국가이념인 자유・인권 문제를 거론하지 않은 것은 잘못이었다.

경제적 교류 협력의 활성화는 '남북한 경제공동체' 형성의 토대를 마련하는 데 주안점을 두어야 할 것이다. 북한의 개방을 유도할 수 있는 유인동기를 제공하면서, 북한 경제체제의 변화를 유도해야 한다. 우리는 남북한간의 공동이익을 증진해가면서, 경제적 상호 의존관계를 심화시켜 나가야 한다. 남북 경제체제간의 이질성을 해소하고, 상호 보완적으로 성장을 도모해야 한다. 이를 추진하는 원칙은 상호 연계성, 보완성과 실현가능성 등을 기준하여 우선순위를 정하고, 체계적이고 일관성 있게 추진해야 한다.

남북한의 사회 문화적 공동체 형성을 위해서는 남북한이 조화와 균형을 모색하는 가운데 상호 보완적 체제 수렴을 통해 이질성을 해소하고 동질성을 극대화시키는 방안의 모색이 필요하다. 이는 공존을 바탕으로 한 상호간의 교

---

90) 김대중 정부는 남북관계 개선을 이룩하기 위한 원칙으로 무력도발 불용, 흡수통일 배제, 화해협력 적극 추진 등 3가지 원칙을 제시하였다. 김대중 정부의 대북정책은 '포용정책'이다. '햇볕정책'은 대북정책의 비유적 표현이고, '화해협력정책'은 대북정책의 내용을 담고 있다. 여기서 제시하는 '화해협력정책'은 전반적인 내용을 포괄하는 개념이다.

91) 1975년 미국과 서유럽 국가들은 옛 소련 및 동유럽 국가들과 안보회의를 개최, 안보와 인권 조항이 모두 포함된 헬싱키협약을 만들어 냈다. 이 인권 조항을 근거로 지속적으로 노력한 끝에 서방 국가들은 아무도 예측하지 못한 공산체제 붕괴와 동유럽 해방을 이끌어낼 수 있었고, 이 역사적 과정을 '헬싱키 프로세스(Helsinki Process)'라 부른다. 결국 헬싱키 프로세스의 원동력은 보편적 인권에 대한 신념이었다. 이 신념이 철권통치의 저항을 극복하고, 최종 승리를 거둔 것이다.

류를 통해 이루어질 수 있을 것이다. 남과 북이 서로를 알고 이해할 수 있는 기회가 확충되어야 한다. 한민족 고유의 민족적, 문화적인 정체성을 회복해 나가면서 다원주의, 합리주의, 자율성 등의 현대사회의 보편적 요소를 증대시켜 미래 지향적 민족동질성 형성에 노력해야 한다.

우리는 평화통일의 기반을 확충해 나가기 위하여 양자 및 다자간 국제협력을 강화해 나가야 한다. 탈냉전과 세계화의 추세는 우리에게 국제협력의 강화를 통해 안보와 번영 및 발전을 도모할 수 있는 기회가 되는 동시에 다양한 분야에서 우리의 국익증진에 부정적인 영향을 줄 수도 있다. 탈냉전 상황 하에서는 정치적, 이념적, 군사적 이해관계보다는 경제적 이해관계에 입각한 상호주의(相互主義, Reciprocity)[92]가 적용되는 가운데, 안보위협도 국가간의 경제적 마찰과 갈등, 대량살상무기의 확산, 테러, 환경, 마약, 무기밀매, 국제범죄, 난민과 인권 등 인류 공통의 문제를 중심으로 다양하게 제기되고 있다. 이처럼 다양한 분야에서 새로이 제기되는 안보위협에 효과적으로 대비하고, 한반도의 안정과 평화 그리고 국가의 번영과 발전에 유리한 국제환경을 조성하기 위해서는 우선 미국과의 안보동맹을 확고히 유지하는 가운데 일본, 중국과 러시아 등 역내 국가들과의 양자간 우호협력관계를 긴밀히 유지하며 발전시켜 나가야 한다. 아울러 동북아지역의 안정과 평화를 위해 역내 국가들간의 다자간 대화와 협력 체제를 발전시켜 기존의 양자간 협력 체제를 보완하기 위한 노력을 병행해야 할 것이다.

그리고 우리는 세계 공동의 안보문제 해결을 위한 유엔 등 국제기구들의 국제적 노력에 적극 동참하여 국제사회의 일원으로서 책임과 역할을 다해야 할 것이다.

특히 상존하는 남북간의 모순관계를 극복하면서 평화통일을 달성하기 위해서 우리는 추구하는 가치와 목표에 대한 신뢰를 갖고 통일정책의 일관성을 유지해야 한다. 즉 북한의 변화를 유도하기 위한 대북지원은 특정 정당이나 정권 그리고 외부의 간섭에 상관없이 비등점(沸騰點, Boiling Point)의 원리를 이용하여 지속적으로 실시되어야 한다.

---

92) 상대국의 시장개방 정도에 맞추어서 자국의 시장개방을 결정하려는 입장으로서, 상대방의 이익의 양보만큼 자국의 이익도 양보한다는 태도를 말한다.

(3) 투명성 · 일관성 · 신축성 · 균형성 유지

대한민국이 제대로 된 대북전략을 추진하기 위해서는 두 가지 관점에 유의해야 한다. 첫째, '북한주민'과 '북한정권'을 구분하여 대처하는 것이다. 둘째, '통일전략적인 사안'과 '대북정책적인 문제'를 혼동하지 않는 것이다. 국민적 합의에 따라 공식적으로 수립된 통일전략은 정권교체와 관계없이 일관되게 추진해야 한다. 반면 국가 안위에 직결되지 않는 정책적 수준의 사항들은 정부가 시의 적절하게 조절해 가면서 유연하게 추진할 수 있어야 한다.

대체로 통일의 목표, 통일방안의 수립, 북핵문제의 해결 등은 국가 생존과 국민의 생명 및 재산에 직간접 영향을 주는 통일 전략적 사안이라 볼 수 있다. 한편, 대북지원과 남북경협 사업은 남북관계의 진전과 특수성을 고려하면서 북한의 변화와 개방을 위해 활용할 수 있는 정책적 수단이다.

우리는 국민의 합의와 지지를 바탕으로 내외의 도전과 위협을 슬기롭게 극복하고 번영과 발전의 기반을 다지기 위해 평화통일전략을 수립하고 있다. 평화통일전략이 명료하지 않거나, 분야별 또는 부처별로 제각기 유리되어 추진될 경우에는 그 전략은 실효성을 거두기 어려울 뿐 아니라 국민적 지지를 얻을 수도 없다. 우리는 평화통일전략을 전략적인 사안과 정책적인 사안으로 구분하여 투명성, 일관성, 신축성 및 통합성과 균형성의 원칙하에 추진해 나가야 한다.

그동안 정부차원에서 통일방안을 수립하여 추진하여 왔으나, 투명성, 일관성 및 신축성의 부족으로 수행과정에서 몇 가지 문제점을 노정하였다. 첫째, 통일정책 내용 차원의 문제로 상대방에 대한 인식과 공작적 발상, 일관성 부족, 경합되는 목표 간에 우선순위 불명확 등의 문제가 있었다. 둘째, 통일정책 결정상의 문제로 정책결정 구조의 결함, 정보의 부족과 신속한 정보공유체제의 부재 등의 문제가 있었다. 셋째, 통일정책 집행에서는 전략적 사고의 부재, 능동적 자세의 부족, 사안별 즉흥적이고 감성적인 대응과 여론 추종자세 등의 문제가 있었다. 넷째, 상호주의에 대한 남북한간 또는 추진 주체세력간의 인식의 차이로 대북 협상전략에 많은 논란이 있다.

통일전략은 국민과 정부가 일체감을 이룰 때 가장 효과적으로 추진될 수 있으며, 국민과 정부가 하나가 되기 위해서는 정책의 투명성이 요구된다. 따라서 정부는 국민에게 통일전략을 투명하게 제시하는 것이 중요하며, 이를 통해 국민의 이해와 지지를 얻게 되고, 국민적 합의를 바탕으로 통일전략과 정책이 강력히 추진될 수 있다.

통일관련 전략의 혼선을 최소화하고 국력의 결집을 위해서는 명확한 목표와 기조를 바탕으로 전략의 일관성이 유지되어야 한다. 이렇게 될 때 전략과 정책의 효율성이 보장될 수 있다. 상호주의에 대해서도 어느 분야를 엄격한 상호주의를 적용할 것인지, 어느 분야는 포괄적 상호주의 혹은 신축적 상호주의에 따라 협상을 추진해 나갈 것인지에 대한 공감대가 형성되어야 한다.[93)]

남북경협은 북측의 시장경제의 확산과 개방을 돕는 방향으로 추진되어야 한다. 일방통행식 교류는 주는 쪽에는 원조 피로감을, 받는 쪽에는 도덕적 해이를 가져와 자구 노력의 동기를 박탈하고 말 것이다. 이 분야에서는 포괄적인 상호주의는 불가피하며, 소모적 상호주의 논쟁을 피하기 위해 적절한 수준에서 보・혁(保・革)간의 합의가 이루어져야 한다. 북한이 개혁, 개방을 가속화할수록 사안별로 더 많은 지원을 하는 신축적 상호주의가 바람직할 것이다.

다음은 신축성이 있어야 한다. 즉 전략과 정책의 일관성은 유지하되, 변화하는 상황에 신축적으로 그리고 능동적으로 대처해 나가야 한다. 상황에 수동적으로 이끌려가기보다는 상황을 이끌어가는 적극적이며 능동적인 노력을 통해서만이 궁극적으로 우리가 설정한 목표를 달성할 수 있을 것이다.

대한민국의 국민소득이 100불 전후였던 1960년대에도 경제발전에 협력했던 선진국들이 우리의 인권 문제를 많이 지적했다. 당시 군사정부는 그에 대해 반대적 입장을 가졌다. 그러나 선진국들이 인권에 대해 언급한 것이 대한민국의 인권을 진전시켰다. 애정어린 비판은 북한 사회를 오히려 건강하게 만

---

93) 상호주의는 결코 냉전적인 접근이 아니다. 탈냉전 시대에 들어와서도 대부분의 국가는 상호주의에 입각해 국제관계를 형성・유지・발전시켜 나간다. 남북관계가 '민족 내부의 특수관계'라고 하지만, 관계 형성의 보편적 진리마저도 부정되는 관계는 아니라고 하겠다. 반면 기본을 무시할 경우, 변칙과 비정상이 터를 잡게 된다는 점에 유의해야 한다. 6자회담에서 합의된 '행동 대 행동의 원칙'이란 것도 기실 상호주의의 다른 표현이라 할 수 있다. 그렇다고 지나치게 경직적인 상호주의로 나가자는 말은 아니다. 안보 문제는 '원칙'을 갖고 엄격한 상호주의로 대처하되, 비(非) 정치・군사분야는 탄력성과 유연성을 가미한 포괄적 상호주의에 따라 안정적이고 질서 있게 운영해 나가면 된다. 이런 점에서 균형 있는 대북 접근 전략이 필요하다.

들 수 있다고 생각한다. 남북간 본격적인 교류 이전이라도 인도적 지원 과정에서 북한 사회를 건강하게 만들기 위해 인권 개선 요구 등 필요한 요구를 해야 한다. 북한도 그걸 이해하는 수준으로 바뀌어야 한다. 그러나 한꺼번에 이를 수용할 수 없는 북한의 체제를 고려하여 신축적인 방향으로 전략이 추진되어야 한다.

균형성의 유지도 중요하다. 평화통일목표를 성공적으로 달성하기 위해서는 다양한 분야의 전략과 정책이 균형의 원칙 하에서 유기적인 조화를 이루면서 추진되어야 한다.

이제는 화해협력정책의 개선과 보완이 필요한 시점이다. 포용이냐, 압박이냐는 소모적 논란을 뒤로 하고 올바른 화해협력의 길을 모색해야 한다. 향후 우리 정부의 대북정책은 북핵문제를 현명하게 처리하면서 평화공존의 명제 위에서 북한이 국제사회의 책임 있는 일원이 되도록 앞에서 끌고, 뒤에서 미는 방식이 되어야 할 것이다. 북한체제의 점진적 변화 위에 남과 북의 '준비된' 통일 또한 가능해질 것이기 때문이다.

화해협력단계에서는 남북한이 상호 교류와 협력을 활성화하고, 상호 신뢰를 구축하며 냉전구조의 산물인 적대와 불신 및 대립 관계를 최소화하고, 남북화해와 불가침을 제도적으로 정착시켜 나가면서 진정한 평화적 공존을 추구해 나가야 한다. 남북한이 상호체제를 인정하고 존중하는 가운데 분단 상태를 평화적으로 관리하면서 경제, 사회, 문화 등 각 분야의 교류와 협력을 통해 서로간의 적대감과 불신을 해소해 나가야 한다. 즉 남북한 양측은 한반도에 두 체제와 두 정부가 엄연히 공존한다는 것을 인식하고, 쌍방의 실질적 관계개선을 진전시켜 나가는 지혜를 가져야 한다.

남북이 함께 '민족경제 발전계획'과 같은 중장기 로드맵을 수립해 추진하는 것이 바람직하다. 개성공단도 중요하지만 북한의 핵심 경제지역에서 지속가능한 산업협력의 대안을 찾아야 한다. 민간기업의 개척정신에만 맡겨 둘 일이 아니다. 공공성을 갖춘 공사가 나서야 한다. 국가기관은 민간기업 대북사업을 지원하면서 북한 경제에서 파급 효과가 큰 업종과 공장을 선정해 투자해야 한다.

안보문제 해결과 경협의 확장 사이에서 균형이 이뤄져야 한다. 핵해법이 수반되지 않는 무책임한 경협확장론을 경계하고, '북핵 불용' 원칙에 볼모가 되는 대북전략도 유의해야 한다. 경협과 북핵문제의 연계냐, 병행이냐는 단순 이분법에서 벗어나 교류협력의 진전과 핵문제 해결이 선순환하는 '탄력적 연계'를 실천해야 한다.

남북의 정치체제간에 화해와 협력관계가 일관되고 균형적으로 유지되어야 평화적 통일이 가능하다. 분단 기간 중 기존의 대립과 갈등 관계는 격화될 수도 있고 완화될 수도 있다. 분단시기에 화해·협력관계를 공고히 하면 할수록 평화적 통일의 가능성은 높아질 것이다. 화해와 협력관계에 기초하여 꾸준한 교류와 협력을 발전시킬 때에만 민족의 동질성이 보존될 수 있으며 통일에의 의지가 강화될 수 있을 것이다.

(4) 남북연합단계의 조기 달성

'민족공동체 통일방안'은 하나의 민족공동체를 건설하는 것을 목표로 점진적, 단계적으로 통일을 이루어 나가야 한다는 기조 위에서 통일과정을 화해협력단계, 남북연합단계, 통일국가 완성단계로 설정하였다.

남북연합단계는 하나의 완전한 통일국가 건설을 목표로 추구해 나가는 과정에서 남북한이 잠정적인 연합을 구성하여 평화를 제도화하고, 민족공동생활권을 형성하면서, 사회적, 문화적, 경제적 공동체를 이루어 나가는 과도기적 통일체제를 말한다.[94)]

민족공동체 통일방안은 중간단계인 남북연합 형성에 초점을 맞추어, 점진적인 과정을 거쳐 남북한간 이질감이 해소되고, 민족공동체가 형성된 조건 위에서 통일국가를 형성하는 방안이다. 따라서 남북한이 합의에 의해 평화적으로 추진할 때만 성공이 보장될 수 있다.

과도기적 통일체제로서의 남북연합단계는 남북이 서로 다른 체제와 정부하에서 통일지향적인 협력관계를 통해 통일과정을 관리해 나가는 단계이다.[95)] 남북연합단계에서는 군사적 신뢰가 구축되고, 평화체제가 정착되며, 경제협력

---

94) 통일부, 통일백서, 2002, p. 44.

95) 남북연합단계의 '남북연합(南北聯合)'이라는 것은 교류와 협력을 통해 민족의 공존공영, 민족사회의 동질화, 민족공존의 생활권을 형성하며 궁극적으로 단일국가로의 통일의 기반을 조성하고 준비하는 역할을 수행하는 것이다. 즉 통일이전의 과도체제로서 특수한 기능적 결합체를 의미한다. 따라서 이 단계는 남북한의 통합과정을 안정적이고 질서 있게 관리하면서 민족공동체를 구축해 나가야 한다.

과 사회·문화 분야에서 교류와 협력이 활성화되어 민족공동체가 형성된다.

남북연합단계에서는 남과 북이 각자의 외교, 군사력을 보유한 주권국가로 남아 있게 되지만, 남북연합이라는 기구를 통해 쌍방의 현안문제를 협의하고 처리해 나갈 수 있다.

남북한이 일정한 규모의 대표로 각종 연합기구를 구성하고 이를 운영하면서, 통합문제를 구체적으로 논의해 나가야 한다. 남북연합단계의 진입을 위해서는 무엇보다 중요한 것은 남북한 당국의 정치적인 결단이 중요하다. 즉, 남북한 대표가 정상회담을 통하여 '남북연합헌장(가칭)' 등을 채택함으로써 본격적으로 진입할 수 있을 것이다.

남북연합단계는 교류협력을 통해 신뢰구축과 평화공존이 정착되고 제도화된 상황에서 남북한이 통일국가로 될 때까지 통일의 기반을 조성하면서 준비하는 시기이다. 남북한은 군사적 신뢰구축을 더욱 심화시켜 상호간에 협력하는 차원으로 발전시키고, 군사전략을 순수한 방어위주의 전략으로 전환할 필요가 있다. 남북연합단계에서는 남북한 합의에 의해 남북정상회의, 남북각료회의, 남북평의회, 남북재판소 등의 공동정부 기구를 설치해야 한다. 또한 이 기구들에게 실질적 기능을 발휘할 수 있는 권한을 부여하여 완전한 통일을 이루기 위한 과제를 해결토록 해야 한다.

경제 분야는 실제적으로 공동의 이익을 실현시키는 합의도출이 가장 쉬운 부분이므로 공동투자와 합작생산체제의 활성화, 자연자원의 공동개발과 국토의 통합 관리, 관세동맹의 추진과 화폐의 통합문제를 점진적으로 심도 깊게 추진해 나가야 한다.

사회문화 분야에서는 급격한 변화보다는 남북한의 사회적 이질감에서 오는 심각한 갈등을 완충할 수 있는 제도와 장치 마련이 중요하다.

(5) 사실상의 통일과 제도적 통일의 병행 추진

평화통일을 위한 국가전략의 당면목표는 한반도에서 전쟁을 방지하고, 평화공존을 실현하며 통일의 기반을 다지는 것이다. 남북이 지리적 통합과 주권의 통합을 의미하는 완전한 통일을 당장 이루기는 어려우므로 우선 제도적 통일이 가능할 수 있는 상황을 만들어 내는 것을 목표로 추진해 나가는 것이다. 남북이 상호교류와 협력을 심화시켜 사실상의 통일을 점진적이고 단계적으로 구현해 나가는 것이다.

한반도 통일은 원론적으로 보면 국가주의와 민족주의의 통합적 수렴이고, 단계적으로는 분단역사의 전개순서를 되돌아가는 과정을 밟아야 한다. 되돌아가자면 무엇보다 먼저 6·25로 갈린 민족 분단을 봉합해야 하는데, 여기엔 상호 신뢰구축이 중요하다.

남북한은 서로 상이한 제도와 사상을 가진 채 반세기 이상을 적대적인 관계를 유지해 왔다. 북한은 집단적이고 권위주의적 통제체제를 유지하고 있으며, 계급성과 혁명성을 강조하면서 농업 중심적 사회를 형성하고 있다. 이에 반해 남한은 다원화된 자유민주주의 사회를 지향하고 있으며, 산업사회, 도시사회적인 성격이 강하다.

사실상의 통일 상황은 남북한간에 정치, 외교, 경제, 사회, 문화 등 모든 방면에서 교류협력이 제도화되고, 군사적 긴장이 해소되어 평화체제가 정착된 상황이다.[96] 이런 상황이 되면 남북 주민간의 적대감은 해소될 것이며, 두 개의 상이한 사회체제도 빠른 속도로 동질화 과정에 들어설 것이다. 남북연합을 통해 남북한간에 상생공영의 분위기가 정착되고 통일여건이 성숙되면 마지막 단계인 통일국가 단계로 접어들 수 있을 것이다.

여기서 통일국가란 남북연합단계에서 구축된 민족공동의 생활권을 바탕으로 남북한 두 체제의 기구와 제도를 완전히 통합한 정치공동체로서 '1민족 1체제 1국가'의 단일국가를 의미한다. 통일국가는 단일민족 국가로서 7천만 민족 구성원 모두가 주인이 되며, 개개인의 자유와 복지 및 인간존엄성이 보장되는 선진 민주국가를 의미한다.

이러한 통일국가의 완성은 통일헌법(統一憲法)이 제정되어 발효되는 때가 기점이 될 것이다. 즉 통일헌법이 이행되고 실천되는 단계이다.

통일국가의 가장 중요한 통합과제는 무엇보다도 국가체제의 완비이다. 새로운 관료체제를 구축하여 통일국가의 기틀을 확립해야 한다. 실질적인 통합단계 또는 통일초기에는 남북한 기존조직을 기반으로 하며, 새로운 환경에 맞는 행정조직으로 개편하는 방법이 효율적일 것이다.

경제적 측면에서 북한이 시장경제체제로 전환되는 과정에서 국영기업의 민영화, 재산소유권, 고용문제 등을 둘러싼 갈등과 막대한 통일비용에 따른 경

96) 통일부, 통일백서, 2002, p. 48.

제적인 혼란이 예상된다.[97] 따라서 화해·협력단계나 남북연합단계에서 가능한 많은 분야에서 북한 경제체제를 시장경제체제로 변화시켜 남북경제가 유기적으로 결합되고 통일비용이 최소화되도록 노력해야 한다.

사회적 측면에서는 북한 주민이 자유민주주의와 시장경제체제에 적응하지 못하는 가치관의 갈등과 심리적 불안, 정치적 소외감 등을 치유토록 노력해야 한다. 이를 위해서는 민족적 정체성 확립과 지속적인 시민교육이 중요하다. 두 사회의 갈등이 해소되고 동질성이 회복되어야 진정한 실질적인 통일이 달성되고, 내외적 위협으로부터 안정된 통합을 이루게 된다.[98]

남북연합의 형태에서 통일국가로 들어서는 시점은 평화통일의 전 과정을 통틀어 가장 중요한 시기이다. 왜냐하면 이 시기에 통일을 완수하기 위한 통일과제가 집중되어 있기 때문이다. 사실상의 통일단계는 남북연합체제의 제도화가 심화되고 공고해지는 남북연합의 성숙기부터 시작된다. 제도적 통일을 이루기 이전에 남북한 양 체제가 실질적인 부분에서 유기적인 상호작용과 자체적인 체제의 결합에 따른 부작용이 최소화된 상태에서 두 체제를 물리적으로 결합해 나가야 한다.

남북한은 통일국가로의 이행절차와 경과조치 등에 대해 협의하여 최종적으로 '통일조약(統一條約)'을 채택해야 한다. 통일조약은 형식상으로 국가 간의 조약과 같은 절차를 거쳐 체결되어야 할 것이다. 통일조약은 통일을 달성하기 위한 절차로서 민족내부간의 법적 합의문이라는 특성을 지닌다. 남북한은 통일헌법안을 마련해야 하는데, 통일헌법은 통일국가의 이념과 국가의 기본질서를 정하는 근간으로 통일단계에서 가장 중요한 요소이다. 통일헌법과 병행하

97) 앞으로 경제발전과 튼튼한 재정을 통해 통일비용을 마련해야 하지만 유사시는 재원 마련 방법으로 국채발행, 증세, 그리고 이를 혼합한 방안이 있다. 국채발행을 통해 재원을 조달하는 방안은 당 세대에게는 추가 부담이 없다는 장점이 있다. 세금을 늘리지 않기 때문에 국민 저항도 줄일 수 있다. 실제로 장기불황 탈출을 위한 경기부양 재원을 주로 국채발행으로 조달해온 일본 사례도 있다. 증세를 통한 방안은 세율 인상이나 통일세 등 새로운 세목을 신설해 연간 GDP중 1-2%에 해당하는 세금을 거둬들이는 것이다. 이는 재정의 지속가능성을 유지하고 당면한 과제에 대해 현 세대가 비용을 치름으로써 해결한다는 긍정적인 면이 있다. 그러나 결국 국채와 증세를 결합한 절충안이 재원 조달방안으로 유력해 보인다. 독일이 통일 후에 필요한 소요재원을 국가채무와 조세로 조달한 사례가 있다.

98) 독일의 통일을 보면 형식적 제도통합은 어느 정도 손쉽게 달성하였으나, 사회통합은 아직도 미완성 상태이며, 앞으로도 극복해야 될 많은 과제들이 남아 있다. 따라서 제도적, 인간적 통합이 아닌 단순한 제도적 이식은 통일 후 '한 국가 두 사회'라는 혼란상황을 야기할 수 있을 것이다.

여 남북한간 법과 제도의 통합이 실시되어야 한다. 남북이 물리적인 결합을 하기 이전에 남북한간 법과 제도의 통합과 정비는 체제의 동질성 확보에 매우 중요한 요소이다.

남북한 군대의 통합 문제는 평화통일이 성공하느냐 그렇지 못하느냐를 결정하는 가장 핵심적 사안이다. 따라서 남북한은 통합단계에서 남북한 군사통합의 기본 틀뿐 아니라 절차적 문제도 합의해야 한다.[99]

남북한이 법적・제도적 통일을 달성한 후에는 생활조건의 균형적 발전과 내적 통합이라는 과제의 수행이 중요하다. 통일 직후에는 상이한 체제, 제도와 문화의 과거 유산들이 아직 존속하고 있으므로, 여러 갈등이 발생할 여지가 많다.

그리고 두 국가 통합에 대한 여러 제도적 문제 해결이 급선무지만, 중장기적으로는 양측 지역의 균형적 발전을 위한 투자와 노력이 필요하다. 즉 양측 지역의 경제・생활수준의 격차를 해소하기 위해서는 장기간의 의식적인 노력이 중요하다. 통일은 단순히 지리적 통합을 의미하는 것이 아니라 이질화되었던 민족이 다시 동질화되어 가고 민족공동체를 재구성하는 과정이다. 이 과정에서 단순히 법적・제도적 통일을 통해 국가를 합치는 것보다 민족의 재통합을 이루는 것이 더 긴 시간과 더 많은 노력이 필요한 작업임을 잊어서는 안 될 것이다.

(6) 선 평화정착 후 통일

통일은 평화적인 방법으로 달성되어야 한다. 베트남 사례는 전쟁에 의한 통일이 얼마나 막대한 피해를 초래하는지를 예시하고 있다. 전쟁은 국토를 황폐화시키고, 생산시설을 파괴하며, 막대한 인명피해를 초래하고, 주민들 사이의 이질감과 적대감을 증폭시킨다. 전쟁으로 인한 마음의 상처로 통일정부에 대해 국민들이 자발적으로 동의할 수 없는 상황에 직면하게 되어, 강압적인 수단이 동원될 수 있다.

어떻게든 통일만 되면 좋다는 '통일지상주의(統一至上主義)'는 지극히 순

---

99) 독일군의 군사적인 통합은 가장 성공적이고 평화적으로 이루어진 모범사례로서 우리도 이를 적극적으로 활용할 필요가 있을 것이다(하정열, 한반도 통일 후 군사통합방안, 팔복원, 2002, 참조).

진한 발상이라 할 수 있다. 베트남은 평화를 보장하는 제도적 장치가 없는 상태에서 평화협정(平和協定)을 체결하여 전쟁을 유발하였다. 즉 남베트남은 북베트남의 통일전선전술의 희생양이 되었다고 해도 과언이 아니다. 전쟁과 강압적 수단에 의존한 통일은 우리가 선택할 수 있는 대안이 아님을 명확히 인식할 필요가 있다. 그런 의미에서 대남 적화통일을 주장하는 북한의 무력도발을 막기 위해 튼튼한 안보태세 유지는 필수적이다.

북한문제는 민족문제지만 동시에 국제관계문제다. 또한 평화 공존을 위한 핵심과제지만 대한민국의 안보를 위협하는 군사·안보문제이기도 하다. 대한민국 정부가 북한이 군사적 위협을 하는 데도 불구하고 민족문제로 보고 이에 대한 대응방안마저 평화 공존 차원에서 접근한다면 북한은 미사일과 핵 도박을 계속하게 될 것이고, 우리는 북한에 인질과 같은 존재가 될 것이다. 대한민국 정부는 평화와 안정은 그 어떠한 이유로도 파괴돼서는 안 된다는 분명한 원칙과 강력한 의지를 북한에 전달함은 물론 그것에 합당한 대응을 해 나가야 할 것이다.

대북전략의 일차적 목표는 남북관계를 안정적으로 관리해서 한반도를 전쟁의 위험으로부터 지켜내는 것이다. 그러자면 남한은 북한의 행동을, 북한은 남한의 행동을 서로 예측할 수 있어야 한다. 서로가 서로를 예측할 수 있게 하는 토대는 상대의 이런 행동에 대해서는 우리가 이렇게 나갈 것이라는 것을 명확히 알게 해주는 것이다. 그래서 남북관계에서 원칙이 중요한 것이다. 이 원칙의 길이 멀리는 통일의 길로 이어지는 것이다.

이 단계에서의 주요 과제인 남북한간의 불신 제거, 적대관계의 청산, 평화체제로의 전환 등은 다음 단계인 남북연합을 형성하기 위한 전제조건이다. 화해협력단계에서 가장 중요한 것은 교류를 제도화시키는 것이며, 이것은 정치·군사적 신뢰구축의 토대 위에서만 가능하다.

정치와 군사적인 신뢰구축을 위해서는 남북한간에 만들어진 최고의 합작품이라는 평가를 받는 남북기본합의서와 '부속합의서(附屬合議書)'를 실효성 있게 추진하는 것이 중요하다. '6·15 남북공동선언'의 실천방안 중 가장 미흡했던 부분도 남북한 군 간의 신뢰구축과 군축으로 지적되고 있다. 앞으로도 남북한 상호간의 신뢰와 협력에 치명적 장애 요인으로 남북한 군비통제와 한반도 평화체제에 관한 합의문제가 될 것이다. '남북기본합의서' 및 '불가침분야 부속합의서'에 따라 군사적 신뢰구축방안이 추진되어야 한다.

군사적 신뢰구축 조치 가운데서도 군 당국자간 핫라인 설치, 군 인사교류, 군사훈련 참관, 정보교환, 군사훈련통보 등 초보적 군사적 신뢰구축방안이 우선적으로 구현되어야 한다. 남북기본합의서에 따라 구체적인 세부 합의서를 도출하여 화해와 협력의 제도화를 추진해야 한다.

미완의 통일이 분단보다 위험할 수도 있다. 무력에 의한 통일은 오히려 외세를 개입시키는 동족상잔의 비극을 낳을 뿐 아니라 한민족의 자멸을 가져올 수도 있을 것이다. 따라서 통일 그 자체의 실현을 너무 서두르기보다는 분단 상황을 안정적으로 관리하면서 그 바탕 위에서 평화통일로 나아가야 할 것이다. 통일은 평화적이고 점진적으로 달성되어야 한다. 가장 바람직한 통일은 평화와 공존의 틀을 마련한 후, 경제·사회·문화 등 부분간의 통합을 거치고, 최종적으로는 단일국가체제라는 통합된 정치체제를 구축하는 것이다.

남북통일문제를 다루는 데 있어서 우리가 간과할 수 없는 것은 국가이익과 더불어 민족의 이익을 동시에 고려해야 한다는 점이다. 통일의 주체이며 대상인 한민족은 한반도의 남과 북의 두 개의 정치체제로 나누어져 있는 상태이다. 따라서 한쪽 당사자인 대한민국은 단일 독립국가가 국가이익만을 대외정책의 기본틀로 사용하는 것과 달리, 분단현실을 반영하여 민족이익을 고려해야 할 의무와 권리가 있다.

따라서 대한민국은 국가이익 추구라는 현실적인 목표와 북한을 고려한 민족이익의 추구라는 당위성을 동시에 수용해야 하는 어려운 문제에 직면해 있다. 중요한 것은 민족이익을 추구하되 국가 존망의 이익을 희생할 수는 없다는 사실이다.[100]

중요한 것은 통일의 달성 그 자체보다는 어떠한 방식으로 어떠한 형태의 통일을 이룰 것인가 하는 점이다. 통일이 절대적인 가치이기 때문에 수단과 방법을 가리지 않고 통일을 이루어야 한다는 주장은 받아들일 수 없다. 적어도 대한민국의 국가가치가 반영되고 국가이익과 국가목표가 달성될 수 있는

100) 이 문제를 구영록 교수는 다음과 같이 밝히고 있다. '우리'라는 존재를 살리는 틀 속에서 민족통일이라는 최고의 민족이익이 추구되어야 한다. 민족이익의 최상의 목표가 통일이라는 절대적인 대의이기 때문에 대한민국은 어떠한 위험과 모험을 하는 한이 있더라도 이를 감수하고 곧 통일해야 한다는 극단적인 주장은 국가이익을 위태롭게 할 뿐만 아니라, 민족을 번영된 조국에서 살 수 있게 하는 민족이익을 달성할 수도 없게 만들 것이다.

통일이어야만 한다. 즉, 민족 대다수가 번영된 조국에서 행복한 삶을 영위할 수 있는 그러한 통일이어야 하는 것이다.

이러한 관점에서 볼 때, 남북한이 국가이익과 민족이익을 동시에 실천할 수 있는 방법은 보다 자유롭고 풍요로우며 행복한 삶을 창출하는 우월한 체제가 주축이 되어 통일을 이루어 나가되 쌍방이 기능주의적 접근방법을 통하여 정치, 경제, 사회면에서 수렴과정을 거침으로써 통일의 후유증을 없애는 것이라는 주장이 설득력을 갖는다. 아울러 남북한간의 체제경쟁이 남한의 일방적인 승리로 끝났다는 사실은 남북통일이 우리의 주도로 진행될 수밖에 없으며 대한민국의 국민들이 보다 많은 책임과 의무를 가져야 한다는 점을 일깨워준다.

평화통일전략의 추진목표, 추진기조와 추진과제에 대한 체계는 〈그림 6-4〉 평화통일전략 체계도에서 보는 바와 같다.

〈그림 6-4〉 평화통일전략 체계도

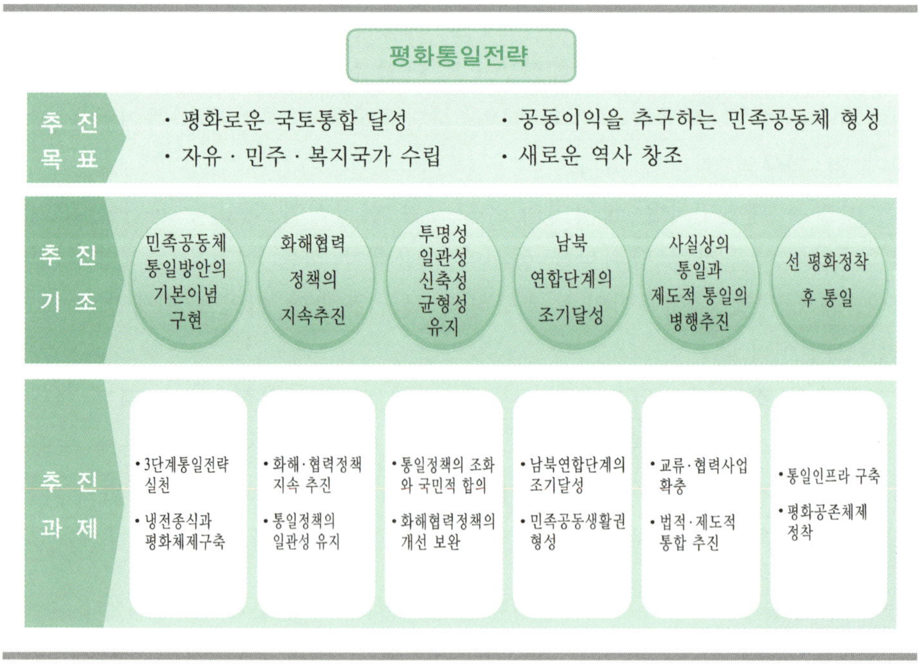

제 4 절 선진일류국가전략

1. 선진일류국가전략의 목표

(1) 품격 있는 선진국가

우리 사회는 1970년대 이후 급격한 변화를 겪어 왔다. '한강의 기적'이라 불리는 경제발전이 가져온 사회변화는 폭발적이었다. 도시화가 진전되었고 그 과정에서 주거양식이 변화되고, 가족 형태 또한 핵가족이 주류(主流)를 이루게 되면서 전통적인 농경사회에 기반을 둔 대가족제도 및 가족규범 또한 급속도로 해체되기 시작했다. 경제수준이 획기적으로 향상되고 정치적으로 민주화가 진전되면서 공공의 사회적 가치보다 개인의 가치를 강조하는 인식이 확산되었다.

우리 사회에서 이러한 변화는 거의 한세대 만에 급격하게 이루어졌다. 그 결과 사회 전반적으로 규범의 혼란이 생겨 법과 사회 질서를 존중하고 준수하는 준법정신은 많이 약화되었다. 성별, 계층별 문화지체 현상도 나타났다. 이러한 문화지체 현상이 가장 첨예하게 드러나고 있는 것이 바로 가족관계이며, 하나의 지표가 되는 것이 자살률[101]과 이혼율이라 할 수 있다.

동전의 양면처럼 '빨리빨리'문화에는 그늘진 면도 많았다. 날림 · 부실 공사, 대충 적당주의와 법경시 풍조가 판쳤고, 대형참사가 연이어 터지기도 했다. 또한 빨리빨리 강박감은 예스만을 강요하는 비합리적인 조직문화를 낳았다. '모로 가도 서울만 가면 된다'는 편의주의적 사고방식은 목표 달성을 위해 수단과 방법을 가리지 않는 목표지상주의도 대세를 이뤘다. 이 과정에서 위법과 탈법이 판쳤음은 물론이다.

우리 국민들은 법과 질서가 존중되는 안전하고 정의로운 나라에서 살고 싶어 한다. 그러나 이를 법제화하고 정착시켜나가는 정치권의 능력은 제대로 발휘되지 못하고 있다.

정부에는 3가지의 기본적인 기능이 있다. 그것은 ① 국민의 생존과 안전

101) 우리나라의 자살률은 경제협력개발기구(OECD)회원국 중 1위로 10만명에 42명(2006년)이 스스로 목숨을 끊었다.

을 보장하고, ② 국가의 번영과 발전을 촉진하며, ③ 국민의 사회적 가치를 고양하는 일이다. 정부는 바로 이 기본 기능을 수행하기 위해 만들어진 조직체이고, 대통령의 기본임무는 국민과 정부를 지도하고 관리하여 이 기능을 직접 수행하는 것이다. 이를 구현하기 위해 정부는 중장기 국정운영에 대한 미래의 전략기능을 강화해야 한다.

대한민국의 국가적 위기를 되돌아보면, 국내역량을 미래지향적으로 결집할 수 있는 강력한 정치지도세력의 부재는 국내역량의 분열을 초래하고 국가를 혼란에 빠뜨렸다. 따라서 건강한 정치지도세력을 중심으로 국론통일이 이루어져야 할 것이다. 그리고 정치제도는 형식적으로는 근대적인 모양을 갖추고 있으나, 내용적으로는 전근대의 수준을 벗어나지 못하고 있으므로, 21세기의 신문명의 수준에 맞추어 미래지향적 시각으로 정치제도의 개혁이 추진되어야 할 것이다.[102)]

지금 세계 각국은 경제위기를 맞아 보다 안전하고 살기 좋은 나라를 만들기 위한 국가주도의 개혁을 추진하고 있다. 어떻게 하면 경제성장률을 지속적으로 높이면서 국가의 기강을 확립하느냐가 개혁의 초점이다. 개혁의 방향은 작은 정부를 만들고[103)] 꼭 필요한 규제를 강화하는 것이다. 21세기 세계화·정보화·민주화 시대에 걸맞은 국가능력을 향상시키며 법질서를 확립하는 방안을 찾아내야 한다. '작지만 똑똑하고 강한 정부'를 만들어 내야 한다.

세계화·지식정보화 시대에 국가 역할의 내용과 우선순위가 바뀌는 것은 확실하나 국가 역할의 중요성이 줄어드는 것은 결코 아니다. 단순히 큰 정부냐 작은 정부냐가 아니라 우리는 '똑똑한 정부, 유능한 정부(Smabler Government)'가 요구되는 시대에 살고 있다. 왜냐하면 21세기의 문명사적 변화인 세계화·지식정보화·민주화·지방화 그리고 인구의 고령화도 모두 엄청나고 새로운 국가적 과제, 국가적 도전을 제기하고 있기 때문이다. 이 문제들을 올바로 정의롭게 해결할 능력이 있는 똑똑하고 유능한 정부가 필요하다. 한마디로 21세기 세계화·지식정보화 시대에 국가경영에 성공하고, 나라의 선진화에 성공하려면, 더 뛰어난 정치력과 외교력, 그리고 정부능력이 요구된다. 다시

102) 하영선 외, 앞의 책, pp. 18-22.

103) 참여정부에서는 공무원 수가 증가하여 2007년 말 기준으로 장차관 148명을 포함하여 약 97만명으로 최고기록을 세웠다. 공무원 수가 많아질수록 시장에 간섭하려는 경향이 강해지고 재정의 어려움으로 이어질 가능성이 증가할 것이다.

말해 국가능력의 획기적인 선진일류화가 요구된다.

국가능력은 다음의 세 가지 분야로 나누어 생각할 수 있다. ① 국가의 전략과 정책의 개발능력이다. 즉 국가의 비전을 구상하고 목표를 제시하며 국가의 전략과 정책을 올바로 수립할 수 있는 능력이다. ② 국가의 전략집행능력이다. 아무리 좋은 비전과 정책을 수립했다 하여도 그 집행이 부실하면 의미가 없다. 일단 확정된 전략과 정책을 확실하게 추진할 수 있는 능력이 필요하다. ③ 국가의 전략과 정책학습능력이다. 전략과 정책의 성공을 위하여서는 과거의 경험에서 배워야 한다. 그 교훈이 다음의 전략과 정책추진과정에 반드시 반영되어 유사한 실패가 반복되지 않도록 하여야 한다. 우선 정부가 솔선수범하여 국가예산을 효율적으로 집행하며, 법치질서를 확립하여 국민의 안전을 보장해야 한다.

국민의 안전을 보장할 수 없는 정치는 공염불의 정치이다. 올바른 법질서와 제도확립을 통해 바르게 사는 사람들이 성공하는 정의로운 나라를 만들어야 한다.

우리 선조들은 질서를 잘 지키고 서로 도왔으며 자존심이 강했다. 향약·두레 등의 미풍양속이 있었으므로 굳이 성문화된 법으로 일일이 규율하고 서로 송사(訟事)를 벌이지 않더라도 체화된 규범의식으로 자리 잡은 도덕률에 의해 자율적으로 질서를 유지했다. 그러한 자발적 질서가 유지될 수 있는 정치적인 노력이 필요하다.

(2) 역동적 시장경제 국가

선진일류국가가 되기 위해서는 우선 나라가 잘 살아야 하며 역동적인 시장 경제체제를 유지해야 한다. 사회가 물질적 풍요를 이루는 길은 경제를 지속적으로 빠르게 키우는 길뿐이다. 경제성장이 인적자원, 천연자원, 자본, 그리고 기술이라는 네 생산요소들의 증가에서 나온다는 기본적 사실은 잘 알려졌다. 가장 중요한 것은 경제성장에서 자본의 증가보다 주로 교육이나 기술혁신에 힘입은 요소생산성의 향상이 크게 공헌했다는 사실이다. 이것은 자본의 증가가 경제성장의 결정적 요소라는 종래의 생각이 상당히 수정되어야 하고 자연히 경제성장 전략도 많이 바뀌어야 함을 뜻한다.

우리 인류 역사에는 가장 광범위하고 치열한 대립과 경쟁이 하나 있다.

두 가지 체제간의 경쟁이 그것이다. 그 하나는 한 나라의 물질적 그리고 비물질적 번영의 원천은 정부의 보이는 손이 아니라 보이지 않는 손이라고 믿고 작은 정부를 추구하는 자유시장체제이다. 이것은 자유와 경쟁과 성장을 중시하는 체제이다. 다른 하나는 정부가 경제적 그리고 사회·문화적 번영의 원천이라고 믿고 큰 정부를 추구하는 사회주의 체제이다. 이 체제는 성장 대신에 분배를, 자유 대신에 결과평등을 중시한다. 그리고 강압적으로 경쟁을 억압한다. 경쟁이 인간을 서열화하고 적대적 관계를 조성하기 때문이라는 것이 그 이유다. 그래서 강제적 재분배는 최고의 덕목이다. 부자에 대한 적대감, 앞서가는 사람에 대한 질투와 질시를 도덕적 차원으로 승격시켰다. 재분배를 위해 가해지는 부자에 대한 억압은 그래서 정의롭다.104)

역사적으로 보면 시장경제체제를 유지하면서 외부지향적 정책을 추구한 나라들은 모두 경제를 빠르게 키웠다. 그러나 시장에 대한 정부의 간섭을 바탕으로 내부지향적 정책을 추구한 나라들은 예외 없이 정체했다.

이러한 경험으로부터 정부의 몫을 줄이고 민간 부문의 몫을 늘리며 정부의 간섭을 줄여 기업들이 자유롭게 활동하도록 하고, 시장을 자유롭게 만들어 자유무역정책을 추구해서 사회 경쟁이 이뤄지고 자원들이 효율적으로 배분되도록 해야 한다는 처방이 나왔다. 내부지향적 체제의 극치인 명령경제체제를 유지했던 나라들이 근년에 거의 모두 시장경제체제로 돌아선 터라, 이제 거의 모든 나라들이 그런 자유주의적 처방을 따르는 셈이다.

지난 60년 동안 대한민국의 1인당 국민소득은 무려 300배 이상 늘어났다. 즉 1960년에 겨우 69불이었던 국민소득이 2007년에는 20,045불이 되었다. 대한민국의 경제규모도 이제 세계 13위로 커졌다. 곧 세계 경제 10대 강국으로의 진입도 불가능한 꿈만은 아니다.

한때 우리는 1000억불 수출과 국민 1인당 소득 1만불에 도취되어 1996년 경제개발협력기구(OECD)에 가입하여 국력을 과시했다. 1997년 연속되는 무역적자로 외환보유고가 줄어들어 외채상환과 수입대금결제를 제때에 할 수 없는 국가부도의 사태를 맞게 되었다. 최근에는 세계경제위기의 영향으로 우리 경제도 큰 몸살을 앓고 있다.

보다 구체적으로 표현하면 과거에는 기업투자가 왕성했고 경제성장은 세

104) 복거일 외, 앞의 책, p. 148.

계 최고 수준이었지만, 지금은 기업투자가 떨어지고 경제성장은 뒷걸음치고 있다. 과거에는 경기가 좋고 취업이 잘 되었지만, 지금은 경기가 위축되고 실업난이 심각하다. 과거에는 빈부문제가 OECD 국가 중에서도 가장 양호한 편에 속했는데, 지금은 '양극화' 현상이 심화되고 있다. 과거에는 평생직장이나 은퇴 후 노후생활이 보장되는 사회였는데, 지금은 해고 걱정에 기댈 언덕도 없어 불안한 상태이다.

그러나 너무 비관할 필요는 없다. 산업화 정권이 집권한 지난 30여 년 동안 숨 가쁘게 고도성장을 이룩했다면, 민주화 정권의 지난 15여 년은 호흡을 가다듬고 자신을 돌아보며 내실을 기해 온 충전 기간이자 개혁의 시기였다. 속도가 다소 둔화되긴 했지만, 한강의 기적을 이룩한 파워 엔진은 여전히 뛰고 있으며 최근에는 IT, BT, CT, NT, 한류 등으로 업그레이드를 마쳤다. 이제 남은 것은 재도약뿐이다. 이를 위해 가장 필요한 것은 산업화 세력의 머리와 개혁과 분배, 평등을 부르짖는 민주화 세력의 가슴이 만나야 한다.

경제는 끊임없이 변화하는 동력을 잃으면 낙후되고, 경제가 계속적으로 변화할 수 있는 동기는 경쟁에서 온다. FTA를 포함한 시장개방은 그 경쟁을 우리 경제에 지속적으로 주입시키는 역할을 함과 동시에 기업의 해외 거대시장 진출을 촉진시킨다. 그렇기에 우리는 지속적인 시장개방을 추구할 필요가 있고, 이를 위해서는 자유무역협정을 전략적으로 활용할 필요가 있다.

자원배분의 메커니즘으로서 시장이 국가보다 일반적으로 크게 우월한 것은 사실이지만 시장은 나름의 문제도 가지고 있다. 미국의 금융위기에서 보듯 경제행위자의 도덕적 해이, 소득분배의 악화, 노동소외의 발생, 경제력 집중의 문제가 그것이다. 따라서 국가에 의한 적절한 시장규제가 반드시 필요하다. 다만 그 규제가 즉흥적이거나 자의적이지 않고 투명성과 일관성을 갖는 질서적이고 제한적인 개입이어야 한다는 점이 중요하다.

(3) 창조적 지식정보 국가

지식정보화시대에 선진일류국가가 되는 가장 중요한 일은 창조적 지식정보 국가가 되는 일이다. 지식정보화 시대에는 누가 보다 많은 지식과 정보를 가지고 있느냐는 중요하지 않다. 왜냐하면 첨단정보기술로 인하여 지식과 정보는 적은 비용으로 쉽게 시간적·공간적 이동을 할 수 있기 때문이다. 중요한 문제는 누가 많은 지식과 정보를 가지고 있느냐가 아니라 누가 새로운 지식과 정보를 창조할 수 있느냐이다. 신지식 창조능력이 중요하다. 그런데 새로운 지식은 기존 지식의 암기에서 오지 않는다. 신지식 창조는 새로운 사고와 발상에서 오고, 새로운 사고와 발상은 새로운 만남을 통하여 일어난다.[105] 이때 새로운 만남은 일반적으로 두 가지 형태로 이루어진다. 하나는 같은 대상을 새로운 눈으로 보는 것이고, 또 다른 하나는 전혀 다른 대상을 새롭게 만나는 것이다.

급속한 세계화, 지식정보화와 정보기술, 생명기술, 나노 테크놀로지를 주축으로 하는 과학기술화가 초래하는 빠른 발전 때문에 산업과 생활구조에 깊은 충격을 줄 것이고 여기에서도 소외계층이 발생하는데, 이러한 인적 자원을 아무런 대책 없이 방치하면 바로 잠재적 생산력의 장기적인 침체를 초래하게 된다.

따라서 혁신력(革新力, Innovative Capacity)을 제고하면서 창조적인 인적자원을 육성해야 한다. 이는 고비용의 입지를 갖고 있는 독일이 국제경쟁에서 우위를 확보하기 위한 기본전략이다. 국민경제와 국가의 전반적인 창조능력을 축적하기 위해서는 무엇보다도 연구개발기구와 생산, 교육과 훈련의 조직 및 공공서비스를 담당하는 기구에서의 혁신력을 제고해야 한다.

한국인의 초감각적인 손재주는 지식정보사회를 이끌어 나가는 데 속도를 더해준다. 대한민국 사람의 손재주는 섬세하고 빠르다는 것은 기능 올림픽에서 수도 없이 증명된 것이며, 손을 사용해서 하는 운동경기치고 세계에서 두각을 나타내지 않는 종목이 있는가? 우리는 이러한 손재주를 뛰어넘어 창조적인 지식정보 국가로 발돋움해야 한다.

---

105) '디지털 유목민'을 예견한 자크 아탈리 플래닛 파이낸스 회장은 '창조는 재미와 돈에 의해 움직인다'는 새로운 개념을 도입했다. 그는 "창조적 계급은 돈을 생각하고 시장에 팔 수 있는 무엇인가를 만들어 낸다"며 "물론 예술작품처럼 돈이 안 되는 창조물도 있는데 이는 만드는 사람이나 즐기는 사람들에게 재미를 제공한다"고 말했다. 창조의 원천인 '돈'과 '재미'라는 두 가지 인센티브를 제공해 사회를 발전시키는 원동력인 창조적 계급을 독려해야 한다는 주장이다. 그는 "인간이 만들어 낸 가장 훌륭한 창조물 중 하나가 시장"이라며 "시장에서는 선택의 자유가 있기 때문에 무엇이든 창조가 가능하다"고 말했다. 그는 결국 사회가 창조적 계급을 독려하기 위해서는 이 두 가지 인센티브가 확실히 주어져야 한다고 강조했다.

(4) 선도적 문명국가

21세기 세계화시대에는 상품, 자본, 정보와 지식의 이동을 전 지구적으로 확대하여 필연적으로 우리문화의 수출과 외국문화의 유입을 촉진한다. 내국인과 외국인 사이에 사업, 교육, 친교, 혼인 등 다양한 형태의 상호작용이 늘어나게 되고, 여러 종류의 외국문화가 국내로 빠르게 들어오게 된다. 이에 따라 문화적 다양성의 증가와 함께 새로운 형태의 문화접변이 일어나게 되고, 그 결과 외국과의 교류가 적었던 폐쇄적 시기에는 상상할 수 없었던 다양한 문화변용과 창조가 가능해진다. 이러한 문화접변은 다른 한편으로 새로운 긴장과 갈등을 수반하기도 하고, 다양한 문화적인 사조를 유입시킴으로써 개별국가 내에 다양한 하위문화를 형성하게 된다.

선진일류화를 위한 국민의 노력은 사실상 새로운 국가정체성과 국민정체성을 찾아가는 노력이라고 할 수 있다. 우리는 근대화라는 국가과제를 성공적으로 끝내고 선진일류화라는 새로운 국가과제 앞에 서 있다. 과연 우리는 우리나라를 어떠한 문명국가로 만들어서 후손에게 물려주어야 하는가? 그런데 이 문제는 우리 국민 한 사람 한 사람이 앞으로 어떠한 삶을 살고자 하는가, 우리에게 보람 있고 가치 있는 문명이란 어떠한 것인가 하는 문제와 깊이 관련되어 있다. 즉 대한민국이 일류시민들이 모여사는 선진문명국가를 창출할 수 있느냐 하는 문제와 직결된다.

세계문명표준과 한국문화표준 즉 글로벌 스탠더드와 코리아 스탠더드를 어느 수준에서 어떻게 결합하여 우리 현실에 맞는 문명으로 성공적으로 정착시킬 것인가는 결코 쉬운 문제가 아니다. 그러나 이 문제를 잘 풀어야 선도적인 문명창출에 성공할 수 있다. 이 문제를 자기 주도적으로 푸는 것이 바로 자주적 세계문명표준에 성공하는 길이다. 우리는 전통문화를 바탕으로 다양한 외국문화를 수용하여 창조적이고 보편적인 문명을 창출해야 한다.

2. 선진일류국가전략의 추진기조

(1) 미래지향적인 시대정신의 창출

우리가 지향하는 선진일류국가에서 모든 국민은 누구나 애국심을 갖고 나라를 사랑하고 지켜야 할 의무가 있다. 국민은 국가로부터 보호받는 동시에 국가를 지키며 함께 번영발전에 동참해야 한다. 이를 위해 전 국민이 공감하며 동참할 수 있는 서대정신(時代精神)이 필요하다.

인간의 자발적인 행동은 동기부여(動機附與)에 의해 결정되고, 그 동기부여는 결국 제도에 의해 결정된다. 제도-동기부여-행동의 관계를 제대로 이용할 수 있다면, 먼저 우리의 제도가 무엇에 의해 결정되느냐 하는 질문에 답을 찾을 수 있어야 한다. 제도를 만들어 내는 것은 한 사회의 시대정신 즉 구성원들의 다수가 공유하는 세계관이 어떤 특징을 갖느냐에 의해 결정된다고 할 수 있다. 따라서 개인의 세계관→시대정신→제도→동기부여→행동의 메커니즘을 잘 이해하고, 이를 통해 번영의 길로 나아가야 한다.[106)]

우리나라가 과거 1000여회의 외침 속에서도 이를 극복하고 반만년의 역사를 이어올 수 있었던 것은 선조들의 끈질긴 상무정신이 있었기 때문이었다. 고구려는 만주벌판을 장악하는 대제국을 건설했고, 수양제의 100만 대군을 살수에서, 당태종의 50만 대군을 안시성에서 물리쳤다. 신라는 조국을 지키기 위해 목숨을 바치는 것을 무사의 최고의 영예라고 생각하는 화랑도정신으로 삼국통일의 위업을 이루었다. 그리고 고려는 호국사상을 바탕으로 네 차례의 거란침입과 일곱 번의 몽고 침입을 끈질긴 항쟁으로 물리쳤다.

그러나 임진왜란에 이어 일어난 조선시대 병자호란 당시에 조선 여인들은 오히려 추녀로 보이기 위해 얼굴에 숯검정을 칠했다고 한다. 청나라의 군사들이 아녀자를 잡아가 욕을 보이자 얼굴에 숯검정을 칠해 추녀로 보이려고 위장했던 것이다. '백성들이 도탄에 빠졌다'고 할 때 쓰는 도탄(塗炭: 숯검정을 뒤집어씀)이라는 말은 여기서 유래했다고 한다. 조선의 처녀 수 만 명이 청나라에 잡혀가 노예로 살면서 인간 이하의 수모를 당했던 것도 이때의 일이다. 훗날 나이가 들어 고국으로 돌아오게 된 2만 2천여명은 '환향녀(還鄕女)'라고 해 멸시와 조롱을 받았다. 즉 힘이 없는 국가에서 호국사상과 상무정신까지도 없었던 그들은 우리들의 딸마저도 지킬 수도 없었던 것이다.

우리는 최근에도 호국사상과 상무정신으로 독도를 지켜낸 홍순칠 대장을 비롯한 '독도의용수비대'를 잘 알고 있다, 이들은 6·25전쟁 직후 '우리라도 힘을 모아 소중한 국토를 지키자'는 마음으로 뭉쳐 결성한 순수 민간단체였다. 비록 군인은 아니었지만 호국·상무정신으로 목숨을 걸고 3년 8개월 동안 일

106) 공병호, 앞의 책, p. 250.

본에 맞서 독도를 수호해냈던 것이다.

국가(國歌)는 그 나라의 상징이며 나라에 대한 사랑을 일깨우고 다짐하기 위해 온 국민이 부르는 노래이다. 이러한 국가의 내용을 살펴보면 그 나라의 역사, 전통과 사상 등이 고스란히 담겨 있다. 미국의 국가에는 "포탄이 작열하는 싸움터 참호 너머 하늘 높이 펄럭이는 성조기," 영국의 국가에는 "승리와 행복과 영광이 적을 물리쳐주소서," 프랑스의 국가에는 "나서라 아들딸, 어서 창을 잡으라 쳐들어오는 적을 무찌르라, 조국을 위해 일어서," 이탈리아의 국가에는 "칼을 잡고 바치자 생명을 초개같이 나라를 위해"라는 내용이 포함되어 있다. 즉 선진국의 국가에는 하나같이 수많은 전쟁을 통해 나라를 지켜왔던 호국사상과 상무정신이 배어 있다. 국민들이 상무정신으로 무장한 나라는 강한 국방력을 바탕으로 국가의 융성을 이룰 수 있었다는 것을 알 수 있다.

21세기 우리의 역사적 과제가 선진일류화와 평화통일이라는 데 대해 대부분의 국민은 동의하고 있다. 그러나 역사적 과제의 해결 방향과 우선순위에 관해서는 국민 간에도 구구한 견해들이 있을 것이다. 국민 여론의 주도세력을 놓고 보더라도, 뉴라이트는 국제적 협력 속에서 그 해결 방법을 모색하되 선진화를 우선적으로 추진해야 한다고 보는 데 비해, 올드레프트는·자주노선 아래서 통일의 과제를 우선적으로 추진해야 한다고 보고 있는 것 같다.[107] 그러나 한반도의 현 상황은 어느 한 논리로 명쾌하게 설명할 만큼 단순하지가 않다. 따라서 이러한 견해들을 통합하여 건국, 산업화, 민주화를 이루었던 시대정신을 아우를 수 있는 새로운 시대정신을 창출해야 할 것이다.

국민의 의식과 사상의 개혁은 결국 국민이 모두 참여하는 국민운동을 통하여 일어날 수밖에 없다. 물론 이 운동은 지도자 그룹이 앞장서서 사회 각계 각층을 향하여 조직해 나가야 한다. 시민운동과 학생운동 속에서 선진일류화

---

107) 두 세력간의 대한민국 현대사의 역사적 과제에 대한 이 같은 인식의 정면대치는 대한민국 근현대사에 대한 그들의 역사인식의 차이에서 연유한다. 올드레프트는 대한민국 근현대사의 올바른 길이 제국주의의 지배에 대결하는 자주노선이 아니면 안 된다고 보고 있는 데 비해, 뉴라이트는 대한민국 근현대사가 제국주의와 투쟁해야 할 시기도 있었지만 해방 이후에는 기본적으로 국제협력 속에서 성공적으로 전개돼 왔다고 보는 것이다. 대한민국 근현대사에 대한 역사인식이 이처럼 서로 다르기 때문에 올드레프트는 분단체제 아래서는 자주적 국민국가가 성립할 수 없기 때문에 우선 통일부터 해야 한다고 하는 것이고, 뉴라이트는 이미 국제협력 아래서 국민국가가 성립했기 때문에 대한민국만이라도 선진화하여 통일에 대비해야 한다는 것이다.

운동이 일어나야 한다. 종교운동과 지역운동 속에서 선진화운동이 일어나야 한다. 이와 같이 다양한 국민운동, 시민운동 속에서 의식개혁과 사상개혁 운동이 일어나야 선진일류화에 성공할 수 있다. 중요한 것은 선진일류화운동의 성공을 위해서는 반드시 국민의 적극적이고 자발적인 참여가 있어야 한다는 사실이다. 국민의 주도적인 참여를 통하여서만 소위 깨어 있는 국민, 선진국민이 나올 수 있다. 운동참여라는 현장경험을 통하여 의식변화가 오기 때문이다.

(2) 선진일류화(先進一流化) 추진

21세기 대한민국의 지향점은 세계 선진일류국가로의 진입이다. 우리가 추구해야 할 선진일류화는 국민 삶의 질과 국가의 품격이 한 단계 더 높아져 선진 일등국가가 되는 것이다. 그러나 대한민국의 선진화지수는 아직도 경제협력개발기구(OECD)국가 중 꼴찌 수준에 머물러 있다.[108)]

선진일류화란 한 국가의 총체적 변화와 도약을 의미한다. 단순한 양적 변화가 아니라 의식과 제도의 질적 변화를 의미한다. 따라서 국가구성원도 선진국 국민으로서 걸맞은 선진적 사상과 의식을 가져야 하고 국가의 법과 제도, 전략과 정책도 모두 선진적 법과 제도 및 정책으로 변화해야 한다. 요컨대 사회의 지배적인 의식과 사상이 변화해야 하며, 동시에 국가의 기본제도 및 전략과 정책이 변화해야 선진일류화를 이룰 수 있다.

이제 우리는 산업화와 민주화를 병행하면서 산업구조를 정보사회에 맞게 고도화하고, 민주주의를 심화시키는 선진화의 단계에 있다. 선진화는 건국의 기초 위에서 산업화와 민주화의 성과를 변증법적으로 종합하는 것이어야 한다. 본시 변증법에서 합(合, Synthesis)이란 단순히 정(正, Thesis)과 반(反, Antithesis)의 산술적 합이 아니다. 그것은 제거, 보존, 고양(高揚)이란 세 가지 의미를 동시에 지니고 있으며, 그런 의미에서 '지양'(止揚, Aufheben)이라고도 한다.[109)]

대한민국의 선진일류화는 20세기 우리의 근대화를 이루었던 산업화세력

---

108) 서울대 문휘창 교수는 국가선진화지수 연구개발이란 논문에서 세계 주요 40개 국가의 선진화지수를 측정한 결과 대한민국은 종합 30위로 나타났으며, 룩셈부르크가 1위, 일본 19위였다. 분야별로 보면 우리나라는 경제 26위, 사회 27위, 문화 28위 등에 비해 정치 31위, 국제화는 35위 등이었다(조선일보, 2008년 9월 4일, 8면).

109) 복거일 외, 앞의 책, p. 131.

과 민주화를 이루었던 민주화세력이 함께 손을 잡는 데서부터 시작되어야 한다. 그리고 선진화를 위하여 함께 힘을 합쳐 앞으로 나아가야 한다. 이는 이념적으로 선진일류화의 주체가 개혁적 보수와 합리적 진보로 구성되어야 함을 의미한다.

대한민국은 해외에 자유로이 수출하면서 외국 상품의 수입을 규제하는 제도나 정책을 고집해서는 안 된다. 우리 기업은 해외에 진출하고 우리 학생들은 해외에서 유학하면서 외국기업의 국내진출에 반대하거나 외국인 학생들의 국내입학에 차별을 두어서는 안 된다. 우리는 미국으로 이민가고 재일동포에 대한 차별을 비판하면서, 우리나라에서 일하는 외국인 근로자나 중국교포에 대한 편견과 냉대가 있어서는 안 된다. 수출입국(輸出立國)만을 강조하고 수입규제를 좋아하던 '신중상주의정책(新重商主義政策)'은 후진국에서 중진국으로 올라설 때까지 나름의 의미가 있었다. 그러나 이제 그러한 비경쟁적 제도와 자기중심적인 우물 안 개구리식의 사고를 가지고는 선진국가가 될 수 없다. 가능한 한 자유주의적 세계문명표준, 즉 글로벌 스탠더드에 우리의 의식과 제도를 맞추려고 노력해야 한다. 개방된 자유경쟁을 수용해야 하고 내국인과 외국인을 동등하게 대우하는 상호주의로 제도와 정책과 의식이 크게 바뀌어야 우리의 선진일류국가 진입이 가능하다.

싱가포르가 세계경쟁력 순위에서 항상 상위로 평가되는 저력은 무엇인가? 그것은 첫째 1965년 독립 이후 리콴유 총리의 '강한 정부-솔선수범하는 정부구현'이라는 강력한 리더십과 지리적 위치를 유리하게 활용하는 중계무역에 기반을 둔 공업화정책, 다음으로 첨단정보화를 통한 금융산업 등의 발전에 기인한 것이다. 싱가포르는 공무원의 서비스정신이 체질화되어 있고, 타국가보다 비교적 강한 법체제(태형제도 포함)를 유지하고 있다. 일반사회제도 및 국민의식이 선진화되어 있으며 치안상태도 양호하다. 아울러 'Clean & Green' 정책을 표방하고 있어 환경도 깨끗한 편이다.

우리 경제가 선진국 경제에 진입하기 위하여서는 총수요관리의 케인즈(Keynes)적 경제운용과 혁신적인 투자 중심의 슘페터(Schumpeter)적 경제운용을 잘 융합해서 조화롭게 활용해야 한다. 총수요관리를 중시하는 케인즈 경제는 기본적으로 폐쇄경제 시대의 논리이기 때문에 오늘날과 같은 세계화 시대의 개방경제에서는 정책적 함의(含意)가 약하다. 이제 세계화 시대이므로 좋은 제품만 싸게 만들 수 있으면 그 제품에 대한 수요는 풍부하다. 해외수요라는 큰 시장이 항상 열려 있기 때문이다. 그래서 수요여건보다는 공급능력이 문제가 되는 시대이다. 어느 나라든 빠른 성장을 하여 선진국에 진입하려면 자기 경제의 공급능력, 환언하면 최고의 제품을 싸게 만들어 내는 능력을 확충하면 된다. 바로 이 공급능력을 결정하는 것이 투자고, 그 중에서도 슘페터가 말하는 혁신적 투자(Investment for Innovation)이다. 그러나 세계경제위기에서 보듯 총수요관리가 제대로 작동하지 못하면 위기해소를 하지 못하는 상황이 올 수 있다.

일류국가가 되려면 국민들의 의식과 사상의 선진화가 전제되어야 한다. 아직도 선진국 수준에 훨씬 못 미치고 있는 국가청렴도를 높이기 위해 부패는 추방되어야 한다.[110] 과거를 무조건 부정하고 비하하는 과거 청산형 역사관

〈표 6-2〉 일류국가 진입 성공 및 실패 요인

구 분	성공 요인	실패 요인
의식개혁	- 자유주의적 세계 표준 문명 - 미래 창조형 역사관 - 열린 민족주의	- 배타적 지역주의 문명 - 과거 청산형 역사관 - 폐쇄적 민족주의
제도개혁	- 개혁적 보수와 합리적 진보 단합 - 자유경쟁적·개방적 제도 - 개방화, 규제완화 - 비전정당·정책정당	- 산업화세력과 민주화세력의 분열 - 비경쟁적·자기중심적 제도 - 정부통제, 규제강화 - 이익정당·지역정당
리더십	- 강력한 리더십, 정책 일관성 - 노사정 타협에 의한 공동 대처	- 후진적 정치체제와 리더십 - 노사분규 장기화, 강성 노조
국제화	- 개방에 의한 글로벌 경쟁력 제고 - 국내기업과 동일 대우 원칙 - 인프라 위주의 지원	- 수입규제 과다로 국제경쟁력 상실 - 외국기업 차별화 - 지정학적 위험으로 인한 한계
성장동력	- 고부가가치 첨단 산업 - 핵심 산업의 클러스터화 - 연구개발 및 시장화 전략적 지원 - 창업 규제 간소화, 자금 지원	- 산업국가로의 전환 실패 - 자본집약적 산업 부재 - 연구개발투자 및 첨단산업 미미 - 과도한 규제, 부정부패
성장/분배	- 작은 정부, 친기업적 조세 개혁	- 공공 부문 및 사회보장 부담 과다

110) 국제투명성기구가 발표한 2008년도 세계 각국의 부패인식지수에 따르면 우리나라는 10점 만점에 5.6을 받아 180개 국가 중 40위를 차지하였다. OECD 회원 30개 국가의 평균점수인 7.1에 훨씬 못 미치는 점수이다. 우리 모두가 간절히 바라는 선진국 진입과 경제 살리기를

혹은 자학적 역사관을 가지고는 일류국가가 될 수 없다. 기회의 평등이 아니라 결과의 평등을 주장하면서 사촌이 땅을 사면 배가 아프다는 의식과 정서 수준을 가지고는 일류시민이 될 수 없다. 폐쇄적 민족주의나 배타적 지역주의가 우리의 사고와 의식을 지배하는 한 세계화 시대, 열린 네트워크의 시대에 일류국가를 건설할 수 없다. 헌법과 법치주의를 가볍게 생각하면 선진사회를 이룰 수 없으며, 유사민주화(類似民主化)의 포퓰리즘이 정치를 지배하는 한 정치는 선진일류화라는 국가비전을 실천하는 장이 되지 못한다.[111]

일류화를 위한 제도와 정책의 개혁은 적어도 정치세력과 정책세력이 협력해야 성공할 수 있다. 일류화를 지향하는 이념정당, 정책정당과 국가정책전문가 그룹, 즉 싱크탱크 그룹이 합작을 해야 제도와 정책의 올바른 개혁이 가능하다.[112] 그러한 의미에서 정치개혁, 특히 정당을 이익정당 · 지역정당에서 비전정당 · 정책정당을 개혁하고자 하는 노력이 성공해야 한다. 소위 선진정당이 반드시 나와야 한다. 동시에 이론연구와 실무경험을 모두 갖춘 민간 전략 · 정책전문가의 싱크탱크운동이 활발하게 일어나야 한다. 이들이 일류화를 이루기 위한 각종 제도개혁의 청사진을 제시해야 하고, 주요 정책개혁과제의 방향과 구체적인 추진전략도 제시해야 한다.

일류국가 진입 키워드는 작은 정부, 과감한 감세, 규제 완화가 될 것이다. 스위스 · 미국 · 노르웨이 등 선진국들의 공통된 특징은 작은 정부, 친기업적 조세개혁, 개방화 · 규제완화 정책을 폈다는 점이다.[113] 반면 아르헨티나 · 그리스 · 대만 등은 계속된 정치 혼란과 노사갈등에 시달렸거나 성장보다 분배

위해서도 부패문제를 극복해야 한다.

111) 박세일은 그의 「대한민국 선진화전략」이란 책(21세기북스, 2006)에서 수정주의 역사관, 결과평등주의, 집단주의, 反법치주의, 포퓰리즘 등 5대 反선진화 사상을 지적하고 있다.

112) 박세일은 동 저서에서 '부민덕국(富民德國)'의 공동체 자유주의 이념을 제시하면서 제도와 정책의 선진화를 위한 5대 핵심과제로 교육과 문화의 선진화, 시장능력의 선진화, 국가능력의 선진화, 시민사회의 선진화, 국제관계의 선진화를 제시하고 있다(pp. 231-420).

113) 선진국들이 국민소득 3만불을 이루기 위해 선택한 수단은 시장경제 철학에 바탕을 둔 경제정책이다. 정부의 강력한 리더십 아래 자율적이며 작은 정부를 추구하되 친기업적 조세개혁과 노동시장 유연성, 외국 자본 동일 대우 등으로 경쟁과 혁신을 촉진한다는 내용이다. 미국과 영국이 1970-80년대 경제 위기를 이런 방법으로 극복해 소득 3만불 시대를 열었고 룩셈부르크와 노르웨이 등도 이런 노선을 따랐다. 또 선진국 진입에 성공한 나라들은 작은 정부를 지향하면서 친기업적 조세개혁에 나섰다. 룩셈부르크는 세제 혜택과 규제 철폐로 금융산업을 적극 유치했고, 스위스는 신설 기업엔 최장 10년간 법인세와 자본소득세를 면제해 줬으며, 노르웨이는 규제 완화와 감세정책으로 선진국 진입에 성공했다.

에 치우친 사회복지 강화 정책 때문에 선진국 진입에 실패했다.[114]

(3) 세계화 · 글로벌화 구현

21세기 세계화 지식정보화의 진행은 시장의 광역화와 국경개념의 약화를 불러왔다. 이러한 세계질서의 재편은 교통과 통신의 발달과 더불어 정보유통과 인적 · 물적 교류의 신속성과 양적인 확대를 이끌어 내어 개인과 기업의 활동영역을 세계로 확대시켰다. 이러한 활동영역의 확대는 국민국가의 공권력을 통한 영토 내 국민과 정보의 독점을 더 이상 허용하지 않는 엄청난 변화를 초래하였다. 기업들은 산지에서 가장 저렴하게 원료를 도입하여 가장 생산비가 저렴한 지역에서 생산하고 이를 세계시장에 파는 글로벌생산과 마케팅을 하고 있다. 개인도 해외여행을 하거나 특정국가의 국민으로서의 지위를 포기하거나 획득하는 것이 과거에 비해 수월해졌다.

이러한 세계화 · 글로벌화 과정에서 지역단위 통합의 노력이 가시화되고 있다. 그러나 중요한 것은 우리가 동북아공동체로부터 시작하여 대아시아 연합, 대아태연합의 통합을 목표로 하는 노력이 반드시 일정한 가치와 원칙 위에서 이루어져야 한다는 사실이다. 통합을 통하여 추구하고 통합을 통하여 실현하려는 가치는 인간의 존엄성과 기본적 인권, 민주주의와 시장경제, 법치주의, 多문화주의 등이어야 한다. 한마디로 인류의 보편가치인 자유주의적 가치와 공동체적 가치를 지구촌에 잘 구현하기 위하여 지역통합을 목표하는 것임을 분명히 하여야 한다. 공유하는 가치와 공동의 목표 없이는 진정한 의미의 통합도, 공동체의 형성도 사실상 불가능하기 때문이다.

글로벌화란 국민국가가 중심이 되어 국가간 인적 · 물적 교류가 많아지는 현상을 말한다. 반면에 세계화란 국가간의 교류를 저해하는 각종 장벽이 낮아져서 결국 세계가 하나의 단위가 되어 국민국가가 약화되는 현상을 말한다. 세계화가 더 진전되면 국가의 이익보다 개인의 이익이 더 중시되기 때문에 애

114) 국민소득이 1만불을 넘었으나 2만불 도달에 실패한 스페인 · 그리스 · 포르투갈 · 아르헨티나 · 대만 등은 정치 상황이 혼란스럽거나 노사분규가 장기화한 나라들이 대부분이다. 한때 남미 최고의 선진국으로 불렸던 아르헨티나는 노조 지상주의가 고질화했고 성장보다는 분배에 기운 사회복지 강화의 여파로 1998년 8280불을 기록한 이후 소득이 거꾸로 내려가고 있다. 1992년 1만불을 넘어선 이후 2만불의 벽을 넘지 못하고 있는 대만의 경우 정치혼란 · 노사분규 · 지역갈등이 선진국 진입의 장벽으로 지목되었다. 정쟁이 끊이지 않고 내수 침체와 저성장이 지속된 데다 기업의 중국 이전까지 겹쳐 어려움을 겪고 있다.

국심은 설 곳이 없어진다.[115)]

경제적으로는 금융, 기업, 노동, 기술의 세계화가 진행되고 있다. 정보통신 혁명과 생산기술의 혁명은 국민국가 단위로 진행되어 왔던 세계자본주의 경제를 질적으로 변화시키고 있다. 금융시장, 생산시장, 노동시장에서 국경의 개념이 약화되고 있다. 통화에 대한 국가의 주권이 약화되고 있으며, 초국적 기업들은 국가의 통제를 넘어서 행동하고 있다. 국제금융거래가 상호 연결된 컴퓨터망에 의해 수 초 만에 이루어짐으로써 해가 지지 않는 글로벌 주식, 채권과 외환시장이 형성되고 있다. 세계적인 경제위기에서 실감할 수 있듯이 한 국가의 잘못이 바로 세계 각국에 영향을 미친다.

생산에서도 국경을 초월한 네트워크 생산의 개념이 등장하고 있다. 생산, 기술, 노동, 자본의 국적이 중요한 것이 아니라 국제화된 생산, 기술, 노동을 결합하여 상품을 만들어 낼 수 있는 능력이 중요해지고 있다. 생산의 국제화, 세계화를 주도하고 있는 경제행위자는 다국적, 초국적 기업이다.[116)]

이러한 환경변화는 이제 특정한 국가가 과거처럼 일방적으로 간섭과 규제, 보호와 육성에 입각한 정부 주도적인 발전을 모색하는 것이 점점 어려워지고 있음을 의미한다. 세계화가 가져다줄 가장 큰 기회는 경쟁의 미덕이다. 세계화의 정신은 시장경쟁이다. 세계화는 경쟁의 정신을 확산시켜 독점적, 독과점적 영역을 개방할 것이다. 우리사회가 지난 반세기간 높은 성장을 달성한 것은 수출위주의 대외정책에 있었음을 부인할 수 없는 현실이며, 오늘의 한국경제발전을 주도하는 중심축이 대외무역임을 부인할 수 있는 사람은 아마도 없을 것이다. 그러나 아직도 우리의 법과 제도 및 관습에는 많은 배타적인 요소가 내재되어 있으며, 이러한 요소들을 개선하여 더 높은 수준의 개방경제를 지향하지 않고는 지금까지와 같은 성장을 구가할 수 없을 것이다.

세계화 시대에 우리의 민족주의적 태도는 보다 합리화되어야 한다. 우리는 이제 무역을 하지 않고는 살아남을 수 없을 정도의 무역 의존국가이다. 그럼에도 불구하고 우리는 아직도 외제품 쓰는 것을 사회적으로 비난하고 국산품을 쓰는 것을 애국적인 것처럼 주장한다. 그리하여 민족주의·중상주의적

115) 복거일 외, 앞의 책, p. 258.

116) 다국적 기업은 세계 총산출의 25-30%를 차지하고, 세계무역의 약 70%, 해외투자의 약 80%를 차지하고 있다.

발상이 공공연하게 천명된다.

우리는 경제적 합리성과 민족적 자존심을 바탕으로 하는 합리적인 민족주의를 실천해야 한다. 과감한 국제화를 통하여 큰 나라가 된 작은 나라들이 얼마든지 존재한다. 싱가포르, 스위스와 네덜란드 등이 이러한 나라인데, 우리보다 규모는 훨씬 작지만 집중적인 투자와 확실한 사회간접시설을 확보하여 그 어느 나라보다 경쟁력 있고 살기 좋은 나라가 되어 있다.

아직도 우리나라는 외국인 투자의 비중이 낮은 편이다. 외국인 투자를 유치하면 세계경영의 노하우, 첨단기술의 전수 등의 보이지 않는 이익이 크지만 무엇보다도 중요한 것이 고용창출의 효과다. 한 연구에 의하면 예를 들어 1억 불을 유치하였을 때 직접고용 857명, 간접고용 1천 371명의 신규고용이 창출되는 것으로 나타났다.[117] 외국인 투자를 유치하는 데 가장 중요한 것은 다국적기업의 핵심부문을 유치하는 것이다. 일류기업의 핵심역량부분의 유치에 성공하면 할수록 첨단기술의 전수는 물론이고 직·간접적 고용 효과가 가장 크다. 따라서 다국적기업의 핵심역량 유치가 가능하도록 하는 획기적인 사회적·제도적 환경조성이 필요하다.

어떻게 국민의 세계화 참여능력과 활용능력, 즉 세계화능력을 높여줄 것인지가 문제가 된다. 특히 저소득층과 低학력층에 대한 교육과 훈련의 확대, 세계 정보와 지식의 공유가 중요하다. 이러한 방향으로의 노력이 바로 우리가 세계화를 민주적 세계화로, 다시 말해 소수를 위한 세계화가 아닌 다수를 위한 세계화로 만드는 길이다. 또한 세계화가 요구하는 개방화는 반드시 산업의 급속한 구조조정을 요구하기 때문에 이 과정에서 농업 등 피해를 보는 산업 내지 업종이 발생할 수 있다. 세계화는 모든 사람에게 장기적으로 이익이 되지만 세계화 과정에서의 고통 내지 비용은 단기적으로 소수에게 집중될 수 있다. 따라서 이러한 경우에는 국가적 차원에서 피해산업이나 업종의 구조조정 비용을 줄여주어야 한다. 경쟁력 있는 산업이나 업종으로의 업종 전환도 지원하여야 한다. 이것이 바로 사회통합적 세계화를 위한 노력이다.

세계화와 신기술혁신이 요구하는 빠른 구조조정을 해내지 못하여 국제경쟁력이 약화되는 기업, 산업, 직종, 지역에는 소위 新빈곤층이라는 문제가 등장한다. 비교우위의 변화가 요구하는 구조조정을 제대로 하지 못하여 퇴출당

117) 대한상의, 2004년 연구보고서.

하는 기업과 그 기업에 종사하던 노동자들이 새로운 빈곤층을 형성한다.

세계화·글로벌화과정은 보다 직접적으로 공동체의 분열을 촉진하기도 한다. 즉 기업과 기업 사이의 국제적 경쟁을 더욱 심화시키므로 요소가격에 중대한 변동이 생길 경우 개별기업들은 언제든지 특정지역에 위치하고 있던 공장을 폐쇄하고 다른 지역으로 이전하려고 하게 된다.118) 이렇게 되면 그 공장이 있던 지역공동체는 높은 실업률과 극심한 경기침체를 겪게 되고, 대체산업이 육성되지 않는 한 노동자들은 취업을 위해 자기가 살던 공동체를 떠나야 하는 운명에 처하게 된다.

세계화와 글로벌화가 진행되면 법률서비스의 국제화된 요구도 점차 증대될 것이다. 즉 개인과 기업의 활동이 세계화됨에 따라 이에 수반되는 법적 분쟁을 원만하게 해결하기 위해 우리나라의 법률가가 국제무대에서 활동해야 할 필요성이 증대하고 있으며, 법률시장의 개방으로 국내에서도 외국의 법률가들과 경쟁하지 않을 수 없는 상황에 놓이게 된다. 이러한 국제적인 경쟁에 살아남기 위해서는 세계적인 경쟁력을 갖추어야 할 것이다.

그리고 정부는 국제통상에서 일반원칙인 호혜평등의 정신을 철저히 고수해나가야 할 것이다. 즉 우리 국민이나 기업이 해외활동을 하는 데 있어서 부당한 대우를 받는 일이 없도록 하는 한편 외국인이나 외국기업도 국내활동에서 자유가 최대한 보장되도록 해야 할 것이다. 이러한 호혜평등의 원칙이 지켜질 때 우리의 정당한 요구가 받아들여질 것이며, 따라서 국익의 극대화도 도모할 수 있을 것이다.

세계화 글로벌화는 잘 사는 계층과 못 사는 계층의 격차를 더욱 벌리고, 잘 사는 나라와 못 사는 나라의 격차도 더욱 확대시키게 된다. 이런 상황에서 국가는 대다수 국민들의 복지를 향상시키고 불평등을 완화해야 할 책임을 지게 되지만, 그러한 일을 수행할 수 있는 효과적인 수단은 결여한 채 오히려 불평등을 더욱 악화시키는 자유화와 개방화 정책을 추진할 수밖에 없는 본질적인 딜레마에 빠지게 된다. 이것이 세계화·국제화시대에 모든 국가들이 직면하게 되는 도전의 핵심요소이다.

우리의 시장을 적극적으로 개방하여 외국의 상품과 자본, 지식과 정보가

118) 세계화시대의 기업은 국가의 이익, 공동체의 유대와 개인의 복지를 전혀 고려하지 않는 오직 이윤논리와 경쟁력 논리에 따라 신속히 공간이동을 하는 존재가 된다.

보다 자유롭게 유입될 수 있도록 하면서도 해외자본의 급격한 유출에 대한 안전장치가 필요하다. 배타적 의식을 지양하고 외국문화에 익숙해지는 것도 중요하다. 외국진출기업에 대해 특혜를 주는 방식보다 우리 경제의 과도한 규제와 행정적 간섭을 줄여 국내외기업이 동등한 조건에서 경쟁을 하도록 유도하는 것이 바람직할 것이다.

(4) 매력 있는 대한민국 창조

21세기는 군사와 경제 등과 같은 경성권력보다는 문화, 예술, 도덕, 사상 등 연성권력이 중요한 역할을 하는 시대이다. 매력이란 연성권력의 하나로, 다른 나라에 감동을 주고 존경심을 이끌어내는 힘이다. 다른 나라를 움직일 수 있는 강력한 힘이다. 매력국가론의 핵심에 그 나라의 문화가 있다. 그 나라의 문화가 많은 나라의 국민에게 호소력이 있어야 한다. 이웃이 자발적으로 좋아하게 만들어야 한다. 그러려면 그 나라가 만들어 내는 문화가 그 나라 고유의 독특함과 매력뿐 아니라 인류 보편의 감성에 호소하는 보편성을 함께 가진 '복합문화(複合文化)'여야 한다. 따라서 어떻게 복합문화를 성공적으로 창출하여 우리나라를 다른 나라에 감동을 주고 존경심을 이끌어 내는 매력국가로 만들 것인지가 중요한 전략과제의 하나가 된다.

연성국력이란 다른 나라 사람들을 끌어당기는 능력이다. 대한민국은 엄청난 성공담을 갖고 있다. 비단 경제적으로 성공했을 뿐 아니라 대한민국은 민주화를 함께 성취했다. 많은 나라들이 대한민국의 성공비결을 배우고 싶어 한다. 이런 매력은 대한민국으로서는 대단한 자원이다. 이는 차세대 지도자들이 세계를 향해 나아갈 수 있는 자산이기도 하다.

그러나 진정한 일류국가로 가기 위한 길목 곳곳에는 부지불식간에 우리 몸에 밴 습관과 문화가 큰 방해물로 가로놓여 있다. 세계 최악이라는 수식어가 붙은 기록들이 그것이다. 우리의 경제수준보다 훨씬 앞서가는 선진국형과 그에 훨씬 못 미치는 후진국형이 혼재되어 있다. 선진국형은 출산율, 자살률, 이혼율, 고령화율 등이 대표적이다. 후진국형으로는 교통사고율, 술과 담배 소비량, 해외입양, 장기기증, 독서시간, 사교육비지출 등 손꼽기가 민망할 정도다.

한국인의 자살률이 OECD국가 중 1위라는 통계나 이혼율이 아시아에서 최고를 넘어 선진국형으로 가속화하는 현실도 한국인의 이미지를 떨어뜨리고 있다. 자살과 이혼은 단지 본인의 불행으로만 그치는 것이 아니라 주변사람에게 심각한 영향을 주는 사회병리 현상이라고 할 수 있다. 후진국형의 전형인 교통사고율 역시 OECD국가 중 2003년 1위에서 지금은 조금 낮아졌다고는 하나 '교통사고왕국'의 오명은 아직 벗지 못하고 있다. 한 때 세계 최고의 양주 수입국이라는 외국인의 조롱을 받은 술과 담배의 소비량도 다소 줄었지만 아직도 후진국 언저리를 맴돌고 있다.[119)]

지구촌 시대를 살아가는 기본 정신은 '주고받는(Give and Take)' 것이다. 일방적으로 남에게 얻으려고만 해서는 안 된다. 우리가 외국에 진출해 득을 얻을 수 있는 것처럼, 외국인도 대한민국에 와서 득을 얻을 수 있도록 글로벌 사회가 되어야 한다. 배타적 민족주의는 더 이상 대한민국에 도움이 되지 않는다. '세계 속의 대한민국', '대한민국 속의 세계'를 만들어야 한다.

애국심에 호소하여 국내기업을 붙들어 놓을 수도 없고, 배타적 국가주의적 정책만으로 글로벌 기업과 경쟁할 수도 없게 되었다. 유비쿼터스(Ubiquitous)와 네트워크의 열린 세계에서 대한민국을 시장친화적이고, 가장 매력적인 나라로 만들어 내야만 한다. 그리고 시장을 이해하고 모험적 투자를 감행하는 기업가 정신도 존중해 주어야 한다. 기술이 지배하는 사회변화에 맞추어 세계적 전문가를 배출할 수 있는 교육시스템도 개발해야 한다.[120)]

한국인은 새로운 것에 대한 호기심이 강하다. 한국인은 잡종 교배에 능하다. 남과 섞이는 것을 두려워하지 않는다. 한국인이 처음으로 대거 외국 땅에 진출했을 때 그 적응력은 매우 빨랐다. 바로 비빔밥 정신, 잡종 정신이 있었기 때문이다. 이러한 비빔밥 정신으로 열린 마음이 확대되어 간다면 진정 대한민국은 세계로부터 존경받는 열린 사회가 될 것이며, 세계를 위해 기여하는 일류국가가 될 것이다.

각 국가들은 다른 나라들과의 관계에 있어서 자신들의 이익은 극대화하

119) 더욱 걱정되는 것은 사교육비 세계 1위와 독서시간 세계 꼴찌라는 기록이다. 대한민국의 사교육비 지출이 국내총생산 대비 2.9%로 OECD 평균 0.7%를 4배나 넘어서 단연 1위를 차지했다. 또한 주간 독서시간은 평균 3.1시간으로 꼴찌였다. 이를 반영하듯 통계청은 대한민국 성인의 한 달 도서 구입비가 거의 제로라는 통계를 발표해 충격을 주기도 했다. 우리는 이러한 부정적인 인식을 개선해나가며 후진국의 악습을 없애고, 선진국에 걸맞는 국민의식을 만들어 나가야 한다.

120) 복거일 외, 앞의 책, p. 98.

고 손해는 극소화하려고 노력한다. 국가란 생존에 민감하고 자신들의 이익을 극대화하려고 노력하며, 자국의 행동을 규제하는 협정을 꺼려하고 국제적인 의무를 가능하면 수행하기를 꺼린다. 대한민국도 예외는 아니다. 그러나 합리적 이기심은 남의 이익을 존중해 줄 때 가능하다. 이제 대한민국도 타국의 존재와 이익을 진정으로 인정하는 바탕 위에서 우리의 이익을 도모하기 위해 서로 협력해야 한다.

외국인이 와서 살기가 편한 나라가 되어야 한다. 푸대접에 바가지를 쓰는 경우가 많으면 그들은 불신과 증오를 갖고 모국으로 돌아갈 것이며, 이는 외국에 나가 있는 우리 동포, 기업인과 유학생에게 부메랑이 되어 돌아올 것이다. 세계화 시대에 외국인에 대한 배타적 태도는 제 발등을 찍는 셈이다. 그렇지 않아도 우리나라는 물가가 비싼데다 언어소통이 어렵고, 외국인 학교 등 제반시설이 부족해 외국인이 오기를 꺼린다고 한다. 즉 우리가 희망처럼 동북아의 허브로 만들려면 외국인이 살기 좋은 환경부터 만들어야 한다. 정부는 외국어로 된 생활정보를 제공하고 외국인 피해구제 창구를 만드는 등 사회시스템을 갖추어야 하며, 국민들은 외국인을 올바르게 대접하고 신뢰를 주어야 할 것이다. 우리도 우리끼리만 살 수 없는 세상이라는 인식을 가져야 한다. 외국인을 봉으로 알고 바가지나 씌운다면 우리는 국제외톨이로 전락하고 말 것이다. 국내거주 외국인들이 이 땅에서 사람 사는 정을 느끼게 함으로써 그들이 대한민국을 또 다른 고향으로 여기도록 해야 할 것이다. '대한민국은 세계로 세계는 대한민국으로' 이것이 선진일류한국의 진정한 모습이다.

(5) 세계표준문명 창출 노력

우리나라가 대외개방정책을 표방하여 오늘날의 경제성장을 이루었음에도 불구하고 우리의 법, 제도와 관습 안에는 각종 배타적인 요소들이 자리 잡고 있다. 외형적으로는 시장개방이 거의 100% 가까이 진행되고 있지만, 외국기업이 국내에서 활동하기에는 상당한 장애요인이 존재하고 있다. 이는 법과 제도가 미비한 것도 일부 원인이 되나, 이를 집행하는 데 있어서 원칙에 따르기보다는 정치적인 논리나 국민정서를 부각시켜 처리하는 관행과도 연계되어 있다. 그러나 세계화의 진전으로 국경의 의미가 퇴색하고 자원의 이동이 자유로운 상태에서 배타적인 사고방식을 탈피하지 못한다면 우리 경제는 국제적인

경쟁에서 낙오될 수밖에 없을 것이다.[121)]

세계에서 유례 없이 종족적 동질성이 강한 한국인들은 외국인에 대한 차별이 심하다. 세계에서 화교가 성공하지 못한 유일한 지역이 대한민국이며, 외국인 노동자에 대한 차별이 가장 심한 나라가 대한민국이다. 외국인에 대한 관용의 부족이 한국인들로 하여금 세계화시대에 글로벌 시민사회의 일원이 되게 하는 데 장애요인이 되고 있다. 이러한 관용의 부족은 외국인의 인권이 존중되지 못하게 하는 기본요인이 되고 있다.

따라서 정부는 국민들에게 우리 경제가 견실한 성장을 유지하고, 앞으로 지속적인 경제적 번영을 구가하기 위해서는 세계인과 더불어 사는 의식이 필요함을 강조할 필요가 있다. 국제화시대에서 우리 혼자만이 살아갈 수 있다는 생각은 금물이며, 더불어 살아야 한다는 의식을 갖추어야만 할 것이다. 정부는 대외경제정책과 관련된 법과 제도를 폭넓게 검토하고, 열린 사회를 지향하여 개혁하면서 사회 전반에 확산되어 있는 배타적인 관습과 관행을 개선해 나가야 할 것이다.

우리나라는 21세기 '세계표준문명(世界標準文明, Global Standards)'을 창출하고자 노력하는 정의롭고 창조적인 나라가 되어야 한다. 세계화, 시장화, 자유화, 민주화에 앞장서면서 법치, 반부패, 환경보호, 인권신장, 빈곤퇴치, 반핵과 반테러 등의 입장을 확실히 지지하고 이를 행동으로 보여 주는 나라가 되어야 한다. 한마디로 21세기 문명의 표준이 되는 모범국이 되어야 한다.

세계 경제위기에서 보듯 앞으로 우리가 경험할 2030년까지의 20년은 과거 60년 세월 이상의 대변혁이 예상된다. 치열한 경쟁으로부터 속도전 아니면 살아남을 수 없다는 긴박감을 가져다주고 있다. 성큼 다가오고 있는 환태평양 시대에 우리는 더 이상 멈칫거릴 시간이 없고 세계는 우리를 기다려 주지 않

121) 한국인은 다른 나라들에 대한 불신이 크며 경쟁적인 국제관계속에서 국익을 지키기 위해서는 힘, 특히 군사력이 필요하다는 인식이 강한 것으로 나타나고 있다. 중앙일보 2005년 10월 15일자 보도에 의하면 한국인은 국제주의에 관련된 질문에서 대체로 부정적인 성향을 보이고 있는 것으로 응답이 나왔다. 가난한 나라에 원조를 늘려야 한다(40.7%), 외국인의 대한민국국적 취득을 쉽게 해야 한다(30.0%), 우리의 입장과 다르더라도 국제기구의 결정에 따라야 한다(37.5%) 등의 진술에 긍정적인 응답이 절반을 넘지 못하고 있다. 정치 · 군사적인 측면에서 대한민국이 국제무대에서 제대로 대접받지 못하고 있으며(67%), 국제사회에서 살아남기 위해서는 군사력이 강해야 한다(72.7%)는 응답자가 많았다. 북한을 포함한 주변국에 신뢰도도 7% 수준이며, 반면 불신한다는 응답자는 그 열 배도 넘었다.

는다.

이제 우리는 과거로 회귀하는 이념과 세대논쟁을 넘어 미래를 보면서 실사구시(實事求是)의 실리를 추구하는 데 힘을 모아야 한다. 광복 60년을 맞은 우리들의 자화상에서 반목과 갈등을 훌훌 털어버리고 통합·전진의 장을 열어가야 한다. 그동안 잘못 알고 받아들인 개인주의를 수정하고 잊을 뻔한 좋은 전통을 되살려 아름답고도 자존심 있는 국민사상과 정신의 새로운 전통을 세울 때가 바로 지금이다. 앞으로 선진국으로 비약하려면 반드시 21세기 세계화·정보화 시대에 걸맞은 새로운 국가 및 국민 정체성을 세워야 한다.[122)]

선진일류국가전략의 추진목표, 추진기조, 추진과제를 체계화하면 〈그림 6-5〉 선진일류국가전략 체계도와 같다.

〈그림 6-5〉 선진일류국가전략 체계도

122) 국민이 가지고 있는 사상과 의식이 그 나라의 미래를 결정한다. 그래서 신채호 선생은 "역사는 국민의 생각과 마음이 결정한다"고 하였다. 올바른 사상과 의식을 가질 때 올바른 미래가 열린다. 그리고 올바른 역사가 창조된다. 나라가 선진국이 되려면 우리는 선진국민에 합당한 사상과 의식을 가져야 한다.

제 7 장

분야별 국가전략

제 7 장　분야별 국가전략

국가전략은 개별 영역의 전략들을 포괄하고 유기적으로 통합하는 종합적인 전략이다. 국가전략의 요체는 전략수단인 국방, 외교, 정치, 경제, 사회복지, 문화, 과학기술, 교육 등을 효율적으로 사용하여 국력을 증진하는 것이다. 즉 국력의 효율적인 확대 재생산이다.

제 7 장
분야별 국가전략

분야별 국가전략은 기능별 국가전략을 보완하면서 국가이익을 구현하고 국가목표를 효율적으로 달성하기 위한 하위전략이다. 본 장에서는 분야별 국가전략을 국방, 외교, 정치, 경제, 사회, 문화, 과학기술, 교육 등 8개 분야로 나누어 제시하였다.

국방전략은 국가이익 중 국가의 안전보장과 정치적 자주를 보장하고 국가목표 중 생존을 구현하는 전략으로서 기능별 전략 중 안보전략과 연계되어 있다. 대한민국의 경우 국가안보는 최고의 우선순위를 차지하는 국가전략이다.[1] 어느 국가를 막론하고 국방은 국가전략의 가장 중요한 부분일 수밖에 없다. 특히 우리처럼 외부로부터의 위협이 상존하는 경우 국방의 문제는 더욱 절실하고 긴박한 과제이다. 대한민국의 경우 한국전쟁이라는 엄청난 희생과 동・서 이데올로기의 대립으로 인해 안보문제는 그 어느 국가보다 표면화되고 경직되었다. 20세기 미국과 소련진영으로 양분된 국제정치의 양극화현상은 냉전의 산물이었으며, 한반도는 그 상징이 되었다. 이로 인해 우리의 국방문제는 더욱 심각해지게 되었다.

외교전략은 국가이익 중 국가의 안전보장과 정치적 자주, 국위선양을 구현하고, 국가목표 중 생존보장과 평화통일 달성에 기여하는 전략으로서 기능별 전략 중 안보전략과 평화통일전략에 연계되어 있다. 주변 4강에 둘러싸인 지정학적 상황에서 생존을 보장하면서 평화통일을 달성하기 위해서는 외교

1) 국가안보란 자신의 능력(Capability)은 높이고 위험성(Vulnerability)을 줄이는 두 가지 과정을 통해 확보된다. 능력을 높이는 것은 스스로의 군사력 증강과 동맹의 강화를 통해 이뤄진다. 위험성을 줄이는 일이란 안보 환경을 개선함으로써 사전에 분쟁 가능성을 차단 및 예방하는 노력이다.

추진역량을 강화하고 평화통일 촉진환경을 조성하는 등 외교의 다변화·다원화·다자화가 요구된다.

정치전략은 국가이익 중 정치적 자주와 자유민주주의 함양을 보장하고, 국가목표 중 국가의 발전과 일류국가건설을 구현하는 전략으로서 기능별 전략 중 번영·발전전략과 일류국가전략에 연계되어 있다. 대한민국정치의 실패는 어제 오늘의 일이 아니다. 불화(不和), 불용(不容), 불임(不姙)의 대한민국정치가 효과적인 정치의 3대 요소인 공익성, 효율성과 결단성을 충족시키지 못하고 있기 때문이다. 그리고 이승만 정권 수립 이후 국정 마비 현상이 주기적으로 반복되는 비효율적인 정치시스템을 유지하는 데 막대한 비용을 지출하였기 때문에 우리 정치는 고비용 저효율 구조의 대표적인 사례로 인식되어 왔다.[2] 부강한 나라를 건설하고 희망찬 사회를 조성하기 위해 깨끗하고 원칙이 있는 정치, 국익과 공익을 위한 정치, 화합의 정치, 국태민안(國泰民安)의 정치를 펼쳐야 한다.

경제전략은 국가이익 중 번영과 발전을 보장하고, 국가안전보장과 국위선양의 바탕을 제공한다. 국가목표 중 번영발전과 일류국가건설을 구현하는 전략으로서, 기능별 전략 중 번영·발전전략과 일류국가전략에 연계되어 있다. 우리는 경제개발 5개년 계획 등 경제전략을 잘 수립하여 오늘날 경제강국의 대열에 들어섰으며, 철강, 조선 자동차 등의 기간산업과 IT와 생명공학 등 최첨단 산업분야에서 세계를 선도하는 산업강국이 되었다. 그러나 노사간의 갈등의 심화, 생산성의 저하, 국제경쟁력의 상대적 약화 등 많은 해결해야 할 문제도 안고 있다. 따라서 앞으로 보다 잘사는 나라, 풍요로운 국민, 더불어 잘사는 공동체를 만들기 위해서는 자유시장경제를 보다 활성화시키면서 지식기반 경제로 전환하고, 기업의 경쟁력을 강화시키면서 미래 성장산업을 발굴 육성하는 경제전략이 필요하다.

사회복지전략은 국가이익 중 번영과 발전, 자유민주주의 함양을 보장하고, 국가목표 중 번영발전과 일류국가건설을 구현하는 전략으로서, 기능별 국가전략 중 번영·발전전략 및 일류국가전략과 연계되어 있다. 우리 현대사에서 시대정신은 건국·산업화·민주화로 이어져 왔다. 보는 시각에 따라 이 시대정신들은 성공한 것으로도, 실패한 것으로도 평가할 수 있다. 산업화의 경우

2) 한국경제연구원, 앞의 책, p. 55.

세계경제라는 호랑이의 등을 타고 고도성장을 성취했지만, 동시에 정치적 억압과 배제를 수반하기도 했다. 민주화의 경우도 마찬가지다. 1987년 6월 민주화 운동 이후 정치적 민주화를 이뤄 왔지만, 동시에 사회적 양극화가 점점 심해지기도 했다. 21세기에 우리는 성숙된 민주사회, 국제화된 개방사회, 밝고 따뜻한 사회를 구현해야 한다. 이를 위해 사회정의를 실현하고, 건강한 시민의식을 함양하며, 자립생산적 복지제도를 정착시키고, 열린 사회 포용의 문화를 창출해나가는 사회복지전략이 필요하다.

문화전략, 과학기술전략과 교육전략은 국가이익 중 번영과 발전 및 국위선양을 보장하고, 국가목표 중 번영발전 및 일류국가건설을 구현하는 전략으로서, 기능별 전략 중 번영・발전전략과 일류국가전략과 연계되어 있다. 이 3개 분야의 전략은 연성국력의 핵심분야로써 지식정보화시대에 일류국가건설을 위한 핵심기반이 된다.

본 장에서는 이러한 연계성을 바탕으로 분야별로 국가이익을 구현하고, 국가목표를 달성하면서, 기능별 전략을 보완하는 방향으로 분야별 전략의 목표와 추진기조를 기술할 것이다. 추진과제는 추진목표와 추진기조 속에 제목 위주로 녹아 들어 있으며, 세부적으로 언급하지는 않고 도표로 제시하였다.

논리성과 통일성에 문제가 있음에도 불구하고, 정치전략에서는 정치개혁이, 경제전략에서는 경제체질개선이 중요하기 때문에 추진목표와 추진기조에 추가하여 '정치개혁의 기본방향'과 '경제체질개선의 기본방향'을 별도 항으로 추가하였다. 그리고 '국가전략분야를 담당할 전문인재의 육성'이 중요하므로 교육전략 분야에 별도의 항을 설정하여 설명하였음을 밝혀 둔다.

제 1 절 국방전략

대한민국 헌법 제5조 ②항에서 "국군은 국가의 안전보장과 국토방위의 신성한 의무를 수행함을 사명으로 하며, 그 정치적 중립성은 준수된다"라고 명시되어 있다. 따라서 국방전략은 국가가 국군에 부여한 사명을 어떻게 완벽하게 수행할 것인가에 중점을 두고 기술하였다.

국가안보의 핵은 국방이다. 즉 국방력이 튼튼해야 적의 위협으로부터 우리의 생존을 보장하면서 국민의 생명과 재산이 보호될 수 있다. 국내는 물론 국제정치는 언제나 전략을 결정하는 데 잠재적인 영향을 준다.

국방전략은 국가의 안보를 좌우한다. 즉 국방전략은 국가안보전략의 실질적 수단이자 현실적인 보루(堡壘)에 해당한다. 우리는 신장된 국력과 발전된 국민의식에 부합된 안보전략을 주체적으로 설계할 수 있어야 하고, 이것을 국방전략으로 뒷받침해야 한다. 이때 국방전략의 목표는 명확해야 하고, 국방전략의 영향요소들을 충분히 고려하여 실천 가능한 통합적인 전략이 수립되고 집행되어야 한다.

우리는 통일 이후의 한반도 안보전략까지를 염두에 두면서 가능한 자주국방능력을 강화해 나가야 한다. 자주국방은 무엇보다도 국민 속에 면면히 흐르는 호국사상(護國思想)과 상무정신에 기반을 두고 있다. 세계사를 보면 어느 민족이든 호국사상에 바탕을 둔 상무정신으로 무장하여 국방력이 강했을 때는 영광스러운 역사를 유지하거나 어떠한 수난을 당해도 나라를 지켜 나갈 수 있었으나, 그렇지 못했을 때는 국가를 상실하고 민족 전체가 소멸되는 경우도 비일비재하였다. 우리 민족도 상무정신이 강했을 때는 대외적인 정복활동을 강력히 추진하여 대제국을 건설하였으나, 상무정신이 부족한 경우에는 국가를 상실하고 우리말조차도 유지할 수 없었다. 따라서 자위적인 방위역량을 구축하는 데 가장 중요한 요소는 상무정신이다. 이러한 정신을 바탕으로 우리의 군사사상(軍事思想)과 군사이론(軍事理論)을 정립하여야 한다.

자주국방(自主國防)[3]의 근간은 스스로 나라를 지킬 수 있는 힘, 즉 자위적 방위역량을 확보하는 것이다.[4] 즉, 국민의 생명과 재산을 보호하고, 경제적인 번영과 복지를 제고하며, 다양한 사회적인 가치를 고양하는 국가의 3대 기본

3) 한 나라의 국방을 독자적인 힘만으로 유지하는 나라는 없다. 오늘날 모든 국가가 상호 연계성과 의존성을 갖게 된 상황에서 순수한 자력만 가지고 국가안보를 보장할 수 없으며, 국가예산 측면에서도 불가능하기 때문이다. 따라서 각국은 자위적인 방위역량의 확보와 병행하여 안보환경과 여건에 따라 다양한 형태의 협력안보관계를 유지함으로써 다중적인 방위태세를 구축하고 있다. 즉 현대의 자주국방은 국가간의 협력관계를 안보의 주요수단으로 활용하는 '협력적 자주국방'을 의미하며, 우리가 추구하는 자주국방 또한 자위적 방위역량의 확보와 국가간 안보협력관계의 발전을 포함하는 광의의 개념이다.

4) 안보전략에 있어서 남북군비통제, 한미연합방위태세의 유지와 지역안보체제의 구축 등은 정치외교적인 수단에 의한 위협감소와 방위능력 보강이라는 보조적인 접근 방법일 뿐이며, 안보전략의 주 수단은 자위적 방위역량이란 점에서 자위역량의 향상은 안보전략의 주 과제이며 자주국방의 기본전제이다.

기능 중에서 국민의 생명과 재산을 보호하는 안보는 나머지 기능들의 대전제가 되는 우선적인 기능이다. 아울러 안보의 핵심인 자주국방은 한 나라가 국가로서의 기능을 다하기 위해 반드시 갖추어야 할 기본적인 역량과 태세로서 이를 확고히 하기 위해서는 국가의 정치, 외교, 군사, 경제, 과학기술, 심리적인 힘을 총합적으로 운용하여야 한다. 또한 자주국방을 위해서는 전력증강 등 물적 기반의 구축이 무엇보다 중요하나, 이와 병행하여 국군의 확고한 실천의지와 국민의 이해와 참여 등 정신적인 요소가 뒷받침되어야 한다. 즉 진정한 자주국방은 총력안보체제가 구축될 때에야 비로소 달성이 가능할 것이다.

자주국방을 향한 국방전략은 정예화, 과학화, 합리화를 바탕으로 장기적인 계획을 수립하여 추진하여야 한다. 자주국방을 실현하는 데는 기존군사력의 잠재력 부족, 경제능력 불충분, 과학기술의 한계성, 주변국과의 정치・외교적인 갈등 가능성, 국제적인 군비통제 등 제한요소가 많다. 그러나 자주국방은 주권국가로서 반드시 이룩하여야 할 명제이다. 영원한 친구도 적도 없는 냉혹한 국제정치의 현실에서 스스로의 안보능력을 증대시켜야 하는 것이 오늘의 안보현실이다.

1. 국방전략의 목표

(1) 선진일류정예강군(先進一流精銳强軍) 육성

세계의 역사를 돌이켜 볼 때 안보를 중시하고 강한 군대를 육성한 나라는 크게 번영을 구가하고 국가의 생명력을 유지했으나 안보와 국방을 소홀히 한 나라는 국민들에게 많은 시련과 고통을 안겨 주었을 뿐만 아니라 때로는 그 국가 자체가 소멸되기도 했다. 우리 민족도 강군(强軍)을 가졌던 고구려 시대에는 요동 지방과 만주 일대까지 영토를 확장, 국가의 위세를 떨치기도 했으나 군이 약해 군사 대비 태세를 소홀히 했던 시기에는 국민들에게 치욕과 망국의 설움까지 겪게 했던 뼈아픈 역사를 갖고 있다. 근현대사 60년 동안 우리 국가가 역사상 유래가 없는 큰 발전을 이룬 것처럼 군도 많은 발전을 해왔다. 그러나 대한민국이 아직 선진 일류국가에 진입하지 못한 것처럼, 대한민국 국군도 세계 선진일류군대가 되기 위해 몸부림을 치고 있다.

그러면 선진일류군대란 어떠한 군대를 말하는가. 가장 중요한 필요조건의 하나는 강한 전투력을 갖춘 군대이다. '전투력 = 무기 · 장비 · 물자 × 싸울 수 있는 능력 × 싸우려는 의지'라고 한다면 그것은 우수한 무기체계를 갖춘 작지만 효율적인 군대, 조국 수호의 소명의식으로 전투의지가 충만되어 있는 잘 훈련된 군대, 투명하고 깨끗한 조직문화와 투철한 윤리의식과 도덕적인 수준을 갖춰 국민들로부터 지극한 사랑을 받는 국민의 군대일 것이다. 이러한 군대야말로 평시에는 평화를 수호하고 위기 시에는 승리할 수 있는 선진일류강군이 아니겠는가.

우리 군은 1948년 정부 출범과 때를 같이해 창군된 이래 국민들과 군 선배들의 피와 땀으로 국가 안보에 대한 크고 작은 위협에 효과적으로 대응하면서 발전을 거듭해 왔다. 그것은 끊임없는 변화와 발전의 역사였으며 "인류의 문명은 도전에 대한 응전의 역사"라는 아놀드 J. 토인비의 말처럼 우리 군은 이 응전의 역사를 통해 국가 안보의 초석이 되었다.

20세기의 한국군은 선진 군대들을 모방하고 그들이 간 길을 답습하는 방식을 취해 왔다. 우리에게는 현대식 군대의 경험이 없었고 무에서 유를 창조해야 했던 상황에서 그것은 어쩌면 불가피한 선택이었다고 볼 수 있다. 그 과정에서 우리 군은 자위적 방위역량을 구축해 가면서도 한미동맹을 바탕으로 북한의 위협을 관리하며 양적인 국방력 건설에 매진해 왔다. 따라서 한국인 그 누구도 한국군이 '정예 강군'이라고 자신 있게 주장하지 못하고 '선진 정예강군'을 지향하는 군대라고 말해 왔다. 내가 만나 본 독일과 일본을 포함한 많은 선진 외국군 장교들과 주한미군들은 입을 모아 한국군은 세계에서 가장 우수한 군대 중 하나라고 극찬하는 데도 불구하고 우리 스스로 질적으로는 일본의 자위대에 비해 뒤지며 양적으로는 북한군에 비해 약하다고 평가했다. 국가 안보에는 조그만 자만도 금물이기 때문이다.

한국군이 스스로의 힘으로 조국을 수호하고 국민의 생명과 재산을 지키며 세계 평화에 기여할 수 있는 선진일류강군으로 우뚝 서 있다고 자부하기 위해서는 다음과 같은 노력이 요구될 것이다.

한국군은 현존하는 북한의 군사적 위협뿐만 아니라 테러와 같은 비군사적인 위협과 미래의 잠재적인 위협에 대비해야 하며, 이러한 다양한 위협에 즉각적이고 효과적으로 대응할 수 있도록 위기관리체제를 갖추고 침투 및 국지 도발과 전면전 대비 태세를 확립하는 등 전방위 방위태세를 유지해야 한다.

우리 군은 자위적 전쟁 억제 능력을 확충하고 '방위충분성전력' 기반을 확보해 독자적인 방위 기획 및 작전 수행 능력을 갖춰야 한다. 이를 뒷받침하기 위해 독자적인 감시·정찰 능력과 C4I 체계를 구축하고 합동성에 기반을 둔 정밀 타격 능력을 확보하여 네트워크 중심의 작전 환경(NCOE)[5] 아래 효과 중심의 동시 통합작전이 가능토록 하며 국방연구개발과 방위산업 육성을 강화해야 한다.

급변하는 안보 정세와 첨단 무기체계의 발달에 능동적으로 대처할 수 있는 능력과 전문성을 갖춘 국방 인력을 확보·관리하면서 전투원과 부대가 유사시 전투력을 최고도로 발휘할 수 있도록 교육과 훈련을 통해 지속적으로 기량을 향상시켜야 한다.

우리 장병들이 올바른 국가관과 사생관(死生觀)으로 무장해 적에게는 두려움과 공포를 주고 국민에게는 믿음직한 국민의 군대로서 국군의 사명을 완수하기 위해서는 투철한 안보관이 확립되고 필승의 군인정신으로 무장되어야 한다. 이에 군은 '무엇을 지켜야 하고(國家觀), 누구로부터 지켜야 하며(安保觀), 어떻게 지켜야 하는가(軍人精神)'를 확실히 알고 신념화하며 행동으로 옮길 수 있도록 장병의 정신 전력을 강화해야 한다.

우리 사회는 지속적인 민주화 과정을 통해 개인의 창의와 다양성, 가치의 다원성을 존중하는 사회로 발전했다. 이러한 사회의 변화에 맞춰 우리 군은 자발적이며 창의적으로 임무를 완수하는 '임무형지휘(任務形指揮)' 등 적합한 군대문화를 정착시키는 것이 중요하다. 우리가 추구하는 선진 병영문화의 패러다임은 꿈과 목표가 있고 인간을 존중하며, 인간다운 삶과 충실한 복무가 가능한 환경을 조성해 화합과 단결이 잘 이루어진 강군을 육성하는 것이다. 즉, 군은 강력한 전투력을 배양하면서 국민의 신뢰와 사랑을 받는 국민의 군대로 발전되어야 할 것이다. 장병들의 삶의 질 향상을 위한 다양한 복지 증진 대책도 시행되어 우수한 국민의 아들과 딸들이 경쟁적으로 군에 입대해 조국을 수호하고 그들의 부모와 고향을 지키는 일에 긍지와 보람을 갖는 여건도 개선되어야 한다.

지금 한국군은 '국민과 함께하는 선진일류정예강군 건설'을 목표로 현대

---

5) Network Centric Operational Environment의 약어로서 제 전장요소의 실시간 통합작전의 효율성을 극대화하는 새로운 네트워크 전쟁수행 개념을 수행하는 환경을 말한다.

전 양상에 부합된 군 구조와 전력체계 구축, 저비용・고효율의 국방관리체계 혁신, 시대 상황에 부합하는 병영문화 개선, 문민화 확대를 통한 군의 전투 임무 수행 극대화라는 4대 중점을 두고 국방개혁을 추진하고 있다. 이러한 국방개혁을 통해 우리 군은 군 구조를 현대 과학기술의 발전 추세에 맞게 개편하여 다양한 안보 위협에 능동적으로 대응할 수 있는 선진일류정예강군에 한 발짝 더 다가서야 하며 병영문화 개선을 통해 '국민과 함께 하는 군'으로 더욱 변모해야 한다.

부정적이고 소극적인 사고를 가진 사람은 새로운 시도를 두려워한다. 오히려 새로운 시도를 하는 사람들을 비웃고 지레 실패할 것을 예견한다. 그러나 한국군은 일련의 도전에 직면해 있다는 위기의식과 이를 창조적으로 극복해야 한다는 응전의식을 갖춰야 한다. 위기는 늘 기회를 동반하는 것처럼 한국군이 당면한 도전들은 또 다른 발전과 도약을 위한 발판이 될 것이다.

대한민국의 파수꾼인 장병 모두는 국가가 나를 위해 무엇을 해 줄 것인가를 기대하기에 앞서 내가 역사 발전의 주역으로서 조국을 위해 무엇을 할 것인가를 생각하면서 조국의 찬란했던 과거나 희망찬 미래만을 사랑하는 것이 아니라 대한민국의 어려운 안보 현실을 사랑하며 강군 육성에 매진해야 한다. 국민들의 따뜻한 성원과 적극적인 지원을 바탕으로 대한민국 국군은 자타가 공인하는 '세계의 선진일류 정예강군'이자 '한국의 명품(名品)'으로 우뚝 서야 한다.

(2) 자주적 국방역량의 강화

역사는 우리에게 스스로 지킬 힘이 없는 나라는 영원한 생명력이 없다는 냉혹한 사실을 가르쳐주고 있다. 생존은 오로지 스스로 지키고자 하는 의지와 이를 뒷받침하는 힘에 의해서만 보장되기 때문이다.

1637년 1월 30일 조선의 16대 임금 인조는 전쟁발발 후 45일 만에 청나라 황제에게 항복의 예를 올렸다. 인조는 삼전도에서 청태종에게 삼배구고두(三拜九叩頭 : 한번 절할 때마다 세 번 머리를 땅바닥에 찍는 것)의 예를 올렸다. 청태종이 소리가 나지 않는다고 하여 인조는 얼어붙은 땅에 머리를 사정없이 부딪쳐 이마는 피투성이가 되었다. 조선이 조공을 바치던 이민족 왕에게 최초로 머리를 조아린 굴욕의 순간이었다. 이러한 삼전도의 굴욕은 왜 당해야 했는가? 병자호란이 일어나기 반세기 전 조선은 이미 7년 동안이나 임진왜란의 국란을 겪었다. 임진왜란이 있기 10년 전 이율곡이 조정에 건의한 '10만 양병설(養兵說)'을 무시한 결과였다. 그리고 불과 39년 만에 임진왜란의 교훈을 잊고 국방을 소홀히 하여 군사대국으로 성장한 청나라에 삼전도의 굴욕을 당하게 되었다. 또한 우리는 근대사에서 힘없던 조선의 멸망과 일본의 식민지로서의 아픔을 경험하였다. 스스로를 지킬 수 있는 힘이 없으면 굴욕의 역사를 되풀이할 수밖에 없다는 진실을 여실히 보여 준 것이다.

앨빈 토플러는 「부의 법칙과 미래」라는 책에서 미래에 대한 '전쟁과 반전쟁'을 언급하면서 미래전장을 주도할 수 있는 군사력을 바탕으로 전쟁이 일어나지 않도록 억제하고 예방할 것을 강조하고 있다. 토플러는 이 책에서 전쟁의 방식은 이익을 창출하는 경제의 원리와 비슷하므로 국가는 전쟁을 통해 부를 창출할 수 있고, 전쟁지식을 갖추는 것이 국가이익에 도움이 된다고 강조하고 있다.

군사이론가로 유명한 칼 폰 클라우제비츠도 그의 저서 「전쟁론(Vom Kriege)」에서 "전쟁이란 자국의 의지를 구현하기 위해 상대에게 무력을 강요하는 행위"라고 정의하고 있다.

국방전략은 적국 또는 가상적국의 기도와 군사적인 능력을 고려하여 판단해야 한다. 북한은 117만 명의 병력과 방대한 재래식전력과 대량살상무기를 보유하고, 강성대국(強盛大國)[6]과 선군정치(先軍政治)[7]를 강조하면서 휴전협정을 수시로 위반하며,[8] 대남적화통일을 포기하지 않고 있다. 따라서 우리는 북

---

6) 북한에 이 구호가 등장한 것은 1997년 7월 22일자 노동신문 사설 '위대한 당의 영도 따라 사회주의 건설에서 일대 앙양을 일으키자'라는 제목의 글에서 언급된 '주체의 강성대국'이라는 내용이 최초다. 이후 98년 초부터 '강성대국'이라는 용어가 다시 등장했고, 이어 8월 22일 노동신문 정론 '강성대국'이 발표되면서 본격적으로 언급되기 시작했다. 북한이 주장하는 '강성대국'이란 "정치 · 군사 · 경제 · 문화의 모든 면에서 커다란 위력과 영향력을 행사하며 세계에 존엄을 떨치는 나라"를 뜻하고, 그 바탕이 되는 것이 사상과 군사력이라고 한다.

7) 선군정치의 논리체계는 주체사상의 4대 원칙 즉, 사상에서의 주체, 정치에서의 자주, 경제에서의 자립, 국방에서의 자위를 기본원칙으로 하여 ① 군사(軍事)를 국사(國事) 중의 제일 국사로 한다는 즉, 국정의 제1순위를 군사에 둔다는 '군사선행(軍事先行)원칙' ② 사회주의 혁명의 주력군을 종래의 노동자와 농민을 대신하여 인민군대로 내세운다는 '선군후로(先軍後勞)원칙' ③ 주체사상의 '사회정치적 생명체론'을 재해석한 '선군통일체론' ④ 군대가 없으면 사회주의 국가도 당도 인민도 없다는 즉, 군대가 곧 당이자 국가이고 인민이라는 의미의 '선군원리론' ⑤ 총대에 의해 혁명의 승패가 결정되고 총대 위에 조국의 안녕과 인민의 행복이 있고 당도 있다는 '총대철학'으로 짜여 있다.

8) 북한은 지난 50년 동안 공중과 해상에서 각 100건 이상, 지상에서 43만 건 이상 휴전협정을

한의 어떠한 도발도 억제해야 하고, 유사시는 싸워 이길 수 있어야 한다. 하지만 우리는 싸우지 않고 이겨야 한다. 왜냐하면 6 · 25전쟁 당시와는 비교도 할 수 없는 파괴력을 가진 남북한의 군사력이 충돌한다면 그로 인해 그동안 우리가 심혈을 기울여 이룩해온 일류대한민국으로 도약할 수 있는 민족적 역량을 송두리째 잃어버릴 수 있기 때문이다.

"당신은 전쟁에 관심이 없을지 모르지만 전쟁은 당신에게 관심이 있다"라는 토플러의 말처럼 전쟁은 우리의 의지와 상관없이 한반도에서 언제 발생할지 모르므로 이 땅에서 전쟁을 억제하고 예방하기 위해 최선을 다해야 한다.[9)]

세계는 경제뿐 아니라 안보 측면에서도 상호 의존의 시대로 접어들고 있으며, 엄격한 의미에서 스스로만의 힘으로 완벽한 국가안보를 보장받을 수 있는 나라는 미국을 포함해서 이 지구상에 단 한 나라도 없다. 이처럼 우방국과의 긴밀한 안보협력의 유지 및 강화가 중요한 안보수단의 하나인 것은 고금이 동일한 것이다.

그러나 우리 안보의 중요한 지주인 한 · 미간의 동맹체제도 결국은 우리가 주인이 된 입장에서 협조를 받는 것일 뿐 의존과는 근본적으로 다른 것이어야 한다. 그럼에도 불구하고 우리는 과거 너무도 오랫동안 우리의 생존문제를 미국에 맡겨 왔다.[10)] 21세기의 불확실한 안보환경 속에서 그러한 태도는 지속될 수 없고 그것이 허용되어서는 안 된다. 우리가 장차 적극적인 국방전략을 통해 민족의 통일을 이루고 태평양시대의 주역국가로 도약하는 목표를 성취하고자 한다면 방위역량의 강화는 필수불가결한 전제조건이 될 것이다.

지난 50여 년간 한국사회는 한미동맹의 출범 당시와는 비교할 수 없을 정도로 발전하였다. 이제 우리도 국가적 자존심을 주요한 덕목으로 추구할 시기가 됐으며, 한반도 방위에 관한 한 우리의 '주인 의식'을 자각해야 한다. 지금

위반하였다. 북한의 휴전협정과 도발을 막는 과정에서 한국군 500여명과 미국군 220여명이 전사했다.

9) 세계전사에서 보면 대부분의 전쟁은 예고 없이 일어났다. 북한의 기습남침으로 발발한 6 · 25전쟁을 비롯한 수많은 전쟁이 사전 예고 없이 일어났다. 도요토미 히데요시(豊臣秀吉)는 전국시대 통일 이후 전쟁경험이 풍부한 30여만 명의 병력을 보유하고 대륙정복의 야욕을 가지고 있었다. 그러나 조선은 그것을 정확히 알고 대비하지 못하였기 때문에 처참한 피해를 당한 것이다.

10) 한미동맹은 세계 최강국의 안보 우산을 받으면서 주변국의 위협에 효율적으로 대처할 수 있고, 미국과 공동이익을 추구할 수 있는 이점이 있는 반면, 상응하는 외교역량이 부족하게 되면 주권의 행사가 제한되고, 자주적인 통일 추진이 어렵다는 제한사항을 갖고 있다.

당장 편하고 좀 더 안전해 보인다고 부담 없는 편승(便乘, Bandwagon)을 지속하는 것은 동맹국인 미국과의 관계 강화에도 결코 도움이 되지 않는다. 21세기 초반 이후 지속돼 온 미국의 해외 군사력 조정 및 동맹관리 정책의 핵심은 동맹국들에 대해 자국 방위에 대한 보다 많은 책임을 요구하는 것이다. '한반도 방위의 한국 주도-미국 지원'의 구도는 우리의 지향일 뿐만 아니라, 미국 역시 바라는 바며, 전시작전권 문제에 대한 협의가 시작된 배경도 바로 여기에 있다.

이 자주성 문제는 자주적 국가방위태세 확립을 위한 노력에 있어서 유의해야 할 기본원칙이다. 물론 오늘날과 같은 상호 의존의 시대에 있어서 국가안보를 전적으로 내 힘으로 할 수는 없다. 그것은 근본적으로 가능한 일도 아니고 반드시 필요한 것도 아니다. 여기서 강조하는 것은 국가방위를 계획하고 구현함에 있어서의 자주성을 의미하는 것이다. 즉 우리에게 맞는 국방사상과 군사사상을 정립하고 이를 바탕으로 군사독트린 즉 군사이론체계를 발전시켜야 한다.

전력증강 분야에서도 자주성이 요구된다. 앞으로 계속해서 한미간의 상호호환성만 따지고 미국의 요구에 순응하다보면 북한의 전력을 따라 잡거나 장차 국제사회에서 홀로 설 수 있는 군사적 자주성의 회복에는 상당한 기간이 더 소요될 것이다.

자주적 국방능력의 근본은 스스로의 사고와 힘으로 싸울 수 있는 능력과 체제, 즉 우리의 지혜와 힘으로 전쟁을 억제하여 평화를 유지하고 유사시에는 현대적 전쟁을 수행할 수 있는 능력과 체제를 갖추는 일이다. 이를 위해서는 전쟁지도체제를 재조정하고 조기경보 및 정보획득능력을 포함하는 독자적인 전쟁수행능력과 자주적 억제전력을 조기에 확보하는 등의 다양한 노력이 수반되어야 한다. 그러한 능력을 갖출 때만 한국군은 세계 일류선진정예강군으로 우뚝 설 수 있을 것이다.

적절한 전력규모의 확충도 제외될 수 없는 과제이다. 군비통제 협상을 비롯한 앞으로 있을 여러 가지 상황변화를 고려한다면 현역 병력의 수는 국방개혁에서 목표로 하는 50만 명보다 더 줄어들 가능성에 대비해야 할 것이다. 그러나 전력규모는 더욱 더 확충되어야 한다. 결국 인력의 규모는 늘리지 않더라도 전력은 증강해야 한다는 것인데 이것은 결국 우리도 선진 국가처럼 기술집약형 군대가 되어야 함을 의미하는 것이다.

과학의 발전이 가속화함에 따라, 아주 정교한 무기체계와 그 무기체계가 전장에서 갖는 장점들은 전력발전전략의 주요목표가 되었다. 인간의 생명을 고도 정밀 무기체계로 대체하려는 이러한 노력은 지속되고 있다. 그리고 기술에 의한 전력 승수효과는 오늘날 군사(軍事) 영역에서 꽤 많이 선호되는 경향이다.

고도의 기술 무기체계에 대한 추구가 불과 몇 세기 전에는 꿈에도 생각지 못했던 전투능력을 갖게 했다는 것은 의심의 여지가 없다. 그러나 국방전략가는 비록 현대 기술이 전승을 위해 중요하지만 그 기술적 가치는 과장될 수 있고, 위험은 축소될 수 있으며, 기회비용은 모호해지거나 무시될 수 있다는 점을 명심해야 한다.

모든 조건이 동일하다면, 전장에서 우세한 기술은 현저한 이점을 제공한다. 다른 조건이 동일하지 않을 때에도 우세한 기술이 전장에서 핸디캡을 줄이는 데 중요한 역할을 할지도 모른다는 것은 명백한 진실이다. 그러나 이러한 진실은 군사적으로 중요한 기술적 이점이 허약하고 손상되기 쉬우며 쉽게 없어지는 상품이라는 생각을 가지고 조율되어야만 한다.

그러므로 앞으로도 당분간은 적정수준의 국방비 확보가 불가피할 것이고, 투자방식도 보다 더 정리되고, 효율적이 되어야 할 필요가 있다. 주한미군의 상황에 따라서는 국방비 수준은 더욱 더 상향조정되어야 할 것이다.[11)]

그러나 더욱 중요한 것은 우리군의 개념, 체제, 역량 등 모든 면에서 대폭적인 혁신이 필요하다는 것이다. 우리의 군사력을 보다 자주적인 전력으로 만들고 장기적으로 우리의 필요에 맞는 국방역량을 확보하려면 대미 의존 국방시대의 특성과 문제점이 아직도 곳곳에 산재해 있는 현 국방태세는 반드시 개혁하지 않으면 안 된다.

북한은 일찍부터 자주국방의 중요성에 눈을 뜨고 적극 노력해 왔는데 비해, 우리는 국방을 주한미군에 의지하여 스스로 자주국방의 노력이 미흡하였다. 무엇보다도 미래의 안보 상황에 대비한 전력의 운용개념을 구상하고 이에 따라 우리의 군사력을 어떻게 설계하고 건설해 나갈 것인가 하는 등등의 우리

---

11) 2008년 현재 대한민국의 GDP는 세계 13위이지만, GDP 대비 국방비는 2.7%로 세계 59위다. 세계 주요 분쟁국 국방비 지출 평균이 GDP 대비 5-6%라는 사실을 유념해야 한다.

나름의 군사사상과 철학이 확고히 정착되어 있지 못했던 때문에 우리의 전력증강방향과 노력은 관계되는 사람이 바뀔 때마다 덩달아 변경되었다.

그러면서도 우리는 지극히 자연스럽게 미국의 군사사상과 통상적 개념을 그대로 따랐다. 핵심적 기능의 발전에 등한했음은 물론이요, 북한에 비해 전력량도 부족하면서 미국식의 힘 위주의 '대량군(大量軍)주의'적 사고방식에 근거하여 미래전쟁에 대비하려 하고 있는 모순을 지녀왔다.[12)]

이제는 우리의 방위산업 역량을 더욱 발전시켜야 한다. 왜냐하면 자주적 국가방위역량은 우리의 방위산업능력이 우리의 국방력을 뒷받침해줄 수 있을 때 비로소 완성될 수 있는 것이다. 또 그래야만 우리의 작전환경과 우리의 필요에 맞는 무기와 장비도 확보할 수 있게 될 것이다. 방위산업은 단순한 일반적인 산업과는 달리 국가생존과 민족적 자존심 수호 문제와 직접적으로 연계되어 있는 산업이다.

국방태세의 확립을 위해 가장 중요한 것은 온 국민과 군이 한마음으로 협조하면서 다같이 나라를 방위해야 한다고 자각하고, 국민의 국가방위에 관한 일체감과 의지를 돈독하게 다지는 일이다. 특히 우리의 경우는 안보상의 일차적인 위협이 동족으로부터 오는 것이기 때문에 국민적 일체감과 국민의 국방의지가 동요되고 있지 않는가 하는 심각한 우려가 있다.

다양하게 만들어 놓은 수많은 각종 병역특혜제도와 그 제도의 남용은 국민들로 하여금 병역의무를 자랑과 긍지의 대상이 아니라 경멸과 기피의 대상이 되게 하였다. 삼청교육대 문제, 시위학생징집문제, 각종 시위에 대한 군사력의 사용으로 인한 부작용 등 정치목적을 위한 군의 이용은 국민의 군에 대한 불신과 거리감을 결정적으로 증폭시켰다. 그러므로 국방의무의 형평성과 공정성이 철저히 지켜져서 예외가 없어야 함은 물론 적어도 국방의무가 여러 가지 이유로 특혜의 대상이 되게 하거나 정치목적의 교육 및 처벌의 도구로 전락하는 일은 없어야 될 것이다.

---

12) 이스라엘군의 조직은 사실상 1인의 총참모장 지휘 하에 3군이 단일군으로 통제되는 고도의 효율성을 위주로 하는 조직형태이고, 서독의 경우는 일반참모(General Staff)를 중심으로 국방참모총장이 전력증강분야를 비롯한 핵심적 기획업무와 군사작전 등 군사 분야를 총괄하고 각 군 총장들은 각 군별 특수분야나 병과의 발전 등을 비롯한 군사행정에 관한 업무를 전담하며, 군의 인사권과 부대의 작전지휘권을 포함한 국방에 대한 전체적인 책임과 권한은 총체적으로 국방부장관에게 귀속되는 군의 전문성과 문민통제의 원칙을 잘 조화시킨 체제이다.

어느 것보다 중요하고 효과적인 방법은 국방의 대의를 구현하여 국방의무의 신성함에 공감하고 병역의무를 자랑스러운 권리로 알게 하여 국방의 의무를 명예스럽게 만드는 일이다. 그리고 적어도 병역의무를 정상적으로 수행한 사람이 그렇지 않은 사람들보다 사회 적응과 처우의 여건이 더 나빠져서는 곤란하다. 말하자면 군대 갔다 와서 손해 보았다는 말은 안 나오도록 해야 한다는 말이다. 대한민국 국민이 국민으로서의 의무를 다하는 것이 그의 인생에 현실적으로 손해가 되어서는 국방의 대의를 살려나갈 수 없을 것이기 때문이다.

전쟁지도란 전시 국력운용에 관한 지표인 동시에 전쟁목적달성을 위해 국가의 총역량을 효과적으로 활용하는 기술로서 전쟁지도는 국가기본정책에 따라 전쟁목적을 정립하고, 유사시 국군의 통수권을 행사하며, 국가동원 및 국가의 전쟁운영지침을 하달하고 나아가 이러한 전쟁수행에 관한 모든 국가적 노력을 통합, 조정, 통제하는 기능을 수행한다.

우리는 통일 이후까지를 바라보며 미래를 준비해야 한다.[13] 자주적 국방역량의 강화는 모든 국민의 소원일지 모른다. 그러나 그것은 하루아침에 이루어지지 않는다. 해방 이후 온 국민이 결집해 경제성장에 총력을 기울여 밥은 먹고 살게 되었지만, 미국과의 동맹 없이 군사력으로 중국과 일본을 견제할 수 있는 게임은 이미 끝났다고 해도 과언이 아닐 정도로 우리의 군사력은 부족하다. 북한뿐 아니라 주변국들을 견제할 수 있는 국방역량을 갖추기 위해서는 당분간은 한미동맹의 바탕 위에서 방위산업을 육성하고, 국방역량을 계속 배양해 나가야 한다. 국제질서에서 힘없는 안보는 공허한 메아리에 불과할 뿐이기 때문이다.

(3) 견고한 군사동맹체제 발전

국가전략을 고려하는 궁극적 목표는 곧 국가의 생존과 번영이다. 국가전략이란 국가가 생존하기 위해 방어해야 할 핵심가치를 파악된 위협에 대비하여 한정된 국가자원으로 달성하기 위해 가장 효율적인 방안을 선택하는 방법

13) 손자병법의 구변편(九變篇)에는 "적이 오지 않을 것을 믿지 말고, 적이 언제 오더라도 나에게 대비가 되어 있음을 믿으라"는 말이 있다. 따라서 우리는 적이 언제 어떠한 형태로 도발해 오더라도 완벽히 격멸할 수 있는 굳건한 군사대비태세를 갖추어야 한다.

에 관한 것이다. 한정된 자원으로 모든 것을 한꺼번에 할 수는 없기 때문에 국가전략의 선택지에는 우선순위가 있을 수밖에 없다. 한미동맹을 강화해야 한다는 것은 다른 모든 국가전략 목표를 도외시하고 오로지 한미동맹만을 중요시한다는 의미는 아니다. 실상 국가전략은 다양한 선택지에 대해 국가가 대전략(大戰略)적 관점에서 우선순위를 적절히 배분하는 행위이다. 한미동맹을 중시한다는 것은 대한민국이 택할 수 있는 여러 전략적 선택지 중에서 한미동맹에 높은 우선순위를 부여한다는 의미이지, 그것이 곧 다른 선택지를 배제하는 것은 아니다.[14)]

이런 관점에서 볼 때 통일이전은 물론이요 통일이후에도 한반도가 안정되는 기간 동안 한미군사동맹의 기조는 유지되는 것이 바람직하다. 왜냐하면 한반도의 21세기 안보환경 및 장기적인 안보여건상 한미 쌍무 동맹의 견지가 가장 효율적이며 다자 안보체제는 쌍무동맹의 보완차원에서 병행되는 것이 바람직하기 때문이다.

2030년경 한미군사동맹의 모습을 결정할 가장 중요한 변수 중 하나는 그 당시의 국제관계의 형태이다. 특히 글로벌 차원 추세에서의 관건은 미국의 패권적 리더십이 현재와 같이 유지될 것인가, 아니면 미국의 유일 초강대국으로서의 지위가 쇠퇴하고 새로운 지구적 경쟁자(Global Competitor)가 등장할 것인가 하는 점이다. 또 다른 변수는 이러한 국제질서의 결과 미국이 택할 군사안보전략의 성격으로서, 한미동맹의 미래는 미국의 패권과 동맹관(同盟觀)에 의해 결정될 가능성이 크다. 그 외에 부차적인 요인으로는 현재 진행중인 세계화, 지식정보혁명, 및 경제통합의 혜택이 균등하게 분배되는가 혹은 일부에 편중되어 지역간, 계급간 격차가 심해지고 그 결과 세계적 갈등이 심화될 것인가 하는 관점에서 보는 것을 지적할 수 있지만 결정적인 변수는 아닐 것으로 보인다.[15)]

한미동맹의 향후 비전은 '포괄적이고 역동적인 전략동맹(Comprehensive and Dynamic Strategic Alliance)'의 구축이다. 민주주의와 시장경제라는 기본가치를 공유하고, 평화를 주도해 나가는 동맹, 그리고 보다 유연하고 독자성이 제

14) 이상현 편, 위의 책, p. 66.

15) 2020년경 국제질서의 대략적 개관에 관해서는 *National Intelligence Council, Mapping the Global Future,* Report of the National Intelligence Council's 2020 Project, December 2004 (이상현 편, 앞의 책, p. 20에서 재인용하였다).

고되는 가운데 수직적 관계보다는 수평적 관계를 실현하는 동맹, 더 아나가 상호 운용성이 지금보다 더 확대된 동맹관계를 지향해야 할 것이다. 포괄적이고 역동적인 전략동맹 관계를 실현하기 위해서는 정치·군사적 측면에서의 역할 확대뿐만 아니라 경제적 측면에서 협력을 강화하는 한미 자유무역협정(FTA) 체결도 비전의 한 부분으로 포함될 수 있을 것이다. 아울러 포괄적이고 역동적인 동맹 관계는 전통적인 군사 위협에 대응함과 더불어 새로운 안보 위협, 즉 테러, 마약, 환경오염, 불법인구이동, 해적 행위 등에 포괄적으로 대처해 나감으로써 역내 다자안보협력의 활성화에 기여할 수 있어야 할 것이다.[16]

우리는 친미나 반미의 이분법적 사고에서 자유로워져야 한다. 즉 '용미(用美)'의 시각에서 한미 동맹의 장기적인 조정을 점진적으로 모색하여야 한다.[17] 왜냐하면 미국의 국가안보전략과 동북아 군사전략은 변화하고 있고, 한미 양국의 여론도 양국의 역할 변경을 요구하고 있으며, 한반도의 통일과정 및 통일이후의 안보환경도 양국관계의 변화를 요구하고 있기 때문이다.

따라서 한미동맹의 성격과 역할을 통일전의 한반도 '평화수호동맹'과 통일과정의 '통일지원동맹' 및 통일 이후의 '공동이익창출동맹'으로 발전시켜 나가야 한다. 이러한 동맹의 성격변화를 통해서 양국은 최소의 비용으로 한반도의 안정을 유지할 수 있고, 통일과정을 효율적으로 관리하면서, 유사시에 대비한 공동대응을 할 수 있으며, 통일 이후에도 양국의 능력을 바탕으로 공동이익을 추구할 수 있을 것이다.[18]

주한미군에 대해서는 한미 양국은 동맹국가로서의 공동 의무를 확정한 후, 공동의 안보전략에 따라 주한미군의 역할, 임무, 책임을 규정해 나가는 동

16) 이태환 편, 대한민국의 국가전략(2020 동북아 안보협력)(세종연구소, 2005), p. 41.

17) 한미동맹과 주한미군 문제에 있어서 국가의 자주성과 자존심을 저버리는 무조건적인 친미의 태도가 바람직하지 않듯이 냉혹한 국제현실과 한반도의 전략환경을 무시하는 감상적이고 유아독존식의 민족자주만을 주장하는 자세 또한 바람직하지 않다. 우리는 냉철한 이성을 가지고 냉전시대에 한반도의 안전을 보장해왔던 한미동맹의 역사적 가치와 역할을 충분히 인식하면서 국가안보 차원에서 미래 한미동맹을 구상하고 현실화시켜 나가야 할 것이다.

18) 대한민국은 지정학적 림랜드(Rimland)요, 문명충돌의 단층선(斷層線)이다. 스파이크먼의 지정학적 이론이나 헌팅톤의 문명충돌론에서 대한민국은 유라시아 대륙, 특히 중국의 일부로 간주되어 왔다. 따라서 이제 한국이 스스로 미국을 버리고 중국 편에 선다면 한국은 아태지역에서 미일동맹체제와 대립하는 입장에 서게 될 것이다. 그러나 미국은 당분간 정치, 경제, 문화, 학문, 군사 등 모든 면에서 세계발전의 주역의 역할을 할 것으로 예측되므로 국가의 생존과 발전을 위해 일정시점까지는 미국과 동행해야 할 것이다.

맹전략의 변화가 요구된다. 양국은 이러한 개념을 가지고 상호 보완적으로 국방전략을 수행하는 데 필요한 주한미군의 역할과 규모를 일방적 결정이 아닌 양국의 합의와 협의를 통해 점진적으로 조정해야 할 것이다. 이때는 한미 지휘관계, 기지조정과 방위분담 등 구체적인 사항과 연계하여 조정해 나가야 한다.[19)]

주한미군의 철수문제는 대한민국의 국가이익과 너무 깊숙이 연관되어 있기 때문에 가볍게 처리될 수 없는 국방의 문제이다. 남북한의 군사적 균형상황이나 남한의 군사적 우위상태에서 주한미군의 철수가 감행될 수 있을 것이라고 주장하는 사람들도 있으나, 근본적으로 통일된 한반도에서 안정된 평화공존상태가 이루어져 미군의 완전철수가 전쟁의 재발을 유발하지 않을 것이라는 분명한 확신이 있어야만 한다.

우리 국민의 안보의식은 장기적인 안목에서 균형감각을 가진 것이어야 한다. 주한미군의 조기철수 주장도 배격되어야 하나 이와는 대조적으로 미군의 영구적인 주둔도 결코 가능하지 않으며 또한 바람직하지도 않다.

북한의 위협 등 안보상황이 크게 변화되지 않는 정전협정체제의 틀 속에서는 현 수준의 주한미군으로 유엔사의 체제를 유지하면서 북한위협을 억제하고, 유사시 미국의 증원군을 접수하기 위한 작전수행환경을 유지하는 것이 바람직할 것이다.[20)]

그러나 남북한간 평화협정이 체결되어 평화체제가 정착되면, 주한미군은 한반도 평화체제를 보장할 수 있는 규모로 축소될 수도 있을 것이다. 그때 주한미군은 공군, C4ISR[21)] 및 군수지원 전력이 중심이 된 핵심전력으로의 재편이 요구될 것이다.

통일 이후의 주한미군은 동북아 지역에서 안보협력의 역할을 담당하면서

19) 우리 내부에선 한미동맹의 미래에 대한 논란이 가열되고 있다. 이런 논란은 주한미군의 감축뿐 아니라 한미동맹 자체에 대한 찬반양론으로 확산되고 있다. 한미동맹을 앞으로 어떠한 동맹관계로 가져가느냐는 우리가 풀어야 할 당면과제이다.

20) 한국 국방연구원에서 조사한 미래 한미동맹과 주한미군에 대한 국내 안보전문가들이 인식에서도 "한반도 평화정착 이후 대미 안보동맹 유지의 필요성"에 대해 필요하다는 의견이 89.2%, 불필요하다는 의견이 10.8%로 대다수가 한미동맹의 필요성을 인정하고 있는 것으로 나타나고 있다. 전경만, "21세기 한반도 안보 변수에 대한 전문가 인식조사" (국방연구원, 2000, p. 16).

21) 현대전 수행에 핵심적인 요소인 지휘(Command), 통제(Control), 통신(Communication), 컴퓨터(Computer), 정보(Intelligence), 감시(Surveillance), 정찰(Reconnaissance) 등을 말한다.

전쟁 이외의 작전을 수행할 수 있는 규모로 조정되어야 할 것이다. 한미간에는 지금보다는 느슨한 안보동맹 체제 하에서 공군과 C4ISR 전력이 중심이 된 최소 규모의 주둔이 필요할 것이다.

양극체제가 붕괴되고, 냉전이 종식된 이후 한·러 및 한·중수교, 남북관계 개선, 대한민국내의 국민의 의식변화 등 일련의 대내외적인 환경변화는 20세기형 군사중심의 동맹체제를 21세기형 포괄적·전략적 한미동맹체제로 발전시키기 위한 연구과 논의를 촉진시켜 왔다.[22] 이러한 논의의 핵심은 대한민국의 '안보와 자주성'의 문제라고 할 수 있다. 왜냐하면 한미동맹의 비대칭적 성격이 지속되고 있기 때문이다. 따라서 이러한 동맹의 비대칭성에서 연유하는 동맹딜레마[23]를 해소시켜 나간다면 최근에 발생하고 있는 한미관계의 균열현상을 치유하고 건강한 동맹으로 발전시켜 나갈 수 있을 것이다.

장기적인 대한민국의 존망의 이익을 증진시키는 데는 새로운 구상이 필요하다. 쌍무간의 방위조약에 의존한 대한민국의 안보는 60여년이란 긴 세월 동안 한반도에 있어서 전쟁을 방지하는 데 크게 기여하였다. 그러나 구소련을 위시한 많은 공산국가의 종말은 세계정치에 있어서 새로운 장을 열게 하였다. 세계는 새로운 평화구조를 요하게 되었다. 새로운 힘의 균형은 과거 민주주의 국가로 얽혀 있었던 동맹관계의 재정립을 필요로 하고 있다. 새로운 동맹관계는 두 가지 측면에서 정립되어야 한다. 그것은 기존의 쌍무관계를 재조정하고 이를 보완하기 위한 다자간관계를 새롭게 수립하는 것이다.

우리는 동북아의 중심국가로서 국가위상을 확립하여 주변 4국과 공존공영을 추구하는 평화지향적인 지역공동안보를 추구해야 한다. 이를 위해 우리는 견실한 자주국방태세를 갖춘 독립민족국가로서의 위상을 높이고, 당분간은 한미동맹을 바탕으로 동북아의 전략환경에 능동적으로 대처할 수 있는 국가안전보장(國家安全保障)의 기조를 다져나가야 할 것이다.

22) 이명박 대통령은 취임 후 미국방문에서 부시 미국대통령과의 정상회담을 통해 한미안보동맹을 전략동맹으로 전환하는 데 합의하였다고 발표하였다.

23) 전형적인 비대칭적 역학관계 속에서 탄생한 한미동맹은 한미상호방위조약과 SOFA의 법적근거, 정전체제 및 UNC의 존재, 한미연합사의 지휘구조, 그리고 대한민국군의 작전통제권의 문제 등에서 비롯되는 비대칭성을 그 특징으로 하고 있으며, 이러한 비대칭성으로부터 대한민국의 자주성이 제한을 받는 동맹의 딜레마가 초래되어 왔다.

(4) 영토수호와 평화관리

대한민국 헌법 제3조는 "대한민국의 영토는 한반도와 그 부속도서로 한다"라고 명시함으로써 우리의 영토의 범위를 명확히 규정하고 있다. 우리 민족은 수천 년 동안 한반도라는 지리적 공간 속에서 하나의 민족 생활권을 이루며 살아 왔다. 즉 우리의 강토는 남과 북의 온 겨레가 더불어 가꾸어야 할 새로운 삶의 터전이자, 후손들에게 안전하게 물려주어야 할 생활의 공간인 것이다. 국방전략의 핵심은 이러한 국가의 영토를 사수하고 보존하는 것이다.

따라서 분단시대를 살아가는 우리 세대는 영토를 평화적으로 통합하여 민족 구성원 모두가 한반도 내에서 자유롭게 왕래하고 거주할 수 있는 터전을 만들어야 하며, 이를 아름답게 가꾸고 보존하여 후손들에게 물려 줄 책임과 의무를 성실히 수행해야 할 것이다.

그러나 이러한 당위적인 책임과 의무가 아무리 크다 하더라도, 현 단계의 한반도 주변정세 속에서 우리의 낭만적 민족주의와 통일 지상주의는 한반도를 다시금 주변 열강들의 세력 각축장으로 만들고 민족의 장래를 위험에 빠뜨릴 수 있으며, 영토의 부분적인 상실을 가져올 가능성도 있음을 유념해야 할 것이다. 따라서 우리는 통일에 대한 성급한 기대를 갖기보다는 우리가 정치·경제·사회·문화적으로 안정된 기반 위에서 발전해나갈 때 영토를 안전하게 통합하여 보존할 수 있다는 인식이 필요하다.

통일은 21세기 우리가 번영하고 세계 중심국가로 발돋움하기 위한 필수적인 조건이다. 경제적으로 남북이 통합되어야만 인구, 자원 등 모든 면에서 비로소 하나의 독립된 발전이 가능한 경제권을 형성해서 21세기에 대비할 수 있다. 국제사회에서 우리 민족이 민족적 자존심을 지키고 참된 자주성을 회복하려 해도 민족의 통일이 이루어져야만 가능하다. 또한 국제사회에서 민족 상호간에 갈등으로 인해 감수하지 않으면 안 되는 국가적 불이익과 제한은 심각하다. 현 분단 상태는 안보, 정치, 외교, 경제, 사회, 문화 등 각 분야에서 우리 민족의 도약에 결정적인 족쇄가 되고 있으므로 이를 지혜롭게 풀어야 한다.

그러나 평화로운 통일의 전제조건은 강력한 국방력을 바탕으로 영토를 수호하는 것이다. 따라서 한국은 국방태세를 굳건히 유지하며 전쟁을 억지하고 평화를 정착시킴으로써 국가의 번영과 발전에 기여해야 한다.

인류 역사에서 전쟁을 살펴보면 그 원인은 전쟁의 수만큼이나 다양하고 복잡하다. 원시시대에는 식량과 토지, 노예 획득이 주원인이었는가 하면, 중세 유럽에서는 종교적 이유가 많았다. 근대사회에서는 자원과 상품시장 확보를 위한 식민지 쟁탈과 제국주의 건설을 위한 전략적 요충지 확보를 위한 전쟁이 많았다.[24] 그래서 우리 민족도 930여 회에 달하는 외침을 받았으며, 일제강점기의 쓰라린 과거사를 갖고 있다.

한반도에서 국방전략의 대전제는 전쟁을 억제하고 평화를 보장하는 것이다. 평화통일은 전쟁억제를 토대로 평화가 보장되는 조건 위에서 성립된다. 즉 냉전이 종식되고, 평화체제가 구축되어야만 평화가 보장될 수 있다. 이를 위해 우리는 '평화지키기(Peacekeeping)'와 '평화만들기(Peacemaking)'를 병행하면서 전쟁을 억제하고 평화를 관리해야 한다.[25]

우리가 민족의 번영과 발전을 이룩하기 위해서는 한반도에서 전쟁을 억제하고 평화를 보장하는 것은 모든 문제에 앞서는 선행조건(先行條件)이다.[26] '대북 화해협력 정책'과 '평화번영정책' 및 '공생공영의 비핵개방 3000정책'도 한반도의 전쟁억제와 평화보장을 대전제로 해서만 추진이 가능하다.

선진일류국가건설은 전쟁억제를 위한 강력한 군사대비태세가 뒷받침될 때만 비로소 실현될 수 있으며, 튼튼한 안보가 뒷받침되지 못한다면 번영과 발전은 그저 희망에 불과할 것이다. 이를 위해서는 이스라엘이나 스위스처럼 총력안보체제를 굳건히 유지해야 한다.[27]

한반도에서 평화와 안정을 보장하고 나아가 화해와 협력의 장을 열어 평화통일을 이룩하기 위해서는 북한으로 하여금 대남적화전략을 포기토록 해야 하며, 군사적인 위협으로는 아무것도 이룰 수 없다는 것을 명확히 인식시켜야

---

24) 전쟁 연구자들에 따르면 20세기의 전쟁 희생자는 1억~1억7000만 명이라고 한다. 1500만 명이 사망한 제1차 세계대전이 끝났을 때 사람들은 큰 전쟁(Great War)이라고 불렀다. 그로부터 20년 후 제2차 세계대전이 일어났을 때 5000만 명이 죽을 것이라고는 상상하지 못했다. 영국의 노벨 문학상 수상자 윌리엄 골딩(William Gerald Golding)이 20세기를 가리켜 '인류사에서 가장 폭력적인 세기'라고 규정한 것도 무리가 아니다.

25) 김학성 외, 앞의 책, p. 109.

26) 손자도 "싸우지 않고 적을 굴복시키는 것이 최선의 방책이다(不戰而 屈人之兵 善之善者也)"라고 강조하고 있다.

27) 이스라엘은 상상을 초월하는 높은 안보위협에 직면해 있지만 정부와 국민이 혼연일체가 되어 총력안보체제를 유지함으로써 도전을 극복하고 있으며, 스위스는 약소국의 위상을 유지하면서도 온 국민이 단결하여 통합방위체제를 유지하고 소위 '고슴도치'전략을 구사하면서 국가의 주권을 사수하였다.

한다. 우리는 강력하고 확고한 전쟁억지력을 갖추어야 한다. 대한민국군의 강력한 억지력은 한반도의 냉전구조의 해체와 자신감 있고 유연한 대북정책의 추진을 위한 전제조건이다.

한반도의 평화를 가장 확실하게 관리하기 위해서는 우선 튼튼한 안보에 바탕을 두고 남북간 화해와 교류협력을 실천해 나가는 전략을 추진해야 한다. 즉 북한이 스스로 평화공존과 변화의 길로 나올 수 있는 환경과 여건을 조성하여 전쟁을 근원적으로 방지해야 한다. 대북 화해협력정책의 목표는 평화와 화해협력을 통한 남북관계를 개선하는 것이다. 법적·제도적 통일의 실현을 서두르기보다는 평화의 토대를 확고하게 유지한 가운데, 교류협력을 꾸준히 활성화하여 남북한간의 상호 이해의 폭을 넓히고 민족동질성을 회복하면서 평화를 정착시켜 사실상의 통일을 실현하려는 것이다.

국방전략을 달성하는 수단으로 군사력 건설의 정당성은 적의 위협과 미래에 예상되는 위협에서 나온다. 특히 군사력 건설에는 많은 시일이 소요되므로 예상되는 위협도 중요한 변수가 된다. 그런데 그 위협은 상존하고 있다. 북한의 군사적 위협은 북한체제의 불변하는 대남적화전략의 산물이다.

전쟁을 억제하면서 평화를 관리해나가기 위해서는 국방태세부터 확립해야만 한다. 평화는 주어지는 것이 아니라 지켜지는 것이며, 스스로 자신의 평화를 지킬 수 있는 능력을 확보하지 못하는 한 번영과 발전은 보장될 수 없으며 국제사회에서 민족과 국가의 자존을 지켜나갈 수 없을 것이다.

이러한 국방전략의 목표는 국방전략 추진기조에 방향타의 역할을 수행하며, 동시에 한국군의 건설과 군사력의 운용에 대한 지침 기능을 담당해야 한다.

2. 국방전략의 추진기조

(1) 튼튼한 국방태세 확립

우리의 기본적이고 전통적인 '국방의 임무'는 외부의 군사위협과 침략으로부터 국가를 보위하고 국민의 생명과 재산을 보호하는 것이다.

한국군은 국가의 평화와 안전 그리고 독립을 위협하는 제반요소를 제거하고 예방하기 위한 국가의 물리적 생존수단을 확보하는 것에 기본적인 목표를 두고 있다. 그리고 국민의 절대적 지지에 기초하여 국가발전을 지원하는 집단으로 역할을 수행할 수 있어야 하며, 전문성을 갖춘 명실상부한 군사엘리트 집단으로서 외부의 위협에 대응하고 국가내부의 안보의 보루로서의 사명을 다해야 한다.

국방전략의 수립을 위해 고려해야 할 주요 전략요소를 평가해 보면 중강국인 우리의 입장에서는 주변국의 절대 우세 군사력에 대한 '이소제대(以小制大)'의 비대칭적 대책이 긴요하고, 지정학적으로 세력 균형추의 역할을 할 수 있는 '이이제이(以夷制夷)' 방책 발전이 필요하다. 지경학적으로는 동아시아 경제권의 중앙에 있는 유리한 이점을 잘 활용하여 경제와 기술의 상생(相生)적 상호의존 구조를 예방과 억제전략에 활용해야 한다. 해외 의존적인 경제구조를 감안해 볼 때 해상·항공수송로의 보호가 매우 중요하며, 사이버 공간이 새로운 경제대륙으로 변모하고 있다는 점에서 사이버테러 및 항공과 우주공간의 테러 방지도 중요할 것이다. 그리고 국력 및 기술력의 증가로 통일한국의 경제는 선진 경제권, 정보화 사회로 진입 가능성이 높으므로 이에 걸맞는 군사독트린(Military Doctrine)[28]과 전쟁수행 방법의 정립이 요구된다.

우리는 통일한국군의 모습을 구상하면서 대승적인 차원에서 군사력을 건설해나가야 한다. 현 시점에서 군사력 건설목표는 북한 및 미래위협에 동시 대비가 가능한 정보화·과학화된 첨단 군사력 건설이다. 이러한 목표를 달성하기 위한 군사력 건설 기본방향은 ① 전력화 투자에는 10-20년의 선행기간이 필요한 점을 고려하여, 통일 이후의 군사력 건설에 지금부터 대비하고 ② 가용자원의 제한사항을 감안하여 현존 북한의 위협과 통일 후 불특정 위협을 동시에 대비할 수 있는 소요전력을 우선적으로 보강하며 ③ 첨단전력과 재래 전력을 동시 보강하는 High-Low Mix 개념[29]을 적용해야 할 것이다. ④ 병력규모는 북한위협 소멸 전까지는 가능한 현 규모로 유지하고, 통일 후에는 불특정 위협에 대비하여 정예화된 적정규모로 조정하며, 부대구조는 기술집약형(技術集約型) 구조로 전환시키되, 통일 후까지 유지할 핵심부대는 기술위주의 첨단전력을 활용한 정보화·과학화 구조로, 통일 후 해체할 일반부대는 성능

---

28) 군사독트린이란 국가가 택하는 국가안보의 개념, 국가안보의 목표, 국가안보의 위협요소, 주적의 개념 및 군사전략 등에 대한 일련의 논리 체계를 말한다.

29) 제한된 예산의 효율성을 극대화하기 위하여 현재 보유하고 있는 재래식 전력을 최대한 활용하면서 꼭 필요한 분야에만 첨단전력을 도입하여 함께 운용하는 개념을 말한다.

개량 위주의 기반전력 강화로 구분하여 발전시켜야 할 것이다.

무기 및 장비는 정보수집능력 구비, 고도의 기동성 및 장거리 타격능력 확보, 실시간 통합전력 발휘 가능한 지휘·통제체계 등을 구축하되, 핵심전력은 여타 전력에 우선하여 재원을 집중투자하고, 기반전력은 협동 전력체계를 유지하기 위한 필수전력 위주로 투자토록 하되 무기별 전력화 우선순위를 설정하여 추진해야 할 것이다.

군사력은 전쟁을 수행하는 역할과 함께 평시에 전쟁을 억제하고 영향력을 투사하는 역할도 수행한다. 평시 대외정책의 수단으로서 정치·외교적인 역할을 수행하는 것이다. 군사력은 여러 외교수단 중의 하나로서가 아니라 이를 포괄하는 '와일드카드'와 같은 성격을 지닌다. 특히 평시 군사력은 강압외교(强壓外交, Coercive Diplomacy)[30]의 수단으로서 중요한 역할을 수행한다. 따라서 튼튼한 군사력의 확보는 국가보위뿐 아니라 국가이익 추구에 필수적인 수단이다.

(2) 방위충분성(防衛充分性)[31]전력 확보

어느 국가를 막론하고 생존과 번영에 대한 일차적인 책임은 스스로에게 있다. 따라서 모든 주권국가는 국가의 안전보장과 국익의 옹호 및 증진을 최우선적인 목표로 지향하고 있으며, 이러한 목표를 구현할 수 있는 능력을 갖추고자 하는 것이 바로 방위충분성전력의 확보라 할 수 있다.

방위충분성이란 21세기의 불특정하고 불확실한 안보상황하에서 공존과 공생을 추구하고 상황변화에 대비하여 국방에 필요한 최소한도의, 그러면서도 충분한 수준의 군사능력으로 국방전략을 뒷받침할 수 있는 수준을 말한다.[32] 구체적으로는 주변국이 우리의 국가이익을 결코 함부로 침해할 수 없는 수준

30) 강압외교에 대해서는 이민룡, "통일이후 한국의 군사전략," 국제평화전략연구회 기획세미나 논문집, 1995, p. 5 참조.

31) 방위충분성이란 방어적충분성(Defensive Sufficiency 혹은 Non-Offensive Defense : NOD)이론으로 이 이론은 동서독 분단 상태에서 구서독 학계를 중심으로 발전되어 온 안보전략이론이다. 이 이론의 핵심은 상대방을 공격하기에는 부족하지만 자국을 방어하기에는 충분한 전력과 군구조를 유지함으로써 긴장고조와 전쟁발발 가능성을 막자는 것이다.

32) 구체적으로는 ① 주변국이 우리의 국가이익을 결코 함부로 침해할 수 없는 수준, ② 주변국과의 관계에서 "균형추"역할을 할 수 있을 정도의 수준, ③ 주변국과의 국지·제한전시 우리의 독자 능력으로 격퇴할 수 있는 수준, ④ 주변 1개국과의 전면전시 다른 주변 1개국과 동맹·연합하면 국토와 주권을 확실히 방위할 수 있는 군사력 수준을 의미한다.

이며, 주변국과의 관계에서 균형추 역할을 할 수 있고, 주변국과의 국지전이나 제한전시 우리의 능력으로 격퇴할 수 있는 수준의 군사력을 의미한다.

그 능력이 어느 정도가 되어야 하느냐는 군사력의 구성요소에 따라 달라질 수가 있다. 동맹군사력의 지원규모 및 능력이 크면 독자군사력의 수준을 낮춰도 국가방위가 가능하고, 동원군사력을 잘 구축하면, 작은 규모의 상비군사력으로도 방위충분성의 달성이 가능하며, 정보 · 전략군을 잘 구축하면, 작은 규모의 육 · 해 · 공군으로도 방위충분성의 달성이 가능하다. 그리고 기술집약적 군사력이 크면 병력집약적인 군사력은 작아도 방위충분성의 달성이 가능하며, 무형전력이 강하면 유형전력의 규모가 작아도 방위충분성의 달성이 가능하다.[33]

또한, 방어전략이냐 공격전략이냐에 따라 방위충분성이 결정될 수도 있다. 방위충분성은 침략을 하지 않을 것임을 명백히 선언하는 것이지만, 수세적으로 방어만 하는 것이 아니라 방어가 확실히 보장될 수 있는 방어, 즉 '선제공격(先制攻擊, Preemptive Strike)'도 가능하기 때문이다. 방자의 전력수준은 산업시대에는 공자의 1/3 수준으로 충분하였으며, 공자의 투입전력 기준으로 1/3 수준일 경우, 능력베이스의 적정 전력은 공자 전체전력의 1/5-1/10 수준이 될 수도 있다. 정보 · 지식사회의 전쟁인 경우, 방자도 상대적으로 약하기는 하지만 공자의 중심을 직접 타격 · 마비시킬 수 있는 수단을 보유하는 '작지만 강한 군사력'의 의미가 커지고 있다.

그리고 방위충분성의 판단 근거로 능력베이스[34]를 적용할 것인지, 위협베이스[35]를 적용할 것인지에 대해서도 고려해야 할 것이다. 우선, 방위충분성을 판단하기 위해서는 ① 위협의 성격 ② 잠재적 상대의 능력 ③ 국가전력 등을 고려해야 한다. 그러나 미래의 위협은 불특정 · 불확실 위협으로서 그 자체가 명확하게 식별하기 어렵고, 또 미래의 잠재적 상대의 능력 역시 평가하기 어

---

33) 상기 군사력 구성요소 중 상비군사력과 첨단 정보 · 기술 군사력이 방위충분성을 가늠하는 가장 중요한 핵심요소이다. 즉, 상비군사력과 정보 · 기술력을 어느 정도 구축해야 방위에 충분한가 하는 것이 문제의 핵심이다.

34) 능력베이스란 유사상황에 있는 국가의 병력 및 군사력을 참고하고 우리의 경제기술력의 미래 전망을 고려하여 전문가 그룹의견을 종합하여 적정한 수준의 병력 및 전력수준을 판단하는 것을 말한다.

35) 위협베이스란 다양한 예상분쟁 시나리오를 도출하고 모의를 통해서 투입부대의 병력 및 전력을 판단하고 지원부대를 결정하며 동원전력을 판단하는 것을 말한다.

렵다는 점에서 위협 시나리오에 근거한 구체적인 대응전력 구축은 쉽지 않다. 따라서 논리적으로 볼 때는 능력베이스가 타당하지만 미래 분쟁상황도 어느 정도 예상되므로 가상 분쟁 시나리오를 다수 개발하고 다양한 모의 방법을 통해 미래에 필요한 군사력을 도출하는 방법을 적용할 수 있다. 즉, 능력베이스에 기준을 두되 위협베이스도 고려하여 판단해야 할 것이다.

이러한 능력베이스와 위협베이스를 종합적으로 고려하여 예상되는 병력 및 군사력 규모를 기반전력과 핵심전력의 구성비로 판단해보면, 핵심전력이 차지하는 구성비가 현재의 약 20% 내외에서 향후에는 50% 이상으로 증가해야 하나, 이는 많은 예산과 노력이 투자되어야 하므로 구성비의 최종적인 결정은 다분히 국가적 의지에 달려 있다. 추가적인 고려사항으로 기반전력 중 재래식전력의 감축이 불가피할 것이며, 일부에서는 병력규모를 30만 명까지 감축해야 한다는 주장이 있으나, 현재 추진되고 있는 국방개혁의 목표병력 50만 명이 적절한 것으로 판단된다. 즉 국력에 맞는 현시적 병력보유의 필요성과 아울러 주권국으로서 외부의 침략을 방위할 수 있는 정도의 군사력이 요구된다. 따라서 국방개혁의 이정표를 설정해 놓고 단계적으로 감축하되, 현재의 위협에 대비하면서 최소한 20-30년은 내다보고 장기적으로 감축할 대상과 통일 이후까지 정예화할 부대를 구분하여 선별적으로 투자해야 할 것이다. 그리고 병력을 절약하기 위해서는 동원전력의 발전이 필요하다. 스위스와 스웨덴은 상비군은 적으나 상비군 못지않은 동원전력을 보유하고 있다. 또 한 가지 방법은 국경수비대를 창설하되 법무부 산하에 소속시킴으로써 국경수비를 위한 병력을 절약하는 방법도 고려할 수 있을 것이다. 독일군의 경우와 같이 후방지원인력은 민간에서 담당함으로써 전투 근무지원을 위한 병력 절약효과를 달성할 수 있을 것이다.

한반도의 안정을 위해서는 한국군이 자위적인 방위역량을 확보해 나가는 일이 무엇보다 중요하다. 즉 현존하는 북한군의 위협을 억지하고 전쟁을 방지해야 하며, 또한 미래 불특정 위협에 대비하는 적정 수준의 전력 즉 방위충분성전력을 확보해야 한다.

즉 자위적인 방위역량을 확보하는 데는 통일이전의 북한의 위협뿐 아니라 통일 이후의 주변국의 위협에 대비할 수 있도록 장기적인 안목에서의 통합적인 대비가 필요하다. 이를 위한 추진방안은 먼저 전력증강을 통하여 자위적인 방위역량을 확보하여 대북 억제력을 완비하고, 국방개혁의 추진으로 군의 조직과 운영체계의 효율화를 도모하는 것이다.

북한의 도발에 대해서는 국가이익을 수호하고 증진하는 방향에서 냉철한 대응이 필요하다. 북한의 군사위협을 봉쇄하고 미래의 불확실한 안보위협에 대비하기 위해서는 대북 억제전력의 보강과 장기전력 차원의 자주적 방위능력의 확보를 동시에 추진해야 한다. 북한의 대남 기습공격능력, 핵과 미사일 등 대량살상무기, 장거리 포병 등 상존하는 위협에 대처할 수 있어야 한다. 북한의 속전속결 능력과 고속기동전 기도를 무력화하기 위해서는 평시 조기경보태세의 강화와 효과적인 즉응태세 완비가 요구된다. 각종 전장기능의 통합과 군사력 운용능력의 제고, 훈련강화, 전쟁지속능력의 보강, 무형전력의 제고, 군 운용의 효율화 등이 요구된다.

21세기 한반도의 전략환경과 미래전의 양상, 주변국가의 군사발전 추세 및 무기체계(武器體系, Weapons System)[36)]의 전력화 기간 등을 고려하여 미래지향적인 방위력 확보 노력이 필요하다. 군의 정보화·과학화를 추진하고, 기술집약형(技術集約型) 군으로 발전시키며, 핵심 첨단기술 확보를 위한 연구개발 투자가 요구된다.

먼저 방위충분성전력을 확보하기 위해서는 전략적 억제 전력 확보가 우선적으로 추진되어야 한다. 정보·감시자산을 활용하여 북한과 불특정 위협세력의 핵심표적을 지속적이고 주기적으로 감시하고, 분쟁 도발 시에는 치명적인 응징보복을 가할 수 있는 전략적 억제 전력을 확보함으로써 적의 침략의지를 사전에 무력화할 수 있을 것이다.

또한 미래에는 국가 기간시설 및 군사지휘통제체계 등이 네트워크체계에 의해 결합되므로 유사시 이를 전략적으로 활용할 수 있는 사이버 공격능력을 포함한 정보마비 능력을 확보해야 한다.

그리고 미래전 양상에 부합된 첨단 정보기술 전력을 구축해야 한다. 적의 군사 활동을 상시 감시하고 정찰할 수 있는 독자적인 정보자산[37)]과 수집된 정보를 처리하여 실시간 전파하고 모든 전투요소를 지휘 및 통제할 수 있는 C4I

---

36) 장비와 숙련기술로 이루어진 체계적이며 완전한 전투도구로서 부여된 작전상황하에서 독자적으로 타격력을 발휘할 수 있는 기본전투단위의 총체를 말한다.

37) 한국군의 입장에서 자주국방의 기반구축에 가장 필요한 분야는 우리 군의 눈과 귀에 해당하는 감시 및 조기경보능력의 확보이다.

체계와 선택된 표적을 정밀타격할 수 있는 전력을 복합적이고 체계적으로 발전시켜야 한다.

더불어 다양한 유형의 분쟁에 신속히 대응하여 적의 군사행동을 거부할 수 있는 신속대응전력을 체계적으로 발전시키고, 국경선 일대에서 적의 침공을 격퇴할 수 있는 지상군 전력과 주 전장 내에서 우세를 달성할 수 있는 해·공군 전력을 확보해야 한다.

군의 국제적 역할을 확대하여 국가위상을 제고하고 지역의 안정과 세계 평화에 기여할 수 있는 능력을 갖추어야 한다. 앞으로 국가의 경제활동 범위와 규모가 확대되고, 자원의 해외의존도가 높아짐에 따라 국제적으로 평화와 안정의 유지가 국익에 큰 영향을 미치게 될 것이다. 또한 21세기의 새로운 국제 질서는 국제안보의 '무임승차'를 어렵게 할 것이다. 따라서 우리군은 이러한 새로운 안보환경 하에서 국력에 걸맞은 국제적 역할을 적극 수행함으로써 국가위상을 제고하고 국익을 보호할 수 있어야 한다. 이를 위해 유엔의 국제평화유지 활동, 역내 다자안보협력 등 국제적 군사활동에 적극 참여하여 세계 및 지역의 평화와 안정을 유지하는 데 기여해야 한다. 이러한 활동에 능동적으로 참여하기 위해서는 분쟁지역에 신속히 전개하여 다양한 임무를 수행할 수 있는 '신속대응군(迅速對應軍)' 부대의 발전이 긴요하며, 이러한 임무를 효과적으로 수행할 수 있도록 평시부터 준비하고 훈련해야 한다.

현존 북한위협을 억제할 수 있는 능력을 완비하고, 장기적으로 미래의 잠재적인 위협에 대비한 방위충분성전력을 확보하기 위해서는 꾸준한 국방비의 투자가 필수적이다.[38] 그러나 우리나라는 안보위협이 높은 국가임에도 불구하고 GDP 대비 국방비의 부담률은 1980년에 6.0%에서 2007년에는 2.7%까지 하락하여 세계 분쟁국의 평균수준인 6.3%에 절반도 안 되며, 세계 평균 수준인 3.5%에도 크게 못 미치는 실정이다.

방위충분성 전력을 정상적으로 구축하기 위해서는 장기적으로 세계평균수준인 GDP 대비 3.5% 수준의 국방비가 안정적으로 배분되어야 한다. 세계 13위인 우리 국가의 경제력을 고려할 때 노력하면 부담이 가능한 것으로 판단

38) 자주국방에는 예산문제가 필수적이다. 주한미군이나 미국의 지원이 없다면 결국 천문학적인 예산으로 이를 메울 수밖에 없다. 국방부 연구기관인 한국국방연구원(KIDA)이 분석한 자료에 의하면 선진국형 첨단 기술군의 육성을 위해서는 향후 20년간 순수 전력투자비만 약 209조원이 필요하다.

된다. 그러나 이를 위해서는 무엇보다도 국민적인 합의와 공감대 형성이 중요할 것이다.

(3) 한미연합방위태세의 한국화 추진

그동안 대한민국 안보의 핵심기반으로 작용해왔던 한미연합방위태세는 미국군의 세계재배치전략과 전시작전권의 한국군으로 전환 등으로 많은 변화가 예상되고 있다.[39] 이 시점에서 자주적인 방위충분성 확보 못지않게 우리에게 중요한 것은 한미 연합방위태세를 보강하면서 한국화를 추진하는 것이다. 군사동맹은 제한된 국력을 효율적으로 사용하는 수단이다. 한미군사동맹은 한미연합방위체제에 의해 그 구체적인 실천의지가 표현되어 왔다고 할 수 있으며, 한미연합방위체제는 미국의 전략적 요구와 한국의 자위력의 향상에 따라 '한국방위의 한국화' 그리고 '미군 개입 선택의 자유화' 방향으로 변천해 왔다.

여기서 한국방위의 한국화는 국력에 상응한 국방전략개념의 발전 및 능력의 강화이지, 본질적으로 홀로서기를 의미하는 배타적 단독국방이나 동맹의 탈피를 의미하는 것이 아니다.[40] 또한 안보태세를 강화하기 위해 우리의 의지에 따라 주도적으로 동맹관계를 유지하고 있다면 이러한 동맹관계는 자주국방의 구성요소로서 포함되는 개념이라 할 수 있을 것이다.

그러나 진정한 자주국방을 위해서는 동맹관계가 의존적인 것이 되어서는 안 되며, 상호 보완적인 관계가 되어야 할 것이다. 동맹국간에도 서로의 능력이 보탬이 되어야 실질적인 협력관계가 이루어지며, 스스로를 지킬 수 있는 힘이 있을 때만이 동맹의 효과와 의미가 강화되기 때문이다. 따라서 한·미동맹은 자주국방이라는 큰 틀 속에서 자국의 국방을 달성하기 위한 보완적인 수단이므로 한·미동맹과 자주국방은 상호 대치되는 개념이 아니라 상호 보완적인 개념이다.

---

39) 앞으로 미국정부의 해외주둔 미군 재배치계획(GPR : Global Posture Review)의 일환으로 주한미군은 감축될 것이며, 2012년 4월에 전시작전권의 한국군 전환으로 한미연합사의 위상변화도 불가피할 것으로 예상되므로 사전 대비를 해야 할 것이다.

40) 한국방위의 한국화는 물론 동북아 안보체제에 있어서 한국의 고립화를 의미하는 것이 아니며, 동북아 안보체제 내에서 한국의 몫에 대한 역할을 자주적으로 해나가야 함을 의미한다 하겠다. 이는 한미연합방위 대세가 한국주도형으로 전환됨을 의미한다고 할 수 있어 이러한 전환과정은 미시적으로 볼 때 한국군의 자위역량의 향상과 남북한 군비통제의 진척에 따라 가속화될 것으로 여겨진다.

군사동맹은 제한된 국력을 효율적으로 사용하는 수단이라는 점에서 전시작전권 전환 이후에도 연합방위태세의 효율성을 제고하는 노력은 지속되어야 한다. 우선적으로 합동참모본부와 합동군사령부의 편성과 기능을 보강하여 연합작전 수행체제의 효율성을 보장해야 한다. 그리고 감시 및 정보능력을 강화해야 한다. 감시자산을 활용하여 북한 전 지역에 대한 감시활동을 통해 북한의 군사활동과 기도를 파악해야 한다. 전시는 물론 평시에도 즉각적인 정보수집과 상호 전파가 가능한 한・미 정보연동체계를 확대해 나감으로써 북한에 대한 정보를 공유할 수 있는 체제를 강화해야 할 것이다. 그러나 한편으로는 한국군의 감시능력을 점진적으로 확충하여 연합감시체제의 신뢰도를 높이고, 한・미간에 정보의 상호 의존성을 증대해 나가야 할 것이다.

그리고 한미 연합훈련 및 연습을 더욱 활성화시켜야 한다. 미 증원전력의 적시적인 전개 보장, 작전계획 시행태세 검증, 연합위기관리능력 향상, 연합지휘체제 정립 등을 위해 실전적인 연합훈련과 연습을 지속적으로 실시해야 할 것이다. 한・미간 연합훈련과 연습을 통해 연합전장기능 요소의 통합과 연합군수지원체제를 발전시켜 연합작전 수행능력을 향상시킬 수 있을 것이다.

전시작전권 전환이후에도 한미간의 상호운용성(相互運用性, Interoperability)[41] 향상도 중요한 요소이다. 한미간 C4I, 전자전, 무기체계, 군수, 정보 및 화생방전 분야에 대한 상호운용성을 향상시킴으로써 연합작전의 효율성을 제고시킬 수 있다.

연합작전수행을 위한 기본전투개념을 정립하여 이를 연합 작전교리로 발전시켜야 한다. 한・미간 원활한 연합작전 수행 및 각 기능체계의 운용능력을 향상시킬 수 있도록 인적요소를 계발해야 한다.

한・미간 연합전력을 지속적으로 증강시켜야 한다. 북한의 항공기, 장사정포, 기계화부대 등 공세전력과 미사일, 화생무기 등 대량살상무기의 위협에 대비하기 위해 연합 대화력전, 대화생방전 및 대미사일전 수행능력을 증강시켜야 한다. 미 증원전력은 북한의 장거리 미사일, 화생무기 등 대량살상무기 위협에 대비하여 한국군의 취약분야를 우선적으로 전개시키도록 협조해야 한

41) 한 시스템에 있어서 기술특성의 차이에 관계없이, 그리고 인원에 대한 추가적인 훈련을 거의 하지 않고서도, 기본적으로 같은 기능을 수행하거나 상호 보완할 수 있는 2개 또는 그 이상의 품목 또는 장비 구성품의 능력을 말한다.

다. 자주적인 정보전 수행능력을 지속적으로 보강하면서 미국 측에서 조기 전개가 제한된 전력은 한국에서 지속적으로 보강해야 한다.

한・미간 연합 위기관리(危機管理, Crisis Management)[42] 능력을 강화시켜나가야 한다. 한반도에서의 위기는 북한이 정치・경제적 목적을 달성하기 위해 고의적으로 군사적 긴장을 조성하거나 주변국과의 관계 악화 또는 우발적 요인 등에 의해 발생될 수 있으며, 이러한 위기가 무력충돌로 비화될 가능성은 상존하고 있다. 위기 발생시에는 한・미 연합위기관리체제를 국가위기관리체제와 연계하여 위기상황이 무력충돌로 비화되지 않도록 관리하고 조기에 안정을 회복해야 할 것이다.

한반도가 안정되는 기간 동안 한미동맹의 기조는 유지되는 것이 좋을 것이다. 왜냐하면 한반도의 현존 안보환경 및 장기적인 안보여건상 한미 쌍무동맹의 견지가 가장 효율적이며 다자 안보체제는 쌍무동맹의 보완차원에서 병행되는 것이 바람직하기 때문이다.

우리는 항상 부분보다는 전체를 먼저 보아야 한다. 독자적인 방위체제는 독자적인 전략적 결정과 판단을 할 수 있다는 이점은 있으나, 엄청난 방위비용을 부담해야 하고,[43] 국제관계에서 고립될 우려가 있다. 한미동맹은 세계 최강국의 안보 우산을 받으면서 주변국의 위협에 효율적으로 대처할 수 있고, 미국과 공동이익을 추구할 수 있는 이점이 있는 반면, 상응하는 외교역량이 부족하게 되면 주권의 행사가 제한되고, 자주적인 통일 추진이 어렵다는 제한사항을 갖고 있다.

(4) 국방개혁의 안정적 추진

군은 '보다 멀리 보고, 보다 빠르며, 보다 정밀한 첨단 정보과학군'을 향해 국방개혁을 진행하고 있다. 한미동맹 체제 하에서 50여 년 이상 큰 변화없이 지속되어 온 우리의 국방은 과학기술의 비약적인 발전과 안보환경의 급격한

42) 어떤 위기상태에 있어서 기본적인 국가이익을 포기하지 않고 전쟁으로의 확대를 방지하여 분쟁을 해결하는 조치를 말한다.

43) 군사전문가들은 주한미군이 보유한 장비 및 물자의 가치가 140억불로 당장 미군이 철수할 경우에는 이들 전력을 대체하기 위하여 300억불 이상이 필요할 것으로 추산하고 있다. 이는 우리나라 국방예산의 약 2배에 달하며, 국방예산 중 전력투자비가 약 40억불이라는 점을 고려 시 무려 7배에 달한다. 또한 유사시 전개되는 증원전력을 포함할 경우 미군가치는 약 1100억불에 이른다.

변화에 능동적으로 대처해야 하는 절실한 개혁 요구에 직면해 있기 때문이다. 이러한 국방개혁은 국방전략의 목표에서 기술한 선진일류정예강군 육성의 일환으로 추진되는 것으로 그 중간목표로 설정할 수 있을 것이다.

최근 걸프전과 이라크전에서 보았듯이 과학기술의 발전으로 사거리, 정밀성 및 파괴력이 증대된 무기체계가 출현하고 실시간 정보·지휘통제 능력이 획기적으로 발전됨에 따라 전장공간(戰場空間) 확대, 장거리 정밀타격전, 네트워크 중심전 등 새로운 전쟁양상이 대두되고 있다. 세계 각국은 지금 새로운 전쟁양상에 대처하기 위하여 군사력을 현대화하고 있다.

그러나 한국군은 그동안 많은 발전을 하였음에도 불구하고 아직도 북한의 방대한 재래식 군사력에 대비한 지상군 위주의 양적 구조를 유지하여 작전운용의 효율성이 떨어지고 육·해·공군간 합동성(合同性) 발휘가 제한되고 있다. 따라서 각 군의 정예화·경량화를 통해 합동성 발휘를 보장할 수 있는 통합전투력 위주의 발전이 시급하다.

그동안 한미 연합방위태세 속에서 한국 고유의 전략 및 군사교리 발전과 작전 수행능력이 미흡한 가운데 한미동맹이 미래지향적으로 발전하고 전시작전권이 한국군으로 전환됨에 따라 한국 방위에 있어 한국군의 역할이 증대되고 있다. 우리 군의 작전기획 및 수행능력 향상이 절실히 요구되고 있는 상황이다.

국민편익, 장병복지 소요가 커지는 상황에서 효율적인 국방운영을 위한 경영혁신이 미진하여 여러 곳에 낭비적 요인이 남아 있어, 자원절약형 국방운영 혁신이 절실하다.

아직도 권위주의적 리더십, 경직된 군대조직 문화가 잔존하여 각종 사고의 원인이 되고 있을 뿐만 아니라, 군에 대한 신뢰가 저하되고 있어 선진 시민사회의 다양한 개선 요구에 적극 부응하려는 노력이 필요하다.

국방개혁의 핵심은 병력을 약 50만 명 수준으로 감축하면서 부대구조를 단순화하며, 현대전을 감안한 전력의 합동성을 강화하고 원거리 감시 및 타격능력을 확보하며, 3군 균형 발전을 추진하는 것이다. 아울러 전시작전권을 행사하는 합동참모본부의 기능을 대폭 강화하며, 문민화 강화 및 민간위탁경영 등의 아웃소싱을 확대하여 운영의 효율성을 극대화해야 한다.

이를 위해 육군은 17만 7천 명을 감축하며, 지상작전사령부(1군사령부+3군사령부)를 창설하고 군단과 사단을 대폭 통폐합시키며, 기동력, 타격력과 생존력을 강화하고, 작전반경이 대폭 확대된 기동군단을 창설하게 된다.

해군은 한반도 전 해역 감시 및 타격능력을 확보하기 위해 이지스함을 도입하고, 잠수함전단과 항공전단이 잠수함사령부와 항공사령부로 격상되며 기동전단을 편성운영하게 된다.

공군은 북부전투사령부를 창설하고 전투기를 현대화하면서 감축하고(Low급 500여 대에서 High-Low Mix의 420여대로), 공중급유기 및 조기경보통제기를 확보하는 것이다.

대한민국의 안보를 주로 미국에 의존하고 있던 때는 모르지만 이제 작전권을 수행하면서 안보에 대해 책임을 지는 자주적인 입장에서 안보정책을 수행해야 하는 이 상황에서는 정보의 대외의존은 심각한 문제가 된다. 이제 더 이상 북한에 대한 핵심정보를 미국에만 의존해서는 안 된다. 정보기능의 독자성 확립이 없이는 참된 자주국방이 불가능하고, 민족자존도 어렵다는 점을 감안하여, 대규모 예산과 고도기술이 소요되는 미국식의 과학기술 첩보수집 수단이 확보될 때까지 무조건 기다리지만 말고 인간정보를 비롯한 우리의 실정에 맞는 실질적인 첩보수집능력을 강화하는 등 어떠한 방법으로든 조속한 시일 내에 정보획득능력을 대폭 혁신해야 한다. 정보기구의 발전 못지않게 중요한 것은 우수한 전문정보인력을 양성하는 것이다. 체제와 정보자산은 성의와 예산만 있으면 단 기간 내 재정비 및 획득이 가능하나, 정보인력의 양성은 수년 이상의 장기간에 걸친 투자가 있어야 가능한 것이다.

이러한 국방개혁을 성공적으로 수행하기 위해서는 소요되는 국방예산의 안정적 확보가 중요하다. 예산확보 등의 문제로 국방개혁은 당초 계획했던 2020년을 넘어서 2030년까지 지속적으로 진행되어야 할 것이다. 특히 그 기간 동안 통일이 달성될 경우에는 남북한 군사통합과정에서 더욱 급속하고 안정적인 국방개혁 작업이 추진되어야 하며, 통일 후에는 주변국의 위협에 대비할 수 있도록 '억지충분성' 전력을 확보해야 한다. 만약 2030년을 개혁목표연도로 조정한다면 '선진일류정예강군'으로 목표를 상향 조정해야 할 것이다.

(5) 군사적 신뢰구축

한반도에서 긴장완화를 통해 평화를 유지하고, 남북한간 교류협력을 강화하기 위해서는 군사적인 신뢰구축이 우선적으로 추진되어야 한다.

남북한간 군사적인 긴장완화는 기본적으로 남북군사회담을 통해 추진되어야 한다. 긴장완화의 추진원칙은 합의와 시행이 용이한 분야부터 추진하고, 상황변화에 맞게 신뢰구축과 군비제한 및 군축과정을 배합하여 4단계로 구분하여 점진적·단계적으로 추진하여야 할 것이다.[44)]

군사적 신뢰구축은 북한의 군사적 투명성과 개방성을 향상시키는 데 목표를 두고, 상호 합의 및 이행이 용이한 분야부터 우선 촉진하고 내부적인 이해와 동의를 얻기 위해 한·미가 공동으로 노력해야 한다. 남·북 국방장관회담과 군사공동위원회 군사실무회담 등 군사대화를 정례화하고 이를 활성화하여 남북간 군사적 적대감을 해소하면서 긴장완화를 위한 조치사항을 협의해 나간다. 그리고 군 스포츠 교류, 군 공동 학술세미나 개최, 군 의료분야 협력 등을 통해 인적교류와 접촉을 점차 확대해 나간다. 정기적인 장성급 회담, 공동 일직장교 회의, 공동경비부대 장교 회의를 재개하고, DMZ내 활동인원 제한 등 정전체제하의 기구와 기능을 회복하는 조치도 추진한다.

주요 군사연습과 연례적 대규모 군사활동의 상호 통보, DMZ 인근 지역에서의 대규모 군사연습 축소, 상호 기초적인 군사력 현황자료 교환, 고위군사당국자 및 작전책임자간 직통전화설치 등 우발적 충돌과 오해를 방지할 수 있는 조치도 병행하여 시행해야 할 것이다.

남북간의 군사적 대결 및 긴장은 적대 쌍방의 군사적 능력과 의도에 대한 의구심에서 비롯되었으므로 상호 신뢰구축을 통한 군사적 투명성 제고가 우선적으로 실시되어야 한다. 왜냐하면 신뢰구축은 군비제한과 군축 추진의 기초

44) 제1단계는 초보적인 신뢰구축 이행단계로서 군사 직통전화 설치·운영, 군 학술·체육교류, 전단 살포 금지, DMZ 화공작전 금지, 서해 NLL 근해의 우발사고에 대비한 해군 함대사간 긴급 연락체제 구성, 남북 교류·협력사업과 관련한 군사 분야 지원(경의선, 임진강 수해방지) 등이 포함될 수 있을 것이다. 제2단계는 신뢰구축 본격화단계로서 남북군사위원회 가동, 신뢰구축 조치 확대 추진, 군 인사교류, 훈련통보 및 참관, 군사정보교환, 재난 시 공동수색·구조 훈련 등과 DMZ으로부터 일정거리 내 대규모 군사 활동을 제한하고, 상징적인 군비제한과 군축 조치에 대해 합의, 시행하는 것 등이 포함될 수 있을 것이다. 제3단계는 군사적 긴장완화 정착단계로서 남북한 쌍방은 대규모 군사훈련과 부대활동을 통제하고, 수도권을 위협할 수 있는 장사정포의 후방 재배치, DMZ내 GP 철수 등을 포함할 수 있을 것이다. 이 단계에서는 필히 상호 검증체제를 확립하여 현장사찰을 실시하여야 할 것이다. 제4단계는 평화체제 구축단계로서 남북평화협정 체결, 재래식 전력의 대규모 감축, 북한 대량살상무기의 감축과 제거, DMZ 해체, 주한미군 지위 및 역할 변경 검토 등이 집중적으로 거론될 수 있을 것이다.

요, 토양이기 때문이다.

신뢰구축은 상호합의와 이행이 용이한 조치부터 우선적으로 추진되어야 한다. 그것은 남·북한군 당국간 직통전화 설치 및 운용, 대규모 군사훈련의 통보와 참관, 국제 군인체육대회의 공동참여를 비롯한 상호 군인사 교류 등이 포함될 수 있을 것이다.

군사회담 초기단계에서는 기 합의한 군사적 신뢰구축조치를 중점적으로 협의하고 이를 이행하는 노력을 계속해야 한다. 그리고 신뢰구축조치의 실천방안 협의를 위해 남북 군사공동위원회의 정상 가동을 관철시켜야 할 것이다.

군사회담 추진 및 이행기구의 구성은 매우 중요한 요소이다. 남북국방장관회담을 추진하여, 신뢰구축 및 긴장완화 조치사항에 대한 추진방향을 제시해야 한다. 그리고 남북간 실무차원의 군사회담 채널과 기구를 운영하여, 구체적으로 협의하고 이행해야 한다. 신뢰구축 및 긴장완화 조치 이행 여부에 대한 상호 검증과 사찰에 대한 체제가 구축되어야 한다.

교류협력 단계에서의 군사적 조치는 우선 불신, 긴장, 기습공격의 우려를 제거해야 한다. 남북한이 군사력의 투명성조치(透明性措置, Transparency Measures)를 취하게 될 경우, 군사적 신뢰구축에 상당한 도움이 될 것이다. 양측 군사력의 위치와 특성에 관한 자료를 공유하고, 군의 편제·조직·배치에 대한 정보를 교환하며, 기습공격 방지를 위해서는 쌍방 군사력의 위치, 장비소유 및 운용에 관한 제한방안을 검토해야 한다.

한반도에서 항구적인 평화구조의 정착을 위해서는 남북한간 평화체제라는 법적·제도적 장치가 마련되어야 한다. 이를 위해서는 북한의 대남 무력적화 의지 포기가 선행되어야 한다. 그리고 남·북한 및 북·미간 신뢰구축을 위해서는 한반도에 비핵화가 우선적으로 실현되어야 한다. 1991년 12월 31일 남북한은 한반도를 핵전쟁의 공포로부터 해방시키는 역사적인 "한반도 비핵화 공동선언"에 합의하고 이를 1992년 2월 19일 발효시켰다. 이는 남북관계 개선과 평화공존의 미래를 밝게 했을 뿐만 아니라 국제 핵 비확산체제에 대한 지대한 공헌이었다. 그러나 북한은 이를 준수하지 않고 있다. 북한이 핵 비확산조약의 회원국으로서 국제원자력기구(IAEA: International Atomic Energy Agency)가 규정한 피사찰 의무를 성실히 이행하고, 국제적 핵 확산 방지 노력에 적극 동참할 수 있도록 IAEA 등 국제기구와 세계 모든 나라들과의 협력을 병행해 나가야 할 것이다.

그리고 정치·군사적인 신뢰구축을 위한 노력을 경주해야 한다. 남북간 첨예한 군사적 대치상황 하에서는 우발적 충돌이나 오판에 의해 안보위기상황이 발생할 가능성이 상존하므로 이를 사전에 방지하고 관리할 수 있는 제도적 장치와 실천이 필요하다. 이를 위한 선행조치가 정치·군사적 신뢰구축이다. 우선적으로 남북한간에 군사정보의 교환과 군 인사교류, 군사분계선에서의 우발적 충돌 등에 효과적으로 대처하기 위한 군사직통전화의 추가설치 등이 필요하다. 정부는 이러한 군사적 신뢰구축을 위한 노력을 꾸준히 경주해 나가야 하며, 특히 남북간에 이미 합의되어 있는 남북군사공동위원회의 가동을 추진하는 한편, 비무장지대의 평화적 이용을 모색해야 할 것이다. 이러한 노력들을 통해 남북간 군사적 신뢰구축이 이루어지면, 남북간 군비통제를 위한 협상을 남북간에 또는 4자회담을 통해 추진해야 할 것이다.

대량살상무기의 위협이 제거되어야 한다. 북한이 보유하고 있는 화생무기 및 미사일, 특히 최근 개발, 시험 중에 있는 핵과 중장거리 미사일 등과 같은 대량살상무기는 한반도와 동북아 지역, 나아가 세계의 안정과 평화에 심각한 위협을 주고 있기 때문에 반드시 제거되어야 한다. 이를 위해서 정부는 화학무기금지협약, 생물무기금지협약 등과 같은 국제 군비통제 활동에 북한이 참여하도록 적극 유도하는 한편 이러한 대량살상무기의 위협으로부터 국민의 재산과 생명을 보호하기 위해 최대한의 노력을 경주해야 한다.

공격형 무기의 위협이 제거되고 축소지향적인 군사력의 균형이 달성되어야 한다. 남북관계 개선과 평화공존이 이루어질 경우, 우선 남북간에 상대방에 대한 기습공격과 수도권에 대한 위협을 주고 있는 주요 공격형무기와 제반 군사적 조치들을 제거하기 위해 남북 군비통제협상을 적극 추진해야 한다. 전반적으로 축소지향적인 군사력 균형을 추구해야 할 것이다. 이는 남북한의 군사적 안정성을 한층 더 높이고 전쟁의 위협을 제거하여 남북간의 평화공존을 공고히 하는 데 기여하는 한편 소중한 자원과 인력을 보다 생산적인 부문에 이용될 수 있도록 하여 남북간의 공동번영과 발전에 기여할 것이다.

북한의 기습공격 능력을 제거하여 수도권의 안전을 보장해야 할 것이다.[45] 기습공격을 방지하지 위해서는 기습공격용 무기 제한에 중점을 두고 주

45) 수도권 안전보장지대 및 전력배치 제한구역 설치 등을 적극 검토할 수 있을 것이다.

요 군사활동을 통제하고 배치를 제한해야 한다. DMZ의 실질적 비무장화 및 인접 일정지역 내 군사력 추가 배치를 금지하고, 대규모 부대이동 및 군사연습을 제한해야 할 것이다.

수도권의 안전보장지대를 설치하기 위해서는 쌍방이 수도권에 대한 '안전보장 선언'을 채택하여 이를 이행하며, 상대방 수도권 중심 반경 50㎞ 이내 안전보장지대를 설정하고, 직접적인 위협을 주는 특정무기를 안전보장지대 사거리 밖으로 배치 조정[46]해야 할 것이다.

전력배치 제한구역을 설치하기 위해서 기본적으로 고려해야 할 사항으로는 무기와 병력을 감축 시 부대배치 조정과 연계하여 추진하며, 수도권 안전보장지대와 연계하여 기존 방어진지의 활용을 보장하고, 북한 갱도진지를 무용화하고 평시 무력충돌을 방지하는 조치를 취해야 할 것이다. 이러한 전제조건하에 배치 제한구역은 수도권 안전보장지대를 보장한다는 조건하에서 볼 때 군사분계선에서 남북간 동일거리(약 30㎞)를 고려하여 배치 제한구역을 설정하는 것이 바람직할 것으로 생각할 수 있다.

다음은 군사적 비대칭성을 완화해 나가야 한다. "군사력에 관한 자료를 교환하는 것을 비롯한 검증(檢證, Verification)의 방법이 군사력의 비대칭성을 해소하는 과정 중 가장 본질적인 부분"[47]이다. 남북한은 쌍방의 군사력에 대해서 위협을 느끼지 않도록 군축협상을 실시해야 한다.

주변 4국에 대해서는 기능적인 접근을 강화해야 한다. 한반도는 역사적으로 볼 때 주변 강대국으로부터 직·간접적으로 정치·군사적으로 영향을 받아왔으며, 주변 4국은 한반도에 대해서 지정학적인 관심이 매우 높다. 따라서 남북한의 화해협력조치를 추구하는 과정에서 이들 주변 4국을 적절히 관리해야 한다. 주변 4국은 기본적으로 한반도의 안정유지를 위해 남북한의 평화정착 노력을 지지하지만, 동시에 한반도에 대한 영향력을 확대하기 위해 노력할 것이다. 한반도의 평화협정체결 문제에 주변 4국은 비교적 높은 관심을 갖고

---

* 이집트-이스라엘간 30㎞ 배치제한구역 설정 → 최소 12시간의 조기경보 보장 : 시나이협정 Ⅰ('74. 1), Ⅱ('75. 9)

46) 추진근거 : 남북불가침부속합의서 제3조
"서울지역과 평양지역의 안전보장 문제를 군사공동위원회에서 계속 협의한다."

47) James E. Goodby, "한반도에서의 신뢰안보구축 : 협상의 조건," p. 6.

있으며, 적극적으로 개입하려 할 것이다.

우리 정부는 먼저 주변 4국에게 평화체제 전환문제는 '민족자결원칙'과 '당사자 해결 원칙'에 입각하여 남북한간에 직접 해결해야 한다는 기본입장을 설득시키는 노력을 강화해야 할 것이다. 단 남북한 평화협정에 대한 국제적 보장을 확보하는 데 미국과 중국을 참여시킬 수 있으나, 주변 강대국의 영향력을 제도화할 위험성이 있는 방안은 가급적 회피하는 것이 좋을 것이다.

(6) 점진적 · 실천적 군비통제 구현

군비통제는 국가안보목표를 달성하기 위해 적대국가 또는 잠재적 적대국가와의 정치적 · 군사적 협의를 통해 근본적으로 군사적인 불안정성으로부터 발생하는 위협을 제거하려는 국가안보정책의 일부로 추진하는 것이다.

군비통제의 목적은 첫째, 전쟁을 억제하고 안정성을 제고하는 것이다. 즉 군사적 긴장상태를 증대시키는 군비경쟁을 규제하고 대규모 기습공격능력을 제한함으로써 군사적 안정성을 달성하고, 정치 · 군사적 합의를 통한 공동안보를 추구함으로써 전쟁을 방지하는 것이다.

둘째, 전쟁발발 시 피해를 최소화하는 데 있다. 상호합의에 의해 사전에 군사력의 사용범위 및 사용방법을 통제함으로써, 전쟁억제에 실패할 경우라도 전쟁의 확산 범위와 파괴력을 최소화하는 것이다.

셋째, 방위비 부담을 절감하여 경제발전에 기여하는 데 있다. 군비경쟁을 규제함으로써 국방의 경제적 부담을 경감시킴과 동시에 제한된 국가 자원을 효율적으로 이용하여 국가 경제발전에 기여하는 것이다.

군축 추진의 기본원칙은 통일 후의 군사력 역할을 고려하면서 적정 규모로 상호 균형된 군사력을 유지해야 한다. 그리고 단계적으로 북한의 핵, 미사일, 화학무기와 전방배치 장거리 포병 등 기습공격이나 공세작전 능력을 우선적으로 감축시켜 신뢰구축 상황을 조성하고, 남북한간의 군축추진과정과 연계하여 군사협력을 단계적으로 추진해야 한다. 또한 동수 보유 원칙에 입각하여 군사력의 상호감축을 추진하고, 군축을 감시하고 보장하는 검증체계를 확립해야 한다.

북한의 어려운 경제여건과 막대한 군사비 부담을 고려한다면 군비통제의 필요성은 우리보다 북한이 더욱 절실하게 느껴야 할 일이다. 우리 입장에서 보면 오히려 적절한 군비경쟁의 지속이 북한체제의 조기 붕괴를 강요하는 수단으로 활용될 수도 있다고 보는 상황인 것이다. 그럼에도 불구하고 지금까지 북한은 군비통제협상을 어디까지나 무력적화통일을 위한 장기전략의 수단으로만 활용하고 있는 것이 아니냐 하는 의구심이 크다.

한반도 군비통제의 가장 바람직한 방향은 두말할 필요 없이 남북한이 합의에 의해 소모성 군비경쟁을 중지하는 일이다. 이러한 맥락에서 한국정부는 그동안 북한에 대해 단계적이며 기능적인 군비통제정책을 추구해 왔다. 즉 정부는 '남북화해협력→남북연합→통일국가'의 형성을 단계별로 상정한 '민족공동체 통일방안'과 병행하여 각 단계별로 군비통제목표를 '군사적 신뢰구축→군비제한→군비축소'로 이어지는 3단계를 설정하였다.[48] 반면 북한은 군비통제 문제를 정치적으로 이용하고 있다. 즉 북한은 한국과의 군사적 긴장완화를 추구하는 것에 목적을 두기보다는 정치적으로 미국과의 새로운 관계구조를 형성하여 한반도에서 미국의 영향력을 약화 내지 무력화를 시도하고 있다.

이러한 북한의 의도를 간파하고, 우리는 국내외 정세변화에 능동적으로 대처하면서 국가안보를 증진시키고 나아가 평화통일을 지원하는 차원에서 남북 군비통제를 모색해야 한다. 우리는 남북한간의 신뢰구축을 바탕으로 북한체제를 개혁과 개방으로 유도하여 평화적 공존관계를 구축하고, 나아가 평화통일의 기반을 조성해야 한다. 이러한 목표를 달성하기 위해 우리는 군비통제의 정책기조를 다음과 같이 정립해야 할 것이다.

첫째, 남북한 군비통제는 남북한간 직접대화의 원칙 위에서 남북기본합의서의 군사적 신뢰구축과 대량살상무기 통제 등 지금까지 합의된 군비통제 조치를 우선적으로 추진해 나가야 한다. 그리고 남북한간 대량 살상무기 및 장거리 유도무기는 남북 군비통제와 국제 군비통제체제를 병행 활용하여 제거해야 한다.

둘째, 남북관계의 진전 정도에 따라 신뢰구축, 군비제한(軍備制限), 군비축소(軍備縮小) 분야의 과제들을 융통성 있게 배합하여 적극적으로 추진해야 한다. 군비통제 관련 남북한간의 합의는 군사적 투명성과 안정성의 확보를 위하여 검증 관련한 사항을 포함하여야 하며, 합의사항의 안정적인 이행방법이 강

48) 국방부, 국방백서 1997-1998(국방부, 1998), p. 98.

구되어야 한다.[49)]

셋째, 남북한간의 신뢰조성과 군비축소를 추진하여 군사적 긴장상태를 해소함으로써 평화공존체제를 구축하고 평화적 통일정책에 기여하는 한편, 통일한국의 주변 정세와 안보상황을 고려하여 남북한간 군사력의 배비와 구조를 조정해야 한다. 남북한의 군사력 감축은 북한의 기습공격 능력의 제거와 통일한국의 적정 군사력 유지를 동시에 고려하면서 추진해야 한다.

이를 위해 정전협정을 유지하고 관리하기 위한 '장성급회담'을 군사대화 채널로서 유지하며, 한반도 긴장완화 및 평화체제 구축문제를 논의하는 다자회담에서 군사적 신뢰구축에 합의하고, 합의사항의 구체적인 이행대책은 남북군사공동위에서 협의하여 추진해야 한다.

군비통제 정책의 접근방법은 우리가 그동안 추진해온 방식대로 '先 신뢰구축, 後 군축'이 바람직할 것이다. 지금까지 북한은 '先 군축, 後 신뢰구축'이라는 논리로 남북한 10만 명으로의 감축을 지속적으로 주장하였다. 이러한 북한의 '10만 감축' 주장은 다분히 평화공세에서 나온 위장전술로서 진정으로 남북한 군비통제를 추진하겠다는 의도를 의심케 하는 단적인 예라 할 수 있다. 우리는 기본적으로 '先 신뢰구축, 後 군비축소' 원칙 하에서 점진적이고 단계적인 접근을 해 나가야 할 것이다.

정치적 차원에서는 상호 체제인정과 불가침, 내정 불간섭 등 남북 당국간의 신뢰를 증진하고, 정치 · 경제 · 문화 분야의 교류 · 협력을 통해 관계를 개선해 나가야 한다.

군사적 차원에서는 상호 군사 활동에 대한 정보교환을 통해 투명성과 예측 가능성을 제고시키며, 기습공격 능력을 제한 및 제거하여 군사적 안정성을 확보해야 한다.

신뢰구축 없는 군축은 이루어지지 않는다. 역사는 믿을 수 없는 상대방과의 군축은 실패한다는 교훈을 남기고 있다. 상호간의 정치 · 군사적 신뢰의 조성이 전제되지 않은 군축의 시도는 결과적으로 평화체제를 구축하기 위한 적절한 틀을 제공하지 못한다는 것이 역사의 교훈이다.[50)]

---

49) 군축문제에서 가장 큰 장애요소는 비진실성과 상호불신이며, 상호간에 합의된 사항에 대한 준수여부를 확인할 검증제도가 확립되지 않으면 별 의미가 없다.

50) 한반도 군사력 균형에 대한 평가와 관련하여 '1990년대 이후 우리의 군사력이 대북 우위를 달성하고 있으며, 이러한 요인이 북한으로 하여금 핵, 미사일, 화생무기 등 대량살상무기에

남북한의 군비통제는 통일한국의 안보와 위상을 고려하여 추진되어야 한다. 21세기는 미래 전쟁의 양상이 혁신적으로 변화할 것으로 예측되고 있다. 이에 따라 세계 각국의 군대는 '군사혁신'을 통해 첨단 군사력 건설에 매진하고 있다. 우리 군도 미래설계를 통해 전략수행능력을 갖춘 '소수 정예의 정보화군'을 목표로 군사력 건설을 추진중에 있다. 이러한 우리의 군사력 건설 방향은 당면목표로서는 북한의 전쟁도발을 억제하는 한편, 장기적으로는 통일 후 한국군의 위상과 역할을 고려하여 추진되고 있다.

혹자는 '30만 명으로의 감축'을 제기하면서, 현 국제질서 하에서는 군사력에 의한 타국의 침략가능성이 없기 때문에 남북 군사력 감축 시 통일한국의 군사력 건설은 고려하지 않아도 상관없다고 주장하고 있다. 그러나 이는 국제관계에서 자국의 국가이익을 보장하기 위한 적당한 수준의 군사력의 필요성을 제대로 인식하지 못한데서 비롯된 것이라 말할 수 있을 것이다. 이는 또한 남북한간에 급격히 군사력을 감축한 후 통일 한국의 위상과 주변국의 잠재적 위협에 대처하기 위한 군사력을 다시 건설하는 데 엄청난 시간과 예산 등의 노력이 소요된다는 것을 간과한 주장이다.

국방부는 국가차원의 안보전략을 구현하기 위한 국방전략을 수립해야 한다. 한국군은 한미연합방위체제의 부작용의 하나로 전시 군사력 운용에 중점을 두는 군사전략(軍事戰略)을 수립하였다. 그러나 전시작전권의 전환 등 대내외 안보환경 변화를 보면 이제는 국방전략을 자체적으로 수립할 시점에 서 있다.

국방전략을 추진목표, 추진기조, 추진과제를 체계화하면 〈그림 7-1〉 국방전략 체계도와 같다.

집착하게 했으므로 우리가 먼저 자발적으로 군축을 추진해야 한다는 주장이 있는데, 이에 대해서도 신중한 판단이 요구된다. 이러한 주장은 우리가 먼저 군축을 할 경우 그에 상응하는 북한의 조치가 보장되지 않는다는 점에서 비현실적인 주장일 뿐 아니라 북한의 대량살상무기 개발은 대남 군사적 우위를 유지하며, 유사시 속전속결로서 남한지역을 석권하고, 한국에 대한 우방국의 군사지원을 차단하기 위한 공세적 성격이 있음을 간과하는 것이다.

〈그림 7-1〉 국방전략 체계도

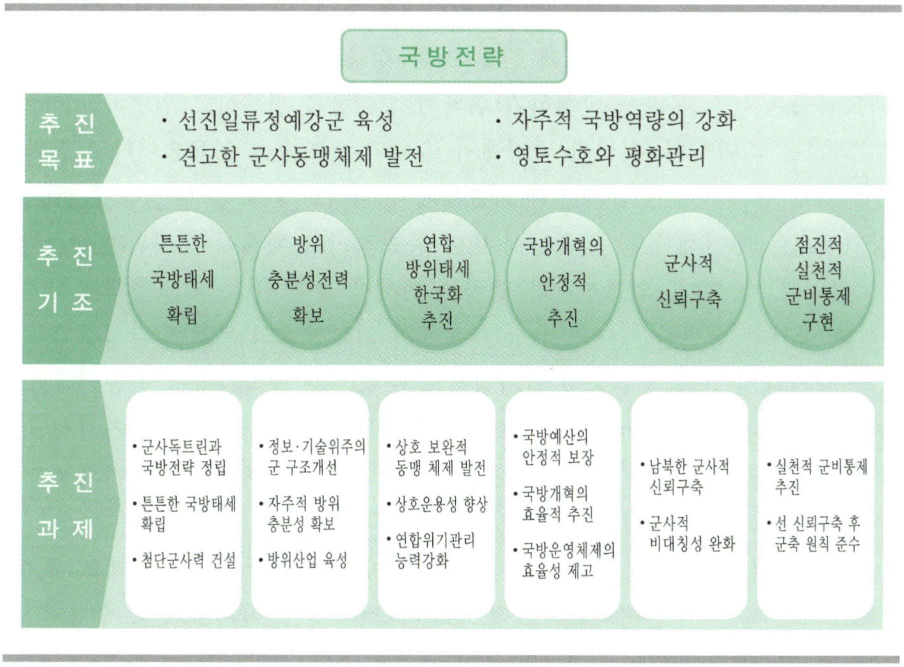

제 2 절 외교전략

외교는 독립된 정치적 행위자간에 맺어지는 접촉 및 상호관계를 의미한다. 협의로는 공식사절을 통한 외국과의 교섭을, 광의로는 외국과의 모든 관계를 처리하는 모든 과정을 말한다. 외교(Diplomacy)라는 말은 고대 그리스의 라틴어 Diploma에서 출발하였다. Diploma는 원래 '둘로 접는다'라는 뜻이었는데, 군주들이 자국 시민의 외국 여행 시 호의와 특전을 베풀어 달라는 내용으로 양면으로 접혀진 문서에 기록하게 되어 그 후 Diploma는 외교라는 의미로 변화되었다. 1645년경부터는 Diplomacy라는 표현으로 국제관계를 담은 공문서를 의미하게 되었고, 18세기부터 Diplomacy는 국가간 대외관계를 의미하는 전문적인 용어로 전용되어 오늘날까지 외교를 의미하는 단어로 사용되고 있다.[51)]

51) 오늘날 외교라는 용어는 대단히 다양한 의미를 갖는 말로 쓰이고 있다. 그러나 외교는 일반적으로 국가와 국가간의 관계를 의미한다. 이 경우에도 한 국가의 대외정책 그 자체를 뜻하

한 마디로 외교는 국가의 대외적 목적을 달성하기 위한 평화적인 수단이며 외무, 외교교섭, 외교술 등의 분야를 포함한다. 외무는 외교교섭에 관련된 일체의 업무를 말하며, 외국에 관한 제반 정보수집 및 분석업무를 포함한다. 외교교섭은 특정 목표를 달성하기 위하여 상대방을 설득하고 위협하고 타협하는 과정을 의미하며, 이러한 과정에서 발휘되는 기술을 외교술이라고 한다.[52)]

외교전략이란 한 국가가 대외관계에서 일정한 목표를 달성하기 위해 중장기적으로 추진해야 할 정책들에 대한 종합적이고 체계적인 계획과 구상이라고 정의할 수 있다. 외교전략과 밀접한 관계에 놓여 있는 외교정책에 대해서는 한 국가가 당면한 대내외적 상황 속에서 외교전략의 목표를 달성하기 위해 가용자원과 수단을 동원하여 단기적으로 수행하는 목적지향적 활동이라고 정의할 수 있다. 따라서 국가전략과 외교전략이 중장기적인 차원과 거시적인 성격을 내포하고 있다면, 외교정책은 상대적으로 단기적인 차원과 미시적인 성격을 가지고 있다고 평가할 수 있다.

물론 정책 중에는 단기적인 정책뿐만 아니라 중장기적인 정책도 존재하므로 이와 같은 구별이 항상 전적으로 타당한 것은 아니겠지만, 중장기적인 외교정책도 외교전략에 비해서는 상대적으로 미시적인 측면을 띤다고 볼 수 있다. 따라서 외교전략과 외교정책간에 명백하게 경계선이 존재한다고 보기보다는 양자의 구별이 상대적인 것이라고 보는 것이 더 적절할 것이다. 그런데 외교전략에 대한 언급 없이 외교정책을 설명하는 것 모두 일정한 한계를 가질 수밖에 없다.[53)]

일반적으로 한 국가의 외교정책행위를 설명함에 있어서 국제체제요인과

는 용어로 쓰이는가 하면, 대외관계의 처리방법을 가리키는 말로 쓰일 때도 있다. 전자는 대외정책의 결정이라고 하는 입법적 측면을, 후자의 경우는 대외정책의 수행이라는 집행적 측면을 가리키는 것이라 볼 수 있다. 좁은 의미의 외교는 후자, 즉 외교교섭을 뜻하는 말로 쓰이는 것이 보통이다.

52) 박준영, 국제정치학(박영사, 2000), p. 65.

53) 대한민국 정부는 안보・경제복지・국위선양・조국통일을 외교정책의 기본목표로 삼고, 구체적인 상황변화에 따라 그 우선순위와 내용을 조정해왔다. 건국 이래 오늘에 이르기까지의 역사를 돌이켜보면 대한민국은 분단이라는 특수한 상황과 미약한 국력 때문에 주변정세나 국제질서에 영향을 주기보다는 이에 적응하는 형태로 외교정책을 수립해 왔다고 볼 수 있다. 또한 상황변화에 대한 장기적인 예측을 할 수 없었고, 외교적 선택이나 영향력의 범위도 극히 제한되어 있었다. 그럼에도 불구하고 대한민국 정부의 외교정책은 발전을 거듭하여 그 활동범위가 계속 확대되어 왔다.

국내요인에 대한 검토는 불가피하며, 양자는 서로 영향을 주고받는 상호작용 관계에 있다는 것이 일반적이다.[54] 외교정책 결정과정은 외교문제를 정의하고, 대책을 수립 정통화하여 기획집행하며, 결과를 평가하는 광범한 활동을 포함한다. 이러한 복잡한 외교정책 결정과정을 쉽게 이해하고 예측하기 위해 다양한 접근법과 이론이 개발되어 왔다. 합리적 모형, 사이버네틱 모형, 관료정치 모형, 인지모형이 그것이다.[55]

대한민국의 대외정책 결정과정은 비밀, 비전문성과 비합리주의의 결정체라고 비판되고 있다. 대한민국의 대외정책에 있어서 가장 시급한 점으로 부각되는 것은 아직 정책의 중・장기목표가 불분명하다는 점이다. 중・장기목표가 불분명하기 때문에 정책결정자의 자의성이 개입하기가 더 쉽고 따라서 국가전략이 정책결정자의 사적 동기에 의해 영향을 받기도 한다.

정부가 해야 할 일은 향후 대외관계와 남북관계를 이끌어갈 거시적인 외교전략을 마련하는 일이다. 냉전이 종식되고, 다양한 위협에 대한 대응전략이 새로운 패러다임으로 자리 잡은 21세기의 국제관계에서 근본적이고 거시적인 변화, 혹은 변환의 조류는 멀리 내다보는 외교전략이 필요함을 보여 주고 있다. 동북아의 모든 국가들이 앞서 변환시대의 대전략을 마련하고자 노력하고 있다. 정부는 향후 2030년대를 예측하면서 동북아, 한・미동맹, 대북관계 차원을 망라하고 있는 거시적 변화에 대응하기 위한 더욱 광범위하고 미래지향적인 전략개념을 새롭게 제시해야 한다.

외교전략의 장기 비전과 목표는 동북아에서 문화공동체의 형성을 기반으로 경제공동체, 군사협력공동체를 만들고 이를 동남아는 물론 아시아 전역과 아태지역 전체로 확대하는 것으로 선정할 수 있을 것이다. 중기 비전과 목표는 동북아시아에서 패권주의의 등장을 막아 동북아의 평화유지는 물론이고 우리의 정치적, 외교적 독자성과 자주성을 지켜나가는 데 두어야 한다. 동북아에서 지역패권의 등장을 막기 위하여서는 자주국방력 강화와 소프트파워 증진에 노력하는 자강(自强)노력, 미-중-일 신 3각 세력균형과 다자협력체제를 활용하는 균제(均齊)외교와 한미동맹을 21세기형으로 새롭게 발전시키는 동맹(同盟)외교 등 이 세 가지 전략을 조화롭게 구사하여야 한다.

---

54) 김달중, 외교정책의 이론과 이해(오름, 1999), p. 17.

55) 김달중, 위의 책, p. 19.

한반도와 동북아를 넘어 지구 차원의 현안에서 대한민국의 외교전략이 무엇인지를 제시해야 한다. 대한민국은 세계 10위권을 넘보는 중강대국으로서 테러, 환경 악화, 지구적 빈곤, 인권, 재난, 전염병 등 전 인류의 문제에 대한 외교전략을 표명해야 할 때가 되었다. 최근의 아프가니스탄 인질사태와 같이 우리는 전 세계의 이목을 끌고 있으며, 그 속에서 대한민국이 지구차원의 문제에 어떤 입장을 가지고 있는지, 소위 어떤 형태의 글로벌리즘을 추구하는지에 대한 답을 제시해야 할 것이다.

즉 대한민국은 지구 차원의 현안에 비중 있는 목소리를 내는 무게 있는 국가로 재탄생해야 한다. 강대국에 둘러싸인 동북아에서 대한민국은 상대적으로 약소국 의식을 떨치기 어렵지만, 전 지구적으로는 200여개에 달하는 국가들이 우리의 경제적 성취를 눈여겨보고 있다는 사실을 명심해야 한다. 외교전략의 각 과제들이 모든 차원에서 유기적 관계를 갖고 장기적 변화를 누구보다 빨리 이해하고, 우리가 가진 전략 자원의 힘을 극대화해 다양한 차원의 문제를 동시적으로 풀어갈 수 있는 전략개념을 설정해야 할 것이다.

1. 외교전략의 목표

(1) 대한민국의 독립보장과 주권 확보

이제는 우리도 모든 영역에서 대한민국의 자주권을 확보하고 국가적 위상을 제고할 수 있는 외교전략을 강화해야 한다. 즉 대한민국의 외교적 위상은 자주성에 기반을 두어야 한다. 자주외교의 위상확보는 국제사회에서 외교적 대외의존을 극소화하면서 우리의 독특하고도 중심적인 입지 확보를 가능하게 할 것이다. 우리 스스로의 독자적인 외교노선을 확립하고 실천하기 위해서는 국가이익을 보호하기 위한 국제적 영향력을 증진시켜야 한다. 자주적인 외교전략의 기본방향은 쌍무적이고, 지역적이며, 세계적 차원에서의 협력을 통해 국익 보호 및 구현을 위해 다층적으로 추구하는 것이 바람직할 것이다.

대한민국은 1950년 한국전쟁 기간중 군사력 부족을 이유로 한국군에 대한 작전지휘권을 UN군사령관에게 이양했다. 그리고 1953년 한국전쟁 종전 이후에는 북한의 군사위협에 대처하기 위해서 1954년 한미안보동맹을 결성하였다. 그 후 경제력에서나 군사력에서 열세를 면치 못했던 대한민국은 先 경제발전 後 방위역량강화라는 전략 하에 안보는 미국에 의존하면서 경제발전에 전념해 왔다.

특히 안보외교는 한미동맹을 유지, 발전시키기 위한 목적에 최우선을 두고 전개되어 왔다. 구체적으로 말하자면 주한미군의 계속주둔을 확보하는 데 중점을 둔 대미안보외교를 전개해온 것이다. 따라서 군사부문에 대한 자율성이 부족한 실정이다. 구체적인 예를 들면, 북한의 위협에 효과적으로 대응하는데 필요한 적정 병력규모, 북한의 기습공격전략에 대응할 시기와 규모의 결정, 현존하는 북한의 위협과 미래 지역국가들로부터 오는 군사적 위협에 충분하게 대응할 수 있는 전략의 개발, 자국의 국가목표를 달성하기 위해 전쟁이냐 평화냐를 결정하는 문제도 미국과 협의하여야만 하는 실정이었다.

이는 우리에게 두 가지 안보딜레마를 갖게 했다.[56] 첫째, 군사모험주의를 정책수단으로 택하고 있는 북한에 대해 우리의 억제정책이 신뢰성이 있는가 하는 것이다. 북한 지도자들은 1·21사태, 아웅산사태 등 도발에 대해서 응징을 받아본 적이 별로 없으므로 앞으로도 '응징·보복면제론'을 믿고 있을지도 모르기 때문에 계산된 모험으로써 한반도의 위기를 조성하여 정치적·외교적 이익을 증대시킬 가능성이 있다는 것이다.

둘째, 국민의 우유부단한 전쟁관을 배태하게 됐다. 외부의 군사위협이나 테러에 대해서 단호하게 대처하는 선례를 만들지 못함으로써 패배주의 의식을 국민에게 만연시켰다. 그 결과 위기라는 말만 들어도 도피하려는 국민이 생겨났었다. 결국 국가목표를 위한 군사력의 자율적 사용을 의미하는 순수한 의미의 국방전략을 유보한 채 한미동맹의 유지만을 목표로 하는 대한민국의 대미안보외교는 군사전략에 대한 활발한 토론과 정책개발을 저해해 왔다고 할 수 있다. 따라서 전시작전권 전환에 맞추어 국가이익구현과 국가목표달성을 위한 외교와 군사의 관계 재정립이 필요하다.

21세기 세계화시대에 들어와 민족의 분단을 강요했던 국제정치적 요인이었던 강대국간의 정치·군사적 대립과 이를 촉진했던 냉전적 대결구조는 점차 소멸되고 있다. 남북분단에 영향을 준 정치·이념·군사적 요인들이 점차 약화되고 있는 전략환경에서 우리는 한반도의 평화통일을 위해서 평화공존(平

---

56) 황병무, 문민시대의 안보론(공보처, 1993), pp. 12-13.

和共存, Peaceful Coexistence)[57]과 평화교류, 평화협력을 우리 손으로 창출해야 한다. 이것은 바로 우리 민족의 역량에 달려 있다.

미국은 지구적 테러, 중국의 부상, 일본의 보통국가화 등 대한민국의 국익에 직접적인 영향을 미치는 현안들에 대한 자신의 전략을 만들어 가고 있다. 군사변환과 변환외교라는 새 패러다임에 근거한 미국의 전략은 앞으로 우리에게 어려움과 기회를 동시에 제공할 것이다.

통일과정에 있어서 주권문제에 관한 외교전략은 매우 중요한 영역이다. 대한민국의 외교는 국가의 주권문제를 국제적 차원에서 관리하면서[58] 한반도의 주변 4국에 대한 통일지지를 획득하는 과제를 수행해야 한다. 주변 4국에 대한 통일지지 획득 외교는 통일방법과 통일한국의 대외정책이 4국의 이익에 순기능적이어야 한다. 통일과정은 한반도와 주변 4국간의 관계가 포괄적인 우호증진 방향으로 진전되는 것이 바람직할 것이다.

남북이 지금처럼 적대적인 상황에 있는 한, 화해와 평화정착을 거치지 않는 통일접근은 사실상 불가능하다. 통일의 주체는 민족구성원 전체이다. 따라서 우리는 외세에 의존하거나 외세의 직접적인 간섭을 받음이 없이 자주적으로 평화통일을 위한 제반 문제를 해결해 나가야 할 것이다. 여기서 '자주'란 북한이 주장하는 외세배척이 아니라,[59] 주변국의 이익과 남북한의 이익을 동시에 고려하여 '상생전략(相生戰略, Win-Win Strategy)' 개념하의 국제환경을 활용하는 자주의 개념으로 정립되어야 할 것이다. 왜냐하면 국제사회에서의 협력을 단절하고 고립을 자초하는 형태와 같은 자주는 결코 바람직하지 않기 때문이다.

그리고 통일된 조국은 자주권을 유지하는 독립국가의 위상을 확보해야 한다. '민족공동체 통일방안'은 아무리 통일이 민족지상의 과제요, 절실한 염

57) 자본주의와 사회주의체제라는 상이한 정치・사회・경제체제가 평화적으로 공존하는 것을 의미한다.

58) 국가의 정통성이란 국민이 국가에 대한 신뢰와 지지의 근본 바탕이 되는 것으로 '국민에 대한 통치권 행사의 합법성과 정치 체제의 정당성을 제시하는 논리적 근거'를 말한다. 즉 정통성은 국가가 대내외적으로 존립가치를 인정받을 수 있는 명분이다.

59) '자주'의 개념과 관련, 남한은 통일은 어떤 외부세력의 간섭을 받음이 없이 민족자결의 정신에 따라 남북 당사자간의 상호 협의를 통해 우리 민족의 힘으로 이루어져야 한다는 의미로 제시하는 데 반해, 북한은 "자주는 남조선에 대한 미국의 지배를 끝장내고 남조선에서 미제가 나가도록 하는 것입니다"라는 김일성의 주장(1990. 8)처럼 주한미군의 철수와 한미동맹의 와해를 의미한다. 따라서 북한과의 협상에서는 의미를 혼동해서는 안 된다.

원이라 할지라도 이를 달성하기 위해 민족의 희생을 강요하거나 자주권을 상실해서는 안 될 것임을 강조하고 있다. 즉 통일은 무력의 사용이나 폭력적인 수단을 배제하고 통일의 주도권을 한민족이 갖고 대화와 교류를 통하여 평화적인 방법으로 달성해야 한다는 것이다. 이렇게 했을 때만 통일과정에서 외세의 불필요한 간섭을 배제할 수 있고, 통일조국도 자주권을 가지고 독립국가의 역량을 발휘할 수 있을 것이다. 따라서 대한민국의 독립을 항구히 보장하고, 대외관계에서 위상에 걸맞는 자주적 외교권을 행사하면서 통일 이후까지를 조망하는 외교전략이 요구된다.

(2) 선진일류강국으로서 위상확립

한반도 주변의 미국, 중국, 일본, 러시아 등은 모두 세계의 강대국이다. 우리의 2030년 종합적 국력은 군사력과 경제력 지표에서 이들 국가들에 미치지 못할 것이다. 그럼에도 불구하고 우리는 증진된 국가적 위상과 국력 기반을 바탕으로 보다 적극적인 역할확대를 모색해야 한다. 대한민국은 종합국력 면에서 이들 국가들에 미치지 못하지만, 국제사회에서의 위상과 세계 10위권의 증진된 국력을 기반으로 강대국은 아니지만 선진강국의 위상에 걸맞는 역할을 수행해야 할 것이다.

선진일류강국로서의 대한민국은 외교와 안보 문제의 포괄적 해결에 동참하고, 때로는 문제해결을 선도하는 역할을 자임해야 한다. 앞으로 테러, WMD 반확산, 난민, 지역 안보문제 등 우리가 기여할 부분은 다양하다. 우선 그동안 다져진 기존 양자관계 틀을 활용하면서 다자관계 외교를 강화하기 위해 적극 노력할 필요가 있다. 대한민국은 우리가 처한 지정학적 여건을 고려하는 동시에 세계적 차원에서의 적절한 역할 모색을 시도해야 한다.

한 국가가 군사적 목적을 달성하기 위해서 타국과 관계를 유지·발전시켜 나가는 행위를 안보외교라고 말할 수 있다. 여기서 군사목적이란 적대적인 국가의 군사위협에 대응하여 국가의 생존을 보장하기 위해서 타국과의 관계를 유지·발전시켜나간다는 것이다. 한편, 한 국가가 다른 국가로 하여금 자국이 원하는 행위를 하도록 폭력, 즉 군사력으로 위협하거나 실제로 사용함으로써 국가의 의지를 관철시키는 행위를 강압외교라고 부른다.[60)]

60) Alexandar L. George 등, *The Limits of Coercive Diplomacy* (Boston: Little, Brown and

실제로 전쟁을 통해서 국가목표를 달성하려고 하는 경우에는 전쟁도발위협에 대해 적의 군사력의 사용을 거부하면서 우리의 막대한 군사력을 구축하고 신속하게 사용함으로써 국가목표를 달성하게 된다. 미국은 제2차 세계대전 이후 공산주의에 대항하기 위해 全세계적 동맹을 형성하고 소련과 지리적으로 근접한 중요 국가에 군대를 전진배치시킴으로써 국가의 군사목표를 달성하려고 했다.[61] 미국의 국익인 민주주의 확산과 시장경제의 전파를 위해서 군사력이 뒷받침된 미국의 세력권을 형성한 것이다.

국가가 외교를 수행함에 있어 예측 가능하도록 행동하고 그를 통해 다른 나라의 신뢰를 얻고 국제사회 전체에서 평판을 쌓아나가는 것은 쉽지 않다. 외교란 국가의 자원을 동원하고 그런 만큼 국민들의 지지 또는 여론의 지지도 얻어야 한다. 그러나 국제문제에 대해서 여론의 이해와 지지를 얻기는 더욱 어렵다. 외교문제에 대한 여론은 분위기를 크게 탄다.

앞으로 대한민국은 국력에 걸맞도록 세계평화에 기여하는 유엔의 평화유지 활동 등에 적극 참여하고, IAEA, 세계은행 등에 적절한 국제 분담금을 지출하면서 각종 국제기구에 한국인들이 많이 근무할 수 있도록 해야 한다. 그리고 선진일류국가로서 위상을 제고할 수 있도록 외교역량을 강화해 나가야 한다.

(3) 한반도 평화통일 기반 확충

대한민국은 통일 이전과 이후로 구분하여 통일과 관련한 외교전략을 운용해야 한다. 통일 이전의 외교목표는 북한의 대외관계 '정상화'를 유도하고, 북한이 주변국을 포함한 세계 주요국가와의 정상적인 외교관계를 수립하여 국제사회에서 합리적인 행위를 하는 정상국가가 될 수 있도록 지원해야 할 것이다. 통일 이후의 외교전략은 불확실성의 복잡한 외교환경 속에서 보다 일관되

Company, 1971), pp. 18-19.

61) 대한민국과 독일은 그 최전방의 전선이었으며, 두 국가는 미국과 동맹을 결성하고 미군 주둔을 수용하였으며 상호방위조약을 체결하였다. 미국은 동맹국가에게는 안보외교를, 미국과 우방의 이익을 군사적으로 위협하는 측에 대해서는 군사력의 우위에 근거한 억제정책을, 미국의 국익에 반한 분쟁을 조장하는 국가들에게는 강압외교를 구사해왔다. 소련을 비롯한 군사적 위협국가에 대해서 핵 억지와 재래식 억제, 그리고 전진배치에 의한 인계철선(tripwire)정책을 사용했다. 그리고 1949년 베를린 위기 시에는 소련의 위협중지를, 1990년 쿠웨이트를 침공한 이라크에 대해서는 원상회복을 요구하면서 강압외교를 전개하였다.

고 통합되며 효율적으로 추진되어야 한다.

국제환경의 변화에 대하여 적실성 있는 통일외교의 기조를 제대로 수립하기 위해서는 통일을 위한 정치적, 경제적, 사회적 기반의 확립이 우선적으로 필요하다. 이러한 국내적 기반의 확립 위에서 일관되고 자주적인 통일전략과 통일외교정책을 수립하고 추진해야만 소모적인 시행착오를 피할 수 있고, 통일목표를 실현하는 과정에서 예상치 못한 난관에 봉착하더라도 장기적인 안목과 인내로써 이를 극복할 수 있다. 즉 일관된 원칙을 가지고 자주적인 외교정책을 추진하면, 정부에 대한 국민의 신뢰도가 높아지기 때문에 정책추진에 힘을 받을 수 있을 것이다.[62)]

평화통일을 위한 여건과 기반을 강화하기 위하여, 통일을 상정하여 경제적 능력을 강화하며, 통일비용을 감당할 수 있는 역량을 축적하고 외교적으로 사전에 충분한 협력관계를 조성해야 한다. 특히 정부지도자를 포함한 외교담당 인력과 조직의 전문성과 합리성을 발휘하도록 조성해야 한다. 평화통일을 위한 중장기 외교 전략의 주요 과제는 〈그림 7-2〉와 같다.[63)]

북한의 개방과 국제화를 지원하여 북한 외교형태의 예측 가능성을 높여나가야 한다. 한반도 냉전구조해체를 위해서는 북한이 국제사회에서 정상적으로 활동할 수 있도록 여건을 지원해야 할 것이다. 북한의 핵폐기 및 대량살상무기 비확산에 대한 북한 측의 의지와 투명성을 유도하여, '벼랑 끝 외교'를 중단하고 외교고립을 탈피하도록 지원해야 한다.

북한이 미국·일본과의 관계를 정상화할 수 있도록 지원하여 한반도에 평화체제가 정착되도록 해야 하며, 동북아의 평화구도를 위하여 북한을 지역차원의 각종 다자간 대화체제에 적극 동참토록 주선해 주어야 한다. 북한체제의 한계성에 따른 경제발전의 제한요소를 해소토록 주변국 및 국제기구의 대북지원을 적극 도모해야 한다. 우리는 주변국과의 균형외교를 통해 한반도 및 동북아의 평화와 안정에 주변국의 적극적인 지지와 협조를 도출해야 할 것이다.

세계화시대인 21세기의 국제질서는 도전인 동시에 기회이다. 한반도의 통일이 국제정치적인 문제이고 지역 내에서 적지 않은 파장을 일으킬 현상의 변

62) 백학순 편, 남북한 통일외교의 구조와 전략(세종연구소, 1997), p. 202.
63) 이 분야는 졸저 「한반도의 평화통일전략」 내용(pp. 129-135)을 부분 보완하여 제시하였다.

〈그림 7-2〉 평화통일을 위한 중장기 외교목표와 추진방향

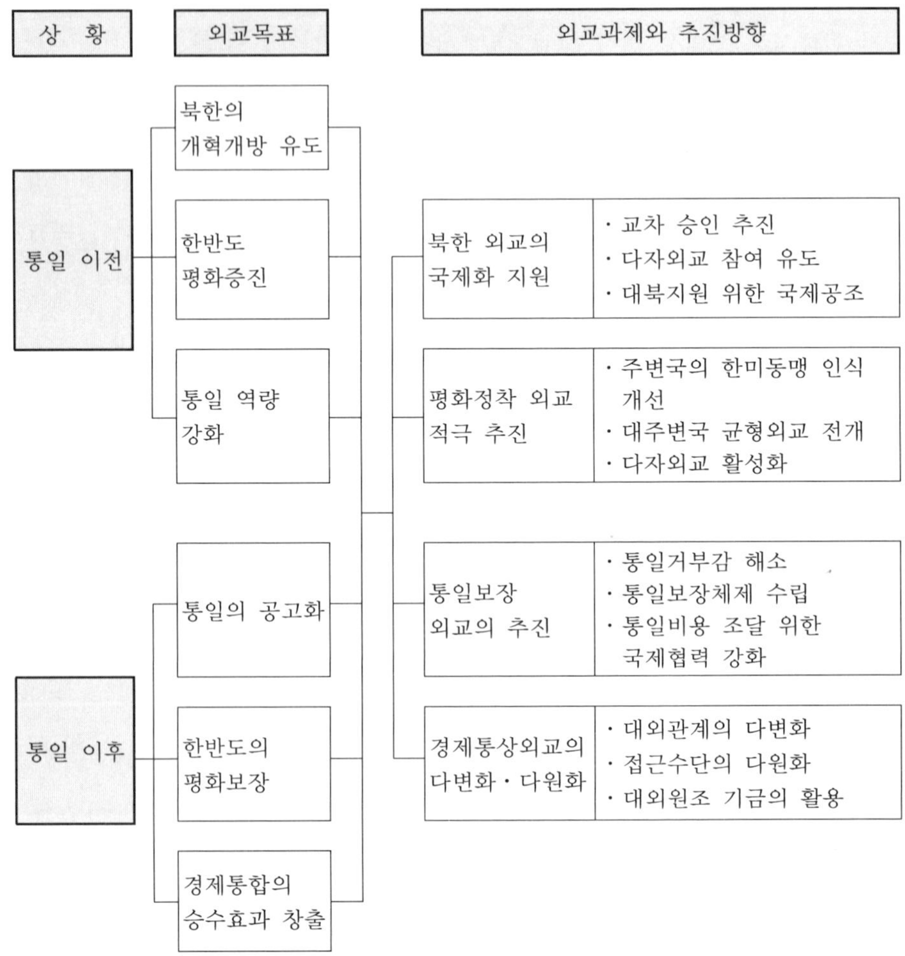

경임을 감안할 때 평화통일을 위해서는 국제 정치적 여건의 조성이 필요하다. 대한민국의 국제적 영향력은 국력에 비해 아직도 부족하며, 국제적 게임의 규칙을 제정하는 데 참여하기보다는 제정된 규칙을 강요받고 있는 실정이다. 따라서 우리는 국력에 맞는 영향력을 확보하여 평화통일을 위해 적절히 활용해야 할 것이다.

통일이후의 외교목표는 통일의 공고화를 위한 대외협력을 유지하면서 통

일과정을 효율적으로 수습하고, 대내외의 반통일적 세력을 차단할 수 있도록 미국을 비롯하여 중국과 러시아 및 일본의 지속적 협력과 지지를 확보하면서 5국체제의 동북아 평화 및 안정에 기여해야 한다. 한반도 통일로 인해 동북아 지역에서 큰 역학변동이 발생하지 않도록 대한민국이 능동적이고 적극적으로 정치, 경제, 군사 및 문화 분야에 걸쳐 국가간의 협력 체제를 추구함으로써 통일한국의 역량을 과시해야 한다.

그리고 통일을 전후해서 해외 동포 관리정책의 확충도 중요하다. 민족통일의 가치를 높이 세우고 한반도 평화통일의 촉매제로서 해외교민에 대한 정책을 확충해야 한다.

2. 외교전략의 추진기조

(1) 외교추진역량 강화

본서에서는 대한민국의 미래비전을 선진일류국가로 규정하였다. 대한민국은 국력으로 볼 때 이미 약소국의 지위에서 벗어나 중견국가(Middle Power)에 도달했다. 용어의 본래 의미로 볼 때, 중견국가는 국제적인 영향력을 어느 정도 갖고 있으면서도 특정 지역을 지배하지는 않는다. 선진일류국가에 도달하기 전까지 중급국가로서 대한민국이 지향해야 할 외교안보 구상의 원칙으로는 대략 세 가지를 지적할 수 있다. ① 인간안보에 기초한 국제협력 강화이다. ② 선린외교 강화를 통해 역내 세력균형에 기여하는 것이다. ③ 재편되고 있는 동북아 질서를 적극 활용하여 한반도 평화를 제도화하고 나아가 통일을 촉진할 수 있는 외교안보환경으로 전환해 나가는 것이다.

21세기의 전략은 과거사의 통찰 못지않게 미래사의 전망 위에서 가능하다. 변방적 사고를 넘어서서 일류국가다운 외교를 구현하기 위해서는 국력 배양을 바탕으로 하여 주변 세력들을 효율적으로 활용하는 외교전략을 강화해야 한다.

외교추진역량 강화를 위해서는 ① 외교환경 변화에 따른 외교부의 기능 및 역할 강화가 이뤄져야 한다. 국제적인 외교환경 변화와 국내적으로 폭증하는 외교 수요에 따라 외교부의 인력 재조정, 인사제도 및 외교 행정운영 시스템 등 근본적인 혁신이 필요하다. ② 국민과 세계와 함께 하는 열린 외교를 지향해야 한다. ③ 외교통상부의 자기혁신을 통해 기존 체제 내에서의 내실 있는 변화를 모색해야 한다. 정부의 제한된 외교역량을 최대한 활용하기 위해서는 외교관도 이제는 기업가 정신을 가져야 한다. 각종 국제기구 및 국제회의와 같은 다자적 무대에서 우리 외교관들은 세계 각국의 참가자들을 상대로 대한민국의 매력외교 이념을 적극 세일즈하는 전령이라는 인식을 가져야 한다.[64]

국제외교에서 대한민국의 국가이익에 대한 명확한 규정과 합의를 도출해야 한다. 그리고 경제외교의 수행을 위해서 필요한 법적・제도적・인적 준비를 해야 한다. 통상이나 투자와 관련된 법들을 국제적인 기준에 맞도록 정비하고, 우리 입장에서 외국의 부당한 압력이나 제재에 대처할 수 있는 방안도 마련해야 한다. 여러 부처에 복잡하게 널려 있는 통상관련 기구들을 한데 묶든지 조정할 수 있는 장치를 만들어 효과적인 통상정책의 입안과 집행이 가능하도록 만들어야 한다. 또한 통상전문가들의 육성을 지원하고 이들을 적재적소에 배치할 수 있도록 해야 할 것이다.

우리 외교가 주변 열강외교와 비교하여 더 길고 넓은 시공간을 활용하여 군사력과 경제력 같은 전통적인 힘과 정보, 지식과 같은 21세기 힘을 누구보다도 조화 있게 추진하는 창조적 외교를 실시할 수 있을 때 21세기의 자주외교의 길은 자연스럽게 열릴 것이다.[65]

특히 21세기 불확실성시대에 요구되는 '전략적 유연성'에서 가장 우려되는 점은 주변국과의 전략동맹으로의 발전을 통한 효율적인 관리인 점을 감안하면 지일파, 지미파, 지중파, 지러파 등 지역 전문가를 배출하여 그들을 외교채널에 투입해야 한다.

전문 외교인력의 확충도 요구된다. 2009년 현재 우리나라의 외교관 수는 약 2000명으로 약 20년 전인 1991년의 1904명과 비슷한 수준이다. 그 사이 업무는 폭발적으로 증가했다. 연간 해외여행객 1000만 명 시대가 열렸고, 북한 핵문제 처리, 한・미 동맹 재조정, 자유 무역협정(FTA) 체결 등 각종 현안이 잇따라 생겨났다. 하지만 해외 공관당 외교관 수는 6.5명에 불과하다. 대만(7.9명)에도 못 미친다. 외교부 본부의 과당 인력도 4.5명이다.[66] 외교관 수를 21세

64) 박종철 외, 앞의 책, pp. 58-62.

65) 하영선 외, 앞의 책, p. 16.

66) 외국은 탄탄한 외교 인력을 확보하고 있다. 역사적・지리적 환경이 우리나라와 흡사한 네덜란드는 외교관이 약 3000명이다. 인구는 우리의 3분의 1이지만 외교관 수는 1.6배다. 우

기 세계화시대의 수요에 맞게 증원해야 한다.

(2) 주변 4대 강국의 안정적 관리와 균형외교

세계화・지식정보화시대에는 안보・외교・경제전략이 다층구조를 이루고 상호연계되어 있다. 따라서 각 전략간의 상충성(相衝性)을 줄이고 이를 전체적으로 조망할 수 있는 다차원적이고 종합적인 전략이 요구된다. 따라서 그동안 긍정적인 방향으로 변화하고 있는 지역정세를 주도적으로 활용하여 한・미 안보동맹을 유지하고 주변국들과의 균형외교를 실시하면서 동북아 평화체제 구상을 구체화하여야 한다.

앞으로 핵 보유와 막강한 경제력을 통해 세계 강국으로 등장이 예견되는 중국, 정치・군사 대국으로 부상할 일본, 그리고 미국과 러시아 4국이 포진하고 있는 아・태 지역에서의 열세인 대한민국의 위상을 극복하기 위한 우리의 외교적 역량의 제고가 절실히 필요하다.

균형외교란 상호주의 원칙과 전략적 협조관계의 가능성에 비례하는 외교관계를 기본으로 하여 능동적으로 명분 있는 차별화된 정책을 추진하되, '불공평성'을 불식할 수 있는 대 주변국 외교활동을 의미한다. 동북아 및 동남아의 안정을 추구하면서 주변국간의 경쟁과 마찰이 첨예한 대립과 갈등으로 비화될 수 있는 한반도의 지정학적 요인을 사전에 제거해야 한다.

한반도는 대륙 및 해양세력의 이해가 교차되는 지역으로 안정적 안보여건을 구축하기 위해 동맹관계의 활용이 필요하다. 그러나 통일한국의 안보전략에 대한 주변4국의 관심과 이해가 지대하므로 통일 후 동맹관계의 재정립은 주변국을 함께 배려하는 전략적인 선택이 중요하다.

2030년 세계질서에서 대한민국이 대응할 방향 중 가장 근본적인 사안은 전략적 결단을 바탕으로 어느 국가군(群)과 전략적 동반자관계를 형성할 것인가를 결정하는 일이다. 위에서 분석한 세계적 차원의 추세를 염두에 두고 우리의 대전략을 구상할 때, 우리가 속해야 할 연합은 국제질서의 상층부에 속하는 동시에 가치와 제도를 공유하는 국가군이어야 한다. 향후 20년 동안 대

리와 국민총소득(GNI)이 비슷한 스페인의 외교관 수는 무려 6100여명이다. 인구가 우리의 10분의 1인 덴마크의 외교관 수도 1600여명이다. 일본은 5300여명의 외교관을 확보하고서도 앞으로 10년간 2000명의 외교관을 더 뽑기로 했다(2007년 현황자료임).

한민국의 국력은 50% 이상 증가할 것으로 예상되고 있다. 2030년 대한민국의 국력은 10위권 이내로 상승하여 국력의 신장을 경험할 것으로 예상된다. 강대국 반열에는 오르지 못하지만, 적어도 중위권 국가의 최고 위치, 즉 선진강국에는 오를 것으로 예상된다.

미래 동맹관계를 검토할 때는 동북아 지역의 세력균형을 고려하면 21세기 중반까지는 동맹의 대상으로 미국이 가장 유리할 것이다. 장기적으로는 주요 갈등과 분쟁요인이 미국과 중국의 관계에서 파생될 것으로 예상된다. 미국과 동맹을 유지할 경우 미국이 중국문제 개입 시는 중국과의 충돌 가능성이 내재되어 있으므로 중국 변수 등 역학구도의 변화를 고려하여 동맹관계의 발전적인 정립이 요구될 것이다.

현재 국력에 비해 상대적으로 발언권이 약한 대한민국은 동북아에서 영토적 야심이 없고 대한민국과 역사적 갈등이 없는 미국과의 동맹을 유지・강화하는 전략을 선택해야 한다. 전략적으로 미・중・일 관계가 악화되지 않는 한, 대한민국은 한미동맹을 통해 민주주의와 자유시장경제 가치를 공유하는 민족국가 그룹에 편승하는 것이 유리하며, 상승하는 국력을 바탕으로 적절한 국제기여를 모색하는 것이 바람직하다.

대한민국은 한・미동맹의 장기 비전을 새롭게 정의하는 작업을 미뤄서는 안 될 것이다. 오히려 한・미동맹을 전략차원으로 삼아 남북관계 발전의 자원으로 이용하고, 동북아 지역 외교 발전 및 지구적 위상 강화에 적극 활용하는 전략을 만들어 가야 할 것이다.

우리는 동북아에서 한국의 평화와 동북아 평화체제 구축을 위해 기여할 수 있도록 다자안보 협력에 힘을 쏟아야 한다. 동북아 평화체제 구축을 위해 대한민국이 할 수 있는 역할은 이 지역의 쌍무적인 동맹유지와 우호 협력 관계를 유지하면서도 다자적인 협력을 제도화하는 데 주요한 역할을 할 수 있어야 하는 것이다. 이는 동북아 강대국들의 상호 견제와 경쟁으로 동북아 다자안보 협력과 이를 토대로 한 공동체 형성이 여의치 않다는 점에서 중간 규모의 국가인 대한민국의 역할이 더욱 중요할 수 있다. 동아시아 역사에서 한 강대국이 주도하는 다자안보 구도는 모두 실패했음을 감안할 때 대한민국과 같은 중간 규모의 국가의 역할이 중요하다 할 수 있다. 대한민국이 이니셔티브를 취할 경우 중국이나 일본과 달리 그 의도를 의심할 필요가 없기

때문이다.[67]

2030년 동북아의 군사력 경쟁은 더 심화되는 반면 경제적 상호의존은 더욱 높아질 가능성이 높다. 동북아 질서에서는 미·중 관계와 중·일관계가 협력적이냐, 갈등관계이냐에 따라 다양한 시나리오가 나올 수 있다.

대한민국의 동북아 전략은 중국변수를 둘러싼 올바른 위치정립이 중요하다. 대한민국은 경제통합에서 군축에 이르기까지 다양한 영역에서 중국을 효과적으로 관리할 수 있는 다자협력을 제도화하는 것이 필요하다. 특히 중국경제는 지속적으로 성장할 수 있지만, 성장방식에 대한 한계를 드러낼 가능성을 염두에 두어야 한다. 이른바 '차이나 리스크'에도 대비해야 한다.

통일과정에서 주변국들의 협조는 반드시 필요한 요소이다. 그들은 한반도의 분단 상황이 지속되는 것이 자국의 이익에 유리하다고 판단할 수 있으나, 통일 한국이 주변국들에게 위협이 되지 않고 동북아 지역의 평화와 안정에 기여하리라는 확신을 준다면 한반도의 통일을 직접적으로 반대하지는 않을 것이다.

왜냐하면 한반도는 지정학(地政學)·지경학(地經學)적으로 중요한 위치에 있으므로 주변국들은 자신들의 안정을 위해 한반도의 안정적 구조를 바랄 것이기 때문이다.

(3) 선린우호협력 여건 보장

모든 국가는 자신의 국가이익을 극대화하기 위하여 노력한다. 일반적으로 각 국가들은 국가이익을 증진시키는 관계에서 상호간에 경쟁관계, 협력관계, 경쟁 및 협조관계를 형성한다. 협력관계는 상호간 이익을 창출해 주는 관계로서 국제사회의 평화유지에 도움을 주지만, 경쟁관계는 분쟁을 야기하기 쉬우므로 국제평화에 위험한 요소로 작용한다. 따라서 국가간의 경쟁관계를 개선하고 협력관계를 증진시키면 평화로운 국제사회를 창출할 수 있다.[68]

한반도 문제는 남북한 당사자간의 문제이기도 하지만 동북아 4강국과의 이해관계가 직접적으로 관련되어 있고, 동아시아와 나아가 세계평화와도 깊이 관련된 문제이기도 하다.

---

67) 이태환 편, 앞의 책, p. 191.

68) 박준영, 앞의 책, p. 39.

따라서 주변 4강 외교뿐 아니라 다자 외교관계를 활성화시켜야 한다. 쌍무외교의 실질적인 심화와 발전에 병행하여 보편적 국제질서의 확립이나 제도적 관행의 발전을 위한 다자안보협력도 극대화시켜야 한다. 쌍무적 안보관계와 다자간 협의체제의 상호 보완적 운용을 통한 외교전략이 장기적인 외교전략의 기조로 자리매김되어야 할 것이다.

우리는 동북아 협력안보체제를 구축함으로써 초국가적 위협을 예방할 수 있고 정치, 군사적인 신뢰를 구축할 수 있을 것이다. 안보 복수주의(複數主義, Security Pluralism)를 역내에 도입하고 동북아 및 동남아를 연결하는 동아시아 안보협력체제를 발전시켜,[69] 해상교통로의 안전, 대테러 협력체제의 발전, 역내 분쟁해결 장치 정착 등을 도모해야 할 것이다.

그리고 인권신장, 문화교류, 정보화, 환경보호, 범죄 예방, 불법무기 거래, 분쟁 조정 등 국제적 공조가 요구되는 초국가적 사안에 접근해야 한다. 동북아 다자안보 협력체제의 실현성 제고를 위하여 주변국에 포괄적으로 접근하면서 국제외교와 관련한 각종 행사를 적극 추진하고 유치해야 한다.

선린우호협력외교에서 가장 기본적인 것은 당사자 쌍방간에 공동이익이 생기도록 해야 한다. 즉, 양자가 승리할 수 있는 방안이 무엇인가를 찾아내는 것이 전략의 기본이다.[70] 협상에서 "제로 섬 게임"을 추구하면 그것은 언제나 결렬이라는 결과만을 가져온다. 바꿔 말하면 협상은 "Non-Zero Sum 게임" 또는 "Win-Win 게임"으로 풀어야 가능한 것이다.[71] 우리는 어떻게 하면 하나의 가치를 상호 공유하면서 당사자 쌍방이 만족할 수 있는 방안을 도출할 수 있을까를 고민해야 한다. 그래야 국제사회에서 우리를 중심으로 하는 선린우호

---

69) 현재 동아시아에서 ASEAN, ARF, ASEAN+3, APEC 등 '벽돌쌓기'식의 안보협력 다자주의가 발전중이다.

70) 협상은 서로의 선택과 결정이 상호의존적인 2인 이상, 다수간의 전략적 상호관계를 말한다. 즉 협상 상황은 소위 공동 이익과 공동기피의 상황을 모두 포함한다(김달중, 앞의 책, p. 375).

71) 협상은 이해 당사자가 말로 의논해서 문제를 해결하는 방식이다. 2차 대전 때까지만 해도 국가간 분쟁은 대부분 무력을 동원한 전쟁을 통해 해소됐다. 19세기 프로이센의 프레데릭 2세는 "무기 없는 협상은 악기 없는 음악과 같다"고 갈파했고, 제2차세계대전의 전후 처리를 지휘한 딘 애치슨 미 국무장관은 "힘으로부터의 협상"을 천명했다. 그러나 1960년대 제라드 니렌버그는 '승자 독식'의 협상 대신 '모두가 승자가 되는 협상'이란 개념을 제시했다. 이른바 '윈-윈 게임(Win-Win Game)'이다. 지미 카터 전 미국 대통령은 이를 두고 "양측 모두 승자가 되지 않으면 어떤 합의도 영속할 수 없다"고 말했다.

협력관계가 조성될 수 있다.

(4) 평화통일 촉진환경 조성

평화통일을 지원하고 보장하기 위한 통일외교를 적극적으로 추진해야 한다. 주변국들이 한반도 통일에 거부 및 방해세력이 되지 않도록 오해를 불식시키고, 협력을 증진하는 등 여건을 조성해야 한다. '통일한국의 외교노선(外交路線)'을 조기에 표명하고, 지역안정과 협력사업 추진 등 주변국들을 통일지원세력으로 만드는 노력을 병행해 나가야 한다.

평화통일과정에서 외교의 가장 중요한 과제는 독립국가로서의 생존을 보장하면서 통일을 위한 국제정치적 여건을 조성하는 것이다. 이를 위해서는 돌발변수에 신속하게 대처할 수 있는 탄력적인 외교전략이 요구된다. 평화통일환경조성을 위한 외교는 다원화, 다변화, 다자화를 통해 국가위상을 제고하고, 주변 4국을 포함한 세계 각국이 통일의 필요성을 이해하고 평화통일을 위한 협력을 할 수 있도록 유도해야 한다. 우리는 외교적 역량을 그 어느 때보다 더 발휘하여 전통적 동맹국과의 유대를 더욱 강화해 나가면서, 기타 국가들과 협조체제를 새롭게 다져 나감으로써 새로운 국제질서에 능동적이고 창의적으로 대처해야 할 것이다.

장기적인 국가전략을 세울 때는 세계 많은 나라로부터 도움을 받을 수 있는 외교전략을 고민해봐야 한다. 통일된 이후의 한반도를 바라보는 미국, 일본, 중국과 러시아 등 주변국의 시각과 전략을 심도깊게 검토하고 대응책을 준비하는 것이 필요하다.

대 미국외교는 한미동맹을 강화하면서 미국이 한반도 평화통일의 절대적인 지원세력이 되도록 노력해야 한다. 그리고 통일과정 또는 통일 후에 한미동맹을 지역안보동맹으로 전환할 수 있도록 주변국의 이해를 유도해야 한다. 중장기적으로는 한반도를 둘러싼 동북아 지역의 전략적 이익의 확보에 우선순위를 두도록 동맹의 성격을 재조정해야 할 것이다. 미국의 대한·일 쌍무동맹을 한·미·일 지역 안보동맹으로 전환하도록 검토하여 재조정해 나가야 한다. 특히, 한미동맹의 확고한 기조로 주변국외교를 능동적으로 주도하는 한편, 주한미군의 역할에 대한 주변국의 긍정적 인식을 제고하여 지지를 확보해야 한다.

대 일본외교는 과거 한반도 침략과 분단에 대해 일정한 책임을 지닌 일본이 한반도의 평화 통일에 기여하고 지원하도록 적절한 역할과 방향을 제시해야 한다. 우선 한・미・일 협력체제의 내실화를 기하도록 한・일 안보대화 및 협력을 강화해야 한다. 남북한 관계 진전 시 악화될 소지가 있는 대일 감정을 해소하도록 상호 이익이 보장되는 노력을 부각해야 한다. 북・일 경제협력관계의 발전으로 북한지역의 경제재건에 일본이 적극 참여할 수 있는 여건을 조성해야 한다.

대 중국외교는 동아시아의 새로운 질서 구축과 아・태 지역에서의 공동발전을 위한 협력관계의 확대에 초점을 두어야 한다. 한중 경제협력관계의 발전에 상응하는 안보협력관계 증진에 힘쓰고 통일과정과 통일이후의 한중 관계 발전에 저해가 될 외교과제 해결을 위한 방책을 마련해야 할 것이다. 특히, 한미동맹과 주한미군에 대한 중국의 인식이 긍정적으로 전환될 수 있도록 외교적 노력을 강화해야 한다. 중국과 일본이 갈등 시는 우리가 균형적인 입장에서 조정역할을 담당할 수 있을 것이다.

대 러시아 외교는 동북아지역 안정을 위한 러시아의 역할을 존중하면서 한・러 관계의 발전이 지역 안정과 한반도 평화에 직결되어 있다는 인식을 공유하면서 추진되어야 한다. 러시아의 소외감을 해소하여 러시아의 대 한반도 외교가 친북외교로 발전하지 않도록 배려해야 한다. 다자 안보 대화 및 협력의 틀 속에서 러시아와의 긴밀한 공동보조정책을 전개할 계기를 지속적으로 제공해야 한다. 특히, 러시아의 극동개발, 태평양 해양협력과 시베리아 자원개발 등의 분야에서 경제협력 동반자로서 참여하고, 통일과정에서 전략적 우호세력이 되도록 관계를 강화해야 한다.

(5) 외교의 다변화 · 다원화 · 다자화

세계화시대를 맞아 우리의 외교는 과거의 수동적・반응적・안보중심적 방식에서 벗어나 능동적・적극적・경제중심적 방식으로 전환해야 하는 시점에 놓여 있다.[72)]

정부는 외교를 할 때 전체적인 큰 그림에서 봐야 한다. 정책적 차원의 이

72) 이러한 주장에 대해 남북분단의 상존, 특히 최근의 북한의 핵과 미사일문제, 일본의 재무장 가능성 등의 이유를 들어 반대하는 주장이 있을 수 있다.

슈별, 지역별로만 접근할 것이 아니라 세계라는 시스템 안에서 사안을 전략적으로 어떻게 해결하고 접근할 것인지 고민해야 한다.

세계의 경제위기에서 볼 수 있듯이 세계의 새로운 추세가 군사력의 효용 감소와 '안보에 대한 경제우위'라고 할 수 있다. 이제 외교의 중심도 안보문제에서 경제문제로 옮겨오고 있다고 볼 수 있다. 국가들은 이제 군사적인 분쟁이나 침입에 의해서 국가의 생존이 위태롭게 되는 경우보다 국가간의 경제경쟁에서 패배하고 국민들의 복지증진에 실패함으로써 다른 나라들간의 협상에서 불이익을 감수해야 하고, 내부적인 분열·붕괴의 위험에 처하는 것을 더 우려한다. 즉, 국가의 흥망이 군사력보다 경제력에 의해 좌우되는 시대에 우리는 살고 있는 것이다.

우리는 중장기적으로는 경제통상외교의 비중을 높여 가면서 다변화 및 다원화를 추구해야 한다.[73] 즉 금융위기, 식량난, 자원 확보 경쟁, 통상마찰, 경제적 차별 등에서 외교실패를 사전에 방비해야 할 것이다. 우리는 '준 강대국'으로서 국제기구 활동 주도, 금전적 기여, 대외 원조 등에 각별한 노력을 할 필요가 있다.

북한의 핵문제가 해결되면 미국의 대한국 방위공약을 확고히 보장받는 길은 미국이 우리와의 경제협력이 미국에 중요하다고 판단하는 데 있을 것이다. 그리고 대한민국이 스스로를 지키고, 나아가 통일한국의 안정과 번영을 도모하는 길도 우리의 경제적 번영에 좌우될 것이다. 따라서 이제 남북문제와 안보문제의 해결을 위해서도 지금까지의 안보위주 외교방식에서 벗어나 경제중심적 외교와 이를 통한 국제협력의 강화를 서두를 때다. 우리의 국가이익을 지키고 증진시키기 위해서는 능동적이고 자주적인 경제외교가 필요하다.

한반도 냉전구조해체를 위한 국제적 협조를 확보해야 한다. 주변국과의 적극적인 협력관계를 유지하고, 대북 전쟁 억지력을 외교차원에서 확보하는 한편, 주변국과의 관계를 더욱 강화해야 한다. 한반도의 지정학 및 지경학적

73) 이미 국제 정세는 하나의 틀만으로는 따라잡기 힘든 다변화되고, 다중적인 구도가 됐다. 이 같은 변화와 도전에 대응할 우리 외교전략이 필요하다는 지적이다. 한승수 전 외무장관은 "지금까지는 안보·경제발전·국위선양이라는 단선전 외교를 펼쳐왔다면, 앞으로는 자원·기후변화·인권 등 세계적 차원의 활동에 더 적극적으로 참여해야 한다"고 주장하였다(조선일보, 2008년 8월 15일).

유리점을 활용하여, 남북한 관계의 진전이 지역 다자안보 협력체제의 발전에 유리하도록 여건을 조성해 나가야 한다.

국제기구에 남북한의 공동 참여도 적극적으로 추진해야 한다. 북한이 국제사회에서 정상적인 국가로서 인정받고 활동함으로써 핵기술을 포함한 대량살상무기 확산 및 수출, 테러지원, 마약불법 거래, 군사력 운용을 자제하는 등 국제규범과 질서에 입각하여 정상적인 대내외 정책을 펴도록 유도해야 한다.

이렇게 외교를 다변화·다원화·다자화해 나간다면, 대한민국은 국력에 어울리는 외교역량을 발휘하여 국가의 안전보장과 정치적 자주 및 경제적 번영을 보장하고 국위선양에 기여할 수 있을 것이다.

(6) 세계 평화에 적극적 기여

국제외교 전문가들 중에는 대한민국은 자기발전, 즉 경제성장에만 관심있지 국제사회에 대해서는 관심도 없고 타 국가에 대해서 영향력도 없는 나라라는 비판이 있다. 영국의 베리 부잔(Barry Buzan) 교수는 "한국이 19세기에는 은둔의 나라였으며, 20세기 초반에는 중국과 일본의 패권경쟁에서 샌드위치가 되어 희생당한 나라였고, 제2차 세계대전 이후에는 미국의 동맹국과 피보호자로서 생존해왔으며 자국의 경제발전 외에 외부에 대한 관심과 정책, 영향력이 없는 나라라는 인상(Image)이 지배적이었다"고 주장하였다.

한국인들은 일본인을 보고 경제적 동물, 국가이익만을 추구하는 나라라고 비판한다. 일본이 국제적으로 역할을 증대시키려 하면 식민주의에 대한 반성도 않고 국제적인 영향력만 강화시키려 한다고 비판하곤 하는데, 정작 대한민국은 수출증대·경제성장에만 관심이 있지 그 외에는 국제적 문제에 대해서 관심이 없는 나라라고 인식되어 있다. 1988년 서울올림픽과 북방외교, APEC과 ASEM 정상회담, 월드컵 등에서 지역적·국제적 문제에 대해 관심을 갖고 국제적 참여를 본격화하고 있지만 아직도 일정 수준에 도달하려면 요원한 실정이다. 그동안 국가지도자가 국가목표와 전략을 내부문제 해결에만 쏟아온 결과이겠지만 내부지향성은 너무 심각하다.

대한민국은 21세기에 들어서는 이라크와 아프가니스탄에 병력을 파견하였고, 각종 PKO활동에 병력파견과 지원금 분담 등 세계평화 유지에 기여하고 있다. 그리고 한국인의 UN사무총장 선출 등으로 각종 국제기구에서 역할이 확대되고 있으나, 국력에 부합된 발언권과 참여는 극히 제한되고 있다.

대한민국은 한국전쟁 동안 세계 많은 나라의 지원으로 위기를 극복할 수 있었고, 냉전체제하에서는 생존을 유지할 수 있었다. 그리고 경제성장에 매진하여 이제는 경제 강국의 일원이 되었다. 이제는 그동안 받아온 것을 세계평화와 번영을 위해 되갚을 때이다. 앞으로 대한민국이 매력 있는 선진일류국가가 되는 길은 국제사회 일원으로서의 인류공영에 이바지하는 역할을 충실히 수행하는 것이다. 이를 위한 올바른 외교전략이 수립·집행되어야 한다.

외교전략의 추진목표, 추진기조와 추진과제를 포함한 외교전략 체계도는 〈그림 7-3〉에서 보는 바와 같다.

〈그림 7-3〉 외교전략 체계도

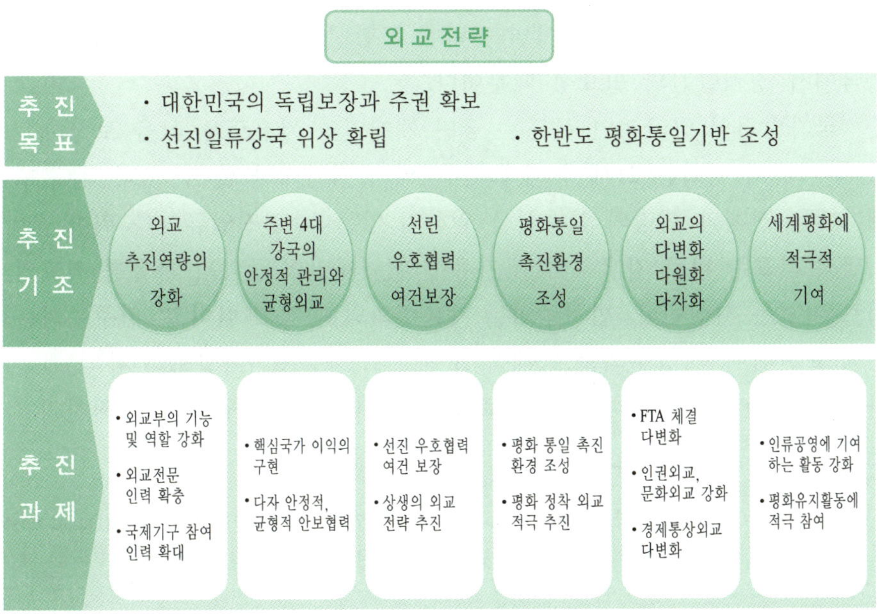

제 3 절 정치전략

아리스토텔레스는 "인간은 정치적 동물이다"라고 표현하여 인간이 집단사회에서 정치적으로 행동하는 현상을 설명하고 있다. 아리스토텔레스의 표현을 빌리면 다음과 같다. 인간은 천성적으로 정치적인 동물이다. 만일 어떤 사람이 천성적으로 국가와 무관하게 살아갈 수 있다면 그는 아마도 인간 이상의 신이거나 인간 이하의 동물에 해당할 것이다.[74]

정치란 나라를 다스리는 일로서 국가의 권력을 획득하고 유지하며 행사하는 활동으로, 국민들이 인간다운 삶을 영위하게 하고 상호간의 이해를 조정하며, 사회 질서를 바로잡는 등의 역할을 한다고 정의할 수 있다.[75]

정치전략이란 용어는 사용도가 많지 않으며, 명확한 개념정립이 안 되어 있다. 그럼에도 불구하고 분야별 전략에 포함시킨 것은 정치영역의 광범성과 한국에서 정치발전의 필요성 때문이다.

국가발전의 궁극적인 목표는 국민 개개인의 자유로운 삶을 보장하는 데 있다. 자유와 평화는 21세기 세계화시대의 중심가치라 할 수 있다. 누구도 21세기에는 전쟁과 혁명의 악순환을 원하지 않는다. 선진일류화를 위한 올바른 이념적 좌표는 바로 자유주의다. 자유주의는 개인의 존엄과 자유를 최고의 가치로 여기는 사상이다. 법치주의는 자유주의의 법적 표현이고, 민주주의는 정치적 표현이며, 시장주의는 경제적 표현이다. 자유주의야말로 인류의 전 역사 과정을 통하여 이론적·경험적으로 검증된 최선의 행복원리이고, 최선의 사회

---

74) 박준영, 앞의 책, p. 5.

75) 정치(政治)에 대해 가장 널리 쓰이고 있는 학문적인 정의는 데이비드 이스턴(David Easton)이 내린 "가치의 권위적 배분(Authoritative Allocation of Values)"이다. 또는 정치를 국가의 활동에 초점을 맞추어 정의하는 경향도 있는바, 대표적으로 막스 베버는 정치를 "국가의 운영 또는 이 운영에 영향을 미치는 활동"이라고 정의하고 있다. 80년대 이후 포스트모더니즘의 영향으로 정치를 국가의 영역뿐 아니라 모든 인간관계에 내재된 권력관계로 정의하는 경향도 생겼다. 이와 같이 정치는 '배분', '국가 혹은 정부의 활동', '권력관계'라는 세 가지 측면에서 정의되고 있으며 어느 한 측면도 소홀히 여겨질 수는 없다. 가장 이해하기 쉬운 정치의 정의는 아마도 해럴드 라스웰(Harold Lasswell)이 말한 "누가 무엇을, 언제, 어떻게 갖느냐(Who gets what, when and how)"라는 것일 것이다. 라스웰 또한 정치를 '배분'의 측면에서 정의하고 있음을 알 수 있다. 정치학은 정치적 행동을 과학적으로 연구하고 분석하는 학문이다. 관련된 분야로는 정치철학, 비교정치학, 국제정치학 등이 있다.

구성원리이며, 최선의 사회 발전원리이다. 자아실현은 인간이 낮은 단계의 욕구충족에서 점차 높은 단계의 욕구충족으로 발전해 가는 것을 의미한다.

자유민주주의 국가에서는 관용(寬容, Tolerance)의 정신이 필요하다. 자신과 다른 주의(主義)와 주장, 다른 종교, 다른 문화에 대하여 이해와 관용의 정신을 가져야 한다. 즉 나와 다름을 인정해야 한다. 나의 자유가 중요하듯 이웃의 자유도 중요함을 인식해야 한다.

그러나 대한민국의 정치는 자유민주주의의 바탕이라 할 수 있는 법과 제도에 기초한 견제와 균형이 착근되지 못하고 있다. 이는 역사적・전통적으로 조선왕조의 강력한 중앙집권적 유산, 유교문화의 가부장적 전통과 관존민비의식, 일제 식민통치시대의 수탈행정, 남북한의 극한 대치에 따른 작용과 반작용, 개발시대의 정부주도형 압축성장 그리고 지역갈등 등 다양한 역사적인 토양에서 파생되었다. 최근 들어 민주화의 노력을 통해 완화되기는 하였지만, 아직도 일방향의 권위주의적이고 독선적인 국정운영은 우리 정치의 취약점으로 간주되고 있다.[76)]

1. 정치전략의 목표

(1) 다원적 민주주의 국가 건설

대한민국이 선진일류국가로 발전하기 위하여 우선적으로 해결해야 할 과제는 정치발전을 통한 다원적 민주주의 체제를 정착시키는 일이다. 우리의 정치는 민주주의의 보편적 규범과 가치인 자유, 평등, 인권의 개념이 부족할 뿐 아니라 소모적인 대결과 자원낭비로 정치가 국민들에게 문제의 해결사가 아니라 오히려 문제의 원천이 되고 있다.[77)]

이제 투쟁이 모든 것을 정당화시키던 시기는 지났다. 정부도 기업도 이념적으로 다른 집단도 적(敵)으로 규정될 수 없는 상황이며, 오히려 동반자로서 협력을 모색해야 할 때가 됐다. 그럼에도 독재정권에 맞서 저항하던 때의 논리로 선명한 투쟁만을 부르짖는다면, 시대가 그들을 외면할 것이다.

---

76) 우리 정부가 경제활동인구 대비 공무원 수, 국내총생산 대비 재정지출과 조세부담 등이 외형적으로는 선진국보다 작은 정부임에도 불구하고 큰 정부로 인식되고 있는 것은 이러한 일방주의적인 정부운영에 기인한 바 크다 할 것이다.

77) 대통령자문정책위원회, 앞의 책, p. 49.

대중인기영합주의는 아리스토텔레스가 민주주의를 논하면서 걱정하던 중우(衆愚)정치의 폐해다. 대중인기영합주의 내지 중우정치에서 벗어나려면 국민 한 사람 한 사람의 성숙한 민주시민으로서의 시민의식이 중요하다. 투표권을 행사할 때 깊이 심사숙고하고 나라 전체의 이익을 생각하여 결정을 내려야 한다. 국가의 장기적인 발전을 생각하지 않고 오로지 득표만을 목표로 단기적 인기정책만을 남발하는 부실정치인을 뽑아서는 안 된다.

민주정치사회에서 국가의 법, 제도와 정책은 결국 그 사회 다수 국민의 세계관의 반영이다. 수직적 세계관은 삶의 현실로서, 자본주의 시장경제라는 경제・사회제도를 통해 우리 생활에 들어와 있다. 시장 경제에서의 시장은 스스로 노력하는 자만을 돕는 장치이며, 수직적 세계관은 시장경제 질서의 기초이념이다. 한편 수평적 세계관은 민주주의라는 정치이념을 통해 우리 생활에 들어와 있다.[78] 민주주의의 수레는 자유와 평등이라는 두 바퀴에 의해 굴러간다. 따라서 민주주의 이념이야말로 수평적 세계관을 구현하는 탁월한 장치라 할 수 있다. 오늘날 가장 보편적인 일인일표(一人一票)의 비밀보통선거를 근간으로 하는 민주주의는 평등의 이상을 가장 효과적으로, 평등한 정치적 권리의 형태로 구현하고 있는 셈이다. 따라서 시장경제의 논리인 수직적 세계관과 민주정치의 논리인 수평적 세계관의 적절한 조화가 필요하다.

한국정치에서 정당의 이합집산으로 대표되는 불안정한 정당체제는 정치구도를 예측하기 어렵게 만들고 장기적인 정책수립과 이해당사자간의 협력을 막는다. 집권세력의 장래가 불확실할수록 이해당사자들이 정부와 협력하지 않고 단기이익에 치중하게 될 것이다.

우리 정치권력의 내부견제장치의 실패는 심각한 수준이다. 내부견제장치의 핵심은 삼권분립이지만 입법부와 사법부는 중앙 행정부를 효과적으로 견제

78) 세상에는 '수직적 세계관'과 '수평적 세계관'이라는 두 가지 양극의 세계관이 존재한다고 볼 수 있다. 물론 이 두 가지 세계관을 양극단으로 해서 무수한 세계관의 조합이 가능할 것이다. 수직적 세계관 : "하늘은 스스로 돕는 자를 돕는다." 즉 하늘은 각자의 노력과 능력에 따라 보상하기 때문에 세상은 평등하지 않다. 나의 성공과 실패는 나의 노력과 능력의 결과이다. 수평적 세계관 : 세상은 평등하다. 모든 인간은 하느님 앞에 평등하게 태어났으며, 더불어 살아야 한다. 따라서 불평등은 사회의 책임이다. 나의 성공과 실패는 나의 책임이 아니고, 사회의 책임, 타인의 책임이다. 인간은 태어날 때부터 천부의 권리를 부여받았다는 서구 르네상스 이후의 '인간 존엄'에 대한 발견이 바로 수평적 세계관의 기초이다. 인간사회가 추구해야 될 이상으로서 '평등'의 이상이 바로 수평적 세계관의 또 다른 표현이다. 따라서 수평적 세계관은 삶의 현실을 개선하고자 하는 인간의 이상을 반영하고 있다.

하지 못하고 있다. 중앙행정부의 권한이 청와대에 집중된 상황에서 감사원, 검찰, 예산실 등 중앙행정부의 견제기구도 제 역할을 못하고 있는 실정이다. 대한민국정치가 성공하도록 만들기 위해서는 정부의 능력을 강화하여 국가의 의사결정 과정에 활력을 주어야 한다. 그리고 책임추궁장치와 견제체제를 확립하여 정치지도자가 능력과 권한을 책임 있게 행사하도록 유인해야 한다. 이렇게 정치지도자의 능력과 책임을 동시에 강화하고 견제해야만 선진적인 정치체제인 강하지만 제한 있는 정부를 구현할 수 있을 것이다.[79]

우리 정치는 정책내용 측면에서도 긍정적인 평가를 받기가 어렵다. 민주화 이후 정책결정과정에서 이익집단과 정치권의 역할이 확대되었고, 보다 합리적인 방향으로 발전되고 있지만, 소수 기득권 세력의 과도한 영향력 행사로 아직까지도 공정한 시장규칙에 의해 작동되는 효율적인 체제를 구축하지는 못하고 있다.

통일과정에서 한국정치의 핵심은 통일 한국의 민주적 관리에 있다. 즉 우리 정치의 목표는 궁극적으로 남과 북이 양 체제의 상극성(相剋性)을 극복하고, 수용 가능한 합리적인 체제를 만들어 통일 국가를 평화적으로 이룩하는 것이다. 이를 위해 과도한 국가집중의 위험을 방지하면서, 국가의 효율성을 극대화하도록 노력해야 한다. 대의정치와 경쟁적 민주체제의 확립, 건전한 시민사회의 육성, 민주공동체의 확산, 분권적 정부운영체제 정착은 매우 중요한 요소이다. 우리는 통일한국을 전제로 한 민주공동체의 이상을 실현시켜 가는 과정에서 자유로운 삶, 모두가 함께 하는 인간다운 삶을 달성토록 노력해야 한다.

공정성과 다원성 등의 민주주의 원칙들은 이념과 체제를 달리하는 남과 북이 민족공동체를 이루었을 때 공통적으로 적용될 수 있는 정치이념이 될 수 있어야 한다. 우리정치가 당면한 과제는 우선 사회 안에서 민주주의 정치제도와 문화규범을 확고하게 정착시키고 대북 관계를 포함한 한반도의 안보환경을 평화적으로 관리하며 민족통일을 달성하고 민족의 번영과 발전을 이룩하는 일이다. 우리는 우선 우리의 정치·사회체제를 통일한국이 궁극적으로 지향해 나가야 할 모형으로 삼을 수 있도록 발전시켜 나가야 한다. 따라서 민주주의를 제도화하고, 민주주의 체제를 유지할 수 있는 능력을 제고해 나가야 한다.

79) 한국경제연구원, 전게서, p. 92.

미래 불확실성 사회의 구조적 복합성과 갈등요소들을 민주적 제도와 문화적 틀 속에 조화시키면서, 제도수립 과정에 시민의 참여가 광범위하게 허용되어 국민의 공감대형성의 바탕이 되어야 한다.[80)]

(2) 협력적 공동체 사회 조성

우리는 정치·사회적 갈등을 봉합할 수 있는 협력적 공동체 사회를 조성해나가야 한다. 미래연구에서 공통된 결론이 있다면, 미래사회에서는 사람들의 마음 상태가 발전의 방향을 좌우한다는 점이다. 발전의 바탕은 신뢰사회의 기반, 세계적 가치와 고유한 가치의 이해, 지식가치의 이해와 활용, 공동체적 인식, 위로부터의 복지가 아닌 생산적 복지 등이며 이들 모두가 시민 각자의 능동적이고 의식적 참여가 전제되어야 한다는 점에서 국민의 마음을 사로잡는 상징적 의미가 크다고 하겠다.

국민 각자의 자발적인 노력에 의하여 가정에서 학교로, 더 나아가 시민사회로 자유공동체를 재창조하여 나가면 극단적 개인주의의 폐해도, 집단주의의 폐해도 함께 극복하고 20세기적 보혁(保革)이나 좌우(左右) 논쟁의 틀도 모두 벗어날 수 있다고 생각한다. 그러면 자발적 질서(Voluntary Order)와 절제된 자유(Bounded Autonomy)가 충만한 바람직한 사회를 건설할 수 있을 것이다.

동양사상(東洋思想)은 개체 그 자체보다는 개체와 개체의 관계, 혹은 개체와 전체의 관계에 사상의 중심을 둔다. 사실 여기에 동양사상의 진수(眞髓)가 담겨 있다. 그만큼 공동체주의는 이미 동양인의 생각과 삶 속에 스며들어 있는 사상이다. 동양사상은 원래가 친(親)공동체적이다.

자유주의적 개혁을 추진하는 과정에서 우리는 공동체주의적 개혁을 앞세워야 한다. 예컨대 도서(島嶼) 지역에 거주하는 자녀나 영세빈곤 소득층 자녀에게도 양질의 교육기회가 주어져야 한다. 학습부진아, 장애인, 소년소녀가장 등의 교육 문제에 대하여도 특단의 대책을 마련하여야 한다. 동시에 공동체적 윤리나 연대를 제고하기 위하여 인성교육, 도덕교육, 역사교육, 환경교육 등을 강조하여야 한다.

---

80) 정치에 있어서 정당의 민주화, 선거제도의 개혁, 그리고 행정에 있어서의 행정구역개편의 문제 등은 하루아침에 이루어지는 것이 아니다. 적어도 사회의 전반적인 안정과 효율성 증대를 위해 장기적인 관점에서 추진되어야 할 것이다. 또한 수도 이전을 포함한 행정구역 개편에서는 통일을 염두에 둔 광범한 구상을 설계할 필요가 있다.

어느 집단, 어느 사회나 갈등은 있게 마련이다. 갈등이란 발전을 위해 꼭 필요한 것인지도 모른다. 다만 우리 모두가 시간효용의 개념을 깨달아야 한다. 예를 들어 20세기 이전의 10년과 21세기 10년은 같은 10년이지만 시대마다 발전의 속도가 달라서 그 시간 내 변화의 정도는 다르다. 이를 고려한다면 지금의 10년은 과거 19세기의 100년과 맞먹는다고 할 수 있다. 이런 시간의 무게를 알아야 한다. 이를 무시하면 무한 경쟁시대에 남보다 뒤처질 수밖에 없을 것이다.

정치지도자들은 친(親)공동체적 삶의 기반을 활성화하여 훈훈한 사회를 조성하는 데 앞장서야 한다.

(3) 화합 단결된 국민정신 함양

우리는 20세기의 아침을 일본제국주의의 식민지 백성으로 출발하였다. 해방 이후에도 민족분단, 전쟁, 독재정권의 아픔을 겪었다. 그러나 우리는 국가건설과 산업화, 민주화를 꾸준히 추진하여 가난과 억압이 교차하는 제3세계에서 정치적 자유와 경제적 풍요가 공존하는 선진자본주의에 뿌리를 내린 민주주의체제에 진입하는 데 성공하였다.

한국인들이 민족분단, 한국전쟁, 냉전체제의 고착, 정당의 난립, 좌우이념의 폭력적 대결, 사회적 무질서, 세계에서 가장 가난한 경제로 특징지어지는 혼란을 극복하고 국가건설에 성공한 것은 놀라운 일이다.

이 과정에서 우리의 민주주의는 많은 도전에도 불구하고 불굴의 생명력을 이어왔으며, 지구촌 민주화 물결의 성공사례로 인정받고 있다. 그러나 대한민국의 정치는 국민들의 요구를 제대로 수용하지 못한 채 아직도 고비용 저효율의 비효율성을 유지하고 있다.

국가와 마찬가지로 개인도 정체성의 위기를 맞고 있다. 오늘날은 문명사적 변혁의 시대이다. 20세기적 산업화·근대화의 시대가 끝나고 세계화·지식정보화로 대표되는 정보화의 시대가 시작되었다. 국민국가, 평생직장, 가족주의, 경제주의 등으로 정의되던 20세기적 개인의 정체성이 해체되고 있다. 경제적 풍요를 중시하는 물질주의에서 마음의 평화와 생태공동체를 중시하는 정신주의로의 이동도 진행되고 있다. 개인은 새로운 의미와 가치, 즉 자기정체성을 찾기 위해 방황하고 있다.

우리가 앞으로 일류국가건설에 성공하려면 국가의 정체성 위기와 국민의 정체성 위기를 잘 극복하여 새로운 국가 및 국민의 정체성을 세우는 데 성공하여야 한다. 왜냐하면 두 가지 정체성을 바로 세워야 국민 각자가 개인으로서의 삶의 기쁨과 보람도 느낄 수 있고, 대한민국 국민으로서 긍지와 자부심도 가질 수 있기 때문이다. 그래야 진정한 애국심이 나온다. 그리고 그 애국심이 모여야 국가발전이 가능하고 21세기 국가 선진일류화에도 성공할 수 있다.

강인한 생명력은 한국인의 특성이다. 잡초근성으로 불리는 야생력이 다른 나라보다 월등하게 강하다. 다른 민족 같으면 벌써 지구상에서 사라지고 말았을 정도의 장구한 고난의 세월을 견디면서 한국인에게는 강인함, 인내심, 적응력, 순발력, 기지 등의 생존본능이 축적돼 왔던 것이다.

우리 한국인에게는 두 가지 피가 흐른다. '전사(戰士, Fighter)기질'과 '선비(Scholar)기질'이다. 한국인은 '동양의 블랙홀' 중국 옆에서 살아남아 번영을 이룬 거의 유일한 민족이다. 한국인은 욕심과 성취욕이 강한 사람들이다. 사촌이 땅 사면 배 아파할 만큼 시기심이나 경쟁심이 강하다. 이런 시기심이 때로는 분란을 일으키고 갈등을 초래한다. 그러나 한국인에게 인습과 제도의 굴레를 벗기고 경쟁을 시켰더니 신바람이 나서 '한강의 기적'을 일으켰다. 한국인의 욕망을 부정적으로 다루면 지독하게 이기적으로 흐를 수 있지만 긍정적으로 활용하면 발전과 성취의 원동력이 된다.

한국인은 자존심도 강하다. 겉으로 굽혀주는 척하지만 속으로는 '세계에서 일본을 가장 우습게 보는 민족이 한국인'이라는 소리를 들을 만큼 일본하면 팔소매부터 걷고 나오는 것이 한국인이다. 이웃 중국인들은 이런 한국인들을 부러워한다. 세계최강 미국에 대해서도 강하게 나오는 것이 요즘 한국인들의 모습이다. 사대가 아니라 자주 의식이 너무 지나쳐 어떨 때는 걱정도 된다.

한국인은 열이 많다. 맵다. 감정적이며 이를 숨기지 않고 발산하는 편이다. 화도 잘 내며 속에 있는 말은 내 뱉어야 한다. 짧은 시간에 화나 감정이 뜨겁게 달아오르는 만큼 식는 것도 그만큼 빠르다. 그렇기 때문에 쉽게 달아오르고 식는다 해서 냄비근성의 소유자란 말도 나온다. 격정적이긴 하지만 뒤끝은 없는 편이다.

한국인의 머리는 세계 최고 수준이다.[81] 대한민국 청소년들이 세계 과학

81) 지능지수(IQ)테스트를 하면 한국인은 항상 전 세계에서 1, 2위를 다툰다. 2004년 스위스 취리히대학에서 세계 180개국 국민들의 평균 IQ를 측정한 결과, 한국인이 106으로 1위에 올

경시대회나 국제올림피아드에서 1등을 하는 것은 이제 별다른 뉴스거리가 되지 않는다. 한국인의 머리가 좋은 이유에 대해 전문가들은 세계적으로 우수한 한글, 교육열 그리고 학문을 숭상하는 문화전통 등을 꼽는다. 이는 한국인의 '선비기질'을 보여 주는 좋은 증거다.

이러한 기질들 즉 전사기질과 선비기질이 어떻게 결합하느냐에 따라 나라 전체의 운명이 결정된다. 해방 후, 대한민국은 되찾은 스피드, 신바람, 개척정신, 돌파력 등 전사기질의 에너지를 밖으로 돌려 뻗어나갔고, 선비기질의 성실함, 원칙, 도덕성, 양심, 우수한 두뇌 등과 조화를 이뤄 '기적의 역사'를 만들었다. 지난 근대화·산업화 시대에는 부국강병을 위한 주식회사 대한민국이 우리나라의 정체성이었다. 잘 살아보기 위해 물불을 가리지 않고 전력투구하는 자세, 수출입국, 해외진출, 교육투자, 절약과 근면, 땀과 눈물 등으로 대변되는 달리는 한국인이 우리 국민의 정체성이었다.

그러나 어려운 삶을 살다 보니 긍정보다 부정에 익숙하고, 격려보다 비판이, 칭찬보다 훈육이 훨씬 많다. 대한민국은 경이로운 발전을 거듭해 왔지만 언론의 논조는 늘 비판적이고 우울한 편이다.

외국에는 역사상 수많은 영웅·호걸이 존재하지만, 대한민국의 영웅·호걸은 눈 씻고 찾아봐야 한다. 인물이 없어서가 아니라 이것저것 비판과 흠을 잡다 보니 인물을 만들지 않은 것이다.

한국사회는 이념의 갈등, 지역갈등, 노사갈등, 세대갈등, 빈부갈등 등으로 사분오열되어 있는 느낌이다. 성공한 자를 쉽게 인정하거나 칭찬하지 않고 부정한 눈으로 먼저 바라본다.

2005년 월스트리트저널지가 세계 82개국을 대상으로 행복과 삶의 만족도, 즉 국가별 행복성적표를 발표했는데 라틴아메리카 국가들이 아주 높은 성적표를 받았다. 푸에르토리코가 1위를 차지했고, 멕시코 2위, 콜롬비아 8위, 그리고 엘살바도르와 베네수엘라가 나란히 12위와 13위를 차지했다. 상위 15위에 5개국이 포함된 것이다. 반면에 대한민국은 49위, 일본은 42위, 미국은 15위에 머물렀다.[82] 미시건대학의 로널드 잉글하트 교수팀의 조사(World Value Survey)에

랐다. 2위는 일본(105), 3위는 타이완(104)이다. 2003년 영국 얼스터대학과 핀란드 헬싱키대학이 185개국을 조사한 결과에는 홍콩(107), 2위가 대한민국(106), 3위가 일본·북한(105) 순으로 나타났다.

82) 영국에서 나온 2005년판 행복지수에서도 한국인의 행복도는 조사대상 70개국 가운데서 40

따르면 한국인의 행복도는 세계 59위로, 우간다와 비슷한 3등균 국가로 분류되고 있다. 즉 한국인이 느끼는 삶의 만족도는 47.3%로서 OECD평균 70.6%에 한참 못 미치고 있다.[83)]

SBS가 대한민국갤럽과 실시한 조사결과에 의하면 한국인의 2005년도 행복도는 74%로서 1995년도 88%보다 14%가 하락한 것으로 나타나고 있다. 그리고 미래에 대한 전망은 더 불행할 것이라고 응답한 비율은 60%가 넘었다.[84)] 한국인은 우리가 성취한 번영과 발전에 긍지와 자부심을 가져야 하며, 다가오는 도전을 희망을 가지고 응전해야 한다. 희망이 있으면 행복해진다. 희망이 있고 행복한 한국인, 즉 Hohappy(Hope+Happy)한 한국인이 되도록 함께 노력해야 한다.

우리는 분열과 갈등을 넘어 통합의 길을 함께 열어나가야 한다. 사회 통합의 리더십 발현 없이 지속적인 발전을 기대할 수는 없다. 산업화 시대의 경륜과 민주화 시대의 패기를 함께 모아 선진화 세력으로 결속시켜 나가는 리더십이 매우 절실하다.

1960년대 이후 산업화의 경험을 물려받은 개혁적 보수세력과 1980년대 중반이후 민주화의 경험을 물려받은 합리적 진보세력이 함께 힘과 지혜를 모아 선진화세력을 창출해야 한다. 여기에 21세기를 주도할 젊은 청년 세대인 미래세력이 가담해야 한다. 산업화세력과 민주화세력의 결합, 개혁적 보수와 합리적 진보의 결합은 21세기 국가도약을 위한 필수전제다. 한마디로 20세기적 이념 대립의 시대는 끝났다. 이제 이념통합, 이념융합의 시대가 열리고 있다. 개혁적 보수는 과거 우파가 지지하던 권위주의를 버리고 자유주의로 나아가야 하며, 합리적 진보는 과거 좌파가 지향하던 집단주의를 버리고 공동체주의로 나아가야 한다.

격려와 칭찬의 문화를 만들어 가야 한다. 잘하는 사람을 칭찬해주고 다소 실수를 해도 격려해 주며, 사회적으로 많은 역할모델을 만들어야 한다. 이런

위에 그쳤다. 1인당 소득이 1400불도 안 되는 부탄(8위)에도 크게 떨어질 만큼 우리사회는 행복하지 못하다는 의미이다. 어느 연구에서는 우리의 행복지수가 세계 120위로 평가된 조사도 있다.

83) 잉글하트(Ronald Englehart) 교수팀의 연구결과를 보면, 1인당 소득이 1만불에 달할 때까지는 소득과 행복이 함께 올라가지만, 그 이후에는 국가경영에 따라 행복과 번영의 함수관계가 나라별로 달라지는 것으로 분석되고 있다.

84) 한국인의 삶의 질과 행복에 대한 조사결과 보고서(SBS-대한민국갤럽, 2006).

기운이 가정, 학교, 직장에 넘치면 정이 솟고 시너지와 신바람이 넘친다. 칭찬은 고래도 춤추게 한다고 하지 않던가. '열린 마음'으로 서로를 칭찬하는 문화, 그래서 희망과 활력이 샘솟는 사회를 함께 만들어 가야 할 때이다.

사회공동체 강화전략은 독일통일과정에서 볼 수 있듯이 낙후된 지역민들로 하여금 자립할 수 있는 기회를 제공함으로써 '잘 살 수 있다'는 꿈을 회복하도록 해야 한다.[85] 이렇게 사회공동체가 강화되면 새 시대의 공동체정신을 함양하고 책임성과 파트너십을 고양하는 데 큰 기여를 할 것이다.

대한민국 헌법 제10조에는 "모든 국민은 인간으로서의 존엄과 가치를 가지며, 행복을 추구할 권리를 가진다. 국가는 개인이 가지는 불가침의 기본적 인권을 확인하고 이를 보장할 의무를 진다"라고 명시되어 있다. 궁극적으로 국가가 추구해야 할 것은 국민 개개인의 행복인 것이다.

그러나 희망찬 사회를 만들어 가는 것은 정치권의 힘과 노력만으로 될 수 없다. 특히 요즘처럼 어려운 환경 속에서 정치적 비전과 전략에 추가하여 국민들의 적극적인 동참이 요구된다.

국민이 바뀌어야 정치가 바뀐다는 이야기가 있다. 함석헌 선생은 "생각하는 국민이어야 산다"고 하였다. 정치가 중요하고 정책전문가가 중요하지만 사실은 국민의 생각이 역사를 바꾼다. 우선 선진일류화가 우리나라를 살리고 우리 국민 개개인을 행복하게 만드는 길이라고 확신하고 단결하여 일류국가건설을 위해 정진해야 한다.

2. 정치전략의 추진기조

(1) 비전과 국정철학 겸비한 올바른 지도자

대한민국이 선진화에 성공하려면 올바른 선진지도자를 많이 양성해야 한다. 무엇보다도 선공후사(先公後私)하고 언행이 일치하며 비전과 정책역량, 그

85) 20세기 말 독일에서는 중요한 역사적 사건들이 발생하였다. 그 하나는 독일통일이며, 그 다른 하나는 EURO로 상징되는 EU의 통합이 새로운 단계에 진입하였다는 사실이다. 동독이 무너지면서 주민들이 민주적 의사결정과정을 통하여 동독의 서독편입에 찬성하였다는 것은 무엇보다도 '살 만한 가치'가 있는 사회를 이룩하는 데 서독의 제도가 동독의 제도보다 우월했다는 점을 보여 주는 증거이다. 나아가 통일이후 독일은 유럽통합에 주도적 역할을 담당함으로써 민족주의 부활에 대한 주변국들의 불안을 불식시키면서 새로운 유럽질서를 모색하고 있다.

리고 국제감각이 탁월한 지도자가 많을수록 우리나라의 일류화의 성공 가능성은 높아진다. 국가의 일류화가 성공하려면 일류화를 이끌 역사 주체가 필요하고, 역사 주체의 중심에는 유능한 지도자가 많아야 한다.

대한민국의 선진일류화를 위해서는 어떤 리더십이 필요한가. ① 미래지향적 리더십이 필요하다. 지금은 너무 과거지향적이다. 이런 식으로 해서는 나라가 안 된다. 과거사는 정리되어야 하지만 역사에 맡기고 미래를 보아야 한다. 미래지향적일 때 비전과 정책이 나온다. ② 국민통합형 리더십이어야 한다. 국민을 껴안고 가는 리더십이 필요하다. ③ 개방·일류형 리더십이어야 한다. ④ 인기영합주의를 극복할 수 있기 위해 원칙과 가치를 가진 리더십이 나와야 한다.

특히 21세기 대한민국의 지도자는 통합의 리더십을 보여줘야 한다. 과거 군사독재 정권 시절의 인권유린과 지역감정 등의 어두운 유산, 그리고 민주화 정권 시절의 부실한 경제 운용과 편가르기 등 실정을 극복하고 국민을 통합시킬 수 있는 리더십 말이다. 그래서 사회각계 구성원들간에 이런 분열과 갈등을 조화롭게 극복하고 공동선(公同善)을 향해 자발적으로 매진할 수 있도록 만들어야 한다.

국가통치를 위한 지도력이란 지도자가 국가적 노력의 방향 즉 국가전략을 제시하고 그러한 노력에 대한 국민적 의지를 통합 및 결집시켜 국민적 합의를 이끌어 낼 수 있는 능력이라고 할 수 있다. 이러한 지도력은 국민의 광범한 신뢰와 존경을 통한 심리적 강제가 가능한 참된 위엄에서 나오는 것이다. 이 때문에 특히 국가지도자에게는 맑고 높은 도덕성과 보이지 않는 신념적인 힘의 중요성이 강조되는 것이다.

국가지도자는 국민의 마음을 얻기 위해서 도덕적으로 올바른 리더십을 발휘해야 할 뿐만 아니라 기본적으로 정치의 정도 및 대도로 나가야 한다. 부정부패를 척결하고 청렴한 정치를 한다는 것은 일단 갖추어야 할 요건이긴 하나 그것만으로는 불충분하다.

국가지도자는 국민에게 지도자다운 신념의 힘을 느끼게 해야 한다. 한번 입 밖에 내놓은 약속은 반드시 완수하고야 말 것이라고 국민이 신뢰하도록 하는 어떤 힘을 느끼게 만들어야 한다. 홍보와 설득으로 될 수도 있고, 덩샤오핑처럼 행동으로 보여줄 수도 있을 것이나,[86] 어떠한 방법으로든 지도자가 가진

86) 실사구시의 대명사인 흑묘백묘(黑猫白猫)론을 주창하면서 중국의 개혁과 개방을 추진해온

신념의 힘을 느끼고 믿게 해야 국민은 성취의 확신을 가지고 안심하고 따라올 것이기 때문이다.

우리나라에도 과거 조선시대에는 지도자학이 있었다. 조선시대에는 학문 자체가 대부분 지도자학이었고 학문을 하는 목적 자체가 지도자가 되기 위한 것이었다. 소위 수기치인(修己治人)이 학문의 목적이었다. 본래 지도자의 길이란 결코 영광의 길이 아니다. 자기희생과 헌신의 길이고 노력한 만큼 평가를 못 받는 경우가 허다하다. 그래서 다산 정약용 선생은 “목민관(牧民官)이 되는 것은 가능한 한 피할 일이다. 결코 좋은 직업이 아니다”라고 하였다. 각고의 노력과 자기희생이 따라야 하기 때문이다.

국가지도자의 요건을 다음 몇 가지로 정리할 수 있을 것이다.

첫째, 비전과 정책 역량이 있어야 한다. 지도자는 나라를 어떻게 선진화해야 할지에 대한 뚜렷한 비전과 전략을 가지고 있어야 한다.

둘째, 국제적 감각과 경륜이 있어야 한다. 오늘날은 세계화·지구촌의 시대다. 국가경영도 정당경영도 기업이나 학교경영도 우물 안 개구리식으로 할 수는 없다.

셋째, 무엇보다도 지도자는 공인(公人)의식이 있어야 한다. 사익을 추구해서는 지도자가 아니다.

넷째, 정직해야 한다. 무엇보다도 지도자는 언행일치(言行一致)하고 솔선수범해야 한다.

다섯째, 자신을 낮추고, 남의 이야기를 잘 듣고, 천하의 인재를 사랑해야 한다. 지도자는 자신을 존대 망상하는 사람이 아니다. 자신을 낮출 수 있는 사람이어야 한다.[87]

덩샤오핑은 1989년 톈안먼(天安門) 사태를 겪고 난 후 공직에서 물러났다. 그러나 1992년 1월 선전, 우창, 주하이, 상하이 등 남방지역을 방문하여 강력한 개혁·개방을 독려하는 남순강화(南巡講話)에 나서 세상을 놀라게 했다. 당시 88세였던 덩이 장정(長征)에 나서 개혁·개방에 속도를 낼 것을 촉구하는 모습을 본 사람들은 충격을 받았다. 남순강화는 중국 경제 발전에서 매우 큰 의미를 지닌다. 중국은 덩의 등장 이후 계획경제를 부정하고 시장경제를 주장했다. 그러나 1992년 옛 소련의 붕괴는 엄청난 혼란을 불러일으켰다. 시장경제에 이의를 제기하고 계획경제로 회귀하자는 견해가 불거졌고, 개혁·개방은 중대한 기로에 섰다. 덩은 이때 남순강화라는 결단을 내렸다. 왕장웨이 베이징사범대학 교수는 “톈안먼 사태와 소련 해체로 국제적으로 경제제재에 부닥친 데다, 반대세력이 고개를 들었다”면서 “그러나 덩 주석은 개혁·개방은 굳건히 계속되어야 한다고 강조했다”고 말했다.

87) 박세일, 앞의 책, pp. 393-400.

국가의 지도자는 바른 사람을 써야 하고, 정책수행이 맑고 밝아야 하며, 지도체제가 제대로 확립되어 조직적 뒷받침을 받을 수 있어야 할 뿐만 아니라 힘과 현실적 영향력에 바탕을 둔 추가적인 권위도 필요하다.

사람들은 흔히 지도자의 말보다는 어떠한 사람을 중용하느냐 하는 것을 통해 지도자의 참마음과 의지를 읽으려 하고, 실제 처리하는 정책을 통해서 그것을 확인하려 하는 법이다. 그러므로 옳고 깨끗한 인재를 써야 하고 정책은 맑고 밝아서 불필요한 의혹을 만들지 않아야 한다.

현대사회는 각 분야별로 고도의 전문성이 요구되는 사회이므로 전문적 능력이 필요한 분야에 대한 인사는 철저히 그 특성을 살려주어야 하며, 그러한 능력자를 육성해야 한다.

정치지도자들은 권력을 쟁취하고 이를 유지하는 것에만 매달리지 말고, 진정으로 국가와 국민을 위해 자신이 무엇을 할 수 있으며, 무엇을 해야 할 것인지를 생각하여야 한다. 영국의 대처수상처럼 먼 미래에 나라가 정치·경제·사회·문화적으로 어떤 모습이 되어야 할 것인가를 구상하고, 지금 그것을 위해 우리가 무엇을 해야 할 것인지에 대한 대안을 제시하고 실행에 옮기는 노력이 필요하다.[88)]

한마디로 정치가는 공인(公人)이기 때문에 공적인 덕, 즉 공덕(公德)을 물어야 한다. 그래서 정치가에게는 책임윤리(責任倫理)가 문제된다. 즉, 정치행위의 성과와 결과를 가지고 그들을 평가하여야 한다.

한국인들이 바라는 지도자 기준은 다른 나라보다 더 엄격하다. 능력도 뛰어나야 하지만 인격적으로도 흠이 있으면 안 된다. 이런 까다로운 기준을 만족시키려면 지도자는 살신성인(殺身成仁)의 자세와 투철한 애국심으로 무장되어야 한다.

머리보다 가슴을 중시하는 한국인들이라 감동을 주는 지도자가 필요하다. 차가운 계산보다 뜨거운 정에 흔들린다. 감동을 줄 만한 비전과 목표, 명분과

---

88) 대처 리더십의 핵심을 단순화시키면 'DIY(Do It Yourself, 자신 스스로 노력하라)'다. 대처는 평생 'DIY 정신'을 영국사회에 정착시키려 노력한 지도자다. 국가나 사회에 기대지 말고 일을 해서 자신의 문제를 해결하라고 외친 인물이다. 대처는 철저한 시장 원리에 따른 경쟁사회를 지향했다. 그녀는 늘 "일한 만큼 얻는다," "누리는 만큼 지불한다"는 철저한 자본주의 논리를 설파했다. 이로 인해 만성적인 '영국병'을 치유하는 전기를 마련했다는 평가를 받고 있다. 총리 재임 시에 그가 실시한 공기업 사유화, 노조에 대한 강경책 등은 하나같이 자유시장경제의 룰을 되살리기 위한 것들이었다.

논리를 제시할 때 한국인은 움직인다. 신바람이 일어나고 정이 넘쳐나와 가공할 시너지를 발산한다.

지금처럼 세계경제위기가 온 나라를 짓누르는 누란(累卵)의 위기에 처해 있을수록 위대한 정치 지도자가 필요한 것은 새삼스레 강조할 필요가 없다. 이는 대공황을 맞았던 시절 루스벨트 대통령이 없는 미국과 제2차 세계 대전 당시 처칠 총리가 없는 영국을 생각할 수 없는 것과 마찬가지다. 이 위기의 시대에 우리가 기다리는 지도자는 난마처럼 얽혀 있는 많은 난제를 해결하기 위해 흩어진 국민의 역량과 에너지를 다시 결집시켜 통일된 방향으로 나아갈 수 있는 능력을 지닌 인물이다. 우리나라에도 영국의 대처나 중국의 덩샤오핑과 같은 훌륭한 지도자가 출현하여 이 나라를 또 한 단계 더 높이 도약시켜 선진국으로 진입할 수 있게 해 주길 바란다.

(2) 작지만 강한 정부

세계화·지식정보화 시대에 들어서며 국가의 전략과 정책 수립 및 집행 환경이 과거보다 복잡해졌다. 그리고 민주화가 가져온 권력의 하방이동으로 인하여 집단이익과 지역이익의 목소리가 대단히 커졌다. 여기에 권위주의정부와 투쟁한 여진이 남아서 국민의 목소리는 그것이 집단이익이든, 지역이익이든, 대부분 옳은 것이고, 반(反)정부는 무조건 정의롭다는 편향된 대중정서가 아직도 남아 있다.

우리는 외환위기 이후 작은 정부와 효율성을 내세웠다. 그러나 참여정부의 출범과 함께 큰 정부와 공공성 확대로 방향을 틀었다. 공무원 수, 정부조직, 재정 등이 확대되었다. GDP 대비 국가채무 증가속도는 OECD 국가 중에서 가장 빠르다. 아직 국가채무의 절대액이 선진국보다 작다고 하나 반론도 만만치 않다. 향후 남북협력과 통일비용, 국민연금 부실, 복지비지출과 우발채무까지를 감안하면 선진국보다 심각하다는 것이다.[89] 전문가들은 정부부문의 비대화는 정부지출 증가, 재정악화, 국민조세부담 증가, 성장률 저하의 악순환으로 이어질 수 있다고 경고하고 있다. 큰 정부 노선은 결국 국민부담의 증가로 이어질 가능성이 크다는 게 전문가들의 공통된 지적이다.

현재 한국정부의 역할은 개발시대의 중앙정부 주도형 체제가 남긴 유산

89) 조선일보, 2005년 10월 4일, 4면.

으로 비대하고 독점적이다. 국가전략과 정책결정과정이 불투명하고, 품질이 우수하지 못하다. 정부조직이 수평적으로 과도하게 분화되고, 수직적으로는 다단계의 중첩구조를 이루고 있다. 유사 중복기능이 혼재되어 부서간 역할 분담이 불명확하여 분야별 전략과 정책이 유기적으로 연계되지 않는다. 폐쇄형 임용을 중시하는 인사제도는 잦은 순환보직과 비전문가의 낙하산 인사관행과 겹쳐 공무수행의 전문성을 저하시킨다. 과도한 규제와 동떨어진 단속, 형평성과 예측가능성을 떨어뜨리는 공급자중심의 행정은 부패가 기생하는 토양이 된다. 그리고 개혁의 주체와 개혁의 대상이 양분되어 대다수는 냉소 내지 방관주의자적인 시각을 지니게 되어 정부개혁이 뿌리를 내리지 못하고 있다.[90)]

이러한 문제를 개선하는 정부개혁의 원칙은 법치와 규범의 확립, 작고 효율적인 정부의 실현,[91)] 수요자 위주의 질 높은 서비스체제 확립, 각 부서의 자율과 책임의 강화, 투명성 제고 등으로 설정할 수 있을 것이다.[92)] 정부개혁은 무엇을 할 것인가도 중요하지만, 어떻게 할 것인가도 중요한 요소이다. 이는 곧 정부개혁의 이념과 가치, 비전, 논리 못지않게 개혁의 전략과 방법도 치밀하게 구상해야 성공할 수 있음을 의미한다.

지식정보화 사회는 거의 광속의 속도로 빠르게 변화하고 있다. 정부조직을 빈번히 바꾸는 것은 행정 안정성을 위해 그리 바람직한 것은 아니지만 그렇다고 효율성을 무시하고 불변성을 고집하는 것도 시대착오적이다. 정부는

90) 세계은행이 2005년 발표한 정부부문 경쟁력 관련 6개의 지표 중 '정부부문의 경쟁력'을 직접적으로 보여 주는 '정부부문의 효과성' 지표에서 대한민국은 1등급으로 평가됐지만, 대부분의 OECD 국가들보다는 아직 낮은 수준에 머물러 있다. 백분위수로 환산한 우리나라 정부효율성 지표 평가점수는 80.3으로 그리스 · 이탈리아 보다는 높았으나 뉴질랜드 · 미국 · 일본보다 낮았고, OECD 국가의 평균치 89.7을 밑도는 수준이다.

91) 미국이 지향하는 새로운 정부는 '작고 강한 정부'이다. 정부가 모든 문제를 해결하려는 것은 바람직스럽지 않으며, 따라서 정부는 충분히 작아야 한다. 반면에 정부는 시민 스스로 문제를 해결할 수 있도록 적절한 도움을 줄 수 있는 충분히 강한 도구가 되어야 한다. 또한 세계무대에서 미국이 자국의 이익과 가치를 추구하기 위해서도 정부는 더 많은 역할을 해야만 한다는 것이다. 그리고 작은 정부의 실현은 일본국민의 공통된 인식이다. 과거 정부가 비대해짐으로 해서 공공부문에 대한 국민의 부담이 컸으며 결국 그러한 문제점은 국민에게 폐해로 돌아왔다. 이미 일본은 1999년 정기국회에서 중앙정부의 조직을 대폭 간소화하는 정부조직법을 개편하여 2001년부터 시행하고 있다.

92) 우리가 추진하고 있는 민주적인 통치는 바로 국민에게 공개된 통치를 의미하는데 이제는 어느 국민도 더 이상 그들의 세금으로 방만하고 비효율적인 정부조직을 유지하는 것을 허용하려 하지 않을 것이다. 자유세계 각국이 보다 작으면서도 효율성이 높은 구조로 발전하기 위한 노력을 그치지 않는 것은 바로 이 때문이다.

국민 위에 '군림'하는 곳이 아니라 국민을 위한 '서비스'기관이다. 따라서 정부 조직개편은 단순히 정부 부처나 공무원 수를 합치고 줄이는 게 아니라 나라가 부강해지기 위해, 국민이 잘 살기 위해 공무원도 사명감을 갖고 기능을 발휘하며 열심히 일할 수 있는 체제를 만드는 것이 중요하다.

지식정보화시대에 비약적인 발전을 하고 있는 정보기술을 최대한 활용하는 정부의 질적 혁명이 진행되어야 한다. 정보기술은 정부조직의 군살을 빼고 압축하는 데 부딪치는 기술적 문제를 해결해줄 것이다. 또한 조직에 대한 사고방식을 변화시켜 정부를 효율적으로 재조직하고 압축시킬 수 있게 한다. 정보기술은 정부를 압축적으로 재조직할 수 있는 핵심적 도구로 정부 재창조와 다른 사회 분야 전반에 걸친 변화를 추동하는 기반이 될 수 있다.

첨단정보기술을 활용한 새로운 구조의 창조는 작고 효율적인 정부를 지향하는 우리의 기대를 만족시켜 주게 될 것이다. 왜냐하면 중복된 기능의 단순화가 가능하고 통합된 기능을 통해 각 부서의 업무를 통합적으로 검토, 재조정하면서 업무의 효율성이 증대됨은 물론 대폭적인 인원의 감축을 기대할 수 있기 때문이다.[93)]

모든 국가에 이상적으로 부합되는 보편적인 국가조직이나 설계는 없다. 따라서 단순히 선진국의 제도를 이식하는 것이 강한 국가를 위한 해결책은 아니다. 국가의 제도적 능력은 국가의 특성에 맞게 정책을 결정・집행하고, 법률을 제정하여 최소한의 관료제로 효율성 높게 국정을 관리하는 것이다. 국가능력을 발휘하게 하는 데 국가역할의 범위는 축소하되 힘을 가지고 바람직한 방향으로 효과적으로 정책을 수행하게 할 수 있어야 한다.

그러나 적정규모의 정부나 적정수준의 권한 위임에 관한 원천적인 답은 찾기 어렵다.[94)] '작지만 강한 정부'는 효과적인 국가 목표의 달성을 위해서 절

93) 미국의 경우 정부는 끊임없이 업무감사를 통해 조직의 효율성과 인력수요를 분석 판단하고 적절히 재조정한다. 우리도 이러한 방법을 통해서라도 국가조직 전체를 정밀하게 분석 점검하여 불필요한 인력 및 조직을 재정비할 필요가 있다. 조직을 정비한다고 해서 개별조직의 인력구조만 따지고 조정해서는 미흡하다. 물론 미국처럼 인력감사를 통한 세부인력의 소요도 면밀히 재검토해야겠지만 그보다는 불필요한 부서는 통째로 정리하는 과감성이 있어야 한다는 뜻이다.

94) 행정규제의 양(量)과 공무원의 수(數)는 비례한다. 공무원 조직은 견제가 없으면 팽창하려는 속성을 지닌다는 파킨슨의 법칙은 여전히 유효하며, 그렇게 커진 공무원 조직은 민간의 이런저런 일에 간섭하면서 새로운 규제를 만들어 내게 마련이다. 정부가 크면 클수록 시장을 더 위축시키는 메커니즘이다.

실히 요구되는 것이지만 주어진 정답은 없다.[95] 왜냐하면 각국의 현실과 역사적 맥락 및 문화요인을 고려하여 검토되어야 할 사안이기 때문이다.

그러나 몇 가지 핵심적인 사안을 검토해야 할 것이다. 청와대 대통령 비서실 구조는 기능위주로 재검토해볼 필요가 있다. 국가전략기능에 맞추어 안보, 정치, 경제, 사회, 교육, 문화, 과학기술 기능이 7대 골간이 될 것이고, 여기에 전략, 정책, 의전, 총무, 민정 등이 추가되어서 기본기능 위주로 구조를 단순 명확하게 한다면 작으면서도 국가의 통합관리가 가능한 구조가 될 수 있을 것이다. 단 불필요한 인력은 철저히 배제하고 필수 소요기능 위주로 편성하되, 총합관리를 위한 통합기능과 책임 있는 정책보좌가 활성화될 수 있도록 하여야 한다. 특히 정책분야에서는 국가전략의 큰 틀에서 장기적인 안목을 가지고 기능별·분야별 정책을 통합·조정해야 한다.

비서실의 구조는 정부의 조직편성과 연계되는 것이 효율성이 높을 것이다. 그래서 비서관도 정부의 장관급 1개부서당 한 명이 담당하는 원칙이 준수될 필요가 있다. 어떤 부서의 업무를 두 명의 비서관이 담당한다는 것도 오히려 업무의 책임성과 효율성을 저하시킬 수 있고 한 명의 비서관이 수개의 부서를 담당하는 것도 자칫 특정부처의 업무가 사장될 우려가 많다는 것은 경험적으로 증명될 수 있다. 단 중요한 전제조건은 능력 있는 인재, 반드시 필요한 우수한 인재를 선발하는 것이다.

산업화시대의 산물로 대통령과 중앙정부로 집중된 권한을 장관과 자치단체, 공기업 등에 이관하여 자율과 책임하에 임무가 수행되는 체제를 갖추어야 한다. 이를 위해 지방행정구역을 수평적으로 광역화하고, 다단계 계층구조를 줄여 지방자치를 활성화해 나가야 한다. 정부기능의 집약화와 정예화를 통해 불필요한 일은 민간부문으로 이양하고, 정부 본연의 사명은 충실히 수행하여야 한다. 국가전략과 정책수립과정을 보다 투명하고 효율성이 보장될 수 있도록 하여 시행착오와 부패를 방지하고 정부의 전략과 정책기획능력을 제고시켜야 한다. 공직개방을 확대하여 공개경쟁체제를 강화함으로써 공무원의 전문성과 지식기반을 높이고, 정책실명제를 강화하여 수립된 정책에 대한 책임을 다

95) 정부의 기본 역할은 국민이 공유하는 성장 기반을 마련하는 것이며, 사람들은 큰 정부인가, 작은 정부인가 하는 것보다는 정부가 동반성장 전략을 제대로 추진하고 있는 효율적인 정부인가에 보다 많은 관심을 가져야 한다.

할 수 있도록 해야 한다. 투명한 공무원사회를 조성하여 권력형 비리를 봉쇄하고, 부패 친화적인 환경과 운영시스템을 정비하여 공무원의 부패를 줄여 나가야 한다. 설사 어떠한 어려움이 있고 시간이 걸리더라도 새로운 시대의 공직자로서의 가치관을 확립시키기 위한 이러한 노력은 적절한 교육, 공정한 인사 등 어떠한 방법으로든지 철저하게 계속되어야 할 것이다. 그것이 바로 공직사회에 바른 영혼을 불어넣는 노력이라 할 수 있다. 공공부문의 개혁성과를 높이기 위해서는 장기적으로 정부산하기관의 대대적인 정리가 필요하고 관료사회의 개혁과 작은 정부로의 지향이 필수적이다.

공공부분의 개혁을 위해서는 시장규율 기능이 작동되기 위한 적절한 제도적 환경이 설계되어야 한다. 공기업의 민영화와 공적기관의 통폐합은 민간의 순기능 역할을 강화하고 정부의 역기능 역할을 축소하는 방향으로 논의가 진행되어야 한다. 공적기관의 개혁을 고려할 때 먼저 생각해야 할 것은 기관이 존재하는 이유와 목적에 관한 것이다. 즉 이를 대체하는 민간기관은 있는지 이 공적기관이 존재함으로써 건강한 시장경제가 방해받고 있는 것은 아닌지를 검토하여야 한다. 민영화 대상은 대폭 확대되어야 하며, 준 공공부문의 대대적인 정리가 추진되어야 한다.[96] 환경과 수요의 변화에 대응하여 정부기능 가운데 불필요한 일은 폐지하거나 민간부문으로 이양하되, 정부본연의 임무[97]는 충실히 수행해야 한다. 이를 위해서는 도덕적 해이 현상이 나타나지 않도록 구체적이고 합리적인 경쟁 및 시장 기능이 조성되어야 하며, 합리적인 소유 및 지배구조를 확립하고 사안별로 적절한 조정·통제와 감독 방안을 수립하여 추진해야 한다.

(3) 깨끗하고 원칙이 있는 정치

우리나라 정치개혁의 핵심과제는 크게 두 가지로 요약할 수 있다. 하나는 '부패정치'의 청산이고 다른 하나는 '이익정치'의 청산이다. 정경유착, 권언유착, 부패선거 등 부패정치는 권위주의적 통치가 끝나고 민주화 과정에서 상당

96) 이주선 한국경제연구원 연구조정실장은 "좌파정부든 우파정부든 세계 130여 개 국가가 공기업을 민영화하고 있다. 민영화는 세계적 추세로 최선의 선택이다"라고 주장하고 있다.

97) 국가의 안전보장, 민생치안, 안전관리, 긴급구난 등의 사유재산권의 보호, 신속·공정한 분쟁해결, 공정한 시장풍토의 조성과 시장질서의 유지, 예측 가능한 거시경제여건 제시, 국민의 삶의 질 보장과 공교육서비스, 갈등조정, 국가기강확립 등이 이에 해당된다.

부분 개선되고 있다고 보아야 한다. 그러나 이익정치의 청산은 아직 요원하다. 이익정치란 기본적으로 정치의 본령인 이념과 가치, 국가발전의 비전과 전략 등이 무시 내지는 외면당하고 정치인의 기득권 확대·유지와 再배분을 둘러싼 투쟁에 골몰하는 정치를 의미한다. 이러한 이익정치가 가능한 주된 원인은 우리 정당이 특정 인물을 중심으로 한 인물 중심 정당이고 지역주의에 기초한 지역정당이기 때문이다.

국가전략과 신념을 바탕으로 한 정통성 있는 정당이 없으며, 선거 때마다 정당이 이합집산(離合集散)되는 것은 대한민국정치의 오래된 폐단이라고 할 수 있다.[98] 정당이 있고 선거가 있어야 하는데, 선거를 위해서 정당을 만들고 선거를 위해 정책을 만드는 것은 이제 사라져야 한다. 우리는 선거가 많음을 걱정할 것이 아니라, 깨끗하고 공정한 선거를 치를 수 있는지를 고민해야 한다.

정치개혁에서 가장 중요한 과제는 국가경영의 틀인 법과 제도를 만들어 내는 입법부를 중심으로 하는 정치권에 대한 개혁이다. 정치개혁의 첫 걸음은 "대한민국의 정치인들은 우리가 지향하려 하는 일류정치형태와는 다른 모습을 보이고 있느냐?" 하는 원인규명에서 출발해야 할 것이다. 매 선거마다 새로운 신진인사들이 국회에 진입하지만 국회가 크게 달라지지 않고 있다. 이는 결국 우리나라의 정치문제는 정치인 개개인의 문제라기보다는 정치제도상의 문제임을 시사하고 있다 할 것이다. 즉 정치인 개개인을 탓하며 몇 사람의 부패정치인을 사정하고 참신한 인재를 영입한다고 해서 해결될 문제가 아니라는 의미이다.[99]

우리는 지도자의 도덕성만을 강조하여 정치지도자만 바르게 행동하면 모든 문제를 해결할 수 있다는 비현실적인 기대를 접고, 정치성과도 제도적이고

---

98) 정당정치의 후진성은 책임을 피할 수 없다. 1987년 6월 민주화 운동 이후 등록됐다 사라진 정당만 70개에 육박할 정도로 대한민국 정당들은 영속성과는 거리가 멀었다. 3김으로 대표되는 보스 중심의 이합집산, 뿌리 깊은 지역주의 등이 원인이다. 선거철만 되면 고개를 들었던 정계개편 움직임은 그들이 모두 은퇴한 현재에도 똑같이 나타나고 있다. 정치권은 합의에 의한 새로운 리더십을 구축하기보다는 눈앞의 이익만을 좇으며 이합집산하는 행태를 되풀이하고 있다.

99) 개혁의 성격을 기준으로 국가의 개혁은 세계시장의 구조변화에 적응하고자 하는 '외부대응적 개혁(Counter-active Reform)'과 세계질서를 선도하고자 하는 진취적인 '미래대응적 개혁(Proactive Reform)'으로, 또한 개혁의 주체로 보면 위로부터의 개혁과 아래로부터의 개혁으로 구분할 수 있다. 지금까지의 개혁이 외부대응적 개혁 또는 위로부터의 개혁에 치중하였다면, 앞으로 우리는 미래대응적 개혁과 아래로부터의 개혁을 추진해 나가야 할 것이다.

사회적인 산물이라는 것을 기본명제로 설정하여 통합적이고 제도적인 해결방안을 모색해야 한다. 따라서 정치개혁도 제도 및 관행의 개혁, 실천성, 정치지도자의 능력과 책임의 균형 등에 중점을 두고 추진되어야 한다.

현대사에서 정치의 실패는 지속・반복되고 있다. 국가 의사결정구조의 상층부인 정치권은 통합능력을 갖지 못해 이익집단간의 갈등조정에 실패하여 사회적 균열을 초래하고 있다. 더불어 돈이 많이 드는 정치, 보스정치 등으로 정치 후진성은 사회 전반의 부패구조와 비효율을 고착화시켜 왔다.[100] 따라서 정치주체가 정치활동을 하면서 최소한의 거래비용을 지불하는 정치시스템이 필요하다.

지역감정은 강하지만 유권자들의 후보자 평가기능이 취약한 선거풍토에서 과도한 정치자금의 사용관행은 신인 정치인에게는 높은 진입장벽이 되고 있으며, 이미 진입한 정치인에게는 부패의 원천이 되고 있다. 이 문제를 해소하기 위해서는 선거공영제(選擧公營制)를 강화하고 선거법상 정치자금 사용규제는 보다 철저히 집행해야 한다.

정치지도자의 도덕성을 확보하기 위해서는 고비용의 정치구조와 정치자금의 부패 고리를 차단하여야 한다. 부정한 돈의 유입을 차단함으로써 정치권이 유권자가 아닌 다른 세력의 이익을 추구할 가능성을 약화시키고, 정치자금 모금의 투명성을 확보하여 공정경쟁에 바탕을 마련해야 한다.

정치와 권력이 독재, 부패와 오만에 빠지지 않으려면 법과 정의의 원칙을 지켜야 한다.[101] 각종 불법시위와 공권력의 실종은 사회적 비용의 증가로 이어진다.[102] 민주화가 진전될수록 공권력의 집행은 엄정해야 한다. 그러나 한국사회는 민주화 이후 인권이 부각되면서 공권력이 법과 원칙보다는 임기응변식 대처에 치중하는 치안 포퓰리즘에 빠져 스스로 권위를 무너뜨렸다. 그리고 표

---

100) 한국경제연구원, 모두 잘사는 나라 만드는 길, p. 32.

101) 논어 안연편: "정자정야(政者正也) 자수이정(子帥以正) 숙감부정(孰敢不正)," 노나라의 대부인 이강자(李康子)가 공자에게 "정치란 무엇이고 어떻게 나라를 잘 다스릴 수 있습니까" 하고 물었을 때 대답한 말로서, "정(政)은 정(正)입니다. 정치는 나라를 바로 잡는 것이요, 정의를 실현하는 것입니다. 당신이 먼저 솔선수범하여 정의를 실천하십시오. 그러면 백성은 반드시 본받고 따를 것입니다"라고 답변하였다.

102) 대한민국개발연구원(KDI)은 최근 발표한 '불법 폭력 시위로 인한 비용에 관한 연구'에서 2005년 집회·시위로 인한 사회적 비용을 최대 12조 3190억원으로 추산했다. 그해 국내총생산(GDP·805조8858억원)의 1.53%에 해당하는 액수다.

를 의식한 정치권이 불법 행위를 법으로 단죄하는 게 아니라 정치논리에 따라 타협하는 바람에 '국민정서법(國民情緖法)'이 실정법 위에 군림하고 있다. 우리는 이러한 치안 포퓰리즘 현상을 시급히 개선해 나가야 한다. 정치권이 정치적 이해관계 대신 법과 원칙에 따라 정책을 결정하고 스스로 준법정신을 발휘해야 불법 시위가 근절될 것이다.

이념과 가치에 뿌리를 내리지 않은 원칙이 없는 정치는 타락하고 붕괴한다. 미래 국가전략의 틀 속에서 원칙을 지키는 정치로 바뀌어야 한다. 국가권력은 통상 부패, 독재, 오만불손 등의 세 가지의 큰 질병에 빠지기 쉽다. 19세기 유명한 종교가이자 캠브리지 대학의 교수였던 로드 악톤(Lord Acton)[103)]의 "권력은 부패한다. 절대적인 권력은 절대적으로 부패한다"는 말은 권력의 속성을 갈파한 명언이다.

(4) 국익과 공익을 위한 정치

국가가 올바르게 발전하기 위해서는 대통령과 청와대, 행정부, 입법부와 정당이 국가전략의 큰 틀에서 국익을 구현하고 공익을 위한 정치를 해야 한다.

대통령중심제하에서 대통령의 의사결정은 바로 국가의 운명을 좌우하는 것이다. 그러나 최근의 의사결정 보좌기능은 그러한 중요성에 비해 효율성이 뒤떨어진다.

청와대는 정부의 각 부서보다도 한 단계 높은 차원에서 국가전략을 검토하고 국가전체를 조감하면서 정부 각 분야의 업무를 국가차원에서 분석 지도해주고 부서별 업무를 통합, 협조, 조정함으로써 통합적 · 입체적으로 국정을 관리해야 한다. 즉 국가전략차원에서의 국정의 큰 흐름에 대한 정책적인 방향을 연구, 개발, 검토함으로써 전반적으로 대통령의 의사결정을 보좌하는 것이어야 할 것이다.

정부는 공익성 있는 전략과 정책을 거래비용을 최소화하면서 결단력 있

103) 한때 영국의회 하원의원을 지낸 거물급 인사로서 '케임브리지'대학의 근대사(史) 교수를 역임한 '악톤(Lord Acton, 1832-1902)' 교수는 철저한 로마카톨릭교도였다. 그는 주교에게 보낸 서신에서, 정권과 결탁, 왕권을 뒤흔들었던 로마교황청이 누려온 권력을 두고 "모든 권력은 부패하기 마련이며, 절대적인 권력은 절대적으로 부패한다"는 자신의 의견을 피력하였으며, 종교재판 등 로마교황청이 저질러온 종교적인 살인행위에 대해서는 "교황들은 대규모적인 살인자들일 뿐 아니라, 살인을 기독교회의 정당한 체제로, 구원의 조건으로 설정하였다"고 논평하였다.

게 선택하고 추진해야 한다. 지식정보화시대에 전략과 정책결정과정에서 정부의 결단성과 신속성이 필요한 이유는 사회 전반에 미치는 중요한 이슈의 대부분이 정부의 즉각적인 대응이 필요하기 때문이다.

세계화시대의 국회는 단순한 지역대표성보다 정책전문성이나 직종대표성을 크게 높여야 한다. 정치에서 지역대표성은 첨차 그 비중이 낮아져야 한다. 앞으로는 지방이나 지역의 정치참여 욕구를 상당 부분 지방자치제도에서 흡수할 수 있기 때문이다. 또한 도시화와 후기산업화, 세계화, 정보화 등이 가속화되면 될수록 지역대표성이 가지는 의미는 더욱 약화될 수밖에 없다.

우리가 정치인을 국가정책능력과 국가경영능력을 가지고 판단하기 시작하면 정치인도 국가정책을 개발하고 국가경영능역을 높이기 위해 노력하게 된다. 그러나 국민이 정치인을 판단할 때 객관화하고 과학화하기 어려운 심정윤리에 속하는 문제를 중시하면 정치인은 자연히 이미지 정치, 이벤트 정치 중심으로 나아간다. 국가전략과 정책을 개발하고 국가경영능력을 높이려는 노력을 하지 않는다.

정당은 국가발전의 비전과 전략을 중심으로 조직되어야 한다. 지역정당 내지 인물정당에서 이념정당, 정책정당으로 바뀌어야 한다. 정당이란 본래가 이념과 가치를 같이하는 사람들의 모임이어야 한다. 고향이나 출신학교가 같아서 모이는 것이 아니라 국가발전의 이상과 이념이 같아서 모이는 것이 정당이어야 한다. 그리하여 정당이 서로 상이한 국가발전 비전과 전략 및 정책을 가지고 토론하고 공방하고 경쟁해야 한다. 그것이 생산적인 정치의 본모습이다.

일류화전략과 정책을 개발하고 수립하는 싱크탱크가 당의 중심에 놓여야 한다. 중장기 비전과 전략방향의 제시뿐 아니라 단기적인 정책현안에 대하여도 당의 입장을 일관성 있게 정리하여 제시해야 한다. 그리고 국익과 공익에 도움이 되지 않는 불필요한 규제는 과감히 철폐해야 한다.[104)]

104) 2005년 5월 12일 스위스의 IMD에서 발표한 세계경쟁력 평가보고서에서 '정부부문 효율성' 순위는 2004년 36위에서 2005년에는 31위로 5단계나 상승했다. 종합적인 국가경쟁력 순위도 2004년 35위에서 2005년에는 29위로 6단계 껑충 뛰었다. 그러나 '규제 수준'은 1996년과 2004년 동일하게 0.69점을 보이고 있어 지난 10여 년간 별 변화가 없는 것으로 보인다. 정부의 규제완화 조치가 계속 나왔지만 실질적 규제완화는 별로 이루어진 것이 없다는 평가다. 옛 규제는 없어졌으나 새로운 규제가 등장하므로 전반적인 규제수준에는 변화가 없는 것은 아닌지 검토해 볼 필요가 있다.

(5) 화합의 정치

21세기 선진일류국가 건설을 위해 우리 사회가 직면한 최대의 난제(難題)는 통합과 화합의 빈곤과 국가비전과 국가전략의 상실이다. 그것이 아무리 바람직한 의제라 하더라도 정치적 손익계산에 따라 찬성과 반대가 선택되고, 승패가 결정된다. 이 과정에서 다수의 보통 국민은 소외되고, 대상을 찾지 못하는 분노를 겪고 있다.[105)]

세계화시대에도 대한민국 정치는 대결정치를 벗어나지 못하고 있다. 지역간의 대결은 정치공동체의 단결과 화합을 위협할 정도로 심화되고 있으며, 여야간의 대결은 심화되어 공존의 정치가 자리를 잡지 못하고 있다. 특히 해방 이후 대한민국정치가 분단으로 점철되다 보니, 세계가 조화질서를 모색하고 있는 와중에서도 한반도는 여전히 냉전의 섬으로 남아 있다. 즉 분단은 이데올로기적 대결구조를 청산하는 데 걸림돌로 작용하며 보혁갈등이 우리의 정치지형을 축소시키고 있다.

동구 사회주의권 붕괴는 '이데올로기의 종언'으로 비쳐졌다. 하지만 대한민국 사회에서 그 위력은 줄지 않고 있다. 대통령 직선제 개헌 이후 민주화의 여정이 시작된 그 즈음부터가 오히려 '이념의 과잉시대'였다. 진보 진영에서는 사회변혁이론이, 보수 진영에서는 권위시대의 논리를 대체할 국가론이 백가쟁명(百家爭鳴)을 이뤘다. 그러나 치열한 논쟁 속에서도 국민의 인식의 지평과 공감대를 넓혀가는 순기능을 보여 주지 못하고 있다. 사상 논쟁은 인식의 차이를 넘어 '뉴라이트' '뉴레프트'라는 이름의 세력 충돌 양상을 띠고 있다. 사상 논쟁의 주축들이 사회적 역할을 반성하고 새롭게 설 자리를 모색해야 할 시점에 서 있는 셈이다.

국가의 운명을 좌우할 수 있는 중요한 국가전략이나 외교정책에서 해묵은 '이념논쟁'이 판을 치다보니 국가이익이나 현실적인 대안은 철저히 외면당하고 있는 실정이다. 국가적 중대 사안은 보수와 진보를 넘어 양측 모두가 우리의 국익과 앞으로의 국가전략에 대한 대승적(大乘的)이고 창조적인 자세로 문제를 해결해 나가야 한다.

---

105) 한국인은 열정과 격정의 소유자다. 거창하게 국익을 위한 일에도 흥분하지만, 대수롭지 않은 사소한 일에도 '불끈'한다. 한국인의 격렬한 성격은 선천적으로 북방 유목민족의 거친 기질 탓일 수도 있다. 또 오랜 기간 왜곡된 체제 밑에서 억눌려진 한(恨)의 표출일 수도 있다.

본래 정치란 갈등의 해결과정을 전제로 하기 때문에 갈등의 존재 자체가 문제되는 것은 아니다. 중요한 것은 갈등의 내용과 성격이다. 갈등구조가 제로섬 또는 네가티브일 경우, 그리고 균열의 축이 많을 때, 정치주체들이 협상을 통해 자신들의 갈등을 해소할 가능성이 적어지고 정치시스템의 효율성이 그만큼 낮아진다. 그리고 과도하게 분열된 정당체제와 분산된 권력구조는 정치성과에 부정적인 요인으로 작용할 수 있다.

한반도에는 남북한간의 갈등이 심각하다. 그러나 이에 못지않게 남남갈등도 심화되고 있다. 이러한 갈등은 계층(階層)간, 보혁(保革)간, 노사간, 세대간, 지역간 갈등으로 세분화되고 있다.

먼저 계층갈등은 성층화(成層化)되어 있는 사회 구성원들의 배열구조의 사회적 불평등에 따른 이질감, 위화감을 의미한다. 이러한 계층갈등의 원인은 정치적 측면에서는 특권층에 대한 반감과 분노, 엘리트와 대중간의 이질감과 정치 참여 과정의 경쟁기회 불균형 등이 작용하고 있다. 경제적 측면에서는 불평등 배분에 따른 상대적 박탈감의 심화, 사회적 측면에서는 계층간의 수직적 격차확대, 노동계급의 양・질적 성장, 부문간 및 지역간의 발전 격차, 부유층의 과소비, 향락풍조 등이 주요 요인으로 작용하고 있다. 심화되고 있는 계층갈등의 문제는 민주주의 제도화를 지연시키고 국민적 화합을 저해한다. 그리고 기존질서 타파의 변혁운동에 원인을 제공하며, 민주주의의 제도화를 지연시키고, 권위주의의 부활을 위한 부정적 역할을 할 우려가 있다. 긍정적인 측면에서는 사회개혁과 정치발전의 촉매제 역할도 가능할 것이다.

반면에 보혁갈등(保革葛藤)은 기존체제의 현상유지를 원하는 보수와 현상개혁을 원하는 혁신세력과의 갈등을 의미한다. 이러한 보혁갈등은 계층갈등과 계급갈등을 함축하고 있다. 이러한 갈등의 기본적인 바탕은 한반도의 분단모순과 체제모순에서 비롯되고 있다.

보혁갈등의 문제점은 체제세력과 반체제세력간의 투쟁이 심화되면, 정치와 사회적 위기가 조성될 수 있고, 이념갈등으로 인한 사회적 분열현상이 가속화되며, 국가전략과 정책에 대한 국민적 합의 도출이 어려워진다는 점이다.

노사갈등(勞使葛藤)의 원인은 산업화과정에서 노동부문에 대한 박탈감, 소외감 등과 노동운동의 억압으로 반체제적 저항의식이 조장되었고, 노동세력이 질적・양적으로 팽창하였으며, 노조체제의 이원화로 주도권 경쟁으로 인한 문

〈표 7-1〉 보혁갈등의 요인

구 분	보 수	혁 신
정치체제	자유민주주의	민중민주주의
경 제 관	자본주의	사회주의
안 보 관	안보 우선	평화 우선
통 일 관	자유민주주의, 제도중심	민중민주주의, 민족중심
북 한 관	주적개념	민족개념
개 혁 관	점진적 개혁	급진적 개혁
대 미 관	친미 · 용미(用美)	반미 · 자주

제가 심화되고 있는 데서 기인한다.

지역갈등(地域葛藤)의 원인은 지역간의 불균등 발전, 엘리트 충원과정에서의 격차, 역사적인 편견의식, 정치적인 이익을 달성하기 위한 지역감정 자극 등이다. 지역감정의 문제점은 국민통합과 일체감 형성 저해, 통치 권력의 국민대표성과 정당성 훼손, 국민적 편견의식의 심화 등이다.

21세기를 넘어 진행되고 있는 이러한 갈등상황은 단기적으로는 대립현상이 지속될 것이나, 궁극적으로는 융합과 공존의 단계로 이행될 것이다. 이렇게 보는 이유는 국민의식 수준의 향상, 타협존중(妥協尊重, Positive Sum)사회로의 지향, 정치의 민주화와 경제민주화의 상호 연계, 탈냉전 상황의 확산, 권위주의적 세력의 쇠퇴 등을 들 수 있을 것이다.

세계화시대를 살아가는 우리는 민주주의 사회를 정착시키고 다방면에 걸친 개혁을 추진하여 화합과 관용의 정신을 바탕으로 계층간, 보혁간, 지역간, 세대간, 이념집단간 갈등요소를 극복하고 더불어 사는 자세를 기르는 것이 매우 중요하다.

지금 우리 사회는 배고픔의 문제와 배아픔의 문제가 혼재되어 있다. 배아픔의 문제는 시장도 정부도 해결할 수 있는 것이 아니다. 그것은 개인이 자기혁신을 통해서 시장 내에서 적응력을 가져야 하며 자본주의와 자유시장경제의 특성을 이해해야 한다. 갈등통합의 리더십이 전제되지 않고는 어떤 묘책을 내놓아도 결국 실천이 이루어지지 않을 것이다. 이런 갈등을 해소하고 문제를 해결하는 간과 쓸개의 역할을 정부와 정치가 해주어야 한다.

이해 당사자들이 자신의 갈등을 타협과 협상으로 해결한다면 정치시스템이 효과적으로 움직일 수 있다. 그러나 우리 정치에서는 미성숙한 정치와 법치문화로 인해 이해 당사자간의 갈등과 대립을 조정할 수 있는 중재장치가 제대로 작동되지 않고 있다. 특히 정책결정을 앞두고 영향력 있는 두 집단이 첨예하게 대립했을 때는 아무도 중재하지 못하고 있다. 갈등을 조정하고 정책개발을 선도해야 할 국회와 정당이 정책개발 자체를 실질적으로 행정부에 위임한 상태이다.[106)]

결국 이해갈등의 조정 실패의 이면에는 민주주의 비용이라고 할 수 있는 이익단체의 집단행동을 인정하지도 못하며, 자율타결의 인내심도 없는 시민, 상반된 주장의 시시비비를 가려주지 못하는 언론과 지식인 사회, 그릇된 민주주의와 법의식을 가지고 있는 정치엘리트 등 대한민국 정치 시스템의 전반의 미성숙성이 작용하고 있다.[107)]

이러한 문제를 해결하기 위해서는 이해당사자들이 자율적으로 자신들의 이익갈등을 조정할 수 있는 환경을 마련함으로써 정부의 국정운영 능력을 강화하는 것이 현재 상황에서 효과적인 대안이다. 이를 위해서는 이익갈등을 해결할 수 있는 합의된 경쟁규칙을 확립해야 하고, 정부의 역할이 갈등의 당사자로부터 갈등해결의 규칙을 제정하고 집행하는 심판자로 바뀌어야 한다. 그리고 정부와 정치권이 국민으로부터 신뢰를 회복해야 하며, 이익집단의 정치참여와 이익집단을 보는 사회전반의 인식이 전환되어야 한다.

자율적인 분쟁해결 환경을 만들기 위해서는 다수결원칙의 준수와 정책전문성 제고를 통해 국회의 갈등조정기능을 강화해야 한다. 이를 위해서는 소수의 이익을 최대한 보호하는 방향으로 국회법을 개정하고, 다수의 권리행사를 방해하는 제도적·문화적 장애물을 제거하는 것이 중요하다.

행정부의 정책조정기능을 강화하기 위해서는 청와대에 집중되어 있는 실질적인 조정권한을 국무회의, 분야별 장관회의, 국무조정실 등에 대폭 이양하

---

106) 정치의 기본은 복잡한 갈등과 다양한 이해관계를 조정하고, 합의를 이끌어내는 것이다. 그러나 대한민국 정치는 현재 갈등과 충돌의 진앙지 노릇을 하거나, 이를 증폭·확대시키는 부정적 기능을 하는 경우가 많다. 하영선 서울대 교수는 “진보·보수의 구시대적 대립 양상을 극복하는 새로운 정치 세력과 비전이 나와야 국제경쟁에서 생존할 수 있다”고 했다 (조선일보, 2008년 8월 15일).

107) 한국경제연구원, 앞의 책, p. 75.

는 것이 바람직할 것이다. 정부는 또한 법에 의한 갈등조정을 최상의 조정원칙으로 설정하여 이를 일관되게 추진해야 한다.

이익단체의 분규를 중재하는 과정에서 정부는 특정 이익단체를 보호하거나 공익을 위해 합의를 이룬 당사자를 보상한다는 자세보다는 제3자적 촉진자 역할을 수행하는 것이 바람직하다.

그리고 자율적인 갈등해소에 적합한 가치관과 인식의 범사회적인 정착이 중요하다. 우선 정부는 신뢰를 회복해야 하고, 국민의 인식은 전환되어야 한다. 국민들이 정부의 개입을 거부하고 자율적으로 해결하려고 노력해야 하며, 갈등을 조정하려는 정부의 노력을 적극적으로 지지하는 자세를 견지해야 할 것이다.

비공식 중재자로서의 전문가와 언론의 책임도 요구된다. 명분보다는 실천적 자세로 이해갈등 문제를 접근하고 대안을 제시하지 못하는 비판은 가능한 자제해야 할 것이다.

국가전략이 일사불란하게 실천되기 위해서는 국민의 통합된 지지가 있어야 한다. 정부 입장에서는 국가전략과 정책은 기획력보다는 실천력과 집행력이 중요하다. 따라서 정부는 미래 국가발전차원에서 최근의 국론분열과 갈등양상을 조기에 수습하고 화합의 정치를 구현하려는 의지를 보여줘야 한다. 그러한 의지의 핵심은 국민을 껴안는 일이다. 적과 아군이라는 이분법적 논리로는 화합과 통합을 이룰 수 없다.

(6) 국태민안(國泰民安)의 정치

대한민국의 정치가들은 미래의 국가비전을 제시하고 국가전략 차원의 대안을 설계하는 능력을 키우지 못했다. 그 결과 국가기구를 효율적으로 관리하여 국민들에게 최소의 비용으로 최대의 이익이 돌아갈 수 있도록 하는 국가경영능력을 발휘해야 하나, 그러한 능력을 발휘하지 못하고 있는 실정이다.

국민의 생활에 직접적인 영향을 주는 정부의 규제개혁은 정부조직 기능의 유연성 증진, 경제개방의 확대, 경제적인 다양성 추구, 시장경제의 활성화, 지방화 및 분권화를 지원하는 방향으로 추진되어야 한다. 그리고 공공 부문 개혁의 일관성과 효율성을 제고하여야 하며, 규제정보시스템을 구축하여 산업별 규제분류지도를 작성하여 지속적으로 이를 추진해야 할 것이다.

우수한 정치인과 열등한 정치인을 차별화하고, 열등한 정치인을 퇴출시킬 수 있는 환경을 만들어 가야 한다. 이를 위해서는 정치인과 정당의 정치활동을 투명하게 공개하도록 하고 이를 국민에게 널리 알릴 수 있도록 제도화하여야 한다. 이를 통해 국민에 의한 정치인의 차별화 기능이 살아나도록 할 수 있다.

대한민국의 경찰도 시위를 막는 것을 주 임무로 하는 시국경찰이 아니라 범죄로부터 국민의 생명과 재산을 보호하고 사회정의를 구현하는 치안경찰위주로 운영되어야 한다. 그러자면 민생치안에서 공을 세우는 사람을 발탁하고 그들이 대우받는 풍토를 조성해야 한다. 장비와 기술의 발전도 시위진압용 장비위주가 아니라 민생치안을 확립하는 데 필요한 장비를 도입하고, 민생치안을 확립하는 기술의 발전에 투자를 확대해 나가야 할 것이다.

외국에 가서는 폴리스 라인도 잘 지키고 쇠파이프 드는 일도 없이 모범적이던 시위대가 국내에서는 난장판을 만드는 이유는 무엇일까. 법을 어겨도 처벌이 약하거나 관용받기 때문이다. 특히 파이프나 각목을 사전에 다량 준비하는 조직적인 시위에 대한 처벌은 너무 약하다. 시위를 극렬하게 만들기 위해 사전에 조직적으로 준비된 불법 시위용품에 대한 처벌은 더욱 강력해야 한다. 무기력한 공권력이 더 큰 문제를 만든다. 공권력은 맞아도 되는 불쌍한 방어자가 되어서는 안 된다. 법과 질서를 철저히 지키는 파수꾼이 되어야 한다. 질서를 잃어버린 사회는 혼란과 혼돈의 집단으로 퇴락하기 쉽기 때문이다.

국태민안의 정치가 되면 국민들은 행복해진다. 요즘 세계는 행복열풍이다. 2006년 2월 하버드대학에서는 '행복학' 강의가 최고의 인기 강좌로 떠올랐으며, 경제계에서는 사람을 행복하게 만드는 과학적 연구성과를 마케팅에 도입한 '행복마케팅'이 급부상하고 있다. 심리학, 의학, 사회학 분야에서도 다양한 조사와 실험을 통해 행복의 이론적 근거를 밝히려 하고 있다. 이러한 실험결과에 따르면 '행복'은 우리가 일반적으로 알고 있는 것과 상당한 차이를 보이고 있다. 행복은 멀고 추상적인 것이 아니라 악기연주나 자전거 타기처럼 배울 수 있는 기술이며 실제로 측정 가능하다는 것이다. 왜냐하면 행복은 습관이고 연습할수록 커지는 것이기 때문이다.

행복을 추구하는 것은 인간의 본성이다. 행복해지려면 여러 가지 조건이 구비되어야 하나, 조건만 갖추어졌다고 다 행복한 것은 아니다. 행복이란 개인의 주관성이 크게 작용하기 때문이다. 그래도 국가는 모든 국민의 최대 행복을 위해 조건을 향상시키는 노력을 해야 될 것이다.

찰스 디킨스(Charles John Huffam Dickens)는 일찍이 돈과 행복의 상대성을 간파하였다. 1850년 작인 「데이비드 코퍼필드」에서 그는 "1년 소득이 20파운드이고 지출이 19파운드 6펜스면 행복한 사람이고, 1년 소득이 20파운드인데 지출이 20파운드 6펜스면 불행한 사람"이라고 말하고 있다.

행복계량학파는 돈과 행복이 꼭 비례하지는 않는다는 것을 과학적으로 연구하였다. 그중 선도자 격인 에드 디너(Ed Diener) 교수는 2004년 포브스가 뽑은 미국 400대 부호와 인터뷰를 하였다. 응답을 7점 만점으로 계량화한 결과 부호들의 행복지수는 5.8, 얼어붙은 땅 그린란드의 이누이트족이나 케냐 사막의 유목민족 마사이족과 같은 수준이었다.

인간은 아래를 보면서 '내가 더 잘사네'라고 만족하기보다 위를 보면서 '내가 더 못사네'라며 불만족스러워한다.

최근 우리 사회에서는 그 어느 때보다 '가족'에 대한 논의가 활발하다. 이는 일단 매우 고무적이고 반가운 현상이다. 혼인율 감소 · 이혼율 증가 · 低출산 · 노인문제 등이 사회적 현안으로 대두되면서 이제야 비로소 가족문제를 사회적 차원에서 논의하고 해결을 모색하기 시작한 것이다.

한국인에게는 무언가가 있다. 한번 분위기를 타면 한국인은 무서워진다. 한국인은 백의민족이라는 상징 속에 숨겨진 콤플렉스와 결별하고 붉은 악마라는 자신감과 감격스러운 해후를 했다. 그러한 자신감을 갖고 이웃을 배려하며 살아가야 한다.

각 개인의 삶의 목적은 궁극적으로 행복하고 재미있게 사는 것이다. 지식기반 사회의 놀이는 전혀 다른 의미를 갖는다. 새로운 지식, 창의적 지식은 놀이를 통해 생산되고, 소비되기 때문이다. 재미를 통해 창조되는 문화적 다원성이 국가의 경쟁력이 되는 시대가 된 것이다.

대한민국은 민주주의를 추구하는 나라다. 전 국민이 고루 행복하게 살 수 있는 나라를 추구한다. 이를 실현하기 위해서는 계층, 이데올로기, 국경을 넘어 국가이익이 더 중요하다는 데 공감대를 형성해야 한다. 지혜로운 리더십, 실행에 옮길 수 있는 능력 있는 리더십이 발휘되어 국가가 태평하고 국민이 '희망에 찬 행복한 사회(Hohappy Society)'를 만들어 가야 한다.

3. 정치개혁의 기본방향

대부분의 국가들은 그 내재하는 기본가치와 이념을 헌법으로 정하고, 국민적 합의와 통일의 기틀로 삼는다. 대한민국헌법도 그 전문에서 '자유민주주의적 기본질서를 더욱 확고히 하여'라고 함으로써 국가질서를 형성하는 가치질서는 공산주의와 절대주의를 부정하는 개념으로 규정하고 있다. 그리고 그것을 지키기 위해 제66조 2항에서는 "대통령은 국가의 독립, 영토의 보전, 국가의 계속성과 헌법을 수호할 책무를 진다"고 규정하고 있다. 또, 제69조에서는 "…헌법을 준수하고 국가를 보위하며 조국의 평화적 통일과 …대통령으로서의 직책을 성실히 수행할 것을 국민 앞에…" 선서하도록 하고 있다. 대통령의 가장 큰 책무 가운데 하나는 헌법이 제시하는 국가이념과 목표를 강조하여 항상 국민통합의 정신적 구심점을 제시하고 강조하는 것이다.

정부가 올바른 정치개혁을 추진하기 위해서는 경험적인 자료를 토대로 우리 토양에 맞는 정치개혁의 올바른 방향을 정립하고 이에 대한 국민의 공감대를 얻어야 한다. 민주화는 개혁의 과정이다. 권위주의적 제도와 인습을 타파하고 생활저변에서 억압의 관행을 일소하는 것이 민주화의 의미라고 한다면, 정책개혁으로부터 생활개혁에 이르는 일련의 개혁정책은 민주화를 완성하는 실천적인 수단이다. 국민들이 민주화의 혜택을 피부로 느끼게끔 하는 것은 민주화의 성패를 좌우하는 필수조건이다. 따라서 민주화를 위한 토론의 장에 국민들이 자발적으로 참여할 수 있는 제도를 마련해야 한다.

지난 수 십 년간 역대 정권들은 각기 다른 국가발전전략들을 제시하며 사회적 논쟁을 주도했다. 담론들은 이론적, 실천적 한계에도 불구하고 정치・경제・사회・문화 전 분야에서 다양한 동력을 이끌어내는 역할을 하였다. 1990년 노태우 정부 시절의 '북방외교(北方外交)'논쟁은 균형외교의 초석을 놓았다는 평가를 받는다. 김영삼 정부에서는 국제 경쟁력과 표준(Global Standard)을 강조하는 '세계화담론'이 형성됐다. 또한 외환위기 극복과정에서 시작된 시장과 경쟁력을 강조한 신자유주의 논쟁, 좌우 이념의 한계를 벗어나 보려 했던 '제3의 길' 논쟁, 정부 재정정책의 방향을 놓고 벌어진 '작은 정부, 큰 정부 논쟁',[108] 선진 사회를 벤치마킹하자는 '복지국가 모델' 논쟁 등도 구체적이고

108) 정부 규모는 공무원 수로 판단하기도 하지만 재정지출을 기준으로 하는 것이 더 일반적이

다양한 경제 · 사회정책 논쟁을 이끌어내며 개혁방안을 모색하였다.

세계화 · 지식정보화 시대의 정부의 개혁은 작은 정부, 법치와 제도의 확립, 핵심역량과 성과의 지향, 경쟁촉진, 투명성제고, 자율과 책임의 강화 등에 중점을 두고 실시되어야 한다. 개혁의 대상은 중앙정부뿐 아니라 자치단체와 정부의 출자 및 출연기관 등 산하기관을 포괄해야 한다. 개혁의 범위는 하드웨어의 감량과 재구축에만 머무르지 말고 운영시스템을 포함한 소프트웨어의 재설계, 그리고 의식의 전환까지 전반적인 분야를 총괄하여 추진되어야 한다.

공적기관의 개혁은 관련 법규의 개정, 예산과 수익구조에 대한 점검, 규제 및 감독방식의 개선, 민영화 등을 검토할 필요가 있다. 이때는 일시적인 성과주의와 이해당사자들을 무마하기 위한 정책보다는 장기적으로 국민경제를 활성화시키고, 공공부문의 효율성을 제고하는 방향으로 정책을 시행하는 것이 중요하다. 왜냐하면 공적기관의 개혁은 민간과 정부의 역할을 어떻게 가져갈 것인가에 대한 궁극적인 질문에 대한 대답과 연계되어 있기 때문이다.

특히 공적개혁의 구상과 집행은 오랜 시간이 걸린다. 그리고 공적개혁은 정부의 경제전략과 산업정책 방향과 일관되게 구상하여야 한다. 정권의 향방과 관계없이 전략과 정책의 일관성을 유지하기 위해서는 공적개혁의 청사진은 포퓰리즘(populism)[109]에 흔들리지 말고 전담기관에서 지속적으로 추진되고 감독되어야 할 것이다.

그러면 개혁은 언제나 좋은 것인가? 그렇지 않다. 좋은 개혁도 있지만 나쁜 개악도 있다. 지속적인 고성장을 가능하게 하여 국민의 삶의 수준을 높여주는 개혁은 좋은 개혁이다. 반면 성장엔진이 꺼져가는 데도 분배에만 치중하

다. 한양대 경제금융학부 나성린 교수는 "공무원 수는 적어도 정부가 시장에 개입하는 폭은 클 수 있기 때문에 정부가 역할을 수행하기 위해 쓴 돈이 경제능력(국내총생산)에 비해 얼마인지가 큰 정부, 작은 정부를 구별하는 기준"이라고 말했다. 물론 재정비출 비율이 '몇 % 부터 큰 정부'라는 공식은 없다. 하지만 OECD 평균치에 가까운 나라를 작은 정부라고 부를 수는 없다. 국제적으로 통용되는 정부 씀씀이의 잣대는 국제통화기금(IMF)의 '재정통계기준(GFS : Government Finance Statistics)'이다. IMF는 GFS에 따라 각국에 중앙정부뿐 아니라 지방정부·산하기관을 포함한 '일반정부'의 재정지출을 합산하라고 권고하고 있다.

109) 포퓰리즘이란 정치인이 자신의 단기적 · 정파적 이해, 즉 정치적 지지나 인기확보 때문에 국가의 장기적 이익을 저버린 채 국민의 단기적이고 일시적인 요구에 아부하고 영합하는 행위를 의미한다. 정치가 포퓰리즘을 적절히 통제하지 못하면 그 나라 정치는 중우(衆愚)정치의 늪에 빠지고 시대가 요구하는 변화와 개혁을 이루어내지 못하여 결국 선진국이 되지 못한다.

는 개혁은 나쁜 개혁이다. 나쁜 개혁은 때로는 아무것도 안하는 것보다 더 큰 피해를 낳는다. 당장은 가지지 못한 사람들이 환호할지 모르지만 얼마 안가 국민 모두를 빈곤에 빠뜨리기 때문이다.

그동안 각 정권에 의해 많은 의욕적인 개혁정책이 양산되었으나, 종합적인 국가전략이 부재하여 정책 입안 추진과정에서의 준비 및 경험부족과 자기혁신에 소홀함 등으로 정책실패와 개혁실패가 반복되어 왔으며, 그 결과 국민은 정책피로, 개혁피로만을 느끼게 되었다.

지식정보화사회에서 속도가 중시된다 하더라도 어느 개혁에서나 마찬가지로 개혁의 이익은 장기에 걸쳐 나타난다. 반면, 개혁의 고통은 단기에 집중되는 경향이 많다. 단기적으로 불편하고 고통스러우면 많은 사람들이 개혁에 반대하여 큰 목소리를 내는 경향이 있다. 더구나 인간이란 본래가 습관적인 동물이다. 익숙하지 않은 새로운 것을 거부하는 경향이 강하다. 따라서 개혁이 불편하고 고통스러우면 우선 반대하고 보는 경향이 강하다. 이럴 때 정치가 나서서 개혁의 이점(利點)을 설명하고 지금 당장은 불편하고 고통스러워도 우

〈그림 7-4〉 정치전략 체계도

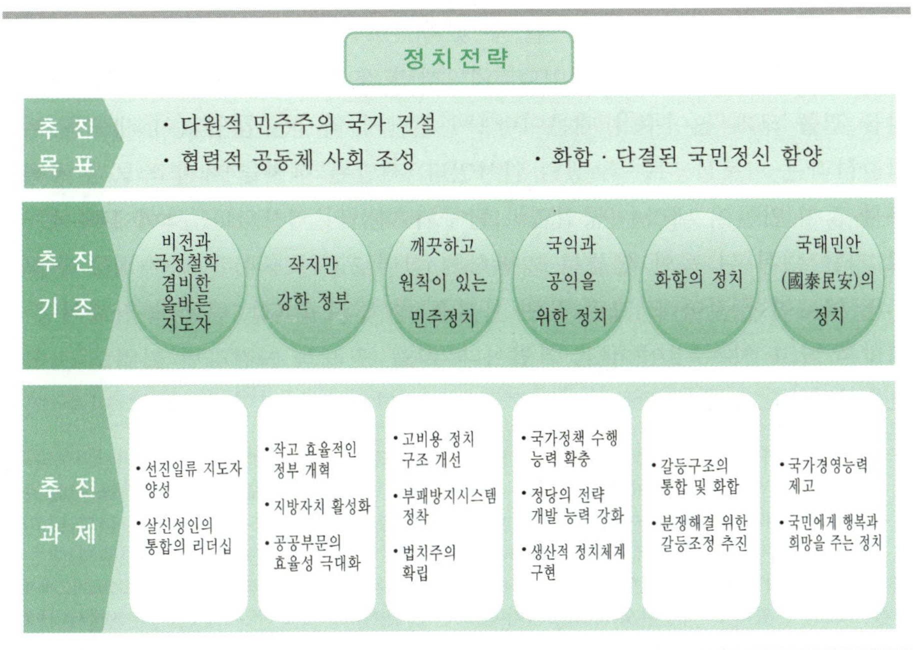

리가 참고 나아가 개혁을 성공시키면 그 이익이 장기에 걸쳐 크게 나타날 것임을 설득하여야 한다. 그것이 정치 본연의 역할이다. 그것이 올바른 지도자의 역할이다.

정치전략의 추진목표, 추진기조와 추진과제를 포함한 정치전략 체계도는 〈그림 7-4〉에서 보는 바와 같다.

제4절 경제전략

1. 경제전략의 목표

(1) 잘사는 나라

한국인은 부지런하기로 소문나 있다. 해가 가장 먼저 뜨고 가장 늦게 지는 나라가 대한민국이다. 세상에서 가장 '빨리빨리' 사는 민족이다. 이런 극성 덕분에 대한민국은 세계 유례가 없는 압축성장을 이뤘다.

세계 어느 나라나 잘사는 나라가 되기 위해 노력한다. 잘 살아야 강한 나라, 삶의 질이 보장된 나라가 될 수 있다.

부는 대단히 선(善)한 것이다. 왜냐하면 부는 인간에게 유용하고 인간의 삶을 질을 크게 높여주기 때문이다.[110] 인간의 역사는 끊임없이 새로운 부를 창출하려는 피눈물 나는 투쟁의 역사였다. 제한된 자원을 가지고 보다 양질의 부를 많이 만들어 내려는 끊임없는 탐구와 혁신의 역사였다. 그럼에도 불구하고 지난 수천 년 동안 인류는 가난하게 살아 왔다.

부는 귀한 것이다. 그런데 귀한 부를 창출하는 역할, 즉 국부창출의 주된 역할을 맡고 있는 것이 바로 기업이다. 부를 귀하게 여긴다면 기업도 귀하게 보아야 한다. 우리나라에 만일 활기차고 다이내믹한 기업이 없었다면 우리는

110) 우리 사회에서 부의 창출을 막는 가장 중요한 원인은 재산권 보호가 안 된다는 점이다. 예를 들어 세금은 일정 이상을 넘어 최근처럼 '폭탄'이라는 소리를 들을 정도라면 개인 재산을 약탈하는 것으로 봐야 한다. 이런 상황에서는 부의 창출에 몰두하기보다는 이미 갖고 있는 재산을 어떻게 지킬 것인지에 대해 자원을 투입하게 된다. 우리나라는 재산권에 대한 개념이 없다고 해도 과언이 아니다. 남미 최고 경제학자로 꼽히는 에르난도 데소토가 얘기한 "재산이 있어도 재산권으로 보호되지 않으면 재산이라는 자본이 사장된다"는 말에 대한 의미를 생각해봐야 한다(매일경제, 2006년 9월 11일).

아직도 보릿고개를 걱정하여야 하는 후진국에 머물러 있었을지 모른다. 오늘날 북한경제의 어려움도 실은 제대로 된 기업이 없기 때문이다. 활기차고 다이내믹한 기업은 이익을 많이 내고 투자를 많이 하는 기업이다. 그래야 기업 성장도, 국부증대도, 나아가 국민의 삶의 질 향상도 가능하다. 우리는 돈을 많이 벌고 수익을 많이 내는 기업을 존중하고 칭찬하여야 한다.

일반적으로 부를 귀하게 여기고 '국부(國富)'를 소중히 하면서 기업과 부자를 칭찬하고 존경하는 나라는 발전한다. 그러나 개인적으로는 부를 좋아하면서도 사회적으로는 비판하는 나라, 부자를 시기하고 기업을 매도하는 나라는 결코 발전할 수 없다. 우리나라가 앞으로 잘사는 나라가 되어 선진국에 진입하려면 반드시 부를 소중히 하고 기업을 아끼고 칭찬하며 부자를 존중하는 나라가 되어야 한다.

대한민국이 보다 잘사는 나라가 되는 2030년경에는 단순히 경제규모 10위권 국가로서가 아니라 현재의 G-8 Club이 확대된 세계경제의 핵심국 간의 협의체라는 실체적 개념으로서의 G-10국가 군에 진입하여 국제적 위상을 확보할 필요가 있다. G-10 가입은 대한민국이 중국 및 일본과 함께 동아시아와 세계경제의 흐름에 능동적으로 참여할 수 있는 경제력을 확보하였음은 물론, 북미주, 유럽, 동아시아의 3대 경제권 및 선진국과 후발개도국간의 이해를 중재·조정할 수 있는 세계경제의 교량국가(橋梁國家, Bridge State)로서의 독창적인 정치적, 사회적, 문화적 역량을 확충하였음을 의미하는 것이다. 즉 잘사는 나라이자 부강한 나라가 되는 것이다.[111]

물론 G-10가입은 실현가능한 목표이다.[112] 그러나 그것은 대한민국의 경제력은 몰론 정치 및 사회적 역량의 지속적인 함양을 요구하는 매우 어려운 과제임이 분명하다. 이러한 선진일류국가로서의 위상 정립은 현재 우리 정부

111) 앨빈 토플러는 그의 저서 「부의 미래(Revolutionary Wealth)」에서 부를 창출할 심층기반으로 시간, 공간과 지식을 세 가지 키워드로 제시하고 있다. 그는 한반도 미래의 핵심은 '시간'이라고 주장하며, 부의 중심축이 미국에서 아시아로 공간적으로 이동할 것이라며, 중국, 일본과 나란히 대한민국을 중시하고 있다.

112) 골드만삭스의 '세계 경제 보고서'에서는 우리나라가 2050년 세계 2위의 부자나라가 된다고 전망했다. 대한민국은 2050년에는 1인당 GDP 9만294불을 기록하여 일본과 독일을 따돌리고 1인당 GDP 9만1683불인 미국에 이어 세계 2위를 차지할 것이라고 내다봤다. 단, 계속적인 첨단 산업발전과 남북관계의 평화적 토대가 뒷받침되어야 한다는 것이다. 앞으로 우리 경제가 세계 2위가 되기 위해서도 국가안보와 평화체제는 필수적이라고 지적한 것이다.

가 노력하고 있는 '성장과 분배의 조화' 혹은 '동반성장'의 실현과도 맥락을 같이하며, '경제구조 고도화 및 선진국 진입'이라고 하는 추상적 목표에 대한 구체적인 성과 목표이자 지표가 될 수 있다.

잘사는 나라가 되기 위해서는 지속적인 경제성장이 필요하다. 이 과정에서는 무엇보다 양극화 및 분배문제에 대한 적절한 정책 대응이 유지되어야 한다. 좋은 국가전략은 국가를 번영·발전시키며, 국민을 잘사는 행복한 시민으로 만든다.

(2) 풍요로운 국민

국가는 좋은 경제전략을 수립하여 경제발전을 통해 국민들이 풍요롭게 살 수 있는 터전을 만들어야 한다. 지난 50여 년간 연평균 8%를 넘는 고도성장을 지속적으로 이룩한 나라는 대한민국을 제외하고는 아직까지 지구상에 없다. 아프리카의 가나 등과 더불어 세계 최빈국에 속했던 대한민국이 불과 1세대 남짓한 기간 동안에 국민소득 2만불 수준의 선진국의 문턱에 도달했다는 것은 그야말로 엄청난 대기록이다.

지속적인 고도성장 속에서 소득 불평등 정도가 꾸준히 개선되어 왔다는 사실도 대한민국이 이룩한 대기록 중의 하나이다. 소득 불평등도를 나타내는 지표로 사용되는 지니계수[113]를 보면 이 점을 분명히 확인할 수 있다.

이러한 사실을 외면한 채 '소득분배가 극도로 악화되었다'고 과장되게 강조하면서 분배논쟁을 벌이는 것은 사실과도 부합되지 않을뿐더러 누구에게도 이롭지 못하다. 세계경제위기 속에서 지금처럼 경제 상황이 불안하거나 정치·사회가 위기에 처하게 되면 가장 많은 피해를 받는 계층이 低소득층이다. 低소득층을 위해서라도 경제라고 하는 나무를 흔들지 말고 소중하게 잘 가꾸어 나가야만 한다.

"한국인은 자신들이 이룩한 것이 얼마나 대단한지를 모르는 유일한 민족"이라는 유머가 있다. 우리는 지난 반세기 동안 산업화와 정보화 그리고 민주화를 이루어 최빈국에서 선진국의 문턱에 이른 지구상의 유일한 민족인데도 불구하고 자신들의 성취를 낮춰보고 역사를 비판하고 영웅을 만들지 못하고

113) 지니계수는 0과 1 사이의 값을 가지며, 0에 가까울수록 소득이 균등하게 분배되고 있다는 것을 의미한다.

있다.

이렇게 자부심이 부족한 사회는 외부로부터의 비판에 자유롭지 못하다. 구성원 상호간에도 서로를 너그럽게 이해하려는 관용과 타협심이 부족하다.

대한민국이 이룩한 성과를 폄훼하려는 일부의 사람들은 우리의 경제성장의 역사를 종종 '분배를 도외시한 성장 일변도'라거나 '빈익빈 부익부(貧益貧富益富)의 과정'이었다고 주장한다. 그러나 이는 사실과 전혀 다르다.

지금 우리 사회가 배고픔의 문제와 배아픔의 문제가 혼재되어 있는 것은 사실이다. 배아픔의 문제는 시장도 정부도 해결할 수 있는 것이 아니다. 그것은 개인이 자기혁신을 통해서 시장 내에서 적응력을 갖는 길밖에 없다. 갈등통합의 리더십이 전제되지 않고는 어떤 묘책을 내놓아도 결국 실천이 이루어지지 않을 것이다. 이런 갈등을 해소하고 문제를 해결하는 역할을 정부와 정치가 해주어야 한다.

풍요로운 국민으로 살기 위해서는 현재 만들어진 제도가 평범한 국민들의 삶의 질의 보장과 보호의 기능을 수행할 수 있도록 내실을 갖추어 가는 것이 무엇보다 우선되어야 한다. 왜냐하면 평범한 국민이 진정으로 바라는 것은 하루하루에 벌이가 나아지고, 고된 일과 후에 편안하게 쉴 수 있고, 안정된 보금자리에서 가족들과 함께 화목하게 지내는 생활이다. 서민들이 원하는 것은 무슨 거창한 정치개혁의 구호가 아니고, 향상된 삶의 질을 통해 행복하게 사는 것이다.

그리고 가족의 가치를 중시하는 여건을 조성하여 사회의 기초질서 단위로서 '개인'과 '가족'의 가치를 동등하게 중시하는 분위기를 조성해 나가야 할 것이다. 인간성 회복운동의 전개로 가진 자가 소유하고 있는 가치를 사회에 자발적으로 환원함으로써 상호 인간성을 존중하는 분위기를 확산시켜야 한다.

우리 모두는 풍요로운 국민이 되고 싶어한다. 풍요롭게 살기 위해서는 물질적인 만족보다는 정신적인 만족을 중시하여야 한다. 행복은 잘사는 순이 아님을 앞에서 언급하였다. 따라서 정부는 국민들이 정신적인 풍요를 느낄 수 있도록 국가전략을 수립하여야 한다.

(3) 혁신적이고 활력 있는 경제

21세기는 지식정보화 시대이다. 우리나라는 지식정보의 분야에서 세계 최첨단을 달리고 있다.[114] 지식정보화 시대란 부의 원천, 새로운 가치의 원천이 지식과 정보에서 나오는 시대이다. 이제는 누가, 어느 나라가 새로운 지식과 정보를 보다 많이 생산하여 내는가에 따라 그 사람과 그 나라의 부의 수준(生産性)이 결정된다. 따라서 부유한 선진국은 큰 땅이나 큰 공장을 많이 가진 나라가 아니라 세계 최고의 대학과 최첨단 연구소, 지식집약적인 新성장산업(IT, BT, ET, NT, CT, GT, 레저서비스, 지식기반서비스, 첨단금융)을 많이 가진 나라이다.

우리가 이런 지식정보분야의 장점을 활용하여 선진일류경제에 진입하려면 경제의 혁신능력을 크게 높여야 한다. 혁신(革新, Innovation)이야말로 선진경제 진입을 위한 키워드다. 혁신을 극대화하기 위하여 민과 관이 서로 자신이 가지고 있는 정보와 지식, 인적·물적 자원을 총동원할 수 있어야 한다. 그리고 이들 정보와 자원을, 국가 전체의 관점에서, 가장 효율적으로 배분하고 생산적으로 활용할 수 있어야 한다. 이 일을 민과 관이 협력하여 성공적으로 해내는 것이 바로 '민관협치(民官協治)'이다. 이를 위하여서는 민과 관이 수평적 관계에서 좀더 많은 정보교류를 하여야 하고 보다 효율적인 자원배분을 위하여 여러 형태의 사전·사후적 전략조정도 이루어져야 할 것이다.

혁신주도형 경제로의 전환은 무엇보다 경제위기 극복과 G-10 진입의 토대 마련을 위해 절실한 과제이다. 이를 위해서 우선 '정부주도 요소투입형'으로부터 '혁신주도-지식기반형'으로 전환함으로써 새로운 성장동력을 확충해야 한다. 또한 노동과 자본 투입 증대의 한계를 극복하고 기술개발 및 확산, 인적자원의 질적 제고, 제도개혁, 사회 갈등 해소 등을 통하여 총요소생산성 기여도를 증대시켜야 할 것이다.

대한민국이 1인당 GDP 4만불 이상의 선진국가가 되기 위해서는 혁신 주도형 경제로의 전환이 필수적이다. 그리고 중국 및 동남아 국가 등 개도국들의 산업화에 필요한 핵심부품 및 설비투자 수출을 증대함으로써 국내 기술집약적 산업의 획기적 발전을 도모해야 한다. 즉, 전자, 자동차, 화학 등 현재의 최종재 중심의 기간산업이 핵심소재부품 중심으로 개편되는 산업구조 고도화 정책을 추진해야 한다. 이를 위해서 중국 및 동남아 국가들과의 FTA 체결이

114) 대한민국은 "제3의 물결 흐름에서 더 이상 벤치마킹할 모델이 없다"(미래학자 앨빈 토플러), "대한민국은 지난 10년간 초고속인터넷, 디지털멀티미디어방송, 온라인게임에서 훌륭한 개척자 역할을 해왔고, 앞으로도 그런 역할을 할 것이다"(빌게이츠 마이크로소프트 창업자).

바람직하다. 이 밖에도 성장동력과 고용창출의 새로운 원천으로서 서비스산업과 지식기반 산업의 비중을 증대시켜 나가야 할 것이다.

우리나라의 고용률(취업자/총인구)은 현재 선진국 수준에 많이 못 미친다. 미국은 약 74% 수준이고 일본이 75%, 영국이 약 70%, 스웨덴이 약 69%, OECD 평균은 약 66% 수준인 데 반하여 우리나라는 아직 약 60% 수준에 머무르고 있다.

21세기 최대의 생산수단은 인간 그 자체와 떼어놓을 수 없는 '지혜', '경험', '감성'으로, 기업과 단체가 존속 · 번영하기 위해서는 항상 창조적 변혁을 계속하지 않으면 안 된다. 기업경영에서는 큰 만족을 보다 효율적으로 제공할 수 있는 기업과 단체만이 발전할 수 있다. 그것이 창조적 기업경영의 핵심이론이다.[115)]

21세기는 지식과 정보가 가장 중요한 경제적 자원이 될 것이며, 자본과 기술의 이동이 자유로운 세계시장에서 진정한 국가경쟁력의 결정요소는 인적자본의 질이 될 것이다. 기업운영은 물론이고 각종 공공단체의 운영에도 세계화 및 정보화, 운영관리의 첨단화를 반영해야 한다. 우수한 지식기반을 조성하여 대한민국의 우수한 인적자원의 국내외 활용성을 극대화하도록 관리해야 한다.

정보혁명과 지식혁명의 진전에 따라 지식과 정보의 비중이 높은 '지식기반산업(Knowledge-based Industries)'을 중심으로 산업의 급속한 재편이 이루어지고 있고, 골드칼라가 새 시대의 새로운 지배계급으로 부상하고 있으며, 정치권력의 재편을 위한 이러한 새로운 계급의 도전이 가시화될 것이다.

세계경제위기의 길목에서 경기 활성화를 위한 최선의 해법은 역시 기업 규제를 완화하고, 기업과 기업인의 기를 살려 투자 의지를 북돋우는 길이다.

---

115) 톰 피터스(Tom Peters)는 시스템이나 계획보다 사람과 열정이 초우량 기업을 만든다고 생각한다. 그는 "기업을 움직이는 것은 사람이고 기업의 생명력은 창조성과 상상력이다. 피터 드러커는 시스템이 좋다면 경영이 다 잘될 것이라고 하지만 어떤 시스템이든 시간이 지나면 관료적으로 된다. 나는 행동을 중요시한다. 초우량 기업이 되기 위해서는 혁신이 중요하며, 진정한 혁신은 멋진 아이디어를 실제로 시험하고 거기서 뭔지를 배우는 과정이다. 미쳐 보일 정도로 새로운 것을 하다가 실패하는 것은 문제가 아니지만 성공해도 별 이득이 될 것 같지 않은 프로젝트를 2년간 붙들고 있는 것은 문제다. 멋진 실패에는 상을 주고 평범한 성공에는 벌을 주라. 혁신에 성공하기 위해서는 에너지가 넘치는 열정 있는 사람이 필요하다"라고 주장하고 있다.

따라서 출자총액제한, 수도권 공장총량제, 과도한 노동자 보호 등 기업의 활동을 제한하는 몇 가지 반시장적 규제를 적절히 완화할 필요가 있다. 기업 투자가 활성화되면 일자리가 늘고, 소비 활성화와 경기진작이 뒤따르는 선순환을 기대할 수 있다. 경제가 선택의 문제인 것만은 확실하지만 시장 기능에 부합하는 실용적이고 합리적 대책을 선택할 때에 한해 유효한 명제다.

경제활동이란 시장에서 기업과 노동, 생산자와 소비자 간의 상호관계 내지 작용 속에서 이루어지는 활동이다. 그리고 시장의 활력과 시장의 질이 경제활동의 성과 내지 결과를 결정하게 된다. 따라서 선진경제란 시장의 활력 정도가 높고 시장의 질이 양호한 경제를 의미한다.

경제의 질을 높이기 위한 시장질서정책은 경제 선진화를 위한 가장 기본적인 자유주의정책이다. 선진경제를 이룩하기 위한 자유주의정책의 핵심은 한마디로 자유, 공정, 투명한 시장질서 속에서 투자자유의 극대화이다.[116)]

고용의 질을 개선하기 위해서는 좋은 직장이 다수 창출되어야 한다. 그러나 부가가치가 높은 산업이 새로이 나타나지 않는다면 불가능하다. 따라서 고부가가치산업의 등장을 위해서는 인적 자본에 대한 투자가 선행되어야 하며 무엇보다도 교육의 질적 개선이 전제되어야 한다.

적극적으로 외국인 투자를 유치해야 한다. 우선 외국인 투자는 대한민국에 많은 득을 가져온다. 대한민국에 유입되는 해외 자본과 기술, 선진경영기법은 우리 기업들이 성장할 수 있는 밑받침이 된다. 외국 기업이 대한민국 기업을 잠식한다는 것도 지나친 우려다. 세계1위 기업인 월마트가 처음 대한민국 시장에 진출했을 때 많은 사람이 대성공을 예상했다. 하지만 10년도 되지 않아 월마트는 대한민국 기업에 자리를 내주었다. 프랑스의 까르푸 역시 대한민국 기업에 매각됐다.

경제위기가 전 국민경제분야로 확산되고 있는 현 시점은 물론이고, 먼 미

116) 경제발전론에 있어서 시장과 정부의 역할은 늘 대립적 관계 속에서 논의된다. 시대에 따라 발전에 있어 시장의 중요성이 강조되기도 하고 때로는 정부의 적극적인 역할이 옹호되기도 했다. 정부의 개입이 시장실패를 교정하기 위해 필요하다는 주장에서부터, 복지국가 구현을 위한 보다 적극적인 정부의 재분배정책이 필요하다는 주장, 나아가서는 후진국의 개발을 위해서는 정부의 보다 광범위한 산업 정책적 개입이 필요하다는 주장까지, 다양한 측면에서 정부의 시장 개입이 옹호되어 왔다. 그러나 20세기 후반 이후에는 대체적으로 정부의 개입을 최소화하고 시장의 자율조정기능을 보다 강화시키는 것이 경제·사회발전에 유익하다는 데 생각이 모아지고 있다.

래를 보더라도 정부는 경제에 활력을 불어넣기 위해 최선의 전략과 정책을 강구해야 한다.

(4) 더불어 잘사는 경제공동체 구성

2030년 한반도 차원에서의 경제전략의 비전은 '남북한이 공동으로 번영하는 한반도 경제권의 형성'이라고 할 것이다. 이는 ① 남북한 공동번영의 실현, ② 남북통일의 경제적 기반 마련, ③ 동북아의 경제 중심지로의 역할을 주요 내용으로 하고 있다.

남북한 공동번영을 실현하기 위해서는 통일의 주체인 대한민국이 경제분야에서 경쟁력을 우선적으로 확보하여야 한다. 남쪽에서부터 더불어 잘사는 경제공동체가 정착되어야 한다. 대한민국 경제가 이러한 장기 국가전략의 통합적 추진의 촉진 및 지지 요인이 되기 위해서는 국제경쟁에서 이겨야 하며, 이를 위해 취약한 경제운영 구조를 개선해 나가야 한다. 최소한 10년 이상의 장기과업으로 자원의 효율적인 배분과 활용을 보장하는 시장원리의 운용에 방해되는 각종 규제를 철폐하고, 민간기업의 자유의지를 장려해야 한다.

국경 없는 세계경제시대에서 시장개방에 따라 문화개방, 언어개방, 의식개방을 추진함으로써 산업경쟁력 확보와 소비자의 삶의 질 향상을 동시에 도모하는 것도 중요한 요소이다.

경제뿐 아니라 사회적인 경쟁력 기반을 강화해야 한다. 이중적인 가치기준을 탈피하고 국제기준의 보편적 가치로서 자유민주주의에 기초하는 가치관과 높은 사회 윤리의식으로써 지속적으로 발전할 수 있는 기반을 확보해야 한다. 전문성을 중시하는 공무원제도를 도입하여 전문성, 자율성과 공익성의 이념으로 무장된 관료사회를 구축하는 일도 무엇보다 중요하다. 사회단체의 자율적 감시체제를 강화하여 '작은 정부'를 통해 민간부문의 자발적인 이해를 조정하고 갈등을 해결하는 능력을 함양해 나가야 한다.

한민족 경제공동체의 구현을 위해 노력해야 한다. 준 강대국의 위상 확보 및 강화를 위하여 한민족의 공동체적인 경제활동을 장려해야 한다. 해외동포를 대한민국이 세계적 위상을 확보하는 교두보(橋頭堡)이자 민족자산으로 간주하여 국가안보전략 차원에서 보호해야 할 것이다.

한반도 경제권의 형성을 위해서는 남북한 경제의 안정성 확보, 지역간 균형발전, 남한 경제 발전전략과의 조화, 그리고 경제적 상호의존성의 제고, 동북아 경제협력과 연계, 그리고 이러한 과정에서의 단계적 접근이 요구되고 있다.

북한 경제의 발전을 위해서는 '풍요와 번영의 경제강국'의 비전을 제시할 수 있을 것이며, 이를 위해서는 '빈곤의 함정(Poverty Trap)'으로부터의 탈출과 자생적 성장기반의 구축이 선행되어야 할 것이다. 이에 따라서 수출산업의 육성과 선택적 공업화의 추진, 북한 내 자원배분구조의 개선, 대외개방을 통한 외자 유치, 개혁을 통한 경제의 효율성 제고, 그리고 경제안정화정책의 추진이 요구된다.

북한 경제는 거시경제지표상으로는 소위 '고난의 행군' 시절의 최악의 상황은 벗어났으며, 조금씩 개선되는 추세에 있는 것으로 파악된다. 그렇다고 해도 경제가 본격적인 회복국면에 접어들었다고 평가하기는 어렵다. 또한 경제가 자생적인 성장의 기반을 갖추게 되었다고 평가하기는 더욱 곤란하다.

북한의 경제는 현재 대외의존도가 매우 높다. 경제위기를 거치면서 내부자원이 사실상 고갈됨에 따라 외부의 힘에 의존하지 않고는 도저히 살아가기 어려운 취약한 구조, 즉 대외의존성이 매우 높은 체질로 바뀌어 버렸다. 특히 북한의 대외의존성은 중국과 대한민국, 두 나라에 대한 편중현상이 두드러진다는 특징을 가지고 있다. 즉, 대외의존적이기는 하지만 전 세계에 대한 의존성이 아니라, 오로지 이 두 나라에 대한 의존성이라는 점이다. 북한의 총교역의 대부분이 두 나라와 이루어지고 있다. 그리고 유・무상 지원과 비공식적인 교역까지 포함하면, 양국에 대한 북한 경제의 의존도는 훨씬 높을 것으로 보인다.

북한의 경제전략과 정치전략은 서로 상치되고 있지만, 2030년까지의 장기적인 측면에서 보면 북한은 생존을 위해 경제를 우선할 것으로 전망된다. 개방경제와 폐쇄된 정치사회는 장기간 공존할 수는 없다. 북한은 시장 경제적 접촉을 시도하면서 외부의 정치・문화적 영향에 대해 항구적으로 문을 닫을 수는 없을 것이다.

남북통일을 위한 경제기반 마련이나, 동북아 경제중심지로의 부상을 위해서는 남북한 경제의 발전전략이 필요하다. 남한 경제의 경우 유망산업의 육성, 산업구조의 선진화, 고용과 성장을 동시에 추구하는 경제정책을 추진할 필요가 있다. 특히, 성장과 분배, 수출과 내수, 생산과 고용간의 연결고리를 개선·강화하고, 산업간 연관관계를 회복할 필요가 있을 것이다.

해외 공동사업을 위한 정보교류를 활성화해야 한다. 인터넷 사이트로 각지의 한민족 단체 및 기업간 공동사업의 구상과 투자협력을 도모하고, 경제공동체를 엮어나갈 교류의 장을 마련해야 할 것이다. 한반도가 동북아 지역의 물류 중심의 역할을 할 수 있는 기반을 조성해 나가야 한다. 통일 한반도는 지경학적 이점을 극대화하여 환태평양시대의 중심으로 부상할 수 있을 것이다. 통상국가, 정보국가, 교역국가, 문화국가, 관광국가로서의 이미지를 통일 한반도에 재현해야 한다. 대륙과 해양을 연결하는 교통과 통신의 중심축 역할과 동아시아 전역에 걸쳐 센터로서 기능을 강화해 나가야 한다.

지역경제협력을 강화하고 동북아 또는 동아시아의 자유무역지대 창설을 주도하면서 한편으로는 '대중화경제권(大中華經濟圈)' 및 '대동아공영권(大東亞公營圈)'의 통합을 위하여 주변 강대국간 협력 및 조정 역할을 수행해야 한다. 한반도 전체를 교통과 통신의 거점화를 추진하기 위해 남북한에 걸쳐 교통 통신망의 첨단효율화 사업을 지속적으로 추진해야 한다. 유라시아를 연계하는 육상 운송로의 시발점으로서 세계적인 지역주의 추세를 활용하는 방안으로서 '시베리아횡단철도(TSR)'와 '중국횡단철도(TCR)'를 한반도 종단철도망과 연결하여 운용하여야 한다.

21세기의 경제 환경의 주요 특징은 경쟁의 세계화와 경제주권의 약화현상이 강화되고 있는 점이다. 이는 필연적으로 개방의 가속화, 국제자본 역할의 중요성 증대, 무역시장 구조의 다변화 등을 초래하며, 통일 전 남북 교역과 통일 후 잘사는 경제공동체 달성에 많은 영향을 줄 것이다. 통일의 시점에서는 효율적인 자원배분과 북한 지역의 중점개발이라는 차원에서 일정 기간 동안 국가 주도형 개발전략에 의거 정부의 적극적인 개입과 산업구조 조정이 필요할 것이다. 그러나 장기적인 관점에서는 시장경제체제의 정착에 기여토록 경제전략의 효율적 운용이 필요하다.

2. 경제전략의 추진기조

(1) 자유시장경제 활성화

세계 경제위기로 신자유주의 사고와 자유시장경제체제의 문제점에 대해 많은 논란이 되고 있다. 그러나 경제전략을 입안함에 있어서 잊어버려서는 안 되는 세 가지 원리가 있다. 통합원리, 순환원리 그리고 경쟁원리다. 통합원리는 나라경제 전체를 하나의 유기체로 보고 전체가 활기 있게 성장하는 정책을 펴야 성공한다는 것이다. 정치적 의도가 앞서 어느 특정 계층에 대한 혜택이 우선시되는 정책을 썼다가는 경제 전체가 삐걱거리고 뒤틀리게 된다. 따라서 나라경제 전체가 부문간 구별 없이(Sector-Neutral) 활발하게 돌아가도록 정책수단을 개발해야 한다. 순환 원리는 경제성장의 핵심인 '기업'이 활발히 움직이도록 하여 그 여파가 경제 전체에 미치도록 하는 정책을 써야 한다는 원리다. 경쟁원리는 자유시장의 기본원칙을 말한다.

우리나라 헌법은 "대한민국의 경제질서는 개인과 기업의 경제상의 자유와 창의를 존중하는 시장경제를 기본으로 한다"고 선언하고 있다(헌법 제119조 제1항). 또한 모든 국민의 재산권은 보장되기 때문에(헌법 제23조) 개인과 기업의 경제활동에 대해서는 국가가 개입하지 않는 것이 원칙이며, 불가피한 경우에 예외적으로 개입할 경우에는 법률에 근거가 있어야 하며, 그 경우에도 필요한 최소한도에 그쳐야 한다.[117)]

너무도 자주 인용되는 구절이지만 애덤 스미스는 국부론[118)]에서 이렇게 강조하였다. "우리가 저녁식사를 할 수 있는 것은 푸줏간, 양조장과 빵집 주인

117) 헌법 제23조 ③항에서는 "공공필요에 의한 재산권의 수용·사용 또는 제한 및 그에 대한 보상은 법률로써 하되 정당한 보상을 지급하여야 한다"라고 명시하고 있다.

118) 애덤 스미스가 1776년에 「국가의 부의 본질과 원인에 관한 연구(An Inquiry into the Nature and Causes of the Wealth of Nations)」라는 제목으로 출판한 이 책은 900쪽이 넘는 방대한 분량으로 노동가치설, 분업과 시장경제의 효율성, 독점과 정부규제의 폐해, 사유재산제도의 중요성 등 자본주의경제의 기본원리를 명확한 논리와 많은 사례를 들어 알기 쉽게 설명하고 있다. 스미스는 자연조화설(自然調和說)에 따라서, 자유로운 시장에도 하나님의 섭리인 '보이지 않는 손(Invisible Hand)'이 존재하여 모든 거래를 조화롭게 만든다고 보았다. 국부론은 시장의 실패라는 자본주의의 문제점을 보지 못하였다는 한계를 갖고 있다. 이는 빈부격차, 불황과 실업, 공해와 같은 시장의 실패들이 아직 분명하게 나타나지 않았던 18세기에 스미스가 살았기 때문이다. 그러나 자본주의가 경제와 사회를 발전시킨다는 것은 역사적으로 증명되었다. 1930년대의 대공황으로 자본주의에 대한 신뢰가 한동안 상당히 힘을 잃기도 하였으나 1990년대 초에 사회주의 경제가 몰락한 이후 다시 강력하게 부활하고 있다.

의 호의 때문이 아니라 그들이 스스로의 이익을 위해 일하기 때문이다. 각 개인은 그들의 사적인 이익만을 추구하는데 이 과정에서 보이지 않는 손(Invisible Hand)에 의해 의도되지 않았던 공공의 이익을 달성하게 된다.”

스미스는 정부 규제가 철폐된 자유방임의 경제를 주장하였다. 공정한 법질서가 확립된 자유로운 시장경제에서 각자 자신의 이익을 자유롭게 추구하도록 하라. 그리하면 자신의 노력 성과를 향유할 수 있으므로, 누구나 스스로 열심히 일하고 저축하고 투자하게 되고 이런 개인의 노력은 시장경제를 통하여 전체의 선(善)으로 화합됨으로써 경제가 저절로 발전할 것이다. 그러나 스미스의 자유방임주의는 무질서가 아니라 공정한 법질서를 필수조건으로 한다. 개인의 재산이 보호 받지 못하고 반칙이 횡행하는 무법천지에서는 아무도 열심히 일하지 않으므로 이를 막는 공정한 법질서의 확립이 국가의 첫째 임무임을 스미스는 분명히 하였다.119) 따라서 그가 시장경제의 원동력으로 강조한 ‘자기사랑(Self-love)’은 ‘이기심(Selfishness)’과 다르다. 이기심은 법을 지키지 않는 무분별한 탐욕인 반면, 자기사랑은 ‘정의의 법’을 지키면서 자기이익을 추구하는 것이다. 그래서 스미스는 이기심이란 말 대신에 항상 자기사랑이란 말을 사용하였다.

대한민국의 국가경쟁력은 과도한 규제로 인해 활력을 상실하고 있다. 선거철만 되면 규제 혁파를 외치지만 말뿐이다. 일몰제는 오간데 없고 규제 총량은 날로 쌓여 왔다. 규제경쟁력은 심지어 중국이나 러시아보다 못하다. 수도권, 기업, 금융, 주택부동산 등 상상할 수 있는 모든 곳에서 규제 그물이 민간경제를 얽어매고 있다.120) 세계경제포럼(WEF)의 평가를 보면 대한민국의 막강

119) 경제가 제대로 돌아가기 위한 또 하나의 요건은 재산권의 확립이다. 윌리엄 번스타인(William Bernstein)은 국가의 번영에 필요한 첫 번째 요소로 재산권의 보장을 꼽는다. 인류의 실질소득은 1500년까지 거의 늘지 않았다. 이후 1820년까지 완만하게 증가했으며, 1820년 이후 유럽과 미국에서 갑자기 역동적으로 늘었다. 번스타인은 이런 현상이 우연히 일어난 것이 아니라고 분석한다. 유럽과 미국에서 이 무렵 재산권의 보장, 과학적 합리주의, 자본시장 형성, 수송·통신의 발달 등 번영의 네 가지 요소가 갖춰지기 시작했다는 설명이다. 그중에서도 가장 중요한 것이 재산권의 보장이라고 번스타인은 강조한다. 재산권이 보장되지 않으면 발명이나 혁신은 물론 경제활동 자체가 설 자리가 없어진다. 프랜시스 후쿠야마(Francis Fukuyama)는 개인의 권리, 특히 재산권이 국가에 의해 보호되는 것이 ‘자유’라고 말할 정도다. 하이에크(Friedrich August von Hayek)는 세상을 천국으로 만들겠다고 나서는 사람들 때문에 오히려 세상이 지옥으로 변한다고 꼬집었다. 현실을 직시하고 이기심과 재산권을 존중해야 경제가 돌아간다.

120) 미국 케이토연구소, 캐나다 프레이저연구소 등이 주축이 된 경제자유네트워크는 ‘2006년

규제는 우리 경제의 견인차였던 정보·기술(IT)산업의 발목 잡기에도 성공했다. 규제가 갈수록 심해지는 이유는 자명하다. 규제를 만들어 냄으로써 인력과 자리를 유지하려는 관료조직이 비대해졌기 때문이다. 지난 10년 동안 대한민국 정부는 계속 커져 왔다.

우리는 성장하는 과정에서 관주도로 후진국에서 중진국까지 왔지만 이걸로 선진국이 될 수는 없다. 세계화·지식정보화가 진행되면서 어느 나라든 양극화 현상을 겪고 있다. 국민들이 시장경제를 신뢰하려면 시장의 공정성, 투명성, 책임성이 전제되어야 한다. 또한 시장의 실패에 대해 정부가 끊임없이 보완해 나가야 한다.

국가주도형의 경제발전은 그 성공의 이면에 반드시 그늘이 존재한다. 우리 경제의 규모와 복합성이 증대되면서 국가가 주도하는 경제 발전정책의 부정적 측면과 부작용이 부각되고 있다. 우리는 신속하게 자유화, 민주화, 자율화 조치를 강화해 나가야 한다. 정부는 지나친 간섭과 개입을 자제하고 선택적이고 제한적인 경제개입을 통해 기업의 경쟁력 향상에 도움을 주어야 한다.

한국경제는 수출주도형이다. 따라서 국제화와 시장경쟁을 통해서 발전할 수밖에 없으므로 개방화 정책이 요구된다.[121)] 국제화와 개방화 정책은 정치로부터 경제 영역의 독립을 촉진시키고 사회부분의 독자성과 자율성을 제고시킬 수 있다. 왜냐하면 다자적이고 개방적인 국제질서 속에서 주도적인 입장을 취할 수 있는 국가는 그 국가의 국내 상황이 다자적이고 개방적인 협력에 적응력 있는 국가여야 하기 때문이다.

정치적 의사결정이 집중되면 독재정치가 되고, 경제적 의사결정이 집중되

세계 경제자유(Economic Freedom of the World)'보고서에서 2004년 대한민국의 경제자유지수를 10점 만점에 7.1로 매겼다. 순위로 치면 전년과 같은 35위로 이스라엘, 라트비아, 몰타와 같은 수준이다. 전 세계 130개국을 대상으로 조사한 이 보고서는 설문은 배제하고 철저하게 공표된 통계만을 이용해 각국의 경제자유지수를 분석한다. 대한민국의 전체 순위는 35위지만 기업환경과 직접적으로 관련된 시장규제 순위는 76위에 불과하다. 시장규제는 노동·기업·금융 규제로 구성되어 있는데 이 세 항목의 순위는 각각 79위, 52위, 72위로 처져 있다.

121) 과거 1990년대 후반에 3만불의 벽을 놓고 많은 나라들이 두 부류로 갈렸다. 기업하기 좋은 환경과 성장동력을 가졌던 미국, 덴마크와 핀란드는 이를 쉽게 넘기는 반면 기업환경이 상대적으로 좋지 않았던 일본과 독일은 성장이 정체되는 아픔을 겪었다. TEE지수가 강조되는 것은 이러한 정체 현상을 막고 소득 2만불에서 3만불 국가로 도약하기 위한 발판을 마련하기 위해서는 신뢰와 경제적 자유, 기업가 정신을 끌어올리는 것이 시급한 과제이기 때문이다.

면 관치 계획경제가 되거나 독점자본주의가 된다. 그래서 민주주의를 제대로 하려면 권력이 분산되고 상호 견제와 균형이 이뤄져야 한다. 마찬가지로 시장경제를 제대로 하려면 경제주체들의 이익 추구 행위가 시장에서 견제와 균형을 이뤄야만 한다.

우리가 세계화의 추세에 낙오되지 않고 나름대로의 역할을 수행하기 위해서는 무엇보다도 세계인과 더불어 사는 개방의식을 확산시켜야 하며, 이를 바탕으로 우리의 법과 제도를 개선시켜 나갈 필요가 있다. 우리가 스스로 열린 사고를 가지고 개방에 임할 때 우리 경제의 국제경쟁력은 자연스럽게 강화될 수 있을 것이며, 국제사회에서 우리의 위상도 더욱 높아질 것이다.

시장경제체제를 유지하면서 외부지향적인 정책을 추구한 나라들은 모두 경제를 빠르게 키웠다. 그러나 시장에 대한 정부의 간섭을 바탕으로 내부지향적 정책을 추구한 나라들은 예외없이 정체했다. 그런 경험에서 정부의 몫을 줄이고 민간 부문의 몫을 늘리며 정부의 간섭을 줄여 기업들이 자유롭게 활동하도록 하고, 시장을 자유롭게 만들면서 자유무역정책을 추구해서 사회의 모든 분야에서 경쟁이 이뤄지고 자원들이 효율적으로 배치되도록 해야 한다.

21세기 경제사회에서 경제활동의 주체가 되는 것은 민간부문의 기업과 단체이다. 이러한 기업과 단체는 격심한 경쟁 속에서 언제나 시장통합(市場統合)을 주시하지 않으면 안 되고, 새로운 기술과 디자인의 개발, 경영방법의 쇄신, 인재 발굴 등에 힘쓰지 않으면 안 된다. 대한민국의 기업과 우수인력들은 잘 해왔고 앞으로도 그런 역량이 있다. 정부는 규제와 간섭을 줄여 우리 기업과 인재들이 마음껏 뛸 수 있도록 해줘야 한다. 투쟁 일변도의 노조, 막무가내 이익집단, 그리고 부패에 길든 지도층에게 법과 원칙은 반드시 지켜진다는 교훈을 가르쳐야 한다. 그렇게 뼈를 깎는 노력을 기울일 때 대한민국은 국가경쟁력 최상위의 글로벌 선진국으로 발돋움할 것이다.

정부가 기업에 세부적으로 간섭하는 것은 바람직하지 않다. 정부는 재계와 좀더 대화하려고 노력해야 한다. 정부가 일방적인 정책을 하다 보면 정책에 맞지 않아 어려워지는 기업들이 생길 수 있다. 우리는 유교의 영향인지 기업에 지나친 윤리를 요구하는 경향이 있다.[122)]

122) 일본의 대한민국전문가인 후카가와 유키코(深川由起子)는 “일본과 중국 등 다른 나라에서는 기업을 오너일가가 지배하건 오너의 여성관계가 어떻든 장사를 잘하면 된다는 실용주의

정부가 기업의 구조조정을 보다 합리적으로 촉진하기 위해서는 무엇보다도 법과 제도의 개혁과 규제완화를 통해 이러한 기업의 규율체제가 유기적으로 작동하도록 해야 한다. 즉 시장이 제 기능을 수행할 수 있도록 기업경영 여건을 지속적으로 개선하는 노력이 필요하다. 기업간 경쟁이 제대로 작동될 수 있도록 시장제도를 정비함으로써 시장의 힘을 이용하여 기업을 변화시키는 것이 새로운 시대에 맞는 효율적인 기업정책이 될 수 있을 것이다.

그러나 경쟁을 통한 효율성이 가능하기 위해서는 승자독식이 돼서는 안 된다. 경쟁에 참여한 사람들에게 경쟁에 기여한 만큼 분배되는 인센티브 시스템이 있어야 한다. 시장경제가 성공하기 위한 전제조건은 경쟁의 공정성이다. 이것이 전제되지 않는다면 상대적인 약자는 절대로 경쟁의 원칙을 받아들이지 않을 것이다.[123) 경쟁의 공정성을 지키기 위한 규제는 더욱 강화되어야 한다.

시장의 보이지 않는 손에 대해 신뢰를 가지지 못하고, 일시적으로 시장경제가 작동하지 않는다고 하여 정부가 조급증을 가지고 임기응변식으로 대응하는 것은 근본적인 해결방안이 아니다. 시장경제의 전제조건인 재산권제도, 계약제도, 불법행위의 규제 법규가 잘 정비되어 있고, 시장에 최소한의 공정한 규칙이 작동된다면, 정부가 시장에서 할 일은 공정한 경쟁이 일어나고 있는가를 감시하는 역할을 다하는 것이다.

따라서 정부는 선진경제로 가려면 시장경제를 보다 활성화시켜야 함을 인식하고, 공정한 룰 속에 경쟁을 장려함으로써 시장경제를 할 수 있는 시장친화적인 리더십을 발휘해야 하며, 기업들은 반칙 없는 공정한 룰을 지키며, 경제정책에서는 정치논리를 배격하는 것이 중요하다. 또 경제의 주역은 민간

가 자리 잡고 있으나, 대한민국사회의 기업관은 마치 유교근본주의 같다는 생각이 든다"고 지적하고 있다.

123) 수직적 세계관은 경제·사회발전을 유도하는 경향이 있다. 그러나 수평적 세계관은 경제·사회발전을 정체시키는 경향이 있다. 20세기 역사적 경험에 비춰보면, 수직적 세계관이 사회를 주도하고 수평적 세계관이 소수의 비판적 소금의 역할을 할 때 사회는 건전하게 지속·발전하는 반면, 수평적 세계관이 사회를 주도하게 되면 사회발전이 정체되는 것이 일반적인 경향이었다. 경제적 차별화의 반대는 '경제평등주의'이다. 경제적 성과에 관계없이 모든 경제·사회주체를 동일하게 취급하는 것은 수평적 세계관을 구현하는 길이며, 결과적으로 '발전의 정신'을 앗아가게 된다. 평등주의적인 구조 하에서는 성과에 관계없이 모든 주체가 동등한 대우를 받기 때문에, 결과적으로 가장 열심히 일해서 가장 좋은 성과를 내는 주체가 가장 불이익을 받게 될 것이므로, 개인의 자기발전을 위한 노력이 유인될 수 없으며 결과적으로 경제·사회발전의 역동성이 소멸된다. 따라서 두 세계관의 적절한 조화가 요구된다.

이 맡고, 정치는 시장이 실패할 때만 극히 제한적으로 개입하는 조연의 역할에 충실해야 할 것이다.

규제개혁은 근본적으로 정부서비스의 품질을 개선하는 데 중점을 두고 실시되어야 한다. 먼저 경제체제의 유연성을 증진시키고 개방성과 다양성을 확대시킬 수 있는 방향으로 규제개혁이 이루어져야 한다.[124] 이를 위해 정부의 민간활동에 대한 개입을 최소화하고, 각 정부조직의 필요성을 검토하여 수요자들의 선호에 즉각 대응할 수 있는 체제로의 전환이 필요하며, 각종 법령이나 관행 등 제도적인 경제 여건들에 대한 정비가 이루어져야 한다. 그리고 기업이나 특정산업의 보호, 육성, 그리고 규제를 그 주요내용으로 하고 있는 정부의 산업정책을 가능한 소비자의 욕구를 충족시킬 수 있는 방향으로 보완해야 한다.

그리고 규제개혁은 시장화·지방화를 촉진시키는 방향으로 추진되어야 한다. 정부가 공기업을 중심으로 제공해오던 상품과 서비스를 가능한 민간생산을 통해 제공할 수 있도록 민영화를 확대하거나, 민간과 경쟁체제를 도입해야 한다. 그리고 중앙정부의 권한과 조세권이 대폭적으로 지방에 이양되는 지방화를 통해 수요자인 국민에 보다 가까이 다가가 있는 지방정부가 신속하게 수요자의 욕구를 충족시킬 수 있도록 하고 지방정부간 경쟁을 자극하여야 한다.

그러나 우선 21세기에 요구되는 새로운 발전패러다임이 소위 영미식시장주의(英美式市場主義)나 시장이 모든 문제를 풀어준다고 하는 시장만능주의(市場萬能主義, Market Fundamentalism)가 되어서는 곤란하다고 생각한다. 세계경제위기에서 보듯 시장은 깨지기 쉽다. 따라서 잘 간수해야 한다. 이것을 모른 채, 또는 일부러 무시한 채 시장에만 맡겨두면 모든 게 잘 될 것이라는 한가한 생각은 재고해야 한다. 시장을 맹목적으로 신봉하기보다 시장을 잘 보살피려는 사고의 유연성을 가지는 것이 중요하다.

124) 김용하 순천향대 교수는 "국민소득 3만불 달성을 위해서는 국가발전에 필요한 각종 자본을 유인할 수 있는 매력적 구조를 지녀야 한다"면서 "강도 높은 규제개혁과 함께 각종 사회제도와 정치·행정제도를 유연하고 생산적인 구조로 바꿔야 한다"고 말했다.

(2) 지식기반 경제구조로의 전환

지식정보화 시대에 정보기술혁명과 과학기술의 급속한 발전이 가져온 변화는 이제 물량적인 충격의 범주를 넘어서, 사회경제의 근본적이고 질적인 변화를 일으키고 있다.

정보기술혁명과 지식사회의 도래가 제기하고 있는 도전은 21세기의 변화 중 가장 중요한 것이다. 미국정부는 지식정보화의 도전에 어떻게 대응하느냐가 21세기 미국의 국운을 결정할 것으로 보고 있다. 현재 미국은 인터넷의 고향답게 세계에서 정보화의 최선두를 달리고 있다. 그럼에도 불구하고 미국은 연구개발, 지식정보 인프라의 구축, 인력개발 등에 엄청남 자금을 투자하고 있다.[125)]

이러한 광의의 정보화 또는 지식기반 정책의 영역을 살펴보면, ① 과학기술인력의 양성과 고용을 통한 지식창출 능력제고, ② 정부, 대학, 연구기관을 연결하는 네트워크 또는 효율적 국가혁신체계수립, ③ 기업, 학교의 연계를 통해 과학기술을 창출하고 수요, 공급을 원활하게 대응시키는 과학기술 관리체계 개선, ④ 기업의 지식관리시스템 확충지원 등을 포함한다.

미래 지식기반 사회의 기본정책은 무엇보다도 과학기술 또는 넓은 의미의 지식이 미래 발전에 가장 핵심적인 가치라고 인식하고 과학기술과 인력에 대한 투자의 중요성을 공감하는 데서 출발한다. 다음으로 국가혁신 네트워크를 개발하는 문제는 인적인 네트워크가 혁신의 네트워크로 발전해야 한다는 문제이며, 관료, 학계, 기업문화의 문제가 연계된 가장 복합적이고 신중하게 고려되어야 하는 정책문제이다. 과학기술의 관리체계는 지식발전의 전략적인 기반으로서 경제, 사회, 환경적 수요를 모니터하고 이에 부응하는 과학기술개발과 투자가 이루어져야 한다.

지식정보화 시대의 국가발전을 위해서는 ① 세계 최고의 대학과 최고의 첨단연구소를 만들어야 하며, ② 평생학습사회를 건설하고, ③ 신지식 창조에

125) 미국은 21세기의 새로운 변화들 중 가장 핵심적인 도전은 정보통신을 비롯한 과학기술의 발전, 급속도로 진행되고 있는 경제의 세계화와 세계사회(Global Society)의 출현이라고 보고 있다. 무엇보다도 가장 중요한 변화와 도전은 정보기술(Information Technology)의 비약적인 발전이다. 이미 정보통신 기술의 발전은 과거 수년 동안 인간사의 대부분을 이전과 비교할 수 없을 정도로 변화시켜 왔다. 정보기술의 비약적 발전은 세계를 초단위로 변화시키고 있다.

친화적인 사회환경과 학습문화를 만드는 것이 중요하다. 이 세 가지가 지식정보화 시대의 가장 중요한 국가 과제이다. 무엇보다 대학과 연구소의 국제경쟁력을 높여야 하는데, 이 점에서 보면 우리나라는 대단히 우려된다.[126)]

지식정보화 시대에 성공한 나라가 되기 위해서는 사회 전체가 가정에서든, 학교에서든, 직장에서든 새로운 만남과 새로운 사고, 그리고 새로운 실험을 환영하고 권장하는 분위기로 바뀌어야 한다. 특히 외국의 새로운 문화, 새로운 가치에 대하여 활짝 열린 자세를 가지고 적극적으로 이해하고 수용하려는 노력이 있어야 한다. 그리고 우리의 기존 문화, 가치, 사고 등과 융합해 보려는 노력을 하여야 한다. 그 과정 속에서 새로운 발상과 창의적 사고가 가능해진다.

정보화・소프트화・개성화시대를 맞이하여 섬유제품을 비롯한 노동집약제품은 기술집약적 산업으로 과감하게 전환해 나가야 한다. 가격경쟁력을 상실한 저가품은 해외 현지공장에서 생산하고 국내에서는 고가품을 위주로 하는 생산체제로 이원화하여야 한다.

고비용사회에 접어든 우리나라로서는 어차피 노동집약산업의 국내생산기반의 약화는 불가피하다고 하겠다. 결국 노동집약산업의 성장을 지속적으로 유지하기 위해서는 이들 산업에 대한 보다 과감한 발상 즉 패러다임 자체의 변화가 있어야 한다.[127)] 노동집약산업이 아니라 고부가가치형의 지식 및 정보집약형의 첨단산업이어야 한다는 각오를 다질 때 그 미래는 보장된다고 하겠다. 즉 우리와 같이 제반자원이 부족한 나라는 개인이 가지고 있는 지식이나 정보를 토대로 경쟁우위의 원천을 창출해 나가는 수밖에 없다.[128)]

---

126) 영국의 'The Time'의 세계대학평가팀이 발표한 2008년 세계 상위 100개 대학에서 우리나라의 서울대학교가 50위, KAIST가 95위였다. 세계 수준의 대학과 연구소를 만드는 것이 지식정보화 시대의 국가성공을 위해 결정적으로 시급한 국가과제다. 물론 우리나라에서는 제한된 인적・물적 자원 때문에 세계 최고의 대학과 연구소를 많이 만들 수 없다. 따라서 고도의 선택과 집중을 통해 소수라도 세계 최고의 대학과 연구소를 만드는 것을 목표로 삼아야 한다. 그래야 우리가 21세기에 성공하는 국가를 만들 수 있다.

127) 남은 길이 얼마인가를 아는 사람만이 그 여정을 서두를 수 있고 쉬어 갈 수도 있다. 이 구절은 오늘날 우리나라의 노동집약산업이 처한 상황을 정확하게 설명하는 말이다. 이는 우리가 처한 경쟁상황에 대한 냉철한 평가가 이루어질 때만이 해당산업의 진퇴여부나 향후의 추가적인 투자여부도 결정할 수 있다는 의미이다.

128) '창의성(創意性, Creativity)'이야말로 '블루오션'을 만드는 상상력의 원천이다. 조현정 비트컴퓨터 회장은 "전혀 새로운 것을 생각해 내야 한다. 10년 후 주력분야는 현재와는 분명히 달라질 것"이라고 단언했다. 어윤대 전 고려대총장은 "미래 변화를 예측할 수 있는 능력이

지식기반경제는 고용 창출보다는 부(富)의 창출에 초점이 맞추어진 산업이 발전하므로 정부가 고용지향적인 전통산업에 얽매이면 미래에 필요한 정보지식의 학습・혁신능력에 기초한 창의적 기업의 건전한 발전을 저해할 수 있다. 전통적인 기업에서 창의적인 기업으로 전환을 쉽게 하기 위해 퇴출 및 전환비용을 낮게 해줄 필요가 있다.

제조업의 성장을 지원할 수 있는 경영컨설팅, 마케팅 등 제조업의 고부가가치를 달성하기 위해 지식 서비스 산업을 육성할 필요가 있다. 아울러 자금조달, 생산아웃소싱 등 관련서비스의 발전을 통해 제조업의 성장을 간접적으로 지원해야 한다.[129] 제조업 관련 서비스 산업이 발전하지 않으면 향후 외국인 투자에 영향을 줄 수 있을 것이다. 왜냐하면 외국인 투자를 위한 각종 서비스의 부족은 다국적 기업의 진출을 제약할 것이기 때문이다. 따라서 서비스산업의 발전이 우리 경제의 새로운 성장원천으로 작용할 수 있도록 서비스산업의 활성화를 위한 지원체제를 구축하여야 할 것이다.

21세기에 우리가 목표로 하는 선진일류국가가 되기 위해서는 지식기반경제구조로의 전환은 필요조건이다. 따라서 국가전략차원에서 노력을 집중해야 한다.

(3) 전통산업의 특화

한국경제가 지속적인 발전을 유지하기 위해서는 중화학공업 중심으로 성장한 전통산업의 바탕 위에서 고부가가치 산업으로의 발전을 모색해야 한다. 즉 우리가 잘하는 것을 더욱 잘할 수 있도록 기반을 강화해야 한다. 1955년 포

야말로 미래 디자이너가 갖추어야 할 필수조건"이라고 강조했다. 우리가 상상해낼 수 없는 10년 후 모습을 그려내 목표를 설정하고 비전을 제시하기 위해서는 미래를 내다볼 수 있는 '통찰력(洞察力, Insight)'이 필요하다.

129) 혁신과 창조가 가치를 창출하지만 새로운 도전은 늘 리스크를 낳는다. 기업들은 객관적이면서 과학적으로 안전하게 리스크를 관리할 수 있어야 미래 경쟁력을 확보할 수 있다는 진단이 나왔다. 조이스 타이트 영국 에든버러대 이노겐센터 소장은 영국의 철학자 버클란트 러셀의 말을 인용해 "인간이 원하는 것은 지식이 아니라 미래 예측에 대한 확실성"이라며 "이제 사람들은 어느 정도 불확실성을 받아들여야 하는 상황"이라고 오늘날의 상황을 바라봤다. 그는 이러한 불확실성 시대에서는 "리스크를 관리할 줄 아는 기업만이 급변하는 환경에서 경쟁력을 가질 수 있다"고 지적했다. 타이트 소장은 "리스크 통제는 '아래에서 위로' 방식과 '위에서 아래로'의 두 가지 방식이 있다"며 나노기술, 제약산업, 줄기세포 등 지식기반 산업은 여전히 과거 방식인 '위에서 아래로' 방식을 통해 위험관리를 하고 있다고 분석했다.

춘지가 선정한 세계 500대 기업 중 2000년까지 살아남은 기업은 약 150개뿐이었다. 우리나라도 마찬가지이다. 1965년 매출액 100위에 들었던 기업 중에서 2004년까지 존속한 기업은 삼성과 LG 등 12개에 불과하였다.[130]

중화학 공업을 중심으로 하는 지금 한국경제를 선도하고 있는 소위 전통산업은 고부가가치로의 이행의 지연, 저생산성, 수입유발적인 구조, 과잉설비, 세계적인 구조조정의 압력, 중국의 추월 속에서도 아직까지 효자산업으로의 역할을 충실히 수행하고 있다. BT, CT, NT, GT 등 신기술산업이 우리 경제의 성장원천으로 자리 잡을 때까지는 당분간 전통산업이 우리 제조업의 중요한 부분을 차지할 수밖에 없을 것이다.

중기적으로는 전통산업의 산업 내 구조조정이 필요하다. 즉 우리 산업의 경쟁력을 향상시키는 방법은 기존의 산업 내에서 고부가가치를 창출할 수 있는 새로운 분야로 산업구조를 고도화하고 이를 수출산업화하는 것이다. 현재 한국경제를 선도하고 있는 반도체, 정보통신기기, 조선, 자동차, 철강, 석유화학 등 산업 내에서 보다 부가가치 창출률이 높은 산업의 비중을 높이고 이를 수출산업화해야 할 것이다. 그리고 미래 신기술 산업을 적극적으로 발굴 육성해야 한다. 이를 위해 선진국과의 기술 격차가 적고 상업화가 용이한 분야나 세계시장규모가 크고 성장성이 유망한 분야, 생명과학 등 선도할 수 있는 분야를 집중 육성해야 할 것이다.

우리나라는 세계 반도체시장에서 10% 이상의 점유율을 기록하고 있는 세계 3위의 반도체 강국이다. 특히 메모리 반도체 분야에서는 40% 이상의 시장점유율로 세계 시장을 선도하고 있다. 그러나 메모리반도체에 편중된 생산구조는 개선해야 할 문제다. 삼성전자・하이닉스 등이 공급과잉, 신규수요 미창출 등으로 인한 가격하락 등 외부환경 변화에 자주 휘둘리는 모습을 보여 주는 것도 바로 이 때문이다. 이제는 소량다품종으로 부가가치가 높은 비메모리제품으로 사업 다각화를 해야만 하는 시점이다. 현재 비메모리반도체의 경우 선진국과 기술격차가 크게 나고 있는 게 현실이다. 이와 함께 반도체 수탁가공생산, 반도체 장비, 반도체 재료 등 반도체 전분야가 고르게 발전해야 진정

130) 지속성장의 무한기업들에는 공통점이 있다. 그들은 위기감과 자신감을 동시에 갖고, 합리성과 현실성을 바탕으로 1위에 대한 집념을 가지고 지속적으로 변신을 시도한다는 점이다. 펄프제조업체였던 노키아, 가전제품회사였던 삼성전자와 LG 등은 대표적으로 변신에 성공한 회사이다. 즉 탁월한 변신능력이야말로 무한기업의 필수조건인 것이다.

한 반도체 강국으로 거듭날 수 있다.

조선업은 대한민국 경제사에서 '신화(神話)'로 통한다. 초대형 배를 건조하는 것이 핵심사업이다보니 일반인들에게 널리 알려지지 않아서 그렇지 실제로는 반도체와 자동차가 대한민국 경제의 '기린아'로 등장하기 훨씬 전부터 대한민국이 세계에 자랑해온 '대표 산업'이 조선업이다. 지금도 세계 조선업계 7위 안에 무려 6개를 대한민국 기업이 차지할 만큼, 대한민국이 세계 1위라고 자신 있게 얘기할 수 있는 분야가 바로 조선업이다. 이러한 조선업도 드릴십과 리그선을 넘어 부가가치가 더 높은 호화여객선 건조 등 특수분야로 사업영역을 확장해 나가야 한다.

그동안 자동차산업은 괄목한 만한 성장을 이룩했다. 본격적인 생산을 시작한 지 30여 년이 지난 지금 국내 생산은 300만 대를 넘어 세계 6위의 자동차 생산국이 됐다. 수출규모가 200만 대를 넘어섰다. 주요 선진시장인 미국 및 유럽뿐만 아니라 중국·인도 등 신흥시장에서도 좋은 성과를 이어가고 있다. 품질, 소비자 신뢰도, 브랜드 이미지 등 질적인 측면에서 세계적인 수준에 근접해 가고 있다. 이제 선진 자동차산업국으로의 도약 단계에 와 있다. 그러나 산업간 경쟁이 가장 치열한 분야이다. 스포츠카 등 고급화 추진, 수소·전지연료·엔진 등 신기술 개발 분야에 투자하면서 경쟁력을 강화해야 한다.

2008년도 고유가 체제에서 경험했듯이 우리 경제는 다른 경쟁국에 비해 유가인상에 보다 취약한 경제구조이다. 우리의 주력업종인 철강, 조선, 화학 등은 에너지 다소비형이기 때문이다. 선진국은 과거 몇 차례의 유가인상에 대응하여 대체연료의 개발, 신기술개발, 에너지 효율제고 등을 통해 생산에 필요한 에너지 소비량을 절약하였으나, 우리는 유가상승에 대하여 그동안 미진한 대응을 하였다. 석유화학 분야의 상대적 경쟁력 강화로 유가 인상분을 흡수할 수 있도록 기술개발에 투자를 높여나가야 한다.

우리의 해외건설은 오랜 기간 한국경제를 받쳐온 주춧돌의 역할을 해왔다. 이제 그 최선두에 대한민국의 플랜트 건설기술이 자리잡고 있다. 플랜트는 일반적인 공장 이외에 가스 처리시설, 발전소, 정유공장, 화학공장, 담수화 시설 등을 지칭한다. 플랜트 공사는 건설업체가 시설 건축은 물론 생산설비 설치, 각종 장치와 운영 시스템까지 일괄적으로 책임을 맡아 시공하기 때문에 부가가치가 매우 높다. 한마디로 대한민국 건설의 미래분야다. 첨단 디지털로 무장한 대한민국의 해외 플랜트 건설은 중동 및 동남아시아에 머물렀던 해외 건설 시장을 미지의 신흥시장으로 확대하는 데도 한몫을 단단히 하고 있다. 대한민국 건설업체의 플랜트 공사는 최근 중국, 동남아 등 아시아 국가 이외에 아프리카, 유럽 등으로 시장 다변화를 모색하고 있다. 2007년 수주한 아프리카 11.1억불, 유럽 9.2억불, 중앙아시아 3.4억불은 대부분 플랜트로 수주한 공사다.[131] 이처럼 해외건설업도 '양에서 질'로 변화하며 부가가치를 더욱 높여야 한다.

그동안 생산성 향상을 위한 비용절감노력과 인력감축 등 구조조정 노력이 효과를 거두었지만, 전통산업의 생산기술적 특성상 획기적인 생산성 향상은 어려워 보인다. 산업 내 고부가가치분야에로 구조변화도 상당 부분 일어나 전반적으로 전통산업 내에서도 산업구조의 변화가 진행되었다. 즉 정보통신기술의 획기적인 발전에 따라 이런 전통산업에서도 부가가치를 높일 수 있는 가능성이 높아졌다.

전통산업의 부가가치를 높이기 위해서는 산업분야간 협력이 필요하다. IT 기술을 전통산업에 접합시켜 전통산업을 고부가가치화하는 것이 가능해졌다. 전통산업의 IT화는 제품기술, 생산공정, 거래유통, 토털서비스와 같이 상품이 생산되어 소비되는 전 과정에 걸쳐서 광범위하게 적용될 수 있기 때문에 이를 통해 부가가치율이 크게 높아질 수 있을 것이다.

물론 이 기간 동안 반도체, 통신기기, 컴퓨터 등 주요 IT 부문 성장산업의 산업 내 비중이 꾸준히 증가할 것이지만, 전통산업의 기반 위에서 성장이 당분간 지속될 것이다. 즉 전통산업과 전통산업 내 고부가가치 부문의 성장은 단·중기적으로 우리 경제의 중요한 성장원천으로 작용할 것이다.

전통산업의 IT화는 제품기술, 생산공정, 거래유통, 토탈비지니스와 같이 상품이 생산되어 소비자에 의해 소비되는 전 과정에 걸쳐서 광범위하게 적용될 수 있기 때문에 각 단계에서 부가가치가 창출된다면 전체적으로 부가가치 창출률이 크게 향상될 수 있을 것이다.[132]

---

131) 문화일보, 2007년 9월 5일.

132) 즉 전통적인 전통하드웨어산업인 포스코는 모든 제철소는 첨단 IT화된 생산기지를 만든다는 계획으로 MES라는 인터넷기반의 조업시스템을 구축하여 포항과 광양 등의 81개 공장을 마치 하나의 공장처럼 운영하여 공기를 단축시키고 생산가를 낮추어 고객만족도와 경쟁력을 획기적으로 향상시키고 있다.

기존 전통산업의 IT화나 설비이전보다 중기적으로 우리 산업의 경쟁력을 향상시키는 방법은 기존 산업 내에서 보다 고부가가치를 창출할 수 있는 분야로 산업구조를 고도화하는 방법이다. 이미 전통산업 내 해당 분야의 국내수요가 확보되어 있고, 산업 내에서 상호지원이 가능할 것이기 때문이다.[133] 유사성 있는 생산기술과 시설의 활용도 경쟁력 향상에 기여할 것이다.

우리나라 중소기업은 경제발전에 많은 기여를 했음에도 중소기업 스스로의 기술 개발과 자본축적, 판매망 구축의 독자적인 경영자산을 축적하지 못한 구조적인 문제를 갖고 있다. 우리나라 중소기업 사업체의 수는 전체 사업체 수의 95% 이상을 차지하고 있는데 향후 우리경제에서 서비스업의 비중이 증가함에 따라 고용과 국가경쟁력 면에서 중소기업은 더욱 중요해질 것이다.

한·미 자유무역협정(FTA)과 같은 양자간 무역장벽이 완화되는 향후 5-10년에는 고용, 부가가치, 대기업과의 보완관계, 바이오테크놀로지(BT), 첨단정보기술(IT) 등 새로운 분야 개척에 중소기업의 역할이 매우 중요해질 것이다. 중소기업이 경쟁력을 갖기 위해서는 저비용 고효율은 기본이고 중장기적으로는 새로운 수요와 시장을 개척하고 새로운 제품과 서비스를 개발하여 경쟁 압력 자체가 약한 분야를 끊임없이 개발하는 창조적 기업이 되어야 한다. 중소기업도 능동적으로 시장상황에 대응하고, 대기업과의 종속적 보완관계를 수평적 보완관계로 전환해야 한다.

중소기업은 대기업에 비하여 자원제약이 크므로 특정분야에서 전문 자립형 기업이 되어 다른 전문 기업들과 협력할 수 있어야 생존과 경쟁이 가능하며 중견기업으로 도약할 수 있다.[134] 협력하는 능력을 갖춘 전문 기업이 되기 위해서는 투명한 지배구조를 갖춘 사람 중심의 기업이 되어야 한다. 우수한 노동력을 유인하여 새로운 시장 개척을 위한 유익한 정보원, 글로벌 시장에

133) 자동차산업의 경우 중대형차량, 특수차량과 자동차 부품의 수출산업화가 필요하며, 조선산업에서는 순항선, 요트, 여객선 등으로, 철강산업에서는 특수합금, 특수도강강판, 특수강의 생산비중을 확대하고, 석유화학 분야에서는 엔지니어링 프래스틱 등으로 생산기반을 확충하며, 반도체의 경우는 비메모리 분야로의 과감한 투자확대가 요구된다.

134) 2005년 대한민국개발연구원(KDI) 조사 결과를 보면, 1994년 5만6472개의 중소제조업체 중 2003년에 중견기업으로 성장한 기업은 75개(0.13%)에 불과했다. 75개 기업 중 종업원 300-400인 기업은 48개, 400-500인 기업은 19개, 500인 이상은 8개였다. 이들 중견기업은 기술력과 마케팅 기법, 톡톡 튀는 아이디어, 역경에 굴하지 않는 집념, 끊임없는 혁신추구 등 다른 기업과는 차별화된 모습으로 성공신화를 일궈냈다(문화일보, 2008년 1월 4일).

대응하기 위한 다양하고 창의적인 기업을 만드는 데 활용할 수 있어야 한다.

국내총생산(GDP) 중 농업이 차지하는 비중은 계속 감소하고 있다. 그러나 정보화사회가 아무리 발달된다 하더라도 농업은 우리가 포기할 수 없는 국가 전략 산업이다. 언젠가는 작금의 유류파동처럼 곡물파동이 발생할 것이다. 따라서 우리 농정(農政)정책의 손질은 불가피하다. 먼저 정부수매 등 투입제 보조중심의 지원에서 벗어나, 다양한 직접지불제의 시행을 통해 농업 경영과 농가 소득 안정이 필요하다. 점진적으로 정부 주도의 정책에서 벗어나 시장지향적 정책으로의 전환이 불가피하다.

급변하는 미래환경에 대비하기 위해서는 기업이나 정부가 기존의 분야에서 기존의 방법으로 열심히 노력하는 것만으로 글로벌 경쟁력을 유지하기 어렵다. 다른 기업과 경쟁하면서 지식과 정보를 포함한 모든 자원을 경쟁적이고 선도적으로 조직, 활용하고 새로운 아이디어를 창출하여 시장을 먼저 발견하고 효율적이며 신속하게 시장에 대응하는 기업경영이 필요하다. 이러한 기업을 경쟁적인 기업과 차별화하여 창조적 기업이라 할 수 있다. 자본주의의 발달에 따라 자본은 물론 인력도 기회를 찾아 끝없이 이동하므로, 과거와 달리 자본이나 자원의 부족보다는 창의적인 생각을 통한 제품, 서비스, 비즈니스 모델 등이 기업 성장의 핵심동력으로 더욱 중요해지고 있다.

산업 내 고부가가치화를 위한 구조조정을 위해서는 세계 유수의 선진기업과의 전략적 제휴를 통해 기술수준을 높이고 세계적인 네트워크를 구비한 선진기업의 유통망을 활용해야 할 것이다. 특히 자동차 부품, 비메모리 반도체 분야, 석유화학 제품, 일반기계, 각종 부품 등에서 세계적인 유수기업과 전략적인 제휴가 필요할 것이다.

(4) 미래 성장산업의 발굴 육성

현재 우리 경제가 당면한 어려움은 기존 산업구조가 고부가가치화되지 못하고, 새로운 성장산업이 대두되지 못함에서 비롯되었다고 볼 수 있다.[135)]

135) 고비용사회로의 전환은 산업구조의 고도화과정에서 당연하지만, 가격경쟁력 저하를 극복하기 위한 제품구성과 품질고급화 노력이 제때에 이루어지지 않았던 것이 문제가 되는 것이다. 우리 산업이 처해 있는 현주소를 성찰하고 이를 바탕으로 미래지향적인 해결책이 제시되어야 하였으나, 우리의 실제능력에 대한 냉철한 자기인식이 결여된 채로 세계경제의 변화에 안이하게 대응한 것이 한국 경제가 어려움을 겪고 있는 요인중 하나이다.

따라서 기본 산업구조의 고도화나 신기술산업의 개발을 통한 새로운 성장산업의 발굴이 우리 경제의 성장잠재력을 높이기 위해서 매우 중요하다.

세계시장에서 우리의 제품이 어느 일정 수준에 도달하면 반드시 장벽에 부딪치게 된다.[136] 선진제품의 두터운 벽을 뛰어넘기 위해서는 우리만의 독특한 새로운 아이디어 즉 블루오션 전략을 적용하여 발전시킨 창조적 전환은 불가피하다.[137]

앞에서 기술한 전통산업의 고부가가치화와 전통산업 내의 구조고도화가 우리 경제의 경쟁력 강화를 위한 단기적 또는 중기적인 처방이라면, 장기적으로 추진해야 할 산업구조고도화 방안은 미래신기술을 발굴하고 육성하는 것이다.

미래 신기술산업이 우리경제의 성장잠재력을 제고하여 지속적인 성장에 도움이 될 수 있게 하기 위해서는 우선 다양하게 발전되고 있는 신기술산업 가운데 우리에게 적합한 전략적 산업을 선정하고 이를 집중적으로 육성하는 블루오션 전략이 필요하다. 우리의 자원규모가 선진국에 비해 턱없이 부족하므로 선택과 집중을 통해 미래 성장산업을 육성할 필요가 있다. 이러한 선택과 집중에 성공한 사례는 핀란드의 노키아와 스웨덴의 에릭슨에서 찾을 수 있을 것이다.[138] 신기술 분야는 워낙 다양하고 이를 산업화하기 위해서는 천문학적인 연구개발비용과 국가적인 노력이 필요하다. 우리가 한정된 자원으로

136) 애덤 스미스에 의한 고전적인 자유무역이론이 나올 당시부터 독일의 리스트를 중심으로 자국의 유치산업을 보호하기 위한 보호주의적 주장이 득세를 하였었다. 오늘날 선진국의 보호주의도 대부분 노동집약적 산업인 섬유 및 의류·철강산업 등을 대상으로 한 것도 같은 맥락이다.

137) 창의성과 같은 의미를 지닌 블루오션은 '발견'보다 '관리'가 더 중요하다는 평가가 나왔다. 미카엘 피쉬 인시아드대 교수는 "블루오션은 누구도 경험한 적이 없기 때문에 난관에 부닥치면 이를 과감하게 바꿔나가는 전략을 구사해야 한다"고 강조했다. 피쉬 교수는 "블루오션 프로젝트 수행과정에서 예상하지 못한 사건이 발생했을 때 문제를 풀고 초기 계획으로 되돌아가려 하지 말고 사건을 학습기회로 삼아 계획을 수정하는 전략을 취해야 성공할 수 있다"며 "가장 먼저 프로젝트 관리자들의 사고방식을 바꾸어야 한다"고 설명했다. 블루오션을 발견하고 새 제품, 새 기술을 발견했다면 그 프로젝트를 어떻게 관리하느냐가 더 중요한 과제이며 반드시 과거 방식에 집착할 필요가 없다는 의미다. 피쉬 교수는 "성공하려면 새로운 방식의 의사소통이 요구된다"고 말했다.

138) 휴대폰 분야에서 세계시장 점유율이 약 30%대인 노키아는 핀란드 주식시가 총액의 60%, 제조업 고용의 약 30%를 차지한다. 핀란드 정부는 연구개발예산의 절반을 정보통신산업에 투자하는 등 선택과 집중을 하였다. 스웨덴의 대표기업 에릭슨도 스웨덴을 세계 최첨단의 IT강국으로 만들었다.

미래의 성장원천인 신기술을 성공적으로 개발하기 위해서는 우선 선진국과 기술격차가 적고 상품화가 용이한 분야나 세계시장규모가 크고 성장성이 있는 분야, 그리고 부품과 소재류 분야가 우리의 여건에 적합할 것으로 판단된다.

IT, BT, CT, NT, GT, 디지털, 로봇, 네트워크 등 신기술개발에는 천문학적인 연구개발투자가 필요하다. 따라서 신기술산업의 핵심기술을 확보하는 데 있어서 연구개발투자에 수반되는 위험을 감내할 수 있는 공공부문이나 대기업의 역할이 필수적이다. 특히 우리 정부의 연구개발 투자는 선진국에 비해 부족하기 때문에 향후에는 신기술 산업분야의 육성을 위해 정부부문의 역할을 증대시킬 수밖에 없을 것이다. 왜냐하면 기반기술 분야에서의 정부의 획기적인 투자 없이는 선진국과의 미래산업 분야의 경쟁에서 이길 수 없기 때문이다.

기업은 각각 다양한 분야에서 선택과 집중을 해야 한다. 기업은 핵심역량(核心力量)을 가진 분야에 집중하여 경쟁력을 확보해야 하고, 이를 통해 국가는 여러 분야에서 경쟁력을 구비할 수 있어야 한다. 정부는 개별산업이나 기업에 대한 투자보다는 파급효과가 큰 공공재적인 성격의 연구개발 투자나 기업 환경의 개선에 선택과 집중을 해야 한다. 왜냐하면 정부 역시 제한된 자원을 가지고 있기 때문이다.

21세기의 화두는 디지털이다. 디지털은 자원의 제약과 성장의 한계를 극복하고 지속적인 번영을 보장해 주는 핵심 수단으로 상정되고 있다. 앞으로의 세계경제의 판도는 디지털 경제를 주도하는 국가가 좌우하리라는 관측이 지배적이다. 생존, 번영 · 발전, 선진일류국가를 목표로 삼는 국가전략을 수립하는 데 있어 경제적 번영을 담보하는 유력한 수단인 디지털이 갖는 의미는 크다. 더욱이 국가전략을 환경과 자원사이의 최적조합(最適組合, Best Mix)을 결정하는 일련의 선택과정이라고 파악할 때, 환경변화의 핵심으로서 디지털이 국가전략에서 차지하는 비중은 더욱 커질 것이다.

디지털 경제의 주도권을 둘러싼 국가간 경쟁이 치열하게 전개되고 있다. 디지털 경쟁에 가장 먼저 뛰어든 미국은 컴퓨터, 소프트웨어, 통신, 인프라, 인터넷 등 디지털 핵심 영역에서 확실한 주도권을 장악하고 있다.[139] 디지털 이

139) 기술세계의 승부는 참으로 냉혹하다. 앞서가는 자는 뒤에 오는 사람을 절대 기다려주지 않는다. '오뉴월 하루볕이 무섭다'는 속담이 과학기술의 발전에서 실감나는 세상을 우리는 살고 있다. 어제의 PC는 더 이상 '오늘의 PC'의 적이 될 수 없다. 과학기술세계의 승부는 2등이 없다. 1등 아니면 모두 꼴찌일 뿐이다.

행에 뒤늦은 일본, 유럽 등 여타 선진국들도 디지털 경제를 21세기의 성장원동력으로 인식하여 그 확산을 위한 기반을 조성하고 시스템을 구축하는 등 전략적 노력을 기울이고 있다. 21세기 지식정보화 시대에는 지식창조와 기술혁신이 핵심이 되는 발전전략을 채택해야 한다는 필요성이 높아지고 있는 상황에서 디지털 경제로의 이행이 그 돌파구로 제시되고 있다.[140)]

디지털 경제를 이해할 때 중요한 것은 현재의 규모보다는 향후 발전의 속도와 변화의 폭이다. 인터넷 이용자수, 전자상거래 정도, 정보통신산업 부문에 대한 투자 등의 추이를 볼 때 디지털 영역의 확산은 폭발적으로 이루어지고 있음을 알 수 있다.[141)]

디지털 기술을 통해 제조업 내에서도 지식과 정보의 활용을 강화하고, 시장수요에 맞도록 지식의 투입과 확대 및 활용을 극대화해야 하므로 국가 차원의 디지털 전환전략이 요구된다. 전통산업의 디지털화, 온라인기업과 오프라인기업의 결합, 디지털 산업의 대기업화 등이 세계적인 추세이자 경쟁력의 열쇠이다. 따라서 대한민국도 국가전략 차원에서 장기적인 디지털 전환전략을 세워야 한다. 전통산업과 정보통신산업의 비중, 자원배분의 우선순위와 비중, 경제정책의 기조 등에 대해 국가전략 차원의 고려가 있어야 할 시점이다.

창조적 기업을 운영할 수 있는 창의적인 인력양성에 주목해야 한다. 세계경제 위기 후 금융을 매개로 하는 글로벌 자본주의 확산에 대한 불안에도 불구하고 향후 몇 년간은 글로벌 시장을 활용한 국민경제의 성장이 대부분 국가의 주요 목표가 될 것이다. 성장의 원동력은 대기업과 중소기업의 지속가능한 발전의 토양을 제공하는 창의적인 인력이 될 것이다. 부존자원보다 더 중요한 것이 글로벌 경쟁력을 갖춘 인력 기반의 확충이며, 고부가가치를 지속적으로 생산하기 위해서는 경쟁 자체를 뛰어넘는 창의적인 인력의 지속적인 배출과 활용이 필요하다. 이러한 분야는 과학, 기술, 디자인, 예술, 새로운 조직 구성 및 운영 능력을 포함한다.

---

140) 류상영 외, 앞의 책, p. 53.

141) 지난 19세기 말에 실용화된 전기모터는 실용화되는 데 65년이 걸렸으나 20세기 초에 태어난 진공관은 실용화 기간이 34년으로 줄었다. 그 뒤 20세기 중반 무렵에 들어서면서 나타난 레이더는 5년, 트랜지스터는 3년, 플래스틱과 특수고무도 3년, 태양전지는 2년에 불과했다. 이제는 기초과학의 이론이 정립된 지 2-3년이 소요되거나 어떤 이론은 1년이 채 되지도 않은 상황에서 실용화될 수 있는 실정이다.

그렇다면 창조적 기업 육성 또는 전환을 위하여 무엇을 우선적으로 해야 할 것인가? 글로벌 시장을 하나의 자원으로 보고 국민·기업·정부가 그 자원을 효과적이고 생산적으로 이용할 수 있는 역량을 키워야 하며, 우리 경제도 효율적인 시장에 기초하도록 시장 인프라를 구축해야 한다. 시장은 경제활동에 필요한 핵심 정보를 수집 전달하는 거대한 정보기구이므로, 지식정보기반 경제에서 글로벌 정보기구인 시장을 활용하지 못하는 기업이나 국가는 미래가 없다. 따라서 기본적인 경제정책방향은 글로벌 표준에 기초한 신뢰할 수 있는 시장을 만들고 자유롭고 공정하게 활동할 수 있도록 교육에서 복지까지 시장원리를 적용하여 창조적인 생각을 끊임없이 하는 자발적인 유인동기를 제공하는 일이다.

아날로그 시대에는 경험이 많고, 기술의 축적이 많을수록 경쟁력이 있어 후발이 선발을 따라가기 매우 어려웠다. 디지털 시대에는 우수한 두뇌와 창의력, 그리고 빠른 스피드와 도전정신이 바로 경쟁력이다. 우리는 이러한 사례를 반도체의 뒤를 이을 주력 수출품목으로 급부상하고 있는 디스플레이에서 찾을 수 있다.[142] 삼성전자, LG필립스 LCD 등 국내 LCS업체들은 2001년 일본을 제치고 대형 초박막(TFT-LCD)분야에서 세계최대 생산국으로 부상한 이후 양산 기술력을 바탕으로 공격적인 투자를 진행함으로써 세계시장을 주도하고 있다.[143]

수출로 먹고사는 대한민국은 반도국가의 특성을 살려 바다로 나가야 한다. 우리는 세계 1위의 조선 대국으로 전 세계 선박의 40% 이상을 건조하고 있으며, 컨테이너 운송량도 세계 5위를 차지하고 항만 또한 동북아 물류 중심으로 각광받고 있다. 그러나 유감스럽게도 우리의 해양력은 세계 12위에 머무르고 있다. 선박 건조는 1위이나 해양과학기술·해양관광·해양환경 등이 미진하고 이를 뒷받침할 해군력이 약하기 때문이다. 아무리 금은보화가 바다 밑

142) 2006년도 우리나라 디스플레이 제품의 총수출액은 262억불로 전체 총 수출에서 8.1%를 차지하는 것으로 나타났다. 브라운관(CRT)에 이어 지난 1995년부터 양산을 시작한 액정표시장치(LCD)가 연평균 23% 성장하면서 수출 비중도 급속히 커지고 있다. 특히 두께가 얇고 가벼운 영상표시장치인 평판디스플레이(FPD)의 활약이 두드러진다. 대표적인 FPD로는 LCD, 플라즈마디스플레이패널(PDP), 유기발광다이오드(OLED) 등이 있다. 이중 LCD는 FPD 전체의 88% 이상의 비중을 차지하고 있으며 당분간 FPD 시장을 주도할 것으로 예상된다.

143) 문화일보, 2007년 5월 11일.

에 있어도 그것을 획득할 해양과학기술이 없으면 무용지물인 것이다.

또 바다를 우리 생활과 밀접하게 친환경적으로 개발해 삶의 질을 향상시키고, 성장 잠재력이 풍부한 해양 관광 사업으로 발전시키기 위해 동·서·남해의 수려한 해안을 더욱 맑고 푸르게 가꿔야 한다. 그리고 무엇보다 중요한 것은 해양 강국을 위한 국민의 뜨거운 성원과 정부의 의지가 필요하다.

대한민국은 다양한 해양 분야 가운데 강점이 있는 것과 그렇지 못한 것을 구별해서 강점 있는 것에 보다 중점적으로 투자를 해야 할 것이다. 예를 들어 우리가 잘하는 분야는 조선업, 수산업과 무역이다. 한정된 자원을 이 분야에 집중적으로 투자한다면 해양국가로 발돋움할 수 있을 것이다. 이렇게 잘하는 분야를 집중적으로 육성한다면 요즘 많은 국가들이 고민하는 성장잠재력을 확충하는 데도 도움이 될 것이다. 또 중요한 것은 국가 엘리트들과 정책결정자들이 해양의 중요성에 대해 인식해야 한다. 앨프리드 마한(Alfred Mahan)이 지은 「역사상 해양력의 영향」이라는 책을 보면 해양력을 육성하기 위한 국가 리더십을 강조하고 있다. 대한민국의 정책결정자들이 해양이 중요하다고 확신한다면 우리의 미래는 번창할 수 있다고 본다.

(5) 기업의 경쟁력 강화

지식우위와 정보우위를 향한 무한경쟁에서 기업도 예외가 될 수 없다. 지식정보화와 함께 진행되고 있는 세계화과정이 그러한 경쟁을 세계 곳곳으로 확산시키고 있기 때문이다. 따라서 지식정보화와 세계화의 복합적 흐름은 개별국가에게 다른 선택의 대안을 남겨두지 않는다. 이러한 흐름에서 낙오되어 정치·경제적으로 주변화되거나, 아니면 이런 흐름을 적극적으로 수용하여 앞서 나가는 길 외에 다른 길이 없는 것이다.

우리는 세계화, 지식정보화, 디지털화 시대에 세계의 선두 기업들과 라이벌의식을 갖고 한국기업의 경쟁력을 강화하여 세계적으로 경쟁력 있는 기업으로 성장시켜야 한다. 이것은 기업만의 문제가 아니고, 정부와 산학연(産學研)이 긴밀한 협조체제를 강화하여 풀어나가야 할 과제이다.[144)]

---

144) 대한민국 옆에 일본이 있어서 고통도 있었지만 대한민국 옆에 일본이 있기 때문에 대한민국이 이처럼 빠른 성장을 할 수 있지 않았을까 싶다. 라이벌의식이란 대인, 조직, 국가의 성장에 긍정적인 영향을 미친다. 대한민국의 주력 산업들, 예를 들어 전자, 조선업, 철강 등은 모두 일본이란 라이벌을 의식하고 배우고, 베끼는 과정에서 만들어진 것들이다. 다만 지나

21세기 지식정보화사회에서 경제활동의 주체가 되는 것은 민간부문의 기업과 단체이다. 경제·사회발전이라 불릴 만큼의 획기적인 경제의 변혁과 성장은 1862년 영국에서 기업법이 공식화된 19세기 이후의 현상이다. 또한 모든 나라의 경제·사회발전 과정의 배후에는 반드시 성공하는 기업의 성장이 두드러지게 나타나고 있다. 이러한 기업과 단체는 격심한 경쟁 속에서 언제나 시장통합을 주시하지 않으면 안 되고, 새로운 기술과 디자인의 개발, 경영방법의 쇄신, 인재발굴 등에 힘쓰지 않으면 안 된다.

그러나 우리나라가 기업하기에 상당히 어렵다는 데는 누구나 동의하는 부분이다. 바꿔 말하면 규제가 많다는 말이다. 출자총액제, 수도권 공장 총량제 등 많은 규제가 있다. 반 기업정서도 강하다. 물론 기업의 책임이 크지만 기업에 대한 올바른 가치관을 심어주지 않은 것도 원인이다.[145)]

경제번영의 주역은 기업이다. 장기적인 생산성의 향상을 가능하게 하는 것도 기업이다. 과거와 같은 지시와 통제에 바탕을 둔 위계적 관계로서의 정부-기업관계는 존립할 수 없다. 효율적인 자원배분을 인위적으로 가로막는 정부의 간섭을 제거하고 시장경제를 활성화한다면, 기업 스스로의 노력에 의해 경제의 활성화가 이루어진다. 정부는 비전의 제시를 통해 기업을 도와주는 협력자로서의 새로운 역할을 정립해야 한다. 정부가 정책을 수립하는 방식도 전환해야 한다. 민간의 참여를 다양한 형태로 유도함으로써 정책결정의 투명성과 예측 가능성을 높여야 한다. 정부, 기업, 시민사회 등 다양한 세력들이 함께 참여해 주요 정책 문제를 논의하고 국가적인 합의를 도출해 나갈 때 정책의 효율성을 높일 수 있다.[146)]

기업은 사회적으로 중요한 존재다. 공적인 면에서 공헌함으로써 기업에 대한 신뢰와 안심을 갖게 한다. 그러나 시장에서의 승자와 패자를 결정하는 룰이 공적인 가치를 결정하는 기준은 되지 못하며, 기업은 시장주의를 넘어선 철학과 메커니즘을 갖추어야 한다. 21세기의 기업은 20세기 '재벌'이 가졌던

치게 민족주의적 성향이 사리판단을 그르치지 않도록 주의할 필요가 있다.

145) 핀란드의 노키아 같은 경우 핀란드 전체 국내총생산(GDP)의 30%를 차지하고 있지만 이에 대해 부정적으로 본다는 말을 들어보지 못했다. 그런데 우리는 자산 규모가 6조원 이상만 되면 출자총액 20% 이상 출자하지 말라고 한다. 이런 제도로 인해 대기업들이 예비 범죄집단과 비슷하게 인식되고 있다.

146) 류상영 외, 앞의 책, pp. 519-529.

부정적인 이미지를 개선하고[147] 공(公)·사(私)의 역할을 균형있게 발전시켜 나가야 할 것이라고 본다. 투자확대와 고용창출을 위해서는 국가가 기업들의 경제심리를 북돋고 기(氣)를 살리는 일도 시급하지만, 국민들의 뿌리 깊은 反기업정서와 각종 규제, 기업지원 행정력 미비 등을 개선하는 일도 중요하다.[148]

세계시장을 두고 전개되고 있는 글로벌 경쟁체제 하에서, 기업은 생존과 성장을 위해서는 상황변화에 따라 유연하게 대처할 수 있는 경영시스템과 미래를 예측하고 시장을 창출해 낼 수 있는 창의적인 경영체계, 그리고 사회에 대한 책임과 도덕성을 갖추어야 한다. 특히 기업들은 정부에 규제완화를 요구하기 이전에 규제의 빌미를 제공하는 경영권의 방어와 승계, 상속, 내부거래 등과 관련된 부분들을 스스로 정비하여 정부나 국민들의 시각에서 도덕적으로 큰 문제가 없다고 느끼게 하는 것이 우선적으로 필요하다.

기업활동의 투명성 제고와 지배구조의 개선을 바탕으로 경쟁력 있는 기업만이 성장할 수 있는 시장환경이 조성될 때 재벌에 대한 국민들의 부정적인 인식을 종식시킬 수 있을 것이다. 기업의 경쟁정책이 지향하는 바는 바로 이러한 시장질서를 확립하는 것이다.

우리나라의 재벌들이 독특한 경영행태를 보이고 있다면 이는 바로 우리나라의 문화, 관행, 가치관, 정치계의 행태, 정부의 규제정책과 산업정책 등 각종 경제정책과 소비자, 은행 등 채권자, 주주들의 감시정도, 노사관계 등 기업을 둘러싸고 있는 기업환경의 영향이라고 평가할 수 있을 것이다.

이제 기업들은 제품시장과 금융시장 등 각종 시장으로부터 감시는 물론 사외이사를 포함한 이사회의 감시로부터 자유로울 수 없는 시대가 되었다. 따

147) 우리 사회에서 재벌 재산의 사회환원을 요구하는 목소리가 높은 것은 재벌에 대한 관념과 관련이 깊다. 상당수 한국인은 재벌이 정경유착과 정부 특혜 등으로 컸다고 본다. 재벌 창업자들에 대해 대한민국 응답자들은 '경제 발전의 원동력'이라고 긍정적으로 평가(80.4%)하면서도 '정경유착으로 컸다'는 시각(84.4%)이 많아 이중적 태도를 드러냈다. 재벌 오너의 경영권 승계와 관련, 72.4%가 '능력이 있으면 승계해도 좋다'고 답변했다. 그러나 '무조건 승계해선 안 된다'는 응답(21.5%)이 '승계해도 좋다'(6.1%)보다 훨씬 많아 재벌의 경영권 승계 문제를 대체로 부정적으로 봤다(중앙일보, 2006. 8. 30).

148) 과거 정경유착, 분식회계 및 불투명경영, 경영권 세습 및 족벌경영 등으로 야기된 대한민국의 反기업정서는 다른 나라와 비교할 때 유난히 그 정도가 심하다. 경영의 투명성과 사회공헌활동이 대폭 강화됐지만 평가는 인색한 편이다. 기업들에 무한책임을 강요하는 결과를 낳은 반기업정서는 기업의 경쟁력 제고와 기업가 정신을 발휘하는 데 큰 장애요인으로 작용한다. 이는 국가경제에 대한 기업들의 기여, 일자리 제공, 좋은 제품의 싼값 제공 등의 기업의 순기능을 가려버리는 결과를 초래한다.

라서 정부도 그들의 감시능력이 활성화될 수 있도록 해야 하며, 정부의 기업 정책도 시장경제의 원리에 맞게 재정립되어야 할 것이다.

대한민국에도 미래를 내다보면서 창의적이고 발전적으로 사고하고 사회에 헌신적으로 봉사하는 빌 게이츠와 같은 기업인이 많이 나와야 한다.[149] 그리고 국가는 스스로 노력해 성공하는 기업들을 그렇지 않은 기업들에 비해 더 우대하는 정책을 추진해야 발전을 촉진할 수 있다. 이런 정책이란 성공하여 대기업으로 성장하는 기업들을 더 많이 창출해 낼 수 있는 환경을 만들어 내는 일이라 할 수 있다. 보다 많은 강한 기업들이 생성되도록 유도하고 필요하면 외부로부터 강한 기업들을 유치함으로써 스스로 노력하는 기업들을 우대하지만, 결과적으로는 성공하는 기업들간의 경쟁을 촉진[150]해야 한다. 즉 세계화 시대의 경제정책이야말로 차별화원리를 실천하는 방향으로 운용되어야 한다.

가장 중요한 것은 기업인이 혁신적 투자를 할 의욕이 생기도록 친 투자환경, 즉 투자친화적인 환경을 조성하는 일이다. 기업인들의 투자마인드 제고를 위해 투자 분위기를 조성해야 한다.

그리고 기업지배구조의 고유의 특성을 보장해야 한다. 기업은 저마다 사업의 특성, 소유구조 및 이해관계자 분포가 다르기 때문에 정부는 최소한의 사외이사 의무비율을 상장요건으로 정하고 나머지는 자율적인 확대를 유도하는 것이 바람직할 것이다.[151]

경제학은 법제도가 투명하게 그리고 자본주의 시장경제원리에 부합되게 잘 정착되어야만 거래비용이 낮아지고 국가경제의 효율성이 향상되는 것으로

---

149) 빌 게이츠의 능력은 통찰력과 추진력에 있다. 게이츠는 2000년대는 속도의 시대가 될 것이라고 예견했고, 정보기술에 대한 투자에 집중했다. 이를 위해 가장 중요한 것이 인재경영이다. 게이츠는 오른팔로 불리는 아눕 굽타 MS 부사장을 영입하기 위해 아예 기업을 통째로 사들인 일화로 유명하다. 인터넷 익스플로러를 공짜로 제공해야 한다는 간부의 의견에 당신이 '공산주의자냐'고 폭언을 퍼부었지만, 결국 시장에 무료로 제공했다. 1990년대 이후 사상 최대의 반독점소송에 몰렸을 때도 게이츠는 '끝까지 간다'며 강경론을 펼쳤지만, 스티브 발머 회장의 타협론을 결국 받아들였다. 직설적이지만, 직원들의 참여를 유도하며 문제를 해결하는 리더십이다. 게이츠가 30년간 회사를 유지시켜온 원동력이다.

150) 경쟁은 새로운 지식을 발견하는 데 꼭 필요한 절차다. 외부의 유입이나 새로운 것에 대해서 두려움을 가질 필요가 없다. 1990년대 초반 외국 유통업체가 들어올 때 많은 걱정을 했는데, 앞에서 기술한 것처럼 결국 월마트와 까르푸를 우리 기업들이 인수·합병(M&A)을 통해 사들였다. 경쟁지향적인 문화와 제도, 관행, 관습을 가져가면 훨씬 더 지식을 폭발적으로 만드는 국가를 만들 수 있을 것 같다.

151) 한국경제연구원, 앞의 책, p. 42.

가르치고 있다. 따라서 한 국가가 어떤 법제도를 갖느냐에 따라 경제의 발전 여부가 판가름나기도 한다.

법제도의 내용이 원칙적으로 시장원리와 양립되어야 하며, 일반적이고 보편적인 규범이 지배하는 법치사회로 가야 한다. 법치주의 실현을 위해 모든 경제주체가 주어진 법과 제도를 공통의 행동기준으로 삼고 이를 준수해야 하며, 현존하는 법과 제도가 경제주체들의 발전을 극대화시키는 방향으로 개정되어야 한다.

기업이 해외시장을 확보하고 자원을 효율적으로 활용하기 위해서는 적극적인 글로벌 진출전략이 필요하다. 과거처럼 저임노동력의 활용 등 수동적 동기에서 현지화를 추진하거나 투자수익성에 대한 면밀한 분석도 없이 경쟁기업의 행동을 모방하는 방식은 한계가 있다. 상품의 개발에서 생산 및 판매에 이르는 일련의 기업활동을 세계 각 지역의 비교우위에 맞게 최적으로 배치해야 한다. 기업들이 해외투자를 결정하는 단계에서 보다 치밀한 준비와 조사를 해야 하며, 기존의 저렴한 임금 등 생산요소의 가격차를 목표로 하는 투자보다는 글로벌 네트워크하에서 효율성을 극대화하는 방향으로 투자가 이루어져야 한다. 기술, 인력, 경영전략 등에서 현지기업과의 경쟁에서 독자적 경쟁우위를 확보하는 데 역점을 두어야 한다.

디지털 경제가 국가전체의 경쟁력을 향상시키리라는 기대감은 새로운 정보통신 시스템에 대한 과감한 투자와 함께 경제, 사회, 문화와 인식의 측면에서도 커다란 변화를 유도하고 있다. 디지털 경제의 주역은 기업이다. 그러나 디지털 경제는 시작 단계이고, 그 방향을 아무도 예측할 수 없기 때문에 시장실패가 일어날 가능성이 크다. 디지털 경제로의 이행을 가로막는 장애요인들을 제거하고 정부와 민간, 그리고 국제간의 조율을 통해 디지털 경제의 틀을 새롭게 만들어 나가야 한다.[152)]

세계시장 점유율 제1위의 품목이 100개를 넘어섰다.[153)] 세계 1위 품목은

152) 디지털 컨버전스 혁명을 주도하는 성공적인 경영의 핵심요소는 기술・디자인・브랜드라고 생각한다. 이 3大 핵심역량을 강화하기 위해 시설 및 R&D, 우수인력, 마케팅 분야에 투자를 지속해야 할 것이다.

153) 수출품목 다양화・고급화를 위해 정부가 선정하는 '세계 일류상품' 가운데 세계시장 점유율 1위 품목이 100개를 넘어섰다. 여기에는 메모리 반도체와 박막액정표시장치(TFT-LCD), 액화천연가스(LNG) 운반선 등 대기업 제품부터 오토바이용 헬멧, 자전거용 신발 등 중소기업 제품에 이르기까지 다양한 상품들이 포함되어 있다.

지난 2004년 59개이던 것이 2005년 78개, 2006년 86개, 2007년 100개로 늘어났다. 대한민국의 기업은 자신만의 장점이 있다. 즉 삼성과 LG 등은 스피드, 빠른 의사결정, 다이나믹함, 새로운 마케팅전략 등의 장점을 살려 세계일류가 된 것이다. 이러한 일류기업은 현재 무슨 문제가 생겨도 해결할 수 있는 자체 능력을 가지고 있다. 자신감을 가져야 한다.

'메이드 인 글로벌'은 글로벌 수준의 경쟁력을 가진 상품을 말한다. 생존하고 번영하기 위해선 글로벌 경쟁력의 갑옷과 창검으로 무장해야 한다. FTA는 국가간에 이뤄지지만 그 물결은 국가간 장벽을 허물면서 오대양 육대주를 하나로 잇는 거대한 신조류를 형성하고 있다. 결국 살아남아 번성하려면 철저히 '메이드 인 글로벌'이어야 한다. 삼류는 제품만 판다. 이류는 지식만 판다. 하지만 일류는 감동을 판다. '메이드 인 글로벌'상품은 단지 부품만 조립한 제품이 아니라 우리의 땀 · 꿈 · 열정을 담은 감동의 상품이어야 한다. 미래는 예측의 대상이 아니라 오늘 우리가 만들어 가는 창조의 대상이다. 오늘 우리가 배수진을 치고 죽을 각오를 한 채 열정과 신념 그리고 땀과 꿈으로 감동의 상품을 만든다면, 우리는 그 어떤 조건과 상황 속에서도 살아남을 것이다. 아니 단지 생존하는 것에 그치지 않고 놀랍게 번영하는 길로 나아갈 것이다.

오늘날의 국내 일류산업이 같은 업종의 해외산업과의 경쟁에 이겨 오랫동안 일류로 살아남기 위해서는 초일류 기술을 보유하는 것뿐이다. 그것만이 위기를 기회로 활용하는 유일한 길이 될 것이다.

다시 말해서 끊임없는 R&D와 기술혁신을 통해서 우리 산업의 고도화 · 내실화를 기하는 그것 외에는 일류에로의 길이 없음은 물론, 언제든지 기술혁신이 뒤지면 해외기술에 종속되어 곧장 이류 · 삼류로 전락하고 만다는 것을 정부 · 기업 · 국민 모두가 명심해야 할 것이다.

기술혁신은 지속적 성장, 고소득 및 고용창출의 중요한 원천이다. 특히 지식기반경제는 지식의 창출뿐만 아니라, 창출된 지식의 활용 및 확산에 따라 경제의 생산성이 달라진다. 기술혁신은 단순히 기술적 조건에 의해 결정되는 것은 아니다. 기술의 창출, 활용, 확산을 위해서는 기술혁신 주체들간의 연계구조가 효율적이어야 한다. 지식에 대한 투자를 강화하고 경제 전체에 지식의 접근 및 분배를 향상시키기 위한 제도와 조직을 보완해야 한다. 결국 '국가혁신시스템(National Innovation System)'의 효율성 여부가 기술혁신의 성과를 좌우

한다. 국가혁신시스템의 문제는 어느 시대에나 중시되었으나, 네트워크 시대에는 각 주체간 상호 작용의 중요성이 더욱 커지면서 국가혁신시스템에 새로운 역할이 요구되고 있다고 볼 수 있다. 기술혁신 주체간의 지식과 기술이 서로 원활하게 이동해 어떤 지식이 그것을 필요로 하는 다른 부문에 효과적으로 확산될 수 있도록 해야 한다.

세계화·정보화 시대에 기업의 구조조정은 다양한 형태의 기업혁신을 통해 경쟁력을 향상시키는 한편 회생 불가능한 기업의 신속한 퇴출을 통해 자원배분의 효율성을 제고시키는 양면을 갖고 있다. 기업의 자율적인 구조조정은 기업이 시장경쟁 과정에서 생존하고 성장하기 위해 거쳐야 할 필수적인 요소이다. 이를 위해 경영과정에서 기업이 다양한 선택을 할 수 있도록 기업의 조직선택과 사업구조설정에 대한 규제는 조심스럽게 접근되어야 할 것이다. 그리고 법적 절차에서 법원이 제 역할을 다하기 위해서는 이해조정 및 판단에 대한 경제적인 판단능력을 제고하기 위해 법원의 전문성을 확충해야 한다.[154]

제조업체들의 경쟁력의 강화를 위해서는 정부가 보다 적극적으로 지원해 주어야 할 것이다. 경제의 근본은 결국 생산력에 있는 만큼 정부의 투자와 조세정책 그리고 금융 등 경제의 육성을 위한 모든 정책은 제조업의 발전에 초점을 둘 필요가 있을 것이다. 즉 제조업체의 기술개발투자라든가 그들의 사업환경을 개선하는 데 대해서는 금융지원과 정부투자를 과감하게 확대하고 조세상의 지원을 고려하여 경쟁력 강화를 위해 함께 적극적으로 노력할 필요가 있다.

세계화·정보화 시대에서 '신경영(新經營)'[155]을 추구하는 기업의 실질적인 경쟁력을 높이기 위해서는 정부는 동반성장을 위한 선제적 투자에 중점을 두면서 성장기반의 강화를 위한 R&D투자를 강화하고, 민간의 투자애로를 해결해주는 일이 중요하다. 우선 기업인들이 기업하고 싶은 마음이 생겨나게 해야 하고, 불필요한 규제를 철폐해야 하며, 정부정책의 확실성과 일관성을 높여나가면서 노사관계가 안정되도록 해야 할 것이다. 국내기업이든 외국기업이든 우리나라에서 투자를 확대하는 데 어떠한 애로가 있는지 투자현장에서 정부가

154) 한국경제연구원, 앞의 책, p. 42.

155) '신경영(新經營)'은 量 위주의 경영에서 質 위주의 경영으로 전환하고, 나부터, 쉬운 것부터 변화하도록 하자는 것이다. 여기서 質이란 제품과 서비스의 질, 사람의 질, 경영의 질을 포함하는 개념이다.

의견을 직접 수렴하여 즉각적인 해결에 나서야 한다. 왜냐하면 기업의 경쟁력 강화는 국민에게는 새로운 일자리창출을, 국가에게는 경쟁력 제고를 의미하기 때문이다.

(6) 노동시장의 활성화

모든 국민은 일할 수 있는 권리와 동시에 의무를 갖고 있다. 대한민국 헌법 제32조 ①항은 "모든 국민은 근로의 권리를 가진다"고 명시하고 있고, 동시에 ②항에서는 "모든 국민은 근로의 의무를 진다"고 명시하여 국민의 근로의 권리와 의무를 동시에 규정하고 있다.

세계 경제위기에 즈음하며 정부가 당면한 가장 시급하고 중요한 과제는 경제의 활성화일 것이다. 이를 위해 무엇보다도 일하는 풍토부터 조성하고 온 국민이 권리이자 의무를 수행하는 한 마음으로 다시 한 번 열심히 뛰도록 분위기를 조성해야 한다. 정부의 성공적 노사관계 비전은 노동시장의 '유연안정성(柔軟安定性, Flexicurity)' 확보와 일자리창출이라고 할 수 있다. 노사관계 비전을 노동시장의 유연안정성이라는 토대 위에 일자리 만들기에 두어야 하는 이유는 전 사회가 고용불안에 직면해 있기 때문이다.

그동안 우리 국민은 노동시간이 가장 많은 국민이었고 열대의 사막과 시베리아의 동토를 비롯한 세계 각지의 어떠한 악조건에서 어떠한 일도 많은 희생을 무릅쓰고 해내던 국민이었으며, 그것으로 한강의 기적을 이루었다. 그러나 이처럼 물불을 안 가리고 책임을 완수하기 위해 다같이 노력하던 우리 국민의 일에 대한 의지가 민주화・자유화의 물결 속에서 많이 약화되었다. 불합리한 조건하에서의 노동에 대한 불만, 그리고 그동안 쌓아놓은 경제적 과실에서 서로 많은 몫을 차지하겠다는 사려 없는 욕구 등이 한꺼번에 분출되면서 건전한 노동과 일에 대한 열정까지 쓸려가 버린 것이다.

우리의 노동시장은 고용의 경직성에 기인한 취약계층 실업의 상대적인 증가, 생산성을 초과하는 임금증가율, 기업간 임금격차의 심화, 간접노동비율의 확대 등 여러 가지 문제가 노출되고 있다. 노사관계에 있어서는 정치적 조합주의의 확산과 독점노조의 폐해가 부각되고 있는데 주요요인은 근로자 보호 위주의 노동법과 시장원리에 맞지 않는 집단주의 제도 등이다.

세계화의 진전에 따른 기업들의 노동절약적 기술투자의 확대, 자본의 이동성 증진, 국가의 노동보호능력의 약화 등 여러 요인 때문에 20세기 말 이후 일반노동계층의 소득은 상대적으로 많이 감소하고, 고급경영자, 과학기술자, 전문기술자, 정보통신분야의 자영업자 등 고소득 계층의 소득은 빠르게 증가하여 세계 곳곳에서 이른바 '20 대 80의 사회'가 출현하고 있다.[156)]

그리고 세계화의 진전에 따라 노동의 지리적 이동성보다 자본의 지리적 이동성이 현저히 증가한다. 즉 기업은 세계화와 함께 별다른 공간적인 제한을 받지 않고 기계와 공장 등의 물리적 자본과 금융자본을 수익률이 높은 곳으로 쉽게 이동시킬 수 있게 된다. 이러한 과정에서 노동자들은 다국적 기업이나 해외이전을 고려하는 기업들로부터 갖가지 불리한 여건을 수용하지 않을 수 없게 된다.

특히 세계화가 빠르게 진행되는 과정에서 국가는 노동자와 국민을 강력히 보호하는 정책을 지속적으로 추진하기가 어려워진다. 그렇게 될 경우 외국기업과 치열한 경쟁에 직면하여 비용감축과 투자증진 압박을 동시에 받는 자국기업이 경쟁력을 상실하여 조건이 더 좋은 해외로 이탈해 나가도록 유도하는 결과를 초래할 수 있다. 또한 국가가 강력한 노동정책과 복지정책을 유지할 경우, 해외기업의 자국진출을 억제하는 역설적 상황에 직면하게 된다.

따라서 세계화시대에는 모든 국가는 과거의 노동보호정책과 복지정책을 상당 부분 후퇴시키지 않을 수 없게 될 것이다. 오히려 많은 국가들은 각종 규제완화를 통해 적극적으로 외국자본을 유치하는 데 앞장서게 될 것이다.

노동시장의 활성화를 위한 전략적인 주제는 ① 경제활동 참여율 제고방안, ② 노조활동의 효율성과 능률성 향상방안, ③ 근로환경 개선대책 등이다.

실업률은 지속적으로 상승하고 있고, 청년실업과 여성실업은 큰 사회적인 문제로 대두되고 있다.[157)] 이러한 취약계층의 상대적인 실업증가는 고용구조

156) 미국의 경우 1970년 이후 지금까지 오직 상위 20%의 사람들만 소득증가를 경험했고, 나머지 80%는 실질소득이 감소한 것으로 알려지고 있다. 이러한 현상은 영국, 프랑스, 이탈리아 등 선진국에서 골고루 발견되고 있다. 즉 세계화의 과정은 부를 축적할 수 있는 기회를 전세계적으로 확대하는 반면 부의 극심한 편중을 초래하는 뚜렷한 양면성을 지니고 있다.

157) 2006년 우리나라의 실업률은 3.5%이었으나, OECD 국가들의 평균 실업률은 6.9%로 거의 두 배 수준을 보였다. 실업률 자체만 본다면 실업문제가 외국에 비해 심각하지 않다고 할 수 있다. 그러나 외국에서는 구직자들의 대부분이 실업자 통계에 포함되는 반면, 우리나라에서는 사회안전망의 미비와 경제구조의 차이로 인해 구직자들의 상당수는 실업자로 실업통계에 잡히지 않는다.

의 변화와 고용의 경직성에 기인할 수 있으므로 고용경직성을 어떻게 해소시켜나갈 것인가 하는 정책과제를 남기고 있다. 실업률이 외국에 비해 낮다고 해서 우리나라의 실업문제가 외국보다 덜 심각하다고 결론 내리기 어렵다.[158)]

청년실업정책이 실효를 거두기 위해서는 무엇보다 정책 대상을 명확히 하고 대상의 특성에 따른 차별화된 맞춤식 대책을 세워야 한다. 자력으로 취업이 가능한 청년층에 대해서는 정부 지원이 불필요하다. 대신 정부의 보호가 필요한 취약 청년층에 대한 집중적인 지원이 요청된다. 이들 계층에 대해서는 선진국에서처럼 심층상담에서부터 직업훈련 실시, 직장탐색 지원 등에 이르기까지 패키지화된 종합적인 대책이 마련되어야 한다. 지금까지의 대책이 모든 청년층을 대상으로 한 일반적이면서도 값싼 것이었다면, 이제부터는 지원이 필요한 청년층에 한정해서 그들의 특성에 맞춘, 비싼 대책을 수립, 추진해가야 한다.[159)]

고령층의 취업 활성화를 위해서는 무엇보다 고령자의 학습권 보장이 선행되어야 한다. 당장 무조건 많은 일자리를 만들어 내는 것만이 능사는 아니다. 일자리의 질도 중요한 것이므로 고령자에게 지속적인 학습기회를 제공함으로써 취업능력을 키워주어야 한다. 이를 통해 다양한 제2의 경력 설계가 가능할 수 있도록 지원해야 한다. 선진국의 고령화 대책에서 평생학습이 중요하게 강조되는 것도 이런 맥락에서 이해될 수 있다. 하지만 우리나라의 경우 고령층의 평생학습 참여 기회가 매우 제한적이다.[160)]

선진국에서는 여성의 취업이 활성화되어 있고, 부부가 함께 일하는 것이 일반적 현상이다. 선진국일수록 부부가 함께 일해야만 자녀양육, 노후대비, 내

---

158) 실업과 인플레이션은 거시경제학의 가장 핵심적인 과제이다. 실업의 원인을 규명하고 억제대책을 모색하는 것은 거시경제학의 주된 과제이며, 국가경제정책의 핵심적인 관심사이다(이명재, 앞의 책, p. 512).

159) 특히 중장기적이며 근본적인 대책 수립에 우선순위를 두어야 한다. 기업이 일자리 확대에 나설 수 있도록 여건을 조성하는 것이 무엇보다 중요하며, 기업의 요구에 학교 교육이 부응할 수 있도록 하는 시스템의 구축 노력이 필요하다. 이와 관련, 대학의 특성화를 유도하고 대학교육의 현장성을 제고하는 동시에 정원조정 등 대학의 구조개혁을 한층 가속화해가야 한다. 청년층의 대학 진학률이 82%에 달하는 가운데, 스위스 국제경영개발원(IMD)이 평가한 대학교육경쟁력은 50위권에 머무르고 있는 것이 우리 현실이므로, 대학 개혁의 필요성이 절실하다.

160) 15세 이상 인구의 평생학습참여율이 21.6%인 반면, 50대는 14.4%, 60대 이상 노령층은 7.3%의 낮은 수준에 머무르고 있다.

집 마련과 같은 숙제를 무리 없이 해결해 나갈 수 있다.

우리나라에서도 지속적인 경제성장을 통한 선진국 진입을 위해서는 일자리의 창출이 중요하며, 일자리 창출을 통한 고용률의 제고(提高)가 피할 수 없는 길이다.[161] 이러한 측면에서 고용률을 일자리 정책의 기준 지표로 사용하는 것이 바람직하다.[162]

우리 경제는 노동시장의 경직성과 실업의 증가 등으로 인해 많은 어려움을 겪고 있으며, 경제성장의 발목을 잡고 있는 실정이다. 노사안정(勞使安定)은 한국경제의 영원한 숙제가 되었다. 노동시장을 개선하여 우리 경제를 활성화하기 위해서는 법과 제도, 그리고 정책의 개선이 필요할 것이다.

그리고 노사관계도 국제적 추세에 맞추어 기업별 내지 현장 중심의 교섭으로 분권화하고 단체교섭을 개별교섭으로 대체하는 것이 필요하다. 노사 리더들이 평화대타협을 선언하고 재계는 기업경영을 더 투명하게 만들어 노사 신뢰구축에 앞장서고, 중앙단위의 상급노조는 탈정치화하고 현장근로자가 먹고사는 문제를 최우선으로 풀어가는 협력적 노사관계가 구축되어야 한다. 과거는 노사가 협력적이면 어용(御用)으로 몰렸다. 하지만 지금은 대립적 관계가 노동현장에서도 비판을 받고 있다. 노사 모두가 서로에 대한 인식을 전환하지 않으면 안 된다. 기업 전체에서 노동자들을 상대로 한 대화노력이 확산되어야 노사관계의 분위기가 바뀔 수 있다. 재계는 다른 분야에 투자하듯이 노사관계 향상을 위해서도 적극적인 투자를 해야 한다.[163]

---

161) 일자리의 증가는 소득증가를 통한 소비기회의 확대, 이를 통한 경제적 후생의 증대라는 경제적 의미 외에도 개인의 건강, 자존심, 사회적 위신, 성장의 기회 등 비금전적인 편익을 제공하며, 범죄예방과 같은 사회적 효과를 가진다. 따라서 일자리 창출의 문제는 단순히 경제적 성과의 문제가 아니라 개인적, 사회적 차원의 포괄적인 문제이기도 하다.

162) 외환위기 전까지 고용률은 지속적으로 상승해 1997년 60.9%를 기록했으나, 외환위기 직후인 1998년 고용률은 56.4%로 크게 하락했다. 7년이 경과한 2004년에도 고용률은 59.8%로 외환위기 이전의 수준을 회복하고 있지 못하고 있다. 우리 경제가 노동력을 제대로 활용하고 있지 못하고, 일자리가 부족하다는 것을 이러한 고용률의 추이를 통해 알 수 있다.

163) 덴마크는 2005년 기준으로 유럽 최고의 고용률(75.8%)을 기록하고 있다. 2006년 기준 실업률은 3.9%로 유럽 최저 수준이다. 비결은 노동력을 효과적으로 활용한 데 있었다. 덴마크는 1990년대 중반 이후 노동시장 유연화와 근로자 재고용 지원을 결합한 전략을 추구했다. 국가재정을 투입, 중소기업근로자를 대상으로 직업 훈련을 강력하게 추진했다. 핀란드 역시 옛 소련 붕괴 후 발생했던 금융위기를 노・사・정 대타협을 통해 극복했다. 핀란드는 1993년 산업정책을 산업별에서 클러스터별 정책으로 바꿨다. 정보통신부문에 R&D예산의 절반을 투자하는 구조로 전환시켜 정보통신강국으로 자리매김했다.

대한민국의 여건을 고려하면 특별히 새로운 정책을 강구하기보다는 무엇보다도 갈등적 노사관계를 벗어나 노사가 서로 믿고 상생할 수 있는 노사관계 구축이 중요시된다. 즉, 경쟁력 있는 기업의 육성과 외국 자본의 유치를 위해서는 무엇보다 그동안 지속돼온 갈등적 노사관계를 극복해야 한다.

노사 모두 기업의 경쟁력 상태에 주목해야 한다. 기업경쟁력 약화는 노조의 경쟁력 약화로도 이어지기 때문에 노사 양측 모두에게 중요하다. 기업이 경쟁력을 갖추기 위해 산업구조 변화에 유연하게 대응해가면서도 능력 있는 인재를 양성할 수 있는 직업훈련시스템 구축에 진력해야 한다.[164] 노사파트너십에 기초한 작업현장의 '창신(創新)'과 함께 노동현안과 노사갈등이 효과적으로 조정되는 시스템이 갖추어져야 한다. 새로이 요구되는 시스템에서는 단순히 국제적 기준에 부합하는 법과 제도뿐 아니라 노사대화와 협의가 필요하다.

노사관계에서 신뢰를 구축하는 데 중요한 요소가 기업경영의 투명성이다. 외국인 투자기업의 분규건수가 매우 적은 것은 우리에 비해서 매우 투명하기 때문이다. 따라서 기업들은 투명성과 윤리의 경영자상을 국민과 함께 세운다는 자세로 노사문제를 풀어나가야 한다.[165]

우리는 먼저 새 시대에 맞는 노동정신을 계발하고 노동의욕을 고취해야 한다. 가장 일반적인 방법은 사회 지도층 인사들이 사회의 분위기를 그렇게 이끌어 나가는 것이다. 국가의 통치자를 포함하여 사회지도층이 직접 생산현장에서 뛰며 일하는 모습도 보일 필요가 있다.

그러나 보다 중요한 것은 열심히 노력하면 무언가 이루어지고 열심히 노력하는 사람이 사회에서 성공한다고 하는 실증을 보여 주어 노동의 결과에 대한 믿음을 심어주는 일이다. 말하자면 정직하게 열심히 일만하면 누구나 잘

164) 한국경제가 한 단계 도약하기 위해 필요한 '선진노사문화'의 모습은 어떠해야 할까. 과거 노동운동이 마치 독립운동하듯이 하는 투쟁적, 선동적 조직이었다면 이제는 관리형 조직으로 바뀌어야 한다. 전문가들에 따라 내놓은 처방은 다소 다르지만 노사가 정반대 입장에서 대립하고 갈등을 한다면 한국경제가 지지부진한 저성장세를 벗어나기 힘들 것이라는 데 대해서는 의견을 같이하고 있다. 전문가들은 노사갈등 결과는 결국 노사 모두의 손해로 귀결될 것으로 지적하고 있다.

165) 서유럽에서는 거의 모든 국가에서 노동자의 경영참여를 인정한다. 경영부담을 노조와 함께 나누자는 것이다. 그러나 근로자들이 경영전반에 참여하는 것은 아니며, 종업원 평의회를 통해 인수, 합병, 회사매각 등 근로자의 신분에 영향을 주는 행위에만 참여하는 형태이다. 이러한 투명경영을 위한 참여적 노사관계가 우리 현실에는 가장 적합할 것이다.

살 수 있는 사회를 만들어야 한다는 것이다. 그렇게 하지 않고서도 잘살고 사회의 지도층이 될 수 있다면 힘들여 노력하는 사람은 아무도 없을 것이다. 사회정의의 가치는 이런 차원에서 더욱 중요한 것이다.

세계화과정은 보다 직접적으로 공동체의 분열을 촉진하기도 한다. 세계화과정은 기업과 기업 사이의 국제적 경쟁을 더욱 심화시키므로 요소가격에 중대한 변동이 생길 경우 개별기업들은 언제든지 특정지역에 위치하고 있던 공장을 폐쇄하고 다른 지역으로 이전하려고 하게 된다.[166] 이렇게 되면 그 공장이 있던 지역공동체는 높은 실업률과 극심한 경기침체를 겪게 되고, 대체산업이 육성되지 않는 한 노동자들은 취업을 위해 자기가 살던 공동체를 떠나야 하는 운명에 처하게 된다.

디지털 경제에서 경쟁력의 핵심은 필요한 인력을 어떻게 확보, 육성, 유지하는가에 달려 있다. 경직적이고 일률적인 정규교육제도는 디지털 시대에 맞는 창의적인 인재를 양성하는 데 한계를 보이고 있다. 기업 내 훈련제도도 문제가 많다. 노동시장이 유연화되면서 노동력의 잦은 이동, 빠른 기술변화, 다운사이징 등으로 기업은 인력개발에 대한 투자를 기피하는 경향이 생겼다. 업무에 필요한 기술을 가지지 못한 노동자들을 재훈련시키기보다는 외부 노동시장을 이용해 노동력을 조달하려 하기 때문이다. 하지만 이처럼 노동력의 이동을 통한 기술확산이 보편화되고 있는 상황에서 장기적으로 시장의 실패가 발생하지 않기 위해서는 국가에 의한 인력공급과 양질의 교육이 전제되어야만 한다. 대한민국의 현행 교육제도는 경쟁과 자율을 바탕으로 개선되어야 한다. 교육이 본래의 목적인 인적 자본의 육성을 제대로 수행하기 위해서는 현재 시행중인 각종 규제를 대폭 폐지하거나 완화하여 경쟁을 촉진해야 한다.

3. 경제체질개선의 기본방향

21세기 정보화혁명은 지리의 종말을 가져왔다.[167] 인터넷을 통한 주식거

166) 세계화시대의 기업은 국가의 이익, 공동체의 유대와 개인의 복지를 전혀 고려하지 않는 오직 이윤논리와 경쟁력 논리에 따라 신속히 공간이동을 하는 존재가 된다.

167) 여기서 정보화는 컴퓨터 혁명과 이에 따른 자동화혁명 및 정보통신혁명을 모두 포괄하는 변화를 의미한다. 지식화는 경제과정에서 토지와 기계 등의 물적 자본보다 지식과 기술 등 지적자본의 중요성이 급격히 증대되는 현상을 뜻한다.

래, 상품거래는 전 세계를 하나의 시장으로 만들고 있으며, 신호, 음향, 이미지, 소프트웨어를 사고파는 문화산업의 영역에도 국경이 사라지고 있고, 그 결과 범세계적인 소비문화가 형성되고 있다. 글로벌 커뮤니케이션, 네트워크의 향상으로 이제는 '정보통신문명', '세계정보고속도로', '글로벌 정보사회'라는 슬로건 아래 지구마을이 구체화되고 있다.

경제적으로는 금융, 기업, 노동, 기술의 세계화가 진행되고 있다. 정보통신 혁명과 생산기술의 혁명은 국민국가 단위로 진행되어 왔던 세계자본주의 경제를 질적으로 변화시키고 있다. 금융시장, 생산시장, 노동시장에서 국경의 개념이 약화되고 있다. 통화에 대한 국가의 주권이 약화되고 있으며, 초국적 기업들은 국가의 통제를 넘어서 행동하고 있다. 국제금융거래가 상호 연결된 컴퓨터망에 의해 수 초 만에 이루어짐으로써 해가 지지 않는 글로벌 주식, 채권과 외환시장이 형성되고 있다.

생산에서도 국경을 초월한 네트워크 생산의 개념이 등장하고 있다. 생산, 기술, 노동, 자본의 국적이 중요한 것이 아니라 국제화된 생산, 기술, 노동을 결합하여 상품을 만들어 낼 수 있는 능력이 중요해지고 있다. 생산의 국제화, 세계화를 주도하고 있는 경제행위자는 다국적, 초국적 기업이다.[168]

이러한 지식정보화는 세계국가를 하나의 지구촌으로 변화시키면서 국가경쟁력, 생활양식과 사고양식을 결정하는 가장 중요한 추동력이 되고 있다. 컴퓨터와 과학기술의 비약적 발전에 힘입은 정보통신혁명으로 20세기를 주도하였던 정치적, 경제적, 사회적, 문화적 패러다임은 이미 낡은 것이 되었고, 인류생활의 모든 영역에서 새로운 패러다임이 요구되고 있다.

지식정보화 시대에 중요한 문제는 누가 많은 지식과 정보를 가지고 있느냐가 아니라 누가 새로운 지식과 정보를 창조할 수 있느냐이다.[169] 왜냐하면 첨단정보기술로 인하여 지식과 정보는 적은 비용으로 쉽게 공간적·시간적 이동을 할 수 있기 때문이다. 즉 신지식 창조능력이 중요하다. 따라서 기존 지

168) 다국적 기업은 세계 총산출의 25-30%를 차지하고, 세계무역의 약 70%, 해외투자의 약 80%를 차지하고 있다.

169) 앨빈 토플러는 그의 저서 「부의 미래(Revolutionary Wealth)」에서 부를 창출할 심층기반으로 시간, 공간과 지식을 세 가지 키워드로 제시하고 있다. 그는 한반도 미래의 핵심은 시간이라고 주장하며, 부의 중심축이 미국에서 아시아로 공간적으로 이동할 것이라며, 중국, 일본과 나란히 대한민국을 중시하고 있다.

식의 확보능력은 큰 의미를 가지지 않는다. 그런데 새로운 지식은 기존 지식의 암기에서 오지 않는다. 신지식 창조는 새로운 사고와 발상에서 오고, 새로운 사고와 발상은 새로운 만남을 통하여 일어난다. 이때 새로운 만남은 일반적으로 두 가지 형태로 이루어진다. 하나는 같은 대상을 새로운 눈으로 보는 것이고, 또 다른 하나는 전혀 다른 대상을 새롭게 만나는 것이다.

이러한 지식정보화 과정이 경제 과정 자체의 본질을 근본적으로 바꾸어 놓고 있다. 정보화에 의해 신제품의 개발, 생산, 유통, 소비 등 경제활동 전반의 리듬이 빨라지면서 혁신과 속도가 기업생존의 가장 핵심적인 메커니즘으로 등장하게 되었고, 그 결과 지식이 생산의 가장 중심적인 요소로 자리잡게 되었다.170)

지식정보화를 선도하기 위해서는 무엇보다 대학과 연구소의 국제경쟁력이 높아야 한다. 세계 수준의 대학과 세계 수준의 연구소를 만드는 것이 지식정보화 시대의 국가성공을 위해 결정적으로 시급한 국가과제다. 물론 우리나라에서는 제한된 인적·물적 자원 때문에 세계 최고의 대학과 연구소를 많이 만들 수 없다. 따라서 고도의 선택과 집중을 통해 소수라도 세계 최고의 대학과 연구소를 만드는 것을 목표로 삼아야 한다. 그래야 우리가 21세기에 성공하는 국가를 만들 수 있다.

이제 특정한 국가가 과거처럼 일방적으로 간섭과 규제, 보호와 육성에 입각한 정부 주도적인 발전을 모색하는 것이 점점 어려워지고 있음을 의미한다. 세계화가 가져다줄 가장 큰 기회는 경쟁의 미덕이다. 세계화의 정신은 시장경쟁이다. 세계화는 경쟁의 정신을 확산시켜 독점적, 독과점적 영역을 개방할 것이다. 대한민국사회가 지난 반세기간 높은 성장을 달성한 것은 수출위주의 대외정책에 있었음을 부인할 수 없는 현실이며, 오늘의 경제발전을 주도하는 중심축이 대외무역임을 부인할 수 있는 사람은 아마도 없을 것이다. 그러나 아직도 우리의 법과 제도 및 관습에는 많은 배타적인 요소가 내재되어 있으며,

---

170) 이런 점을 두고 피터 드러커(P. F. Drucker)는 "오늘날의 가치창출의 근본요소, 즉 생산에서 절대적 중요성을 가진 요소는 자본도, 토지도, 노동도 아닌 지식"이라고 주장한다. 앨빈 토플러(A. Toffler)도 "지식은 독특한 성질과 잠재력으로 인해 지식은 여타 자원의 궁극적인 대체물이 될 수 있고, 따라서 경제의 '궁극적인 자원'이 될 수 있다"고 주장한다. 써로우(L. C. Thurow)는 세계화의 진전에 따라 토지, 자원, 자본의 가용성이 크게 증가하는, 즉 희소성이 감소하는 상황에서 지식과 지력을 중심으로 하는 인공적 비교우위가 경쟁의 핵심요소가 되고 있다고 보고 있다.

이러한 요소들을 개선하여 더 높은 수준의 개방경제를 지향하지 않고는 지금까지와 같은 성장을 구가할 수 없을 것이다.[171)]

우선 시장만능주의와 정부만능주의는 장점과 제한사항을 갖고 있다. 경제문제는 시장에 맡기면 풀린다는 시장만능주의 내지 시장낙관주의[172)]는 극단적인 개인주의적 자유주의와 같은 문제점을 낳는다. 결국 시장에만 의존하면 일반적으로 분배 약화, 독점 등장, 소외 증대가 발생할 수 있으며 산업정책면에서 과잉투자와 과소투자, 과당경쟁과 과소경쟁의 낭비와 비효율이 발생한다.

그러나 경제사회 문제를 정부에 맡기면 풀린다는 정부만능주의 내지 정부낙관주의는 집단주의와 같은 문제점을 나타낸다. 결국 개인의 창의와 후퇴, 민간의 '경제하려는 의지'의 위축, 규제의 남발, 정경유착과 관료부패 심화 등으로 경제의 비효율과 불공정이 함께 증대하여 정책실패, 나아가 경제실패를 가져온다.

따라서 공동체자유주의에서 자유주의를 기본으로 하듯이 우선 시장주의를 기본으로 하는 것이 옳다. 그리고 시장이 못 푸는 문제, 예컨대 빈곤층 문제, 환경과 에너지 문제, 과소투자와 과당경쟁문제, 국제금융의 구조적 불안정문제, 시장의 도덕적 해이문제 등에 대하여서만 정부가 나서는 방식을 택하는 것이 좋다. 원래 자본주의 경제의 최대강점이 기업의 자율성에 있는 것인데

171) 한국인은 다른 나라들에 대한 불신이 크며 경쟁적인 국제관계속에서 국익을 지키기 위해서는 힘, 특히 군사력이 필요하다는 인식이 강한 것으로 나타나고 있다. 중앙일보 2005년 10월 15일자 보도에 의하면 한국인은 국제주의에 관련된 질문에서 대체로 부정적인 성향을 보이고 있는 것으로 응답이 나왔다. 가난한 나라에 원조를 늘려야 한다(40.7%), 외국인의 대한민국국적 취득을 쉽게 해야 한다(30.0%), 우리의 입장과 다르더라도 국제기구의 결정에 따라야 한다(37.5%) 등의 진술에 긍정적인 응답이 절반을 넘지 못하고 있다. 정치 · 군사적인 측면에서 대한민국이 국제무대에서 제대로 대접받지 못하고 있으며(67%), 국제사회에서 살아남기 위해서는 군사력이 강해야 한다(72.7%)는 응답자가 많았다. 북한을 포함한 주변국에 신뢰도도 7% 수준이며, 반면 불신한다는 응답자는 그 열 배도 넘었다.

172) 케인즈(John Maynard Keynes)는 어려운 수리경제학을 사용하지 않으면서 경제의 본질을 얘기한다. 케인즈는 자본주의 경제활동의 많은 부분이 '경제주체의 자발적인 낙관주의(Spontaneous Optimism)'에 근거한다고 말했다. 그는 "우리가 경제활동과 관련해서 내리는 대부분의 결정은 복잡한 수량계산의 결과가 아니라 동물적 본능에 근거한다"며 "만약 동물적 본능이 희미해지고 경제주체들의 자발적 낙관주의가 비틀거리면 기업 활동도 쇠퇴할 것이다"고 설명했다. 애덤 스미스도 이미 "야만상태에서 풍요한 상태로 이끌기 위해서 필요한 것은 평화, 쉬운 세제, 적절한 범위내의 법집행뿐"이라고 말했다. 레이거노믹스는 바로 이런 낙관적 분위기 즉 경제를 살리기 위한 조건을 만들었다.

그동안 우리는 어떤 측면에서는 과보호하고 또 다른 측면에서는 과도히 통제하여 기업의 활동을 억제하고 자생력을 약화시켜온 측면이 없지 않고, 그것이 오늘의 경제적인 효율성을 약화시킨 주요인으로 지적되고 있다. 결국 국가가 주도하는 경제는 일정한 한계상황을 갖고 있는 것이다. 따라서 각종 행정규제를 잘 검토하여 가능한 범위에서 대폭 축소 조정해야 할 것이다.

이제 투쟁의 시대를 끝내고 동반의 시대를 열어야 한다. 기업과 노조가 서로 양보하고 한 걸음씩 다가서야 한다. '법과 원칙'은 노와 사, 신분이 높고 낮음을 떠나 누구나 지켜야 한다. 권력이나 기업, 노동자 모두 법의 지배를 받아야 하고 법의 정의 앞에서는 강자도 약자도 없어야 한다.[173] 선진적 노사관계를 구축하고 노사관계의 경쟁력을 높이기 위해서는 무노동 무임금 원칙을 지켜 불법 파업이 줄어들도록 하는 것이 중요하다. 불법행위를 하더라도 법적 책임을 지지 않고 넘어갈 수 있다는 인식이 계속되는 한 선진적 노사관계 정립은 요원할 수밖에 없다. 정부가 의지를 가지고 법과 원칙을 준수하는 것이 노사관계 발전의 핵심이다.

대한민국이 지속적이고 안정적인 경제성장을 하기 위해서는 민주주의·시장경제·민간자율의 원칙을 소중하게 여겨야 한다.

경제전략의 추진목표, 추진기조, 추진과제 등을 포함한 경제전략 체계도는 〈그림 7-5〉에서 보는 바와 같다.

173) 한 나라가 법과 질서를 얼마나 잘 지키느냐에 따라 그 국가의 운명은 크게 좌우된다. 한국개발연구원(KDI)과 미국 정치위기관리(PRS) 그룹에 따르면 지난 1991년부터 2003년까지 우리나라의 평균 법·질서 준수 정도를 나타내는 지수는 4.3으로 경제협력개발기구(OECD) 30개국 중 27위였다. 또한 KDI는 불법 집회·시위로 발생한 손실이 한해 12조3000억 원에 이르며, 만약 한국이 OECD 국가들의 평균 법·질서 준수 수준을 유지했다면 1991-2000년의 10년간 매년 1%포인트 내외의 추가적인 경제성장을 이룰 수 있었을 것으로 추정하기도 했다. 불법적인 노사분규로 인한 피해액도 적지 않다. 한국경영자총협회에 따르면 지난 2006년 노사분규로 발생한 생산 차질 액수는 무려 3조324억 원, 수출 차질액도 20억6400만 불에 달했다(문화일보, 2008년 3월 14일).

〈그림 7-5〉 경제전략 체계도

제 5 절 사회복지전략

1. 사회복지전략의 목표

(1) 성숙된 선진 민주사회의 건설

대한민국은 건국, 산업화, 민주화를 거치며 숨 가쁘게 발전해왔다. 그러한 발전과정에서 우리들은 매사를 빨리빨리 하다 보니 교통법규 등 사소한 법규 위반은 예사요, 효율성만 따지다 보니 적당히 규범을 뛰어넘고 결과를 중시하는 편이다. 너나없이 이런 성향이 강해 우리 사회는 다른 나라보다 법 경시 풍조나, 사회 권위에 도전하는 행태가 많은 편이다.[174] 특히 국가의 권위를 무너

174) 우리 사회에서 자주 보이는 법과 규범 혹은 법치주의에 대한 냉소주의는 대단히 잘못된 문

뜨리는 불법시위는 다반사로 일어나고 있다. 여기에는 과거 독재정권 시절의 공권력 남용과 비현실적인 법의 양산도 일조를 했다.

과거에는 사회경제적인 문제를 해결하는 데 있어 국가가 매우 중요한 역할을 수행하였다. 그러나 이제는 국가의 힘만으로는 이러한 문제들을 감당하기 어려운 여건이 조성되고 있다. 세계화와 지방화의 추세 속에서 정부의 권한과 기능은 크게 약화되고 있는 반면에 정부가 해결해야 할 사회문제는 보다 다양해지고 복잡해졌기 때문이다.[175)]

지도자가 국가 발전을 위해 가장 관심을 가져야 할 부분은 부강한 나라의 건설과 희망찬 사회의 조성인데, 성숙된 민주시민의식으로 무장된 선진사회의 건설은 바로 이러한 국가적인 난제를 해결하기 위한 바탕이 된다. 사회에 올바른 자세와 능력 있는 사람이 가득하고 그들이 최선을 다해 뛰는데 국가가 발전되지 않을 수 없을 것이기 때문이다.

민주주의는 값비싼 제도로 두 가지 필요조건을 충족시킬 때 꽃피워질 수 있다. 그 중 하나는 민주주의 제도와 절차에 필요한 사회 인프라요, 다른 하나는 민주주의를 할 만큼 성숙한 국민들이다. 이를 위해 어떤 수준의 질적 민주주의를 달성하고, 어떤 절차적 민주주의를 제도화하여야 할 것인가는 중요한 문제이다. 그러나 정치전략에서 관련된 해결방안을 제시하였으므로 여기서는 시민의식과 법질서 확립에 중점을 두고 기술한다.

새로운 시대에 맞는 건전한 민주시민의식을 기르고 미래의 정보화 사회를 이끌 수 있는 능력 있는 인재를 육성해야 한다. 여기서 중요한 것은 능력이라는 것이 훈련된 기술만을 가진 사람을 말하는 것이 아니라는 점이다. 중요한 것은 지혜, 특히 창조적인 지혜를 배양하는 것이다. 모방하는 자는 언제나 그것을 첨예화할 뿐이요, 창조하는 사람만이 새로운 미래를 개척해 나갈 수 있기 때문이다. “모든 국가의 기틀은 그 나라의 젊은 세대의 교육에 달려 있다”고 한 디오게네스의 말을 잘 음미하면서 국가백년대계 차원에서 교육에 투자해야 할 것이다.

화이다. 예컨대 유전무죄(有錢無罪) 무전유죄 혹은 유권무죄(有權無罪) 무권유죄 등의 냉소주의가 그것이다. 사회 일각에 이처럼 유전무죄, 유권무죄의 잘못된 현상이 있는 것은 사실이고, 이는 법치주의의 평등원리에 반하기 때문에 반드시 고쳐야 한다.

175) 대통령자문정책기획위원회, 선진복지 대한민국의 비전과 전략(동도원, 2006), p. 485.

대한민국의 시민사회는 이중적 속성을 갖고 있다. 가족주의와 연고주의가 여전히 영향력을 행사하고 있는 반면 사회운동에서는 비판적이고 진보적인 성향이 두드러지고 있다. 전통주의와 근대주의, 탈근대주의가 공존하는 것이다. 이런 가운데 중산층은 보수적 성향과 진보적 성향이 혼재되어 있다. 상층 중산층은 정치적으로 보수주의에 기울며 하층 중산층은 진보주의에 기우는 경향이 있다.

헌법은 법치주의(法治主義)[176] 실현을 위해 제도적인 장치로서 삼권분립(三權分立)의 원칙을 인정하고 있다.[177] 그러나 우리나라처럼 법치주의의 역사가 짧은 나라에서는 개인이나 기업의 법적 생활관계가 주로 법과 계약에 의하여 규율되는 것이 아니라 전통이나 윤리, 도덕 또는 인맥이나 지연 등에 기초한 연고주의 인습이나 관행에 의하여 규율되는 경우가 많다. 이러한 인습과 관행 등은 국제화시대에 통용되고 있는 국제적 규범에 부합되지 않아 우리나라의 경쟁력을 저하시키는 요인으로 작용하고 있다. 따라서 우리가 국제경쟁시대에 생존하기 위해서는 개인이나 기업의 법적 생활관계가 주로 법과 계약으로 규율될 수 있도록 노력할 필요가 있다.

즉 '법의 지배(Rule of Law)' 원칙이 확립되어야 한다. 법의 지배는 원칙과 기강이 있는 사회를 만든다. 법의 지배는 권위주의가 아니라 권위를 뿌리내리게 한다. 법은 국가 구성원간의 약속이다. 약속은 지킬 만한 내용이어야 하고 너무 복잡하지 않아야 모두가 지킬 수 있다. 그리고 약속이 지켜져야 우리는 내일에 대한 예측이 가능하고 따라서 합리적인 계획을 세울 수 있다. 이러한 쉬운 원리에 입각하여 국가의 구성원들이 생활을 하고 정부가 질서를 유지하면서 국민의 복리를 추구하는 것이 법치주의다.

지금까지 우리는 법의 지배보다는 사람을 통한 지배, 즉 인치(人治)와 관치(官治)에 익숙해져 왔다. 인치와 관치의 한계는 복잡한 현대 사회에서 사람이 관리할 수 있는 능력이 제한되어 있다는 점이다. 그리고 인치와 관치는 지

176) 법치주의란 법에 의한 통치를 의미한다. 다시 말하면 통치가 법에 의한 기준과 절차를 따라서 이루어져야 한다는 것을 의미한다. 우리나라 헌법에는 법치주의나 법에 의한 지배라는 말 자체는 없지만, 법치주의의 바탕 위에서 정부가 조직되는 것을 당연한 전제로 하고 있다. 그리고 헌법은 법치주의를 실현하기 위한 제도적 장치로서 삼권분립의 원칙을 인정하고 있다. 즉 국가의 권력을 입법, 사법, 행정으로 분할하여 이를 각각 독립된 국가기관에 맡김으로써 이들이 서로 견제와 균형을 이루면서 권력을 행사할 수 있도록 하고 있다.

177) 헌법 제40조, 제66조 제4항, 제101조 제1항 등.

배의 투명성과 일관성, 공정성을 보장할 수 없다는 제한사항을 가지고 있다. 즉 지배하는 사람에 따라 결과가 달라질 수 있으며, 때와 장소, 지배대상에 따라 지배의 내용이 달라질 수 있기 때문이다. 이러한 제약들로 인해 인치와 관치는 복잡한 현대적 시장경제를 규율하는 장치로서 적합하지 못하며, 법치에 비해 더 높은 거래비용을 초래하고 국가의 경쟁력을 저해하는 결과를 초래하고 있다.[178)]

법치주의를 통하여 국민의 자유와 권리를 효과적으로 보호하기 위해서는 우선 사법부가 정치권력은 물론이고 행정부로부터 독립하여 사법권을 행사할 수 있어야 할 것이다.[179)] 그리고 법원의 민주화와 전문화를 통해 재판의 정당성과 효율성을 제고하고 일반국민이 재판에 참여할 수 있는 기회를 확대함으로써 법원의 관료화를 막고 재판에 대한 국민의 신뢰를 제고할 필요가 있다. 또한 개인이나 기업간의 법률관계가 법과 계약에 의해 합리적으로 규율될 수 있도록 해야 한다.

그리고 인간과 사회에 대한 폭넓은 이해와 전문적인 지식을 갖춘 성숙하고 경쟁력 있는 법률가를 배출하여 법률서비스시장을 경쟁적인 시장으로 개편하는 동시에 국제시장에서도 경쟁력을 갖출 수 있도록 배려해야 할 것이다.

성숙된 선진 민주시민은 우선 권리 이전에 의무가 있고 모든 행동에는 책임이 따른다는 기본적인 자율적 감각과 내 개인의 이익보다는 공공의 이익을 위해 협조하고 타협하는 것이 궁극적으로는 나 자신을 위해서도 최선이 될 수 있다는 공동체 사회구성원으로서의 최소한의 깨달음을 가진 시민의식이 있어야 한다. 그리고 선진사회의 발전된 사회구조에 기여할 수 있는 역량을 갖추어야 하는 것이다. 이 두 가지를 균형 있게 갖춘 민주시민이 육성되어야 우리나라도 성숙된 선진민주사회로 발전되어 나갈 수 있으며, 이것은 일류한국건설을 위한 필수불가결한 노력이다.

민주적 법질서를 확립하기 위한 가장 근본적이고 바람직한 방법은 우리

178) 한국경제연구원, 앞의 책, p. 30.

179) 사법권을 독립시키는 이유는 사법부가 사회 내의 권력이나 이해관계로부터 독립하여 공정한 재판절차를 통하여 법을 선언할 때 비로소 법치주의가 실현되고, 국민의 기본권도 확보될 수 있기 때문이다. 그리고 사법부의 독립을 위해서는 법원이 인사, 조직, 예산에 관하여 행정부나 입법부로부터 독립되어야 한다.

국민의 법질서에 관한 의식수준과 자세를 일본이나 북유럽처럼 높여 놓는 일이다.[180] 또한 나라를 선진 민주국가로 발전시키는 가장 근본적인 방법도 결국은 우리 국민을 선진민주시민으로 만드는 것뿐이다. 선진국가란 선진시민이 사는 나라인 것이다.

(2) 세계화 · 국제화된 개방사회 정착

세계화・국제화의 물결은 국가와 국가, 지역과 지역, 산업과 산업의 상호작용과 의존을 크게 증대시키고 있다. 이제는 외교, 국방 분야뿐 아니라 정치, 경제, 사회, 문화 모든 분야를 통틀어 외국에서 일어난 일이 그대로 우리에게 영향을 미치는 그야말로 국경이 크게 낮아지는 '평평한 세상(Flat World)'이 되고 있다. 이제는 엄격히 말하여 외치(外治)와 내치(內治)를 구별하기 어려운 세상이 되어가고 있다. 외교국방과 국내정치와 경제가 긴밀히 상호의존하고 상호작용하고 있다. 따라서 올바른 세계 전략을 세우는 일과 국내의 올바른 정치・경제전략을 세우는 일은 동전의 양면처럼 서로 떼어놓고 생각할 수 없는 세상이 되고 있다.

세계화는 지리적, 국가적 경계로 분리되어 있었던 인류사회를 하나로 묶는 거대한 힘이다. 지난 세기 발전의 원동력이 국민국가 단위로 활용 가능한 자원을 극대화하는 것에서 나왔다면, 앞으로의 국가경쟁력은 단일화된 세계를 무대로 활동하는 글로벌 행위자를 창출하고 세계국가들과 긴밀한 네트워크를 구축할 수 있는 능력에 따라 좌우될 것이다.

경제적으로는 금융, 기업, 노동, 기술의 세계화가 진행되고 있다. 정보통신 혁명과 생산기술의 혁명은 국민국가 단위로 진행되어 왔던 세계자본주의 경제를 질적으로 변화시키고 있다. 금융시장, 생산시장, 노동시장에서 국경의 개념이 약화되고 있다. 통화에 대한 국가의 주권이 약화되고 있으며, 초국적 기업들은 국가의 통제를 넘어서 행동하고 있다.

생산에서도 국경을 초월한 네트워크 생산의 개념이 등장하고 있다. 생산, 기술, 노동, 자본의 국적이 중요한 것이 아니라 국제화된 생산, 기술, 노동을 결합하여 상품을 만들어 낼 수 있는 능력이 중요해지고 있다. 생산의 세계화

180) 일류국가가 되는 필수불가결한 조건 중 하나는 국민이 모두 법치주의를 지키고 존중하는 것이다. 이 세상에 법치주의가 지켜지지 않는 일류국가는 없다.

를 주도하고 있는 경제행위자는 다국적, 초국적 기업이다.[181]

세계화가 우리 사회에 미칠 영향은 다음 몇 가지로 요약할 수 있을 것이다.

첫째, 세계화과정은 직접적으로 공동체의 분열을 촉진하기도 한다. 세계화과정은 기업과 기업 사이의 국제적 경쟁을 더욱 심화시키므로 요소가격에 중대한 변동이 생길 경우 개별기업들은 언제든지 특정지역에 위치하고 있던 공장을 폐쇄하고 다른 지역으로 이전하려고 하게 된다.[182] 이렇게 되면 그 공장이 있던 지역공동체는 높은 실업률과 극심한 경기침체를 겪게 되고, 대체산업이 육성되지 않는 한 노동자들은 취업을 위해 자기가 살던 공동체를 떠나야 하는 운명에 처하게 된다.

둘째, 세계화는 상품, 자본, 정보와 지식의 이동을 전 지구적으로 확대하여 필연적으로 외국문화의 유입을 촉진한다. 내국인과 외국인 사이에 사업, 교육, 친교, 혼인 등 다양한 형태의 상호작용이 늘어나게 되고, 여러 종류의 외국문화가 국내로 빠르게 들어오게 된다. 이에 따라 문화적 다양성의 증가와 함께 새로운 형태의 문화접변이 일어나게 되고, 그 결과 외국과의 교류가 적었던 폐쇄적 시기에는 상상할 수 없었던 다양한 문화변용과 창조가 가능해진다. 이러한 문화접변은 다른 한편으로 새로운 긴장과 갈등을 수반하기도 하고, 다양한 문화적인 사조를 유입시킴으로써 개별국가 내에 다양한 하위문화를 형성하게 된다.

셋째, 세계화시대에는 생산, 기술, 노동과 자본의 국적에 집착하는 지난 시대의 낡은 인식을 버리고 글로벌 정체성을 갖도록 요구하고 있다. 세계화의 범세계적 물결은 우리에게는 기회이자 도전이다. 대한민국이 대외의존형 개방경제를 갖고 있다는 점에서 세계화는 기회이나, 개방의 역사가 짧고 개방에 저항하는 폐쇄적인 민족주의의 의식구조의 잔존은 세계화를 수용하는 데 장애요인으로 작용할 것으로 예상된다.

넷째, 세계화는 잘사는 계층과 못사는 계층의 격차를 더욱 벌리고, 잘사는 나라와 못사는 나라의 격차도 더욱 확대시키게 된다. 이런 상황에서 국가는

181) 다국적 기업은 세계 총산출의 25-30%를 차지하고, 세계무역의 약 70%, 해외투자의 약 80%를 차지하고 있다.

182) 세계화시대의 기업은 국가의 이익, 공동체의 유대와 개인의 복지를 전혀 고려하지 않는 오직 이윤논리와 경쟁력 논리에 따라 신속히 공간이동을 하는 존재가 된다.

대다수 국민들의 복지를 향상시키고 불평등을 완화해야 할 책임을 지게 되지만, 그러한 일을 수행할 수 있는 효과적인 수단은 결여한 채 오히려 불평등을 더욱 악화시키는 자유화와 개방화 정책을 추진할 수밖에 없는 본질적인 딜레마에 빠지게 된다. 이것이 세계화·국제화시대에 모든 국가들이 직면하게 되는 도전의 핵심요소이다.

냉전체제의 종식과 국민국가의 퇴조는 세계화를 전제로 하는 시장의 광역화와 국경개념의 약화를 불러왔다. 이러한 세계질서의 재편은 교통과 통신의 발달과 더불어 정보유통과 인적·물적 교류의 신속성과 양적인 확대를 이끌어 내어 개인과 기업의 활동영역을 세계로 확대시켰다. 이러한 활동영역의 확대는 국민국가의 공권력을 통한 영토 내 국민과 정보의 독점을 더 이상 허용하지 않는 엄청난 변화를 초래하였다. 기업들은 산지에서 가장 저렴하게 원료를 도입하여 가장 생산비가 저렴한 지역에서 생산하고 이를 세계시장에 파는 글로벌소싱·생산·마케팅을 하고 있으며, 개인도 특정국가의 국민으로서의 지위를 포기하거나 획득하는 것이 과거에 비해 비교적 수월해졌다.

이러한 사회통합에서 중요한 것은 우리가 동북아공동체로부터 시작하여 아시아연합, 아태연합으로 나아가 세계통합을 목표로 하는 노력이 반드시 일정한 가치와 원칙 위에서 이루어져야 한다는 사실이다. 통합을 통하여 추구하고 통합을 통하여 실현하려는 가치는 인간의 존엄성과 기본적 인권, 민주주의와 시장경제, 법치주의, 성차별 금지, 다(多) 문화주의 등이어야 한다. 한마디로 인류의 보편가치인 자유주의적 가치와 공동체적 가치를 지구촌에 잘 구현하기 위하여 지역통합과 세계통합을 목표하는 것임을 분명히 하여야 한다. 공유하는 가치와 공동의 목표 없이는 진정한 의미의 통합도, 공동체의 형성도 사실상 불가능하기 때문이다.

사회개방에 있어서도 사회환경을 고려할 때 개방을 피할 수는 없다. 하지만 개방을 이뤄야 한다는 당위적 목표와 어떤 개방을 이룰 것인가의 국민적 합의는 중첩된 동시에 별개의 문제다. 개방에 대한 공론화 과정이 중요한 것도 바로 이런 맥락이다. 사회개방에 대한 국가적 의제의 최종 선택은 정치적 리더십과 국민 전체 사이의 생산적인 대화 속에서 이뤄져야 한다.

경제는 끊임없이 변화하는 동력을 잃으면 낙후하게 되고, 경제가 계속적으로 변화할 수 있는 동기는 경쟁에서 온다. FTA를 포함한 시장개방은 그 경쟁을 우리 경제에 지속적으로 주입시키는 역할을 함과 동시에 기업의 해외시장 진출을 촉진시킨다. 그렇기에 우리는 지속적인 시장개방을 추구할 필요가 있고, 이를 위해서는 자유무역협정을 전략적으로 활용할 필요가 있다.

우리에게 정말 필요한 행동은 경제적 합리성과 민족적 자존심을 바탕으로 하는 합리적 민족주의의 실천이다. 과감한 국제화를 통하여 큰 나라가 된 작은 나라들이 얼마든지 존재한다. 싱가포르·스위스·네덜란드 등이 이러한 나라인데, 우리보다 규모는 훨씬 작지만 집중적인 투자와 확실한 사회간접시설을 확보하여 그 어느 나라보다 경쟁력 있고 살기 좋은 나라가 되어 있다.

우리가 세계문명표준과 한국문화표준 즉 글로벌 스탠더드와 코리아 스탠더드를 어느 수준에서 어떻게 결합하여 우리의 현실에 맞게 성공적으로 정착시킬 것인가는 결코 쉬운 문제가 아니다. 그러나 이 문제를 잘 풀어야 세계화 개혁이 성공할 수 있다. 이 문제를 자기 주도적으로 푸는 것이 바로 자주적 내지 자기주도적 세계화에 성공하는 길이다.

우리는 보다 많은 국민이 세계화라는 물결을 타고 그 기회를 활용할 수 있도록 만들어야 한다. 국민의 세계화 참여능력과 활용능력, 즉 세계화능력을 높여야 한다. 저소득층과 저학력층에 대한 교육과 훈련의 확대, 세계 정보와 지식의 공유가 중요하다. 이러한 방향으로의 노력이 바로 우리가 세계화를 민주적 세계화로, 다시 말해 소수를 위한 세계화가 아닌 다수를 위한 세계화로 만드는 길이다. 또한 세계화가 요구하는 개방화는 반드시 산업의 급속한 구조조정을 요구하기 때문에 이 과정에서 농업 등 피해를 보는 산업 내지 업종이 발생할 수 있다. 세계화는 모든 사람에게 장기적으로 이익이 되지만 세계화과정에서의 고통 내지 비용은 단기적으로 소수에게 집중될 수 있다.

세계화와 신기술혁신이 요구하는 빠른 구조조정을 해내지 못하여 국제경쟁력이 약화되는 기업, 산업, 직종, 지역에는 소위 신빈곤층(新貧困層)이라는 문제가 등장한다. 비교우위의 변화가 요구하는 구조조정을 제대로 하지 못하여 퇴출당하는 기업과 그 기업에 종사하던 노동자들이 새로운 빈곤층을 형성한다. 따라서 이러한 경우에는 국가적 차원에서 피해산업이나 업종의 구조조정 비용을 줄여주어야 한다. 경쟁력 있는 산업으로의 업종 전환도 지원하여야 한다. 이것이 바로 사회통합적 세계화를 위한 노력이다.

세계적 경제위기의 극복과정에서 보호주의로의 복귀에 대한 논란이 가속되겠지만, 이제 특정한 국가가 과거처럼 일방적으로 간섭과 규제, 보호와 육성에 입각한 정부 주도적인 발전을 모색하는 것이 점점 어려워지고 있다. 그동안 세계화가 가져다준 가장 큰 기회는 경쟁의 미덕이다. 세계화의 정신은 시장경쟁이다. 세계화는 경쟁의 정신을 확산시켜 독점적, 독과점적 영역을 개방할 것이다. 대한민국사회가 지난 반세기 동안 높은 성장을 달성한 것은 수출위주의 대외정책에 있었음을 부인할 수 없는 현실이며, 오늘의 경제발전을 주도하는 중심축이 대외무역임을 부인할 수 있는 사람은 아마도 없을 것이다. 그러나 아직도 우리의 법과 제도 및 관습에는 많은 배타적인 요소가 내재되어 있으며, 이러한 요소들을 개선하여 더 높은 수준의 개방경제를 지향하지 않고는 지금까지와 같은 성장을 구가할 수 없을 것이다.

대한민국이 대외개방정책을 표방하여 유례없는 경제성장을 이루었음에도 불구하고 우리의 법, 제도와 관습 안에는 각종 배타적인 요소들이 자리 잡고 있다. 외형적으로는 시장개방이 거의 100% 가까이 진행되고 있지만, 외국기업이 국내에서 활동하기에는 상당한 장애요인이 존재하고 있다. 이는 법과 제도가 미비한 것도 일부 원인이 되나, 이를 집행하는 데 있어서 원칙에 따르기보다는 정치적인 논리나 국민정서를 부각시켜 처리하는 관행과도 연계되어 있다. 그러나 세계화의 진전으로 국경의 의미가 퇴색하고 자원의 이동이 자유로운 상태에서 배타적인 사고방식을 탈피하지 못한다면 우리 경제는 국제적인 경쟁에서 낙오될 수밖에 없을 것이다.

세계화와 국제화가 진행되면 법률서비스의 국제화된 요구도 점차 증대될 것이다. 즉 개인과 기업의 활동이 국제화됨에 따라 이에 수반되는 법적 분쟁을 원만하게 해결하기 위해 우리나라의 법률가가 국제적인 무대에서 활동해야 할 필요성이 증대하고 있으며, 법률시장의 개방으로 국내에서도 외국의 법률가들과 경쟁하지 않을 수 없는 상황에 놓이게 된다. 이러한 국제적인 경쟁에서 살아남기 위해서는 국제적인 경쟁력을 갖추어야 할 것이다.

그리고 정부는 국제통상에서 일반원칙인 호혜평등(互惠平等)의 정신을 철저히 고수해나가야 할 것이다. 즉 우리 국민이나 기업이 해외활동을 하는 데 있어서 부당한 대우를 받는 일이 없도록 하는 한편 외국인이나 외국기업도 국내활동에서 자유가 최대한 보장되도록 해야 할 것이다. 이러한 호혜평등의 원칙이 지켜질 때 우리의 정당한 요구가 받아들여질 것이며, 따라서 국익의 극대화도 도모할 수 있을 것이다.

우리가 세계화의 추세에 낙오되지 않고 나름대로의 역할을 수행하기 위해서는 무엇보다도 세계인과 더불어 사는 개방의식을 확산시켜야 하며, 이를 바탕으로 우리의 법과 제도를 개선시켜 나갈 필요가 있다. 우리가 스스로 열린 사고를 가지고 개방에 임할 때 우리 경제의 국제경쟁력은 자연스럽게 강화될 수 있을 것이며, 국제사회에서 우리의 위상도 더욱 높아질 것이다.

따라서 정부는 국민들에게 우리 경제가 견실한 성장을 유지하고, 앞으로 지속적인 경제적 번영을 구가하기 위해서는 세계인과 더불어 사는 의식이 필요함을 강조할 필요가 있다. 국제화시대에서 우리 혼자만이 살아갈 수 있다는 생각은 금물이며, 더불어 살아야 한다는 의식을 갖추어야만 할 것이다. 정부는 대외경제정책과 관련된 법과 제도를 폭넓게 검토하고, 열린 사회를 지향하여 개혁하면서 사회 전반에 확산되어 있는 배타적인 관습과 관행을 개선하여 개방사회를 정착시켜야 한다.

(3) 밝고 따뜻한 사회 구현

대한민국은 경이로운 발전을 거듭해 왔지만, 우리 스스로에 대한 평가는 늘 비판적이고 우울한 편이다. 과거 60년 동안 우리는 잠시의 방심도 허용하지 않는 철저한 비판, 질책과 채찍질을 통해 이만큼 성장하였다. 그러나 우리 사회는 '복잡계(複雜界)'와 불확실성이란 말이 어색하지 않을 정도로 덩치가 커졌다. 사회시스템 공학적 접근이 아니면 한 발짝도 나아가기 어려운 세상에 사는 것이다. 우리는 어려운 삶을 살다 보니 긍정보다 부정에 익숙하고, 격려보다 비판이, 칭찬보다 훈육이 훨씬 많다.

그러나 지난 50년간 고도성장 속에서도 소득 불평등을 꾸준히 개선해 왔다는 점 역시 대한민국이 이룩한 대기록 중 하나다. 지금도 일부에서는 '성장이냐 분배냐'를 좇고 논란을 벌이지만 적어도 대한민국은 성장과 분배라는 두 마리 토끼를 모두 잡은 몇 안 되는 나라로 꼽힌다.

그럼에도 불구하고 일부에서는 우리의 경제성장 역사를 '분배를 도외시한 성장 일변도'라거나 '부익부 빈익빈의 과정'으로 평가한다. 이러한 주장이 한국사회에서 통하고 있는 저변에는 우리 사회의 구조적 모순도 있지만, 무엇보다 한국인의 강한 시기심과 경쟁심 그리고 욕심이 도사리고 있다. 쉽게 말해 나보다 잘 된 사람이 미운 것이다.

외국에는 역사상 수많은 영웅·호걸이 존재하지만, 대한민국의 영웅·호걸은 눈 씻고 찾아봐야 한다. 인물이 없어서가 아니라 이것저것 비판과 흠을 잡다 보니 인물을 만들지 않은 것이다. 국가나 국가지도자들에 대한 존경심이 대한민국만큼 실추된 나라도 드물 것이다. 국가 공권력의 상징인 경찰관이 불법 시위대에게 얻어맞는 사태가 비일비재하다. 국회의원이나 장관도 존경의 대상과는 거리가 멀다. 역대 대통령도 조롱거리가 되기 일쑤다.

한국인은 평등주의자다. 그러면서도 한국인은 평등을 원하지 않는다. 오히려 남보다 내가 앞서야 직성이 풀린다. 한국인은 누구보다 경쟁심이 강하고 성취욕이 높으며 시기심이 많다.[183] 한국인은 '배고픈 것은 참아도 배 아픈 것은 못 참는다.' 한국인에게 딱 맞는 기질이다. 옆집이 차를 신형으로 바꾸면, 우리도 신형으로 바꿔야 한다. 그렇지 않으면 괜히 꿀리는 것 같은 생각이 든다. 무엇보다 너무 뛰어난 사람을 그냥 보아 넘기지 않는다. '모난 돌이 정 맞는다'는 말도 이래서 나왔다. 사실, 더 능력이 뛰어난 사람도 보다 좋은 것을 갖고 싶지만 주위 사람들의 시기심의 표적이 될까봐 참을 정도다.[184]

사촌이 땅을 사면 나도 땅을 사야 직성이 풀린다. 옆집 아이가 미국으로

---

183) 대표적인 것이 기업간의 라이벌 구도다. 삼성전자는 2007년 세계 평판TV 시장에서 수량 기준 17.2%의 시장 점유율로 2위인 소니(10.6%)를 크게 앞질렀다. 한때 부럽기만 하던 '벤치마킹'대상이었던 소니를 앞선 것이다. 글로벌 기업으로 발돋움한 현대자동차도 마찬가지다. GM도요타 등의 기업들에 대해 '배 아파한' 경쟁심이 결국 현대기아차 그룹을 세계5위(2007년 자동차 판매대수 369만7000대)의 자동차 그룹으로 성장시켰다. 대한민국을 대표하는 '교육열'도 사실 이와 무관치 않다. 너도 나도 가난했던 시절, 모든 부모들의 심정은 '자식만은 나처럼 살게 하지 않겠다'는 것이었다. 그 절절한 심정이 뜨거운 교육열로 이어졌다. 1970년대 부족한 자원과 좁은 국토에도 높은 교육열이 만들어 낸 뛰어난 인재들이 수출주도형 경제를 이끌면서 '한강의 기적'을 이뤄냈다. '남에 대한 시기심'이 긍정 에너지인 교육열로 승화해서 기적을 낳은 것이다.

184) '사촌이 땅을 사면 배가 아프다'는 남이 잘되는 꼴을 보기 싫다는 속담이다. 그런데 최근에 더 심한 말이 나돈다. '배고픈 건 참아도 배 아픈 것은 못 참는다'는 것이다. 속담은 한 나라의 국민성을 반영한다. 그래서 일각에서는 "편협한 시기심이 우리 국민성을 지배하고 있다"고 몰아붙인다. 시기심 자체가 나쁜 것일까. 미국의 심리학자 롤프 하우블은 자신의 저서 '시기심'에서 사회 심리적으로 시기심을 극복하는 3가지 형태를 우울, 분노, 야심이라고 했다. 여기서 우울은 시기심 상대와의 차이를 자신의 무능력으로 돌리고 자포자기하는 것이다. 또 분노는 시기심의 대상에 대해 적개심을 갖는 것이다. 반면 야심은 시기심 상대에 대해 경쟁심을 지니며 자신도 그처럼 되기 위해 노력하는 것이다. 우리 한국인은 대부분 야심을 갖는 긍정적인 면이 많다.

조기유학을 갔다는 소식을 접하면, 우리 아이의 미국유학도 심각하게 고려해 본다. 혼마 골프채가 좋다고 하면 멀쩡한 골프채를 놔두고 신형 혼마 골프채를 사들고 필드에 나가야 한다. 여기에는 남에게 지기 싫어하는 한국인의 심리, 남이 하면 나도 따라 하는 행태가 동인 역할을 한다.

우리는 최적의 소통상태를 '이심전심(以心傳心)'이라고 표현하며 추구해왔다. 서양에서는 명확하게 자기 의사를 표현하는 것을 최고의 커뮤니케이션으로 보지만 대한민국 사람은 마음을 알아주는 것이 최고다. 그러나 이심전심의 기대 때문에 오해의 위험은 더욱 커진다. 우리는 원하는 것을 말로 하기 전에 내 몸과 얼굴을 보고 알아서 해주면 '체면을 세워주는 것'으로 크게 만족한다.

한국인들 사이에서 친밀감의 수준은 '정(情)'이다. 손해를 보면서 도와주는 것이 정이다. 또 보이지 않게 도와주고 도와준 티를 내지 않는 것이다. 그렇게 정이 녹아들면 비로소 우리가 된다. 하지만 우리가 살면서 겪게 되는 수많은 오해와 갈등은 정을 주고받는 방향이 잘못됐기 때문에 발생한다. 마음은 '이심전심'이지만 현실은 '동상이몽(同床異夢)'일 때가 많다. 따라서 진심으로 이심전심을 바란다면 지나치게 소극적인 자세로 누가 나를 알아주기만을 바라서는 안 된다. 내가 먼저 남의 입장에 서서 배려하고 노력하고 그의 마음속에 들어가 공감하려는 노력이 필요하다.

그러나 이제는 열린 마음으로 서로를 칭찬하는 문화, 그래서 희망과 활력이 샘솟는 사회를 함께 만들어 가야 할 때이다. 서로 칭찬하고 사회적 약자에 대한 배려가 많은 나라, 퇴직 후 자선활동을 하는 사람이 많은 나라가 진정한 선진국이라고 할 수 있다.[185] 격려와 칭찬의 문화를 만들어 가야 한다. 잘하는 사람을 칭찬해 주고 다소 실수를 해도 격려해 주며, 사회적으로 많은 역할모델을 만들어야 한다. 이런 기운이 가정, 학교, 직장에 넘치면 정이 솟고 시너지와 신바람이 넘친다. 칭찬은 고래도 춤추게 한다고 하지 않던가.

분열과 갈등을 넘어 통합의 길을 함께 열어 나가야 한다. 사회 통합의 리더십 발현 없이 지속적인 발전을 기대할 수는 없다. 산업화 시대의 경륜과 민주화 시대의 패기를 함께 모아 선진화 세력으로 결속시켜 나가는 리더십이 매

185) 지미 카터 전 미국 대통령은 재임 때는 인기가 없어 단임으로 끝났지만 퇴임 후에는 '사랑의 집짓기 운동'을 비롯한 여러 가지 봉사활동으로 더욱 존경을 받고 있다. 영부인이었던 바바라 부시는 야생 들꽃 보호 운동을 펼치기도 했다.

우 절실하다.

정부는 빈곤, 소외계층 지원에 대한 복지정책을 집중적으로 펼치며 대기업, 부유층에 대한 설득이나 분위기 유도를 통해 이들이 자발적인 지원을 할 수 있도록 만들어야 한다. 배려와 나눔은 곧 자신의 기쁨이다.

자원봉사는 건전한 시민정신을 기초로 공동체 내에서 발생하는 문제의 해결을 정부에게만 맡겨두지 않고, 공동체 구성원의 적극적인 참여와 봉사를 통하여 해결하게 한다. 자원봉사는 정부의 인력을 절감하고 공공재정을 절약하는 데에도 기여를 하지만, 정부의 다른 어떤 정책보다도 공동체의 활력을 회복하는 데 효과적이다.[186)]

한국인은 나라가 부도 위기에 처하자 가지고 있던 금붙이를 들고 나왔다. 사회 주요 현안이라고 생각되면 약속이나 한 듯 광화문 한복판에 모여 촛불집회를 한다. 누가 시켜서도, 누구를 의식해서도 아니다. 자발적이다. 마음속에서 우러난 단결심, 공동체의식, 애국심의 발로다. 이러한 애국심을 기부문화로 연결시켜야 한다. 요즈음 대한민국에서도 기부문화가 정착되어가고 있지만 미국에 비하면 걸음마 단계이다.[187)]

대한민국은 세계적으로 종교열이 매우 높은 나라다. 인구의 80퍼센트가 교회 아니면 절에 다니고 있다. 이 같은 종교기관들을 정점으로 사회적 네트워크를 만들어 낙오된 이들을 돕고 격려할 수 있도록 하자.

한국인은 누구나 자기 능력이나 노력과 관계없이 무조건 상향조정된 삶을 꿈꾼다. 우리사회가 경제 수준보다 행복 척도가 훨씬 낮게 나오는 것도 그

---

186) 영국사회에서 자원봉사의 활동영역은 공공도서관의 사서, 지역의 청소년 담당, 병원 및 복지시설에서의 봉사, 동네의 골목청소 및 환경보호운동 등에 이르기까지 무척 광범위하다. 영국의 경우 성인 10명 중 1명이, 학생 20명 중 1명 정도가 자원봉사활동에 참여하고 있는 것으로 파악되고 있다. 영국정부는 자원봉사에 대한 국민들의 동기를 자극하고 시민정신을 보다 조직화하는 여러 가지 제도적 방안을 계속 연구하고 있다.

187) 미국은 그야말로 기부의 나라다. 신자유주의의 본산으로 찔러도 피 한 방울 안 나올 것 같은 얼굴을 하고 있어도 오늘날 미국을 만든 발판은 분명 기부문화였다. 미국의 한 해 기부금 액수는 2000억불 규모다. 우리나라 국민연금기금 총액과 맞먹고 미국의 대(對)중국 무역적자액에 해당하는 액수다. 미국 기업들에 사회 환원은 일종의 불문율이다. 제아무리 돈을 벌어도 사회에 기여한 게 없으면 존경받지 못한다는 뜻이다. 록펠러・카네기・빌 게이츠・워런 버핏・마이클 무어・게임스 스타우어 등 웬만큼 이름이 알려진 기업가들 중 사회 기부를 외면한 이는 극히 드물다. 재산가들의 이런 '노블레스 오블리지'보다 더욱 값진 것은 미국 사회에 늘어선 개미군단의 기부 행렬이다. 전체 기부금 중 개인 기부가 80%로 법인 기부를 압도한다. 또 개인 기부자들의 80%는 일회성이 아닌 정기적 기부자들이다.

래서일까.[188] 어떻게 해야 행복해질 수 있을까. 영국 이코노미스트지는 커버스토리 '행복과 경제'에서 경쟁 위주의 자본주의에서 행복을 찾기란 결코 쉽지 않다고 인정했다. 그러면서도 행복을 유도하는 방안에 대해 이렇게 권고한다. "다양한 가치관을 존중하라." 이코노미스트지는 "자본주의가 한 사회를 부유하고 자유롭게 만들 수는 있다. 그러나 당신을 행복하게 만드는지는 의문이다"라고 되물었다. 정치가 나아지고 경제가 좋아진다면 좀 더 행복해질 수 있을 것이다. 그러나 우리가 다양한 가치를 인정하고 서로 존중하는 쪽으로 변모한다면 우리 사회는 훨씬 더 행복해질지 모른다.

우리는 1960년대와 70년대의 어려운 질곡의 시대를 살아가며 서로 함께하며 돕는 새마을운동을 벌인 좋은 경험을 갖고 있다. 밝고 따뜻한 사회구현을 위한 사회공동체 강화전략은 희망이 없는 국민들로 하여금 자립할 수 있는 기회를 제공함으로써 '우리의 꿈(Korean Dream)'을 회복하도록 할 것이다. 즉, 사회공동체의 강화는 새 시대의 공동체정신을 함양하여 살 만한 가치가 있는 밝고 따뜻한 사회를 이룩하는 데 큰 기여를 할 것이다.[189]

2. 사회복지전략의 추진기조

(1) 사회정의(社會正義) 실천

성숙하고 밝고 따뜻한 민주주의 사회란 사회정의가 살아 숨쉬는 사회이다. 존 밀(John S. Mill)은 사회정의 혹은 분배정의(分配正義)에 대해 "사회는 동등한 권리를 갖는 사람들을 동등하게 취급해야 하며, 각자가 자기가 받을 자

188) 2008년 영국의 한 대학이 건강(평균수명), 재산(1인당 국내총생산)과 교육(중등교육 이상을 받을 가능성) 등을 합해 조사한 '행복 지도'에서 한국은 102위에 그쳤다. 영국에서 나온 2005년판 행복지수에서도 조사 대상 70개국 가운데 40위에 그쳤다. 1인당 소득이 1400불밖에 안 되는 부탄(8위)에도 미치지 않을 만큼 우리사회는 행복하지 못하다는 의미다.

189) 20세기말 독일에서는 중요한 역사적 사건들이 발생하였다. 그 하나는 독일통일이며, 그 다른 하나는 유럽연합(EURO)로 상징되는 EU의 통합이 새로운 단계에 진입하였다는 사실이다. 동독이 무너지면서 주민들이 민주적 의사결정과정을 통하여 동독의 서독편입에 찬성하였다는 것은 무엇보다도 '살 만한 가치'가 있는 사회를 이룩하는 데 서독의 제도가 동독의 제도보다 우월했다는 점을 보여 주는 증거이다. 나아가 통일 이후 독일은 유럽통합에 주도적 역할을 담당함으로써 민족주의 부활에 대한 주변국들의 불안을 불식시키면서 새로운 유럽질서를 모색하고 있다.

격이 있는 것을 받는 것이 정당한 것이다"라고 정의하고 있다.[190)]

사회정의를 구현하기 위해서는 법질서 유지를 위한 강제력보다도 그 이전에 사회적 관습과 도덕적 규범의 확립이 중요하다. 오늘날 가치체계가 붕괴된 우리의 문제는 대부분 과거 우리 사회를 지배하던 도덕적 권위가 붕괴된 데에서 연유한다고 할 수 있을 것이다. 특히 미래의 사회에서는 더 이상 강제력만으로 법질서를 확립한다는 것은 불가능한 일이므로 이제 우리도 민주사회의 사회환경에 맞는 새로운 권위를 창출하는 데 각별한 관심을 가질 필요가 있다.

우리는 대부분 바르게 살고자 노력한다. '의인대로야(義人大路也)'라고 맹자가 외쳤듯이 정과 의는 우리가 가야 할 길이기 때문이다. 우리는 광명과 대의(大義)정신을 가지고 인생의 정도와 대도를 정정당당하게 걸어가는 늠름한 한국인이 되고자 노력해야 할 것이다.

그러나 개인의 노력과 교육만으로 이러한 선진시민의식이 형성되는 것은 아닐 것이다. 나라가 나서서 우리 사회가 건전하며 정의롭고 다같이 법을 지키려고 노력하고 있으며, 그래서 사회정의가 구현되고 있다는 확신을 국민들에게 심어주어야 할 것이다.

우선 나라의 지도층부터 처신을 깨끗이 하고 법을 엄격히 준수하여 모범을 보이며 공직사회의 부정부패를 척결하여 사회에 정의로움이 가득 차도록 해야 한다. 그래야만 법질서 유지에 대한 공감대를 확보할 수 있을 것이다. 또 사회 정의가 제대로 살아야 국민과 정부가 서로 신뢰하여 범국민적인 총화단결이 가능하게 된다.[191)] 뿐만 아니라 나라의 모든 일에 활력이 생기고 건전하게 발전하는 밑거름이 될 것이다.

그러나 부패는 인간 사회에 필수적으로 따라다닌다. 일류선진국이라는 미국도 부패와 도덕적 해이가 자행되고 있으나 문제는 정도의 차이다. 부패는 나라의 경제적 수준, 시스템, 역사, 관습 등에 따라 천차만별이다.[192)]

---

190) 그러나 하이에크는 그의 저서 「Law, Legislation and Liberty」 제3장 '사회정의의 환상 (The Mirage of Social Justice)'에서, 사회정의라는 말은 무의미한 것이며, 이런 말을 사용하는 것마저도 생각 없고, 남을 속이는 짓이라고 혹평하고 있다.

191) 장개석 총통이 대륙을 상실하고 대만에 들어섰을 때 제일 먼저 시작한 것이 부패를 척결하는 일이고, 싱가포르의 리콴유 수상도 부정부패의 척결에 통치의 최우선을 두어 위대한 작은 도시국가 싱가포르를 건설하였다. 이 두 경우 모두 공직사회가 아주 부패한 상태였는데 초강경 조치를 통해 부조리와 부패를 척결하였다.

192) 알 카포네(Al Capone)는 시카고의 '밤의 대통령'이었다. 알 카포네가 경찰에 살포한 뇌물만

정권이 바뀔 때마다 정권차원의 비리문제로 나라가 떠들썩하지만, 그래도 1987년 민주화 이후 대한민국의 음습한 부패 관행이 서서히 깨지기 시작했다. 지난 20여 년간 전 세계 어디를 둘러봐도 대한민국처럼 치열하게 부패 추방운동을 전개한 나라는 없다.[193] 치열하게 부패 추방을 벌이는 곳이 바로 대한민국이다. 공직자 재산공개, 금융실명제 실시 등 제도적 장치를 마련한 김영삼 전 대통령부터 현 이명박 정권에 이르기까지 일관된 부패 추방 운동을 전개하고 있다. 이것은 한국 사회의 불가피한 성장의 진통이요, 부패 추방에 대한 전 국민의 단호한 결의라 볼 수 있다.

그 결과 정치자금도 금권선거도 법조계의 불문율인 전관예우 풍조도 현저히 줄어들고 있다. 지금 젊은 판·검사나 변호사들 중에는 돈을 받지도 주지도 않는 소신파들이 점점 늘고 있다. 투명한 사회로 도약하고 있는 우리 사회를 보다 더 깨끗한 사회로 만들기 위해서는 ① 부정부패를 뿌리 뽑기 위한 리더십의 확실한 의지가 무엇보다 중요하다. ② 사회 구성원인 우리 자신부터 '부정 부패 문제가 남의 이야기가 아니라 바로 나 자신, 우리의 이야기라는 점'을 깨달아야 한다. ③ 사회 각 부문에서 투명시스템으로의 변화가 지속되어야 한다.

결국 사회정의는 민주적 법질서의 확립을 위해서는 물론이요, 우리가 선진일류사회로 진입하기 위한 제1의 기본요건이라 할 수 있다. 부정을 저지르는 부패한 공무원이 있어서 상하가 서로를 신뢰하지 않게 되면, 선진일류사회로의 발전을 제한하며 체제붕괴의 근원이 되는 수도 적지 않다.

(2) 건강한 선진 시민의식 함양

사람들은 이념과 가치관 등이 서로 다르기 때문에 이상사회(理想社會)가 아닌 한 어느 사회에서나 다양한 목소리가 존재한다. 따라서 갈등 역시 어느 사회나 존재한다. 민주주의의 원칙은 서로 다름을 인정하고 관용하는 것이다. 그것은 개인과 개인과의 관계에서도 적용되지만, 특히 국가와 큰 조직속의 개체간의 관계에서는 더욱 유념해야 한다.

연 3천만불이었다고 한다. 이는 당시 시카고 경찰관 봉급 총액의 절반가량이었다. 1930년대만 해도 뉴욕시장이 경찰청장을 임명하려면 반드시 마피아 두목들과 상의해야 했다.

193) 비자금 사건과 관련한 두 전직 대통령의 구속, 김영삼과 김대중 당시 현직 대통령의 아들 구속과 같은 일은 다른 나라에서는 쉽게 볼 수 없는 일이다.

우리 사회에 갈등이 증폭된 것은 민주화로 인하여 국민들의 요구는 폭발적으로 상승하는 데 비하여 국가가 이러한 욕구를 충족시켜주지 못하여 기대와 현실 사이에 존재하는 괴리감이 크기 때문이다. 우리사회가 현재의 분열과 상처를 치유하고 선진일류국가로 나가기 위해서는 선진 시민의식이 함양되어야 하며, 각종 시민단체들은 본연의 역할을 수행하여야 한다.

우리나라에 오래 살았던 어떤 외국인이 자기 나름대로 우리 한국인이 가진 결점을 네 가지로 지적했다. 즉 "① 한국인은 미래지향적인 것보다는 과거지향적인 성향이 짙다, ② 한국인은 공짜 심리가 강하다, ③ 모든 일에 너무 핑계를 내세운다, ④ 한국인에게는 보상심리가 강하다" 등이다. 상당히 의미심장한 지적이라 생각한다. 일류시민을 지향하는 우리는 이러한 외국인의 지적을 고깝게 생각하지만 말고, 충고를 감사히 받아들이면서, 이를 고치려고 노력해야 할 것이다.

민주적 법질서의 확립에 있어서는 법질서 유지를 위한 강제력보다도 그 이전에 사회적 관습과 도덕적 규범의 확립이 중요한데, 오늘 우리의 문제는 대부분 과거 우리 사회를 지배하던 도덕적 권위가 붕괴된 데에서 연유한다고 할 수 있을 것이다. 특히 미래의 사회에서는 더 이상 강제력만으로 법질서를 확립한다는 것은 불가능한 일이므로 이제 우리도 민주사회환경에 맞는 새로운 권위를 창출하는 데 각별한 관심을 가질 필요가 있다.

앞에서 기술한 대로 반부의식(反富意識) 내지 反기업정서는 상당히 심각하다. 부를 귀하게 여기지 않는 풍조와 반기업정서가 너무 팽배하고 있다. 개인적으로는 간절하게 부를 원하면서 사회적으로는 부를 귀하고 소중하게 여기지 않는다.[194] 진정으로 부를 소중하게 여긴다면 부를 창출하는 기업을 소중하게 여기지 않을 수 없다. 그런데 우리 사회에는 반기업정서가 너무 강하다. 이러한 후진 의식을 그대로 두고는 더 이상 국부의 증진도 경제사회의 발전도 모두 어려워진다.

조선시대의 이상적인 삶의 모습에는 두 가지가 있었다. 하나는 입신출세

194) 중국인은 재물을 제일로 친다. 때문에 부자를 가장 존경한다. 그들에게 부자는 인생의 이상형이자 영웅이다. 부자는 아무나 되는 것이 아니라 하늘에서 복을 내린 사람만이 될 수 있다고까지 생각한다. 반면, 대한민국은 부자에 대해 매우 비판적이다. '저 친구가 나보다 돈을 더 벌었어? 말도 안 돼. 분명 뭔가 반칙이나 불법행위가 있었을 거야'라고 생각한다. 아니면 '두고 보자. 내가 꼭 돈을 더 벌 테다'라고 다짐한다.

(立身出世)하여 가문의 영광을 높이는 것이었다. 입신출세는 국가의 공무원, 즉 목민관(牧民官)이 되는 것을 의미한다. 또 다른 이상적인 삶의 모습은 소위 신선(神仙)처럼 사는 것이었다. 입신출세는 유교의 영향을 받은 것으로 보이며 신선과 같은 삶이란 도교의 영향을 받은 듯하다. 그러나 양자에 모두 노동기피적인, 특히 육체노동을 피하려는 의식이 분명히 내재하여 있다. 둘 다 노동친화적인 삶의 모습은 결코 아니다. 즉 우리나라에는 전통적으로 노동기피 문화, 노동경시 문화가 자리 잡고 있었다. 그래서 생계유지 등 불가피한 경우에만 노동을 하는 것으로 되어 있었다.

이러한 노동 기피 내지 노동 경시 문화도 개선되어야 한다. 사실 모든 부와 가치는 노동에서 오는데 노동을 경시하면서 어떻게 개인과 나라의 발전이나 기술입국을 기대하고, 국가경쟁력의 제고를 이야기할 수 있을까? 노동을 경시하면 건강한 직업윤리가 나올 수 없는데 건강한 직업윤리 없이 우리가 과연 21세기 선진일류사회를 건설할 수 있겠는가?

유럽이나 일본 같은 선진국에서는 노동이 단순한 생계 수단이 아니었다. 노동이 종교적·정신적 가치와 의미를 가진 성스럽고 귀중한 활동이었다. 이러한 노동철학과 직업관을 가진 나라는 노동자 개개인도 행복하지만 나라가 경제적으로 발전하지 않을 수 없다. 그리고 반드시 선진국이 되지 않을 수 없다.

대한민국 네트워크 구조의 문제점은 사회 전반의 低신뢰현상으로 대표된다. 물론 어느 사회에나 마찬가지로 우리 사회에도 신뢰가 존재한다. 그러나 혈연, 지연, 학연 등과 같은 낮은 수준의 개인적·인적 연결망에 대한 신뢰가 지배적이며, 제도화된 공적 신뢰는 낮다. 기본적으로 시장에서 교환되는 공개된 정보의 신뢰성이 낮은 상태에서는 개인적 연줄망에 의존할 수밖에 없다. 제도의 수준이 취약하기 때문에 사적 신뢰가 공적 신뢰를 대체했으며, 이러한 과정에서 지대추구행위, 경제적 효율의 상실, 불공정한 경쟁의 확산 등 부작용을 양산시키고 있다. 경제위기의 원인으로 지목받는 정경유착이나 도덕적 해이 같은 현상도 공적 신뢰가 제도적으로 구축되지 못한 상태에서 촉발된 병폐라 할 수 있다.

우리 사회의 닫힌 연줄망을 해체하고 이를 열린 연결망으로 전환시키기 위한 국가전략이 필요하다. 폐쇄적 연줄망은 그 내부에서 거래되는 정보의 흐름을 촉진시키고 구성원에게 특혜를 줌으로써 거래비용은 줄어들지 모르지만,

네트워크 외부와의 갈등을 초래하여 궁극적으로 사회적 조정비용이 증가하게 된다. IMF경제위기시 서구로부터 비판받았던 대한민국의 학연, 지연, 혈연에 의한 연고자본주의의 폐해가 대표적이다. 사회적 자본과 네트워크는 공적 제도가 뿌리를 내리고 있고 이에 대한 국민들의 신뢰가 높을 때 형성된다. 따라서 닫힌 연줄망을 열린 연결망으로 바꾸는 전략의 첫째 조건은 '신뢰'이다.

현대 선진민주사회에는 국가와 시장 이외에 또 하나의 공적공간이 있다. 시민사회가 그것이다. 국가가 권력적 관계, 수직적 권한과 의무의 관계라면 시장은 자발적이고 수평적인 관계지만, 시민사회는 시장과 달리 이익교환이 아니라 공동가치를 모색하고 지향하는 관계이다. 돌이켜보면 우리나라 시민운동은 비교적 짧은 역사에 비해 비약적으로 발전하였고, 정치 민주화와 시장의 인간화에 많은 기여를 하였다.

시민단체들의 양적 팽창은 단순한 규모의 증가에 그치지 않고 활동영역, 곧 이슈의 다양화로 이어졌다. 교육개혁운동, 과학기술운동, 정보·통신운동, 건강·보건의료운동, 도시개혁운동, 문화운동, 인권운동, 자원봉사운동, 행정개혁운동, 정치개혁운동 등이 나타났다. 시민운동의 활동영역은 우리 사회의 거의 全분야를 포괄하게 되었다. 이러한 영역의 확장과 더불어 동일한 영역 내에서 많은 시민단체들이 활동하게 되면서 단체의 차별화와 특성화의 흐름이 나타나 시민운동의 이슈는 더욱 세부적이고 전문화되었다. 또한 '녹색소비자연대'가 환경 이슈와 소비자 이슈를 결합한 데서 볼 수 있듯이 다른 영역간의 이슈를 결합해 새로운 이슈를 만들어 내기도 했다.

이념적 다원화(多元化)도 두드러졌다. 1994년 참여연대가 진보적 혹은 민중적 시민운동을 표방하면서 출범한 데에서 알 수 있듯이 1990년대 중반에 새롭게 등장한 많은 시민단체들은 기존 시민단체들과는 다른 이념적·정책적 지향성을 가지고 있었다.

많은 사람들이 NGO를 '제5권부'라고 부를 만큼 시민운동이 성과를 거둔 것은 사실이지만, 반면 현재 시민운동은 상당히 심각한 도전에 직면해 있다. 시민단체들의 정파적 편향성에 대한 의구심이 광범위하게 확산됐는데, 이는 시민운동의 생명인 도덕성을 근본적으로 훼손할 가능성이 있다. 그리고 지속적인 민주화의 진전과 사회의 전문화 흐름 속에서 사회적 의제설정 능력 및 대안(代案)제시 능력이 떨어지고 있다. 최근 몇몇 환경이슈를 둘러싼 극한적인 갈등과 대립 상황이 발생하면서 자신들의 생각과 주장에 대한 과도한 확신에 근거한 비타협적이고 밀어붙이기 식의 운동방법론의 적절성에 대한 문제제기가 심화되고 있다.

시민운동은 건강한 시민의식 함양을 위하여 기여를 해야 한다. 선진일류국가를 지향하는 우리나라의 시민운동은 두 가지 방향으로 활성화될 수 있을 것이다. 하나는 이웃사랑과 이웃 나눔 운동으로서의 시민운동이다. 분권적이고 가치 지향적이며 자원봉사에 의존하는 시민운동이다.[195] 밑으로부터 공동체의 사랑과 연대를 재창조하는 운동이다. 다른 하나는 시민정책운동으로서의 시민운동이다. 우리 사회의 시민적 정치문화와 정치의식이 다원주의를 넘어 국가정책에 기여할 수 있는 시민운동이다. 이를 위하여 보통시민의 국내외 정책에 대한 이해능력과 비판능력을 높여야 한다.

개혁을 위해서는 법과 제도의 개선과 우리의 의식과 문화를 개조하기 위한 끈질긴 노력이 필요하다. 정보화시대는 개인의 자율성에 기초한 생산성이 핵심적인 요소로 작용한다. 따라서 전문성과 창조성을 갖춘 인재육성에 노력을 집중해야 한다. 계층간의 사회·경제적 격차 완화와 더불어 사회구성원 모두가 인간다운 삶을 누릴 수 있는 사회적 환경을 만들고, 정보화시대에 능동적으로 대처할 수 있는 교육·문화적 환경을 조성하며, 사회적 갈등을 민주적이고 생산적으로 해결할 수 있는 여건을 조성하는 것이 중요하다.

이러한 의식개혁의 성공은 그 효과가 사회의 각 부문에 깊이 자리 잡아 체계화되었을 때 가능할 것이며, 이를 위한 언론매체의 순기능이 더욱 요구된다고 할 것이다.

선진일류사회가 되기 위해서는 제도적인 개혁과 사회구성원들의 의식개혁을 동시에 추진해야 한다. 이를 위해 우리가 역점을 두어야 할 사항은 시민들의 긍정적인 자아의식의 확립과 건전한 공동체 의식의 확산, 도덕의식의 강조 등을 통한 장기적인 관점에서의 의식개혁운동이다.

195) 지극히 개인주의적인 것처럼 보이는 한국인들이지만, 국가적 힘이 절실히 필요한 국면마다 한데 뭉치는 위력을 발휘했다. 88올림픽 때는 전국의 소매치기들이 집결해 "외국인들의 돈을 털지 말자"며 '휴업'을 선언했고, 시민들은 자동차 홀짝 운행제를 준수했다. IMF사태 때는 온 국민이 금 모으기 운동에 나섰다. 서해에 기름이 유출됐을 때도 수많은 사람들이 달려가 조약돌 하나하나를 닦아 냈다.

(3) 자립 · 생산적 복지제도의 정착

대한민국 헌법 제34조는 ①항에서 “모든 국민은 인간다운 생활을 할 권리를 가진다”라고 명시하고 있으며, ②항에서는 “국가는 사회보장 · 사회복지의 증진에 노력할 의무를 진다”라고 명시하여 국민의 권리와 국가의 의무를 규정하고 있다.

그러나 세계경제위기의 후유증으로 최근 대한민국 사회는 소득불평등의 심화와 중산층의 위축 등 사회통합이 악화되는 현상을 보이고 있다. 이를 치유하지 않고서는 사회적 조화를 이룰 수 없을 뿐만 아니라, 경제적 번영과 궁극적으로는 안전도 보장받을 수 없다. 상대적으로 낙후된 우리의 복지제도를 선진국 수준으로 끌어올리면서, 선진국들이 경험했던 복지병이라는 폐해를 피해 가는 것이 한국형 복지 모델의 과제가 될 것이다.

우리의 사회복지전략은 경쟁력과 복지를 조화시키는 원칙을 지향해야 한다. 복지사회의 기반은 풍요로운 사회를 전제로 하는 만큼 경쟁력과 복지의 조화가 사회복지전략의 원칙이 되어야 한다. 대한민국사회는 성장제일주의 산업화를 추구하며 양적 성장에만 주력하여 계층 간의 사회적 격차가 상대적으로 커졌다. 사회 구성원 모두가 고루 잘 살고 안정된 삶을 누릴 수 있는 질적 성장에 주력할 필요가 증대되는 시점이다. 고루 잘 살기 위해서는 국가의 성장이 우선적으로 보장되어야 한다. 성장 없는 분배는 이상에 불과하기 때문이다.

사회정책의 방향에 대해서는 사회복지에 대한 정부지출을 최소화시켜 경제성장에 투입을 늘려야 한다는 시각과 기본적인 소득 보장프로그램을 확대해야 한다는 상이한 시각이 존재한다. 복지를 성장의 부담으로 인식하는 전자의 시각은 적절한 사회정책이 성장에 기여하는 측면과 양극화와 저출산 · 고령화라는 새로운 위험을 간과하고 있다. 기본적 사회안전망의 확충을 강조하는 시각은 성장둔화와 경쟁력 약화 등 새로운 사회적 위험에 대응하기 어려운 한계를 갖고 있다.[196]

우리는 이러한 두 시각을 현명하게 조화시켜 경제에 걸림돌이 되는 복지가 아니라[197] 복지와 경제, 분배와 성장이 선순환하는 전략을 통해 국가발전

196) 대통령자문 정책기획위원회, 앞의 책, p. 15.

197) 일단 한 공동체가 복지사회를 향해 움직이기 시작하면 복지지출은 빠른 속도로 증가하게 된다. 대한민국 역시 이미 그 궤도에 들어섰다고 볼 수 있다.

에 기여하고 우리 모두의 꿈인 행복한 사회를 만드는 데 기여하여야 한다. 이를 위해서는 아직은 선진국 초입에 들어서 있고, 나누어 먹을 파이도 부족한 우리의 입장에서 복지의 확대도 성장잠재력의 확충과 균형을 이루는 가운데 추진되어야 한다.[198]

우리나라의 소득은 OECD의 절반수준이다. 그러나 복지제도는 선진국의 좋은 제도는 거의 도입했거나 곧 시행할 예정이다.[199] 그러나 우리나라의 복지제도의 문제점은 하드웨어만 선진국형일 뿐 제도를 움직이는 소프트웨어는 후진국이란 것이다. 복지제도의 기초는 국민들의 소득을 정확히 파악하는 것이다. 그래야 세금과 사회보험료를 제대로 걷고 정말 생활이 어려운 사회적 약자를 도울 수가 있다.[200] 우리나라는 후발복지국가라는 이점을 이용하여 선진복지국가들의 실패사례를 토대로 시행착오를 줄임으로써 복지예산의 낭비를 막을 수 있을 것이다.

우리의 사회보장제도가 안고 있는 가장 핵심적인 문제는 사회적 위험으로부터 전체 국민을 보호한다는 본연의 역할을 제대로 수행하지 못한다는 것이다. 이는 사회보장 제도의 사각지대 문제라고 불린다. 우리나라에서는 사회적 취약집단을 보호하기 위해 다양한 범주의 공공부조제도, 즉 경로연금, 저소득 가정지원, 장애수당, 장애아동 부양수당 등을 시행하고 있다. 이 제도들은 저소득 빈곤층에 국한되어 노인과 장애인에게 급여가 선별적으로 제공되며, 급여수준이 낮다는 문제를 안고 있다. 사회보험, 공적인 부조, 사회복지서비스로 대표되는 사회복지체제의 안정적인 운영과 효율적인 서비스 제공은 국민복지와 사회질서유지에 필수적이다. 특히 사회보험은 국민 모두에게 닥칠 수 있는 사회적 위험으로부터 사회구성원을 보호하기 위한 것으로, 재정적 규모가 가장 크고 핵심적인 지위를 갖는 사회보장제도라고 할 수 있다. 따라서 사회

---

198) 정부가 책정한 2006년도 사회복지 재정지출규모는 54조7000억 원이다. 반면 미래를 대비한 R&D 투자지출은 9조원이다. 우리의 사회복지비용의 규모를 짐작할 수 있는 수치이다. 중장기 재정지출계획에서는 사회복지비는 2009년에는 70조 5000억 원으로 늘어난다. 복지비가 이렇게 빠르게 증가하면 세금을 조금 올려가지고 해결할 수 없다. 정부는 8% 수준에 있는 복지비를 선진국 수준인 22%로 끌어올려야 한다고 주장한다. 그러나 복지제도의 운영은 경제력에 걸맞는 제도를 갖추는 것이 중요하다.

199) 조선일보, 2005년 10월 22일, 31면.

200) 이것이 부실하면 세금이 줄줄이 셀 수밖에 없다. 미국과 영국에서는 집행과정에서 사회복지비의 약 20%가 낭비되고 있다는 연구가 나와 있다.

보험의 재정 건전성은 모든 국민의 관심이 되고 있으며, 고령화가 가속화될수록 중요성은 더 커지고 있다.

복지국가(福祉國家, Welfare State)[201]가 성공하려면 음지의 국민까지 성공하는 국민으로 만들어 내어야 한다. 이를 위해서는 복지지출이 자력갱생의 노력을 더 보상하는 방향으로 엄격하게 차별화되어야 한다. 발전주의적 해결책을 시행하고 나서도 남는 빈곤의 문제는 평등주의적 해결부터 시작하면 경제를 하향평준화시키면서 구조조정을 지연시키고 국제경쟁력을 떨어뜨려 결국 더 많은 신빈곤층을 양산하게 된다. 즉 민주주의와 시장경제의 성공적 공존을 위해서는 다 같이 나누어 먹는 평등주의 복지개념에서 벗어나 가난하기 때문에 돕는 사회정책과 노력하기 때문에 돕는 발전정책을 잘 조화시켜야 한다.[202]

즉 기초생활보장제도의 내실화, 자활사업의 활성화를 통해 국민생활보장과 탈빈곤을 적극적으로 추진하는 한편, 노인의 건강과 소득보장, 국민연금의 지속가능성 확보, 보육사업의 강화, 건강가정의 지원 등을 통해 저출산·고령화시대에 대비하면서 자립적이고 생산적인 복지체제를 확립해야 한다.[203]

---

201) 복지국가는 1942년 <베버리지 보고서, Beveridge Report>에 의해 '요람에서 무덤까지(From the Cradle to the Grave)' 개인의 복지를 국가가 책임진다는 개념으로 정착되었다. 보다 구체적으로는 복지국가란 일반국민들에게 최저소득을 보장하고, 개인이나 가족의 위기를 가져올 수 있는 질병이나 고령 혹은 실업 등과 같은 불행한 우발적 사건을 막거나 이러한 경우에 대처할 수 있도록 사회안전망을 제공하고, 국민 모두에게, 예컨대 교육분야 등과 같은 특정 분야에서 가용한 최상의 사회서비스를 보장하기 위한 목적으로 국가가 시장에 개입하는 국가개입의 한 형태를 지칭한다. 제2차 세계대전 이후 선진국에서는 사회주의국가와의 대결과정에서 이러한 복지지출이 지나치게 늘어나 복지병에 시달린 경험이 많아 최근에는 복지국가 개념이 크게 쇠퇴하고 있으나 북유럽을 중심으로 여전히 높은 수준의 복지제도를 유지하는 국가도 일부 있다. 결국 복지의 정도는 그러한 복지를 지탱해 낼 수 있는 국가 경제력의 유무에 달려 있다고 해야 할 것이다.

202) 미국, 영국 등 선진국의 경우도 1950-1970년대에 걸쳐 30여 년 동안 지나친 복지지향정책으로 평등민주주의체제 속에서 국민경제의 정체를 경험했고, 1970년대까지 라인강의 기적을 이뤄낸 독일도 이후 평등민주주의에 빠져 30년이 지난 오늘날까지 저성장의 늪에서 어려움을 겪고 있으며, 제2차 세계대전 이전 비민주적 체제 속에서 도약을 이룬 일본은 이후 미국의 우산 아래서 순조롭게 선진화를 이룬 듯했으나 1980년대 후반 이후 평등주의 함정에 빠져 '잃어버린 10년'에 더하여 장기침체를 경험하고 있다. 프랑스, 이탈리아, 포르투갈, 스페인 등 비영어권 서구 선진국가들 또한 미국에 비해 차별화의 날이 훨씬 무딘 평등민주주의 속에서 저성장을 경험하고 있다. 이러한 선진국들의 20세기 중반 이후의 평등민주주의 성향은 사회주의체제와의 경쟁 속에서 복지국가를 강화하는 과정 중에 형성된 측면도 있다 할 것이다.

203) 우리나라는 선진국에서도 경험하지 못한 심각한 수준의 저출산과 빠른 속도의 고령화에 직면해 있다. 2005년도 합계 출산율은 1.16명에 불과하며, 고령화속도는 너무 빨라 2018년에

복지제도는 사회문제화되고 있는 빈곤층의 보호강화, 기초생활보장제도의 내실화를 통한 생활안정의 추진, 저출산·고령화 사회에 대비한 국민연금제도의 개혁, 공공의료의 확충, 국민건강 증진대책 발전 등이 중요한 과제이다. 국민의 기본생활의 보장은 기초생활보장제도의 내실화를 통해 실현해나가야 한다. 장애인과 노인 등 가구의 특성을 반영해 최저생활비를 계측하고, 부양의무자 기준개선과 재산의 소득환산제 보완을 통해 수급자 확대기반을 조성해야 할 것이다.

지속적인 국가경제의 성장 없이 신빈곤층의 문제를 해결할 수는 없다. 따라서 신빈곤층 문제를 극복하기 위하여 분배우선주의를 택하는 것은 잘못이다. 높은 경제성장률은 신빈곤 극복의 충분조건은 아니지만 필요조건이다. 높은 성장률이 빈곤의 해소를 자동으로 보장하는 것은 아니지만 높은 성장 없는 신빈곤의 해소는 있을 수 없다. 따라서 높은 경제성장률을 달성하는 것이 가장 중요하다. 그런데 높은 경제성장률은 높은 저축률과 투자율, 안정적인 거시경제의 운용, 정치·사회의 안정과 미래에 대한 낙관적인 사회분위기에 의존한다.

양극화 심화로 사회를 '두 국민(부유층과 빈곤층) 한 국가'로 나누는 신자유주의에 맞서 중도 세력이 주도해 새로운 '한 국민 한 국가'를 실현하는 것이 바람직할 것이다. 우리는 이것을 바로 앤서니 기든스(Anthony Giddens)의 「제3의 길(The Third Way : The Renewal of Social Democracy)」에서 찾을 수 있을 것이다.[204] 현재 진행되는 탈산업화와 정보사회의 도래를 지켜볼 때 이러한 제3의

는 고령사회로, 2026년에는 초고령사회로 진입할 것으로 예측되어 사회경제적 불안감이 증가되고 있다. 2008년 65세 이상 노인 인구가 500만 명을 돌파했고 전체 인구에서 차지하는 비율도 10%를 넘었다. 2004년 400만 명을 넘어선 이후 4년 만이다. 2008년 10월 1일 통계청이 발표한 '2008년 고령자 통계'에 따르면 노인 인구는 2008년 7월 1일 현재 500만 6000여 명으로 인구의 10.3%를 차지했다. 통계청 관계자는 "우리 사회는 오는 2018년 고령사회(14% 이상)가 되고 2026년에는 초고령사회(20%)가 될 전망"이라며 "이는 전 세계에서 가장 빠른 속도"라고 말했다. 노인 인구를 생산가능인구(15-64세)로 나눈 '노년부양비'는 14.3%로 나타났다. 생산능력이 있는 사람 7명이 한 명의 노인을 부양한다는 뜻이다. 오는 2050년에는 약 1.4명이 노인 한 명을 부양해야 한다.

204) 「제3의 길」은 사회학자인 영국 케임브리지대 교수 앤서니 기든스(Anthony Giddens)의 저서 가운데 가장 큰 화제를 불러일으킨 작품이다. 기든스가 말하는 '제3의 길'은 제2차 세계대전 이후 서유럽을 풍미했던 '제1의 길'과 '제2의 길'을 넘어서려는 새로운 정치적 프로그램이다. 제1의 길이 '요람에서 무덤까지'로 일컫는 북유럽 국가의 사회민주주의 길이라면 제2의 길은 시장에서의 자유를 극대화하고 국가의 간섭을 최소화하려는 미국식 신자유주의의 프

길은 일단 현실적 의미를 갖는다. 특히 '고용 없는 성장'에 대응해 일자리 창출이 갖는 중요성을 고려하면 적극적 복지가 주는 정책적 함의는 아주 큰 것으로 보인다. 오늘날 어떤 나라나 시장의 효율과 복지의 형평을 어떻게 결합할지 결정하는 문제는 복지국가 전략의 가장 중요한 과제다. 사회투자 국가와 적극적 복지는 세계화 시대에 새로운 복지 국가의 방향으로 활발한 토론을 요청하고 있다.

21세기형 사회안전망 없이는 신빈곤층 문제를 완전히 극복하기 어렵다. 성공한 나라들은 대부분 20세기형인 국가 주도의 시혜적·소비적 복지국가의 모델이 아니라 21세기형인 분권적·생산적·능동적 복지, 즉 평생교육을 통한 평생고용, 그리고 평생고용을 통한 평생복지에 성공한 나라들이다. 교육·고용·복지의 삼각 안전망 구축에 성공한 나라들이다.

세계화시대를 맞아 복지의 개념도 변화하고 있다. 전반적으로 고령화되는 21세기에 소비적 복지를 유지하기는 어느 나라든 재정적 능력에 한계가 있다. 결국 21세기형 복지는 생산적·능동적 복지일 수밖에 없다. 환언하면 '일하는 복지'일 수밖에 없다. 따라서 앞으로 최선의 복지는 일자리이며, 복지정책의 방향은 고용의 중단이 발생하였을 때 어떻게 하면 실업의 고통을 최소화하면서 가능한 한 빨리 재취업의 가능성을 높여주고 재취업을 성사시켜 주느냐에 있다. 한마디로 평생복지의 시대를 열어야 한다.

고용복지는 일을 통한 자립을 지원하는 복지이다. 전통복지와 달리 고용복지는 빈곤층에 일자리 기회를 제공하고 근로의 대가로 소득을 획득하게 한다. 말하자면 복지정책과 노동시장 정책이 결합된 것이다. 적극적 노동시장 정책이 바로 그것이다. 고용복지 패러다임에서 '일'은 권리이자 의무이기도 하다. 일할 수 있는 능력을 갖춘 빈곤층은 일자리 기회를 공공고용 서비스기관으로부터 제공 받을 권리를 가짐과 동시에 제공받은 일자리가 마음에 들지 않는다 하여 무작정 거부할 수 없는, 즉 일자리 제의를 수용해야 하는 의무도 져야 하는 것이다. 왜냐하면 일정 횟수 이상 거부하면 공공복지의 수혜 대상에서도 제외되기 때문이다.

로젝트다. 제3의 길은 유럽의 복지국가에는 시장의 효율성을 강조하고, 미국과 같은 신자유주의 국가에는 사회적 평등을 부각시키는 전략으로, 제1의 길과 제2의 길에 대한 통합을 모색하고 있다.

이 같은 문제를 해결하는 길은 학습과 훈련을 통해 직업 능력을 개발하고 보다 양질의, 보다 생산적인 일자리에 취업할 수 있게 하는 것이다. 이러한 필요에서 나온 것이 학습복지이다. 따라서 학습복지는 고용복지의 대체개념이라기보다는 이를 좀 더 충실하고 생산적으로 하기 위한 개념이라 할 수 있다.[205]

시장의 유연화를 통해 일자리 창출 능력을 왕성하게 하고, 사회안전망 완비를 통해 사회적 최저 수준의 생활을 누릴 수 있게 하며, 학습복지 공급을 중심으로 한 적극적 노동시장 정책을 통해 한편에서는 일자리의 질을, 다른 한편에서는 개인의 직업 능력을 향상시켜 가는 것이다. 이렇게 함으로써 보다 양질의, 보다 생산적인 일을 통한 복지가 가능해질 뿐 아니라 기업에는 고용의 유연성이, 근로자에게는 고용의 안정성이 높아지는 노동시장의 유연안정성(柔軟安定性, Flexibility)이 실현되는 것이다.

국가전략을 수립하는 사람들은 급격한 사회경제의 구조변화에 부응하는 사회통합과 복지예산의 강화가 요청되고 있음을 인식할 필요가 있다. 향후 통일에 대비하여 통일의 경제적 부담금도 고려해야 하는 지속가능한 복지정책의 수립이 요청된다.

(4) 열린 포용의 사회 조성

세계는 지식정보화 추세 속에서 경제적, 사회적, 문화적으로 하나의 세계로 통합되어 가고 있다. 우리가 이런 추세에 능동적인 주체가 되기 위해서는 대내외적 환경변화에 대한 적응력을 키우고, 남을 받아들이며 사회갈등을 해소할 수 있는 능력 배양이 중요하다. 이를 위해 우리는 열린 포용의 사회를 만들어 가야 한다.

유엔 인종차별철폐위원회(CERD)가 2007년 8월 18일 대한민국이 다민족사회임을 인정해 단일민족 국가 이미지를 극복하라고 권고하였다. 유엔은 "한국사회에 '단일민족' '순수혈통' '혼혈'과 같은 용어들과 더불어 인종 우월적인 관념이 널리 퍼져 있는데 주목한다"며 이주노동자, 외국인 여성배우자, 혼

---

205) 덴마크는 1990년대 초 10%에 가까운 높은 실업률과 이에 따른 높은 복지비용 부담으로 큰 어려움에 처해 있었다. 그러나 2000년대 초에는 실업률이 90년대 초의 절반으로 낮아졌고 고용률은 높아졌다. 이러한 변화를 가능하게 한 것이 바로 복지와 노동시장 개혁정책이며, 이는 황금삼각형(Golden Triangle)으로 모형화되었다. 황금삼각형을 구성하는 세 개의 축은 유연한 노동시장, 충실한 사회안전망, 적극적 노동시장 정책(학습복지)이다.

혈아의 인권 문제와 함께 한국인의 혈통주의를 비판했다. 이 내용을 한국인의 자화상에 비춰보면 그리 자존심 상할 일도 아니다. 우리 사회 내부에서조차 핏줄을 지나치게 강조하는 경향에 대한 반성이 줄곧 제기돼 왔기에 더욱 그렇다. 한국인의 의식 속에 깊숙이 자리잡고 있는 편견과 폐쇄성을 개선해 나가야 한다.[206)]

2008년 기준으로 장·단기 국내 체류 외국인이 100만 명을 넘어 전체 인구의 2%를 초월하였다. 1990년 9500명에 불과했으나 2006년 91만 명에 이어 2007년에 100만 명 시대를 기록했다. 2006년에는 농촌 총각 10명 중 4명이 외국인 여성과 결혼했으며 전체 결혼 건수의 12% 정도가 국제결혼이다. 이런 추세는 앞으로 더욱 가속화할 것이다. 이처럼 외국인이 급증하고 있지만 배타적 감정과 사회적 차별이 크게 개선되고 있다고 보기는 어렵다.[207)]

다양성을 인정하지 못하고 흑백논리와 획일주의에 익숙한 우리 문화는 다양성을 기초로 하는 민주주의 의식과는 괴리가 크다. 이러한 문화 속에서 선진형 정치행태가 쉽게 자라나리라고 기대할 수는 없을 것이다.

인적 교류의 양적 확대도 중요하다. 정부는 더 많은 국민이 국경을 넘어 외국에 나가고 더 많은 외국인이 우리나라에 들어올 수 있도록 정책적 노력을 기울여야 한다. 외국에 나간 한국인도, 한국에 들어온 외국인도 모두 우리의 인적자원이다. 외국인 입국자나 국내 거주 외국인이 지속적으로 증가하고 있지만, 총인구 대비 외국인 비율은 2% 수준으로 선진국에 비해 매우 낮다. 다양한 정책과 프로그램으로 외국인의 방문을 유도하고 교육, 의료, 복지, 생활 정보 등 외국인의 정주여건을 개선해야 한다. 미국이 우리에게 그랬듯이, 우리도 장학금 주어가며 동남아 학생들을 우리 대학에 유치해야 한다. 그들이 학

206) 많은 사람들은 미국이 번영을 계속하는 첫 번째 요인으로 용광로식 문명통합을 꼽고 있다. 미국은 1492년 콜럼버스가 유럽 사람으로는 처음 도착한 뒤 전 세계에서 온 이민자들에 의해 만들어진 다민족 국가다. 지난 100여 년 동안 대한민국에서 건너가 미국사람이 된 숫자만 줄잡아 200만 명이 넘는다. 흑인 차별의 뿌리가 남아 있고 황인종 및 중남미계(히스패닉)에 대한 차별이 여전하다고 하지만 다양한 인종과 문화의 유입은 오늘날 미국을 유지하는 핵심 장치다. 1990년대 이후 미국 경제 재도약의 지렛대 역할을 하고 있는 IT혁명도 중국이나 대한민국, 인도에서 건너간 기술 인력이 있었기에 가능했다. 뉴욕이 단순히 미국의 중심의 중심도시가 아니라 '세계의 수도'로 불리는 것처럼 이제 미국은 하나의 국가가 아니라 그 자체가 세계로서의 역할을 하고 있다고 봐야 할 것이다. 2009년 최초의 흑인 대통령이 취임하여 새로운 미국의 역사가 열리고 있다.

207) 문화일보, 2007년 8월 27일.

업을 마치고 귀국하면 지한파(知韓派), 친한파(親韓派)가 되지 않겠는가.

특히 남북갈등을 해결하기 위해서는 지속적으로 화해협력 정책을 추진하면서 북한이 개방과 개혁을 지속적으로 추진하여 통일시 생존능력을 갖추도록 지원해야 할 것이다. 특히 남북 갈등이 위기로 치달아 통일한국의 체제 불안요인이 되지 않도록 관리해야 한다.

갈등해결방식이 상대를 생존공간에서 배제하는 제로섬게임 방식보다는 상대방과의 공존을 전제로 하는 부분 승리의 관점으로 전개되어야 한다. 특히 남북한 관계에서는 통일이전의 준비단계에서도 서로 다른 사고와 문화를 소유한 집단 혹은 세력간의 이해를 기반으로 하는 교류 협력이 중요하다.

대한민국이 세계 선진일류국가가 되기 위해서는 남북한은 물론 세계 다른 문화와 문명의 다양성을 인정하고 포용하면서 상생의 문화와 공존의 틀을 마련해야 한다.

(5) 역동적인 사회 창출

대한민국은 산업화를 이루는 과정에서 압축성장을 달성하였고, 특유의 신바람 정신을 발휘하며 역동적인 사회문화를 조성하였다.

1961년 대한민국의 1인당 국민소득은 82불로 세계 최하위였다. 국민의 3분의 2 이상이 하루 세끼를 못 먹던 시절이라 굶주림으로부터 벗어나는 것이 최상의 꿈이었다. 당시 박정희 정부는 하루빨리 게으름과 빈곤을 추방하고 근대화를 이룩한다는 목표를 세우고 국민들을 '빨리빨리 정신'으로 거세게 몰아붙였다. 예를 들어 1965년의 국민구호는 '올해는 일하는 해'였고, 1966년은 '더 일하는 해'였다. 그뿐 아니라 경부고속도로의 공사구호 자체가 '빨리빨리'였다.

즉 대한민국의 빨리빨리 문화는 1960년대의 절대빈곤에서 탈출하기 위한 부득이한 생존술이었다. 고도성장을 빨리 달성하려는 스피드 경영이었다. 나태한 대한민국을 바로세우겠다는 개혁진보운동이었다.[208] 한강의 기적을 낳은

208) 19세기 말 조선을 여행한 영국인 이사벨라 버드 비숍(Isabella Bird Bishop, 1831-1904)은 당시 조선인의 게으름에 대해 다음과 같이 기술하고 있다. "서울은 단조롭고 더럽고 죽은 도시이다. 사람들은 게으르고 무기력하다. 때 묻은 흰 옷을 입고 무언가를 운반하는 짐꾼들과 빈민가의 귀퉁이에서 삶을 흘려보내고 있는 활기 없고 더러운 아이들…" 즉 그녀에게는 서울사람들이 "어른과 아이 할 것 없이 무기력하고 목적 없이 빈둥거리는 군중의 행렬"처럼

정신이 '하면 된다'라는 자신감이라면, 이를 실현하기 위한 행동수칙 1호는 '빨리빨리'였다. 빨리빨리는 기선을 제압하고 목표를 선점하는 병법의 근원이요, 속도전이었다. 최근의 한국 대기업들의 발 빠른 세계화를 '징기스칸식 스피드경영'으로 부르는 것도 비슷한 맥락이다.[209)]

우리가 내걸고 있는 "Dynamic Korea!"는 산업화 시대를 살아온 한국인에게 맞는 표어다. 한국인처럼 틀에 매이는 것을 싫어하는 국민도 드물지 않은가? 거칠 것 없고, 두려울 게 별로 없는 것이 한국인들이다. 우리에게 하늘은 두려움의 대상이기 이전에 우리를 '보우하는 존재'이고, 국가는 벌을 내리기보다 상을 내리는 '부모 같은 존재'이기에 한국인의 기가 신바람으로 표출된 것이다. 누구나 다 열심히 뛰기만 하면 못 이룰 게 없다는 것이 한국인의 파토스(Pathos)가 되고, '빨리빨리'가 대한민국의 트레이드마크가 된 까닭이 여기에 있다.

이렇게 빨리빨리를 앞세운 개발연대 페러다임이 성공할 수 있었던 것은 그 내부에 철저한 차별화 메커니즘을 내재하고 있었기 때문이다. 개발연대 패러다임의 핵심은 한마디로 "정부는 스스로 노력하는 자만을 돕는다"는 철학이었다. 수출을 진흥하고 산업정책을 추진함에 있어서도 잘하는 기업을 더 격려 · 지원했으며, 심지어 원호대상자들을 지원하는 데도 자립을 전제로 할 정도로 거의 모든 정부지원이 스스로 노력하는 자를 돕는 경쟁의 원리와 차별화원리를 견지하였다.[210)] 바로 이러한 경쟁원리의 적용이 당시 대한민국 국민 대다수를 발전의 정신을 가진 경제주체로 변신시킬 수 있었다고 볼 수 있다. 당시의 소위 '하면 된다' '빨리빨리 하자'는 발전의 정신이야말로 경쟁원리의

보인 것이다. 즉 비숍과 조지 커즌(George Curzon, 1859-1925) 등 구한말 대한민국을 다녀간 외국인들은 한결같이 한국인의 게으름을 지적하고 있다.

209) 세계적 베스트셀러 「렉서스와 올리브 나무」의 저자이자 뉴욕타임스의 칼럼니스트인 토마스 프리드만(Thomas L. Friedman)은 성공하는 국가의 첫 번째 습관으로 스피드를 꼽았다. IT, 세계화, 무한경쟁으로 상징되는 21세기에 성공하는 국가가 되려면 얼마나 빨리 의사결정을 내리고 행동으로 옮기며, 변화에 적응하느냐가 관건이라는 얘기다. 이 점에서 대한민국은 단연 세계 최고이다.

210) 공병호 원장은 "인류는 경쟁을 통해 발전해 왔습니다. 경쟁은 개인, 마을, 종교, 국가 사이에서 다양한 형태로 전개되며 우열을 가리고, 다름을 확인하게 합니다. 물론 경쟁이 심해지면 대립과 폭력을 부를 수 있다는 점에서 위험성을 내포하고 있습니다. 그러나 적당한 경쟁에서 유발되는 건전한 긴장관계는 언제, 어느 시대에서나 발전의 원동력이 돼 왔음이 분명합니다"라고 주장하며 경쟁원리를 강조하고 있다.

산물이었던 것이다.

그러나 민주화시대에 안착한 이후 한국사회의 이러한 역동성은 많이 둔화되었다. 열심히 일하는 대신 빈곤을 자기의 운명이라 한탄하면서 정부가 뒤를 돌봐주지 않아 빈곤 속에 있다고 자기의 빈곤이 타인의 책임인 것처럼 불평을 늘어놓는 복지족들이 늘어가고 있다.

빨리빨리 문화와 함께 정착된 냄비근성도 우리의 특성 중 하나이다. 확 불붙고 순간적으로 달아오르는 에너지나 애국심을 잘못 다루면 난폭하고 부정적인 면으로 표출될 수도 있다. 반면, 잘 활용하면 특유의 신바람이나 흥으로 결집돼 역동적이고 자발적인 에너지로 활용할 수 있다.[211] 대우자동차나 현대중공업의 경우에서 보듯, 노사문제 해결은 물론 더 나아가 빈부격차 문제해결에도 도움을 줄 수 있다.

우리가 앞으로 역동적인 사회를 유지하기 위해서는 기술혁신과 지식창출을 통한 지속적인 경제성장이 뒷받침되어야 한다. 그러나 우리의 경우에는 개인과 조직 차원에서 새로운 지식과 아이디어, 노하우를 창출하는 역량이 축적되어 있지 못하며, 국가혁신의 아이디어를 생산하고 창조해야 할 싱크탱크의 역할도 미흡하다. 암기위주의 교육으로 창의적인 인재를 양성할 수 있는 기반이 부족하며 기술혁신과 지식창출에 대한 유인도 부족하다.

지식정보화와 디지털 혁명이 가져다주는 기회를 잡기 위해서는 지속적인 기술발전과 지식창조를 이루어야 한다. 노동력이나 자본 등 요소투입에 의한 방법으로는 한계가 있다. 선진국 따라잡기 또는 베끼기의 전략은 디지털 시대에서는 더 이상 유효하지 않다. 창조노선은 디지털을 실현하는 데 있어 대한민국이 선택해야 할 국가전략이 되어야 한다.

출산율 하락과 고령화 사회의 진입은 우리 사회의 역동성을 떨어뜨리는 또 다른 요인이 되고 있다. 출산율 하락은 사회 변동이라는 큰 틀에서 보면 21세기 후기 근대사회 삶의 패러다임이 바뀌어 가는 현상으로 봐야 한다. 농경사회에서 산업사회로 오면서 인간의 삶이 많이 바뀌었듯 후기 근대사회에서도 패러다임적 전환을 하고 있는 것이다. 그런 점에서 출산에 대한 사회적 대처

---

211) 1919년 3·1운동, 1960년 4·19 의거, 1987년 6월 항쟁 때 불의에 맞선 수많은 사람들, 1998년 IMF 위기를 극복하고자 전국에서 금붙이를 들고 모인 국민들, 2002년 월드컵 시 붉은 악마들, 2004년과 2008년의 촛불들은 역사의 굽이굽이마다 불같이 타오른 한국인의 근성은 나라를 지켜준 '수호천사'의 역할을 하였다.

〈그림 7-6〉 인구변화율추이

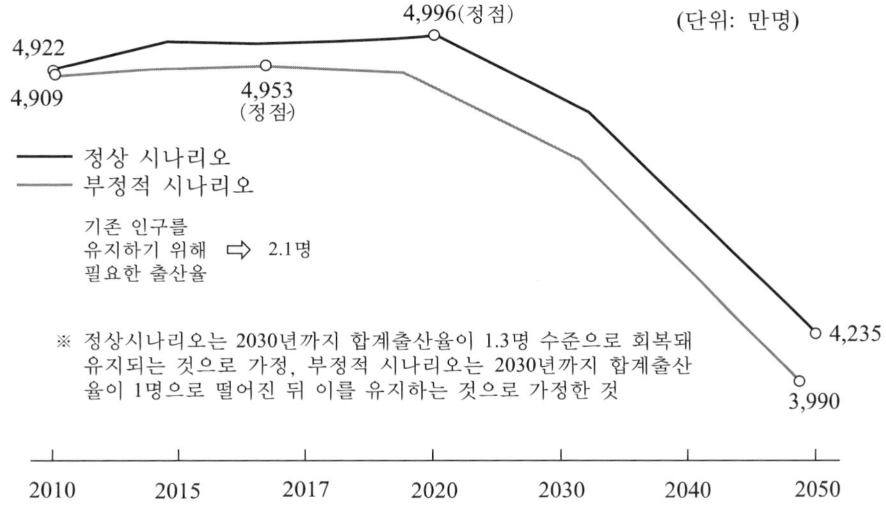

자료: 통계청 장래인구특별추계(2005년).

는 인식의 전환과 '열린 사고'를 필요로 한다.

〈그림 7-6〉에서 볼 수 있듯이 대한민국의 인구는 5000만 명 미만에서 정점을 이룬 후 지속적으로 줄어드는 것을 확인할 수 있다. 즉 생산인구의 감소로 국가성장동력이 급격히 떨어지게 된다. 출산율의 안정은 우리를 둘러싸고 있는 사회 문화적 조건들에 도전하고자 하는 의지 없이는 이뤄내기 어렵다. 아이를 낳고 기르고자 하는 성인 남녀, 양질의 노동력을 필요로 하는 기업, 국가의 번영을 꾀하는 정부 모두 안일한 사고에서 벗어나야 할 때다.

우리 민족에게는 특유의 신바람의 문화가 내재되어 있다. 그리고 아직도 우리나라만큼 역동적인 사회는 없다. 어려운 환경 속에서도 포기하지 않고 최선을 다해 살아가는 서민들이 있고, 세계 최고가 되겠다는 포부를 가진 기업·학교·정부가 있기에 비늘을 번쩍거리며 하늘로 비상하는 용처럼 앞으로도 그렇게 발전해야 할 것이다.

사회복지전략의 추진목표, 추진기조와 추진과제를 포함한 사회복지전략 체계도는 〈그림 7-7〉에서 보는 바와 같다.

〈그림 7-7〉 사회복지전략 체계도

제 6 절 문화전략

1. 문화전략의 목표

(1) 문화 · 예술 선진국 진입

문화와 예술은 올바른 국민정신, 국민윤리, 국민성을 유지하고 발전시켜 나가는 데 결정적인 역할을 한다. 한마디로 문화는 한 나라 국민의 감성, 한 시대의 정서를 형성하는 데 크게 영향을 준다.212)

그러나 세계문명표준과 한국문화표준, 즉 글로벌 스탠더드와 코리아 스탠

212) 그래서 전통 유학(儒學)에서는 교육과 문화예술이 국민의 풍속에 미치는 영향을 깊이 인식하고 풍속을 바로잡는 것(正風俗)이 정치의 요체 중 하나라고 하였다.

더드를 어느 수준에서 어떻게 결합하여 한국적 현실에 성공적으로 정착시킬 것인가는 결코 쉬운 문제가 아니다.

많은 미래 전문가들은 21세기 선진국의 초(超)부가가치는 문화에서 발생할 것이라고 예견하고 있다. 21세기 세계화 · 지식정보화 시대의 새 병기는 문화와 예술의 파워다. 지난 20세기가 군사력, 부국강병을 토대로 한 하드파워(Hard Power), 곧 경성(硬性)국가의 시대였다면 21세기는 학문, 과학기술, 문화와 예술을 토대로 한 소프트파워(Soft Power), 곧 연성(軟性)국가의 시대다. 양질의 고품격 문화를 생산하고 향유할 줄 아는 능력이 곧 국가경쟁력으로 직결될 것이다. 국민 소득 4만불이라는 목표로 향해 가는 대한민국 사회에서 문화 · 예술은 삶의 질(質)뿐 아니라 경제력과 직결된 문제라는 인식이 공유돼야 한다. 국민들의 삶을 풍요롭게 하고, 창의력을 기르기 위해서는 문화 · 예술을 제쳐놓고 상상할 수 없다. 선진일류국가가 되기 위해서는 고품격 즉 양질의 문화사회로 업그레이드해야 한다.[213] 이런 관점에서 대한민국의 전통문화를 토대로 하여 아시아에 한류 열풍을 몰고 온 대한민국은 이 CT분야에서 21세기에 가장 발전할 수 있는 국가 중 하나라고 할 수 있다.[214]

문화선진국이 되려면 국가정책과 국민생활 전반에 문화적 요인을 고려하여 교육 혁신, 사회적 민주화 그리고 문화민주주의의 발전 등을 위한 적절한 국가전략이 필요하다. 즉 아름다운 나라, 슬기로운 나라, 타 문화에 대한 이해 및 관용이 있는 나라, 문화민주주의 사회가 되어야 한다. 아름다운 나라는 생활전반에서 문화적 고려가 강조되는 나라를 의미하며, 이를 위해서는 국가전

---

213) 김병종 서울대 미대 교수는 "앞으로의 60년은 일본 · 중국과 차별되는, 우리 문화의 정체성을 찾아서 내놓아야 한다"라고 말한다. 고도의 경제성장에도 불구하고 대한민국은 문화적 자생성과 독자성이 미약해 세계무대에서 경제성장에 걸맞은 대접과 인정을 받지 못하고 문화적으로는 침체돼 있다는 것이다. 그는 "우리보다 경제가 뒤떨어지는 모로코, 튀니지, 알제리 같은 나라에도 독특한 문화 형태와 품격과 디자인이 있다"면서 "이제는 건축과 공공미술, 공공 디자인부터 '이것이 한국적이구나' 하는 느낌을 줄 수 있는 것이 생겨야 한다"라고 말했다. 박세일 서울대 교수는 저서 「대한민국 선진화 전략」에서 "선진국이 되려면 고품격의 문화와 예술의 신성한 정신적 감동을 모든 국민이 경험할 수 있도록 해야 한다"고 주장한다. 모든 국민이 소득과 지역에 관계없이 양질의 문화예술을 접할 수 있게 해야 한다는 것이다.

214) 한류 팬으로 인해 보이지 않는 우리의 영토는 갈수록 늘어날 것이다. 대한민국이 21세기에 '세계의 문화대국'이 되는 것은 불가능한 염원만은 아니다. "21세기는 문화산업에서 각국의 승패가 결정될 것"이라는 미래학자 피터 드러커(Peter F. Drucker)의 예언에 가장 부응할 나라가 바로 한국일 수 있다.

략과 정책의 문화화가 필요하다. 슬기로운 나라란 창의력을 향상시키고 발휘하게 하는 분위기가 조성되는 나라를 의미하며, 교육의 혁신과 사회분위기 일신으로 달성될 수 있을 것이다. 문화적 다원성에 대한 이해는 학교교육 및 시민교육을 통하여 높여야 된다고 본다. 문화민주주의는 최소한의 문화인프라 구축과 문화기반시설의 지역네트워킹 추진으로 문화적 불평등과 양극화를 완화함으로써 달성할 수 있다고 본다. 그리고 사회적 민주화는 민주적 가치와 절차 및 태도의 증진을 의미하는 것으로서, 생활 속의 민주주의 확립을 통하여 습득할 수 있을 것이다.215)

세계화 · 지식정보화시대의 문화적 정체성(正體性)은 문화적 교류가 제한되었던 시기의 단순하고 표준적이며 동질적인 정체성을 벗어나 보다 다원화되고 복합적이며 통합적인 정체성으로 변화하게 된다. 즉 강력한 민족주의와 보호주의의 깃발 아래 국가주도의 산업화 전략을 추구하던 시기에 존재했던 폐쇄적이고 단일적인 정체성 구조가 다른 문화를 쉽게 포용할 수 있는 개방적이고 복합적인 정체성 구조로 대체되는 것이다.

대한민국이 선진문화를 이루어 문화선진국이 되려면 문화민주주의가 실현되어야 한다. 이제는 소수만을 위한 문화예술의 시대는 끝나고 있다. 모든 사람이 고품격의 문화예술에 대하여 평등한 접근권(接近權)을 가질 수 있어야 한다. 소득수준이나 거주지역에 관계없이 수준 높은 문화와 예술을 감상할 수 있는 기회가 보장되어야 한다. 고품격, 고품질의 문화예술에 대한 접근권과 향유권에서 사회계층이나 지역에 따라 큰 편차가 있어서는 안 된다. 그리고 희망하는 국민들은 문화예술의 감상뿐 아니라 나름의 창작활동에도 참여할 수 있어야 한다.

우리 가슴속 밑바닥에 흐르는 자랑스러운 창조적 기량과 상상력, 불가능을 가능하게 만드는 한국인의 투철한 도전정신은 우리가 하고자 한다면 못할 것이 없다는 조국의 미래상을 보여 주는 힘이다. 우리 것을 사랑하고 더욱 발전시키는 가운데 세계적인 예술화 · 문화화를 위해 준비한다면 김구 선생이 원하는 아름다운 문화강국 코리아를 건설하게 될 것이다.

문화예술 선진국이란 단순히 문화산업의 강국이 아니라, 삶의 양식으로서 세계인의 모델이 될 수 있는 문화를 가진 나라를 의미한다. 즉 미래의 삶의

215) 박기덕 편, 대한민국의 국가전략 2020(정치 · 사회)(세종연구소, 2005), p. 14.

방식과 관련하여 우리가 다른 나라의 감동의 대상이 되는 나라가 된다는 것을 의미한다.

이를 구현하기 위해서는 문화민주주의의 실현과 국민 삶의 문화예술화가 필요하고, 문화와 산업, 문화와 경제의 선진적 결합을 시켜야 한다. 대한민국은 한반도를 중심으로 하는 21세기 아시아문화공동체의 형성을 선도해나가면서 세계문화의 한 축을 담당할 수 있도록 노력해야 할 것이다.

대한민국이 문화예술 선진일류국가로 우뚝 서기 위해서는 문화예술인을 존경하는 풍토가 조성되어야 한다. 그리고 문화와 예술을 즐기고 보편적인 지혜와 정보화시대의 새로운 지식탐구를 위해 책을 읽는 한국인이 늘어나야 한다.[216] 생활전반에서 문화적 측면의 배려가 중요하며, 국가정책의 문화화가 필요하다. 이를 위해 국가전략의 수립과 추진과정에서 문화를 우선적으로 배려하는 풍토가 조성되어야 한다.

(2) 민족혼 및 민족문화 창달

세계화시대에는 우선 우리 스스로의 정체성이 확립되어야 한다. 따라서 민족혼과 민족문화의 전통을 계승하면서 세계화 시대정신을 아우르는 방향으로 이를 발전시켜야 한다. 우리 사회 내부에서부터 서로의 입장을 존중하고 합의를 도출해 나가는 공존의 문화 창출 노력이 필요하다. 즉 문화적인 면에서 국민의 공동체의식을 함양하여 국민의 일체감과 동질성을 갖는 문화를 계승 발전시키는 노력이 요구된다. 대한민국의 문화가 올바로 정립되지 않으면 이질문화에 쉽게 동화되거나 사상적 혼란에 빠져 주체성을 상실하게 될 것이다.

대한민국 헌법 제9조는 "국가는 전통문화의 계승·발전과 민족문화 창달에 노력하여야 한다"고 명시하고 있다. 이 중 '민족문화창달'은 목표에서, '전

216) 한국인의 책 외면 현상은 '책의 사망'이라는 말이 나올 정도로 심각하다. 대학생 대상 인터넷 신문 미디어캠퍼스가 최근 전국의 대학생을 상대로 조사한 것에 따르면 대학생 10명 가운데 1명은 1년 동안 단 1권의 책(전공서적과 잡지를 제외)도 안 읽은 것으로 나타났다. 국민전체를 대상으로 한 독서실태도 이보다 나을 것이 없다. 통계청의 최근발표에 따르면 국민 10명 중 9명은 하루 책 읽는 시간이 10분도 되지 않는다. 이는 영화, TV관람, 인터넷게임 등에 하루 평균 5시간 22분을 쏟는 것에 비해 턱없이 낮은 수치이다. 문화체육관광부와 한국출판연구소가 과거 10년 동안 조사한 국민실태조사에 의하면 우리나라 성인 중 23.7%가 한 해 책 1권도 읽지 않았으며, 1인당 한 해 독서량은 11권으로 월 평균 1권을 넘지 못하였다.

통문화의 계승·발전'은 기조에서 기술할 것이다.

우리 민족은 중국의 큰 문화권에 근접해 있으면서도 독자적이고 찬란한 민족문화를 발전시켜 왔다. 한국인은 문화와 예술에 뛰어난 감각을 갖고 있다. 한민족의 피에는 문화와 예술의 DNA가 흐르는 것 같다. 동맹·연고·무천 같은 고대의 제천 의식에서는 춤추고 노래하는 것이 제사이고 축제였다. 마을의 당제나 별신굿·대동굿 같은 행사에도 노래와 춤이 없으면 아무것도 안 될 정도다. 한국인에게 음악이 없는 삶은 상상도 할 수 없다. 왕실에서는 일찍이 신라 때부터 전문 악사를 두었다. 지방 관아에도 악제가 있었다. 한글, 고려청자, 금속활자, 거북선, 한국의 전통가옥 등 문화유산으로 말하자면 우리는 엄청난 것을 상속받은 부자라 할 수 있다.

우리는 반만년 동안을 같은 언어, 같은 전통과 관습을 가지고 살아 왔다. 정치문화도 일반문화와 같은 틀 속에서 동질적 문화공동체 속에서 살아 왔다. 그러나 분단 이후 자유민주주의 정치문화와 사회주의 정치문화 속에서 이념과 사상체계가 이질화되었다. 이렇게 이질화된 문화를 극복하고 동질화를 이루는 것이 문화적 개념의 통일이다. 남북이 함께 민족혼을 바탕으로 한 새로운 문화 창조를 해나가야 한다. 통일시대에 대비해서 우리는 '한민족 공동체 문화' 발전을 위해 남북한의 문화를 발전적으로 통합하는 노력이 필요하다. 그리고 우리 선조의 문화를 복원하고, 문화적인 긍지를 국민들에게 심어줄 수 있는 문화정책의 설계가 필요하다.

분단 이후 남북한 양측에서 독자적 발전을 추구해 온 문화를 하나로 통합하기 위해서는 우선 양측 문화의 정확한 실태파악이 요구된다. 언어의 이질화, 사회제도와 관습 등의 차이점을 먼저 인식하고 해결방안을 모색해야 한다. 남북한은 그동안 상당한 문화적인 격변기를 경험하였다. 남한에서는 산업화의 과정 속에서 전통문화가 많이 파괴되고 서구문화의 영향을 받아 생활문화나 의식구조에 많은 변화를 초래하였다. 북한은 전통문화를 의도적으로 단절시켰다. 전통문화는 봉건적 잔재로서 새로운 공산주의 사회건설에 장애요소가 된다고 판단하여 이를 철저히 배제하고, 그 위에 주체사상, 계급의식과 혁명성을 채색하였다. 따라서 통일 이후 문화적인 충격을 줄이고 사회통합을 위해서는 이질적으로 형성된 문화를 서로의 교류를 통해 공통분모화할 수 있는 방안이 필요하다.

지식정보화 시대에는 안보국가, 번영국가일 뿐만 아니라 지식국가, 문화국가라야 생존하면서 통일과 세계의 역사를 주도할 수 있을 것이다. 따라서 우리는 안보와 번영의 무대와 함께 지식과 문화의 무대에도 통합적인 그물망을 쳐야 할 것이다. 우리는 전통적 가치에 뿌리내린 민족혼과 우수한 민족문화를 바탕으로 세계 선진문화를 융합·발전시키면서 도약할 때 진정한 문화 선진국가가 될 수 있을 것이다.

문화적 정통성 유지는 통일의 근본적인 기초 확립 작업이라는 인식을 바탕으로 문화통일 노력을 강화할 필요가 있다. 세계 속으로 웅비하기 위한 통일한국의 지향목표를 생각할 때, 군사·정치 강국으로서 대외적으로 웅비하려는 전략선택도 중요하지만 문화강국으로 웅비하려는 전략선택도 동시에 고려되어야 할 것이다. 즉 우리의 지정학적인 위치와 주변국의 상대적 위상을 고려하여 민족공동체로서의 행복과 삶의 질의 향상을 통해 세계 속으로 웅비하여 인류역사에 기여하는 문화대국을 지향하는 것도 현실적이고 바람직한 목표라고 할 것이다.

남북관계의 진전과 통일은 쌍방의 공동이익뿐 아니라 동북아와 세계의 평화와 번영에 이바지하여야 한다. 안으로는 우리 민족의 우수한 전통문화를 계승 발전해야 할 것이다. 이를 위해서는 이질화된 문화통합의 방안이 모색되어야 한다. 그중 제일 중요한 것이 언어의 이질화를 극복하는 것이다. 그리고 사회제도와 관습의 격차를 좁혀나가야 한다. 우리 민족의 문화적 정체성을 확립하고 새로운 문화를 창조하기 위해서는 전통문화유산을 발전시킴으로써 문화적 단절을 극복해야 하며, 이를 통해 통일 후 급변하는 사회의 제반 문제를 문화적으로 해결할 수 있을 것이다. 우리는 가부장적 권위주의, 비합리적 획일주의, 맹목적 집단주의와 이기적 개인주의를 극복해야 한다. 밖으로는 열린 민족주의 또는 보편적 세대주의를 지향하면서 문화적 편견을 극복하고 세계 문화사적 추세를 반영하여야 한다.

2. 문화전략의 추진기조

(1) 전통문화의 강점 계승 · 발전

우리가 살아가고 있는 시대는 정보화시대이면서 세계화시대이다. 이 시대에는 삶의 질을 중시하고 문화와 정보를 가치 있게 여기며 문화적 감각이 풍부한 개성 있는 인간을 요구한다. 그리고 생활공간의 지구화 추세가 심화되고, 세계적 문화양식이 유입될 것이다. 또한 정보화·세계화로 인하여 '민족원형(民族原型)'의 표현에 보편성이 요구됨에 따라 국제적 공존사회에서 국제환경과 한국인의 원형을 조화시켜야 할 필요성이 대두된다.

우리는 세계적인 보편문화를 수용하면서도 우리 민족 고유의 전통문화를 창조적으로 계승하고 발전시켜 나가야 할 것이다. 즉 민족문화와 세계문화가 융합되어 승화발전하는 창조적 문화국가가 되어야 한다. 민족의 정체성과 문화적인 선진성을 동시에 유지할 수 있도록 함으로써 궁극적으로는 삶의 질을 향상시키는 데 기여하여야 한다.

세계화·지식정보화 시대에는 문화적 감각이 풍부한 개성 있는 인간을 요구한다. 특히 국가간의 문화교류가 빈번해지고 문화가 다양화되고, 현대화될수록 우리 민족의 문화적 정체성을 확립하고 이를 바탕으로 새로운 문화를 창조하기 위한 노력이 필요하다.[217] 따라서 우리는 한민족 고유의 전통과 문화를 바탕으로 세계표준화 및 현대화 사업을 지속적으로 추진하면서 세계문화의 보편성을 창출해 나갈 수 있도록 과학적이고 체계적으로 관리해 나가야 할 것이다.

어느 국가든지 민족문화가 살아 있는 나라가 선진국이 된다. 스스로에 자부심이 없이 어떻게 남을 이끌어 가겠는가. 백범 김구 선생님이 가장 갖고 싶었던 것이 군사력이 아니라 바로 문화의 힘 아닌가.[218] 선생의 소원은 일제강점기에는 오로지 대한독립이었고, 분단 이후에는 세계에서 가장 아름답고 높은 수준의 문화를 가진 자유민주주의 통일 조국 건설이었다. 선생의 정신은 지금도 우리 가슴에 살아 21세기 문화강국, 세계에서 가장 아름다운 통일조국

---

217) 역사학자 에릭 홉스봄(Eric Hobsbawm)은 "전통은 만드는 것"이라고 했다. 그러나 기존의 전통을 바탕으로 새로운 전통을 만드는 것이지 완벽한 공백으로부터 철저하게 새로운 질서를 창조해 낼 수는 없다.

218) "나는 우리나라가 세계에서 가장 아름다운 나라가 되기를 원한다. 문화의 힘은 우리 자신을 행복하게 하고 나아가서 남에게 행복을 주었기 때문이다. 나는 우리나라가 높고 새로운 문화의 근원이 되고 모범이 되기를 원한다. 그래서 진정한 세계의 평화가 우리나라로 말미암아 실현되기를 원한다." 백범 김구 선생의 '나의 소원'중 일부이다. 이와 같이 김구 선생이 바라는 문화는 남을 모방하는 문화가 아니라 자주성을 가진 창조적 문화였다. 우리나라가 높은 수준의 창조적 문화국가가 되어 세계 평화가 우리나라로 말미암아 실현될 것을 소원한 것이다.

의 비전을 기원하고 있다. 전통은 한국문화의 에너지다. 민족문화의 원형 찾기는 지속적으로 추진되어야 한다.

대한민국은 우리 조상 대대로 이어 온 전통문화와 민족의 상징인 태극기·애국가 그리고 무궁화를 사용함으로써 민족의 정통성을 유지해 가고 있다. 국가가 아무리 정통성을 가지고 있더라도 나라를 지키지 못하면 정통성을 유지할 수 없다. 조선은 우리 민족의 정통성을 계승해 500여 년을 존속했다. 그러나 힘이 절대 부족했던 대한제국은 1910년 한일합방으로 일본의 식민지가 되면서 나라의 정통성은 무참히 무너지고 창씨개명(創氏改名)까지 당하는 아픔을 겪었다.[219)]

한민족의 문화적 바탕은 풍부하고 다양하다. 우리 장단의 풍부함이나 기운은 록보다 훨씬 더하다. 요즘 유행하는 비보이는 남사당 살판이 원조다. 요즘 최고의 문화상품은 대부분 민족문화에서 나온다. 삼바, 탱고, 레게, 재즈, 힙합 등이 다른 민족의 고유문화에서 발전되었다. 우리도 우리 것에서 세계적 문화상품을 만들어야 한다. 요즘 세계 대중문화의 기반은 흑인문화, 흑인기질이다. 서양 클래식이 하향곡선을 그리는 게 다 흑백의 문화싸움에서 흑이 이기고 있는 것이다. 이제 곧 우리 차례가 온다. 리듬 싸움에서 대한민국이 아시아 최고다. 중국, 일본, 몽고 어디에도 이런 신명나는 리듬은 없다. 일례로 신화·전설은 문화산업의 원천이다. 영화 '반지의 제왕'이나 '해리포터'의 밑바탕도 북유럽 신화이다.

상고시대 이래 우리 민족은 술을 좋아하고 '가무(歌舞)'에 능했다. 유목민족의 신바람기질은 농경정착 문화로 바뀌면서 해마다 가을 추수가 끝나면 질펀한 축제문화를 만들어 냈다. 세계 어디를 돌아봐도 우리처럼 술과 노래를 좋아하고 잘하는 민족도 드물다. 일본에서 들어온 가라오케문화는 지난 수 십년간 우리 사회의 놀이패턴을 바꿔버렸다. 한바탕 노래를 부르면 마음속 장막이 걷히면서 자신을 솔직하게 드러내고 재담과 유머를 발휘하며 흥겨움에 빠져든다. '신바람'으로 대별되는 한국인의 풍류, 가무 기질이 바로 우리 문화의 원동력이다.[220)]

219) 정통성 수호는 우리 민족에게 있어 통일된 국가 건설과 민족사의 계승발전이라는 차원에서 매우 중요하다. 우리 민족의 전통 문화를 계승·발전시키며 풍요롭고 자유·평화·평등·복지가 보장되는 대한민국을 튼튼히 지키는 것 자체가 정통성을 수호해 가는 길이다.

220) 서울대학교 이면우 교수는 한국인에게 신바람 정신이 발동하면 돈으로는 따질 수 없는 시

지식정보화 시대에는 지식 특히 문화는 우리 고유의 자산이다. 전통문화의 특성을 감안하면서 우리는 차세대 성장동력으로서 문화산업을 집중 육성할 필요가 있다. 즉 게임, 애니메이션, 캐릭터, 영화, 음악, 방송영상 등에서 세계적 수준의 산업을 육성하기 위하여 노력을 기울인다면 상당한 효과를 기대할 수 있을 것이다. 더불어 우리 선조들의 시조, 소설, 시 등의 번역작업을 활성화하여 세계에 널리 보급하고, 문학 분야의 창작 및 개발역량을 획기적으로 개선하여 콘텐츠를 개발한다면 문화산업의 육성에 큰 기여를 할 수 있을 것으로 기대된다.

삶의 문화예술화에서 중요한 과제 중 하나는 지방문화(地方文化)의 다양성을 발전시키는 것이다. 문화예술은 기본적으로 개성과 창의성이 생명이기 때문에 지역성의 독특함을 유지하고 발전시키는 것이 중요하다. 생활과 삶의 현장인 지역의 역사와 전통과 현실에 뿌리를 둔 지방문화를 적극 보호하고 육성하여야 한다. 그리하여 지역에 사는 주민의 삶 속에 자연스럽게 체화시켜 나가면서 지방 나름의 독특함과 다양성으로 발전시키는 것이 중요하다.

전통문화산업을 계승 발전시키기 위해서는 다른 미래 산업기술과 마찬가지로 전문인력을 육성해야 한다. 그리고 전통문화에 바탕을 둔 게임, 애니메이션, 방송영상 등 유망분야의 전문인력을 집중육성하기 위해서는 대학과 대학원 정규과정에서 전통문화분야의 전문인력을 양성할 수 있도록 하여야 한다.

(2) 외래문화의 선별 도입 · 활용

세계화 · 지식정보화는 범세계적으로 이질적인 문명권간의 접촉을 가속화시킴으로써 문화갈등(文化葛藤)과 문명충돌(文明衝突)을 증가시킨다. 21세기에는 세계화시대에 맞는 보편적 가치를 정립하는 것이 인류사회 공동의 숙제가 되고 있다.

세계화시대의 문화는 불가피하게 다원화되고, 이질화될 수밖에 없기 때문에 이 과정에서 전통문화와 민족문화는 상당 부분 약화되고 다양한 방향으로 문화접변을 겪기에 이른다. 그러므로 외국문화에 대해 우리가 어느 정도의 개방성과 포용성, 그리고 관용성을 가질 수 있느냐가 우리의 발전 잠재력과 외

너지가 넘쳐난다는 것을 「W이론을 만들자」에서 주장했다.

부와의 공존 가능성을 결정하는 중요한 요소가 될 것이다.[221]

개방의 물결 속에서 긍정적인 효과를 극대화하고 지속시키기 위해서는 산업구조의 고도화와 함께 사회문화적 세계화가 병행되어야 한다. 사회문화적 세계화의 요체는 소프트파워 업그레이드다.[222]

역사적 특수성에서 배태된 대한민국의 문화적·사회적 주체성은 민족주의적 성향을 강화시키는 방향으로 작용했다. 이 같은 민족주의와 남북대치, 그리고 고속성장과정에서 고착된 국가주의는 외국의 눈에 국수주의(國粹主義) 또는 배타주의로 비춰지기도 하는데, 결국 민족적 정체성을 유지하면서 보편적 가치를 수용하고 문명의 조화를 이루는 것이 필요하다. 다른 문화의 차이와 다양성을 존중하고 인정하는 문화적 다원주의의 수용은 문명충돌로 생기는 갈등을 줄이고 문화적 풍요로움을 높이는 방안이 된다. 외국어의 활용능력을 키워 외국문화에 대한 감수성을 높이는 것은 일차적으로 문화적 다원성을 실현하는 길이다. 이와 아울러 외국의 상품, 기술, 인력, 문화가 보다 자유롭게 진출할 수 있도록 장벽을 제거해 주고, 외국과의 다양한 교류를 가능하게 하는 프로그램을 개발해야 할 것이다. 타 문화에 대한 이해는 결국 우리 자신을 보다 잘 이해하는 길이며, 지금까지 의식하지 못했던 자신의 문화의 구속과 억압 그리고 모순들을 인식하는 계기가 될 수도 있다.

우리는 여기에서 만족하지 말고 세계문화표준을 도입하고 모방해야 한다. 즉 대대적인 문화개방을 하여야 한다. 특히 동북아시아권을 뛰어넘어 세계 각국으로부터 해외문화를 적극적으로 수입하고 모방하여야 한다. 다른 지역의 문화를 잘 모방하는 능력을 가져야 자기 문화를 창조적으로 계승하고 발전시킬 수 있다. 사실상 모방 없는 창조는 쉽지 않기 때문이다.

(3) 세계 퓨전 문화 창조

세계화·지식정보화는 이제 더 이상 선택이 아닌 대세로 받아들여지고

---

221) 새뮤얼 헌팅턴의 「문명의 충돌」을 보면 너무 지나치게 충돌을 강조하는 바람에 서로 다른 문명이 만나면 어느 한쪽이 굴복해야 한다고 생각한다. 하지만 비슷한 시기에 나온 「문명의 화해」란 책에서는 문명은 충돌해서 먹어치우는 것이 아니라 문명과 문명이 만나 새로운 문명을 창조하는 것이라고 가르친다.

222) 소프트파워(Soft Power)란 국제정치학자 조지프 나이(Joseph S. Nye Jr.) 박사가 창안한 말인데, 다른 나라 사람의 마음을 사로잡는 매력을 의미한다. 주로 교육·학문·예술 등 문화에서 나오는 힘이다.

있다. 장벽을 걷어내고 다른 문명과 교류하지 않는 나라는 더 이상 발전할 수 없는 시대다. 세계화의 물결과 함께 우리나라도 본격적으로 다문화 국가로 진입하고 있다. 시골에서는 초등학교 입학생의 절반 가까이가 동남아 등에서 시집 온 엄마를 두고 있을 정도다. 서울의 길거리나 웬만한 식당에만 가도 피부와 눈빛과 말씨가 다른 외국인 노동자와 마주치게 된다. 급격하게 진행되는 다문화 사회에 살고 있는 우리는 다른 문화와 관습에 관대해야 한다. 또 한국사회라는 용광로에 많은 문화와 문명을 녹이고 통합할 수 있어야 한다.

즉 우리 문화를 세계화라는 측면에서 바라보며 융합하는 노력을 강화해 나가야 할 것이다. 우리의 목소리와 시선으로 사회 및 문화현상을 바라보고 그것을 담론화해 국경을 넘어서는 본격적인 토론을 해보아야 한다.

대중문화의 한류는 일시적인 현상일 수 있다. 그러나 한류는 이제 동아시아를 넘어 세계적인 현상이 되고 있다. 우리의 대중문화가 인간이 가지고 있는 감성의 코드를 건드리고 있기 때문이다. 거기다 코드를 전달하는 방법이 상당한 수준에 도달했기 때문에 한류가 가능한 것이다. 한마디로 콘텐츠 기술이 결합했기 때문에 한류는 성공한 것으로 보인다.

우리는 대중문화의 한류에 이어 프랑스가 추진했던 '지식의 불류'223)와 같은 '지식의 한류'도 추진해야 할 것이다. 지식의 경쟁력은 다양성에서 나오고, 그 다양성은 학문의 자생력에서 나오는 법인데 요즘은 자생적인 학문에 대한 토론조차 주목을 받지 못하고 있는 실정이다. 지식의 다양성과 자생성(自生性)을 확보하기 위해 먼저 우리 학문이 가져야 할 보편성과 특수성에 대해 진지하게 고민하는 지식사회의 자기성찰이 요구된다. 그리고 지식이 단순상품이 아니라는 점에서 대학과 정부의 과감한 지원이 이루어져야 할 것이다. 제도적인 기반을 튼튼히 할 때 지식과 담론은 더욱 풍성해지고 발전할 수 있다. 우리는 세종시대에 세계적인 문화를 꽃피웠고, 율곡과 퇴계를 배출한 민족이다.

우리나라처럼 부존자원이 부족하고 인적 자원이 풍부한 나라일수록 창조산업으로 일컬어지는 디자인은 미래의 가장 매력적인 수출산업이 될 것이다. 우리 가전・정보기술(IT) 제품을 수출시장의 일류상품으로 만들어 준 일등공

223) 우리에게 대중문화의 한류가 있다면, 프랑스에는 '푸코나데리다' 또는 '부르디외'로 대표되는 지식의 '불류'가 있다. 프랑스 지식사회는 미국주도의 학문에 맞서 독자적인 방법론과 이론을 제기해 왔으며, 철학, 사상과 문화 분야 등에서 세계 지식사회에 많은 영향을 주고 있다.

신은 디자인이라고 해도 과언이 아니다. 우리가 국민소득 4만불 시대를 넘어 선진일류국가에 진입하려면 디자인 등 소프트산업 부흥을 통해 세계적 국가로 도약할 수 있는 원동력을 만들어 가야 한다. 우리의 전통예술과 디자인 기술에 세계첨단의 IT기술과 컴퓨터 그래픽을 퓨전하여 디자인의 새로운 영역을 개척해야 한다. 디자인강국으로 우뚝 서려면 기업, 대학 등 민간부문의 노력도 중요하지만 이탈리아와 프랑스처럼 정부의 강력한 지원이 필요할 것이다.

문화산업의 가치창조는 문화예술인의 개인적 창의력에 크게 의존한다. 그런데 문화예술인의 창의력은 복제할 수도 대량 생산할 수도 없다. 우리의 전통문화에 이국(異國)의 문화를 발전적으로 통합하여 세계 보편문화를 창출하는 개성적이고 창의적인 문화예술인이 많이 나올 수 있는 사회적 여건을 만들어 주는 것 외에는 다른 방법이 없다.[224)]

이를 위해 우리의 의식 속에 깊숙이 자리 잡고 있는 문화적 편견과 폐쇄성을 개선해야 한다. 우리나라가 한류를 더욱 발전시켜 지속적으로 세계의 퓨전문화를 창출하여 세계의 보편문화를 만들어 내는 데 크게 기여할 수 있어야 한다. 그래야 진정한 문화 선진국이 될 수 있다.

(4) 한류를 통한 문화수출 활성화

지식정보화시대 세계문화를 좌우하는 핵심 아이콘 중 하나가 대중문화(大衆文化)다. 시・공간을 초월해 수많은 사람들이 공유하는 영화・음악・드라마는 그 자체가 하나의 산업이자 국가 이미지를 좌우하는 관건이 되기도 한다. 구한말 우리 문화를 처음 접한 외국인들의 반응은 부정적 비평 일색이었다. 에른스트 오페르트는 우리나라의 국악에 대해 '사람의 뇌수를 마비시키고 정신을 혼미하게 하는 끔찍한 음악'이라고 비아냥거렸으며, 심지어 우리 문화는 보잘 것 없다는 악평을 서슴지 않는 학자들도 많았다. 그로부터 100년이 지난

224) 대량생산, 대량소비의 20세기 산업화 시대에는 근면한 모범생이 각광을 받았다. 그러나 21세기 정보화시대에는 창조적이고 문화・예술적 감각이 발달한 괴짜들이 각광을 받는다.「창조적 변화를 주도하는 사람들」을 쓴 리처드 플로리다(Richard Florida)는 "향후 이윤창출의 엔진은 창조성과 예술적 능력"이라고 말했다.「소유의 종말」의 저자 제러미 리프킨(Jeremy Rifkin)도 "산업생산 시대가 가고 문화생산 시대가 오면서 '개미 멘탈리티'보다 '베짱이 마인드'가 대접받게 됐다"고 주장했다. 몽상가 내지 혁명가에 가까운 창조적 비전을 가진 사람들, 우리말로 괴짜나 엽기적인 사람이라고 해야 할 '기크(Geek)'들이 환영받는 시대가 왔고, 한류는 바로 이런 이들이 주도하고 있다.

오늘날 사정은 완전히 달라졌다. 영화・드라마・가요・대중공연 등 대중문화 전 분야에서 대한민국의 약진은 눈부시다. 아시아를 넘어서 세계로 번지고 있는 한류는 우리의 문화 창조력과 지적 우수성을 증명하는 우리 모두의 자랑이다.[225)]

한류의 열풍이 불면서 대한민국이 아시아 대중문화의 중심지가 됐다. 청소년의 꿈이나 우상은 이미 판・검사, 장관, 교수 등이 아니라 대중 스타로 넘어간 지 오래다.[226)] '한류(韓流)'가 뜨는 가장 큰 이유는 우리의 전통문화에 지난 백여 년간 격동의 시대를 살아온 한국인의 풍부한 체험과 정서가 잘 어우러져 아시아인의 마음을 움직였기 때문일 것이다. 대한민국은 분단의 비극적 상황에서 경제발전과 민주화에 이어 세계화까지 성취하며 훨씬 다양한 체험을 했다. 여기에 대한민국의 전통문화인 훈훈한 가족주의를 기반으로 한 '정(情)문화'와 경제발전을 토대로 이뤄진 동양적 세련됨 및 화려함 등이 어우러지면서 아시아인의 공감대를 형성했을 것이다. 그리고 한류에서 빼놓을 수 없는 것이 한국인 특유의 '신바람'과 '풍류(風流)기질'이다. 원래 우리에게는 특유의 '끼'가 있다. 감성적이랄까 열정적이랄까 한국인은 대륙문화와 해양문화가 겸비된 반도에 위치한 덕에 다양한 색깔과 개성을 지니고 있다.

지난 10년 사이 우리 사회에서 가장 크게 성공한 분야를 꼽는다면 한국영화를 첫머리에 둘 만하다. 누구도 돌보지 않는 곳에서 지독한 의지로 경쟁력을 키웠으며 성공신화의 주인공으로서 이 시대의 문화를 리드하고 있다.[227)]

한국영화의 변화를 증명하는 것은 흥행규모만이 아니었다. '취화선'의 임권택 감독은 칸느영화제에서 감독상을 받았고, '오아시스'를 연출한 이창동 감

---

225) 서구 문화에 한반도에서 생성된 맛과 멋을 가미한 게 한류다. 그래서 한류의 문명적 성분은 짭짤한 해양문화에 더 가깝고, 할리우드에 비해 훨씬 맛깔스러운 감정을 함유하고 있다. 한류는 민주와 자유라는 가치를 바탕으로 하고, 그 속에 우리의 체험과 정감을 섞어 만든 물건이다. 나이키와 코카콜라로 상징되는 서구 문명의 본류 속에서도 한류는 살아 숨 쉰다. 미국식 정신이 만들어 낸 거대한 흐름 속에 한반도적 특수성이 빛을 발하고 있는 것이다.

226) '뉴욕타임스'는 대한민국이 이처럼 매력적인 나라가 된 것은 대한민국이 서양과 동양의 가교역할을 잘하고 있기 때문이라고 분석했다.

227) 최근 10여년 사이 한국영화의 기세는 놀라움의 연속이다. 전국 규모의 흥행에서 '쉬리'가 600만여 명의 관객을 불러 모으며 흥행신기록을 세우더니 '공동경비구역 JSA'는 그 기록을 보란 듯이 뛰어넘었고, '친구'는 또 다른 기록을 세우며 돌풍을 일으켰다. 더 이상 새로운 기록이 나오기는 어려울 것이라는 자만 섞인 감동이 채 가라앉기도 전에 '실미도, 태극기 휘날리며, 왕의 남자, 괴물'이 1000만 관객 돌파라는 금자탑을 세웠다.

독은 베니스 영화제에서 역시 감독상을 받았다. 실험적인 저예산 영화를 주로 만들고 있는 김기덕 감독은 베니스와 베를린 영화제에서 감독상을 휩쓸 듯 받았고, 박찬욱 감독은 '올드보이'로 칸 영화제 심사위원 대상을 받았다.

이 같은 한국 문화의 확산은 대중문화 분야에 한정되지 않는다.228) 비빔밥 등 우리 음식도 건강식으로 각광받으며 미국·일본·중국에서 점차 좋은 반응을 얻고 있고 찜질방 등 목욕문화도 국경을 넘어 외국으로 진출 중이다.

한류의 물결이 확산되면서 음식, 관광, 게임, 패션분야에서도 한국적인 것이 각광을 받고 있다. '메이드 인 코리아'의 브랜드 파워가 커지고 있다. 잘 만든 드라마 한 편은 한국 외교관 수백 명이 활약하는 것보다 훨씬 더 큰 효과를 낳고 있다.229)

한류가 곧 끝날 것이라는 우려에도 불구하고 한류는 오히려 서서히 확산되고 있다. 드라마·영화에서 시작된 한류가 게임·패션·음식·관광 등으로 퍼져가고 있다. 한류의 지속적 확산을 위한 지역별 장기전략을 수립해야 한다. 미국과 유럽 등 전략지역에서는 대한민국을 알리기 위한 문화행사 개최, 중남미·중동 잠재지역에서는 파급효과가 큰 대중문화 확대 보급, 중국·동남아 등 확산지역에서는 한국 상품 판촉행사 등을 펼쳐야 할 것이다. 그리고 한국의 시, 소설 등 우수한 문학작품에 대한 번역작업을 활발히 펼쳐 세계로 수출해야 한다. 전통음악을 포함한 음악, 미술 등의 해외진출도 적극적으로 지원해야 한다.

한국인들은 타고난 감성의 소유자들이기 때문에 소프트산업이 활짝 꽃을 피울 수 있는 것이다. 그동안 세계에서 호평 받았던 한국의 온라인게임이나 한류도 따지고 보면 한국적인 소프트산업의 가능성을 보여준 하나의 사례이다. 정부가 규제를 완화하고 정책적으로 지원해 준다면 문화·디자인·패션·

228) 한류 자체가 새로운 단계로 접어들었다고 해석하는 사람도 많다. '겨울연가'로 대표되는 '특정 드라마나 몇몇 연예인 중심'에서 시간이 흐를수록 '대한민국, 한국어, 한국문화' 등으로 일본인의 관심분야가 다양해지고 있다. 일본 공영방송인 NHK의 한글강좌 '안녕하십니까' 교재 판매 추이를 살펴보면 이 같은 흐름을 가늠해볼 수 있다. 한류붐이 일기 전 이 교재는 수천부도 팔리지 않았으나 한류 인기가 고조됐을 때는 20만부를 가볍게 넘었다.

229) 한국무역협회 무역연구소는 '한류의 경제적 효과 분석' 보고서를 통해 2004년 중국, 일본, 홍콩, 대만, 태국 등 5개국을 대상으로 조사한 결과, 한류 효과로 벌어들인 외화는 총 18억7천만불이었다고 한다. 그리고 이로 인해 국내에서 발생한 부가가치 총액은 1조4천339억 원으로 집계됐다.

광고·엔터테인먼트 등 소프트산업에서 글로벌 경쟁력을 갖춘 히트작이 연달아 쏟아질 것이다. 우리나라는 소프트산업에 적합한 국민기질, 역사와 전통을 바탕으로 한 고유의 문화원형 등 경쟁력 있는 소프트 자원을 가지고 있으므로 소프트산업은 성공 가능성이 높은 분야이다.

고용 없는 성장이 심화되는 요즈음 한국경제의 최대 과제는 양질의 좋은 일자리를 많이 만들어 내는 것이다. 이러한 과제를 해결할 수 있는 대안 중 하나는 바로 소프트산업이다. 대한민국의 토양과 국민 기질에 맞는 문화산업, 디자인산업 등 감성과 문화를 기반으로 한 소프트산업을 발전시킨다면 많은 일자리를 창출할 수 있을 것이다.

세계화시대에 사회가 점점 다문화, 다인종 사회로 변모하는 상황에서 혈통 민족주의에 입각해 한국인의 정체성을 규정한 것은 무의미할 뿐 아니라 위험하다. 우리도 이제는 脫민족주의 사고를 포용해야 한다. 한국문화를 우리 밖으로 전파, 확산시키는 한류 역시 우리의 확대 과정, 곧 타자를 친구로 만드는 과정이다. 이에 반해 민족우선주의는 타자를 친구가 아닌 적으로 설정하는 인식체계이기 때문에 한류를 민족주의적 사고방식으로 이해하는 것은 궁극적으로 한류의 종말을 야기할 수 있을 것이다. 한류의 역사적 의미는 우리가 역사상 처음으로 동아시아에서 문화적 소통의 주도권을 가졌다는 점이다. 한류의 세계화가 오랫동안 빛을 발하기 위해서는 민족적 정체성에 세계의 문화와 지역의 문화를 포용해야 한다.

(5) 자랑스럽고 즐겁고 보람된 한국인상 정립

세계에서 노동시간이 가장 긴 한국인은 제대로 쉴 줄도 놀 줄도 알아야 한다. 그래야 심신이 평화롭고 행복을 느낀다. 마음속에서 선의와 배려심이 나온다. 놀랍게도 한국인에게는 '노세 노세 젊어서 노세'를 외치며 풍류 가무를 즐기는 '베짱이기질'이 있다. 이 기질을 잘 살리면 휴식과 기쁨과 행복, 선의와 활력을 찾을 수 있다.

요즘 세계는 '행복' 열풍이다. 하버드 대학에서는 '행복학' 강의가 최고 인기강좌로 떠올랐으며, 경제계에서는 사람을 행복하게 만드는 과학적 연구 성과를 마케팅에 도입한 '행복 마케팅'이 급부상하고 있다. 심리학, 의학, 사회학 분야에서도 다양한 조사와 실험을 통해 행복의 이론적 근거를 밝히려 하고 있다. 실험결과에 따르면 '행복'은 우리가 일반적으로 알고 있는 것들과 상당한 차이를 보이고 있다. 행복은 멀고 추상적인 것이 아니라 악기 연주나 자전거 타기처럼 배울 수 있는 기술이며 실제로 측정 가능하다는 것이다. 왜냐하면, 행복은 습관이고 연습할수록 커지는 것이기 때문이다.

우리는 대한민국 건국 이후 60여년 동안 우리가 이루어 놓은 업적에 대해 스스로 자랑스럽게 생각해야 한다. 우리는 유사 이래 처음 맞는 경제적 풍요와 문화의 전성기를 보람을 갖고 즐겨야 한다. 영국, 캐나다, EU 등 많은 선진국들은 일찍부터 '웰빙국가(Wellbeing Nation)'를 국정목표로 삼고 포괄적이고 지속 가능한 행복정책수립에 나서고 있다.230)

우리 정부도 국민들의 행복도를 높이기 위해 다양한 노력을 해야 한다. 중앙정부와 지방 자치단체가 협의하여 문화예술축제는 전시회 등의 지방순회를 정기화하고 제도화하여 문화예술을 향유할 기회를 모든 국민에게 골고루 보장하도록 노력하여야 한다. 문화예술을 즐길 수 있는 기회의 사회적 편차를 줄이는 것도 중요하다. 특히 소득수준에 따른 문화예술 향유기회의 차이를 줄여야 한다.

이를 위하여 최소문화수준(Cultural Minimum)을 문화정책의 목표치로 만드는 것도 생각해 볼 수 있다. 모든 국민이 소비하고 생산할 문화와 예술의 최소한의 기준을 만들어 이를 전 국민이 향유하고 참여할 수 있도록 정책화하는 것이다. 이를 위하여 학교 교육과정과 성인의 각종 평생교육프로그램에 최소문화수준의 달성을 주요 교육목표 중 하나로 삽입할 수 있다. 우리 주위에 있는 모든 '공적 여유공간'을 국민의 문화예술공간으로 만들어 나가는 노력도 할 수 있을 것이다.

우리는 독서를 많이 해야 한다. 디지털 시대에 살고 있는 우리는 인터넷에 너무 의존하고 있다. 우리는 급변하는 세계를 직접체험을 통해 이해할 수 없는 시대에 살고 있으며, 독서라는 간접적인 경험을 통해 창의적인 사고력을 배양해야 하기 때문이다. 특히 독서를 통해 각종 문화산업 발전에 기여할 수도 있다.

---

230) 캐나다 정부는 막대한 돈을 투자하여 국가의 '웰빙지표(CIW : Canadian Index of Wellbeing)'를 개발하고 있다. OECD는 한 발 더 나아가 국가행복지수(GNH : Gross National Happiness)를 만들고 있다. GDP로 외형적인 발전은 측정할 수 있지만, 사회불안이나 환경 등 삶의 질의 핵심을 잡아낼 수 없기 때문이다.

한국인은 인연을 중시하고 정을 소중히 여긴다. 한국적 인간관계의 모습에서 아름다움을 찾고 즐거움을 느낀다. 따라서 한국인 고유의 정(情)문화를 살려 확산시킬 필요가 있다. 대한민국은 오래전부터 '이웃사촌'이라는 한국적 상부상조의 풍습을 통해 남남끼리 서로 가깝게 돕고 살면서 보람과 행복을 느껴왔다.

한국인의 톨레랑스는 '나보다 못한 남에게 베푸는 너그러움 또는 어려움을 나누려는 태도'라는 정서적 경향에서 출발한다. 때문에 대한민국사회의 톨레랑스는 한국적 표현으로 '정(情)'이라고 할 수 있다. 한국인은 그러한 정의 표현에서 만족과 행복을 느낀다. 따라서 우리는 정이 넘치는 사회를 만들어가야 한다.

대한민국은 민주주의를 추구하는 나라다. 우리는 가능한 전 국민이 골고루 행복하게 살 수 있는 나라를 추구한다. 이를 실현하기 위해서는 계층, 이데올로기와 국경을 넘어 국익이 더 중요하다는 데 공감대를 형성해야 한다. 이를 위해 문화를 소중히 가꾸는 지혜로운 리더십과 보람된 한국인 상으로 실행에 옮길 수 있는 능력 있는 리더십이 절실한 상황이다.

우리는 그동안 우리가 이루어놓은 성과에 대해 긍지와 자부심을 가져야 한다. 그리고 이를 향유할 여유도 갖고 즐길 수 있어야 한다. 우리 민족 특유의 신바람문화를 살려 경제위기를 슬기롭게 극복해야 하고, 이러한 동력으로 일류국가건설을 위해 매진해야 한다.

21세기는 문화의 시대, 연성국력의 시대이다. 따라서 국가전략의 하나로서 문화전략은 선진일류국가 건설이라는 국가목표 달성을 위해 집중적으로 투자되어야 하는 핵심 전략이다.

문화전략의 추진목표, 추진기조와 추진과제를 포함한 문화전략 체계도는 〈그림 7-8〉에서 보는 바와 같다.

〈그림 7-8〉 문화전략 체계도

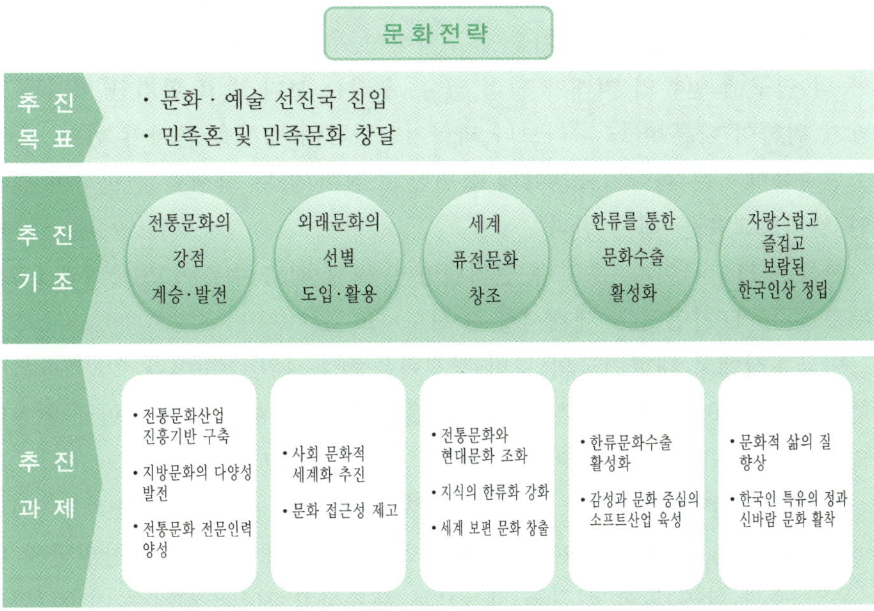

제 7 절 과학기술전략

1. 과학기술전략의 목표

(1) 첨단과학기술 강국 입지 확보

대한민국 헌법 제127조 ①항에서는 "국가는 과학기술의 혁신과 정보 및 인력의 개발을 통하여 국민경제의 발전에 노력하여야 한다"라고 명시하여 과학기술 발전에 대한 국가의 책무를 명시하고 있다.

지식정보화 사회는 독창적이고 높은 과학기술 수준, 고도의 전문적 지식과 지혜로움이 아니고는 적응하고 발전시켜 나갈 수가 없는 사회이다. 이제는 나라의 자원보다는 기술이 더욱 중요하고 기술이 산업과 경제를 선도하면서,

기술민족주의(技術民族主義)가 강조되는 시대이다. 우리도 과학기술 교육을 강화하고 여기에 집중적으로 투자하며 전문 과학기술 인력을 확보해야 한다.

21세기에는 지식정보화 기술에 추가하여 우주, 해양, 핵물리, 환경, 에너지 등의 연구에 인류의 미래가 달려 있다. 우리는 보다 밝고 활기찬 미래를 보장받기 위하여 다른 어느 나라보다 과학기술입국에 정성을 쏟아야 한다. 특히, 청소년교육에서는 과학기술분야에 특별한 소질이 있는 학생을 선발하여 실질적인 엘리트교육을 해야 한다.

한국은 IT강국이다. 초고속 인터넷망은 세계 최고 수준이고 삼성과 LG를 선두로 하는 IT기업들은 세계시장을 선도하고 있다.[231)]

미국특허에서 대한민국의 특허 경쟁력은 세계 4위 수준이다. 2007년 특허 등록 건수는 2000년 이후 85%의 성장률을 기록했다. 이처럼 대한민국 최첨단 기술의 대표적 성과는 일일이 열거하기 어려울 정도다.

2006년 7월 RAND연구소에서 발간한 '2020년 세계기술혁신보고서(The Global Technology Revolution 2020)'에서는 29개 분석 대상국 중 대한민국을 미국, 독일 등과 함께 과학 선진국 그룹으로 분류하고 지식경제지수 기준 7위로 평가한 바 있다.[232)] 우리의 과학기술 경쟁력이 지속적으로 향상되고 있는 현재 추세를 이어나가 미래에는 우리의 핵심·원천기술로 글로벌 표준을 선점하고 과학기술 강국으로 발돋움해야 할 것이다.

자원민족주의 시대는 한 때 잠깐 떠오르다가 흘러갔고, 고금에 계속되는 것은 기술민족주의이며 그것은 시대가 갈수록 더욱 강화될 것이다. 과학기술입국이라는 구호가 오랫동안 변함없이 이어져 오듯이 우리나라의 과학기술의 중요성은 아무리 강조해도 부족함이 없을 것이다. 경제의 한계상황을 극복하는데도 과학기술의 발전은 절대적인 것이지만 오늘의 국제사회에서는 과학기술 그 자체가 하나의 국력이 되는 사회이기 때문이다. 그리고 과학기술육성의 최대방책은 과학기술인력이 사회에서 존경받고 우대받게 예우하는 것이라는 점에 유의해야 한다.

---

231) 2005년 11월 중순에 열린 부산 APEC 頂上회담. 이 행사의 스타는 단연 와이브로(Wibro)서비스였다. 와이브로는 기존 유선으로 제공되는 초고속인터넷 서비스를 시간과 장소에 구애되지 않고 언제 어디서나 사용할 수 있게 하는 무선 초고속인터넷 서비스다. 와이브로는 원천기술을 우리나라가 가지고 있다.

232) 매일경제, 2006년 7월 28일.

(2) 국가 선진산업 · 기술기반 확충

대한민국은 선진국의 기술을 도입하고 압축성장한 대표적인 국가로 평가받지만 양적 경제성장의 한계, 고비용 저효율의 경제구조, 그리고 산업의 구조적 경쟁력 약화로 어려움을 겪고 있다. 우리의 기술수준은 일부분야를 제외하고는 아직도 외국기술의 응용을 통한 상품화 수준에 머물러 있고, 몇 개의 분야를 제외하고는 세계적인 원천핵심기술을 확보하지 못한 상태이다. 더구나 우리의 경제는 최근 중국 등 후발개도국의 추격을 받는 한편 첨단제품은 선진국과 경쟁해야 하는 넛크래커 상태에 놓여 있다.[233]

과학기술의 발전은 새로운 주력산업을 창출해내고 국가경쟁력의 향상을 통해 국민의 삶의 질을 개선시킨다.

지식정보화 사회에서는 획기적인 지식 · 기술혁명으로 인해 경제, 사회, 문화 등 제반분야에 많은 변화가 있을 것이다. 정보통신분야(IT), 바이오분야(BT), 나노기술분야(NT), 환경기술분야(ET, GT), 문화산업분야(CT), 신소재기술 및 신제조기술 같은 기술혁명은 상상을 초월할 것이다. 2030년까지 새로운 성장원천을 마련하기 위해서 우리가 지금부터 준비해야 할 분야가 바로 이런 신기술 산업 분야이다. 그러나 이러한 산업이 새로운 성장산업으로 성장하기까지는 많은 위험이 따르고 많은 투자가 선행되어야 한다.

정부는 경제의 구조를 혁신하고 발전시키며, 과학과 기술을 약진시켜야 한다.[234] 중요한 것은 누구나 상식적으로 이야기하듯 경제의 구조를 건전하게 하고 그 운영을 밝게 하는 것이다. 그래야 자생력도 튼튼하게 되고 어떠한 정치적, 사회적인 돌발사태가 발생하고 그것이 경제에 부담을 주는 한이 있더라도 그것을 이겨내고 뒷받침할 수 있기 때문이다.

지식정보화사회는 기술패권주의가 더욱 강화되는 시대로 부가가치 창출의 원천이 특히 지식과 정보의 양과 질 및 그 처리기술에 의해 결정될 것으로 예측된다. 따라서 이러한 첨단기술을 지배하는 자가 세계시장에서 강자로 부상될 수 있을 것이다. 그런데 이러한 기술의 발전은 양질의 교육을 받은 자유

233) 한국경제연구원, 앞의 책, p. 111.

234) 중국은 국가 중장기 과학기술발전계획(2006-2020년)을 수립해 2020년까지 세계 5위의 과학기술 강국으로 도약한다는 중국 과학기술 발전의 청사진을 제시했고, 일본은 제3차 과학기술기본계획(2006-2010년)을 수립해 인재 양성과 전략기술 개발에 역점을 두는 등 각국은 과학기술을 통한 국가 경쟁력 확보에 총력을 기울이는 모습이다.

로운 개인의 창의력에 그 원천이 있게 된다. 즉 창조적 기술혁신체계의 구축 문제는 훈련을 받은 고급인력의 문제로 집약된다고 해도 과언은 아닐 것이다. 많은 선진국들은 창조적인 과학기술인력의 양성을 위해 교육제도를 지속적으로 보완, 발전시키고 있다.

정보화시대가 정착되면 생명과학의 시대가 도래할 것이다. 생명이 가진 무궁무진한 정보로 한 나라의 발전이 도모되는 그런 시대다. 학문의 고정관념이 깨지고, 모든 지식이 융합돼 새로운 분야가 탄생되는 시대다. 단순한 호기심으로 학문이 이뤄지는 게 아닌 과학 개발에 대한 이익 실현과 책임이 동시에 요구되고 있다. 대한민국의 생명공학은 짧은 기간에 여러 성과들을 창출했으나 현재 절대적 예산부족[235] 및 인력부족[236]에 직면해 있다.

'21세기는 우주개발 시대'다. 21세기는 우주를 지배하는 나라가 세계를 지배한다는 말도 나오고 있다. 한국의 우주개발사업은 선진국에 비해 다소 늦은 1990년대에 시작되었다. 선발주도국인 미국이나 러시아보다 30년 이상 뒤졌다. 그만큼 우주로 향한 우리나라의 발걸음이 바빠질 수밖에 없다.

원자력발전소는 21세기 핵심에너지원이며 종합 건설의 꽃이다. 토목, 건설, 건축, 전기·배선과 최첨단 공학이 한데 결합되어 있다. 따라서 원전은 방사능 누출 우려에도 불구하고 가장 경쟁력 있는 에너지원으로 전 세계 곳곳에서 재인식되고 있다. 오는 2030년까지 중국, 인도네시아, 태국 등 아시아 시장에서 50-60기에 달하는 원전이 건설되는 등 원전 건설 붐이 일고 있을 정도다.

"IT시대 이후에 FT(퓨전기술)시대가 올 것"이라는 전문가들의 언급에서도 나타나듯이 다가오고 있는 융합기술(融合技術) 시대에 대비하기 위한 융합기술 종합발전계획도 범부처적으로 마련해야 한다. 한편 산업과 지역혁신 등 미시경제 분야는 물론 사회적인 이슈와 개개인의 소소한 일상에 이르기까지 과학기술이 미치는 영향력이 점차 커지면서 과학기술의 사회적 책임에 관한 요구

---

235) 1994년부터 10년간 지원된 예산은 총 2조2000억 원에 불과하다. 이는 삼성전자의 한 해 연구개발 투자액 2조9000억 원보다 적은 규모다. 세계 유수의 BT 기업체인 美 화이자·암젠 등이 연간 수조 원을 연구개발 투자에 쏟아 붓고 있는 현실을 감안한다면 초라한 규모다.

236) 국내 BT 분야 인력은 연구인력 5000여 명을 포함하여 총 1만2000명 수준으로, 미국의 약 30만 명과 일본의 약 13만 명에 비해 절대적으로 부족한 실정이다. 이처럼 유전체학, 단백질체학, 생물정보학 등 첨단 기술분야에서의 연구인력 공급 부족현상이 심각하다.

도 높아지고 있다.

이러한 선진산업과 기술은 체계적인 과학기술전략과 대대적인 정부의 지원이 없이는 선도적으로 개발, 활용되기 어렵다. 따라서 국가차원의 종합발전전략이 요구된다.

2. 과학기술전략의 추진기조

(1) 기초과학 분야 기반 확충

2008년 일본학자들의 노벨 물리학상 공동수상을 두고 우리는 많은 부러움과 자성(自性)을 하는 계기를 가졌다. 우리는 통상 한국의 과학은 기초가 튼튼하지 못하다고 평가하면서도 기초과학 분야에 대한 관심과 투자는 부족하다. 기초과학은 공학이나 응용과학 등의 밑바탕이 되는 순수과학인 자연과학을 이르는 말로 통상 수학, 물리학, 화학, 생물학 등이 포함된다.

선진국의 산업기술을 추격하기 위해서는 핵심기술개발을 뒷받침하는 기초과학의 기반이 없이는 불가능하다. 기초연구는 산업기술의 모체로서 경제적 공헌이 높으나 불확실성이 높고 시장기구에 의한 적정투자가 어려워 정부가 지원해야 할 분야이다. 우리는 최첨단의 원천기술의 확보를 위해 기초연구에 대한 투자를 대폭 확대해야 할 것이다. 특히 정보통신, 생명공학, 신소재, 항공우주 등 이른바 미래형 첨단기술에 대한 공공연구개발투자를 확대할 필요가 있다.

기초과학분야를 육성하기 위해서는 학교교육에도 보완이 필요하다. 우선 수학, 물리학, 과학 등 과목을 중시하여 교육하고, 실험시설도 확충해야 한다. 대학에서 이 분야를 전공하는 유능한 인재에게는 장학금을 포함한 전폭적인 지원을 해야 한다.

기초과학은 얼핏 실생활의 기술제품과는 거리가 먼 '상아탑 속의 과학 이야기'로 착각하는 이가 의외로 많다. 그러나 한번쯤 자세히 살펴보면 이러한 착각은 쉽게 풀린다. 왜냐하면 기초과학은 모든 응용과학 분야에 이론적 근거를 제시하며, 응용과학이 발전할 수 있는 바탕이 되기 때문이다.

첨단기술 제품으로 갈수록 기초과학 연구진들은 절대적인 힘을 발휘한다. 이제는 어떤 한 가지 제품을 혁신시키는 데만 해도 수학자는 물론 물리학자와 화학자 등 각 분야의 기초과학자들이 총동원되는 경우가 많다.

국내 기업이 세계시장에서 경쟁력을 제고시켜 상대적 우위를 유지하려면 우리 기초과학 기술진들의 도움을 받아 새로운 고성능의 제품들을 개발해야 한다. 그동안 말로만 되풀이하던 기초과학 연구의 중요성이 이제는 산업현장에서 성과로 나타나야 한다.

이를 위해서는 정부, 기업과 학계의 통합된 노력이 필요하다. 우선 연구기반체계를 확충할 수 있도록 핵심시설과 장비를 도입하고, 세계적으로 석학을 영입하여 인재 육성에 정성을 들여야 한다.

(2) 원천 핵심기술 확보

우리는 IT, 전자・통신, 중화학 분야에서 경쟁력을 갖고 있다. 그러나 원천 핵심기술의 해외 의존도가 높아 수출생산성이 저하되고 경쟁력 향상에 영향을 받고 있다. 지식정보화 시대에는 원천기술 확보 능력이야말로 일류의 산업경쟁력이다. 한국의 와이브로, 반도체, 디스플레이 등 선도산업의 미래 경쟁력은 단순히 시장점유율 1위를 지키는 게 아니다. 한국산 원천기술을 세계의 경쟁자들에게 판매할 수 있는 진정한 산업의 리더가 되어야 한다.[237)]

그러나 우리의 현실은 선진국에 비해 고급 과학기술인력이 수적으로나 질적으로 부족하며, 과학기술의 총체적인 응용능력도 많이 뒤떨어지고 있는 실정이다. 원천기술의 확보와 기초과학연구의 수행을 위해서는 고급 연구인력이 집중되어 있는 대학에 대한 연구지원이 확대되어야 할 것이다. 선진국과 비교할 때 낮은 수준의 대학연구비와 기초연구투자로 인해 기초연구를 제대로 수행하지 못하고 있는 대학과 연구소의 현실을 감안하여 대학과 연구소에 대한 연구개발비를 대폭적으로 증액지원하고, 이를 통해 연구성과가 개선될 수 있도록 제도개선이 이루어져야 할 것이다.

일본에 의존도가 높은 부품소재 산업도 세계적인 경쟁력을 갖출 수 있도록 전략적으로 육성해야 한다. 세계경제가 디지털화되고 생산과정에서 글로벌 소싱이 확산되면서 부품과 소재를 중심으로 한 세계적인 경쟁이 치열해지고

237) 삼성경제연구소는 '통신+멀티미디어 기능 D램' 등과 같은 복합・퓨전반도체, 최근 하드디스크와 서버 등으로 사용 범위가 늘고 있는 솔리드스테이트디스크(SSD) 같은 신개념 반도체 시장을 선점해야 한다고 제안했다.

있는 가운데 부품과 소재가 신기술과 신제품의 창출 원천이 되고 있다. 특히 한국경제가 중국경제의 급속한 성장에 의해 가공조립생산품에서 추격을 받고 있는 상황에서 우리 경제의 새로운 성장원천을 부품과 소재 산업에서 찾을 수 있을 것이다. 부품과 소재 산업의 육성은 일반적으로 고기술분야로서 부가가치 창출이 높기 때문에 중국 등 후발개도국의 추격에 비교적 안전하게 상당기간 경쟁력을 유지할 수 있을 것이다. 그동안 정부는 항구적인 무역흑자구조를 유지하고 산업구조의 고도화를 위해 부품소재산업의 경쟁력 제고를 위한 노력을 기울여 왔지만 원천기술력이 취약하기 때문에 큰 효과를 보지 못하고 있는 실정이다.[238] 따라서 중장기적으로는 원천기술 확보를 위해 부단한 기술개발을 추진하고 정부차원의 통합전략이 요구된다.

(3) 첨단 신기술 분야 육성

지식정보화 사회에서 정보통신기술이 발전을 거듭하며 세계는 더욱 가까워지고 있지만 경쟁력 확보를 위한 국가간 기술 경쟁은 격화되고 있다. 한 국가 또는 한 사람이 보유한 독자적인 과학기술이 글로벌 이슈를 생성하고 사회모습까지 바꾸어 나갈 수 있는 지식기반사회이기 때문이다. 따라서 우리는 지식정보화 사회가 정착되는 2030년까지 첨단 신기술 분야를 중점 육성하여 기술경쟁력을 확보하여야 한다.

특히 전자,[239] 통신, 조선,[240] 차량, 건설 등 한국의 경제를 떠받치고 있는

238) 부품 소재 산업의 발전 없이는 국가 경제의 미래도 없다. 전문가들은 하나같이 부품·소재 산업의 발전 없이 조립 산업에만 의존하는 현재의 국가 경제로는 미래를 준비할 수 없다고 입을 모은다. 부품·소재산업은 국가 경제의 고도화를 위한 기간산업일 뿐 아니라 고부가 제품 개발을 위한 가교 역할을 하기 때문이다. 세계시장을 선도하고 있는 우리나라의 반도체 산업도 취약성으로 인한 불안요소를 안고 있다. 반도체의 핵심 소재인 실리콘 웨이퍼용 폴리실리콘은 전량 외국에서 수입한다. 세계 실리콘 웨이퍼 시장은 신에츠 등 일본 업체들이 장악하고 있다.

239) 삼성의 반도체 사업은 지난 10여 년간 눈부신 성장을 거듭했다. 매출은 1994년 48억불에서 2004년 163억불로 3배 이상 늘었으며, 세계 1위 제품은 D램 1개에서 S램, 플래시, DDI, MCP를 추가해 5개로 늘었다. 순이익 면에서도 2004년 삼성전자는 10조 원 이상의 이익을 냈다. 이는 소니의 열 배요, 일본 5대 전자업체의 이익 총액보다 많은 것이다. 그러나 대한민국이 일본을 추격하여 역전극을 펼치는 것은 비단 전자산업분야만은 아니다.

240) 연간 건조능력 819만CGT(표준화물선 환산 톤수). 2006년 세계 전체 수주 잔량(1억1834만 CGT)의 36.4%인 4290만CGT 수주. 한 척에 2억불을 웃도는 액화천연가스(LNG)선의 2006년 발주량 33척 중 28척(85%) 수주'. 대한민국 조선산업의 화려한 성적표다. 2006년 세계

산업이 2030년에도 지속적으로 세계 선도산업이 되기 위해서는 핵의학 영상기술, 고온초전도체, 신소재, 나노테크놀러지, 레이저 트랩기술 등 원천기술의 확보가 중요하다.

IT산업은 지금까지 우리 경제의 주요 수출품목으로서 국가경제에 큰 기여를 하고 있으나, 반도체, 휴대폰, LCD, PC 등 소수의 품목을 제외하고는 국산화율이 저조하며, 설계와 핵심부품에서는 선진국에 비해 절대 열세를 보이고 있다. IT 및 디지털 기기의 승부처는 '기발함'과 '속도'다. 이는 대한민국의 최대 강점이기도 하다. 그러나 최근 대한민국 IT 업체들은 다국적 기업들의 공격적 마케팅과 저가 제품 공세로 다소 수세에 몰렸다. 우리의 강점에다 변화하는 시장 환경에 적응하는 능력까지 보태야 한다. 디지털 기기가 싸지는 것은 이제는 대세다. 싸게 제조하는 능력, 즉 효율적인 생산성과 저가 제조기술 등을 확보해야 한다.

세계를 무대로 피나는 경쟁을 하고 있는 디스플레이 업종은 물론 첨단 IT 산업에 대한 특단의 육성 및 지원 대책이 시급하다. 결론적으로 세계 1위의 IT 대국의 위업을 달성한 우리 첨단산업들이 보다 더 경쟁력을 갖추게 하려면 이러한 정부 차원의 전향적인 육성책이 뒷받침되어야 세계라는 전쟁터에서 공격적이고 전략적인 승부수를 띄울 수 있을 것이다.

빌 게이츠 회장은 "초고속 인터넷 성장, 이동 단말기 혁명, 휴대전화와 PC 경계의 붕괴, 온라인 게임 환경 발전 등 한국은 지난 10년간 디지털 시대의 '개척자'역할을 했다. 매우 새롭고 우수한 기술들이 한국에서 많이 사용되고 있기 때문에 한국이야말로 새로운 디지털 시대의 대표적인 사례라고 생각한다"며 앞으로 디지털 환경이 크게 변화할 것이며 한국이 이를 주도할 것이라고 강조했다.

우리의 BT기술은 21세기의 고부가가치의 성장산업으로 대두될 전망이지만, 아직은 선진국에 비해 상당히 뒤처져 있다. 황우석 파동 등 어려움이 있었지만 다가올 생명공학시대에 한국의 첨단 신기술이 선도적인 역할을 할 수 있도록 앞으로 전략적으로 육성되어야 한다.

10대 조선소에 현대중공업 · 삼성중공업 · 대우조선해양이 나란히 1-3위에 오른 데 이어 나머지 4개사 등 모두 7개사가 이름을 올렸다. 조선은 반도체 · 자동차 · 석유화학에 이어 단일품목으로는 수출금액 4위지만, 국산화율은 91%에 달해 대한민국 산업 '효자 품목'이다. 그러나 조선업에서도 중국의 추격은 차츰 가시권에 들어오고 있다.

NT기술은 다른 어떤 기술보다도 응용범위가 넓어서 전자공학 및 컴퓨터공학, 의료, 생명공학 및 농업, 재료학, 환경, 에너지, 국방무기체계개발과 같은 다양한 분야에 응용될 수 있다. 우리는 아직 초보단계에 있으므로 나노기술개발을 위해서는 국가적인 지원이 필요하며, 특히 원천기술개발에 있어서 정부의 역할이 중요하다.

ET와 GT산업은 세계적인 환경규제의 강화와 에너지 기술혁신의 중요성 증대, 무역과 환경의 연계 등으로 급성장세에 있기 때문에 새로운 성장산업으로 육성해야 할 분야이다. 북미 세탁기 시장 진출 4년 만에 1위에 오른 '트롬'과 세계 에어컨 시장 정상을 지키는 '휘센'의 공통분모는 무엇일까. 거기에는 '철저한 친환경 제품'이란 점이 자리를 잡고 있다. 환경경영은 곧 글로벌 경쟁력강화의 필수 코스라는 공식을 다시 한번 입증한 것이다.

진정한 지능형 로봇이 개발되면 인간과 상호작용이 가능한 문화적 기능을 갖게 될 것이다. 지능형 로봇은 외부 환경을 인식하고 스스로 상황을 판단하여 자율적으로 동작하는 로봇을 말한다. 즉 프로그램대로 같은 동작을 반복하는 조립 로봇과 달리 사람의 얼굴을 알아보고, 말을 알아듣고 그때그때 원하는 서비스를 해줄 수 있다. 비약적으로 발전한 IT기술이 고령화, 핵가족화 사회와 만나 새로운 로봇시장을 창출해낼 것이다. 수요가 먼저 생길지, 아니면 공급이 수요를 창출할지 아직은 불분명하지만 로봇이 우리 삶의 동반자로서 자연스럽게 다가오는 시대가 곧 올 것이란 점은 확실하다.

동북아 지역에서 한류열풍으로 기세를 올리고 있는 CT분야에서는 경제성장에 따라 노동 및 자본집약적 산업보다는 점차 소프트웨어, 콘텐츠 중심의 지식기반 산업이 보다 활성화되게 되었다. 이런 중요성을 인식하고 세계 각국은 콘텐츠 산업을 미래 국가 전략산업으로 집중 육성하여 세계시장 선점을 위해 노력하고 있다. 우리는 문화콘텐츠 산업의 성장기반이 될 수 있는 통신과 방송망은 세계 수준으로 구축하였으나, 이를 보완할 콘텐츠는 미흡한 실정이다.

주변에 흔한 차돌에서 값비싼 기름을 뽑아낸다고 하면 우리는 그저 웃어넘길지 모른다. 그러나 이 말은 이미 현실이 되고 있다. 차돌로 기름뿐 아니라 유리, 섬유, 고무까지도 만들 수 있다. 미래 첨단 소재로 불리는 '실리콘(Silicone)'이 바로 그 주인공이다.[241]

---

241) 지구상에 산소를 제외하고 가장 많이 존재하는 원소는 규소(Si)다. 규소는 자연상태에서 대

21세기는 융합의 시대이다. 학문간 융합 즉 컨버전스에 대학이 미래를 걸고 있다. 생명과학과 나노과학, 의학기술을 융합한 분자과학기술(Nanomedicine)이 대학 간판으로 내세우는 분야다. 외국에서도 학문의 융합은 대세다. 토마스 S. 쿤은 그의 저서「과학혁명의 구조(The Structure of Scientific Revolutions)」에서 과학의 진보가 누적적이라는 종래의 귀납주의적 과학관에서 한발짝 전진하여 과학의 발전이 혁명적이라는 입장을 밝혔다.[242] 앞으로 과학기술의 융합을 통해 과학의 혁명적 발전이 이루어질 가능성이 높다. 도쿄대는 2004년부터 나노・바이오 공학 프로그램을, 조지아공대는 인근에 있는 에머리대 의대와 연계해 융합 프로그램을 운영하고 있다. 질병 퇴치 기술을 개발하는 데 공학의 도움을 받는 방식이다. 기술을 섞는 것뿐만 아니라 언어나 아이디어는 물론 문화까지 섞어야 실리콘밸리에서 성공할 수 있다는 것이다. 인도와 중국 등 다양한 비즈니스 주체를 대상으로 아웃소싱 협력이 더욱 강해지고 있는 추세다. 아웃소싱은 은행 등 금융서비스 분야를 중심으로 통신과 소프트웨어, 제약 부문에서 각광을 받고 있다. 헬스케어를 비롯해 항공과 휴대폰 등 전략산업 부문으로까지 확산되고 있는 양상이다.

향후 기대되는 여러 방면의 기술 혁명은 이상에서 언급한 신기술산업의 육성을 불가피하게 할 것이다. 따라서 21세기 전반부를 선도할 새로운 성장원천을 마련하기 위해 신기술산업분야에 집중 투자해야 할 것이다.

국내 공학계 석학들의 모임인 공학한림원은 2006년 12월 8일 '제8회 연구조사사업 발표회'를 열고 우리나라가 미래를 선도할 만한 유망기술 25가지를 발표했다(표 7-2 참조). 공학한림원은 전기전자정보, 기계, 건설환경, 화학생명, 재료자원 등 5개 공학 분야에서 각각 최고 전문가로 위원회를 구성해 유망기술 다섯 개씩 총 25개를 선정했다. 선정 기준은 ① 미래의 기술적 성장가능성과 ② 산업의 규모 ③ 전략적 측면 ④ 사회적 영향 등이었다. 이날 발표회에서는 선정 기술에 대한 국내·외 동향과 함께 미래를 선도할 전략도 나왔다.[243]

부분 산소와 결합한 형태(SiO_2)로 발견되는데 이게 바로 차돌이다. 규소는 매장량이 유한한 석유와는 비교도 할 수 없을 만큼 풍부한 자원이다. 실리콘이 차세대 에너지원이자 미래 신소재로 불리는 이유다. 석유 화학제품과 달리 공해를 발생시키지 않을 뿐 아니라 인체에도 무해하다.

242) 토마스 S. 쿤, 과학혁명의 구조(까치글방, 2008), pp. 141-163.

243) 중앙일보, 2006년 12월 9일.

〈표 7-2〉 대한민국이 확보해야 할 미래 유망기술

분야	기 술	분야	기 술
전기전자정보공학	광대역 유무선 통합 통신망(BcN)	건설환경공학	분리막 생물 반응조 공정(MBR)
	IPTV		고성능 콘크리트
	차세대 반도체		지속가능 건축시스템 기술
	지능형 로봇	화학생명공학	차세대 디스플레이용 (고분자) 소재
	지능형 텔레매틱스		신에너지(연료전지, 석탄액화/가스화, 수소에너지)
기계공학	하이브리드 자동차		나노기술
	로봇 기술		차세대 전지용(고분자) 소재
	신재생 에너지(풍력발전, 연료전지)		재생 에너지
	초미세 부품 장비	재료자원공학	고질소 오스테나이트계 스테인리스강
	환경기계(대기 환경기계 중심)		염료 감응형 유지 태양전지
건설환경공학	U-건설 현장 관리 제어시스템		초내신성 지르코늄 핵연료 피복관
	실시간 버스 통행거리 및 환승 횟수 판단 기술		화염 분무열 분해법(FSP)을 이용한 나노분말 제조 기술
			반도체 조명기술

자료: 공학한림원.

기술혁신을 가속화하기 위해서는 한국계 다국적 기업과의 협력은 매우 중요하다. 기술혁신이 가속되는 세계시장과 빈약한 국내과학기술의 기반을 감안하면 한국계 다국적 기업의 글로벌 연구개발 네트워크를 통하여 국내기술수준을 향상시키고, 기술혁신을 가속화하는 데 선진국의 기술을 활용하는 전략이 필요하다.

또한 신기술의 산업화에 필요한 천문학적인 연구개발 투자재원의 조달에 있어서 공공부문이나 대기업의 역할이 중요하다.[244] 정부는 전문인력 수급을

244) 대한민국이 대만과 함께 전 세계에서 가장 바쁜 속도로 연구개발(R&D) 투자 규모를 늘리고 있는 것으로 조사됐다. 영국 파이낸셜타임스(FT)는 대한민국 기업의 R&D 투자 규모가 2001년부터 4년간 평균에 비해 11.9% 증가하면서 대만과 함께 가장 높은 성장률을 보이고 있다고 보고했다. 특히 삼성전자와 현대자동차, LG전자 등 이른바 '빅3'기업이 R&D 투자를 주도하고 있으며, 대한민국의 세계 R&D 투자 비중도 올해 2.9%로, 7위에 이름을 올렸다고 FT는 분석했다(문화일보, 2006년 10월 30일).

정확히 예측하여 기업체와 함께 적극적으로 양성하고 이를 활용하는 방안을 발전시켜야 할 것이다. 이러한 기술을 이용하여 새로운 수출산업을 육성하기 위해서는 핵심원천기술을 개발하고, 기술경쟁력 확보가 용이하고 국제적으로 인정받을 수 있는 분야를 집중육성하여 관련 상품의 일류화 정책을 추진해야 한다.

(4) 국가 핵심기술 혁신체계 구축

한국경제가 지속적인 경제성장을 달성하기 위해서는 기술혁신을 가속화하고 기존성장패턴에서 탈피하여 기술과 지식집약적인 산업구조로 전환해야 한다.[245] 따라서 우리나라의 기술혁신체계(技術革新體系, National Innovation System)가 가지는 장단점을 체계적으로 분석하고 이를 통해 새로운 국가기술혁신체계를 구축하는 것이 이 시점에서 매우 중요할 것이다. 이를 통해 과학기술의 효율성을 제고함은 물론 전반적인 기술역량을 강화할 수 있고, 우리 경제의 새로운 성장원천을 개발할 수 있을 것이다.

전통산업의 고부가가치화, 산업 내 구조 고도화, 신기술인력의 육성의 핵심은 과학기술의 발전에 달려 있다. 대학교수와 기업 CEO로 구성되어 있는 공학한림원은 2005년 10월 창립 10주년을 맞아 자동차와 철강, D램, 휴대전화 등이 지난 10년간 우리나라를 먹여 살렸다면, 앞으로 10년은 지능로봇, 유비쿼터스, 나노기술, 생명공학 등이 그 자리를 차지할 것이라고 예측하였다. 또한 정부가 할 일은 성장품목을 정하는 것이 아니라 인력을 양성하는 것이라고 주문하였다.

인간 삶의 질을 향상시키기 위해서는 기술이 절대적으로 필요하다.[246] 지식재산권에 의해 기술은 더욱 혁신된다. 기술혁신 과정에는 많은 비용이 든다. 새로운 제품과 서비스는 발명자의 창조적인 생각으로부터 곧바로 완벽한 형태로 나타나지 않는다. 창조적인 천재가 순간적인 불꽃 점화로 기술혁신의 화염

245) 산업구조의 변화는 오래 전부터 경제학의 주요한 연구대상이 되어 왔고 여러 학자들에 의해서 구조변화에 관한 실증적인 법칙들이 발견되었다. 영국의 페티와 클라크는 경제성장에 따라서 노동력이 1차산업으로부터 2차산업으로 이동하고, 다시 3차산업으로 옮겨간다는 사실을 경험적으로 규명하였다. 미국의 쿠즈네츠 교수는 고용구조뿐 아니라 생산구조 또한 유사한 변화과정을 거친다고 실증한 바 있다.

246) 1950년대 경제학자인 아브라모위츠는 미국 성장의 85%가 기술혁신을 통해 이뤄졌으며, 기술혁신이 우리 생활 향상에 핵심적인 역할을 한다고 주장하고 있다.

을 시작하게 할 수 있지만 이 불꽃이 상업적으로 살아남으려면 그 도중에 많은 시행착오와 함께 수년간의 연구개발을 거쳐야 한다.[247)]

과학기술개발에 있어서 정부의 역할은 기술혁신이 활발하게 이루어지도록 조직이나 제도정비 등의 기술혁신체계를 구축하는 일이다. 기술혁신이 잘 이루어지지 않는 것은 결국 기술혁신체계가 제대로 정립되지 않는 데 그 원인이 있을 것이다. 장기적 차원의 국가기술개발 전략의 미비는 기술개발의 방향과 기술개발유인체계 구축의 실패를 초래할 수 있다. 과학기술 발전 전략에서의 정부의 역할은 과학기술투자의 방향을 일관성 있게 제시하고 과학기술투자의 효율성을 높이는 것이다. 즉 정부는 기술혁신을 위해 필요한 기술 하부기반의 확충, 과학기술인력의 양성을 위한 정책적인 지원, 과학기술지원체제의 정립 등 과학기술 수준을 향상시킬 수 있는 과학기술발전 전략체계를 확립해야 할 것이다.

그리고 공공연구기관인 정부출연연구소가 대한민국의 미래를 담당할 국가전략기술과 주력산업의 핵심기술, 파급효과가 큰 요소기술 등 첨단기술, 차세대 신기술을 연구개발하고 이를 산업계에서 활용할 수 있도록 지원해야 한다.

민간기업의 기술혁신이 보다 촉진될 수 있도록 금융 및 노동시장의 비효율성을 제거하고 부적절한 정부규제를 지속적으로 완화 및 폐지해 나가야 한다. 또한 과학기술 정책 조정기능의 마비로 발생한 정책의 일관성 결여, 부처간 업무영역을 둘러싼 갈등, 연구개발 투자비의 비효율을 방지하기 위한 과학기술정책의 조정기능을 강화할 필요가 있다.

특히 특허제도는 기술혁신가에게 경제적인 독점영역을 만들어 주기 위해 정부의 법률 제도를 활용한 것이다. 정부는 특허제도를 적극 활용하여 핵심기술이 보호되고 산업분야에 확대 적용할 수 있도록 지원해야 한다.

(5) 과학기술인력의 양성

경제 역량의 강화를 위한 가장 근본적인 대책은 과학기술을 발전시키는

---

247) 신약개발의 경우 평균 치료용 화합물 약 1만건 중 평균 250개가 전(前)임상시험을 받게 된다. 또 250개 중 5개가 임상시험 단계에 들어가고 나머지는 그냥 폐기된다. 임상시험에 들어가는 신약 1개당 5억불의 비용이 소요되며 임상시험을 거친 신약은 5개 중 1개만이 기관에 의해 판매 승인을 받게 된다(매일경제, 2006년 9월 7일).

것이다. 과학기술의 발전이 경제발전의 절대적인 기본바탕이 되는 것이 지식정보화 사회이다. 우리는 과학기술이 바로 국력인 그러한 시대에 살고 있다. 그만큼 현대는 과학기술이 중요한 시대이며, 앞으로도 그 중요성은 더욱 높아질 것이다. 정보화사회는 고도의 과학기술 수준을 전제로 하고서야 만들어질 수 있는 사회이다. 우리는 정보화시대의 중추세력인 과학자와 기술인력이 존경받는 사회를 만들어야 한다. 즉 우수한 기술인력이 그에 상응하는 대접을 받아야 한다.

지금 세계 각국은 우수인재 양성과 확보를 위해 발 벗고 나서고 있다. 21세기 지식기반사회에서는 결국 그 힘은 사람, 그 가운데서도 특히 고급두뇌에서 나온다고 판단하고 있기에 국적을 불문한 인재 유치 전쟁을 벌이고 있는 것이다.

자원이 절대적으로 부족한 대한민국의 가장 큰 자산은 인재이며, 앞으로 의지할 곳도 우수한 인재이다.[248] 미래를 정확히 예측해 준비하기가 쉽진 않지만 미래를 내다보는 혜안을 갖고 능력을 키워온 인재를 확보한다면 2030년까지 선진일류국가 달성은 한결 수월해진다.

세계화 시대의 대한민국은 전 세계를 무대로 하는 무한경쟁을 펼쳐야 할 것이다. 세계 최고의 제품, 세계 최고의 기술만이 살아남는다. 이러한 상황에서 자원도 없는 우리나라가 할 수 있는 것은 세계 최고의 인재를 키워내는 것뿐이다. 그동안 국내 IT산업은 인프라 기반 위주의 성장을 추구해왔지만 이제 장기적인 발전동력인 글로벌 IT교육의 중요성에도 눈을 돌릴 때가 왔다. 저소득 자원부국들을 대상으로 자본력보다는 우리의 앞선 IT교육을 내세운 품격이 높은 자원 외교를 강화해야 한다. 적극적인 외국 인재 유치 정책은 물론 글로벌 IT교육을 담당하는 국내 대학에 대한 정부 지원을 더욱 강화해야 한다.[249]

박정희 대통령 시대에는 과학기술의 발전에 많은 노력을 쏟았다. 과학기술연구소를 만들어 세계에서 우수한 대한민국의 두뇌를 모셔왔고 국방과학연

---

248) 많은 미국의 대기업들은 우수한 인재를 확보하기 위해 공과대학 우등 졸업생에게 일등석 비행기 좌석표를 보내어 회사로 초청한 다음 회사 소개를 하고, 취업을 권유한다고 한다. 우수한 인재가 그렇게 중요하다는 것을 보여 주는 하나의 실례이다.

249) 자원외교도 결국은 주고받는 외교적 게임이다. 즉 받는 만큼 주는 게 있어야 하는데 자원부국이긴 하지만 IT산업이 다소 뒤처져 있는 동남아, 중동, 중남미 대부분의 국가는 우리의 뛰어난 IT기술과 정책에 대한 노하우를 전수받길 원하고 있다. 우리의 강점인 IT분야에 대한 교육이 이들 국가에는 최고의 선물이 되고 있는 것이다.

구소를 만들어 방위산업에 관한 연구도 독려하였다. 이 두 기관의 장은 반드시 과학자였으며, 그들을 장관급으로 대우했을 뿐만 아니라 가끔 별도로 불러 격려도 하고 자문도 구하면서 각별히 대접하였다. 그러면서 수시로 연구소를 둘러보고 관련 과학자를 격려하고 그들에 대한 처우에 각별한 관심을 쏟았으며, 공장을 방문할 때도 기술자에 대한 격려를 잊지 않았다.

양질의 우수한 과학기술인력을 양성하기 위해서는 고등학교부터 기초과학 분야인 수학 · 과학에서 수준 높은 교육이 이뤄져야 한다. 그리고 대학은 입학전형에서 이를 요구할 수 있어야 한다. 평준화 고등학교의 경우 수준별 학습에 따라 수준 높은 수학 · 과학 공부를 할 수 있게 해야 한다. 대학은 자율적으로 입학전형에 이를 반영할 수 있어야 한다. 공과대학에 진학하는 고등학생의 질이 높아야 대학 교육을 통해 세계 경쟁력 있는 우수한 인재가 길러지는 것이다.

그리고 공과대학의 교육 여건을 대폭 개선해야 한다. 학생 대비 교수 수, 학생 1인당 교육비는 아직도 선진국에 비해 열악하고 공대 신입생의 수준은 떨어지고 있다. 최근 공학 교육의 세계화 그리고 지식 창출을 위한 대학원 교육은 그 중요성이 강조되고 있으나, 공학 교육을 잘 시키는 일은 점점 더 어려워지고 있다. 공대 교육 혁신을 위한 과감한 투자가 필요하다.[250)]

특히 21세기 지식정보화시대 신기술 산업의 성장을 위한 기반을 조성하기 위해서는 충분한 미래시장을 확보할 수 있는 전략적 분야에 집중 투자하여 핵심기술을 개발 보유하고, 이를 통해 세계적인 경쟁력을 구비할 수 있어야 한다. 이를 뒷받침할 수 있는 기술인력의 양성이 중요하다.[251)] 풍부한 창조력을 구비한 연구개발인력의 육성은 국가산업기술발전의 기초를 이루는 것으로서 경쟁력을 강화할 수 있는 기반이 된다.[252)] 창조성과 고차원적인 인지능력

250) 문화일보, 2007년 7월 11일.

251) 과학기술 연구개발 인력은 선진국에 비해 매우 부족한 실정이다. 2007년 기준 OECD자료에 의하면 노동인구 천 명당 연구원 수는 핀란드 10.62명, 일본 9.26명, 스웨덴 8.44명, 미국 8.08명 순이며, 우리나라는 4.91명으로 여타 선진국의 약 절반 수준이다.

252) 프랑스는 다르다. 대한민국의 대학에 해당하는 3년 과정의 이공계 그랑제콜에 입학하기 위해서는 철학시험을 포함한 바칼로레아(대학 입학자격시험)를 통과한 뒤에도 반드시 예비학교 2년을 거치도록 하고 있다. 예비학교 2년간 마치 고등학교처럼 주당 40시간씩 수학, 물리, 화학 등 과학 과목에 대한 심화교육을 실시하는 것이다. 심지어 '군대학교'라는 말까지 나올 정도다. 이렇게 철저한 과학기술 교육을 받은 이들이 오늘날 프랑스 기업체의 중견 엔지니어층을 형성하고 있다. 프랑스 최고의 두뇌들이 모이는 그랑제콜이 프랑스가 버티는 원동력이다.

을 가진 인적자본이 축적되어야만 산업구조의 고도화가 가능하기 때문이다. 특히 핵심 IT, BT, CT, ET, GT, NT 분야 인력의 경우는 중점적인 육성이 필요하다. 이를 위해 정부는 관련 교육기관에 대한 획기적인 지원을 해야 한다. 그리고 생명공학, 정보통신, 신소재, 항공우주 등 이른바 미래형 첨단기술 분야에서는 우수한 해외인력을 적극 유입하여 모자라는 인적자원을 확보해야 할 것이다. 또한 외국인의 직접투자를 유치하여 선진기술을 과감히 도입하고 국내의 제반 산업에 첨단기술이 이전 확산되도록 할 필요가 있다.

우리가 과학기술발전을 더욱 촉진하기 위해서는 일본처럼 기술인력이 사회적으로 대접받도록 하고, 기업을 특화하고 전문화하여 전문기술을 개발토록 장려하고 지도하며, 그러한 기업체에는 정부투자재원을 지원하여 기술개발의 기회를 확대하도록 해야 할 것이다. 과학자와 기술인을 홀대하면서 과학기술을 개발하라고 강요하고 새로운 발전을 기대한다는 것은 어리석은 꿈일 뿐이다.

〈그림 7-9〉 과학기술전략 체계도

기초과학분야와 첨단미래 산업의 인력양성을 위한 교육은 국가전략 차원에서 정부의 적극적인 지원이 있어야 한다. 그래야 지식정보화시대에 국가공동체의 이익과 미래가 보장된다.

과학기술전략의 전략목표, 전략추진기조와 추진과제를 포함한 과학기술전략 체계도는 〈그림 7-9〉에서 보는 바와 같다.

제 8 절 교육전략

교육은 인간의 가치를 높이고자 하는 행위 또는 그 과정을 말한다. 우리는 교육은 국가의 백년지대계(百年之大計)라고 하며, 교육의 중요성을 강조하고 있다. 대한민국 헌법 제31조 ①항에서도 "모든 국민은 능력에 따라 균등하게 교육을 받을 권리를 가진다"라고 명시하고 있다.

이러한 교육분야의 발전을 위해 국가전략이 필요한 것인가에 대해서는 많은 논란이 있을 수 있다. 그럼에도 불구하고 교육전략을 국가전략의 분야별 전략으로 구분한 것은 국가전략 차원의 장기계획이 없기 때문에 겪고 있는 어려움과 문제점을 개선하고자 하는 열망도 포함되어 있다.

이제는 국가전략 차원에서 교육을 점검하고 개선방안을 모색해야 한다. 교육의 사명과 역할도 변해야 할 시점이 되었다. 교육은 개인이 지니고 있는 능력을 키우고, 잠재적인 기능을 최대한 개발시키려는 활동이다. 이 활동은 개인의 발전은 물론 개인들이 구성한 사회의 발전과 밀접한 관계가 있다. 이러한 활동이 잘못될 경우 개인의 심신 및 지적 성숙뿐만 아니라 사회발전에 커다란 장애요인이 된다. 그러므로 각국은 교육에 많은 투자를 하면서 사회를 발전시키고 국가의 경쟁력을 강화하고자 한다.

우리나라는 자연자원이 부족하기는 하지만 현명하고 근면한 인적자원을 갖고 있다. 이런 인적자원의 장점을 잘 살려 미래의 대한민국을 위해 머리를 맞대어 전략을 수립하고 체제를 갖추어 국가경쟁력을 높여야 할 것이다. 선진인재대국, 평생교육입국(平生教育立國)의 건설이 선진일류화를 위한 핵심적인 국가목표가 되어야 한다.

1. 교육전략의 목표

(1) 지혜롭고 건강한 국민 배양

대한민국의 지난 60년의 놀라운 발전 뒤에는 교육이 있었다. 없고 헐벗은 시절에도 우리의 부모들은 자녀교육을 위해 모든 것을 희생했다. 한때 대학을 지칭하는 '우골탑(牛骨塔 : 소 팔아 대학을 보낸다는 뜻)'이라는 단어 속에 그런 희생적인 부모의 교육열이 고스란히 녹아 있는 것이다. 국민들은 어려운 형편에서도 자녀교육을 1순위로 삼고 악착같이 공부를 시켰다.[253)]

국민들의 이러한 교육열이야말로 1945년 이후 60여년간 대한민국을 우수한 교육 국가로 탈바꿈시킨 중요한 요소다.[254)] 학교 교육에 대한 높은 사회적 요구 덕분에, 가난한 시절 정부는 학교 교육의 재정적 부담을 학생과 가족에게 전가할 수 있었다. 가난한 부모들까지 자녀를 위해 막대한 개인적 희생을 마다하지 않았다.[255)]

세계 경제규모 13위권, 고교생의 82%가 대학에 진학해 국민 16명중 1명이 대학생인 대한민국의 외형적인 고등교육 지표는 세계 최고의 수준이다.[256)] 교육열은 기본적으로 긍정적인 에너지요, 사회를 발전시키는 커다란 동인(動因)이다. 그러나 내용을 들여다보면 대한민국의 교육은 벼랑끝에 서 있다. 입시제도는 툭하면 바뀌고, 사교육비는 매년 불어나고, 조기 유학생이 연간 3만명을 넘어섰다. 수시로 바뀌는 교육정책의 혼선은 이제 국민적 고통이 되었다.[257)]

---

253) 대한민국이 지금껏 커온 것도 교육의 덕이요, 앞으로 더 크는 것도 교육에 달려 있다. 미국 하버드대학의 새뮤얼 헌팅턴(Samuel Huntington) 교수는 '한강의 기적'의 원인을 '문화'에서 찾고 있다. 대한민국에는 경제성장에 도움이 되는 '발전 지향적' 문화가 있다는 것이다. 그가 '발전 지향적 문화'라고 부른 것에는 교육이 포함된다. 교육은 검약, 근면, 조직, 투자, 기강, 극기 정신과 함께 한국인이 중요하게 생각하는 문화적 가치라고 헌팅턴은 기술했다.

254) 광복 직후, 우리의 문맹률은 78퍼센트나 됐다. 이는 아프리카 짐바브웨의 64퍼센트보다 높은 수준이었다. 당시 대한민국의 국민소득은 50불이 될까 말까 할 정도로 측정할 자료조차 없었다. 최빈곤국에 최대 문맹률, 거지는 넘쳐나고 평균수명은 50세도 안 되는 나라, 볼펜한 자루도 못 만드는 나라였다.

255) 우리 특유의 '지고는 못 사는' 경쟁심이 교육열을 부추겼다. 「한국사 개요(A concise history of Korea)」의 저자인 마이클 세스 미국 제임스 메디슨대학 역사학과 교수는 한국인의 교육열이 '한강의 기적'을 이룩했다고 칭찬을 아끼지 않았다.

256) 교육열이 높은 첫째 이유는 역사적으로 문(文)을 중시하는 숭문(崇文)사상 덕분이다.

257) OECD는 2008년 9월 9일 발표한 30개 회원국 교육현황에서 2005년 GDP대비 대한민국의 공교육비 비율이 7.2%로 아이슬란드(8.0%)와 덴마크(7.4%)에 이어 세계 3위라고 발표하였

현대의 고도 정보화 사회는 독창적이고 높은 과학기술 수준과 고도의 전문적 지식과 지혜로움이 아니고는 적응하고 발전시켜 나갈 수가 없는 사회이다. 이제는 나라의 자원보다는 기술인력이 더욱 중요하고 기술인력이 산업과 경제를 선도해나가는 시대이며, 기술민족주의가 강조되는 시대인 것이다. 우리도 현대과학기술 교육을 강화하고, 기술인력 양성에 집중적으로 투자해야 할 필요가 있다.

그러나 우리는 지금까지 너무 지식기술자들만 양성해 왔다. 교육이 아니라 훈련을, 지혜가 아니라 지식을 기르고 시험치는 기술을 배양하는 데 학교교육이 집중되었다. 암기하고 모방하는 능력은 발전되고 창조적인 사고 능력은 중요하지 않은 것으로 간주되었다. 그러나 창조하는 사람이 인류를 선도하고 시대를 이끌어 가는 것이며, 우리가 필요로 하는 인재도 바로 이런 사람들이다. 지식은 지혜를 기르기 위해 필요한 것이고, 지혜는 창조력을 뒷받침하는 것이다.

지식정보화, 지식기반사회의 지식은 창의적인 지식 즉 지혜를 말한다. 우리의 교육목표는 창의력을 계발하고 논리적인 사고를 할 줄 아는 지혜로운 인간을 길러야 한다. 주어진 내용만을 무비판적으로 컴퓨터처럼 기억하였다가 시험지에 그대로 쓰는 입시기계들을 길러내서는 안 된다. 한국에서 지식사회의 역사는 매우 깊다. 학문과 교양을 주요한 덕목으로 삼은 유교문화와 선비정신의 전통이 뿌리 깊게 자리잡고 있기 때문이다.

21세기는 불확실성의 시대이다. 지식정보의 빠른 발전을 인간들이 따라잡기 힘들어진다. 어제의 지식이 오늘에는 불필요한 지식(Obsoledge)[258]이 된다. 인성은 거칠어지고 인간의 소외감은 더욱 증폭될 수 있다. 따라서 정신적 건강의 중요성이 증대된다. 정보지식화 시대에는 세계화의 추세와는 별도로 교육분야에서 국가전략의 역할이 요구된다. 전체 국민의 삶의 질을 제고할 수

다. OECD 평균 공교육비 비율은 5.8%였다. 우리는 스위스 국제경영개발원(IMD) 평가에서 교육부문 경쟁력이 55개국 중 35위였다. 대한민국의 학부모들이 부담하는 어마어마한 사교육비까지 감안하면 우리 교육비는 단연 세계 최고이다. 정부는 사교육비 총액을 20조 400억 원으로, 현대경제연구원은 33조 5000억 원으로 추산한다. 공교육비와 사교육비를 합쳐 약 90조원을 쓰고 있는 셈이다(조선일보, 2008년 9월 10일).

258) 미래학자 앨빈 토플러는 그의 저서「부의 미래」를 통해 우리에게 '압솔리지'라는 신조어를 선보였다. '쓸모없다'라는 뜻의 'obsolete'와 '지식'을 의미하는 'knowledge'를 결합한 말로서 쓸모없는 지식, 또는 금세 수명이 다하는 지식을 일컬어 그렇게 명명했다.

있도록 지식과 지혜를 결합하는 지식기반의 미래사회를 만들어 지혜롭고 건강한 국민을 만드는 것이 국가의 시대적 과제이다.

(2) 선진일류시민 육성

그동안 대한민국에서 교육은 내면의 성숙을 위한 도구인 동시에 사회적 지위를 높이는 가장 확실한 투자였다. 교육을 통해 배출된 인력들은 경제성장을 위한 질 높은 인적자원이 되었다.

그러나 지식주입위주의 교육에 치중하다보니, 공동체 생활에 필요한 준법정신은 매우 희박하고, 국가와 지역사회에 희생봉사하는 정신은 선진국에 훨씬 못 미치고 있다. 자살률과 이혼율은 세계에서 가장 높은 수준이며, 행복도는 경제수준에 비해 너무 뒤떨어져 있다. 인성교육(人性敎育)과 민주시민교육에 소홀히 한 결과이다.

지식정보화 사회가 요구하는 다품종 소량생산이나 창의적 인재 양성을 위해서도 이제 교육의 방식이 바뀌어야 한다. 민주주의 국가에 있어서의 시민사회교육의 기본적인 취지는 사회의 민주화와 인간화(人間化)에 있다. 시민사회교육은 인간교육에서 출발해야 한다. 이러한 인성교육, 민주시민교육, 세계시민교육 등의 분야에 대한 교육투자는 적극적인 국가지원이 필수적이다.

인간을 유목적적(有目的的) 존재자, 자결적(自決的) 능력의 소유자, 잠재적 발전가능성의 소유자로 간주하는 민주주의는 인간의 존엄성에 최고의 가치를 부여하게 되며 잠재적 발전가능성과 자결적 능력을 최대한으로 발휘할 수 있게 하는 인성교육을 중요시하게 된다.

시민사회교육의 성격을 규정해 보면 "한 국가가 그 생활공동체를 유지하고 발전시켜 나가기 위해 요구되는 바람직한 인간성을 형성하고, 정치과정의 참여에 필수적인 지식과 능력, 태도 등을 포함하는 자질을 육성하는 교육적 노력"이라 할 수 있다. 그러므로 자유민주주의 국가에서의 시민사회교육은 민주시민의 육성을 그 목적으로 해서 추진되어야 한다.

인간이 인간답게 살아가기 위해서 갖추어야 할 기본적인 덕성(德性)과 품격(品格)을 지닐 때 그를 민주시민이라고 할 수 있다.

선진일류 문화시민을 육성하기 위한 시민사회교육은 일반적인 교과의 인지교육과 달리 사회인식의 토대 위에서 적극적 참여를 위한 실천교육이므로 사회 현실과 격리되어질 수는 없다. 따라서 정치교육 과정의 구성 내용이 보다 구체적이고 실증적(實證的)이어야 한다. 그러기 위해서는 추상적이고 관념적인, 이론적인 측면을 다루는 것도 중요하지만 실제로 정치문제나 사회의 갈등 문제를 취급할 수 있는 현실적인 교육내용도 포함해야 된다. 즉 교육의 내용을 구체적이면서, 객관적으로 구성해야 하며, 인간교육적 측면을 보완하여 학교교육 내용이나 사회교육 내용이 상호연관성 및 조화성을 고려하여야 할 것이다.

시민사회교육의 내용은 국가발전과 민주화를 추진하는 방향에서 교육이념 및 목표를 정하고 이에 따른 교육내용을 조직 및 선정해야 된다.[259] 그러므로 이런 관점에서 우리가 지향해야 할 교육의 이념은 민주주의, 시장경제, 열린 민족주의, 평화통일주의를 들 수 있다. 이러한 이념의 토대 위에서 일반적인 시민사회교육 목표를 세워야 한다.

시민사회교육의 일반적인 목표로는 ① 개인의 자아실현(自我實現) 능력의 함양, ② 민주시민 의식과 자질의 함양, ③ 올바른 현실인식과 비판능력의 배양, ④ 민주주의 체제의 수호와 평화통일의지 배양, ⑤ 민족과 인류의 공존공영(共存共榮)의 실현에의 기여를 제시할 수 있을 것이다.

민주시민사회 교육의 핵심은 인성교육이다. 따라서 자유민주주의사회의 존속과 발전을 위한 시민 육성을 전제로 하는 교육이다. 이런 의미에서 볼 때 교육의 근본적 의도는 분명히 사회의 민주화에 있다고 본다. 민주주의란 근본적으로 인간의 생활양식이며 공동체 운영의 원리이다. 요람에서부터 무덤에 이르기까지 공동체 생활을 해야 한다는 것이 인간의 숙명적인 존재조건(存在條件)이다.[260] 따라서 공동체 생활의 전제조건이 되는 준법정신을 함양하

259) 장창원은 국가의 지속적인 발전을 위해서는 교육과 인적자원의 선진화가 필요하다고 주장한다. 이 선진화는 인성과 지성이 체화된 인적자원을 양성하여 적기에 공급하고 적재적소에 배치함으로써 달성될 수 있다고 본다. 선진화를 통하여 국가의 모든 인적자원 수요 영역에 공급된 개인들이 각자의 역량을 최대한 발휘하여 지속적으로 높은 부가가치를 창조할 수 있게 해야 한다는 것이다. 그는 교육과 인적자원 선진화의 요체가 우수한 핵심인력의 양성이라고 생각한다(박기덕 편, 앞의 책, p. 12).

260) 맥커버(R. Maciver)나 듀이(J. Dewey)는 민주주의를 공동체라는 시각에서 이해할 것을 강조한 점에서 공통성을 갖는다. 민주적인 제도가 마련되었다고 해도 그 그릇에 담겨야 할 민주적인 정신과 행동이 미숙하거나 미흡하면 민주화는 오지 않는다. 민주시민 정신의 덕목은 말하고(對話), 생각하고(理解), 행동하는 기회를 마련하고, 이것을 잘 연결시켜 타협시키는 방안을 활용해야 된다.

고, 희생과 봉사정신이 몸에 스며들어 체질화되도록 지식주입식 교육방식에서 선진 문화시민교육으로 중점을 옮겨야 한다. 사회 전체의 자살률을 낮추면서 행복지수를 높일 수 있도록 물질만능의 사고에서 벗어나서 정신적인 행복을 찾을 수 있는 인성교육을 강화해나갈 때 선진일류시민이 늘어날 것이다.

2. 교육전략의 추진기조

(1) 인본주의(人本主義, Humanism) 교육문화 활착

21세기는 문화의 세대, 소위 연성권력의 시대다. 따라서 국가전략의 하나로서 교육전략은 21세기 핵심전략과제의 하나다. 교육은 경제성장을 위한 가장 핵심적인 전략 및 정책수단이다. 21세기 지식정보화 시대에는 한 나라 교육의 질과 수준이 그 나라의 경제성장의 질과 수준을 결정한다. 이제는 토지도 자본도 아닌 지식과 정보가 가장 핵심적인 생산요소이기 때문이다.[261] 모든 부가가치의 주요 원천이 지식과 정보에서 오기 때문에 교육은 경제성장을 위한 필수불가결한 투자재(投資財)이다.

우리나라는 자연자원이 부족하기는 하지만 현명하고 근면한 인적자원을 갖고 있다. 이런 인적자원의 장점을 잘 살려 미래의 대한민국을 위해 머리를 맞대어 전략을 수립하고 체제를 갖추어 국가경쟁력을 높여야 할 것이다.

평등주의적 개혁이념과 엘리트주의적 교육현실의 충돌, 그리고 교육의 수단화를 전제로 한 교육개혁의 대표적인 예가 고교평준화정책이다. 고교평준화정책은 우리나라의 교육정책 중에서 가장 성공적인 정책으로 평가되어 지난 20년간 그 정책의 기조가 유지되어 왔다. 그러나 평준화정책이 추구했던 대중교육론적·평등주의적 관점이 지식정보화 시대에 요구되는 자율성과 수월성을 강조하는 엘리트주의적·자유주의적 관점의 도전에 직면해 있는 것이 현실이다.

고교평준화정책이 도입된 지 20년이 지난 요즘, 우리 사회는 초6병, 중3

---

261) 지식사회 개념은 피터 드러커(Peter Drucker)의 지식경영학에 의해 본격적으로 보편화되었다. 드러커는 지식의 의미변환을 역사적으로 고찰하면서 기술혁신뿐 아니라 특히 다양한 사회영역에서 '지식의 적용'을 중시하였다.

병, 고3병과 같은 부분적인 질병이 아니라 교육과정 전 기간에 번져버린 고질병을 앓고 있다. 만 2-3세만 되면 뒤질세라 한글공부를 시작하고 초등학교 입학도 하지 않은 아이들이 무거운 발걸음으로 영어와 속셈학원을 드나들고 있다.[262)]

인성교육과 인본주의를 다루는 공(公)교육은 사라지고 수능위주의 사(私)교육이 주를 이루고 있다. 따라서 이제는 고교평준화 정책의 기본철학을 포함하여 근본적인 문제를 파헤쳐서 발전적인 대안을 강구할 때이다.

주입된 지식은 창의적·생산적인 지식으로 전환되지 않는다. 따라서 과학에서 기초과학이 중요하듯 청소년기의 교육에서는 인본주의 즉 '인간다움'을 존중하는 폭넓은 범위의 교육이 중요하다.

대한민국이 인문학적 기식기반을 마련하기 위해서는 국민전체의 교양수준을 높여야 하며, 국가의 전략방향도 여기에 부합되어야 한다. 우리사회에 맞으면서 세계적인 보편성을 지닐 수 있는 인문학을 발전시키기 위해서 전략적인 안목을 갖고 이 시대의 규장각을 건설하는 마음으로 교육전략을 수립하여 효율적인 정책을 추진해야 한다.

(2) 가정 · 학교 · 사회교육의 조화

교육은 가정교육과 학교교육 그리고 사회교육이 있고 이 세 곳에서 담당해야 할 나름대로의 교육기능은 다른 곳에 떠넘길 수 없는 것이다. 즉 가정교육은 가정에서, 사회교육은 사회에서 실시할 수 있는 것이다. 그러므로 사회운동을 일으켜서라도 가정과 학교 그리고 사회가 제각기 교육에서의 그 본래의 기능을 다하도록 해야 할 것이다. 그런 차원에서 사회적인 교육환경도 개선되어야 하며, 평생교육체제의 확충은 계속 발전되어야 할 것이다.

교육은 가정에서부터 출발해야 한다. 가정이 올바로 서야 나라가 올바로 선다. 가정은 사회적 중심체이며, 가정은 최초의 인성과 인격 형성의 장이다.

262) 私교육의 확산은 1990년대 후반에 나타나기 시작한 '학교붕괴', '교실붕괴' 등으로 묘사되는 公교육에 대한 학부모들의 불신과도 밀접한 관련이 있다. 1995년 이후의 私교육 추세를 살펴보면 1997년에 중학생의 56%와 고등학생의 32%가 私교육을 받은 반면, 2003년에는 각각 75.3%와 56.4%로 급격히 증가하였고, 2008년도 교육부 조사에 의하면 초등학생의 88%, 중학생의 78%, 고등학생의 63%가 사교육을 받고 있으며, 한해 3만 명이 넘는 학생들이 조기유학을 떠나고 있다.

가정은 문화전달의 공간이며, 아이들은 학습능력이 가장 높은 시기에 주로 가정에서 생활한다. 가정교육은 아이의 성격형성에 결정적인 영향을 주며, 학교교육과 사회교육에 기반을 제공한다. 이혼의 증가, 가족간의 대화상실, 유대관계의 악화 등으로 가정교육이 붕괴위기에 있다. 가정에서 본연의 교육이 이루어질 수 있도록 계몽과 정책적인 노력을 함께 해야 한다.

우리의 공교육은 세계의 교육을 따라잡지 못하고 있고, 빈부격차가 교육을 통해 다음세대의 신분격차(身分格差)로 이전되는 부작용을 여전히 안고 있다. 세계 최악인 공교육의 효율을 높이도록 노력해야 한다.

교육부 등 중앙으로부터의 규제를 줄이고, 단위학교의 자율성을 높여 학생, 학부모, 학교가 교육에 대해 자율적인 의사를 결정할 수 있는 자율교육체제를 형성해야 한다. 이를 위해서는 초·중·고등학교에는 학교운영위원회의 권한과 임무를 확대하고, 학교의 선택과 이동자유권의 보장, 기업의 학교 인수 허용, 다양한 학교인가 등의 조치가 필요할 것이다.

고등학교의 실업계 교육비율을 상향조정하여 우수 기능인력을 조기에 양성하고, 고급 기술인력의 양성을 위한 이공계 대학을 집중 육성하여, 정보화사회에 기여할 수 있는 인재를 육성하여야 할 것이다.

우리의 대학은 생산성을 향상시키는 기능을 다하지 못하고 선별장치 기능을 하는 것으로 인식되고 있다. 즉 일류대학생인지 이류대학생인지, 서울 소재 대학생인가 지방 대학생인가를 놓고 사람을 평가한다. 아무리 지방대학에서 좋은 교육과정으로 열심히 교육시키고 학생들이 열심히 공부해서 능력을 구비하여도 소위 서울의 일류대학을 나오지 못하면 높게 평가받지 못한다. 이러한 현실에서 사람들은 다 대학에 가려고 하고, 대학에 가되 되도록이면 서열이 높은 대학에 가는 것을 목표로 삼게 됨에 따라 대학입시경쟁은 치열해졌다. 이에 따라 대한민국의 초·중·고등학교의 교육은 대학입시위주의 교육이 되었고, 입시위주의 교육은 과외교육의 중시 등 교육의 부실화를 초래하였다.

정부는 중·고소득층의 교육을 원칙적으로 시장에 맡기고, 저소득층의 교육수준 향상에 집중하여야 한다. 요컨대 중·고소득층의 교육 문제는 자유화를 통하여 풀어, 얼마든지 좋고 비싼 학교와 교육프로그램을 자유롭게 개발하고 소비할 수 있도록 허용해야 한다. 그리고 저소득층의 교육 문제는 바우처

제도(Voucher System)[263]로 풀어야 한다.[264] 이와 더불어 저소득층 자녀들이 상대적으로 많이 재학하고 있는 실업계 고교, 직업훈련기관, 전문대학 등의 교육의 질을 높이기 위한 정부투자를 확대하면, 교육형평성 제고에도 큰 기여가 될 것이다.[265]

앞으로 학습복지의 내실화를 통해 국민 개개인의 고용의 질과 삶의 질을 향상시키고, 국가 전체의 혁신역량과 성장동력을 강화하기 위해서는 우선, 누구나, 언제, 어디서나, 필요한 학습과 훈련을 받을 수 있는 사회학습망(社會學習網, Social Learning Net)을 구축해야 한다. 학습이 사회적으로 권장될 수 있는 제도와 문화 정착이 필요하다.

한국의 교육전략의 가장 큰 문제점은 우리의 첨예한 교육상황을 가정·학교·사회교육의 연계라는 거시적 안목으로 보고 대처하는 것이 아니라 정권의 시각, 당파적 논리, 장관의 개성 등 근시안적 안목하에서 규제일변도의 단기 대증요법으로 일관해 왔다는 데 있다. 우리가 황폐한 교육환경에서 벗어나고 정상적인 교육환경을 만들 수 있는 유일한 길은 정부가 교육에 관여를 덜하면서 교육에 대한 주요 결정을 학부모와 학교 자체에 위임하고,[266] 가정·학교·사회교육이 서로 상승·보완작용을 하면서 교육의 목표

263) 바우처(voucher)의 사전적 의미는 증서 또는 상품권 등의 뜻이다. 원래는 마케팅에서 특정 상품의 판매를 촉진하고 고객의 충성도를 확보하기 위해 사용되는 기법 중의 하나였으나, 현재는 사회보장제도에서도 널리 사용되고 있다. 바우처 제도가 탄생하게 된 주요 원인은 사회보장의 바탕이 될 상품을 판매하는 공급자의 이익을 보호하고, 또한 사회보장제도의 수혜자가 정부의 의도대로 움직이지 않을 것에 대비한 것이다. 미국의 경우 저소득층 자녀의 진학을 위해 교육부문에서도 이러한 제도를 시행하고 있다. 미국의 학교 바우처제도란 공·사립을 불문하고 학생이 다니는 학교에 재정이 투입되는 제도이다. 즉, 만약 학생이 사립학교에 가고자 할 경우 공립학교에 지원되는 만큼의 돈을 학생이 다니는 사립학교에 지원한다. 형식상으로는 학생은 정부로부터 바우처를 받아서 사립학교에 등록금 대신 납부하고, 사립학교는 정부에 바우처를 제출하고 재정을 지원받는다.

264) 가난하지만 잠재력 있는 학생들을 발굴해 우리 사회의 지도자로 성장할 수 있도록 교육시키는 제도를 마련하는 것이다. 이미 선진국에서 다양한 제도를 운영하고 있다. 미국의 '헤드 스타트(Head Start)', 영국 '슈어 스타트(Sure Start)', 캐나다의 '페어 스타트(Fair Start)'가 그것이다(조선일보, 2008년 8월 16일).

265) 전문가들은 향후 우리 사회에서 경제성장이 서민들의 실질적인 소득으로 이어져 성장과 분배가 함께 이뤄져야 한다고 강조한다. 빈곤의 대물림을 막기 위해 저소득층에 학비면제제도가 도입되고, 저소득층의 취학 전 자녀를 사회에서 돌보는 국가보육 시스템이 마련되어야 한다는 것이다.

266) 교육제도가 국가주도적인 형태에서 사적형태로 전환되면, 지금과 같은 거대한 행정조직이 필요 없게 된다. 관치교육을 청산하기 위해서는 그것을 담당하는 행정부서를 정리하는 것

달성에 기여토록 조정자 역할을 다해야 한다.

(3) 평생교육시스템 정착

지식정보화 시대의 국가발전을 위해서는 ① 세계 최고의 대학과 최고의 첨단연구소를 만들어야 하며, ② 평생학습사회를 건설하고, ③ 신지식 창조에 친화적인 사회환경과 학습문화를 만들어야 한다. 이 세 가지가 지식정보화시대 국가의 가장 핵심적인 교육과제일 것이다.

지식정보화 시대에 성공한 국가가 되기 위해서는 사회 전체가 가정에서든, 학교에서든, 직장에서든, 새로운 만남과 새로운 실험을 환영하고 권장하는 분위기로 바뀌어야 한다. 특히 외국의 새로운 문화, 새로운 가치에 대하여 활짝 열린 자세를 가지고 적극적으로 이해하고 수용하려는 노력이 있어야 한다. 그리고 우리의 기존 문화, 가치, 사고 등과 융합해 보려는 노력을 하여야 한다. 그 과정 속에서 새로운 발상과 창의적 사고가 가능해진다.

앞으로는 지식의 변화속도가 매우 빠르기 때문에 정규 학교교육에서 얻은 지식과 정보만을 가지고는 평생 동안 활용하여야 할 지식과 정보로 크게 부족하다. 정규학교를 졸업하고도 일생 동안 수시로 수차례의 향상교육을 받아야 한다. 그래야 사회의 변화를 쫓아갈 수 있다. 이제 학교교육의 시대가 아니라 평생교육의 시대다. 따라서 다원화 교육 시스템을 만들어야 한다.[267] 이를 보장하기 위해 대한민국 헌법 제31조 ⑤항에서는 "국가는 평생교육을 진흥하여야 한다"라고 명시하여 국가의 책임을 규정하고 있다.

대한민국은 대학진학률이 80%를 넘어 적어도 양적인 측면에서의 학교교육은 세계 최고 수준이다. 그러나 학교교육을 마친 뒤 학습과 훈련을 통한 능력 개발은 선진국에 비해 훨씬 뒤떨어진다. 2009년 현재 평생학습 참가율이 약 23%에 불과해 북유럽 국가의 절반 수준에도 미치지 못한다. 이러한 상태가 장기적으로 지속되면 국민 개개인의 직업 능력 향상이 부진할 수밖에 없게 된다.

학교교육의 질을 향상시키기 위해서는 국공립학교를 민영화하여 교육의

이 중요하다.

267) 헌법상에 보장된 '능력에 따라 균등하게 교육받을 권리(헌법 31조 ①항)'가 실현되기 위해서는 최소한의 교육선택권은 회복되어야 마땅하다.

주체인 학교 및 교사와 학생이 자율적으로 교육서비스를 공급하고 주도하도록 교육제도를 정비해나가야 한다. 국민의 대다수가 낮은 소득수준에 있을 때는 교육을 뒷받침할 수 있는 기관은 정부밖에 없었다. 그러나 지금은 교육비를 세금이라는 이름으로 간접적으로 지불하도록 의무화하지 않아도 교육기관들이 수요자를 대상으로 요구되는 질 좋은 교육을 제공할 수 있다면 많은 학부모들은 기꺼이 자녀교육비를 부담할 수 있을 것이다.

교육부문에서도 대외개방을 실시하여 외국인의 투자가 허용되어야 한다. 외국의 어느 학교든 대한민국에서 대학을 설립하고 학생을 교육시킬 수 있어야 한다. 외국인의 참여는 소비자의 선택에 따른 합리적인 의사결정을 간접적으로 유도할 수 있으며 대학교육의 질은 높아질 것이다. 또한 세계의 훌륭한 대학이 들어오게 되면, 기존의 대학서열은 무의미해진다. 이것은 서열화에 따른 대학입시의 경쟁을 완화시키며, 경쟁에 따라 대학교육의 질이 향상될 것이다.

평생교육의 사회·교육 분야는 지방자치단체와 각 직장에서 상당부분을 분담해야 한다. 광역자치단위에서 일반자치와 교육자치의 재정을 일반자치로 일원화해야 한다. 그래야만 단체장이 주민의 최대 관심사인 교육에 관심을 가지고 필요하다면 지역주민과 협조하여 재원을 추가로 조달할 수 있다. 미국과 독일, 일본 등 선진국도 교육예산을 자치단체의 일반회계로 통합편성하고 있다. 지역교육청의 수와 기능을 축소하고, 단위 학교에는 총괄예산제도를 강화하여 학교운영위원회와 학교장이 재량을 갖고 자율적으로 편성하여 집행하도록 허용하는 것이 바람직할 것이다.

대한민국이 더 큰 성장을 하기 위해서는 국민 개개인의 창의성과 혁신을 꾸준히 쌓아가야 함을 알아야 한다. 창의성과 혁신에 기반이 되는 것이 평생교육 및 일과 삶의 균형이다. 우리들은 이 부분에 투여하는 예산이 비용이 아닌 투자라는 점을 알아야 한다.

'인재대국(人才大國)' 육성은 수요자 중심의 교육 기회를 제공하기 위하여 학교의 다양화와 특성화를 유도하고, 취약 계층에 대한 국가 차원의 장학제도를 강화하며, 모든 국민이 평생에 걸쳐 학습할 수 있는 체제를 마련하는 것이다.

평생교육입국의 건설을 통한 선진일류 인재대국을 달성하는 것이 선진일류화를 위한 중요한 국가전략이 되어야 한다.

(4) 전문 · 여성인력의 양성

21세기 국가경쟁력은 인재(人才)로부터 나온다. 그러한 인재를 발굴, 육성하여 실제로 활용하기 위해서는 국가의 노력이 필요하다.

지난 세기가 무력이 지배하는 약육강식의 세기였다면, 21세기는 지식과 과학기술이 지배하는 약육강식의 세기이다. 이러한 점을 명심하여 국가경쟁력 확보라는 차원에서 국가가 인재의 발굴에 적극적으로 힘을 기울임과 동시에 국가책임으로 인재양성에 힘써야 한다.

글로벌 인재 확보는 미국, 유럽 등 선진국들이 미래 핵심전략으로 추구하는 정책이다. 이와 비교해 보면 우리 현실은 초라하기 짝이 없다. 국내에서도 고급 인력 유치의 중요성을 강조하는 구호는 요란하지만 이를 제대로 실천하는 주체는 일부 대기업뿐이다.

바로 국가차원의 목표와 전략이 무엇인지가 명확하지 않기 때문이다. 글로벌 인재가 모이는 두뇌강국이 되려면 과감한 유인책과 경쟁적 환경이 필수요소인데 획일적 평등주의가 곳곳에 만연해 있으니 제대로 추진될 리 없다.[268] 가령 교육계만 보더라도 '평준화 타령'으로 시행착오를 겪으면서도 여전히 똑같은 과오를 고집하고 있다. OECD 교육 지표에 나타난 대한민국의 GDP대비 교육비 지출 비중이 7%가 넘어 세계 최고 수준이며, 부모들의 교육비 부담도 세계 최고 수준[269]임에도 불구하고 평등주의 교육제도로 인해 자원이 얼마나 비효율적으로 낭비되는지를 알 수 있다.

우리나라도 앞으로 국가전략과 정책을 연구하는 민간 싱크탱크가 많아져야 한다. 실사구시를 지향하는 정책대학원도 더 많아져야 한다. 그래서 국가

---

268) 세계 자원과 돈을 스펀지처럼 흡수하고 있는 중국이 고급 두뇌를 가진 글로벌 인재들마저 빨아들이겠다는 야심을 드러냈다. 비용에 개의치 않고 세계 100위권 유명 대학과 연구기관에서 대가(大家) 수준인 인재 1000명을 데려와 일류학과 100개를 만든다는 '111계획'이다. 스케일 측면에서 '중국다운 발상'이라는 감탄이 절로 나온다. 중국 정부가 지향하는 목표도 눈여겨볼 점이 한두 가지가 아니다. 지금까지 양(量)적 성장에 치중해온 중국이 이제부터는 질(質)적 성장으로 전환하겠다는 구상이 엿보인다. 그 목표를 달성하기 위해 교육과 인재양성부터 손을 대겠다는 것도 고개를 끄덕이게 하는 대목이다(매일경제, 2006년 6월 14일).

269) 우리나라의 공교육비 가운데 민간이 부담하는 비율이 경제협력개발기구(OECD) 국가들 중 가장 높은 것으로 나타났다. 대학 등록금, 교원 1인당 학생 수 등도 세계 최고 수준인 것으로 조사됐다. 경제협력개발기구(OECD)가 공개한 '2007 교육지표'를 보면, 2005년 기준으로 우리나라의 국내총생산(GDP) 가운데 공교육비 비율은 7.2%였고, 이 가운데 학부모 등 민간 부문의 부담률은 2.9%(OECD 평균 0.8%)로 조사 대상인 26개국 가운데 최고였다.

전체의 정책 수립 및 추진 능력, 정책학습능력이 크게 제고되어야 한다. 그래야 우리나라도 선진국에 진입할 수 있다. 예를 들면 미국에는 헤리티지재단(Heritage Foundation), 브루킹스 연구소(Brookings Institution), 기업연구소(American Enterprise Institute), 국제전략연구소(CSIS) 등 수많은 민간 주도 국가전략과 정책 연구소가 있다. 정부의 정책책임을 맡았던 전직 고위공무원이 퇴직 후에는 민간 국가정책연구소에서 자신의 국정참여경험을 정리하여 책 등으로 출판한다. 새로이 정책책임자가 된 사람들에게 정책자문도 한다. 국정참여의 경험을 사장시키지 않고 어떠한 형태로든 국가를 위하여 생산적으로 활용하고 있다.

우리나라에는 행정부처 산하의 정부연구소나 대기업 산하의 기업연구소는 있지만 국가전략과 정책과제를 정치적으로 중립적인 입장에서 연구하는 민간 싱크탱크는 거의 없다. 행정대학원 등은 있지만 주로 이론교육에 치중할 뿐 아직 이론과 실무를 함께 가르치는 국가전략 및 정책대학원이 많지 않다.

선진일류국가의 주체로서 선진화 정당과 더불어 전략과 정책전문가 그룹을 들 수 있다. 이처럼 이론과 실무를 겸비한 전략과 정책세력이 많이 나와야 우리나라가 선진일류화에 성공할 수 있다. 국가전략과 정책을 연구하는 민간 싱크탱크, 국가전략·정책대학원 등을 많이 만들어 공익성과 전문성을 생명으로 하는 정책세력을 많이 양성해야 한다.[270] 그리고 전략세력, 정책전문가 그룹은 앞으로 비전정당, 정책정당이 나오면 그 중심에 있는 당의 싱크탱크에서 국가전략과 정책논의의 공익성과 전문성을 높여나가는 데 중추적인 역할을 해야 할 것이다.[271]

지식이 경쟁력 강화와 경제성장의 핵심인 21세기에는 여성인력의 양성과 활용은 생산성 향상과 지속적인 경제성장에 매우 중요한 요소로 등장하게 되

270) 독일과 일본 등 선진국에서는 국가적 위기를 맞을 때면 지식사회와 정부·의회의 인적·지적 네트워크가 국가전략과 정책을 제공하고 있다. 1990년 갑작스런 통일을 맞이한 독일은 유력 경제학자 5명으로 구성된 '5현자(賢者)위원회'가 정부에 경제정책의 큰 방향을 제시했다. 이들은 동·서독의 평준화 정책에 반대해 시장요구를 수용하도록 줄기차게 권고했다. 최근 우정사업 민영화에 성공한 일본도 고이즈미 전 총리가 각종 공식 기구와 비공식 모임을 통해 구조개혁에 필요한 지식과 여론을 결집했다.

271) 미국에서는 정책의 바탕이 되는 지식을 생산하는 연구소·학계, 이를 활용하는 정부·의회 사이의 인적·지적 네트워크가 살아 움직이고 있다. 정구현 삼성경제연구소장은 "미국 등 선진국은 국가전략을 뒷받침할 풍부한 지식이 수많은 싱크탱크의 경쟁과 협력을 통해 공급되고 선별된다"며 "그러나 대한민국은 높은 교육수준과 뛰어난 정보기술(IT) 인프라를 갖추고도 국가전략을 뒷받침할 지식이 부족하다"고 말했다.

었다. 디지털 경제로 대변되는 지식기반사회에서는 고학력의 전문직에 대한 수요가 급증하게 된다. 이들 전문직의 대부분은 물리적인 힘과 체력보다는 지식과 전문성이 중요시된다. 따라서 새로운 지식기반 사회에서 여성의 역할이 높아질 것이라는 일반적인 기대가 확산되고 있다. 지식기반산업의 일자리들이 여성친화적인 성격을 지니고 있어, 여성이 능력을 발휘할 기회가 증가할 것이라는 예상이다. 따라서 재능 있는 여성인력의 양성과 확보는 기업의 생산성과 경쟁력 향상에 기여할 것이다.

그리고 많은 경제학자들은 지식기반사회에서는 여성친화적인 직업의 성장과 함께 인력부족현상으로 인해 과거의 성분리(性分離) 및 성차별은 시장에 의해 완화될 것이라는 견해를 피력하고 있다.

대한민국 헌법 제32조 ④항에 “여자의 근로는 특별한 보호를 받으며, 고용·임금 및 근로조건 등에서 부당한 차별을 받지 아니한다”라고 명시되어 있다. 그러나 우리나라의 성분리 구조는 외국에 비해 심각하며, 이러한 원인은 남존여비의 유교적 가치관, 남성중심의 기업문화, 기업의 성차별 등을 들 수 있다. 과거 우리나라의 여성정책은 기업의 여성노동력 수요확대보다 여성근로자의 보호 및 공급확대에 초점을 둠으로써 비용분담이 기업에 집중되어 여성고용에 부정적인 영향을 주었다. 여성근로자 자체도 대기업의 고임금 고용안정의 계층과 영세기업의 저임금 고용불안의 계층으로 나누어져 있으며, 여성인력의 고령화와 고학력화는 꾸준히 진행되고 있다. 그리고 여성은 주로 소규모 사업장과 서비스업에 집중되어 있으며, 상용근로자보다는 임시·일용근로자의 비중이 크다.

우리나라의 경제활동참가율은 아직도 남성이 상대적으로 높은 편이다.[272] 그런데 일인당 국민소득이 1만불의 단계에서 2만불로 상승한 많은 나라에서 그 기간 중에 여성의 경제활동참가율이 크게 증가하였다는 연구결과가 있다.[273] 우리나라에서도 앞으로 여성의 경제활동참가율을 증가시키기 위해 고

---

272) 대졸자의 경우 남성이 90%인 데 반하여 여성은 52% 수준이고, 고졸자의 경우 남성이 67%인 데 반하여 여성은 51% 수준이다. 여성의 경제활동참가율 OECD 평균치를 보면 62.3%로 우리나라의 50% 수준보다 크게 높다.

273) 국민소득 3만불 시대를 준비하는 대한민국에서 여성 인력의 활용은 선택이 아닌 필수 사항이다. 여성의 경제활동 참여가 높은 국가일수록 국민소득이 늘어나는 뚜렷한 경향이 발견되기 때문이다. 여성개발원 자료에 따르면 여성의 경제활동 참여율은 소득 1만불인 국가가 53.4%, 2만불인 국가는 60.8%, 3만불인 국가는 63.3%며 4만불인 국가는 75.7%에 달한다.

용에서 성차별을 축소하는 제도적·정책적 노력을 더욱 강화하여야 한다.274)

정부는 노동시장의 자율적인 조정기능에 의해 고용의 질 향상 및 경력단절 완화 등의 과제가 해결될 수 있도록 환경을 개선해 나가야 할 것이다. 그리고 여성전문상담인력의 양성, 여성친화적인 정보망의 구축, 여성 직업 관련기관에 대한 지원 강화, 여성의 진로지도와 직업의식의 강화, 전업주부의 사회참여 활성화, 고용평등 프로그램의 개발, 성차별에 대한 인식개선 등을 위한 방안이 강구되어야 할 것이다. 그리고 모든 여성근로자가 가능한 법과 제도의 보호를 받을 수 있도록 정책의 실질적인 적용범위를 확대하고, 여성가장, 임시일용직 근로자, 영세 영업자 등의 취약계층을 위한 정책개발이 요구된다. 그리고 인간본연의 가치가 존중될 수 있도록 임산부의 건강과 산업재해문제, 여성가장의 빈곤문제 등에 대해서는 예방적 조치를 확대해 나가야 할 것이다.

여성전략의 기조는 먼저 시장기능을 강화하여 노동시장의 자율적 조정기능에 의해 고용의 질 향상 및 경력단절 등의 과제가 해결될 수 있도록 환경 및 인프라를 구축하여야 한다. 그리고 여성이 자신의 능력을 충분히 발휘할 수 있는 노동시장의 여건을 조성하고, 규제보다는 시장기능에 의해 여성 지위의 향상을 도모한다. 그리고 근로자, 기업과 정부가 모두 수용할 수 있는 사회통합적인 전략을 발전시킨다.

기업은 남성중심의 기업문화에서 벗어나 생산성이 높고 능력이 있는 여성들에 대한 문호확대를 통해 보다 많은 인력 중에서 인재를 선발할 수 있고, 생산성 및 경쟁력을 향상시킬 수 있다. 따라서 기업들은 여성을 동반자화하는 노력과 남녀 고용평등에 적극적인 참여가 필요하다. 특히 단시간 근로, 재택근무, 일자리공유 등의 가족친화적인 제도는 여성의 고용 및 가정과 직장양립 등에 긍정적인 역할을 할 것이다.

대한민국 여성은 강인하고 진취적이며 아름답다. 해방 후 가난과 전쟁, 독재의 틈바구니 속에서 짓눌린 가장과 아이들을 보듬고 집안을 키워낸 이들은

대한민국의 여성 경제활동 참여율은 50.6%(2005년, 통계청)로 국민 소득 1만불 국가 평균에도 미치지 못하고 있다. 더욱 큰 문제는 지식경쟁력을 갖춘 대졸 이상 고학력 중년 여성의 경제활동 참여율이 낮다는 점이다.

274) 김효선 중앙대 경영학과 교수는 "국가경제가 굴뚝형 모델에서 지식경제 모델로 전이하는데 있어 여성의 역할이 매우 중요하므로 문화적 다양성, 창의성과 창조성을 위해서는 더 많은 여성인력을 경제에 참여시켜야 한다"고 강조하였다.

다름 아닌 한국의 어머니였다. 어머니는 자식에게 뛰어난 가정교사요, 정신적 스승인 멘토(Mentor)였다. 대한민국은 최후의 귀의와 구원을 어머니에게서 찾는, 세상에서 가장 농도 짙은 모성국가이다.

지식정보화 사회에서 나이가 젊을수록, 세대가 내려갈수록 여풍(女風)의 위력은 가히 폭발적이다. 엘리트 공무원의 등용문인 고시 수석을 해마다 여성들이 도맡고 있다.[275]

21세기 들어 지구상에서 가장 획기적으로 여성 지위가 바뀐 나라가 대한민국이다. 변화의 주역은 바로 우리 여성이다. 그들의 역동적인 에너지와 뛰어난 자질이 빛을 발하고 있는 것이다. 여성 인력이 대거 투입됨에 따라 우리의 미래는 더욱 밝아올 것이다. 여성을 믿고 활용하면 훨씬 인간미 넘치는 선진 일류사회를 이룩할 수 있을 것이다.

(5) 공동체적 가치 실현을 위한 충(忠) · 효(孝) · 예(禮) 교육 강화

입시위주의 일방적인 학교교육, 가부장제의 붕괴에 따른 가정교육의 제한과 극한적인 이기주의에 따른 사회교육의 어려움으로 대한민국은 공동체적 가치를 상실하고 있어 이를 회복하기 위한 다양한 전략이 필요하다.

가족의 중요성은 동서고금이 마찬가지지만, 특히 대한민국은 유교적 전통이 강해 모든 것이 집(家)을 중심으로 이루어졌다. 가족은 개인의 행복을 좌우하는 제1의 조건이자 나라의 핵심자산이다. 한국인은 행복의 최우선 조건으로 화목한 가정을 뽑고 있다. 매우 행복한 사람들의 공통점은 가족과의 좋은 관계와 유대를 유지하고 있다는 점이다. 가족이 없는 삶, 관계와 유대가 멀어진 삶은 행복과는 거리가 멀다는 얘기이다. 이처럼 중요한 가족이 지금 위기에 처해 있다. 이혼은 증가하고 출산율은 하락하고 있으며, 가족간의 대화가 상실되고 있다. 기러기 아빠가 급증하고 있으며, 독거노인의 수는 지난 20년 동안 무려 여덟 배나 늘어 백만에 육박하고 있는 실정이다.

---

275) 2004년의 경우 사법 · 행정 · 외무 등 3개 고시는 물론 행정 기술직(옛 기술고시), 공인회계사, 변리사, 감정평가사, 세무사를 비롯한 8개 주요 국가자격 시험 수석을 모두 여성이 휩쓸었다. 합격자 비율도 급상승하고 있다. 외무고시는 1993년에는 단 1명에 불과했으나 요즈음에는 약 50% 이상을 여성이 차지하고 있으며, 2008년 행정고시 최종합격자의 51.2%, 사법시험 최종합격자의 38.2%, 외무고시는 65.7%가 여성이었다. 서울시 공무원 임용시험(행정직)에서는 합격자 1833명 중 61.8%인 1132명이 여성이었다.

예로부터 우리 사회는 학문을 숭상하고 학벌과 문벌을 중시하는 풍토가 강했다. 이런 전통은 기원 후 한반도에 농경문화가 정착되고 중국으로부터 유교문화가 전파되면서 형성되기 시작한 것으로, 지금 이 순간까지도 우리의 교육열은 타의 추종을 불허한다. 인(仁)과 예(禮)를 중시하는 유교사상은 충(忠)과 효(孝), 지식과 덕망, 예의범절, 원칙과 양심, 규범과 도덕 등을 가르쳐왔고, 지금까지도 우리에게 큰 영향을 미치고 있다.

충·효·예 정신은 우리 민족 고유의 아름다운 정신이다. 한국적인 전통 가치를 말하라면 충·효·예라 할 수 있을 것이다.[276] 국가윤리, 가정윤리, 사회윤리를 뜻하는 충·효·예는 글자에 그 뜻이 잘 나타나 있다. 즉 충의 본질은 직분충실과 나라사랑을 의미한다. 효는 부모로부터 받는 사랑을 되갚기 위해 부모를 생각하고, 부모의 뜻을 따르며, 봉양하는 것을 의미한다. 예는 하늘의 순리에 따르는 의미로 조화와 질서, 사랑의 실천과 상대방에 대한 존중과 배려를 의미한다. 즉 역지사지(易地思之)적 관점에서 상대방의 마음이 편안하도록 자기의 도리를 다하는 것을 의미한다.

바로 여기서 선비정신이 생겨났다. 무릇 학문과 덕을 겸비한 선비란 백성을 사랑하고 대의를 위해서는 일신의 생명도 초개같이 버릴 줄 아는 이상적 인간의 전형으로 여겨져 왔다. 덕분에 선비정신은 '시대적 양심', '푸른 소나무 같은 기상', '대쪽 같은 지조'로 구현되어 왔다. 이는 '대한민국이 동아시아 문명과 사상의 중심'이라는 지적 자부심을 가져다주었을 뿐 아니라, 임진왜란 등 국난 때는 의병항쟁 등 순국정신(殉國精神)으로 나타났다.

아무리 지식정보화시대, 우주시대라 해도 변하지 말아야 할 것이 있다. 이는 국가의 가장 근본이 되는 국가의 이념과 가치를 바탕으로 하여 충·효·예의 전통을 이어가면서 자유민주주의에 걸맞은 새 가치관과 질서를 건설하는 것이다. 우리 가정, 학교와 사회에서 충과 효 그리고 예의 실천을 강조하고 있는 자체가 국가 정통성의 상징이라 하겠다. 외국인들이 우리의 전통적 가치와 관습 중에서 가장 부러워하는 것이 바로 충·효·예 정신이다.

세계화·지식정보화 시대에는 인간 소외현상이 더욱 가시화될 것이다. 가

276) 가치와 가치관의 관계를 등대에 비유한다면 가치는 항구입구에 세워진 등대이고, 가치관은 항해사가 가지고 있는 나침판이라 할 수 있을 것이다. 때문에 조직은 어떤 가치를 가지게 하느냐, 각 개인은 어떤 가치관을 가지고 살아가느냐가 중요한 것이다.

정의 붕괴현상도 더욱 가속화될 수 있다. 혼란스런 불확실성의 사회 속에서 인간답게 살기 위해서는 충·효·예의 본질이 구현되는 공동체를 만들어 가야 한다.

(6) 올바른 세계관 · 국가관 · 역사관 정립

우리의 국민교육은 위기상황이다. 조기유학 및 교육이민의 급증과 과열과외 등의 탈학교화가 급격히 확산되고 있다. 이것은 근본적으로 우리 학교의 내용과 질이 야기한 문제로서 학생이나 학부모들이 학교에서 제공하는 교육서비스에 만족하지 못하기 때문에 생기는 이상현상이다. 아이들은 아이들대로 가정에서 가족과 함께할 시간이 없고 놀이문화도 기대할 수 없으며, 자신만의 가치관과 꿈을 키워야 할 성장기를 끊임없는 과외 속에서 보내고 있는 것이다.

그러다 보니 우리의 자식들은 세계화 시대에 세계를 보는 눈을 제대로 뜰 수도 없고, 국가를 위해 무엇을 할 것인가를 제대로 알지 못하며, 과거를 되돌아보며 미래를 예측하는 능력을 갖추지 못하고 있다.

초·중·고등학교의 학교활동은 인간성 배양과 가치관 확립, 인격교육, 개성에 따른 특성화교육 등 교육본연의 업무에 보다 내실을 기할 수 있도록 해야 한다.

대학마다 독특하고 특징적인 입학전형방법을 도입하고, 다양한 학생층을 유치하여 학교수업과 기타 활동을 통해 올바른 세계관과 국가관을 심어주는 노력을 강화해야 한다.

우리는 대한민국의 국민으로서 대한민국의 역사를 바르게 바라볼 수 있는 소양을 갖추어야 한다. 올바른 세계관은 균형적인 국가관과 역사관의 정립에서부터 시작되어야 한다. 식민지 사관도 문제지만 좌·우 한쪽에 너무 편향적인 역사관도 시정되어야 한다. 균형적이고 합리적인 시각을 가지고 세계와 우리 내부를 바라보는 국민들이 많을수록 그 국가는 건전한 발전을 지속할 수 있다.

국가는 2030년을 바라보는 장기적인 안목을 갖고 국민들이 올바른 세계관·국가관과 역사관을 갖추어 지혜의 눈으로 균형 있고 창의적으로 미래를 투시할 수 있도록 교육을 실시해야 한다.

세계시민교육, 민주시민교육과 인성교육 등에 대한 교육투자는 국가전략 차원에서 수행해야 할 핵심과제이다.

3. 국가전략 분야 전문인재의 육성

(1) 전문적인 자질과 식견 배양

대한민국에는 국가전략과 구체적인 정책을 디자인하여 추진하고, 상호 점검하면서 수정할 수 있는 인력이 절대 부족하다. 우리나라는 그동안 그런 전략가를 키우지 않았다. 미국을 포함하여 선진국처럼 국가전략과 정책을 다루는 독립된 민간 두뇌집단도 거의 없다.[277] 함석헌 선생의 말씀처럼 생각하는 국민이어야 살 수 있으므로 먼 장래를 바라보면서 국가전략을 생각하는 인재들이 많아야 한다.

전략에서 행동은 이익 구현을 위한 목적행동(目的行動)에 관한 것이다. 여기서 목적이란 국가, 사회, 단체 및 개인에 관한 인간 고뇌의 산물이다. 그리고 그 고뇌는 일반적으로 새로 발생한 위협요인으로부터 생긴다. 즉 전략이란 이러한 위협에 대응하기 위한 목적과 효율적으로 달성하기 위한 수단방법을 생각하고 이를 실천하는 행위이다.

우리는 지금까지 기술한 국가전략이 추구하는 목표에 도달하기까지 수많은 난관을 헤쳐야 한다. 따라서 미래 국가 디자이너인 국가전략분야의 인재는 뜨거운 '열정(Passion)'과 미지 세계를 향한 도전의식을 갖춰야 한다. '현대 경영학의 아버지'로 불리는 피터 드러커는 "세상을 바꿀 수 있는 존재는 첨단기술이나 기계가 아니라 열정을 지닌 인간"이라고 갈파했다.

따라서 국가지도자의 '리더십(Leadership)'이 요구된다. 모든 조건을 갖추었더라도 사회가 인정하지 않는다면 무의미하다. 무조건 '나를 따르라'는 독불장군식 리더십은 더 이상 발붙일 데가 없다. 지식기반 사회에서 인정받는 리더십을 갖추려면 수 십 년 앞을 내다보는 비전을 갖고 국가전략 차원에서 변화와 혁신을 추구해야 한다. 이에 못지않게 중요한 덕목이 윤리의식이다. 폴 케네디는 "21세기 리더는 성직자에 준하는 높은 도덕성을 지녀야 한다"고 강조했다.

현재 존재하고 있는 법과 규범은 통상 과거에 발생하였던 위기와 어려움을 대상으로 하여 해결하는 수단으로서 설정된 것이라고 할 수 있다. 조직의 관리란 통상적으로 발생이 예상되는 위협의 해결을 정해진 규범에 의해 행하기 위한 기술이며 그 수단이다. 이러한 일반적인 업무의 처리에는 대전략이

277) 백낙청 외, 21세기의 한반도 구상(창비, 2004), p. 324.

필요치 않다. 명확한 전략관이 없더라도 단순히 근면하고 열정적인 인격의 소유자나 관리자라면 부여된 임무를 훌륭하게 수행할 수 있을 것이다.

그러나 예상하지 않았던 사태나 위협이 발생하였을 경우에는 기존의 법과 규범으로는 문제를 근본적으로 해결할 수 없는 경우가 생긴다. 이러한 경우에는 앞에서 말한 관리자의 자질은 필요조건은 될지언정 결코 충분조건은 될 수 없을 것이다. 왜냐하면 새로운 사태를 효과적으로 대응할 수 없기 때문이다. 즉 충분조건은 새로운 문제를 해결할 수 있는 자질, 즉 전략가로서의 자질을 갖추는 것이다. 동시에 그러한 전략사태에 대한 대응을 회피한다든가, 타인에게 위임하는 일이 없이 본인 스스로가 적극적으로 문제해결을 위해 나설 수 있는 자질이 충분조건을 이룬다. 국가의 지도자들은 문제해결의 전문적인 자질과 식견을 구비하고 있어야 한다.

사고의 융통성이 제한되고 고집이 강한 교조주의자는 전략가로서의 자질이 부족할 수밖에 없을 것이다. 왜냐하면 그는 변하를 두려워하기 때문에 사태에 대한 적응을 거부하고, 규범이 갖는 권위나 권력을 내세워 자기의 주장을 정상화시키려 노력할 것이기 때문이다. 전략이란 규범과 룰에서 자유롭게 벗어날 수 있는 유연한 사고의 자질을 갖은 자의 대상 분야이다. 그리고 새로 발생할 상황에 적극적·창조적으로 대응하면서 사태의 본질을 파악하여 발전 방안을 제시하는 자의 분야이다.[278]

전략가란 유연한 사고력에 의한 문제의식을 항상 적극적으로 보유하여 발생이 예상되는 제 문제에 대해서 건전한 판단을 내리고 대책을 수립할 수 있는 능력을 갖추어야 한다. 즉 싱가포르의 리콴유 전 총리처럼 사고가 유연하고 융통성이 있으며, 문제를 적극적 창의적으로 탐구하고 객관적이고 합리적인 계획을 발전시킬 수 있는 사람이어야 한다.[279] 그러나 이러한 인재를 발

278) 미즈시류(端子龍), 앞의 책, pp. 492-499.

279) '작은 나라의 위대한 거인'으로 불리는 리콴유 총리는 싱가포르를 꿈으로 이끈 지도자다. 1959년 리콴유가 초대 자치 총리로 취임할 당시 실업률은 13%를 넘었고 파업과 폭등은 끊이지 않았다. 리콴유 총리에게 위기는 꿈의 시작이었다. 리콴유 총리는 중국계, 말레이계, 인도계로 이루어진 싱가포르를 하나의 독립된 국가로 엮어내기 위해 1965년 유엔에 가입하고 헌법을 개정해 싱가포르 공화국을 출범시켰다. 이 후 이스라엘의 힘을 빌려 군을 창설했고 다양한 인종과 사회적 배경을 가진 국민을 위대한 국가비전으로 통합했다. '평등'과 '존중'으로 다양성을 살리고 능력에 따라 적극적으로 인재를 발굴하고 양성했다. 한편 일등국가의 꿈을 가로막는 부정과 부패문제를 철저하게 척결했다. 자신에게도 청렴원칙을 철저하게 적용함으로써 리콴유는 국민의 마음을 얻었고 위대한 싱가포르의 꿈을 달성했다.

굴하여 육성하는 일은 결코 쉽지 않다.

국가전략이 수립되고 구현되는 데는 활발한 아이디어 교환과정과 현명하면서도 단호한 리더십이 있어야 한다. 대한민국은 아이디어 시장이 발달하지 못한 편이므로, 앞으로 창의적이고 합리적인 아이디어가 공개적이고 민주적으로 교환되고 수렴되어 국가전략화하는 구조가 정착되어야 한다.[280] 아이디어에 대한 토론과 논쟁이 없다면 국가전략의 내용이 부실해지거나 정확하지 않을 가능성이 높고, 국가전략이 수립되더라고 이를 집행하는 과정에서 많은 반발과 국론분열현상이 나타나기 쉽다. 국민적 합의는 형성되지 않은 채 소모적이고 폐쇄적인 정쟁만이 반복될 때, 국가전략은 표류하고 국력은 낭비되는 결과를 초래할 것이다.

국가전략이 성공적으로 구현되기 위해서는 현명하고 단호한 리더십이 필요하다. 전략적 · 정책적 리더십은 물론 정치적 리더십이 함께 요구된다. 국가전략을 수립하고 선택하는 과정에서 현명한 정책적 리더십이 있어야 하고, 수립된 국가전략을 효과적으로 집행하기 위한 단호한 정치적 리더십이 요구된다.[281]

현재 대한민국은 범세계적인 경제위기의 소용돌이 속에서 단기적이면서 임기응변적인 위기대응과정에서 나타난 시행착오와 폐해를 치료하는 단계에 있다. 그동안 대한민국은 위기극복에 급급해 중장기적인 전략을 생각할 겨를이 없었지만, 이제는 차분하게 미래 대한민국을 위한 전략을 구체화해야 할 시점이다. 그러나 경제위기과정에서 그동안 잠복해 있었던 사회갈등은 증폭되

280) '주식회사 대한민국'의 국가경영에서는 '경영전략 부재와 리더십 부족'이 가장 문제라는 경영학자들의 진단이 나왔다. 경영전략이나 리더십은 모두 국가 최고경영진이 맡는 항목임을 생각하면 대한민국은 심각한 최고경영자(CEO)문제를 안고 있음을 의미한다. 경영학자들은 국가경영의 취약점을 묻는 질문(복수응답)에 '국가경영전략 부재(63%)'와 '리더십 부족(55%)'을 주로 꼽았다. 3위 항목인 '미래를 위한 인재 양성 부족(37%)'보다 현격하게 높았다.

281) 대한민국 사람들은 경제를 일구고(박정희) 경제를 회복한 대통령(김대중)을 제일 좋아한다. 그리고 나라를 건국한 이승만 대통령도 존중한다. 이는 한국인을 통합하는데 '경제 가치'가 중요하다는 것을 시사한다. 박정희 대통령을 높이 평가하는 이유로 경제를 일으킨 업적을 꼽았다. 경제성장을 통해 '근대화를 이뤘기 때문에'라는 응답자가 48.9%였다. 이어서 '새마을운동을 했기 때문에'(33.9%), '자주국방의 기초를 다졌기 때문에'(15.3%) 좋아한다고 답했다. 두 번째 높은 평가를 받은 김대중 대통령은 'IMF 외환위기를 극복해서'(44.5%)가 가장 큰 이유로 꼽혔다. 남북 정상회담 개최 등 햇볕정책으로 '남북 긴장을 완화시켰기 때문에'(29.3%) 순으로 좋아하는 이유를 댔다. 이승만 초대 2, 3대 대통령은 '건국의 아버지이기 때문에' 좋아한다는 응답이 52.2%로 가장 높았다. 이어서 '6 · 25 전쟁에서 체제를 지켰기 때문'(28.0%) '한·미 동맹을 맺고 강화했기 때문'(19.7%) 순이었다(중앙일보, 2007년 1월 2일).

고 있으며 개혁피로증후군이 확산되면서 그나마 진전되었던 국가 차원의 개혁의 성과들이 사라질 수 있는 어려운 국면에 처해 있다.

과도기에 국민적 역량을 묶어 내고 국가전략을 구현하는 원동력은 리더십이다. 글로벌, 디지털, 네트워크 시대에 대한민국의 안보전략, 번영·발전전략, 평화통일전략, 선진일류국가전략을 수립하고 효과적으로 구현할 현명하고 단호한 리더십이 발휘되어 국민적 지혜와 아이디어가 모아져야 할 것이다.

(2) 비판적인 문제해결 능력 제고

전략의 특성 중 하나는 미래지향성이다. 미래는 불확실성으로 가득 차 있다. 따라서 불확실한 미래를 시간적 배경으로 하는 전략은 합리적이고 통합적인 바탕 위에서 수립되어야 한다. 음과 양을 동시에 고찰하고, 순기능과 역기능을 고려해서 역기능을 최소화하면서 순기능을 극대화할 때 비로소 전략이 순기능을 발휘한다.

전략가는 과거의 비슷한 전례에 따라 사태를 조급하게 해결하려고 하지 말고 사태의 본질을 파악하여 이를 해결하는 수단을 발견하고자 노력해야 한다. 즉 전략의 분야는 자유스러운 의사를 전제로 하는 목적행동에 있어서의 수단과 방법에 대한 이론, 계획 및 행동의 일련의 절차이며, 이론과 실천의 조화의 장이다. 따라서 이론이라고 하는 규범적인 것이 존재한다 하더라도 그 적용은 항상 처해진 환경과 변화하고 있는 사태에 대한 각각의 대응을 필요로 하고 있다. 여기서 상황의 본질적인 파악이라고 하는 것은 반드시 합리적인 분석을 전제로 하지 않으면 안 된다.

국가전략 수립과정에서 가장 중요한 것은 전략환경에 대해서 그 본질과 실태를 분석하는 비판정신이다. 그리고 계획에 임해서는 목적을 견지하고 그 해결 수단의 적합성, 가능성, 수용성, 효율성 및 장래성에 대해서 철저하게 합리적으로 분석하는 것이 중요하다. 이때 적용되는 이론이란 역사나 학문에서 도출된 보편성을 지닌 이론이며, 또한 실제적이고, 과학적인 이론을 말한다. 따라서 전략적인 문제를 규범에 의해 급속하게 해결하는 것은 매우 위험하며, 모든 것을 합리적인 비판과 분석에 바탕을 두고 문제를 해결하는 여유를 가져야 한다. 전략가는 논리적이고 합리적인 사고체제를 바탕으로 수평적·수직적인 사고를 할 줄 알아야 한다. 또한 망원경적 시각으로 먼 미래를 투시하며,

현미경적 시각으로 사물의 본질을 파헤칠 수 있는 능력을 구비해야 한다.

(3) 전략적 사고 역량 부여

국가전략은 사람이 수립하는 것이다. 따라서 전략적인 사고를 할 수 있는 인재가 없으면 건전한 국가전략은 수립될 수 없다. 전략적인 사고를 할 수 있는 인재를 양성할 수 있는 교육이 필요하다.

전략가는 전략적 차원에서 사고하며 대국을 관찰할 수 있는 능력을 갖추어야 한다. 전략이란 항상 관련 정세와의 조화의 예술이며, 또한 상황을 우리의 목적에 부합되게 활용하는 취사선택의 기술이기 때문이다.

성공을 보장받을 수 있는 훌륭한 전략은 정확하고 객관적인 지식과 미래를 예견하고 투시할 수 있는 지혜를 바탕으로 수립된다. 따라서 훌륭한 전략가로 자리매김되기 위해서는 사물의 본질을 파헤치는 지식과 지식의 조각들을 국가전략의 큰 틀에 통합하는 지혜가 필수적이다.

국가전략가는 항상 국익우선의 사고와 관념을 가져야 한다. 전략가는 목전의 이익에 사로잡혀 대국적인 이익을 상실하는 것을 경계해야 한다. 위기에 대한 격정에 사로잡혀 냉정을 잊지 말고, 포괄적·장기적인 관점에서 상황을 판단하여 국가이익을 극대화할 수 있는 관리자가 되어야 한다.

고래로 황희 정승과 같은 명재상이나 이순신 장군 같은 명장이라고 하는 자질을 천재의 자질로 치부하여 교육으로 그런 자질을 길러내기는 불가능하다는 주장을 하는 사람도 있었다. 그러나 그런 위인들의 전기를 자세히 보면 부단히 노력한 결과에 의해 천재성이 빛을 발할 수 있었음을 어렵지 않게 찾을 수 있다. 따라서 전략적인 사고를 할 수 있는 인재를 국가 차원에서 양성해야 할 것이다.

(4) 미시·거시적 통합역량 확충

앞에서 기술한 대로 전략가는 망원경적 태도와 현미경적 시각을 겸비해야 한다. 그는 사물의 본질을 분석적으로 접근하여 통합하는 능력을 갖추어야 한다. 전략가는 수평적 사고와 수직적 사고를 동시에 할 수 있어야 한다. 눈은 먼 지평선을 응시하면서 머리는 현상을 똑바로 직시해야 한다. 전략적 차원으로 사고하는 것은 여러 가지 고려요소가 필요하겠지만, 가장 중요한 것 중에 하나는 균형감각(均衡感覺)이다. 전쟁에서도 전술가는 당장의 부분적인 승리에 집착을 하지만, 전략가는 전체적인 전황(戰況)의 차원에서 균형을 이루고 있는지, 그리고 제 전투요소간의 균형은 이뤄지고 있는지, 더 나아가 종전 후 상황과 관련된 사항까지 균형을 이루어나갈 수 있게 사고하고 판단하여야 한다.

전략가는 전체 시스템 속에서 합리적으로 판단하고 결심할 수 있는 균형감각을 가지도록 부단히 노력해야 한다. 균형을 유지하도록 노력해야 할 뿐만 아니라, 균형이 파괴된 경우에는 회복을 위해서도 노력해야 한다. 모든 시스템은 균형을 이루고 있을 때 가장 큰 힘을 발휘할 수가 있기 때문이다.

전략가는 건전한 판단에 의한 뚜렷한 주관을 갖추어야 한다. 국가가 달성하고자 하는 목표와 전략은 궁극적으로 합리적 분석과 통합을 통한 주관의 산물이다. 그러나 목적과 목표는 아무렇게나 정하는 것이 아니라 정세 및 전략환경평가에 비추어 가장 적합하고 수용성이 있으며, 실현성이 존재해야 한다. 그러나 이러한 평가요소를 최초부터 완벽하게 구비한 전략은 존재하지 않는다. 국가지도자나 전략가는 되도록이면 완벽한 지침을 제공하는 것이 전략계획수립이나 전략행동에 대한 책무이다. 이러한 건전한 분석·통합적인 능력의 배양은 쉽게 이루어지는 것이 아니라 일생을 통한 수련을 통해 갖추어진다.

전략가는 사물의 본질(本質)을 투시해 보는 안목과 능력을 갖추어야 한다. 전략의 핵심은 사태의 본질을 파악하여 이에 대한 해결방안을 제시하는 것이다. 즉 전략용어에서 적의 중심(重心)을 제압하라는 말이 있는데 이 중심이야말로 바로 본질인 것이다. 본질에 집중하여 이를 직시하면서 문제를 해결하는 것이 바로 전략계획과 수행의 핵심과제이다.

전략가는 이상과 현실의 접점에서 사고하고 현실적으로 행동해야 한다. 전략은 항상 미래에 대한 대응이며, 변화하는 정세를 항상 '미래라는 잣대'로 계산하지 않으면 안 된다. 따라서 현실에 너무 집착하게 되면 시대에 뒤떨어지게 되고, 이상에 너무 집착하게 되면 허구에 빠져 현실과 동떨어지게 된다. 사태의 변화는 통상 연속적이다. 진보도 현실과 관련을 갖고 인과응보(因果應報)에 따라 점진적이고 연속적으로 발전한다. 전략은 하늘에서 떨어지는 마법이 아니다. 항상 현실과 이상을 어우르며 존재하고 발전하는 것이다. 균형감각이 없는 전략은 마치 공중에 뜬 허구와 같다. 전략은 현실과 미래와의 접점에서 합리적이고 효율적으로 수립되고 시행되어야 한다.

전략가는 사고의 유연성과 철학적인 판단력을 갖추어야 한다. 그 이유는 전략가는 항상 변화하는 상황에 유연하게 대응하면서 본질적인 해결책을 모색해야 하기 때문이다. 사고의 유연성이란 비교능력이 뛰어나다는 것을 의미하며, 목적에 부합되게 수단과 방법을 신속하게 변화시켜가는 결단능력(決斷能力)이다. 즉 선입견이나 고정관념을 배제하면서 올바르게 평가할 수 있는 판단력과 좋은 것을 채택하고 나쁜 것은 배제할 수 있는 결단력과 실행력을 의미한다. 사물의 본질을 규명하는 것은 철학적인 척도이며, 이를 올바르게 수립함으로써 비로소 사물을 정확하게 관찰하고 그 본질을 규명할 수 있게 된다. 이를 위해 전략가는 역사에서 교훈을 얻으려 부단히 노력해야 하며 국가관과 가치관을 정립하고 연마해야 한다. 즉 지식뿐 아니라 지혜, 그리고 국가관과 세계관을 갖추어 정세의 변화를 정확히 예측하고 실체를 파악해야 한다.

교육전략의 추진목표, 추진기조와 추진과제를 포함한 교육전략의 체계는 〈그림 7-10〉 교육전략 체계도에서 보는 바와 같다.

〈그림 7-10〉 교육전략 체계도

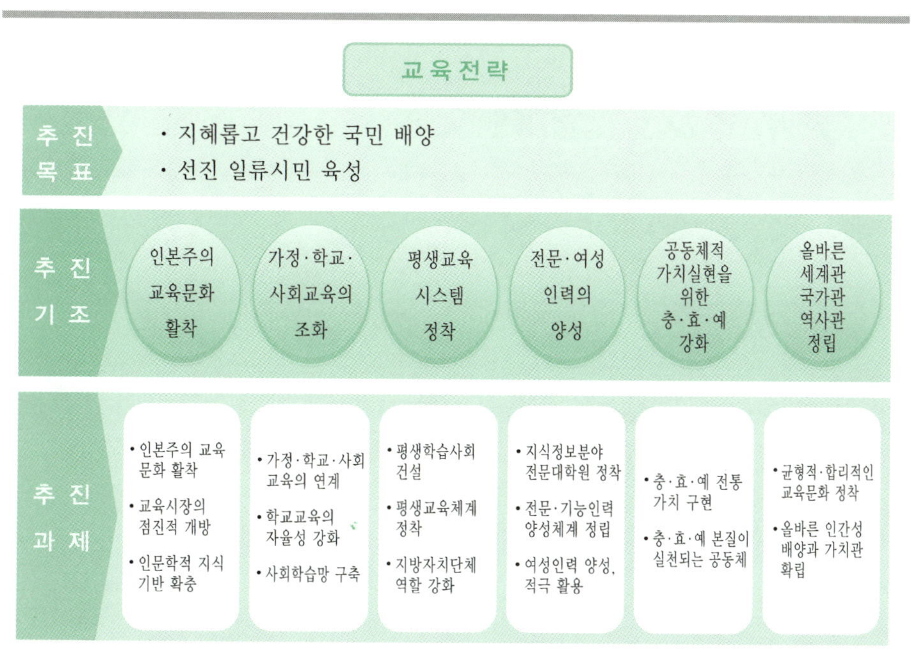

용 어 해 설

○ **국가** (國家, Nation) : 국가란 하나의 특정지역[領土]에 있어서 구성되는 인간집단[國民]의 대다수에 의해서 인정된 최고 유일의 정치적 권위[主權]를 가지며, 또한 그 권위에 따르는 하나의 정치적 공동사회조직체이며 또한 국제사회에 있어서의 독립된 국제정치단위로서, 보다 간단히 표현하면 주권, 국민과 영토로 형성되는 국제사회에 있어서의 독립된 정치단위

○ **국가이익** (國家利益, National Interest) : 국가가 그 국가목표를 추구하고 달성하기 위하여 국가의지를 결정할 때 기준점이 되는 요소

○ **국가목표** (國家目標, National Objectives) : 국가가 목적하는 것, 즉 국가이익을 추구하고 달성하기 위하여 국력을 집중하고 노력을 지향해 나가는 목표

○ **국력** (國力, National Power) : 국가가 그 국가목표 또는 국가정책을 달성하기 위하여 보유하는 능력으로서, 가장 원시적인 요소로서는 인구, 영토, 천연자원 3가지를 말하나, 21세기에는 정보지식력, 과학기술력 등 연성국력이 중시

○ **비전** (Vision) : 개인 또는 조직의 구성원이 바라거나 희망하는 미래의 상태 내지 소원이나 꿈이 실린 목표로서 전략은 비전을 세우고 비전을 실현할 수 있는 접근방법을 제시

○ **목표** (目標, Objective) : 행동을 통해 얻으려는 최후의 결과로서 비전을 구성원의 입장에서 합리적으로 정비하고 구체화한 것으로 통상 무형적인 목표와 유형적인 목표로 분류

○ **전략** (戰略, Strategy) : 정치・사회적 집단과 개인이 이익을 구현하고 목표를 달성하기 위하여 가용한 수단과 방법을 효율적으로 활용하는 방책

○ **대전략** (大戰略, Grand Strategy) : 국가 또는 전쟁의 정치적 목적을 달성하기 위하여 한 국가나 연합국가의 모든 자원을 조정하고 효율적으로 운영하는 방책

○ **국가전략** (國家戰略, National Strategy) : 국가의 이익을 구현하고 목표를 달성하기 위해서 전시와 평시에 있어서 국가의 국방, 외교, 정치, 경제, 사회복지, 문화, 과학기술, 교육 등의 역량을 발전시키며, 국력의 모든 수단과 방법을 통합・조정하여 효율적으로 개발・사용하는 과학과 기술. 졸저에서는 국가대전략과 기능별전략 및 분야별전략을 포함하는 포괄적 개념으로 사용

○ **국가대전략** (國家大戰略, National Grand Strategy) : 통상 20년 이상을 내다보는 장기전략으로서 국가이념과 가치에 따른 국가이익을 구현하기 위하여 국력의 요소이며 전략의 수단인 국방, 외교, 정치, 경제, 사회복지, 문화, 과학기술, 교육 등을 동원하여, 조정・통제・사용하며 필요시 다른 국가의 능력을 활용함으로써 국가의 목표를 달성하는 방법에 관한 과학과 기술. 국가전략의 다른 표현으로 혼용되고 있으나, 졸저에서는 국가전략의 한 종속개념으로 분류 사용

○ **기능별 전략** (機能別 戰略) : 국가이익을 구현하고 국가목표를 달성하기 위하여 국가가 수행하는 국가기능에 따라 기능별로 추진하는 전략

○ **분야별 전략** (分野別 戰略) : 국가이익을 구현하고 국가목표를 달성하기 위하여 전략수단에 따라 분야별로 추진하는 전략

○ **안보전략** (安保戰略, Security Strategy) : 국가전략의 일부로 군사・비군사적인 위협으로부터 국가 생존을 보전하기 위해 전・평시 국가 제 역량을 효율적으로 운용하는 방책

○ **생존전략** (生存戰略, Survival Strategy) : 국가의 이익 중 국가의 안전보장을 구현하며, 국가목표 중 생존을 보장하기 위한 전략으로서 통상 안보전략과 유사한 개념으로 사용

○ **번영발전전략** (繁榮發展戰略, Prosperity & Development Strategy) : 국가의 목표

인 번영과 발전을 달성하기 위해 국가의 제 역량을 효율적으로 운용하는 방책

○ **일류국가전략** (一流國家戰略, First-rate Nation Strategy) : 선진일류국가가 되기 위해 국가이익의 모든 분야와 국가목표의 모든 영역을 포괄하는 통합전략

○ **국방전략** (國防戰略, Defense Strategy) : 안보전략을 지원하면서, 국방목표를 달성하기 위해 국방의 제 요소를 효과적으로 계획·준비·운용하는 방책으로 국방정책과 군사전략에 대한 방향을 제시

○ **군사전략** (軍事戰略, Military Strategy) : 국방목표 달성을 위해 군사력을 건설하고 운용하는 방책

○ **외교전략** (外交戰略, Foreign Affairs Policy Strategy) : 국가이익을 구현하고 국가목표를 달성하기 위해 대외관계에서 사용하는 외교수단에 대한 종합적이고 체계적인 방책

○ **정치전략** (政治戰略, Politics Strategy) : 국가목표를 달성하면서 국가의 정치적 자주를 보장하고 자유민주주의를 함양하기 위해 사용하는 정치수단에 대한 종합적이고 체계적인 방책

○ **경제전략** (經濟戰略, Economic Strategy) : 국가목표를 달성하면서 국가의 번영발전을 위해 사용하는 경제수단에 대한 종합적이고 체계적인 방책

○ **사회복지전략** (社會福祉戰略, Social Welfare Strategy) : 국가목표를 달성하면서 사회적 안정과 복지 및 바람직한 사회창출을 위해 사용하는 사회수단에 대한 종합적이고 체계적인 방책

○ **문화전략** (文化戰略, Culture Strategy) : 국가목표를 달성하면서 국민의 삶의 질 향상과 민족혼의 계승발전을 위해 사용하는 문화수단에 대한 종합적이고 체계적인 방책

○ **과학기술전략** (科學技術戰略, Science & Technology Strategy) : 국가목표를 달성하면서 국가의 경쟁력 강화와 일류국가건설을 위해 사용하는 과학기술수단

에 대한 종합적이고 체계적인 방책

○ **교육전략** (教育戰略, Education Strategy) : 국가목표를 달성하면서 국민의 소질을 개발하고 능력을 배양하기 위해 사용하는 교육수단에 대한 종합적이고 체계적인 방책

○ **억제전략** (抑制戰略, Deterrent Strategy) : 국가전략의 수동적인 측면으로써, 일국이 침략을 하려고 할 경우 그 침략을 함으로써 얻어질 이익 이상으로 견디기 어려운 손해를 입게 될 것이라는 것을 그 국가에 인식시킴으로써 침략을 미연에 방지하고, 전쟁이 발발하였을 경우 그 전쟁의 규모, 치열도 등이 확대되는 위험성을 억제하기 위하여 사용되는 방책

○ **직접전략** (直接戰略, Direct Strategy) : 국가전략의 능동적인 측면으로서 국가안보목표를 달성하기 위해 군사력을 우선적으로 사용하는 전략

○ **간접전략** (間接戰略, Indirect Strategy) : 국가전략의 수동적인 측면으로서 국가안보목표 달성을 위해 군사력을 최소한으로 사용하면서 정치, 외교, 경제, 사회, 심리적인 요소를 주도적으로 활용하는 전략

○ **장기전략** (長期戰略, Long-term Strategy) : 대체로 10년의 대상기간을 가진 기획차원의 전략으로서 장기전략은 여러 개의 중기 또는 단기전략으로 세분화하여 집행

○ **중기전략** (中期戰略, Medium-term Strategy) : 대체로 3년 이상 10년 미만의 대상기간을 가진 전략으로서 일반적으로 5개년 계획이 주로 활용

○ **단기전략** (短期戰略, Short-term Strategy) : 통상 3년 미만의 전략을 말하며, 바로 정책으로 연결되어 집행됨으로써 실현성이 높다는 장점과 전략이 추구하는 구조적인 변동이나 획기적인 발전이 어렵다는 단점 보유

○ **정책** (政策, Policy) : 국리민복을 증진하려고 하는 시정(施政)의 방법이며, 정치상의 방책으로서 통상 전략을 달성함에 있어 직면하게 되는 각종 조건을 현실적으로 해소하는 방안체계

○ **국방정책** (國防政策, Defence Strategy) : 대내외 위협과 침략으로부터 국가의 생존을 보호하기 위해 군사・非군사에 걸쳐 각종 수단을 유지・조성・운용하는 정책

○ **안보** (安保, Security) : 국내외 각종 군사적・비군사적 위협으로부터 국가목표를 달성하기 위해 정치・외교・경제・사회・문화・군사・과학기술 등 제 수단을 종합적으로 운용함으로써 기존의 위협을 효과적으로 배제하고 또한 일어날 수 있는 위협의 발생을 미연에 방지하며 나아가 불시의 사태에 적절히 대처하는 것

○ **포괄적 안보** (包括的 安保, Comprehensive Security) : 냉전종식 이후 안보위협이 다양해지고 국가간 상호 의존성이 심화됨에 따라 안보의 고려 영역이 확대되어, 정치 군사뿐만 아니라 경제・환경・자원・마약・인권・난민 등의 개념을 포함하는 안보개념

○ **집단안보** (集團安保, Collective Security) : 다수 국가가 상호간 전쟁을 금지하고 만약 침략행위가 발생될 경우 침략국 이외에 체제 내 모든 국가들이 침략국에 대해 효과적 집단조치(정치・외교・군사)를 취함으로써 체제 내 어떤 국가가 다른 국가를 침략하는 것을 방지하고 제거한다는 안보개념으로 통상 가상적국을 상정하지 않음

○ **집단방위** (集團防衛, Collective Defense) : 체제 외부에 가상적국을 상정, 외부로부터의 무력공격에 대해 안보적 이해관계를 같이하는 다수의 국가들이 공동 대처하는 방위개념

○ **협력안보** (協力安保, Cooperative Security) : 국가간 군사적 대립관계를 청산하고, 협력적 관계의 설정을 추구함으로써 상호 양립이 가능한 안보목적을 달성한다는 탈냉전시대의 안보개념

○ **냉전구조** (冷戰構造, Cold War Structure) : 한반도 정전체제 + 남방 3각 관계(한・미・일)와 북방 3각 관계(북・중・러)의 대결 구도

○ **탈냉전구조** (脫冷戰構造, Post-Cold War Structure) : 한반도 평화체제 + 지역 국

가간 적대관계(Hostilities) 해소

○ **정전체제** (停戰體制, Armistice Regime) : 군사적 대결관계의 정지를 위해 유지하는 기본 틀

○ **정전협정** (停戰協定, Armistice Agreement) : 전쟁 중 적대행위를 정지하기 위하여 전쟁당사자간에 체결되는 협정형식의 합의문서

○ **평화협정** (平和協定, Peace Treaty/Agreement) : 전쟁상태의 종결과 평화의 회복, 평화복구 당사자간 법적 관계를 규정한 정치적 성격의 협정

○ **평화체제** (平和體制, Peace Regime/Mechanism) : 법적 전쟁상태 종결 및 실제적 평화가 회복・유지되는 기본 틀

○ **평화공존** (平和共存, Peaceful Coexistence) : 자본주의체제와 사회주의체제라는 상이한 정치・경제・사회체제가 평화적으로 공존하는 것

○ **위기관리** (危機管理, Crisis Management) : 어떤 위기 상태에 있어서 기본적인 국가이익을 포기하지 않고 전쟁으로의 확대를 방지하면서 분쟁의 평화적인 해결을 둘러싼 모든 조치

○ **방위충분성전력** (防衛充分性戰力) : 적의 침략 행위와 일방적인 자국의 국익 강요를 저지할 수 있으면서도 적이 위협으로 인식하지 않을 만한 정도의 방위적 군사력

○ **군사동맹** (軍事同盟, Military Alliance) : 2개 국가나 그 이상의 복수국가간의 합의에 의해 성립되는 집단적 안전보장의 한 방식으로서 군사적 공동행위를 맹약하는 제도적 장치나 사실적 관계

○ **위협** (威脅, Threat) : 가상 또는 잠재적인 적의 공격기도, 군사능력, 이와 관련한 국제환경 변화로부터 받는 인식 및 심리적 긴장상태

○ **안보위협** (安保威脅, Security Threat) : 국가의 생존과 번영을 불가능하게 하거나 손상시킬 수 있는 국가의 모든 분야에서 발생하는 당면 및 예상되는 위협

○ **초국가적 위협** (超國家的 威脅, Transnational Threat) : 탈냉전 이후 중요시되고 있는 새로운 위협으로 국가 또는 비국가 행위자가 군사력 이외의 수단으로 국경을 초월하여 야기하는 비군사적 위협의 한 형태(상대국은 군사 또는 비군사적 수단으로 대응)

○ **새로운 위협** (New Threat) : 강대국과의 전쟁에 기반을 둔 냉전기의 위협과는 달리, 탈냉전기에 새롭게 직면하는 국가안보에 대한 위협으로서 국제테러, 국제범죄, 대량살상 무기의 확산, 환경 및 경제를 둘러싼 갈등 등을 포함하는 제반 위협을 총칭하는 개념

○ **불특정 위협** (不特定 威脅, Unspecific Threat) : 현존하는 북한의 위협에 대비되는 개념으로 역내 안보구조의 불확실성과 잠재적인 국가간 갈등요소로 인해 유발될 수 있는 군사적 위협의 형태

○ **주적** (主敵, Main Enemy) : 현실적이고 직접적인 위협의 주체로서 상호 무력으로 대치하고 있어 가장 심대한 위협을 주고 있으며, 이에 따라 군사훈련, 배치, 장병정신교육 등 군사대비태세에 있어 주 대상이 되는 '적'

○ **가상적** (假想敵, Hypothetical Enemy) : 현실적이고 직접적인 위협이 아니라 전쟁・군사작전계획 수립 목적상 위협으로 상정하는 '적'

○ **잠재적** (潛在敵, Potential Enemy) : 현실적이고 직접적으로 드러난 구체적인 위협은 아니지만 앞으로 위협으로 부각될 수 있는 '적'

○ **비대칭위협** (非對稱威脅, Asymmetric Threat) : 상대국가 또는 비국가 행위자가 구사하는 통상적 수단・방법과는 다른 상대적 비교우위에 있는 수단・방법을 통해 상대방의 약점을 집중 공격하여 강점을 마비, 또는 약화시키는 위협의 형태

○ **비대칭전략** (非對稱戰略, Asymmetric Strategy) : 전략환경과 군사적 능력, 전쟁수행방법의 변화를 고려하여 적의 강점을 회피하고 약점을 공격하여 적이 효과적으로 대응하지 못하도록 함으로써 목표를 달성하는 전략

약 어 정 리

○ ARF (Asian Regional Forum) : 아세안 지역안보포럼

○ ASEAN (Association of South-East Asian Nations) : 동남아 국가연합

○ CFC (ROK/US Combined Forces Command) : 한・미 연합군사령부

○ CODA (Combined Delegated Authority) : 연합권한 위임사항

○ CSCAP (Council for Security Cooperation in Asia-Pacific) : 아태안보협력이사회

○ GDP (Gross Domestic Product) : 국내총생산

○ GNH (Gross National Happiness) : 국가행복지수

○ GNI (Gross National Income) : 국민총소득

○ GNP (Gross National Product) : 국민총생산

○ NHP (National Hard Power) : 경성국력

○ NSP (National Soft Power) : 연성국력

○ IAEA (International Atomic Energy Agency) : 국제원자력기구

○ IMF (International Monetary Funds) : 국제통화기금

○ MDL (Military Demarcation Line) : 군사분계선

○ NCMA (National Command and Military Authority) : 한・미 국가통수 및 군사지휘기구

○ NCOE (Network Centric Operational Environment) : 네트워크 중심 작전환경

○ NCW (Network Centric Warfare) : 네트워크 중심작전

○ NEACD (Northeast Asia Cooperation Dialogue) : 동북아 안보체제

○ NEASED (Northeast Asia Security Dialogue) : 동북아 안보대화

○ NGO (Nongovernment Organization) : 비정부 기구

○ NIS (National Innovation System) : 국가기술혁신체계

○ NLL (Northern Limit Line) : 북방한계선

○ NP (National Power) : 국력

○ NPT (Nuclear Non-Proliferation Treaty) : 핵확산금지조약

○ KNSC (Korean National Security Council) : 한국 국가안전보장회의

○ OSCE (Organization for Security and Cooperation in Europe) : 유럽안보협력기구

○ PKF (Peace-Keeping Forces) : 평화유지군

○ PKO (Peace-Keeping Operations) : 평화유지활동

○ SCM (Security Consultative Meeting) : (한·미) 안보협의회의

참 고 문 헌

1. 국내 문헌

가. 단 행 본

「21세기 선진국가 전략 –영국, 핀란드, 일본 및 싱가폴–」, 국민경제 자문회의 사무처, 2000.

「21세기의 세계와 대한민국」, 대통령자문 21세기 위원회, 1992.

「21세기의 대한민국」, (주)동화출판사, 1993.

「21세기 미국의 역사적 전망: 정치・외교・환경」, 미국학연구소 편, 서울대출판부, 2001.

「국가인적자원개발기본계획에 따른 분야별 시행계획(2003-2004)」, 교육인적자원부, 2003.

「국가 정기 정책 종합보고 (21세기의 대한민국), 제1권 세계속의 대한민국 :전망과 선택」, 21세기위원회, 1994.

「국가 정기 정책 종합보고 (21세기의 대한민국), 제2권 새 삶을 열어가는 과학기술」, 21세기위원회, 1994.

「국가 정기 정책 종합보고 (21세기의 대한민국), 제3권 공동체적 시장경제와 건강한 생활공간」, 21세기위원회, 1994.

「국가 정기 정책 종합보고 (21세기의 대한민국), 제4권 다원사회의 성숙한 문화」, 21세기위원회, 1994.

「국가 정기 정책 종합보고 (21세기의 대한민국), 제5권 민족 민주공동체를 위한 정치」, 21세기위원회, 1994.

「국가전략기초론」, 국방대학원, 1992.

「국방백서」, 국방부, 1995-2008.

「국제질서 전환기의 국가전략, 제7차 세종국가전략포럼」, 세종연구소, 2002.

「남북 경제 협력 사업 실무안내」, 통일부, 2001.

「남북 기본합의서 및 분야별 부속합의서 타결과정」, 통일부, 1998.

「남북기본합의서 불가침분야 실천대책과 협상전망」, 대한민국국방연구원, 1992.

「남북정상회담과 한반도 평화」, 세종연구소, 2001.

「남북한 화해·협력 시대에 즈음한 통일문제 연구의 새 지평」, 통일문제 연구협의회, 1998.

「국가전략」, 세종연구소, 1996-2008.

「북한의 국가전략」, 세종연구소 북한연구센터, 한울아카데미, 2003.

「북한의 체제전망과 남북경협」, 미래전략연구원 연구총서 3, 윤영관 엮음, 한울아카데미, 2003.

「선진복지대한민국의 비전과 전략」, 대통령자문정책기획위원회, 동도원, 2006.

「조선말대사전」, 평양 : 사회과학출판사, 1992.

「통일 환경과 남북한 관계」, 통일연구원, 1999-2000.

「평화번영과 국가안보: 참여정부의 안보정책구상」, 국가안전보장회의, 2004.

「희망 대한민국을 향한 성찰의 기록」, 대통령자문정책위원회, 미다스북스, 2006.

강진석, 「한국의 안보전략과 국방개혁」, 평단, 2005.

강종일 외, 「한반도의 중립화 통일은 가능한가」, 들녘, 2001.

공로명 외, 「위기극복의 국가학」, 기파랑, 2007.

공병호, 「대한민국, 번영의 길」, 해냄, 2005.

곽차섭, 「마키아벨리즘과 근대국가의 이념」, 현상과 인식, 1996.

구영록, 「대한민국의 국가이익」, 법문사, 1995.

구해우, 「2002년 한반도 문제의 타결을 위한 과제」, 미래전략연구원, 2002.

길승흠 외, 「대한민국현대정치론」, 법문사, 1995.

김강영, 「남북정상회담과 한반도 평화체제 구축」, 국가문제연구소, 2000.

김경호, 「국제정치환경과 한반도 통일」, 세종출판사, 2001.

김계동, 「북한의 외교정책」, 백산서당, 2002.

김구섭 외, 「한반도평화체제 전환시 군사적 영향평가 및 대응방향」, 한국국방연구원, 1996.

———, 「북한의 체제변화에 대한 안보전략」, 한국국방연구원, 1997.

김규륜, 「남북 경제 교류·협력 발전방안」, 통일연구원, 2000.

김달중 편저, 「외교정책의 이론과 이해」, 오름, 1999.

김달중 외, 「새천년 한반도 평화구축과 신지역질서론」, 오름, 2000.

김 덕 편, 「국제질서의 전환과 한반도」, 오름, 2000.

김동성 외, 「신국가안보전략의 모색」, 세경사, 1993.

김미숙 외, 「고령화사회의 사회경제적 문제와 정책대응방안」, 대한민국 보건사회연구원, 2003.

김성철 편, 「대한민국의 국가전략 2020: 동북아경제협력」, 세종연구소, 2005.

김성철 편, 「미중일관계와 동북아질서」, 세종연구소, 2003.

김성한, 「한반도 평화체제 구축방향과 평화협정의 내용」, 전략연구 통권19호, 2000.

김신복, 「발전기획론」, 박영사, 2002.

김영규 외, 「재무관리」, 박영사, 2004.

김영호, 「통일한국의 패러다임」, 풀빛, 1999.

김용민 외, 「갈등을 넘어 통일로: 화해와 조화의 공동체를 위하여」, 통일교육원, 2004.

김용제, 「남북한 신뢰구축과 교류·협력활성화 방안」, 통일문제연구소, 1993.

김재한, 「한반도 냉전구조 해체와 남북한 평화체제 구축방안」, 국가안보연구소, 2000.

김재호, 「김정일 강성대국 건설전략」, 평양: 평양출판사, 2000.

김정현, 「정책학 NOTE」, 학문사, 2007.

김종국, 「대한민국 7대 위기와 기회」, COMEDIA, 2007.

김진항, 「전략이란 무엇인가?」, 양서각, 2006.

김창수, 「한반도 평화체제 수립과 군축을 위한 분석과 제언」, 통일시론, 1998.

김철수, 「헌법학신론」, 박영사, 2001.

김학성 외, 「한반도 평화전략」, 통일연구원, 2000.

김학준, 「21세기 한반도 통일전략」, 국방부, 1996.

김호진, 「정치체제론」, 박영사, 2003.

김희상, 「21세기 대한민국안보」, 전광, 2000.

노태구, 「평화통일의 정치사상」, 신인간사, 2000.

노화준, 「정책학원론」, 박영사, 2000.

———, 「기획과 결정을 위한 정책분석론」, 박영사, 1999.

류상영 외, 「국가전략의 대전환」, 삼성경제연구소, 2001.

문정인 외, 「남북한 정치 갈등과 통일」, 도서출판 오름, 2002.

민병천, 「평화통일론」, 대왕사, 2001.

박건영, 「평화통일을 위한 한국의 통일외교전략」, 세종연구소, 2000.

박기덕 편, 「대한민국의 국가전략 2020: 정치 · 사회」, 세종연구소, 2005.

박봉현, 「대통령리더십과 통일정책」, 한울아카데미, 2002.

박성복 외, 「정책학강의」, 대영문화사, 2003.

박세일, 「대한민국선진화전략」, 21세기북스, 2006.

박영규, 「한반도 군비통제의 재조명 : 문제점과 개선방향」, 통일연구원, 2000.

박재창, 「한국의회정치론」, 오름, 2003.

박종천 외, 「한 · 미 군사협력 – 현재와 미래–」, 세종연구소, 2001.

박종철 외, 「통일이후 갈등해소를 위한 국민통합방안」, 통일연구원, 2004.

박종철 외, 「2020선진대한민국의 국가전략: 총괄편」, 통일연구원, 2007.

박준영, 「국제정치학」, 박영사, 2000.

박호성 외, 「북한사회의 이해」, 인간사랑, 2002.

박휘락, 「전쟁, 전략, 군사입문」, 법문사, 2005.

배정호, 「일본의 국가전략과 한반도」, 통일연구원, 2001.

———, 「일본의 국가전략과 안보전략」, 나남출판, 2006.

백낙청 외, 「21세기의 한반도 구상」, 창비, 2004.

백종천, 「한반도평화안보론」, 세종연구소, 2006.

백종천 편, 「한국의 국가전략: 전략환경과 선택」, 한국경제연구소, 2004.

백종천 · 이민룡, 「한반도 공동안보론」, 일신사, 1993.

백학순 편, 「남북한 통일외교의 구조와 전략」, 세종연구소, 1997.

———, 「북한의 국가전략」, 세종연구소, 한울아카데미, 2005.

산업비전 2020연구팀, 「한국산업의 발전비전 2020」, 산업연구원, 2005.

서주석, 「남북 교착상태와 한반도 평화정착」, 미래전략연구소, 2001.

성경륭, 「지방분권형 국가만들기」, 나남출판, 2003.

소병희, 「공공정책의 정치 경제학」, 박영사, 1993.

송대성, 「한반도 평화체제」, 세종연구소, 1998.

———, 「남북한 신뢰구축 : 정상회담 이후 근본 문제점 해결방안」, 세종연구소, 2001.

———, 「한반도 평화체제 구축과 미국」, 대한민국군사문제연구원, 2001.

송종환, 「북한협상행태의 이해」, 오름, 2007.

신상진, 「중・미관계와 한반도 외교안보 및 통일문제를 중심으로」, 통일연구원, 2000.

신정현 외 2인, 「민주시민교육론」, 탐구당, 1987.

신지호, 「북한의 개혁・개방」, 한울아카데미, 2000.

양영식, 「통일정책론」, 박영사, 1997.

유지호, 「예멘의 남북통일」, 서문당, 1997.

유현숙 외, 「지식기반사회에서의 대한민국교육정책 방향과 과제」, 대한민국교육개발원, 1999.

이규열, 「남북한 실질적 군비통제 방안」, 대한민국전략문제연구소, 2000.

이명재, 「거시경제학」, 박영사, 2001.

이민룡, 「한반도 안보전략론」, 봉명, 2001.

이상철, 「안보와 자주성의 딜레마 : 비대칭 동맹이론과 한미동맹」, 연경문화사, 2004.

이상현 편, 「한국의 국가전략 2020: 외교・안보」, 세종연구소, 2005.

이용민, 「한반도평화체제 제도화 방안연구」, 호남대학교 행정대학원, 2001.

이우재 역, 「중국의 세계전략」, 21세기북스, 2005.

이인배, 「북한의 군비통제와 대한민국의 대응방안」, 북한연구소, 2002.

이종석, 「분단시대의 통일학」, 한울, 1998.

이창주 외, 「한반도 평화공존과 공동체」, 한민족포럼, 2001.

이태환 편, 「한국의 국가전략 2020: 동북아 안보협력」, 세종연구소, 2005.

이호재 편, 「한반도 평화론」, 범문사, 1986.

임영태, 「대한민국 50년사, 건국에서 제3공화국까지」, 들녘, 1999.

임혁백, 「새천년의 한국과 세계 : 국가비전과 전략」, 나남출판, 2000.

장청수, 「한반도 신질서와 통일전망」, 범우사, 2000.

전경만 외, 「동북아시대의 국가안보전략연구」, 대한민국국방연구원, 2005.

정성장 편, 「한국의 국가전략 2020: 대북・통일」, 세종연구소, 2005.

정세진, 「동아시아 국제관계와 한반도: 새로운 평화모색」, 한울아카데미, 2002.

정용길, 「통일로 가는 길」, 고려원, 1993.

정창현, 「인물로 본 북한현대사」, 민연, 2002.

제성호, 「한반도 평화체제의 모색」, 지평서원, 2000.

조 민, 「한국 사회 냉전문화 극복방안 연구」, 통일연구원, 1999.

차영구 외, 「국방정책의 이론과 실제」, 도서출판 오름, 2002.

천용택, 「평화통일을 위한 강력한 국방태세 확립」, 국방부, 2001.

최 강, 「국제 군비통제 방향 및 대응방향」, 대한민국전략문제연구소, 2000.

최수영 외, 「북한헌법 개정에 다른 경제부문 변화전망」, 민족통일연구원, 1998.

최완규 외, 「북한연구방법론」, 한울아카데미, 2004.

최의철, 「남북한 교류・협력 활성화 방안」, 통일연구원, 2000.

최 진, 「대통령리더십 총론」, 법문사, 2007.

피터 드러커 저, 이재규 역, 「Next Society」, 한국경제신문, 2002.

한승주, 「남과 북, 그리고 세계」, 나남, 2000.

하영선 외, 「21세기 한반도 백년대계」, 풀빛, 2004.

하정열, 「한반도 통일 후 군사통합 방안」, 팔복원, 1995.

———, 「일본의 전통과 군사사상」, 팔복원, 2004.

———, 「한반도의 평화통일전략」, 박영사, 2004.

홍관희, 「북한의 체제위기와 우리의 통일전략」, 통일연구원, 1999.

———, 「남북관계의 확대와 대한민국의 국가안보」, 통일연구원, 2000.

황주홍 외, 「지도자론」, 건국대학교출판부, 2002.

나. 논 문

곽승지, "김정일체제의 21세기 국가전략: 강성대국을 중심으로," 「통일연구」 제4호.

구상희, "한국의 안보와 과학기술전략," 「국가전략」 제2권 제2호(세종연구소, 1996).

구영록, "탈국가중심주의와 평화체제," 「국가전략」 제3권 제2호(세종연구소, 1997).

———, "한국의 안보전략," 「국가전략」 제1권 제1호(세종연구소, 1995).

권희면, 정부성 공저, "통일한국의 병역제도구상," 「국방논집」 제38호(1997년 여름).

김계동, "한국의 안보전략구상," 「국가전략」 제3권 제1호(세종연구소, 1997).

김기수, "남북한 정치통합의 모색" (한양대 행정대학원 박사학위논문, 2000).

김일영, "북한붕괴시 한국군의 역할 및 한계," 「국방연구」 제49권 제2호(국방연구원, 2003).

김재관, "21세기 중국의 대국화 신안보전략," 「대한민국의 국제정치」 제19권 제1호, 2003봄호.

류길재, "김정일 정권하의 북한체제와 체제변화 가능성의 검토," 「국가전략」 제3권 제1호(세종연구소, 1997).

문정수, "김영삼・김대중대통령의 리더십 비교연구," 동아대대학원박사학위논문, 2003.

문정인, "김대중 정부와 한반도 평화체제 구축," 「국가전략」 제5권(세종연구소, 1999).

박건영, "평화통일을 위한 대한민국의 통일외교전략," 「국가전략」 제6권 제1호(세종연구소, 2000).

박광기, "동북아 평화체제 구성과 전망에 있어서 한미 안보협력관계의 의미와 역할" (통일원, 1996).

박기덕, "민주주의와 경제발전," 「국가전략」 제5권 제1호(세종연구소, 1999).

서동만, "현 남북관계 상황분석 및 타개방안," 「안보정책논총(2)」(국가안전보장회의 사무처, 2001).

서주석 외, "남북관계 변화에 따른 남북군사관계 조정방안," 「안보정책 논총(2)」(국가안전보장회의 사무처, 2001).

손재식, "평화통일의 과제와 방책," 「오토피아」 제13권 제1호, 1998.

안병만, "역대통치자의 리더십연구," 대한민국행정학회세미나, 1992.

오승렬, "정상회담 이후 남북관계 전망과 과제," 「남북 정상회담의 성과와 남북관계의 전망」(통일연구원, 2000).

이기종, "남북한 한반도 평화전략과 평화체제 구축과제," 「통일정책연구」 제8권 제1호, 1999.

이대원, "남북한 군사적 신뢰구축 방안연구," 국방참모대학, 1998.

이석수, "분단과 대립을 넘어서 : 한반도 평화체제의 모색," 「통일연구」 제3권 제1호, 1999.

——, "대북포용정책의 평가와 전망," 「2000년대 한반도 주변국과 북한의 안보정책」(국방대학교 안보문제연구소, 2000).

이종학, "전략이론이란 무엇인가," 서라벌군사연구소, 2002.

임동원, "한국의 국가전략," 「국가전략」 제1권 제1호(세종연구소, 1995).

전성훈, "방어적 충분성(NOD)이론과 한반도 안보전략," 「국가전략」 제1권 제2호(세종연구소, 1995).

——, "대한민국의 국가이익과 국가전략," 「국가전략」 제5권 제2호(세종연구소, 1999).

전태형 · 김수영 공저, "독일통일의 교훈과 한반도 통일," 「국방논총」 제20호(1992).

정성장, "김정일시대 북한의 선군정치와 당군관계," 「국가전략」 제7권 제3호, 2001 가을 · 겨울호.

정원영, "남북한 동원체제와 통일한국군," 「대한민국군사」 제7호(1997년 7월)

정용길, "분단국가의 통일사례가 한반도 통일에 주는 교훈에 관한 연구," 「동국대학교 행정논집」 제22호(동국대학교, 1994).

정원식, "국가전략의 탐구," 「국가전략」 제3권 제2호(세종연구소, 1997).

제성호, "한반도 평화체제 구축방안," 「국가전략」 제2권 제1호(세종연구소, 1996).

차영구, "안보 · 군사통합, 2000년부터 남북공동시대 진입," 대통령21세기위원회, 「2000년에 열리는 통일시대」(동아일보사, 1993).

최종철, "초국가적 안보위협과 한국의 안보 : 새로운 인식과 대응책 구상," 「한국 안보의 주요 쟁점과 전략」(국방대학교 안보문제연구소, 2000).

하정열, "독일통일의 배경과 교훈," 「국방」(국방부, 1990).

———, "독일연방군 통합이 주는 교훈," 「국방」(국방부, 1991).

한배호, "국가전략 발간에 부쳐서," 「국가전략」 제1권 제1호(세종연구소, 1995).

한용섭, "부문별 국가전략의 상호관계와 우선순위의 변화," 「국가전략」 제2권 제1호(세종연구소, 1996).

함택영, "한반도 평화체제 수립방안 : 평화협정, 군축 및 경제통합," 「안보 정책논총」(국가안전보장회의 사무처, 2001).

허문영, "대북정책 및 통일문제 관련 국내여론 현황 및 통합방안," 「안보정책논총(2)」(국가안전보장회의 사무처, 2001).

현인택, "한반도 평화체제의 제 문제 : 세계의 평화협정의 합의와 한반도 평화체제의 주요 쟁점," 「전략연구」 통권18호, 2000.

2. 외국 문헌

Albrecht, Ulrich, *Die Wiedervereinigung. Die Regelung der aeusseren Aspekte* (Manuskript), Berlin, 1991.

Allison, Graham T., "Conceptional Models and the Cuban Missile Crisis," *American Political Science Review*, Vol. 63, No. 3(September 1969).

Anderson, James E., *Public Policy Making,* N.Y.: Praeger, 1975.

Andrew Mack and Paul Keal, *Security and Arms Control in the North Pacific*, 1998.

Beaufre, Andre, *Introduction to Strategy,* London : Faber & Faber, 1965.

Bohlen, T. Avis, Assistant Secretary of state for Arms Control, *Statement before the House Committee on Government Reform*, Subcommittee on National Security, Veterans Washington DC, September 8, 2000.

Boulding, E. Kenneth, *Stable Peace*, Austin : University of Texas Press, 1978.

Buzan, Barry, *An Introduction to Strategic Studies*, London : Macmillan Press, 1987.

Chilcote, H. Ronald, *Theories of Comparative Politics : The Serarch for a Paradigm*, Boulder, Colorado : Westview Press, 1981.

Collins, John M., *Military Strategy: Principles, Practices, and Historical Perspectives*, Washington D.C.: Brassey's Inc., 2002.

David, Easton, *A Framework for Political Analysis*, Englewood Cliffs, New Jersey : Prentice-Hall, 1965.

Diehl, F. Paul, *International Peacekeeping*, Baltimore and London : The Johns Hopkins University Press, 1993.

Duffield, John S., *German Security Policy after Unification : Contemporary Security Policy,* Vol. 15, No. 3(December), 1994.

Farwick, Dieter, *Ein Staat-Eine Armee*, Report Verlag, 1992.

Findlay, Trevor, *Armed Conflict Prevention, Management and Resolution*, SIPRI Yearbook 1997 : Armaments, Disarmament and International Security, Oxford: Oxford University Press, 1997.

Fukuyama, Francis, *End of History and the Last Man*, Free Press, 1992.

Galtung, Johan, "*A Structural Theory of Integratio*," Journal of Peace Research, Vol. 5, No. 4, 1968.

Giddens, Anthony, *Beyond Left and Right: The Future of Radical Politics,* Cambridge: Polity, 1994.

Haas, Richard, "*Policymakers and the Intelligence Community in this Global Era*," CIA Strategic Assessments Group Annual Conferens, Wednesday, Nob. 15, 2001.

Hegre, Havard, "*Development and the Liberal Peace: What Does it Take to Be a Trading State*," Journal of Peace Research, Vol. 37, No. 1, 2000.

Hoffmann, Stanley, *Gullivers Troubles, or the Steering of American Foreign Policy*, New York : McGraw-Hill, 1968.

Holett, M. and Ramesh, M., *Studying Public Policy: Policy Cycle and Policy Subsystem,* Oxford University Press.

Howard, Micheal, "The Forgotten Dimension of Strategy," *Foreign Affairs,* Vol. 57,

No. 5, 1979.

John, Holum D., Senior Adviser for Arms Control and International Security, *Keeping Arms Control Relevant : Ten Observations*, Defense Threat Reduction Agency Annual Conference, Washington DC, May 31, 2000.

Kaiser, Karl, *Deutschlands Vereinigung. Die Internationalen Aspeckte*, Bergisch-Gladbach, 1991.

Kaiser, Karl, *Deutschlandsvereinigung*, Bastei Luebbe, 1991.

Kessler, Richard, *Ein runder Tisch mit scharfen Ecken*, Nomos, 1993.

Lancy, James T. and Fason T. Shaplen, "How to deal with North Korea," *Foreign Affairs*, Vol. 82, No. 2(2003 March-April), pp. 16-30.

Liddell Hart, B. H., *Strategy: The Indirect Approach*, rev. de., London : Faber & Faber, 1967.

Lider, Julian, "Towards a Modern Concept of Strategy," in U.S. Army War College, ed., *Military Strategy: Theory and Application,* Carlisle Barracks, PA: U.S. Army War College, 1982.

Macintosh, James, *Confidence(and Security) Building Measures in the Arms Control Process : Canadian Perspective,* Ottawa, Ontarir : The Arms Control and Disarmament Division Department of External Affairs, 1985.

Nye, Joseph S., "*Hard Power, Soft Power*," The Boston Globe (August 6), 1999.

Perry, J. William(U.S.-North Korea Policy Coordinator and Special Advisor to the President and the Secretary of State Washington DC), *Review of United States Policy Toward North Korea : Findings and Recommendations*(October 12, 1999).

Plock, Emest D., *East German-West German Relations and the Fall of the GDR*, 1993.

Schoenbohm, Joerg, *Zwei Armeen und ein Vaterland*, Siedler Verlag, 1992.

SIPRI, *Armaments, Disarmament and International Security*(SIPRI yearbook 1999).

Snyder, Craig A., "*Contemporary Security and Strategy*," in Craig A. Snyder, ed., New York : Routledge, 1999.

Snyder, Don M., *The National Security Strategy: Documenting Strategic Vision,* US Army War College: Strategic Studies Institute, 1995.

Steinberg, Rolf, *Der Weg zur deutschen Einheit*, Nicolai, 1990.

US Department of Defense, *The National Defense Strategy of the United States of America*(March), 2005.

Von Beyme, Klaus, *Das Politische System der Bundesrepublik Deutschland nach der Vereinigung*, Piper, 1993.

Von Kirchbach, Hans Peter, *Abenteuer Einheit*, Report Verlag, 1992.

Von Scheven, Werner, "*Military Force Reductions in Germany since 1989*," Lecture Paper Delivered at the Military Operations Research Society Korea on May 28, 1996.

菊澤研宗, 「戰略學 立體的 戰略の 原理」, ダイヤモンド社, 2008.

石津朋之, 「現代戰略論-戰爭は政治の手段か」, KEISO, 2000.

吳春秋, 「大戰略論」, 국방대학교, 2000.

부　　　록

부록 1. 외국의 국가전략

우리가 올바른 국가전략을 수립하고 시행하기 위해서는 선진 각국의 국가전략을 살펴보고 비교 분석하는 노력이 필요하다. 따라서 미국, 일본, 중국과 러시아 등 주변국의 국가전략을 비교 분석해보고, 유럽과 동아시아 국가들의 국가전략을 개괄적으로 살펴볼 것이다.

미국, 유럽연합(EU), 일본 등 주요 선진국과 중국, 러시아 등 브릭스(BRICs) 국가들도 앞 다투어 국가의 미래 전략을 내놓고 있다. 각국들은 10-20년 미래상을 그려 놓고 이에 따른 구체적인 전략을 내놓고 있다.

미국은 유일 강대국으로서 입지를 고수하기 위한 국가전략을 추진하고 있다. 미국은 공식적으로 국가전략이라는 문건을 발행하거나 발표하지 않고 있다. 매 4년마다 국가안보전략을 발표하고 있다. 국가경쟁력위원회가 2004년에 내놓은 '기술혁신전략'은 혁신인재 육성, 연구 개발(R&D) 투자 확대, 인프라스트럭처 확충 등 3대 기본전략을 담고 있다. 또 2005년에는 조세・연금 제도 등 개혁을 통해 '기업하기 가장 좋은 나라'를 실현하려는 '대내경제정책전략'을 수립해 추진하고 있다.

미국은 세계경제위기의 주범이지만 여전히 정치・경제적 초강대국으로서 세계화를 주도하면서 국가이익을 추구하고 있다.[1] 20세기 전반기부터 세계 패권 경쟁에서 가장 우월한 지위를 확보하고 있으며, 가장 국력이 강하고 많은 가용자원을 가진 나라이다. 미국은 자신의 국가전략과 시스템을 전 세계에 구

---

1) 미국은 미국 자체의 생존(Survival), 건실하고 성장하는 경제(A Healthy and Growing Economy), 민주주의(Democracy), 안정적이고 안전한 세계(A Stable and Secure World), 튼튼하고 활력 있는 동맹관계(Healthy and Vigorous Alliance Relationship)를 국가이익으로 정의하고 있다. 이를 더욱 축약한다면 미국의 국가이익은 생존, 번영, 민주, 국제안정과 평화, 동맹관계의 유지 등이라고 할 수 있을 것이다.

현하고 확산시키려는 국가목표를 갖고 있고, 이를 실현하는 데 필요한 헤게모니를 장악하고 있다. 미국은 주변의 전략적 환경변화에 대해 상대적으로 영향을 덜 받는 반면, 상대방에게 주는 영향력은 강하며, 세계화 시대에서 미국의 시스템은 세계적인 수렴의 대상이 되고 있다. 그리고 타국의 기술이나 경영방식을 학습하는 것보다 독자적인 기술과 모델을 창조하는 데 더 많은 힘을 쏟고 있다. 특히, 최근 디지털 경제 분야에서는 미국이 가장 창의적이고 높은 경쟁력 우위를 유지하고 있다. 미국은 향후에는 "수렴과 창조를 위한 국가전략"을 지속적으로 추진해 나갈 것이 확실하다. 무엇보다도 미국은 각종 싱크탱크들이 국가전략의 수립과 집행에 아이디어를 활발하게 제공하고 있다.

미국은 경제와 군사 두 분야를 처음부터 분리시켜 발전시켰다. 제2차 세계대전 이후 미국의 GDP는 세계 GDP의 약 50%선을 차지하게 되었고, 자유세계의 지도국인 초강대국이자, 소련에 유일하게 맞선 경쟁국으로서 공산주의 확산을 막기 위해 '대소봉쇄전략'을 택하면서 이를 구현하기 위한 군비확장을 시작하였다. 군비확장을 위한 자원은 GDP의 6% 이상을 계속 지원해왔으며 민간기업과는 엄격히 구분된 군수산업에 국방비의 10% 이상을 투입하여 첨단과학기술 연구개발을 시도하였다. 그리고 냉전이 종식된 후, 첨단과학기술을 민군겸용기술로 전환할 때까지 군수산업분야는 국가의 철저한 보호와 지도하에서 육성되어 왔다. 군사력과 경제력이라는 두 가지 측면에서 세계의 최강이 되어 자국의 안전과 번영은 물론 자유진영을 미국의 세력권 내에 두는 대신 그들의 안정과 번영을 지원했다. 그리고 소련과 핵무기 경쟁에서 우위를 차지하고자 핵무기 개발에 몰두하여 억지전략 등 많은 전략을 만들어 내고 상호확증파괴(MAD)에서 상호생존(MAS)으로 전환시킬 정도로 군사기술면에서 앞서 나갔다.

미국에 있어서의 국가안보전략은 일반적으로 국가안전보장회의(NSC) 내에 있는 정책심의위원회가 국책결정에 관여하여 현실정책이 된다. 그리고 이것을 받은 국방부의 정책회의는 현실적인 군사정책을 결정한다. 이 단계에 가면 정책은 현실화되지만 국가전략이라는 주체는 존재하고 있지 않다. 그러나 이러한 정책은 단순히 관계자의 주관에만 의존한 산출물이 아니라 몇 개의 제출정책안에 대한 적합성, 가능성, 수용성, 전략성이 객관적으로 분석 검토되고, 또한 정책실현수단으로서의 소요전략이 제출되어 검토의 폭과 깊이를 더하고 있는 것이다. 이것은 직접적으로는 NSC의 내부에 있는 사무국과 간접적으로는 JCS의 참모조직이 무대 뒤에서 관여하고 있는 것으로 알려져 있다.

즉 현실적으로는 국가전략과 국가정책은 항상 표리관계를 이루고 있다. 이를테면 미국의 안전보장에 대한 기본전략이 '미국의 우위 하 세력균형 유지'에 있다고 한다면, 이것을 위한 외교전략은 '대소봉쇄를 통한 집단안전보장체제의 확립'을 국가전략의 일환으로서의 수립하였다. 또한 군사전략은 대소우위를 확보하는 안정적 균형 하에 있어서의 전쟁억지를 그 기조로 하여 외교전략의 성과를 이용한 동맹전략 또는 집단방어전략을 주축으로 하였다. 그 구체적인 군사전략은 덜레스시대의 '대량보복전략(大量報復戰略, Massive Retaliation Strategy)'에서 시작하여 카터 대통령의 '상쇄전략(相殺戰略, Countervailing Strategy)', 그리고 레이건 대통령의 '전략방위구상(戰略防衛構想, Strategy Defense Idea)'이 국가전략으로 형성되어 왔다. 그리고 이를 구현하는 작전군의 전략으로서 예를 들면 NATO전략이 이 계열 국가전략의 선상에 위치하고 있다.

9·11테러 이후 미국의 안보전략은 압도적 군사력을 바탕으로 억지, 봉쇄, 집단안보에 의존하던 과거의 안보전략을 포기하는 대신 공세적 군사개입, 선제공격, 불량국가 및 기타 적대세력에 대한 전향적 반확산 정책을 강조하고 있다. 부시 행정부의 국가 안보전략은 더 이상 방어와 반격이 아니라 공격을 우선시하는 관점을 반영하며, 그 배경에 깔린 안보에 대한 기본 철학은 힘에 의한 평화(Peace through Strength)라 할 수 있다. 이러한 변화에 따라 미국은 반테러·반확산을 기조로 전면적인 군사태세의 변환을 시도하며, 해외주둔미군재배치(GPR) 등 중요한 조정을 모색하고 있다. 미국의 세계전략 변화에 따라 한미동맹관계의 변화도 불가피하므로 적절한 전략적 대응이 필요하다.

미국의 세계전략 논의에서 최근의 추세는 '변환(變換, Transformation)'과 '세계 거버넌스'라는 키워드로 요약된다.[2)] 이러한 추세는 2030년까지 지속될 것으로 전망된다. 미국은 군사태세의 변환과 외교태세의 변환을 병행 추진하고 있다. 군사변환의 핵심은 반테러 전쟁과 미래의 위협에 보다 효율적이고 유연하게 대처하기 위해 미군을 필요한 곳에, 그리고 미군의 주둔에 우호적인 곳에 주둔시킨다는 것이다. 이러한 변환 개념에 입각한 새로운 동맹개념이 등

2) 국가정보회의(National Intelligence Council)에서는 미국의 안보전략의 일환으로 세계 거버넌스(統治, Governance)를 언급하고 있다(Mapping the Global Future 참조).

장하고 있는 점을 유념해야 한다. 21세기 안보환경의 변화에 대응하여 미국은 새로운 동맹의 개념을 설정하고 이를 점점 구체화하고 있다. 새로운 동맹개념의 핵심은 과거와 같이 상호방위조약에 근거한 고정된 지역적 동맹이 아니라 임무에 따른 유연한 연합과 연합국을 엮는 다차원 네트워크이다. 냉전기 동안 미국이 견지한 전통적 동맹개념은 상호방위조약 혹은 기존 세력균형론에 근거한 군사동맹이었다. 이에 비해 새로운 동맹개념은 미국의 전략변화에 부응하여 반테러, 반확산에 뜻을 같이하는 국가라고 할 수 있으며, 기존 동맹개념에 더하여 연합(聯合, Coalition)을 지향하는 개념 변화로 귀착된다.

이러한 미국의 세계전략이 2030년 국제질서에 대해 함의하는 바는 미국 주도의 세계질서 유지 가능성이다. 그러나 미국이 현재와 같이 일방주의적 외교태세를 유지할 수 있을지는 미지수이다. 과거 부시 행정부의 도덕적 절대주의는 세계적 비판에 직면해 있다. 오바마 대통령은 부시 前대통령보다는 낙관주의적 세계관을 가지고 있는 것이 분명하다. 그는 미국의 외교력이 탁월하기 때문에 강력하고(Tough) 직접적(Direct)인 외교를 통해 어려운 국제문제들을 잘 풀어나갈 수 있다고 믿고 있다. 이란 핵문제, 북한 핵문제, 이스라엘-팔레스타인 문제가 모두 강력하고 직접적인 외교를 통해 해결 가능하다고 믿고 있다. 미국의 신임 대통령들은 누구나 평화를 강조하며 변화를 외치지만 미국이라는 정치체제는 시스템이 움직이는 것이지 개인이 움직이는 것은 아니다. 미국의 유명한 정보통 조지 프리드만 박사는 '오바마의 첫 움직임(Obama: First Moves)'이라는 시론에서 "역사는 대통령을 만든다. 대통령이 역사를 만드는 것은 희귀한 일이다"고 말하고 있다. 오바마 정부는 각국과 원만한 협조를 통해 국제질서를 유지하려 하고 있으나, 바람직한 새로운 질서와의 타협이 모색될지 지켜볼 필요가 있다.

일본은 2차 세계대전 패전 이후 '대동아 공영권'의 대전략이 미국에 의해 일대 수정을 겪게 되면서 군사대국으로서의 희망은 좌절되었고, 미국의 철저한 통제를 받게 되었다. 따라서 일본은 우선 경제대국이 되어야겠다는 경제성장 전략으로 전환하였다. 그러나 부존자원이 부족한 일본은 GDP성장의 세 가지 분야, 즉 노동생산성, 자본생산성, 기술생산성 중 기술생산성의 향상을 위한 노력에 치중하였다. 기술로써 세계최강이 된다는 꿈은 메이지유신 이후 국력을 최대화하여 부국강병(富國强兵)의 꿈을 이룬다는 이상과 일치하는 것이었다. 군사력 발전의 꿈이 제약된 일본이 부국강병의 꿈을 이루는 길은 과학기술에서 선진화를 이루고 민군겸용의 기술을 보유함으로써 유사시에는 언제라도 민수가 군수로 전환할 수 있는 체제를 갖는 것이었다. 기술대국을 달성하기 위해 일본은 기술토착화, 기술파급효과 극대화, 국가주도의 민간 공동 기술개발의 장려 등 3박자전략을 추진해 나갔다.[3)]

일본은 국제규범과는 상당히 다른 일본형 시스템을 갖고 주로 미국을 추격하는 학습전략을 구사하였다. 계열화, 메인뱅크 시스템, 주식상호보유, 종신고용제와 연공서열제 등이 대표적인 일본형 시스템의 내용이다. 하지만, 1990년대와 2000년대 중반까지 장기불황을 겪고 난 지금은 이를 어떻게 전환시킬 것인지에 대한 개혁논쟁이 한창 진행중이다. 세계화의 압력이 거세지면서 일본도 미국형 경영방식과 시스템을 수용하지 않을 수 없는 상황에 있기 때문에, 일본은 미국 모델을 상당히 수용하였다.

전후 일본의 출발은 친미적인 '통상'형 국가였다. 즉, 일본은 자신의 존립기반을 구축하기 위하여 요시다(吉田) 노선에 따라 신중상주의(新重商主義)의 슬로건 아래 부의 게임을 추구하는 '통상'형 전략을 발전전략으로 택한 것이다.

국가전략으로서 '통상'형 전략은 자족성의 추구를 그만두고 영토가 아닌 시장의 점유를 추구한다는 점에서 '군사'전략이나 '군사-정치'전략과 다르며, 또 분업과 교역을 통한 국민경제의 발전을 도모하면서도 하나의 역할에 특화한다는 점에서 '경제-정치'전략과 다르다.

요컨대, '통상'형 전략은 교역을 통한 부의 획득에 최우선 가치를 두고 정경분리의 원칙하에서 대부분의 국가와 교역하여 시장점유를 확대시킴으로써 국가의 산업을 흥하게 하고 국력을 증강시키는 전략이다.

일본은 그와 같은 '통상'형 전략을 국가전략으로 선택하고 경제대국을 국가목표로 삼아 그 실현을 위하여 매진하였다. 따라서 전후일본에서 안보개념은 일본이 '통상'형 국가에서 경제대국으로 성장함에 따라 미일 안전보장체제를 근간으로 하는 전통적 군사안보뿐만 아니라 경제적 안보까지 중시하는 포괄적 개념으로 확대되었다.

---

3) Richard Samuels, *Rich Nation, Strong Army: National Security and the Technological Transformation of Japan* (Ithaca and London: Cornell University Press, 1994), pp. 33-78.

일본은 이와 같은 국제질서 및 안보환경의 변화에 대응하기 위해 '경제-정치'형 국가전략의 질적 전환을 추구하였다. 즉, 경제력의 대외 전략적 활용과 더불어 첨단기술력 및 경제력을 바탕으로 군사력의 질적 증강을 추구하게 되었다. 특히, 정치변동기에 일본정치의 핵심세력으로 등장한 쇼와(昭和)세대의 전후 新보수세력이 '21세기 일본의 정치대국화'를 지향하여 국제사회에서의 군사적 역할의 확대를 추구하게 되면서 자위대의 원거리 활동능력 등을 위한 군사력의 질적 증강과 같은 하드파워의 증강뿐만 아니라, 이를 법적・제도적으로 뒷받침하는 소프트파워의 증강을 추구하였다.

현재 일본은 비록 디지털 산업에서는 붐을 이루고 있지 못하지만, 향후에는 그간의 핵심 역량이었던 제조업에서 경쟁우위를 강화하기 위한 창조전략과 디지털 전환(E-Transformation)에 중점을 두는 번영전략을 계획하고 있다.

신보수세력의 국가전략 및 안보전략은, ① 글로벌 차원(Global Level), ② 아시아・태평양지역 차원(Regional Level), ③ 국내적 차원(Domestic Level) 등으로 전개되는 다차원적 전략이다.

다시 말해서 신보수세력의 국가전략 및 안보전략은 '21세기 국제지도국가'를 지향하여 'UN중시 전략'과 '미일동맹 강화전략'을 두 축으로 하면서, ① 글로벌 차원에서는 경제력의 전략적 활용을 기반으로 UN상임이사국으로서의 진출을 모색하는 한편, 세계 ODA[4] 대국으로서 지구환경문제, 인간안전보장(Human Security) 문제 등 글로벌 정책이슈에 전략적으로 활동하고, ② 아시아・태평양지역 차원에서는 미일동맹을 미영동맹 수준으로 강화시키면서, 독자적 영역의 확대를 꾀하여 역내 지도국가를 지향하며, ③ 국내적 차원에서는 경제력을 바탕으로 한 군사력의 질적 증강은 물론, 안보개혁 수준에서 유사법제의 정비, 정보기관의 강화, 총리의 리더십 및 내각의 위기관리능력 강화 등을 추구하는 것이다.[5] 일본의 경우 2020년 시점에서 세계와 일본의 모습을 조망하고, 일본의 전략목표로 경제규모면에서 대국가, 군사적으로는 중급국가, 그리고 국제질서 형성과정에서 제1급 책임국가를 언급하고 있다.[6]

요컨대, 일본은 국제사회에서의 정치적 위상 및 영향력 제고를 지향하여

4) ODA : Official Development Assistance의 약자로서 정부개발 원조 또는 공공개발 원조를 의미함

5) 배정호, 앞의 책, pp. 49-56.

6) 防衛戰略硏究會議, 平成 11・12年度報告書(防衛戰略硏究會議, 2001. 5) 참조.

군사적 역할의 확대를 위한 하드 파워 및 소프트 파워의 증강을 추구하면서 군사적 수단과 비군사적 수단의 적절한 상호보완 작용을 꾀하는 전략을 추구하는 것이다.

일본은 미일동맹 강화를 통한 '보통국가화' 노선을 지속적으로 추구할 계획이다. 이는 곧 미일동맹이 상당기간 미국의 대아시아 전략에서 중심적 위치를 차지할 것을 예고하는 것이다. 미일 양국은 9·11테러 이후의 국제 안보환경의 변화에 대응하여 양국의 안보정책에 관해 긴밀한 협의를 강화할 것에 합의하였고, 2005년 10월 29일에는 주일미군의 재편에 관한 중간보고서 「미일동맹: 미래를 위한 변혁의 재편(U.S.-Japan Alliance: Transformation and Realignment for the Future)」을 발표하였다. 나아가 2006년 5월 1일에는 주일미군의 재편 실행을 2014년까지 완료하는 '주일미군 재편에 관한 로드맵(Roadmap)'을 발표하였다. 요컨대, 글로벌 및 지역적 차원의 공통전략목표의 설정과 더불어 자위대와 주일미군의 상호연동성이 강화되는 재편이 완료될 경우, 미일동맹은 새로운 차원에서 통합 활동을 전개할 수 있게 되는 것이다.

일본은 2030년에는 세계로 열린 번영의 일본, 평안하고 안정된 일본 그리고 대내외적으로 활력이 넘치는 국가·사회를 실현한다는 목표로 전략을 수립했다. 특히 미래기술 확보 전략을 추진하기 위해 인적자본 경쟁력 향상, 고용 창출을 보장하는 건강·복지, 환경·에너지, 비즈니스 지원 등 3개 서비스 산업에 역점을 두고 추진하고 있다.

일본은 급속한 우경화바람과 함께 신현실주의와 군국주의 성향을 띠면서 아시아에서의 패권을 강화하려는 노력을 보이고 있다. 일본의 움직임은 분명 패전국으로서 웅크려 있던 과거의 모습과는 확연히 달라져 있다. 기존 패권질서의 중심이었던 정치와 안보 분야뿐만 아니라 지식정보화 사회에서 패권의 중심이 될 문화나 과학기술력을 강화하고 있으며, 일본이 가장 취약하다고 여기는 패권국가로서의 사고방식을 크게 배양하고 있는 것이다. 물론 이러한 변화들에 대해 보수세력과 자유주의·평화주의 세력간의 시각 차이는 여전히 크다. 그러나 현재의 변화는 보수정치세력들에 의해 강하게 추진되고 있고, 반대파들은 지극히 분산되어 있다.

중국은 등소평의 개혁·개방 이후 연 10%대의 높은 경제성장률을 기록하며 세계의 시장으로 발돋움하고 있다. 급속한 경제성장으로 빈부의 격차와 지역간 불균형 문제로 몸살을 앓고 있지만, 올림픽을 성공적으로 개최한 자부심으로 잘사는 '소강사회(小康社會)' 건설을 위해 매진하고 있다. 중국은 13억 인구가 성장을 향유할 수 있는 균형된 사회발전을 지향하는 국가전략을 추진하고 있다.

2020년의 시점에서 중국의 부상을 전망하는 국내외의 다양한 견해를 종합하면, 동북아 지역에서 일본을 능가해 미국에 이은 2위의 신흥강대국으로 부상할 것이라는 의견이 지배적이다. 대표적으로 미국 국가정보위원회(NIC)가 2004년에 발간한 보고서에 따르면, 2020년 시점에서 중국의 국민총생산은 유럽과 일본을 능가하여 미국에 다음가는 규모로 성장하게 될 것이고, 군사비 지출도 러시아를 추월하여 미국에 버금가는 규모가 될 것이라고 예상하면서, 중국의 부상은 19세기 독일의 부상이나 20세기 초기 미국의 부상과 견줄 수 있는 국제적인 사건이 될 것이라고 보았다. 일본 내각부도 2005년 발간한「일본 21세기 비전」이라는 보고서에서 세계의 GDP 총액에서 차지하는 각국의 비율이 일본의 경우 2004년 15.6%에서 2030년 시점에는 9%로 하락할 것으로 예상하면서, 반면 중국은 5.5%에서 31%로 증대하여 일본을 훨씬 앞지르게 될 것이라고 보았다. 미국의 각종 연구보고서는 2040년이 되면 중국이 국력에서 미국을 추월할 것으로 예상하고 있다.

중국은 2006년 10월에 개최된 중국공산당 제16기 중앙위원회 제6차 전체회의에서, "사회주의 조화사회건설"의 기치 아래 2010년까지 2000년 GDP를 2배로 증가시키고, 이를 다시 2020년까지 2배로 증가시킴으로써 "전면적 소강사회를 건설"한다는 목표를 국가전략으로 제시하고 있다. 이러한 소강사회 건설을 목표로 한 대외정책 기조는 등소평 시대에는 도광양회(韜光養晦), 즉 칼날의 빛을 감추고 어둠 속에서 실력을 기른다는 방침 하에 추진되었고, 2003년 및 2004년에는 화평굴기(和平屈起) 및 화평발전(和平發展)개념이 표방되었다. 그런데 2006년 들어와 후진타오 등 중국지도부는 화해세계(和諧世界)의 개념을 대외정책 기조로 새롭게 표방하고 있다. "화해세계"란 평화적인 발전의 길을 견지하고, 조화로운 세계를 건설하는 데 공헌해야 한다는 의미이다. 구체적으로는 ① 중국의 핵심이익에는 단호한 입장을 유지하면서도, ② 미국과의 갈등을 회피하고, ③ 국제적 신뢰 획득에 노력하며, ④ 국제사회에서의 부상(浮

上)보다는 발전을 중시한다는 내용을 담고 있다. 즉, '화해세계'의 개념에는 향후 20여 년간 미국 중심의 질서에 도전하기보다는 중국의 내적인 경제성장과 국제사회에서의 신뢰획득을 중시하겠다는 중국 지도부의 국가전략이 담겨 있다고 생각된다.[7)]

중국의 후진타오 체제는 전면적 소강사회 달성을 위해 안정된 주변환경을 필요로 하며, 그 관건이 바로 미국과의 평화로운 관계설정이라고 보고 있다. 더 나아가 국제사회에서 중국의 발언권 확대를 위해서도 중국은 미국과의 전략적 협조가 자신의 국익에 부합하는 것으로 본다. 2005년과 2006년에 걸쳐 중국정부가 내세운 국내외전략의 기본 목표는 '조화로운 사회와 세계의 건설(建立和諧社會)'이며, 이를 위해 대외전략의 기본 방침으로 '화자위선(和字爲先)'을 강조하고 있다. 협력지향적 미중관계도 조화로운 세계질서의 일부로 추구되는 것이다. 미국 또한 중국을 국제사회에서 대등한 위치에서 각종 현안에 대해 공동의 책임의식을 가지고 상호 협조해 나가는 상대로 보고 있다. 그런 이유로 미국은 중국을 현 국제관계에서 중요한 이익을 공유하는 이익상관자(利益相關者, Stakeholder)로 규정하고, 중국을 동등하고 중요한 성원으로 간주하는 입장이다. 이런 점을 고려할 때, 당분간은 중국이 미국 주도의 국제질서에 주된 도전세력으로 등장하거나 반미 연대를 주도할 가능성은 크지 않다는 것이 대체적인 분석이다.

따라서 미국과의 협력적 관계유지 및 국제사회와의 협력은 중국에 있어 2020년까지의 소강사회 건설을 위한 필요조건이 될 수밖에 없다. 중국은 2020년까지 국내적으로는 해·공군 및 전략미사일 군을 중심으로 한 첨단 전력증강을 도모하고, 대외적으로는 러시아 및 SCO와의 안보협력을 증대시키면서 미국의 일방적 국제질서 주도를 견제할 것이다. 그러나 미국의 패권적 지위에 정면으로 도전하기보다는 기본적으로는 미국과의 협력관계 유지 및 국제사회와의 협력 파이프라인을 광범위하게 구축하면서 중국의 국가발전을 이룩하는데 보다 중점을 둘 것으로 전망된다.

일정시점까지 중미관계는 완전한 해소가 불가능한 이념적·체제적 갈등이 유발하는 대립을 최대한 관리하면서 협력관계를 유지하는 '협력 속의 경쟁', '경쟁 속의 협력'의 틀로 진행될 전망이다. 중국은 '미국 우위가 유지되는

---

7) 박종철 외, 앞의 책, p. 74.

세계질서'가 당분간 지속될 수밖에 없기 때문에, 미국과의 협력관계를 유지하는 것이 자국의 이익에 유리하다는 판단이나 미국의 대중정책에 따라 경쟁과 협력의 이중구조를 최대한 안정적으로 유지하려는 수세적 대응을 할 것으로 전망된다.[8)]

그러나 2030년 이후에는 중국이 신흥강대국으로 부상함에 따라 미중관계는 협력과 경쟁의 이중 구도에서 경쟁적 측면이 점차 증대될 것이다. 중국은 신장된 국력에 맞게 국제무대에서 미국에 자국의 이익을 요구하거나 국제질서의 형성에 참여하고자 할 것이다. 이는 미국의 전략적 이익과 부합하지 않을 것이기 때문에, 미국 내에서도 중국을 경쟁자로 바라보는 관점이 더욱 우세해질 것이다. 따라서 미중관계는 협력적 측면보다 경쟁적 측면이 더욱 부각될 가능성이 높아질 것이다. 미국식 가치와 중국식 가치관의 충돌, 체제 및 이념상의 문제와 양안관계와 같은 지역 안보현안에서 양국은 갈등을 보일 것으로 전망된다. 그러나 냉전시기의 미소관계처럼, 대립적 구도로 발전하지는 않을 것이다. 왜냐하면 미국과 중국은 경제영역과 반테러 확산, 사회문화교류, 지역안보협력 등에서 공동이익을 보유하고 있고, 세계화의 영향으로 상호의존도도 증가할 뿐만 아니라 21세기 전반부는 미국 우위의 다극화 추세가 유지될 것으로 예상되므로 미중관계는 경쟁과 함께 협력적 측면도 유지될 수 있을 것이다.

러시아는 냉전체제 붕괴 이후 군수부문, 유엔안보리 상임이사국의 지위 그리고 세계 최대의 영토와 에너지를 비롯한 풍부한 지하자원을 제외하면 초강대국에서 일개 중진국의 지위로 떨어졌었다. 그러나 푸틴과 대를 이은 베드메데프 대통령 집권 기간 동안 '강성대국전략(强盛大國戰略)'을 내세우며, 빠른 시일 내에 강대국의 지위를 회복하고 경제 선진국으로 발전하기 위하여 최대한의 노력을 벌이고 있다. 그 핵심은 다소 권위주의적인 성격을 갖더라도 정치의 안정을 기하고 핵전력을 최대한 활용하여 안보 억지력을 확보하며, 정부역량을 경제적 실익을 거두고 경제 발전을 이룩하기 위하여 집중적으로 투입하는 전방위적인 실용주의전략을 취하는 것이다.

러시아는 국내 정치・경제의 안정을 바탕으로 냉철한 현실주의에 입각하여 국가안보의 확보와 경제적 실리 추구에 외교의 중점을 두고 궁극적으로는

8) 박종철 외, 앞의 책, pp. 73-75.

강대국 지위의 회복을 지향하고 있다.

정치적으로는 보다 다원적 체제로 상대적 안정을 이루려고 시도하고 있으며, 시베리아와 극동지역도 지역 개발과 에너지 자원 개발을 중심으로 한 경제발전을 이루면서 이 지역의 분리주의적 성향을 약화시키려 하고 있다.

경제적으로도 러시아는 시장경제 체제를 유지하면서 세계 10위권에 드는 경제 강국이 될 것으로 전망된다. 특히 교토의정서 발효에 따라 청정에너지의 가치가 급증하는 가운데 세계 천연가스 매장량의 32%를 보유하고 있는 러시아의 천연가스와 석유 자원의 개발 및 수출이 활성화되고 있다. 시베리아 횡단철도(TSR)와 한반도 종단철도가 연결되면, 시베리아 및 극동지역에서 유라시아 대륙 교통의 중심지가 되고 한·중·일 3국의 이 지역에 대한 에너지 의존도가 상당 수준에 이를 것으로 예측되므로 러시아는 에너지 공급을 유효한 수단으로 활용할 것으로 보인다.

또한 러시아는 지역별 및 국가별 외교관계의 중요도를 구소비에트연방공화국들과의 협력 도모, 미국 및 서유럽과의 전략적 협력, 인도 및 중국의 전략적 동반자 관계 유지 및 강화 등의 순서로 두어 왔다.[9] 러시아는 최근에는 상대적으로 경시해왔던 아시아 지역으로 눈을 돌려 활발한 방문외교와 전방위적 경제 실리외교를 통해 실추된 러시아의 위상을 제고하고 영향력을 강화하는 동시에 경제적 실리를 추구하고 있다.

이는 다분히 현상유지적인 전략이고 국제평화와 지역 안정을 적극적으로 지원해가는 전략이다. 아울러 21세기 들어 국제 정치·경제에서 중요성이 급증해가는 동북아 지역에 대해 보다 큰 관심을 기울이면서 이 지역의 정세 안정과 평화 유지 그리고 경제 협력을 적극적으로 도모하는 방향의 전략을 구사할 것임을 의미한다. 따라서 2030년에 이르기까지 러시아의 동북아 한반도 전략은 큰 변화 없이 현재의 기조를 유지하면서 점진적으로 영향력을 강화해 나갈 것으로 전망된다.

러시아의 한반도에 대한 전략적 관심의 크기와 내용 그리고 대한민국과 러시아의 양자관계 자체가 대한민국의 대러전략에 영향을 미칠 것이다. 러시아 정부가 점차 아시아 및 동북아 지역에 대한 전략적, 경제적 가치를 재인식하는 추세를 감안하고 동북아 지역이 정치·경제면에서 점점 더 중요지역으

---

9) 이상현 편, 대한민국의 국가전략(세종연구소, 2005), p. 135.

로 부상중인 점을 감안할 때, 러시아의 한반도에 대한 전략적・경제적 관심과 이해관계, 이에 따른 역내문제 관여 의지는 꾸준히 커질 것이고, 한・러관계 역시 현재의 '상호 신뢰하는 포괄적 동반자관계'에서 진일보하여 적극적 전략적 협력관계로 진전되어 있을 것으로 예상된다.

러시아의 전략은 한반도 안정과 평화를 바라는 면에서는 미국 및 중국과 유사하다. 다만 미국은 '미국이 질서를 주도하는 평화(Pax Americana)'가 이의 전제 조건이고, 중국은 북한의 체제유지가 전제조건인 반면 러시아는 별 전제 조건 없이 이를 바라는 점에서 차이를 보일 것이다. 특히 러시아는 2030년 이내 연결될 것으로 예상되는 유라시아 철도나 파이프라인의 안정적 관리를 위해 북한 지역의 정세 안정이 필요할 것이다. 러시아는 중국과 마찬가지로 미국의 공격이나 우발적 사고를 통한 대량살상무기의 폭발로 인한 피해 및 극동 지역으로 북한 난민이 대규모로 유입하는 것을 예방하기 위해서도 한반도 정세의 안정을 바랄 것이다.[10)]

향후에도 러시아는 자국 국경지역의 치안과 정세안정 그리고 경제 발전을 위하여 한반도 정세의 안정과 평화, 남북간 대화 및 협력 나아가 남북한간 당사자 원칙에 입각한 점진적인 평화통일을 지원해 갈 것이고, 동북아 정세의 보다 항구적인 안정을 위하여 역내 다자안보 협력기구 창설을 주창해 나갈 것이다. 특히 TSR과 한반도 종단철도를 연결시켜 러시아의 경제 수입 증대 및 TSR 주변지역의 경제 활성화를 도모하는 동시에 러시아를 유라시아 대륙의 중추세력으로 부상시켜 갈 것이다. 또한 시베리아・극동지역에 풍부하게 매장되어 있는 천연가스와 석유 등 에너지 자원을 개발하는 동시에 극동지역의 군사력을 정비해 나가면서 이들을 외교전략의 유효한 수단으로 활용하여 외화 획득 및 지역경제발전 그리고 동북아 지역에 대한 영향력 강화에 나설 것이다.[11)]

유럽연합은 2000년에 세계 최고 지식기반 경제 구축을 목표로 성장과 고용에 중점을 둔 '신 리스본 전략(Lisbon strategy)'을 출범시켰다. 지식과 혁신, 투자와 고용환경 조성, 고용 창출을 3대 핵심 목표로 10대 실천계획을 제시하고 있다. 즉 유럽연합은 세계 최고 지식기반 경제를 구축하고, 사회적 통합과

10) 이상현 편, 위의 책, p. 156.
11) 이상현 편, 위의 책, p. 143.

조화를 도모하면서 고용창출을 강화하기 위한 발전전략을 추진하고 있다.

유럽 국가들은 대체로 복지국가와 조합주의의 전통 속에서 독특한 번영·발전전략과 복지전략을 가진다는 점에서 다양성이 크다. 그 다양성의 핵심은 성장 못지않게 분배를 중요하게 여기고 경제주체간의 사회적 계약을 사회갈등 해소의 주요 방식으로 활용한다는 점이다. 그만큼 경제논리보다는 국가 및 정치논리가 강하게 작용한다. 얼마 전부터 대두되었던 제3의 길도 결국은 미국식으로의 완전한 수렴을 거부하고, 형평과 효율을 동시에 달성할 수 있는 유럽식의 독자적인 길을 찾아보겠다는 전략이었던 것이다.

유럽의 경우는 사회적 통합과 조화를 중시하는 전략이 특징이다. 상당히 많은 유럽 국가들이 경제위기를 간헐적으로 경험했는데도 그것을 극복하는 과정은 그들만의 특유한 합의정치와 연대에 의한 것이었다. 위기극복과정에서도 대체로 형평성 있는 극복전략이 견지되었다. 그리고 디지털 경제를 건설하는

〈표 부-1〉 주요 국가의 미래전략

구 분	전 략	주 요 내 용
미 국	· 국가안보전략 · 기술혁신전략 · 세계 거버넌스전략 · 경제위기 극복전략	· 정치, 경제적으로 초강대국 입지 강화 · 세계화와 지식정보화 주도 · 경제위기의 조기극복
중 국	· 전면적 샤오캉 사회건설	· 13억 인구의 성장 향유 · 균형된 사회발전 지향
일 본	· 장기 국가발전전략(2030)	· 2030년 활력 넘치는 국가·사회 실현 · 세계로 열린 번영의 일본 · 평안하고 안정된 일본
러시아	· 강성대국전략	· 강대국 지위회복 · 경제선진국 도약 · 新전방위 강대국 노선
E U	· 리스본전략	· 세계 최고 지식기반경제 구축 · 사회적 통합과 조화 · 고용창출
동아시아	· 국가주도의 추격성장 전략	· 지식정보화 사회 편입 · 국민경제 활성화

* 참조 : 매일경제 기사내용(2006. 8. 31)을 기초로 재정리

과정에서도 유럽은 미국이 경험한 디지털 격차의 문제를 사전에 예방하기 위해 정부 주도로 다양한 디지털 격차 완화정책을 병행하고 있다. 특히, 노사정 간의 사회적 협약을 통한 위기극복과 사회비용 최소화전략은 우리에게 시사하는 바가 크다. 한국의 경우, 위기극복을 포지티브 섬(Positive Sum) 게임으로 만들어 가는 경제주체들의 지혜와 협력이 필요하고, 이를 이끌어 내기 위한 정부의 지혜롭고 민주적인 리더십이 요구된다. 그리고 사회적 협약의 틀을 유지하기 위한 공평하고 투명한 법치가 병행되어야 할 것이다.

동아시아 국가들은 흔히 동아시아 발전 모델 혹은 개발국가로 불리는 경제 시스템을 갖고 있다는 점에서 시장주도적인 미국형 모델과는 대비된다. 이들 국가들은 대체로 정부주도방식에 의해 경제성장이 이루어졌고, 정치적으로는 권위주의가 강하게 남아 있다. 사회계약의 전통이 약한 대신 국가가 노사관계에 직접 개입하여 중재하는 갈등해소방식을 갖고 있다. 그리고 지금까지 학습에 의한 추격성장전략에 주력해 성공하였으나, 최근에는 세계경제위기로 인해 전략수정이 모색되고 있다.

동아시아 국가군의 국가전략은 대한민국에게 이중적인 시사점을 제공한다. 일본, 말레이시아, 싱가포르 등의 경험에 비추어 보면 추격성장노선의 단기적인 효과를 높이 평가할 수 있지만, 동시에 이 노선이 아시아 경제위기를 계기로 한계에 부딪혔음을 알 수 있다. 학습에 의한 경제성장의 대표적인 경우가 한국이라 할 수 있는데, 한국이 향후 변화된 환경에서도 지속적으로 성장하기 위해서는 '학습전략(學習戰略)'이 한계에 봉착했음을 인정해야만 한다. 그리고 정부의 주도로 자원을 전략적으로 배분하는 방식도 글로벌화된 디지털 경제에서는 바람직하지 않고, 더 이상 작동하기도 힘들다는 점이 분명해지고 있다.

아시아의 금융위기와 세계경제위기의 경험은 규제완화와 시장경쟁의 촉진을 통해 시장경제를 활성화하되, 금융위기와 경제위기가 크게 확산되지 않도록 금융시장을 건전하게 감시하고 규제하는 본연의 정부 역할이 더욱 중요하다는 역설적인 시사점을 보여 주고 있다. 정부의 과잉규제만 있고, 제대로 된 감시자의 역할은 없는 사태가 재발되어서는 안 될 것이다.[12)]

12) 류상영 외, 앞의 책, pp. 491-501.

2030년의 시점까지 동북아 안보질서는 지금까지 내재하고 있는 여러 불안요인과 다양한 변화요인이 서로 작용하면서 질서변화를 연출해 낼 것이다. 경성권력과 연성권력 측면에서 공히 패권적 지위를 유지하려는 미국과 비약적인 국력증진을 기반으로 국내적으로는 소강사회를, 대외적으로는 화해(和諧)세계 구축을 도모하며 발언권을 강화하려는 중국, 미국과의 동맹을 강화하면서 보통 국가로의 길을 걸으려는 일본, 중국과 군사협력관계를 강화하면서 스스로도 강한 대국으로 부활하려는 러시아 등의 국가전략과 야망들이 상호 작용을 일으키면서 지역 내 질서에 적지 않은 변화를 만들어 낼 것이다. 각국의 국가전략이 기존 질서에 대한 도전을 의도하지 않고, 태동되기 시작한 다자간 안보협의체가 순조롭게 기능하면서 세력전의 양상이 기존 질서 속에서 조정된다면 역내 질서는 협력과 안정의 양상을 보이게 될 것이다. 반면 역내 국가들의 내셔널리즘 강화가 영토문제나 경제적 자원의 확보문제와 결부되어 갈등이 심화된다면, 2030년 시점의 동북아 지역질서는 또 다른 대립과 분쟁의 구도가 될 가능성도 존재한다.

위의 국가군의 국가전략은 한국이 현재의 위치를 진단하고 이에 맞는 국가전략을 수립하여 집행하는 데 많은 경험적 시사점을 주고 있다. 특히 미국의 경우 국가전략을 공식적으로 발표하지는 않지만, 우리에게 주는 가장 큰 시사점은 국가전략 차원의 각종 전략이 형성되는 과정에 대한 것이다. 미국에는 많은 싱크탱크들을 중심으로 미국 내의 다양한 지식과 정보가 교환되어 국가전략에 반영되는 민주적 아이디어 시장이 존재한다. 다원적인 아이디어가 공개적이고 투명하게 확산되는 과정에서 국민적 합의가 형성되면 그 전략은 그만큼 국민적 지지를 받게 되고, 성공 가능성도 높아지게 마련이다. 한국의 경우 국가전략에 대한 토론과 아이디어 교환과정이 별로 없다. 실제로 싱크탱크도 많지 않을뿐더러 그 대부분은 단기적인 정책대안의 발굴에 여념이 없는 형편이다. 아이디어 시장이 발달하지 않으면 비전과 전략수립이 용이하지 않고, 수립된 전략을 집행하는 과정에서도 너무나 많은 시행착오와 갈등을 겪게 된다. 따라서 대한민국에도 아이디어 교환이 활발히 진행되고 반영되는 보다 유연하고 개방적인 담론과정과 정치구조가 정착되어야 할 것이다.

부록 2. 북한의 국가전략

김정일시대의 북한은 '강성대국(强盛大國)'과 '선군사상(先軍思想)'을 내세우며 국가를 운영하고 있다. 북한이 국가전략을 공식적으로 발표한 적은 없으나, 국가전략은 이 두 가지 개념으로 설명할 수 있다. 이러한 큰 틀 속에서 북한은 그동안 유지해온 혁명전략, 대남전략, 경제발전전략, 대외전략 등을 체제의 위협이 되지 않는 범위 안에서 조금씩 수정해가며 추진할 가능성이 높다.

북한은 가장 극단적인 정치체제를 유지하고 있는 테러국가이다. 북한의 끈질기고 변함없는 국가이익의 우선순위는 약 60년 동안 긴장상태로 계속되어 온 대치상황을 반영하고 있다. 북한이 추구해 온 국가이익을 정리해 본다면, 북한의 정치적 독립을 견지하면서, 김정일 정권을 유지하고, 북한방식에 의한 통일을 달성하며, 북한의 경제발전과 군사현대화를 추구하는 것이다.[1)]

이를 구현하기 위해 북한은 대남한과의 관계에 있어서 핵심적인 국가이익으로 최근에 이르기까지 다음과 같은 전략을 추구하였다. 이것은 ① 남한을 타도하고 궁극적으로 정복할 수 있는 독자적 능력을 개발하고, ② 남한의 대일 및 대미관계를 약화시키고 남한에서 미군의 철수를 유도하며, ③ 북한의 독립을 해치지 않으면서 중국과 러시아를 포함한 다른 나라의 지원을 계속 받는 것 등으로 정리될 수 있을 것이다.[2)]

북한은 공산주의 이념이 추구하는 전 세계의 공산화를 국가전략의 최종목표로, 지역적 범위에서의 남조선혁명을 당면목표로 설정하고,[3)] 당면목표를 추구하기 위해 혁명전략 및 대남전략에 초점을 맞춰 적극적 공세적인 태도를 취해 왔다. 이에 따라 안보전략은 혁명전략 또는 대남전략에 종속된 부수적인 것으로 인식되어 협의의 군사전략 차원에서 취급될 수밖에 없었다.

즉 북한과 같은 사회주의 국가의 경우에는 특별히 '혁명전략(革命戰略)'이라고 부를 수 있는 전략이 존재하며, 혁명전략은 국가전략 중에서도 중심 부

---

1) Norm D. Levin, 「신데탕트와 韓國安保」(서울 : 대한민국국방연구원, 1990), p. 127.
2) 「국가전략」 제1권 1호(세종연구소), pp. 47-49.
3) '조선로동당규약' 전문 참조.

분을 차지한다. 그것은 사회주의국가들이 국가이익의 구현이라는 일반적 목표를 넘어서서 특정이념에 따라 사회와 국가 구성원 전체를 '개조'하고 역사를 전진시킨다는 목표를 가지고 있기 때문이다. 그리고 분단국가는 통일을 이루어야 하는 과제를 안고 있기 때문에, 북한의 경우 대남전략이 국가전략에서 또 하나의 중요한 부문전략으로 자리를 잡았던 것이다.4)

북한은 '혁명전략'을 "반(半)봉건 또는 자본주의 제도를 사회주의 제도로 교체하고 궁극적으로 공산주의 사회의 건설을 준비하는 차원에서 사회와 자연 및 인간의 '개조' 등 중장기적으로 추진해야 할 정책들에 대한 종합적이고 체계적인 계획과 구상"이라고 정의하고 있다. 북한의 경우 혁명전략은 북조선혁명전략, 남조선혁명전략, 세계혁명전략으로 다시 세분화될 수 있다.

냉전시대 사회주의 국가들의 혁명전략은 기본적으로 마르크스・레닌주의의 영향을 지대하게 받았는데, 북한의 경우도 예외는 아니었다. 모든 사회의 역사를 계급투쟁의 역사로 파악하는 마르크스의 관점, 제국주의와 당 조직 원칙, 프롤레타리아 독재에 대한 레닌의 이론, 농민과의 계급동맹을 통해 혁명을 성공시키고 제3세계 피압박 민족들의 민족해방운동을 지원한 레닌의 실천, 엥겔스의 국가 소멸론에 대한 스탈린의 수정 등은 냉전시대 북한의 혁명전략에서 핵심적 부분을 차지했고, 아직도 북한 혁명전략에서 중요한 부분으로 남아있는 것들이다.5)

그런데 북한의 혁명전략은 혁명투쟁에서 '수령'과 '수령의 후계자'의 결정적 역할을 드러내놓고 강조하고 있다는 점에서 다른 사회주의 국가들의 혁명전략과 중요한 차이를 보이고 있다. 북한의 혁명이론이 공산주의 사회에서까지 수령의 사상과 영도를 끝없는 충성으로 높이 받들어나갈 것을 요구하고 있는 부분과 수령뿐만 아니라 '수령의 후계자'의 결정적 역할을 강조하고 있는 부분은 스탈린 시대 소련에서 뿌리를 내린 수령 절대 독재의 논리를 극단으로 전개시킨 것이라고 볼 수 있다.

4) 백학순 외, 북한의 국가전략(세종연구소 북한연구센터 엮음, 2003), pp. 11-12.

5) 북한의 혁명전략은 기본적으로 레닌과 스탈린 시대 소련에서 수립된 혁명전략을 계승하였으나, 중・소 분쟁의 영향 등으로 일정한 차이점도 가지게 되었다. 특히 탈냉전과 함께 북한은 냉전시대와는 다른 새로운 '혁명전략'을 모색하고 있는 실정이다. 그런데 북한의 정치・문화적 전통, 분단 상황, 나름대로의 역사적 발전과정에서 북한의 혁명전략은 고정불변한 것이 아니라 끊임없이 발전해 왔고 지금도 변천과정에 있다고 파악할 수 있다.

북한 혁명전략의 전개과정을 간단히 살펴보면, 북한은 해방 직후 반제반봉건민주주의혁명을 수행하면서 일제 잔재와 봉건 잔재 청산이라는 문제들을 해결하였다. 그리고 그 과정에서 정치적 다원주의를 부정하는 당-국가체제를 수립하였다. 1950년대 초에는 군사주의적 방법에 의한 한반도 통일을 시도하였으나 실패하고 가까운 미래에 통일이 실현될 가능성이 희박해지자 북한은 본격적으로 '사회주의의 기초 건설'을 추진하였다. 그 후 북한은 '사회주의의 전면적 건설'단계를 거쳐 '사회주의의 완전한 승리를 앞당기기 위한 투쟁'단계에 진입하였다.

그러나 1980년대 후반부터 동구에서 사회주의체제들이 붕괴되고, 1990년대 초에 소련이 해체됨으로써 북한은 사회주의의 '완전한 승리'가 아니라 사회주의의 '수호'를 목표로 해야 하는 상황에 직면하게 되었다. 그 결과 북한은 그처럼 말살하려고 했던 자본주의적 시장경제의 원리를 2002년에 부분적으로 수용하고, 신의주, 개성 및 금강산 특구 지정을 통해 중국식 경제발전전략을 적극적으로 수용하는 모습을 보여 주었다.

김일성 사후 북한의 혁명전략에는 일견 대립되는 두 경향, 즉 군사주의적 경향과 실용주의적 경향이 강화되어 나타나고 있다. 군사주의적 경향은 북한의 안보위기의식이 심화되면 강화되고 위기의식이 완화되면 약화되는 경향을 보이고 있다. 특히 2000년의 남북정상회담 직후에는 그 경향이 약화되고 실용주의적 경향이 강화되어 나타났으나, 2001년 부시 미 행정부의 출범 이후 북·미 관계가 급냉각하면서 그 경향이 다시 강화되는 경향을 보이고 있다. 북한의 군사주의적 경향은 공격적 측면과 방어적 측면 모두를 가지고 있는데, 냉전 시대에는 공격적 측면이 더 강했다면 탈냉전 시대에는 방어적 측면이 더 크다고 할 수 있다. 비록 현재는 북한이 심각한 안보위기 상황에서 노동자 계급보다 군대에 더욱 의존할 수밖에 없는 상황(先軍政治論)이지만, 위기가 해소되면 군대에 대한 의존도를 줄이고 보다 실용주의적인 방향으로 나아갈 수밖에 없을 것으로 전망된다.[6)]

북한에서 국가전략의 일환으로서 '강성대국론(强盛大國論)'이 처음으로 제시된 것은 1998년 8월 22일자 《로동신문》 정론을 통해서였다. 동 정론은 '주

6) 백학순 외, 앞의 책, pp. 12-15.

체의 사회주의 강성대국'에 대해 "착취와 억압, 가난과 무지, 침략과 약탈, 지배와 예속으로 얼룩진 지난 시대의 반동적, 반인륜적 국가건설사에 종지부를 찍고 인민의 자주적 요구, 인류의 념원을 전면적으로 꽃피워주는 영원한 리상국"이라고 설명하고 있다. 그리고 '주체의 강성대국건설'이 "위대한 장군님께서 선대 국가수반 앞에, 조국과 민족 앞에 다지신 애국충정맹약이며 조선을 이끌어 21세기를 찬란히 빛내려는 담대한 설계도"라고 설명하고 있다. 《로동신문》 정론은 북한이 '수령중심의 강성대국론'을 주장하고 있는데 그 이유가 걸출한 수령, 위대한 애국자, 강철의 영장을 영원한 국가수반으로 모시는 것은 "사회주의자주강국건설의 생명이며 최고원리"이기 때문이라고 지적하고 있다. 북한의 이러한 언급을 통해 주체사상에서 핵심을 이루고 있는 '혁명적 수령관'이 강성대국론에서도 가장 중요한 원리가 되고 있음을 확인할 수 있다. 강성대국 건설과 관련하여 동 정론은 '사상과 군대를 틀어쥐면 근본을 틀어쥔 것으로 된다고 지적하고, "사상의 강국을 만드는 것부터 시작하여 군대를 혁명의 기둥으로 튼튼히 세우고 그 위력으로 경제건설의 눈부신 비약을 일으키는 것이 우리 장군님의 주체적인 강성대국 건설방식이다"라고 설명하고 있다. 선군정치의 논리가 강성대국론과 밀접한 연관을 갖고 있는 것이다.

북한은 1998년 9월 9일 공화국 창건 50주년을 기념하는 《로동신문》 사설을 통해 강성대국 건설을 다시 한번 강조하였다. 이때 나온 주장들은 대체로 동년 8월 22일 정론에서 제시된 내용들을 재확인하는 것이 대부분이었지만, 정권 수립과 관련하여 새롭게 강조된 것들도 있었다. 9월 9일자 사설은 김정일의 사상과 정치를 높이 받들어나가는 것이 사회주의강성대국을 건설하기 위한 '결정적 담보'라고 주장하면서, 북한의 "사회주의정권을 위대한 김정일 동지의 사상과 정치를 빛나게 실현하는 강력한 무기로 더욱 강화발전"시켜나가야 한다고 지적하고 있다. 그리고 이를 위해 정권기관 안에 당의 결정과 지시를 무조건 집행하며 당의 유일적 영도 밑에 하나와 같이 움직이는 강한 혁명적 규율과 질서를 확립해야 한다고 강조하고 있다. 그리고 동 사설은 북한이 사상과 정치의 강국, 군사 강국으로 존엄을 떨치고 있으므로, "사회주의건설을 다그쳐 경제를 활성화하고 자립경제의 위력을 높이 발양시키면 우리 조국은 모든 면에서 강대한 나라로 뿌리를 내리게 된다"고 주장하고 있다. 북한은 또한 이 사설에서 나라의 형편이 아무리 어렵고 '고난의 행군'을 열 백번 한다고 해도 국방력을 강화하는 데서는 추호의 양보도 있어서는 안 된다는 것이 김정일의 '확고부동한 의지'라는 것을 강조함으로써 군사력강화에 지속적인 노력을 기울일 것임을 밝히고 있다.7)

북한의 대남전략(對南戰略)은 남한의 대북전략과 마찬가지로, 본질적으로 한반도에서의 '민족국가형성'이라는 목표를 달성하기 위한 노력을 포함하고 있고, 동시에 '통일(통합)'이라는 가치 추구와 깊은 관련이 있다. 이는 기본적으로 경쟁국가인 남한을 붕괴시킴으로써 북한의 통치 권위를 한반도 전역에 확산하려는 북한 지도부의 통일 민족국가 형성 욕구와 관련되어 있다. 단지 북한지도부가 통일을 추구할 역량이 있는가, 통일에 유리한 환경이 조성되어 있는가, 통일을 단기적 혹은 장기적 목표로 추구하는가, 그리고 통일을 추구할 때 어떤 전략과 방법을 사용하는가에 따라 북한 대남전략의 구체적인 내용이 시대에 따라 다르게 나타나게 된다고 하겠다.

북한의 대남전략 목표는 '기본목표'와 '행동목표'로 나누어서 생각해볼 수 있다. 해방 직후 역사적, 지리적, 심리적으로 단일한 장인 한반도가 분단되고 남북한에서 각각 단독정부가 수립되자, 북한 지도부는 경쟁자인 남한 지도부를 제거하여 한반도 전체를 통일하려는 목표를 갖게 되었다. 그런데 이 목표는 한반도에서 동일한 민족을 상대로 남북한 양 국가가 경쟁을 하고 있는 동안에는 크게 변할 수 없는 '기본목표(基本目標)'라고 할 수 있다.

이러한 기본목표는 북한이 추구하는 '통일'이라는 가치와 연결되어 있으며, 이는 북한 지도부의 능력과 가용자원, 그리고 환경구조에서의 변화에 따라, '북조선 민주기지'구축, 무력을 통한 통일기도, '남조선 혁명'완수, 연방제 통일국가 건설 등 '행동목표'로 시대에 따라 달리 구체화되었다.

그러나 통일을 달성하려는 북한의 기본목표도 이 기본목표를 달성하려는 전술적 차원의 행동목표도 북한이 확보하려는 국가의 정통성, 안보, 경제발전, 국가위신 등에 의해 영향을 받게 되었다. 즉 당장 현실적으로 불가능한 통일보다는 좀 더 직접적이고 현실적인 국가목표에 의해 영향을 받게 된 것이다. 따라서 1990년대에 들어서는 북한경제의 붕괴 등 북한 내부의 능력 저하와 사회주의권의 몰락이 가져온 국제환경의 악화로 인해 북한의 구체적인 대남전략

7) 백학순 외, 앞의 책, pp. 69-75.

은 통일보다는 북한체제의 생존을 기약하기 위한 남한과의 '평화공존(平和共存)'의 추구로 변화하였다.8)

북한은 1960년, 1973년, 1980년, 1991년, 그리고 2000년 등 다섯 번에 걸쳐 연방제 통일방안을 제시하였다. 그런데 북한의 연방제 통일방안은 전체적으로 '통합형' 연방제에서 '공존형' 연방제로 변화하였다.

북한은 대남전략을 수립하고 실천할 때 역량이 증가하고 국내외 환경이 유리해지면 공세적인 전략을 추구하였다. 이 경우 심지어는 군사적 수단을 사용하면서까지 통일을 추구하였다. 그러나 북한은 역량이 저하되고 국내외 환경이 불리해지면 방어적인 전략을 구사하였다. 이 경우 장기적인 관점에서 남북한간의 화해・협력과 평화공존을 중심으로 대남전략을 추진하였다.

전체적으로 북한의 대남전략은 통일(통합)을 위한 가용자원과 능력의 변화, 그리고 국제환경의 변화에 영향을 받아, 상대적으로 우세한 힘을 통해 공세적으로 통일을 이룩하려는 초기의 전략으로부터 1980년대 이후 흡수통일을 두려워하면서 방어적인 입장에서 남한과의 화해・협력과 평화공존을 적극 추구하는 전략으로 변화하였다.9)

북한의 대남전략은 1990년대에 들어서부터는 남한과의 화해・협력과 평화공존을 적극적으로 추구하는 전략으로 변화한 것으로 보이며, 특히 2000년 6월 남북정상회담 이후에는 그러한 변화는 더욱 본격적으로 이루어지고 있다.10) 그러나 북한의 대남전략과 통일정책의 기본은 미 제국주의자들로부터 남한을 해방하는 민족해방과 남한에서 노동자, 농민 등이 착취계급이 쥐고 있는 정권을 탈취하는 인민민주주의 혁명을 달성하는 것에 두었으며, 지난 반세기 동안 이 틀에서 벗어난 적이 없다. 북한의 대남전략과 통일정책을 가장 잘 나타내는 북한노동당 규약이 1956년 4월 제3차 전당대회, 1961년 9월 제4차

8) 전체적으로, 북한의 대남전략은 통일을 위한 능력과 가용자원의 변화, 그리고 국제환경의 변화에 영향을 받아, 상대적으로 우세한 힘을 통해 공세적으로 통일을 이룩하려는 초기의 전략으로부터 1980년대 후반 이후 흡수통일을 두려워하면서 방어적인 입장에서 남한과의 화해・협력과 평화공존을 추구하는 전략으로 변화하였다.

9) 백학순 외, 앞의 책, pp. 16-17.

10) 김정일 정권의 대남전략은 한마디로 '실용주의적 연합전선전술'로 요약할 수 있다. 북한은 대한민국의 적극적 대북정책을 식량난과 경제난을 극복하기 위한 주요 수단으로 활용하고 있다. 김정일 정권은 또한 과거 한반도의 북・미 대결을 '한민족 대 외세'의 대결구도로 전환시키려 하고 있다. 이른바 민족공조, 외세배격 전략이다. 향후 대한민국의 대북정책은 이러한 북한의 대남전략을 역이용할 수 있도록 추진되어야 할 것이다.

전당대회, 1970년 11월 제5차 전당대회와 1980년 10월 제6차 전당대회에서 각기 수정 내지 개정되었지만 당의 당면목적이 공화국 북반부에서의 사회주의 완전실현과 '전국적 범위에서의 민족해방과 인민민주주의 혁명과업완수'로 표현되는 공산화 통일이며 최종목적은 온 사회의 공산주의사회 건설이라는 것에는 조그마한 변동도 없다.[11)]

북한은 핵문제를 다루는 과정에서 미국이 한미동맹관계를 이용하여 남북관계에 제동을 걸게 될 것과, 미국이 그러한 제동을 걸 경우, 남한이 민족공조를 포기하게 될 것을 우려하여 그러한 일이 일어나지 않도록 나름대로 많은 노력을 기울여온 것으로 보인다. 북한으로서는 민족공조가 미국의 반복적 대치정책에 대항하고 미국의 부당하고 지나친 압력과 개입을 막는 방패 역할을 해주기를 기대해온 것으로 보인다.

북한의 안보전략(安保戰略)의 주체는 북한정권 수립 이후 김일성에서 김정일로 단 한 차례 바뀌었지만, 목표와 수단은 북한의 안보환경 변화에 따라 시기별로 일정하게 변화된 형태로 나타났다.[12)] 안보전략의 주체로서 김정일은 탈냉전적 상황에서 제기된 안보위협에 적극적으로 대처하는 등 상황인식과 대응방식에서 김일성과 다른 양상을 보였다. 특히 그는 군의 중요성을 강조하는 가운데 안보문제를 포함한 정책전반에서 실사구시(實事求是)적인 태도를 견지하였다.

북한 안보전략의 구성요소로는 안보전략의 주체, 목표, 수단으로 설정했다. 특히 안보전략 목표달성을 위한 이익분야를 안보이익, 가치이익, 경제이익으로 나누고, 나아가서 로버트 아트(Robert Art)가 국가이익의 중요도에 따라 분류한 사활적 이익과 바람직한 이익의 개념을 병행하여 사용함으로써 안보전략의 변화양상을 가늠해 보았다.

안보전략 목표와 관련해 가장 두드러진 특징은 북한이 대내외로부터의

---

11) 송종환, 북한협상행태의 이해(오름, 2007), p. 94.

12) 북한이 정권초기에 안보전략에 대해 상대적으로 소홀히 했던 것은 냉전체제하에서 사회주의진영 내 관련 국가간의 연대, 특히 소련과 중국의 안보우산에 의한 집단방위의 메커니즘이 작동하고 있었던 데 기인한다. 그리고 북한당국이 혁명전략과 대남전략에 중점을 둠으로써 국가전략을 수행하는 데 안보불안 요인을 제거하기 위해 공세적 방식을 취해왔던 것도 중요한 이유의 하나라고 할 수 있다.

안보위협이 높을 때는 안보이익과 가치이익이 사활적 이익으로 강조되는 반면, 안보위협이 낮을 때는 안보이익, 가치이익, 경제이익의 세 가지 유형의 국가이익이 바람직한 이익의 범주에서 비교적 덜 강조되는 특징을 보였다. 특히 탈냉전 상황에서는 안보위협이 최고조에 달해 안보·가치·경제 이익으로 강조되는 등 안보위협에 대응하는 데 총력을 기울였다.

안보수단과 관련하여 북한은 군사력을 안보전략 수단으로 적극 활용하는 가운데 1970년대 이후 대화를 포함한 외교력과 경제력을 병행하여 활용했다. 탈냉전 이후에는 심각한 경제난으로 인한 체제불안이 가중되자 이를 해소하기 위해 미국으로부터의 체제안전을 보장받으려는 노력과 함께 서방 자본주의국가들과의 관계개선을 꾀하는 가운데 대내부문에서 개혁개방정책을 추진하는 등 경제문제에 특별한 관심을 기울였던 것으로 나타났다.

북한은 그동안 안보위협의 직접적 대상을 미국에 두고 남한을 미국의 범주에 포함시켜 왔다. 남한을 미국의 식민지로, 남한당국을 미국의 괴뢰정부로 인식한 데 따른 것이다. 따라서 북한이 1974년 3월 이후 평화협정 체결 당사자로 남한이 아닌 미국을 제기한 것은 안보전략 측면에서 보면 미국으로부터 체제안전을 보장받으려는 계산이 깔려 있었다고 할 수 있다.13)

북한은 1990년대 이후 전략적 태도에서의 모호성과 과장성 그리고 이중성으로 인해 국가전략, 특히 혁명전략과 대남전략에서의 변화 여부에 대한 의혹을 불러일으켰다. 그러나 안보전략의 측면에서 보면 방어적, 수세적인 태도를 일관되게 유지해 왔다. 이러한 점에서 핵문제와 관련한 미국과의 갈등도 북한이 안보위협에 대처하기 위한 좀 더 유용한 수단을 확보하는 과정에서 빚어진 결과로 볼 수 있다. 즉 북한이 핵무기를 비롯한 대량살상무기 개발을 꾀하는 것은 공세적인 혁명전략 수행을 위한 것이 아니라 방어적인 안보전략 차원에서 추진되고 있는 협상수단으로 보아야 할 것이다. 상시 피포위심리의 피해로 심각한 안보불안을 겪고 있는 북한으로서는 체제안보를 강구하는 데 주력할 수밖에 없으며, 이것이 미국을 겨냥한 비대칭적인 대량살상무기 개발 형태로 나타났다.

따라서 북한은 앞으로 미국으로부터의 체제안전이 보장될 경우 안보전략

13) 북한이 대미평화협정 체결을 제의한 것에 대해서는 통상 대남전략 차원에서 주한미군 철수를 획책하여 남조선혁명을 꾀하려는 것으로 인식되어 왔다.

추진에 있어서 더욱 현실적으로 변할 가능성이 높다. 즉 북한은 일차적으로 핵문제를 통해 미국으로부터 체제안전을 제도적으로 보장받으려 할 것이다. 중장기적 관점에서 이러한 상황이 성숙하면 남북한 및 북미간 군사적 신뢰구축은 물론 한반도에서의 평화체제 구축에도 유리한 환경이 조성될 것이다.[14)]

북한은 강성대국 건설을 위해 군의 역할을 특별히 강조하면서 선군정치를 주창하고 있는데, 그 핵심요소로 첫째 정치사상강국 건설을 위한 군의 투철한 사상의식과 수령에 대한 충실성, 둘째 군사강국 건설을 위한 안보의 보루로서 군의 역할, 그리고 셋째 경제강국 건설을 위한 군의 사업태도 및 방식 등을 들고 있다. 또한 북한은 선군정치가 제국주의자들과의 대결전에서만 유력한 것이 아님을 역설하면서 이것이 나라의 전반적인 국력을 최상의 높이에 이르게 하는 것임을 강조한다. 선군정치가 혁명과 건설의 어떤 어려운 과제도 해결할 수 있는 "만능의 정치"일 뿐 아니라 "사회주의 건설에서 새로운 비약을 일으켜 나가는 원동력"이라는 것이다.

북한의 대외전략(對外戰略)은 기본적으로 소련의 세계혁명 전략을 수용하여 수립되었음을 북한은 밝히고 있다. 냉전기 사회주의국가들의 대외전략이 기본적으로 마르크스 레닌주의, 특히 레닌과 스탈린의 '프롤레타리아 국제주의'의 영향을 받았던 것과 같다. 북한의 대외전략은 다른 사회주의 국가의 대외전략과 일정한 공통점이 있으나 세부적으로는 차이점들도 나타나고 있다. 이는 대외전략을 추진하는 과정에서 북한이 직면했던 대내외 환경의 영향을 받았기 때문이다.

북한 대외전략의 특징은 다음과 같다. ① 북한은 대외관계에서 정치적 자주성 견지와 프롤레타리아 국제주의를 동시에 강조하였다. ② 북한은 '지배주

14) 북한이 1990년대 들어 대량살상무기 개발에 주력한 것은 변화된 상황하에서 재래식 무기만으로 안보를 보장받을 수 없다고 판단한데 따른 것으로 볼 수 있기 때문이다. 북한이 강성대국론을 제기하면서 광명성 1호 발사를 강성대국 건설의 중요한 성과로 제시한 것에서도 이러한 의도를 엿볼 수 있다. 미사일 및 핵무기 개발은 자체 안보 수단을 강화하는 것일 뿐만 아니라 대외협상력을 높이는 기재로도 활용될 수 있다는 점에서 북한에게는 절실한 문제라고 할 수 있다. 실제로 북한은 핵무기 개발을 동결하는 조건으로 미국과 제네바합의를 이끌어 낸 데 이어 미사일발사 유예를 조건으로 1999년 9월 미국으로부터 경제제재 완화조치를 얻어낸 바 있다. 북한이 6자 핵협상과정에서 핵무기개발계획을 미국으로부터 체제보장을 받는 지렛대로 활용하고 있는 것도 같은 맥락에서 이해할 수 있다.

의'에 대한 반대 입장을 표명하면서 특히 중국과 소련이 북한의 내정에 개입하는 것을 경계해 왔다. ③ 북한은 '미제국주의'에 맞서기 위해 사회주의 국가들과의 군사동맹보다 자주국방에 의거하는 방법을 택하였다. ④ 북한은 국제관계에서 '완전한 자주권과 평등권'을 행사하기 위해 대내적으로 자립적 민족경제건설을 추진해 왔다. ⑤ 북한의 대외전략은 대남전략과 밀접한 상관관계를 가지고 있다. ⑥ 북한은 대내적 사상 통일이 대외관계에서 큰 힘이 된다는 사실을 인식하고 사상에서의 '주체' 확립을 강조하면서 외부로부터의 문화적 침투 차단을 크게 경계해 왔다.

냉전시대 북한의 대외전략 목표는 '세계혁명'과 '남조선혁명'에 유리한 국제환경을 조성하기 위해 '국제혁명역량'의 강화, 정통성 확보를 위한 외교적 우위 차지, 대한민국의 국제적 고립 등을 달성하는 것이었다. 이를 위해 북한은 외교의 대상을 제3세계로 확대하였으며, 1970년대 초부터는 대서방 외교를 적극적으로 추진하면서 일정한 성과를 거두기도 하였다. 그러나 탈냉전과 함께 '국제혁명역량'이 소진되었고, 미국이 세계 유일의 초강대국으로 부상하였으며, 북한이 극심한 경제난에 봉착하게 됨으로써 대외전략의 근본적인 수정이 불가피하게 되었다. 국제무대에서 사회주의 진영의 단결과 비동맹운동의 강화를 통해 대한민국을 고립시킨다는 목표는 불가능한 것으로 판단하였다. 오히려 스스로 탈냉전이 초래한 고립상태로부터 벗어나 체제 생존에 우호적인 주변 환경을 만드는 것이 절실한 당면 목표가 되었다.

2000년 6월 15일 남북정상회담의 개최는 북한이 국제무대에서의 남한 고립화라는 냉전기 대외전략 목표를 공식적으로 포기한 것을 의미하는 것이었다. 이러한 대외전략의 수정 덕분에 북한은 남한 정부의 도움을 받아 2001년까지 미수교 상태의 서유럽국가들 대부분과 관계 정상화를 이루게 되었다. 북한은 또한 남한 정부의 외교적 지원을 배경으로 2000년부터는 북・미 관계를, 2002년 9월에는 북・일 관계를 정상화하려는 방향으로 나아갈 수 있었다.

그러나 부시 행정부의 출범과 일본인 납북자 문제의 부상으로 인하여 북・일, 북・미 관계는 더 이상 진전되지 못하였다. 그 결과 북한은 한편으로는 핵 및 미사일 개발 등을 통해 군사적인 억제력 확보를 도모하면서도, 다른 한편으로는 외교적 협상을 통하여 체제안전보장과 경제지원 획득을 모색하지 않을 수 없게 되었다. 북한은 중・소 갈등을 거치면서 외부의 간섭에 저항할 수 있는 내부 결속력이 강한 독재체제를 구축해 놓았기 때문에 미국의 강경정책에 대해서는 강렬하게 저항할 것이다. 그러면서도 미국이 대화의 방향으로 나오면 생존전략 차원에서 타협적으로 나올 것으로 전망된다.

북한의 외교정책은 사회주의(주체) 이데올로기가 경직되게 영향을 미치고 있는 측면이 있지만, 외교환경 변화에 따라 유연하게 적응하는 외교정책을 구사해 왔다고 평가되고 있다. 그러나 탈냉전기 북한은 국제환경의 변화로 인해 외교노선을 수정하지 않을 수 없었다. 북한은 냉전시기 중소간의 갈등관계를 이용하여 나름대로의 외교적 공간을 확보할 수 있었으나, 사회주의권의 붕괴 이후 냉전기의 동맹국들과 북한의 관계를 소원하게 만듦과 동시에 북한의 생존환경을 크게 약화시켰다. 북한은 위기를 극복하기 위하여 새로운 외교노선을 정립하지 않으면 안 되는 상황을 맞이하게 된 것이다.

북한의 외교목적은 지역별, 대상별 외교활동을 달리하고 있다. 첫째, 미국, 일본, 유럽연합 등 서방과의 관계개선을 통해 체제안전에 대한 보장과 경제적 실리 획득이라는 두 가지 목표를 동시에 추구하고 있다. 이러한 목적을 달성하기 위하여 북한이 보유한 '대량살상무기'를 다양하게 카드화한다. 둘째, 중국, 러시아 등과는 전통적 협력관계를 유지·발전시킨다. 경제력을 급속하게 회복하고 있는 러시아에 대하여 전략적으로 접근하고, 중국과 새로운 경쟁을 유발한다. 셋째, 전반적으로 비동맹 외교의 퇴조 속에 대만, 태국, 인도네시아 등 동남아 국가와의 자원외교를 강화한다. 넷째, 국제기구와 비정부기구(NGO)들과는 1995년 이후 계속된 식량난 해소 차원에서 유대를 강화한다. 다시 말해, 1990년대 이후 북한의 외교활동은 이념, 정치 위주에서 실리, 경제를 강조하는 현실주의적인 외교노선으로 나아고 있다. 북한은 국력의 수행능력뿐만 아니라 전환능력도 매우 약한 상태다. 국가자원의 활용 및 수행능력을 향상시키기 위해서는 정치경제적 인프라뿐만 아니라 외부의 제약·기회 구조가 높아야 한다.[15)]

북한의 공식적인 경제발전전략(經濟發展戰略)인 '중공업우선의 경공업·농업 동시발전노선'은 축적방식과 투자비중에서 볼 때, 다른 사회주의국가들의 중공업 우선주의와 다를 바 없다고 분석되고 있다. 북한의 중공업 우선주

15) 박종철 외, 앞의 책, p. 111.

의가 다른 사회주의국가들과 차이점이 있다면 '동시발전'이 부가된 것이 아니라, 자립적 민족경제건설노선과 경제·군사병진노선이 별도로 공식화될 만큼 자립적이고 군사적인 성격이 매우 강하다는 점이다. 북한은 전후 국내외의 반대에도 불구하고 중공업 우선주의를, 소규모 경제임에도 불구하고 자립경제를, 미국과의 전쟁을 염두에 둔 국방건설노선을 추진했다. 그 배경에는 '분단'의 산물로서 남한과의 체제경쟁이 중요한 역할을 하였다.

북한의 경제발전전략을 구성하는 또 하나의 내용은 자립적 민족경제의 건설이다. 북한의 자립적 민족경제는 북한의 개념규정에서 나타나듯이, 경제발전론의 시각에서 볼 때 '대내지향적이고 수입대체적인 발전전략'이라고 할 수 있다. 생산의 인적 및 물적 요소들을 자체로 보장할 뿐 아니라 민족국가 내부에서 생산소비연계가 완결되어 독자적으로 재생산을 실현해나가는 경제체계이다.[16]

북한 경제발전전략의 또 하나의 구성요소는 경제·군사병진노선이다. 앞에서 보았듯이 다른 사회주의국가들 또한 소련 중심의 경제·군사병진노선을 추구했다. 그러나 다른 사회주의국가들과 달리 북한은 세계 제1의 군사강국인 미국과 직접적으로 대치하면서도 독자적인 군사노선을 추진해 왔다.[17]

북한 경제발전전략의 전개과정은 크게 사회주의기반 구축(1945-1970년), 북한식 경제구조의 형성 및 고착(1971-1990년), 전반적 위기와 전환의 모색(1991년-현재) 등의 단계로 구분할 수 있다. 질적 변화를 보인 시기는 1990년대 이후 전반적 위기와 전환의 모색단계에서였다.

경제발전전략의 변화는 '국가자원의 부족' 현상의 심화에서 비롯된다. 중공업 우선전략이 초기에는 급속한 경제발전을 가져왔지만, 생산단위에서 비효율적 생산관리와 중공업우선주의가 초래하는 산업간 불균형 등이 부족의 경제를 야기하였고, 지나친 자립적 민족경제건설노선과 경제·군사병진노선이 자원제약을 더욱 심화시킨 결과를 초래하였다.

그럼에도 북한의 경제발전전략은 1990년대에 와서야 질적인 변화를 보이기 시작했다. 그 이전에는 부분적인 전략 변화로 대응했을 뿐이며, 1990년대 후반에는 다시 중공업우선주의로 복귀하기까지 했다. 이러한 경제발전전략의

16) 「경제사전」 제2권(평양: 사회과학출판사, 1985), p. 208.
17) 백학순 외, 앞의 책, pp. 270-281.

지속성은 남북한의 적대적 대립과 전쟁의 위협이 강요하는 경제·군사병진노선의 지속, 그리고 군수산업의 토대인 중공업의 우선발전을 요구하는 데 따른 것이라 할 수 있다. 물론 시장화가 경제발전전략의 전환을 촉진하는 힘으로 작용하겠지만, 안보위기는 중공업 우선 경제발전전략의 전환을 억제해 왔으며, 향후 안보위기가 지속되는 한 이러한 경향은 지속될 것이다.[18)]

최근의 북한경제의 위기에서 알 수 있듯이, 북한은 기존의 경제발전전략으로는 지속적인 경제발전이 불가능할 것으로 예측된다. 따라서 북한으로서는 경제발전전략의 전환을 시도하지 않을 수 없을 것이다. 그러나 이를 위해서는 무엇보다 경제발전전략 변화의 억제요인인 대외환경의 개선이 요구된다. 이 문제가 해결되면, 시장화가 진행될 것으로 보이며, 자체 생산능력의 향상을 기할 수 있는 경제발전전략으로서의 전환을 모색하게 될 것으로 예측된다. 이에 따라 향후 북한의 경제발전전략은 비교우위를 고려한 산업구조의 재편 및 자립적 민족경제노선을 탈피하고 세계시장경제로의 진입과 군사중심에서 경제중심으로의 자원배분의 이동 등의 방향으로 점차 변해나갈 것으로 전망된다.

2002년 7월 1일부터 이른바 7·1 조치가 시행되었다. 이어 2003년에는 종합시장이 등장했다. 북한 나름대로는 경제개혁에 착수한 것이다. 재정난의 완화 측면과 주민들에 대한 상품공급 증대 측면에서는 제한적인 성과도 가능할 것이다. 하지만 부작용이 만만치 않은데, 대표적인 것은 인플레이션이다. 또한 시장경제 질서의 확산에 따른 사회적 변화도 심각한 수준이다. 기존 질서의 동요, 주민의식의 변화는 지도부 입장에서 매우 부담스러운 일일 것이다.

북한은 향후 일정 기간 동안은 선군주의하의 강성대국 건설을 국가전략의 주요 목표로 삼고, 체제 유지를 강화하면서 먹고 사는 문제 해결을 위해 노력할 것이다. 또한 대남 및 통일 전략에서도 기존의 큰 틀을 벗어나지 않는 범위 내에서 전술적인 변화를 하면서 전략적인 목표를 달성하기 위해 노력할 것으로 전망된다. 전술적인 변화 차원에서 남북관계는 당분간 안보적인 긴장이 고조되는 가운데서 한동안 소강상태가 지속될 것으로 전망된다. 그리고 북한은 핵과 미사일 카드를 최대한 활용하여 미국의 새로운 오바마 정부와 관계개선을 위해 지속적인 노력을 강화하면서, 체제위협이 되지 않는 범위 내에서 점진적인 개혁과 개방을 시도할 것으로 판단된다.

---

18) 백학순 외, 앞의 책, pp. 18-25.

부록 3. 남북한 통일방안 변천(1948-현재)

통일방안 연도	남 한		북 한	
1948-1960	제1공화국 (이승만정부)	유엔감시하 남북한 자유총선거에 의한 통일론	김일성 정권	민주기지론(민족해방론)에 의한 무력적화통일
1960년대	제2공화국 (장면정부)	남북자유총선거론 (유엔감시하)	김일성 정권	남북연방제(1960)
	제3공화국 (박정희정부)	先건설 後통일론 (1964)		
1970년대	제4공화국 (박정희정부)	• 평화통일외교정책선언 (1973. 6. 23) • 先평화 後통일론 (1974)	김일성 정권	고려연방제(1973) (조국통일 5대강령)
1980년대	제5공화국 (전두환정부)	민족화합 민주통일방안 (1982)	김일성 정권	• 고려민주연방공화국 창립방안(1980) (고려연방제 통일방안) • '1민족1국가2제도 2정부'에 기초한 연방제(1991)
	제6공화국 (노태우정부)	한민족공동체 통일방안 (1989)		
1990년대 2000년대초	문민정부	• 민족공동체 통일방안 (1994) (1민족 1국가 1체제 1정부) 〈연합제〉:민족공동체 통일방안 계승(2000)	김정일 정권 (1998-)	민족대단결론
	국민의 정부			낮은 단계의 연방제 (2000) (민족공조론)
	참여정부	〃 (계승)		

* 자료 : 통일문제 이해(통일부 통일교육원, 2006), p. 76.

부록 4. 남북한 통일방안 비교

	민족공동체 통일방안	고려연방제 통일방안
원 칙	자주 · 평화 · 민주	자주 · 평화 · 민족대단결 (남조선혁명, 연공합작, 통일 후 교류 협력)
주 체	민족 구성원	프롤레타리아 계급
철 학	자유민주주의(인간중심)	주체사상(계급중심)
전제조건	없음	국가보안법 폐지, 공산주의 활동 합법화, 주한미군 철수
통일과정	화해 · 협력 → 남북연합 → 1민족 1국가(3단계) ※ 민족사회 건설우선 (민족통일 → 국가통일)	연방국가의 점차적 완성 (제도통일은 후대에) ※ 국가체제 수립 우선 (국가통일 → 민족통일)
과도통일 체제	남북연합 - 정상회담에서 「남북연합헌장」을 채택, 남북연합기구 구성 · 운영 ※ 남북합의로 통일헌법초안 → 국민투표로 확정	없음
통일국가 실현절차	통일헌법에 의한 민주적 남북한 총선거	연석회의 방식에 의한 정치협상
통일국가의 형태	1민족 1국가 1체제 1정부의 통일국가	1민족 1국가 2제도 2정부의 연방국가
통일국가의 기구	통일정부, 통일국회(양원제)	최고민족연방회의, 연방상설위원회
통일국가의 미래상	자유 · 복지 · 인간존엄성이 보장되는 선진민주국가	구체적 언급 없음

*자료 : 통일문제 이해, p. 77.

부록 5. 국가전략의 핵심추진과제

		목 표	핵 심 추 진 과 제		
기능별 전략	안보전략	· 핵심 국가이익의 보호 · 주권수호 · 한반도 평화창출 · 지역의 안정과 세계 평화에 기여	· 국가안보 역량 확충 · 총력안보체제 유지 · 북한 변화 촉진 · 남북간 평화체제 정착 · 포괄적 안보체제 구축	· 국민의 총체적인 지혜 결집 · 민·관·군통합 방위태세 발전 · 전략동맹체제 강화 · 군사적 긴장완화 적극 추진 · 다자안보 협력체제 정착	· 굳건한 국방력 건설 · 화해협력정책 지속 추진 · 북핵, WND문제 해결 · 전쟁억제, 평화관리 · 안보 협력외교 강화
	번영·발전전략	· 부강한 나라 · 통일된 한민족 민주 공동체 · 골고루 잘사는 행복한 사회 · 삶의 질이 보장된 희망찬 국민	· 개척자적인 기업가정신 함양 · 지역발전 특화전략 · 포괄적 통합재정 운영 · 국민의 재산권 보장 · 발전 친화적 제도 정착	· 혁신, 지식 투자 활성화 · 대·중소기업 상생 · 건전한 조세재정체계 정착 · 경제성장동력 강화 · 정책실명제 강화	· 수도권 경쟁력 제고 · 중산층 복원 · 정보화·디지털화 적극 추진 · 할 수 있다는 국민의식 함양
	평화통일전략	· 평화로운 국토통일 달성 · 공동이익을 추구하는 민족공동체 형성 · 자유·민주·복지국가 수립 · 새로운 역사 창조	· 평화공존 · 북한 인권개선 지원 · 통일정책의 조화유지 · 화해협력정책의 개선보완 · 통일인프라 구축	· 냉전종식과 평화체제 정착 · 통일정책의 일관성 유지 · 교류·협력사업 확충 · 남북관계 안정적 관리	· 인도적 지원강화 · 전쟁포로, 납북자송환 · 민족공동생활권 형성 · 법적·제도적 통합 추진
	선진일류국가전략	· 품격 있는 선진국가 · 역동적 시장경제 국가 · 창조적 지식정보 국가 · 선도적 문명국가	· 시대정신 정립 · 제도 및 관행의 국제표준화 · 세계적 국가브랜드 창출 · 선진국 수준의 외국인 정책 · 삶의 질 개선	· 호국사상 배양 · 지식서비스산업 육성 · 세계표준문명 창출 · 일류국가 이미지 개발 · 문화 향유율 확대	· 선진일류화 운동추진 · 친환경개발 · 열린사회 포용문화 창출 · 매력적 중견국가 · 복합문화 창출
분야별 전략	국방전략	· 선진일류정예강군 육성 · 자주적 국방역량의 강화 · 견고한 군사동맹체제 발전 · 영토수호와 평화관리	· 첨단 군사력 건설 · 상무정신 함양 · 방위산업 육성 · 군의 합동성 강화 · 대량살상무기 위협 제거	· 군사독트린 정립 · 정보·기술위주의 군구조개선 · 국방운영체제의 효율성 제고 · 소모성 군비경쟁 개선	· 병역제도의 개선 · 국방예산 안정적 보장 · 상호운용성 향상 · 군사적 신뢰구축 · 선 신뢰구축 후 군축

		목 표	핵심 추진 과제		
분야별 전략	외교전략	· 대한민국의 독립보장과 주권 확보 · 선진일류강국 위상확립 · 한반도 평화통일 기반 확충	· 외교부의 기능 역할 강화 · 핵심 국가이익의 구현 · 상생협력의 외교전략 추진 · 경제 · 통상외교 다변화 · 인류공영에 기여	· 외교전문 인력확충 · 전략적동반자 관계 정립 · 통일촉진환경 조성 · 인권외교, 문화외교 강화 · 평화유지활동 강화	· 국제기구참여 인력확대 · 동북아협력안보 체제 구축 · 전략적 우호세력 확보 · 에너지 협력외교 강화
	정치전략	· 다원적 민주주의 국가 건설 · 협력적 공동체 사회 조성 · 화합 단결된 국민정신 함양	· 선진일류지도자 양성 · 지방자치 활성화 · 부패방지시스템 정착 · 갈등구조의 통합 및 화합 · 생산적 정치체계 구현	· 법치주의 확립 · 개방·통합 리더십 개발 · 공기업 민영화 · 국가경영능력 제고 · 갈등조정능력 강화	· 작고 효율적인 정부 · 국가전략 수행능력 확충 · 공공부문 효율성 극대화 · 행복과 희망을 주는 정치
	경제전략	· 잘사는 나라 · 풍요로운 국민 · 혁신적이고 활력 있는 경제 · 더불어 잘사는 경제공동체	· 규제개선 및 개방 확대 · 지식기반 경제구조 정착 · 중소기업 경쟁력 강화 · 고부가가치 산업 육성 · 친기업 환경조성 · 고용창출 강화	· 경쟁의 공정성 제고 · 기술혁신 벤처기업 육성 · 농림수산업 체질 강화 · 디지털산업 기반 조성 · 부품·소재산업 전략적육성 · 상생하는 노사문화 정착	· 시장경제 활성화 · 전통산업의 특화 · 신기술산업 트랜드 주도 · 창조적 기업경영 · 노동시장 유연안정성 확보
	사회복지전략	· 성숙된 선진 민주사회 건설 · 세계화·국제화된 개방사회 정착 · 밝고 따뜻한 사회 구현	· 도덕적 규범 확립 · 건강한 직업윤리정립 · 일류시민의식과 문화 정착 · 일하는 복지 구현 · 신바람문화 활착	· 민주적 법제도 및 질서유지 · 기초생활보장제도 내실화 · 외국인 정주여건 개선 · 상생·공존의 기반 조성 · 저출산·고령사회 대책	· 신뢰사회 조성 · 맞춤형 복지기반 체계정착 · 장애인자립·자활 제도지원 · 빈곤의 대물림차단
	문화전략	· 문화·예술 선진국 진입 · 민족혼 및 민족문화 창달	· 민족문화원형 계승 발전 · 사회문화적 세계화추진 · 세계 보편문화 창출 · 문화적 삶의 질 향상	· 지방문화 다양성발전 · 문화개방, 접근성제고 · 문화산업 기반조성 · 문화 · 예술공간 확충	· 전통문화 전문인력 양성 · 전통문화와 세계문화조화 · 세계문화 창조적 포용 · 정과 신바람문화 활착
	과학기술전략	· 첨단과학기술 강국 입지 확보 · 국가 선진산업·기술 기반 확충	· 기초과학투자 확대 · 원천 핵심기술 확보 · 신기술연구·훈련 인프라구축 · R&D투자확대 및 효율화	· 기초과학기술인력 양성 · 부품 · 소재산업 육성 · 미래선도유망기술 적극개발 · 해외고급인력 유치·활용	· 연구기반체제 확충 · 과학 · 기술융합 활성화 · 핵심기술혁신체계 구축 · 과학·기술인력의 중점배양
	교육전략	· 지혜롭고 건강한 국민 배양 · 선진 일류시민 육성	· 인성·인본교육 문화 활착 · 학교교육의 자율성 강화 · 평생학습사회 건설 · 전문·여성인력 양성체계정립 · 대학별 맞춤형 능력개발	· 인문학적 지식기반 확충 · 사회 학습망 구축 · 평생교육체계 정착 · 공동체적 가치회복 · 합리적 교육문화 정착	· 가정·학교·사회교육연계 · 소외계층 교육복지강화 · 민간 싱크탱크 활성화 · 충·효·예 전통가치 구현 · 세계문화 체험 확대

색　인

인

[ㅇ]

후기(後記)

30년 이상을 국가전략과 정책을 연구하고 생각하며 살아왔고, 지난 10년 동안 각고의 노력을 하고도 능력과 지혜의 부족으로 한없이 부족한 이 졸저를 세상에 내놓게 되었다. 국가의 발전을 생각하는 모든 분들에게 조그마한 등불이 될 수 있기를 소망하며, 국가전략을 구상하고 연구하는 전략가들에게 나침반의 역할을 할 수 있기를 기원한다.

졸저를 집필하는 과정에서 부족한 저자에게 많은 충고와 가르침을 주신 전략의 大家이신 임동원 전 세종연구소 이사장님, 홍성태 전략문제연구소 소장님, 허화평 미래한국재단 이사장님, 조성태 전 국방부장관님, 도일규 한국위기관리연구소 이사장님, 김희상 안보문제연구소 이사장님, 황동준 안보경영연구원 원장님, 유재건 전 국회의원님, 이상희 국방부장관님, 임성준 국제교류재단 이사장님, 김관진 전 합참의장님, 김국헌 선배님과 김태영 합참의장님, 서울대 홍두승 교수님, 북한대학원대학교 양무진 교수님께 머리숙여 감사를 드린다. 그리고 항상 격려와 성원을 다해준 사랑하는 가족 최연숙, 딸 하경민, 아들 하원경과 꼼꼼하게 교정을 해준 아우 하태영 중령에게도 고마움을 표한다. 아울러 좋은 책을 만들어 주신 박영사 안종만 회장님, 황인욱 전무님, 마찬옥 편집부장님께도 마음 그득한 감사의 말씀을 올린다.

이러한 훌륭한 가르침과 다함없는 격려와 도움에도 불구하고 오직 저자의 능력 부족으로 미흡한 부분이 많다. 부족한 내용은 독자 여러분들의 충고와 가르침을 받아가면서 지속적으로 수정하고 보완해 나갈 것이다.

사랑하는 우리의 祖國 대한민국이여!
'평화통일된 선진일류국가'가 될 때까지 번영발전하라!

저자약력

육군사관학교 31기 임관
일본 내외정책연구소 객원연구원
대대장, 여단장, 스위스 국방무관
유럽교환교관단장
육군본부 전략·정책기획과장
청와대 대통령 국방비서관
육군본부 정책처장
제27사단장
국방장관 군사보좌관
합참전력발전부장
3군사령부 부사령관(육군소장 전역)
現 한국전략문제연구소 연구위원
　국가과학기술위원회 전문위원

학　력

독일 육군사관학교 졸업
독일 OAC 및 일반참모대학 졸업
서강대학교 졸업
일본 아오야마대학원에서 일본군사관계 수학
동국대 행정대학원 졸업
서울대 법대 최고지도자과정 수료
고려대 정책대학원 최고위정책과정 수료
연세대학원 언론홍보최고위과정 수료
국제경영원 글로벌최고경영자과정 수료
한국문화커뮤니케이션 문화예술최고위과정 수료
북한대학원대학교 북한학 박사과정 중

주요저서

「한반도의 평화통일전략」
「한반도 통일 후 군사통합방안」
「일본 탐구」
「일본의 전통과 군사사상」
「통일이 오는 길목에서」(시집)
「삶의 한 모퉁이 돌아」(시집)

훈　장

대한민국 보국훈장 천수장
독일정부 명예금성십자훈장

국가전략론—이론과 적용

2009年　6月　20日　初版發行
2010年　2月　10日　重版發行

著　者　하　정　열
發行人　安　鍾　萬
發行處　(株)博　英　社
서울特別市 鍾路區 平洞 13-31番地
電話 (733)6771　FAX (736)4818
登錄 1959. 3. 11. 제300-1959-1호(倫)

www.pakyoungsa.co.kr　e-mail: pys@pakyoungsa.co.kr

定　價　35,000원　　ISBN 978-89-7189-986-1